上海市志

文化产业分志

1978—2010

上海市地方志编纂委员会　编

上海文艺出版社　上海古籍出版社

1990 年 4 月，上海美术电影制片厂与香港亿利发展有限公司合作经营的上海亿利美动画有限公司成立

1991 年 7 月 30 日，上海广播电视塔奠基仪式在浦东陆家嘴地区建筑工地举行

1992 年 8 月，上海谢晋 – 恒通影视有限公司成立

1995 年 3 月 9 日，上海话剧艺术中心揭牌仪式举行

1996 年 7 月 1 日，上海永乐电影电视（集团）公司成立

1998 年 8 月，文新报业大厦启用（图为文新报业大厦夜景）

1999年2月24日，经国家新闻出版署和上海市委批准，由上海人民出版社、上海教育出版社、上海译文出版社、汉语大词典出版社、上海书店出版社、上海图书公司联合组建全国出版业第一家出版集团——上海世纪出版集团

1999年9月22日，上海动画影视（集团）公司正式挂牌成立

1999 年，上海永乐影视集团公司投拍电影故事片《黄河绝恋》，这部影片在全国影视圈内率先探索性地试行“捆绑式”酬金方式，把影视创作人员的劳务酬金和影视产品的市场回报捆绑

2000 年 6 月 10 日，上海新华发行集团在上海书城门前广场举行成立仪式

2000 年 10 月 9 日，解放日报报业集团成立

中华人民共和国

互联网出版许可证

新出网证(沪)字 003 号

出版机构名称 上海东方网股份有限公司

法定代表人 吴谷平

出版机构地址 上海市威海路755号文新大厦41-42层

业务范围 社会科学、文学、艺术（含动画、图片）、教育内容互联网出版业务※※※

设立日期 2003 年 12 月 01 日

有效期自 2003 年 12 月 01 日 至 2013 年 12 月 01 日

中华人民共和国新闻出版总署

2003 年 12 月 01 日

2003 年 12 月，经国家新闻出版总署批准，上海东方网股份有限公司获得互联网出版权，成为中国首批获得网络出版权的单位之一

2004 年 10 月，第二届中国国际动漫游戏博览会中重现了昔日弄堂口的“小人书摊”

2005 年 7 月 13 日，分众传媒在美国纳斯达克股票交易所成功上市

2006 年 10 月 17 日，上海新华传媒股份有限公司揭牌

2006 年，时空之旅国家文化产业示范基地授牌仪式举行

2009 年 4 月 17 日，首批上海市文化产业园区颁证

2010 年 4 月 30 日，上海世博会开幕式在上海世博文化中心举行

创意仓库－苏州河

8 号桥创意园区

界龙实业

“东纺谷”园区—办公楼主楼

上海张江文化创意产业园区

上海河马文化科技股份有限公司

同乐坊

国家对外文化贸易基地

越界创意园

德必易文化创意产业园区

中国出版蓝桥文化创意产业园

上海市地方志编纂委员会

上海市地方志编纂委员会

（2007.8—2018.6）

《上海市志·文化产业分志(1978－2010)》编纂委员会及编纂人员

编纂委员会

主　任　胡劲军(2016.07—2016.09)
　　　　　于秀芬(2016.09—2020.12)
　　　　　方世忠(2020.12—　　　)

副主任　贝兆健(2011.12—2017.06)
　　　　　金　雷(2017.06—　　　)
　　　　　郭新立(2016.07—2017.07)

委　员　(按姓氏笔画为序)
　　　　　方　坤　石志杭　申卫华　刘海英　阮　力　吴　琼
　　　　　汪飞亭　张　晖　陈石燕　胡惠林　施　方　夏建琴

编纂办公室

主　编　胡惠林

副主编　刘素华

编纂人员　(按姓氏笔画为序)
　　　　　王　媛　王　元　王　婧　付　缨　毕晓梅　齐崇文
　　　　　许晨敏　李敏妍　胡霁荣

《上海市志·文化产业分志(1978—2010)》图片提供单位

黄浦区文化和旅游局　　徐汇区文化和旅游局
长宁区文化和旅游局　　静安区文化和旅游局
普陀区文化和旅游局　　虹口区文化和旅游局
杨浦区文化和旅游局　　闵行区文化和旅游局
宝山区文化和旅游局　　嘉定区文化和旅游局
浦东新区文化和旅游局　　金山区文化和旅游局
松江区文化和旅游局　　青浦区文化和旅游局
崇明区文化和旅游局

上海广播电视台
上海大剧院艺术中心
上海话剧艺术中心
上海韬奋纪念馆
上海多媒体产业园发展有限公司
上海东方汇文国际文化服务贸易有限公司
上海河马文化科技股份有限公司
上海时空之旅文化发展有限公司
上海电影(集团)有限公司
梅赛德斯-奔驰文化中心
上海东方网股份有限公司
盛大天地(中国)有限公司

《上海市志·文化产业分志(1978—2010)》评议专家名单

组长 王依群

成员 (以姓氏笔画为序)

刘世军 花 建 朱易安 张止静 沈文忠 李涵初 荣跃明
胡国强 孟 建 孟丽芳 蒯大申

《上海市志·文化产业分志(1978—2010)》审定专家名单

组长 王依群

成员 (以姓氏笔画为序)

吕 健 朱易安 张止静 李涵初 荣跃明 胡国强
刘 妮 蒯大申

《上海市志·文化产业分志(1978—2010)》验收单位和人员名单

验收单位 上海市地方志办公室

验收人员 洪民荣 姜复生 黄晓明 唐长国 杨军益

业务编辑 李洪珍

序

《上海市志·文化产业分志(1978—2010)》(以下简称:《上海文化产业分志》)出版了,主编胡惠林教授嘱我写个序。为中国文化产业修志立志,是中国文化产业发展的一件大事。我慨然应允。

文化产业是文化建设与发展的重要载体,是现代文化建设最重要的社会生产机制和文化发展形态。没有文化产业就没有现代社会发达的现代文化形态。上海是近代以来中国文化产业的策源地之一,早在20世纪30年代就初露端倪,至20世纪60年代已初步形成当代中国较为完备的社会主义文化产业体系,为新中国文化产业发展作出了不可替代的贡献。

1978年,十一届三中全会做出党的工作重心转移的决定后,上海于1986年率先在全国召开上海文化发展战略研讨会,第一次把文化发展战略纳入中国社会主义文化建设与发展的进程之中,文化产业发展成为其中的重要议题,并由此而开展了上海的文化产业理论研究与政策研究。邓小平同志南方谈话关于"计划和市场"兼容理论的提出、党的十四大关于建设社会主义市场经济体制改革目标的重大决策和中国加入世界贸易组织(WTO)面临的政策与制度性挑战,为中国文化产业发展提供了重要历史机遇和时代环境。党的十六大提出的"积极发展文化事业与文化产业",是新中国成立以来文化政策的重大创新,为建设中国特色社会主义文化开辟了新的道路。上海文化产业进入深化文化体制改革、重塑文化产业体系新的历史发展阶段,先后组建了文汇新民联合报业集团、上海世纪出版集团、解放日报报业集团、上海演出总公司等新的文化产业组织。上海盛大网络的迅速崛起,不仅领跑中国网络游戏产业,丰富和扩大了文化产业的范畴,而且为非公文化资本进入文化产业领域贡献了可复制的经验。中国上海国际艺术节、上海国际电影节等活动的举办,不仅有力推动了中国特色社会主义文化的繁荣和发展,而且为全国文化艺术活动的市场化运作创造了新鲜的经验。

党的十八大以来,中国进入中国特色社会主义建设新时代,建设现代文化产业体系连同建设现代公共文化服务体系、建设现代文化市场体系一起,构成了新时代中国特色社会主义文化建设与创新发展的新要求和新目标。习近平总书记“一带一路”倡议和构建人类命运共同体目标的提出,在指导构建中国与世界新型关系的同时,也为中国文化产业建设与发展提出了新的目标,赋予了新的使命。

文化产业兼具意识形态和商品经济的双重属性。意识形态工作在中国文化建设中具有极端重要性。“总体国家安全观”中的文化安全观是维护国家安全重要保障的论述,赋予了中国文化产业发展的根本价值观:不忘初心,牢记使命,为实现中华民族伟大复兴的中国梦而奋斗。

文化产业发展是改革开放以来中国取得的最伟大的成就之一,也是新中国成立70年来社会主义文化建设与发展的重要标志。把这一伟大的创举记录下来,著书立志,将是一件前无古人、后启来者的历史伟业。上海文化产业的发展,是改革开放以来中国文化产业发展的一个写照。编纂《上海文化产业分志》,无疑将引领风气之先,开历史之先河,为有着数千年修志传统的中国,再增添一个新的志类。

文化产业与其他行业不同,它是一个以文化产品生产和提供文化服务为核心的产业,既有很强的行业属性,又有很强的政策特性。同时,文化产业还是一个不断发展中的社会文化生产系统,与人们的社会生活和国家的政治经济有着非常密切的关系,随着社会生产力的发展而不断成长发展是它的一大特点。文化产业的每一次创造性发展都包含着极为丰富的政治、政策、制度、体制等方面的重要历史信息。把它的每一次创造性发展记录下来,让后人更好地了解和认识中国文化产业的发展历程,是编修《上海文化产业分志》的重大价值和意义。它将为今后编撰《中国文化产业志》提供一个案例与范本,也会为各地编修“文化产业分志”提供很好的借鉴与参考。

40年来的中国文化产业发展,为新中国70年的壮丽诗篇增添了浓墨重彩的一笔。为中国文化产业修志立志不仅是历史需要,也是现实需要,这是当前文化工作者们一项义不容辞的历史责任。

我对《上海文化产业分志》的出版表示热烈祝贺,同时,更期待着《中国文化产业志》的早日问世!

是为序。

王永章

中华文化促进会副主席

原国家文化部首任文化产业司司长

《上海市志(1978—2010)》凡例

一、本志坚持以马克思主义为指导,遵循辩证唯物主义和历史唯物主义原理,实事求是记述上海市自然、政治、经济、文化和社会的历史与现状。

二、本志为上海市首轮社会主义新方志中《上海通志》《上海市专志系列丛刊》之续,续义不续例,体例方面创新调整,并对首轮志书补缺正误。采用小篇平列体,分别编纂,陆续出版,汇为全志。

三、本志记述地域范围,以2010年底上海市行政区划为准。由上海市辐射至全国其他地区及国外事物,兼及记述。

四、本志记述内容的时限,上起1978年,下迄2010年,反映这一时期上海改革开放全貌。首轮《上海市专志系列丛刊》所缺或记述内容不够丰富的分志、分卷,上溯至事物发端。中国共产党分志、人民代表大会分志、人民政府分志、人民政协分志、民主党派分志,为保持同一届次内容记述的完整性,下延至2010年后的首个换届年份。

五、本志按自然、政治、经济、文化和社会为序设置分志、分卷,事以类从,类为一志,并兼顾当代社会分工的原则。全志除总述外,中国共产党分志、农业分志、工业分志、商业分志、服务业分志、城乡建设分志、金融分志、口岸分志设置综述卷,并设经济综述分志,加强全志整体性。各分志、分卷采用篇章节体,卷首设概述、大事记,以专记、附录、索引殿后。

六、本志体裁以述、记、志、传、图、表、录为主,力求内容与形式统一。

七、本志人物传遵循“生不立传”原则。入传人物排列先后以卒年为序,在世人物以人物简介(排列以生年为序)、人物表(人物录)记载。

八、本志采用规范的语体文、记述体,行文按《〈上海市志(1978—2010)〉编纂行文规范》,力求严谨、朴实、简洁、流畅,以第三人称记述。

九、本志纪年,凡1949年5月27日上海市解放以前的用历史纪年,一般标示朝代、年号、年份,括注公元纪年;1949年5月27日上海市解放后,一律采用公元纪年。

十、本志所记述的地名、机构名称、职称及币种、计量单位,一般按当时称谓。

十一、本志所用统计资料,原则上根据统计部门公布的材料;未列入统计部门统计的,根据部门统计的材料。

十二、本志资料来源于国家档案馆、上海市及有关省市档案馆、部门档案馆(室),以及历史文献、口碑资料、社会调查、部门提供的材料等,均经考证核实,一般不注明出处。

编纂说明

一、《上海市志·文化产业分志(1978—2010)》以编纂大纲为统揽,大事记为年度要事概览,主体部分以文化产业管理、文化产业规模与结构、文化产业各行业、重点企业与重大项目、文化产业园区与基地等为序,分篇、章、节、目等层次记述,并有若干历史图照,力求客观全面地记述1978年至2010年上海文化产业改革、探索、创新、发展的轨迹和成果。

二、本分志记述的文化产业具体行业门类划分以国家统计局印发的《文化及相关产业分类(2012)》内的标准作为主要依据,并根据《上海市文化创意产业分类目录(2012版)》增补了部分相关行业。后续在搜集整理资料的过程中,又因部分行业资料有限,做相应调整。

三、本分志记述上限1978年,下限2010年,个别内容适当上溯下延。所涉及领导机构、管理部门的内容,仅记载其对上海文化产业的领导、管理和相互关系等情况,并不全面记述其整体功能、职责、权限等方面的沿革与变化。

四、本分志以《上海市志(1978—2010)编纂行文规范》和国家语言文字相关规定为行文基本原则,所用数字,除周年、届别、版次、开张及约定俗成的固定词组外,一般采用阿拉伯数字。

五、本分志相关统计资料分别由中共上海市委宣传部、上海市文化广播影视管理局、上海市统计局和有关部门(单位)提供,一般不注明出处。

目　录

第四篇 重点文化企业和文化产业项目 …………… 431

CONTENTS

概　述

中国文化产业在世纪之交的兴起，是中国确立社会主义市场经济体制这一国家发展道路的结果。在长期的以计划经济为主导的国家发展道路和发展模式中，中国的文化建设及其产业形态的发展走的是一条福利性的国家文化事业发展道路。这条道路对于在一个不长的时间里迅速地建立起社会主义文化制度发挥了积极作用和产生了深远影响。改革开放后，尤其是加入世界贸易组织后，中国主动和积极地参与世界经济全球化进程，文化成为综合国力的重要组成部分和重要标志。大力发展文化产业成为国家发展战略。上海文化产业的发展就是中国文化产业发展的一个写照。

上海是近代中国工业文明的策源地。现代文化产业随着洋务运动在上海的兴起而诞生，是现代工业文明的文化表现形态与存在方式。20 世纪 60 年代，上海已基本形成了现代报刊业、出版业、电影业、唱片业、广播电视业、表演艺术业、娱乐业等比较完备的文化产业体系和文化市场体系。公办、民办公助等混合构成了文化产业发展基本的所有制形式。文化发展的社会福利模式，使得文化市场没有在文化产业发展中发挥资源配置的积极作用，文化产业更多地融合在文化事业的建设与发展之中。以计划经济的模式和文化事业的体制机制发展文化产业构成了这一时期中国文化产业发展的基本特征，这也是上海文化产业发展的基本特征。这一基本特征是由新中国成立之初重建国家文化秩序所决定的，为后来的上海文化产业发展奠定了基本的文化制度体系和文化能力体系。1978 年，中共十一届三中全会实现了党和国家工作重心向以经济建设为中心的历史性转移。上海文化产业由此进入了探索发展、改革发展和开放发展历史新时期。

一

上海文化产业发展始终与中国的改革开放相伴相生。从 20 世纪 80 年代逐步开放文化市场，到 90 年代推进以建设社会主义市场经济体制为目标的文化体制改革，到 21 世纪文化产业与文化事业两翼齐飞，上海文化产业发展在改革开放的进程中不断实现新突破。先后经历了三个主要发展阶段：十一届三中全会到党的十四大召开为第一阶段（1978—1992 年），十四大到十六大为第二阶段（1992—2002 年），十六大到 2010 年为第三阶段（2002—2010 年）。

1978 至 1992 年，上海文化产业从计划走向市场的探索。积极推进文化大众化、发展文化市场和探索文化产业发展、增进文化对外交流，是这一时期上海文化产业探索发展与改革发展的突出内容。

1978 年底，党的十一届三中全会召开，开启了中国社会主义文化现代化发展的历史新篇章，为中国从计划经济向社会主义市场经济体制转型，探索发展文化产业开辟了新思路。邓小平同志所作的《解放思想，实事求是，团结一致向前看》重要讲话，确立了解放思想、实事求是的思想路线，文化领域存在的巨大的创造性活力被迅速激发。邓小平在第四次全国文代会上所作的祝词中提出了新时期文学艺术的任务，进一步解决了文艺与人民、文艺与生活的关系，以及党如何领导文艺工作等一系列重大根本问题，为进一步解放文化生产力指明了方向。正是在这样的历史条件下，一出由工人创作的话剧《于无声处》（1978 年）拉开了上海文化改革发展的大幕，上海开始了积极稳妥地推进文化领域改革与创新。《于无声处》的演出成功标志着一个崭新的以市场需求为导向的现代演出业的重建的开始。为上海大胆探索文化产业发展起到了先声夺人的效果。

1980年，上海率先在全国开启了商业性文艺演出。1980年3月至5月，上海杂技团独立承担完成了中国对外演出公司一份赴美国进行商业演出的合同。该团不仅出色地承担起国际间友好交流的桥梁纽带功能，还直接创汇23万美元，开创了全国文艺表演团体对外进行商业性演出的先河。上海文化市场也在这个过程中逐步成为国际商业演出的重要聚集地。据统计，从1979年到1985年，上海文化系统共接待外国、中国港澳地区来沪演出、展出、考察的文化团体780批、7 363人次。市电影局1984年和1985年共接待电影表演团体414批、2 120人次，涉及美、日、英、法等约31个国家和地区。上海文化产业在国际商业演出市场中被率先激活。1983年，上海京剧院京剧演员童祥苓和李炳淑分别组建的两个包干责任制演出队，率先冲出上海京剧院体制改革的起跑线。包干责任制演出以有利于出人、出戏为目标，更好地满足了人民群众文化生活的需要，兼顾了国家、集体、个人三者利益。演出队成员经济分配，实行"基本工资加分红"的办法。1983年，上海京剧院共演出870场，在当时的市文化局系统各演出团中演出场次最多；经济收入45万元，居市文化局戏曲演出团体首位；迈出了上海院团体制改革的重要一步。

1986年，国务院批准文化部《关于协调上海文化发展战略中有关文化管理体制问题的报告》，上海在全国率先获得了地方开展民间国际文化交流活动(包括友好城市和商业性演出、展览等活动)的审批权、对国外创汇收入的使用权、在组团规模和内容方面较大的自主权和开展"上海文化艺术节"等大型国际性文化交流活动的举办权。1988年，文化部、国家工商行政管理局发布《关于加强文化市场管理工作的通知》，正式确认"文化市场"的概念，同时明确了文化市场的管理范围、任务、原则和方针。同年，国务院批转《文化部关于加快和深化艺术表演团体体制改革的意见》，提出允许艺术表演团体发展多种所有制形式和经营方式，自觉完善内部的经营机制和竞争机制。这为上海进一步发展文化市场、提高文化生产力提供了重要的政策依据与理论指导。

在此契机下，上海努力突破传统计划经济体制形成的政府办文化的模式，开始探索和构建开放性的对外文化交流的新渠道。突破了过去一般性的派出和来访演出、展出等官方文化交流形式，进一步发展了民间文化交流、商业性演出等文化发展新形式，积极探索组织举办各种国际艺术节，搭建对外文化交流的新平台。

1986年至1990年，上海先后组织举办了国际摄影艺术展、上海电视节、上海国际文化艺术节、国际动画电影节、国际科教电影节、国际音乐节目展播等10多项大型对外文化艺术交流活动，搭建了一座座中外文化交流的国际平台，既引进了一批世界各国的优秀文化成果，也让海派文化借助这些平台大步走向了世界。此外，上海还创新了合拍电影、合作出版、同台演出、合办节目、交换影片和节目，以及展播展映，举办或参加国际书展、上海书展，设置特约经销处等以市场配置资源为导向的新文化生产方式。据不完全统计，1986年后的4年里，仅上海文化局就派出249批2 806人次，比1985年前的5年分别翻了1倍和3倍。

1992年至2002年，以文化体制改革推动文化产业积极发展。计划经济是中国长期遵循的国民经济和社会发展的基本体制，为建立巩固的社会主义经济制度发挥了重要的历史性作用，同时，随着国民经济深入发展并进一步融入现代世界体系，积极推进社会主义市场经济体制改革被设定为重要目标，这成为上海积极发展文化产业的新动力、新方向。

1992年10月，党的十四大提出"建立社会主义市场经济体制"的战略决策，提出"积极推进文化体制改革，完善文化事业的有关经济政策"的工作目标，为文化产业发展奠定了新的价值取向。

1996年10月，党的十四届六中全会通过了《中共中央关于加强社会主义精神文明建设若干重要问题的决议》，提出积极培育和完善文化市场，一手抓繁荣，一手抓管理，深化文化体制改革，增强文化事业的活力。2000年10月，党的十五届五中全会通过了《中共中央关于制定国民经济和社会发展第十个五年计划的建议》，要求完善文化产业政策，推动文化产业发展。这是党的文件中首次明确使用"文化产业"的概念，拓展了中国文化建设新的重要领域，标志着中国文化建设领域的改革开放进入一个以大力发展文化产业，促进文化繁荣发展的新时期。

在这一时期，上海遵循邓小平同志"大胆地试和大胆地闯"的改革精神，积极主动，大胆探索文化市场化发展与文化体制改革，并且把它与整个城市的未来发展联系在一起。1992年4月，上海东方明珠股份有限公司成立，并成功在上海证券交易所上市，成为中国第一家文化类上市公司——中国文化产业第一股。1995年，《上海市文化局文化事业"九五"计划和至2010年发展规划》出台，提出至20世纪末，上海文化艺术要成为荟萃和展示全国优秀剧目、优秀人才的中心，成为亚洲的文化艺术交流中心之一，至2010年逐步建成具有国际水准又有中国特色的城市文化体系，与上海国际大都市定位相匹配。体制改革方面取得重大进展。1995年，上海交响乐团、上海芭蕾舞团等院团制定了创一流院团规划。对部分市级院团进行布局结构调整，组建成立了上海话剧艺术中心，推进了上海话剧事业的发展。1998年7月25日，由创刊60年的《文汇报》和创刊69年的《新民晚报》联合组建文汇新民联合报业集团(简称"文新集团")，开始了在文化产业核心地带的文化体制集团化改革。1999年12月29日，上海市文化稽查总队挂牌成立，这是全国第一个独立建制的文化领域综合执法机构。2000年，根据上海市总体改革的部署，上海市文化广播影视管理局完成"撤二建一"(撤市文化局、市广电局，建市文广影视局)文化体制改革任务。整合体制，形成文广强强联合新优势。同年，东方网和解放日报报业集团相继成立。2001年4月19日，经国家广播电影电视总局、中共上海市委和市人民政府批准，组建上海文化广播影视集团，从体制改革逐步地向机制改革创新转变。

文化体制的改革开放促进了上海文艺演出市场日渐活跃。仅1995年，舞台演出就达11 026场次，接待观众837.4万人次。

1997年，上海首演创作剧目达20个，其中话剧《归来兮》、京剧《十五贯》、歌剧《卡门》、芭蕾舞剧《梁祝》、舞剧《苏武》等上演后获得好评。上海剧目在全国文艺评奖中频频得奖，京剧《狸猫换太子》、话剧《商鞅》、木偶剧《蛤蟆与鹅》分别获得中宣部"五个一工程"奖、曹禺戏剧奖和文华新剧目奖。群众性的文化艺术活动也十分活跃，群众文化生活日益丰富。例如上海京剧院"京剧万里行"大型巡演活动、双周免费音乐会、上海民族乐团"民乐会知音"高校展演活动、"文化下乡"、"校园四季歌"等活动，成为20世纪90年代上海文化艺术活动最富有城市活力的场景；遍布各区、县、街道，丰富多彩的广场文化活动，成为上海市民重要的群众文化活动项目。此外，高品位、高层次的美术展览相继举办，美术创作活动也日趋活跃，这些共同构成了独特而充满生机的上海城市文化景观。

技术创新是上海文化事业发展最重要的生产力。2000年，市政府"一号工程"上海信息港主体工程所属项目——70万户双向网改造任务完成，使上海有线电视双向接入网改造，累计惠达100万户。2001年底，市郊完成1 031个村有线电视"村村通"建设，通播率提高到70%，上海有线电视总用户达316万户，有效缩小了城乡文化差距。上海卫视在全国拥有1 250多家落地接收点，收视用户达4 000万户，收视人口近2亿。为上海进一步大力发展文化产业展现了广阔前景。

随着改革的推进，上海的文化立法工作进一步完善。许多个全国第一的文化管理办法产生于上海。1995年，全国第一个娱乐市场地方性法规《上海市文化娱乐市场管理条例》经市人大常委会通过颁布施行;1996年,全国第一个省市公共图书馆规章《上海市公共图书馆管理办法》颁布实施;1997年,全国第一部省市级公共文化馆规章《上海市公共文化馆管理办法》颁布实施;1998年,《上海市文化娱乐市场管理条例实施修正案》经市人大审议通过;2000年,上海完成《上海市营业性演出管理办法(草案)》的起草修改工作,对全市电子游戏经营场所进行重新审核登记。文化立法工作的不断完善和文化产业建设法制化,为上海文化产业发展塑造和培育了良好的营商环境。

2002年至2010年,文化产业与文化事业两翼齐飞。文化产业与文化事业是文化发展的两翼,同属于第三产业范畴。通过积极推进二者的有机联动,文化产业在为文化事业发展提供公共文化产品的同时,文化事业也为文化产业的市场化发展积极塑造良好的社会文化环境。两手抓,两手都要硬,形成了这一阶段上海文化产业发展的新特征。

2002年,党的十六大提出“深化文化体制改革”,要求“抓紧制定文化体制改革的总体方案”,按照路线图、时间表和任务书全面推进文化改革与发展,并首次提出“积极发展文化事业与文化产业”,在政策与制度层面上第一次把“文化事业”与“文化产业”加以明确区分,极大地丰富和扩大了中国文化发展的内涵与外延,进一步解放了文化生产力。

按照十六大的部署,2003年中央政治局常委会对开展文化体制改革试点工作作出部署,决定设立9个文化体制改革综合性试点地区,上海位列其中。与此同时,中央还在35个宣传文化单位推行改革试点,上海世纪出版集团便被列为全国文化体制改革试点单位。

2004年11月,文化部印发《文化部关于命名文化产业示范基地的决定》(文产发[2004]43号),上海张江创意产业基地、上海盛大网络发展有限公司、上海大剧院总公司、上海瑞安集团等4家单位入选首批“国家文化产业示范基地”;2006年,上海时空之旅文化发展有限公司、上海多媒体产业园发展有限公司入选第二批“国家文化产业示范基地”;2008年,上海东方明珠(集团)股份有限公司、上海长远集团入选第三批“国家文化产业示范基地”;2010年,上海天地软件创业园有限公司、上海今日动画影视文化有限公司入选第四批“国家文化产业示范基地”。2010年,张江文化产业园区被文化部授牌第三批国家级文化产业示范园区。

2006年,《国家“十一五”时期文化发展规划纲要》发布,提出了“公共文化服务”的建设目标,把“加大政府对文化事业的投入,逐步形成覆盖全社会的比较完备的公共文化服务体系”作为下一阶段文化建设的重要工作任务。党的十七大进一步发出“推动文化大发展大繁荣”“兴起社会主义文化建设新高潮”“激发全民族文化创造活力,提高国家文化软实力,使人民基本文化权益得到更好保障”的时代号召。2009年,国务院常务会议审议通过《文化产业振兴规划》。这是中国第一部文化产业专项规划,标志着文化产业上升为国家战略性产业。

2009年,上海市出台《关于加快上海市文化产业发展的若干意见》《上海市文化“走出去”专项扶持资金管理办法(试行)》。同年,市新闻出版局发布实施《上海市新闻出版局支持出版产业发展的若干意见》《上海数字出版业发展引导目录(2009版)》《关于本市从事数字出版业务工商登记有关问题的意见》等文件,促进新闻出版产业发展。2009年全市有音像和电子出版单位27个,共出版音像及电子制品3 126种(新出1 411种),其中音制品2 093种18 191 400套(盘),像制品528种2 624 500套(盘),电子出版物505种25 472 000套(盘);主营业务收入1.64亿元;利润总额2 071.91万元。同年上海数字出版产业实现销售收入185亿元,约占全国四分之一。全市持有《出版物经营许可证》的发行网点2 756个,全市出版物发行销售总额101亿元。全市有各类印刷企业4 614家,全年印刷销售产值483亿元,利润总额39亿元,增加值(GDP)137亿元。境外印刷业务销售产值32.95亿元。数字印刷销售收入4.98亿元。同年,全市报业主营业务收入24.98亿元,广告总收入 17.26 亿元。

2009 年，上海文化体制改革推出重大举措，率先整体实施广播电视制播分离。经国家广电总局批准，上海撤销上海文广新闻传媒集团，撤销上海电视台、上海人民广播电台、上海东方电视台、上海东方广播电台，合并组建上海广播电视台，实现事业和产业分开、宣传与经营分开、制作和播出分离、资源整合和结构优化。

上海文广影视集团下辖的上海歌舞团、上海轻音乐团、上海滑稽剧团、上海杂技团、上海话剧艺术中心、上海木偶剧团也纷纷转企改制，以公司形式挂牌运营；上海文广演艺（集团）有限公司也随之组建成立。上海杂技团成为上海率先“破冰”、第一家完成转企改制的院团。上海话剧艺术中心推出制作人制和演员俱乐部制；上海木偶剧团拆分出 3 个制作体，让年轻人挂帅闯市场。上海昆剧团副团长张军成立上海张军昆曲艺术中心，成为中国第一家民营职业昆剧院团。2010 年 4 月，上海话剧艺术中心出品的演出季剧目《怀疑》正式建组。该剧组的投资方不再仅仅是院团一家，还吸引了院团职工的投资，这样便形成了一个利益共同体，能够以此调动演职人员的积极性，这也是话剧艺术中心深化体制机制改革的又一全新尝试。

2009 年，上海广播电视台第一财经频道通过与宁夏电视台合作，成为向全国播放的卫星频道。同年，上海美术电影制片厂（简称美影厂）被商务部、文化部、国家广电总局、国家新闻出版总署授予“2009—2010 年度国家文化出口重点企业”称号。“动画艺术长廊”，至 2009 年底参观游人近 3 万，收入达 60 万元，被全国工农业旅游示范点委员会评为国家级的“全国工业旅游示范点”。

2009 年，联和电影院线加盟影院扩大到 20 个省、市的 49 个城市，拥有 128 家加盟影院、473 块银幕、104 113 个座位。

这一阶段上海国际版权贸易获得长足发展。2009 年，第六十一届法兰克福国际书展上，上海出版界共签订或意向签订版权贸易合同项目 316 个，其中版权输出项目 169 个，版权引进项目 147 个，输出项目与引进项目之比为 1.15∶1。版权输出的 169 个项目中，上海世纪出版集团实现版权输出 83 项，《文化中国》丛书实现版权输出 40 项，华东师范大学出版社实现版权输出 31 项；70%以上输往欧美发达国家和地区。是上海出版界参展法兰克福书展版权贸易的历届之最，在上海出版“走出去”战略进程中具有标志性意义。2010 年，全年涉外版权贸易图书 1 396 种。其中引进图书 1 133 种，比上年下降 13.11%；输出图书 263 种，比上年增长 13.36%。

2009 年，上海互联网服务业实现经营收入 268.1 亿元，比上年同期增长 46.1%，增速高于整个信息服务业 25.9 个百分点，是信息服务业中发展最快的细分领域之一。2009 年，百视通公司创新推进三屏融合试点，IPTV 用户达 300 万户，其中上海用户突破 100 万户，上海由此成为全球最大的 IPTV 本地网以及全球唯一用户规模过百万的城市。

2009 年，上海举办各类展览会 526 个，总展出面积 723 万平方米，其中国际展览会 243 个。全市拥有新国际博览中心等场馆 11 个，可提供室内展出面积 36.7 万平方米。上海市会展行业协会拥有有效会员 499 家。全市共有广告经营单位（含广告公司、媒体单位、兼营广告的单位）36 960 个，广告从业人员 168 488 人。全市广告经营额 318.22 亿元，户均广告经营额 86 万元，人均广告经营额 18.9 万元。

2010 年 1 月 16 日，中共中央总书记、国家主席、中央军委主席胡锦涛在中共中央政治局委员、上海市委书记俞正声等陪同下视察了上海卢湾“8 号桥”创意产业园区。

在这一系列宏观政策与战略背景下，上海的文化事业与文化产业加速发展。2003 年 6 月，上海被确定为全国文化体制改革综合性试点地区。2004 年，上海创造性推动文化产业公共平台建设，先后建立了国际文化服务贸易平台、文化产业投融资平台、文化产权交易平台、张江国家数字出版基地和动漫谷等。2004年7月,中国首个国家动漫游戏产业振兴基地在华东师范大学揭牌,旨在开展动漫游戏产业人才的教育培养,产品的研发、生产、孵化和国际合作。2010年6月,由上海联合产权交易所、解放日报报业集团、上海精文投资公司联合投资创立的上海文化产权交易所正式揭牌。

此外,在原上海图书交易会的基础上举行了2004年上海书展,一年一度的上海书展从此正式走进了大众视野。上海书展在不断提升上海的城市文化氛围与市民文化素养中发挥了极其重要的作用,成为上海文化建设新气象。

2007年5月,在上海市第九次党代会上,市委书记习近平在工作报告中提出"与时俱进地培育城市精神",新增了"开明睿智、大气谦和"的表述。至此,上海城市精神——"海纳百川、追求卓越、开明睿智、大气谦和"十六字表达正式出台。这为上海大力发展文化产业、积极参与"加快建设更具活力、富有效率、更加开放、充满魅力的国际文化大都市",奠定了精神气质。

二

从1978年到2010年,在党中央统筹指导和国家战略推动下,上海文化建设在文化体制改革、文化产业发展、对外文化交往、传承历史文脉方面均取得重要成就,加快推动了上海国际文化大都市建设的步伐,使得"上海文化"更富魅力。

上海文化体制改革不断深化,大力推进文化治理现代化。"十二五"前,上海除了率先完成文化体制改革规定动作外,还积极推进深化改革的"自选"动作。上海经营性出版单位全部按期转企改制;广播电视制播分离,成立上海广播电视台、上海东方传媒(集团)有限公司;完成广电传输网络整合和国有市属及区县属文艺院团体制改革;完成第一批非时政类报刊的转企改制;完成区县电影院转企改制;完成世纪出版集团与文艺出版集团的重组。

上海从构建文化管理新体制和塑造文化市场新主体两方面试点改革。在宏观层面,建立了文化领域国有资产监管的"上海模式",建立了公益性文化资助(上海文化发展基金会)和经营性文化产业投资(上海精文投资有限公司)平台,建立公共文化服务内容配送体系,建立文化市场行政执法体系,推动组建了14家文化行业协会。在微观层面,完成了上海世纪出版集团、上海文艺出版总社和上海电影集团的整体转企改制,完成了新华发行集团的股份制改造和借壳上市,以上海大剧院艺术中心为载体探索了非营利演艺机构的运作模式。

与此同时,上海不断推进政府职能转变、依法行政和信息公开。完成市文广影视局权力清单、责任清单和负面清单编制、发布工作。推进政府信息公开平台渠道和信息化建设,推动重点领域政府信息公开,在市政府信息公开工作社会评价调研中排名前列,从而使得上海文化管理体制逐步的从原来单一的政府管理,走向了政府、企业、行业协会协同共管的现代文化治理体系。

文化创意产业繁荣发展,有效提升城市文化竞争力。2004年11月,文化部印发《文化部关于命名文化产业示范基地的决定》,自2004年起至2010年,上海先后有上海张江创意产业基地、上海盛大网络发展有限公司、上海大剧院总公司、上海瑞安集团、上海时空之旅文化发展有限公司、上海多媒体产业园发展有限公司、上海东方明珠(集团)股份有限公司、上海长远集团、上海天地软件创业园有限公司、上海今日动画影视文化有限公司入选"国家文化产业示范基地"。2010年,张江文化产业园区被文化部授牌第三批国家级文化产业示范园区。

"十二五"时期,文创产业成为上海重要的支柱产业和深化供给侧结构性改革的助推力量。上海市文创产业总产出和增加值从“十一五”末的5 499亿元和1 673亿元，快速增长至2014年末的9 054亿元和2 833亿元，翻了近一倍。

促进重点文化产业发展。推进文化与金融、科技、教育、旅游等综合发展，探索艺术品金融化运作，支持上海自贸试验区文化艺术产业的标杆企业与上海银行建立战略合作伙伴关系。2010年6月，由上海联合产权交易所、解放日报报业集团、上海精文投资公司联合投资创立的上海文化产权交易所正式揭牌。这进一步促进上海打造文化要素价值发现与实现的平台、文化要素流动的平台、文化资产保值增值平台、文化与资本对接的平台以及海内外文化要素、资本融合的平台，为进一步加强与长三角地区城市的文化产权交易合作，扩大上海对长三角地区的文化产业辐射力，创造了市场条件。

促进文化创意产业园区升级发展。上海文创产业园区从过去自发的利用老厂房、老仓库改造，逐步发展到主动地以国家级产业基地为引领，不断增强集聚效应，推进上海文化创意产业园区提质发展的新阶段。上海张江文化创意产业园区自成立以来，先后获得首个“国家数字出版基地”、“上海市文化科技创意产业基地”、国家文化部“文化产业示范基地”、国家级“文化与科技融合产业示范基地”等称号，为上海文化产业高质量发展提供引领性支撑。2010年，上海文化创意产业从业人员为108.94万人；实现总产出5 499.03亿元，比上年增长14.2%；实现增加值1 673.79亿元，比上年增长15.6%，高于全市GDP增幅5.3个百分点，占上海生产总值的比重为9.75%，比上年提高0.51个百分点，对上海经济增长的贡献率达到14%。其中，根据国家统计局《文化产业分类目录》标准测算，2010年，上海文化产业从业人员为57.07万人，实现总产出3 335.44亿元，实现增加值973.57亿元，比上年增长10.5%；占上海生产总值的比重为5.67%。

从2010年上海文化创意产业分行业结构来看，文化创意服务业全年实现增加值1 477.99亿元，比上年增长18.4%，占文化创意产业增加值的88.3%，占上海第三产业增加值的15%；其中的建筑设计、软件与计算机服务业、咨询服务业、广告及会展服务业占文化创意产业的比重均超过10%。文化创意相关产业实现增加值195.8亿元，下降1.5%，占比11.7%，下降2.2个百分点。

为了更好地营造良好文化产业发展的社会与市场氛围，着力提升上海城市文化软实力，2004年4月10日起，上海市文物管理委员会(简称上海市“文管会”)依法公布上海各个区县的635处已登记的“不可移动文物”，并予以保护，标志着上海对非国家、省市、区县级文物保护单位的历史文物的保护进入了一个实质性启动实施阶段。同年8月，上海市城市规划管理局初步确定了包括衡山路、复兴路、思南路、山阴路、愚园路等93条风貌街道保护空间，为上海文化产业发展提供了城市文化产业新经验。

大力发展多种所有制成分的文化产业。2004年，文化部出台并下发《关于引导和支持非公有制经济发展文化产业的意见》，明确提出进一步鼓励、支持和引导非公有制经济大力发展文化产业。该《意见》适用于各级文化行政部门管理的演出业、影视业、音像业、文化娱乐业、文化旅游业、网络文化业、图书报刊业、文物和艺术品业以及艺术培训业等行业。为实现文化产业的跨越式发展，上海大力吸引多元资本尤其是非公资本进入文化产业。2004年，上海发布《上海文化产业投资指南》，为有志投资文化产业的非公有制企业提供有效信息。

为适应中国加入世贸组织的新形势，进一步规范文化领域引进外资工作，提高利用外资的质量和水平，维护国家文化安全，促进文化产业健康有序发展，2005年，文化部、国家广播电影电视总局、国家新闻出版总署、国家发展和改革委员会、商务部联合印发了《关于文化领域引进外资的若干意见》，进一步推动非公文化产业规范发展。

为实现文化产业的跨越式发展，上海大力吸引多元资本尤其是非公资本进入文化产业。上海“十一五”文化产业发展规划确定了上海文化产业以“一区一业”为原则，适应区域文化传统、文化资源、文化需求、文化消费的特点，形成相互错位竞争、相互关联互补的重点文化产业功能区域，并预设文化展示交易、对外贸易、加工物流等功能区域。鼓励非公有资本进入会展和文艺表演团体领域，允许外商以独资或合资、合作的方式设立书刊报刊分销等企业。

数量众多的非公有制文化企业在中国文化事业发展中的地位举足轻重。加快非公有制文化企业的健康、快速发展，需要政府加大在政策和规划上的支持力度，强化非公有制文化企业自身能力建设，加强非公有制文化企业人才的管理和培育，壮大和优化文化经纪人队伍。

三

改革开放来，上海文化产业发展取得重要进展。在此过程中，上海始终坚持正确发展方向，深化文化体制改革，深挖城市文化资源，以最高标准最好水平，不断提升文化生产力和全社会文化活力，开辟出了一条符合上海实际的社会主义国际文化大都市文化产业发展之路。

坚持马克思主义在文化产业发展领域里的指导地位不动摇，始终不渝地以中国特色社会主义理论引领和指导中国文化产业的发展道路和发展方向；以科学的改革开放观，在探索中国特色的文化产业发展道路的过程中，缔造中国文化产业创新体系。马克思主义是当代社会主义中国的国家意识形态。中国特色社会主义理论是当代中国的马克思主义思想理论形态。这是指导中国一切事业发展的宪法原则。文化产业的中国发展既具有时代性(或全球化特点)，又具有历史性(或本土化特点)。在全球化的背景下重建中国精神文化秩序，在本土化的基础上重建中国文化的世界精神，这是当代中国文化产业建设与发展的双重使命。文化产业是一个开放的精神世界体系，同时文化产业又是一个有着自身特殊规律的有机生命整体。尊重规律，探索发展，在发展中缔造中国文化产业创新体系，构成了 30 多年来上海文化产业发展的基本道路。

坚持马克思主义指导思想地位。这是决定上海文化体制改革发展性质与方向正确的根本制度遵循。只有牢牢把握马克思主义在文化和意识形态领域的主导地位，才能不断推动上海国际文化大都市建设在正确的轨道上发展前进。随着改革开放的不断深入，上海加强了社会主义核心价值观的引领作用，形成了以培育弘扬爱国主义为核心的民族精神和以改革创新为核心的时代精神的四大文化发展体系，涉及公共文化服务、文化产业、文化市场、优秀历史文化传承保护等。

坚持正确发展方向，加强和优化顶层设计。文化的发展既是一个客观的历史演进过程，又是一个庞大的社会系统工程。正确把握文化发展规律，加强对文化建设的科学指导，能够推动社会文化朝积极健康的方向发展。文化产业是文化建设与发展的重要形态与组成部分。改革开放以来，上海始终重视包括文化产业在内的文化事业发展的顶层设计，并不断加强和优化。从 20 世纪 80 年代中期(1985 年)第一次开展关于上海文化发展战略的大调研并形成《上海文化发展战略汇报提纲》，到 2016 年发布“2035 规划”提出建设“社会主义国际文化大都市”“人文之城”的战略目标，再到 2018 年提出“全力打响‘上海文化’品牌”，上海文化产业发展的顶层设计不断在改革发展中与时俱进。

坚持国家战略与地方实际相结合。党的十一届三中全会以后，国家工作中心从“阶级斗争”转向“经济建设”。在此背景下，上海围绕解决落后文化生产力与人民群众日益增长的经济文化需求不相适应的问题，大胆解放思想，制定了与上海经济发展战略相适应的文化发展战略。20 世纪 90

年代，上海紧跟“建设社会主义市场经济体制”的时代要求，主动探索有中国特色社会主义文化市场发展道路，率先提出大力发展和做强做大、做宽做实文化产业和公共文化服务体系建设等新概念，创新文化政策理论，维护国家文化安全，为国家层面文化产业发展和公共文化服务体系建设宏观制度设计，贡献了上海经验和上海智慧。进入21世纪，特别是党的十八大以来，上海贯彻执行以习近平同志为核心的党中央关于“五位一体”总体布局要求和关于“文化强国”的整体部署，以及党中央要求“上海走在发展社会主义先进文化的前列”等一系列重要指示，进一步解放思想，创新文化政策，优化战略部署。从“国际文化交流中心”到“国际文化大都市”“人文之城”，再到打响“上海文化”品牌的提出，上海根据自身条件与文化发展状况，在不同的历史阶段制定了符合上海实际的文化发展战略。从文化服务于经济到文化强市的转变，不仅反映了上海对文化发展规律的正确把握，对自身文化发展现状和方位的清醒认识，也体现了上海高度的文化自觉与坚定的文化自信。上海文化产业改革发展用事实证明了，与时俱进地调整、更新文化战略规划与文化政策是推动文化事业不断蓬勃健康发展的有力保障。

借鉴国际文化大都市发展经验。上海是海纳百川的上海，是放眼全球、对标国际先进、不断追求卓越的上海。在建设国际文化大都市的过程中，上海善于通过与发达国家的国际文化大都市（纽约、巴黎、东京、伦敦等）在共性指标落实方面进行对标比较来发现自己的差距，进而找到下一步建设的着力点，不断提升自身的文化实力，跻身世界城市前列。比如，文化硬件方面，公认的国际文化大都市均有世界一流的地标性博物馆、剧院、音乐厅等。为此，上海从20世纪90年代开始通过文化地标的建设来提升城市品质。此后，上海市十大地标性重大文化设施拔地而起，东方明珠广播电视塔、上海图书馆、上海博物馆、上海大剧院、上海影城、上海书城、上海马戏城……城市天际线悄悄改变，重要节庆活动和大型国际盛会纷至沓来。“八五”至“十二五”期间，上海市级重大文化设施累计投资249.2亿元。据不完全统计，“八五”至“十三五”期间，上海已建、在建和规划建设的市级重大文化设施项目66个，与社会主义现代化国际大都市相适应的文化设施整体格局已初步形成。

深化文化体制改革，激发全社会文化创新活力。改革开放以来，上海文化体制改革不断深化，走在了全国前列，上海率先在全国完成文化体制改革试点任务，并结合自身实际情况，完成不少“自选动作”，基本形成了与市场经济体制相适应的文化宏观管理体制和微观运行机制，有效推动了文化生产力的解放与发展，促进全社会文化创造活力，为推进国际文化大都市建设提供了创新动力和体制保障。

切实转变政府职能。按照政企分开、政事分开原则，上海市各级政府通过简政放权于文化生产主体，来充分调动和激发文化市场创造和供给活力，使各种文化主体、各类所有制文化企业和民间资本广泛深入地参与到文化的生产与供给和文化资源的市场配置之中。在这一过程中，上海形成了以改革促发展、以创新驱动改革的工作思路。在推进经营性文化单位转企改制的同时，主动探索了文化企业的股份制改造；在重点单位转企改制的同时，注重完善资源优化配置和健全产业链；在培育骨干文化企业的同时，自觉实践非营利文化机构的运行模式；在扩大文化产业开放度的同时，注重产业公共服务平台的创建和文化产业与金融、科技、贸易的融合；在推进公共文化设施布局建设的同时，开展内容配送、管理服务、运行模式等一系列体制机制创新，提高上海公共文化服务的能级和水平。

探索管理模式创新。一方面，上海充分调动市区两级文化工作的积极性，市级层面负责顶层设计、政策制订，区级层面负责具体实施，并结合各区实际创新探索，有效实现了“两级政府、三级管理”的工作机制。另一方面，上海在打造较为完备的文化设施体系的同时，探索出了体制内管理和社会化运营相结合的灵活机制。

推进城市文化资源更新,提升国际文化大都市品质。城市文化资源是城市发展文化产业的重要历史基础。上海隶属于江南文化体系,近代以来又是中国工人运动和中国革命的重要策源地,中国共产党在上海的创立为上海的城市文化资源带来了前所未有的历史性充实与提升,极大地丰富和发展了上海文化产业发展的城市文化资源。城市更新和工业文化遗产的再利用,促进了创意产业园园区的诞生,构成了上海文化产业发展的新型业态。上海是近代以来中国城市文化建设的典范,集中体现了东西方文化交融和海纳百川的气质与风貌,具有独一无二的城市文化的创造性,是一部卓越的城市文化作品。这构成了上海文化产业空间形态的重要组成部分,成为城市文化旅游的对象。上海积极挖掘城市内生文化资源,发挥文化机构主体性,融合文化与城市更新,重视历史文脉整理传承,更加自觉、更加主动地推进国际文化大都市建设,努力探索文化产业强市的发展道路。一大批以上海历史文化资源为内容的文化产品的创作问世,极大地拓展了上海文化产业发展的内容空间,提升了上海作为国际文化大都市应有的文化品质。

坚持以人为本理念,发挥文化机构主体性。城市公共文化服务体系是城市文化产业发展的重要生态环境和支持,是培育和涵养城市文化消费能力,发展文化产业的重要支撑。通过建立以"社区文化活动中心"为核心的市、区、街道(镇)、居(村)委四级全覆盖的公共文化服务网络体系,上海充分发挥各级文化机构在国际文化大都市建设中的关键作用,在把文化产业发展的积极成果转化为政府提供的公共文化产品,为广大市民参与上海文化建设、满足基本文化需求、享受优秀文化成果提供了重要平台和渠道的同时,也为上海文化产业发展提供可持续发展的文化消费能力。以社区文化组织为例,许多社区文化中心引入了专业院团为社区送演出、送指导、送培训。徐汇区湖南街道社区文化中心整合街道内优质文化资源参与公共文化建设,引入上海交响乐团、上海越剧院、乐高玩具公司、大隐书局等专业文化机构和团体,率先尝试打造社区文化共同体。针对社区居民需求,专门开辟空间,面向居民、白领及青少年群体设立上海交响乐团音乐教室、上海越剧院戏曲教室、中福会儿童艺术剧院儿童剧工作坊剧场、青少年乐高体验室等优质多元的公共活动设施和相关服务。将专业文化与社区文化的有机结合,建立了高雅艺术"落地"和草根文化提升的"双通道"。

融合文化与城市更新,提升城市文化多样性。城市是一个不断吐故纳新的有机生命体。文化是城市生命的灵魂。城市更新在本质上就是城市文化更新。上海历来重视文化建设与整个城市发展之间的有机结合。改革开放以来,上海通过释放文化资源优势、建造高品质文化地标与文化设施、营造良好的都市文化氛围、提供高质量的文化服务等方式,不断加大文化驱动城市创新发展的力度和广度,推动国际文化大都市的建设。以举办世界博览会为契机,上海通过文化基础设施改造和更新中心城区结构,将曾经以交通运输、仓储码头、工厂企业为主,产能落后,污染严重的"世博板块",打造成上海国际文化大都市的核心功能区,覆盖国际文化交流中心、发达的文化创意基地、国际性旅游会展目的地、标志性市级公共活动中心等多重功能。通过以中华艺术宫、梅赛德斯-奔驰文化中心、世博公园为龙头的地标性文化设施建设,带动整个区域功能和空间品质升级。继对"后世博"的更新改造之后,上海又着力贯通黄浦江沿线公共空间,在保留历史文化遗存的基础上,打造全长45公里滨江文化带,在努力为市民提供更加丰富多元的文化艺术设施和更加优质的城市景观,增进了市民的获得感与幸福感的同时,也为后来上海文化产业发展国际化预留和储备了战略空间。

重视历史文脉整理传承,增强城市文化软实力。城市文脉是城市文化产业建设与发展的重要资源形态,是城市文化产业特色的历史依据。在城市建设千城一面和全球化带来文化同质发展的背景下，整理、挖掘和充实丰富的文化资源，传承悠久城市文脉，凸显城市文化个性，是推进上海文化产业发展和国际文化大都市建设的重要途径。历史文化遗产是文化产业发展的重要文化资源。对于城市而言，城市的历史文化遗产就是城市文化旅游产业构成的重要组成部分，是城市文化消费和城市旅游的重要对象。自20世纪80年代全面推进历史文化遗产保护以来，上海建立并逐步完善历史文化遗产保护管理制度，建立优秀历史建筑保护名单，开展历史风貌特色区域成片保护。上海将历史文化遗产保护工作与区域整体发展有机结合。以上海徐汇区为例，它在三个区域以传承文脉为抓手，拓展区域发展的新增长点。在徐家汇，将海派历史文化资源与文化旅游服务融合，建设“徐家汇源”都市文化旅游景区，提升了徐家汇集商贸、文化、旅游为一体的城市副中心功能；在衡山路—复兴路历史文化风貌区，充分发挥该区域历史人文荟萃、街道尺度宜人、空间环境优美的特色，吸引众多民间和外来资本，融合时尚消费元素，打造精致休闲的都市审美生活理念与生活方式；在徐汇滨江，积极吸收和引进国际文化资本，重点打造“西岸文化走廊”品牌工程，建立文化品牌聚集、具有国际影响力的一流经典文化岸线，构建富含人文气质和文化品位的国际文化大都市中心城区。

加强文化产业与文化市场法制建设，不断提高上海文化治理体系和治理能力。在深化文化体制改革，不断培养和激活文化产业与文化市场的同时，上海自20世纪80年代以来就着手根据国家文化建设需求，加强文化市场管理与法制建设，先后成立了上海市社会文化市场管理处、上海市图书报刊市场管理处和上海影视音像制品市场管理处等文化市场管理机构，出台相应的地方文化规章和法规，对文化产业发展和文化市场建设实行有效的文化治理。这对规范上海文化市场，推动上海文化产业健康有序发展起到了积极作用，产生了全国性的广泛影响，为国家建构市场经济条件下文化治理体制，提高国家文化治理能力，提供了可资参照的政策实践依据。虽然选择的管理体制与管理政策仍然存在着由于传统体制带来的条块分割问题，但原则上还是体现了文化体制改革关于分类管理的政策精神，体现了政府依法管理文化产业与文化市场的应有的职能。在实现政府从“办文化”向“管文化”转变的同时，坚持探索按照社会主义市场经济的原则大力发展公有制文化产业，以满足人民群众公共文化产品的消费需求，从而有效地实现“管办结合”的新文化产业发展与新文化市场发展的文化治理体系和智力能力的新结构塑造。为加强和统一协调上海对文化市场的执法管理，强化对文化市场的稽查力度，为文化产业发展营造一个良好的文化生态环境。1999年，上海在全国率先成立上海文化稽查总队，综合原来分属于不同文化行政部门的执法职能，重新整合上海文化执法资源，统一对全市的依法文化治理和管理，从而有效地提高了上海文化管理的效能，极大地推进了上海文化产业发展和文化治理体系和治理能力现代化建设。这一治理经验和制度性创新为国家所采纳，成为后来各地成立统一文化执法机构重要的可复制经验与制度。

四

上海是中国现代文化产业的策源地。上海文化产业的发展是中国文化产业发展的一个先进代表。1978年至2010年，是中国进入新时期后文化产业探索发展、改革发展最重要的奠基时期。有着所有改革探索时期所具有的矛盾与特征。文化产业在中国还属于幼稚产业，是一个需要精心哺育、大力培育和积极发展的新国民经济和社会发展领域。其间有着许多未知领域需要我们去探索和创造。

坚持推进信息产业和文化产业有机结合、互动发展的方针，大力推进高新技术和文化产业的结合，发展新兴文化产业，大力发展网络文化产业，在时代的高起点上推动上海文化生产与文化传播手段的创新。

文化产业数字化在深刻地改变传统文化产业增长方式的同时，构成了对传统文化产业生存与发展的巨大挑战。传统与现代的冲突，必然引发传统文化产业与新兴文化产业之间的激烈竞争。传统文化产业在通过数字化革命提升自身优势竞争力的同时，也向新兴文化产业提出内容革命的要求。文化产业数字化发展是未来中国新文化变革的总趋势，必将带来中国文化建设形态更为深刻的革命。当科学技术成为观念的生产和传播的力量的时候，数字技术就同时成为一种文化的存在和文化力量的存在。实现数字技术从手段和工具向力量和内容的战略转移，是数字技术意识形态化的大趋势。数字技术如果不能完成向内容的战略转移，将会造成中国文化产业发展和新文化变革的深刻的战略性危机。因此，在多大程度上和在多宽的领域里占领文化数字技术的高端市场，就不仅是技术革命问题，而且也是新文化变革问题。

不断深化文化体制改革，推进文化体制、机制创新，解放文化生产力，建立有助于文化生产力充分解放、每个人的文化自由得到充分享有的新文化生产关系，创新国家文化产业制度，构建上海文化产业创新体系。

文化体制改革是一次由执政党推动的在文化领域里进行的自我革命和自我完善的制度选择，是一次深刻的文化变革。文化生产力的全面解放有赖于文化生产关系的全面转变；新文化变革的伟大实现有赖于国家文化制度的全面创新。先进的文化生产力与落后的文化生产关系之间的矛盾；落后的文化生产力和人民群众日益增长的精神文化消费需求不能得到满足之间的矛盾；历史的必然要求和这种要求不能实现之间的矛盾。新文化变革就是要为解决和克服这些矛盾提供全新的智慧。上海文化产业的发展要为此创造和提供新鲜经验。

坚持文化产业与政治、经济、社会和文化协调发展的原则，在服务于国家总体战略的同时，制定和实施坚定不移的上海中长期文化产业发展战略，大力推进农村文化产业和城市文化产业、传统文化产业和新兴文化产业协调发展、特色发展、差别发展和梯度发展的方针，积极推进文化产业与城市文化建设的融合发展。

文化产业发展给上海城市建设与城市发展带来了政治、经济、社会、文化、生态等一系列的深刻变化。上海也还将随着文化产业的深入发展而不断呈现出更加深刻的历史性变化。如何正确处理文化产业发展带来的问题，创造性的建构上海的城市文明，创造性调整上海的文化经济结构，实现上海文化产业发展结构的战略性转型，构建新型的社会文化关系和社会文化精神秩序，提高上海文化产业的整体性创造能力，是上海文化产业长期面对和解决的重大战略问题。对这一问题解决得如何，将直接和长期影响上海文化产业发展以及上海整体性城市文化建设，同时也将长期考验上海这座城市的文化智慧和文明水平。

上海文化产业有着得天独厚的历史优势，同时也有着许多需要克服的历史负重。20多年来上海文化产业在历史负重与现实需求下，不畏艰险，勇敢探索，秉持大胆闯和大胆试的“摸着石头过河”的精神，不断开拓进取，取得了一系列载入史册的成就。国家对上海有着很高的要求和期待。这是上海文化产业发展的不竭动力。服务于国家文化战略需求，服务于实现中华民族伟大复兴的战略需求，上海的文化产业发展和文化治理体系、治理能力建设，就有责任为实现中华民族这一伟大历史使命而继续努力，以上海文化产业高质量发展，再塑上海文化产业的辉煌！

大事记

1978 年

1月1日　中共上海市委决定，上海出版系统恢复原建制，撤销“文化大革命”中组建的由上海市出版局和各出版社合并而成的“上海人民出版社”，重建上海市出版局，马飞海任局党委书记兼局长。下属10家出版社。

1月　为贯彻落实上海市七届人大和五届政协会议精神，政协上海市委员会召开文艺界人士座谈会。

同月　上海市轻工业局所属的文教用品、纸制品、乐器等国营企业划归上海市手工业管理局。

2月21日　上海市文学艺术界联合会和所属各协会正式恢复活动，召开主席团扩大会议，研究和部署此后一个阶段的工作。

3月　上海市电影局恢复建制。3月28日中共上海市委决定，由孟波任中共上海市电影局党委书记，兼任局长。

同月　中共上海市委决定文汇报社成立党委会，实行党委领导下的总编辑负责制。

5月1日　中共上海市委同意《解放日报》《文汇报》两报恢复稿酬制度，即日起开始执行。1977年10月1日到1978年4月30日刊出的稿件，也陆续补发了稿酬。

同日　重印的35种中外文学著作在北京、上海等城市新华书店门市部发行，南京东路新华书店门市部排队买书最多一天达1.6万人。到6月底，新华书店上海发行所向全国发行沪版中外文学名著累计达200万册。

7月1日　为了尽早把报纸送到读者手中，《解放日报》《文汇报》两报和上海邮电管理局今起开展报纸发行“一条龙”协作竞赛。

7月4日　上海电影制片厂颁布《上影厂故事片生产管理暂行规定》(又称“生产管理20条”)。

9月23日　上海市工人文化宫创作的话剧《于无声处》在市文化宫剧场首演，编剧宗福先，导演苏乐慈。共演出3个月，92场，观众达10万余人次。10月12日，文汇报发表通讯《于无声处听惊雷》，10月29、30日，连载剧本；11月1日，上海电视台、上海人民广播电台实况转播；11月4日，文化部、全国总工会调该剧进京演出38场，11月7日向全国电视转播，在国内外引起强烈反响。

10月　迁往松江的上海照相机总厂正式建成投产。上海照相机总厂由上海照相机厂、上海照相机二厂、上海照相机五厂合并成立，是中国当时规模最大的照相机生产基地。

11月　上海市印刷工业公司划归上海市出版局。

12月　《上海银幕》(月刊)创刊，由上海市电影发行放映公司宣传科编辑出版。

1979 年

1月9日　为纠正“左”的错误思想，《辞海》编委会夏征农、罗竹风、巢峰提出《辞海》(合订本)处理稿件的几点具体意见,对《辞海》的修订和出版界的拨乱反正、解放思想起到了重要作用。

1月14日　《文汇报》发表丁允朋的文章《为广告正名》,指出"社会主义的报刊,不应成为刊登工商广告的禁区",促进了上海广告业的恢复和开拓。同月,《文汇报》开始向海外发行。3月15日,《文汇报》刊登来沪外商的商品广告,为全国首家。

1月28日　上海电视台播出中国内地电视史上第一条电视广告——"参桂养荣酒"。

1月　《电影新作》(双月刊)在沪创刊。

同月　解放日报社决定,从农历正月初一起恢复刊登商业广告。

同月　《上海海港报》创刊。

同月　上海电影照相工业研究所成立,主要从事电影机械、照相机械、复印器材及部分感光胶片的研究。

同月　上海劳动剧场改进管理方法,坚持加演日场,增加剧场使用率。1至7月,上海劳动剧场共演出戏剧244场,平均每月演出35场,上缴利润37 800多元,比上年同期增加1倍。

2月　上海电影放映器材门市部从市五金交电供应站划归市电影发行放映公司领导。4月10日起改称市电影器材供应站。

3月5日　上海人民广播电台在全国广播电台中率先恢复广告播出。

3月15日　上海电视台播出国内第一条外商电视广告"瑞士雷达表"。

6月　上海市广播事业局派工程师与上海无线电三厂联合设计、制造的40千瓦5频道电视发射机调试完成。

8月　市委宣传部召开创作座谈会,提出进一步解放思想,处理好继承传统和推陈出新的关系。上海市参加过1962年广州会议的一批文艺工作者重新学习周恩来同志《对在京的话剧、歌剧、儿童剧作家的讲话》和陈毅同志《在全国话剧、歌剧、儿童剧创作座谈会上的讲话》。

同月　美影厂为日本东映株式会社加工动画片,这是中国第一次为外国加工动画片。8至10月,描线、上色7 000多张。

同月　《民主与法制》创刊。月刊,后改为半月刊,1990年迁北京出版。

10月1日　天山电影院开业。

10月4日　《解放日报市郊版》创办。1987年12月停办。

同年　上海市美术公司更名为上海市广告装潢公司,恢复经营广告业务。

同年　上海木偶剧团开始接受对外文化交流和商业性演出任务。

同年　以原上海魔术团、江南杂技团和红色杂技团部分人员为基础重新组建全民所有制团体上海魔术团,实行企业管理,以魔术为主,杂技为辅。

1980年

1月1日　上海电台990千赫的发射功率由7.5千瓦扩大到50千瓦,功率增加6倍多。

同日　解放日报社创办的《报刊文摘》出版,是粉碎"四人帮"后全国第一张文摘类报纸。

1月20日　文汇报社创办新闻性综合期刊《文汇增刊》。

1月　《书讯报》创刊,1993年改为《读者导报》。

2月1日　上海市广播电视服务公司成立,经营制作盒式录音带。

2月　公私合营丰华圆珠笔厂更名为丰华圆珠笔厂。丰华圆珠笔厂前身为丰华精品制造厂,后曾易名为公私合营丰华圆珠笔厂。

3—5月　上海杂技团独立承担完成了中国对外演出公司一份赴美国进行商业演出的合同，直接创汇23万美元，开创了全国文艺表演团体对外进行商业性演出的先河。

5月12日　《新民晚报》准备复刊，由原社长赵超构和原党组书记、总编辑束纫秋等5人成立复刊筹备小组。1982年1月1日，停刊近16年的《新民晚报》正式复刊。

5月　《城市交通安全》（内部发行）创刊，1982年更名为《上海交通安全报》并公开发行。

6月19日　《世界经济导报》创刊。

6月　中国第一本美术电影专刊《孙悟空》（双月刊）创刊，由上海美术电影制片厂编辑，中国电影出版社出版。1990年5月停刊。

7月11日　中国电影工作者协会上海分会召开影代会，决定更名为中国电影家协会上海分会（简称中国影协上海分会）。沈浮当选主席。

9月　上海美术电影制片厂和华山中学联合举办动画专业职业班开学，学制3年。

10月3日　《五金交电家电报》创刊，由《交电市场》《五金市场》《家电市场》合并而成。

10月20日　上海电台新增1197千赫发射功率，节目由5套增为6套。

10月　市委宣传部转发市文化局《关于逐步把公社（集镇）建设成为农村文化中心的意见》。

11月1日　上海市文化局副局长言行在上海戏曲界知名人士座谈会上宣布：上海市文化局成立戏曲继承与革新委员会，领导上海戏曲的继承与改革工作。

11月27日　上海电台、电视台首次公开向社会招聘广播电视工作的编辑、记者，应聘者达4000多人，录用31人。

11月　上海电视台成功试制与国产10千瓦调频发射机配套的晶体管立体声调制器。

同月　上海服装公司表演队成立，这是全国第一家专业时装表演队。

同年　上海杂技团通过中国对外演出公司与美国哥伦比亚艺术家管理公司首次签订商业合同，开创了改革开放后上海对外商业性演出的先河。

同年　上海市轻工业局将部分工厂迁往郊区，建设松江照相机工业，桃浦油墨等9个轻工业生产小区。

同年　中国铅笔二厂试制成第一支三星牌700型高级全钢脉动式细芯活动铅笔，填补了国内空白。

同年　上海杂技团组成了杂技、马戏两个演出队，又支持其余人员组成一个“集体经营、独立核算、自负盈亏、结余分成”的魔术队，并相应地制定了以岗位责任制为中心的分配、奖罚条例。

1981年

1月　为保障创作人员的权益，市文化局副局长言行在全市戏剧、歌舞创作人员座谈会上宣布恢复剧本上演报酬制度。

2月4日　上海电台调频立体声节目正式播音。

同日　上海电视台摄制完成第一部电视连续剧《流逝的岁月》，共6集。由奚里德任总导演。

3月27日　在文化部举行的“1978年—1980年文化科技成果授奖大会”上，上海电影制片厂与复旦大学共同研制的直流镝钬电影外景灯、上海电影技术厂研制的染印法无银染料声带（平版工艺）、染印法无银染料声带（坚膜工艺）各获一等奖；上海电影制片厂与上海沪光灯具厂、上海电光器件厂联合研制的XSD510－ICGC电瓶外景新闻灯获二等奖。

4月2日　《文学报》创刊。初由上海社会科学院主管,后划归文汇新民联合报业集团。

4月10日　《上海环境报》创刊。

5月　《动手做》创刊。这是一份向青少年传播科普知识和培养实践能力的小报。

7月4日　上海电视台译制播出的第一部外国电视连续剧《姿三四郎》。

7月25日　上海广播电视服务公司制作的第一盒磁带《白色彷徨》投放市场。

9月28日　南市影剧院开业。

12月　上影厂故事片《喜盈门》拷贝发行数量创国产故事片最高纪录。发行35毫米、16毫米、8.75毫米3种共4 212个拷贝。

同年　上海京剧院恢复建制。

同年　上海烫金材料厂被轻工业部评为全国轻工业出口创汇先进企业。

同年　上海计算机打字机厂的双鸽牌中文打字机获国家银质奖。

1982年

1月25日　《航天技术交流报》创刊,原名《华东技术简讯》,1994年改此名。

1月　《上影画报》月刊复刊。上海电影制片厂主办。

上半年　上海市广播事业局设立录音录像制品调查组,对海外各种渠道流入上海市的录音录像制品的播放、管理情况进行调查。

8月9日　上海新闻工作者协会恢复活动,王维当选主席,陈虞孙为名誉主席,陆诒为顾问。上海市新闻学会成立,马达当选会长,赵超构任名誉会长,徐铸成为顾问。

10月2日　《农工商报》创刊。

12月　国内自主设计制造的第一条4B－1照相机装配流水线,在上海照相机总厂诞生。

同月　电影技术厂自行设计制造成功新型35毫米单声道混合录音全套设备。此项成果于1984年获文化部科技成果一等奖。

同年　中国版纸厂所产白版纸在全国质量评比中获第一名。

1983年

1月1日　上海电视台电视动画制片厂开业,这是全国唯一的电视动画片制片厂。

1月　市文化局就国家艺术院、团体制改革问题,邀请各表演团体、区文化局负责人召开座谈会,听取他们在酝酿体制改革过程中的群众倡议和已能见到而尚处于萌芽状态中的成果。

3月3日　上海市广播电视服务公司更名为上海音像公司。

3月　由文汇报社编辑出版的《新闻记者》创刊,是上海市新闻学会会刊。1988年1月起,改由上海社会科学院新闻研究所编辑出版。1995年又改由新民晚报社和该研究所合作编辑出版。

4月1日　《教育文摘》报创刊,后更名为《上海教育信息报》,1990年更名为《上海教育报》。

5月11日　上海邮局召开全市报刊发行大会。会议公布:上海全市报刊期发总数已达11 000万份。

5月　上海市广播事业局试制成功中国第一套10千瓦级调频天馈线四工器,并投入使用。

同月 《国际展望》创刊,双月刊。

6月 《文汇报》发行量达到171万份,创历史最高纪录。

7月4日 《上海译报》创刊。

7月15日 《小主人报》创刊,编辑、记者全由15岁以下少年担任。

7月29日 《上海工运报》更名为《上海工人报》,公开发行。1985年元旦恢复《劳动报》报名,陈云题写报头。

9月15日 《上海青少年科技报》创刊。初为内部发行,1985年6月改为公开发行。

10月 翔鹰电影院开业。

同月 七宝电影院开业。

12月 泗塘电影院开业。

同年 上海京剧院成为文艺体制改革试点单位,先后组织5个包干责任制演出队及一些小组。

1984年

1月1日 经上海市人民政府批准,上海市广播事业局更名为上海市广播电视局。

同日 上海市人民政府批准同意上海市公安局、上海市广播电视局联合发布的《上海市保护广播电视和有线广播设施安全的通告》。

同日 东方电影院开业。

同日 虹桥电影院开业。

1月23—24日 上科影技术革新组研制成功的"特技摄影控制器""外景摄影控制器""微处理机——动画字幕程序摄影机控制系统",通过技术鉴定。

1月 金山电影院(金山县朱泾镇)开业。

同月 《上海法制报》创刊。

3月1日 上海市人民政府批准施行《上海市录音、录像制品和录像设备的使用管理办法》和《上海市录音、录像制品出版、复录、销售管理细则》。

同日 上海市广播电视局录音录像制品管理处成立,对全市音像制品实行统一管理。

3月15日 《解放日报》一版刊出该报启事,招聘编辑、记者30名,经营管理工作人员10名。上海新闻界刊登启事公开招聘人员,建国以来尚属首次。

3月27日 上海市广播电视局第一个电视剧外景拍摄基地——黄山拍摄基地建成并投入使用,总投资为37万元。

4月6日 上海广播电视艺术团划归电视台领导,郑礼滨兼任团长。

4月 上海市广播电视局成立计划财务处和基建处,对全局的财务和基建实行宏观管理。

5月 南翔电影院开业。

6月1日 《儿童计算机世界》创刊,后更名为《学生计算机世界报》。

6月15日 中共上海市委宣传部召开新闻界人士座谈会,与会者一致认为新闻事业也要全面、系统地进行改革。

6月30日 上海音像资料馆成立。

7月1日 《上海政协报》创刊,1988年1月更名为《联合时报》。

8月20日 经上海市人民政府批准,上海广播电视发展公司成立。

8月25日 《上海副食品行情》创刊,后更名为《上海副食品信息报》《上海食品报》。1997年停刊。

8月 经上海市外经贸委批准,上海市广播电视发展公司(甲方)、中国人民银行上海信托公司(乙方)和日本岩田事务所(丙方)签订合作改造经营"上海七重天宾馆"的合同,这是上海市广播电视局第一个直接引进外资的合作项目。

9月1日 《文汇报》主办的《文汇信息报》创刊,为周刊。1985年2月5日更名为《文汇经济信息报》。1985年12月31日停刊。

9月28日 中国国内最大的植物陈列馆在上海植物园建成开馆。

10月1日 燎原电影院开业。

10月5日 《组织人事报》创刊。

10月11日 市委批复《关于上海市电影局进行改革试点的报告》,正式批准上海市电影局和上海电影制片厂作为改革的试点,按政企分工原则,组织上海电影公司(后改称"上海电影总公司")实行企业化。该公司定局级待遇。

10月31日 上海市计委批准,筹建题桥广播发射台。

11月16日 《上影信息》创刊。1985年4月,该刊随上海电影总公司成立改由总公司主办。1987年7月,总公司撤销,恢复局、厂建制后,该刊改由市电影局主办。

11月18日 上海飞乐音响公司发行中国第一支股票。

12月25日 长白电影院开业。

12月29日 《市容建设报》创刊。

同年 各县电影管理站统一更名为县电影发行放映公司。1991年,县公司又更名为县电影发行放映管理站。

1985年

1月1日 《东南行情》创刊,初由上海、江苏、浙江物价部门和新民晚报社共同创办;后改由上海、江苏、浙江、江西、福建、安徽、山东7省市物价部门主办,更名为《华东物价报》。

同日 《我们一百万报》创刊,系上海市红领巾理事会的机关刊物,寓意上海全市有100万少年儿童,后更名为《小伙伴报》,编辑、记者均为9—14岁的少年儿童。

同日 文化部发出关于颁发"图书、期刊版权保护试行条例实施细则"和"图书约稿合同""图书出版合同"的通知。

1月2日 《文汇报》率先在报眼刊登商业广告。

1月3日 《上海工业经济报》创刊,1993年更名为《上海经济报》。

1月5日 文化部出版局印发《关于实行美术出版物稿酬试行办法》。

1月9日 上海艺苑真赏社重新开业。

1月 《上海中医药报》创刊。这是中国唯一的中医药专业报刊。

同月 上海演出总公司成立。是全国最早组建的具有独立法人资格的A类演出公司之一,是集演出经营、演出广告、舞美制作、演出展览、舞蹈培训、演出票务等业务为一体的专业演出经营机构。

同月 上海远东金银饰品厂的门市部恢复成"老凤祥银楼",以"凤祥"牌商标为市民服务。

2月5日　上海中医学院出版社成立。

2月13日　新华书店上海发行所被评为1984年度全国“最佳发运店”。

2月15日　文化部、国家工商行政管理局、公安部联合发出《关于加强报刊出版发行管理工作的通知》。

2月19日　上海首家球幕电影院在静安区工人俱乐部建成开幕。市总工会静安区办事处、中国银行上海分行、中国机械设备进出口公司上海分公司和上海远洋运输公司共同投资建造。1990年5月停业。

2月　《上海市计划生育》创刊，1989年1月更名为《上海家庭报》。

3月2日　《文汇读书周报》创刊。

3月6日　《上海供销信息报》创刊。

3月22日　上海版图书贸易中心(隶属新华书店上海发行所)开业。

3月26日　上海电影总公司成立。

3月　上海电视台实行干部聘用制，对所属部、室主任，总工程师聘用期为两年，副职及科长、副科长聘用期为一年。

4月5日　《上海文化报》创刊，这是在《舞台与观众》基础上创办的一份报刊。

4月10日　上海电视台的广播电视光纤传输试验第一期工程(从电视台到永安大楼的光纤线路)正式架设成功，全长1.21公里。

4月11日　上海录像发行公司成立。

4月30日至5月6日　上海市出版局和香港国际展览公司等单位在上海展览馆举办1985年上海国际书展，展出16个国家和地区113家出版社的1.1万种图书。

5月1日　《上海汽拖报》创刊。1994年7月更名为《上海汽车报》。

5月7日　由上海市教育局和上海作家协会合办的《童话报》创刊。

5月　文汇报社成立文汇出版社，旅日华侨蔡世金予以资助。

6月1日　《劳动信息报》创刊。

6月12日　《上海学生英文报》创刊。

6月22日　上海市编辑学会成立。

6月　青年报社主办的《生活周刊》创刊。

同月　《新民晚报》试行干部聘任制。

7月4日　《中国城市导报》创刊。1993年1月1日更名为《城市导报》。

7月6日　《中国合作经济报》创刊，1989年12月31日停刊。

同日　《消费报》创刊。

7月7日　文化部派中国出版代表团5人赴英国考察出版社的经营管理。上海市出版局副局长吉少甫为代表团团长。

7月15日　《东南化工信息报》创刊。

7月20日　上海市政府批转市文化局、公安局、工商局拟订的《关于加强音乐茶座管理的请示》。

7月21日　中国电视艺术家协会上海分会成立。

7月30日　《社会报》创刊，1987年1月停刊。

7月31日　上海虹桥卫星地面站开始通过国际通信卫星传送中央电视台第一套节目。

7月　自本月起，嵩山、红旗、平安3家电影院专映艺术探索性影片。

同月　《中国仪器仪表报》创刊，1995年更名为《中国仪电报》。

同月　上海教育出版社读者服务部开业。

同月　上海新华印刷厂购进日本写研社自动电脑照排系统调试投产。

同月　上海电影照相工业研究所的科技人员，经过4年的努力，研制成功HCK－3国产彩色照片扩印机。

8月15日　《华东电力报》创刊。

8月　由上海电视台发起的首届华东地区六省一市广播电视财务工作会议在安徽省屯溪市召开。会议着重研讨了如何加强财务管理和摄制电视剧开支标准问题。

同月　由《新民晚报》主办的《漫画世界》创刊，著名漫画家张乐平任主编。这是该报的第一份"子报"，发行量10万份。

9月2日　上海新闻广播电视职业学校开学，招生160名。设新闻编务、新闻管理、音响录音和电视摄像、广播电视技术四个专业。

9月—10月　中国出版对外贸易总公司在北京、天津、上海等10大城市新华书店及武汉市外文书店先后举办香港三联书店、中华书局、商务印书馆出版物展览会。

10月1日　《中国电影时报》创刊，文汇报社和中国电影评论学会合办，1987年起由文汇报社主办，更名为《文汇电影时报》。

同日　辞书出版社服务部开业。

10月3日　《上海商报》创刊。

10月6日　解放日报社创办的《上海经济信息报》创刊，1987年底停刊。

10月7日　《小学生学习周报》创刊。

10月　《三航报》创刊。《社会科学报》创刊。

11月　上海服装研究所作品获准赴巴黎参加国际时装作品展评。

同月　上海前进服装厂设计的"中华衫"，在巴黎国际时装博览会上获一等奖。

12月16—25日　中国出版对外贸易公司上海分公司举办英国培格曼出版社科技图书展览会，展出书刊480种。

同年　上海有声读物公司单独建制，归市出版局领导。

同年　上海印刷厂11家单位拥有国内外手动照排机60台，电脑照排系列4套。

同年　兰心大戏院、大新舞台(今逸夫舞台)、文明大舞台(人民大舞台)、美琪大戏院等归市演出公司管理。

同年　上海市文化宫实行内部改革，逐步走上自负盈亏、自我发展的道路。

1986年

1月1日　上海市郊县第一个电视台——松江县电视台试播。

同日　卢湾电影院开业。市电影局投资建造。

同日　上海法学书局开业。

1月7日　《上海老年报》创刊。

1月　上海市编辑学会创刊《杂家》，双月刊。

2月1日　上海电影评论学会成立。会长成志谷，1989年梅朵当选为会长。

2月5日　上海美术电影制片厂与珠江电影制片公司、香港时代艺术有限公司合资的时代动画公司在广州成立，是中国美术电影事业首家合资企业。1990年5月15日该公司董事会决定结束业务。

2月6日　市电影发行放映公司决定在春节期间举办通宵电影专场，这是上海首次开放电影放映通宵专场业务。

2月　上海电影总公司与上海戏剧学院签约，委托“上戏”培养电影导演专业本科生20名；另与上海交通大学签约，委托“交大”培养电影生产管理专业本科生33名。学制均为4年，于当年9月开学。

3月1日　《文汇读书周报》举办的首届“文汇书展”在上海工人文化宫揭幕，市长江泽民参观书展并题词：“建设精神文明，振兴四化大业”。此后，“文汇书展”连续12年每年举办。

3月　上海服装行业协会成立。是上海服装行业企事业单位自愿组成的跨部门、跨所有制的非营利性的行业社会团体法人。

4月25日　《中学生知识报》创刊。

同月　上海市手工业管理局更名为上海市第二轻工业局。

5月10—14日　文化发展战略研讨会在上海召开。会上，于光远等经济学家提出研究文化经济学，开始了上海文化产业研究。

5月15日　上海人民出版社服务部开业。

6月1日　少年儿童出版社经销部开业。

6月　江南造纸厂高级美术纸铜版纸车间投产。

同月　上海市规划委员会批复：确定新建450米电视塔塔址，设在浦东陆家嘴。

同月　中宣部、新闻出版署印发《关于当前出版社改革的若干意见》。

7月1日　上海电视台26频道正式启用。该频道主要用于电视教育。

同日　上海电视台卫星地面接收站建成。

7月25日　香港博雅艺术公司在香港华润展览中心举办“上海朵云轩书画展览会”，展品近1 000件，参观者1.5万人次。

7月　电影技术厂因生产任务不足，首次出现125名职工下岗待工。

同月　上海文艺出版社、文化出版社、音乐出版社设立读者俱乐部，拥有6 000会员。

8月6日　《上海市图书报刊市场管理规定》发布。

8月30日　三联书店上海分店（上海三联书店）成立。经理兼总编辑林耀琛。

8月　上海字模一厂从日本引进PS版生产线，正式投产。

9月1日　上海大学书店开业。

9月6—20日　上海新华书店和解放日报社、文汇报社、新民晚报社、上海人民广播电台、上海电视台在上海展览中心联合举办“1986上海书市”。陈列图书3万多种，销售250万册，340万元。15天内接待读者20多万人次。

9月17日　上海出版经营管理干部联谊会成立，后定名上海出版经营管理协会。张瑛文为会长，史寿康为副会长。

9月23日　市出版工作者协会在苏州东山举办出版社经营管理研讨会，上海20多家出版社参加，江苏有9家出版社负责人参加。

同日　上海科学普及出版社恢复。

9月25日　上海市新闻学会召开会员大会暨首届年会,研究新闻改革等问题,并选出第二届理事会,马达当选为会长。

9月29日　沪北电影院开业。市电影局投资建造。

9月　中美合资上海宝丽来影像有限公司投产。

同月　立信会计图书用品社恢复。

同月　上海科技教育出版社成立。

10月25日　南京东路新华书店设立日本户田书店专柜。翌年1月13日,日本清水市户田书店设立上海新华书店专柜。

10月　轻工业部举行的全国自来水笔质量评比中,英雄金笔厂的100型金笔、329型高级铱金笔、50型高级铱金笔、362型普通铱金笔等4种产品获第一名。

11月10日　上海市广播科学研究所研制的调频天线五工器通过部级鉴定。

11月14日　由中国少年儿童出版社和少年儿童出版社等发起,全国少年儿童出版社联谊会在上海成立。

11月17日　上海医科大学出版社成立。

同日　华东化工学院出版社成立。

11月18日　上海汉语大辞典出版社成立。

11月28日　市出版工作者协会上海装帧艺术研究会成立。

同月　上海文化发展基金会创建,是应上海文化事业发展战略的需要而建立的国内首家地区性文化类基金组织。

12月3—8日　上海市广播电视局与上海市国际贸易促进会首次合作举办国际广播电视及声像技术展览会在上海举行。

12月10日　上影厂技师晏仲芳与复旦大学、上海电光器件厂、光耀灯具厂联合研制的电影直流镝钬灯,在全国第二届"发明展览会"上获8个大奖之一的"耕耘杯"。

12月11日　银河电影院开业。

12月12日　率先实行艺术总监制的上海交响乐团音乐总监陈燮阳以法人身份同上海市文化局副局长刘念劬签署了合同;实行导演中心制的上海舞剧院仲林舞剧团团长李仲林同上海舞剧院院长李晓筠签署了合同。

12月19日　上海广播电视局召开大会,庆祝上海市郊县有线广播建立30周年。当时郊县共有广播台(站)10座,电视台2座,乡镇广播站227座,有线广播喇叭从1956年的2 419只,发展到106万只,10个县广播台每天自办节目合计从10小时发展到60多小时,形成了有线广播、广播电视共用天线等组成的广播电视网络。

12月23日　四平电影院开业。

同年　和平电影院改建双厅,并建成70毫米超大银幕影院,为上海首家双厅电影院和70毫米电影院。

同年　市电影发行放映公司曾伯炎、朱国忠与上海机械学院共同研制成功35毫米座机非共轴深椭球氙灯冷反光镜。该项目获广电部1987年度科技成果二等奖。

同年　新华书店新建的七宝书库竣工,总面积为11 800平方米,由南京东路书店、中国科技图书公司、徐家汇店、淮海中路店、静安寺店和市店共同使用。

同年　上海市政府决定恢复"大世界"名称。

同年　国务院批准了文化部《关于协调上海文化发展战略中有关文化管理体制问题的报告》，"对上海的文化管理体制改革要实行特殊政策，特别是在对外文化交流方面要放宽权限，积极支持上海搞好文化发展战略的试点工作"。

同年　上海京剧院成为艺术系列职称改革试点单位。

同年　"英雄"墨水被评为"上海市优质产品"。

同年　上海造纸公司改为企业型公司。

同年　上海海鸥照相机公司成立。

1987年

1月1日　上海出版印刷公司撤销，所属印刷厂由市出版局领导。

1月10日　中共上海市委批复市编制委员会，市委同意上海电视台、上海人民广播电台定为相当于副局级单位。

1月17日　市电影局投资建造的兰馨电影院开业。

同日　国家计委批准立项，同意建造450米电视塔，纳入上海"九四"专项。

1月25日　大世界正式重新开业。

1月　《报刊文摘》发行量达到330万份，为上海发行量最大的报刊。

同月　《上海机械报》创刊。

2月17日　上海音乐出版社成立。

3月5日　商务印书馆在上海和平饭店召开庆祝该馆成立90周年纪念会。在原商务印书馆发行所河南中路原址悬挂馆招。商务印刷厂恢复原名商务印书馆上海印刷厂。

3月6日　上海《书讯报》和上海图书馆联合创办全国新书展销厅，并举行上海版新书发布会。

3月14日　经国家科委、上海市人民政府批准，上海广播科学研究所成立，何允任所长，陈桥任副所长。

同日　《每周广播电视》创刊1 000期，发行量达230万份。

3月17日　中国作家协会上海分会等单位联合举办1987年全国报刊书籍博览会。

4月21日　市新华书店建店50周年。

4月24日　上海生活书屋开业。

同日　上海图书公司在文庙举办"首届古籍书展"。

5月2日　经市委批准，市广播电视局决定上海电台、上海电视台的体制实行重大改革。上海电台成立新闻、文艺、经济节目3个编辑室，分管新闻、教育、文艺、经济方面的宣传。

5月11日　上海人民广播电台新闻教育台、经济台、文艺台正式开播。上海电视台分辖一台、二台、电视剧制作中心。

5月15日至6月4日　市电影发行放映公司与市28所大学联合举办"上海市首届大学生电影艺术节"。

5月24日　上海21家出版社联合书市开幕，接待读者10万人次，营业额550万元。同时，全国少年儿童出版社首届书市在上海展览中心开幕。

5月27日　中共上海市委、市政府决定撤销上海市出版局，建立上海市新闻出版局。

5月　上海广播电视局成立技术中心、服务中心，统一管理全局技术工作和后勤保障工作。

6月10日　上海市广播电视局发布《上海市闭路电视管理暂行规定》。

6月17日　上海电影资料馆、上海电影艺术研究所成立。

6月　市电影局投资建造的北蔡电影院开业。

7月4日　市电影局召开局务会议，宣布经中共上海市委、市政府、市人大批准，调整上影系统有关领导班子。恢复上海市电影局、上海电影制片厂建制；撤销上海电影总公司。

7月5日　录像发行公司试行个人租借录像带业务。

7月　市电影局投资建造的南桥电影院开业。

8月　文汇报社与上海市邮电管理局合编四开两版的《邮购信息》专页，随《文汇报》附送读者。后更名《商品导购》。

9月15日　国家教育委员会批准上海印刷学校(中专)改为上海出版印刷高等专科学校(大专)，受新闻出版署和上海市人民政府双重领导。

9月18日　上海市人民政府颁布《上海市录像放映管理规定》。

9月30日　市电影发行放映公司电影厅竣工，于1988年2月开业，后更名为永乐宫。

9月　上海复印机厂、上海电影机械厂等9个企事业单位联合组成上海申贝办公机械公司，协力开发办公机械产品。

11月18日　南京东路新华书店的“学术书苑”开业。

11月　上海施乐复印机有限公司成立并在上海闵行经济开发区正式开业，是中国复印机行业唯一的一家机、鼓、粉生产制造一体化的中外合资企业。

12月23日　北京、上海、广州慢扫描可视会议电话系统联网试传仪式举行。

12月24日　经上海市人民政府批准，上海市公安局、上海市广播电视局联合发出《关于贯彻执行国务院广播电视设施保护条例的通知》。

12月30日　上海音像集团在沪成立。该集团以上海广播科研所、中国音像大百科编委会、上海磁带厂、上海音乐书店、江苏省音像制品发行社、天津音像书店等30家单位组成。这是音像制品产、供、销一体化的全国性横向经济联系的新结构。

12月　上海市广播电视局音像管理处对全市录像放映单位进行全面整顿，130余个录像放映单位因不符合《上海市录像放映管理规定》而被撤销。

同月　全部国产化的KX型电子程序快门内藏闪光平视取景照相机在上海照相机三厂通过鉴定投产。

同年　上海市广播电视局发出《关于加强广播电视节目和音像制品宣传的若干规定》的通知。

同年　经中共上海市委批准，上海广播电视局党委决定上海人民广播电台、上海电视台的体制实行重大改革。上海人民广播电台成立三个编辑室，分管新闻和文艺、教育和经济方面的宣传。上海电视台成立第一编辑室，负责新闻、文艺类节目，呼号为“上海电视一台”，使用八频道；第二编辑室，负责经济、体育、社教节目，呼号为“上海电视台二台”，使用廿频道；电视一台、二台实行“节目和经济承包”；组建上海电视剧制作中心，成立全局性的技术中心和服务中心。

同年　按照广播电影电视部《关于改变故事片结算办法的通知》精神，上影与中影公司签订两年“发行权费结算合同”，试行按影片发行收入分成结算。以后逐渐转向自产自销。

同年　上海出版系统集体经济由原来7户到年底增至50户，从业人员1416人，创利927万元。3年上缴利润1780万元，税金1088万元，安排403名职工子女就业，为全民企业安排427名富余人员。

同年　上海油墨厂的05型树脂胶版亮光油墨获国家银质奖。

同年　地方国营新华金笔厂更名为永生金笔厂。该厂最初为商务自来水笔厂，1963年更名为地方国营新华金笔厂。

同年　上海圆珠笔厂获波里奥斯出版集团颁发的国际技术奖。

1988年

1月1日　浦江之声广播电台17时55分正式开播。

同日　《每周广播电视》报由邮局发行改为自办发行。

同日　《上海郊区报》创刊。1993年4月5日更名为《东方城乡报》。

1月5日　《全国地方版科技新书目》创刊。

1月15—16日　上海电影制片厂(简称上影厂)召开1987年度创作生产总结大会。对原准备拍摄的3个剧目，因有关专家预测，认为票房不佳，决定取消投产。

1月18日　法国ELLE出版公司代表团访问上海译文出版社，洽谈合作出版《世界时装之苑》杂志。

1月　《上海旅游报》创刊。1991年更名为《旅游时报》。

同月　以上海照相机总厂为龙头，21家企事业单位参加的上海海鸥照相机公司成立。

2月5日　日本户田书店锅仓修六社长参观南京东路新华书店的户田书店专柜，并和市新华书店商谈合作事宜。

2月10日　《古籍新书目》报创刊。

2月22日　上海市对外经济贸易委员会批复上海市广播电视局，同意上海电视台与美国华侨日报所属苹果电视有限公司在纽约合资建立华申国际事业有限公司的项目建议书，项目的注册资金双方共5万美金，经营年限暂定10年，这是上海市广播电视局第一个与海外合作经营的公司。

2月23日　经广播电影电视部批准，同意将上海音像公司出版录像节目的业务划给上海录像发行公司，同时将上海录像发行公司更名为“上海录像公司”。

3月1日　《新民晚报》日发行量达至1 843 270份，创历史最高纪录。

3月16日　新闻出版署和国家工商行政管理局联合发出《关于报社、期刊社、出版社开展有偿服务和经营活动的暂行办法的通知》。

3月22日　新闻出版署颁发《书刊印刷业国家级企业等级标准(试行)》。

3月26日至4月4日　首届全国图书交易会及上海出版社第二届联合书市、全国地方科技出版社首届联合书市、全国古籍出版社首届联合书市、全国大学出版社第二届联合书市、港台图书展销同时在上海举行。1 500人出席开幕式。全国100多家出版社、500家书店参加，展销图书4万种，有来自日本、新加坡及中国香港地区的出版从业者参加。看样订货成交2 500万元，销售150万元。

3月30日　新闻出版署转发《同意印数在三千册以下的学术著作和专业著作可参照成本定价的通知》。

同日　市新华书店在青浦召开郊区县书店租赁承包现场会议。

3月　上海照相机总厂被批准为自营出口企业。

同月　上影厂连续3次邀请有关人士举行“投产影片发行咨询会”,对准备投产的剧目作预测与评估。

4月1日　上海文艺广播促进会成立。龚学平任会长,孙道临、李德铭等任副会长,著名剧作家曹禺担任顾问。

4月4日　上海市旅游事业管理局批复同意上海广播电视局成立“上海市广播电视国际旅游公司”经营第二类旅游业务,这是全国广播电视系统成立的第一家国际旅游公司。

4月　市政府办公厅颁发《上海市政府办公厅关于重申本市全民所有制电影院转产、转业、撤点的规定的通知》。

5月12日　《房地产报》创刊。

5月19日　上海辞书出版社试行社长负责制,巢峰任社长兼总编辑。

5月　上海市广播电视局与上海市财政局就实行全面性财政总承包改革试点达成协议,即从1988年到1990年,上海市财政局对上海市广播电视局(包括局属各事业单位)核定基数,实行经费包干,同时实行增收同抵顶财政拨款与提高职工奖励双挂钩的办法,并在全局范围内实行预算收入和预算支出的集中管理。

同月　上影厂为导演谢晋成立“谢晋工作室”。

同月　上海市电影发行放映公司主办的《上海电影放映技术》创刊。

6月6日　上海声像读物公司成立。由1983年3月成立的上海有声读物公司基础上改组而成,增加出版录像带业务。

6月7—12日　首届京沪版权理论研讨会在上海举行。

6月16日　新闻出版署同意上海书店为正式出版单位。

6月30日　上海广播电视学会成立,选出77位理事。龚学平为会长,聘请邹凡扬等14人为顾问。

6月　《上海经济时报》创刊,1990年6月停刊。

同月　中宣部、新闻出版署发出《关于出版社改革、图书发行体制改革的意见的通知》。

7月1日　《东方航空报》创刊。

7月2日　上海市版权处成立。

7月5日　新闻出版署发出《关于重申严禁淫秽出版物的规定》和《关于出版物封面、插图和出版物广告管理的暂行规定的通知》。市新闻出版局转发此件,并作出补充规定。

8月16日　市委宣传部、市新闻出版局联合发出《关于当前报刊管理中几个问题的通知》。

8月20日　新闻出版署发出《关于制止期刊擅自改变办刊宗旨和出版社用变相书号出刊等做法的通知》。

9月6日　新闻出版署发出《关于重申利用经济制裁手段加强出版管理有关问题规定的通知》。

9月14日　上海高精印刷公司开业。

9月　青浦电影院开业。市电影局投资建造。

同月　上海照相机总厂试行放开经营。

10月　《上海时装报》创刊。

10月20日　上海大观园游览区正式全部对外开放。

10月20—25日　海峡两岸图书展览会在上海中国科技图书公司举行,展出大陆图书2万多种,台湾版图书4000余种。

10月26日　上海音像出版协会在上海成立。上海21家音像出版单位参加。

11月3日　上海市新闻出版局、上海市工商行政管理局联合发出通知：自12月1日起，凡在上海市境内从事图书报刊批发零售业务的单位和个人，须申领“经营许可证”。

11月8日　全国规模最大的1∶150录像节目复制系统，由上海录像公司自行安装、调试成功。

11月24日　新闻出版界发出《关于印发〈期刊管理暂行规定〉的通知》。

12月20日　上海巨星影业公司成立。该公司隶属于上影厂。

12月25日　新闻出版署、国家工商行政管理局发出《关于加强集体、个体、私营书店（摊）管理的暂行规定的通知》。

12月　由上海申贝办公机械公司、中国交通银行上海分行与美国施乐公司合资建立了上海施乐复印机有限公司。

同年　上海美术电影制片厂原动画人才大量流失，经济严重滑坡。

同年　全市录像公开放映单位达412家。全年拥有观众2000多万人次，形成一个新兴的录像市场。

同年　七重天宾馆七楼的音乐茶座改为迪斯科舞厅，乐队由上海广播电视艺术团专业乐手组成，这是上海第一支进驻舞厅的专职乐队。

同年　上海文艺团体开展有偿服务，多种经营，解放了艺术生产力，使财力增加，业务搞活。上海京剧院成为全国第一个实行聘任制的戏曲艺术团体，实行院长负责制。

同年　中国版纸厂所产白版纸获国家银质奖。

1989年

1月1日　上海31家出版社和新华书店、上海书店、外文书店联合举办的第三届书市开幕，展出图书1万种。

1月　市新闻出版局决定设立学术著作出版基金，拨款300万元。

2月1日　山狮影业公司成立。该公司隶属于上影厂，自主经营、独立核算、自负盈亏。

2月10日　市版权处、市图书报刊市场管理处对上海机电工业局印刷厂侵权行为作出处理。该厂擅自翻印销售人民音乐版的《克莱德曼演奏的钢琴轻音乐曲选》和《巴赫初级钢琴曲集》，责令该厂检查，赔偿人民音乐出版社经济损失，追缴非法所得，没收尚存的图书。

2月　上海市广播电视局离休干部监听监视组成立，在全国尚属首例。

同月　上海市图书报刊市场管理处成立。

同月　上海市市长朱镕基视察上海人民印刷八厂和凹凸彩印厂。

3月3日　上海美术电影制片厂公开招聘厂长。市电影局领导到美影厂召开“厂长演讲治厂方案，与群众对话”全厂大会。

3月8日　上海录像公司拍摄、制作、出版、发行全国第一批卡拉OK影像带。

3月24日　出版社经营管理干部联谊会召开出版社自办发行研讨会。

3月　美国在华投资最大的工业项目，中美合资上海施乐复印机有限公司投产。

4月　上海照相机总厂经投标竞争，承包经营上海照相机三厂。这是上海轻工系统首次由企业法人承包经营的企业。

5月14日　上海市人民政府修正《上海市录像放映管理规定》。

5月 上海华夏影业公司成立，该公司隶属上影厂。

7月3日 中国图书进出口总公司上海分公司等15家单位联合举办“1989年上海进口图书展览”开幕。20个国家和地区100多家出版社参加。

8月9日 在市九届人大常委会第十次会议上，副市长刘振元汇报了上海文化市场的整顿、管理工作，委员们热烈发言，对文化市场整顿工作提出了意见和建议。通过立法、执法来管理文化市场成为保障文化市场繁荣、健康的主要途径。

9月8—17日 市新华书店举办1989上海书展，销售10万册，27万元。读者3万人次。

9月13—15日 上海人民美术出版社、上海教育出版社、上海译文出版社、上海科技出版社、上海翻译出版公司和新华书店上海发行所联合召开少儿读物看样订货会，成交318万元。

9月20日 上海市政府发布《关于查禁不良出版物的通告》。

9月25日 题桥中波发射台正式开播，正式对外播出上海电台的五套中波广播节目的频率。

11月26日 上海市人民政府发布《上海市查禁有害出版物暂行规定》，自12月5日起实施。

11月 上海市广播电视局艺术委员会成立，主要负责审查电视剧本和审看电视剧。

12月14日 新闻出版署发文同意恢复上海文化出版社。

12月 上海照相机厂采用日本引进技术试制成功DF-300照相机。

同年 上海市社会文化管理处成立。

同年 上海艺术剧场归兰馨艺术经营公司，于1991年恢复兰心大戏院原名。

同年 英雄金笔厂被首批命名为国家一级企业。

同年 上海人民塑料印刷厂并入由19家小厂拆拼组建的上海人民包装印刷厂，成为一个具有凹凸彩印和制版、制墨功能的全能包装印刷企业。

1990年

1月1日 《上海市营业演出管理办法》正式实施。

1月5日 《体育导报》创刊，1994年改名为《新民体育报》。

1月6—16日 上海文艺出版社在南京东路新华书店、延安东路新华书店和文汇文化服务部展销该社精装书、礼品书200多种。

2月6—8日 上海电影制片厂召开“’90制片工作会议”，确定“优质、低耗、高效、强化企业管理”的制片方针。

2月12日 新闻出版署批复同意上海市第一批压缩8种报刊；停办19种期刊，调整、合并、停掉9种期刊。

2月26日 上海市新闻出版局决定设立出版、印刷、发行基金共1 700万元，分别用于资助学术著作出版、印刷技术改造和发行网点建设。

2月28日 新上海影都开业。

2月 上海照相机总厂与机电部济南五三研究所合作研制成功光学光敏胶粘剂(J-646)，性能达到日本同类产品水平，填补了国内一项空白。

同月 上海人民塑料印刷厂研制成功SY-2高档塑料挂历专用油墨，填补了国内空白。

3月11日 新华书店和上海各出版社联合召开第四届看样订货会议，成交码洋2 700万元，创历史最高纪录。

3月20日　上海中华印刷厂等21家印刷厂被确定为国家定点企业。

3月　市委宣传部、市电影局联合邀请有关方面的老同志、专家、教授、评论家、理论家和经济科技工作者，观看了上影厂近两年摄制的数十部影片，并与上影厂的领导、编创人员多次座谈对话。上影厂领导向与会者如实报告电影创作所处的困境，与会者从加强社会主义精神文明建设的高度，为正确处理电影的社会效益和经济效益，提高电影的思想艺术质量提出了许多建设性的意见。

同月　上海打字机厂、上海打字机二厂、上海号码机厂、上海速印机厂同时加入申贝公司。

同月　上海照相机总厂试制成功海鸥832变焦镜头，填补了国内照相器材的一项空白。

4月14日　美影厂和香港亿利发展有限公司合营的上海亿利美动画有限公司成立。

4月20日　上海电台广告部在全国广告业先进表彰大会上，被评为1989年度“重信誉创优质服务”先进单位。

4月　电子邮递服务进入上海。

同月　上海服装公司举办的1990年时装大赛在上海美术馆开幕。

5月21日至6月3日　上海新华书店、上海少儿书店联合举办“’90年上海少儿书展”，近百家出版社参展，共展出3000种书，接待读者10万人次，销售图书、文具44万元。

6月30日　全市印刷业发证工作基本完成。登记的印刷企业共1885家，其中书刊印刷厂263家，包装印刷厂1059家，其他563家；从业人员共14万人。

6月　上海申贝办公机械公司与美国宝丽来亚太有限公司合资经营的上海宝丽来影像有限公司正式签约。

7月3日　《新闻报》创刊。由1985年创刊的《经济新闻报》(后改《新闻报》)和1988年创刊的《上海经济时报》合并而成，报名用《新闻报》。

7月19日　上海出版印刷公司(经营性质)成立。

8月2日　中美合资上海商城所属上海商城剧院(南京西路1376号)开幕，兼营影剧业。

8月30日至9月12日　市新闻出版局、新华书店总店、市新华书店联合主办第三届全国书市在上海举行，230家出版社的4万多种图书展销，接待读者22万人次，售书144万册，520多万元。

9月8日　上海体育书店开业。

9月20日　新闻出版署和国务院企业管理指导委员会核定，命名上海中华印刷厂为国家二级企业。

10月1日　贝思特夜总会(上海文艺俱乐部)创办，由兰馨艺术经营公司和加拿大亚森国际发展公司合资创办，这是上海首次引进外国KTV项目。

10月5日　宝山区属6个电影放映单位移交市电影局。

10月6日　第一届上海黄浦旅游节在南京西路仙乐斯广场开幕。

10月17日　沪港合资经营的上海香港三联书店有限公司及上海画廊营业部开业。

11月8日　新闻出版署同意上海翻译出版公司更名为上海远东出版社。

12月9日　《解放日报》《文汇报》《新民晚报》同日刊出启事：经过协商，三报一致同意，从12月10日起，不再列名参与诸如“开幕”“开业”之类祝贺性广告。

12月14日　上海市广播电视局音像管理处召开颁发《接收外国卫星传送电视节目许可证》会议，向首批经审核批准的全市49家颁发了许可证。

12月　上海照相机总厂自行研制的F28－70变焦距镜头通过鉴定，摄影鉴别率达到国家一级镜头标准，填补了国内一项空白。

同年　上海市文化事业管理处成立,负责文化事业经费的分配使用方案和全市重大文化设施项目的规划,组织、协调、审核(批)全市对外文化交流活动。

同年　上海歌剧院与上海舞剧院合并,改称为上海歌剧舞剧院。1997年,与上海乐团撤二建一,仍名上海歌剧院。

同年　上海打字机厂试制成功国产第一台EM-3型中外文电脑打字机(文字处理机),标志着上海生产的打字机向电子化方向发展。

1991年

1月26日　上海市广播电视技术中心举行虹桥发射机房40周年总结座谈会。虹桥机房完成历史任务,上海广播电台的全部频率在题桥发射播出。

2月6日　上海市广播电视局与上海市财政局签订了为期两年的第二轮财政综合承包协议。采取超收入和上交财政、超收入和奖励的"双挂钩"办法,体现国家、集体、个人三者利益兼顾的原则。

2月7—8日　上影厂召开"'91制片工作会议",提出"高质量、多样化、高效率、高效益"的制片方针。

4月16日　由上海电视台与美国旧金山西湖投资开发公司合办的华声电视台,在旧金山以66频道正式开播。

4月20日　上海市广播电视局音像管理处更名为上海市音像管理处,统一归口管理全市音像工作;各区(县)文化局、广播电视局负责本地区的音像管理,并接受市音像管理处归口管理和领导。

5月10日　上海市音像管理处召开贯彻落实《中央办公厅、国务院办公厅关于压缩、整顿音像单位的通知》动员大会,全市1000余家音像制品、出版、复制、销售、放映单位的负责人参加会议。

5月16日　上海广播电视局召开上海市有线电视管理工作会议,宣布成立有线电视节目供片站,从6月1日起统一向全市各有线电视台(站)供应录像节目。统一供片站的成立,使上海市有线电视的管理更趋正常化。至1992年,市供片总站向176家有线电视台、站提供了676部中外影视剧,销售1421本,出租15455本次。为确保节目质量,还组织由专家组成的审片小组,审查了1100多部,计1940本像带。

5月20日　新闻出版署、国家工商行政管理局发布《关于加强国营书店多种经营管理的暂行规定》。

7月1日　《上海证券报》创刊。

7月　《有线电视》创刊,1994年公开发行。

9月1—10日　"'91全国教育图书大展销"在上海举行,全国30多家出版社展出5000余种图书。

9月2日　上海市印刷器材厂、中国印刷物资公司、中国出版对外贸易总公司与日本明治橡胶化成株式会社就合资建设上海明治橡胶制品有限公司事签定合同。

9月9日　上海市广播电视学会播音研究委员会成立。

9月12日　上海有线电视台筹备小组制订并实施《上海有线电视技术规则》和《上海有线电视工程设计、安装、施工、验收、管理暂行规定》。

9月30日　上海电台交通信息台正式播出,广播频率为648千赫。

9月 《上海教育报》子报《家庭教育报》出版。

10月6—15日 首届科技博览会科技书市在上海举行。全国400余家出版社2.5万种图书及音像制品、仪器、电脑软硬件等在博览会上展出。

10月9—14日 91上海国际专业图书展览在上海展览中心举行。100多家外国和地区出版单位1万余种图书参展。

10月10日 上海安全印务有限公司开业。

10月15日 上海首家360度电影(又称全周环幕电影)放映厅在燎原电影院落成开业。

10月 和平双厅电影院和平厅改装水帘幕电影成功,正式对外营业。首映水帘幕影片《爱在人间》。

同月 少年儿童出版社《巨人》儿童文学期刊复刊。

11月5—8日 市电影发行放映公司召开"上海电影市场研讨会",回顾1991年上海电影市场动态、经济状况及工作得失,预测研究1992年市场趋向、工作重心和经营战略。

11月15—24日 上海版新书大联展在市工人文化宫举行。10天内销售45万元。

11月 《上海侨友报》创刊,1992年1月改名为《上海侨报》。

12月20日 上海影城开业。市委副书记陈铁迪、电影表演艺术家张瑞芳为落成典礼剪彩。

12月27日 市电影局、市电影发行放映公司举行"首批星级影院命名授牌大会"。国泰、新上海影都、长白、四平、东湖、天山6家影院被命名为三星级电影院,星火被命名为二星级电影院。

12月 中共上海市委五届十二次全会通过《中共上海市委关于当前社会主义精神文明建设的若干实施意见》,提出从"八五"开始规划建设市一级的十大文化体育设施。

同年 "'91亚洲音乐节"举办,1999年起作为上海国际艺术节的常设项目,每年定期在上海举行。

1992年

1月1日 文汇报社对内部分配机制进行改革,制定《文汇报社工资总额与经济效益、社会效益考核挂钩的实施方案》并开始执行。

1月21—22日 上海市广播科学研究所研制的1千瓦调频五工器,进行了全功率状态下的试验,达到国外同类产品的先进水平。

1月 新闻出版署同意上海声像读物出版社更名为上海声像出版社。

2月 少年儿童出版社出资20万元设立儿童读物发展基金。

同月 中国出版对外贸易公司上海分公司并入上海外文图书公司。

3月16—19日 由上海电台和广播电影电视部磁带厂联合主办的"大型系列广播剧《刑警803》、电影录音剪辑、音乐音响资料全国订货暨研讨会"在西安召开,三天里《刑》剧订购量达3 054集,约4.5万元。

3月21日 嘉定县电影管理站及其所属单位移交市电影局管辖。

3月21—23日 新华书店、上海各出版社第六届图书联合看样订货会在上海举办,订出各类图书达7 000万元。

3月 上影决定终止山狮影业公司、巨星影业公司、天马影业公司、上海电影录像公司建制。

4月4日 上海市人民政府第13号令发布《上海市电视剧制作管理暂行规定》。

4月24日 全国文化系统首家股份有限公司——上海东方明珠股份有限公司成立。该公司由上海广播电视发展总公司、上海电视台、上海人民广播电台和《每周广播电视》报社发起组建的以公有股为主体的股份有限公司。1994年2月24日,东方明珠(600832)在上海证券交易所挂牌交易。

同日 上海和香港间的国际会议电视业务线、香港至浦东新区的高速数据专线分别开通。

4月27日 上海市人民政府发布《上海市电影发行放映管理办法》,并于6月1日开始实施。

5月8—18日 “’92上海艺术图书大联展”在上海举行。50多家出版社的5000多种艺术书刊参展。由中国图书进出口总公司上海分公司与日本出版贩卖株式会社合办的日本艺术图书展同时举行。展出日本出版的700多种图书。

5月11日 上海电视剧艺术咨询委员会成立。徐俊西、余秋雨、谢晋、李子云、黄蜀芹、黄允、宗福先、孙晓明等8人为该委员会首批成员。

5月20日 上海电视台新闻部召开“实行双向选择、重新聘用”的会议,至5月30日,73人应聘上岗,23人变动工作岗位。这是上海电视台体制改革的重要举措,上海电视台围绕实行企业管理的核心,实施了公开招聘部门负责人、部门实行双向选择、分配上实行共性奖与内部稿酬相结合的办法、成立上海电视台人才培训交流中心等一系列改革措施。

5月27日至6月3日 上海南京东路新华书店、少年儿童出版社、文汇读书周报联合举办的全国优秀少年儿童读物展在上海举行,展出1000余种优秀读物。

5月29日 上海市人民政府发布《上海市营业性文化娱乐业管理办法》。

5月 中国第一铅笔股份有限公司成立。

6月18日 上海市广播电视局召开对外宣传工作会议,会议强调扩大广播电视节目的出口量,体现上海改革开放形象。

6月21—28日 中日现代儿童读物原画展览在上海展出。

6月 上海丰华圆珠笔股份有限公司成立。

7月1日 《上海金融报》创刊。

7月2日 中共上海市委宣传部同意上海市广播电视局在浦东设立上海浦江之声广播电台、上海电视二台并招聘两台台长。

7月26日 上海旅游景区中第一家三资企业,由宝山区旅游服务公司与美国泛太平洋集团公司合作经营的“横沙-夏威夷水上乐园”开始试营业。

7月 上海永生制笔股份有限公司成立。

同月 《每周文艺节目》创刊。

8月8日 上海电视台农村台开播。

同日 上海谢晋—恒通影视有限公司成立。

9月17日 上海建筑书店开业。

9月18日 全国医学图书展销会在上海工人文化宫开幕,展出2000余种图书。

9月 上海市广播电视局制订实施《上海市有线电视工程工艺、安全和施工规范》和《上海市有线电视工程验收规则》。

10月1日 为提早每天发报时间,解放日报社、文汇报社、新民晚报社三家报社和上海邮局今起开展出版邮发“一条龙”竞赛。

10月28日 上海东方广播电台正式开播。使用792千赫和101.7兆赫两个频率。

10月 第一个国家级服装博览会“’92中国服装博览会”在上海开幕。

11 月 20 日 《上海英文星报》创刊。

11 月 上海国脉通信股份有限公司成为全国邮电第一家上市股份制企业。

12 月 24 日 《上海交通报》创刊。

12 月 26 日 上海有线电视台正式建台开播，共播出 10 个频道。除 9 个转播频道外，自办一个综合频道。

同月 上海电影音像出版公司成立。

同年 《上海电视台节目出口业务管理条例》和《上海电视台节目进口业务管理条例》发布。

同年 “上海文化艺术中心”（筹）撤销，成立“上海文化广场实业公司”。

1993 年

1 月 5—7 日 上海出版社第七届图书看样会在上海召开，订货码洋 5 000 万元。

1 月 18 日 上海东方电视台正式开播。

1 月 25 日 《文汇报》以整版篇幅刊登“西泠冷气全面启动”的商业广告，为建国后国内报业首创，东方电视台就此作了报道。

1 月 28 日 东上海国际文化影视公司成立。该公司由中国对外文化交流协会、上海市广播电视局等 5 家单位合资组建，是中国首家由中央和地方合资经营的大型文化影视有限公司。

同日 《人才市场报》创刊。

2 月 6 日 上海科学教育电影制片厂成立振亚影视公司。

2 月 15—21 日 市新闻出版局和全国版协科技出版委员会主办的第三届全国地方版科技图书交易会在上海举行。30 多家科技出版社的 5 000 多种图书参加，成交码洋 3 000 万元。

2 月 21 日 市广播电视局和市邮电管理局建设上海有线电视光纤传输网签字仪式在七重天宾馆举行。

3 月 1 日 上海有线电视台制订统一收费办法。经市物价局核准，从 3 月份开始，每月向每家用户收取收视维护费 8 元。

3 月 18 日 上海市电影发行放映公司全建制转制为上海永乐股份有限公司，它是上海第一家股份制企业。4 月 1 日，上海永乐股份有限公司举行揭牌仪式。

3 月 19—21 日 中宣部、新闻出版署在上海召开加强书报刊市场管理工作（上海片）研讨会。

3 月 24—26 日 全国新华书店图书储运最佳店命名及工作研讨会在北京举行，新华书店上海发行所获最佳发运店称号。

4 月 14—18 日 由中国图书进出口总公司、上海市出版工作者协会、上海广播电视发展公司与荷兰中港贸易中心联合举办的“’93 上海、鹿特丹中国文化节”在鹿特丹市举行。中国 17 省市 70 余家出版单位、音像公司、工艺品公司及新华书店、外文书店的 2 600 余种图书、音像制品及工艺品、字画作品参展。

4 月 16—21 日 第三届国际包装和印刷机械展览会在上海举行，来自日本、德国、印度以及中国香港、中国台湾等十几个国家和地区的 150 余家厂商的包装设备、印刷机械和包装新技术、新材料参展。

4 月 21 日 上海市广播电视局与上海市财政局签订第三轮财政综合承包协议。试行逐年递减财政预算，拨款和增加事业收入与职工工资待遇挂钩的办法。

6月1日　美术电影画刊《卡通王》(月刊)创刊,常光希任社长,杨金福、潘国祥先后任主编,上海《卡通王》杂志社编辑出版。

6月　中国首家由民主党派创办的影视公司——上海盟友影视公司在沪成立。

8月24日　上海市版权代理公司成立。该公司第一家派出机构——上海市版权代理公司驻纽约办事处同时成立。

8月28日　上海新华书店图书批销中心开业。

9月　《社会科学报》创刊。

10月5日　中共上海市广播电视局委员会扩大会议,同意成立上海电视台新闻中心,下设采访、编辑、通联、播出四个部门。撤销上海电视台电视剧制作中心,成立电视剧一、二公司。

10月7日　第一届上海国际电影节开幕。本届电影节得到国际制片人协会的认可,该协会于1994年5月14日在法国戛纳举行的年会上接纳上海国际电影节为该会会员。上海国际电影节也成为中国第一个获国际电影制片人协会认可的全球15个国际A类电影节之一。创办初期,每两年举办一次,自2001年(第五届)起改为每年举办一届。

10月9—15日　“92全国地方版图书大联展”在上海举行。100多家出版社展出5 000多种新版图书。

10月16—26日　上海图书出版贸易公司和三联书店(香港)有限公司联合主办的上海书展在香港举行,展出上海各出版社图书6 000余种。

10月18—30日　“93上海科技节科技书市”在上海举行。各类科技图书、声像制品、音响设备、科技仪器及计算机软件3万余种参加展销,销售码洋160万元。

10月22日至11月2日　上海华联超市公司在所属6个超市先后开设图书专架,陈列图书200多种,10天销售码洋9万元。

10月24—28日　上海市邮政局主办的全国报刊汇展在上海举行。30个省市的报刊参展。

10月26日　上海东方电台儿童台举行开播仪式。

10月29日　东方明珠股份有限公司和日本综合管理株式会社举行签约合作仪式,计划合作开发东方明珠广播电视塔二期工程并成立中日合资上海明珠乐园有限公司。

11月25—30日　由海南省文体厅、海南国际新闻出版中心、海南大进实业股份有限公司和北京荣宝斋、上海朵云轩联合举办的中国书画珍品大展在海口市举行。

12月12日　上海有线电视台新辟“体育频道”正式开播。这是国内第一个体育电视专用频道。

同日　上海市广播电视局向全市各街道(镇)有线站印发《有线电视收视维护费管理的规定实施细则》。

12月18日　具有20世纪90年代国际先进水平的彩版印刷系统,在文汇报社印务中心调试成功。

12月21日　上海市人民政府第54号令发布《上海市音像市场管理办法》。

12月23—25日　市新闻出版局和市供销合作总社联合召开上海农村图书发行工作会议。

同年　上海京剧院、上海沪剧院、上海民族乐团、上海歌舞团及上海交响乐团、上海木偶剧团作为首批深入改革的试点单位,经过几个月“全员聘任制”改革的运行,逐渐显现出活力。

同年　上海音像公司首创制作人制,从而使音带的制作、发行、发售全面列入市场经济轨道。

同年　上海电视台试行赞助收入管理办法。

同年　上海美术颜料厂和上实投资(上海)有限公司合资成立上海实业马利画材有限公司。

1994 年

1 月 1 日　文汇报社引进的先进彩色胶印版投产，首次推出彩色报。该报设在北京、成都、武汉等 9 城市的印点全部实行卫星传送。

同日　《上海市营业性游戏机娱乐业管理办法》施行。

1 月 9—11 日　由上海 38 家出版社和新华书店发行所联合举办的第八届沪版图书看样订货会在上海举行。汇集沪版书近万种，初版新书 2 500 种，订出码洋 9 300 万元(包括 1995 年 12 月底在广州、哈尔滨订出的码洋 900 万元)。

1 月　中共上海市委宣传部决定：新闻报社划归解放日报社主管，成为解放日报社领导下具有独立法人资格的新闻单位。

同月　《有线电视》《东方双语》创刊。

同月　《上海农垦报》经批准公开发行。同年 12 月更名为《上海农工商报》。

2 月 27 日　上海教育电视台正式开播，使用 26 频道，全天播出 15 小时，台长张德明。

3 月 3 日　上海谢晋-恒通明星学校开学，校长谢晋。

3 月 18 日　广电部电影局、市电影局联合在沪召开"电影企业机制转换研讨会"。

3 月 20—22 日　由中国出版工作者协会、中国出版工作者协会美术出版研究委员会主办的"'94 全国图书交易会"在上海举行，40 家美术出版社参加，参展美术图书 7 000 余种，订货码洋 3 500 万元。

3 月 25 日至 4 月 4 日　第九届文汇书展举行，2 万余种图书参展。

4 月 16—19 日　全国期刊发行工作会议在上海举行。上海全国期刊总会在上海新华书店静安区店成立。

4 月 20 日　天蟾京剧中心正式挂牌成立，天蟾京剧中心所属逸夫舞台举行盛大开台庆典。

4 月 29 日　上海报纸行业协会成立。

4 月　老凤祥有限公司成立。

5 月 1 日　上海东方明珠广播电视塔天线桅杆整体攀升到位，468 米高塔诞生。

5 月 14—22 日　市新华书店举办"纪念上海解放 45 周年图书展销"，2 000 种图书参展。

5 月 16—19 日　新闻出版署委托新华书店总店召开的全国新华书店城市发行工作研讨会在上海举行。

5 月 26 日　"94 首届上海广播节目交易会"举行，全国 50 多家广播电台参加，成交节目 2 154 小时，成交额近 12 亿元。

5 月　原《体育导报》(周刊)、《围棋》杂志(月刊)，更名为《新民体育报》和《新民围棋》，由《新民晚报》和上海市体委联合主办，新民晚报社主管。

6 月 10 日　上海市广播电视局技术中心新体制开始运行，将上海电视台、上海有线电视台、上海电台的技术工作，划到广播电视局技术中心，新建广播技术部、电视制作部、传送播出部、技术保障部。

6 月 25 日　上海电视台创新影视制作社诞生。

7 月 1 日　上海电台的地面卫星站(广播)建成。

7 月 10—16 日　由中国福利会、上海宋庆龄基金会、上海文化发展基金会联合举办的"'94 上海国际儿童文化艺术节及'94国际少年儿童读物展"在上海举行。

9月1日 《上海市营业性演出场所和营业性电影放映场所管理暂行办法》生效。

9月15日 上海市广播电视局成立审片组,并发出《关于加强电视剧审看的通知》。

9月 永乐股份有限公司被上海市企业管理协会评为"92—93年度优秀企业"。

10月24日 新民晚报社在美国开设的新民国际有限公司在洛杉矶揭幕。

10月28日 由上海有线电视台和上海东方广播电台联合创办的有线音乐台正式开播。这是国内第一个音乐电视专用频道。

11月18日 东方明珠广播电视塔正式向社会开放、接待游客。

12月1日 《新民晚报》通过卫星传版在美国发行,其发行、广告等项业务由新民国际有限公司代理。

同年 为摆脱拍片成本上涨、制片资金短缺、电影市场滑坡、发行收入下降的困境,上海电影制片厂大刀阔斧进行机制改革,决定把上海电影制片厂改建为国有独资的上海电影制片(有限责任)总公司,把原来的行政管理机构转变为经营管理机构,并推出两项促进创作的新举措:从当年起取消拍片厂标费;大幅度提高电影文学本的稿酬。

同年 《浦东开发》杂志创刊。

1995年

1月1日 《人民日报·华东版》创刊。除发行人民日报社发行的对开8版外,增出对开4版报道华东地区新闻。

同日 《新闻报》改出日报。

1月6日 《新民晚报》第一张彩色报纸《七彩周末》出版。

1月14日 上海市政府召开知识产权工作会议。

1月16—20日 第九届沪版图书看样订货会在上海举行,39家单位参加,展出1万多种图书,近1000人参加,订出码洋13400万元。

1月20日 上海市广播电视局节目中心成立,和上海音像资料馆是一套工作班子、两块牌子。

1月23日 上海人民艺术剧院和上海青年话剧团顺应体制改革的需要,实行"撤二建一",即撤销原先两个院团的建制,成立上海话剧艺术中心,实行总经理负责制。

1月 上海财经大学出版社成立。

同月 上海印刷(集团)有限公司成立。

2月6日 《上海市文物市场管理办法》发布。

同日 上海市政府发布了《上海市有线电视管理办法》,并于4月1日起执行。《办法》贯彻了广电部各项有线电视法规、规章的一系列管理原则;体现了政府对有线电视管理的全面要求;确立了市影视音像管理处(下称"市音像管理处")与有线电视台之间,既有职能区分,又有功能结合的管理模式。

2月11日 全国首家沪版专卖店在北京开业。中国书店沪版图书中心汇集上海23家出版社的6000余种书刊专卖。

2月14—21日 "'95年新春特价书市"在工人文化宫举办,此次书市由上海市书刊发行协会、出版社经营管理会主办,群众图书公司承办,2万余人前来参观,销售20万元。

2月　上海印刷集团有限公司开始运转。

3月2日　新民晚报社新建的沪太路现代印刷中心正式投产。该社新建的浦东金桥印务中心亦于当年竣工投产。

3月24日　上海东方影视发行公司成立。该公司隶属上海电影制片厂。

3月　第一届上海国际服装文化节开幕式在上海体育馆举行。

4月3日　《解放日报·中国经济版》在香港创刊，自4月初起随《星岛日报》在香港地区出版发行。

4月　上海市舞蹈学校实行总经理负责制。

5月1日　上海东方明珠广播电视塔举行发射开播仪式。

5月8日　上海有线电视台和上海电台联合创办的有线戏剧台正式开播。这是国内第一个戏剧电视专用频道。

5月11日　上海市版权保护协会成立。上海市新闻出版局局长徐福生任主任。

5月23日　新闻出版署发出《关于发布〈关于出版社建立图书发行机构的暂行规定〉的通知》。

6月15—21日　中国国际广告和印刷技术展览在上海举行。

6月29日　新闻出版署发出《关于转发上海市新闻出版局〈关于禁止用新闻形式进行企业形象广告宣传的通知〉的通知》。

7月　《今日上海》月刊创刊。

8月24日　中共上海市委、上海市人民政府决定撤销上海市广播电视局、上海市电影局建制，重新组建上海市广播电影电视局(仍简称“广电局”)。孙刚任中共上海市广电局党委书记，叶志康任局长，吴贻弓任局艺术总监。

8月25日　美影厂摄制成功中国第一部电脑水墨动画广告片(《五粮液》)。

9月5日　《上海市演出市场管理条例实施细则》发布。

9月　《青年报》改出日报。

10月1日　《上海市演出市场管理条例》施行。

10月15日　中共上海市广播电影电视局委员会决定撤销上海电影乐团和上海广播电视乐团建制，新建上海广播交响乐团(同年12月6日宣布成立)。

10月20日　东方出版中心在上海成立，它由中国大百科全书上海分社和海峰印刷厂组建。

10月27日　上海市第十届人民代表大会常务委员会第十二次会议通过《上海市文化娱乐市场管理条例》。

同日　文汇报“电子出版物”问世。这项成果是由上海光盘实业总公司和文汇报资料研究部合作开发研制的。

10月　《新闻记者》杂志加盟《新民晚报》。

11月10—14日　由中国图书进出口总公司上海分公司主办的“’95中外图书音像制品展销会”在上海举行，来自英、美、德、日、荷等国30余家出版社的各类图书3000余种参展。

11月15日　上海有线电视台全市联网用户达150万户，创世界同一城区网络之最。

11月18日　首批国家5A级旅游景区上海野生动物园建成开放。

11月24日　上海佘山国家旅游度假区正式挂牌。

11月30日　上科影和东方电视台合并新组建的上科影和东方电视台，实行两块牌子、一套班子、一个实体，保持并发扬各自优良传统与艺术特色。

11月　《解放日报》于11月11、12、18、19日四天进行了《双休特刊》试刊，受到读者好评。

12月11日　香港银都机构有限公司在沪举办第二届影片交易会。

12月26日　上海市影视音像管理处发出通知，落实文化部、广电部《关于停止营业性放映激光视盘故事片》的8条意见，决定对上海市录像放映厅进行年审换证复核登记，取缔营业性镭射放映厅。

同年　《上海市文化局文化事业"九五"计划和至2010年发展规划》出台，提出至20世纪末，上海文化艺术要形成荟萃和展示全国优秀剧目、优秀人才的中心，形成亚洲的文化艺术交流中心之一，至2010年逐步建成具有国际水准又有中国特色的城市文化体系。

同年　上海精文投资有限公司成立。

同年　上海美术电影制片厂与上海电视台合并。

同年　文汇报实业总公司创办。

同年　上海建立了出版外国图书合同登记制度和复制境外音像制品合同登记制度，开展了作品自愿登记工作。

1996年

1月1日　《上海市文化娱乐市场管理条例》生效。

同日　《解放日报》《双休特刊》正式创刊。

同日　《文汇报》每天都出版彩色报纸，成为上海第一家天天出彩报的综合性日报。

同日　上海市版权处、上海市影视音像管理处共同向上海联合光盘有限公司和上海华德光电科技有限公司派出4名驻厂监督员，定期向音像行政管理部门和版权管理部门书面报告各项检查情况。

1月5—8日　上海出版社经营管理协会、上海市出版工作者协会、上海书刊发行业协会联合举办的第十届沪版图书看样订货会在上海举行，1万余种图书参展，订货码洋2.6亿元。

1月9日　新组建的上海广播交响乐团正式揭牌。

1月10日　《解放日报》创设《电脑广场》专刊。

2月15日　沪北永乐城竣工，内设电影厅、舞厅、KTV、桌球、游艺厅、保龄球室等多种休闲娱乐项目。

2月16日　上海电视台、上海美影厂合并，实行"一套班子、一个实体、两块牌子"的体制。

同日　上海电影电视(集团)公司成立，该集团公司以上海电影制片厂为母体，集合上海电影技术厂、上海电影发展总公司、上海东方影视发行公司、上海新光影艺苑和上海银星假日酒店。

3月12—14日　由市报业协会发起，与广东省报业协会、复旦大学新闻学院联合举办的1996年中国报业经营管理现状与发展学术研讨会在上海举行。

3月18日　平安动感电影院开业，由上海永乐股份有限公司与香港振安国际有限公司等单位共同投资294万美元合作经营。

3月22日至4月1日　第十一届文汇书展在上海举行。北京两个图书发行联合体的20家出版社3万余种图书参展。

3月　新民晚报社改革用工制度，对新进报社的职工实行聘用合同制。

4月1日　《新民晚报》社浦东印务中心投产使用。

5月24日　《解放日报》社印务中心奠基，1997年可投产，该中心坐落于西谈家渡路。

5月28日　东方广播民族乐团成立。

6月14日　《解放日报》创设《消费广场》专刊。

6月22日　新闻出版署同意上海大学出版社成立。

7月1日　上海永乐电影电视(集团)公司成立。

8月8日　《萌芽》杂志由新民晚报社和上海市作家协会签订协定合办。

8月9—18日　首届上海图书节在上海举行,来自全国500多家出版社的10万余种各类图书、音像制品及电子出版物参展。《儿童辞海》光盘版问世。

8月　经上海市政府同意,市委宣传部、市建委、市计委、市新闻出版局、市城市规划局、市财政局就解决新华书店等主渠道书店网点的问题联合发文。

9月21—27日　上海黄浦旅游节更名为上海旅游节。

9月26日　全国新华书店1993—1995年储运系统最佳店表彰会在北京举行,新华书店上海发行所、上海新华书店静安区店被评为最佳店。

9月　“'96上海国际服装文化节”在上海展览中心开幕。

11月9日　《新民晚报》在美国洛杉矶设立记者站,创办美国版,这在全国尚属首例。

12月20日　上海广播电影电视局转发了东方电视台《关于“圣诞”、新年期间各类节目主持人、播音员一律不得参加社会商业性主持活动》的通知。

同年　上海市影视音像管理处会同市工商行政管理部门、市商业管理部门、市电子工业管理部门,指定4家销售单位,专门向经批准允许接收卫星传递电视广播节目的单位和个人销售卫星电视广播地面接收设施。

同年　国家工商总局、市工商局、市文化局联合签发首批演出经纪人资格证书。

1997年

1月1日　上海音像制品批发、零售、出租单位全面实行文化部《关于音像制品加贴统一防伪标识的通知》的规定,凡未加贴统一防伪标识的音像制品一律视为非法音像制品,不得以任何形式在市场上流通。

1月5—7日　举办第十一届联合图书看样订货会,全市39家出版社共展出图书、音像制品约12 000种,其中新出书和重点书约4 500种。

1月　根据文化部、国家版权局《关于改进营业性录像放映管理保护知识产权的通知》精神,全市400家录像放映场所全面实施录像节目专供制度。

3月　上海市期刊协会成立,共有团体会员376个。

3月18日　网络广播——“东广信息网”开通。

4月20日　为贯彻中办国办37号文件《关于加强新闻出版广播电视业管理的通知》精神,上海电台各播出频率改称专业频率,改动后的各频率对外呼号为:上海人民广播电台(AM990);上海浦江之声广播电台(7115SW等);上海人民广播电台市场经济频率(AM1422);上海人民广播电台交通信息频率(AM648);上海人民广播电台文艺频率(AM1197);上海人民广播电台外语教学频率(AM1296);上海人民广播电台少儿频率(AM1296);上海人民广播电台103.7音乐频率(FM103.7);上海人民广播电台105.7音乐频率(FM105.7);上海人民广播电台英文频率(FM105.7)。

4月　市新闻出版局制订了《上海图书出版业治理工作实施方案》。

同月　上海天蟾京剧演出公司宣告成立,是国内第一家专营京剧演出的公司。

5月　市新闻出版局制定了《关于电子出版物选题报批和样品送交的管理办法》。该办法对加强电子出版物选题管理和规范经营有明确规定。

5月16日　《上海大典》(CD-ROM)由上海三联书店出版并举行首发式。作为市重点信息工程之一的《上海大典》,是反映上海市情的最大信息库,也是中国第一张城市综合信息光盘。

6月7日　朵云轩艺术品拍卖公司1997年春季拍卖会取得圆满成功,总计842件拍品,成交率73%,成交金额3550万元。11月22日"朵云轩'97秋季艺术品拍卖会"上总计有951件拍品,成交率64%,成交金额2978万元。

6月28日　市人大颁布《上海市音像制品管理条例》。

6月　上海市东方网络信息中心正式开通,上海再添国际互联网络新"入口"。

同月　经新闻出版署批准,第二军医大学出版社在上海成立。

7月15日　市人大常委会印发第六十六号公告,公布关于修改《上海市文化娱乐市场管理条例》、《上海市演出市场管理条例》和《上海市图书报刊市场管理条例》的决定,自1997年9月1日起施行。

7月23日　上海市国有资产管委会委托市广电局监管本系统国有资产保值增值责任书签字仪式举行,标志着上海行政事业性国有资产委托试点工作正式启动。

8月6—18日　上海外文图书公司和香港联合出版(集团)公司及其在多伦多、纽约、洛杉矶的分公司共同举办北美"'97上海书展",这是中国出版界在北美举办的规模最大的一次书展,也是上海市出版界首次在北美举办上海书展。书展在多伦多、纽约、洛杉矶巡回展出。上海38家出版社展出近年来出版的精品图书8000余种8万多册,近100万元码洋。

9月22日至10月2日　由市新闻出版局、市政府新闻办与法国《欧洲时报》社在巴黎联合举办"'97上海书展"。这是上海市出版界首次在巴黎举办上海书展。上海28家出版社参展的2000多种5000多册图书被争购一空。

9月　"'97上海国际服装文化节"开幕式在浦东游泳馆举行。

10月1日　《上海市音像制品管理条例》开始实施。

10月15日　《新民晚报》日发行量创最高纪录,超过185万份,位居全国日报发行量第二位、晚报第一位。刷新了1988年3月创下的日发行184万份的历史纪录。

10月　市政府批准设立上海市版权局。市版权局是市政府主管全市著作权管理工作的职能部门。市版权局与市新闻出版局实行一个机构、两块牌子。

11月25—27日　市报业协会和《解放日报》社受中国报业协会的委托,承办了报业新闻大楼物业管理经验研讨会。

11月　上海第一家音像制品租赁连锁企业——上海美亚音像有限公司成立。

12月1日　修订后的《上海市电影发行放映管理办法》以市政府1997年第47号令发布并开始施行。

12月20日　由新闻出版署调拨给上海联合光盘有限公司、上海金像光盘制作有限公司的5条生产光盘流水线,经安装调试后由新闻出版署音像司验收通过正式投产。

同年　上海中华印刷厂和上海美术印刷厂组并成中华彩印有限公司的工作顺利启动。

1998 年

1 月 1 日　《申江服务导报》正式出版发行。

1 月 28 日　上海电台首次通过国际互联网(INTERNET),把一套正在直播的新春特别节目《网上广播、虎年贺岁》送往世界各地。

2 月 4 日　崇明有线电视网络开通,上海有线电视实现了全市 20 个区县大联网。

4 月　“'98 上海国际印刷器材展览会”举办。

5 月 28 日　解放日报印务中心举行落成典礼。

6 月　以原上海中华印刷厂为基础,吸纳上海美术印刷厂、上海市印刷二厂和上海市印刷十厂的部分先进印刷生产设备而组建的上海中华印刷有限公司正式成立。

7 月 25 日　经新闻出版署批准,文汇新民联合报业集团在上海成立。《文汇报》《新民晚报》作为集团所属部门,实行集团领导下的总编辑负责制。

7 月　《解放日报・网络版》上网试刊。

8 月 8 日　上海电视台建立因特网站(http://www.chinastv.com)。

8 月 8—25 日　北美“'98 上海书展”分别在加拿大的温哥华和美国的旧金山、洛杉矶举办。

8 月 27 日　上海大剧院开业。首场演出是中央芭蕾舞团的芭蕾舞剧《天鹅湖》,票房收入 50 万元全部捐赠灾区。它是国内建成的首家国际性高等级综合剧院,走市场化道路。

8 月　商务印书馆上海印刷股份有限公司组成,该公司以原商务印书馆上海印刷厂为基础,由多家出版社、书店、印刷厂共同投资。

9 月 10 日　由上海市版权局、上海市出版工作者协会、上海市音像协会、上海市计算机软件协会和版权保护协会发起的上海反盗版联盟在全国率先成立。

9 月 28 日　上海广播电视卫星地球站在闵行区陈行镇落成。

9 月　黄浦区委、区政府对泰康路田子坊进行改造。

10 月 1 日　上海卫星电视(Shanghai Broadcasting Network)于 18 时正式开播。

11 月 5 日　《上海市文化娱乐市场管理条例修正案》经市人大常委会审议通过。

11 月 11 日　由长途电信局 EDI 实业有限公司与中国图书进出口公司共同组建的网上 CD 专卖店开张试营业。

11 月　国内第一家实现信息交互处理的专业广告市场网络(CAM 网站)在上海建成,并登上互联网。

12 月 1 日　《新民晚报・网络版》(http://www.xmwb.sh.cn)正式开通。

12 月 2 日　《申江服务导报》发行量突破 30 万份,创下上海市综合性周报发行量之最。

12 月 30 日　上海书城建成开业,上海书城网上书店也正式开通。

12 月 30 日至 1999 年 1 月 8 日　第二届上海书市在活动项目、接待读者总数和日接待人数、总销售额和单店销售额等方面创下了上海书市、书展和上海图书发行史的最新纪录。

12 月 31 日　上海市有线网络有限公司正式挂牌成立,上海有线电视推进“网台分营”。

12 月　《新民周刊》试刊,该刊由文汇新民联合报业集团创办。

同年　东视新闻中心记者实行双向选择,竞争上岗。

同年　上海评弹团实行新的激励机制:团里不再给演员发固定工资,各项演出开支都由演员个人自理,每月由团里发给300元演出津贴(含公积金、养老保险)。

同年　上海市文化局创作中心在上海市部分剧作家中率先试行签约制,由该创作中心对其作品进行代理。这是全国戏剧界首次实行编剧签约代理制。

同年　按照中共中央办公厅、国务院办公厅《关于加强新闻出版广播电视业管理的通知》的规定,上海人民广播电台等16个广播电视播出机构,经国家广播电影电视总局审核给予重新登记。全市五家企事业有线电视台均改为有线电视站。

同年　上海新华书店和新华书店上海发行所的店所分离工作正式启动。

1999年

1月1日　全国唯一一家一日三刊滚动出版的《新闻报》正式创刊。

1月4日　由文汇新民联合报业集团主办,主要面向城市读者的综合性新闻周刊——《新民周刊》正式创刊,发行海内外。

2月7日　上海公共文化信息网在上海图书馆正式开通。

2月16日　上海卫视网站正式开通,网址为:www.sbn.sh.cn。

2月24日　上海世纪出版集团成立,这是经中宣部、新闻出版署批准成立的全国第一家出版集团。上海世纪出版集团由上海人民出版社、上海教育出版社、上海译文出版社、汉语大词典出版社、上海图书公司(含上海书店)五家单位组建而成,总资产4.16亿元。

2月　沪港合资上海环艺影城开业。

3月1日　《上海市著作权管理若干规定》实施。

4月　由中国科学院、铁道部、广播电影电视总局及上海市政府决定联合成立中国网通公司,以承担高速互联网络示范工程的建设和运营工作。

5月29日　中国上海网站(www.shanghai.gov.cn)在国际互联网上正式开通。

5月　经新闻出版署批准,《上海英文星报》由原来的中国日报社、上海市政府新闻办联合主办,市新闻办主管改为中国日报社主办、主管,继续在上海注册出版。

同月　“’99上海国际服装文化节”开幕式在上海展览中心举行

6月28—30日　“’99上海图书版权洽谈会”举行,这是上海首次举办较具规模的以图书、电子出版物版权许可使用、转让、合作出版为内容的地方性涉外版权活动。

7月1日　上海长远集团正式成立,主要业务有主、承办大型活动(足球甲A联赛、演唱会等),相关业务有运动休闲、广告、绿化养护工程、旅游、影视娱乐、物业开发、商务推广及各类展示展览会等。

7月8—10日　全国广播影视系统内部管理改革座谈会在沪举行。这次会议的主题是考察了解上海市广播电影电视局内部管理改革的情况,研究如何解决建立起适应社会主义市场经济体制要求的广播影视内部管理机制。市广电局局长叶志康作了“改革、发展、管理、创新”的专题汇报。

7月30日　上海美术电影制片厂推出的大型影院动画片《宝莲灯》在全国28个省市同时上映,此后两个多月中,全国放映场次达55000场,观众达300万人,票房达2400万元,图书、音像制品等相关产品的开发,形象授权、销售等票房以外的收入达到500万元。

8月1日　文新报业大厦建成启用,位于威海路755号(靠近陕西北路口)。

8 月 7—20 日　“’99 北美上海书展”在加拿大温哥华、多伦多和美国纽约举行，上海与其他省市共 68 家出版单位的图书参展，其中上海 35 家、外地 33 家。展示和销售的图书 3 600 种，36 000 多册，总码洋 70 余万元。

8 月 8 日　上海谢晋中路影视有限公司在浦东新区上海证券大厦成立。

8 月 26 日　原《国际金融信息报》更名为《国际金融报》后，从安徽省正式易地上海出版，由人民日报社主管、人民日报社华东分社主办，成为中共中央机关报报系中又一份子报。

8 月　易趣网(www. eachnet. com)正式开通。

9 月 22 日　以上海美影厂为核心企业组建的上海动画影视(集团)公司正式挂牌成立，这是上海的美术片创作生产向产业化方向迈进的重要举措。

9 月 28 日　文汇新民联合报业集团投资创办的上海新世纪广告交易中心成立。它是全国第一家运用现代化交易手段和公开市场化交易形式进行大型广告交易的场所，自主经营、自负盈亏、独立核算的企业法人单位，员工 30 人。

10 月 1 日　由文汇新民联合报业集团创办的英文《上海日报(Shanghai Daily)》正式出版发行。

10 月 22 日　上海全日送报刊发行有限公司成立，该公司为上海广播电影电视局和解放日报社联合创办的，全市规模最大的报刊自办发行公司。

11 月 1 日　上海影视乐园建成，对外试营业。

11 月 2 日至 12 月 1 日　由中华人民共和国文化部主办，上海市人民政府承办的首届中国上海国际艺术节举行。中共中央政治局常委、国务院副总理李岚清，中共中央政治局委员、上海市委书记黄菊，全国政协副主席张思卿出席开幕式并观看大型服饰舞蹈《金舞银饰》表演。来自 10 个国家、国内 11 个省市的文艺团体和艺术家演出 32 台参演剧和 20 台祝贺剧，并举办了艺术节首届演出交易会、’99 上海艺术博览会、’99 上海亚洲音乐节等。

11 月 12 日　上海求索影视制作有限公司成立，这家公司由求索电视制作社改制而来，由上海电视台、永乐集团公司、东上海国际文化影视有限公司、新文华影业有限公司和著名导演黄蜀芹、制片人蔡永瑞参股组建。公司打破原有体制，引进多种经济成分，是国家、集体和个人共同投资参股，实行新经营机制的影视制作企业，也是沪上影视业深化改革的新举措。

12 月 13—17 日　由国家经贸委、外经贸部和上海市人民政府共同主办的第一届上海国际工业博览会在上海展览中心举行。中共中央政治局候补委员、国务委员吴仪，上海市市长徐匡迪，市人大常委会主任陈铁迪出席开幕式并剪彩。观众达 22 万人，成交额 25 亿元。

12 月 29 日　上海市文化稽查总队挂牌成立。这是经市委、市政府批准建立的全国第一个独立建制的文化领域综合执法机构。

同日　上海盛大网络发展有限公司正式成立。

12 月　上海市发布了《上海市文化领域行政执法权综合行使暂行规定》。这是上海市为推行文化领域综合执法而制定的第一个政府规章。

同年　《上海市营业性演出管理办法》修订。

同年　《上海市公众电脑屋管理办法》制定。

同年　《上海市新闻出版业务统计实施办法》出台。

同年　《上海市广播电影电视局宣传片管理暂行规定》《关于加强宣传工作的若干措施》制订下发。

同年　永乐集团在投拍电影故事片《黄河绝恋》时，在全国影视圈内率先探索性地试行“捆绑式”酬金方式,把影视创作人员的劳务酬金和影视产品的市场回报“捆绑”在一起,按市场回报率来决定创作人员的劳务酬金。

同年　上海市影视音像管理处共对全市1395家音像制品零售、出租单位进行年检,通过1173家,因违法经营而被取消经营资格或歇业的187家。

2000年

1月3日　《上海市著作权管理若干规定》颁布。

1月6日　上海和文图书发行有限责任公司成立并开始运行,这是由上海新华书店、上海世纪出版集团、上海科学技术出版社、上海科技教育出版社、上海文艺出版总社、上海外语教育出版社等26家单位采取社店联手共同出资的形式组建的股份制公司。

1月　以上海印刷技术研究所为龙头,联合上海主要印刷材料生产企业、印刷物资销售公司和部分印刷生产企业,集科、工、贸于一体,以研制生产和销售印刷新材料为主业的专业公司——上海印刷新技术(集团)有限公司成立。

3月6日　2000上海书展在法国巴黎举办。此次书展带去上海近40家出版社和外省市部分出版社出版的图书6574册,计14.92万元;VCD 1453盒,计5.08万元。内容涉及文学、少儿、社科、医学、教育、科技、古籍、辞书等,所有品种销售一空。

4月3日　中国的e龙公司和美国的Mail.com公司在上海宣布进行合作,建立以e龙为核心的亚洲最大因特网公司Asia.com(亚洲公司)。

4月18日　上海最大的城市生态公园——世纪公园正式对外开放,中共中央总书记江泽民到园视察,为公园题写园名“世纪公园”。

4月25日　上海中华印刷有限公司引进德国海德堡公司生产的具有世界先进水平的M-600海德堡八色商用胶印轮转机,并正式投入生产。

5月17日　上海第一张广告信息类报纸——《上海星期三》创刊,由文汇新民联合报业集团主管主办,每周三出版。

5月28日　东方网(www.eastday.com)开通。东方网是国务院新闻办指定的上海地区重点新闻网站、全国重点新闻网站转企改制上市试点单位,是具有媒体特色和优势的区域性综合门户网站,由解放日报社、文汇新民联合报业集团、上海人民广播电台、东方广播电台、上海电视台、东方电视台等上海主要新闻媒体联合投资组建。

5月　2000年上海国际服装文化节暨国际服装博览会开幕。

6月7日　上海中华印刷有限公司多元投资签约。

6月10日　上海新华发行(集团)有限公司成立。该集团是以上海新华书店、新华书店上海发行所、上海书城、中国科技图书公司、上海音乐图书公司和全市20个区县新华书店的全部资产为纽带,按现代企业制度组建的新型企业。

7月1日　上海电信进行了政企分开、电信重组,成立中国电信集团上海市电信公司。

7月13日　上海市第十一届人大常委会第二十次会议通过《关于修改〈上海市文化娱乐市场管理条例〉的决定》。

7月　上海部分出版社及上海书城、上海外文图书公司等单位18人赴港参加2000年香港书展,带去各类图书1400余种,约3300册,书展6天,共销售图书2900余册,销售码洋为13.28万元人民币。

8 月 2—13 日　上海市新闻出版局与香港联合出版集团主办、上海外文图书公司承办的北美 2000 上海书展分别在美国洛杉矶和加拿大温哥华举行。

9 月 20—22 日　新闻出版署在沪召开全国印刷管理工作座谈会。

10 月 9 日　解放日报报业集团成立。实行党委领导下的社长负责制。

10 月　上海影城成为全市第一家五星级影院

同月　上海电信公司大型网站"上海企业在线"正式开通，上海市 10 家大型企业当场签约成为首批用户，4 家网站成为首批入驻网站。

同月　携程网并购了国内最早、最大的订房中心——北京现代运通商务旅游服务有限公司，一举成为国内最大的商旅服务企业和最大的宾馆分销商。

11 月 8 日　解放日报报业集团印务中心通过 ISO9002 国际、国内质量认证。

11 月　《文汇报》对采编管理体制进行改革，先后建立了在编委会和总编辑领导下的三大新闻中心。

同月　市新闻出版局与市科委共同出资、集资 200 万元设立上海科技专著出版基金。

12 月 17—19 日　由上海出版社经营管理协会、市出版工作者协会、市书刊发行业协会主办，上海 43 家出版单位和上海新华发行集团联合承办的上海出版社第十五届沪版图书看样订货会在上海光大会展中心举行。订货会共推出各类图书 20 000 余种，订货码洋达到 27 664 万元，比上届增长 10%。

同年　上海市文化广播影视管理局圆满完成"撤二建一(撤文化局、广电局，建文广影视局)"。

同年　上海美术电影制片厂置景制作中心经过职工代表大会表决通过进行改制，分别于 1 月和 3 月成立了两家上影厂控股、个人参股的有限责任公司：上影影视布景制作装潢有限公司和上影森升布景制作有限公司。经过改革，职工工作热情普遍高涨，公司扭亏为盈。

同年　40 家电影院安装计算机售票管理系统。

同年　市政府颁布《上海市著作权管理若干规定》。

同年　《上海城市交通图》盗版案成为上海首例侵犯著作权刑事自诉案。

2001 年

1 月 1 日　《新上海人》杂志由解放日报报业集团出版。

同日　2000 年 8 月归并入文汇新民联合报业集团的《上海交通报》更名为《行报》，成为全国第一张汽车服务信息报。

同日　《新民晚报(美国版)·中国新闻》(英文)创刊。

1 月 2 日　《房地产时报》由解放日报报业集团出版。

2 月 16 日　上海书城通过 ISO9001 国际质量体系认证。

3 月 2 日　中共上海市委宣传部在广电大厦召开文艺院团深化改革动员会，宣布了深化文艺院团改革的方案，上海文艺院团体制改革迈出新步伐。

3 月 16 日　上海市文广影视局分别与上海市各主要新闻单位签署文艺院团委托管理协议书，明确由解放日报报业集团、文汇新民联合报业集团和上海电台、东方电台、上海电视台、东方电视台等新闻单位及上海大剧院对上海沪剧院、上海越剧院等 12 家文艺院团实行委托管理。

3月17日　上海市非国有书业工作小组成立,该工作小组直属市书刊发行业协会领导。

3月　上海市文化广播影视管理局颁布《关于加强通过信息网络向公众传播广播电影电视类节目管理的通告》。

4月1日　《上海市文物经营管理办法》施行。

4月19日　上海文化广播影视集团组建。上海文化广播影视集团下设文广新闻传媒集团、上海电影集团、文广投资有限公司、文广技术管理中心四大子集团。

4月28日至5月20日　由上海市文化广播影视管理局、共青团上海市委、上海市美术家协会、刘海粟美术馆、青年报社等单位联合主办的2001上海青年美术大展在刘海粟美术馆举行。

4月　上海芭蕾舞团、歌剧院等10多家市属文艺院团在全国首开先例,尝试由媒体和有实力的文化单位委托管理。

同月　2001年上海国际服装文化节在上海国际会议中心隆重开幕。

5月　第二届上海版权贸易洽谈会举办。

同月　第九届上海国际纺织工业博览会在上海开幕。

6月　上海第14针织厂成为上海市经委第一家授牌的都市工业园。

7月1日　上海有线电视台正式摘牌,与上海电视台合并。

7月13日　《上海市文化娱乐市场管理条例》第三次修改。

7月18—21日　由上海现代国际展览有限公司主办的上海国际广告技术设备和国际印刷技术设备展览会在沪举行。

7月18—23日　上海出版界组团参加2001年香港书展。

7月27日　集图书、音乐、期刊、理财和大型工具书网上在线于一体的大型专业出版网站易文网(www.ewen.cc)开通,该网站由上海世纪出版集团、上海新汇光盘集团和上海联和投资公司共同组建的上海数字世纪网络有限公司创办。

8月10—28日　市新闻出版局和文广集团共同举办加拿大2001年上海电视周暨上海书展。上海出版系统组织上海和部分省市60余家出版社的6000余种4万余册、总码洋90多万元的图书参展。

8月　中国音乐著作权协会与上海文化娱乐行业协会签订《音乐作品著作权使用费代收协议》,音乐作品机械表演权的许可收费工作在上海启动,卡拉OK、歌厅、舞厅、音乐餐厅等娱乐场所的经营者为使用音乐作品向著作权人支付使用费。

同月　上海新华发行集团被列为全国发行改革试点单位。

同月　上海国际家用纺织品产业园被授予"上海创意产业集聚区"称号。

同月　上海文广新闻传媒集团的组建工作启动,以先电视后广播的顺序,开始了上海电视台、东方电视台现有频道资源的重新定位和整合,实行频道专业化改革。

9月27日　第九届国际摄影展在沪举办。

9月至2002年6月　全市范围内开展了整顿和规范印刷市场秩序工作。市新闻出版局、公安局、工商局等部门通过集中整治,共取缔无证照印刷厂点146家,查处违法违规印刷企业50多家,对其中9家印刷企业作出行政处罚,压缩印刷企业237家,并对633家不符合条件的印刷企业作出限期整改的处理。

10月16日　《21世纪·中学生版》报(英文)创刊。

10月　上海实施音像制品经营单位仓库登记备案制度。

11月2—3日　第三届中国上海国际艺术节演出交易会在上海国际会议中心举行，达成85项意向，博览活动观众8万余人次。

11月16—20日　第五届上海艺博会于在上海世贸商城举行，规模达历届之最。

11月22—27日　第三届上海国际工业博览会在上海浦东新国际博览中心举行，成交312.6亿元。

11月24日至12月6日　市新闻出版局组织上海期刊代表团参加英国国际期刊展，带去上海各类期刊100余种，租用2个展台。

12月1日　《上海市软件著作权登记费资助办法》施行。

12月2日　上海东方音像连锁有限公司举行"连锁铭牌"颁发仪式。

12月6—11日　第十六届联合图书看样订货会在上海光大会展中心举行。

12月23日　文汇新民联合报业集团所属的系列报刊《上海星期三》，在扬州与《扬州日报》联袂举办"《扬州星期三》创刊暨大型读者日活动"。

12月25日　由上海市新闻出版局所属上海百汇印刷投资有限公司与美国印刷业巨头当纳利控股公司共同投资建立的上海当纳利印刷有限公司正式成立。

12月28日　东方电影频道正式开播。

同日　由上海、四川、辽宁、江西4家省级新华书店集团和陆家嘴集团公司共同投资的东方出版交易中心，在浦东新上海商业城举行开业典礼。

12月31日　上海文广互动电视有限公司(SiTV)成立。

同日　金茂大厦立面亮起超大型字幕广告。

同年　"上海之春"与上海国际广播音乐节合并成为"上海之春"国际音乐节。

2002年

1月1日　上海电视台、东方电视台完成电视专业频道重组改革，重组后的11个专业电视频道全新开播。

同日　"中国上海"门户网站正式运行。

2月10日　永乐电影城开业，初设9个影厅。4月28日，永华电影城在国内率先安装了数字放映系统，成为全国第一家数字放映电影城。

3月30日　由上海美术设计公司承办的中国广告协会公司委员会第三届会员大会在上海召开。会议选举产生新一届常务委员会单位，4家中外合资广告公司和5家民营广告公司第一次进入常委班子，占常委总数的40%。

3月　上海银联电子支付服务有限公司成立，前身为上海腾欣科技有限公司。

同月　上海多媒体产业园多媒体产业基地正式挂牌成立。

4月29日至5月1日　首届上海国际旅游资源展示暨"世界遗产"旅游资源博览会在上海国际展览中心举行。

4月　2002上海国际服装文化节暨上海纪事第十七届服装博览会在上海世贸商城拉开帷幕。

同月　第八届国际著名时装品牌及设计师发布在上海国际会议中心举行。

5月17日　上海市新闻出版局开始履行上海市音像制品出版、复制和制作的监管职能。

5月18日　由文新报业集团、文广影视集团和东方网等3家媒体联办的《东方体育日报》创刊，成为中国首家真正意义上的体育日报。

6月6日　上海市互联网协会成立。

6月12—15日　第十届上海国际广告技术设备展览会举办,专业观众96 000人次,成交额7 108万美元。

6月20—24日　由上海市新闻出版局主办,中国图书进出口上海公司和上海外文图书公司承办的“上海书展”,在俄罗斯圣彼得堡市举行。

6月23—26日　由上海出版工作者协会、上海出版社经营管理协会和上海书刊发行业协会主办的上海图书交易会在上海光大会展中心举行,这次交易会首次面向全国招商。

6月30日　上海电影院计算机售票工程实现全国数据上报。

7月　“第九城市”开始运营由韩国WEBZEN公司开发的经典网络游戏《奇迹》(MU);同年,该游戏在中国最大的网络游戏门户网站17173开展的中国网络游戏市场调查中,包揽了所有7个项目排行榜的第一名,成为在中国大陆最受欢迎的网络游戏之一。

7月15日　上海文化广播影视集团完成广播频率专业化改革,推出10套广播专业节目。

8月22日　上海多媒体产业化基地、上海市上大多媒体应用技术研究中心揭牌。

8月　“上海书展”同时在加拿大的温哥华、多伦多,美国的纽约、洛杉矶、旧金山等5个城市展出。

9月1日　《上海日报》发行50多个国家和地区

9月22日　首次全国出版专业技术人员职业资格考试在各地开考。

10月18日　《新民晚报》与澳大利亚《星岛日报》合作,创办《新民晚报·澳洲专版》,即日起每天随《星岛日报·澳洲版》与澳大利亚华人读者见面。

10月24日　上海市互联网行业自律公约签约大会于在上海花园饭店召开。

10月28日　《上海市出版物发行管理条例》颁布。

10月29日　上海世纪秋雨物流公司成立,这是中国内地第一家现代图书物流公司。

10月30日至11月1日　第四届中国上海艺术节演出交易会达成82项意向。

11月3日　上海东浩国际服务贸易(集团)有限公司与世界500强的英国WPP集团、日本株式会社博报堂共同投资组建中、英、日合资上海广告有限公司。WPP集团、博报堂各拥有25%的股份。

11月13—17日　第六届上海艺术博览会在世贸商城举行。

11月22日至2003年1月20日　2002上海双年展在上海美术馆举行。

12月3日　中国成功获得2010年上海世博会的举办权,实现世博史上无发展中国家成为综合性世界博览会举办国的历史性突破。

12月15—17日　由上海出版社经营管理协会、上海出版工作者协会、上海书刊发行业协会主办,上海43家出版单位及新华书店上海发行所联合承办的上海出版社第十七届联合图书看样订货会在上海光大会展中心举行。

12月　“文学会馆”网站开通,网址是:www.zuojia.com.cn。

同年　上海歌舞团深化改革,竞聘上岗。

同年　上海电影集团公司用高清晰摄像机拍摄了6部“电视电影”。“电视电影”成为上海电影业的新增长点。

同年　“东方网点”连锁门店发展到203家,经营电脑总数约23 657台,分布全市19个区县,占上海网吧总数的六分之一，经营规模占整个市场的三分之一。

同年　中国音乐著作权协会上海办事处共完成音乐著作权使用费收转金额240多万元，比上年增长108%。

2003年

1月8日　上海市文广局“行政事务受理中心”正式挂牌，即日起受理上海的个人或耽误要办理演出、影视和娱乐场所经营等各类文化项目的许可审批。

2月28日　新民晚报出版《新民环球》周刊。

3月　2003上海国际服装文化节在新天地南里举行开幕式。

3月5日　由文新报业集团主办、上海教育报刊总社《家庭教育时报》协办的《新读写》杂志正式出版，这是中国第一本面向中学生的中英文双语写作杂志，为月刊。

同日　由上海国际商品拍卖有限公司主拍的上海磁浮列车两年的冠名权拍卖会在龙阳路磁浮车站举行，上海新湖房地产有限公司以2 090万元的价格中标。

3月17日　新民晚报出版《新民体育》周刊。

4月　上海浦东旅游会展网(www. mice. pudong. gov. cn)正式开通。

6月26日　市通信管理局颁布《上海市信息服务(通信短信息)业务管理暂行规定》，对短信业务的市场准入、经营、资费、服务管理等作了明确规定。

6月30日　美亚音像公司和21便利公司进行合并，成立了美亚21世纪商业发展有限公司。

7月7日　由文新报业集团创办的《东方早报》正式出版发行。

7月　中共中央办公厅、国务院办公厅转发《中共中央宣传部、文化部、国家广电总局、新闻出版总署关于文化体制改革试点工作的意见》，对开展文化体制改革试点工作作出部署，决定在北京、上海、重庆、广东、浙江、深圳、沈阳、西安、丽江等9个文化体制改革综合性试点地区和35个宣传文化单位进行改革试点。其中，上海世纪出版集团被列为全国文化体制改革试点单位。

同月　经国家广电总局批准，原上海电视台财经频道和东方广播电台财经频率组成全国首家综合性财经传媒——《第一财经》，频道、频率共同采用统一的文稿系统。

8月14日　上海当纳利印刷有限公司同时获得ISO9001国际质量管理体系、ISO14001国际环境管理体系和OHSAS18001国际职业健康安全管理体系的认证，在上海印刷企业中首家同时通过3项体系认证。

8月27—30日　第二届上海国际时尚品牌服装(饰)博览会在上海展览中心举行。整个博览会接待参观者超10万人次。

8月　上海市新闻出版局、上海海关、上海市外经贸委3个部门同时发布鼓励开拓境外印刷业务措施。

同月　上海国际时尚联合会正式成立。

9月9日　东方宽频网络电视开播。东方宽频网站设有新闻、影视剧、体育、音乐、互动财经、短信等10多个频道和数据增值服务。至年底付费用户超过3 000户。

9月　中宣部正式批准和原则同意《上海文化体制改革综合试点工作方案》。

同月　中共上海市委批准上海世纪出版集团党的关系由原隶属上海市新闻出版局党委改为隶属市委宣传部，市新闻出版局对该集团实行行业管理。

同月　被国家科技部列为示范工程的“上海商业电子商务服务平台”项目建成并正式启用。

10月1—5日　由上海市文联主办的首届上海室内装饰艺术博览会在上海光大会展中心举行。

10月10日　上海大剧院总公司成立,宣布接收上海市区14家专业剧场中的5家,包括兰心大剧院以及同样历史悠久的上海音乐厅和美琪大剧院。2003年之前的几年,上海的剧场数量不断萎缩。

10月14日　上海电影集团公司、上海联和电影院线和美国华纳兄弟国际影院公司签署全面合作协议。协议规定,双方建立战略合作关系,首先启动影院投资建设项目以及相关的影院经营管理、电影技术、管理人才培训等。

10月20—22日　第五届中国上海国际艺术节演出交易会共有来自27个国家和地区的135个演出经纪团体参加,达成合作意向112个,创下5年来艺术节办展的多项纪录。

10月23日　上海卫视正式更名为上海东方卫视。

10月28—30日　由上海市新闻出版局、上海市版权局主办,上海外文图书公司承办的第三届上海版权贸易洽谈会在上海国际会议中心举办。美国、英国、德国、法国、日本、新加坡、泰国等国家和中国香港、台湾地区的37家出版商参展,内地有华东地区和北京、天津、湖北、宁夏等省市的60余家出版单位和团体参展。

10月29日至11月1日　由中国印刷技术协会、中国印刷科学技术研究所、德国杜塞尔多夫展览(中国)有限公司联合主办的三年一届的首届中国国际印刷技术及设备器材展览会(简称中国国际全印展)在上海浦东新国际博览中心举行。400余家企业参展。

11月26—29日　第一届上海亚太广告节由上海市广告协会、《台湾时报》亚太广告奖执行委员会、上海现代国际展览有限公司联合举办。

12月10日　上影集团、上海百联集团、上实集团、锦江国际集团以及上海世纪出版集团在华亭宾馆签署战略合作框架协议。协议约定,各集团通过信息共享、功能互补、资本联合、业务联动等方式,加强全面合作,联手拓展全国市场。

12月12日　由上海书城和西安民营企业双鱼置业有限公司共同出资组建的大型图书零售企业——西安中山书城,在西安市雁塔西路开业。

12月18日　上海联合产权交易所正式揭牌运行。

12月　上海软件企业携程旅游网在美国纽约纳斯达克(NASDAQ)股票交易所正式挂牌交易。

同月　上海东方网股份有限公司、上海数字世纪网络有限公司和上海盛大网络发展有限公司3家单位获得互联网出版权,它们也是中国首批获得网络出版权的单位。

同月　上海理想信息产业(集团)有限公司在沪成立。上海理想信息产业(集团)有限公司作为上海电信系统集成业务的主体经营单位,以网络系统集成、应用软件集成、软件产品研发、咨询服务为核心业务,广泛服务于政府机关、公用事业、通信业、教育业等多个领域,市场覆盖近20个省市。

同年　上海科学技术出版社等7家出版社并入上海世纪出版集团。上海三联书店由市新闻出版局划归解放报业集团管理。

同年　互联网游戏出版得到迅猛发展,全市20家网络游戏运营单位运营网络游戏30余款,实现销售收入超过13亿元,利润6亿元。其中,盛大网络建立了中国最大的互动娱乐研发团队,成功推出自主研发的网络游戏产品《传奇世界》,获得了巨大的商业成功,从而带动了整个国内互动娱乐产业自主研发的热潮。

2004 年

1 月 1 日　纯新闻广播电台——东广新闻台在上海调频 1296 和调频 104.5 开播，实行全天 24 小时播出。

同日　《内地与香港关于建立更紧密经贸关系的安排》（简称 CEPA）允许港澳公司提前从 2004 年 1 月 1 日起可在内地设立独资广告公司。

2 月 19—22 日　首届上海世界旅游资源博览会（World Travel Fair 2004）在上海新国际博览中心举行。

2 月中旬至 4 月　市新闻出版局治理整顿内部资料出版物。

3 月 2 日　国家工商行政管理总局和国家商务部联合颁发《外商投资广告企业管理规定》，允许外商可在中外合营广告公司中拥有控股权。

3 月 18—21 日　由上海市文联主办的首届上海民间艺术博览会在上海展览中心举办。

3 月　2004 上海国际服装博览会在浦东新国际展览中心举行。

4 月 9 日　由保利文化艺术有限公司和文汇新民联合报业集团共同组建的上海东方艺术中心管理有限公司与上海东方艺术中心正式签约。

4 月 28 日　创办于 1985 年 11 月的上海评弹团附属乡音书苑重新开台。

4 月　上海爱乐乐团在原上海广播交响乐团基础上组建起来。

5 月 13 日　盛大互动娱乐有限公司在美国纳斯达克股票交易所上市，股票代码为 SNDA。

5 月 26 日　上海联和教育院线成立。

5 月 29 日至 6 月 1 日　第十四届中国国际体育用品博览会在上海新国际博览中心举行。

5 月　“上海通”网站开通。网址：www.shtong.gov.cn。

同月　M50 创意园成为上海市第一批文化艺术街区之一。

同月　上海天地软件创意园有限公司正式成立。

6 月 10 日　上海市无线电管理局揭牌成立。

6 月 22 日　上海文艺出版总社组建成立。

7 月 1 日　解放日报报业集团联合上海嘉美盛海文化传播有限公司和上海交大昂立股份有限公司，成立由解放日报报业集团控股的上海新闻晚报经营有限公司，把《新闻晚报》自办发行网络建设作为重点。

7 月 27 日　国家动漫游戏产业振兴基地在华东师范大学挂牌成立。

7 月 28 日　部分上海数字网络、技术、节目、运营、终端产品企业宣布成立中国第一个数字电视产业推广联盟。

7 月 28 日至 8 月 2 日　首次由市新闻出版局主办并向读者开放的 2004 上海书展在上海展览中心举行。该书展共开展 170 余项营销活动，参观人数达 20 万人次，销售码洋达 1 300 万元。

7 月　改建完成的曲阳影都开业。

8 月 19 日至 9 月 15 日　由文化部、中国美协主办的第十届全国美术作品展览艺术设计作品展，在上海美术馆举办。

8 月　张江文化产业创意基地正式被中共上海市委宣传部命名为上海市文化产业基地。

同月　上海盛大网络发展有限公司的《梦幻国度》《英雄年代》《三国豪侠传》、上海久诚信息技术有限公司的《快乐西游》和上海腾武数码科技有限公司的《功夫ONLINE》入选首批“中国民族网络游戏出版工程”。

9月9日　上海印刷(集团)有限公司实施改制,由原来的国有独资企业转变为由上海文汇新民联合报业集团占42%股份、上海世纪出版集团占22%股份、上海文艺出版总社和上海精文投资公司各占18%股份的国有多元投资企业。

9月15—18日　2004中国(上海)国际文化用品博览会在上海光大会展中心举行。

9月18日　市政府办公厅转发市市容环卫局、市规划局《关于继续开展对户外商业广告(非广告)设施设置整治意见的通知》。

9月28日至11月27日　2004上海双年展在上海美术馆举行。

9月　上海文化发展基金会启动面向全社会的文化项目资助工作,涉及文艺创作、文化研究、文化艺术活动、文艺人才建设、文化艺术交流和群众文化活动等各个方面。

同月　上海文博信息网站开通。

同月　易趣与美国eBay平台成功整合。自此,eBay易趣的用户能与来自美洲、欧洲以及亚洲各国的用户进行网上交易。

9月至2005年4月　中共上海市委宣传部和市新闻出版局、市公安局、市工商行政管理局等部门,在全市开展印刷复制业专项整治。

10月　西南影城开业,这是上海影城第二家连锁影院。

同月　劳动报社印务中心竣工。

11月3日　位于宝山区聚丰园路的弘基影城开业。

11月10日　《新民晚报》加入世界中文报业协会。

11月15日　《第一财经日报》首发,该报由《上海经济报》变更,周六刊,对开24版,主管单位由上海市工业经济联合会变更为上海文广新闻传媒集团,主办单位由上海市工业经济联合会变更为上海文广新闻传媒集团、北京青年报社、广州日报报业集团,上海文广新闻传媒集团为主要主办单位。

11月15—18日　首届亚洲电子展暨2004年秋季(第六十四届)全国电子展览会在上海新国际博览中心隆重举行。

11月17—21日　作为第六届中国上海国际艺术节重要博览活动——第八届上海艺术博览会在上海世贸商城举行,成交2600万元。

11月25—28日　2004中国国际旅游交易会(简称旅交会)在上海浦东新国际博览中心举行。

11月,文化部印发《文化部关于命名文化产业示范基地的决定》,上海张江创意产业基地、上海盛大网络发展有限公司、上海大剧院总公司、上海瑞安集团等4家单位入选首批“国家文化产业示范基地”;2006年,上海时空之旅文化发展有限公司、上海多媒体产业园发展有限公司入选第二批“国家文化产业示范基地”;2008年,上海东方明珠(集团)股份有限公司、上海长远集团入选第三批“国家文化产业示范基地”;2010年,上海天地软件创业园有限公司、上海今日动画影视文化有限公司入选第四批“国家文化产业示范基地”。2010年,张江文化产业园区被文化部授牌第三批“国家级文化产业示范园区”。

同月　9家画廊获“中国诚信画廊”证书。

同月　徐汇软件基地和上海市互联网协会合作成立了上海数字娱乐中心。

同月　上海首个电子商务创业园在普陀区的天地软件园内开幕。

同月　上海巨人网络科技有限公司(原上海征途网络科技有限公司)成立。

12月6日　上海美影厂成为“国家动画产业基地”。

12月9日　由普陀区文化局和上海联和电影院线有限责任公司合资建造的曹杨影城开业。

同日　《每日经济新闻》首发,为周五刊,对开16版,由解放日报报业集团主管,解放日报报业集团和成都日报报业集团联合主办,解放日报报业集团为主要主办单位。

12月15日　市政府颁发《上海市户外广告设施管理办法》,明确市市容环境卫生管理局负责对全市户外广告设施设置的监督管理和综合协调。

12月28日　由上海文广新闻传媒集团创办的上海东方网络电视在上视大厦举行开播仪式。

12月29日　“手机电视”在上海正式开播。

12月30日　上海市文化市场行政执法总队成立。

同年　上海市文化领域国有资产监督管理工作小组与上海宣传系统国有资产监督管理工作办公室成立,完成宣传系统国有资产监管关系的调整。

同年　上海市新闻出版局成立行政事务受理中心,实施行政许可统一受理。

同年　上海新华发行集团有限公司由国有独资企业改制为混合所有制企业。

同年　上海市统计局印发《上海文化统计概览2004》。2005年,上海市统计局与中共上海市委宣传部共同联合印发《上海文化统计概览2005》,此后每年发布。自《上海文化统计概览2008》起,增加文化贸易数据。

同年　上海滑稽剧团赢得知名企业每年出资500万元冠名,使剧团有能力每年创排大戏走进剧场,并以多种形式送戏进社区、部队和校园。

同年　市工商行政管理部门按照《中华人民共和国行政许可法》要求,把原来对广告业的22项行政许可行为减少至6项。

2005年

2月1日　上海文广新闻传媒集团东方卫视亚洲频道在长城(亚洲)卫星电视平台开播。

2月6日　由上海大剧院、上海音乐厅、上海市文化广场、上海歌剧院、上海交响乐团、上海民族乐团和上海芭蕾舞团等单位联合组建的上海大剧院艺术中心成立。

2月24日　上海外文季风图书有限公司和台湾联经出版公司合作成立台北简体字书店,取名“上海书店”。

2月　上海市经济委员会举行“上海市原创设计大师工作室”授牌仪式。

3月25—27日　由新闻出版总署、国家版权局、上海市人民政府以及中国出版工作者协会等联合主办的2005年中国国际音像电子博览会,在上海国际展览中心举办。

3月28日　由文汇新民联合报业集团和上海印刷(集团)有限公司投资建设的青浦印刷基地,在青浦工业园区举行奠基典礼。

3月　上海文广新闻传媒集团获得国家广电总局颁发的国内第一张IPTV集成运营牌照,上海IP电视正式开通。

4月1日　《上海市户外广告设施管理办法》正式实施,户外广告的设置和管理走上规范轨道。

4月28日至6月30日　上海博物馆馆藏铜镜精品展在上海博物馆举行。

4月30日至5月20日　由上海市对外文化交流协会、中法文化年上海组委会、文化部中外文化交流中心和上海城市规划展示馆共同主办的法国视觉——当代建筑与城市规划展举行。

4月　2005上海国际服装文化节举办。

同月　M50和卓维700,同时被上海市经委命名为上海市首批创意产业聚集地。

5月1日　《上海市展览业管理办法》正式颁布。

5月12—15日　由立新国际展览有限公司主办的第五届上海国际珠宝展在上海世贸商城举行。

5月13日　传媒集团与中国移动通信集团签订战略合作,共同推进手机流媒体业务。

5月　《上海市会展行业自律公约》(试行)颁布试行。

6月1日　在《哪吒闹海》公映25周年之际,上海美术电影制片厂发行限量珍藏版、珍藏版和普通版3个版本的《哪吒闹海》DVD。

6月20日　上海市成立以市工商局牵头,市委宣传部、市公安局、市监察委、市纠风办、市通信管理局、市卫生局、市文广局、市新闻出版局、市食品药监局等10个部门参加的整治虚假违法广告专项行动联席会议制度,制定《上海市虚假违法广告专项整治工作方案》。

6月21日　以上海各区县新华书店25家教材门店为基础的上海新华发行集团教材连锁店组建成立。

6月　第十一届上海国际纺织工业展览会在上海新国际展览中心开幕。

7月8日　上海音乐书店举行入驻福州路开业仪式。

7月13日　上海分众传媒控股有限公司在美国纳斯达克成功上市挂牌交易,成为首家登陆美国股票市场的中国纯广告传媒股票,并以1.72亿美元的募资额创造了当时的IPO纪录,市值超过70亿美元。8月18日,分众传媒以1亿多美元价格收购国内最大的电梯平面媒体框架媒介,然后又并购其竞争对手聚众传媒。

7月26日　上海时空之旅文化发展有限公司正式成立。

8月　新世纪影城、上海永华影城等开展手机购电影票业务。

9月17日　上影华威影城开业。

9月17—27日　上海出版和作家代表团首次与台北、台中和高雄三地邀请方在台湾共同举办上海书展。

10月　2005上海时装周在复兴公园开幕。

11月9日　国家网络游戏动漫产业发展(上海)基地揭牌仪式在张江高科技园区举行,成为继成都、广州之后第三个挂牌的基地。

11月16—20日　第七届中国上海国际艺术节重要活动之一,以"跟随画廊投资,理财正确之路"为主题的2005(第九届)上海艺术博览会于在上海世贸商城举行,成交额突破5 000万元。

11月19日至2006年3月17日　由上海文化发展基金会、上海城市雕塑委员会主办,徐汇区人民政府、上海市明圆文化艺术中心和美国伊曼纽尔——枷弗戈艺术公司共同承办的2005上海国际城市雕塑双年展在徐家汇公园展出。

11月26日　国内出版领域第一家股份有限公司——上海世纪出版股份有限公司正式成立。

12月2—18日　由市文联和市美协主办的2005(第三届)上海美术大展在上海美术馆举行。

同年　上海市制定《关于加强上海报业结构与定位管理的若干意见》、《关于实施媒体品牌战略的若干意见》、《关于加快形成名记者名编辑名评论员名主持人队伍的若干意见》、《关于规范本市报刊社记者署名的通知》、《关于建立上海市报纸重大差错报告制度的实施办法》、《上海市报纸重大差错处罚细则》和《报社法定代表人、总编辑(主编)岗位任职条件及主要职责》7个系列文件，下发各媒体试行。

同年 上海文化广播影视局向上海影视公司、上海新文化广播电视制作公司和上海三九文化发展公司3家民营公司转发了国家广电总局颁发的电视剧制作甲种许可证(持有此证即拥有拍摄自主权)，从而结束了上海民营影视公司没有制作甲种许可证的历史，实现了零的突破。

2006年

1月1日 上海文广互动电视有限公司开播高清数字电视“新视觉”频道。

1月9日 上海文广互动电视有限公司与北京歌华有线网络股份有限公司、北京北广传媒数字电视有限公司签订了合作协议，将SiTV平台上的全国数字付费电视频道传输到北京有线网络。

1月16日 解放日报报业集团与上海联通共同创建的i-news短信手机报推出。

1月23日至3月26日 故宫博物院宫廷珍宝展在上海博物馆举行。

1月27日 上海移动开始向用户提供集文字、图片、声音等于一体的多媒体报纸业务。

2月15日 上海东方龙新媒体有限公司经营的东方手机电视平台在中国移动全网正式商用。10月，东方手机电视全网联通手机电视业务正式商用。

2月21日 上海市政府批转市整规办《关于整顿和规范与治安相关的娱乐、服务行业的意见》。

3月4日 上海联和电影院线开设艺术电影赏析专场。

3月11日 电视新闻中心网站正式开通。

3月20日 文新报业集团与上海移动通信有限公司合作推出手机报纸群“News365上海手机传媒”，其中包括“新闻365”“财经365”“体育365”“娱乐365”4种彩信产品。

3月28日 由上影集团上海永乐股份有限公司、上海东方网股份有限公司、上海精文投资有限公司联合投资组建的上海东方永乐数字电影院线有限公司和旗下首批进入运作的24家百姓影院在沪诞生。

3月30日至4月2日 由上海市旅游委和VNU欧洲展览集团主办的上海世界旅游资源博览会(World Travel Fair)，在上海展览中心举行，海外展商占9成。

3月 解放日报报业集团与技术运营商合作出版名为“摩客”(i-mook)的网络数码杂志平台，为读者免费提供多种期刊的在线阅读及下载服务。

同月 2006上海国际服装纺织品贸易博览会在新国际博览中心开幕。

6月14—18日 由中国印刷技术协会、中国印刷技术研究所、杜塞尔多夫展览(中国)有限公司、科印传媒主办的第二届中国国际印刷技术及设备器材展览会(简称中国国际全印展)，在上海新国际展览中心举办。

6月29日至7月3日 第二届中国国际动漫游戏博览会在上海展览中心举办。博览会共吸引观众11.31万人次，其中专业观众2.1万人次。该届博览会由文化部和上海市人民政府主办，上海市文化广播影视管理局和国家动漫游戏产业振兴基地承办。

6月 中共上海市委宣传部和新闻出版局起草并下发《关于规范本市报刊出版和经营合作行为的通知》。

同月 经国家新闻出版总署批准，上海画报出版社更名为上海锦绣文章出版社。

7月6日 SMG音乐站(www.smgmuslc.cn)正式开通。

7月　2006上海国际纺织机械展览会在上海新国际展览中心隆重开幕。

8月5—11日　2006上海书展于在上海展览中心举办,零售额达2 800万元。

8月　上海印刷大奖设立。该奖由上海市新闻出版局主办(发起),上海市印刷行业协会、上海市包装技术协会、上海市轻印刷行业协会承办,中国印刷及设备器材工业协会包装印刷分会、中国包装联合会包装印刷委员会、中国印刷技术协会票据印刷分会等协办,部分印刷设备、器材、材料供应商及大型印刷集团为支持单位。

9月1日　上海电信和上海文广集团联合推出交互式网络电视(IPTV)业务。

9月5日至11月5日　第六届上海双年展观众超20万人次。

9月6日　上海市版权局颁布《上海市著作权合同备案办法》,建立著作权合同备案制度。

同日　市版权局颁布《上海市著作权合同备案办法》,建立著作权合同备案制度。

9月9日　新民晚报投资创办的"新民网"(www. xmnext. com)经过4个月测试后上线。

9月15日　分布上海淮海路、南京路等主要街道的公共新闻视屏(i-street)面世。

9月30日　商用广告船"船长6号"在黄浦江上投入使用。

9月　上海电信和上海文广集团联手正式推出IPTV业务,在全市范围内建成了IPTV商用网,为宽带用户提供IPTV业务,开启了网络电视的新时代。

同月　响亮2006——上海时装周开幕式,巴黎欧莱雅之夜,时尚同乐在同乐坊隆重开幕。

10月17日　上海新华传媒股份有限公司揭牌仪式在上海展览中心举行,宣告新华发行集团核心业务成功借壳上市公司"华联超市"上市,上海新华发行集团有限公司整体改制工作完成,成为中国出版发行企业中第一家A股上市公司。

10月22日　上海大宁国际商业广场上影星汇(cgv)电影城建成开业。

10月24—31日　由上海文化发展基金会、上海市文化广播影视管理局、上海时装周组委会共同主办的锦绣文章华服霓裳——中国服饰文化展在世贸商城举行。

10—12月　市版权局组织开展打击网络侵权盗版专项行动。

11月16—19日　由国家旅游局、国家民航总局、上海市人民政府联合主办的2006中国国际旅游交易会(CITM)在上海新国际博览中心举行,多项指标创历史新高。

12月13日　上海歌舞团、上海东方青春舞蹈团两团合并。上海歌舞团、东方青春舞蹈团两团合并后,推出了以"地位角色认定,职级档次区划,明星效应凸显,利益分配对"等为主要内容的"艺衔"制。这是上海歌舞团、东方青春舞蹈团在文化体制改革和机制转换中推出的一项重大举措,开了全国文艺院团的先河。

12月23日　上海万达国际电影城开业。

12月28日　文新青浦现代印刷中心在青浦工业园区建成。

12月29日　上海东方惠金文化产业创业投资有限公司登记成立。

12月31日　上海市新闻出版局发布《上海市报刊主管单位审读工作实施办法》。

12月　上海网通宽带商务网站正式开通。

同月　上海IPTV用户突破6万户,成为全国IPTV用户发展最快的城市。

同年　上海市文广影视局完成《上海文化广播影视发展第十一个五年规划》,制定《关于进一步加强文广影视民间组织管理工作的意见》,积极推进行业协会建设,为社会影视制作公司举办法制专题培训班,探索管理机制创新。

同年　上海市新闻出版局制定《上海市新闻出版局关于深化出版发行体制改革工作实施

方案》。

同年　上海文广新闻传媒集团新闻共享平台建成。

同年　久之游信息技术上海有限公司开发的《超级舞者》、《超级乐者》和上海游戏蜗牛有限公司开发的《航海世纪》等国产网络游戏分别出口到美国、加拿大、马来西亚、越南、印度、新加坡等10多个国家和中国香港、台湾地区，改变了上海网络游戏只进不出局面。

2007 年

1月1日　文新集团图片中心成立，文新集团、上海图书馆、东方IC传媒合力打造的"上海影像网"同时开通。

2月11日至3月20日　由上海市对外文化交流协会和上海城市规划展示馆、俄罗斯巴米国际艺术品投资有限公司共同主办的"感应俄罗斯——当代艺术家油画精品展"在上海城市规划展示馆举行。

2月14日　上海龙之梦影城开业。

3月2日　上海第一张获得国家新闻出版总署批准、有独立刊号、在全国公开发行的社区周报——《新民晚报社区版》创刊。

3月17日　上海京昆艺术中心成立。中心是在上海京剧院、上海昆剧团和天蟾逸夫舞台三个独立法人单位的基础上组建而成，以京昆艺术创作、制作、演出、营销为主业的新型演艺实体。

3月　上海电信推出114号码百事通业务，主要包含美食导航、票务预订、旅游订房、交通指路等业务，它是在传统的114电话查询平台基础上，打造成的一个综合信息服务平台。

4月　中共上海市委宣传部和浦东新区人民政府依托外高桥保税区，共同发起成立"上海国际文化服务贸易平台"，是为"国家对外文化贸易基地"的前身。

同月　市工商局查获上海世新展览服务有限公司发布虚假广告案。

5月20日　上海新民传媒广告有限公司成立。

5月　上海版权中心成立，具有登记、展示、信息、保护、策划、服务和交易等项功能。

6月9—13日　上海民族民俗民间文化博览会在东亚展览馆举行，共吸引观众5万余人次。

6月28日　国家动漫游戏产业产权交易中心在上海联合产权交易所运行。

6月　2007上海国际纺织工业展览会在上海国际展览中心隆重开幕。

同月　微软(中国)公司和上海文广新闻传媒集团签约，开展个人计算机、电视、手机等领域信息娱乐应用合作。

7月　上海电影资料馆中文网站正式启动。

同月　国家新闻出版总署公布"中国民族网游出版工程"第三批入选选题目录，20种选题中，上海有8款游戏入选。

同月　上海查处"书香门第"网站在线阅读侵权案。

8月10—12日　由国家体育总局、国家旅游局和上海市人民政府共同举办的首届中国体育旅游博览会，在上海展览中心举行。

8月15—21日　2007上海书展首次在上海世贸商城举办，实现销售额2 500万元。20日，中共上海市委书记习近平参观并指出，要按照市第九次党代会提出的努力建设文化大都市的奋斗目标，认真打造上海书展这张文化名片，增强上海文化的吸引力和影响力，提高上海城市软实力；要营造良好文化氛围,让上海书展真正成为服务全国的文化大平台。

8月18—26日　代表日本最高端多媒体技术及动漫制作的2007上海·日本新多媒体动漫艺术展在上海城市雕塑艺术中心举办。

8月　徐汇软件基地因在数字内容产业方面的杰出工作,被国家科技部授予“国家数字媒体技术产业化基地(上海)”。

10月15日　市新闻出版局、市版权局发布实施《上海市出版物进口单位进口图书在沪印制管理办法》。

10月16—19日　由上海市创意产业协会、世博集团上海市国际展览有限公司联合主办的2007中国(上海)国际创意产业展览会在上海国际展览中心举办。

10月18日　新民晚报与瑞士荣格集团合作创办的大众化女性生活杂志《国际服装动态·新民BELLA》创刊。

10月　上海网通推出“多媒体黄页”业务。

同月　2007上海时装周在上海名仕街开幕。

11月　徐汇软件基地孵化企业上海巨人网络科技有限公司(原上海征途网络科技有限公司)在纽交所挂牌上市,IPO融资额达10.45亿美元,公司总市值达42亿美元,成为在美国发行规模最大的中国民营企业。

12月　市政协科促会、市科协、漕河泾新兴技术开发区发展总公司在漕河泾开发区联合举行“知识产品(上海)集散中心启动仪式暨首届科技创新联动发展研讨会”。

同年　华东师范大学出版社和上海财经大学出版社完成高校出版社转企改制试点。

同年　全市23家持证影视制作机构中,民营机构18家,占总数78.3%。民营影视制作机构在电视剧生产上的投资总额达2.82亿元,是国有制作机构的1.86倍。年内,退出电视剧生产的民营影视制作机构8家,新设立13家。

同年　上海杂技团对团内马戏剧组进行了股份制改革探索,组建了有剧组演职人员持股的上海欢乐马戏有限公司,主营《欢乐马戏》节目的项目运营。2008年,上海杂技团正式将员工吸纳为股东,让全剧组28名演职人员正式参股,成立上海欢乐马戏有限公司。

2008年

1月1日　上海东方卫视外语频道(简称ICS)开播。该频道是国内省级电视台中首个外语频道。

1月8日　经国家新闻出版总署批准,上海新闻出版发展公司与美国读者文摘公司版权合作的月刊《普知》创刊。

1月16—18日　ICE China博览会,即国际纸品、胶片、薄膜加工印刷技术设备及材料博览会,由慕尼黑展览(上海)有限公司与德国nimble展览媒体有限公司共同举办,在上海世贸商城展览馆举行。

1月28日　世纪大上海电影院开业。

1月　上海文化广播影视集团主管,上海文广新闻传媒集团主办,上海时尚文化传媒有限公司承办的期刊《星尚》首期出版发行。

同月　新华传媒图书物流中心启用。

2月1日　新修改的《上海市出版物发行管理条例》实施。

2月25日　《第一财经周刊》(由《买卖世界》更名新办)首期出版发行,该刊由上海文广新闻传媒集团主办,是第一财经(CBN)品牌的又一媒体平台,是中国大陆第一本每周出版的商业新闻杂志。

3月　第十八届华东进出口商品交易会在上海新国际博览中心举行。

同月　上海影城接管成都上影国际影城,通过干部输出,管理输出,全面摸排成都电影市场情况,继而压缩成本开支,制定可行的经营方案,全年完成营业收入557万元,逐步减亏。

同月　2008上海国际服装文化节举行。

4月10日　由《上海电视》杂志社和东方龙新媒体有限公司共同合作开发的《上海电视》手机版正式上市。

4月18日　解放日报报业集团推出新型移动数字报纸《新新闻》。

同日　由中国广告协会和嘉定工业区联合筹建的中国广告产业总部基地奠基。

4月25—28日　由全国工商联古玩业商会主办的首届上海中国古玩艺术品博览会在上海东亚展览馆举行。

5月　上海大学巴黎国际时装艺术学院与上海纺织教育培训中心共同成立时尚专业教学与实训中心。

同月　上海体育学院主办的《环球体育市场》首期出版发行。

6月23日　韩国最大的移动通信企业SK电讯中国公司与传媒集团在沪召开新闻发布会,共同签署深度合作谅解备忘录,宣布双方在新媒体领域达成合作协议。

7月1日　上海地面无线电视全面进入数字时代。

7月2—5日　由国家新闻出版总署印刷复制管理司支持,上海市新闻出版局、上海市印刷行业协会、上海市包装技术协会和世博集团上海现代国际展览有限公司主办的2008上海国际印刷包装产品交易会在上海新国际博览中心举行。

7月16日　国家级数字出版基地在上海张江揭牌,新闻出版总署署长柳斌杰、上海市市长韩正为基地揭牌。新闻出版总署副署长邬书林出席揭牌仪式并讲话。

8月13—19日　2008上海书展在上海世贸商城举行,共举办260多项文化活动,实现零售额2 600万元、团购码洋2 163万元。

8月20日　东方明珠(集团)股份有限公司与申通地铁资产经营管理有限公司合资成立上海地铁电视有限公司。

9月8日至11月16日　第七届上海双年展于在上海美术馆举行。

9月　上海国际文化服务贸易平台运营暨东方国际文化贸易中心落成。

10月14日　东方明珠(集团)股份有限公司下属东方明珠国际交流有限公司,携手AEG(美国安舒茨娱乐集团)和NBA中国,共同经营发展世博演艺中心。

10月27日　第五十九届美国印制大奖赛在美国芝加哥颁奖,上海有21件印刷制品获各类奖项,其中4件获金奖。

10月　2008中国—东盟文化产业互动战略对话举行,建立了文化贸易的国际大平台。

同月　2008上海国际创意产业活动周开幕。

同月　2008上海时装周开幕式暨上海纺织时尚之夜在黄浦江游轮“船长三号”举行开幕仪式。由上海时装周组委会主办的2008上海时装周时尚峰会,在上海国际会议中心举行。

11月7日　根据《中共中央办公厅、国务院办公厅关于印发〈上海市人民政府机构改革方案〉的通知》，设立上海市发展和改革委员会、经济和信息化委员会、上海市商务委员会，为市政府组成部门。

11月11日　经国家新闻出版总署批准，《浦东时报》创刊发行。该报由解放日报报业集团主管主办。

11月　举行第二届香港中国服务贸易洽谈会——上海国际文化服务贸易平台推介会。

12月22日　“影像志”频道在东方宽频上线启播。

12月　中共中央政治局委员、上海市委书记俞正声等市委市政府领导在2008年12月8日、11日、25日，连续三次听取了市科委、市文广局等部门和单位关于下一代广播电视网（NGB）建设及上海市有线电视数字化整体转换方案汇报，并到现场调研。

同年　美影厂有20余部影片远销法国、摩纳哥、比利时、印度、马来西亚、斯洛文尼亚、越南等10余个国家以及中国的澳门和台湾地区，海外发行收入总计超过100万元。

同年　上海市政府办公厅下发《关于进一步加强上海农村电影放映工作的实施意见》，把农民群众“一村一月看一场电影”作为公益性文化服务的重要内容，按照“企业经营、市场运作、政府买服务”的思路，推进农村电影发行放映体制、机制的改革。

2009年

1月1日　解放日报报业集团主办的《倡廉文摘》创刊。

1月15日　上海市文广影视局会同市环境保护局、市工商行政管理局和市消防局联合发出《关于设置上海市设立文化娱乐场所行政许可事前告知服务程序的通知》，启动文化娱乐市场行政许可事前告知服务程序。

1月20日　大光明电影院整体修复改扩建工程竣工，重新开业。

1月　中国联通获得了WCDMA制式的3G牌照。

同月　上海纺织博物馆开馆。

2月11日　市政府转发市交通港口局、市绿化市容局、市工商局、市公安局、市规划国土资源局等部门制定的《上海市公共交通车辆、车站广告设置暂行规定》，规范全市公共交通车辆、车站广告设置，确保公共交通安全运营，维护乘客乘车环境。

2月12日　中广卫星移动广播有限公司与上海东方明珠集团正式签约，CMMB商运合作进入实质启动阶段。

2月23日　上海市国际文化传播协会主办、文汇新民联合报业集团图片中心承办的东方图片中心成立。

2月27日　市新闻出版局联合市发展改革委、市经济信息化委等部门发布《上海数字出版业发展引导目录（2009版）》，首次公布区域性数字出版产业发展指南。

3月18日　市新闻出版局颁布实施《上海市新闻出版局支持出版产业发展的若干意见》。

3月　上海国际文化服务贸易平台在香港国际影视展设置展台。

同月　由东方明珠移动电视开发的全国首个轨道交通直播电视频道在上海正式开播，年末实现轨道交通站台、站厅、车厢信号全覆盖。

同月　2009上海国际服装文化节举行。

4月14日 “上海终身学习网”正式开通，并在全市18个区县建立管理员队伍。

同日 市版权局向首批5个产业园区版权服务工作站授牌，版权服务工作站分别位于上海张江高科技园区、上海多媒体产业园、上海数字娱乐中心、大柏树传媒产业集聚区、上海知识产权园，为所在园区的中小企业提供版权管理、版权市场经营和版权维权等个性化服务。

4月18日 上海M50创意园推出网上创意园(www.m50.cn)，成为全国第一家有实体园区支撑的垂直门户网站。

4月 华人文化投资基金建立，成为第一个在国家发展该给委获得备案通过的文化产业私募股权基金。

同月 首届国际音乐创意产业高峰论坛在上海国际文化服务贸易平台举办。

同月 由上海联通携手上海公共交通卡股份有限公司、上海市复旦微电子股份有限公司，历经半年多时间研发而成的刷公交卡手机正式亮相申城。该手机应用了国际领先的NFC(非接触式通信)技术，内置了公交卡账户，用户在乘坐公交、地铁、出租时，可直接用手机进行刷卡扣费，轻松实现“刷手机”买单，并可通过短信查询公交卡中的余额信息。

5月11日 初期投资达5亿元的中国移动视频产品创新基地在沪揭牌，该基地坐落于上海市浦东新区金桥出口加工区。

5月21日 市工商局、市新闻出版局联合发布《关于本市从事数字出版业务工商登记有关问题的意见》，首次对数字出版的范围，数字出版经营主体的组织形式、名称以及经营范围等方面作明确规定。

5月 《上海市网络游戏服务规范》向社会发布，这是市信息服务业行业协会联合盛大网络、久游网、第九城市、5173等网游企业，共同起草制定的“游戏规则”。

6月14日 由上影集团、香港寰亚电影有限公司、北京国立常升影视文化传播有限公司共同投资的上影寰亚文化发展(上海)有限公司在上海宣布正式成立。

6月15日 上海版权交易中心挂牌运营。

同日 上海文化产权交易所在外高桥保税区正式揭牌。

同日 中共中央政治局常委李长春在中共中央政治局委员、上海市委书记俞正声，国家广电总局副局长张海涛等陪同下，专程调研上海市下一代广播电视网建设情况。

6月22日 上海文艺出版总社更名为上海文艺出版(集团)有限公司。

6月24—30日 由市文联、市文广影视局、市美协主办的“庆祝中华人民共和国成立六十周年上海美术作品展暨第五届上海美术大展”在上海美术馆举行。

6月 上海国际文化服务贸易平台签约成为中国2010年上海世博会舞美技术设备租赁服务平台。

7月23—26日 由国家新闻出版总署、科学技术部、工业和信息化部、国家体育总局、中国国际贸易促进委员会、国家版权局和上海市人民政府共同主办的第七届中国国际数码互动娱乐展览会，在上海新国际展览中心举行。

7月31日 中国下一代广播电视网(NGB)启动仪式暨科技部、国家广电总局、上海市下一代广播电视网建设示范合作协议签字仪式在上海隆重举行。中共中央政治局委员、上海市委书记俞正声，全国政协副主席、科技部部长万钢，中宣部副部长、国家广电总局局长王太华，上海市委副书记、市长韩正等领导出席签字仪式。

7月 《上海市文化“走出去”专项扶持资金管理办法(试行)》实施。

同月　东方宽频发布的浏览器回看式网络电视产品 BBTV(www.bbtv.cn)正式上线。

8月1日　市文广影视局根据文化部、国家海关总署联合下发《美术品进出口管理暂行规定》，开始受理美术品进出口经营活动申请，实施审批管理。

8月13—19日　2009上海书展在上海展览中心举行。该届书展以上海40余家出版单位为主，并吸引中国出版集团、在京中央及部委出版社等470多家出版社参展。总交易额达到18 841万元。

8月31日　上海市38家图书出版社和27家音像电子出版社全部转企改制，在全国率先全面完成出版单位转企改制任务。

9月10日　上海市与国家开发银行《推进上海市文化产业发展合作备忘录》在沪签约，今后5年，国家开发银行对上海市文化产业支持的融资规模可达300亿元。这是双方围绕国务院《文化产业振兴规划》开展的战略合作，也是贯彻中央“保增长、扩内需、调结构”政策、促进上海市文化体制改革的重要举措。

9月12日　上海旅游节开幕式暨上海欢乐谷开园庆典举行。

9月22日　上海张军昆曲艺术中心挂牌。这是当时中国唯一的民营职业昆剧院团。

9月25日　上海市人民政府印发《2009—2012年上海服务业发展规划》。

10月19日　上海有线电视数字化启动。

10月23日　上海文广集团与河北省广播电影电视局战略合作框架协议签约仪式在上海影城举行。

10月23日至11月5日　由文化部、中国美协联合主办的第十一届全国美术作品展览中国画展首次在上海展览中心举办。

10月　《上海推进软件和信息服务业高新技术产业化行动方案(2009—2012年)》出台。

同月　2009上海时装周的“2010年春/夏作品发布”，在复兴公园举行。

同月　2009上海国际创意产业活动周开幕。

11月12日　中国电信视讯运营中心在上海成立。

11月16日　上海市政府办公厅转发《关于本市加大对科技型中小企业金融服务和支持实施意见的通知》。

12月15日　中国电信上海公司与SMG合作共同运营的IPTV业务在上海地区的用户规模突破100万户，上海成为IPTV全国乃至全球用户数最多的城市。

12月24日　上海左岸国际电影城开业。

12月30日　上海文广影视局主办的上海网游企业运营游戏产品“适龄提示”工程启动。

同年　上海市出台《关于加快本市文化产业发展的若干意见》。

同年　经国家广电总局批准，上海撤销上海文广新闻传媒集团，撤销上海电视台、上海人民广播电台、上海东方电视台、上海东方广播电台，合并组建上海广播电视台，实现事业和产业分开、宣传与经营分开、制作和播出分离、资源整合和结构优化。

同年　上海广播电视台第一财经频道通过与宁夏电视台合作，成为向全国播放的卫星频道。

同年　百视通公司创新推进三屏融合试点，IPTV用户达300万户，其中上海用户突破100万户，上海由此成为全球最大的IPTV本地网以及全球唯一用户规模过百万的城市。

同年　上海美术电影制片厂被商务部、文化部、国家广电总局、国家新闻出版总署授予“2009—2010年度国家文化出口重点企业”称号。

同年　联和电影院线加盟影院扩大到20个省、直辖市的49个城市，拥有128家加盟影院、473块银幕、104 113个座位。

同年　上海歌舞团、上海轻音乐团、上海滑稽剧团、上海杂技团、上海话剧艺术中心、上海木偶剧团纷纷转企改制，以公司形式挂牌运营，上海文广演艺(集团)有限公司随之组建成立。上海杂技团成为上海率先“破冰”、第一家完成转企改制的院团。上海话剧艺术中心推出制作人制和演员俱乐部制；上海木偶剧团拆分出3个制作体，让年轻人挂帅闯市场。

2010年

1月11日至3月15日　市新闻出版局根据《内部资料性出版物管理办法》，核验准印证于2009年12月31日有效期期满的385种连续性刊型内部资料。其中368种连续性刊型内部资料通过核验，并换发新准印证；3种2010年停止出版，不再换发新证同时注销准印证号；14种未核验和办理换证，根据规定注销准印证号。

1月15日　东方传媒集团旗下百视通公司与法国电信Orange在沪宣布启动“三屏融合”战略合作，在“三屏融合”技术开发、新媒体内容、投资与世博传播方面展开紧密合作。

1月16日　中共中央总书记胡锦涛在中共中央政治局委员、上海市委书记俞正声等陪同下视察了上海卢湾“8号桥”创意产业园区。

1月22日　文汇新民联合报业集团主办的《新民地铁》创刊。

2月　市政府发布《关于进一步促进本市中介服务业发展若干意见的通知》，将广告服务纳入中介服务业重点领域，大力推进广告产业集聚区建设，促进上海广告业加速发展。

3月15日　上海诞生首批5万户“下一代广电网家庭”，家中电视机经机顶盒接入高性能宽带信息网，同时兼有电视、电脑、电话功用。

3月19日　中国下一代广播电视网(NGB)应用实验室在张江成立。

3月30日　上海世纪出版集团推出首款由出版机构出品的电子阅读器——辞海悦读器，开启以“品牌＋内容＋服务＋终端载具”的全新商业模式。

3月　2010上海国际服装文化节举行。

4月18日　东方财富网、慧聪网、网宿科技、佳游网络等一批网络和信息服务公司，作为首批企业入驻位于嘉定的上海文化信息产业园。

4月23日　“书香中国(上海)”全民阅读网开通，该阅读网由新闻出版总署和上海市新闻出版局指导，上海中文在线文化发展有限公司承办。

4月26日　解放日报报业集团手机无线新闻产品“解放新新闻”上线。

4月27日　上海文广民族乐团股份公司成立，该公司由文广演艺集团整合旗下上海市演出公司、滑稽剧团、淮剧团和文化信息票务中心四家单位的演艺资源组合而成。

4月30日　上海世博会开幕式在上海世博文化中心举行。中共中央总书记、国家主席、中央军委主席胡锦涛出席开幕式并宣布上海世博会开幕。党和国家领导人李长春、习近平、李克强、贺国强等，国际展览局主席让-皮埃尔·蓝峰以及来自世界各地的领导人和贵宾出席开幕式。

4月　由上海话剧艺术中心出品的现代戏剧谷演出季剧目《怀疑》正式建组。该剧组的投资方不再仅仅是院团一家，还吸引了院团职工的投资，这样便形成了一个利益共同体，能够以此调动演职人员的积极性，这也是话剧艺术中心深化体制机制改革的又一全新尝试。

5月1日　上海影城连锁影院——世博国际影城开业。

5月4日　激动网成为首家获得国务院新闻办颁发的“互联网新闻信息服务许可证”的民营视频网站。

5月11日　上海市新闻出版局(市版权局)主管的上海版权服务中心、上海版权纠纷调解中心揭牌成立,并入驻张江国家数字出版基地,围绕版权创造、运用、保护、管理等环节,为上海、长三角地区乃至全国的企事业单位和社会公众提供各类专业服务。

5月　上海美术电影制片厂与宁波市信息产业局签署了动漫产业合作协议,对符合协议的动漫作品提供一定的政策扶持和优惠措施。

同月　2010上海国际时尚服饰展览会在上海世贸商城隆重举行。

6月11日　上海市电子书产业发展联盟成立。

6月13—15日　中国民主促进会中央委员会、中国电影家协会和上影集团等共同主办的电影产业发展论坛举行。

6月　上海电信博物馆正式开馆,全国人大常委会委员长吴邦国为上海电信博物馆题字。

7月16日　国家音乐产业基地(上海)音乐制作中心在虹口区建成启用。

7月19日　《上海市金融支持文化产业发展繁荣的实施意见》发布。

8月11—17日　2010年上海书展在上海展览中心举行。书展主会场实现销售码洋3 080万元,16个分会场实现销售码洋1 100万元,上海图书交易会实现团购码洋6 000余万元,皆创下历史新高。

8月16日　由上影集团上海美术电影制片厂、北京华影盛视文化传播有限公司、上海协力律师事务所牵头发起的“国产动漫产业版权保护联盟签字仪式”在沪举行。国产动漫产业版权保护联盟的成立,将为动漫企业提供一个申诉、维权的平台。

8月25日至9月6日　精彩世博——中国首届3D图片展在上海图书馆举行。

9月29日　上海影城与中福会少年宫、儿童艺术剧院、中福会养老院四家单位进行了共建签约。

9月30日　“解放报业App”(应用程序)在AppStore(苹果应用商店)上线。

9月　中共上海市委办公厅发文《关于建立上海市文化创意产业推进领导小组及办公室的通知》,上海市文化创意产业推进领导小组及办公室成立。上海市文化创意产业推进领导小组共有17家成员单位,包括市委宣传部、市经济信息化委市发展改革委、市商务委、市教委、市科委、市政府外办、市文化旅游局、市财政局、市人力资源社会保障局、市规划资源局、市税务局、市市场监管局、市统计局、市住房城乡建设管理委、市地方金融监管局、市国资委。

10月1日　上海青浦永乐国际影城开业。

10月11日　全国首家绿色创意印刷示范园区在金山区揭牌。新闻出版总署印刷发行管理司司长王岩镔,上海市委宣传部副部长张止静,上海市新闻出版局党组书记、局长焦扬以及金山区委书记杨建荣共同为绿色创意印刷示范园区揭牌,园区的建设进入到实质性启动阶段。

10月23日　上海国金百丽宫影城开业。

10月　张江数字出版文化创意孵化器项目获国家服务业发展引导资金资助,总资助金额900万元,其中国家资助资金300万元,上海市地方配套资金600万元。

11月4日　新闻出版总署向全国首批21家企业颁发电子书相关业务资质证书,上海有4家企业入选:上海人民出版社获准电子书出版资质,上海盛大网络发展有限公司获准电子书复制资质、电子书总发行资质，上海世纪创荣数字信息科技有限公司获准电子书复制资质，上海外文图书公司获准电子书进口资质。

11月19日　由上海电影集团和美国最大娱乐地产投资商EPR公司携手、以国际化标准在上海打造的南桥海上国际影城开业。

11月23日　上影集团与全球最大影视技术公司汤姆逊集团(Thomson/Technicolor)联合，共同出资在上海成立一个面向影视、广告、动画等行业提供后期制作的合资公司——上影Thomson合资公司。

11月30日　上海三网融合试点工作全面启动。

12月8日　全国首家音乐产权交易中心在上海成立。

12月10日　上海文化人才工作会议上公布了《上海“十二五”文化人才发展规划》。

12月22日　中国首个国家级网络视听产业基地在上海揭牌成立，该基地位于闵行区紫竹科学园区，规划面积40万平方米，总投资35亿元。

同年　上海动漫产业促进会在张江召开第一次会员大会，标志着国内首个动漫产业联盟正式成立并进入实质性运转阶段。

同年　上海广播电视台、东方传媒集团下发了包括《上海广播电视台、东方传媒集团有限公司节目研发资金管理办法》等在内的五项管理办法，对节目生产流程中的研发、审片、考核、奖励、淘汰五大环节进行系统化管理和奖惩。

同年　炫动传播公司作为东方传媒集团旗下的第一家上市公司在国内创业板上市。

同年　华人文化产业投资基金创立。

同年　有线电视数字化整体转换全面启动，中心城区有线电视数字化整体转换工作基本完成。

同年　市版权局与市高级法院就共同建立版权纠纷调解联动机制达成共识。

同年　上海爱乐乐团探索建立能上能下、能进能出、排位能前能后的用工机制以及按岗定薪、岗变薪变、绩效挂钩的新型分配机制。

同年　上海调整广告业征收的文化教育事业建设费费种，费率从4%降至3%。

第一篇
文化产业管理

1978 年以来，上海市文化产业经历了规模由小到大，所有制结构从单一的全民所有制向以国家所有制为主体、多种所有制共同发展的历程。尤其是进入 21 世纪后，上海市文化产业保持高速增长，2010 年文化产业增加值达到 973.57 亿元。与此同时，文化贸易也繁荣发展，文化进出口总额至 2010 年底达到 1 499 144.41 万美元。产业的快速发展与体制制度、管理模式和方法密不可分。

上海市文化产业管理由党委领导，各政府职能部门分管相关领域的具体工作。中共上海市委宣传部把握意识形态导向，研究制定文化产业方针政策，并指导全市文化产业管理工作。上海市文化广播影视管理局主管全市文化艺术和广播影视事业和产业，全市群众文化艺术、文化馆、公共图书馆事业和社会文化社团，动漫、游戏产业以及文化市场发展。上海市新闻出版局主要负责新闻出版和著作权的管理。上海市文化市场行政执法总队负责文化领域的综合执法工作。上海市发展和改革委员会、上海市经济和信息化委员会、上海市商务委员会和上海市知识产权局则负责管理与其部门职能有关的文化产业事务。

1978 年至 2010 年间，上海市政府及相关文化管理部门陆续出台各项文化产业政策，并制定和修改文化产业类法律法规 40 余部，涵盖文化艺术、广播电影电视、新闻出版等多个领域，涉及文化体制改革、文化产业规划、文化市场管理、各类文化发展专项资金管理等多个方面，为上海文化产业发展奠定制度基础。

文化部门也不断调整，并推动文化体制的改革：从放开一些经营活动，出现文化领域的“双轨制”到正式确认文化产业的合法地位，再到大力推进文化产业的发展。在这个过程中，文艺院团、广播电影电视、新闻出版发行等传统文化行业都进行了有益的探索，而不少新兴领域，如各类新媒体、动漫游戏、互联网等也出现迅猛的发展势头。

改革开放以来，上海不断深化文化体制改革，有效推动了文化生产力的解放与发展，促进全社会文化创造活力，为推进国际文化大都市建设提供了创新动力和体制保障。

2002 年，党的十六大报告提出“继续深化文化体制改革”的战略任务，首次把“文化事业”与“文化产业”加以明确区分。上海因此进入到着力推进文化产业发展，深化文化体制改革的历史进程之中，并呈现分层推进、逐段深化、加快加力三个阶段。

第一个阶段，上海从构建文化管理新体制和塑造文化市场新主体两方面试点改革。2003 年至 2006 年，宏观层面，上海建立了文化领域国有资产监管的“上海模式”，建立经营性文化产业投资（上海精文投资有限公司）平台，建立文化市场行政执法体系，推动组建了 14 家文化行业协会。微观层面，完成了世纪出版集团、文艺出版总社和电影集团的整体转企改制，完成了新华发行集团的股份制改造和借壳上市。

第二阶段，上海深入推进文化产业体系、文化市场体系的改革发展。2006 年至 2008 年间，上海着力推动文化产业公共平台建设，先后建立了国际文化服务贸易平台、文化产业投融资平台、文化产权交易平台、张江国家数字出版基地和动漫谷等。

2009 年以来，上海认真务实地完成“规定动作”，同时积极深化改革的“自选”项目。上海经营性出版单位全部按期转企改制；广播电视节目制播分离，成立上海广播电视台、上海东方传媒（集团）有限公司；完成广电传输网络整合和国有市属及区县属文艺院团体制改革；完成第一批非时政类报刊的转企改制；成立全国首个私募型文化产业投资基金——华人文化产业投资基金；完成区县电影院转企改制；完成世纪出版集团与文艺出版集团的重组。基本形成与市场经济体制相适应的宏观管理体制和微观运行机制，在这一过程中，上海形成了以改革促发展、以创新驱动改革的工作思路。在推进经营性文化单位转企改制的同时，主动探索了文化企业的股份制改造；在重点单位转企改制的同时，注重完善资源优化配置和健全产业链；在培育骨干文化企业的同时，自觉实践非营利文化机构的运行模式；在扩大文化产业开放度的同时，注重产业公共服务平台的创建和文化产业与金融、科技、贸易的融合。

与此同时，上海不断推进政府职能转变，积极探索管理模式创新。一是，充分调动市区两级文化工作的积极性，市级层面负责顶层设计、政策制定，区级层面负责具体实施，并结合各区实际创新探索，有效实现了"两级政府、三级管理"的工作机制。二是，推进政府信息公开平台渠道和信息化建设，推动重点领域政府信息公开，在市政府信息公开工作社会评价调研中排名前列，从而使得上海文化管理体制逐步的从原来单一的政府管理，走向了政府、企业、行业协会协同共管的现代文化治理体系。

第一章　产 业 概 况

2004 年之前，国家还没有正式的文化产业统计分类依据；2004 年，国家统计局发布首份《中国文化及相关产业统计分类(2004)》。上海也开始进行相关统计工作，2004 年上海市统计局印发《上海文化统计概览 2004》。其中第一部分介绍文化产业层面数据，包括文化产业增加值、文化产业分行业增加值、文化进出口等情况。2005 年，上海市统计局与中共上海市委宣传部共同联合印发《上海文化统计概览 2005》，此后 2006 年和 2007 年各一版。2008 年，上海市统计局与中共上海市委宣传部共同联合印发《上海文化统计概览 2008》，增加上海的文化贸易数据，此后每年一版的《上海文化统计概览》均包含文化贸易数据。

上海市文化产业在总量增长，增速可观的同时，不断优化结构。不但所有制更为多元化，文化服务业增长率也较显著。文化进出口也呈增长态势，进出口总额由 2007 年的 1 406 562.58 万美元增加到 2010 年的 1 499 144.41 万美元。

第一节　规 模 和 结 构

一、规模

文化产业规模是指文化产业的产出规模或经营规模，是国家和政府制定文化产业政策的重要依据。

根据国家统计局 2004 年发布的《文化及相关产业分类》，上海的文化产业统计逐步建立起来。

2003—2010 年，上海文化产业增加值由 368.44 亿元增加到 973.57 亿元，增长了 2.64 倍。2003—2010 年增长率保持在 9.5%—15.3%，除 2009 年外，其余各年均达到两位数增长。

表 1-1-1　2003—2010 年文化产业增加值及增长率统计表

年份	2003 年	2004 年	2005 年	2006 年	2007 年	2008 年	2009 年	2010 年
增加值(亿元)	368.44	445.73	509.23	581.38	683.25	780.11	847.29	973.57
增长率(%)	12	15.3	13.2	13	14.2	11	9.5	10.5

资料来源：上海市统计局《上海文化统计概览》(2004—2011)。

二、所有制结构

1978 年至 2010 年，上海文化产业所有制结构经历了从单一的全民所有制向以国有所有制为主体，多种所有制共同发展的历程。

1978 年前，上海文化产业所有制分为全民所有制、集体所有制和极少数个体经营体等三类。1978 年后，原属集体所有制的艺术表演机构逐渐转变为全民所有制。1979 年底开始，为解决大规模知青返城带来的全社会的就业压力，大批个体经营的“知青书店”出现了，这标志着图书零售业的放开。1980年后，图书零售开始出现在新华书店零售体制之外、以个体规模经营为主的“二渠道”，至2010年，上海文化产业所有制结构由全民所有制和集体所有制转向以公有制为主体、多种所有制并存的所有制结构，包括全民国有、集体所有、个体所有、股份制和中外合资等5种所有制形式。

三、行业结构

依据2004年国家统计局印发的《文化及相关产业统计分类》的划分，文化产业分三个层次：第一层按照文化活动的重要性分为文化服务和文化相关产业两大部分；第二层根据部门管理需要和文化活动的特点分为新闻出版发行和版权服务，广播、电视、电影服务，文化艺术服务，网络文化服务，文化休闲娱乐服务，其他文化服务，文化用品、设备及相关文化产品生产，文化用品、设备及相关文化产品销售八个大类；第三层依照产业链和上下层分类的关系分为书、报、刊出版物，音像及电子出版物，文艺创作、表演及演出场所，文化保护和文化设施服务，群众文化服务，文化研究与文化社团，其他文化艺术服务，旅游文化服务，娱乐文化服务，文化艺术商务代理服务，文化产品出租与拍卖，广告和会展文化服务，文化用品生产，文化设备生产，文化用品销售，文化设备销售等16个种类。2003—2010年上述三个层次的文化产业统计在两大部分的第一层次划分上没有变化。2005—2010年在第二层次的大类划分上，将“新闻出版发行和版权服务”大类拆分为“新闻服务”和“出版发行和版权服务”，共形成9个大类。

表1-1-2　2003年文化产业分项增加值及增长率统计表

指　　标	增加值(亿元)	增长率(%)
总计	368.44	12
文化服务	255.65	10.9
新闻出版发行和版权服务	48.03	10.2
书、报、刊出版物	41.3	9.9
音像及电子出版物	5.36	11
广播、电视、电影服务	23.09	6.8
文化艺术服务	20.74	6.3
文艺创作、表演及演出场所	4.36	9.2
文化保护和文化设施服务	4.46	4.6
群众文化服务	4.62	5.3
文化研究与文化社团	4.26	3.1
其他文化艺术服务	3.03	11.2
网络文化服务	37.98	37.3
文化休闲娱乐服务	58.68	2.6

(续表一)

指　　标	增加值(亿元)	增长率(%)
旅游文化服务	26.64	0.7
娱乐文化服务	32.04	4.3
其他文化服务	67.14	10.2
文化艺术商务代理服务	1.77	30.1
文化产品出租与拍卖	1.28	7.1
广告和会展文化服务	64.09	9.8
文化相关产业	112.79	14.6
文化用品、设备及相关文化产品生产	90.44	22.6
文化用品生产	31.84	13.3
文化设备生产	45.64	37.4
文化用品、设备及相关文化产品销售	22.35	−9.2
文化用品销售	2.51	1.9
文化设备销售	17.82	−9

资料来源:上海市统计局《上海文化统计概览》(2004)。

2003年文化服务业增加值为255.65亿元,文化相关产业增长率为14.6%。

文化用品、设备及相关文化产品生产增加值最高,达90.44亿元;其次为其他文化服务,增加值为67.14亿元。文化艺术服务增加值最低,为20.74亿元。网络文化服务增长速度最快,高达37.3%;文化用品、设备及相关文化产品销售增长最低,为−9.2%。

文化产品出租与拍卖增加值最低,为1.28亿元。广告和会展文化服务增加值最高为64.09亿元。文化设备生产增长速度最快,达37.4%;文化设备销售增长率最低,为−9%。

表1-1-3　2004年文化产业分项增加值及增长率统计表

指　　标	增加值(亿元)	增长率(%)
总计	445.73	15.3
文化服务	314.81	17.4
新闻出版发行和版权服务	54.17	7.5
书、报、刊出版物	46.05	63
音像及电子出版物	6.6	17.3
广播、电视、电影服务	27.53	13.7
文化艺术服务	22.43	3.1
文艺创作、表演及演出场所	4.94	8
文化保护和文化设施服务	4.96	6.1

（续表一）

指　　标	增加值(亿元)	增长率(%)
群众文化服务	4.97	2.4
文化研究与文化社团	4.49	0.4
其他文化艺术服务	3.07	−3.4
网络文化服务	51.29	28.7
文化休闲娱乐服务	73.61	19.5
旅游文化服务	33.78	20.9
娱乐文化服务	39.83	18.5
其他文化服务	85.78	21.8
文化艺术商务代理服务	2.05	10.2
文化产品出租与拍卖	1.36	0.8
广告和会展文化服务	82.38	22.5
文化相关产业	130.92	10.6
文化用品、设备及相关文化产品生产	105.51	11.2
文化用品生产	41.79	25.1
文化设备生产	47.47	−0.9
文化用品、设备及相关文化产品销售	25.41	8.3
文化用品销售	2.96	12.1
文化设备销售	19.93	6.6

资料来源：上海市统计局《上海文化统计概览》(2005)。

2004年文化服务业增加值为314.81亿元，增长率为17.4%。

文化用品、设备及相关文化产品生产增加值最高，达105.51亿元；其次为其他文化服务，增加值为85.78亿元。文化艺术服务增加值最低，为22.43亿元。网络文化服务增长速度最快，高达28.7%；文化艺术服务增长率最低，为3.1%。

文化产品出租与拍卖增加值最低，为1.36亿元。广告和会展文化服务增加值最高为82.38亿元。文化用品生产增长速度最快，达25.1%；文化设备销售增长率最低，为−0.9%。

表1-1-4　2005年文化产业分项增加值及增长率统计表

指　　标	增加值(亿元)	增长率(%)
总计	509.23	13.2
文化服务业	307.82	12.3
出版发行和版权服务	42.08	6.7
书、报、刊出版物	36.35	8.1

(续表一)

指　　标	增加值(亿元)	增长率(%)
音像及电子出版物	2.99	−24.8
新闻服务	0.08	−1.9
广播、电视、电影服务	24.17	24.4
广播、电视服务	17.49	37.2
电影服务	3.42	7.9
文化艺术服务	17.71	25.6
文艺创作、表演及演出场所	4.2	24.8
文化保护和文化设施服务	5.73	41.9
群众文化服务	3.51	38.3
文化研究与文化社团	3.14	−4.6
其他文化艺术服务	1.13	30.4
网络文化服务	58.19	20.8
文化休闲娱乐服务	82.26	8.9
旅游文化服务	37.84	9.9
娱乐文化服务	44.42	8.1
其他文化服务	83.34	7.8
文化艺术商务代理服务	16.51	1.7
文化产品出租与拍卖服务	1.77	28.6
广告和会展文化服务	65.06	8.9
文化相关产业	201.41	14.5
文化用品、设备及相关文化产品生产	148.48	16.8
文化用品生产	45.57	11.7
文化设备生产	53.88	11.3
文化用品、设备及相关文化产品销售	52.93	8.5
文化用品销售	9.76	5.3
文化设备销售	40.11	8.7

资料来源:上海市统计局《上海文化统计概览》(2006)。

2005年文化服务业增加值为307.82亿元,文化相关产业增长率为14.5%。

文化用品、设备及相关文化产品生产增加值最高,达148.48亿元;其次为其他文化服务,增加值为83.34亿元。新闻服务增加值最低,为0.08亿元。文化艺术服务增长速度最快,高达25.6%;新闻服务增长速度最低,为−1.9%。

文化产品出租与拍卖增加值最低，为 1.77 亿元。广告和会展文化服务增加值最高为 65.06 亿元。文化保护和文化设施服务增长速度最快，达 41.9%；文化研究与文化社团增长率最低，为 −4.6%。

表 1－1－5　2006 年文化产业分项增加值及增长率统计表

指　　标	增加值(亿元)	增长率(%)
总计	581.38	13
文化服务业	358.08	15.1
出版发行和版权服务	49.07	15.4
书、报、刊出版物	41.96	14.3
音像及电子出版物	3.42	13.2
新闻服务	0.09	11.4
广播、电视、电影服务	29.31	20
广播、电视服务	21.79	23.3
电影服务	3.68	6.5
文化艺术服务	19.31	7.9
文艺创作、表演及演出场所	4.42	4.2
文化保护和文化设施服务	6.23	7.6
群众文化服务	3.73	5.2
文化研究与文化社团	3.77	18.8
其他文化艺术服务	1.16	1.6
网络文化服务	69.33	17.9
文化休闲娱乐服务	99.33	19.5
旅游文化服务	49.07	28.4
娱乐文化服务	50.26	12
其他文化服务	91.63	8.8
文化艺术商务代理服务	23.35	40
文化产品出租与拍卖服务	2.2	23
广告和会展文化服务	66.08	0.5
文化相关产业	223.3	9.7
文化用品、设备及相关文化产品生产	164.17	9.4
文化用品生产	52.86	10
文化设备生产	55.1	1.2

(续表一)

指　　标	增加值(亿元)	增长率(%)
文化用品、设备及相关文化产品销售	59.13	10.6
文化用品销售	10.87	10.3
文化设备销售	44.85	10.7

资料来源:上海市统计局《上海文化统计概览》(2007)。

2006 年文化服务业增加值为 358.08 亿元,增长率为 15.1%。

文化用品、设备及相关文化产品生产增加值最高,达 164.17 亿元;其次为文化休闲娱乐服务,增加值为 99.33 亿元。新闻服务增加值最低,为 0.09 亿元。广播、电视、电影服务增长速度最快,高达 20%;文化艺术服务增长最低,为 7.9%。

文化产品出租与拍卖增加值最低,为 2.2 亿元。广告和会展文化服务增加值最高为 66.08 亿元。旅游文化服务增长速度最快,达 28.4%;广告和会展文化服务增长率最低,为 0.5%。

表 1-1-6　2007 年文化产业分项增加值及增长率统计表

指　　标	增加值(亿元)	增长率(%)
总计	683.25	14.2
文化服务业	436.8	18.5
出版发行和版权服务	53.09	5.1
书、报、刊出版物	43.7	1.2
音像及电子出版物	4.06	15.4
新闻服务	0.1	8
广播、电视、电影服务	31.85	5.6
广播、电视服务	23.1	3
电影服务	4.53	19.6
文化艺术服务	21.09	6.1
文艺创作、表演及演出场所	4.76	4.7
文化保护和文化设施服务	7.08	10.4
群众文化服务	4	4.2
文化研究与文化社团	3.98	2.6
其他文化艺术服务	1.27	6.4
网络文化服务	84.67	18.7
文化休闲娱乐服务	125.83	23.1
旅游文化服务	66.48	31.7
娱乐文化服务	59.35	14.8

（续表一）

指　　标	增加值(亿元)	增长率(%)
其他文化服务	120.17	27.5
文化艺术商务代理服务	26.21	9.1
文化产品出租与拍卖服务	1.9	－16.1
广告和会展文化服务	92.06	35.4
文化相关产业	246.45	7.3
文化用品、设备及相关文化产品生产	182.49	8
文化用品生产	56.07	3.1
文化设备生产	58.12	2.5
文化用品、设备及相关文化产品销售	63.96	5.1
文化用品销售	11.58	3.5
文化设备销售	48.72	5.6

资料来源：上海市统计局《上海文化统计概览》(2008)。

2007年文化服务业增加值为436.8亿元，增长率为18.5%。

文化用品、设备及相关文化产品生产增加值最高，达182.49亿元；其次为文化休闲娱乐服务，增加值为125.83亿元。新闻服务增加值最低，为0.1亿元。其他文化服务增长速度最快，高达27.5%；出版发行和版权服务，文化用品、设备及相关文化产品销售这两项的增长速度最低，均为5.1%。

文化产品出租与拍卖增加值最低，为1.9亿元。广告和会展文化服务增加值最高为92.06亿元。广告和会展文化服务增长速度最快，达35.4%；文化产品出租与拍卖服务增长率最低，为－16.1%。

表1-1-7　2008年文化产业分项增加值及增长率统计表

指　　标	增加值(亿元)	增长率(%)
总计	780.11	11
文化服务业	478.03	10.1
核心层	116.49	9.4
新闻服务	0.21	4.9
出版发行和版权服务	54.37	2.3
广播、电视、电影服务	40.5	26.4
文化艺术服务	21.41	1.5
外围层	361.54	10.3
网络文化服务	107.8	26.5

(续表一)

指　　标	增加值(亿元)	增长率(%)
文化休闲娱乐服务	127.13	4.2
其他文化服务	126.61	5.2
文化相关产业	302.08	12.5
相关层	302.08	12.5
文化用品、设备及相关文化产品生产	211.79	9.4
文化用品、设备及相关文化产品销售	90.28	20.6

资料来源:上海市统计局《上海文化统计概览》(2009)。

2008年文化服务业增加值为478.03亿元,增长率为10.1%。

文化用品、设备及相关文化产品生产增加值最高,达211.79亿元;其次为文化休闲娱乐服务,增加值为127.13亿元。新闻服务增加值最低,为0.21亿元。网络文化服务增长速度最快,高达26.5%;文化艺术服务增长速度最低,为1.5%。

表1-1-8　2009年文化产业分项增加值及增长率统计表

指　　标	增加值(亿元)	增长率(%)
总计	847.29	9.5
文化服务业	549.18	13.4
新闻服务、出版发行和版权服务	0.47	14.3
广播、电视、电影服务	43.41	6.4
文化艺术服务	22.71	5.2
网络文化服务	130.29	19.9
文化休闲娱乐服务	149	16.3
其他文化服务	138.09	8.2
文化相关产业	298.1	3.3
相关层	298.1	3.3
文化用品、设备及相关文化产品生产	189.76	-3.5
文化用品、设备及相关文化产品销售	108.35	19.1

资料来源:上海市统计局《上海文化统计概览》(2010)。

2009年文化服务业增加值为549.18亿元,增长率为13.4%。

文化用品、设备及相关文化产品生产增加值最高,达189.76亿元;其次为其他文化服务,增加值为138.09亿元。新闻服务、出版发行和版权服务最低,为0.47亿元。网络文化服务增长速度最快,达19.9%;文化用品、设备及相关文化产品生产增长速度为-3.5%。

表 1-1-9　2010 年文化产业分项增加值及增长率统计表

指　　标	增加值(亿元)	增长率(%)
总计	973.57	10.5
文化服务业	703.29	22.9
新闻服务、出版发行和版权服务	89.94	31.5
广播、电视、电影服务	53.22	17.7
文化艺术服务	26.52	12.1
网络文化服务	150.16	10.6
文化休闲娱乐服务	170.71	10
其他文化服务	212.74	47.9
文化相关产业	270.28	—12.4
相关层	270.28	—12.4
文化用品、设备及相关文化产品生产	146.58	—24.9
文化用品、设备及相关文化产品销售	123.7	9.6

资料来源：上海市统计局《上海文化统计概览》(2011)。

2010 年文化服务业增加值和增长率分别为 703.29 亿元和 22.9%。

其他文化服务增加值最高，达 212.74 亿元；其次为文化休闲娱乐服务，增加值为 170.71 亿元。文化艺术服务增加值最低，为 26.52 亿元其他文化服务增长速度最快，高达 47.9%；文化用品、设备及相关文化产品生产增长最低，为—24.9%。

第二节　对外文化贸易

上海市从 2008 年开始将对外文化贸易纳入文化产业统计指标体系。2008 年，上海市统计局与中共上海市委宣传部共同联合印发《上海文化统计概览》(2008)，增加上海的文化贸易数据，此后每年一版的《上海文化统计概览》均包含文化贸易数据。

一、文化产品与服务进出口额

2007—2010 年文化进出口总额由 1406562.58 万美元增加到 1499144.41 万美元。其中，进口额 2007 年 409370.44 万美元，2008 年 494117.46 万美元，2009 年 436326.24 万美元，2010 年 529335.13 万美元；出口额 2007 年 997192.13 万美元，2008 年 1066019.58 万美元，2009 年 891342.16 万美元，2010 年 969809.28 万美元。2007—2010 年，进口额和出口额均呈现出有增有减的波动变化过程，进口额总体态势增长，出口额总体态势略有下降。需要指出的是，相比 2007 年，2008 年的进口额和出口额均有显著提高；但相比 2008 年，2009 年的进口额和出口额出现明显下降，到 2010 年，进口额和出口额出现大幅反弹。

表 1-1-10 2007—2010 年文化进出口总额统计表

年份	2007 年	2008 年	2009 年	2010 年
进出口总额(万美元)	1406562.58	1560137.03	1327668.4	1499144.41
进口额(万美元)	409370.44	494117.46	436326.24	529335.13
出口额(万美元)	997192.13	1066019.58	891342.16	969809.28

资料来源:上海市统计局《上海文化统计概览》(2008—2011)。

二、分行业文化产品与服务进出口额

文化进出口分行业划分标准依据与文化产业增加值分项相同。

表 1-1-11 2007 年文化进出口分项数据统计表

指 标	进出口总额(万美元)	进口额(万美元)	出口额(万美元)
合计	1406562.58	409370.44	997192.13
文化服务	182395.74	53325.4	129070.33
新闻服务	—	—	—
出版物和版权服务	35901.66	15572.07	20329.58
书、报、刊出版物	22457.86	9438.1	13019.76
音像及电子出版物	11779.17	4546.84	7232.32
版权服务	1664.63	1587.13	77.5
广播、电视、电影服务	1868.28	607.49	1260.79
广播、电视服务	—	—	—
电影服务	1868.28	607.49	1260.79
文化艺术服务	1040.74	724.89	315.85
文艺创作、表演及演出场所	951.74	636.87	314.87
文化保护和文化设施服务	89	88.02	0.98
其他文化艺术服务	—	—	—
网络文化服务	—	—	—
文化休闲娱乐服务	25002.94	10027.43	14975.51
旅游文化服务	25002.94	10027.43	14975.51
娱乐文化服务	—	—	—
其他文化服务	118582.12	26393.52	92188.6
文化艺术商务代理服务	—	—	—

（续表一）

指　　标	进出口总额（万美元）	进口额（万美元）	出口额（万美元）
广告和会展文化服务	118 582.12	26 393.52	92 188.6
其中：广告	108 556.93	21 801.59	86 755.34
会展	10 025.19	4 591.93	5 433.26
相关文化服务	1 224 166.84	356 045.04	868 121.8
文化用品、设备及相关文化产品	1 224 166.84	356 045.04	868 121.8
文化用品	388 060.98	106 032.67	282 028.31
文化设备	799 420.81	241 509.14	557 911.67
相关文化产品	36 685.05	8 503.23	28 181.82

资料来源：上海市统计局《上海文化统计概览》(2008)。

2007年文化服务和相关文化服务均是贸易顺差。文化服务进口和出口额分别为53 325.4万美元和129 070.33万美元；相关文化服务进口和出口额分别为356 045.04万美元和868 121.8万美元。

文化用品、设备及相关文化产品进口额最高，达356 045.04万美元；其次为出版物和版权服务，进口额为15 572.07万美元。广播、电影、电视进口额最少（除去“—”项），为607.49万美元。文化用品、设备及相关文化产品出口额最高，达到868 121.8万美元。

文化设备进口额最高，为241 509.14万美元。文化用品进口额居二为106 032.67万美元。文化设备出口额最高，为557 911.67万美元；文化用品出口额为282 028.31万美元。文化保护和文化设施服务出口额最低，为0.98万美元（除去“—”项）。

此外，新闻服务，广播、电视服务，其他文化艺术服务，网络文化服务，娱乐文化服务，文化艺术商务代理服务均未提供进出口额统计数据。

表1-1-12　2008年文化进出口分项数据统计表

指　　标	进出口总额（万美元）	进口额（万美元）	出口额（万美元）
合计	1 560 137.03	494 117.46	1 066 019.58
文化服务	205 891.23	68 303.68	137 587.55
新闻服务	—	—	—
出版物和版权服务	33 474.25	13 302.4	20 171.85
书、报、刊出版物	28 970.84	11 177.28	17 793.56
音像及电子出版物	3 765.85	1 466.78	2 299.07
版权服务	737.56	658.33	79.22
广播、电视、电影服务	1 345.11	953.04	392.07

(续表一)

指　　标	进出口总额 (万美元)	进口额 (万美元)	出口额 (万美元)
广播、电视服务	—	—	—
电影服务	1345.11	953.04	392.07
文化艺术服务	678.08	476.39	201.69
文艺创作、表演及演出场所	380.82	179.35	201.47
文化保护和文化设施服务	297.26	297.04	0.22
其他文化艺术服务	—	—	—
网络文化服务	2032.47	1964.36	68.11
文化休闲娱乐服务	25471.02	14707.01	10764.01
旅游文化服务	25471.02	14707.01	10764.01
娱乐文化服务	—	—	—
其他文化服务	142890.31	36900.47	105989.84
文化艺术商务代理服务	—	—	—
广告和会展文化服务	142890.31	36900.47	105989.84
其中:广告	139000	35926.35	103074.25
会展	3889.7	974.12	2915.58
相关文化服务	1354245.8	425813.78	928432.02
文化用品、设备及相关文化产品	1354245.8	425813.78	928432.02
文化用品	506852.73	134113.37	372739.35
文化设备	809701.39	279878.31	529823.08
相关文化产品	37691.69	11822.1	25869.59

资料来源:上海市统计局《上海文化统计概览》(2009)。

2008年文化服务和相关文化服务均是贸易顺差。文化服务进口和出口额分别为68303.68万美元和137587.55万美元;文化相关服务文化服务进口和出口额分别为425813.78万美元和928432.02万美元。

文化用品、设备及相关文化产品进口额最高,达425813.78万美元;其次为文化用品,进口额为134113.37万美元。文化艺术服务进口额最少(除去"—"项),为476.39万美元。文化用品、设备及相关文化产品出口额最高,达到928432.02万美元。

文化设备进口额最高,为279878.31万美元。文化用品进口额居二为134113.37亿元。文化设备出口额最高,为529823.08万美元;文化用品出口额为372739.35万美元。文化保护和文化设施服务出口额最低,为0.22万美元(除去"—"项)。

此外,新闻服务,广播、电视服务,其他文化艺术服务,娱乐文化服务,文化艺术商务代理服务均未提供进出口额统计数据。

表 1－1－13　2009 年文化进出口分项数据统计表

指　　标	进出口总额（万美元）	进口额（万美元）	出口额（万美元）
合计	1 327 668.4	436 326.24	891 342.16
文化服务	202 316.9	62 432.94	139 883.96
新闻服务	—	—	—
出版物和版权服务	28 535.2	11 660.17	16 875.03
书、报、刊出版物	24 469.85	8 930.28	15 539.57
音像及电子出版物	3 470.25	2 182.22	1 288.03
版权服务	595.1	547.67	47.42
广播、电视、电影服务	1 310.84	886.75	424.1
广播、电视服务	—	—	—
电影服务	1 310.84	886.75	424.1
文化艺术服务	182.86	162.74	20.12
文艺创作、表演及演出场所	160.73	140.61	20.12
文化保护和文化设施服务	22.14	22.14	—
其他文化艺术服务	—	—	—
网络文化服务	2 926.11	2 890.67	35.44
文化休闲娱乐服务	20 354.82	11 777.25	8 577.57
旅游文化服务	20 354.82	11 777.25	8 577.57
娱乐文化服务	—	—	—
其他文化服务	149 007.06	35 055.36	113 951.7
文化艺术商务代理服务	610.26	372.51	237.75
广告和会展文化服务	148 396.8	34 682.86	113 713.95
其中：广告	143 821.22	33 423.11	110 398.11
会展	4 575.58	1 259.75	3 315.84
相关文化服务	1 125 351.5	373 893.3	751 458.2
文化用品、设备及相关文化产品	1 125 351.5	373 893.3	751 458.2
文化用品	468 481.11	141 757.9	326 723.22
文化设备	625 805.04	220 396.36	405 408.68
相关文化产品	31 065.34	11 739.04	19 326.3

资料来源：上海市统计局《上海文化统计概览》(2010)。

2009 年文化服务和相关文化服务均是贸易顺差。文化服务进口和出口额分别为 62 432.94 万美元和139 883.96万美元;相关文化服务进口和出口额分别为373 893.3万美元和751 458.2万美元。

文化用品、设备及相关文化产品进口额最高,达373 893.3万美元;其次为文化休闲娱乐服务,进口额为11 777.25万美元。文化艺术服务最少(除去"—"项),为162.74万美元。文化用品、设备及相关文化产品出口额最高,达到751 458.2万美元。

文化设备进口额最高,为220 396.36万美元。文化用品进口额居二为141 757.9亿元。文化设备出口额最高,为405 408.68万美元;文化用品出口额为326 723.22万美元。文艺创作、表演及演出场所,为20.12万美元(除去"—"项)。

此外,新闻服务,广播、电视服务,其他文化艺术服务,娱乐文化服务均未提供进、出口额统计数据。

表1-1-14　2010年文化进出口分项数据统计表

指　标	进出口总额(万美元)	进口额(万美元)	出口额(万美元)
合计	1 499 144.41	529 335.13	969 809.28
文化服务	246 407.55	84 397.13	162 010.42
新闻服务	—	—	—
出版物和版权服务	29 865.62	11 219.85	18 645.77
书、报、刊出版物	26 291.7	8 606.39	17 685.31
音像及电子出版物	2 857.66	1 975.12	882.54
版权服务	716.26	638.34	77.92
广播、电视、电影服务	731.51	450.83	280.68
广播、电视服务	—	—	—
电影服务	731.51	450.83	280.68
文化艺术服务	1 075.95	1 000.68	75.28
文艺创作、表演及演出场所	335.85	274.13	61.71
文化保护和文化设施服务	740.11	726.54	13.57
其他文化艺术服务	—	—	—
网络文化服务	3 760.69	3 712.97	47.72
文化休闲娱乐服务	36 966.77	23 668.63	13 298.15
旅游文化服务	36 966.77	23 668.63	13 298.15
娱乐文化服务	—	—	—
其他文化服务	174 007	44 344.18	129 662.83
文化艺术商务代理服务	706.92	322.02	384.9
广告和会展文化服务	173 300.09	44 022.16	129 277.93

（续表一）

指　　标	进出口总额（万美元）	进口额（万美元）	出口额（万美元）
其中：广告	—	—	—
会展	—	—	—
相关文化服务	1 252 736.86	444 938.01	807 798.86
文化用品、设备及相关文化产品	1 252 736.86	444 938.01	807 798.86
文化用品	564 260.91	197 038.88	367 222.03
文化设备	650 258.78	233 152.58	417 106.2
相关文化产品	38 217.17	14 746.54	23 470.63

资料来源：上海市统计局《上海文化统计概览》(2011)。

2010 年文化服务和相关文化服务均是贸易顺差。文化服务进口额和出口额分别为 84 397.13 万美元和 162 010.42 万美元；相关文化服务进口和出口额分别为 444 938.01 万美元和 807 798.86 万美元。

在文化产业结构第二层次中，进口额最高的是文化用品、设备及相关文化产品，达 444 938.01 万美元，本年度文化用品进口额为 197 038.88 万美元。广播、电视、电影服务进口额最少(除去“—”项)，为 450.83 万美元。对于出口额，文化用品、设备及相关文化产品出口额最高，达到 807 798.86 万美元。

在文化产业结构第三层次中，文化设备进口额最高，为 233 152.58 万美元。文化用品进口额居二为 197 038.88 亿元。文化设备出口额最高，为 417 106.2 万美元；文化用品出口额为 367 222.03 万美元。文化保护和文化设施服务出口额最低，为 13.57 万美元(除去“—”项)。

此外，出版物和版权服务，广播、电视服务，其他文化艺术服务，娱乐文化服务均未提供进、出口额统计数据。

第二章 管理机构

第一节 中共上海市委宣传部

中共上海市委宣传部负责对全市包括文化产业在内的文化发展实行党委领导。改革开放以来，中共上海市委宣传部实行“三位一体”的工作职能：一是主管全市理论、文艺、新闻、出版、精神文明创建、互联网宣传和管理、社会宣传、对外宣传和图书情报信息等意识形态方面工作的职能部门；二是市宣传大口党委的职能，归口管理宣传系统业务和党的建设工作；三是指导协调全市文化事业、文化产业改革发展和管理工作的职能，会同市政府有关部门承担宣传系统事业规划等行政工作。

市委宣传部在文化产业领域的主要职责是，研究贯彻文化产业方针政策，把握文化产业内容生产的意识形态导向，指导全市文化产业的管理工作，对全市文化企业的内容生产、舆论宣传、事业发展、队伍建设进行协调管理和服务指导。

1978 年至 2010 年，市委宣传部历任部长为车文仪、陈沂、王元化、潘维明、陈至立、金炳华、殷一璀、王仲伟、杨振武。

第二节 上海市文化创意产业推进领导小组及办公室

2010 年 9 月，中共上海市委办公厅发文《关于建立上海市文化创意产业推进领导小组及办公室的通知》，上海市文化创意产业推进领导小组及办公室成立。其主要职能是研究编制全市文化创意产业发展规划、政策，协调推进上海市文化创意产业发展，以及完成领导小组交办的各项工作。上海市文化创意产业推进领导小组有市委宣传部、市经济信息化委员会、市发展和改革委员会、市商务委员会等 22 家成员单位。上海市文化创意产业推进领导小组成立之前，关于文化产业的规划、政策制定等，包含在整个文化建设中，接受上海文化体制改革工作领导小组领导。

第三节 上海市文化广播影视管理局

2000 年，根据《中共中央办公厅、国务院办公厅关于印发〈上海市人民政府机构改革方案〉的通知》的规定，设立上海市文化广播影视管理局，为市政府组成部门。上海市文化广播影视管理局挂上海市文物局牌子，主要职能是：研究和贯彻党和国家关于文化艺术、广播影视的法律、法规、规章和方针、政策；拟订全市文化艺术、广播影视事业和产业的发展战略和发展规划，实施全市文化艺术和广播影视事业和产业的行业管理；指导、协调文化广播影视事业和产业发展；推动全市重点艺术创作和艺术思想的研究；把握正确的舆论导向，对全市广播电视和网络视听媒体的宣传、发展、传输覆盖进行指导、协调和管理；管理全市性重大文化活动；监管信息网络视听节目（包括影视类音像制品的网上播放）服务和公共试听载体播放节目的业务；依法实施对广播电视频率、频道资源以及有线网络规划和建设的监督管理;管理全市群众文化艺术活动以及文化馆、公共图书馆事业和社会文化社团等;指导、推动开展各类群众性文化活动;协调拟订文化市场发展规划,指导文化市场综合执法;管理全市文化娱乐、演出、美术、广播影视、有线网络、文艺类产品网上传播等,加强对从事电影电视节目制作和演艺活动的民办机构的监管;拟订动漫、游戏产业发展规划并组织实施,指导协调动漫、游戏产业发展;指导全市文化艺术、广播影视对外交流工作;管理驻沪外交机构和国际组织举办的文化影视活动;会同有关部门制定全市文化影视人才规划并组织实施。

1997 年市文化局局长:孙滨(1 月免)、马博敏(女,1 月任);市广播电影电视局局长:叶志康。2000 年文化广播影视管理局成立后至 2010 年的历任局长:叶志康(2000 年 5 月至 2002 年 1 月)、穆端正(2002 年 5 月至 2008 年 2 月)、朱咏雷(2008 年 2 月至 2012 年 6 月)。

第四节　上海市新闻出版局

1978 年 1 月,上海市出版局正式恢复建制,同时建立中共上海市出版局委员会。1980 年下半年,中共上海市出版局纪律检查委员会成立。1983 年 10 月中共上海市委批准任命、调整了中共上海市出版局委员会领导成员。1987 年 5 月,上海市人民政府为贯彻《中共中央关于坚决妥善地做好报纸刊物整顿工作的通知》的精神,加强对上海市新闻出版工作的管理,决定撤销上海市出版局,建立上海市新闻出版局,新建中共上海新闻出版局委员会,下设办公室、组织处、老干部办公室及保卫科。1978 年至 1987 年,市出版局的历任书记为马飞海、宋原放、杜钰昭、袁是德。

1997 年 10 月起,上海市新闻出版局与上海市版权局实行“一个机构,两块牌子”,为市政府主管全市新闻出版事业和著作权管理工作的职能部门,主要职责是:制定、起草上海市新闻出版和著作权管理方面的政策和法规、规章草案;制定并组织实施上海市新闻出版事业发展规划;审核或审批图书、报纸、期刊、电子出版物、音像制品的出版、印刷、复制、发行、进出口等单位的设立和变更;指导并审批上海市图书和电子出版物出版选题计划;依法管理上海市图书报刊、电子出版物、印刷市场和音像制品批发、零售、出租、放映和音像制品进口;实施著作权行政管理;归口管理上海市新闻出版和著作权方面的对外交流与合作;负责并指导上海市出版系列专业技术职务任职资格审评工作;归口管理上海市新闻出版、著作权社会团体、负责管理直属企业事业单位;管理广播电视机构记者证。

1987 年至 2010 年,市新闻出版局历任局长为袁是德、徐福生、孙颙、焦扬。

第五节　上海市文化市场行政执法总队

上海市文化市场行政执法总队的前身为上海市文化稽查总队,是经市委、市政府批准建立的全国第一个独立建制的文化领域综合执法机构,1999 年 12 月 29 日挂牌成立。随后,全市各区县也相继建立了文化稽查队,形成了两级文化综合执法机构设置。根据中办、国办转发的《中央宣传部、中央编办、财政部、文化部、国家广电总局、新闻出版总署、国务院法制办关于在文化体制改革综合性试点地区建立文化市场综合执法机构的意见》,市委、市政府在 2004 年 12 月 30 日批准设立市文化市场行政执法总队,作为市政府直属的行政执法机构,具有行政执法主体资格,主管全市文化领域综合执法工作,同时撤销市文化稽查总队建制。至 2005 年 9 月,全市各区县也相应设立了文化市场行政执法大队。

上海市文化市场行政执法总队是市人民政府直属的行政执法机构,机构性质为行政事务执行机构,具有行政执法主体资格,主管全市文化领域综合执法工作。主要职责为:负责对文化领域经营及其相关活动中的违法行为实施行政处罚;负责对文化领域经营及其相关活动中的违法行为采取行政强制措施;负责在文化领域经营及其相关活动中行使与行政处罚权、行政强制权相关的监督检查权;负责对全市各区县的文化执法队伍进行业务指导及监督。

1999年至2010年,上海市文化市场行政执法总队历任主要负责人:邵敏华(总队长、书记)、钱华飞(书记)、周卫民(总队长、副书记)。

第六节 其他相关部门

上海市发展和改革委员会(简称市发改委),根据《中共中央办公厅、国务院办公厅关于印发〈上海市人民政府机构改革方案〉的通知》规定,于2008年组建,为市政府组成部门。负责对全市国民经济和社会发展的总体指导和综合协调,加强国民经济运行的预测、预警和监控,搞好价格总水平调控,促进人口、经济、社会、资源、环境的协调发展。文化为上海市重要国民经济和社会发展部门,市发改委对全市文化发展,包括公共文化和文化产业,行使综合协调统筹规划职责,对全市文化产业发展予以宏观政策与规划指导。市发改委挂上海市物价局牌子。

上海市经济和信息化委员会(简称市经信委),根据《中共中央办公厅、国务院办公厅关于印发〈上海市人民政府机构改革方案〉的通知》的规定,于2008年组建,为市政府组成部门。根据上海市国民经济和社会发展总体规划和产业发展的导向和政策,组织实施城乡工业布局调整、老工业区改造和产业升级,推进文化和创意产业发展;负责制定工业开发区建设中长期规划,推进工业项目向园区集中,合理调整布局;负责工业开发区建设发展的综合协调。上海首批创意产业园区由上海市经信委挂牌,后来与中共上海市委宣传部联合授牌。上海市经济和信息化委员会挂上海市国防科技工业办公室牌子。

上海市商务委员会(简称市商委),根据《中共中央办公厅、国务院办公厅关于印发〈上海市人民政府机构改革方案〉的通知》的规定,于2008年组建,为市政府组成部门。负责推进上海市商务领域品牌建设,组织、指导和推进上海时装周、上海国际服装文化节发展。协调、指导全市服务贸易工作;会同有关部门制定服务贸易的规划、政策并组织实施,促进服务外包发展;组织起草并实施会展业相关法规、标准和规范性文件,建立会展业经济指标统计体系和信用评价体系,优化会展行业环境;推进会展与相关产业间的融合发展;管理国际经贸展览会,指导和支持重点品牌展会发展。负责上海市有关对外文化贸易和对外贸易方面的知识产权工作。指导上海市包括文化产业在内的外商投资工作,组织拟订改善投资环境的措施;指导协调全市外商投资促进和外商投资企业审批工作,指导全市开发区外资引进和国家级经济技术开发区的有关工作;按照权限负责上海市外商投资企业设立、变更合同章程等事项的核准和申报工作;为外商投资企业提供政策咨询及其他协调性服务。

上海市知识产权局,根据《中共中央办公厅、国务院办公厅关于印发〈上海市人民政府机构改革方案〉的通知》的规定,于2008年组建,为市政府直属机构。依据国家知识产权法律法规,按权限会同有关部门开展上海市重点领域、重点产业、重大专项的知识产权保护及重大经济活动中的知识产权审查工作。按权限负责审查市重点文化产业和文化产业发展重大专项所涉知识产权。会同有关部门开展上海市知识产权信息公共服务工作,负责上海市专利信息公共服务体系建设,会同有关部门推动专利信息的传播利用;会同有关部门建立知识产权应对预警机制;会同有关部门指导和规范知识产权无形资产评估工作;指导知识产权援助和知识产权仲裁有关工作。文化所涉内容均属此工作范畴。

第三章　管 理 体 制

第一节　法 规 政 策

一、法律法规

1978年至2010年，上海市共制定和修改文化产业类法律法规40余部，涵盖音像制品、图书报刊市场、电影发行、有线电视、文物市场、文化娱乐市场、著作权等多个文化领域，与服务贸易发展专项资金管理、文化"走出去"专项扶持资金管理、中小企业发展专项资金管理密切相关。这些法律法规的出台和修正，不仅为文化生产提供了明确、可行的行为规范，也为上海文化产业的发展和繁荣奠定了坚实的制度基础。

【音像制品法律法规】

1984年3月1日，《上海市录音录像制品和录像设备的使用管理办法》和《上海市录音录像制品出版、复录、销售管理细则》生效。《管理办法》旨在加强对录音录像制品和录像设备的使用管理，规定任何单位和个人购置录像设备，必须经市广播电视局录音录像制品管理处审核准许；有录像设备的单位和个人，必须向市音像管理处进行登记；单位的录像设备，一律不准借给个人使用。单位之间借用，必须经单位主管负责人审查批准；有录像设备的单位和个人，应将海外的文艺录像带、激光电视唱片及其复制品（包括故事片、风光片、广告片等品种）的片名、型号、带宽、长度、来源和内容简介，如实报市音像管理处备案；严禁任何人利用音像设备收录和播放反动、黄色淫秽的音像制品。《管理细则》主要根据国务院批转的《录音录像制品管理暂行规定》并结合上海市实际情况，对录音录像制品出版、复录、销售作出了更为细致的规定。如音像制品的出版单位、复录生产单位，须按《录音录像制品管理暂行规定》的审批程序办理报批手续，向所在区、县工商行政管理部门申请办理工商企业登记，领取营业执照后，方得从事出版和复录业务。音像制品的销售单位、商店，须经上级主管部门批准，向所在区、县工商行政管理部门申请办理登记，取得营业执照或获准兼营音像制品项目后，方可经营。

1989年5月14日，上海市人民政府修订《上海市录像放映管理规定》。修订后的《规定》明确了可从事公开售票放映录像业务的单位范围、录像放映许可证的申请程序、录像放映场地、录像连续放映时间、录像放映收费标准、录像放映管理费用的收取等，并对违法行为作出了处罚规定：对违反本规定的单位或个人，市音像管理处可给予警告、没收录像片、责令赔偿出版单位经济损失、责令停放整顿的处罚；情节严重的，可没收其录像放映设备，直至吊销其录像放映许可证；工商行政管理部门对于非法从事公开售票放映录像的单位或个人，情节一般的，可给予没收非法所得的处罚；情节严重的，还可处其非法所得总额一至五倍的罚款；放映反动、淫秽录像的，由公安机关依法处理；构成犯罪的，依法追究其刑事责任。

1997年6月9日，《上海市音像制品管理条例》发布。《条例》分总则、管理部门及其职责、申请与审批、对经营活动的管理、法律责任、附则等六章,共四十六条。《条例》的适用范围为音像制品的出版、制作、复制、进口、批发、零售、出租和放映等经营活动及其管理。《条例》明确了市广播电影电视局是上海市音像制品经营活动的主管部门,市影视音像管理处具体负责音像管理的日常工作。《条例》体现了一手抓管理、一手抓繁荣的立法指导思想,强调了坚持为人民服务、为社会主义服务的方向,保护知识产权的经营活动原则。《条例》还对从事音像制品经营活动的条件、申请审批的程序、应当遵循的规范以及违法行为应承担的法律责任作了具体的规定。

【图书报刊法律法规】

1986年8月6日,《上海市图书报刊市场管理规定》发布。该《管理规定》适用于在上海市经营(包括专营或兼营)图书、报刊发行业务的国营、集体单位,以及经营图书、报刊零售业务的个体户,提出国营、集体单位和个体户必须坚持正确的经营思想和作风,销售内容健康,既有益于提高读者思想政治水平和科学文化知识,又能满足读者文化娱乐需要的图书、报刊,严禁销售反动、淫秽、恐怖、封建迷信的图书、报刊。《管理规定》对营业执照申请登记、进货渠道、禁止经销或出租的图书或报刊范围、图书报刊销售定价、违反管理规定所应承担的法律责任等作出了详细规定。

1989年11月26日,上海市人民政府发布《上海市查禁有害出版物暂行规定》。该《暂行规定》对反动、淫秽、色情、渲染凶杀暴力、宣扬封建迷信的出版物的概念范围进行了明确界定,并对制作(包括复制,下同)、贩卖(运)、出租、传播反动、淫秽、色情、凶杀暴力、封建迷信出版物的行为作出了处罚规定。该《暂行规定》第十八条特别规定,向未成年人传播有害出版物的,或者国家工作人员利用职务之便传播有害出版物的,应依据本规定有关条款给予从严惩处。

【电影发行放映法律法规】

1992年4月27日,上海市人民政府发布《上海市电影发行放映管理办法》。该《管理办法》明确了上海市电影局(以下简称市电影局)是上海市电影发行放映的行政主管部门,其所属的电影发行放映管理处(以下简称发行放映管理处)具体负责电影发行放映业的管理,并直接负责市电影局所属电影院的日常监督管理;各区、县文化局负责本区域内电影放映单位的行政管理,业务上受市电影局领导;各级公安、工商、卫生、物价、财政、税务等行政部门应依法履行各自职责,配合电影行政管理部门做好电影发行放映的管理工作。上海市电影发行放映公司是上海市从事电影发行业务的经营单位,统一负责上海市营业性电影发行工作;县电影管理站、市农场局电影管理站受上海市电影发行放映公司委托,负责本区域、本系统的营业性电影发行工作。从事电影放映业务的单位,须按规定办理审批手续;申请设立电影放映单位应具备相应条件;电影放映单位放映影片的场次、场次的间隔时间及放映广告的时间、价格等,均须遵守市电影局的规定。

1994年1月18日,上海市政府第59号令《上海市人民政府关于修改〈上海市电影发行放映管理办法〉的决定》发布。《决定》将原《办法》第四条"上海市电影发行放映公司是上海市从事电影发行业务的经营单位,统一负责上海市营业性电影发行工作"修改为"从事电影发行业务(包括营业性电影发行和非营业性电影发行)的单位,须经国家电影行政管理部门或市电影局批准",为之后上海电影制片厂成立东方影视发行公司和东方电影院线提供了法律依据。

1997年12月1日,《上海市电影发行放映管理办法》施行。新颁布的《上海市电影发行放映管理办法》共分总则、申请与审批、业务活动管理、法律责任、附则等5章41条,对全市电影发行、放映活动的原则,发行、放映单位设立的条件、业务范围等作出详细界定。

1999 年,《上海市广播电影电视局宣传片管理暂行规定》《关于加强宣传工作的若干措施》制订下发。

【有线电视法律法规】

1992 年,《上海电视台节目出口业务管理条例》和《上海电视台节目进口业务管理条例》发布。《上海电视台节目出口业务管理条例》规定,本台节目出口的目的是为了加强对外宣传,扩大本台在海外的影响,增加外汇收入,节目出口管理的基本原则是:理顺全台节目出口渠道,保护上海电视台的节目版权利益和经济利益。《上海电视台节目进口业务管理条例》的适用范围为所有的引进电视剧、动画片、体育节目、风光片、文艺片及资料片,引进海外节目必须贯彻"于我有利"的原则。借鉴海外优秀文化,促进中外文化交流,丰富本台荧屏。为两个文明建设服务,坚决抵制资产阶级腐朽思想的传入。

1995 年 2 月 6 日,《上海市有线电视管理办法》发布。该《办法》规定,设立有线电视台应当具备下列条件:(一)符合市有线电视总体规划的要求;(二)有专门的维护管理机构,有专职的采访、编辑、制作、摄像、播音、传输和技术维护人员;(三)有符合国家技术标准的摄像、编辑、播出和传输设备;(四)有固定的节目制作场所;(五)有固定的播出场所;(六)有必要的经费。该《办法》还规定了有线电视台设立的程序,需设立有线电视台的,应当向市广电局提出申请;市广电局自接到申请之日起 15 日内进行初审;经初审合格的,由市广电局报广播电影电视部审批。经批准后,方可进行筹建。

【文物市场法律法规】

1995 年 2 月 6 日,《上海市文物市场管理办法》发布,对文物作了明确界定。办法所称的文物是指:(一)1911 年以前中国或外国制作、生产、出版的陶瓷器,金银器、铜器和其他金属器,玉石器,漆器,玻璃器皿,各种质料的雕刻品和雕塑品,家具,书画,碑帖,拓片,图书,文献资料,织绣,文化用品,邮票,货币,器具,工艺美术品等;(二)1911 年至 1949 年期间中国或外国制作、生产、出版的本款第(一)项所列物品中经国家文物局或市文物行政管理部门确定具有重要历史、科学、艺术价值的物品;(三)国家文物局确定的 1949 年以后已故的著名书画家的作品。

2001 年 4 月 1 日,《上海市文物经营管理办法》施行。该《办法》共 29 条,较为全面地规定了具有上海特色的文物经营、管理行为,是对 1995 年实施的《上海市文物市场管理办法》的全面修订。

【文化娱乐市场法律法规】

1990 年 1 月 1 日,《上海市营业演出管理办法》正式实施。该《管理办法》规定上海市文化局是上海市营业演出的主管部门,区、县文化局负责对本行政区域内营业演出的管理。从事营业演出的单位,必须按规定办理有关审批手续,方可从事营业演出;申请营业演出的艺术表演单位、演出场所单位、演出中介单位应具备相应条件;从事营业演出的个体艺人(包括合伙)应向住所地(或合伙负责人住所地)的区、县文化局提出申请,经上海市文化局考核批准,发给个体营业演出许可证后,方可从事营业演出,非艺术表演单位的在职人员,需从事营业演出的,应经所在单位同意后,向住所地的区、县文化局提出申请,经上海市文化局考核、批准,发给个体营业演出许可证后,方可从事营业演出;凡在上海市进行营业演出活动,当事人均应签订书面营业演出合同,营业演出合同须具备演出剧团,节目内容,领队和主要演职人员,演出票价,演出收入分成比例和公提分担费用,演出日期、地点、场次和装拆台时间,违约责任等内容。

1992年5月29日,上海市人民政府发布《上海市营业性文化娱乐业管理办法》。《管理办法》规定上海市文化局是上海市营业性文化娱乐活动的主管机关,上海市文化局所属的社会文化管理处具体负责上海市营业性文化娱乐活动的管理,各区、县文化局负责本行政区域内营业性文化娱乐活动的管理,业务上接受市文化局的领导。上海市对营业性文化娱乐活动实行许可证制度,申请许可证的单位须具备一定的条件,文化娱乐活动的场地和设施须符合有关标准,申请开办营业性文化娱乐项目的单位须向市社文处或向所在地的区、县文化局提出申请,未取得许可证的单位需临时举办营业性文化娱乐活动的,应在十天前向文化管理部门提出申请。

1994年1月1日,《上海市营业性游戏机娱乐业管理办法》施行。依据该《管理办法》,经营营业性游戏机娱乐项目必须具备下列条件:游戏机室面积在40平方米以上,平均每台游戏机的使用面积在2平方米以上;游戏机室建筑结构牢固;游戏机室的出入口畅通,消防、卫生等设施符合有关规定;游戏机室有足够的光亮,夜间开放有必要的照明设备和停电时的应急措施。该办法还规定营业性游戏机娱乐项目的经营者不得设置老虎机、苹果拼盘机、角子机、牌机及类似的游戏机进行经营活动,不得进行以任何形式换取现金、奖券、奖品的有奖经营活动,不得提供营业性游戏机进行赌博活动。9月1日,《上海市营业性演出场所和营业性电影放映场所管理暂行办法》生效。该《暂行办法》规定,新建、改建、迁建营业性演出场所和营业性电影放映场所,必须符合《剧场建筑设计规范》或《电影院建筑设计规范》以及市文化局和市电影局的有关规定;对已建的营业性演出场所和营业性电影放映场所,应按有关规定定期进行维修,保持场所及其设施的完好;营业性演出场所和营业性电影放映场所建筑物的正面不得设置与演出或电影放映内容无关的商业性霓虹灯、灯箱等广告;场所的门厅内不得设置电子游戏机或经销除食品、饮料以外的其他商品。

1994年10月1日,《上海市演出市场管理条例》施行。该《管理条例》规定,上海市艺术表演团体或者个人赴外省、自治区、直辖市进行营业演出活动,外省、自治区、直辖市艺术表演团体或者个人来上海市进行营业演出活动,都应当持所在地省、自治区、直辖市文化行政管理部门的批准文件,向演出地的文化行政管理部门办理营业演出手续。上海市演出经纪机构或者演出经纪人组台组团赴外省、自治区、直辖市进行营业演出活动,外省、自治区、直辖市演出经纪机构或者演出经纪人组台组团来上海市进行营业演出活动,都应当持所在省、自治区、直辖市文化行政管理部门的批准文件,向演出地的省、自治区、直辖市文化行政管理部门办理营业演出手续。

1995年9月5日,《上海市演出市场管理条例实施细则》发布。《实施细则》规定,上海市对营业演出活动实行宏观调控、总量控制和许可证制度。申请设立从事营业演出活动的艺术表演团体,应当有具备高等以上学历或者取得高级艺术职称的负责人和具备中等以上学历或者取得中级艺术职称的管理人员;有具备一定艺术质量的演出剧(节)目和从事表演、伴奏、舞美等的基本专职人员;有组织章程和艺术生产、演出、财务、人事等方面的管理制度;有固定的办公地点和相对稳定的排练场所,以及演出所必备的灯光、音响等器材、设备;有不少于100 000元的资金。个人申请营业演出,应当具有上海市户籍;具有从事艺术表演的资历证明或者市文化行政管理部门发给的表演艺术合格证书。

1996年1月1日,《上海市文化娱乐市场管理条例》生效。该《管理条例》规定,开办营业性文化娱乐场所应当符合下列条件:(一)场所的负责人和有关工作人员已经取得市文化行政管理部门发给的上岗合格证;(二)具有符合标准的经营场所及配套设施;(三)场所的建筑结构安全合理,消防设施齐全有效，并取得消防合格证书；(四)卫生、通风、防噪声等设施符合标准；(五)有规定数额的注册资金；(六)有必要的管理制度。营业性文化娱乐场所应当在醒目位置展示文化经营许可证；营业性文化娱乐场所负责人和有关工作人员上岗时应当携带上岗合格证；演出队、时装表演队和演出人员在营业性文化娱乐场所演出时，应当携带演出许可证和演员证。

1997 年 7 月 15 日，上海市人大常委会发布第六十六号公告，公布关于修改《上海市文化娱乐市场管理条例》、《上海市演出市场管理条例》和《上海市图书报刊市场管理条例》的决定，自 1997 年 9 月 1 日起施行。

1998 年 11 月 5 日，上海市第十一届人民代表大会常务委员会第六次会议审议了市人民政府提出的《上海市文化娱乐市场管理条例修正案(草案)》，决定对《上海市文化娱乐市场管理条例》进行修改和补充。修改后的《上海市文化娱乐市场管理条例》规定，市文化行政管理部门主管的市社会文化管理处负责上海市文化娱乐市场的具体管理工作，并依照本条例的授权实施行政处罚；营业性文化娱乐场所不得安排无上岗合格证的场所负责人、音响师等有关工作人员上岗执业。此次修改还进一步明确了具体处罚标准。

1999 年，《上海市营业性演出管理办法》修订，《上海市公众电脑屋管理办法》制定，公众电脑屋管理纳入法治轨道。《上海市公众电脑屋管理办法》规定，公众电脑信息服务经营者应具有市信息办颁发的《上海市计算机公众信息服务业准营证》、市通信行业管理部门颁发的《上海市互联网络上网服务经营代办证》、市公安局核发的《上海市公众电脑屋计算机信息系统安全合格证》和工商行政管理部门核发的营业执照方可经营。

2000 年 7 月 13 日，上海市第十一届人大常委会第二十次会议通过《关于修改〈上海市文化娱乐市场管理条例〉的决定》。《决定》对《上海市文化娱乐市场管理条例》与《娱乐场所管理条例》(国务院 1999 年 3 月 26 日发布)相抵触的地方进行了修改，主要是：(1)规定卡拉 OK 厅不得对未成年人开放；(2)规定游戏机房除法定节假日外不得对未成年人开放；(3)取消与《娱乐场所管理条例》相抵触的处罚条款。这是《上海市文化娱乐市场管理条例》自 1995 年 10 月市第十届人大常委会第二十二次会议通过后第三次修改。

2006 年 2 月 21 日，上海市政府批转市整规办《关于整顿和规范与治安相关的娱乐、服务行业的意见》，明确要求将棋牌室纳入文化娱乐行业管理范畴，实行文化经营许可证管理。市文广影视局制定《上海市营业性棋牌室管理暂行规定》，于 4 月 1 日起对营业性棋牌室实行娱乐经营许可证管理。各区县文化管理部门对原持有工商营业执照或劳动部门核发的非正规就业劳动组织证书，经营范围内有营业性棋牌室项目，并从事棋牌经营活动的场所予以重新审核登记，符合要求的核发给娱乐经营许可证。

2007 年，上海市文化行政管理部门会同市高级人民法院、人民检察院、市公安局、市工商局、市文化市场行政执法总队颁发《关于依法处置涉毒文化娱乐场所经营者和违法犯罪人员的若干意见》。该"意见"规定文化娱乐经营者因涉毒违法犯罪行为被依法吊销娱乐经营许可证的，超经营范围擅自从事文化娱乐经营活动且因涉毒违法犯罪行为情节严重而被吊销其营业执照的，以及未取得营业执照、擅自从事文化娱乐经营活动且有涉毒违法犯罪行为而被依法取缔的，分别自被吊销证照或取缔之日起 2 年、3 年、5 年内，文化行政管理部门不再受理原经营场所(场地)设立文化娱乐场所或者开设文化娱乐项目的申请。

2009 年 1 月 15 日，上海市文广影视局会同市环境保护局、市工商行政管理局和市消防局联合发出《关于设置上海市设立文化娱乐场所行政许可事前告知服务程序的通知》，启动文化娱乐市场行政许可事前告知服务程序。该服务程序以"服务在先、管理在后"为原则,明确申请人在筹建文化娱乐场所前向文化管理部门提出设立文化娱乐场所服务指导的要求,文化管理部门应当根据申请人的要求,充分告知其设立文化娱乐场所的申请条件、申请材料等内容以及文化、环保、工商、消防等部门文化娱乐场所市场准入的审批要素和审批流程,并在收到申请书后的10个工作日内对筹建场所的房屋类型和拟设立地点的周边环境提出书面意见、向申请人提供《上海市设立文化娱乐场所预先通知书》。

【著作权法律法规】

2000年1月3日,《上海市著作权管理若干规定》颁布。该《规定》对无主著作权的行使作出了详细规定:享有著作权的法人或者其他组织终止后,无法人或者其他组织承受其权利义务的,作品的使用权和获得报酬权在法定保护期内,由市版权局代表国家行使。享有著作权的公民死亡后,其著作权人继承又无人受遗赠的,作品的使用权和获得报酬权在法定保护期内,由下列组织代为行使:(一)作者生前是集体经济组织成员的,由所在集体经济组织行使;(二)作者生前是非集体经济组织成员的,由市版权局代表国家行使;市版权局按照本条第一款、第二款规定代为行使作品的使用权和获得报酬权的,应当提前发布公告,并将作品使用报酬上交国库。

2001年12月1日,《上海市软件著作权登记费资助办法》施行。该《办法》规定,凡在中国软件登记中心完成软件著作权登记的上海市公民或法人,可根据本办法申请登记费用补贴;办法涉及的登记费用是指中国软件登记中心的登记费、证书费和本地代理机构的代理费,最高补贴费用以800元为限;上海市公民或法人可通过上海市软件著作权登记代理单位办理申请软件著作权登记费资助;软件著作权登记费和证书费资助的资金由上海市科委专款拨付。

2006年9月6日,上海市版权局颁布《上海市著作权合同备案办法》,建立著作权合同备案制度。该"办法"明确:上海市居民、法人或者其他组织如果与著作权人订立著作权许可或转让合同,可以向市版权局指定的机构——上海版权保护协会办理著作权合同备案;经备案的合同由市版权局颁发备案证书。该项制度的推行帮助著作权被许可人和受让人证明其使用或者受让权利的善意性,预防和减少版权许可、转让纠纷。

2007年,上海市经济委员会、上海市工商行政管理局、上海市质量技术监督局、上海市财政局出台《上海市加快自主品牌建设专项资金管理暂行办法》。该《暂行办法》规定,专项资金支持方式采用无偿资助、奖励两种支持方式,同一项目已通过其他品牌建设渠道获得市财政资金资助的,本专项资金不再予以无偿资助;无偿资助项目原则上按项目实际支出金额的10%～20%给予资助,单个项目资助资金一般不超过50万元;对获得"中国世界名牌产品"的企业,由市级专项资金最高给予一次性200万元奖励;获得"中国名牌产品""中国驰名商标""最具市场竞争力品牌"等称号的企业,由市级专项资金最高给予一次性100万元的奖励;对获得"上海名牌""上海市著名商标"等称号的单位由各区(县)政府按照规定给予一次性奖励。

【其他法律法规】

1999年12月,上海市发布了《上海市文化领域行政执法权综合行使暂行规定》,该规定自2000年1月1日起实施,这是上海市为推行文化领域综合执法而制定的第一个政府规章。上海市稽查总队受市有关行政管理部门委托,依照法律、法规和规章,履行下列具体职责:(一)负责对文化领域经营及其相关活动中的违法行为实施行政处罚;(二)负责对文化领域经营及其相关活动中的违法行为采取行政强制措施;(三)负责在文化领域经营及其相关活动中,行使与行政处罚权、行政强制权相关的监督检查权。

2009年,上海市人民政府办公厅关于转发市商务委、市发展改革委、市财政局制订的《上海市服务贸易发展专项资金使用和管理试行办法》的通知。该《试行办法》规定,发展资金主要用于服务贸易发展中的重点领域和关键环节,促进服务贸易扩大规模,提升能级。具体用于以下方面:(一)鼓励上海市服务贸易企业申请国家各类服务贸易发展促进资金,并按国家规定提供配套资金。(二)重点支持《商务部和上海市人民政府关于共同推进上海市服务贸易发展的合作协议》中明确优先发展的国际物流、信息技术、文化教育、专业服务等领域。2009年先在国际物流、信息技术和文化教育等三个领域试点,2010年再将试点范围扩大到专业服务领域。对符合条件的企业给予绩效支持、认证补贴和中、高级专业人才培训补贴等。(三)支持服务贸易境内外展会、洽谈会等各类服务贸易促进活动。

2009年7月,《上海市文化"走出去"专项扶持资金管理办法(试行)》实施。同年,《上海市文化"走出去"专项扶持资金实施细则(试行)》出台。《管理办法(试行)》规定,专项扶持资金的来源前期由市宣传文化发展专项资金和浦东新区政府等额配套出资构成,2008年至2010年期间每年5 000万元人民币,共计1.5亿元人民币。专项扶持资金划入设立在上海国际文化服务贸易平台促进委员会办公室的"上海市文化'走出去'专项扶持资金"专门账户,实施统一管理。专项扶持资金年度使用结余部分,可结转下年度继续使用。《实施细则(试行)》进一步明确了扶持范围:(一)重点扶持新闻服务,出版发行和版权服务,广播、电视、电影服务,文化艺术服务等领域文化服务和相关产品的国际贸易;(二)积极扶持网络文化服务、文化休闲娱乐服务、广告会展服务等领域文化服务和相关产品的国际贸易;(三)扶持文化用品及相关设备等领域的国际贸易。

2010年12月16日,《上海市中小企业发展专项资金管理办法》施行。该《管理办法》规定,专项资金属政府财政资金,应当按照财政预算资金的有关规定管理和使用。专项资金的主要使用范围是:(一)支持中小企业发展。主要用于支持中小企业开展产业结构优化、专业化发展、与大企业协作配套等产业升级配套的项目,地方特色产业集群和特色产业集聚区内中小企业的技术创新和节能降耗项目,中小企业应用信息技术改造提升传统产业的项目,中小企业发行集合债券、集合票据等拓宽融资渠道的项目,以及中小企业改制上市培育项目;(二)改善中小企业发展环境。主要用于支持中小企业信用担保体系建设项目,中小企业公共服务平台和小企业创业基地建设项目,中小企业服务体系建设项目,国家级中小企业会展、市级中小企业专业培训等政府购买服务的项目;(三)国家明确支持的其他中小企业项目;(四)经市政府批准需要扶持的其他项目。

二、政策

1980年7月14日,文化部发布《关于加强群众文化工作的几点意见》,《意见》指出随着农村经济的不断发展,要逐步把全国的小城镇建设成为政治、经济、文化中心,这对于改变农村落后面貌,缩小城乡差别,巩固工农联盟,具有重要的意义。农村文化中心的建设,主要依靠集体经济的力量,而不是单纯依靠国家投资。公社兴办各项文化设施,应在党委的统一领导下,统筹安排,互相支持,所得经济收入除必要的开支外,应用于发展公社文化事业,有步骤地、因陋就简地建设一些影剧场、图书室、展览室、文娱活动室、体育场等。对原有的一些群众文化娱乐场所,如书场、茶社等,应加强管理,组织好说书、曲艺等活动,更好地发挥其作用。争取到1985年全国有二分之一的公社所在地

(小城镇)建设成农村文化中心。

1980年10月,中共上海市委宣传部转发市文化局《关于逐步把公社(集镇)建设成为农村文化中心的意见》,《意见》要求各县主要依靠集体经济力量,1981、1982年每年要有三分之一的公社、镇建立文化中心。公社、镇文化中心由公社、镇文化站、图书馆、广播站、书场、电影放映队、文艺工厂等联合组成,统筹文化资金、设施。自此之后,上海市政府及相关文化管理部门陆续出台各项文化产业政策,涵盖文化艺术、广播电影电视、新闻出版等多个领域,涉及文化体制改革、文化产业规划、文化市场管理多个方面,为上海文化产业的发展奠定了坚实的制度基础。

1985年7月20日,上海市政府批转市文化局、公安局、工商局拟订的《关于加强音乐茶座管理的请示》,对举办音乐茶座以及在音乐茶座(包括舞会)从事演奏、演唱的申请、审批、发证,音乐茶座规章制度的制订,演奏、演唱内容的检查等作出具体规定。

1987年,上海市广播电视局发出《关于加强广播电视节目和音像制品宣传的若干规定》的通知。通知指出:广播电视深入千家万户,是现代化大众传播媒介,它在传递信息、丰富文化生活和普及科学文化知识等诸方面,日益引起社会公众的普遍关注。为此,做好有关节目、电视剧、音像制品、资料片、译制片等宣传介绍引导听众、观众提高鉴赏水平和审美意识,进一步扩大广播电视影响,这是一项不可忽视的重要工作。

1995年,《上海市1995—1997社会主义精神文明建设规划》出台。该《规划》提出了精神文明建设的指导思想和奋斗目标,认真学习、研究、宣传邓小平同志建设有中国特色社会主义理论,围绕经济建设和改革开放加强思想政治工作,广泛深入地开展爱国主义教育,树立新风、弘扬正气、形成良好的社会风尚,建设一流教育、提高市民素质,繁荣文化事业、建设一流文化,加强法制建设、规范市民行为,以社区建设为载体提高城市文明程度,加强党对精神文明建设工作的领导。

1995年12月26日,上海市广播电视局影视音像管理处发出紧急通知,提出了上海具体落实文化部、广电部《关于停止营业性放映激光视盘故事片的通知》的八条意见。

1996年,《上海市文化局文化事业"九五"和至2010年发展规划》制定,提出至20世纪末,上海文化艺术要形成荟萃和展示全国优秀剧目、优秀人才的中心,形成亚洲的文化艺术交流中心之一,至2010年逐步建成具有国际水准又有中国特色的城市文化体系,与上海国际大都市相匹配。

1996年12月20日,上海广播电视局转发了东方电视台《关于"圣诞"、新年期间各类节目主持人、播音员一律不得参加社会商业性主持活动》的通知。通知要求各类节目主持人、播音员在"圣诞"、新年期间,各类节目主持人和播音员一律不得参加任何社会商业性主持活动。对应邀参加机关、社会团体联欢活动的非商业性主持活动,一般也应予以婉拒或按有关规定报台有关部门和主管台领导批准同意。

2003年,《2003—2010年上海市文化市场发展规划》出台。该规划进一步加大了对全市文化娱乐市场、网吧市场的监管力度。加强了网吧业主培训,推出放心网吧建设工程,聘请网吧社会义务监督员262名。加强了对演出市场的管理,实现在"非典"影响后全年演出继续超万场的目标。

2005年初,上海市制定《关于加强上海报业结构与定位管理的若干意见》《关于实施媒体品牌战略的若干意见》《关于加快形成名记者名编辑名评论员名主持人队伍的若干意见》《关于规范本市报刊社记者署名的通知》《关于建立上海市报纸重大差错报告制度的实施办法》《上海市报纸重大差错处罚细则》《报社法定代表人、总编辑(主编)岗位任职条件及主要职责》7个系列文件,下发各媒体试行。

2006年,上海市文广影视局完成《上海文化广播影视发展第十一个五年规划》,制定《关于进一步加强文广影视民间组织管理工作的意见》，积极推进行业协会建设，为社会影视制作公司举办法制专题培训班，探索管理机制创新。

2006年6月，上海市委宣传部和新闻出版局起草并下发《关于规范本市报刊出版和经营合作行为的通知》，明确规定：只有经国家批准并获得出版许可证的新闻出版单位才拥有合法出版权，其他任何单位和个人都不得从事出版物的出版业务。年内集中清理中央和各地驻沪记者站，规范记者站行为。新闻媒体按照“坚持、恢复、完善、创建”要求，改进领导活动和会议的报道；压缩统发稿数量、篇幅，重在质量和效果提升。按照改进典型宣传报道的要求，规范重大典型报道特别是典型人物报道流程，引导媒体发现典型、宣传典型。

同年，上海市新闻出版局制定《上海市新闻出版局关于深化出版发行体制改革工作实施方案》，推进上海出版发行改革工作，配合市委宣传部和有关部门开展新华发行集团资产重组、资源整合工作。推动上海出版业28家单位共同投资成立上海联合书业会展有限公司，让上海书展走向市场。

2009年，上海市出台《关于加快本市文化产业发展的若干意见》。《意见》提出了加快上海市文化产业发展的具体保障措施：一是降低准入门槛，加快改革开放。在执行法律、行政法规和国务院有关规定的同时，不增设任何前置性行政审批事项；二是深化文化体制改革，培育文化市场新主体。在2010年全面完成文化体制改革任务的要求，完成全市经营性出版单位转企改制，完善公司法人治理结构；三是完善规划布局，加强“部市合作”和市、区县联动。启动上海市“十二五”文化产业发展规划编制，以文化产业重点领域为核心，注重相关产业协调配套，持续优化上海市文化产业功能布局；四是落实文化经济政策，扶持文化企业发展。按照国家发展文化产业的政策规定，安排文化产业发展专项资金，采取贴息、补助、奖励等方式，支持上海市文化企业发展，吸引和带动社会资本投入文化产业项目；五是鼓励技术进步，推动产业创新。推动上海市文化产业与数字、网络等信息技术进一步融合，鼓励通过技术成果转化等形式，实施广播影视、出版印刷、演艺娱乐等传统文化产业的技术改造和升级转型；六是重视队伍建设，构筑人才高地。充分认识文化人才队伍建设对加快上海市文化产业发展的重要意义，运用本地培训、异地交流、国际引进等多种形式，针对不同领域、不同文化企业的差异化需求，实现多样化文化人才供给；七是搭建功能性服务平台，完善要素市场建设。着力增强政府在文化产业发展中的协调和服务创新能力，提高主动服务意识，重点搭建功能性服务平台，加快完善上海市文化产业要素市场建设；八是实施互补协作，推进长三角文化产业发展。贯彻《国务院关于进一步推进长江三角洲地区改革开放和经济社会发展的指导意见》，切实加强长三角文化产业互补协作。

2009年初，上海市新闻出版局发布实施《上海市新闻出版局支持出版产业发展的若干意见》《上海数字出版业发展引导目录(2009版)》《关于本市从事数字出版业务工商登记有关问题的意见》等，市、区两级投入数字出版资助资金逾7 000万元，促进新闻出版产业发展。

同年9月，上海市人民政府印发《2009—2012年上海服务业发展规划》，《规划》提出要抢占数字文化高地，推动文化及创意产业发展。一方面，引领数字媒体技术创新发展，大力推动网络文化、文化创意和新兴媒体等文化产业新业态的发展，鼓励文化企业跨领域、跨地域合作发展，鼓励文化企业在专业细分领域做精做深。加快文化艺术、新闻出版、广播影视、动漫游戏等文化内容产业发展。促进有线、地面、卫星、移动电视广播传输系统的数字化改造和建设，加快电台、电视台数字化系统建设。大力发展手机流媒体、移动电视、交互式网络电视等新闻媒体建设。推动数字出版、发行。大力推动版权交易、文化产权交易、文化产品和服务进出口贸易、演艺经纪、文物艺术品拍卖等服务。开展动漫游戏、影视传媒、数字出版等领域衍生品的开发、促进广告业的发展。另一方面，积极发展文化及创意产业。重点发展以工业设计、建筑设计、时尚设计等为表现形式的设计创意服务业，以影视制作、出版策划、文艺创作等为表现形式的文化创意服务业，以软件、网络信息服务等为表现形式的网络与信息创意服务业。积极推进创意产业公共服务平台和创意产业园区建设。

同年11月，上海市市政府办公厅转发《关于本市加大对科技型中小企业金融服务和支持实施意见的通知》。《通知》提出突出重点产业领域和科技园区，加大科技型中小企业信贷支持力度；创新管理模式，加快科技型中小企业信贷业务体系建设；完善政策措施，营造科技型中小企业信贷发展良好环境；健全担保体系，建立科技型中小企业信贷风险分担机制；建立专家库，为科技型中小企业信贷提供专业咨询服务；开展创新试点，提高科技型中小企业融资能力；支持直接融资，拓宽科技型中小企业融资渠道；建立工作机制，搭建金融服务和支持科技型中小企业发展平台。

2010年，《上海市金融支持文化产业发展繁荣的实施意见》发布。《意见》指出，推动金融业与文化产业对接，充分发挥金融在支持文化产业发展中的重要作用，是上海市建设国际文化大都市和国际金融中心的必然要求，应当加强对优势文化行业和重点文化企业的信贷支持，加强对重点文化项目的信贷支持，加强对中小文化企业的信贷支持，创新文化消费信贷产品，完善对文化企业的信贷机制；应当推动符合条件的文化企业上市融资，鼓励依托资上海市场进行并购和重组，强适合上市融资的文化企业的筛选和储备，支持上海市文化企业通过债券市场融资，支持文化产业多渠道直接融资；应当支持文化产业多渠道直接融资，加强和完善对国家和上海市重点扶持的文化企业和文化产业项目的保险服务，加强和完善针对文化出口企业的保险服务；应当引导金融机构开发适合文化企业需求的综合金融产品和特色金融服务，促进文化产权交易市场发展，大力发展面向文化产业的融资租赁业务和融资性担保业务，完善对文化企业外汇管理与服务；应当建立领导和协调推进机制，设立市、区(县)联动的中小企业融资担保专项资金，支持文化企业运用金融工具做强做大，推动设立文化金融研究机构，加强政策落实监测评估，加强舆论对金融支持文化产业发展的引导。

2010年12月10日，上海文化人才工作会议上公布了《上海“十二五”文化人才发展规划》，这是一部指导未来五年上海文化人才工作的纲领性规划，也是上海首次制定的针对文化人才发展的前瞻性规划。《规划》提出了资助文化名家、开发领军人才、培养青年英才、引进海外人才等人才发展计划；提出到2015年，上海文化人才资源总量达到25万人，实现文化人才工作“百千万”目标，即入选国家、上海市高层次人才培养计划人数达到100名，重点培养资助1000名优秀文化人才，培训4万名文化人才；提出文化名家资助计划，推出一批造诣高深、成就突出、影响广泛、体现上海文化发展水平的名家大师，资助扶持100名“上海文化名家”；提出青年英才培养计划，每年重点培养扶持一批青年英才，入选青年英才培养计划人数达到500名；提出海外人才引进计划，采取咨询、讲学等形式，吸引和集聚50名左右海外高层次文化人才。

第二节 文化体制改革

1978年，为贯彻和落实党的十一届三中全会精神，中共中央开始着手调整文艺政策，文化部门也在市场经济体制改革的大背景下不断进行文化政策的调整，国有文化事业单位开始放开一些经营活动，“双轨制”开始出现。上海的文化体制改革以文艺界领导机构的恢复与重建为开端。1978年，上海市文联和所属各协会正式恢复活动。2月21日，上海市文学艺术界联合会召开主席团扩大会议，对今后一个阶段的工作作了研究和部署，与会同志一致认为，文联和各协会的工作一定要为推动国民经济的高速度发展，加速实现四个现代化服务。文联和各协会当前工作的要点主要是：

(一)组织全市文艺工作者,冲破“江青反革命集团”谬论邪说的束缚,解放思想,充分发挥文艺工作者的积极性、创造性;(二)组织和安排文艺工作者深入生活,繁荣创作;(三)坚决贯彻“双百”方针,贯彻华主席给《人民文学》题词的精神,有计划地组织文艺工作者进行创作讨论和学术讨论,活跃思想,推动创作的发展。文联还准备定期召开创作讨论会和学术讨论会,组织观摩演出和展览,研究和讨论作品,交流经验,使文艺工作者活跃思想,大胆创作;(四)整顿和发展队伍。1978 年 5 月,中国作家协会上海分会、上海市文学艺术界联合会、中国音乐家协会上海分会相继开展活动,纪念毛主席《在延安文艺座谈会上的讲话》发表三十六周年。

1979 年初,上海广电系统在全国率先恢复和播出广告,首次拥有预算外收入。1979 年 8 月,中共上海市委宣传部召开创作座谈会,提出进一步解放思想,处理好继承传统和推陈出新的关系,为了进一步贯彻党的十一届三中全会精神,调动一切积极因素,团结一切可以团结的力量,为实现中国式的现代化作出新贡献。与此同时,上海的文化体制改革也逐渐起步。1980 年 11 月 1 日,上海市文化局副局长言行在上海戏曲界知名人士座谈会上宣布:上海市文化局成立戏曲继承与革新委员会,领导上海戏曲的继承与改革工作;1981 年 1 月,为保障创作人员的权益,上海市文化局副局长言行在上海市戏剧、歌舞创作人员座谈会上宣布上海市开始恢复剧本上演报酬制度。

总体来看,1978 年以来的上海的文化体制改革主要围绕深化文化企业改革、培育现代文化市场体系、健全文化管理体制三方面展开,而 2003 年 7 月中办、国办转发的《中共中央宣传部、文化部、国家广电总局、新闻出版总署关于文化体制改革试点工作的意见》,2005 年 12 月中共中央、国务院下发的《关于深化文化体制改革的若干意见》等中央和上海市委对文化体制改革的一系列决策、部署则为上海文化体制改革的进一步深化和文化产业的进一步发展指明了方向。

一、深化文化企业改革

长期以来,中国大多数艺术表演团体实行的是由国家统包统管的体制,这种体制在一定历史时期内起到过积极作用,但随着经济和政治体制改革的深入,这种体制的弊端也逐渐显现:管理权高度集中于国家,艺术表演团体在业务和经营活动中缺乏必要的自主权;在分配关系上存在严重的平均主义,不利于表演团体和人员的优胜劣汰;在人事制度上没有形成流动制和淘汰制,冗员不断增多;政府文化主管部门常常陷于处理艺术表演团体的具体事务,不能很好地履行政府职能;等等。

上海市委、市政府对文艺团体体制改革高度重视。1983 年 1 月,上海市文化局就国家艺术院、团体制改革问题,邀请各表演团体、区文化局负责人召开座谈会,听取他们在酝酿体制改革过程中的群众倡议和已能见到虽尚处于萌芽状态中的成果。1984 年 12 月 1 日,中共上海市委第二书记胡立教在文艺体制改革座谈会上指出:上海文艺界的同志们要认真学习十二届三中全会精神,深刻领会胡耀邦同志提出的“大鼓劲、大团结、大繁荣”的指示,搞好文艺体制的改革,为开创上海文艺工作的新局面作出积极的贡献。

【文艺院团改革】

上海的文艺院团较早就已经开始了管理制度改革的尝试。1979 年,上海劳动剧场努力改进管理方法,提高服务质量,坚持加演日场,增加了剧场使用率。1979 年 1 至 7 月,上海劳动剧场共演出戏剧 244 场,平均每月演出 35 场,上缴利润 37 800 多元,比上年同期增加一倍。

1980 年春,上海杂技团魔术队的 30 位演员自动结合成一支魔术队,首先喊出“不吃大锅饭”的口号。经文化局批准后于10月份闯了出去,结果年年超出200场的演出指标,结余7万元,每人每年平均分得奖金410元。

从1983年4月起,上海京剧院先后成立了四个承包责任制的演出队,另外还试行演员个人或演出小组与外地剧团合作演出,进行人才交流,使国家、集体、个人在经济上都受益。

1985年,上海市文化宫实行内部改革,逐步走上自负盈亏、自我发展的道路。文化宫从扩大经营自主权着手,划小承包经营单位,推进内部机制改革,实行双向选择、竞争上岗,建立效率优先、兼顾公平的分配制度;加强对影视剧场、舞厅、桌球、卡拉OK、咖啡茶座、图书展销、培训展览、集邮服务、酒家食苑等文化经营项目的管理,积极参与文化市场的竞争;还开设大潮汐文化发展实业总公司,向外投资欢乐文华休闲村、东方建筑五金有限公司等。

1986年12月12日,率先实行艺术总监制的上海交响乐团音乐总监陈燮阳以法人身份同上海市文化局副局长刘念劬签署合同;实行导演中心制的上海舞剧院仲林舞剧团团长李仲林同上海舞剧院院长李晓筠签署合同。这表明上海文艺团体的体制改革正在出现一系列多姿多彩的新突破。

1988年,经上海市文化局批准,上海市第一家由个体艺人自主经营、自负盈亏的艺术团体——上海多灵电子轻音乐团正式脱离原有企业编制,转为由团长傅华利个人为主组合的民间职业剧团。

1992年10月,党的十四大明确提出要"积极推进文化体制改革,完善文化事业的有关经济政策,繁荣社会主义文化",而1992年至2002年这一阶段的文化企业改革主要围绕建立健全激励竞争机制展开。在艺术表演团体体制改革方面,1993年,原上海广播电视艺术团和原上每广播电视乐团实行合并,合并后更名为"上海广播电视乐团"。

1993年,上海京剧院、上海沪剧院、上海民族乐团、上海歌舞团及上海交响乐团、上海木偶剧团作为首批深入改革的试点单位,经过几个月"全员聘任制"改革的运行,已逐渐显现出活力。

1995年1月,上海人民艺术剧院和上海青年话剧团合并成立上海话剧艺术中心。实行总经理负责制,首任总经理杨绍林。建立以制作人为首的演出体制,总经理聘任制作人,组织含制作、演出、公关、宣传的班子,负责从选择剧本、聘请导演、物色演员,到排练制作,公关宣传,票务销售等艺术生产的全过程。建立演员俱乐部,集中管理和调度演员,演员竞争上岗,演员和制片人双向选择;1979年6月以1966届、1977届芭蕾舞科毕业生(《白毛女》剧组)组成的上海市舞蹈学校也于1995年4月实行总经理负责制。

1996年1月9日,新组建的上海广播交响乐团正式揭牌。同年5月28日,东方广播民族乐团成立。

1998年,上海评弹团实行新的激励机制,原来是演员拿60%薪水的上岗工资制,演员演满150场,每超一场,收入由团里和演员分成;新机制实行后,团里不再给演员发固定工资,各项演出开支都由演员个人自理,每月由团里发给300元演出津贴(含公积金、养老保险)。同年,上海市文化局创作中心在上海市部分剧作家中率先试行签约制,由该创作中心对其作品进行代理。这是全国戏剧界首次实行编剧签约代理制。

2001年3月16日,上海市文广影视局分别与上海市各主要新闻单位签署文艺院团委托管理协议书,明确由解放日报报业集团、文汇新民联合报业集团和上海电台、东方电台、上海电视台、东方电视台等新闻单位及上海大剧院对上海沪剧院、上海越剧院等12家文艺院团实行委托管理。同年4月,上海芭蕾舞团、歌剧院等10多家市属文艺院团在全国首开先例,尝试由媒体和有实力的文化单位委托管理。

2002年,上海歌舞团深化改革竞聘上岗。3月16日,上海歌舞团诚邀多名舞蹈界的专家及资深人士，组成专家考评委员会，对全体演员的业务素质进行了全方位的综合考核，比较全面地摸清了演员队的业务人才资源，为下一步的改革奠定了基础。这次演员考核，是歌舞团改革方案的第一个突破点，旨在鼓励竞争上岗，奖勤罚懒，对业绩优秀者破格使用。

2005年2月，由上海大剧院、上海音乐厅、上海市文化广场、上海歌剧院、上海交响乐团、上海民族乐团和上海芭蕾舞团等单位联合组建的上海大剧院艺术中心成立，有效整合资源，促进演艺市场发展。上海文广影视集团整合所属院团、剧场、演出公司、舞美中心等演艺资源，组建文广演艺中心，实现文广演艺产供销一体化。

2006年12月13日，上海歌舞团、上海东方青春舞蹈团两团合并。上海歌舞团、东方青春舞蹈团两团合并后，推出了以“地位角色认定，职级档次区划，明星效应凸显，利益分配对等”为主要内容的“艺衔”制。这是上海歌舞团、东方青春舞蹈团在文化体制改革和机制转换中推出的一项重大举措，开了全国文艺院团的先河。

2010年4月，由上海话剧艺术中心出品的现代戏剧谷演出季剧目《怀疑》正式建组。《怀疑》是由话剧艺术中心演员张璐和丁美婷与话剧中心共同投资。按照以往的做法，一部戏剧作品的制作人一般是由排演院团的专职制作人担任，而《怀疑》剧组的投资方不再仅仅是院团一家，还吸引了院团职工的投资，这样便形成了一个利益共同体，能够以此调动演职人员的积极性，这也是话剧艺术中心深化体制机制改革的又一全新尝试。

2010年4月27日，上海文广民族乐团股份公司成立，该公司由文广演艺集团整合旗下上海市演出公司、滑稽剧团、淮剧团和文化信息票务中心四家单位的演艺资源组合而成。新成立的上海文广民族乐团股份公司，是文广演艺集团深化改革推出的重大举措。公司以在编的乐队演奏员为主，以项目制为抓手，根据演出项目邀请海内外民乐名家、上海音乐学院在读优秀演奏员加盟。文广民族乐团股份公司本着创新民族音乐表演方式，创新演出营销运作机制，并采用新组合、新理念进行民族民间音乐的改编、整理、挖掘，打造新概念民乐演出。

【报业改革】

中共十一届三中全会后，上海报业发展进入新时期。1979年，《劳动报》《青年报》相继复刊。1980年1月1日，解放日报社创办以“关注现实、关注民生、关注社会”为办刊理念的《报刊文摘》；6月19日，以介绍国外经济发展情况和经验为办刊宗旨的《世界经济导报》创刊。1982年1月1日，《新民晚报》复刊。1984年7月1日，《上海政协报》创刊。文汇报社也于1980至1985年间先后创办了《文汇月刊》《文汇电影时报》《文汇读书周报》等多种报刊。20世纪80年代，包括《上海经济报》《上海商报》《上海法制报》《上海科技报》《上海科技报》《上海文化报》《新民体育报》《上海铁道报》《上海海运报》《上海汽车报》等在内的多家专业性报纸创立，这标志着多层次、多样化的报纸体系开始在上海形成，也反映了上海报业对改革开放以来人民群众日益增长的精神文化需求的积极回应。90年代，为顺应经济发展新形势，《上海金融报》《上海证券报》等报纸创刊，《新闻报》《劳动报》《青年报》等多家报纸以改版为日报、扩版等方式“增容”。1994年，《新民晚报·美国版》在洛杉矶发行；1995年，《解放日报·中国经济版》在香港发行，上海报业在境外、海外的影响力逐渐扩大。

20世纪90年代末，上海报业开始调整改革。1998年7月25日，拥有《文汇报》《新民晚报》《文汇读书周报》《文汇电影时报》《新民晚报·美国版》《新民体育报》《漫画世界》《新民围棋》《新闻记者》《萌芽》等六报四刊和文汇出版社的文汇新民联合报业集团在上海成立。该集团作为上海市委宣传部直属事业单位实行党委领导下的社长负责制，集团下属的《文汇报》《新民晚报》实行集团领导下的总编辑负责制。

2000 年 10 月 9 日,解放日报报业集团成立,拥有《解放日报》《新闻晨报》《新闻晚报》《报刊文摘》《申江服务导报》《上海学生英文报》《人才市场报》《上海计算机报》《房地产时报》9 报、《支部生活》《上海小说》《新上海人》3 刊和 1 个《解放日报·电子网络版》。11 月,《文汇报》开始进行采编管理体制改革。为促进信息沟通、提高宣传质量,《文汇报》设立了上海新闻中心、国内新闻中心和国际新闻中心三大新闻中心,并建立了以编辑为中心的采编机制,使采编管理由一般的常规管理逐渐转变为专业管理。同年,上海市所属的 32 种报纸进行结构调整,停办 3 种,划转 29 种。

2004 年,《新民晚报》取消按职务和职称每月固定发放工资奖金的分配方式,实行 4 种新的薪酬分配模式,并优化采编流程,成立采编质量考评组,对采编质量实行全面考评管理。同年,解放日报报业集团与上海嘉美盛海文化传播有限公司、上海交大昂立股份有限公司联合成立上海新闻晚报经营有限公司,自办发行网络是《新闻晚报》建设的重点。

2006 年,由上海市建设协会主管的《城市导报》整建制划转到东方新闻网站。这是中国第一家由地方重点新闻网站主管主办的报纸。2007 年,经国家新闻出版总署批准,《上海海港报》的主管主办单位由上海国际港务(集团)有限公司变更为上海国际港务(集团)股份有限公司。2008 年 1 月 8 日,经国家新闻出版总署批准,上海新闻出版发展公司与美国读者文摘公司进行版权合作的刊物《普知》创刊。

【电台、电视台改革】

1987 年 1 月 10 日,上海市委批复市编制委员会,市委同意上海电视台、上海人民广播电台定为相当于副局级单位。为了深化改革,经上海广播电视局批准,电视一台、二台实行"节目和经济承包";同年,为开拓上海广播电视事业,提高节目质量,扩大内外交流,经中共上海市市委批准,上海广播电视局党委决定上海人民广播电台、上海电视台的体制实行重大改革:一、在上海人民广播电台的统一领导下,成立三个编辑室;二、在上海电视台的统一领导下,成立第一编辑室,负责新闻、文艺类节目,呼号"上海电视一台",使用八频道;第二编辑室,负责经济、体育、社教节目,呼号为"上海电视台二台",使用廿频道;三、组建上海电视剧制作中心,中心地址设在虹桥路电台发射台内,重点发展电视剧;四、集中电台、电视台的技术力量和设备,成立全局性的技术中心;集中电台、电视台的后部门,成立全局性的服务中心。

1988 年,顺应文化体制改革的需要,上海音像公司也从电台划出,归广播电视发展公司,而多种经营、积极创收亦成为各文化事业单位的工作重点。同年 11 月 18 日,浦江之声电台根据中宣部外宣局的指示精神邀请上海有关方面的领导和一批社会知名人士担任电台的顾问和特约编委,这是对外民间宣传机构体制改革的一次尝试。

1991 年 5 月 16 日,上海广播电视局召开上海市有线电视管理工作会议,市音像管理处处长胡运筹在会上宣布:上海市将成立有线电视节目供片站,从 6 月 1 日起统一向全市各有线电视台(站)供应录像节目。统一供片站的成立,使上海市有线电视的管理更趋正常化。1992 年,上海电视台实施了公开招聘部门负责人、部门实行双向选择、分配上实行共性奖与内部稿酬相结合的办法、成立上海电视台人才培训交流中心等一系列改革措施。其中,人事机构变化较大:成立上海电视台农村台;《上海电视》杂志实行自主经营、独立核算、自负盈亏,建制上等同于上海电视台其他部室的杂志社;撤销经济社教部,成立专题部、信息编辑部;此外,上海电视台还成立了上海电视制作公司、上海电视台技术公司、上海电视台咨询信息公司、上海电视台贸易服务公司。

1993 年，上海电视台党委在充分调查的基础上，确定了改革的基本思路：一、在上海电视台八频道和十四频道之间展开友好竞争，频道内部确定栏目后，人员实行定编招标，双向选择；二、建立节目反馈监管机构，实行栏目竞争淘汰制，改变栏目过多、内涵外延不清、撞车交叉等现象，为保证质量，建立一个节目监管机构；三、将广告与节目有机结合。改变旧的营销手段、策略，尤其要改变“朝南坐”的老大经营作风；四、具独立法人资格的公司将与台里脱钩，台里不负担公司人员的工资奖金；台里保留公司人员的编制；五、着手进行电视剧制作中心、广播电视艺术团走向市场的试点。1994 年初，作为上海电视台体制改革的举措之一，原电视剧制作中心改为两个电视剧制作公司，并正式签订综合承包合同，实现了电视剧制作单位向经济实体的转换，从而为电视剧生产逐步进入市场作出了具有历史意义的探索。1995 年 8 月，原市广播电视局、原市电影局撤销，上海市广播电影电视局正式组建。1996 年 2 月 12 日，上海电视台和上海美术电影制片厂合流，举行挂牌仪式；2 月 16 日，上海电影电视(集团)公司成立；7 月 1 日，上海永乐电影电视(集团)公司成立，影视合流体制改革工作基本告一段落。

2001 年 4 月 19 日，经国家广播电影电视总局、中共上海市委和市人民政府批准，组建上海文化广播影视集团。同时，16 家市级文艺院团分别委托文广集团、文新报业集团和解放日报报业集团管理。上海市文化广播影视管理局作为市政府职能部门，负责全市文化广播影视的行业管理，从主要面对直属单位转向面向社会的管理。全局以“健全行业管理体系、提高行业管理水平”为目的，研究确定行业管理的对象、内容、依据、方法，途径和目标。并积极推进精简行政审批制度的改革，取消面向社会的 13 个审批项目，保留 53 个项目，在政府网站上公布了审批程序和办事制度。上海文化广播影视集团是以广播影视、传输网络、网站和报刊宣传为主业，兼营相关产业的大型新闻文化集团，集团下设文广新闻传媒集团、上海电影集团、文广投资有限公司、文广技术管理中心四大子集团。集团对广告和节目营销实行统一经营，并对上视、东视的频道资源进行重新定位和整合。

2008 年 8 月 20 日，东方明珠(集团)股份有限公司与申通地铁资产经营管理有限公司合资成立上海地铁电视有限公司。

2009 年，上海率先整体实施广播电视制播分离，这是上海文化体制改革的重大举措之一。在上海市举行的广播电视制播分离改革推进大会上，原上海文广新闻传媒集团宣告更名为上海广播电视台，并出资组建上海东方传媒(集团)有限公司(原英文名及缩写 SMG 保持不变)。10 月 21 日，上海广播电视台、上海东方传媒(集团)有限公司正式揭牌，上海在全国率先整体实施广播电视制播分离。这是中国文化体制改革的又一新景象。

2010 年，上海广播电视台、东方传媒集团下发了包括《上海广播电视台、东方传媒(集团)有限公司节目研发资金管理办法》等在内的五项管理办法，对节目生产流程中的研发、审片、考核、奖励、淘汰五大环节进行系统化管理和奖惩。系列管理办法出台的最终目的是为了加强制度管理，设立奖惩分明的有效机制，从而提升市场份额，为推动广告创收创造条件。

【出版发行单位改革】

1999 年，上海世纪出版集团成立，该集团由上海人民出版社、上海教育出版社、上海译文出版社、汉语大词典出版社和上海图书公司联合组建，是全国首家出版集团，下属 13 家出版单位。

2003 年 6 月，上海世纪出版集团被中宣部列为全国文化体制改革试点单位。9 月，中共上海市委批准该集团党的关系由原隶属上海市新闻出版局党委改为隶属市委宣传部，市新闻出版局对该集团实行行业管理。该集团将下属或投资单位分成核心层、紧密层、松散层 3 种类型。核心层由 13

家出版单位(包括45种社办报刊)、集团发行中心等单位组成,13家出版单位是上海人民出版社、上海教育出版社、上海译文出版社、汉语大词典出版社、上海书店出版社、北京世纪文景文化传播有限公司以及2003年并入的少年儿童出版社、上海科学技术出版社、上海辞书出版社、上海古籍出版社、学林出版社、上海远东出版社、上海科技教育出版社,核心层单位没有独立法人地位,由集团在计划范围内授权经营。紧密层现有上海商报、理财周刊、远东经济画报、漫动作、上海数字世纪网络有限公司(易文网)、东方编译所、上海图书公司(包括专业零售网点)、上海新汇世纪音像中心有限公司、上海世纪秋雨物流有限公司、上海香港三联书店有限公司等,是集团的全资子公司或控股子公司,拥有独立的法人地位,在经济上享有更多的自主权。

2007年,华东师范大学出版社和上海财经大学出版社完成高校出版社转企改制试点。党的十七大报告提出要加强文化建设、提高国家文化软实力的极端重要性,要兴起社会主义文化建设新高潮,更加自觉、更加主动地推动社会主义文化大发展大繁荣。十七大以来,上海的文化体制改革也围绕构建公共文化服务体系、促进文化产业发展、推进文化创新、激发全社会的文化创造活力这几个方面展开。

【影视行业改革】

1993年1月28日,中国首家由中央与地方合资的大型文化影视有限公司——东上海国际文化影视公司正式成立。该公司由中国对外文化交流协会、上海广播电视局等5家单位合资建成。公司注册浦东、面向海外,通过电影、电视片的拍摄,重大文化交流演出和有影响的国际体育比赛,多渠道、大规模地开展对外文化交流。同时开展文化实业投资,进一步开拓中国的文化市场。同年,上海音像公司也在全国一开先河首创制作人制,从而使音带的制作、发行、发售全面列入市场经济轨道。制作人制是海外唱片公司最通常的做法。音像公司改编辑制为制作人制后,将从音带的定选题到制作、发行由制作人一条龙负责到底,制作人在单位领取工资,但不拿奖金,在音带销售超过额定销售量后,将提取奖金,多销多得,从而鼓励制作人研究市场,多出受群众欢迎的音带。

1993年3月18日,上海市电影发行放映公司转制为上海永乐股份有限公司。作为大陆电影行业中第一个股份制企业,永乐股份有限公司的成立引起了广泛关注。

2000年6月,上海文广系统体制改革的产物——上海今夜娱乐文化演出影视有限公司注册开办,注册资金100万元,此后成功策划了7台大型演出,为电视台制作了近90期《今日影视》,创利润240万元。

2009年6月14日,由上影集团、香港寰亚电影有限公司、北京国立常升影视文化传播有限公司共同投资的上影寰亚文化发展(上海)有限公司在上海宣布正式成立。

2010年9月29日,上海影城与中福会少年宫、儿童艺术剧院、中福会养老院四家单位进行了共建签约。这是上影集团和中福会两个系统的单位在本轮创建迎考前,联手推进文明单位创建工作的又 有力抓手。双方单位通过共享创建资源、共享创建经验,进一步提升服务能力,提高文明创建水平,以发挥各自的特色更好地实现资源共享、优势互补,从而更好地满足广大人民的精神文化需求,推进各方的精神文明创建工作向规范化、科学化方向发展。

【国有文化资产管理改革】

1995年6月7日,直属于中共上海市委宣传部的上海精文投资有限公司成立。该公司以宣传文化系统国有文化资产的投融资为主业,对文化资本进行市场化经营、运作,从而促进国有资产的保值增值，支持宣传文化事业发展。

1996年起，上海市对部分文化领域国有资产以委托监管的方式进行管理。

2004年6月，上海市文化领域国有资产监督管理工作小组与上海宣传系统国有资产监督管理工作办公室成立，宣传系统国有资产监管关系调整完成。同年11月，上海市国资委将市属宣传文化系统全部经营性和非经营性国资委托市委宣传部监管。在新华发行集团等重点改制项目的推进工作中，国资监管部门发挥积极作用，起草制定了《市属宣传系统国资运营机构投资监督管理暂行办法》等一系列与运营管理权限、绩效考核、责任承担有关的规范性文件，这标志着文化领域国资监管新模式的形成。

2004年9月，经上海市国有资产管理委员会批准，上海新华发行集团有限公司和上海印刷集团有限公司进行国有多元投资改制，通过市场运作方式为新华发行集团注入相关优质资源。

2008年，上海文化广播影视集团、解放日报报业集团、文汇新民报业集团、上海世纪出版集团、上海文艺出版总社和上海精文投资有限公司通过定向增发股份的方式，将解放日报报业集团部分媒体经营性资产注入新华传媒。

【其他】

2004年4月9日，由保利文化艺术有限公司和文汇新民联合报业集团共同组建的上海东方艺术中心管理有限公司与上海东方艺术中心正式签约。这标志着在建中的东方艺术中心，采用京、沪两地文化企业联手的模式，以多元化的机制、专业化的管理和国际化的标准，正式启动运作。

2008年6月23日，韩国最大的移动通信企业SK电讯中国公司与传媒集团在沪召开新闻发布会，共同签署深度合作谅解备忘录，宣布双方在新媒体领域达成合作协议。同时，传媒集团旗下东方龙新媒体有限公司与SK电讯中国子公司维亚泰克签署了独家无线增值服务框架合作协议。根据协议，双方利用各自拥有的经验和资源，在媒体互动、手机电视、IPTV、文化交流等方面进一步增强新技术和服务运营等多方面的双向交流与合作，不断扩大商业合作规模。双方表示将在基于新媒体业务合作的基础上，在多领域中开展深度合作。

2008年10月14日，东方明珠（集团）股份有限公司下属东方明珠国际交流有限公司，携手AEG（美国安舒茨娱乐集团）和NBA中国，共同经营发展位于黄浦江畔世界一流的娱乐体育中心——世博演艺中心。三方成立的合资管理公司最终在获得国家文化部、商务部批准后进行运营。

2009年9月10日，上海市与国家开发银行《推进上海市文化产业发展合作备忘录》签约，此后5年，国家开发银行对上海市文化产业支持的融资规模可达300亿元。这是双方围绕国务院《文化产业振兴规划》开展的战略合作，也是贯彻中央“保增长、扩内需、调结构”政策、促进上海市文化体制改革的重要举措。

2010年1月15日，东方传媒集团旗下百视通公司与法国电信Orange在沪宣布启动“三屏融合”战略合作，双方将在“三屏融合”技术开发、新媒体内容、投资与世博传播方面展开紧密合作。百视通、Orange的合作还包括在“下一代网络电视”技术领域展开更深层次技术应用合作。“下一代网络电视”致力于互联网、人际网和电视内容的有机结合，传统电视媒体制作的内容通过互联网新媒体技术和社区型人际传播形成二次增值，有利于提高用户体验、形成高互动的电视门户。

2010年初，上海动漫产业促进会在张江召开第一次会员大会，标志国内首个动漫产业联盟正式成立并进入实质性运转阶段。上海动漫产业促进会由上影集团等5家单位共同发起。首批会员单位已经超过90家，涵盖了动漫原创、媒体中介、衍生产业、投融资等各个环节，形成了较为完整的动漫产业链。资源的整合互补,以及平台强大的服务功能为企业发展提供了有力支撑。短短4年间,张江已经集聚了100多家核心动漫类企业。而随着动漫产业促进会的建立和发展,相关动漫产业链得到不断完善,企业的有关运营成本逐步下降。

2010年5月,上海美术电影制片厂与宁波市信息产业局签署了动漫产业合作协议,对于符合协议的动漫作品,提供一定的政策扶持和优惠措施。双方对于通信时代中城市科学技术和中国传统文化的结合,动漫影视在信息化产业的衍生等主题交换了意见。同时,上影集团领导与宁波市江东区文化创意产业基地负责人,象山县委、象山旅游局等领导举行了会谈,提出了在影视拍摄、动漫创意、旅游开发、文化融合等几个方面的合作意向,并达成了一定共识。

二、培育现代文化市场体系

1992年开始,包括文艺演出市场、电影电视市场、音像市场、文化娱乐市场、文化旅游市场在内的文化市场体系初步建立。现代文化市场体系的培育和完善,需要建立文化资产评估体系、文化产权交易体系,发展以版权交易为核心的各类文化资产交易市场,以及文化经纪代理、评估鉴定、风险投资、保险、担保、拍卖等中介服务机构,从而为文化企业的成长壮大创造良好市场条件。上海现代文化市场体系的建构也大致围绕完善人才经纪管理、加强版权保护以及制定文化市场准入、交易、竞争法律法规展开。

【完善人才经纪管理】

1996年11月—1997年1月下旬,市文化局、市工商局、上海交通大学共同举办首期“演出经纪人培训班”,经过两个半月系统的专业学习和严格考试,共有40名上海主要演出经纪机构从业人员获得国家工商总局、市工商局、市文化局联合签发的首批演出经纪人资格证书。颁发全国通用的演出经纪人国家级资格证书,尚属首次。

【加强版权保护】

2001年8月,中国音乐著作权协会与上海文化娱乐行业协会签订《音乐作品著作权使用费代收协议》,音乐作品机械表演权的许可收费工作在上海启动,卡拉OK、歌厅、舞厅、音乐餐厅等娱乐场所的经营者为使用音乐作品向著作权人支付使用费。这是继现场表演、影视制作、书刊出版、音像制作、广告使用、网络传输等领域以后,著作权集体管理工作取得的又一项重大突破,也是全国首次实现娱乐场所全面支付音乐著作权使用费。

2006年9月6日,上海市版权局颁布《上海市著作权合同备案办法》,建立著作权合同备案制度。该“办法”明确:上海市居民、法人或者其他组织如果与著作权人订立著作权许可或转让合同,可以向市版权局指定的机构——上海版权保护协会办理著作权合同备案;经备案的合同由市版权局颁发备案证书。该项制度的推行帮助著作权被许可人和受让人证明其使用或者受让权利的善意性,预防和减少版权许可、转让纠纷。

2007年5月,上海版权中心成立,该中心具有登记、展示、信息、保护、策划、服务和交易等项功能。其客户定位为图书、报纸、杂志、印刷、发行,音像制品和电子出版物(包括激光唱盘、视盘)的出版、复制、发行,电影、电视片的制作、发行、放映,广播电视片节目的制作、播放,广告的设计与传播,动漫、网络游戏的制作、策划、授权、市场开发等领域国内外的知名企业及有较大发展潜力的中小企业。

2009年6月15日，上海版权交易中心挂牌运营。该交易中心依托上海文化产权交易所搭建的版权交易技术平台，组织开展版权的许可使用和转让交易，包括以版权为主要资产的企业的产权、股权交易，以及与版权有关权利的交易。

2010年5月11日，上海市新闻出版局（市版权局）主管的上海版权服务中心、上海版权纠纷调解中心揭牌成立，并入驻张江国家数字出版基地，围绕版权创造、运用、保护、管理等环节，为上海、长三角地区乃至全国的企事业单位和社会公众提供各类专业服务。

2010年8月16日，由上影集团上海美术电影制片厂、北京华影盛视文化传播有限公司、上海协力律师事务所牵头发起的“国产动漫产业版权保护联盟签字仪式”在沪举行。国产动漫产业版权保护联盟的成立，为动漫企业提供一个申诉、维权的平台。三方宣布了“国产动漫产业版权保护联盟”的首次维权行动，同时三方同意资源共享，发挥各自优势，在互联网网络经营上开发使用好上海美术电影制片厂的经典片库资源，共同大力发展文化产业，加快动漫产业其特色文化产业的建设，繁荣动漫市场，增强竞争力。国产动漫产业版权保护联盟的成立，吸引了更多的动漫企业积极加入，为中国动漫产业版权保护、行业规范，营造公平竞争环境，打造繁荣诚实守信的市场体系，从而促进中国动漫行业的健康发展。

2010年12月8日，全国首家音乐产权交易中心在上海成立。该中心为上海文化产权交易所的分支机构，运用上海文化产权交易所交易平台为音乐产业发展提供投融资、产权评估、法律服务、版权保护、公关推介、信息咨询等服务。

【制定文化市场法律法规】

1994年1月1日实施的《上海市营业性游戏机娱乐业管理办法》第六条规定，营业性游戏机娱乐项目的经营者必须遵守以下几点：（一）禁止使用具有反动、淫秽、色情、封建迷信和凶杀暴力等有害内容的游戏机磁卡；（二）禁止使用未经市社文处审核的游戏机磁卡和机种；（三）禁止设置老虎机、苹果拼盘机、角子机、牌机及类似的游戏机进行经营活动。禁止进行以任何形式换取现金、奖券、奖品的有奖经营活动；（四）禁止提供营业性游戏机进行赌博活动；（五）禁止转让、租借、伪造或涂改许可证；（六）禁止向未成年人开放；（七）禁止在道路、弄堂、绿化地带、集市等露天场所以及青少年活动场所和中小学校周围二百米范围内设点经营；（八）禁止各种形式的承包或租赁经营；（九）实行明码标价，挂牌营业；（十）对在场内酗酒及其他不文明行为应及时予以制止，发现赌博、打架斗殴等违法犯罪活动应及时向公安部门报告。

1994年10月1日施行的《上海市演出市场管理条例》规定，申请设立从事营业演出活动的艺术表演团体应当符合下列条件：（一）有具备一定业务水平和管理能力的负责人及熟悉业务的管理人员；（二）有具备一定艺术质量和足够数量的演出剧（节）目及相应的演职人员；（三）有组织章程和管理制度；（四）有固定的办公地点、排练场所和演出所需的器材设备；（五）有一定数额的注册资金。演出经纪人应当具有一定的文化水平和从事文艺演出业务的经历。营业演出的票价按照物价管理部门的有关规定执行，并明码标价。

1995年2月6日，《上海市有线电视管理办法》发布。该《办法》第十五条规定了有线电视台和闭路电视与上海市有线电视传输网联网的条件：（一）符合市有线电视传输网联网规定的技术标准；（二）有固定的播出场所；（三）有专门的维护管理机构或者维护管理人员；（四）符合联网的其他规定。第十六条规定了联网程序：有线电视台和闭路电视需与市有线电视传输网联网的，应当向市影视音像管理处提出申请。其中,属县、区内的有线电视台和闭路电视需与市有线电视传输网联网的,设立单位应当向所在地的县、区广播电视行政管理部门提出申请。县、区广播电视行政管理部门应当自接到申请后15日内作出初审决定。经初审合格的,报市影视音像管理处审批。市影视音像管理处应当自接到申请之日或者初审决定之日起15日内作出审批决定。经审批合格的,由市有线电视台组织施工。第三十五条规定了用户的权利和义务:有线电视的用户可以向有线电视运行管理站报修、查询。用户因房屋搬迁的,可凭有线电视用户证向市有线电视台免费办理过户手续。市有线电视传输网的用户应当按时向市有线电视台缴纳安装、收视维护费。收视维护费的具体标准由市广电局提出,由市物价局和市财政局核定。

1996年1月1日,《上海市文化娱乐市场管理条例》生效。该《管理条例》规定,设立文化娱乐经纪机构应当符合下列条件:(一)有具备一定业务水平和管理能力的负责人及熟悉业务的从业人员;(二)有固定的办公地点和与经营范围相适应的设施;(三)实行独立核算、自主经营、自负盈亏;(四)有规定数额的注册资金;(五)有必要的管理制度。文化娱乐经纪人应当具有一定的文化水平和从事文化娱乐业务的经历。禁止营业性文化娱乐场所进行赌博和色情活动。营业性舞厅、卡拉喔凯厅不得接纳未成年人,营业性游戏机房除国家法定节假日外,不得接纳未成年人。禁止营业性文化娱乐场所转承包经营。

1997年6月9日,《上海市音像制品管理条例》发布。《条例》规定,从事音像制品经营活动,应当具备下列条件:(一)有适应业务需要并具备规定资格的工作人员;(二)有规定数额的资金;(三)有必要的财务、统计等管理制度,其中音像制品放映单位还应当有必要的场务、票务管理制度;(四)有必需的设备和符合规定条件的经营场所。音像复制单位接受委托复制音像制品的,应当要求委托方提交有关证明文件,并凭委托方的委托书复制音像制品。音像复制单位应当与委托方签订书面合同,并按照合同的约定复制音像制品。音像复制单位不得接受非音像出版单位和个人的委托,复制经营性的音像制品。

1997年12月1日,《上海市电影发行放映管理办法》施行。该《管理办法》规定,电影发行、放映单位应当按照电影发行、放映许可证核定的业务范围从事发行、放映活动;电影发行单位不得限定电影放映单位的电影片来源,不得限制其他电影发行单位正当的经营活动;电影票价的最高限额,由市广电局会同市物价部门根据营业性电影放映单位的等级或者放映场所及其配套设施、设备的条件予以确定,营业性电影放映单位必须执行;营业性电影放映单位应当在售票处的醒目位置和电影票上注明电影票价。

2001年4月1日,《上海市文物经营管理办法》施行。该《管理办法》规定,上海市对文物经营活动实行许可制度,未经市文管委许可,任何单位和个人不得从事文物的经营活动。需要从事文物经营的,应当向市文管委申领文物经营许可证。文物经营许可证分为甲、乙两类。甲类文物经营许可证的经营范围为国家规定可以经营的各个时期的文物;乙类文物经营许可证的经营范围为国家规定可以经营的1911年以后的文物,但国家文物局确定的具有重要历史、文化、艺术价值的除外。申请甲类文物经营许可证的单位,应当具备下列条件:(一)有3名以上取得市文管委颁发的文物经营资格证的从业人员,其中至少有1名是取得文博系列中级职称或者具有与文物相关专业大专以上学历的专业人员;(二)有固定的并符合市文管委规定面积的营业场所。申请乙类文物经营许可证的单位和个体工商户,应当具备下列条件:(一)有1名以上取得市文管委颁发的文物经营资格证的从业人员;(二)有固定的并符合市文管委规定面积的营业场所。

2005年6月起,按照文化部《美术品经营管理办法》有关备案的规定,市文广影视局对全市美术品经营单位开展备案登记工作。至年底，该项工作基本完成，建立起信息翔实的数据库。全市共有179家美术品经营单位依法备案。市文广影视局还要求各区、县文化(广)局加强辖区内美术品经营单位的调研和监管，通过建立信用档案，将企业的服务承诺、经营情况和消费者投诉情况记录在案并定期向社会公布。

2010年，文广演艺集团以上海世博会为契机，不断深化文化体制机制改革，进一步面向市场，面向国内外，打造具有市场号召力的演艺品牌和文化项目，创新演艺发展思路，创新投融资机制，引进战略投资者，加大优秀演艺项目资本化、市场化、产业化运作力度，加大演艺产业多元化经营力度，加大演艺文化人才经纪经营力度，加大与民营资本和民营公司合作力度，增强文化市场准入、交易、竞争。为了培育现代文化市场体系，上海出台了一系列市场准入、交易和竞争规范。例如，1992年5月29日发布的《上海市营业性文化娱乐业管理办法》规定，凡开办营业性文化娱乐活动，必须取得上海市文化经营许可证、治安管理合格证、卫生许可证和营业执照；在营业性文化娱乐场所进行演出的人员，须与文化娱乐项目经营单位签订演出合同，经营单位须将演出合同报文化管理部门备案；各文化娱乐活动经营单位，必须实行明码标价制度，做到价目齐全，标价准确。对消费者按规定最低消费水平的经营单位，须在门口标明最低消费水平的数额；文化娱乐场所的票券，由文化管理部门统一监制。

【文化投融资】

2003年12月31日，国务院发布的《文化体制改革试点中支持文化产业发展的规定(试行)》对文化投融资作出了新规定：1.对投资兴办文化企业的，在政策许可范围内，减少行政审批环节，简化审批手续，不得收取政策规定之外的任何附加费用；2.党报、党刊、电台、电视台等重要新闻媒体经营部分剥离转制为企业，在确保国家绝对控股的前提下，允许吸收社会资本；国有发行集团、转制为企业的科技类报刊和出版单位，在原国有投资主体控股的前提下，允许吸收国内其他社会资本投资；广播电视传输网络公司在广电系统国有资本控股的前提下，经批准可吸收国有资本和民营资本；3.鼓励、支持、引导社会资本以股份制、民营等形式，兴办影视制作、放映、演艺、娱乐、发行、会展、中介服务等文化企业，并享受同国有文化企业同等待遇；4.通过股份制改造实现投资主体多元化的文化企业，符合条件的可申请上市。

根据上述规定，上海市在拓宽文化投融资渠道、降低投资准入门槛、鼓励社会资本投资文化产业、加大直接融资比例等方面作出了巨大努力，并于2010年出台了《上海市金融支持文化产业发展繁荣的实施意见》。《意见》提出，在银行信贷方面，加强对优势文化行业、重点企业和项目的信贷支持，根据文化消费特点开发分期付款等新品种，文化产业的特点重新再造信贷审批流程；在直接融资方面，支持上海市文化企业通过债券市场融资，支持金融机构投资文化企业债券和股权，参与面向文化产业的股权投资基金，在政策许可范围内支持外资、民资等各类资本投资文化产业；在保险方面，进一步开发符合文化产业需求的保险产品；在综合金融服务方面，推动文化产权交易市场发展，支持上海文化产权交易所扩大服务范围。

【财税政策扶持】

为促进文化产业发展、推动文化体制改革顺利进行，上海市除了全面落实中央相关财税政策，如2003年月文化部《关于支持和促进文化产业发展的若干意见》，2003年12月国务院办公厅《文化体制改革试点中支持文化产业发展的规定(试行)》，2005年7月文化部、国家广播电影电视总局、新闻出版署、国家发展和改革委员会、商务部《关于文化领域引进外资的若干意见》,2005年3月财政部、海关总署、国家税务总局《关于支持文化企业发展若干税收政策问题的通知》外,还针对上海市文化特色和产业发展需要制定了相应的财税支持措施。

2005年9月,上海市财政局、上海市国家税务局、上海市地方税务局《关于文化体制改革试点中支持文化产业发展若干财税政策实施意见》要求:1. 对政府鼓励的新办文化企业,自工商注册之日起,免征3年企业所得税;2. 试点文化集团,符合规定的经批准可实行合并缴纳企业所得税;3. 文化产品出口可按照国家现行税法规定享受出口退(免)税政策;4. 境外文化劳务收入不征营业税,免征企业所得税;5. 文化单位纳税确有困难的,经市地方税务局批准后,可减免经营用土地和房产的城镇土地使用税、房产税;6. 对从事数字广播影视、数据库、电子出版等研发、生产、传播的文化企业,凡符合国家现行高新技术企业税收优惠政策规定的,可统一享受相应税收优惠政策;7. 对国务院批准成立的电影制片厂或经国务院广播影视行业主管部门批准成立的电影集团及其成员企业销售的电影拷贝收入免征增值税;8. 对电影发行企业向电影放映单位收取的电影发行收入免征营业税。

2005年9月,上海市财政局、上海市国家税务局、上海市地方税务局《关于文化体制改革试点中经营性文化事业单位转制为企业的若干财税政策实施意见》提出:1. 为保证转制工作顺利进行,同级财政可一次性拨付一定数额的资金,主要用于资产评估、财务审计、政策法律咨询等;2. 经营性文化事业单位转制为企业后,免征企业所得税;3. 由财政部门拨付事业经费的文化单位转制为企业,对其自用的房产、土地和车船免征房产税、城镇土地使用税和车船使用税;4. 文化产品出口按照国家现行税法规定享受出口退税政策;5. 转制单位境外文化劳务收入不征营业税,免征企业所得税。

2008年12月,上海市委宣传部、上海市财政局发布的《上海市宣传文化专项资金管理暂行办法》规定了引导和扶持文化产业发展的若干措施,主要包括:1. 对政府鼓励的文化产业项目的补贴、奖励;2. 文化产业公共服务平台建设和符合政府导向的文化产业示范基地建设;3. 鼓励重点文化产品和服务出口;4. 重点文化单位和文化项目的补贴和贷款贴息;5. 对优秀文化企业的奖励;6. 开展重大的、有影响力的文化产业活动;7. 投资设立文化产业基金;8. 政府文化投资公司以控股、参股等方式直接参与战略性文化产业项目建设、产业结构调整优化、维护国家文化安全等,包括互联网视频、音频新媒体等项目;9. 文化产业规划和研究,包括信息采集、课题调研、项目咨询、发展报告、专项规划和产业统计等;10. 文化市场建设、监管,包括文化要素市场补贴、文化执法补贴、上海市互联网违法违规举报平台建设、网络文化协会建设等。

2008年9月,上海市委宣传部、上海市文广局、上海市新闻出版局、上海市经委发布的《上海市文化产业园区认定办法(试行)》规定,对经认定的上海市文化产业园区通过产业资金引导、公共平台支持、宣传推广聚焦等相关政策予以重点扶持。

2009年9月,上海市政府与国家开发银行签订《推进上海市文化产业发展合作备忘录》,双方围绕国务院《文化产业振兴规划》开展的战略合作。之后5年,国家开发银行对上海文化产业支持的融资规模可达300亿元。

三、健全文化市场管理体制

1987年,文化部、公安部、国家工商行政管理局发布了《关于改进舞会管理的通知》,正式认可营业性舞会等文化娱乐经营性活动。该通知为营业性舞会作了定性:举办营业性舞会是中国社会主义商品经济发展和人们物质文化生活水平日益提高的一种客观需求,它对活跃人们的业余生活,提倡文明健康科学的生活方式，创造安定活跃的工作和生活环境，改善人际关系，是有益处的。

1988 年，文化部、国家工商行政管理局发布《关于加强文化市场管理工作的通知》，正式提出文化市场的概念，同时明确了文化市场的管理范围、任务、原则和方针。这标志着在中国“文化市场”的地位正式得到承认。

1989 年，国务院批准在文化部设置文化市场管理局，归口管理文化市场，拟定文化市场发展规划，研究文化市场发展态势，指导文化市场稽查工作。至此，文化市场管理体系开始建立。

中国的文化市场管理主要有三种途径：一是文化经营许可，即文化行政机构通过颁发许可证、执照等形式赋予相关组织或个人从事文化生产或服务的资格或权利，包括出版物经营许可、音像制品经营许可、营业性演出许可、电影经营许可、广播电视经营许可、新闻记者从业资格等；二是文化产品审查，即文化行政部门对进入文化市场领域的文化产品内容实施审查管制。主要对国产和进口的影片、电视剧、文艺类音像制品内容实行前置审查的制度，对图书、报纸、期刊、非文艺类音像制品以及广播、电视、网络、演出、展览、娱乐等内容服务活动实行市场督查制度；三是文化市场行政执法，即文化行政部门依据相关法律规定对各类文化经营活动进行监督检查，并对违法行为进行处理。这三种管理方式在上海的文化市场管理中得到了广泛应用，并取得显著的管理效果。

1988 年，上海市委宣传部对音像市场提出了“统一领导、归口管理、综合治理、互相配合”的管理方针，上海市广播电视局音像管理处对全市音像制品的进口、出版、复录、销售和播放实行了全面调查，草拟了《上海市录音录像制品和录像设备的使用管理办法》《上海市录音录像制品出版、复录、销售管理细则》等条例，经市政府批准后公布实施，这表明在上海出版领域，已初步做到有法可依。

1989 年 8 月 9 日，在上海市九届人大常委会第十次会议上，副市长刘振元汇报了上海文化市场的整顿、管理工作，委员们热烈发言，对文化市场整顿工作提出了意见和建议。

1990 年《上海市营业演出管理办法》的实施、1992《上海市营业性文化娱乐业管理办法》的出台、1994 年《上海市营业性游戏机娱乐业管理办法》的施行、1995 年《上海市演出市场管理条例》的实施、1996 年《上海市文化娱乐市场管理条例》的生效说明，通过立法、执法来管理文化市场已成为保障文化市场繁荣、健康的主要途径。市场经济是法治经济，文化市场的发展和繁荣必须要坚持法治先行，而此时的文化市场管理思路、方式的形成也为今后文化市场的法制化奠定了基础。

1997 年 5 月中旬，上海市新闻出版局发放首批电子出版物经营许可证，12 家电子出版物批发单位和 119 家零售单位通过审核领得许可证。根据国家新闻出版署《电子出版物管理暂行规定》，上柜经营的电子出版物必须有出版单位名称、中国标准书号及书号条形码，进口的电子出版物还必须有进口出版许可证号及著作权合同登记证号。对于不符合规定者，市新闻出版局加大了惩处力度。对于没有领取许可证而擅自经营者，予以取缔和查处。

1997 年 10 月，上海市政府批准设立上海市版权局。这是继 1988 年成立上海市版权处后，市委、市政府加强和完善全市著作权管理工作的重要举措。市版权局是市政府主管全市著作权管理工作的职能部门。市版权局与市新闻出版局实行一个机构、两块牌子。市版权局的职责是：贯彻执行党和国家有关著作权保护的方针、政策和法律、法规；制订、起草全市著作权管理的政策和法规、规章草案，并在有关政策和法规、规章发布后组织实施及进行监督检查；实施著作权行政管理，依法查处著作权侵权行为；归口管理全市著作权方面的对外交流与合作；归口管理全市与著作权有关的社会团体；承办市政府交办的其他事项。

1998 年 9 月，组建上海市版权执法检查队。9 月 10 日，由上海市版权局、市出版工作者协会、市音像协会、市计算机软件协会和市版权保护协会发起的上海反盗版联盟在全国率先成立。“联盟”是以上海地区图书出版、音像出版、电子出版物和电影电视制作、软件制作等单位及作者团体为主自愿组织的社会团体。反盗版联盟,通过反盗版信息的集中、反馈,建立起发现、检举、调查、鉴定、处罚盗版的行动机制,维护著作权人和与著作权有关的权利人的合法权益。上海反盗版联盟依托上海版权保护协会,现有会员单位56个。

2000年,上海市文化稽查总队成立,接受市文化、广播影视、新闻出版、文物、体育等5个行政管理部门委托,综合行使有关行政处罚权。随后,全市19个区(县)也相继成立文化稽查队,区县文化稽查队受区县文化、广播电视、体育行政管理部门委托,行使有关行政处罚权。形成了市、区(县)两级文化领域综合执法体制。文化综合执法范围是演出、美术品、广播、电影、电视、音像制品、图书报刊、电子出版物和文物以及文化娱乐、体育娱乐活动等管理领域。实行文化综合执法,对加强上海市文化领域管理,形成良好的文化市场秩序起到了积极作用。

2000年7月13日,上海市第十一届人大常委会第二十次会议通过《关于修改〈上海市文化娱乐市场管理条例〉的决定》。《决定》对《上海市文化娱乐市场管理条例》与《娱乐场所管理条例》(国务院1999年3月26日发布)相抵触的地方进行了修改,主要是:(1)规定卡拉OK厅不得对未成年人开放;(2)规定游戏机房除法定节假日外不得对未成年人开放;(3)取消与《娱乐场所管理条例》相抵触的处罚条款。这是《上海市文化娱乐市场管理条例》自1995年10月市第十届人大常委会第二十二次会议通过后第三次修改。

2001年8月16日全国整顿和规范文化市场秩序电视电话会议以后,上海文化稽查总队及时传达并认真研究了贯彻落实措施,及时整顿和规范文化市场秩序。上海文化娱乐市场在整顿规范中健康、有序、繁荣地发展,政府主管部门对文化市场的管理,不是“卡”而是“导”,不是管死而是管活,在依法打击非法行为的同时,更注重以积极、健康、有益的内容去引导、占领市场,从而使上海文化市场显示出勃勃生机和活力,进一步满足了人民群众日益增长的对精神文化生活多层次、多样化的需求。

2004年12月成立上海市文化市场行政执法总队,进一步明确其法律地位和执法授权。同时完成市政府相应规章《上海市文化领域相对集中行政处罚权办法》的调整和修改。各区县文化市场行政执法大队在2005年4月前后陆续组建完成。

2004年,上海市新闻出版局在实现政企政事分开、管办分离等方面有实质性进展。成立行政事务受理中心,实施行政许可统一受理;完善信息中心的服务功能,将政务资源依法定标准上网公开,及时答复网上咨询,受理网上举报。

2005年,上海市文广影视局从以行政手段为主向综合运用法律、经济、行政等手段转变,依靠规划指导、依法行政、政策调节等手段,有效加强对全行业的宏观调控和市场监管;同年,市文广影视局行政事务受理中心“一门式”受理方式继续完善提高,开发上海文广行政事务信息平台数据聚成系统,受理市民递交的娱乐、演出、音像、网络、影视、外事、社会服务类项目等文化审批项目申请9 957件,形成规范有序、透明高效的行政审批运行机制。

2005年,上海市新闻出版局成立“局行政事务受理中心”,实施行政许可统一受理。政务资源依法定标准上网公开,开展网上咨询,受理网上举报。加大版权行政保护工作力度,规范软件市场和经营性单位软件使用秩序。完成上海印刷复制业专项整治工作。

2006年2月21日,上海市政府批转市整规办《关于整顿和规范与治安相关的娱乐、服务行业的意见》,明确要求将棋牌室纳入文化娱乐行业管理范畴,实行文化经营许可证管理。市文广影视局制定《上海市营业性棋牌室管理暂行规定》,于4月1日起对营业性棋牌室实行娱乐经营许可证管理。各区县文化管理部门对原持有工商营业执照或劳动部门核发的非正规就业劳动组织证书，经营范围内有营业性棋牌室项目，并从事棋牌经营活动的场所予以重新审核登记，符合要求的核发给娱乐经营许可证。

2006年6月，上海市委宣传部和市新闻出版局起草并下发《关于规范本市报刊出版和经营合作行为的通知》，明确规定：只有经国家批准并获得出版许可证的新闻出版单位才拥有合法出版权，其他任何单位和个人都不得从事出版物的出版业务。年内集中清理中央和各地驻沪记者站，规范记者站行为。新闻媒体按照“坚持、恢复、完善、创建”要求，改进领导活动和会议的报道；压缩统发稿数量、篇幅，重在质量和效果提升。按照改进典型宣传报道的要求，规范重大典型报道特别是典型人物报道流程，引导媒体发现典型、宣传典型。

2009年1月14日，根据上海市文化市场管理工作领导小组办公室下发的《关于整治本市无证无照文化娱乐场所的工作方案》中关于“为减少投资人盲目投资娱乐场所引起的不必要损失，要设立文化娱乐场所行政许可立项审批制度”要求，上海市文化广播影视管理局、上海市环境保护局、上海市工商行政管理局、上海市消防局决定设置“上海市设立文化娱乐场所行政许可事前告知服务程序”。具体工作程序和要求为：1.设立文化娱乐场所的申请人在筹建文化娱乐场所前可向文化管理部门提出设立文化娱乐场所服务指导的要求，文化管理部门应当根据申请人的要求，充分告知其设立文化娱乐场所的申请条件、申请材料等内容以及文化、环保、工商、消防等部门文化娱乐场所市场准入的审批要素和审批流程；2.申请人在领取并认真阅读《上海市设立文化娱乐场所事前告知书》后，可以向文化管理部门提交《上海市设立文化娱乐场所服务指导申请书》，要求文化管理部门对其筹建场所的房屋类型和拟设立地点的周边环境予以勘验和确认；3.文化管理部门收到《上海市设立文化娱乐场所服务指导申请书》后10个工作日内应当对筹建场所的房屋类型和拟设立地点的周边环境提出书面意见，并向申请人提供《上海市设立文化娱乐场所预先通知书》；4.经文化管理部门审查和勘验，筹建场所的房屋类型和拟设立地点的周边环境符合规定的，申请人可持《上海市设立文化娱乐场所预先通知书》向消防、环保等部门办理相关审批手续。

2010年，上海市版权局与市高级法院就共同建立版权纠纷调解联动机制达成共识。市高级法院向市内有知识产权案件管辖权的各级法院下发《关于开展著作权纠纷委托调解工作的意见(试行)》，对市内法院委托上海版权纠纷调解中心调解版权纠纷案件的工作原则、范围、阶段、期限和诉调衔接等内容作明确规定。根据“意见”，诉至市内法院的各类版权纠纷在法院收到起诉状后、正式立案前或立案后、开庭审理前或开庭审理后、法院判决前，经双方当事人同意，市内法院可以将纠纷委托上海版权纠纷调解中心进行调解，也可邀请上海版权纠纷调解中心参与法院主持的调解。

第二篇
文化服务行业

文化服务行业包含新闻出版发行服务、广播电视电影服务、文化艺术服务、文化信息传输服务、文化创意和设计服务以及文化休闲娱乐服务。

改革开放以后,不同行业根据自身行业的特点及基础,分别对体制改革和产业发展作了探索。无论广播电视行业的制播分离、电影制作与发行改革、出版和文艺院团的转企改制、还是公共文化服务体系建设,上海都走在全国的前列。而与市场接轨更快更早的文化创意和设计服务行业也体现出强大的活力。至2010年,上海广告经营额达到378.08亿元,软件产业实现经营收入1 459.5亿元;上海在平面设计、环境艺术设计、工业设计、服装和时尚设计、广告设计、会展设计、建筑设计等创意设计领域,已拥有20 000多人的设计师队伍,并为100多万人提供了就业岗位。

从文化服务行业的总体规模来看,2003年,上海市文化服务业增加值达到255.65亿元,增长率高达10.9%。此后几年,文化服务业增加值一直保持在10%以上,即使在外部经济形势不佳的2008年,也高达10.1%。2010年文化服务业增加值增长率更是高达22.9%,增加值总额达到703.29亿元,在整个文化产业增加值中占比达到72.23%。

第一章　新闻出版发行业

第一节　新 闻 出 版 业

一、报纸出版

中共十一届三中全会后，上海报业进入一个新的发展时期。1979—1986 年，大批报纸复刊、创刊，1979 年《劳动报》和《青年报》复刊。1980 年上海报纸发行增加到 23 种，累计 166498 万份；上海发行的外地报纸 150 种，累计 73 697 万份。1982 年 1 月 22 日，上海市发行的报纸、杂志，达到全市 110 多万城乡人民平均每人一份的水平。1982 年 1 月，《新民晚报》复刊，发行量迅速超过 100 万份。1980 年 1 月，《报刊文摘》创办，1984 年发行量增至 200 万份。1985 年，创刊报纸 23 种，1986 年公开发行的报纸增至 58 种。20 世纪 80 年代，是上海报纸创办最多的时期，其中以专业性的报纸为最多。在经济方面，有《上海经济报》《上海商报》《新闻报》等，涉及工业、商业、财贸、交通运输、邮电等部门；政治法制、科学技术、教育卫生、文艺体育方面的，有《上海法制报》《上海科技报》《社会科学报》《大众卫生报》《上海文化报》《新民体育报》等；以特定读者为对象，由群众团体主办的报纸也有 10 余种，其中少年儿童方面的有《少年报》《小主人报》《小伙伴报》《中学生知识报》《上海学生英文报》等。此外，铁路、海港、汽车以及上海石油化工总厂、宝山钢铁总厂等企业，还办有《上海铁道报》《上海海运报》《上海汽车报》《新金山报》《宝钢报》等企业报，总计 100 多种。形成多层次、多样化的报纸体系。在众多报纸中，当时除了《解放日报》《文汇报》《新民晚报》为每日发行的报纸外，大部分是对开 4 版或 4 开 4 版的周刊、周二刊。报纸发行量在 100 万份以上的有 6 种，50 万以上的有 6 种，20 万份以上的有 8 种，10 万份以上的有 11 种，其他均在 1 万份左右。1985 年，上海公开发行的报纸增加到 46 家，发行总数为 1 400 万份。1986 年时，全市有报纸 93 种，其中公开发行 58 种，上海报纸期发总数达 1 929 万份，居全国第二。上海部分报纸立足上海、面向全国，发行至全国许多城市和城区，尤其是在长江三角洲拥有众多的读者，《文汇报》《新民晚报》的外埠发行量，几乎占总发行量的一半。1987 年，市委宣传部和市新闻出版局整顿全市报刊，停刊 54 种，21 种发给临时登记证，新办部分报刊，报纸数量由年中的 94 种下降为 76 种。

与此同时，报业经营也日渐打开新的局面。1979 年 1 月 14 日，《文汇报》发表丁允明的《为广告正名》的署名文章，促进了上海广告业的恢复和开拓。1979 年 1 月 28 日，《解放日报》率先恢复刊出商品广告，广告位于二版和三版的下部，约占 1/6 版面，广告内容都是介绍轻工产品，如民族乐器、武术刀枪、床上用品、啤酒饮料和调味品等，而且都配置了精致的插图，做到图文并茂。这幅广告，在 1987 年 2 月上海市首届优秀广告展评赛上获得“繁荣广告事业奖”。1979 年 3 月 15 日，《文汇报》在三版用 1/6 的篇幅刊登瑞士雷达表广告，由此成为全国首家刊登外商广告的报纸，被视作中国开放的一个标志。至 1983 年，上海三大报社——解放日报社、文汇报社、新民晚报社的广告收入均超过 100 万元，其中，文汇报社最高为 309.11 万元，解放日报社为 237.4 万元，新民晚报社为 153 万元。同年上海报社兼营广告业务的单位共 12 家，占全市广告经(兼)营单位 148 家的 8.1%，从业人员65人。1986年时,解放、文汇、新民三家报社的广告收入均超过600万元。但总体而言,此时报业经营管理仍处于从属地位。由于实行计划经济体制,报刊的财务、经营、发行等都纳入国家计划。报社的经费一般由国家财政拨付,如有盈余则上缴国家。实行邮发合一,报社只管编报出版,由邮局统一发行,在一定程度上把报纸与市场分离开来。

20世纪80年代后期,国家财政体制有所改变,由利润上缴改为税收制,各报照章交税,盈余归报社所有,并且实行了税收倾斜政策,允许报社用于技术改造和基本建设的贷款,实行(所得)税前还款。1987年、1989年两年,更免征了所得税。由于财政政策调整,报社积累也相应增多。有些报社依靠自身积累和银行贷款,兴建了现代化的业务大楼。20世纪90年代,新民晚报社建成延安中路大楼、沪太路春燕大厦。解放日报社则自筹资金在汉口路建造了新闻业务大厦,并于1994年在报庆45周年之际落成。文汇报社则自筹资金兴建了文汇大厦(办公大楼)。1996年,劳动报社的办公大楼也在常德路落成。与此同时,几家主要报纸还陆续引进国外先进印刷设备,兴建印务中心。1995年,新民晚报社新建的沪太路现代印刷中心正式投产,该社新建的浦东金桥印务中心亦于当年竣工投产。1996年初,建在铁路上海站以北的洛川东路840号的文汇报社印务中心投入使用。同年,解放日报社的印务中心在西谈家渡路奠基,1997年投产。1996年,劳动报社、少年报社也各自引进照排和印刷设备,建立了自己的印刷厂。

随着改革开放的深入和社会主义市场经济体制的逐步形成,报社企业化经营体制不断推进,上海各报在继续实行邮发合一体制的情况下,加强和邮局的协作。1993年4月15日起,上海恢复电话订报。到1995年,上海邮局发行的报纸共87种,累计190 372万份,定价总金额为67 498万元。上海市民每百人拥有邮发报纸55.6份,剔除公费订阅因素,上海个人用于订阅报纸的支出名列全国第一。1991年《文汇报》每月定价8元,1995年零售价0.40元,周日0.20元,月订金12元。1995年《解放日报》零售每份0.45元,月订价13.5元。各大报社陆续成立专门的发行服务部门,并采取了不少扩大发行的措施。1992年起,《解放日报》成立了发行服务部,通过多种措施,开展报纸促销工作,另外还增设了20余个售报亭,140余个贴报栏。从1996年1月起,《解放日报》每逢周六、周日出版《双休特刊》,报社为此专门建立一支大学生卖报队伍。每逢双休日,由这些大学生上街零售《解放日报》。这支队伍不断扩大,后有21所大专院校、700多名大学生参加,在全市各车站、码头、热闹街区、公共场所,共设立30几个卖报点。《解放日报》自办的零售业务,1995年销量达到7万份。在全国省(市)级党报发行数中,《解放日报》居第2位,仅次于《南方日报》。20世纪90年代以后,文汇报社也成立了发行服务部,进一步采取措施为订户提供方便。为了提升发行效率,三大报社——解放日报社、文汇报社、新民晚报社分别在外地成立了办事处或分印点。解放日报社在北京、广州先后设立了办事处,在北京、苏州、无锡以及崇明等地设有分印点。在华东一些省市设立了特约记者站或通联站。文汇报社也在北京、成都、广州、长春、西安、武汉、济南、合肥等地设立了10个分印点,全部卫星传版。新民晚报社则在全国有13个卫星接收站,这些城市和上海同步印刷、发行。1995年《解放日报》在香港随《星岛日报》发行《解放日报·中国经济版》。1994年10月25日,美国新民国际有限公司在洛杉矶成立,同年11月1日通过卫星传版,《新民晚报》在美国同步印刷发行。头两个月向美国读者赠阅,其后不久,美国订户迅速增加,读者遍及全美。1996年11月9日,该报在美国洛杉矶设立记者站,创办美国版,这在全国为首例。1996年12月1日起,《新民晚报》通过快递直送香港地区,香港读者可以看到当天出版的《新民晚报》。工会、共青团、妇联等群众团体创办的报刊,依靠各自主办单位的支持,大力促销。《劳动报》在上海总工会的领导和支持下,多次增版扩版,不断充实内容,发行量稳定在20多万份。1983年诞生的《小主人报》,覆盖面也遍及全国，在各地教育部门的支持下，各省市区的大中城市都建立了小主人报的工作站，发行量大幅度上升，期发数突破100万，是上海以特定读者为对象的报刊中唯一发行量超过百万的报纸。

这一时期，广告收入日益成为报社重要的经济来源，广告经营的地位也明显提高。据《上海广告通讯汇编》的统计表明，1982—1991年的10年中，报纸广告总营业额34 387万元、占全市广告总额的24%，平均每年增长率为31.9%。1991年报社兼营广告业务的单位发展到54家，占全市517家的9.8%；从业人员367人，占全市广告从业人员7 267人的5.1%。为了容纳日益增多的广告，各报纷纷增版和扩版。据上海84家报纸的统计，1994年广告总收入达6亿元以上。为了拓宽广告业务，上海多家报社都试行了广告代理制。《解放日报》于1995年试行广告代理制以后，报社广告部与上海具有广告代理权的130多家媒介公司先后签订了代理合约，扩大了广告来源。由于开出不少新栏目，1995年该报广告收入为20 150万元，突破广告年收入2亿元的大关。此外，多家报纸为了开拓国外广告业务，还和日、美等国家以及中国香港、澳门地区数百家广告媒介和广告客户，建立了长期稳定的合作关系。1996年，上海报业广告销售总额为95 500万元，较上年上升28.44%。

随着新闻事业的日益兴旺发展，20世纪90年代以后，一社数报和报社办企业的现象开始增多。解放日报社除出版《解放日报》外，还编辑出版系列报刊：初级党刊《上海支部生活》，通俗文艺杂志《上海小说》，文摘性报纸《报刊文摘》，初、高中学生辅导读物《中学生英文报》；大型经济类报纸《新闻报》也于1994年由解放日报社主管。此外，解放日报社还创办了实业公司、广告公司等10多个经济实体。文汇报社除出版《文汇报》外，创办了《文汇电影时报》《文汇读书周报》，还成立了文汇出版社，截至1995年底，出版发行各类图书370多种；文汇报实业总公司一度拥有近20个子公司。新民晚报社于20世纪80年代就创办了《漫画世界》，90年代后，又创办了《新民体育报》《新民围棋》，并与上海社会科学院新闻研究所合办《新闻记者》杂志，与上海市作家协会合办《萌芽》文学杂志；同时创办了美国版，还创办了新民实业公司、新民大酒店等10余个商业、服务性经济实体。劳动报社与上海市作家协会合办《上海文学》，也创办了上海集纳实业公司等4个经济实体。青年报社创办了《生活周刊》和《青年社交》等系列报刊。此外，上海其他许多报社也都兴办了类似的营业性公司。这些报社，都已形成各自核算、各具法人代表的多元企业群体，同时也形成了以资产、契约为联结纽带的运作机制，其中有的是以母体为核心、以系列报刊为主的群体；有的则是以报业为主，横向发展多种经营的集团。随着各项经营业务的快速发展，管理制度的日益完善，各大报社收入也大幅度增加，收入最多的新民晚报社，1995年总收入达到3亿多元，1996年则上升到5亿元以上。

在这个时期，其他报纸也得到了快速发展，新闻报业出现全面繁荣景象。1994年时，上海报纸日发行量达400多万份。1994年4月29日，上海市报纸行业协会正式成立。同年12月，《人民日报》社华东分社在上海成立，并从1995年1月1日起出版《人民日报》华东版，在华东地区出版的《人民日报》增加到16个版面，其中第8至12版这5个版面由华东分社在上海编辑，集中报道华东地区新闻。此外，又有《上海金融报》《上海证券报》等报纸创刊，总数达到90种。《新闻报》《劳动报》《青年报》《消费报》《上海证券报》发展为日报。《劳动报》每周发行《经济周刊》和《新闻广角》；《青年报》发行《学生导刊》和《生活周刊》。其他有的报纸增出周末版和月末版，部分报纸版面也由过去的4版，增加到8版或12版。

截至1996年底，上海共有正式报纸87种，期刊601种。其中存在着部分报刊结构重复、质量较差、发行数太低、缺乏必要的办报办刊条件等问题。因此，1997年开始，上海报刊业进行了治理整顿。此次治理整顿有两大重点。一是压缩现有报刊。在这次治理整顿中，共压缩和调整8种报纸、23种期刊。其中停办报纸7家:《上海供销信息报》《东南化工信息》《航天技术交流》《轻工机械报》《五金交电家电》《每周文艺节目》《上海食品报》;列入学习辅导类报纸系列1家:《小学生学习周报》。停办社科类期刊11种:《上海教育学院学报》《职大教育》《地理文摘》《城市经济研究》《现代市场经济》《都市漫画》《朵云》《东方商业周刊》《上海新闻出版》《抽纱》《探索与研究》;停办自然科学类期刊8种;转为特殊系列期刊4种:《上海经济年鉴》《上海文化年鉴》《市政工作》《新法规》。除《上海食品报》于1997年7月停办外,其余均从1998年1月1日起实施。第二个重点是将内部报刊转化为内部资料。截至1996年底,上海共有内部报纸157种,内部期刊380种。大部分内部报刊在企事业、机关内部起到了沟通信息,交流情况的作用,但也有少数内部报刊缺乏必要的条件、出版不正常、有的违反规定刊登广告等。根据中央及新闻出版署的有关规定,所有的内部报刊须转化为内部资料,不再列入报刊管理系列。内部报刊转化为内部资料后,不得收取工本费,不得刊登广告,不得在市场上公开陈列销售。在这次治理整顿中,确定10家内部报纸、9家内部期刊停刊,整个转化工作在1998年全部完成。经过整顿压缩,虽然报纸数量偏多、结构不尽合理、部分报纸质量不高的问题有所改善,但仍未彻底解决,因此市委宣传部、市新闻出版局对报纸作了进一步调整,在1999年停办报纸8种:《上海机械报》《上海环境报》《市容建设报》《上海市场价格报》《小伙伴》《小学生学习周报》《童话报》《上海劳动保护报》;改变隶属关系3种:《旅游时报》《上海文化报》《文学报》等文化类报纸改由文汇新民联合报业集团主办、主管;归并2种:《上海法制报》《消费报》等政法类、经济类报纸由解放日报社归并。并尝试性地将《新闻报》变更为一日三刊(即早刊、午刊、晚刊)滚动出版,为读者及时提供各类新闻和信息。1999年4月,还开展了1998年度报纸核验和换发报纸出版许可证。凡通过年检合格的报纸发放中华人民共和国报纸出版许可证(正、副本),有效期为5年。

在压缩整顿背景之下,报业结构和发展质量得到优化和提升。1997年上海87家报纸中有48家盈利,30家持平,9家亏损。《新民晚报》在1997年10月15日的日发行量达1 850 802份,位居全国日报发行量第二位、晚报第一位。刷新了1988年3月创下的日发行184万份的历史纪录。1998年,上海报业在报纸种类减少的情况下,实际出版期数、总印数、总印张、定价总金额却全面增长。1998年,上海共有报纸80种(含《人民日报·华东版》),其中日报12种(含周六刊、周五刊),周四刊2种、周三刊5种、周二刊13种,周刊45种、半月刊2种、月刊1种。全年实际出版期数共8 529期,总印数197 343.83万份,总印张4 984 326千印张,定价总金额112 451万元。与上年同期相比,报纸种数减少7种,下降8.05%;实际出版期数增加243期,增长2.93%;总印数增加3 911.83万份,增长2.02%;总印张增加665 690千印张,增长15.41%;定价总金额增加10 121万元,增长9.89%。全市63家领有记者证的报社从业人员4 715人,有采编人员1 900人,其中高级记者(编辑)40人,主任记者(编辑)233人,记者(编辑)871人,助理记者(助理编辑)605人。与此同时,通过两个分开的机制设计,有偿新闻现象也得到有效改善。两个分开主要指新闻报道与广告经营分开;新闻采编队伍与经营队伍分开。

1998年,上海报业开始探索与新媒体相结合的发展道路。1998年7月,《解放日报·网络版》上网试刊。《解放日报·网络版》由解放日报社主办,开设"重要新闻""上海新闻""国际新闻"等栏目,读者通过电脑查询,即可浏览当天出版的《解放日报》的全部内容。解放日报社编辑出版的《新闻报》《申江服务导报》《上海小说》《上海支部生活》等子报子刊的内容也可在网上阅读。8月24日中午12点,解放日报电子版(www.jfdaily.com.cn)浏览人数突破10万大关,达到100 112人次。至1999年1月5日,主页浏览人次达到3 013 716人次,成为上海最有影响力的网上新闻媒体之一。1998年12月1日,《新民晚报·网络版》(http://www.xmwb.sh.cn)也正式开通。它由文汇新民联合报业集团出版，以《新民晚报》为母体，兼具信息传播和各种服务功能。在全国最大的国际互联网络服务商(ISP)“上海热线”访问量“排行榜”上跻身前10位。

1998年开始，上海报业在集团化经营上也迈出了新的步伐。经新闻出版署批准，7月25日文汇新民联合报业集团正式成立。集团拥有《文汇报》《新民晚报》《文汇读书周报》《文汇电影时报》《新民晚报·美国版》《新民体育报》《漫画世界》《新民围棋》《新闻记者》《萌芽》等六报四刊和文汇出版社，形成了日报、晚报、周刊、半月刊、月刊和出版社等结构合理、品种齐全的报业出版群体，期发总量超过250万份。经济实体20多个，总资产17.4亿元，1997年广告收入为7.6亿元，年创利2.7亿元。职工1800余人，有中级以上专业技术人员352人，其中高级职称124人。集团在北京、南京、杭州、广州、深圳等10个城市建有办事处或记者站、通联站。在美国、法国、日本、墨西哥、印度、菲律宾、尼泊尔、乌克兰等国家和中国澳门地区及联合国派驻12名记者；在美国设有记者站，出版《新民晚报·美国版》。在国内外设立20个卫星传版印刷点，报纸发行做到当天与读者见面。集团为市委宣传部直属事业单位，实行党委领导下的社长负责制，王仲伟任集团党委书记、社长。《文汇报》《新民晚报》作为集团所属部门，实行集团领导下的总编辑负责制。文汇新民联合报业集团成立后，创办了《新民周刊》，在12月进行三次试刊，均获得成功，并于1999年1月4日正式出版发行。至1999年6月，《新民周刊》在全国近50个城市零售发行，发行量稳定在每期10万份以上。1999年10月1日，文汇新民联合报业集团又联合创办英文版《上海日报(Shanghai Daily)》。该报是国内第一份综合性地方彩色英文日报。为探索新的经营道路，文汇新民联合报业集团于1999年9月28日投资创办上海新世纪广告交易中心。它是全国第一家运用现代化交易手段和公开市场化交易形式进行大型广告交易的场所。至2001年，文汇新民联合报业集团总资产29.9亿元，广告收入8亿元。

1999年12月15日，新闻出版署批准成立解放日报报业集团。2000年10月9日，解放日报报业集团正式宣告成立。集团拥有《解放日报》《新闻晨报》《新闻晚报》《报刊文摘》《申江服务导报》《上海学生英文报》《人才市场报》《上海计算机报》《房地产时报》等9家报纸，《上海支部生活》《上海小说》《新上海人》等3家刊物以及《解放日报·电子网络版》。集团的总资产为103000万元，净资产61725万元，2000年全年税前利润13752万元。解放日报报业集团实行党委领导下的社长负责制。解放日报报业集团是上海成立的第二家报业集团，也体现了上海新闻单位对国有企业改革、建立现代企业制度的进一步推进。

迈入21世纪后，上海基本完成报刊结构调整。2000年，上海停办3种报纸：《上海教育报》、《小主人》报、《上海交通安全》报。划转29种：划归解放日报报业集团的有《人才市场报》和《上海计算机报》；划归文汇新民联合报业集团的有《上海家庭报》、《上海交通报》(从2001年起更名为《行报》)；划归上海世纪出版集团的有《上海商报》；划归上海文艺出版总社的有《上海文化报》，并更名为《上海壹周》报；划归少年儿童出版社的有《上海青少年科技报》；《小青蛙》报、《汉语拼音小报》、《全国地方版科技新书目》报、《古籍新书目》报、《读者导报》、《上海新书报》、《上海译报》等7种原由市新闻出版局主管的报纸，分别划转到上海世纪出版集团、出版社或上海新华发行(集团)有限公司主管主办；划归到电台、电视台的有《每周广播电视》报、《有线电视》报；划归到协会、学会、研究会等社会团体的有《组织人事报》《城市导报》《东方城乡报》《旅游时报》《上海经济报》《上海侨报》《上海中医药报》《上海大众卫生报》《上海老年报》等9种；划转至上海教育报刊总社的有《少年报》《上海中学生报》；划转到中国电信集团上海市电信公司的有《上海邮电报》；《上海法制报》更名为《上海法治报》，由中共上海市委政法委员会主管主办；创办《家庭教育时报》和《学生导报》，分别由上海教育报刊总社和共青团上海市委员会主管主办。调整后,报业集团和出版集团拥有报纸增加到32种,占上海报纸(不含高校校报)总数的43.84%,主阵地得到加强。生活服务类报纸从原来的4种增加到7种,政府部门不再办报,报纸结构布局趋于合理。报业集团内部也进行报业结构调整。文汇新民联合报业集团停办《文汇电影时报》和《漫画世界》报,改办《上海星期三》报,这也是上海第一张广告信息类报纸。解放日报报业集团组建后也调整报业结构,停办《解放日报·中国经济版》,改办《房地产时报》,《新闻报·晨刊》《新闻报·午刊》《新闻报·晚刊》分别更名为《新闻晨报》《新闻午报》《新闻晚报》。由于上海部分高校重组,停办《上农报》《上海铁道大学报》《上海医学高专报》;创办《上海戏剧学院报》《上海电专报》;《上海冶专报》更名为《上海应用技术学院报》。2001年,解放日报报业集团进一步对系列报刊进行了改造。《新闻晨报》扩版,《新闻晚报》改版,《申江服务导报》改扩版,《人才市场报》扩版增刊,同时,于1月创办《房地产时报》和《新上海人》杂志,与华东师范大学合办《上海学生英文报》。《上海计算机报》12月更名为《I时代》。解放日报报业集团系列报刊的改造,既坚持了正确的导向,又面向市场,调整了报刊结构,做到门类齐全、布局合理,取得良好的社会效益和经济效益。

除了两大报业集团外,其他报社也取得了较大发展。2000年,《劳动报》发行量稳定在20万份以上。青年报社也成为拥有三报两刊的综合性日报社,设22个部门和3个下属企业。2001年1月12日,上海教育报刊总社正式成立。报社下辖少年报社、上海中学生报社、家庭教育时报编辑部、上海教育期刊社、上海康复杂志社,以及接受中央和地方双重领导的中国教育报上海记者站等6家单位。

2001年,上海新闻报业进一步加强了管理,更为规范。7月,市新闻出版局分别召开全市小报总编会议和社科类期刊主编会议,要求从政治导向,坚持办报办刊宗旨,品位格调,遵守宣传纪律,是否刊登虚假新闻及报道严重失实,是否买卖刊号、版面,是否刊发有偿新闻等7个方面进行自查自纠。在整治中先后对4报2刊作出7个违纪违规警告;对出现严重问题的1家刊物停刊整顿3个月,相关责任人受到相应处分;对有其他违规行为的报刊,明确整改措施,限期整改。对各类违法违规的内部资料、印刷品广告及非法出版的报刊也进行了查处。其中有在境外注册登记、在境内编辑出版发行的期刊8种;盗用刊号或编造刊号、无刊号的非法期刊15种;刊型广告宣传品11种;报型非法出版物8种;非法出版外文类报刊8种。对违反规定收取工本费、刊登广告的内部资料,取消准印证。通过治理,为全市报刊提供了一个良好的市场环境。从8月起,市新闻出版局对107家报刊社驻沪记者站进行重新登记。至年底,对符合条件的103家记者站核发了记者站登记证;《北京经济报》《经济消息报》《信息时报》3家记者站撤销登记;《华商时报》记者站暂缓登记。另外,2001年上海市新批准《学习时报》《中国改革》等驻沪记者站12家。2002年,规范化的管理由新闻机构进一步转向新闻采编人员。2002年10月至11月,全市开展新闻采编岗位实务知识和能力培训,培训合格证作为新闻采编人员2003年领取记者证的条件之一。

随着两大报业集团的组建和结构优化,其经营效益也较其他报刊显出巨大优势。至2002年底,全市公开发行报纸74种(含休刊1种),在公开发行的73种报纸中,解放日报报业集团、文汇新民报业集团和新闻出版局属下的报纸达29家,占上海报纸总数的39.7%。2002年,解放日报报业集团总资产13.6亿元,广告收入5.3亿元;文汇新民报业集团总资产29.9亿元,广告收入8亿元。两家集团的广告额占整个上海报业广告总额的88%。文新报业集团更是与文广影视集团和东方网联合主办了中国首家真正意义上的体育日报——《东方体育日报》。2003年,文新报业集团创办《东方早报》,并运用全新的经营机制,成立新读写传媒股份有限公司,与上海教育报刊总社《家庭教育时报》共同创办《新读写》杂志。文新报业集团下属的文汇出版社和《家庭教育时报》分别投资51%、49%的资金，实行利益共享、风险共担、利润分成的操作模式。《新读写》首发数即达到99 876册，1年有效期发行量突破16万份。

2003年，根据中央部署，部门权力被要求退出直接办报办刊范围。7月，上海成立13个相关职能部门领导参加的上海市报刊整顿领导小组。8月，下发《关于对本市党政部门主管主办的连续性内部资料性出版物进一步加强管理的通知》。9月底，中央下发对各地报刊调整方案，上海按照中央指示对下列报刊进行调整：《上海消防》《上海会计》《上海审计》《上海统计》《清风》《上海工商》《上海财税》《上海环境科学》《法苑》《人民警察》《浦东开发》等11种期刊停办；《园林》、《上海地质》、《建设监理》、《上海城市规划》、《浦东年鉴》、《浦东年鉴》(英文版)共6种期刊实行管办分离，由部门所属符合条件的单位主办，原主管单位不变；《上海法治报》《上海改革》《上海综合经济》划转到解放日报报业集团；《浦江同舟》《上海宣传通讯》《班组学习与生活》《上海精神文明》合并一种后划转到解放报业集团；《现代农村》《上海滩》《今日上海》划转到文新报业集团；《上海劳动保障》《上海国资》《新法规月刊》划转到上海世纪出版集团；《体坛纵横》划转到上海文广新闻传媒集团；《上海工业》《上海档案》划转到上海文艺出版总社；《上海市人民政府公报》实行免费赠阅。至此，党政部门报刊治理整顿使部门权力基本退出直接办报办刊范围。

2004年，解放日报报业集团、文汇新民联合报业集团所办报纸种数有所减少，共办有23种报纸，占上海公开发行报纸的31.08%。解放日报报业集团主管主办，成都日报报业集团联合主办的财经类日报——《每日经济新闻》于2004年12月9日首发，为周五刊，对开16版。同年，经市委宣传部同意，报新闻出版总署批准的另一份财经类日报——《第一财经日报》创刊。《第一财经日报》由《上海经济报》变更而来，11月15日首发，周六刊，对开24版，主管单位由上海市工业经济联合会变更为上海文广新闻传媒集团，主办单位由上海市工业经济联合会变更为上海文广新闻传媒集团、北京青年报社、广州日报报业集团，上海文广新闻传媒集团为主要主办单位。解放日报报业集团还就报刊发行进行了体制机制上的积极探索。集团联合上海嘉美盛海文化传播有限公司和上海交大昂立股份有限公司，成立由解放日报报业集团控股的上海新闻晚报经营有限公司，把《新闻晚报》自办发行网络建设作为重点。10月20日，“风火轮发行物流网络”启动，网点覆盖上海中心城区。至年底，《新闻晚报》日发行量达30万份，比改版前增长近1倍。

2005年初，上海市制定《关于加强上海报业结构与定位管理的若干意见》《关于实施媒体品牌战略的若干意见》《关于加快形成名记者名编辑名评论员名主持人队伍的若干意见》《关于规范本市报刊社记者署名的通知》《关于建立上海市报纸重大差错报告制度的实施办法》《上海市报纸重大差错处罚细则》《报社法定代表人、总编辑(主编)岗位任职条件及主要职责》等7个系列文件，下发各媒体试行。各主要媒体开展“三项学习教育”活动和新闻行风评议工作，抓队伍建设。9月28日，中共上海市委宣传部与市纠正行业不正之风办公室、市新闻出版局联合召开规范报刊发行工作会议。会议指出，要遏制恶性竞争和某些不规范行为，建立竞争有序的报业发展机制、长效监管机制和报刊社自律机制，从根本上杜绝恶性竞争现象发生。解放日报报业集团、文汇新民联合报业集团、上海世纪出版集团、上海文艺出版总社、上海教育报刊总社等首批50家报社、86家期刊社在会上签订《加强行业自律自觉维护报刊发行秩序承诺书》。

2006年6月，市委宣传部和新闻出版局起草并下发《关于规范本市报刊出版和经营合作行为的通知》，明确规定：只有经国家批准并获得出版许可证的新闻出版单位才拥有合法出版权，其他任何单位和个人都不得从事出版物的出版业务。年内集中清理中央和各地驻沪记者站，规范记者站行为。新闻媒体按照“坚持、恢复、完善、创建”要求,改进领导活动和会议的报道;压缩统发稿数量、篇幅,重在质量和效果提升。按照改进典型宣传报道的要求,规范重大典型报道特别是典型人物报道流程,引导媒体发现典型、宣传典型。与此同时,市新闻出版局还要求报刊主管单位加强审读工作。12月31日,市新闻出版局发布《上海市报刊主管单位审读工作实施办法》。“实施办法”规定:报刊主管单位应设专人负责审读工作,对舆论导向和宣传纪律执行情况,出版法规、规章执行情况,报刊出版质量等进行审读;并向市新闻出版局报送相关审读报告;报刊主管单位的审读意见应向出版单位反馈。报刊出版单位对涉及本报刊的审读意见有异议的,可以向主管单位申辩,也可直接向市新闻出版局反映。该“实施办法”于2007年1月1日起实施。

随着互联网、移动互联网的发展,新闻报业与新媒体的融合也日益深入。一方面,新闻网站也开始主管主办报刊。2006年由上海市建设协会主管的《城市导报》整建制划转到东方新闻网站,成为中国第一家由地方重点新闻网站主管主办的报纸。另一方面,报业集团也越来越重视对新技术和新媒体的使用。2006年3月16日文汇新民联合报业集团和上海移动通信有限责任公司签署业务合作框架协议,双方共同倾力打造一代手机报纸——“News365——上海手机传媒”。9月9日,新民晚报投资创办的“新民网”(www.xmnext.com)上线。该网是一个包含新闻和服务内容的新闻互动社区,主要面向年轻受众群,拥有12个频道。“新民网”在国内首次开辟总编早餐会节目,新民晚报值班总编以视频形式和网友互动。每月流量位于上海媒体网站前列。2007年1月1日,文新集团图片中心成立,“上海影像网”同时开通,至当年年底,该网站拥有文汇新民联合报业集团所属19家纸质媒体的近50万张图片。2008年4月18日,解放日报报业集团推出新型移动数字报纸《新新闻》。该移动数字报纸具备现代新媒体的多种重要特性,完全排除纸张和印刷成本,突破日夜轮回的传统出版周期,可以按时间半径进行多种图文资讯实时传播,每天可在11个小时的正点出版约50个版面。

2007年,市新闻出版局结合记者站年检,专项清理整顿中央和外省市媒体驻沪记者站。全市有121个中央和外省市媒体驻沪记者站,其中116个驻沪记者站通过年检(报社记者站103个、杂志社记者站9个、广播电视台记者站4个),《中国农机安全报》上海记者站、《学习时报》上海记者站、中国行政管理杂志社上海记者站、出国与就业杂志社上海记者站和浙江广播电视集团上海记者站5个驻沪记者站注销登记。记者站从业人员339人,其中190人持有新闻记者证。年检和清理整顿结果表明,大多数驻沪记者站的工作较为规范,能够自觉履行职责,恪守新闻职业道德,依法从事与其媒体业务范围相一致的采访、组稿、通联等新闻业务活动。

2007年之后,上海报业进一步呈现专业化、细分化的发展趋势。2007年3月2日,上海第一张获得国家新闻出版总署批准、有独立刊号、在全国公开发行的社区周报——《新民晚报社区版》创刊。该报为4开16版,周四刊,以分众经营模式,面向社区、家庭。创刊后,《新民晚报社区版》先后发行《新民晚报社区版·上海家庭周刊》《新民晚报社区版·闵行新闻》《新民晚报社区版·杨浦资讯》《新民晚报社区版·徐汇资讯》《新民晚报社区版·浦东资讯》5张分众报纸。同年10月18日,新民晚报与瑞士荣格集团合作创办的大众化女性生活杂志《国际服装动态·新民BELLA》创刊。该杂志使用新民品牌,引进荣格集团编辑出版女性周刊的经验,由新民晚报承担采编管理工作,通过《新民晚报》为杂志提供广告推广版面和独家发行渠道。2008年1月8日,经国家新闻出版总署批准,上海新闻出版发展公司与美国读者文摘公司版权合作的月刊《普知》创刊。上海文化广播影视集团主管,上海文广新闻传媒集团主办,上海时尚文化传媒有限公司承办的期刊《星尚》首期出版发行。2月25日,《第一财经周刊》(由《买卖世界》更名新办)首期出版发行,该刊由上海文广新闻传

表 2-1-1　1995—2010 年上海市报业情况统计表

年份	统一刊号报纸	其中		总发行量（亿份）	总印数（亿份）	总印张（千印张）	实际出版期数	平均期发数（万份）	定价总额（亿元）	主营业务收入（亿元）	发行总收入（亿元）	广告销售总额（亿元）	其他收入（亿元）	报业从业人员（人）	其中：
		公开发行报纸（家）	高校校报（种）												采编人员（人）
1995 年	—	87	—	—	—	—	—	—	—	—	—	7.44	—	—	—
1996 年	—	87	—	18.93	—	—	—	—	9.61	—	—	9.55	—	—	—
1997 年	—	87	—	19.34	19.34	4 318 636	8 286	1 397	—	—	2.03	11.03	—	5 011	2 154
1998 年	—	80	—	—	19.73	4 984 326	8 529	—	11.25	—	—	—	—	4 715	1 900
1999 年	106	74	32	—	18.42	4 625 954	—	—	11.81	—	—	—	—	4 738	2 383
2000 年	104	73	31	—	16.74	4 455 546	9 023	1 119.28	11.02	—	—	—	—	4 789	2 422
2001 年	102	73	29	—	16.98	4 767 436	9 494	—	11.78	—	7.92	15.12	—	4 855	—
2002 年	103	74	29	—	16.46	5 141 825	—	983	11.62	—	7.63	18.80	—	4 542	2 275
2003 年	102	73	29	—	17.05	6 609 323	10 604	885.5	12.47	—	9.76	15.48	—	5 048	2 461
2004 年	104	75	29	—	19.71	8 366 300	10 927	935.57	12.88	—	7.14	19.14	—	4 959	3 504
2005 年	103	75	28	—	19.06	8 994 000	11 092	903.45	12.60	—	8.94	19.12	0.88	5 278	3 298
2006 年	103	75	28	—	17.89	8 733 000	10 982	—	12.18	—	6.24	20.78	—	5 159	3 401
2007 年	101	73	28	—	17.04	8 675 000	10 894	—	12.31	—	5.36	17.43	—	—	—
2008 年	100	72	28	16.93	17.24	8 829 244	11 034	—	14.47	—	5.59	20.98	—	—	—
2009 年	100	72	28	16.2	16.33	7 794 000	11 200	—	15.66	24.98	—	17.26	—	4 725	2 430
2010 年	100	72	28	15.79	15.9	7 865 000	11 000	—	15.56	29.32	—	20.31	—	5 186	3 239

资料来源：据《上海年鉴》（1996—2011）相关数据整理汇编。

表 2-1-2　1983—1996 年《解放日报》《文汇报》《新民晚报》广告收入统计表　单位:万元

报社	解放日报社	文汇报社	新民晚报社
1983 年	237.4	309.11	153
1984 年	304	421.88	193.3
1985 年	636	622.18	271.2
1986 年	650	614.12	629.2
1987 年	850	707.64	809.4
1988 年	1644	820.28	1233.2
1989 年	1846	823.74	1462.1
1990 年	2134	890	1703.1
1991 年	3187	1501	2306
1992 年	8138	4907	6610
1993 年	14578	8010	15820
1994 年	17767	8539	26209
1995 年	20150	10385.35	36008
1996 年	23500	10000	52500

资料来源:《上海新闻志》(2000 年 12 月第 1 版)。

媒集团主办,是第一财经(CBN)品牌的又一媒体平台,也是中国大陆第一本每周出版的商业新闻杂志。5 月,《环球体育市场》首期出版发行。11 月,以“改革开放前沿报道为己任”的《浦东时报》创刊发行。2010 年 1 月 22 日,文汇新民联合报业集团还创办了《新民地铁》。《新民地铁》是以上海轨道交通乘客为主要读者群的生活服务类报纸,为轨道交通乘客提供消费、休闲、文化、娱乐等方面资讯和实用服务信息,传递上海特点的城市生活观念。4 开 32 版,发行量 30 万份,每周星期五高峰时段在轨道交通各大站免费发送。

2009 年,上海新闻报刊主营业务收入 24.98 亿元,广告总收入 17.26 亿元。非时政类报刊转企改制试点开始启动,上海商报社、上海东方体育日报社完成转企改制。2010 年,全市新闻报刊主营业务收入 29.32 亿元,广告总收入 20.31 亿元。

二、图书出版

在“文化大革命”期间,上海曾经将印刷系统从出版系统中划出,并撤销上海市出版局,把原来八个专业出版社、一个编译所和一个出版文献资料的编辑所合并成一个大“上海人民出版社”。“文化大革命”结束后,上海出版系统也逐步进行了整顿。1977 年 5 月,印刷公司重新划回出版系统。1978 年,经中共上海市委批准,出版体制进行调整。从元旦起,原上海人民出版社的建制撤销,恢复上海市出版局,统一管理上海书籍的出版、印刷、发行工作。出版局领导班子成员有:党委书记兼局长马飞海、副书记李信、副书记兼副局长王韬、副局长戚铭渠。除上海印刷工业公司和所属各印刷厂、印刷研究所、上海新华书店和所属区店门市部外，上海市出版局下辖10个专业出版社。上海人民出版社出版马列主义毛泽东思想理论著作，哲学、政治、法律、经济、历史、文化方面的研究著作和党史、党建读物；上海科学技术出版社出版自然科学、应用科学和农、工、医等读物；少年儿童出版社出版15岁以下少儿读物；上海人民美术出版社出版美术、摄影类读物和年画、连环画、宣传画等；上海文艺出版社出版外国文学部分；其他出版社翻译部分合并为上海译文出版社；上海辞书出版社出版各类辞书、年鉴、年表等工具书；中华书局上海编辑所改为上海古籍出版社，整理出版中国古代图书和研究著作；取消上海书画社，恢复朵云轩，同时成立上海书画出版社，出版木板水印读物和中国绘画、书法、篆刻类图书；上海教育出版社出版教育相关书籍。大部分专业人员调回出版社。此后，上海又陆续新成立了一批出版社。1978年5月10日，上海科学技术情报研究所辖上海科学技术文献出版社成立，归口市科协领导，是20世纪70年代以后新成立的第一家上海出版局系统以外的出版社，以出版科技情报图书为主。7月，上海外语音像出版社成立，11月18日中国大百科全书出版社成立，在上海设立分社。8月知识出版社在北京上海两地出书，11月汉语大词典编纂处在上海成立，12月30日上海外语教育出版社成立。1979年华东师范大学出版社恢复建制。80年代，上海又陆续新成立了一些出版社。1981年，上海画报社（1985年2月改组成上海画报出版社）、上海复旦大学出版社成立。1982年5月上海社会科学院辖上海社会科学院出版社成立，以出版院内研究成果为主。1983年4月9日上海翻译出版公司成立。4月中旬，上海有声读物公司成立。6月，上海交通大学出版社成立。1984年5月，上海同济大学出版社成立。1985年1月9日，上海艺苑真赏社重新开业。2月5日，上海中医学院出版社成立。5月，文汇报成立文汇出版社，以出版新闻理论著作为主。

在调整组织制度的同时，出版工作也得到有序推进。1978年3月，上海市出版局制定《八年（1978—1986）出版工作规划初步设想（草稿）》，并发出《关于执行全国统一的图书定价试行标准的通知》，对图书定价作出更符合市场规律的调整。此项标准纠正了“文化大革命”中压低图书定价标准的做法，将图书定价调高10%～30%。为尽快多出好书，支持社会主义建设，5月，上海市出版局召开出版系统会议，要求各单位就如何缩短出版周期，增加出书品种，揭露矛盾，制定措施。1979年1月16—18日，国家出版局代局长陈翰伯接连3天在上海召开10家出版社的部分编辑座谈会。会上着重讨论了编辑队伍建设、三审制、编辑职称、出版社体制等问题。1979年12月8—19日，国家出版局在湖南长沙召开全国出版工作座谈会，原则通过《出版社工作条例（草案）》，明确了出版工作为社会主义服务、为人民服务的基本方针，提出地方出版社要“立足本省，面向全国”。

根据1979年底的全国出版工作座谈会精神，1980年初，上海出版局党委提出《1980年工作纲要》。要点是：努力提高出版物质量，认真调整出版工作各环节的关系，积极改善经营管理，扩大图书出口，培养接班人，关心群众生活，加强党的领导。为了更好地贯彻执行工作纲要，上海市出版局在1980年先后举办了出版社领导干部企业管理学习班、编辑业务进修班、英语学习班，并在1981年举办财会人员训练班，以培养出版行业人才。1984年，上海市出版局还开办了职工大学。20世纪80年代起，出版社也开始向社会招聘编辑。1980年11月，上海人民出版社向社会招聘编辑，应聘者200多人，录取10名。次年1月，上海古籍出版社向社会招聘编辑，报名254人，录取11名。1982年，出版系统原有私方人员661人，经市出版局区别工作小组根据中央政策规定改定为劳动者的有266人，占42%。

此时，出版社的出书效率也得到显著提高。以上海古籍出版社为例，1978年该社年出版物不满77种，到1982年则达到177种，基本两天就能出一种书。再以上海文艺出版社为例，到1987

年,上海文艺出版社达到每日一书、五日一刊的出版规模,为读者提供了10 000种书刊,印数近10亿册。

20世纪80年代初,自费出版开始出现。成立于1981年2月的学林出版社是国内首家承接自费出版业务的出版社。以出版人文科学、社会科学类学术理论著作为主。1982年4月,学林出版社为老中医何时希自费出版《何嗣宗医案》《横泖病鸿医案》。自费出版试行一年多后,引起巨大反响。许多名人学者、海外华侨等,来函要求自费出版。至1983年,上海学林出版社出版自费图书6种。1987年12月又创办了百家出版社,为个人自费出书提供协作出版服务,主要接受委托出版哲学、社会科学和自然科学研究成果。

版权问题也日益在出版界得到重视,1980年5月上旬国家出版局在上海举办版权学习班,上海和南方13个省局、社50余人参加。1984年6月15日,文化部还发出《关于颁发图书、期刊版权保护试行条例的通知》,于1985年1月1日起生效。1987年6月27日,市出版工作者协会和局职工大学联合举办3期"版权法"培训班,在系统内进行版权教育,参加者138人。

上海的版权输出工作在20世纪70年代末80年代初也取得了进展,尤其是不少青少年读物以合作出版的形式走出去。1979年12月15日,少年儿童出版社与日本曙光株式会社签订协议,委托该社办理与日本贺尔布出版株式会社合作出版《宝船》《哪吒》《神笔》《金瓜儿银豆儿》《渔童》5书日文版的协议。1982年3月1日,少年儿童出版社和香港新雅文化事业有限公司签订合作出版《中国童话》繁体字版。12月,少年儿童出版社和国际书店签约合作出版《中国神话》英文版,该书于1986年正式出版。1983年12月10日,日本同志社大学教授阪口直树访华,与少年儿童出版社合作出版《365夜》配乐故事达成协议,该书和音带于1984年3月10日在日本出版。1984年2月17日,少年儿童出版社与中国出版对外贸易公司上海分公司合作出版《宝船》《神笔》《金瓜儿银豆儿》《哪吒闹海》英文版合装本,由上海分公司向国外发行。

20世纪80年代中期,随着改革开放的推进,上海出版界也在经营方面表现出更灵活的态势。1984年8月1日,辞书出版社筹办储运合作服务部成立。8月27日,市出版局制订《关于劳动人事方面简政放权的若干暂行规定》。10月,市委宣传部同意建立上海出版开发投资公司,这是市出版局所属全民的经济实体,由市出版局拨给500万元作资金。1985年4月上海外文图书公司成立,即日起读者可以到这个公司自由申请进口个人所需要的外文图书,这是上海地区外文图书进口办法的一个重大改变。同年,上海教育出版社读者服务部、辞书出版社服务部开业。1986年,上海人民出版社、少年儿童出版社也分别开办了服务部和经销部。同年7月,上海文艺出版社、文化出版社、音乐出版社设立读者俱乐部,拥有6 000会员。1987年,上海书画出版社也开办读者服务部。依托服务部和经销部,出版社开始尝试小规模的发行业务。1987年,上海出版系统集体经济由原来7户增至50户,从业人员1 416人,创利927万元。3年上缴利润1 780万元,税金1 088万元,安排403名职工子女就业,为全民企业安排427名富余人员。

同一时期,编辑出版行业也陆续成立了各种学会。1981年1月6日,上海出版工作者协会成立。成立大会讨论通过了上海市出版工作者协会章程,选举产生了由马飞海、宋原放等54人组成的第一届理事会。1985年6月22日,上海市编辑学会成立。推举宋原放任会长,丁景唐、罗洛等12人任副会长。聘请罗竹风、陈虞孙、赵家璧、戚铭渠、蒯斯曛、陈怀白为顾问。9月17日,上海出版经营管理干部联谊会成立,后定名上海出版经营管理协会。张瑛文为会长,史寿康为副会长。12月5日,华东地区高校出版工作研究会筹备会在上海成立。1986年11月14日,由中国少年儿童出版社和少年儿童出版社等发起,全国少年儿童出版社联谊会在上海成立。11月28日,市出版工作者协会上海装帧艺术研究会成立，任意当选会长。

20世纪80年代中期，随着读者偏好和选择的多元化，科普、辞书、音乐舞蹈类图书都出现热销的局面。一些专业化的出版社、大学出版社也得以组建。1986年9月，上海科技教育出版社成立，出版教材和职业技术类教育图书。9月10日，上海市科学技术协会辖上海科学普及出版社恢复，以出版科普读物为主。同日，上海市政府财贸办公室主办的立信会计图书用品社恢复，出版会计财经类图书。11月，汉语大词典出版社成立。1987年2月17日，上海音乐出版社恢复。1987年，上海外文图书公司海文音像出版社成立，专业出版外语和科普教育音像。同一时期，三联书店上海分店（上海三联书店）、上海医科大学出版社、华东化工学院出版社在1986年先后成立。1988年，上海书店改出版单位，成立出版部门，影印出版和复制流通较少的珍贵古旧书刊。

随着越来越多的出版社开办，出书的种类也出现显著增长。1978年时，上海一年出书共1 711种，其中新书1 377种。至1985年，全市出版图书达到4 175种，其中新出2 634种，41 134万字，总印数49 698万册（张），总定价11.44亿元。面对快速增长的出版市场，管理和规范成为一个重要命题。1986年7月14日，国家出版局发出《关于实施〈中国标准书号〉的通知》，规定自1987年1月1日起实施，在1988年1月1日取代全国统一书号。1982年，国家出版局被并入文化部，到1986年国务院决定恢复国家出版局为国务院直属局的建制。同年，中共上海市委、市政府决定建立市新闻出版局。1987年9月25日，新闻出版署发出《关于颁发全国出版统计制度（1987年5月修订本）的通知》，为规范全国出版统计提供了指导。1989年2月28日，新闻出版署发出严禁以书号出刊的通知。8月8日，新闻出版署发出《关于鉴定淫秽、色情出版物权限的通知》。9月16日，中共中央、国务院办公厅发出《关于整顿、清理书报刊和音像市场严厉打击犯罪活动的通知》。9月20日，上海市政府发布《关于查禁不良出版物的通告》。

随着出版实力的增长，上海出版界与境外出版机构的合作也得以加强。1988年，少年儿童出版社和香港纪元电脑排版有限公司协议合作出版《十万个为什么》繁体字版，和台湾智茂文化事业有限公司协议合作出版《中国古代寓言》《中国古代科学家的故事》《中国古代劳动人民的创造发明》等5书繁体字版。1989年，台湾智茂文化事业公司和少年儿童出版社协议合作出版《宝船》《劳山道士》等5种书，这些书于1991年8月在台湾出版。除儿童和青少年读物外，其他出版社也在"引进来"和"走出去"两方面取得了长足的进展。美国中英译会协会代表团和法国ELLE出版公司代表团分别访问上海译文出版社，洽谈合作出版《英汉大辞典》和《世界时装之苑》等事宜。上海人民出版社则和台湾桂冠图书公司协议合作出版"西方学术译丛"19种书繁体字版，和台湾星光出版社协议合作出版《中外史地知识手册》繁体字版。为大力推动对外合作交流，1988年年初，市新闻出版局局长袁是德等赴香港，和三联、中华、商务香港总管理处洽谈沪港合作事宜。8月，第一届沪港出版年会在上海举行，主题是"如何使中文图书走向世界"。

20世纪80年代末，出版体制改革被明确提出。1988年5月6日，中宣部、新闻出版署发出《关于出版社改革、图书发行体制改革的意见的通知》。5月19日，上海辞书出版社试行社长负责制，巢峰任社长兼总编辑。为更好地保护版权，1988年6月，首届京沪版权理论研讨会在上海举行。7月2日，专门成立了上海市版权处。

1989年1月，市新闻出版局决定设立学术著作出版基金，拨款300万元。同年，市委宣传部建立上海市马克思主义学术著作出版基金，每年拨款200万元，资助出版马克思主义学术著作。

1989年，全国范围内整顿新闻出版市场。10月14日，中共中央办公厅、国务院办公厅联合发出《关于压缩整顿报刊和出版社的通知》。12月8日，新闻出版署发出《关于出版社重新登记注册的通知》。上海改善出书结构、提高出书质量,1990年新书品种比上年下降1.47%,多年来新书出书品种持续过快增长的势头得到控制;图书定价比上年下降了0.46%,基本做到了"稳中有降";而图书重版率则由上年的26.8%回升至37%,反映出图书积累性增强,总的出书品种也因此而继续呈现上升势头,比上年增长了14.81%。1991年这种良好的态势得到延续,上海出版界在调整结构、控制品种、优化选题、提高质量方面进入了良性发展的轨道。1991年上海新出图书品种比1990年减少2.68%,重版图书品种增长17.53%;书籍的平均印数在连年下跌的情况下第一次出现了上升,提高了4.82%;书籍的平均定价在1990年下降1.23%的基础上,又下降了0.93%。这一"增"一"减"、一"升"一"降",反映了上海图书的优化已经受到图书市场的检验,有百余种上海图书在1991年全国性评比中获优秀图书奖。1992年新出书又减少12.2%。至1992年,一年重版图书达到3000种,重版率达50%,即上海每出版两本书,其中就会有一本重版。

20世纪80年代中期开始,不少出版社都通过服务部、经销部等方式尝试自办发行。1989年3月24日,出版社经营管理干部联谊会召开出版社自办发行研讨会。1991年8月12日,新闻出版署、国家工商行政管理局颁发《关于出版社自办发行图书的暂行规定》。

进入20世纪90年代,上海出版界瞄准国际图书市场,纷纷采取"走出去、请进来"等多种形式,加快对外合作交流步伐。至1992年中,上海辞书、科技、人民、文艺、少儿等出版社与港台和海外签订的合作出版项目达430余个。儿童读物的对外合作出版仍然保持了良好的态势。1990年3月9日,台湾牛顿出版股份有限公司和少年儿童出版社合作出版《故事大王》台湾版。6月5日,台湾丹青图书有限公司和上海人民出版社协议合作出版《上海浦东开发简介》《上海概览》繁体字版。新加坡泛太平洋出版有限公司和少年儿童出版社协议合作出版《365夜故事图画本》《365夜谜语》新加坡版。8月18日,台湾全美出版社与少年儿童出版社洽谈《彩图全本三国演义》《彩图世界名著100集》《彩图中国古典名著100集》《水浒连环画》《上下五千年》《中国古代寓言》《聊斋故事》等书的版权贸易。1991年1月28日,少年儿童出版社和新加坡新亚出版社签订出版《新编十万个为什么》新加坡版权贸易合同。6月16日,台北博远出版有限公司和少年儿童出版社签订《彩图幼儿知识百科》(上下册)台湾版的版权贸易协定。科技出版在对外合作上也形势喜人。至1992年,上海科技出版社同美国、英国、德国、日本、中国香港、中国台湾等11个国家与地区的20多家出版社签订了100多项合作协议,合作出版的书刊达57种,6年来创汇41万余美元。世界著名的科技出版公司——施普林格出版公司还与该社联合推出了由中国科学家主撰、体现世界学术水平的英文版专著《固氮及其在中国的研究》及《玻璃的光学和光谱性质》,标志着上海科技出版社开始跻身世界出版界。随着图书版权引进也日益增多,1990年11月,上海翻译出版公司改组成立上海远东出版社。出版文理各类图书和音像制品,并提供各语种文献的翻译服务。

1992年10月15日和10月30日,《伯尔尼公约》和《世界版权公约》分别在中国正式生效,这进一步推动了中国版权保护工作的开展。1994年7月5日,八届全国人大常委会第十一次会议通过了《全国人民代表大会常务委员会关于惩治侵犯著作权的犯罪的决定》。国家主席江泽民发布中华人民共和国主席令。1995年1月14日,上海市政府召开知识产权工作会议,进一步落实和推进知识产权保护工作。5月10日,上海市版权保护协会成立,上海市新闻出版局局长徐福生任主任。

进入20世纪90年代,上海出版社数量不再像80年代前中期一样出现快速增长的局面,基本保持稳定,但也陆续成立了一些新的出版社。1993年2月12日,中国纺织大学出版社成立。1995年1月27日,上海财经大学出版社成立。至1995年,上海有12家高校出版社。在此基础上,上海高校出版学会在华东师范大学宣告成立。1995年10月,大百科全书出版社上海分社、知识出版社、海峰印刷厂合并为东方出版中心，出版社会科学学术著作和知识性读物。这是上海唯一的、直接隶属于新闻出版署的国家级出版单位。1996 年，新闻出版署同意上海大学出版社成立。1997 年 6 月，第二军医大学出版社在上海成立。

与此同时，图书出版的外部政策环境也持续向好。1993 年 3 月 22 日，国家税务总局发出《关于进一步支持宣传文化事业的通知》，决定对出版物只征收增值税，不再征收营业税等，自 1993 年 5 月 1 日起执行。1995 年 5 月 23 日，新闻出版署发出《关于发布〈关于出版社建立图书发行机构的暂行规定〉的通知》，出版社可以自行建立图书发行机构。同年，《上海新闻出版业“九五”规划和 2010 年远景目标的初步设想》发布，其中提出到“九五”期末，上海年出版总产值要达到或超过 35 亿元；到 2010 年，年出版总产值要达到或超过 100 亿元。为改善图书出版的散滥现象，1997 年 4 月，市新闻出版局还制订了《上海图书出版业治理工作实施方案》，要求在“九五”期间，符合优秀、良好出版社标准的达 50%；新书品种年增长幅度控制在 1%以内；图书再版率达 50%以上；图书质量合格品达到 100%、优良品达到 30%；确保每年都有“五个一工程”获奖图书，保持国家级图书评奖中名列前茅的优势；要求各出版社大力推进图书装帧设计、制作的电脑化，提高装帧设计水平。

1998 年，上海 36 家出版社共出图书 10 718 种，比上年增长 8%，其中新出图书 5 083 种，再版图书 5 635 种，再版率达 52.58%，比上年增长 1.38 个百分点；总印数 28 344.76 万册，比上年增长 4.72%；用纸总印张 1 868 736 千印张，比上年增长 4.08%；图书总码洋 21.83 亿元，比上年增长 3.95%。在第十一届“中国图书奖”中有 8 种图书获奖。在“1998 年度国家科技进步奖·优秀科技著作”评选中，全国唯一以科普图书获二等奖的是《十万个为什么》(少年儿童出版社)。

1999 年 2 月 24 日，由上海人民出版社、上海教育出版社、上海译文出版社、汉语大词典出版社、上海图书公司(含上海书店)等 5 家单位组成的上海世纪出版集团正式成立。这是全国出版业第一个出版集团，拥有丰富的出版资源，总资产 4.16 亿元。

迈入 21 世纪后，上海图书出版注重文化积累，加强创新意识，全面开拓各学科各门类高质量的原创性、独创性、填补空白的著作出版。与此同时，上海在学术著作出版基金和马克思主义学术著作出版基金外，还设立了第三个出版专项资金。上海市科学技术委员会和上海市新闻出版局于 2000 年共同出资设立“上海科技专著出版资金”，每年投入不低于 200 万元人民币，用于资助自然科学领域内优秀的原创性科技著作。2002 年，“上海科普创作出版专项基金”设立，以繁荣上海科普创作和出版事业，加快科普人才培养。

2001 年，上海共出版图书 14 000 种，比上年增加 1 344 种，增长 10.6%。其中新出图书 7 947 种，比上年增加 1 011 种，增长 14.6%；再版图书 6 053 种，比上年增加 333 种，图书再版率达 43.5%，比上年减少 1.8 个百分点；共用纸 2 124 468.40 千印张，比上年增加 1.1 个百分点；图书总码洋 28.95 亿元，比上年增加 4.1 亿元，增长 16.50%。

2002 年，经新闻出版总署批准，上海音乐学院出版社成立。该社主管单位为上海市教育委员会，主办单位为上海音乐学院。此外，总署同意将中国外文出版发行事业局主管的今日中国出版社划归中国福利会，并更名为中国福利会出版社，其主管主办单位均为中国福利会。

2002 年开始，出版专业实行职业资格考试制度。上海市图书、期刊、音像、电子等出版单位中从事编辑、出版、校对、发行等专业的 984 名专业技术人员参加了上海考区的考试。经过全国统一阅卷评分，上海有 94 人获得初级资格合格证书，合格率为 54.34%，名列全国第二；463 人获得中级资格合格证书，合格率为 57.09%，名列全国第一。出版专业实行职业资格考试制度后，不再进行该专业相应级别专业技术职称任职资格的评审工作。

2003年6月,中宣部将上海世纪出版集团列为全国文化体制改革试点单位。9月,中共上海市委批准该集团党的关系由原隶属上海市新闻出版局党委改为隶属市委宣传部,市新闻出版局对该集团实行行业管理。该集团将下属或投资单位分成核心层、紧密层、松散层3种类型。至年底,集团有职工2700余人,总资产达到11.6亿元,净资产7亿元。2003年集团出版图书近8000种,出版报刊49种,造货总码洋17亿元,销售收入达到8.2亿元,利润1亿元。

一些独有特色的专业出版社也在经营上取得不俗的成绩。上海外语教育出版社于2003年全面通过ISO9001:2000质量管理体系认证,成为国内首家通过该体系认证的音像出版单位。发行码洋连续6年以年均6000万元的幅度递增,2003年达到5亿多元,利润总额从1997年的3300万元迅速增长到1.16亿元,为上海各出版社之首,在全国同行中名列前茅。根据权威部门的统计数据,2002年以来外教社各项考评指标均优于沪上同行,实现经济效益和社会效益双丰收。

为做强做大上海出版业,继成功组建和扩大上海世纪出版集团之后,市委、市政府决定再组建上海文艺出版总社。2004年6月22日,上海文艺出版总社组建成立。经中共上海市委、市人民政府批准,上海文艺出版社(上海文化出版社、上海音乐出版社、上海文艺音像出版社)、上海书画出版社、上海人民美术出版社、上海画报出版社、百家出版社组建成上海文艺出版总社,党的关系隶属于市委宣传部。2009年,上海文艺出版总社在成立五周年之际,企业名称更改为上海文艺出版(集团)有限公司,以全新面目启动新一轮改革发展。

2005年,上海出版界的改革进一步推进。5月15日,国内15家媒体出版社在上海发起成立中国媒体出版联盟。中国媒体出版联盟委托文汇出版社在上海注册,旗下包括文汇出版社、新华出版社、人民日报出版社、光明日报出版社、经济日报出版社、南方日报出版社等众多知名媒体出版社。11月26日,国内出版领域第一家股份有限公司——上海世纪出版股份有限公司正式成立。上海世纪出版股份有限公司正式成立,是上海世纪出版集团贯彻中央和市委关于文化体制改革试点工作的要求,全面转企改制的实质性举措,也是上海文化体制改革的重大进展。2003年6月,上海世纪出版集团被确定为全国文化体制改革试点单位。按照中央和市委关于文化体制改革试点工作的总体部署,上海世纪出版集团与上海大盛资产有限公司、上海精文投资公司、上海联和投资有限公司、东方网股份有限公司、浙江出版联合集团等国有投资主体共同发起设立上海世纪出版股份有限公司,由此实现集团的整体转企改制。到2009年,上海世纪出版集团成为拥有17家图书编辑出版机构、4家音像出版社、3家电子出版社、1家网络出版企业、44家期刊、5张报纸、1家动漫制作企业和1家数字出版企业在内的大型出版集团。

迈入21世纪后,上海出版界在版权输出上也取得了一些成绩。2005年英语版"文化中国丛书"新出21种,在国际图书博览会——法兰克福书展展出,与美国海马图书出版公司签订码洋1.32万美元的图书协议。

2009年3月18日,市新闻出版局颁布实施了《上海市新闻出版局支持出版产业发展的若干意见》。主要内容包括:(1)鼓励、支持转企改制的出版企业在生产经营环节进行改革探索,扩大社会融资能力;(2)为社会资本投资的文化工作室提供编辑岗位培训、考核和资格认证,取得出版中级职业资格的人员可以受聘出版单位;(3)鼓励、支持基础好、条件优的高校出版企业和期刊出版单位向专业化出版集团方向发展;(4)鼓励、支持社会效益与经济效益俱佳、发展势头良好的出版企业做强做大主营业务,并向新媒体、新业态、新领域拓展;(5)调整书刊印刷企业总量结构布局,对有发展潜力、条件成熟的民营印刷、数字印刷等企业核发书刊印刷许可证;(6)对信誉好、自律严的印刷企业承接境外包装装潢和其他印刷品印刷业务,建立网上备案制度,实行同步备案、先开机后备案;

(7)对信誉好、自律严的印刷企业承接境外出版物印刷业务，允许边开机边送审，争取做到零时差；(8)对从事出版物网上发行和批发业务的新办企业，许可条件(营业面积、注册资金)可分步到位；(9)对信誉好、自律严的报纸、期刊出版单位出版增刊、增版，简化审批程序，压缩审批时间；(10)简化年检手续，对信誉好、自律严的单位实施免审通过制度。

2009年5月20日，拥有20多年历史的上海商报社正式改制成为上海商报传媒有限公司，这是经国家新闻出版总署正式批准的全国第一张改制成为企业的日报。上海商报社的转企改制是上海世纪出版集团转制和股份化改造的一个组成部分。8月31日，文汇出版社、复旦大学出版社等32个出版单位的转制方案获得正式批复，全部完成清产核资，75%完成工商登记，50%完成转制程序。至此，上海市38家图书出版社和27家音像电子出版社全部转企改制，在全国率先全面完成出版单位转企改制任务。2003年，上海作为中共中央、国务院文化体制改革试点省市，启动图书、音像、电子出版单位整体转企改制。至2006年，市属宣传系统的世纪出版集团、文艺出版总社所辖共23个出版单位完成整体转企改制。2007年，华东师范大学出版社和上海财经大学出版社进行高校出版社转企改制试点。2008年，转企改制进入全面推进阶段，共32个出版单位整体转企改制，其中高校出版单位22个、宣传系统出版单位8个、社会出版单位2个。

至2010年底，全市共有图书出版社40家。全年出版本版图书1.95万种，比上年增长3.42%，其中新出图书1.12万种，比上年增长5.9%；重版、重印图书8278种，比上年增长0.24%。全年图书总印数2.89亿册，比上年增长5.5%；总印张26.34亿印张，比上年增长3.49%；定价总金额51.7亿元，比上年增长14.36%。

表2-1-3 1978—2010年上海市图书出版业情况统计表

年份	出版社	出书种类		字数	总印数	总定价	利润	总印张
	个	种	其中:新书	万字	万册(张)	万元	万元	千印张
1978年	—	1711	1377	14726	39206	—	—	—
1979年	—	2097	1612	17775	45816	—	—	—
1980年	16	2396	1846	25769	56208	18570	—	—
1981年	—	2801	1949	25753	60149	22949	—	—
1982年	—	3395	2057	29059	60652	22915	—	—
1983年	—	3653	2254	28565	46510	22915	9774	—
1984年	—	3848	2328	31422	53727	30813	—	—
1985年	—	4175	2634	41134	49598	114439	—	—
1986年	—	4531	3045	51286	36567	34029	—	—
1987年	—	5103	3151	52579	42624	43715	—	—
1988年	33	5538	3658	60409	43284	63479	—	—
1989年	33	6765	4960	83821	32843	63479	—	—
1990年	33	7767	4887	—	29849	63772	—	—
1991年	33	8141	4756	—	31097	76078	—	—

(续表一)

年份	出版社	出书种类		字数	总印数	总定价	利润	总印张
	个	种	其中:新书	万字	万册(张)	万元	万元	千印张
1992 年	33	8 095	4 179	83 200	27 512	81 457	—	—
1993 年	33	7 721	4 272	95 331	22 599	92 355	—	—
1994 年	34	7 812	4 382	96 701	23 548. 64	125 015. 6	—	—
1995 年	36	8 338	4 185	—	24 438	164 800	—	—
1996 年	36	9 071	4 417	—	27 893	220 986	—	2 009 480
1997 年	36	9 928	4 844	—	27 000	210 000	—	1 800 000
1998 年	36	10 718	5 083	—	28 344. 76	218 300	—	1 868 736
1999 年	37	11 348	5 880	—	—	240 300	—	1 869 375
2000 年	37	12 656	6 936	—	—	248 500	—	1 904 933
2001 年	—	14 000	7 947	—	—	289 500	—	2 124 468. 4
2002 年	—	14 537	8 156	—	25 888. 63	293 263. 7	—	2 138 308. 6
2003 年	—	15 636	8 726	—	27 411. 77	336 021	—	2 326 753. 1
2004 年	—	16 449	9 391	—	26 666. 15	342 329. 1	—	2 353 870. 6
2005 年	38	16 504	9 286	—	25 900	356 500	—	2 365 000
2006 年	38	17 283	9 338	—	25 433. 48	379 800	—	2 486 000
2007 年	39	16 958	9 085	—	23 968. 1	376 100	—	2 405 000
2008 年	39	17 780	9 945	—	26 387. 25	424 096. 2	—	2 496 734. 7
2009 年	40	18 900	10 600	—	27 400	452 100	—	2 546 000
2010 年	40	19 500	11 200	—	28 900	517 000	—	2 634 000

资料来源:据《上海通志》(2005 年 4 月第 1 版)、《上海出版志》(2000 年 12 月第 1 版)、《上海年鉴》(1996—2011)整理汇编。

三、数字出版

20 世纪 80 年代,上海出版行业开始涉足音像出版,到 90 年代,电子出版成为新的领域。1992 年中,六七家出版社联手展开大规模的“电子辞典”科研活动。在新闻出版局系统内成立了 3 个课题组,1 个顾问组。正式立项的“辅助编辑系统”课题组,由上海译文出版社承担;“新介质出版物可行性研究”课题组,由上海三联、上海教育、少儿三社组成;“计算机字库可行性研究”课题组则由汉大、辞书两社组成。1995 年,多媒体百科大典《上海大典》光盘(CD-ROM)项目正式启动。《上海大典》把 1 个城市的信息容于 1 张光盘内,在国内实属首创。同年,上海启动首批重大电子出版物工程,上海出版界将自己的“看家书”和重大图书选题制成电子版。到 1997 年,上海有上海电子出版公司等电子出版物出版单位 5 家。此外,上海一些图书出版社也积极出版电子出版物,全年共出版近百种多媒体光盘。1997 年 5 月,市新闻出版局制定了《关于电子出版物选题报批和样品送交的管理办法》。该办法对加强电子出版物选题管理和规范经营有明确规定。

上海的电子出版和网络出版在21世纪得到快速发展。2001年，出版电子出版物293种，比上年增长190%；复制275.7万片，比上年增长1%；由各单位自行开发制作的电子出版物149种，占全年出版品种数的51%，比上年增长204%。列入"十五"国家重点电子出版物的项目14种，占全国总数的9.2%，其中少儿类电子出版物占全国同类的50%。同年8月31日，上海科学技术出版社在网上一次推出100种电子书。该社成为首家一次推出100种电子书的出版社。大型专业出版网站易文网(www.ewen.cc)在7月27日开通，该网站由上海世纪出版集团、上海新汇光盘集团和上海联和投资公司共同组建的上海数字世纪网络有限公司创办，是全国首家集信息服务、网上出版与电子商务等多重功能于一体的经营性专业出版网站。

2002年，市机构编制委员会颁发《关于同意本市音像制品出版、制作、复制的监管职能由市文广影视局划转市新闻出版局的通知》。根据文件精神，上海市新闻出版局从5月17日起开始履行上海市音像制品出版、复制和制作的监管职能。

2003年，上海11家电子出版单位共出版电子出版物393种，比上年增长18.5%；复制数量1 483.3万盒(张)，比上年增长587%。全市33家出版社共新出电子书2 279种，比上年增长149%；实现销售额139.8万元，利润69.8万元，比上年分别增长485%和437%。互联网游戏出版得到迅猛发展，全市20家网络游戏运营单位运营的网络游戏30余款，实现销售收入超过13亿元，利润6亿元。同年，经新闻出版总署批准，上海东方网股份有限公司(东方网)、上海数字世纪网络有限公司(易文网)和上海盛大网络发展有限公司获得互联网出版许可证，成为全国首批互联网出版机构。这标志着网络出版作为继图书、报纸、期刊、音像制品、电子出版物之后得到政府主管部门认可的第六种出版形态，有了正规的出版机构。2004年，上海13家电子出版单位共出版电子出版物294种，比上年下降25.2%；复制电子出版物2 054.2万盘，比上年增长38.5%。从事网络游戏运营企业20余家，运营游戏近40款，实现产值18.1亿元，比上年增长39%。上海盛大网络发展有限公司的《梦幻国度》《英雄年代》《三国豪侠传》、上海久诚信息技术有限公司的《快乐西游》和上海腾武数码科技有限公司的《功夫ONLINE》在2004年入选首批"中国民族网络游戏出版工程"。2005年，13个电子出版单位全年共出版电子出版物313种，比上年增长6.46%；复制数量1 285万(盘)，比上年下降37.44%。全市从事网络游戏运营研发的企业有50多家，从业人员5 000余人，运营的游戏达46款，实现产值近24.5亿元，比上年增长35.4%，占全国网络游戏市场的65%。年内，全市网络出版(电子书出版)销售品种12 478种，比上年增长43%；销售80.69万册，比上年增长24.6%；销售额460万元，比上年增长40%。2004年新闻出版总署决定分别在北京、上海、广州、成都建立国家级网络游戏动漫产业发展基地。2005年11月9日，国家网络游戏动漫产业发展(上海)基地揭牌仪式在张江高科技园区举行，成为继成都、广州之后第三个挂牌的基地。张江基地挂牌后，致力于建设成为国内网络游戏的研发中心、运营中心，游戏的演示、推广、交易中心，游戏专业人才的教育培训中心以及国际合作交流的平台。

2006年，上海网络游戏只进不出局面也得以改变。久之游信息技术上海有限公司开发的《超级舞者》《超级乐者》和上海游戏蜗牛有限公司开发的《航海世纪》等国产网络游戏分别出口到美国、加拿大、马来西亚、越南、印度、新加坡和中国香港、中国台湾等10多个国家和地区。同年，全市网络游戏产业全年实现销售收入38.9亿元，比上年增长58.7%，占全国网游市场销售额的60%。

2007年，上海在网络游戏上依然保持较大优势。网络游戏出版全年实现销售收入63.7亿元，比上年增长63.75%，占全国网络游戏市场销售额的60.3%。同年6月28日，国家动漫游戏产业产权交易中心在上海运行。该产权交易中心由国家动漫游戏产业振兴基地和上海联合产权交易所共同组建，通过信息发布、产权转让、并购重组、产业链整合、产权评估等服务，推动中国动漫游戏产业产权化、资本化。交易品种主要有股权类、项目资产类、虚拟游戏装备类、动漫游戏商品化权类和动漫游戏经纪权类等五大类。

2008年，国家新闻出版总署与上海市人民政府部市合作首次联席会议在上海东郊宾馆举行。会上，国家新闻出版总署署长柳斌杰、上海市市长韩正共同签署了《国家新闻出版总署、上海市人民政府部市合作框架协议》，确定数字出版部市合作六大重点领域，实现新闻出版总署与上海市数字出版和版权的全面战略合作。7月16日，张江国家数字出版基地正式挂牌成立。上海张江国家数字出版基地实行管理主体、运作(服务)主体和企业主体三分离原则。国家新闻出版总署相关司局和上海市新闻出版局对基地依法监管，并提供政策支持、营造良好发展环境；张江集团和张江数字多媒体公司是基地的服务主体；基地内的出版机构和其他与数字出版相关的企业、机构是基地发展的主体。2008—2011年，上海张江国家级数字出版基地每年投入专项基金5 000万元，用于搭建政策优势、数字出版综合业务信息服务交易、技术研发和专业人才培养四大功能性平台，拓展网络游戏动漫、手机出版、艺术典藏、数字报刊、数字音乐、电子图书、按需出版与数字印刷、互动教育、数字图像、数字会展等十大业务板块。为扶持数字出版发展，2008年，市新闻出版局组织市科委、市信息委专家，筛选、审核90多个在建和拟建的数字出版项目，确定16个数字出版项目(其中民营企业占2个)，会同市信息委和市财政局给予资金资助，资助总金额2 000万元。资助项目包括数字出版内容资源管理系统、数字出版发行平台、数字音乐出版、数字印刷生产应用系统研发、网络教育出版、数字信息营销平台、手持终端电子报纸等。2008年，全市共有电子出版单位有电子出版物出版权的单位18个。全年共出版电子出版物635种23 991 188套(盘)。网络游戏产业实现销售收入86.2亿元，比上年增长35.32%，占全国市场份额的46.9%，继续居全国第一位。据不完全统计，全市网络文学全年销售收入约1亿元，约占全国市场份额的80%；网络视听出版全年收入约1.5亿元，约占全国的70%；数字发行(网上售书)全年销售收入约3亿元。

2009年，上海正式出台《上海数字出版业发展引导目录(2009版)》，这份目录既是引导社会各方多元投资发展数字出版的指南，也是政府政策和资金鼓励支持的重点，对推动传统出版业转型，鼓励支持数字出版新媒体、新业态跨越式发展起到举足轻重的作用。目录包括产业发展研究、公共服务平台建设、内容资源数据库建设、软件产品开发、数字出版相关技术研发等在内的5大方面21个类别。

同年5月21日，市工商局、市新闻出版局联合发布《关于本市从事数字出版业务工商登记有关问题的意见》，首次对数字出版的范围，数字出版经营主体的组织形式、名称以及经营范围等方面作明确规定，有效解决从事数字出版经营业务的企业在工商登记、注册时碰到的问题，为政府管理部门和企业共同推动数字出版业发展提供政策基础。当年上海数字出版产业实现销售收入185亿元，比上年增长50.41%，约占全国25%。张江国家数字出版基地总产值达90亿元，基本形成网络文学、互动教育、网络游戏、艺术典藏、手机出版等特色产业聚集的数字出版产业链。2009年12月9日，方正集团与上海张江集团签署合作协议，共同投资2.85亿元，组建全国数字出版的旗舰企业——中国数字出版技术有限公司，并正式入驻张江国家数字出版基地。这是中国数字出版史上迄今为止投资规模最大、合作层次最高的项目，具有标志性意义。2010年5月14日，国家数字出版基地(虹口园区)揭牌。虹口以此为契机，在3 000万元大柏树建设专项资金的基础上，增设1 000万元的数字出版产业专项资金，在企业发展、产业引导、项目申报、人力资源等方面给予支持，全力打造数字出版产业链。

至2010年底，全市全年数字出版产业实现销售收入220亿元，比上年增长19%。张江国家数字出版基地总产值110亿元，比上年增长22.22%；上海国家数字出版基地虹口园区企业产值约13亿元。全市拥有新闻出版总署核发的互联网出版许可的企业31家，比上年增长121%。网络游戏企业20家，营业收入约125亿元。同年3月30日，上海世纪出版集团推出首款由出版机构出品的电子阅读器——辞海悦读器，开启以“品牌＋内容＋服务＋终端载具”的全新商业模式，成为传统出版社数字化转型的示范。6月11日，上海市电子书产业发展联盟成立。11月4日，新闻出版总署向全国首批21家企业颁发电子书相关业务资质证书，上海有4家企业入选：上海人民出版社获准电子书出版资质，上海盛大网络发展有限公司获准电子书复制资质、电子书总发行资质，上海世纪创荣数字信息科技有限公司获准电子书复制资质，上海外文图书公司获准电子书进口资质。

四、期刊出版

20世纪70年代末80年代初，不少期刊在文化大革命之后重新复刊。1978年，《儿童时代》《中国语文》《中华文史论丛》复刊。1979年，《儿童文学研究》复刊。同时也有不少新期刊陆续创办。1978年，《自然杂志》和《美术丛刊》创办。1979年，上海各大出版社纷纷创办期刊。1979年4月上海人民出版社创刊《青年一代》，双月刊。6月，上海辞书出版社创刊《辞书研究》期刊。上海人民出版社创刊《党的生活》，双月刊。1983年第6期终刊。少年儿童出版社创刊《万花筒画报》，月刊。7月上海文艺出版社创刊《艺术世界》，双月刊。9月，上海人民出版社创刊书评刊物《书林》杂志，双月刊，1986年起改月刊，后又改双月刊，1990年出版第3期后终刊。11月，上海人民出版社创刊《党史资料》，季刊，1983年年底终刊。1981年，少年儿童出版社分别于3月中旬和6月创刊《儿童文学选刊》《娃娃画报》。5月上海文艺出版社创刊《小说界》大型文学期刊。12月，《上海画报》创刊。

20世纪80年代后，除出版社外，新华书店、报社也开始创办期刊。1980年1月1日，上海新华书店创刊《书讯报》。同年1月，文汇报社创办文艺性、综合性的《文汇增刊》，翌年1月更名《文汇月刊》。1990年5月停刊。

1980年，上海市出版局所属出版社出版的期刊有23种，丛刊40种，期销行100万册以上者有《文化与生活》《少年文艺》《科学画报》《大众医学》《看图说话》《青年一代》《故事会》。《故事会》最高达700万册。1981年，上海出版各种期刊266种，平均期印数1 872.5万册，总印数12 209万册。1982年，出版各种期刊308种，平均期印数2 202.6万册，总印数23 069万册。

1984年全市出版各种期刊491种，平均期印数在100万册以上的有：《青年一代》527.1万册，《故事会》523.9万册，《上影画报》117.9万册，《看图说话》117.7万册。12月29日，国务院发出《关于对期刊出版实行自负盈亏的通知》。

期刊种类快速上涨的趋势由1985年起发生变化，1985年出版各种期刊种数与上年持平，为491种，平均期印数3 423.5万册，总印数34 502万册。当年期发数在100万册以上的期刊全国共26种，其中上海有6种，即：《故事会》658.2万册，《青年一代》463.4万册，《故事大王》147.3万册，《看图说话》116万册，《上影画报》104.5万册。1986年，上海出版的期刊种数虽然恢复上涨，达541种，但平均期印数和总印数却出现下降，平均期印数3 073.1万册，总印数30 344万册。自80年代中后期，期刊种数不再出现80年代初时的快速上涨，基本维持小幅增长的趋势。

80年代中期，期刊出版行业日益重视对编辑人才的培养。1985年开始，上海师范大学陆续开办了3期全国高等学校文科学报编辑研讨班。1986年5月13日,上海市编辑学会和市出版局职工大学联合举办科技期刊编辑短训班开学,学员44人,学习两个半月。

1988年11月24日,新闻出版界发出《关于印发〈期刊管理暂行规定〉的通知》。加强管理后,期刊总印数大幅回落。1987年上海市期刊总印数达到31324万册,1988年时则跌至18609万册,此后直至2010年都再未达到20000万册以上。畅销期刊的期发数出现下跌,一度平均期印数达到百万以上的期刊下跌至40万以上。20世纪90年代开始,报纸期刊行业进一步规范整治。1990年2月12日,新闻出版署批复同意上海市第一批压缩8种报刊;停办19种期刊,调整、合并,停掉9种期刊。1991年上海全市出版各种期刊504种,平均期印数1748.9万册,总印数17314万册。期印数超过50万册以上的有《康复》《青年一代》《故事会》《故事大王》。

20世纪90年代中期开始,上海的期刊种数有所回升。1994年,全市出版各种期刊556种,平均期印数1569.5万册,总印数17231.59万册,总定价28820万元。到1996年底,上海共有正式期刊601种,比1995年增加6种;其中社会科学类259种,自然科学类342种。在社科类期刊中,综合类16种、哲学社会科学类110种、文化教育类74种、文学艺术类42种、少年儿童类14种、画刊类3种。在601种期刊中,主管单位属中央部委的有245种,属上海的有356种(内部发行期刊不在其内)。1996年,上海大部分期刊质量有不同程度提高,但出版发行情况总体呈稳中略降态势,具体表现为:总印数由1995年的17846.01万册降至1996年的16587.10万册,下降7.1%;总印张由1995年的530028千印张降至1996年的514312千印张,下降3%;排版字数由1995年的40959万字到1996年的42377万字,上升3.5%。从总印数的具体分类变动情况看,除文学艺术类1996年比1995年上升1.5%外,其他各类期刊都有不同程度的下降,如综合类下降7.6%、哲学社会科学类下降16%、自然科学技术类下降6.5%、文化教育类下降7.7%、少年儿童类下降17.6%、画刊类下降16.7%。为了拓宽宣传报道面,增大信息量,1996年有25种期刊变更了登记项目、7种期刊缩短刊期、2种期刊由内部发行改为公开发行、8种期刊改变期刊名称。1996年,新批办6种期刊:《中国肿瘤生物治疗杂志》《中国临床药学杂志》《中国癌症杂志》《现代音响技术杂志》《卡通先锋》《工业工程与管理》。1997年,上海共出版期刊601种,其中社会科学类259种、自然科学类342种。全年总印数为16623.02万册,总印张为535386千印张,排版字数为43077万字,分别比上年增长0.2%、4.1%和1.7%。社会科学大类期刊中,哲学社会科学类110种,全年总印数2599.83万册,比上年下降0.3%;综合类16种,全年总印数782.91万册,比上年上升2.6%;文化教育类74种,全年总印数2506.94万册,比上年上升5.3%;文学艺术类42种,全年总印数6690.74万册,比上年上升1.8%;少年儿童类14种,全年总印数1909.82万册,比上年下降7.2%;画刊3种,全年总印数5.49万册,比上年上升12%。自然科学大类342种,全年总印数2127.29万册,比上年下降3.3%。

1997年3月,上海市期刊协会成立。协会共有团体会员376个。上海市期刊协会是上海市期刊社、期刊驻沪记者站以及有关期刊发行、经营、管理单位自愿组成的全市性社会团体,旨在发挥党和政府与广大期刊社之间的桥梁和纽带作用,加强期刊界内部与社会各界广大读者的联系,维护会员的合法权益,促进国内外期刊界的交流。

到90年代末,上海的科技期刊创办在全国居于领先地位。1998年,上海科技期刊达354种,其中由上海市主办的科技期刊达176种,占全国各省市主办的科技期刊总数的8.2%,居全国之首。上海基本形成学科齐全的综合、学术、技术、检索和科普五大类相配套的科技期刊出版体系。在被引用频次最高的中国科技期刊排行前50名之中,上海就占有7席。为带动和促进期刊整体质量的提高,1998年,新闻出版署还部署了“社刊工程”(是指上海市各出版社主办的50余种期刊的建设)、

“百强工程”(是指进入全国 102 种重点社会科学期刊的建设)和“百万工程”(是指发行量超过和接近 100 万册期刊的建设)。至 1999 年年底,上海共出版期刊 614 种,其中社科类期刊 215 种、科技类期刊 338 种、高校学报类期刊 53 种、政府公报类期刊 3 种、年鉴类期刊 5 种。614 种期刊中,中央部属单位在上海出版 198 种、上海地方期刊 355 种、特殊系列刊物 61 种(含高校学报 53 种、公报政报 3 种、年鉴 5 种)。上海期刊中社科类期刊 174 种、科技类期刊 181 种。下半年《上海幼托》《咬文嚼字》《上海财经大学学报》《上海铁路局年鉴》期刊注册登记。《儿童文学选刊》更名为《活力派》。为加强管理,1999 年 4 月,还开展了 1998 年度期刊核验和换发期刊出版许可证和期刊登记工作。凡通过年检合格的期刊,发放中华人民共和国期刊出版许可证(正副本),有效期为 5 年。据对 606 种(另有 8 种期刊因故缺统计资料)期刊的出版统计,实际出版 4 780 期,总印数 17 778.39 万册,总印张 687 410 千印张,定价总额 71 903 万元。与 1998 年相比,期刊增加 15 种,增长 2.54%;实际出版增加 268 期,增长 5.94%;总印数增加 1 275.26 万册,增长 7.73%;总印张增加 106 273 千印张,增长 18.29%;定价总金额增加 7 909 万元,增长 12.36%。上海发行量较大的期刊有《故事会》390 万册,《上海服饰》70 万册,在全国同类期刊中位居前茅。其中《故事会》位居全国前 3 位,全年期刊码洋 1.2 亿元,广告额 1 000 万元,利润 2 000 万元。《上海服饰》位居全国时尚生活类期刊第 1 位,全年期刊码洋 4 800 万元,广告额 1 300 万元,利润 1 200 万元。

迈入 21 世纪后,上海的期刊结构进行调整。2000 年列入调整的期刊有 10 种:《东方剑》划归上海文艺出版总社主管主办;《上海教育》《康复》《计算机教与学》《好儿童画报》《当代学生》《上海托幼》等 6 种期刊划转至上海教育报刊总社主管主办;原由教育部主管、上海师范大学与上海市教委主办的《高等学校文科学报文摘》改由上海市教委主管、上海师范大学主办;原由上海市人事局主管主办的《行政与人事》杂志与《人才市场报》一起划归解放日报报业集团,《行政与人事》杂志更名为《新上海人》,于 2001 年 1 月出版。至 2000 年年底,上海共有期刊 623 种,其中社科类期刊 257 种(含高校学报类期刊 27 种、政报公报类期刊 4 种,年鉴类期刊 7 种);科技类期刊 366 种(含高校学报类期刊 31 种)。在 623 种期刊中,中央部属单位在上海出版 232 种,上海地方期刊 391 种;邮发期刊 402 种,自发期刊 221 种。据对 613 种期刊的出版统计,全年总印数为 18 524.17 万册,总印张为 738 210 千印张,定价总金额为 74 416.82 万元。上海各出版社出版的期刊 61 种,占全国 288 个社刊的 21.2%。其中社科类期刊 49 种,科技类期刊 12 种。623 种期刊共有从业人员 4 105 人,其中具有高级职称的 1 576 人,占期刊从业人员的 38.39%;中级职称 1 463 人,占 35.64%;初级职称 485 人,占 11.81%。2000 年上海创办期刊 6 种:《上海行政学院学报》、《浦东年鉴》(英文版)、《上海经济年鉴》(英文袖珍版)、《上海市人民政府公报》、《上海市人民代表大会常务委员会公报》、《上海理工大学学报》(社科版)。有 4 种期刊认定为著名商标:《故事会》《上海服饰》《大众医学》《现代家庭》。

2001 年时,伴随上海高校体制改革,原上海轻工业高等专科学校、上海化工高等专科学校、上海冶金高等专科学校三校合并成立上海应用技术学院,原学报《上海化工高等专科学校学报》《上海冶金高等专科学校学报》《上海轻工业高等专科学校学报》停办,新办《上海应用技术学院学报》。

2002 年,上海对内部资料开展了专项整治工作。重点清理整顿五种违规行为:主办单位不符合条件或不能认真履行管理职责的;违反规定刊载有政治导向错误或其他不得刊载的内容,造成不良社会影响的;违反规定公开征订发行、刊登广告、收费或变相收费的;擅自出版超越本系统、本行业、本单位内部工作指导、信息交流内容的;未经批准擅自变更核准项目等违规行为的内部资料性出版物等。确保了期刊市场的有序发展。

2003年,上海共有期刊637种。按学科分:社会科学类期刊268种(文化、科学、教育、体育类70种,经济类56种,社会科学总论45种,文学、艺术类42种,政治、法律类34种,综合、画报、文摘类11种,语言、文字类9种,宗教类1种),科学技术类期刊369种(含科普期刊22种);按主管、主办单位分:中央部属单位在上海出版期刊222种,上海地方期刊415种;按刊期分:周二刊1种、周刊8种、旬刊2种、双周刊1种、半月刊27种、月刊203种、双月刊227种、季刊153种、半年刊7种、年刊8种。全年期刊出版期数5625期,比上年5301期增长6.11%;平均期印数1334.9万册,比上年1331.9册增长0.23%;总印数1.83亿册,比上年1.80亿册增长1.67%;总印张数85.1万千印张,比上年77.7万千印张增长9.52%;定价总金额8.57亿元,比上年8.0亿元增长7.13%。年内,创办期刊2种:《上海年鉴》(英文版)、《神经病学与神经康复学杂志》;更名期刊11种;变更文种1种(《新读写》文种由中文变更为中英文);变更开本6种(《动画大王》《卡通王》《卡通先锋》由16开变更为32开本,《活力派》由32开本变更为大16开本,《新上海人》《上海文化》由16开本变更为8开本。变更刊期10种;《纺织学报》期刊注册登记地由上海市变更为北京市。

为进一步优化办刊结构,根据新闻出版总署"总量控制,停一办一"原则,市新闻出版局对期刊结构进行调整,促使期刊在适应市场的需求中不断调整定位。2004年全年经新闻出版总署批准同意更名的期刊有9种。与此同时,为规范连续性内部资料出版物(以下简称内部资料)出版,制止违规出版、强行征订等行为,根据中央治理党政部门报刊散滥和利用职权发行工作协调领导小组的工作部署,市新闻出版局结合年检,于2月中旬至4月,开展内部资料专项治理工作。全市有报型内部资料119种,其中工商、金融企业主办75种,党政部门主办25种(含区县报19种),协会主办9种,学校主办4种,其他单位主办6种;刊型内部资料314种,其中党政机关主办51种,事业单位主办87种,国有企业单位主办44种,各种社团如协会、学会、研究会、促进会等主办97种,各大专院校主办35种(含中央部属高校7种)。通过专项治理和年检,第一批在市主要媒体上予以公告的内部资料共有362种,其中报型70种,刊型279种,报型转刊型13种;有26种报型、21种刊型内部资料被缓验未予公告;24种内部资料被注销登记,其中报型10种、刊型14种。按照新闻出版总署规定,内部资料出版单位从2004年起,在出版的内部资料头版(报型)或封面(刊型)显著位置必须标注"内部资料、免费交流"字样。另外,除企业已办内部资料保留报型外,其他内部资料一律采用刊型,装订成册,不得以报型或散页形式出现,出版周期限定为半月以上。

至2005年底,上海共有期刊625种,比上年增加2种,其中中央部属单位在上海出版期刊196种、上海地方期刊429种。按学科分:社会科学类257种,自然科学类368种。社会科学类期刊分为:文化、科学、教育、体育等类68种,经济类46种,社会科学总论44种,文学、艺术类40种,政治、法律类22种,综合、画报、文摘类16种,语言、文字类10种,历史、地理类9种,马列主义、毛泽东思想、邓小平理论1种,宗教类1种。上海特殊系列期刊有66种,其中高校学报56种、年鉴8种、政府公报2种。全年全市期刊实际出版期数5671期,平均期印数1130.41万册,总印数1.9亿册,总印张数896408.29千印张,定价总金额90656.22万元。平均期印数10万册以上的期刊有16种,其中平均期印数超过20万册的有8种,超过30万册的有5种,超过40万册的有2种,超过250万册的有1种。平均期印数10万册以下5万册以上期刊有25种。期刊装帧设计质量状况检查评比活动检查期刊517种,占上海期刊总数的83%,共评出装帧设计优秀期刊28种,装帧设计良好期刊103种。年内,经新闻出版总署批准更名的期刊有27种,其中社会科学类10种,科学技术类17种。新创办期刊2种:《健康教育与健康促进》《内科理论与实践》。同年,经新闻出版总署批准,原由市新闻出版局主管的66种社办期刊,其主管单位分别变更为上海文艺出版总社、上海世纪出版集团和解放日报报业集团。其中《故事会》《旅游天地》《秀》《艺术世界》《小说界》《音乐爱好者》《东方剑》《咬文嚼字》《好 HOW》《美家》《新发现》《写字》《买卖世界》《上海画报》《车经》《大美术》《今日风采》《今日佳丽》《旅行者》《动画大王》《书与画》《书法》《艺术当代》《上海家居》等 24 种期刊变更为上海文艺出版总社主管，《青年一代》《少女》《中外书摘》《国际服装技术》《家居主张》《出色》《微型世界》《语文学习》《小学数学教师》《小学语文教师》《看图说话》《读读写写》《素质教育大参考》《中学科技》《小学科技》《电脑技术》《数字世界》《上海服饰》《科学画报》《大众医学》《科学》《无线电与电视》《车迷》《科技评论》《远东经济画报》《理财周刊》《漫动作》《外国文艺》《世界时装之苑》《名车志》《家居廊》《大众》《娃娃画报》《故事大王》《少年科学》《小朋友》《少年文艺》《卡通先锋》《作文世界》《活力派》《海外求学》等 41 种期刊变更为上海世纪出版集团主管，《书城》变更为解放日报报业集团主管。根据属地管理原则，国家体育总局主管的《上海体育学院学报》《中国体育教练员》《竞技》3 种期刊变更为上海市教育委员会主管。

2006 年，全市共出版期刊 616 种，比上年增加 4 种；全年实际出版期数 5 756 期，比上年增长 1.50%；平均期印数 1 124.67 万册，总印数 18 334.69 万册，比上年下降 3.53%；总印张数 876 030.37 千印张，比上年下降 2.27%；定价总额 92 055.32 万元，比上年增长 1.54%；总发行数 17 692.55 万册。平均期印数在 10 万册以上的期刊共有 18 种。12 种期刊获得优秀编校质量期刊称号。经新闻出版总署批准，由中国工商银行上海市分行主管、上海金融职工大学主办的《上海金融职工大学学报》因学校职能转变、多年未出版而被注销登记；有 13 种期刊更名；1 种期刊迁址北京。2007 年，上海共有期刊 623 种，其中社会科学类期刊 257 种、自然科学类期刊 366 种；有特殊系列期刊 66 种，其中高校学报 56 种、年鉴 8 种、政府公报 2 种。期刊从业人员近 5 000 人，期刊新闻记者 335 人。实际出版期数 5 540 期，比上年下降 3.75%；总印数 18 265.62 万册，比上年下降 0.38%；总印张数 875 236.92 千印张，比上年下降 0.09%；定价总额 9.44 亿元，比上年增长 2.55%；总发行数 17 686.37 万册，比上年下降 0.03%。平均期印数在 10 万册以上的期刊 16 种，其中《故事会》超过 100 万册。《现代通信》和《胰腺病学》期刊登记地由上海变更为北京。

至 2008 年底，上海共有期刊 621 种(因更名报批中或休刊等原因未出版的 9 种，实际出版 612 种)，其中社会科学类期刊 258 种、自然科学类期刊 363 种；有特殊系列期刊 66 种，其中高校学报 56 种、年鉴 8 种、政府公报 2 种。期刊从业人员近 5 000 人；领有期刊新闻记者证 310 人。实际出版的 612 种期刊总出版期数 5 910 期，比上年增长 6.68%；总印数 19 013.79 万册，比上年增长 4.10%；总印张数 927 464.12 千印张，比上年增长 5.97%；定价总额 104 741.74 万元，比上年增长 10.95%；总发行数 18 381.64 万册，比上年增长 3.93%。平均期印数在 10 万册以上的期刊有 17 种，其中《故事会》过百万册。经新闻出版总署批准，上海有 18 种期刊更名，其中社科类 10 种、科技类 8 种。3 种期刊被注销登记，其中《现代通信》登记地由上海市变更为北京市，原刊号作废；《开放月刊》《电脑与电子》因多年未出版注销登记。同年 1 月 8 日，经国家新闻出版总署批准，上海新闻出版发展公司与美国读者文摘公司版权合作的月刊《普知》创刊。该杂志内容由美国《读者文摘》独家授权，秉承美国《读者文摘》特点，提供丰富多彩且饶有趣味的各类文章，涉及科学、医学、艺术和经济各个方面；开本为 32 开本，定价每期 12 元。

2009 年，全市共有期刊 621 种(实际出版 612 种)，其中社会科学类期刊 261 种、自然科学类期刊 360 种；属中央部属单位在上海出版的期刊 193 种，属上海地方的期刊 428 种。有特殊系列期刊 66 种，其中高校学报 56 种、市政府和市人大公报 2 种、年鉴 8 种。期刊从业人员近 5 000 人，其中领有期刊新闻记者证的 68 人。实际出版的 612 种期刊总出版期数 5 907 期，比上年下降 0.05%；总印数 1.79 亿册，比上年下降 5.92%；总印张数 9.02 亿印张，比上年下降 2.76%；定价总额 11.21 亿元，比上年增长 7.01%；总发行数 1.74 亿册，比上年下降 5.5%。平均期印数在 10 万册以上的期刊共有 15 种，其中《故事会》期印数达 225 万册。经国家新闻出版总署批准，有 17 种期刊更名，其中社科类 8 种、科技类 9 种。

至 2010 年底，全市共有期刊 622 种(实际出版 614 种)，其中社会科学类期刊 262 种、自然科学类期刊 360 种。属中央部属单位在上海出版的期刊 211 种，属上海地方的期刊 411 种。期刊从业人员 5258 人，其中采编业务人员 3278 人，领有期刊新闻记者证的 279 人。全年期刊定价总金额 11.2 亿元，比上年下降 0.05%；总出版期数 5896 期，比上年下降 0.19%；总印数 1.77 亿册，比上年下降 1.32%；总印张 9.03 亿印张，比上年增长 0.08%；总发行数 1.73 亿册，比上年下降 0.5%。平均期印数在 10 万册以上的期刊共有 16 种，其中 205 万册的 1 种(《故事会》)，35 万册以下、20 万册以上的 5 种(《上海故事》《上海服饰》《萌芽》《健康娃娃》《上海市人民政府公报》)。期刊经营全年总收入 12.18 亿元，与上年持平，其中广告总收入 6.28 亿元，新媒体收入 0.03 亿元，发行收入 4.61 亿元，其他收入 1.26 亿元；利润总额 1.67 亿元。经国家新闻出版总署批准，创办期刊 1 种(同意恢复《小主人报》以杂志形式出版)；新办期刊 16 种，停办期刊 16 种，其中社科类 9 种、科技类 7 种；注销登记期刊 1 种(《美容新地》)。

表 2-1-4　1978—2010 年上海期刊情况统计表

年份	种类	总印数(亿册)	平均期印数(万册)	总印张(千印张)	排版字数(亿字)	定价总金额(亿元)	从业人员(人)	期刊新闻记者	出版期数(期)	总发行数(亿册)	总收入(亿元)	其中:广告收入(亿元)	新媒体收入(亿元)	发行收入(亿元)	其他收入(亿元)	利润总额(亿元)
1978 年	42	—	—	—	—	—	—	—	—	—	—	—	—	—	—	—
1980 年	126	—	—	—	—	—	—	—	—	—	—	—	—	—	—	—
1981 年	266	1.22	0.19	—	—	—	—	—	—	—	—	—	—	—	—	—
1982 年	308	2.31	0.22	—	—	—	—	—	—	—	—	—	—	—	—	—
1984 年	491	—	—	—	—	—	—	—	—	—	—	—	—	—	—	—
1985 年	491	3.45	3423.5	—	—	—	—	—	—	—	—	—	—	—	—	—
1986 年	541	3.03	3073.1	—	—	—	—	—	—	—	—	—	—		—	—
1987 年	546	3.13	3058	—	—	—	—	—	—	—	—	—	—	—	—	—
1988 年	533	1.86	1792.7	—	—	—	—	—	—	—	—	—	—	—	—	—
1989 年	527	1.86	1792.7	—	—	—	—	—	—		—	—	—	—	—	—
1990 年	522	1.73	1734.8	—	—	—	—	—	—	—	—	—	—	—	—	—
1991 年	504	1.73	1748.9	—	—	—	—	—	—	—	—	—	—	—	—	—
1992 年	527	1.84	1794	—	—	—	—	—	—	—	—	—	—	—	—	—
1993 年	535	1.82	1667.6	—	—	—	—	—	—	—	—	—	—	—	—	—

（续表一）

年份	种类	总印数（亿册）	平均期印数（万册）	总印张（千印张）	排版字数（亿字）	定价总金额（亿元）	从业人员（人）	期刊新闻记者	出版期数（期）	总发行数（亿册）	总收入（亿元）	其中：广告收入（亿元）	新媒体收入（亿元）	发行收入（亿元）	其他收入（亿元）	利润总额（亿元）
1994年	556	1.72	1 569.5	487 450	3.69	2.88	—	—	—	—	—	—	—	—	—	—
1995年	595	1.93	1 584	530 028	4.10	—	—	—	—	—	—	—	—	—	—	—
1996年	601	1.66	1 350	514 312	4.24	—	—	—	—	—	—	—	—	—	—	—
1997年	601	1.66	—	535 386	4.31	5.78	—	—	—	—	—	—	—	—	—	—
1998年	591	1.65	—	581 137	—	6.40	—	—	4 512	—	—	—	—	—	—	—
1999年	606	1.78	—	—	—	7.19	—	—	—	—	—	—	—	—	—	—
2000年	623	1.85	—	—	—	7.44	—	—	—	—	—	—	—	—	—	—
2006年	623	1.83	1 124.67	876 030	—	9.21	5 000	304	5 756	1.77	—	—	—	—	—	—
2007年	623	1.83	—	875 237	—	9.44	—	—	—	1.77	—	—	—	—	—	—
2008年	612	1.90	—	927 464	—	10.47	—	—	5 910	1.84	—	—	—	—	—	—
2009年	621	1.79	—	902 000	—	11.21	5 000	68	5 907	1.74	—	—	—	—	—	—
2010年	622	1.77	—	903 000	—	11.20	5 258	279	5 896	1.73	12.18	6.28	0.03	4.61	1.26	1.67

资料来源：据《上海通志》（2005年4月第1版）、《上海出版志》（2000年12月第1版）、《上海年鉴》（1996—2011）整理汇编。

表2-1-5　1978—2008年上海部分期刊复/创刊情况表

时间	期刊	复/创刊	备　　注
1978年4月1日	《儿童时代》	复刊	
1978年5月	《中国语文》	复刊	
1978年5月15日	《自然杂志》	创刊	
1978年6月4日	《美术丛刊》	创刊	
1978年7月	《中华文史论丛》	复刊	上海古籍出版社出版
1978年12月	《艺苑掇英》	创刊	上海人民美术出版社出版
1979年	《儿童文学研究》	复刊	贺宜任主编
1979年4月	《青年一代》	创刊	上海人民出版社出版，双月刊
1979年6月	《辞书研究》	创刊	上海辞书出版社出版
1979年6月	《党的生活》	创刊	上海人民出版社出版，双月刊，1983年第6期终刊
1979年6月	《万花筒画报》	创刊	少年儿童出版社出版，月刊
1979年7月	《艺术世界》	创刊	上海文艺出版社出版，双月刊

(续表一)

时间	期刊	复/创刊	备　注
1979年9月	《书林》	创刊	上海人民出版社出版,双月刊,1986年起改月刊,后又改双月刊,1990年出版第3期后终刊
1979年11月	《党史资料》	创刊	上海人民出版社出版,季刊,1983年年底终刊
1980年1月1日	《书讯报》	创刊	上海新华书店出版
1980年1月	《文汇增刊》	创刊	文汇报社出版,翌年1月更名《文汇月刊》。1990年5月停刊
1981年3月	《儿童文学选刊》	创刊	少年儿童出版社出版
1981年5月	《小说界》	创刊	上海文艺出版社出版,月刊
1981年6月	《娃娃画报》	创刊	少年儿童出版社出版
1981年12月	《上海画报》	创刊	月刊
1982年	《出版史料》	创刊	学林出版社出版,年刊,自1987年起改为季刊
1983年3月	《新闻记者》	创刊	上海市新闻学会创办,月刊。1988年1月改由上海社会科学院新闻研究所编辑出版
1985年1月3日	《幼儿文学》	创刊	少年儿童出版社出版,半月刊
1985年1月	《印刷杂志》	更名后公开发行	由上海印刷技术研究所创办的《印刷技术动态》更名,公开发行
1986年9月23日	《人才开发》	创刊	
1986年1月	《杂家》	创刊	上海市编辑学会编辑,双月刊
1986年2月	《编辑学刊》	创刊	上海市编辑学会编辑,季刊,双月刊
1987年1月2日	《上海滩》	创刊	月刊
1989年7月10日	《上海工商》	创刊	上海市工商行政管理学会编辑
1991年10月	《巨人》	复刊	少年儿童出版社
1992年1月	《科技信息》	创刊	广播科学研究所
1994年3月22日	《上海国防》	创刊	
1996年3月19日	《今日上海》	创刊	上海市人民政府新闻办公室和上海市国际文化传播协会共同主办
1996年6月21日	《东方歌声》	创刊	东方广播电台和上海音乐家协会共同主办
2001年2月24	《家庭用药》	创刊	
2001年	《中国货币市场》	创刊	
2001年	《出色》	创刊	
2001年	《家居主张》	创刊	
2002年	《建筑钢结构进展》	创刊	

（续表二）

时间	期刊	复/创刊	备　注
2002年	《脊柱外科杂志》	创刊	
2002年	《中西医结合学报》	创刊	
2002年	《针灸推拿医学》	创刊	
2004年5月12日	《至爱》	创刊	上海第一本慈善杂志，月刊
2004年9月	《上海世博》	创刊	
2005年	《健康教育与健康促进》	创刊	由上海市卫生局主管，上海市健康教育所主办
2005年	《内科理论与实践》	创刊	由教育部主管，上海交通大学医学院附属瑞金医院主办
2008年1月8日	《普知》	创刊	上海新闻出版发展公司与美国读者文摘公司版权合作，月刊
2008年1月			
2008年6月30日	《上海社区教育》	创刊	
2008年	《东方法学》	创刊	上海市法学会和上海人民出版社共同主办，由市人大法制委员会主任、上海市法学会会长沈国明任主编

资料来源：据《上海通志》（2005年4月第1版）、《上海出版志》（2000年12月第1版）、《上海年鉴》（1996—2011）整理汇编。

第二节　发　行　业

一、报刊发行

改革开放之前，“邮发合一”是中国报刊最主要的发行模式。报刊基本由邮局发行，报刊的订阅工作也由邮政（电）局、所办理，对续订户邮局派员上门收订，报纸零售由报贩、报童和书报摊向邮局批销。从20世纪50年代起，为了积极推广报刊发行业务，上海邮局及其所属的分支机构都设立了专职负责发行报刊的处、科或组，同时，在工厂、学校中，组织了一批报刊发行员和发行站，组建社会报刊发行网，办理工厂、学校内部的报纸收订工作和分送工作。1953年1月，上海新华书店将福州路的人民书报供应社移交给邮局，更名为上海邮局第一报刊门市部，此后，凡符合定期公开发行条件的报刊陆续由邮局发行。1957年全市报刊门市部（亭）增加到3个。到1978年时，上海全市有9 000多个发行站的28 000多名发行员。当年1月至4月份，共发行报刊18 000多万份，其中科技类报刊有470多种。

随着改革开放的推进，重要报刊的国外发行工作也取得较大进展。1979年开始，《文汇报》开始向美国、日本、英国、法国、比利时、墨西哥、泰国、新加坡、尼泊尔、菲律宾、苏联、东欧各国和中国香港等40多个国家和地区发行。

与此同时，国内报刊发行也日渐出现新局面。1979年，邮电部在西安召开全国报刊零售工作会议后，上海邮政根据会议精神，于1980年从增设零售网点、扩大报刊品种、培训人员和加强管理等方面改进报刊零售工作。1980 年上海报纸发行增加到 23 种,累计 166 498 万份;上海发行的外地报纸 150 种,累计 73 697 万份。因历史原因,1980 年上海还留有报刊代送员零售员 12 人。邮局根据上级的有关政策规定,在他们退休后,吸收其子女进集体所有制单位工作。至此,代送员的名称不复存在。

1983 年初,在部分报刊门市部推行“六定”指标(定上交利润、业务范围、服务时间、人员、滞销盘存损失和执行规章制度)和“国家所有、集体经营、定比上交、自负盈亏”的经营承包责任制,以促进零售业务的发展。在新举措下,1983 年上海报刊零售总量创历史最高水平,达到 7 587 万份,比 1982 年同期增长 16.9%,比 1979 年增长了 4 倍。其中《解放日报》《文汇报》增加零售 66 万份。为了解决上海市有些地方买报难的问题,1983 年增加报刊门市部(亭、摊)21 处,达到 249 处。同时,加强了报刊零售经营管理、提高服务质量,开办早报早卖、报刊预约零售、下工厂等单位和邮购服务并实行经济考核,有力促进了本市报刊零售业务发展。

1984 年 9 月 11 日,邮电部《关于印发 1985 年报刊发行工作要点的通知》提出:广开发行渠道,方便读者订购报刊,是符合中央“开放式、多渠道、少环节”的方针精神,可以试行。此后,在邮局和报刊社双向选择下,上海出版的报刊开始出现多渠道发行局面。

1985 年,上海公开发行的报纸增加到 46 家,发行总数为 1 400 万份。上海报纸的发行量仅次于北京居全国第二位。《文汇报》《新民晚报》等报向全国发行,外埠发行量约占总发行量的一半。

至 1987 年,发行报纸增为 82 种,累计 275 374 万份;订销报纸增为 544 种,累计 122 201 万份。以后由于部分报刊改为出版单位自办发行以及报纸售价提高等原因,邮发报纸的品种和数量都有下降。1989 年上海市区报刊零售流转额首次突破 3 000 万元大关,达到 3 080 万元,超过邮电部下达的年计划 10%,增长率为全国省会市局第一。1989 年,有 26 家(占 30%)报纸自办发行,自办发行的期刊有 96 家(占 17.81%),此后报刊自办发行呈进一步扩大的趋向。自办发行也提升了发行效率,以《每周广播电视》报为例,实行自办发行两年后,到 1989 年发行费下降了近 10%,时间上比邮局发行提前了二天,发行份数增长 11.2%。市区发行站 1990 年实现利润 180 余万元,超额完成利润 20.30%。

至 1990 年,上海出版的报刊共 603 种,其中邮局发行的 330 种,其期发数为 603 种报刊的总期发数的 90%,邮局在整个报刊发行中仍起主渠道作用。当年,上海共发行报纸 80 种,累计 181 503 万份;订销报纸 505 种,累计 82 935.6 万份。1990 年 10 月 1 日,《解放日报》、《文汇报》和《新民晚报》的星期日订户业务恢复办理。至 1990 年末,全市共有社会报刊发行站 16 248 个,发行员 53 936 人。全市有自办报刊零售点 1 972 处,其中报刊门市部 33 所、报刊亭 25 所和委办零售点 542 处。全年报刊零售流转额为 2 968 万元。1990 年,发行期刊 250 种,累计 11 342.9 万份;订销期刊 2 751 种,累计 3 670.9 万份。

表 2-1-6 1978—1990 年上海邮政报刊发行统计表

年份	报纸发行		期刊发行	
	品种数	发行累计数(万份)	品种数	发行累计数(万份)
1978	14	137 819	47	7 900
1979	18	161 129	92	10 777
1980	23	166 498	121	14 771

（续表一）

年份	报纸发行		期刊发行	
	品种数	发行累计数（万份）	品种数	发行累计数（万份）
1981	28	174 280	155	21 589
1982	31	204 561	177	23 165
1983	39	226 330	206	23 656
1984	47	246 353	225	26 792
1985	72	255 990	250	26 046
1986	79	258 591	232	21 499
1987	82	275 374	262	23 620
1988	79	252 162	275	18 988.6
1989	80	191 530.8	274	11 948.7
1990	80	181 503	250	11 342.9

资料来源：《上海邮电志》（1999 年 10 月第 1 版）。

表 2－1－7　1978—1990 年上海邮政报刊订销统计表

年份	报纸订销		期刊订销	
	品种数	订销累计数（万份）	品种数	订销累计数（万份）
1978	175	55 250	951	3 323
1979	215	65 850	1 434	3 874
1980	150	73 697	1 363	4 585
1981	179	77 204	1 710	5 724
1982	223	93 282	1 985	5 623
1983	263	98 071	2 374	5 678
1984	331	104 589	2 457	6 230
1985	515	110 365	2 820	6 707
1986	492	114 444	2 330	6 278
1987	544	122 201	2 787	6 700
1988	527	107 288.9	2 812	4 916
1989	540	82 884.7	2 804	3 230.7
1990	505	82 935.6	2 751	3 670.9

资料来源：《上海邮电志》（1999 年 10 月第 1 版）。

20 世纪 80 年代后期和 90 年代后，随着改革开放的深入和社会主义市场经济体制的逐步形成，报社企业化经营体制不断推进，上海各报普遍更重视经营管理，在“邮发合一”体制下，加强了和邮局的协作，同时也都采取了不少扩大发行的措施。《解放日报》先后在北京、苏州、无锡、常州、崇明等地,用卫星传送版样,在当地和上海同步开印,同时,开展向国外发行的业务,至90年代中期发行至19个国家和地区。1992年起,《解放日报》成立了发行服务部,通过多种措施,开展报纸促销工作,另外还增设了20余个售报亭,140余个贴报栏。从1996年1月起,《解放日报》每逢周六、周日出版《双休特刊》,报社为此专门建立一支大学生卖报队伍。每逢双休日,由这些大学生上街零售《解放日报》。这支队伍不断扩大,有21所大专院校、700多名大学生参加,在全市各车站、码头、热闹街区、公共场所,共设立30几个卖报点。《解放日报》自办的零售业务,1995年销量达到7万份。在全国省(市)级党报发行数中,《解放日报》居第二位,仅次于《南方日报》。进入20世纪80年代以来,《文汇报》采取了多种方式扩大发行。文汇报社在北京、成都、广州、长春、西安、武汉等地开辟了10个分印点,全部卫星传版,委托当地报社印刷,由当地邮局发行。90年代以后,文汇报社也成立了发行服务部,进一步采取措施为订户提供方便。《文汇报》的发行量最高的年份为1983年,达到171万份。当时的发行量在全国日报中仅次于《人民日报》《工人日报》,名列第三。《新民晚报》从1982年复刊以来,确立报纸发行工作以"上海为中心、江、浙为两翼,带动全国"的方针。《新民晚报》的发行量逐年上升,"文化大革命"前发行量仅30多万份,1982年复刊后增至58万份,1983年取消发行限额后,猛增到120万份。1986年元旦开辟北京航空分印点,发华北、西北和东北9省;1987年元旦起再开辟成都航空分印点,发行西南4省。1988年,《新民晚报》发行180多万份,创造了发行的最高纪录。1995年发行量稍有减少,1996年又回升至170万份以上,发行量仅次于人民日报,名列全国第二位。为适应新形势的要求,《新民晚报》采用卫星传送版样,除美国版外,在全国建立了13个卫星接收站,使这些城市能和上海同步印刷、发行。

1993年4月15日起,上海恢复电话订报。到1995年全市报刊门市部增至43个,报亭34个。当年,上海邮局发行的报纸共95种,累计149 919.2万份。1995年,报刊发行订销收入8 600万元。1996年,上海报纸的总发行量为18.93亿份,定价总额达96 075万元。1998年,建立新型书报亭1 000个。报刊发行总数13亿份,次年增长至近27.64亿份。

90年代中后期,上海报刊的海外发行也取得新进展。1994年11月1日起,《新民晚报》在美国正式发行。1996年11月9日《新民晚报》推出美国版,发行遍布全美50个州。1997年又向加拿大、智利、卢森堡等国家和中国台湾地区辐射,赢得越来越多的海外读者。除洛杉矶外,《新民晚报》的零售点也扩大至波士顿、芝加哥、旧金山、西雅图。1997年在加拿大温哥华还增设了130多个零售点。

90年代末,上海街头原有的一些报刊亭,外形简陋,功能简单,有的还属违章建筑物,出售的书报刊格调也不高,经营不规范,与大都市的形象不相称。这些书报零售行业,小、散、乱的缺点比较突出,难以形成行业整体优势。为了引领书报刊市场,规范书报刊市场,拓宽再就业渠道,上海推进书报亭标准化建设。1998年1月28日,东方书报刊服务有限公司成立。公司由上海市邮政局、文新报业集团、解放日报社、上海市新闻出版局投资5 000万元建立,实行董事会领导下的总经理负责制。这是一个完全按现代企业制度运作的全新公司。1999年元旦,1 012个统一造型、统一颜色、统一标志、统一经营的东方书报亭正式开始营运。东方书报刊服务有限公司设置了三个网络:一是营业网,1 000多个书报亭全部进行有序的操作;二是配送网,公司在各个区下设服务社,服务社下面有中心亭,每个中心亭管辖10多个书报亭进货业务;三是信息反馈网,书报亭里都安装上电话,营业员们可直接向公司打电话请求货源。1999年,东方书报亭营业收入6 232万元,公司实现利润28.4万元。2000年公司销售收入1.2亿元,公司实现利润565万,发行报刊11.3亿份。而2002年仅1到10月份,销售就达到了11 838.1万元,实现利润576万元,营业员平均月收入也从1999

年开业初期的几百元提升到 1 800 元。在书报经营之外，东方书报亭还推出了多种便民服务项目。在上海市公安局的支持下，有 400 多个东方书报亭设置了 110 报警灯，使遍布全市的书报亭成为星罗棋布的"安全亭"。在上海市邮政帮助下，有 108 个东方书报亭挂出了邮政信箱，开办了市内快递等邮政业务，方便了小区居民用邮。东方书报亭还配备了打气筒，为过往市民提供免费服务；设置了废旧电池回收箱，以提高市民的环保意识。书报亭还增设 POS 机受理公用事业费缴付等新业务 50 余项。

表 2－1－8　2000 年东方书报亭基本情况表

项目	内　　容
总数	1 012 个
服务	出售 120 多种报纸、500 多种期刊图书、邮票邮品、电话磁卡、文化用品、音像制品等；提供公用电话、票务代理等服务；部分装有 110 报警灯，代收公用事业费
管理	由总公司、9 个区分公司、120 个配送站组成的三级网络对所有书报亭进行管理，统一进货和配送，在源头上堵住非法出版物
运作	配发中心每天三四次滚动发送，让最新出版的书报刊在第一时间到达书报亭
销售	2000 年销售额 1.2 亿元，实现利润 565 万元；营业员月均收入 1 700 多元
岗位	1 400 个就业岗位全部向下岗人员开放，对录用员工进行全员培训

资料来源：《上海年鉴》(2001 年)。

2001 年，上海东方书报亭建设经验在中宣部、中央文明委、新闻出版总署和国家邮政局联合在沪召开的交流会上进行介绍和推广。当年新增东方书报亭 675 个。上海报刊发行总数达到 12.35 亿份，发行效率也进一步提升，上海邮政连续 3 次加快报刊传递速度。郊区城镇日一频次报刊投递的松江、青浦、金山和嘉定邮政区局先后实行城镇日二频次投递作业，使 97% 的郊区城镇居民都能看到当天的晚报。2002 年时，已实现城区日报早投、晚报当日投递。2003 年，郊区城镇 98% 居民能看到当天的《新民晚报》。

2003 年，上海市邮政局有 30 个报刊门市部，年销售报刊 13.41 亿份(本)；完成报刊发行专业流转额 9.69 亿元。2004 年，上海市邮政局有 29 个报刊门市部，完成年报刊订销量 13.21 亿份(本)。2005 年，上海市邮政局 28 个报刊门市部，订销报纸 118 020.1 万份，订销杂志 5 251.5 万份。报刊处理中心改造工程投入使用。2006，上海市邮政局有 28 个报刊门市部，订销报纸 11.89 亿份。订销杂志 5 628.2 万册，比上年增长 7.17%。

2006 年 9 月 6 日，上海市邮政管理局成立大会在邮政大楼召开。上海市邮政管理局的成立标志邮政改革政企分开正式启动。2007 年，上海市邮政公司(简称上海邮政)正式实行企业化运作，在全市范围内共设有 19 个报刊门市部和 8 个代办所。2008 年，上海邮政在全市范围内设有 2 175 个报刊图书销售点。订销报纸、杂志 12.75 亿份。2009 年，全市邮政订销报纸、杂志 11.83 亿份。同年 10 月 9 日，上海市邮政公司在 23 个网点和东方书报亭正式推出"电子指路"服务。2010 年，市区早报早投的品种从 19 种增加到 22 种，郊区从 13 种增加至 20 种。同年，更新了全市 1 620 个东方书报亭，推出美观大方、功能齐全的第三代东方书报亭。

二、图书发行

1978年之前,中国的图书发行基本依靠国营新华书店单一发行渠道。虽然改革开放后不久,图书发行体制便进行了改革,但新华书店一直都是中国最为重要的发行机构。"文化大革命"后,全国都出现严重"书荒",如何服务群众需求,有序供应图书便成为20世纪70年代末80年代初新华书店面临的首要问题。1978年3月,国家版权局决定动用印制《毛泽东全集》的备用纸集中重印中外文学著作35种,在上海、北京各城市门市部发行。两个月内,读者通宵达旦排队买书,上海各基层店发行150多万册,一时盛况空前。南京东路新华书店门市部排队买书最多的一天达1.6万人。仅1978年上半年,上海发行所就向全国发行沪版的中外文学名著200万册。面对全社会学习科学技术的迫切需求,1978年2月,市新华书店召开全市科技图书发行工作会议,并将河南中路新华书店恢复上海科技书店名称。同年4月,又将西藏中路新华书店恢复音乐书店名称。为了方便外宾选购图书,不仅南京东路新华书店开辟了外宾供应部,而且新华书店、外文书店、上海书店还在宾馆设点供应外宾图书。

在内部管理上,为了更好地供应图书,1978年,上海市新华书店制定《基层店业务员岗位责任制》,并印发《关于严格执行对社会集团购买图书实行凭证供应规定的通知》。1978年,上海新华书店全店共有3100人,其中大专以上17人,仅占总人数0.55%,高中353人,占总人数11%,大部分人员为初中以下程度,共2730人,占总人数的88.45%。为了尽快培养人才,应对需求,1978年9月,上海新华书店发行学校成立,面向社会招生。同年年底,财政部、国家出版局联合发出《关于恢复县(市)新华书店财务,由省、市、自治区书店统一管理的联合通知》,通知规定新华书店的财务体制,从1979年起恢复"文化大革命"以前的做法。在这个背景下,1979年8月,上海市人民政府同意恢复上海郊区各县新华书店由市新华书店和县双重领导,即县店的人事、财务、业务归市新华书店管理,党、团组织及思想政治工作仍由县领导。更灵活的机制促使图书发行效率得到有效提升,新华书店上海发行所1981年向全国各地发行图书共6亿多册(张),比1980年增长18.3%。其中配合全国人民喜迎新春佳节时发行的传统新年画、年历画、对联、日历等共1.1亿多张(份)。

同样作为国营书店的上海书店,也在1978年后全面恢复古旧书收售工作,并恢复影印古旧书业务。为扩大经营新旧字画、古书、碑帖业务,该项业务后又从古籍书店分出,单独成立了博古斋。面对喷发式的多样化图书需求,不少专业书店纷纷开办。1979年,市少儿书店元旦恢复营业,新华书店淮海路科技图书专业门市部开始营业。此后上海新华书店作出规划,陆续将一些综合性书店改建为专业书店,先后开设了学术书苑、教育书店、艺术书店、工具书店、企业家书店、法学书局、医学书店、体育书店、建筑书店、旅游书店、省版书店等。此外,还有工厂办的中国经济书店上海一店、二店,部队开设的军事书店等专业书店。

除通过书店书亭发行网发行外,开办书市也是重要的图书发行方法。1981年9月6日到20日,由上海新华书店主办,上海书店、上海外文书店协办的"1981年上海书市"在上海展览馆举办,展销书刊2万多种,接待读者24万人次,销售图书400万册,销售金额240万元。成为上海图书发行界的一件盛事。此外,发行部门还通过编印书目来扩大发行。1979年,上海科技书店门市部专门编印了供全国野外地质人员选购的书目,一次达434个品种。20世纪80年代起,这方面工作有了加强。1980年3月起,上海新华书店编印《每月新书》,这是一份向图书馆、资料室提供在上海市发行的初重版图书的目录。它以书店进货品种为依据,每月出版一期,至1991年初出版141期。

《每月新书》除刊登新书目外，还辟有“新书预告”“为您服务”“新书架”“书讯”等栏目，每期介绍新书达二三百种。1982年起在编印《每月新书》的同时，上海新华书店还编印专题书目，作为《每月新书》增刊分发给团体单位读者。专题书目包括《文史哲学术著作书目》《教育图书书目》《五届全运会体育书目》《法学书目》《艺术类可供书目》《医学类可供书目》等，为广大读者购书提供了方便。其中有的书目还流传至海外，成为海外华人选购国内图书的重要依据。

1982年5月，国家出版局并入文化部。6月12至18日，文化部在北京召开全国发行体制改革座谈会。7月10日，文化部发出《关于图书发行体制改革工作的通知》。发行体制改革方案的主要内容为：“国营新华书店为主渠道，多种经济成分，多种购销形式，多种流通渠道，减小流通环节”。这一改革方案随后在上海贯彻落实，上海的图书市场愈发活跃。新华书店仍为图书市场的主渠道，与此同时，出版社自办发行迅速发展，出版社直接向各地新华书店以及集体、个体书店开展批发，形成出版社和新华书店双轨向全国辐射，成为发行的主渠道。出版社从开办邮购业务开始，以后建立门市部，又大力开展批发，产销直接见面。1983年上海辞书出版社率先成立发行所，自办本社图书的全部总发行任务。20世纪80年代初期，出版社自办发行量占全部发行量10%左右，到1989年，出版社自办发行的图书占新华书店上海发行所年发货码洋的四分之一。另一方面，各种经济成分的书店、书摊发展很快。这些书店以网点多，分布广，营业时间灵活，补充了新华书店主渠道的不足，方便了广大读者。1980年，上海市区国营、集体书亭才54个，到1983年市区书亭有134个；集体和个体书亭发展更快，从1980年的19个发展到1984的91个。1983年4月，上海市郊区第一家由农村社员办的个体书店在宝山县月浦镇开张营业，当年郊县农村图书销售总金额也创下历史最高纪录。同年7月，上海发展集体书店(亭)53个，个体书店和书贩29个，连同原有的大集体书店(亭)21个，共有103个。到1986年止，全市个体书店、书摊发展到373家。图书批发渠道也由过去新华书店一家发展到出版社开展本社图书的批发，社会办的集体书店搞图书批发业务的有200多家。1982年11月14日，全国第一家省际联合经营的沪渝书店在重庆开业。由上海、重庆两地19家出版发行单位集资开办，上海有10家出版社和上海新华书店共同投资、管理，主要发行上海各出版社图书，经营对西南三省书店的批发和零售业务。

在书店经营方式上，上海也对个人承包、集体承包和个人租赁经营作了探索。1984年1月，南市区店南码头门店根据“国家所有、个人经营、定额承包、超额分成、亏损自负”的原则，承包给职工个人经营。这是书店系统第一家试行个人承包经营的门市部。承包当年，该店销售额比上年增长30%。但由于奖金总额受到控制，最终职工得益未能得以实施，承包只实行一年即告夭折。1984年3月，科技书店与普陀区店同市店签订承包合同，实行的办法是以上年实际完成的净利润为基数，完成利润包干基数的，按现行利润留成办法，提取两个月工资数作为发放奖金金额；超过包干基数的，分别按超额比例除上缴财务部门50%外，其余则留作企业生产发展基金、集体福利基金和职工奖励基金。1987年6月，闸北区店彭浦新村第二门市部租赁给该店职工个人经营。书店易名“闻喜书店”，除按月交纳区店一定的管理费外，全部独立经营。第二年，彭浦新村第一门市部也租赁给该职工经营。由于该职工片面追求经济效益，图书品种急剧减少，玩具、文具、服装充斥店面，读者意见较大。至第三年，两个门市部全部收归区店。

1984年10月12日，文化部批转全国新华书店工作会议的通知，并附《关于进一步开展企业整顿的意见》《关于进一步改革新华书店经营体制的若干意见》。11月10日，上海书刊服务公司开业，这是上海市新华书店下属单位自愿组合、自筹资金、自负盈亏的集体经济性质单位。同年，上海17家出版发行单位集资开办上海东方图书公司，并于1985年元旦正式对外营业。开始的两三年内，东方图书公司以开展沪版图书对全国的批发和邮购业务为主，并承办了前三届“文汇书展”。后来由于各出版社自办发行机构纷纷建立和加强，东方图书公司逐渐改为经营外地出版物在上海的批发和一般图书的零售业务。1985年1月，上海新华书店扶办的第三产业——新沪图书服务公司在经营范围内设立图书运输代理业务。上海辞书出版社是首家委托该公司代理图书运输的单位。面对快速发展的图书发行事业，为培养后继人才，1984年9月，上海新华书店专业学校开办，学制两年。

在20世纪70年代末80年代初期，为适应改革开放形势的需要，经批准，于1979年成立上海图书发行公司(1982年更名为中国出版对外贸易公司上海分公司)，经营书刊进出口业务。1979年3月，上海外文书店举办美国利顿教育出版公司图书展览，展出图书400种。次年，上海外文书店举办美国时代—生活丛书出版社书展，展出书刊1000种。1980年9月，上海图书发行公司与香港商务印书馆签订补偿贸易协定，于1980年以补偿贸易形式引进小型胶印设备两台。次年上海书店成立上海影印厂。1981年11月19—28日，中国图书进出口总公司和上海外文书店联合举办联邦德国施普林格出版社医学书刊展览，展出书刊500多种。1985年底，中国出版对外贸易公司上海分公司又举办英国培格曼出版社科技图书展览会，展出书刊480种。

在图书出口上，儿童读物是重要的出口图书类别。1982年3月31日，少年儿童出版社和国际书店签订《中国寓言》外文版协议。其中英文版3万套、法文版7000套、德文版4000套、西班牙文版7000套、泰文版6.2万套，由国际书店在国外发行。1983年12月10日，日本同志社大学教授阪口直树访华，与少年儿童出版社合作出版《365夜》配乐故事达成协议，该书和音带于1984年3月10日在日本出版。1984年2月17日，少年儿童出版社与中国出版对外贸易公司上海分公司合作出版《宝船》《神笔》《金瓜儿银豆儿》《哪吒闹海》英文版合装本，由上海分公司向国外发行。此外，日历台历出口也是重要的创汇项目。1983年，上海日历印刷厂印刷出口日历、台历，由中国土产畜产进出口公司上海分公司经销，年出口总数44万本，出口金额12.5万美元。1984年6月2日至10日，香港三联书店在香港大会堂主办“上海书展”，展出上海出版物6000种，其中精品600种，展出9天，观众达6万人次。图书八折优待，销售17万册，上海图书在香港市场上取得了不俗的表现。1985年，上海外文书店改制为上海外文图书公司，从事进出口书刊贸易业务。当年，上海外文图书公司举办国际书展，吸引了国外和港台很多出版商参加。1985年起，个人可至上海外文图书公司申请进口个人所需要的外文科技图书和实用美术图书。同年，上海市出版局和香港国际展览公司等单位在上海展览馆举办“1985年上海国际书展”，展出16个国家和地区113家出版社的1.1万种图书。

为了推广上海版图书，新华书店上海发行所在1985年3月22日开办了上海版图书贸易中心。到20世纪80年代中期，各大出版社在自办发行上迈出更大步伐。1985年，上海教育出版社开办读者服务部，辞书出版社服务部开业，少年儿童出版社和新华书店上海发行所先后联合在上海、太原召开看样订货会。1986年5月，上海人民出版社服务部开业；6月1日，少年儿童出版社经销部开业；7月，上海文艺出版社、文化出版社、音乐出版社设立读者俱乐部，拥有6000会员。

书市也是各大出版社发行图书的重要渠道。1986年首届“文汇书展”举办。此后自1986—1998年，每年3月举办一次。1986年文汇书展开幕后，短短五个小时内销售各类图书金额两万多元，除上海各大出版社外，北京、山东、湖南、江西等地的一些出版部门也闻讯赶来参加这次书展。同年，上海新华书店、解放日报社、文汇报社、新民晚报社、上海人民广播电台、上海电视台还联合举办了“一九八六年上海书市”。除上海的出版、发行部门外，来自全国各地的150余家出版社和许多省、市、自治区新华书店、图书发行所参加了这次书市。此次书市陈列图书3万多种，销售250万册，销售金额340万元。15天内接待读者20多万人次。1987年4月，上海图书公司在文庙举办“首届古籍书展”。同年5月，上海21家出版社联合书市开幕，接待读者10万人次，营业额550万元。同时，全国少年儿童出版社首届书市在上海展览中心开幕。1988年，首届全国图书交易会及上海出版社第二届联合书市、全国地方科技出版社首届联合书市、全国古籍出版社首届联合书市、全国大学出版社第二届联合书市、港台图书展销同时在上海举行。1500人出席开幕式。全国100多家出版社、500家书店参加，展销图书4万种，有日本、新加坡及中国香港地区人员参加。看样订货成交2500万元，销售150万元。1989年1月1日，上海31家出版社和新华书店、上海书店、外文书店联合举办的第三届书市开幕，展出图书1万种。9月8日至17日，市新华书店举办“’89上海书展”，接待读者3万人次，销售图书10万册，销售金额27万元。1989年9月13至15日，上海人民美术、上海教育、上海译文、上海科技、上海翻译出版公司和新华书店上海发行所联合召开少儿读物看样订货会，成交金额318万元。

图书营销方式也日渐多样化。上海新华书店在南京东路新华书店等处多次组织新书首发式、新闻发布会，并开展作者签名售书活动。1986年9月13日，“’86上海书市”上，大百科全书出版社上海分社与书市联合在上海展览中心展销馆内举行《简明不列颠百科全书》中文版成套书的发行仪式。1987年前后在南京东路新华书店举行的有《学习〈中共中央关于社会主义精神文明建设指导方针的决议〉》一书的发行仪式和《汉语大辞典》的发行仪式。1987年9月25日，《电影新视野》一书在艺术书店举行首发式，有著名导演张骏祥、吴贻弓的签名本供应。同年，美籍华人靳羽西来南京东路新华书店参加她新著《世界各地》的发行仪式。1988年6月，上海人民美术出版社出版的《刘海粟艺术文献》在南京东路新华书店举行手钤纪念本发行仪式，艺术大师刘海粟以90岁高龄亲临书店参加，并与广大读者见面。1989年10月，《谢晋谈艺录》由上海文艺出版社出版，谢晋到南京东路新华书店为读者签名售书。1991年3月，《红岩的故事》一书首发仪式在南京东路新华书店举行，作者杨益言为广大读者签名留念。1990年，南京东路新华书店举行各种首发活动共12次。新华书店在为读者找书，为书找读者方面也采用了多种服务方式：新书预订、邮购服务、缺书代办、流动供应、送书上门和夜市服务。20世纪90年代，经过多方努力，上海主要商业街的大型书店全都开设了夜市。

随着图书市场的日渐活跃，一些不法书商在经济利益驱动下，不断变换方式，从事非法出版活动，以渲染暴力、凶杀、淫秽为主要内容的小报充斥市场。1986年以后，一些不法书刊商贩又采取盗用正式出版社名义、伪造出版社等办法，出版淫秽、凶杀内容的书刊和盗印港台出版的武侠小说。还有不法书商，利用出版管理上的漏洞，买卖书号；有的大量盗印正式出版社出版的图书，有的将海外出版的有严重政治问题的图书，在国内资印出版。这些非法出版物通过地下发行网络流入上海的书刊市场。在这个背景下，图书市场加大了管理力度。遵照中共中央、国务院指示精神，上海相应成立“扫黄打非”领导小组和“扫黄”办公室。上海市“扫黄”办公室组织新闻出版、工商、公安和各区县文化局，联合开展“扫黄打非”活动。每个月由上海市图书报刊市场管理处组织区县文化局进行经常性的市场检查，工商、公安部门也根据各自职责把“扫黄打非”列入日常工作来抓。1985年，全市收缴各种渲染凶杀、暴力的非法小报70吨。1986年，收缴各种非法出版物20万册。1987—1989年，收缴各种非法出版物40万册。1988年11月3日，市新闻出版局、市工商行政管理局联合发出通知，自12月1日起，凡在上海市境内从事图书报刊批发零售业务的单位和个人，须申领“经营许可证”。1989年11月26日，市政府发布《上海市查禁有害出版物暂行规定》，自12月5日起实施。1989年2月,图书市场管理职能从发行管理处划出,单独设立了上海市图书报刊市场管理处,负责对全市图书报刊市场的管理和扫黄打非工作。1990年以后,每年收缴的非法出版物在10万册左右。

20世纪80年代中后期,图书进出口多渠道模式逐渐形成。原来全市只有上海外文书店独家发行进口图书,逐渐变为多头销售进口图书。1986年2月,中国图书进出口总公司上海分公司举办"外国及港台地区美化生活图书展览"。展出的图书来自美、英、法、荷、日、联邦德国,及中国香港和台湾地区,共计1600多种,内容涉及服装设计、针织编结、首饰、发型、美容、住房布置、室内装潢、家具设计以及美术、艺术、摄影等。新华书店也与日本户田书店互相设立专柜。1988年,中国出版外贸总公司和上海分公司在上海图书馆举办新西兰图书展。1989年7月3日,中国图书进出口总公司上海分公司等15个单位联合举办的"1989年上海进口图书展览"开幕。20个国家和地区100多家出版社参加。

原来上海出版物出口统一由中国国际书店(1983年12月更名为中国国际图书贸易总公司)负责,后也改为多家经营上海出版物的出口。上海外文图书公司、中国图书进出口上海公司、上海图书公司、上海朵云轩等单位也出口书刊、字画等。上海出版书刊对外发行数量日渐增加。1984年到达620170册(份),1985年为700741册(份),1986年为890143册(份),1987年为800336册(份),1988年为868687册(份)。

80年代中后期到90年代初,挂历发行成为市场热点。1985年,上海出版印刷公司印制月历800万本,较1983年290万本净增1.8倍,创历史上最高纪录,其中上海人民美术出版社出版月历近400万本。1986年12月上海人民美术出版社出版的挂历猛增至404万份(1984年为115万份,1985年为330万份)。1988年11月,新华书店上海发行所向全国发行1989年挂历年画7500万件(册),8700万元。1989年3月6日,新华书店上海发行所和上海人民美术出版社、上海画报出版社、上海书画出版社联合召开1990年沪版年画、挂历订货会议,订货金额达3200万元。1993年3月2—4日,"'92年挂历联合订货会"在上海举行,200多家书店400多名代表到会,销售码洋2000万元。

进入90年代,图书市场继续延续繁荣的态势。自1990年开始,每年春节举办文庙特价书市,特价供应各类图书。1990年3月11日,新华书店和上海各出版社联合召开第四届看样订货会议,成交码洋2700万元,创历史最高纪录。5月21日—6日3日,上海新华书店、上海少儿书店联合举办"'90年上海少儿书展",近百家出版社参展,展出3000种书,接待读者10万人次,销售图书、文具44万元。8月30日—9月12日,市新闻出版局、新华书店总店、市新华书店联合主办的第三届全国书市在上海举行,230家出版社的4万多种图书展销,接待读者22万人次,售书144万册,销售金额520多万元。1991年,"'91全国教育图书大展销"在上海举行,全国30多家出版社展出5000余种图书。首届科技博览会科技书市在上海举行,全国400余家出版社2.5万种图书及音像制品、仪器、电脑软硬件等在博览会上展出。年底,上海版新书大联展在市工人文化宫举行,10天内销售45万元。90年代初上海图书市场出现新"热点"——"证券图书热"。上海版四本证券投资图书1991年春天初版时,印数都在5000或10000左右,一年中4本书都迅速重版,有的一年竟连印7次,最高印数6万多,一般印数也都有2万—3万,成为时下书店、书摊上的抢手货。1992年,新华书店、上海各出版社第六届图书联合看样订货会在上海举办,订出各类图书达7000万元。5月8—18日,"'92上海艺术图书大联展"在上海举行,50多家出版社的5000多种艺术书刊参展。由中国图书进出口总公司上海分公司与日本出版贩卖株式会社合办的日本艺术图书展同时举行,展出日本近来出版的 700 多种图书。年中，上海南京东路新华书店、少年儿童出版社、文汇读书周报联合举办的全国优秀少年儿童读物展在上海举行，展出 1 000 余种优秀读物。下半年，“’92 全国地方版图书大联展”在上海举行，100 多家出版社展出 5 000 多种新版图书。9 月 18 日，全国医学图书展销会在上海工人文化宫开幕，展出 2 000 余种图书。1993 年上海出版社第七届图书看样会在上海召开，订货码洋 5 000 万元。市新闻出版局和全国版协科技出版委员会主办的第三届全国地方版科技图书交易会在上海举行，30 多家科技出版社的 5 000 多种图书参加，成交码洋 3 000 万元。10 月 18—30 日，“’93 上海科技节科技书市”在上海举行，各类科技图书、声像制品、音响设备、科技仪器及计算机软件 3 万余种参加展销，销售码洋 160 万元。1994 年，上海 38 家出版社和新华书店发行所联合举办第八届沪版图书看样订货会，汇集了沪版书近万种，初版新书 2 500 种，订出码洋 9 300 万元（包括 1995 年 12 月底在广州、哈尔滨订出的码洋 900 万元）。3 月 20 日至 22 日，由中国出版工作者协会、中国出版工作者协会美术出版研究委员会主办的“’94 全国图书交易会”在上海举行，40 家美术出版社参加，参展美术图书 7 000 余种，订货码洋 3 500 万元。3 月末至 4 月初，第九届文汇书展举行，2 万余种图书参展。1995 年，第九届沪版图书看样订货会在上海举行，39 家单位参加，展出 1 万多种图书，近 1 000 人参加，订出码洋 13 400 万元。

1990 年，上海市为支持出版印刷和发行行业的发展，决定设立出版、印刷、发行基金共 1 700 万元，分别用于资助学术著作出版、印刷技术改造和发行网点建设。经过登记核发经营许可证后，1990 年全市共有近 2 000 家书店（摊）。其中，组建于 1990 年 10 月的沪港三联书店，是由上海图书公司、三联书店（香港）有限公司和上海三联书店（出版社）共同投资组建的国内第一家沪港合资经营书店。在发行基金的扶持下，上海国有书店从 1980 年时的 149 个，增长到 1995 年的 291 个。在网点发展中，专业书店增加较快。1994 年，除相继独立建制的上海科技书店、音乐书店、沪版图书贸易中心外，新华书店共有学术书苑、教育书店、艺术书店、工具书店、企业家书店、省版书店、法学书局、医学书店、建筑书店、旅游书店、交通书店、体育书店、少年儿童书店等 13 家专业书店。同年 9 月，福州路上海书店经装修后重新开业，更名“图书城”，营业面积从原 600 平方米扩大为 1 500 平方米，经售社科、文艺、文教、少儿、科技、生活等各类图书 2 万多种，成为沪上颇具规模的大型综合性书店。1995 年，全市拥有 26 个专业书店，区县新华书店门市部 127 个，其他图书销售店 2 701 个。到 1996 年底，全市书店（摊）发展到 4 088 家，其中国有书店 232 家，社会办书店 1 744 家，集体、个体书店 1 860 家，出版社自办发行点 52 家，供销社图书点 200 家。1993 年 11 月全市各大超市还设立了图书专架，1994 年发展到 117 家，销售码洋 745 万元，1995 年发展到 190 家，销售码洋 1 163 万元。在商场中开设的书店，成为图书发行业的一支新军。这一时期，出版社的自办发行力量也日渐加强，到 1994 年，出版社自办发行量占全部发行量 50%以上。为服务于出版社的发行需求，1994 年 10 月上海新华书店成立图书储运代理公司，代理出版社自办发行图书的储存、发货、运输等业务。与之相应，上海全市发行队伍也快速增长。至 1994 年底，全市国有书店发货店、销售店共有发行人员 1 794 人，出版社自办发行人员共有 657 人，全市集体、个体书店（摊）有 3 094 人。

1991 年 3 月 14 日，市第九届人大常委会第二十五次会议通过《上海市图书报刊市场管理条例》，于 7 月 1 日起施行。20 世纪 80 年代末 90 年代初起，上海对图书、报刊批发单位也加强了管理。对从事图书报刊批发的经营单位要求有主管单位，内部管理健全，有必须的业务制度，有专职业务员，转批的书刊必须向上海市新闻出版局送缴样本，经核准后方可批发。个体经营者不准从事批发业务。通过登记发证后，对一些不符合条件的批发单位取消其批发权，改为零售店。集体性质的批发单位由 200 家压缩到 50 多家。与此同时，主渠道建设加强，1993 年 8 月 28 日，上海新华书店图书批销中心开业。为加强对批发单位的管理,又方便零售店进货,上海市图书报刊市场管理处和南市区文化局联合在文庙开办上海第一家书刊交易市场,将批发单位归入市场。文庙书刊交易市场于1993年6月开办,此后便成为外地出版物进入上海的集散地,年销售额在1亿元,对上海图书市场健康和繁荣起到一定的作用。

进入90年代,上海发行界在推动图书出口上也采用一些新举措,并取得了较好成绩。1990年8月4日,上海古籍书店和澳门文化广场合办的宝文堂在澳门开业。1992年2月,中国出版对外贸易公司上海分公司并入上海外文图书公司,一度更名为上海图书出版贸易公司,不久仍用上海外文图书公司的招牌。上海外文图书公司出口品种有图书、报刊、杂志、音像制品、字画、文房四宝、工艺品、缩微制品及计算机软件等,但以书刊为主,每年出口的图书万种以上,出口报刊和杂志约800种。上海外文图书公司与上海和全国100多家出版单位有广泛的联系,定期散发上海新书目录给同业,主要国家为美国、日本、英国、德国、荷兰、加拿大、新加坡、马来西亚、越南以及中国台湾和香港地区。上海外文图书公司新组建后不久,便在中国香港、荷兰等地开办书展。1994年,上海外文图书公司销售额超1亿元。1993年8月24日,上海市版权代理公司成立,该公司第一家派出机构——上海市版权代理公司驻纽约办事处同时成立。1995年,上海出版界出国(境)参加书展,全年大小共有11次13批。

沪版图书也在国内市场上受到欢迎。1995年,在首届全国少儿读物看样订货会上,上海少年儿童出版社在南、北两片订货总数高达1 400万元,取得第一名,高出第二名订货数一倍多。同年2月,全国首家沪版专卖店在北京开业,中国书店沪版图书中心汇集上海23家出版社的6 000余种书刊专卖。

1996年,上海图书报刊发行业继续呈上升趋势。至12月底,全市共有图书报刊经营网点3 033家,其中书店(柜)1 753家,个体店、摊1 280家。另外,由国有主渠道书店供货,设在百货商厦、超市、地铁商场、供销社等处的书刊代销网点有808家。上海的国有图书发行企业和各出版社全年销售图书报刊总金额336 866万元,比上年增长36.95%。其中:新华书店上海发行所102 340万元,同比增长25.25%;新华书店95 529万元,同比增长31.19%;出版社自办发行138 997万元,同比增长52.01%。1996年上海图书报刊发行业的网点发展和改造有所加快,除引导社会网点向人口导入区发展外,城区新华书店等主渠道书店为改造、装修、发展网点投入资金3 500多万元。新增营业网点8家,营业面积2 540平方米;改造原有网点39家,新增营业面积1 948平方米;新增商厦售书网点41家,营业面积2 862平方米。购书环境继续得到明显好转。

为解决新华书店等主渠道书店网点的问题,经上海市政府同意,市委宣传部、市建委、市计委、市新闻出版局、市城市规划局、市财政局于1996年8月联合发文。主要内容有:(1)在安排和布局商业街、商业网点时,应优先考虑新华书店等主渠道书店的网点安置,确保这些文化设施的长期存在;(2)书店网点的建设纳入城市建设规划;(3)建设单位应将竣工后作为居住区配套的书店网点面积,移交市新闻出版行政管理部门组织实施,网点面积价格按建造成本价结算;(4)在城市规划和建设中,需要拆除或改建书店网点的,拆迁部门要事先与市新闻出版行政管理部门协商安置方案,原则上应原地安置;(5)为配合一流城市要有一流文化的宏伟目标,"九五"期间上海市拟建东、西、南、北、中5个大型综合性书店;(6)新华书店等主渠道书店危旧网点和新建网点等项目建设,由财政予以50%的贴息贷款;(7)新华书店等主渠道书店属文化发展扶持的单位,今后在调整房屋租金时,可以享受免增房租的待遇。

1996年,上海先后举办了第十届沪版图书看样订货会(订货码洋2.6亿元)、第十一届文汇书展、“'96上海国际计算机及网络展览会”和首届上海图书节。8月9—18日举办的首届上海图书节暨1996年上海书市成为城中盛事，共展出全国500多家出版社10万种读物，包括2万种音像制品和电子出版物；接待读者30万人次，展览馆最高日人流量达4.3万人次，共售出各类图书价值1100万元，创上海历届书市书展规模最大、参观人数最多、销售码洋最高的纪录。

1997年，全市共有图书报刊经营网点4277家。其中单位1906家，个体工商户1504家，主渠道书店设在商厦、超市、地铁、宾馆、供销社等的代销点867家。1997年全市国有图书销售企业和各出版社自办发行销售图书总码洋37.66亿元，比上年增长11.8%。其中，新华书店上海发行所10.61亿元，同比增长3.67%；主渠道书店10.51亿元，同比增长10.02%；出版社自办发行16.54亿元，同比增长19%。全年上海国有图书销售企业为建设、改造经营网点共投入资金2130万元，改造网点25个，新增营业面积10269.6平方米。市主渠道书店还开展了全行业规范服务达标活动，提升行业服务水准。上海出版界还在北美和巴黎均举办了书展。上海外文图书公司和香港联合出版(集团)公司及其在多伦多、纽约、洛杉矶的分公司共同举办“北美'97上海书展”，这是中国出版界在北美举办的规模最大的一次书展，也是上海市出版界首次在北美举办的上海书展。该书展1997年8月6—18日，在多伦多、纽约、洛杉矶巡回展出。上海38家出版社共展出图书8000余种，8万多册，近100万元码洋。上海市新闻出版局、市政府新闻办公室和法国《欧洲时报》社在巴黎联合举办“巴黎'97上海书展”。这是上海首次在巴黎举办书展。上海28家出版社参展，有2000多种5000多册图书被争购一空。

1998年，图书发行体制改革迈出了实质性步伐，组建发行集团工作初步完成论证和方案设计。上海新华书店和新华书店上海发行所的店所分离工作正式启动。上海标志性文化建筑之一的上海书城建成开业。在上海书城开业的同时，上海书城网上书店也正式开通。网上书店采用最新电子交易(SET)标准，已获得国际信用机构(VISA)认证中心签发的电子证书。根据SSL协议，上海书城网上书店还能同时接受长城卡、牡丹卡、龙卡、太平洋卡和金穗卡进行网上结算，读者在家中就可以购书，所购图书被直接送到读者手中。网上书店为读者提供15万种图书的信息、4万种图书的内容简介和2万种图书的封面照片。第二届上海书市更以书城开业为契机，组织图书展销、文化导读、学术研讨等活动85项。至年底，全市共有图书报刊经营网点4744家，其中单位2046家，个体工商户1613家，主渠道书店设在商厦、超市、地铁、宾馆、供销社等代销点1085家。全市国有图书销售企业和各出版社自办发行销售图书总码洋38.98亿元，比上年增长3.51%。其中新华书店上海发行所10.81亿元，比上年增长1.89%；主渠道书店11.66亿元，比上年增长10.94%；出版社自办发行16.51亿元，比上年减少0.18%。全年上海国有图书销售企业为建设、改造经营网点共投入资金4777万元，改造网点19个，新增营业面积10747平方米。自1998年起，上海出版发行界采取统一组团、统一宣传、统一布展的方式参加全国书市，同时各出版社和新华书店上海发行所自行安排订货和展销的供应工作。这种团队作战的办法取得了较好的成绩。上海版权输出也日趋活跃，1998年输出作品版权21种。

1999年，全市共有图书报刊经营网点5458家，其中单位2511家，个体工商户1549家，主渠道书店设在商厦、超市、地铁、宾馆、供销社等的代销点1398家。全年国有图书销售企业和各出版社自办发行销售图书总码洋40.15亿元，比上年增长3%。其中新华书店上海发行所10.54亿元，同比减少2.5%；主渠道书店22.9亿元，同比增长1.87%；出版社自办发行17.26亿元，同比增长11.99%。国有图书销售企业为建设、改造经营网点共投入资金1235.1万元，改造网点25个，新增营业面积4950平方米。当年，上海新华书店、上海世纪出版集团、上海科学技术出版社、上海科技教育出版社、上海文艺出版总社、上海外语教育出版社等26家单位采取社店联手共同出资的形式，组建成立了上海和文图书发行有限责任公司，并于年底开始运行。公司成立后，先后在杭州、成都、广东开设子公司，拓展了上海版图书在全国图书市场的占有率。杭州和文图书公司于2000年4月7日开业，营业面积为700平方米；成都和文图书公司于2000年4月26日开业，营业面积为350平方米；广东和文图书公司于2000年12月28日试营业。上海和文图书公司还发展了10家特约经销店，遍布全国各地。

迈入21世纪后，上海发行行业在集团化运营上取得突破性进展。2000年6月10日，上海新华发行(集团)有限公司成立。该集团是以上海新华书店、新华书店上海发行所、上海书城、中国科技图书公司、上海音乐图书公司和全市20个区县新华书店的全部资产为纽带，按现代企业制度组建的新型企业。集团拥有资产12.6亿元，年销售收入20多亿元，总营业面积5万多平方米，还拥有大型仓库和专业运输车队。当年新华发行集团发行中心销售14.02亿元，比上年增长33.03%。集团成立后，以结构调整为主线，以发展大连锁、促进大流通、建设大市场为图书发行的方向，进行了一系列尝试和探索：新增网点43家，新增营业面积1.4万平方米；相继推出专业连锁、管理连锁和社区连锁三种经营模式；联合组建"东方出版交易中心"，为培育全国统一开放、竞争有序的出版物市场体系创造了一个产业发展的新平台；建立和完善对基层书店法人代表的年薪考核制度，实行末位淘汰；推行财务预算管理和会计委派制度，加强对资金的集中使用；推行全员劳动用工聘任合同制，建立了较为完整的规章制度。集团2001年共完成图书、音像制品和电子出版物批零总额26.73亿元，比上年增长7.18%；利润4685万元，比上年增长17.8%。新闻出版总署于2001年8月将其列为全国第四家发行改革试点单位。

至2000年底，上海共有图书报刊经营网点6743家，其中单位1878家(含主渠道书店325家)，个体工商户1410家，主渠道书店设在商厦、超市、宾馆、供销社的代销点1718家，东方书报亭1118家，其他619家。本年内，上海主渠道书店新建、改造网点53处，新增面积17520平方米。主渠道书店和各出版社自办发行共完成图书销售码洋47.05亿元，比上年增长17.17%。其中主渠道书店27.15亿元，比上年增长18.56%；出版社自办发行19.90亿元，比上年增长15.34%，其中上海世纪出版集团3.22亿元，比上年增长11.50%。在全国书市和沪版图书看样订货会上，上海图书依然表现出众。第十一届全国书市上，上海代表团订货码洋5400万元，比上年增长35%，销售码洋210万元，比上年增长110%。由上海出版社经营管理协会、市出版工作者协会、市书刊发行业协会主办，上海43家出版单位和上海新华发行集团联合承办的上海出版社第十五届沪版图书看样订货会共推出各类图书2万余种，其中2000年度新书8000余种，重点图书800多种。全国400余家书店700多位代表应邀到会。该届订货会以高品位、高档次的精品力作赢得了市场，订货码洋达到27664万元，比上届增长10%。

2001年开始，上海出版发行界也开始推动互联网技术与发行业务的融合。7月27日，上海诞生了全国最大的现代专业出版网——易文网。易文网由上海世纪出版集团、上海新汇光盘集团、联合投资有限公司联合组建，主要经营包括图书、音像制品和电子出版物网络版的版权交易，代理海内外图书、音像制品的版权交易业务，开展图书、音像制品的网上销售业务，尝试开展网上出版业务等，依托上海世纪出版集团开发、建立丰富的信息资源。为了摸索开展B2B业务的经验，易文网尝试利用互联网与上海世纪出版集团发行中心、上海图书公司、上海大剧院音像店等批销单位连接，开展网上订发货业务。

在做大平台，创新发行模式方面，上海发行界也做了积极的尝试。2000年12月28日，由上海、四川、辽宁、江西 4 家省级新华书店集团和陆家嘴集团公司共同投资的东方出版交易中心成立。该中心由出版物展示交易大厅、网站和东方书城三部分组成。交易大厅陈列着全国各地出版社 35 万种图书，是中国陈列品种最多的出版物展示馆。中国出版交易网（www.isbnok.com）是东方出版交易中心的核心机构，也是开放式的出版物行业交易网站，客户在交易中心可通过常规交易、实时交易和 EDI（电子数据交换）交易三种方式来完成。东方书城经营面积 4 000 平方米，由世界一流的海外专业设计公司设计，突出文化品位和人性化的理念。东方书城卖场分为文化艺术、工商管理、语言文字、教辅读物、现代科技、实用生活、音像制品等 12 大类，经营品种约 12 万种，是浦东地区图书品种最多、设施最好、规模最大的零售书店。东方书城采用通过 ISO9001 国际质量认证的上海书城的管理模式，全部管理软件也来自上海书城。

至 2001 年底，上海共有出版物发行网点 6 877 家，其中上海新华发行集团有限公司、上海世纪出版集团、上海外文图书公司和各出版社网点 387 家，集体、个体网点 1 676 家，其他网点 4 814 家。上海新华发行集团有限公司新建网点 43 家、改扩建网点 17 家，新增面积 1.4 万平方米，其中东方音像连锁 6 500 平方米、东方书城 4 000 平方米。2001 年，上海新华发行集团有限公司、上海世纪出版集团、上海外文图书公司和各出版社自办发行共完成图书销售码洋 53.62 亿元，比上年增长 13.96%。其中新华发行集团有限公司发行中心 26.73 亿元，比上年增长 7.18%；上海外文图书公司、上海图书公司、上海香港三联书店有限公司 2.36 亿元，比上年增长 7.27%；各出版社自办发行 21.03 亿元，比上年增长 5.68%；上海世纪出版集团发行中心 3.50 亿元，比建立发行中心的第一年增长 9.38%。新华发行集团将发行渠道进一步下沉，当年建成 35 家新华社区书苑。这种具有连锁经营性质的文化便利店，采取"政府推动、提供场所，街道管理、安排就业，书店运作、指导经营"的方式，分别建在街道图书馆和文化活动中心。通过图书、电子出版物、音像制品的免费借阅等一体化服务，该书苑受到街道管理部门和市民的欢迎。同年，随着民营书业的蓬勃发展，为增强行业自律、维护非国有书业合法利益、促进行业内部的互助合作和信息沟通，3 月 17 日上海市还成立了非国有书业工作小组，该工作小组是全市民营书业的组织，直属市书刊发行业协会领导。

2002 年 10 月 28 日，市十一届人大常委会第 44 次会议通过的《上海市出版物发行管理条例》，条例自 2003 年 1 月 1 日起施行。《上海市图书报刊市场管理条例》同时废止。《条例》修改的主要内容是：(1) 扩大适用范围，增加电子出版物的发行管理，并把出版物的征订、附送、散发、展示等辅助发行行为纳入适用范围；(2) 把设立出版物零售、出租单位和个人的行政审批权下放到区、县负责出版管理的部门；(3) 取消一部分行政审批项目，主要有流动零售、非进口出版物的展销以及外省市出版物进入上海市的验审；(4) 增加设立出版物连锁经营企业的行政审批项目和通过互联网发行出版物的管理规定。

2002 年，上海首次面向全国举办图书交易会。由上海出版工作者协会、上海出版社经营管理协会和上海书刊发行业协会主办的该交易会于 6 月 23—26 日在上海光大会展中心举行。前来参展的有中国出版集团等出版机构，也有各地方性出版单位，还有不少大学出版社和专业出版社。80 余家外省市出版单位，加上上海的出版社，阵容比上届扩大三倍，成为上海近年来最大的图书订货交易会，参展的 120 余家出版社带来 8 万余种图书，其中年度内新书 1 万余种。各地 500 多家书店 1 000 多名代表应邀到会。而在年底举行的沪版图书订货会上，沪版图书也深受市场欢迎。订货会共推出各类图书 2 万余种，其中 2002 年度新书 8 000 余种，还有部分音像制品和电子出版物。全国 300 多家书店 700 多名代表应邀到会。订货码洋达 2.08 亿元。

同年，上海还成立了中国内地第一家现代图书物流公司——上海世纪秋雨物流公司。该公司占地面积 21 300 余平方米,仓储和作业区面积 18 750 平方米,行政办公楼和其他辅助设施面积约 2 000 平方米,总投资 3 100 万元。自 2002 年 3 月试运行后,迅速形成年发送图书码洋 5 亿元、吞吐图书码洋 6 亿元的物流处理能力,基本达到设计要求。公司通过运用物流信息分析系统——EIQ 分析系统对图书流进行分析,并接入宽带来实现与发行中心和销售商快速的数字传送和准确的信息反馈,大大地提高了图书物流的速度和质量。公司的成立也是上海出版发行界运用现代企业管理制度提升图书仓储物流效率的尝试。

至 2002 年底,上海共有出版物发行网点 7 180 家,其中上海新华发行集团有限公司、上海世纪出版集团、上海外文图书公司、上海图书公司、上海香港三联书店有限公司和各出版社的网点 509 家,集体、个体网点 1 676 家,其他网点 4 995 家。2002 年,上海新华发行集团有限公司等和各出版社自办发行共完成图书销售码洋 56.65 亿元,比上年增长 5.65%,其中上海新华发行集团有限公司 26.69 亿元;上海世纪出版集团 3.45 亿元;上海外文图书公司、上海图书公司、上海香港三联书店有限公司 2.67 亿元;各出版社自办发行 23.84 亿元。

由于上海图书发行管理在全国都居于领先地位,2003 年年底,上海书城还进行了管理模式输出。上海书城和西安民营企业双鱼置业有限公司共同出资组建的大型图书零售企业——西安中山书城。中山书城营业面积近 5 000 平方米,经营各类图书、音像制品和电子出版物 10 余万种,由上海书城委派人员进行全面管理。

至 2003 年,全市共有出版物发行网点 7 128 家,其中上海新华发行集团有限公司、上海世纪出版集团、上海外文图书公司、上海香港三联书店有限公司和各出版社网点 515 家,集体、个体网点 1 517 家,其他网点 5 096 家。上海新华发行集团、上海世纪出版集团、上海外文图书公司等和各出版社自办发行共完成图书销售码洋 53.66 亿元,比上年下降 5.28%。其中,上海新华发行集团有限公司销售码洋 23.91 亿元,上海世纪出版集团销售码洋 3.56 亿元,上海外文图书公司、上海图书公司、上海香港三联书店有限公司等销售码洋 3.11 亿元,各出版社自办发行销售码洋 23.08 亿元。

2004 年,全市持出版物经营许可证的发行网点 7 146 家。出版物发行销售总额 81.69 亿元,其中上海新华发行集团有限公司销售额 21.71 亿元,上海世纪出版集团销售额 13.24 亿元,上海文艺出版总社销售额 4.13 亿元,其他 25 家出版社自办发行销售额 15.59 亿元,上海外文图书公司、上海图书公司、上海香港三联书店有限公司和上海贝塔斯曼文化实业有限公司销售额 3.51 亿元,东方书报亭销售额 1.8 亿元,市邮政局和市报刊零售公司销售额 4.53 亿元,文庙书刊交易市场销售额 2.03 亿元,上海书刊交易市场销售额 3.52 亿元,个体及民营股份制单位销售额 11.63 亿元。

图书发行主渠道改革持续推进。2004 年,上海新华发行集团有限公司由国有独资企业改制为混合所有制企业。改制工作分步进行:第一步,经市国有资产监督管理委员会批准,将集团公司的资产分别划转给上海精文投资有限公司、解放日报报业集团、上海文广影视集团、上海世纪出版集团和上海文艺出版总社,9 月 9 日召开新一届集团公司董事会成立大会。第二步,该集团公司 49% 股份通过上海联合产权交易所公开挂牌竞价。上海绿地集团有限公司出资 3.48 亿元,获得上海新华发行集团有限公司 49%股权,成为上海新华发行集团有限公司的最大股东。上海新华发行集团有限公司成为全国文化单位中通过市场竞价转让股权,进行产权改革,实现混合所有制的第一家企业。股权转让后,上海新华发行集团有限公司除留出 2 亿元用作职工"保障金"外,还获得 3.06 亿元增资。上海新华发行集团股权投资主体多元化之后,各股东单位积极支持资产和资源重组,形成集团公司新的产业链,不断加强内涵,扩大外延;积极支持通过股权出让,引进战略伙伴,加快提升集团公司实力。2005 年,新华发行集团以上海各区县新华书店 25 家教材门店为基础组建上海新华发行集团教材连锁店。

同一时期，上海的民营书业发展十分迅速。《出版物市场管理规定》出台以来，上海诞生第一家获得从事图书、报纸、期刊及电子出版物的总发行业务的民营企业——“英特颂图书有限公司”，该公司拥有2 000万注册资金、4 000多平方米批发场地，下挂专门出版工作室，不但搞批发而且参与出版。思考乐书局开出了四家大型分店。以知识分子为主要读者群的季风书园发展到了8家，第8家位于福州路西藏路口来福士广场里的季风一亮相，就以2万余种的备货量，与上海书城、思考乐书店形成了三足鼎立之势。而另一家明君书店则在地铁站及居民点开出了29家连锁书店，加上5家加盟店，成为拥有34个网点的民营连锁书业。在2004年的上海书展上，民营书业订货码洋也达到3.03亿元。2005年，上海外文季风图书有限公司甚至和台湾联经出版公司合作成立台北简体字书店，取名“上海书店”。该店位于台北忠孝东路联经书店三楼，营业面积500多平方米，主要经营工具书、历史、文学、艺术、中医中药和反映风尚的图书。“上海书店”的开设受到台湾各界欢迎。至年底，台北“上海书店”接受上海外文图书公司出口图书30多万册，合计人民币近1 000万元。

由于沪版图书质量高，不仅在国内市场大受欢迎，在海外也颇有市场。2004年，上海输出版权240种，占据全国输出量的四分之一，版权输出地遍及五大洲的20余个国家和地区。在北京国际图书博览会上，上海出版界向境外输出版权甚至超越引进，达到1.03∶1，实现了输出和引进间的逆转。在2004年7月举办的首届上海国际儿童图书博览会上签订版权贸易协议91项，其中版权输出73项，引进18项。同年，市新闻出版局与美国读者文摘出版公司合作，出版“文化中国丛书”，并进入美国主流销售渠道发行。丛书在美国连锁书店——班诺书店(Barnes & Noble)以及一些独立书店销售，并进入网上书店——亚马逊书店销售网络，这是介绍中国文化的英文版图书首次规模化进入美国主流图书市场。该丛书每年确定几个选题，陆续在美国出版。到2006年，上海网络游戏更是扭转了只进不出的局面。久之游信息技术上海有限公司开发的《超级舞者》、《超级乐者》和上海游戏蜗牛有限公司开发的《航海世纪》等国产网络游戏分别出口到美国、加拿大、马来西亚、越南、印度、新加坡以及中国香港和中国台湾等10多个国家和地区。

2005年开始，全市拥有出版物经营许可证的发行网点出现下降趋势。2005年底拥有出版物经营许可证的发行网点5 409个，按经济性质分：内资企业网点4 271个，合资企业网点20个，外资企业网点3个，个体工商户1 115户。全市有出版物代销网点2 279个。全年全市出版物发行销售总额91.68亿元。其中上海新华发行集团有限公司销售额23.77亿元，上海世纪出版集团销售额14.26亿元，上海文艺出版总社销售额5.21亿元，其他出版社自办发行销售额18.14亿元，上海外文图书公司、上海图书公司、上海香港三联书店有限公司和上海贝塔斯曼文化实业有限公司销售额3.79亿元，东方书报亭销售额1.68亿元，上海市邮政局和市报刊零售公司销售额3.60亿元，文庙书刊交易市场销售额1.52亿元，上海书刊交易市场销售额3.89亿元，个体及民营股份制单位销售额14.34亿元，其他1.48亿元。

2006年“新华传媒”借壳上市成功。10月17日，上海新华传媒股份有限公司揭牌仪式在上海展览中心举行，宣告新华发行集团核心业务成功借壳上市公司“华联超市”上市，上海新华发行集团有限公司整体改制工作完成，成为中国出版发行企业中第一家A股上市公司。新华发行集团用2年多时间，完成从国有独资到国有多元投资、到混合所有制、再到核心业务整体上市的改造。“新华传媒”除继承新华发行集团图书发行主营业务外，还收购炫动卡通卫视、故事会文化传媒、东方书报刊服务、上海联市文化发展、上海久远、贝塔斯曼文化实业、东方出版交易中心、图书会展等公司部分或全部股权。上市公司“华联超市”更名为“新华传媒”。整个“借壳上市”过程于2006年5月启动,10月17日完成股改并复牌上市。

2006年至2009年,全市持有出版物经营许可证的发行网点数量出现持续下降局面。2006年拥有3355家,其中内资企业网点2203家,合资企业网点22家,外资企业网点6家,个体工商户1124家,东方书报亭2120家,出版物代销网点2279家。全市出版物发行销售总额100.21亿元。至2007年底,全市持有出版物经营许可证的发行网点3216个,比上年下降4.14%,其中内资企业网点3187个,合资企业网点23个,外资企业网点6个,东方书报亭2120个。全市出版物发行销售总额118.13亿元,比上年增长17.88%。至2008年底,全市持有出版物经营许可证的发行网点2863个,比上年下降10.97%。其中内资企业网点2829个,合资企业网点24个,外资企业网点10个,个体工商户1006个,东方书报亭2120个。全市出版物发行销售总额98.67亿元,比上年下降16.47%。至2009年底,全市持有出版物经营许可证的发行网点2756个,比上年下降3.73%。其中内资企业网点1784个,中外合资企业网点12个,外资企业网点11个,个体工商户949个,东方书报亭2120个。全市出版物发行销售总额101亿元,比上年增长2.36%。

虽然市内发行网点下降,但沪版图书发行在全国市场依然保持领先地位。2009年第十九届全国图书交易博览会上,上海代表团以共成交订货码洋1.13亿元(全国订货总码洋19.6亿元)的成绩,再创历史新高,居各省市之首。同年,上海出版界首次组团整体亮相法兰克福书展,输出版权达180项,"上海出品"赢得国际同行的高度赞誉。

2010年,全市持出版物经营许可证的发行网点数量有所回升,达到3442个,有东方书报亭2120个。全市全年出版物发行销售总额104亿元,比上年增长2.97%。同年,"书香中国(上海)"全民阅读网开通。该阅读网由新闻出版总署和上海市新闻出版局指导,上海中文在线文化发展有限公司承办。阅读网依托"中文在线",联合国内400余家出版社、2000多名作家和4万余名网络作家而创建,设"书香校园""书香社区""农家书屋""职工书屋"四大板块。书香中国(上海)网站提供个人用户和单位用户两种服务模式。个人用户可以在总站直接注册,创建个人个性书房,通过在线或下载的方式阅读数字图书。单位用户由单位管理员在总站申请开通单位网站,获得单位二级域名、相应数量的电子图书、用户激活码等,单位的读者可以直接从单位的子网站界面注册登录,阅读数字图书。

第二章 广播电视电影业

中共十一届三中全会以后，党的工作重心发生战略转变，进入了以经济建设为中心的新时期。上海广播电视为适应和服务于这个伟大社会变革，也发生了深刻变化，取得了长足的发展。上海市广播电视局积极探索发展广播电视产业功能，走“自主建设、自主发展、自我积累、自我约束”道路。1979年1月25日，上海电视台呈报经营广告业务的请示，当晚得到市委宣传部批准。1月28日(中共十一届三中全会召开后第37天)15点05分，中国内地第一条电视广告“参桂养荣酒”播出。3月5日，上海电台在中国内地广播电台中第一个恢复了广告业务。3月15日，上海电视台又播出了中国内地第一条外商电视广告。此后，上海电台、上海电视台及新成立的东方电台、东方电视台和上海有线电视台都开办广告节目，拓展广告经营。从此，上海广播电视系统增加了预算外的收入，到1981年，全系统事业费支出的32%来源于广告收入。

1984年的全国广告会议上，上海市广播电视局提出了以宣传为中心，一手抓宣传节目，一手抓多种经营，两者相互促进的设想。此后，上海市广播电视系统的经营范围从广告经营发展到多种经营。1984年，上海市广播电视局的多种经营创收达1 099万元，1986年接近2 000万元。

1987年，上海市广播电视局经营收入达2 190万元，第一次超过国家财政拨款额。同年，上海市广播电视局在中共上海市委、上海市政府的领导和支持下，建立了“五台三中心”格局，这是上海广播电视事业在发展进程中的第一次重大体制改革。根据专业化分工新思路，上海电视台下设一台、二台和电视剧制作中心；上海电台分别成立新闻教育台、经济台和文艺台；原由各台管理的技术和服务部门，全部剥离出来，成立由广播电视局主管的三个中心：上海广播电视技术中心、上海广播电视服务中心和上海广播电视发展中心。其中，发展中心对全局的经营实体实行统一经营管理，集中资金，调整结构，形成合力，提高效益。

1988年，根据市委、市政府对宣传文化事业在财政上实行零承包的指示精神，上海市广播电视局被定为差额补贴单位，同市财政局、市人事局签订“财政综合承包协议”，实行预算大包干，全局经营创收70%作为事业费支出，其余作福利基金和奖金。全局以广播电视宣传为依托，发展多种经营，创建经济实体，形成广告、音像制品、印刷出版、旅游饮食文化、贸易经营等6个系列，创收能力逐年增强。1989年，上海广播电视发展公司成立，统一归口管理多种经营，形成了集团化、系列化经营的规模。到1991年，上海市广播电视局经营创收超过1亿元人民币。

广播电视产业功能在这一阶段得到了显著发展。1992年8月28日成立的上海东方明珠股份有限公司，开创了国内向社会发行文化股票先河，400万流通股共向社会集资2.04亿元，连同发行法人股筹措资金4.1亿元，推动了东方明珠广播电视塔建设顺利进行。与此同时，上海东方明珠股份公司又组建9个二级公司，开展多种经营活动。为解决电视节、音乐节所需资金，上海电视台、电台都通过各种渠道集资。上海市广播电视局还通过组建海外合作公司吸收国外资金。到1993年底，与外资合资的项目达11个，吸收外资428万美元。

1992年10月28日，东方广播电台开播。1993年，东方电视台成立，创造了同一直辖市内两家省级广播台和电视台并行运转的历史。1993年，上海电视台电视剧制作中心撤销，重新组建为两个相对独立的经营性公司。

至1994年,上海广播电视系统拥有固定资产从1991年的3亿多元增加到近50亿元;广播电视覆盖面遍及整个长江三角洲地区;节目套数、播出时间和制作能力也都有进一步提高。在各项经营创收中,广播电视广告收入仍占大头。1993年,上海市广播电视系统的广告收入达3.5亿元,而上海市广播电视服务公司(上海音像公司的前身)、上海广播电视发展公司、上海市广播电视信息服务公司和上海录像公司等经营性单位(包括上海广播电视发展公司从东方明珠股份有限公司返回的股利)1993年实现的利润则达4415万元,占全局总收入的10%左右。1993年,上海市广播电视局经营创收超过4亿元。1994年广告总额为5.2亿元,是上海市广播电视局实行预算大包干前(1987年)的21.1倍;全部经营总收入达6.83亿元,是当年国家财政拨款的42倍。1980年初,全局组建第一家经营公司——上海市广播电视服务公司(上海音像公司的前身)。

1995年8月,上海市广播电视局和上海市电影局"撤二建一",组建上海市广播电影电视局。经过调整,上海市广播电影电视局形成了5台、3中心、4个集团(公司)、9个直属单位的框架。即:上海人民广播电台、上海东方广播电台、上海电视台、上海东方电视台、上海有线电视台;技术中心、服务中心、节目资料中心;上海电影电视集团公司、上海永乐电影电视集团公司、上海广播电影电视发展总公司、东方明珠股份有限公司;上海电影译制厂、上海广播交响乐团、上海影城、上海电影资料馆、上海广播电视国际新闻交流中心、每周广播电视报社、国际大型活动办公室、上海大剧院和正在建设中的上海国际会议中心。

1997年6月,上海市政府正式委托上海市广播电影电视局管理上海市广播电影电视系统的国有资产,这在全市事业单位尚属首家。1997年全局广告和经营创收达15亿元,拥有固定资产51亿元;1998年创收增长17%,固定资产超过100亿元。

2001年4月19日,经国家广播电影电视总局、中共上海市委和市人民政府批准,组建上海文化广播影视集团。上海文化广播影视集团是以广播影视、传输网络、网站和报刊宣传为主业,兼营相关产业的大型新闻文化集团,集团下设文广新闻传媒集团、上海电影集团、文广投资有限公司、文广技术管理中心四大子集团。集团对广告和节目营销实行统一经营。

上海文化广播影视集团成立后,积极推动旗下广播电视频道进行专业化重组并进行资源再整合。2002年1月1日,电视频道专业化重组。文广新闻传媒集团11个电视专业频道整体亮相与观众见面。7月15日,广播专业频率10套计260档节目(其中8套节目双频播出)节目全新推出。同月,广交通频率、东广新闻综合频率和上广新闻频率三大广播频率和上视体育频道联动,共同制作播出全新的12档广播体育节目。这是新闻传媒集团进一步整合体育传媒资源、深化内容制作机制改革推出的全新改革举措。同年10月,上海互动电视(SITV)正式开播。

2005年,上海文化广播影视局向上海影视公司、上海新文化广播电视制作公司和上海三九文化发展公司三家民营公司转发了国家广电总局颁发的电视剧制作甲种许可证(持有此证即拥有拍摄自主权),从而结束了上海民营影视公司没有制作甲种许可证的历史,实现了零的突破。

2006年全市广播影视广告收入383815万元,比上年增长13.4%。2007年上海广播电视总收入104.94亿元,其中市级广电收入98.91亿元,区县级广电收入6.03亿元。

2008年8月,东方明珠(集团)股份有限公司与申通地铁资产经营管理有限公司合资成立上海地铁电视有限公司。同年,广播影视经营创收稳步增长。上海广播电视实际收入115.54亿元,其中市级广电收入109.72亿元(上海有线网络公司、上海文化广播影视集团101.36亿元,社会影视制作机构和教育电视台8.36亿元),区县级广电收入5.83亿元。广告收入43.94亿元,网络收入17.92亿元,广电节目销售、新媒体、演出、报刊发行等其他收入53.68亿元。

2009年10月，上海文化体制改革推出重大举措，率先整体实施广播电视制播分离。国家广电总局批复上海广播电视制播分离改革方案，原上海文广新闻传媒集团更名为上海广播电视台，并出资组建上海东方传媒集团有限公司。这标志着上海广播电视制播分离改革取得阶段性成果，对于做大做强广播电视媒体、繁荣广播电视内容制作市场、拓展现代媒体产业空间具有重要意义。上海东方传媒集团有限公司成为上海广播电视台台属、台控、台管的控股企业集团公司，是集广播电视节目制作经营、新媒体运营服务以及传媒相关业务于一体的媒体产业集团。同年，上海市广播影视经营创收稳步增长。上海广播影视全年实际创收141.1亿元，比上年增加17.8亿元，增幅为15.4%。

2010年上海广播影视行业全年实际创收206.1亿元，比上年增长61.8%，增幅为42.8%。同年，炫动传播公司作为东方传媒集团旗下的第一家上市公司在国内创业板上市。炫动传播也成为中国真正意义上的第一家传媒上市公司，是上海宣传系统与资本市场结合的第一个突破口。

同年6月，中国银行上海市分行联手中国投资担保有限公司上海分公司、徐汇区财政局，通过电视剧《神话》的播映权质押，向上影英皇文化发展有限公司发放了450万元的贷款，为新片《金枝玉叶》开拍注入"流动性"。这也成为全国首创的播映权质押融资模式，用热播电视剧的播映权向银行贷款换取新片拍摄资金的融资模式变成现实。

第一节　广播电视业

一、广播业

1978至1992年间，上海人民广播电台是上海唯一一家市级广播电台。1979年11月5日调整节目后，上海人民广播电台办有5套节目，使用5个频率，每天播音时间66小时24分，播音时间恢复到了1955年的水平。当年，上海广播服务业开始恢复广告经营，电台广告收入达到27.7万元，在全国省级电台中名列前茅。

1980年上海电台节目增加到6套，使用6个频率，每天播音时间76小时32分。节目套数和播音时间相当于1958年的水平。1981年7月，上海电台设立广告科(1989年改为广告部)，配备专职广告业务人员，建立和发展区域性广告网。1983年，上海电台倡导并协办了"沿海地区广播广告经验交流会"，借此形成互相交流、互相充实和互相协作的沿海城市广播广告网络。1984年上海电台的节目套数由6套增加到7套，使用7个频率，其中新辟一个调频广播频率，以播出立体声戏曲和古典音乐为主。每天播音时间达100小时37分。也是从这一年开始，上海电台广告科一方面全方位拓展广告业务，大力开展"公关"活动，与众多工商企业建立了广告业务关系；另一方面，积极开展多种经营，上海电台先后注册成立了上海电台市场信息服务部、上海电台服务部、太平洋经济信息中心、上海电台广告产品展销中心以及上海电台小卖部。为了便于集中管理，1985年7月，上海电台在5个经营实体的基础上组建上海人民广播电台经营公司，注册资金20万元，主要经营家用电器、日用百货等商品。同年9月，上海电台7套节目作出调整，新辟《音乐之声》立体声广播专用频率。至此全台共办有73个节目，每天播音时间增加到103小时47分，其中文艺节目播出时间占总播音时间的63.91%。

1987年起上海电台广播宣传体制进行重大改革，组建3个编辑室，对外呼号分别为新闻教育台、文艺台、经济台。新闻教育台以新闻专题节目为主，文艺台以音乐、戏曲、文学节目为主，经济台以传递经济信息为主。各分台按照各自分工要求,对原有节目的设置作了较大幅度调整,同时增加了一批新节目、新栏目。随着上海电台的体制改革,经营公司歇业。1987 年 5 月,上海电台经济台开播后即着手筹建信息服务公司,1988 年正式注册成立。上海电台信息服务公司下设两个非独立核算的信息咨询部,主要经营业务有经济信息播发、咨询和中介等。

1988 年元旦,浦江之声电台开播,又恢复了短波对中国台湾及海外广播。同年 5 月,上海电台共办有 9 套节目,使用 11 个频率,其中 5 个中波频率、3 个调频广播频率、3 个短波频率。每天播音时间增至 115 小时 41 分。同年,上海电台共有 115 个节目,与"文化大革命"前节目最多时的 1952 年相比,栏目增加 50%。同年,上海广播电视局实行财政承包,上海电台经费主要由广告等经营收入支出。电台广告经营也得到进一步发展,1989 年上海电台广告部获得"全国重信誉、创优秀服务先进单位"的称号。

20 世纪 90 年代是上海广播经营更为活跃的时期,上海电台不仅推行了很多创举,还创办了上海第二家省级电台——东方广播电台。

1991 年 9 月 30 日,上海电台交通台开播,这在国内大城市中属首创。90 年代初期,上海电台也积极推进节目营销。1992 年,上海电台成立节目制作部。节目制作部以录制、经营交流广播节目创收为主,旨在提高广播节目质量,扩大音带节目销售市场。节目制作部统一归口负责经营有声音带节目的录音制作,复制加工,交流代销等业务,兼营特约制作,创作策划。同时,节目制作部还负责节目经营销售,销售重点以全国各省市广播电台为主,兼顾社会各界,并逐步推向海外,特别是东南亚、港台等国家地区。1992 年 10 月 1 日,上海电台在原先英语调频广播的基础上,创建英语台。这也是全国地方台中的首创。同年 10 月,上海电台经济台使用的 792 千赫频率划归东方广播电台后,经过积极筹建,市场经济台诞生,于 1993 年 1 月开播。至此,以"新系列、新套数、新格局"为改革思路组建的 8 个系列台应运而生。上海电台 8 个系列台以频率为单元,对频率资源作了优化配置,其具体分工为:新闻综合台,990 千赫;市场经济台,1 422 千赫、711 千赫;文艺台,1 197 千赫;音乐台,103.7 兆赫;交通信息台,648 千赫;外语教学台,1 296 千赫;浦江之声台,900 千赫、3 280 千赫、7 115 千赫;英语台,105.7 兆赫。8 个系列台以新闻综合台为龙头,形成多功能、多层次、全方位的广播群体优势新格局。各系列台按照分工职责,构思设置节目,各自形成个性化特色。1993 年,上海电台每天播放 60 多小时文艺节目,其中,播出外国音乐节目 12 小时。上海电台信息服务公司也开始由总台直接管理,1993 年除去各类费用开支外,上交利润 20 多万元。至当年底,与上海电台建立长期合作关系的广告客户已逾千家,其中除国内的工商企业和广告代理公司外,还有日本的"三菱""松下"、荷兰的"飞利浦"等许多境外客户。1993 年上海电台广告创收达 2 163 万元。1995 年年初,上海电台在构筑 8 个系列台实施第一步改革基础上,全面实施第二步改革。以加强领导、集中管理为宗旨,将 8 个系列台按同类归并、效益互补的原则,组建成 4 个中心台:新闻台组成新闻中心台;市场经济台、交通信息台组建成经济中心台;文艺台、音乐一台、音乐二台组建成文艺中心台;浦江之声台、外语台组建成浦江中心台。在横向归并的同时,还进行纵向压缩,将全台节目、栏目由 145 个减少到 123 个,周平均日播出时间由 136 小时减少到 113 小时。上海电台的覆盖面包含上海及长江三角洲的广大地区,据不完全统计,经常收听上海电台广播节目听众达 5 000 万人。1999 年 1 月 18 日,上海电台实施"精简频率、精办节目"方案,推出节目全新版面。节目由原新闻、经济、交通、文艺、高雅音乐、流行音乐、少儿、英文、外语教学、浦江之声(对台广播)10 套减为新闻、经济、交通、音乐、文艺、浦江之声 6 套,节目总数由原 120 多个减为 100 个,周平均日播出时间由原 117 小时减为 86.5 小时。通过控制节目套数,集中力量办好节目。同时,对既有频率资源进行重新组合,改版后的六套节目基本实行调频与中波双频播出,以中波保持广播的有效覆盖,以调频克服大都市高楼林立、高架纵横给中波广播带来的"屏蔽"影响,使上海地区广播的收听效果得到明显改善。

1992年10月28日,上海市第二家省级电台东方广播电台正式开播。东方广播电台节目播出覆盖地域为长江三角洲,地域人口达5000万。建台之初有792千赫、101.7兆赫两套广播节目,每天共播出42小时,其中792千赫为24小时以直播为主的频率。东方电台在经济上实行独立核算、自负盈亏。开办初期,东方电台设有新闻部、综合部、音乐部、广告部和办公室(公关部)。广告部5人负责广告客户销售制作和播出。1993年10月28日,东方电台利用101.7副信道开播全国首家儿童节目专业频率,全天播出15个小时。到当年底,东方电台广告创收额跃升到1700多万元,人均创收达34万元,居全国广播界人均创收额首位。1994年10月28日,有线音乐电视频道正式播出,这是中国第一个专业音乐电视频道,每天播出17小时,播出内容以音乐为主。1995年3月29日,调频97.7兆赫金融台开播。至此,东方电台拥有中波792千赫(新闻、综合台)、调频101.7兆赫(音乐台)、调频101.7兆赫副信道(儿童台)、97.7兆赫(金融台),4套广播频率及一套电视音乐节目——有线电视四频道,日播出总时间为86小时,自制节目占90%以上。1996年5月28日,上海东方电台民族乐团正式组建,隶属于东方电台。新组建的民族乐团成员由原上海电影乐团民乐队和原上海广播电视艺术团民乐队选拔出的优秀演奏员组成,共12人。6月21日,经国家新闻出版总署批准,原《上海歌声》改刊为《东方歌声》。由东方电台和上海音乐家协会共同主办的《东方歌声》杂志社正式成立。由此,东方电台实现了广播频率、电视频道、图文杂志和表演团体4种媒体的一体化,电台的传播能量有新的突破。

表2-2-1　1999—2001年上海市省级广播电台基本情况统计表

项目	1999年		2000年		2001年	
	上海电台	东方电台	上海电台	东方电台	上海电台	东方电台
栏目数(个)	100	114	100	128	6	4
当年新增	3	4	—	14	3	11
每天播出时间(小时)	86.5	92	87.5	74.8	89.4	76.45
全年播出时间(小时)	31572.5	33580	31937.5	27302	32728	27995.5
播出广播剧(部)	36	12	42	11	20部　52小时	18
播出新闻(条)	86138	62320	87272	5816	109999	22600
职工人数	314	167	304	152	305	141
播音员(主持人)	39	45	39	48	70	45
副高以上专业人员	57	27	65	33	58	28

资料来源:据《上海年鉴》(2000—2002)整理汇编。

表2-2-2　1999—2001年上海市省级广播电台经济总收入统计表

项目	1999年		2000年		2001年	
	上海电台	东方电台	上海电台	东方电台	上海电台	东方电台
经济总收入(万元)	6300	5003	7605	6379	8600	7101

资料来源:据《上海年鉴》(2000—2002)整理汇编。

2001年4月19日,上海文化广播影视集团组建。上海文化广播影视集团下设文广新闻传媒集团、上海电影集团、文广投资有限公司、文广技术管理中心四大子集团。上海文化广播影视集团对广告和节目营销实行统一经营。文化广播影视集团组建后,对旗下广播电视频率频道进行了资源重组和优化。2002年7月15日,上海文化广播影视集团完成广播频率专业化改革,推出10套广播专业节目。此前,上海人民广播电台有新闻、经济、交通、文艺、音乐、浦江之声电台等6套节目,日播出90.5小时;上海东方广播电台有新闻综合、金融、音乐、老年少儿等4套节目,日播出76.75小时。改革后,根据“受众细分、优化配置、品牌经营、共享互动”原则,广播专业化频率共设置10套计260档节目(其中8套节目双频播出)。在“上海人民广播电台”呼号下安排新闻、交通、文艺、戏剧四个频率,日播出77.5小时。在“上海东方广播电台”呼号下安排新闻综合、金融、财经、流行音乐、综合音乐5套节目,另一套浦江之声广播电台节目与财经频率同频率播出,日播出96小时。当年,上海两家电台广告经营额达到1.58亿元。2003年7月,经国家广电总局批准,原上海电视台财经频道和东方广播电台财经频率组成全国首家综合性财经传媒——《第一财经》,频道、频率共同采用统一的文稿系统,实现资源共享。2004年11月15日,《第一财经日报》创刊;2008年2月,《第一财经周刊》创刊。2004年1月1日,中国纯新闻的广播电台——东广新闻台在上海调幅1296和调频104.5开播。东广新闻台实行全天24小时播出。与此同时,集团还积极发展新媒体业务。2003年年底上海文广互动电视有限公司开通19套数字音频广播。在上海数字电视系统中开发的数字音频节目中,上海人民广播电台和东方广播电台的FM、AM9套节目已全时段转入数字音频广播。此外,还开发了《恢弘古典》《写意古典》《轻松节拍》《华夏乐韵》《爵士流行》《动感地带》《华语风云》《欧美劲爆》《日韩潮流》《英语世界》等10套数字音频节目。

2005年至2010年间,上海公共广播节目稳定保持为21套,其中市级11套,区县级10套;付费广播1套;互联网转播2套。广播电视综合人口覆盖率均达100%。2005年7月11日,手机广播电台在上海诞生。“SMG手机电台”正式开播,这是全国首个由传媒机构全程提供集群语音内容支持,为广大手机用户提供双向互动语音服务的手机电台。“手机电台”的内容包括“东广新闻”“动感101”“体育”“都市792”“990新闻”“戏文”等。2007年11月,上海文广新闻传媒集团自主研发的数字音频及数据广播技术在上海试点开通全数字的音频及数据广播,这标志着上海广播开始进入数字时代。2008年中广卫星移动广播有限公司(CMMB)多媒体广播通过东方明珠发射台播出。

2009年,经国家广电总局批准,上海撤销上海文广新闻传媒集团,撤销上海电视台、上海人民广播电台、上海东方电视台、上海东方广播电台,合并组建上海广播电视台,实现事业和产业分开、宣传与经营分开、制作和播出分离、资源整合和结构优化。

自2002年至2010年,上海广播电台的经济总收入总体呈稳步上升趋势。2010年初,上海文化广播影视集团组建上海东方广播有限公司,除公司旗下7套广播节目以外,公司还代理广播新闻中心、第一财经广播、五星体育广播等旗下的4个频率,承担SMG广播广告的经营任务。同年,上海广播电台经济总收入达到4.58亿元。

表2-2-3　2002年—2010年上海广播电台基本情况统计表

项目	2002年	2003年	2004年	2005年	2006年	2007年	2008年	2009年	2010年
节目套数(套)	10	10	10	11	11	11	11	11	11

（续表一）

项目	2002 年	2003 年	2004 年	2005 年	2006 年	2007 年	2008 年	2009 年	2010 年
栏目数(个)	260	276	354	332	310	359	—	352	378
当年新增栏目	—	—	—	—	2	10	—	16	35
每天播出时间(小时)	169.88	171	192	208	211.44	210	—	212	212
年播出时间(小时)	61 977	62 415	70 054	76 092	77 174	76 806	76 807	76 390	74 929
播出广播剧(部)	47 部 369 集	132	285	251	7	52	—	495	58
制作广播剧(部)	17 部 62 集	43	44	262	7	52	—	481	50
播出新闻(条)	24 万	255 048	528 592	395 675	602 806	680 550	—	739 821	639 435
主办活动(次)	66/半年	178	137	204	248	132	—	271	103
职工人数(人)	353(在编 289)	356	332	1 702		—	—	—	2 092
播音员(主持人)	144	65	87	111	—	—	—	—	114
副高职称以上专业人员	59	56	55	127	—	—	—	—	371

注:每天播出时间以 12 月第三个星期为准。

资料来源:据《上海年鉴》(2003—2011)整理汇编。

表 2-2-4　2002 年—2010 年上海广播电台经济总收入统计表

项目	2002 年	2003 年	2004 年	2005 年	2006 年	2007 年	2008 年	2009 年	2010 年
经济总收入(亿元)	1.53	1.66	2.78	2.25	—	—	—	3.4	4.58

资料来源:据《上海年鉴》(2003—2011)整理汇编。

二、电视业

改革开放初期,上海电视行业内,上海电视台一家独大。在 1979 年之前,上海电视台的所有经费全部由国家财政拨款,并不存在产业化经营。1979 年,上海电视台开始经营电视广告业务。当年 1 月 27 日,上海电视台广告业务科委托上海美术公司代理首播广告业务,确定上海市药材公司的“参桂养荣酒”的广告内容次日播出,这是中国内地第一条电视广告。1979 年 3 月 15 日 18 时 51 分,上海电视台播放了中国内地第一条外商电视广告。这条瑞士雷达表广告长达 60 秒,共播 11 次,由上海广告公司(外贸)和香港《文汇报》代理。同年 7 月 16 日,上海电视台与香港《文汇报》、电视广播国际有限公司签订了为期 5 年的广告业务合作协议。11 月,上海电视台又与香港太平洋行签订日本西铁城手表报时广告协议,为期 1 年,广告总金额 130 万港币。自此以后,上海电视台的收入呈逐年迅速增长的态势,也开始有了自筹资金,其中,广告便是上海电视台自筹资金中最重要的收入来源。1979 年,上海电视台的自筹资金达到 51.9 万元。

1980 年,上海电视台建立了二级会计单位,实行“经费包干,独立核算”的财务体制。随着 1981 年增设 20 频道,上海电视台开始有两个自办节目播出频道,每天播出节目的类别迅速增加,节目全面走向定时化、栏目化。在这个时期,除广告经营外,上海电视台还积极拓展多种经营。1982 年 1 月,为扩大电视节目宣传,《上海电视》杂志出版发行。1983 年 1 月,上海电视台因陋就简,办起了中国电视系统第一家动画制片厂。

到 20 世纪 80 年代中期,上海电视台进一步开放搞活。1984 年,提出要"以宣传为中心,环绕多出节目,出好节目,拓展经济活动"。1985 年 1 月,上海电视台分别与所属 5 个部门签订形式不同的承包合同:新闻、文艺、社教 3 个部,签订以节目制作质量、数量与经费开支挂钩为主要内容的承包合同;技术部的承包合同以更好地为宣传服务,提高播出质量为中心内容;广告业务科的合同则以广告超收金额与物质奖励相结合为中心内容。承包合同每年修订一次,后逐步推广至其他部门。同年 2 月,上海电视台经营公司成立,该公司是上海电视台最早成立的第三产业之一,注册资金 50 万元。这是一家独立核算、自负盈亏的集体所有制企业,经营范围包括电视设备、闭路电视技术和信息咨询、电视节目录像带、音响制品、电视电影摄制等。当年,上海电视台的自筹资金上升到 978.8 万元,相当于 1979 年的 17.86 倍。1985 年后,上海电视台经营公司和上海电视台广告业务科合并,成立上海电视台广告经营部,统一负责广告和其他经营业务。在这一个时期,广告客户一般不通过广告公司代理,而是直接与电视台广告部门建立业务关系。上海电视台直接承接的广告播出量,占广告播出总量的 85%以上。上海电视台与其他地方电视台之间也相互代理电视广告业务。而海外来华广告则按国际惯例,实行广告代理制。最初,香港《文汇报》、无线电视台和上海广告公司代理上海电视台的广告,后来陆续发展到数十家跨国广告公司和香港华人广告公司为上海电视台提供广告。广告产品包括手表、家用电器、饮料、食品、汽车、洗涤用品、护肤用品、化妆品、洋酒和香烟等,均是国际名牌。广告客户也由单一的日本公司发展到美洲、欧洲经济发达的国家。此时,上海电视台实行国内广告和海外来华广告两种不同的收费标准:国内广告以人民币计费;海外来华广告以美元结算。国内企业广告的收费较大幅度低于海外来华广告的收费标准。

20 世纪 80 年代中后期,上海电视台还相继成立了上海电视台技术公司、制作公司、咨询信息服务公司、贸易服务公司、服务部、电视台二台经济信息服务公司,以及上海正大综艺电视制作有限公司、沈传薪—黑川音乐制作有限公司两家中外合资、合作公司,共 9 家具有法人资格的三产企业。这一时期,上海电视台自办节目也有所增加。于 1989 年 10 月 1 日开播的 14 频道先是转播中央电视台第二套教育节目,后改为上海电视台第二套自办节目频道,内容以经济信息、农村节目、影视剧为主。

进入 90 年代,上海电视行业出现重大变革。90 年代初期,变革主要表现在两个层面:第一,从行业结构来看,上海电视台一家独大的局面被打破,上海不仅拥有了多家电视台,而且出现了全国文化系统内首家股份公司。第二,行业内部各组织单位的市场化运行特色也愈发明显。

从行业结构来看,90 年代上海还先后开办了上海有线电视台、上海东方电视台、上海教育电视台,并建了组建全国文化系统首家股份公司——上海东方明珠股份有限公司。1991 年 4 月,上海市广播电视局成立有线电视台筹备小组,将全市已有的有线电视系统,纳入统一管理的轨道。有线电视台筹备小组先后制订出台了《上海市有线电视技术规划》《上海市有线电视设计、安装、施工、验收、管理暂行规定》;并在有关部门的支持、配合、协作下,整顿设计和施工单位;审核并重新认定有线电视台(站),发放许可证;实行"集中供片",强化节目管理;创办、发行《有线电视报》,广泛宣传有关有线电视的政策法规等,为建立上海有线电视台打下了基础。1992 年 10 月 26 日,广电部地方司根据上海市广播电视局"关于尽快建立上海有线电视台的请示",批复同意建立上海有线电视台。

1992 年 11 月 26 日，上海有线电视台试播，同年 12 月 26 日正式对外播出，终端联网约 6 万户，使用 10 个频道，其中：转播 9 套节目、自办 1 套综合节目。为了筹措东方明珠广播电视塔建设资金，1992 年 4 月 24 日，上海组建全国文化系统首家股份公司——上海东方明珠股份有限公司，并通过公开发行股票形式，筹措到 4.1 亿元，解决了建塔所需部分资金。1993 年 1 月 18 日，上海另一家市级无线电视台——上海东方电视台问世，开创了在同一个省(市)有两家省级无线电视台并行运转的先例。1994 年 2 月 27 日，市教委领导的专业电视台——上海教育电视台正式开播。上海教育电视台的节目在二十六频道由东方明珠广播电视塔发射，全天播出 15 小时，播放学历教育、非学历教育、社会教育、老年教育、师资培训、少儿教育等教学节目以及各类综合教育节目。

从各电视台内部管理来看，注重经营收益、进行市场化改革也成为重要趋势。

1991 年初，上海电视台提出了广告代理的试行办法，凡是具备代理条件的不同所有制的广告公司，都可与之签订正式协议。这一举措极大调动了各广告公司的积极性，也大幅提升了广告代理公司代理广告的播出比例。1992 年，由广告公司代理的广告，占上海电视台广告播出量的 60%左右，1993 年进一步上升到 90%。上海电视台的广告价格也稳步上升，30 秒国内广告由 1979 年的 100 元/条上升到 1993 年的 5 000 元/条，30 秒的海外来华广告由 1979 年的 1 000 美元/条上涨到 2 340 美元/条。1993 年开始，上海电视台广告播出收费作出重大调整，按广告播出的时间段的收视率高低，定出不同的收费标准，按质论价。伴随上海电视台广告单价上涨的是广告收入的大幅增加。从 1979 年至 1993 年年底，上海电视台共收入广告费 53 706 万元，每年平均递增 72.8%，其中 1993 年的广告营业额为 18 753 万元，比 1979 年广告收入 49 万元提高 382 倍。改革开放至 90 年代初期，上海电视台的广告营业额在上海几大媒体和主要广告公司中一直排名榜首，在全国上千家中央和地方的电视、报刊、广播等各类媒体中，也名列前茅。1993 年，上海电视台的广告营业额，居中央电视台之后名列全国第二。由于广告收入大幅增长，上海电视台的自筹资金也增加显著。1993 年，上海电视台的自筹资金高达 20 149 万元，比 1979 年增加 387.23 倍。电视节目制作也日益丰富。1993 年，上海电视台的两套节目每天共播出自办节目 30 小时，年节目制作量达到 2 441 小时，平均每天达到 6.7 小时。

表 2-2-5 1979—1993 年上海电视台广告收入统计表

年份	广告费收入(万元)	比上年增长(%)	年份	广告费收入(万元)	比上年增长(%)
1979 年	49		1987 年	1 678.3	36.8
1980 年	139	183.7	1988 年	1 796.7	7.1
1981 年	163	17.3	1989 年	2 996	66.3
1982 年	238	46	1990 年	3 484.2	16.3
1983 年	337	41.6	1991 年	6 537.2	87.6
1984 年	647.2	92	1992 年	14 681.2	124.6
1985 年	938.8	51.2	1993 年	18 753.7	27.7
1986 年	1 227	25.4	合计	53 706	每年平均递增 78.2

表2-2-6　1979—1993年上海电视台国内电视广告收费标准统计表

年份	国内广告30秒(人民币)	海外来华广告30秒(美元)	年份	国内广告30秒(人民币)	海外来华广告30秒(美元)
1979年	100	1 000	1988年	600	1 320
1980年	125		1990年	1 000	
1981年	150		1991年	1 500	
1982年	250		1992年	3 000	1 800
1986年	450	1 100	1993年	5 000	2 340

说明:上述二表均是固定的收费标准,若广告客户另有要求,如:广告安排在周末(周六、日)或固定节假日及其前夕播出、指定在某个时间段播放广告、中外合资企业播放的广告、加急广告(要求在3天之内播出)和特约播出广告等,均酌情提高收费标准。同时,为鼓励广告客户多投放电视广告,凡广告费或投放次数达到一定金额和数量者,可享受不同的连续折扣;若广告客户预付广告费,广告收费也予以优惠。至1993年止的15年来,上海电视台国内广告的收费标准作了10次调整,海外来华广告作了5次调整。

资料来源:《上海广播电视志》(1999年11月第1版)。

上海有线电视台从创办开始,建设资金就全部依靠自筹解决。筹建初期,上海市广播电视局贷款2 400万元,作为购置中心前端、部分光纤网建设及其传输设备。筹备小组成立时,办公机构设在衡山路831号中国唱片厂内,1992年10月5日迁往中山南二路481号上海第四粮食站内,1993年3月迁往延安西路1319号上海广播器材厂内,并在那里建立了小型演播室。上海有线电视台下设机构为:办公室、节目部、技术部、社会管理部、广告部、上海市有线电视节目供片总站、《有线电视》报;所属单位还有上海音像公司、上海录像公司、上海有线广告经营公司、上海有线电视实业公司。1993年7月1日,上海有线电视台自办信息频道,并于12月12日开辟了体育频道,至此,有自办节目3套,每天播出时间达44小时。7月初,上海有线电视台第一条电视广告在综合频道播出,内容是"力士香皂"。之后,根据上海市广播电视局的意见和要求,着手筹备广告部和广告公司,并于1993年12月底成立广告部。该年广告收入不足10万元。到1993年底,上海有线电视台入网用户总数达70.3万户。

东方电视台的创办更是推进文化体制改革的重要举措,内部管理更凸显出市场化改革的趋势。1992年初,上海市广播电视局决定引进竞争机制,在上海浦东建立具有独立法人资格的电视台——东方电视台。同年7月20日,中共上海市委宣传部发文同意广电局关于建立两个新台并招聘台长的报告;8月1日,广电局经过考核,正式聘任原上海电视台新闻部主任穆端正为东方电视台台长;8月3日,上海市机构编制委员会同意新电视台为独立建制的事业单位,经济上实行独立核算、自收自支,新电视台人员编制定为100名;8月15日,广播电影电视部批准上海东方电视台使用20频道,并指示"要立足浦东,面向长江三角洲,突出改革开放和对外宣传"。1993年1月18日19点,东方电视台正式开播,播出特别节目:《风从东方来》。开办之初,东方电视台使用20频道,每天播出时间17小时,其中自制节目4小时,开设了20多个栏目。上海东方电视台在人事和分配制度上,从台长到职工实行聘用制和每年3%~5%的淘汰率,奖金分配按贡献大小和工作量多少进行考核,奖勤罚懒。东方电视台还尝试采取制片人模式,依靠社会力量办节目。在经营中,东方电视台的收入也主要来源于电视广告销售。东方电视台广告部于1992年9月开始筹建。1993年10月16日,为转换广告经营机制,实行广告代理制,经上海市广播电视局批准,成立了上海东方电视台广告经营公司。公司属全民所有制性质,注册地址在浦东新区龙阳路88号,注册资金1 000万元。

东方电视台广告来源于具有代理电视广告资格的广告公司和一些直接客户，由广告公司制作或客户委托广告公司制作。1993 年，东方电视台广告创收达 1.2 亿元，占当年总收入 1.23 亿元的 98%。

进入 90 年代中期，上海电视台、上海有线电视台、上海东方电视台三台鼎立，各自发展的局面基本形成。

在这一时期，上海电视台不但播出时间延长，自制节目增加，而且进一步推进组织内的改革，由频道制转向中心制。1995 年上海电视台的 8 频道和 14 频道，每天从早晨 7 时起播出，至次日凌晨结束。两套节目平均每天共播出 33.87 小时。其中 8 频道平均每天播出 18.40 小时；14 频道平均每天播出 15.47 小时。全台全年共计自制电视节目 3 507.45 小时。其中新闻节目 819.43 小时，专题节 1 267.33 小时，文艺节目 606.46 小时，教育节目 33 小时，服务节目 358.15 小时，电视剧 423.08 小时。平均每天自制节目 9.61 小时。上海电视台下设新闻中心、八频道总监室、十四频道总监室、体育部和译制部，各自负责不同栏目的制作。1995 年 8 月 31 日，上海电视台外语台开播。1996 年，上海电视台决定撤销频道制，建立中心制。当年，开播日语节目。

此时，有线电视的发展也如火如荼。1995 年 5 月 8 日，上海电台和上海有线电视台联合组建的上海有线戏剧台顺利开播。每天播出 14 小时。全年制作入库的节目有 2 000 多盘，累计 920 多小时。同年，上海有线电视台自办的《有线电视》报发行突破 80 万份。至 1995 年末，有线电视台网络渗透半径达 70 公里，市区的有线电视入户率为 65%，联网用户 152 万，为全球最大的有线电视独立网络之一。播出和转播 14 套节目，自办 6 个频道，总共播出 90 小时以上，其中自制节目约占 15%。至 1996 年 11 月 30 日，有线电视台联网数达到 180.8 万多户，其中市区 160.5 万户、郊县 20.3 万户、企事业单位 339 户(2 830 端)。一年后，有线台网络规模突破 220 万户，成为世界上最大的有线电视系统之一，与此同时，各频道节目作了大幅调整改版，形成了拥有影视、新闻、体育、音乐、戏剧、财经(加密)6 个专业频道的全新格局。

作为体制改革的先行者，东方电视台也成为影视合流的先锋。1995 年 12 月 28 日，东方电视台与科影厂率先进行影视合流，成立新的东方电视台，设立电影部，保留科影厂牌子，专门摄制科教片、纪录片、动画片，同时投入更多力量摄制科教电视片 1996 年 3 月 30 日，东视成功地开设试播以科技和少儿节目为主要内容的 33 频道。1997 年，东视全年创收突破 5 亿元大关。

90 年代末，在卫星电视技术的推动下，上海电视的覆盖范围得到较大扩展，影响力进一步提升。1998 年 10 月 1 日 18 时，上海卫星电视(Shanghai Broadcasting Network)正式开播。上海卫星电视租用“鑫诺一号”卫星上星播出，信号覆盖亚太地区，每天 24 小时全天候滚动播出，节目内容涵盖新闻、财经、社教、综艺、青少、体育和电影、电视剧。另有 25 档精心编排的来自上海各家电视台的综艺、社教、青少、体育名牌栏目轮番播出。当年内实现 470 家有线网落地播出。至 1999 年，全国有 1 000 家有线台(网)接受上海卫视节目。同年 2 月 16 日，上海卫视网站正式开通，网址为：www.sbn.sh.cn。至 2000 年底，上海卫视在全国省、市、县级落地接收站有 1 236 个，收视户达 4 000 万户，观众近 2 亿人，在中央电视台索福瑞所举办的全国省级卫星频道观众满意度调查中名列第二。2001 年 12 月 4 日，上海电视台与日本 STV-Japan 株式会社签署《上海电视台卫星频道落地日本的协议》。至此，上海卫视成为继中央电视台之后第二家获日本政府许可在日本播出的中国电视媒体，也是国内唯一一家得到广电总局批准在日本落地播出的省级电视频道。

上海有线电视“网台分离”是 90 年代末上海电视行业的另一件大事。1998 年 12 月 31 日，上海市有线网络有限公司正式揭牌。上海市有线网络有限公司由上海有线电视台、上海市信息投资股份有限公司等单位共同出资组建,上海有线电视台控股。当年,上海全市20个区县全部实现有线电视联网。12月8日,有线台网络规模达到256万终端。至1999年,网络终端用户总量达到293万户。其中,全市郊区(县)的新增联网户数超过13万,用户总量达60万户。

进入21世纪后,上海电视行业格局发生重大变化。变化主要表现在五个方面:一是在21世纪初新开办了一家电视台——上海教育电视台;二是实现了电视行业的集团化改革;三是技术发展背景下,宽频电视、互动电视、数字电视、移动电视、IP电视、手机电视新媒体业务陆续涌现;四是电视行业多种经营,多元创收局面慢慢形成;五是逐渐厘清了事业与企业、宣传与经营、制作与播出的界限。

2000年初,上海教育电视台的开办。1月24日,由上海市人民政府批准,在上海电视大学、上海教育电视台、上海市电化教育馆、上海市电视中等专业学校的基础上成立上海远程教育集团。集团下辖上海电视大学、上海教育电视台、上海市电教馆、上海市电视中等专业学校、上海教育软件发展公司等单位,员工总数491人。

集团化改革是2001年至2009年间上海电视行业发展中最重要的事件。2001年,上海电视行业进行合并重组,开展了集团化改革。2001年4月上海文广影视集团成立。此后,上海有线电视台与上海电视台率先合并。2001年7月1日,上海有线电视台正式摘牌,与上海电视台合并。2001年8月中旬,上海文广影视集团的子集团——上海文广新闻传媒集团的组建工作启动。上海文广新闻传媒集团的下属成员单位包括上海人民广播电台、上海东方广播电台、上海电视台、东方电视台、上海文广互动电视有限公司、东方网、每周广播电视报社、东上海国际影视文化有限公司、上海广电影视制作有限公司,以及受委托管理的上海京剧院、上海昆剧团、上海歌剧院、上海歌舞团、上海话剧艺术中心、上海交响乐团、上海淮剧团、上海滑稽剧团、上海评弹团、上海民族乐团、上海杂技团、上海轻音乐团、上海东方青春舞蹈团等13家院团。集团还管理或控股上海东方篮球俱乐部、上海东方排球俱乐部和上视女子足球俱乐部。集团共有5200多名员工。

上海文广新闻传媒集团组建后,一方面对各频道进行了专业化改革,另一方面在经营管理上通过建立广告经营中心,对集团下属所有媒体的广告业务进行统一管理和协调。

频道专业化改革以先电视后广播的顺序拉开序幕。在改革之前,上海电视台共有7个频道,131个栏目,全年共播出47464.77小时,播出电视剧207部,新闻89489条,主办活动55次,拥有职工929名,经济总收入达到124412万元。而上海东方电视台则拥有4个频道,90个栏目,全年播出26042.75小时,播出电视剧132部,新闻79735条,主办活动103次,经济收入达到59327万元。而上海文广新闻传媒集团推行的频道专业化改革,正是要将上海电视台、东方电视台现有频道资源进行重新定位和整合。2001年10月8日,上海电视台体育频道正式开播拉开了电视专业频道重组的序幕。至同年12月底,上视、东视完成电视专业频道重组改革,推出了11个电视专业频道。原上海电视台有线财经频道改为上海电视台财经频道;原上海电视台有线体育频道改为上海电视台体育频道;原上海电视台有线生活频道改为上海电视台纪实频道;原上海东方电视台一套改为上海东方电视台新闻娱乐频道;原上海东方电视台二套改为上海东方电视台文艺频道;原上海东方电视台有线音乐频道改为上海东方电视台音乐频道;原上海东方电视台有线戏剧频道改为上海东方电视台戏剧频道。原上海卫视呼号不变,在各专业电视频道的基础上对版面进行调整充实。2002年1月1日,重组后的11个专业电视频道全新开播。

广告经营中心是上海文广新闻传媒集团下属的一个具有广告经营和管理双重职能的事业单位,它独家承接、发布上海文广新闻传媒集团下属所有传媒的广告业务,管理、协调集团下属各传媒广告公司。广告经营中心成立后，将原来上视、东视、有线广告资源统一管理，重新组织建构，资源分配，而且还统一了价格体系，广告价格统一以75折为基本扣率，再以量制价，制定统一的价格标准。2002年，集团电视广告收入达到17.27亿元。

上海文广新闻传媒集团内资源的有效整合也为互联网环境下新媒体的发展奠定了基础。互动电视、宽频电视、数字移动电视成为率先启动的新媒体项目。2001年12月31日，上海文广互动电视有限公司（SiTV）成立。上海文广互动电视有限公司是上海文广新闻传媒集团旗下从事数字电视和视频点播业务的经营实体，也是有线数字付费频道集成运营平台、数字电视频道运营商及多媒体内容体提供商和服务商。2001年底至2002年5月，“东方宽频电视”开始实验。上海文广影视集团节目中心、信息中心结合集团广播电视节目资料数字化存储、应用、管理系统一期项目研制成功的有利条件，整合600小时素材、100小时节目在上海电信、有线通等宽带平台上开展试验。2002年8月进入试运转，并建立了专门技术平台，形成了较为成熟的节目方案、技术方案和运营方案。2002年，上海东方明珠移动多媒体有限公司还成功地将数字电视技术运用到公交车以及游轮和快艇等移动交通工具上，开办了数字移动电视。10月10日，数字移动电视节目正式开播。至年底，全市78条公交线路的1080辆车上安装数字移动电视。市区26个轮渡码头，7艘浦江游轮上也安装数字移动电视。每天有近100万流动人口能在出行中看到新闻等节目。

2003年，上海文广新闻传媒集团内部的资源整合工作进一步推行，新媒体发展也取得较大突破。7月7日，由原上海电视台财经频道和原上海东方广播电台财经频率整合而成的专业财经资讯平台——《第一财经》开播。10月23日，上海卫视正式更名为上海东方卫视。全新的东方卫视每天24小时播出，节目在全国30个省区市及日本、澳大利亚、澳门等国家和地区落地播出。12月28日，上海文广影视集团新设上海东方电影频道开播，东方电影频道是全国第一家全天候播出的专业电影频道，以播放电影为主，电视剧、动画片、影视资讯节目为辅。每天滚动播出24小时，覆盖整个上海地区350万用户。宽频电视和数字电视业务也取得了快速发展。“东方宽频电视”经过一年探索初具雏形，形成8个频道，共48个栏目的宽频网站规模，于2003年3月1日正式对外试播。2003年9月9日，东方宽频网络电视举行开播仪式。东方宽频网络电视的网站设有新闻、影视剧、体育、音乐、互动财经、短信等10多个频道和数据增值服务，在上海地区有4个频道开始实行收费播出，节目时间2420小时。至年底付费用户超过3000多户。2003年8月，上海文广互动电视有限公司通过ISO9001质量管理体系认证，公司共推出89套数字电视节目，全年数字节目播出近5万小时，每周节目更新量达到650小时，节目播出规模居全国第一。动漫、游戏、财经和纪实等4个全国付费电视频道试播信号上传至全国付费电视平台。至2003年底，上海文广影视集团各电视频道共播出电视节目76726小时，其中自制节目22195小时，占29%。各频率共播出广播节目62940小时，其中自制节目43069小时，占68%。推出数字电视88套，其中自办31套；播出数字广播节目19套，其中自办10套。同时，提供7套电视数据信息，包括气象、游戏、电视节目指南等服务。数字节目集成能力和播出时间居全国首位。

在经营上，2003年，上海文广新闻传媒集团在3个频道推行公司化管理：上海东方卫视成立“上海东方卫视传媒有限公司”，第一财经频道成立“第一财经传媒有限公司”，上视生活时尚频道成立“上海时尚文化传媒公司”。配合公司化管理，集团决定在生活时尚频道、财经频道实行广告经营权下放的试点性改革。由频道承担完成电视广告经营创收指标，负责对频道广告经理、广告业务员的日常管理，频道总监为频道广告经营的第一责任人，频道的广告创收纳入集团整体经营创收责任目标中；由广告经营中心履行对以上频道广告经营工作进行管理、审核、协调和监督职能。以此进一步促进频道节目内容生产,充分体现权利和义务对等,激励和约束对等的原则,为频道积极参与市场竞争和实行品牌化的市场运作提供竞争动力和机制保证。至2003年底,上海文广新闻传媒集团总资产达到157亿元,员工总人数为15679人,实现营销等各类收入57.5亿元,比上年度增长5%;创收突破27亿元(广告收入22.8亿元,比去年增长12%);实现收支结余及利润10.4亿元。

2004年,上海文广新闻传媒集团拥有11套电视地面频道,2套卫星电视。其中东方少儿频道和上海炫动卡通卫视为当年新开频道。东方少儿频道以“健康、益智、爱心、幽默”为宗旨,以“儿童的视角、儿童的口吻、儿童的立场”为出发点,以0—18岁的青少年以及他们的家长为主要受众群,每天播出16小时节目。上海炫动卡通卫视则由上海精文投资公司、上海文广新闻传媒集团、上海电影集团、上海文新报业集团、上海世纪出版集团和“东方网”联合投资组建,是通过卫星传送、覆盖全国的“全年龄、全卡通”的专业电视卡通频道。

为了突破电视行业过度依赖广告经营创收的局面,上海文广新闻传媒集团还开始试办电视购物。并成立五岸传播有限公司,专门从事版权销售和输出。2004年4月1日,东方CJ家庭购物节目在东视戏剧频道开播。东方CJ家庭购物节目由上海文广新闻传媒集团与韩国CJ家庭购物株式会社共同投资组建的东方CJ商务有限公司开发。该公司中的中方投资额占51%,韩方占49%。涉及电视购物产业的两大主要业务——节目的制作、审查、播出、监看,制作人员的任用、管理等工作由传媒集团负责;货物的购销经营则由传媒集团授权东方CJ公司负责。东方CJ家庭购物节目每天播出时间为20时至次日凌晨1时。2004年11月15日,东方CJ的单日销售额突破百万大关,达到124万元。2004年9月,上海五岸传播有限公司成立。上海五岸传播有限公司主要销售上海文广新闻传媒集团旗下版权节目以及版权运营业务,涵盖新闻、娱乐、综艺、青少年、纪实等多个类别。成立当年,上海五岸传播有限公司便将纪录片《房东蒋先生》《一个叫做家的地方》《小小读书郎》《逃亡上海》等分别销售到韩国EBS、凤凰卫视、加拿大电影局等国际传播机构,为集团增加了版权销售收入。

与此同时,集团新媒体业务发展也保持良好态势。2004年,东方明珠移动多媒体在2100多辆空调公交车、26个轮渡码头、7艘浦江游轮等处安装了移动电视接收装置。2004年12月28日,由上海文广新闻传媒集团创办的上海东方网络电视在上视大厦举行开播仪式。这是继报刊、广播、电视、网络之后的又一个全新媒体。东方网络电视创造了“你点我播、互动交流”的全新收视方式。

2005年,上海文广影视集团先后启动并完成电视新闻资源整合、广播电视娱乐资源整合、广播新闻资源整合与人力资源管理综合改革工作,实现集团体制机制改革的新跨越。同年3月,上海文广新闻传媒集团获得国家广电总局颁发的国内第一张IPTV集成运营牌照,上海IP电视正式开通。IP电视是指通过电信宽带网络传输,以电视机(通过加装IPTV机顶盒)作为接收终端的视听节目服务,可实现频道组播、节目点播、时间平移、电子节目指南等功能。2005年11月,专门运营IP电视业务的百视通公司成立,从试点开始跨地域运营IP电视业务。百事通公司还创建了跨地域设立经营机构直接服务当地用户的全新模式,形成了与有线数字电视差异定位、错位共赢的格局,当年便获得4万户用户。为迅速扩大IPTV业务试点的覆盖区域,上海文广新闻传媒集团还分别与中国电信集团和中国网通集团达成协议,在全国17个和20个省市推行IP电视试点。在广告经营上,集团广告经营中心开始承包代理电影频道的广告经营业务,成立整合营销部,利用集团媒体资源整合的优势,为客户提供除常规广告投放以外的媒体增值服务。至此,广告经营中心建立了以电视广告业务业务一部、电视广告业务二部为两个业务前端、以整合营销部为后援支撑的“Y”型业务架构体系。

2006年,上海文广影视集团进一步建章立制,推进各频道的格式化播出工作,同时强化选题申报、节目三审和新节目审片制度。同年,上海文广新闻传媒集团电视广告收入达到30.52亿元,版权销售收入1834.89万元,净利润306.03万元,收入同比增长15%。上海文广影视集团数字电视业务发展也在全国处于领先地位。2006年1月1日,上海文广互动电视有限公司开播高清数字电视"新视觉"频道。9月,IPTV全国播控中心建成,为集团在全国范围播出的IPTV电视业务提供高质量、高可靠的播出信号。至2006年底,上海文广互动电视有限公司共开办16套全国数字付费电视频道、1套全国数字广播频率,17套上海本地准视频点播节目。SiTV集成运营平台共向全国分发21套全国数字付费电视频道,与全国78家有线网络公司签订合作协议,SiTV全国有线数字付费频道集成运营平台的节目信号覆盖除西藏、天津、香港、澳门、台湾外的138个城市,拥有用户550万,占付费电视市场份额的70%。随着移动互联网的发展,上海文广影视集团也涉足手机电视业务。2006年2月15日,上海东方龙新媒体有限公司经营的东方手机电视平台在中国移动全网正式商用,通过手机电视直播、点播等方式为用户提供各种资讯服务。10月,东方手机电视全网联通手机电视业务正式商用。至年底,东方手机电视付费与免费用户达几十万户,9个省市实现直播运营,推出电视和电台直播业务16路,针对手机电视制作的轮播频道18路,点播下载栏目61个;完成与中国电信、中国网通合作的3G视频业务测试平台建设及北方小灵通WAP及手机视频等项目。

2007年,上海市有线电视数字化整体转换工作分阶段逐步推进、按步骤稳步实施。年内共有20.85万户家庭实现数字电视转换,全市有线数字电视用户总数突破31万户,比上年增长99.94%其中付费数字电视用户10.8万户。上海数字付费电视平台覆盖全国170个城市,数字付费电视用户突破1000万户。

2008年1月1日,上海东方卫视外语频道(简称ICS)开播。4月9日起,第一财经电视节目在香港和内地同步播出。同年11月2日,生活时尚频道与香港健康生活频道合作的"乐活好正点"正式开播,在上海、香港、台湾三地同步播出。同年,东方明珠(集团)股份有限公司与申通地铁资产经营管理有限公司合资成立上海地铁电视有限公司,双方联合开发地铁电视项目。移动电视获"中国媒体年度十大品牌"称号。与此同时,互动电视在全国平台集成22套数字付费频道,覆盖全国220个城市及地区,用户1800余万。至年底,上海市数字电视用户达70.9万户,比上年增长128.7%(付费数字电视用户15万户,比上年增长38.9%),全市大多数有线电视网络完成数字化双向改造,高清地面数字电视及标清地面数字电视于7月开播。到2008年底,上海的电视广告年收入超过33亿元,电视版权销售收入3900万元,同比增长25%,净利润581.55万元。

2009年是电视行业新技术新业务蓬勃发展的一年。科技部、国家广电总局和上海市政府签署合作协议,以在上海开展下一代广播电视网示范建设为契机,完成5万户示范网络建设,实现以高清、交互、宽带为重点,开展文化娱乐、金融服务、教育医疗等各类增值服务,并成立"中国下一代广播电视网(NGB)应用实验室"。同年,市中心城区250万户有线电视数字化整体转换工作全面启动,共完成70万户有线电视用户的数字化转换。开播2套地面高清电视和12套有线高清电视(其中2套为付费)。建成高清演播室,高清生产设备基本全覆盖生产、播出、媒资领域。至2009年底,数字电视用户77.6万户,比上年增长9.4%。其中付费数字电视用户14.3万户,比上年下降4.7%。与此同时,由东方明珠移动电视开发的全国首个轨道交通直播电视频道正式开播,2009年末已实现轨道交通站台、站厅、车厢信号全覆盖。东方明珠移动电视应用也从公交移动电视拓展到地铁电视、楼宇电视,形成全方位、多渠道新媒体覆盖网络。2009年,百视通公司创新推进三屏融合试点,IPTV 发展到湖北、重庆、江西等地,用户达 300 万户,其中上海用户突破 100 万户,上海由此成为全球最大的 IPTV 本地网以及全球唯一用户规模过百万的城市。同年,CMMB 手机电视系统建设完成并投入商业运营;组建 8 个发射点的单频网,在上海地区发展 CMMB 手机电视用户 2 万户。

2009 年,也是电视行业改革不断走向深化的一年。经国家广电总局批准,上海撤销上海文广新闻传媒集团,撤销上海电视台、上海人民广播电台、上海东方电视台、上海东方广播电台,合并组建上海广播电视台,实现事业和产业分开、宣传与经营分开、制作和播出分离、资源整合和结构优化。上海广播电视台电视部分由上海电视台新闻综合频道、生活时尚频道、电视剧频道、第一财经频道、体育频道、纪实频道、东方卫视、东方电影频道、东方卫视高清频道、东方卫视频道(境外)和上海东方电视台娱乐频道、艺术人文频道、外语频道、戏剧频道、哈哈少儿频道、炫动卡通频道等 16 套电视节目组成。

2010 年,上海全市共有公共电视节目 25 套(其中市级 16 套、区县级 9 套),付费电视 16 套,公共电视全年播出时间 175 304 小时;共有公共广播节目 21 套(市级 11 套、区县级 10 套),付费节目 1 套,公共广播全年播出时间为 131 432 小时。有线广播电视传输网络干线总长 36 211 公里,广播、电视综合人口覆盖率均达 100%。有线电视用户总计 573 万户,比上年增长 3.6%;有线电视入户率 112.4%,比上年提高 3.2 个百分点;有线电视数字化整体转换全面启动,数字电视用户总计 235.6 万户,比上年增长 203.6%。其中付费数字电视用户近 22.6 万户,比上年增长 58%。上海广播电视台在跨区域经营上也做了积极的尝试。广告中心代理了兵团卫视。上海广播电视台第一财经频道通过与宁夏电视台合作,成为向全国播放的卫星频道,第一财经也代理了宁夏卫视的广告。而作为全国率先实施广播电视制播分离改革的省级广电传媒,上海广播电视台当年经营收入达 113 亿元人民币,其中电视广告收入 45.52 亿元,版权销售收入超过 7 500 万元。

表 2-2-7　2002—2009 年上海文广新闻传媒集团基本情况统计表

项目	2002 年	2003 年	2004 年	2005 年	2006 年	2007 年	2008 年	2009 年
频道数(个)	11	—	13	13	—	13	—	15
栏目数(个)	315	—	344	342	—	258	—	314
当年新增(个)	22	—	39	63	—	35	—	50
每天播出时间	210 小时 5 分	—	217 小时 24 分(以 12 月第三个星期为准)	253 小时(以 12 月第三个星期为准)	—	278 小时 8 分	—	306 小时
全年播出时间	76 490 小时 58 分	—	82 118 小时	92 466 小时	—	101 519 小时	120 856 小时	110 975 小时
制作电视剧(部)	10	—	—	—	—	9	—	18
播出电视剧(部)	303	—	559	530	—	519	—	1 047
播出新闻(条)	148 870	—	325 121	407 150	—	286 088	—	234 884
主办活动(次)	206	—	294	166	—	297	—	256
经济收入(万元)	172 745	—	207 000	283 516	—	—	—	—

（续表一）

项目	2002 年	2003 年	2004 年	2005 年	2006 年	2007 年	2008 年	2009 年
职工人数（人）	1 602	—	1 087	357	—	—	—	—
播音员（主持人）（人）	95	—	76	110	—	—	—	—
副高以上专业人员（人）	177	—	85	55	—	—	—	—

资料来源：据《上海年鉴》（2003—2010）整理汇编。

表 2-2-8　2001—2008 年上海教育电视台基本情况统计表

项目	2001 年	2002 年	2003 年	2004 年	2005 年	2006 年	2007 年	2008 年
频道数（个）	1	1	—	1	1	—	1	1
栏目数（个）	25	30	—	40	25	—	15	—
当年新增	—	3	—	11	6	—	2	—
每天播出时间（小时）	17.5	18	—	18	18	—	20	—
全年播出时间（小时）	6 387.5	6 570	—	6 570	6 570	—	7 300	6 935
播出电视剧（部）	—	36	—	40	43	—	19	—
播出新闻（条）	1 252	2 387	—	2 650	3 740	—	2 500	—
主办活动（次）	11	15	—	5	10	—	7	—
经济收入（万元）	—	—	—	5 438	8 200	—	10 000	—
职工人数（人）	66	81（在册）	—	72	133	—	140	—
播音员（主持人）（人）	7	7（在册）	—	6	7	—	7	—
副高以上专业人员（人）	11	10	—	13	7	—	23	—

资料来源：据《上海年鉴》（2002—2009）整理汇编。

第二节　电影和影视录音服务业

一、电影和影视录音服务

【电影与电视节目制作】

改革开放之后，电影和电视节目制作都进入恢复发展阶段。1978 年至 1995 年间，上海电影行业与电视行业分属不同主管部门，各自相对独立发展。1995 年后，随着上海市电影局与上海市广播电视局重新组建为上海市广播电影电视局，影视合流拉开序幕。20 世纪末 21 世纪初，文化体制改革不断深化，制播分离得以实现，集团化、股份制、多种所有制等现代企业组织方式也有序推进，民营资本在电影与电视节目制作领域发挥越来越重要的作用，上海的电影与电视节目制作也日益繁荣。

在独立发展阶段(1978—1995),从电影制片来看,1978—1984 年间,上海电影生产制片机构主要有四大制片厂:上海电影制片厂(简称上影厂)、上海科学教育电影制片厂(简称上科影)、上海美术电影制片厂(简称美影厂)、上海电影译制厂(简称译影厂)。

改革开放以后,上海电影生产进入恢复与振兴的年代。上影厂陆续恢复了艺术委员会和技术委员会,建立 5 个创作室,由国家按年定额拨发流动资金,如遇资金不济,则向银行贷款,以敷影片投产周转。美影厂则积极开展对外合作与动画加工业务。1979 年 8 月到 10 月,美影厂为日本东映株式会社加工动画片描线、上色 7 000 多张,这是中国第一次为外国加工动画片。在这个阶段,国家对电影单位实行鼓励政策,允许企业在实现利润中提取一定比例的企业基金(提取的企业留成数额按生产发展基金、职工福利基金、职工奖励基金、后备基金各占比例使用),由市财政部门根据市电影系统年度实现利润的实际情况,核定利润留成比例。1981 年,市电影局留成率为 20%,局属各制片单位实现利润不同,分别核定为:上影厂留成率为 25%,上科影留成率为 50%,美影厂留成率为 50%,译影厂留成率为 45%,技术厂留成率为 8.9%。1982 年,市财政局核定电影局留成率为 24%,局属各制片单位分别核定为:上影厂留成率为 24%,上科影留成率为 60%,美影厂留成率为 70%,译影厂留成率为 50%,技术厂留成率为 10%。这为电影行业的生产恢复提供了政策保障,1978—1982 年"六五"期间,上海电影系统累计上缴各种税利 1.65 亿元。

1983 年始,按国家统一规定实行第一步"利改税",市电影局所属各厂均按 55%上缴所得税,技术厂另需上缴 23%的调节税。1984 年起实行第二步"利改税",市政府和财政局为支持电影事业发展,实行优惠政策,取消了技术厂的调节税,将电影局系统作为统一计税单位(不分企业),以 1983 年的利润额为基数,定税率 55%,对税后留利部分由电影局统筹兼顾,具体核定各单位留利比例。

20 世纪 80 年代中期,上海电影系统开始探索体制改革。1984 年 10 月,经中共上海市委、市政府批准,上海市电影局与上海电影制片厂合并。1985 年 3 月,上海电影总公司在漕溪北路 595 号正式组建成立,吴贻弓任总经理。上海电影总公司属事业性质、企业管理,对外仍保留上海市电影局名义,以履行政府职能。在制片的内部管理上,故事片设立制片生产基地;同时设立 3 个创作室,推行创作生产责任制,创作室与各所属摄制组签订保影片质量、保摄制周期、保成本定额、保安全生产的协议,加强了制片生产管理。1987 年 6 月,上海电影总公司的建制撤销,恢复了上海市电影局、上海电影制片厂建制。

1987 开始,市政府对市电影系统实行"零承包"的政策,即将电影系统各企业所实现的利润全部留给市电影局统一安排使用,同时免征税后交通、能源、重点建设基金 15%及国家预算调节基金 10%。这样,市电影局就可统筹安排使用比较充裕的资金,来加强基本建设和各制片企业的技术设备更新。

随着电影体制改革的推进,20 世纪 80 年代中后期开始也逐渐出现了多种所有制的制片机构。1984 年 10 月,美影厂成立了集体性质的附属工厂——上海美术电影绘制厂。1986 年 2 月 5 日,美影厂与珠江电影制片公司、香港时代艺术有限公司合资的时代动画公司在广州成立了中国美术电影行业的首家合资企业(1990 年 5 月 15 日该公司董事会决定结束业务)。而电影制片中多元化投资拍摄影片的新格局也逐渐形成。1987 年,美影厂与加拿大阿肯森动画电影公司签订联合摄制动画片《夜莺》合同,这是中国首部与外国合拍的美术片。在 1985 年到 1987 年间,美影厂利润大幅增长,均在 100 万元以上。但 1988 年,因原动画人才大量流失,经济严重滑坡,利润下跌至 48 万元,比 1987 年下降 66.6%。1991 年,中国唱片公司上海公司与日商兹普拉亚公司合资开设动画片加工制作公司，为日方加工制作动画片。

制片厂内部的组织生产也发生了变革。1987 年 5 月，广播电影电视部对摄制组的领导权限作出明确规定："导演和制片主任受厂长任命和委托，负责实现对摄制组的全面领导，在摄制组实行导演、制片主任共同负责制。导演以负责艺术创作为主，制片主任以负责生产行政为主。但导演、制片主任对影片思想、艺术、技术质量和工作进度、成本核算等，均负有共同责任。"1988 年开始，上影厂开始根据票房情况来决定投产。不但在年初取消了预计票房不佳的 3 个剧目，而且多次召开"投产影片发行咨询会"，对准备投产的剧目作预测与评估。制片主体也更为多样化。1988 年 5 月，上影为导演谢晋成立"谢晋工作室"。7 月，上影厂的第一个分公司——巨星影业公司，经过半年的酝酿获准组建成立。为了更好创收与拓展市场，11 月，上影厂还成立上影录像公司，开展录像制作，出版和发行活动，这在全国 16 家电影厂也属首创。1989 年，上影厂相继成立山狮、天马、华夏影业公司，分别由姜思慎、朱永德、徐桑楚负责，均隶属于上影，自主经营、独立核算、自负盈亏（1992 年 3 月，上影厂决定终止巨星、山狮、天马影业公司的建制）。合作拍片也成为上影厂创收的重要途径，1989 年，仅《花轿泪》和《太阳帝国》两部影片，就创汇 304 万美元。

90 年代早期，电影制片工作中进一步强调企业化管理，要求追求效益。1992 年 8 月，上海谢晋—恒通影视有限公司成立。同年，上科影成立了 4 个创作集体，试行摄制集体承包制。1993 年，上科影进一步落实生产经营管理体制改革，实施并完善承包责任制，实行目标管理和实行全员聘用制，改革分配制度，建立收入与效益挂钩的激励机制。全厂成立 6 个影视制作部，并成立生产技术基地等部门，全部实行内部独立核算。2 月，上科影成立了振亚影视公司。

在这个时期，对外合作以及与系统外的合作也进一步推进。1990 年 4 月，美影厂与香港亿利发展有限公司合作经营的上海亿利美动画有限公司成立，美影厂动画创作部门成为合资企业。1992 年 7 月，上海影视文学研究所自筹资金 70 多万元，与上影厂合作拍片，开辟了电影投资新渠道，标志着上海电影事业的改革正在走向深入。1993 年 3 月 31 日，上影和浦东张江高科技园区开发公司合资组建的上海张江传播商务有限公司成立。5 月，美影厂厂长常光希、亿利美动画公司副总经理金国平、导演马克宣赴法国参加安纳西国际动画电影节，并参加节目交易活动，这是美影厂首次在外设立节目交易展台。6 月，中国首家由民主党派创办的影视公司——上海盟友影视公司在沪成立。

20 世纪 90 年代初，由境内外社会企业或准制片人与国营电影制片厂以合资、独资形式拍摄影片，成为电影生产资金筹措和制片改革的重要途径。1993—1994 年，上影厂共投产的 36 部故事片中，与境外合拍片 8 部，外方投资 2 420 万元，厂方投资 1 750 万元；由社会各经济实体全额投资或与厂联合投资拍片 20 部，吸收社会投拍资金有 1 190 万元，厂方投拍资金 1 620 万元；厂自身全额投拍片 8 部，投资 1 390 万元。合计两年制片生产投资总额 8 370 万元，其中境内外社会投资金 3 610 万元，占 43%；厂内投资金 4 760 万元，占 57%。投资者独立制片越来越多，他们除向制片厂交纳管理费和送审影片外，对整部影片实行全额投资，独立运作，甚至自己发行。这样做虽然出了一些好影片，但也出现一些管理上的漏洞和问题，亟待解决。上影从 1995 年起不再收取企业管理费，把管理费化到劳务中（劳务单价约提高 30%～40%，对内对外同价），同时规定不论是厂向社会筹资的影片还是独立制片的摄制组，使用本厂人员必须达到一定比例（不少于 35 人）。这样做既杜绝了所谓"卖厂标"问题，又维护了制片厂的利益，同时也避免了"草台班子"的出现，并规定由本厂直接委派制片主任和会计入组工作，以确保摄制组的行政和财务管理科学化、规范化。

1994 年 4 月 2 日，为摆脱拍片成本上涨、制片资金短缺、电影市场滑坡、发行收入下降的困境，上海电影制片厂大刀阔斧进行机制改革，决定把上海电影制片厂改制为国有独资的上海电影制片(有限责任)总公司，把原来的行政管理机构转变为经营管理机构。改制后的上影厂在7月成立对外合作制片公司、黄蜀芹工作室和史蜀君工作室。制片公司推行影片成本和利润承包制，促使导演增强经济观念，自觉协调艺术行为与企业行为的统一。

中共十一届三中全会以后直至20世纪90年代中期，是电影事业恢复与振兴的年代。1980—1994年，上影共拍故事片272部，实现利润8920万元。国家历年拨款和自筹资金投资电影企业基本建设和技术设备改造，至1995年末，市电影局系统累计固定资产总值达29809万元。

表2-2-9　1978—1995年上海各电影制片厂历年利润完成情况统计表　　单位：万元

年份	上影	上科影	美影	译影
1978年	−86.5	25.3	19.5	0.1
1979年	282.1	49.5	62.2	19.3
1980年	342.1	66	44.8	20.7
1981年	450.4	70.4	56.4	23.1
1982年	1532.62	85.57	70.48	46.07
1983年	959.2	120.72	78.3	60.06
1984年	978.25	89.38	55.57	51.72
1985年	1182.93	194.43	113.86	60.33
1986年	280.38	194.95	144.81	64.87
1987年	1301	157	144	60
1988年	569.82	86.4	48.03	55.22
1989年	−921.81	95.28	59.18	58.66
1990年	308.00	111.32	46.78	61.83
1991年	162.33	51.34	47.19	60.03
1992年	280.46	41.29	51.17	55.6
1993年	710	3	60	50
1994年	281	60	11	6
1995年	287	33	16	−14

资料来源：《上海电影志》(1999年10月第1版)。

再从电视制片来看，在20世纪70—80年代，电视制片主要在广电系统内完成。1984年，上海电视台下设机构作了适当调整，电视剧部是其七大部门之一。1987年5月，上海电视台下属机构有较大变动，成立了电视剧制作中心。为适应改革开放的需要，建立全国电视剧市场，探索电视剧创作的新路子，开创电视剧事业的新局面，1992年底到1994年间，上海广播电视系统先后成立多家涉及电视制作业务的文化企业。

表 2-2-10　1992—1994 年间上海广播系统内涉及电视制作业务的文化企业一览表

企业名称	经营范围	开业与创利
上海电视台技术公司 (注册资金 70 万元)	承接电视广告制作,设计、代理广告,电视设备安装,维修及技术咨询服务等	1992 年 10 月开业,营业额 140 万元;1993 年利润 50 万元(全民所有制)
上海正大综艺电视制作有限公司(注册资金 150 万美元)	国内外电视节目、电视广告、电视纪录片制作等	1992 年 11 月开业(沪港合资)
上海电视台电视制作公司 (注册资金 150 万元)	主营:摄制资料、产品介绍、影视广告设计制作等 兼营:文化用品、舞美灯光、音响设计等	1993 年 2 月开业;1993 年营业额 400 万,利润 20 万元
沈传薪—黑川音乐制作有限公司(注册资金 12.5 万美元)	制作音带、像带、电视剧、广告片、电脑音乐制作与培训、电脑排版等	1993 年 5 月开业(中外合作)
东上海电视公司 (注册资金 300 万元)	摄制各类电视节目包括纪录片、综艺节目和电视剧开拓,承接中外合拍或协拍业务,承接各单位资料片、专业宣传片等制作任务	隶属于中国东上海国际文化影视有限公司(1992 年底成立)

资料来源:《上海广播电视志》(1999 年 11 月第 1 版)。

与此同时,上海电视台电视剧制作中心于 1993 年撤销,重新组建为两个相对独立的经营性公司:电视剧制作一公司与电视剧制作二公司,在 1993 年到 1994 年间还相继成立了"求索""开拓""创新"三个实行独立制片人制度的电视剧制作社。其中成立于 1994 年 6 月 25 日的"创新"影视制作社是文企联姻的成果,由上海电视台与市物资局合作成立。至此,上海电视台有了 5 家电视剧制作单位。这 5 家电视制作单位在 1995 年制作了 30 部电视剧,共 276 集。同年,东方电视台制作电视剧 4 部 53 集。体制改革繁荣了创作,上海 1995 年全年生产电视剧 329 集,比上年增加近 100 集。

除日常的电视节目以及电视剧制作外,1983 年 1 月,上海电视台经上级部门批准,开办了中国电视系统第一家动画制片厂——上海电视台动画制片厂,它是一家集体所有制企业,经济上实行独立核算,自负盈亏。其生产以完成上海电视台交付的电视动画绘制任务为主,并为上海美术电影厂加工动画片。此外,也适当接受一些外加工任务。1987 年以后,动画片厂由于种种原因,业务逐年收缩。

表 2-2-11　1983—1993 年上海电视台动画片厂历年利润表统计表

年份	利润(单位:万元)	年份	利润(单位:万元)
合计	151.3	1988 年	22.9
1983 年	3.8	1989 年	9.9
1984 年	8.2	1990 年	15.2
1985 年	17.5	1991 年	13.5
1986 年	13	1992 年	2.9
1987 年	35	1993 年	9.4

资料来源:《上海广播电视志》(1999 年 11 月第 1 版)。

20世纪90年代中期进入影视合流阶段。1995年8月24日，中共上海市委、上海市人民政府决定撤销上海市广播电视局、上海市电影局建制，重新组建上海市广播电影电视局。随着政府主管单位的合并，影视合一的步伐随之加快。11月，上海电影乐团和上海广播电视乐团建制撤销，新组建了上海广播交响乐团。12月，上科影和东方电视台也合并，新组建的上科影和东方电视台实行两块牌子、一套班子、一个实体。次年1月9日，新组建的上海广播交响乐团正式揭牌；2月12日，上海电视台和上海美术电影制片厂合流，举行挂牌仪式。2月16日，上海电影电视(集团)公司成立。该集团公司以上海电影制片厂为母体，集合了上海电影技术厂、上海电影发展总公司、上海东方影视发行公司、上海新光影艺苑和上海银星假日酒店。集团公司实行总经理负责制，实施人力、物力、财力资源的优化组合、合理配置。1996年5月28日，东方广播民族乐团成立；7月1日，上海永乐电影电视(集团)公司成立，下辖求索影视制作社、创新影视制作社、永乐电影制作有限公司、鸿申文化发展有限公司、开拓影视制作社。至此，影视合流体制改革工作基本告一段落。

影视合流之后，1996年9月，上海有线电视台与上影集团联合出资成立江南影视制作有限公司，江南影视制作公司是一家自主经营、独立核算、自负盈亏的有限责任公司，其主要任务涵盖电视制作和电影制作两个领域，具体包括制作电视剧、电视纪录片、电视专题片、电视综艺节目，摄制电影故事片，创作影视文学剧本，策划文化娱乐活动及进行电影电视的中介服务等。上海在美术电影电视制作上的能力也进一步提升。上海美术电影制片厂在新中国成立后很长一段时间内一直是国内唯一的美术电影制片厂，到1997年时仍为全国最大的美术电影基地。美影厂不断提升制作技术，1998年时，其出品的电视系列动画片制作改变了一直沿用的手工描绘、单线平涂的传统方式，有80%以上运用电脑上色、合成技术，在影院动画中，还运用电脑制作大量的特技和部分三维场景。同时，立体声技术也得到了应用。同年，上视美术片中心则在对外合作上取得新的突破，首次参与国际动画片的联合摄制，与澳合作的65集幽默童话电视系列动画片《牙刷家族》以及与澳、日合作的26集童话电视系列动画片《番茄酱》受到国际同行的普遍欢迎，美、英、新西兰等20多个国家和地区购买了版权。

1998年，在“宣传把紧、经营放开”的指导思想下，上海广播电视电影系统尝试探索四个分离：第一，政府职能和企业、事业职能分离，即政企分开、政事分开。第二，宣传和经营分离。第三，制播分离。除新闻节目外，其他节目的制作和播出逐步分离，节目生产向市场化、社会化过渡。1998年，永乐集团便与制片人签订项目合同，制片人、主创人员与项目效益进行挂钩，明确责任制，明确项目的权利和义务，并且分别与最终实行的市场效益挂钩。这种操作方式在1999年进一步推广，永乐集团在投拍电影故事片《黄河绝恋》时，在全国影视圈内率先探索性地试行“捆绑式”酬金方式，把影视创作人员的劳务酬金和影视产品的市场回报“捆绑”，按市场回报率来决定创作人员的劳务酬金。第四，非经营性国有资产和经营性国有资产分离。自1997年7月开始，市政府正式委托授权上海市广播电影电视局管理上海广播电影电视系统的国有资产。在经营思路上，如何拓展多种盈利模式，延长产业链成为思考的重点。上海广播电视电影系统提出在原有的广告收入外，还要注重开发广播电视节目市场、影视剧市场、加强网络开发、延伸广播影视的产业链，发展其他文化产业与多种经营方式，并积极开发海外市场。

1999年，上海文化体制改革进一步推进。上影集团撤销布景制作中心建制，布景的设备器材管理由新成立的租赁公司承担；次年，两家上影控股、个人参股的有限责任公司：上影影视布景制作装潢有限公司和上影森升布景制作有限公司成立，为影视制作提供置景服务。改革之后，公司扭亏为盈，职工收入也同步提高。1999年9月22日，集美术电影、电视制片、制作发行及相关产业开发、经营为一体的综合性影视文化集团——上海动画影视(集团)公司正式挂牌成立。上海动画影视

(集团)公司是以上海美术电影制片厂为核心组建的综合性影视文化集团,公司有上海亿利美动画公司、上海卡通文化发展公司、上海美术电影绘制厂、《卡通王》杂志社和上海美术电影专修学校等下属单位。集团公司成立后,按照现代企业制度的要求,实行全员聘用合同制,改国家用工为单位用工;向社会招聘创作、经营、管理等各方面人才。新机制为企业带来了新活力,2000 年中上海国产动画片创作便取得历史性突破——年内产量达到 5 000 分钟。上海动画影视(集团)公司也被确认为全国两个动画生产基地之一,肩负全面带动国产动画片的创作的重任。上海永乐影视(集团)公司则由侧重于发行放映转到创作生产与发行放映并重的轨道上来,形成与上海影视(集团)公司两翼齐飞的局面。多种所有制的影视制作企业也进一步发展。8 月 8 日,上海谢晋中路影视有限公司在位于浦东新区的上海证券大厦成立,这家公司由著名电影导演谢晋与经济实力雄厚的民营企业上海中路集团联合创办的新的影视公司,谢晋任董事长。11 月 12 日,上海求索影视制作有限公司成立。这家公司从原来的求索电视制作社改制而来,由上海电视台、永乐集团公司、东上海国际文化影视有限公司、新文华影业有限公司和著名导演黄蜀芹、制片人蔡永瑞参股组建。公司引进多种经济成分,国家、集体和个人共同投资参股,实行新的经营机制,这是沪上影视业深化改革推出的新举措。

2000 年,上海市文化广播影视管理局圆满完成"撤二建一"(撤文化局、广电局,建文广影视局)。2001 年,经国家广播电影电视总局、中共上海市委和市人民政府批准,上海文化广播影视集团组建,集团下设文广新闻传媒集团、上海电影集团、文广投资有限公司、文广技术管理中心四大子集团。而 8 月底组建的上海电影集团则由原上海电影电视(集团)公司(含上海电影制片厂、上海电影技术厂、上海影视乐园、东方影视发行公司、银星皇冠酒店等)、上海永乐电影电视(集团)公司(含永乐股份有限公司)、上海动画影视(集团)公司(含上海美术电影制片厂)、上海电影译制厂、上海科教电影制片厂、上海影城、上海美术设计公司、上海电影艺术研究所、上海木偶剧团、求索影视制作公司等单位合并而成。2003 年,上影集团还开播了全国第一家全天候播出的专业电影频道——东方电影频道。组建之初,上海电影集团公司是企业化管理的事业单位,2004 年 12 月 31 日起整体转制为现代企业,上影也成为上海第一家事业转企业的文化单位。公司以影视创作生产和影视作品发行销售为主业并经营开发相关产业,形成制片、发行、放映一体化,影视录盘综合发展的经营格局。公司总资产近 16 亿元,2001 年销售收入达 6.6 亿元。

体制改革推进的大背景下,2003 年,电影行业对融资拍片进行了进一步的探索,当年拍摄的 9 部影片绝大部分都融入了境外资金或民营资本。12 月 20 日,制片领域进一步放开,全国电影局公布审片权下放京沪等 9 个文化体制改革试点省市;境内国有、非国有单位(不含外资)不仅可与国有电影制片单位合资、合作,而且还可以独立成立电影制片公司。

随着影视合流的深化与资产配置的优化,产业链效应也初步显现。上海美术电影制片厂、上海电视台共同投资拍摄的 52 集系列动画片《我为歌狂》在播映、产品开发、销售上形成联动效应,除电视播映之外,同名小说、连环画、CD、VCD、DVD 等衍生产品均相继亮相,在多地引发关注。

2005 年,上海电影集团按照"精简、高效"的原则,调整总部机构,合并、重组和新建部分经营单位,并成立一批多元投资的制片公司,逐渐成为影视制作的主体。同年,上海文广影视集团设立专项扶持资金,在 3 年内出资 1 亿元,建立创作发展基金,面向海内外征集剧本。

2006 年,民营机构在影视制作领域发挥越来越重要的作用。2006 年内,上海市广播电视节目制作经营机构总量达 233 个,比上年增长 25.3%。其中民营机构 201 个,占 86.3%。民营广播电视制作经营机构的固定资产总额占全市所有机构的 74.21%。在全市 39 个注册资金在 1 000 万元的广播电视节目制作经营机构中,民营机构有 24 个,占 61.5%。全市担任电视剧出品方的影视制作机构19个,获证许可发行的电视剧产量为36部967集;其中民营影视机构多达12个,出品电视剧18部541集,首次超过国有影视制作机构的产量。2007年,生产电视动画片并取得发行许可证的民营机构增至7家,民营机构的年产量为5884分钟,占动画片年产量51.6%。同年,上海市获得国产电视剧发行许可证的23家影视制作机构中,民营机构增至18家,占总数的78.3%。民营影视制作机构在电视剧生产上的投资总额达2.82亿元,是国有制作机构的1.86倍。在16部投资超1000万元的电视剧中,民营机构投资生产并获证发行的有10部。2007年内,退出电视剧生产的民营影视制作机构8家,新设立13家。2008年上海市"广播电视节目制作经营许可证"持证机构276家,其中民营机构221家,占总数的80.1%。2009年上海市"广播电视节目制作经营许可证"持证机构321家,其中民营机构266家,占总数的82.9%。

美影厂被评选为2007—2008年度中国文化出口重点企业。美影厂与国际优良创作团队共同制作了一批具有国际知名度的动画作品,如与澳大利亚方面合作完成的艺术短片《甜与酸》、与美国动画公司合作创作的系列动画片《橡皮泥大盗》等。2007年内,美影厂有20余部影片远销法国、摩纳哥、比利时、印度、马来西亚、斯洛文尼亚、越南等10余个国家以及中国的澳门和台湾地区,海外发行收入总计超过100万元。

体制改革的成效逐渐显现。改制后的上影集团经济效益明显增长。集团2008年主营收入15.18亿元,净资产15.15亿元,利润总额2.16亿元。与转企改革前的2003年相比,上影主营收入增长82.89%,净资产增长91.77%,负债率下降23.2%,利润增加了102倍。与此同时,上影集团旗下联和院线,票房从2003年的1.42亿元起步,连续四年保持全国第一。这些成绩也进一步激发了改革的动力,2008年,上影集团开始推进整体股份化,建立董事会,形成决策层、执行层和监督层,现代企业制度进一步确立。

多元产权制度也在影视制作领域被实践。2009年6月14日,由上影集团、香港寰亚电影有限公司、北京国立常升影视文化传播有限公司共同投资的上影寰亚文化发展(上海)有限公司在上海宣布正式成立。该公司由文广集团副总裁、上影集团总裁任仲伦担任董事长,寰亚综艺集团主席林建岳担任副董事长,国立常升董事长张国立出任总经理。

2009年,上影集团全年主营业务收入16.5亿元,净利润达到1.3亿元;先后获得"中国文化企业30强"、"中国文化体制改革先进企业"和"中国优秀文化出口企业"等荣誉。影视制作领域中的对外合作也不断深化。2010年8月中旬,上影集团与美国篮球协会(NBA)共同战略合作的电影《神奇 Amazing》在上海全面开机。上影和NBA的此次联手,是中国电影"走出去"与美国体育赛事品牌的首度合作。同年,上影集团下属上海美术电影制片厂被商务部、文化部、国家广电总局、国家新闻出版总署授予"2009—2010年度国家文化出口重点企业"称号。2010年,上海电影(集团)有限公司(简称上影集团)全年主营业务收入20.54亿元,比上年增长24.3%;利润总额1.58亿元,比上年增长21.5%。

表2-2-12　1994—2010年上海广播电视电影创作统计表

年份	电影/故事片	电视电影	科教片	动画片	译制片		电视剧		广播剧	
	部	部	部	分钟	部	本	部	集	部	集
1994年	—	—	—	—	—	—	—	229	—	—
1995年	—	—	—	—	—	—	34	329	—	—

（续表一）

年份	电影/故事片	电视电影	科教片	动画片	译制片		电视剧		广播剧	
	部	部	部	分钟	部	本	部	集	部	集
1996 年	10	—	—	—	26	291	44	568	—	142
1997 年	11	—	—	1 818	—	—	49	827	—	729
1998 年	4	—	3	—	22	—	42	669	12	18
1999 年	16	—	—	2 517	36	—	33	555	8	—
2000 年	12	—	6	5 000	35	412	26	471	—	—
2001 年	12	—	8	—	19	—	25	549	21	107
2002 年	10	6	2	—	—	204	28	538	17	62
2003 年	9	—	1	2 000	17	228	27	536	—	—
2004 年	35	—	—	4 596	—	—	23	516	14	67
2005 年	13	31	—	—	15	—	34	971	262	2 378
2006 年	9	—	—	7 854	24	—	33	1 229	—	—
2007 年	9	—	—	11 456	—	—	45	1 536	—	—
2008 年	29	—	—	—	23	—	38	1 146	205	5 158
2009 年	30	—	—	—	24	—	—	—	—	—
2010 年	19	—	—	—	—	—	38	1 135	—	—

资料来源：据《上海年鉴》（1996—2011）整理汇编。

表 2－2－13　1996—2010 年上海摄制、译制影片一览表

	故事片	纪录片	主要科教片	美术片	译制片
1996 年	《红河谷》《我也有爸爸》《紧急救助》《少年雷锋》《捕狼人生》《玫瑰漩涡》《律师与囚犯》《犬杀》《罪恶》《小象西娜》		《东北虎野化训练》、《毒品的危害》、《相似的奥秘》、《植物基因工程》、《田园交响曲》、《人·交通·规范（中集）》、《人·交通·规范（下集）》、电影资料片《1996 年上海市重大工程建设》	《自古英雄出少年》《天堂乐园》《大森林里的小故事》《白雪公主与青蛙王子》《倔强的凯拉班》《神马与腰刀》《百鸟衣》《博士蛙的故事》《日月潭》《快乐家家乐》《知识老人》《大头儿子和小头爸爸》	《手足亦无情》《舞厅王子》《生死两兄弟》《云中漫步》《诱惑》《廊桥遗梦》《新宿鲨鱼》《朋友圈》《黑暗势力》《四个婚礼一个葬礼》《幕后裁决》《温馨人间情》《情归巴黎》《女扮男装》《圣诞前夜》《古画之谜》《都市外来客》《我又十八》《神秘的黄皮鞋》《勇闯夺命岛》《女警的追求》《金发男郎》《谍中煤》《死亡面具》《特警护送》《爱情、背叛和谋杀》

(续表一)

	故事片	纪录片	主要科教片	美术片	译制片
1997年	《危情血案》《灵魂出窍》《燃烧的港湾》《激情辩护》《梦幻情缘》《四喜临门》《我血我情》《上海新娘》《关于爱的故事》《黑白英烈》《海之魂》		《中国扬子鳄》《藻类世界》《保护都市家园》《1997年上海重大工程建设》等	《快乐家家车》《金刚哪吒》《猩猩探长》《小猪系列》《马头琴的故事》《神笛》《松鼠和妖树》《蝶双飞》《环游地球八十天》《鹤的传说》《水上篮球赛》《牙刷家族》《番茄酱》《芝麻街》《大红鹰》《小贝一家》	《别对我说再见,妈妈》《毁灭者》《生命交响曲》《情有独钟》《亲合力》《生死豪情》《如此荒唐》《恐怖阴谋》《山崩地裂》《毁灭的追求》《新木偶奇遇记》《战地之恋》《失落的世界(侏罗纪公园)》《爱的权力》《血刃》《插翅难飞》《无事生非》《神人卡赞》《海上惊情——生死时速续集》《好事成双》《美洲豹》《冰与火续集》《特工狂花》《深海喋血》《怒海骄阳》《死亡猎手》《心有灵犀》
1998年	《伴你高飞》《真假英雄兄弟情》《春风得意梅龙镇》《琴声如诉》		《间作套种技术》《稻飞虱的防治》《水稻节水高产栽培技术》等	《大红鹰》(全部28集完成)、《牙刷家庭》(全部65集,已完成39集)、《聪明的小笨猪》(全部17集完成)、《快乐家家车》(全部52集完成)、《中国民族民间故事和传说》(完成10集)、《特别车队》(全部13集完成)、《牛牛和西西》(全部13集完成)、《封神榜传奇》(全部100集,完成32集)、《登月之旅》、《小老虎康康》(完成26集)、《知识老人》(完成新52集)、《蚁王火柴头》(完成26集)、《捣蛋与顽皮》(完成13集)、《独木桥》、《轧闹猛》、《水没金山》、《歌俩好》	《星际追杀》《地火危城》《潜在威力》《女佣斗法官》《十万火急》《情真意浓》《生日历险》《奇怪的大火》《绝路烽火》《温柔的陷阱》《爱情与战争》《小鬼当家(第三集)》《倾力出击》《天地大冲撞》《神秘的背影》《特警判官》《一号通缉令》《卢柯纳案件》《情书》《安娜・卡列尼娜》《尖峰时刻》《怒发冲冠》
1999年	《紧急迫降》《冰与火》《黄河绝恋》《说好不分手》《我们结婚吧》《绿色柔情》《红伶奇冤》《胖墩夏令营》《黑风寨》《死刑宣判之后》《女人的天空》《缘,妙不可言》《房东老爸》《相约2000年》《多一点天真》	《鲁迅之路》	《水稻主要病虫害综合防治技术》(2本)、《微生物农药》(2本)、《优质有机肥的生产与应用》(2本)、《猪浓缩饲料配制应用技术》(2本)、《最后的大熊猫》(3本)、电影资料片《1999年上海市重大工程建	《宝莲灯》(8本)、《咕噜先生》(26集)、《三十六计奇遇记》(完成前6集)、《牛牛和西西》(完成6集)、《牙刷家族》(全部65集,完成后26集)、《太空饭店》(完成前13集)、《封神榜传奇》(全部100集,完成后68集)、《猩猩探长》(5集)、《灭妖记》(1集2本)、《十三号地》(1集2本)、《捣蛋与顽皮》(全部26集,完成后13集)、《新	《悲情探戈》《印度拉贾》《婚礼歌手》《罪犯是谁》《电影节的贵宾》《国家的敌人》《通缉令》《致命保镖》《寄居大侠》《冰雪迷案》《心心恋曲》《再见,美国》《眨眼》《奇异的婚姻》《再续前缘》《伊丽莎白》《魔鬼邻居》《泰坦尼克号上的女佣》《天理难容》《错误指控》《乌鸦谋杀案》《迎头痛击》《冲出牢笼》《诺丁山》《梦想成真》《美丽人

（续表二）

	故事片	纪录片	主要科教片	美术片	译制片
	《人见人爱》		设》(3本)	黑猫警长》(1集)、《钟点父子》(26集)	生》《地下摇滚》《物极必反》《偷天陷阱》《人熊传奇》《勇敢王子》《第十二夜》《性死搏》《黑客帝国》《义胆骑士》《马可·波罗》
2000	《生死抉择》《詹天佑》《新十字街头》《家住树德坊》《飞天舞》《第一次亲密接触》《永远十九岁》《拯救爱情》《喜从天降》《孽海恩怨》《鲁镇传说》《紫日》《真心》		《平衡施肥》《防治美洲斑潜蝇》《合理使用农药》《瘦肉型猪新品种——大观山长白猪》《稻田饲养蟹虾》《鲜食玉米栽培技术》	《应该靠自己》(26集)、《宝莲灯》(7集)、《三十六计奇遇记》(7集)、《小草帽》(26集)、《白鸽岛》(10集)、《我为歌狂》(24集)、《魔鬼芯片》(13集)、《怪城》(26集)、《鸭子侦探》(19集)、《雏鹰在行动》(13集)、《神龙物语》(13集)、《风尘小游侠》(20集)、《土红色的骆驼》(13集)、《钟点父子》(11集)、《小将狄青》(2集)、《西游漫记》(8集)、《家有开心果》(6集)、《小和尚》(19集)、《没头脑和不高兴》(2集)、《天才发明家》(2集)、《红孩儿传奇》(26集)、《可可的魔伞》、《哎哟妈妈》、《气球上的星期五》	美国:《精灵鼠小弟》《玫瑰神偷》《双重阴谋》《暗藏杀机》《惊天行动》《狂飙战警》《第六感女神》《超时空恋爱》《角斗士》《碟中谍2》《完美风暴》《单身汉》《总有骄阳》《超级妈妈》《弦动我心》《霹雳天使》《小鸡快跑》;法国:《出租司机》《人猴情》《同命鸳鸯》《特别押送》《梦游美利坚》《真假姻缘》;德国:《战火焚情》《路边草》;韩国:《铡爆特警》《我们接吻吧》;澳大利亚:《芭蕾》;新西兰:《悬情疯人院》;瑞典:《大刺杀》;印度:《烈火恩仇》;日本:《必死无疑》;英国:《蓝眼睛米奇》《淘金奇遇》;卢森堡:《跳舞街》
2001	《太空营救》《走出西柏坡》《花眼》《风雨十二年》《股啊股》《假装没感觉》《真情三人行》《鲁镇传说》《烟雨红颜》《地下追击》《嗨!弗兰克》		《水产养殖技术创新——陆基养渔》《出口蔬菜的栽培及采后处理》《农家储粮技术》《怎样控制茶叶农药残留》《柑橘果实优质化栽培技术》《宅基地风波》	电影短片:《圣剑》	电视系列片:《我为歌狂》《白鸽岛》《魔鬼芯片》《鸭子侦探》《风尘小游侠》《白玉堂》《土红色的骆驼》《钟点父子》《西游漫记》《家有开心果》《小将狄青》《没头脑和不高兴》《天才发明家》《隋唐英雄传》《雏鹰在行动》《卡尤》《大耳朵图图》《狐狸艾克》《超级球迷》《七绝神探》《水浒秀》《小和尚》《袋鼠》《绝密》《西蒙》
2002	《花儿怒放》《面对生命》《天下无双》《极地营救》《卡车上掉下的小提琴》《暖冬》《走出死亡陷阱》《父亲》《永不分手》《哈罗,同学》		《种好超级稻》《防治结核病》	电影短片:《回想》《谁的丈夫离得最远》	电视系列片:《白鸽岛》、《土红色的骆驼》、《大英雄狄青》、《没头脑和不高兴》、《隋唐英雄传》、《超级球迷》、《七绝神探》、《水浒英雄秀》、《中华美德》、《西蒙》、《袋鼠》、《绝密》、《小乐子》、《太空鸭》、《大耳朵图图》、申博宣传片

（续表三）

	故事片	纪录片	主要科教片	美术片	译制片
2003	《紫蝴蝶》《午夜惊魂》《军火》《风儿轻轻吹》《婶子》《兄弟》《地下铁》《美丽上海》《最后的爱,最初的爱》		《生态型复合菌肥科学应用技术》	《格兰特船长的儿女们》《荷之随想》《梁山伯与祝英台》	电视系列片:《隋唐英雄传》《中华美德》《袋鼠》《太空鸭》《阿松闲趣》《预防艾滋病》《足球小子》
2004	《邓小平·1928》《2046》《自娱自乐》《风儿轻轻吹》《兄弟》《世界》《做头》《网》《一石二鸟》《拳神》《无法尖叫》《青花》			《格兰特船长的儿女们》《中华美德》《东东》《大话隋唐》《大耳朵图图》《迎世博学双语》《东方礼仪》《勇士》《西岳奇童》《天才发明家》	美国:《蒙娜丽莎的微笑》《阿波罗 13》《致命报酬》《冷山》《50 次初恋》《后天》《怪物史瑞克 2》《蜘蛛侠 2》《哈利·波特与阿兹卡班的囚徒》《双层公寓》《加菲猫》《我,机器人》《极地特快》;法国:《芳芳郁金香》《虎兄虎弟》《暗流 2》;西班牙:《世界上最丑陋的女人》;加拿大:《超级赛车》
2005	《美人依旧》、《如果·爱》、《伯爵夫人》、《陶器人形》、《姐妹兄弟》、《生死对决》、《铁血》、《鲁迅》、《长恨歌》、《上海伦巴》、《诅咒》、《致命虚幻》(数字电影)、《中国先生》(数字电影)			《隋唐英雄传》、《西岳奇童》、《勇士》、《中华美德》、《BRAVO 东东》、《天才发明家》、《百变宝贝》、《龙刀传奇》(三维动画)	美国:《狂蟒之灾 2(搜寻血兰)》《的士飙花》《翻译风波》《极限战士》《蝙蝠侠(侠影之谜)》《史密斯行动》《绝密飞行》《哈利·波特与火焰杯》《漫步月球》;法国:《法国间谍》《警界争雄》;英国:《邱吉尔好莱坞年代》;新加坡:《喜从天降》
2006	《陶器人形》《天狗》《大道如天》《龙虎门》《东京审判》《第 601 个电视》《喜马拉雅王子》《三峡好人》《第三种温暖》			《西岳奇童》(木偶影院片)、《勇士》、《神弓传奇》、《东东》(后 26 集)、《大耳朵图图》(后 26 集)、《百变宝贝》、《猪猪·吉利·小财神》、《甜与酸》(艺术短片)	美国:《南极大冒险》《达·芬奇密码》《冰川时代 2》《救赎》《碟中碟 3》《加菲猫》《X 战警 3:背水一战》《迈阿密风云》《神秘群岛》《世贸中心》;法国:《决战帝国》《空中决战》《侠盗魅影》《白色星球》;中国:《魔比斯环》《东京审判》;英国:《一球成名》;德国:《列车惊魂》;俄罗斯:《生死倒计时》

（续表四）

	故事片	纪录片	主要科教片	美术片	译制片
2007	《集结号》、《天地告白》、《第三种温暖》、《樱桃》、《蓝莓之夜》、《红美丽》、《停止心跳》、《大灌篮》、《寄生人》、《请将我遗忘》（数字）、《东方大港》、《逆转流星》			《大耳朵图图》（系列动画片）、《猪猪·吉利·小财神》（系列动画片）、《运尼小子》（系列动画片）、《秦汉英杰》（木偶动漫电视剧）	美国：《惊涛大冒险》《勇闯16街区》《憨豆的黄金周》《虎胆龙威》《哈利波特与凤凰社》《美味情缘》《穿普拉达的女王》《博物馆奇妙夜》《龙骑士》《通天塔》《蜘蛛侠》《忍者神龟》《灵魂战车》；中国：《勇士》；中法合拍：《蓝莓之夜》；南非：《狮口惊魂》；日本：《哆啦A梦大雄的恐龙》；韩国：《丑女大翻身》；瑞士：《钢琴小神童》；波兰：《盗走达芬奇》；法国：《亚瑟》；加拿大：《乱战》
2010	《赵氏孤儿》《海上传奇》《锦衣卫》《精武风云·陈真》《我的雷人男友》《唐山大地震》《庐山恋2010》《三笑之才子佳人》《康定情歌》《丰年》《引擎》《非常秀》《重返香巴拉》《星海》			《黑猫警长》（影院动画片）、《犹太女孩在上海》（影院动画片）、《浩昊大闹无字城》（影院动画片）、《不其清官童公传》（系列动画片）、《灵童天使》（系列动画片）、《大耳朵图图之小小欢乐魔法师》（大耳朵图图第四季，系列动画片）、《和谐中国》（宣传片）、《燕尾侠》（系列动画片）、《秦时明月（第一部）》（系列动画片）、《水木娃娃童画乐园》（系列动画片）、《乌龙小子》（系列动画片）、《动漫春晚》（电视片）、《贵妃醉酒》（电视片）、《经典歌曲大串烧》（电视片）、《马兰花》（影院动画片）	《国家要案》（英国）、《冰川时代》（美国）、《哆啦A梦大雄与绿色巨人传》（日本）、《哈利波特与混血王子》（美国）、《飞屋环游记》（美国）、《海云台》（韩国）、《非常主播》（韩国）、《神秘代码》（美国）、《阿童木》、《豚鼠特攻队》、《地牢围攻——以国王的名义》、《第九区》、《暮光之城》、《非常舞者》、《花田喜事2010》、《孤堡惊情》、《大侦探福尔摩斯》、《鼠来宝：明星俱乐部》

资料来源：据《上海年鉴》（1997—2011）整理汇编。

【后期制作与洗印拷贝】

上海电影技术厂主要承担上海各电影制片厂影片摄制过程中的底样片洗印和后期制作，包括音乐录音、混合录音、声画合成拷贝的制作和大量发行拷贝的洗印等工作。1995年，上海电影技术厂生产加工的彩电电影拷贝产品，被评为1995年中国王牌产品。

1996年，上影集团成立以后，在硬件设施建设方面加大投入力度，两年投资约1亿元，重点对录音、字幕等设备进行更新，后期制作中心的硬件设施居国内一流水平。拥有现代化的洗印大楼，新建改建了4个录音棚、1个字幕摄影棚。引进了意大利的洗片机，年洗印能力在7 000万米以上。

引进了美国的音频工作站、日本的调音台以及英国的杜比数码系统,能够进行杜比数码录音,制作质量得到杜比实验室的认可。

2000年上影电脑特技制作中心扩建完成。上影电脑特技制作中心从国外引进了三维动画工作站、渲染工作站,动作捕捉器等多种软硬件设备,并全部安装调试完毕投入生产。这批设备具有相当高的科技含量,达到20世纪90年代末的国际水准。这批设备为制作《生死抉择》、《詹天佑》、《第一次亲密接触》、《太空劫持》、《飞天舞》以及上海动画影视(集团)公司的《可可的魔伞》等影片的电脑特技发挥了很大作用。其中《可可的魔伞》是中国第一部用电脑特技制作的采用真人和三维动画合成的儿童影片。电脑特技制作中心除了为影视节目制作电脑特技外,还承接电视广告片、资料片、三维动画片的电脑特技制作业务。2000年12月12日,上海金色世界数码影视制作中心成立,这标志着上海影视后期特技制作又上了一个新台阶。该中心引进了多套国际最先进的SGI影视制作设备,使上海的影视后期制作实力大增。

2008年1月9日,由上海河马动画设计有限公司设计的全长90分钟的《森林卫士》正式开镜,这是国内首部原创3D动画电影,从剧本创作到后期制作完全由中国本土动画公司制作。同时开镜的还有100集的三维电视连续剧《超级青蛙战士》。

2010年,上影集团的大力帮助和支持下,上海电影技术厂的数字电影母板制作业务正逐步走向成熟。自2009年1月26日制作第一部数字电影发行版《喜羊羊与灰太狼之牛气冲天》,到《梦回金沙城》的数字电影发行版进入有70多年历史的洛杉矶Laemmle Theatres影院,共完成26部影片、1011个数字拷贝,形成产值150万元,两年基本收回设备投入成本。

为拓展产业链,上影选择了在电影后期制作、胶片洗印、DVD和蓝光光碟分销等多个方面具有突出优势的合作伙伴。2010年11月23日,上影集团与全球最大影视技术公司汤姆逊集团(Thomson/Technicolor)联合,共同出资在上海成立一个面向影视、广告、动画等行业提供后期制作的合资公司——上影THOMSON合资公司。汤姆逊是全球最大影视制作集团之一,主要为娱乐传媒业提供视频制作、管理、传送及接入解决方案。《哈利波特系列》、《纳尼亚传奇》及国产大片《满城尽带黄金甲》、《集结号》、《非诚勿扰》等,皆是TECHNICOLOR提供后期制作和技术支持。上影THOMSON合资公司成立后的首个项目是3D版《大闹天宫》。合资公司全面涉足影视后期制作(含前端处理、Dailies、DI、VFX、DCP、水印技术、声音及拷贝等)、动画制作、胶片3D及游戏等相关业务,帮助中国影视产业的后期制作技术向国际顶尖水平看齐,帮助国内导演以更趋合理的成本在家门口实现“大片梦”。此外,上影集团还与特艺集团达成合作。特艺集团曾一度占有欧洲解码设备市场70%的市场份额,在公司95年历史中,先后有20余项技术获奥斯卡奖提名。而以机顶盒为主的家庭终端更是特艺集团的强项,市场份额全球排名第一。

【音像制作与出版】

1980年2月1日,上海市广播电视服务公司成立,经营制作盒式录音带,它是上海音像公司的前身。同年,少年儿童出版社出版上海第一套音带。20世纪80年代上海音像行业大发展大繁荣时期的序幕也由此拉开。当时的盒式音带主要由中国唱片总公司上海公司生产。1979年,中唱上海公司引进美国ES6000型全套盒式音带复制生产设备,11月开始试生产,1980年1月正式投产。第一年生产盒式音带36万余盒,第二年增加到136万盒,以后基本上以每年翻一番的速度递增。

随着音像事业的发展,1984年3月1日,上海市广播电视局成立了录音录像制品管理处,简称上海市音像管理处。同年6月30日,上海音像资料馆成立。

在20世纪80年代中期，上海主要有3家音像出版公司，分别是上海广播电视服务公司(后更名为上海音像公司)、上海有声读物、中国唱片公司上海分公司。上海广播电视服务公司1981年录音带销售93 291盒，1982年销售268 215盒(是上年销售量的2.88倍)。1983年初，根据国务院关于《录音录像制品管理暂行规定》的要求，报上海市人民政府同意，经广播电视部批准，上海广播电视服务公司更名为上海音像公司，从事音像制品出版经营，实行独立经济核算，它也成为国家指定的音像制品出版单位，其录音带产品在上海市有100多家销售商店，外地有1 000多个经销单位。1983年销售数超过100万，达到1 004 164盒(是1982年销售量的3.7倍多)。1983年4月，上海有声读物公司成立，1985年时，上海有声读物公司单独建制，归市出版局领导。1983年1月29日，经广播电视部批准，由中国唱片厂、中国唱片社上海分社、中国唱片发行公司上海分公司合并组建成立中国唱片总公司上海公司。盒式音带在80年代成为中国唱片总公司上海公司的主要产品之一，1985年时年产达到885万余盒，公司年生产总值达到6 448万元；1988年，达到1 055万盒的历史最高水平。1987年4月，中唱上海公司还与厦门广播电视服务公司合资，在厦门开办鹭声音像公司，中唱上海公司以ES6000型复制设备1套作为投资，经营盒式音带复制加工业务。自1979年至1993年止，公司在14年中总共生产盒式音带9 049万盒。

1987年时，上海音像公司已具有大规模复制生产高质量原音盒带的能力，年生产量可达1 000万盒以上。当年上半年，音像公司出版29个品种，总销售330万盒，利润370万，完成全年计划67.3%，并为秋季订货会准备推16个品种。12月，公司发起成立了上海音像集团。它是由公司与一些自愿同公司“鹰象”牌音像产品实行产、供、销合作的企业结成的全国性横向经济联合体，集团下属上海广播科研所、中国音像大百科编委会、上海磁带厂、上海音乐书店、江苏省音像制品发行社、天津音像书店等30家单位组成，在加速流通，将音像制品辐射到城乡销售网点方面起到了积极作用。

1984年7月，上海音像公司开始出版发行录像带，第一批出版的电视连续剧、综合文艺戏曲、教育等67套节目，全部由上海电视台提供。1985年4月11日，上海录像发行公司成立。1985年11月，中唱上海公司成立录像部，开发经营录像节目的出版、复制等业务。1986年开始小量生产；1990年7月，中唱上海公司录像部在肇嘉浜路开设门市部。1988年3月23日，广播电影电视部批准将上海音像公司出版录像节目的业务划给上海录像发行公司，同时，上海录像发行公司更名为上海录像公司，公司注册资金20万元，实行自负盈亏的独立经营、独立核算制度。1988年11月8日，全国规模最大的1∶150录像节目复制系统，由录像公司自行安装、调试成功。同年，上海录像公司出版发行录像节目80种150小时。其中国产节目68种，136小时，总发行量达10万余本，营业额近1 000万元，赢利350万元，超出计划利润指标130万元。同年，公司还承办了第二届上海电视节电视录像片交易会组织工作，向全国各地与会的电视台和同行介绍外商，推荐节目，促进成交。交易会实际支出13.2万元，收入达18.8万元，其中3万元为外汇。1989年3月8日，上海录像公司拍摄、制作、出版、发行了第一批卡拉OK影像带。同年公司出版录像节目30种，其中国产片15种；代销外省市录像节目419种，其中国产片251种，全年发行销售量8万余本，营业额1 256.82万元，创利400万元，成为上海录像公司组建以来创利最高的一年。

1988年，广电系统的音像资料馆试行承包。资料馆制作部全年录制录像片108部，内含外加工36部，其中《神探亨特》12集、《重归伊甸园》14集、《变形金刚》长达95集，还为兄弟省市电视剧后期加工服务多部。业务科通过首届“全国音像资料馆(室)协作会”的召开，加强了与各省市的交流，提供资料片1 062套，比上年增长一倍，为录像公司复录加工“神探亨特”4 465小时。同年6月，上海有声读物公司增加录像业务,改上海声像读物出版社。10月26日,上海音像出版协会在上海成立,上海21家音像出版单位加入协会,其中,专业的有11家。

1989年,上海有音像出版单位28家,其中8家出版文艺录像片,7家出版文艺录音带,13家出版教育科技音像制品。到1990年时,上海拥有音像出版单位24家,全市共出版录音带品种2036个,占全国20%;录像带品种115个,占全国17%。仅上海音像公司一家在十年里就共出版发行原音带3000多万盒,像带1万多盒,创利4000多万元,上交税收700多万元,其"鹰像"标也成为音像市场的著名商标。1991年时,上海音像出版单位缩减至22家,其中,专业出版单位11家、图书出版单位兼营音像制品出版11家。同年,上海有声读物公司更名上海声像出版社,增设录音录像创作部,生产部,编销一、二部等。

营业性录像摄制业务在80年代也发展迅速。1988年11月,上影成立上影录像公司,开展录像制作,出版和发行活动。到1989年底时,上海共有全民、集体以及个体工商户类经营单位144家,经整顿规范后,压缩到87家,其中属全民、集体性质的单位52家。1990年,这些单位共摄制各类资料片500多部,生活片1300部。由于音像行业发展迅速,1992年12月,上海电影系统成立上海电影音像出版公司。

1991年4月20日,经上海市人民政府批准,上海市广播电视局音像管理处更名为上海市音像管理处,统一归口管理全市音像工作;各区(县)文化局、广播电视局负责本地区的音像管理,并接受市音像管理处归口管理和领导。5月10日,上海市音像管理处召开贯彻落实《中央办公厅、国务院办公厅关于压缩、整顿音像单位的通知》动员大会,全市1000余家音像制品、出版、复制、销售、放映单位的负责人参加会议。

20世纪90年代初,激光盘片业务也在上海陆续开展。1991年,上海声像出版社出版第一套上海产激光唱盘(CD)。同年11月17日,中唱上海公司与上海久事公司、瑞士展望有限公司等中外3方合资组建成立上海联合光盘有限公司,公司总投资280万美元。中唱上海公司与瑞士展望公司各占40%,分别投资112万美元。这是一个批量生产CD激光盘片的高技术企业,年产250万张CD唱片。1992年12月28日举行开业典礼,上海第一条激光唱片(CD)生产线在此建成投产。1993年11月22日光盘公司经上海市工商行政管理局批准成立有关子公司和销售公司。该公司1993年销售收入585.7万元,当年创利106万元。1992年底,上海录像公司开办"上海嘉禄综合经营部",以销售LD激光视盘为主的音像制品,兼营跨行业的多品种业务。公司还与上海中纺发展有限公司、香港百利企业有限公司合资组建上海华德光电科技有限公司,生产销售激光视盘产品,承接母盘刻录、激光视盘的复制加工及售后咨询服务,年生产能力达100万片激光视盘。

截至1993年底,上海音像公司共出版国内外音乐、歌曲、各类戏曲、少年儿童教育(包括少年和成年教育)带共计685个版号,总发行量为4246万盒原音带(1993年四季度开始出版发行CD唱片,共出版12个版号,销售1100张)。与此同时还出版了各类戏曲、教育和电视连续剧及综合文艺节目录像带103个版号,总共发行41417盒。累计获得3908万元利润,上交国家税金927万元,上交利润2364万元。同年底,上海录像公司累计发行录像片24万盒左右。1993年6月,上海录像公司浦东分公司成立。同时,公司以"挖潜、补缺、开拓"为宗旨,先后推出CD、CD-G等产品,继续开拓录像产品出版、发行的新领域。至此,上海录像公司已发展成为国内录像发行系统中规模与发行量最大的音像出版单位之一。到1993年,中唱上海公司共生产各种录像节目带98370余盒,年生产总值达到4118.2万元。

表 2-2-14　1981—1993 年上海音像公司录音带发行创利统计表

年份	出版盒号（个）	发行数量（盒）	创利（万元）		缴税（万元）
			获利	缴局	
合计	685	42 465 126	3 908	2 364	927
1981 年	2	93 291	—	—	—
1982 年	12	268 215	—	—	—
1983 年	12	1 004 164	110	88	19
1984 年	25	2 297 479	274	219	47
1985 年	42	4 072 358	645	387	110
1986 年	84	4 346 560	552	276	95
1987 年	91	5 049 225	609	304	111
1988 年	112	5 200 000	338	220	90
1989 年	105	4 872 216	401	261	102
1990 年	83	3 451 755	301	196	88
1991 年	45	3 205 727	267	160	100
1992 年	30	3 710 987	205	133	98
1993 年	42	4 893 149	206	120	67

说明：(1)合计栏数字不包括 1981、1982 年；(2)税金均为流转税。
资料来源：《上海广播电视志》(1999 年 11 月第 1 版)。

表 2-2-15　1985—1993 年上海录像公司历年营业收入统计表

指标	1985 年	1986 年	1987 年	1988 年	1989 年	1990 年	1991 年	1992 年	1993 年
固定资产原值(万元)	8.82	40.28	74.42	99.55	180.55	255.65	271.30	306.57	318.87
营业收入(万元)	47.23	204.56	391.77	958.76	1 256.82	1 076.56	802.27	666.17	693.59
实现利润(万元)	29.43	91.85	105.16	351.67	400.02	250.74	220.81	170.68	160.92
上交税金(万元)	1.51	6.49	13.02	31.16	41.14	34.80	26.23	22.79	25.98

资料来源：《上海广播电视志》(1999 年 11 月第 1 版)。

1996 年，影视合流后，原来的音像管理处和电影发行放映管理处合并。1996 年下半年通过音像市场的集中治理，上海音像市场管理工作在全国第一个通过国家验收。1997 年，上海进一步加强了音像制作出版的管理，《上海市音像制品管理条例》颁布。上海的 22 家音像出版单位全部通过新闻出版署的审核，9 家专业音像复制单位通过国家的技术检测，2 家光盘公司通过国家验收。同时，还对录像放映场所实施录像节目专供制度，对音像制品加贴统一的防伪标识。

2000 年，上海共有 20 家音像出版单位、13 家音像复制和光盘单位。其中 20 家音像出版单位全年出版音像制品为：录音制品自编节目 441 种，引进节目 336 种，发行总量 3 267 万盒；录像制品自编节目 81 种，引进节目 6 种，发行总量 22 028 盒；激光唱片自编节目 57 种，引进节目 99 种，发行总量135万张;VCD自编节目213种,引进节目11种,发行总量315万余张。全市3家光盘生产复制单位复制光盘3224万张。

2001年,上海大力鼓励音像制品连锁经营,全年生产音像制品9564万张(盘)。其中,全年出版录音制品4086种,出版量为3819万盒;录像制品5种,出版量为7452万盒;激光唱片909种,出版量为233万张;VCD为477种,出版量为322万张;激光视盘4种,出版量为22500张。至2001年底,全市有音像出版单位20家,音像复制单位13家,音像制品制作单位118家。当年4月13日,文化部在沪召开全国整顿和规范文化市场秩序工作会议,部署2001年文化市场整治工作,其中提出要清理整顿音像制品集中经营场所,年内基本关闭音像制品集中经营场所。

2002年,市机构编制委员会颁发《关于同意本市音像制品出版、制作、复制的监管职能由市文广影视局划转市新闻出版局的通知》。根据文件精神,上海市新闻出版局从5月17日起开始履行上海市音像制品出版、复制和制作的监管职能。至2002年底,上海有音像出版单位21家,其中专业音像出版社12家,图书出版社的副牌音像出版社9家。中国唱片上海公司、上海音像公司、上海录像公司、上海声像出版社和上海音像出版社为出版进口文艺类音像制品资格单位。上海出版录音制品3483种5830.31万盒(张),其中新出1107种1487.14万盒(张);出版录像制品815种431.01万盒(张),其中新出552种264.92万盒(张)。

2003年全市21家音像出版单位共出版音制品3689种,比上年增长5.91%;复制数量5377.64万盒(张),比上年减少7.76%;出版像制品748种,比上年减少8.22%,复制数量689.9万盒(张),比上年增长60.07%。2004年上海全市23家音像出版单位共出版音制品5146种,比上年增长39.5%;复制音制品5190.74万盘(盒),比上年下降3.5%。出版像制品599种,比上年下降19.9%,复制像制品356.5万盘(盒),比上年下降48.3%。

2004年,中共中央宣传部、国家新闻出版总署等单位开展向未成年人推荐百种优秀音像制品活动,上海共有10种音像制品被列为推荐作品,分别是:上海录像公司出版的VCD《霓虹灯下的哨兵》,中国唱片上海公司出版的CD《世纪歌曲》和《东方大峡谷》,上海声像出版社出版的《少儿"六个一"工程VCD系列》,少年儿童电子音像出版社出版的AT《儿童故事版——上下五千年》、《新世纪儿童版十万个为什么》和《楼梯自己走、刷牙刷牙》,海文音像出版社出版的VCD《神话故事》,上海人口与计划生育宣教中心出版的VCD《圣洁的红丝带》,电化教育音像出版社和上海教育音像出版社出版的VCD《身边的科学》。

2005年全市25个音像出版单位共出版音制品3505种,比上年下降31.88%;复制数量3433.43万(盘、盒),比上年下降33.85%。录音制品以外语教学、流行音乐和民族音乐戏曲为主体。出版像制品895种,比上年增长49.42%,像制品复制数量547.14万(盘、盒),比上年增长53.48%。4种音像电子出版物入选中国人民抗日战争胜利暨世界反法西斯战争胜利60周年重点选题,3个音像选题入选"十五"期间国家重点音像出版规划增补选题目录,9个音像选题入选中共中央宣传部、新闻出版总署等6个部门联合向未成年人推荐的百种优秀音像制品名单。同年6月1日,在《哪吒闹海》公映25周年之际,上海美术电影制片厂发行限量珍藏版、珍藏版和普通版3个版本的《哪吒闹海》DVD。该DVD受到广大观众和DVD收藏爱好者的欢迎,半年内销售2万余套,并在2005年中国国际音像博览会上获动画类特别金奖。2005年,音像制品经营单位注册资本金9.45亿元,主营营业收入10.37亿元,比上年下降29.77%。2006年,全市24家音像出版单位共出版音制品3722种3153.29万盘(盒),录音制品以外语教学、流行音乐和民族音像戏曲为主体,出版像制品741种845.01万盘(盒)。

2007年，全市24个音像出版单位共出版音像制品3 104种，发行量2 656万套(盘)，销售收入2.24亿元，实现利润3 700万元。2008年全市共有音像出版单位25个，全年共出版录音制品3 306种16 811 729套(盘)；出版录像制品709种5 088 393套(盘)。

2009年，音像和电子出版业在主营业务和利润上出现全面下降。全市27家音像和电子出版单位共出版音像及电子制品3 126种(新出1 411种)，其中音制品2 093种18 191 400套(盘)，像制品528种2 624 500套(盘)，电子出版物505种25 472 000套(盘)；主营业务收入1.64亿元，比上年下降29.52%；利润总额2 071.91万元，比上年下降44.45%；有18家音像电子出版社实现盈利，比上年增加2家；5家音像电子出版社亏损。

2010年，全市共有音像和电子出版单位28个。全年出版音像及电子制品3 104种(新出1 755种)，其中音制品1 902种2 372.25万套(盘)、像制品513种548.41万套(盘)、电子出版物679种2 679.17万套(盘)；主营业务收入18 913.04万元，比上年增长15.51%；利润总额2 196.37万元，比上年增长6.01%；有16家音像电子出版社实现盈利，比上年减少2家；6家音像电子出版社亏损。

二、电影发行放映

【电影发行机制】

1981年之前，全国电影发行体制是根据计划经济的模式，制片厂生产的影片由中影公司统一收购，统一发行。外国影片也由中影公司统一输入，统一发行。上海市电影发行放映公司在沪行使代理中影公司的发行业务。具体做法是，中影公司按照固定售价向制片厂收购影片。1977年前后，黑白故事片每部38万元，彩色故事片每部70万元(后黑白故事片不再生产)。影片收购后，中影公司提供每月的影片发行计划和拷贝分配计划，上海市电影发行放映公司根据片源节目及拷贝数，制订本地区的影片发行计划，报请当地文化主管部门审核备案后，予以实施。

电影发行的经济分配，采取放映收入逐级分账的形式。拷贝费和版权费由中影公司测算，规定分摊比例，由省、市、自治区公司向中影公司结算。地、县以下发行机构不计算拷贝费和版权费，只向放映单位收取发行分成和片租费。版权费的分摊比例和各级公司的留成比例，40余年中曾有数次调整。放映单位和市、县公司的分成也因片种、新复片、影院等级、上映先后不同而有不同的比例。这种全国统一的影片发行方式，省、市、地、县公司基本上没有经营自主权，但有利于普及放映，在农村还可以做到规划放映。

随着改革开放政策的实施，计划经济逐步向市场经济过渡。在收购影片一头，1980年起，把过去的固定售价改为按拷贝带成本的结算办法。即分两步结算：中影公司收购影片先按每部70万元付给预支款，然后按每部影片实际发行拷贝数，每部拷贝摊带成本费9 000元(1985年提高到10 500元)计算，在第二年结清。这样，艺术质量高、发行拷贝多的影片就能多收回成本费，获得较高利润。在发行一头，1981年后，中影公司改变做法，给了各省、市、自治区公司向中影公司自订拷贝数的权限，影片质量受到各级发行放映部门的关注，对质量上乘或市场看好的影片则多订拷贝。反之，可以少订或不订。省、市、自治区公司负担所订购拷贝的拷贝费和分摊版权费。省、市、自治区公司相对有了一些主动权。

1987年，按照广播电影电视部《关于改变故事片结算办法的通知》精神，上影与中影公司签订两年“发行权费结算合同”，试行按影片发行收入分成结算。以后逐渐转向自产自销。由于上海的影片后期录音制作加工在技术厂进行,因此制片厂每年需从影片销售收入中提取9.6%的份额反馈给技术厂。

1992年12月,广播电影电视部决定从1993年3月起,各电影厂可自主经营,直接向各省、市、自治区电影发行公司销售电影拷贝及有关放映版权。1993年3月18日,上海市电影发行放映公司全建制地转制为上海永乐股份有限公司,它是上海电影行业第一家股份制企业。永乐股份有限公司的成立也是全国电影发行渠道放开以来,电影界内部作出的最直接的反应。原属于电影发行放映业务的科室组成上海电影发行放映公司,隶属永乐股份有限公司,仍负责上海地区的电影发行放映业务的经营。5月22日,永乐公司在大光明电影院为北影厂新片《狮王争霸》举行首映式。这是地方发行公司与制片厂共同发行的第一部影片。

1993年6月起,市电影局收回委托市电影发行放映公司对上海市电影发行放映的业务管理职能,由市电影局(发行放映管理处)直接对上海市电影发行放映进行管理,实行政企分开,企业不担负政府的管理职能。

科教片与美术片的发行机制改革晚于故事片,直至1993年,中影公司对科教片与美术片仍按本以固定价格收购,收购价格若干年做一次调整。1992年至1993年,科教片为43400元/本、动画片102000元/本、剪纸片77000元/本、木偶片87000元/本。1993年下半年中影公司停止对国产故事片、科教片、美术片全部统购包销。上海各电影制片单位,相应建立各自的发行机构,全面推行自产自销。

1994年8月,广电部电影局决定自1995年元旦起,制片厂可向省以下的电影发行公司或电影放映单位直接销售电影拷贝。这样,电影发行体制开始纳入市场经济的轨道,制片厂、发行公司、放映单位都获得了相应的经营自主权。同年3月,上海制片厂就成立了自己的发行公司——东方影视发行公司,经理许朋乐。公司下设上海部、国内部和国际部,于1995年3月24日正式开业,成为上海市第二家电影发行单位。东方影视发行公司的出现改变了上海地区数十年影业发行独家垄断的局面。

20世纪90年代中期以后,院线制成为电影市场越来越重要的发行机制。1995年底上海有东方院线和永乐院线,东方院线由13家影院组成,其中专业影院7家,兼营影院6家。除排映东方院线之外的放映单位全部为永乐院线。永乐上海电影发行公司根据影院的经济效益和所处地区,又分别划分为“天王院线”“明星院线”“阳光院线”“月光院线”。1997年,中国电影发行放映协会牵头组建的中华院线,上海永乐院线的30家电影院加盟“中华院线”。1997年时,制片方在上海市场的所得从较早时候的14%,逐年提增到30%~35%,放映方亦从原来所得的45%~50%提增到50%~55%。而发行方所得则下降到了10%~15%,这一点已与国际惯例接轨。

2002年发行放映体制进行重大改革。根据国家广电总局关于改革电影发行机制的精神,成立了上海联和电影院线和大光明院线。新院线体制打破了区域垄断,改变了单渠道发行的格局,让利丁片方与影院,对电影的发展有很大的促进。上海大光明院线有限公司也是上海诞生的第一家院线公司。而上海电影联和院线则是由上海永乐股份电影发行公司和上海东方影视发行公司共同发起组建的。成立之初有56家影院加盟,其中上海市的影院有45家,其余为无锡、苏州、盐城、徐州、靖江、太仓、常熟、吴江、昆山等地的影院。至此,连同大光明院线,上海有了两条跨省市经营的电影院线。2003年时,联合院线拥有73家影院、188块银幕。2004年5月26日,由上海市教育委员会与上海电影集团公司联合组建的上海联和教育院线。2006年,联和电影院线有影院85家,拥有264块银幕,跨越7省23个城市,票房突破3亿元,连续4年年度票房在全国37条院线中名列第一。3亿元票房由1 300万张电影票、4 300场阳光专场、16 000场农村放映、500场露天放映活动构成。2006年，联和院线共放映中外影片150多部，其中有国家广电总局推荐的优秀国产影片29部，观众人次接近1 500万。

在联合院线走出去的同时，也有其他院线开始进入上海电影市场。2008年上海电影放映经营市场主要有8家跨省院线公司构成。

上海的电影发行力量也不断成长。2010年，隶属于上海电影集团的电影院线规模扩大到160家影院、600块银幕，居行业前三。影院分布区域扩大到22个省、自治区、直辖市的62个城市。数字放映厅增加到420个(其中3D放映厅212个)，数字化率达到70%。6块最大图像(IMAX)银幕全年取得1.35亿元票房成绩。

【电影发行体系】

20世纪70年代末到90年代中期，上海的电影发行体系主要由市区和区县(局)构成两级电影发行网。

上海市区由上海市电影发行放映公司直接排片，不设立区级电影发行机构。1995年后，东方影视发行公司成为上海第二家电影发行单位。

在郊区(县)层面则设有电影管理站，这些管理站于1963年在上海市属10县相继成立，是县级电影发行机构和县级电影放映业务的管理机构。1982年2月22日上午，市郊第一家县电影发行放映公司——嘉定县电影发行放映公司正式挂牌，宣告成立。1984年，各县电影管理站统一更名为县电影发行放映公司。1991年，县公司又更名为县电影发行放映管理站。

此外，放映单位较多的几个局，在20世纪60年代也成立了局电影管理站。市农场局所属农场局电影管理站、市教育局所属中小学电影管理站、市海运局所属海运局电影管理站。中国人民解放军上海警备区和中国人民解放军武装警察部队上海总队均有各自的电影发行站，由总政和武警总部直接供片，独立行使部队系统的影片发行业务。部队系统的电影拷贝，不准向地方发行，也不准向社会作营业性收费放映。

1995年时，上海共有市、县与局两级电影发行机构14个。建设了遍布城乡的电影发行网和放映网，发行收入1.1亿元。

表2-2-16　1995年区、县(局)电影发行机构名录一览表

名　　称	地　　址
宝山影业发展公司	宝山友谊支路181号
嘉定影业发展公司	嘉定梅园路200号
浦东新区电影发行放映管理站	川沙川环西路405号
闵行区电影发行放映管理站	莘庄新建路211号
奉贤县电影发行放映管理站	南桥镇新建西路101号
青浦县电影发行放映管理站	青浦县前街44号
南汇县电影发行放映管理站	惠南镇城北路53号
松江县电影发行放映管理站	松江中山中路599号

（续表一）

名　　称	地　　址
金山县电影发行放映管理站	朱泾镇西林街210号
崇明县电影发行放映管理站	崇明人民路240号
上海市中小学电影管理站	上海陕西南路370弄3号
上海市农场局电影管理站	上海中山南二路520弄29号

资料来源：《上海电影志》(1999年10月第1版)。

从20世纪90年代开始，一些区县的电影管理站就开始将所属电影放映单位移交给电影局。1990年10月5日，宝山区属6个电影放映单位移交市电影局。1992年3月21日，嘉定县电影管理站及其所属单位移交市电影局管辖。1993年3月，上海永乐股份有限公司浦东电影发行放映公司成立，它隶属上海永乐股份有限公司，负责上海浦东地区的影片发行业务。而从90年代中期开始，院线制成为电影发行的主要模式，院线系统不断成长壮大，既有的两级发行模式遭到冲击。

1995年底，上海拥有东方院线和永乐院线两大院线系统。其中东方院线包括沪光、大上海、胜利、大名、影城、新光、卢湾、南市、雅朦、月浦文化馆、宝山文化馆、曲阳文化馆、鞍山文化馆等。除排映东方院线之外的放映单位全部为永乐院线。永乐上海电影发行公司根据影院的经济效益和所处地区，又分别划分为"天王院线""明星院线""阳光院线""月光院线"。分列如下：

永乐天王院线：大光明、和平、国泰、燎原、天山、国际、时代(淮海)、衡山、翔鹰等。

永乐明星院线：永乐宫、黄浦、长白、四平、上海、音乐厅、长宁、东海、曹杨、永安、百乐门、蓬莱、儿艺、影城、沪东、西海、沪北、影都、邮电等。

永乐阳光院线：浙江、江宁、瑞金、漕河泾、彭浦文化馆、星火、沪西影剧院、长治、日晖、长城、山西、沪南、兰馨、东昌、银河、群众、沪东工人文化宫、浦南文化馆等。

永乐月光(小厅)院线：国际小厅、燎原小厅、衡山小厅、影都小厅、永乐宫小厅、兰馨小厅等。

1997年，中国电影发行放映协会牵头组建的中华院线，上海永乐院线的30家电影院加盟"中华院线"。

2000年10月5日，为进一步稳定和发展上海农村电影市场，使上海市农村的排片、经营和管理模式迈向新的台阶，永乐股份上海电影发行放映公司于10月份起，组建并推出一条新院线——新星院线。新星院线成立后改变以往由各区县电管站排片为上海电影公司参与排片，以往由市区和区县(局)构成的两级电影发行网结构发生改变。

2002年5月23日，国家广电总局电影局批准成立了上海大光明院线有限公司。这是上海诞生的第一家院线公司。大光明院线有限公司是一家跨省市经营的院线公司，成立之初旗下拥有上海和江苏的15家电影院：大光明电影院、浙江电影院、黄浦剧场、共舞台、南市影剧院、文化电影院、沪南电影院、和平双厅电影院、大上海电影院、黄浦区文化宫、淮海(时代)电影院，以及江苏无锡的三家电影院和宜兴的一家电影院。院线中的11家上海影院，占了全上海电影市场份额的十分之一。从6月开始，大光明院线开始自行排片。

2002年5月25日下午，经国家广电总局电影局批准，跨省市经营的上海电影联和院线宣告诞生。上海电影联和院线由上海永乐股份电影发行公司和上海东方影视发行公司共同发起组建，共有56家影院加盟，其中上海市的影院有45家，其余为无锡、苏州、盐城、徐州、靖江、太仓、常熟、吴江、昆山等地的影院。在上海市的影院中，包括上海影城、环艺影城、永乐电影城、超极电影世界、嘉华海兴影城、国泰电影院、衡山电影院、天山电影院、永乐宫等设施一流的著名影院，外地影院也均具有优良的品质。10 月，上海联和电影院线有限责任公司正式成立。

同年，注册在北京的中影星美和北京世纪环球两条电影院线也分别吸引了 3 家和 9 家上海市影院加盟。其中，世纪环球电影院线发展有限公司的成立是吸收企业投资、参与电影机制改革的尝试。这也是电影系统外组建的第一家院线公司，是继联和院线、大光明院线、星美院线之后，第四家进入上海发展的跨省市电影院线。“世纪环球”注册在北京，但主要基地在上海，这条电影院线有上海 10 家影院和江苏 8 家影院。公司由中信集团等 4 家企业共同投资组建。

2003 年，上影公司、联合院线与华纳公司建立战略合作关系，率先尝试国内院线跨省合作、重新整合。联和院线加盟影院从成立之初的 56 家扩展到 73 家，银幕数从 138 块增加到 188 块。

2004 年 5 月 26 日，由上海市教育委员会与上海电影集团公司联合组建上海联和教育院线。上海联和教育院线是全国首家教育院线，注重挖掘社会资源中具备放映条件的单位、学校，构成一个覆盖全市的放映网络。首批挂牌的单位近百家。

2006 年 3 月，上影集团上海永乐股份有限公司、上海东方网股份有限公司、上海精文投资有限公司联合投资组建的上海东方永乐数字电影院线有限公司开始运营百姓影院。

2009 年，东方永乐和金山 2 条农村数字电影院线公司实施的数字电影放映工程，在上海具有农业功能的 9 区 1 县(包括原南汇区)实现全覆盖，全年农村电影放映场次达到 8.72 万场，观众 897.9 万人次。

2010 年时，上海的电影放映经营市场主要由联合院线、万达股份等跨省院线公司构成。上影联和电影院线在 2010 年实现 10 亿元票房佳绩，其下属的 160 家影院布点横跨 22 个省、66 个市，银幕数共计超过 600 块。

【放映单位】

上海的电影放映单位主要分四种：影院、影剧院、电影放映队以及对内电影俱乐部。其中影院专门放映电影；影剧院通常既可以放映电影，同时也可以进行舞台演出；电影放映队则没有固定场所，具有流动性质，主要服务于缺少固定影院或影剧院的场所，尤其为电影在农村地区的传播做出了很大的贡献。1995 年时，上海有注册放映单位 465 个(最多时为 1987 年的 890 个)，其中城乡电影院 254 家，分别是新中国成立前的 9 倍和 5 倍。市区专业电影院 57 座，兼映影剧院 62 座，郊县影剧院 135 座，市区放映队 6 个，郊县放映队 58 个，对内电影俱乐部 127 个。约 3.5 万人拥有 1 座影剧院。到 2009 年时，上海共有放映单位 226 家放映单位，座位数 144 138 个。2010 年时，电影放映单位缩减为 152 家。

影院 1979 年，国务院批转文化部、财政部《关于改革发行放映体制的请示报告》，文件规定放映单位的 80%利润集中到省、自治区、直辖市电影发行放映公司，用于新建影院、发展事业，称之为“以电(影)养电(影)”。上海市电影局、市电影发行放映公司认真贯彻国务院的文件精神，在不到 10 年内，在上海市区和郊县新建了翔鹰、泗塘、东方、金山、南翔、燎原、长白、卢湾、沪北、银河、四平、兰馨、北蔡、南桥、永乐宫、青溪、新上海影都、泗泾等 18 座电影院。这些影院投资较大、设计新颖、建筑讲究、设施先进。之后，市电影发行放映公司又自筹资金，投资新建了外高桥、盛桥、安亭 3 座影院，使放映网点向现代化、舒适型迈进了一大步。1990 年，市电影局自筹资金，投资新建了上海影城，拥有大小 5 个观众厅，建筑豪华，设备一流，显示出上海影院的新水平，成为国际电影艺术交流的放映中心。

同时,市电影局、市电影发行放映公司根据政策规定,将行业集中的生产发展基金用于老影院的改造。改革开放后,共集中4000多万元,进行了60多家(次)影院大修,技术设备、座椅等设施也得到"更新换代"的改造。因此,上海的影院早在1983年就实现了"四化"(空调冷气机、座椅软席化、光源氙灯化、放映自动化)。大光明、和平、国际、国泰、新华等影院经反复改造,升级换代,一直保持着上海影院业的领先水平。进入90年代,影院的硬件设施趋于现代化,职工队伍更加壮大,1995年已有7000多人,是上海解放初期的近7倍。其中放映技术人员约有4000人。

1995年,上海建立了第一家中外合资影院(淮海影院),此后合资影院得到稳步发展,并逐渐在电影市场上取得越来越大的份额。2001年全市有合资影院6家,占全市市区专业影院10%左右,但合资影院全年票房收入为4300余万元,约占全市票房收入的三分之一。

2002年时,上海共有专业电影院70家,到2005年时下降为60家。2009年,上海共有专业电影院64家,拥有263个影厅、54945个座位,并有120余套2K数字电影放映设备兼容数字电影放映。

在这些影院中,较为知名且票房收入靠前的有大光明电影院、上海影城、国泰电影院、环艺影城、超极电影世界、永乐电影城(后易名为"永华电影城")等。而历年票房靠前的前十家影院也往往贡献了全市电影票房中的大部分。2005年,全市前10家影院的票房收入1.76亿元,约占年总票房收入的65%。其中有9家影院的年票房收入超过1000万元,在全国41家超1000万影院中,约占六分之一。2006年全市排名前10家影院的年票房合计2.05亿元,占全市总票房的65.7%;永华影城年票房4004.9万元,居全市各影院票房之首;和平、环艺、新世纪、星美正大4家影城的年票房超过2000万元;柯达、上海影城、新天地、国泰、万裕5家影城的年票房超过1000万元,约占全国59家超1000万元影院的六分之一。2007年票房收入超1000万元的影院达到13家,合计票房达2.6亿元,占全市总票房的70%。

表2-2-17 2004—2010年间上海票房最高的电影院统计表

年份	影院	票房收入(万元)
2004	上海永华电影城	3175.8
	上海环艺影城	2258.9
	柯达电影世界	1639.2
	上海和平影都	1607.6
	新世纪影城	1537.9
	上海影城	1495.5
	新天地影城	1352.9
	星美正大影城	1227.4
	国泰电影院	946.2
	大光明电影院	753.9
2005	上海永华影城	3156.2
	上海和平影都	2277.3
	上海环艺影城	2245.7

（续表一）

年份	影院	票房收入（万元）
	新世纪影城	1 797.1
	上海影城	1 669.2
	柯达电影世界	1 577.3
	星美正大影城	1 563.4
	新天地影城	1 341.0
	国泰电影院	1 037.9
	大光明电影院	904.9
2006	上海永华影城	4 004.9
	上海和平影都	2 716.3
	上海环艺影城	2 400.8
	新世纪影城	2 119.9
	星美正大影城	2 044.3
	柯达电影世界	1 759.2
	上海影城	1 645.7
	新天地影城	1 407.1
	国泰电影院	1 198.6
	万裕国际影城	1 109.4
2007	上海永华影城	4 139.8
	上海和平影都	2 792.8
	上海新世纪影城	2 466.2
	上海星美正大影城	2 368.1
	上海环艺影城	2 219.3
	上海万达国际影城	2 035.7
	上海影城	1 757.2
	上海柯达电影世界	1 701.1
	上海科技馆	1 534.9
	上海新天地影城	1 428.2
2008	上海永华影城	4 458.4
	上海新世纪影城	3 457.3
	上海和平影都	3 158.0
	上海万达国际影城	3 004.2
	上海星美正大影城	2 891.7

(续表二)

年份	影院	票房收入(万元)
	上海环艺电影城	2265.6
	上海影城	1904.8
	上海柯达电影城	1901.0
	上影星汇影城	1777.7
	上海新天地影城	1657.2
2009	上海永华影城	5328.46
	上海新世纪影城	4573.09
	上海万达国际影城	4176.03
	上海和平影都	4040.61
	上海星美正大影城	3786.87
	上影星汇影城	2697.55
	上海环艺影城	2432.46
	上海影城	2392.60
	大光明电影院	2215.98
	大上海影城	2108.93
2010	和平影都	7070.81
	永华影城	6080.14
	星美正大影城	5518.53
	万达国际影城	5353.89
	新世纪影城	4996.67
	上影希杰莘庄影城	3586.15
	上影星汇影城	3362.41
	大光明电影院	2957.11
	上海影城	2860.59
	地中海影城	2685.18

资料来源:据《上海年鉴》(2005—2011)整理汇编。

在1978年到2010年间,上海还有一些专门从事特色与专业放映的影院。1979年6月,儿童艺术剧场、风雷剧场、市少年宫影剧场恢复专为少年儿童放映电影。1984年起,为了支持和扶植中青年导演的创作实践,市电影发行放映公司选择了平安、胜利、嵩山、上艺等专门放映“探索性”影片。1989年3月,“胜利”“平安”两家正式定名为艺术电影院。

影剧院 新中国成立前,旧上海的电影院无专业和兼映影剧院之分,都是影剧兼营。新中国成立后,由于投资、管理、税收等有不同的政策,还有隶属关系的不同,就有了专业电影院和(兼映)影剧场的区分。专业电影院属企业单位,而影剧院大多属事业单位性质。

新中国成立前遗留下来，经过接管和改造，到20世纪90年代中期仍在继续使用的影剧场（兼映）有上海音乐厅、长江剧场、人民大舞台、黄浦剧场、瑞金剧场、兰心大戏院、美琪大戏院、大众剧场、解放剧场、东山剧场、国光剧场、大庆剧场、华光剧场、群众影剧院、红都影剧院、嘉兴影剧院、北海影剧场等。

上海市总工会及各区总工会在20世纪50—70年代陆续兴建工会系统的工人文化宫和区工人俱乐部。其中较为著名的有沪东工人文化宫，占地面积25 000平方米，建筑面积16 300平方米，是沪东地区最大的文化娱乐场所，内有影剧场座席1 263个；沪西工人文化宫，占地面积69 782平方米，建筑面积13 116平方米，是沪西地区最大的文化娱乐场所，内有影剧场座位1 540个。各区建有的区工人俱乐部，座位多在800～1 200个之间。这些工人俱乐部大多设施较好，有冷气、软席座椅，是整个电影放映市场的重要组成部分。

各区文化局投资新建的区文化馆，也都设有影剧场，座位数为500～900个，均有冷气、软席座椅。

集镇电影院　集镇电影院，包括建造在县城、乡镇上的专业影院、影剧院、大会堂等。就体制性质而言，有“国办”（即文化系统办）、“集体办”（即乡镇办）、“联办”（即文化系统和乡镇办）3种。

早期上海郊区集镇电影院大多兼作大礼堂、大会堂，很少是专映电影的院场，设备简陋，一般系翻板硬木座椅或长条木座椅，无冷气设备，机器设备亦大多陈旧。

20世纪80年代后，市电影局、市电影发行放映公司开始规划新建郊区电影院，经过几年努力，在各县政府所在地或县属大镇建成了7座：南汇县的东方电影院、金山县的金山电影院、嘉定县的南翔电影院、川沙县的北蔡电影院、奉贤县的南桥电影院、青浦县的青溪电影院、松江县的泗泾电影院。收购改造了2座：嘉定县外冈电影院和金山县的张堰电影院。这批新建的电影院设备较全，都有冷气和软席座椅，造价都在100元～200万元之间。此后10余年，各县、乡、镇自筹资金，又在郊县的集镇，因地制宜、因陋就简地办起影院118座，平均4万人有一座影院（市区平均7万人一座影院）。部分电影院的构造、设施、声光质量可与市区影院媲美。到90年代中期，上海郊区（县）共有影剧院196座，（包括固定点）其中国办有35座。

1997年郊县电影市场取得可喜成绩。电影观众达9 107 542人次，票房达2 021万元，虽说较1996年微挫2%和3.5%，但其下降幅度第一次低于市区。当年，青浦新建了两座影剧院：徐泾影剧院和赵巷影剧院，奉贤新建一座邬桥影剧院。1998年郊区电影3项业务指标，虽有一定幅度下降，但仍取得4.2万场次、683万人次、1 648万票房成绩。其中，南汇县1997年4项业务指标全面上升，1998年继续稳中有升，电影场次4 858场，观众人数132.7万人次，票房收入214.7万元，除场次下降2.3%外，观众人数上升2%，票房收入上升3%，发行收入上升6%。奉贤、南汇两县在探索乡镇影院承包放映、提高县电影公司和乡镇影院两方面积极性试点工作中，取得很好效果。与此同时，宝山区、闵行区同样在企业办乡镇影院和个人承包经营方面作了初步尝试，闵行区文化局还对放映企业进行了网点布局方面的调整。

2009年，东方永乐和金山两条农村数字电影院线公司实施的数字电影放映工程，在上海具有农业功能的9区1县（包括原南汇区）实现全覆盖，全年农村电影放映场次达到8.72万场，观众897.9万人次，并成功举办“全国科技周上海农村数字电影展映活动”和“迎世博——禁毒法制数字电影下乡放映月”等活动。

电影俱乐部　工矿、机关、学校等单位内部设立的电影放映单位，主要为本单位教学、科研和职工文化生活服务。1952年，上海有对内电影俱乐部11家，以后逐年发展，至20世纪60年代末发展到100余家,至70年代末发展到300余家。最高为1978年,共有390家,后来有所回落。

这些对内的电影俱乐部中,有些是社会性或行业性的会堂,其建筑装饰、技术设备都比较好,有冷气、软席座椅,声、光、座达到专业影院的水平,如市政府礼堂、市政协礼堂、友谊会堂、科学会堂、外贸会堂、文艺会堂等。

建造于80年代的几处会堂和影剧场所,如上海警备区投资建造的云峰剧场、上海武警总队投资建造的武警会堂、市教育局投资的教育会堂等,都是集影、视、剧、会于一体的文化娱乐场所。

此外,很多大型工厂、高等院校、研究所、医院等,都拥有兼作礼堂的放映场所。

电影放映队 电影放映队是电影放映行业的轻骑兵,它可以不受时间、地点的制约,随时随地可深入工矿、企业、机关、学校作流动放映,机动灵活,是电影院不可缺少的补充力量。20世纪80年代初期,由于电影院和影剧院较少,因此即使在市区也存在电影放映队。而随着电影放映场所的发展,电影放映队在21世纪更多以公益放映的形式活跃在农村地区。

市区放映队 解放初期新建的工业区,拥有众多的工矿企业和居民新村,文化设施一时跟不上规划和建设,因此,流动放映队成为不可缺少的银幕轻骑兵。市区先后有过多种电影放映队。区放映队在80年代后,活动范围缩小,再加上电影观众滑坡,放映队基本上已无法活动,那时区放映队已不是单独建制,而是挂靠在某个电影院,"两块牌子一套班子"。而在学校和企业,电影放映队相对活跃。1980年,上海市中、小学系统建立了一支220人左右的教学电影放映员队伍,一个从市到各区、县的教学电影网初步形成。1982年,上海市250多家千人以上的大企业,都建立了电影放映队;这一年,他们共放映了42000多场电影,观看的职工和家属达2500余万人次。

农村放映队 20世纪70年代末至80年代初,电影放映繁荣,其时,农村放映队的数量呈大幅度上升趋势,35毫米队达到60个队以上(最多时为1979年,达73个队),16毫米队达200个以上(最多时为1978年,达到258个队)。80年代后,郊县集镇电影院网络逐步建成,因而农村流动放映队和固定放映点相对减少;到90年代中期,上海郊县35毫米放映队还有58个,而16毫米放映队则所剩无几。

据统计,1997年流动放映队共放映12547场,观众达213.9万人次。1998年流动放映队下乡放映8780场,观众人数达146.6万人次。1998年创新体制,提出个人可经营流动放映队,关键是要制定相应的管理制度,使其合法规范经营。

2004年,上海市积极推进电影"2131"工程(在21世纪初实现"一村一月放一场电影"),组织118个流动放映队到1835个行政村放映电影7501场。2005年,上海市农村电影放映"2131"工程达标,累计放映电影2.3万场,受益观众930万人次。市文广影视局、市委宣传部、市财政局联合下发《关于"十一五"期间加强推进上海农村电影放映工作的意见》,提出"十一五"期间,确立农村电影放映是公益性文化内容之一,要求各级党委、政府将本地区农民"一村一月看一场电影"的目标列入日常工作。送电影下乡的长效机制基本建立,全市各区县共计下乡放映2.7万余场电影,观众955.7万余人次,取得较好的社会效益,市、区(县)、镇(乡)三级政府为农村放映公益电影共支出850万余元。

2007年内,市政府办公厅下发《关于进一步加强上海农村电影放映工作的实施意见》,把农民群众"一村一月看一场电影"作为公益性文化服务的重要内容,按照"企业经营、市场运作、政府买服务"的思路,推进农村电影发行放映体制、机制的改革。

2010年农村电影放映工程深入1587个行政村、放映电影9.2万场次、观影959.9万人次,实现"每村每周看一场电影"及室内数字放映全覆盖。

表 2-2-18　1978—2010 年上海电影院新建情况表

电影院/影剧院	地址	时间	备　　注
滨海影剧院	金山石化地区	1978 年	
天山电影院	天山路 888 号	1979 年	
闵光影剧院	兰坪路	1979 年	
嘉定影剧院	嘉定镇中心	1981 年	市郊最大的影剧院
南市影剧院	陆家浜路 871 号	1981 年	
马陆影剧院	嘉定县马陆镇	1981 年	马陆公社筹款建造，造价为 80 万元，拥有 1 300 多个座位
翔鹰电影院	翔殷路 1111 号	1983 年	市电影局投资建造
七宝电影院	上海县七宝镇	1983 年	市电影发行放映公司投资改建
泗塘电影院	虎林路 103 号	1983 年	由市电影局投资，由原泗塘文化分馆改建而成
崇明影剧院	崇明县	1983 年	
东方电影院	南汇县惠南镇	1984 年	市电影局投资建造
虹桥电影院	上海县虹桥镇	1984 年	上海郊县首家由地方集资建造
金山电影院	金山县朱泾镇	1984 年	市电影局投资建造
南翔电影院	嘉定县南翔镇	1984 年	市电影局投资建造
燎原电影院	长寿路 600 号	1984 年	系原址长寿路 427 号易地新建。市电影局投资兴建
长白电影院	控江路 435 号	1984 年	市电影局投资建造
卢湾电影院	斜土路 710 号	1986 年	市电影局投资建造
沪北电影院	洛川东路 500 号	1986 年	院名由宋日昌手书，市电影局投资建造
银河电影院	南码头路 400 号	1986 年	市电影局投资建造
四平电影院	四平路 901 号	1986 年	市电影局投资建造
兰馨电影院	杨家渡路 400 号	1987 年	有 1 000 多个座位，市电影局投资建造
北蔡电影院	川沙县北蔡镇	1987 年	市电影局投资建造
南桥电影院	奉贤县南桥镇	1987 年	市电影局投资建造
永乐宫	安福路 318 号	1988 年	1987 年 9 月 30 日竣工，原名为市电影发行放映公司电影厅，后更名为永乐宫
青溪电影院	青浦县城厢镇	1988 年	市电影局投资建造
宛平剧院	中山南二路 859 号	1989 年	
新上海影都	宜川路 300 号	1990 年	市电影局、市电影发行放映公司投资建造；上海市电影发行放映公司直属；现代化豪华型的多功能电影院，影都设有电影放映厅、镭射放映厅、舞厅及音乐茶座、弹子房、商场、餐厅，还附设客房，共计 4 868 平方米。电影放映厅拥有 920 个观众席，可放映立体声及特大银幕的电影；上海市首家镭

(续表一)

电影院/影剧院	地址	时间	备　注
			射放映厅,设有188个座位,可采用激光技术和数码电路新技术播放画面极其清晰的电影和录像片;可直接对外营业的舞厅和音乐茶座有250个座位
泗泾电影院	松江县泗泾镇	1990年	
上海商城剧院	南京西路1376号	1990年	中美合资上海商城所属,兼营影剧业
上海影城	新华路160号	1991年	市电影局投资,1987年12月开工
外高桥娱乐总汇	高桥镇	1993年	
盛桥电影院	蕴川路5500号	1993年	
淮海电影院	淮海中路550号	1995年	上海建立的第一家中外合资影院
安亭娱乐城	安亭镇	1995年	
徐泾影剧院	青浦县	1997年	
赵巷影剧院	青浦县	1997年	
邬桥影剧院	奉贤县	1997年	
嘉禾友谊影城	闵行	2000年	由香港嘉禾集团和南方友谊商城联合建设,拥有3个电影放映厅、700个观众席位,在设备与装潢上与香港1990年代新建的影院完全同步。影院采取了两种先进的数码立体声系统和高坡度的观众席位布局
柯达超级电影世界	徐家汇美罗城	2001年	上影集团和美国柯达公司共同兴建的国际一流电影院,使全市中外合资电影院增加到6家,影院总面积3 500平方米,由4个电影厅组成,共930个座位,8.5米层高的影厅,为超宽屏幕创造了条件。所有的屏幕都设计成弧形,座位阶梯式排列,每个观众都能毫无遮挡地欣赏电影。影院采用八声道环绕立体声设计,声音设计逼近完美
永乐电影城	徐家汇港汇广场	2001年	中国第一家数字电影院,2010年10月,由上海永乐股份有限公司和香港广裕有限公司共同投资,在地处徐家汇的港汇广场建成,拥有9个厅,可同时容纳1 400名观众。整个影城根据国际一流影院标准设计建造,引进全自动数码电影。此外,影院视听设备的配置是当今世界最先进的低视点、宽视角银幕和多声道环绕音立体声(SRD、TDS、SDDS等)全套高保真音响还原系统,而专厅放映的3D立体电影。由于美国华纳兄弟公司参股,2003年永乐电影城更名为永华电影城。中国第一家数码电影厅2002年4月28日在永乐电影城揭幕,这标志着数码电影在中国放映业中已由科研展示阶段步入商业运营阶段
UME新天地影城	新天地二期南里玻璃建筑的四楼	2002年	由上海思远影视文化传播有限公司投资,占地2 000多平方米,有6个阶梯无障碍放映厅,共有1 052个座位。观众座椅依照人体力学原理设计,可以自动后仰,达到几乎可以躺着看电影的程度。影院放映设备采用国际最先进的数字

（续表二）

电影院/影剧院	地址	时间	备　　注
	—	—	放映技术、围绕立体声（SRD、DTS、SDDS）全套高保真音响还原系统、全自动放映系统和数字放映技术，使整个电影院成为数字电影城
新世纪影城	浦东八佰伴商厦10楼	2003年	由上海影城自筹资金2 200万元兴建的第一家连锁影院，总面积3 200平方米，有7个视听效果一流、环境舒适的放映厅和一个超豪华小厅，总座位1 320个。可放映数字、SDDS八声道环绕立体声及4D动感立体等多种制式的电影，符合五星级影院标准
户外“汽车影院”	—	2003年	国内首个户外“汽车影院”，由上海通用汽车公司、上海永达别克销售服务中心联手打造
大光明巨幕影院	上海和平影都	2004年	由上海联和电影院线有限责任公司和上海大光明文化（集团）有限公司共同投资建设，中国内地首家商业化运作的IMAX巨幕影院
西南影城	徐汇区罗香路	2004年	上海影城第二家连锁影院，建筑面积1 761平方米，有3个放映厅，观众座位中厅有308个，两个小厅均为75个，共458个座位
弘基影城	宝山区聚丰园路	2004年	建筑面积达3 000平方米，按照五星级影院标准设计、兴建和管理。设有5个豪华放映厅，共计776个座位。影城采用先进的放映系统、进口高清晰放映镜头、低视点、大银幕，实现高亮度、高清晰的视觉效果。最新杜比立体声解码设备、数码立体声（SRD）和高保真还原数码立体声（DTS）还音系统，以及JBL影院专用扬声器
曹杨影城	普陀区兰溪路	2004年	由普陀区文化局和上海联和电影院线有限责任公司合资建造，建筑面积1.45万平方米，是集商业、电影、娱乐、餐饮为一体的综合性文化娱乐场所。影城设有5个放映厅，共计900个座位
上影华威影城	南京东路新世界商厦十二楼	2005年	由上海电影集团和台湾威秀娱乐公司合作投资，共有6个电影厅、280个座位
百姓影院	—	2006年	由上影集团上海永乐股份有限公司、上海东方网股份有限公司、上海精文投资有限公司联合投资，依托社区文化活动中心和社区信息苑，放映的影片片源丰富。百姓影院票价为3元左右，让上海市民在家门口附近不出两公里处就能看到优质低价电影。至2006年底，共设立50家百姓影院
上海上影CGV影城	闸北区上海马戏城旁的商业新枢纽大宁国际商业广场内	2006年	按五星级标准设计建造的多厅影城，建筑面积3 070平方米，设有六个放映厅，共有922座，其中有一个38座的VIP厅，是韩国CJCGV在中国建造的第一家现代化影城
上影星汇影城	—	2006年	
万达国际影城	—	2006年	
开元地中海影城	—	2006年	

(续表三)

电影院/影剧院	地址	时间	备　注
中环影城	—	2006年	
又一城影城	—	2006年	
龙之梦影城	中山公园西侧龙之梦购物中心内	2006年	由上影集团和上海天山电影院共同投资建造,该影城拥有6个电影厅、563个座位。影城采用先进的数码放映系统、高保真的杜比音效还音设备,低视点、宽银幕、小厅化设计
放电影院	五角场	2007年	
虹庙艺术电影中心	南京东路496号石谭弄50号	2007年	永乐股份公司与新光影苑、上海虹庙艺术空间联手推出,沪上唯一一家专门从事艺术电影放映及推广的机构
"奇幻新视界"	浦东正大广场	2007年	以制作和经营4D影片为特色
上影CGV莘庄国际影城	闵行仲盛国际购物城	2007年	拥有7个厅、1500个座位
世纪大上海电影院	西藏中路500号第一百货商店	2008年	由世纪环球电影院线发展有限公司经营,是一家标准的五星级影院,拥有5个大小不等的影厅,共680座,全部采用国际先进的放映技术。以电影为平台,加入休闲娱乐元素,观众到影院不仅可以看电影,亦可在休闲吧听音乐、喝咖啡、看书聊天、品尝意式美味
上海左岸国际电影城	闵行区金汇路528号世贸虹桥购物中心5楼	2009年	由北京左岸风影院投资管理有限公司投资建设,是一家国际五星级标准的现代化多厅超豪华影院,拥有6个豪华电影厅,采用3D数字等国际先进的放映设备和技术
万裕国际影城汇金虹桥店	天山路	2009年	万裕的第一家连锁影城。三个风格迥异的放映厅,采用国际先进数码和3D放映,其硬件设施达到国际一流水平,厅内全部采用阶梯式宽排固定座椅,给观众带来舒适观影感受
上海影城—世博国际影城	上海世博文化中心六楼	2010年	由上海影城全额投资,按照国家五星级影院标准建造的影院,建筑面积1645平方米,设有6个全数字化的放映厅(含1个VIP厅),共计座位721个。国内第一家全数字化放映和数字网络化管理的影院
上海国金百丽宫影城	浦东陆家嘴	2010年	6个放映厅,除配备大片盘胶片放映机外,全部采用美国RealD公司数字放映设备
上海青浦永乐国际影城	青浦	2010年	该五星级影城拥有7个现代化放映厅,近800个座位,其中7个影厅均采用国际一流品质的数字放映设备及杜比立体声音响系统;采取市场化运作方式积极吸引社会资金参与建设
南桥海上国际影城	奉贤南桥	2010年	上影集团和美国最大的娱乐地产投资商EPR公司合资建造

资料来源:据《上海通志》(2005年4月第1版)、《上海电影志》(1999年10月第1版)、《上海年鉴》(1996—2011)整理汇编。

表 2-2-19　1979—2010 年上海电影院改造情况表

时间	电影院	改 造 内 容
1979 年	南市区蓬莱电影院	电影放映自动化
1984 年	闵光影剧场	放映立体电影
1984 年	胜利电影院	修理后的观众厅全部装上纯涤纶海绵软席座椅，这是上海市第一家影院采用这种设备，同时安装了冷气设备。至此市区电影院全部实现了冷气化。影院根据国家标准扩大了排距，成为上海市席位最少的一家影院，设座 510 多个
1985 年	静安区工人俱乐部	上海首家球幕电影院，市总工会静安区办事处、中国银行上海分行、中国机械设备进出口公司上海分公司和上海远洋运输公司共同投资建造。1990 年 5 月停业
1985 年	大光明电影院	安装英国道尔贝 424 式立体音响系统及光学 4 声道立体声，全国首家 4 声道立体声电影院
1986 年	和平电影院	改建双厅，并建成 70 毫米超大银幕影院，为上海首家双厅电影院和 70 毫米电影院
1989 年	沪光电影院	推出上海市第一套具有国家第一流水平的立体声放映还音系统。该系统引进美国超级立体声处理机、立体声还音系统和高质金属银幕，配置西德镜头系列
1991 年	上海县颛桥电影院	成功地改建成六声道环形立体声电影院，至此，郊区影剧院长期没有立体声的落后局面宣告结束
1991 年	燎原电影院	上海首家 360 度电影（又称全周环幕电影）放映厅落成开业
1991 年	和平双厅电影院	厅改装水帘幕电影成功，正式对外营业
1992 年	大光明电影院	修建工竣恢复营业，在全市第一家达到四星级影院标准
1996 年	平安动感电影院	在原平安电影院基础上改建而成，由上海永乐股份有限公司与香港振安国际有限公司等单位共同投资 294 万美元合作经营，于 1996 年 3 月 18 日开业。这一合作引进了动态模拟电影这种当今世界最新电影技术项目
1997 年	30 家乡镇影剧院	得到不同程度的大修改造，合计投入资金近 1000 万元
1998 年	改造影院 67 家	
1998 年	南汇东方电影院	改建成一大一小两个立体声电影厅
1998 年	浦东川沙电影院	—
1998 年	浦东北蔡电影院	—
1998 年	奉贤南桥电影院	—
2000 年	南翔电影院	由永乐股份嘉定影业发展分公司、南翔电影院与南翔镇政府共同策划、设计，投资近百万元实施正立面装修及文化休闲广场建设工程。整个正立面由 140 块蓝色复膜玻璃镶嵌而成；新建的文化休闲广场占地面积 1145 平方米，其间花红叶绿、曲径环绕，与主体建筑交相辉映，业已成为南翔镇上文化休闲好去所

(续表一)

时间	电影院	改 造 内 容
2000 年	上海影城	全市第一家五星级电影院。改造装修耗资 1 850 多万元,以电影活动为主体,同时兼有餐饮、会务、娱乐等诸多功能。改建后的上海影城已增加至 9 个电影放映厅,刷新了沪上多厅影院的新纪录
2000 年	永乐宫宣乐厅	全面升级改造
2001 年	天山影院	提高了设备档次,改善了放映环境
2001 年	日晖影院	提高了设备档次,改善了放映环境
2001 年	上海影院	提高了设备档次,改善了放映环境
2001 年	星火电影院	提高设备档次基础上,增加了演出功能
2001 年	沪东工人文化宫电影院	提高设备档次基础上,增加了演出功能
2002 年	四平电影院	改建后的四平电影院,共有 3 个放映厅 653 个座席,采用当代最先进的电影技术设施。观众厅里,阶梯式、大排距座席,低视角的宽幅银幕及数字音响,达到了现代影城的水准
2003 年	国泰电影院	由上影集团与卢湾区文化局联手斥资 1 200 余万元共同打造
2004 年	曲阳影都	改建后的曲阳影都占地 4 600 平方米,集电影、KTV、游艺、餐饮等多项文化娱乐功能于一体。384 座、100 座、90 座的 3 个电影放映厅按照五星级标准配置,采用逼真的高保真(hifi)还音系统
2009 年	大光明电影院	再营业,2008 年开始改造。保持放映厅 2 层楼的原始设置,共有 1 300 多个观众席,即一楼设 800 多座,二楼设 500 多座;新辟 4 个小观众厅和 1 个贵宾厅。此外引进杜比 3D 立体数字放映机,形成胶片、数字共存的放映格局
2010 年	星美正大影城数字IMAX厅	上海第二块 IMAX 银幕,“全国最大的商用数字 IMAX 银幕”

资料来源:据《上海通志》(2005 年 4 月第 1 版)、《上海电影志》(1999 年 10 月第 1 版)、《上海年鉴》(1996—2011)整理汇编。

表 2-2-20 1978—2009 年上海电影放映单位统计表

年份	放映单位数(个)	座位(个)	银幕(个)	专业电影院(个)	放映厅(个)
1978 年	803	—	—	—	—
1979 年	799	—	—	—	—
1980 年	770	—	—	—	—
1981 年	804	—	—	—	—
1982 年	815	—	—	—	—
1983 年	822	—	—	—	—
1984 年	828	—	—	—	—
1985 年	847	—	—	—	—

（续表一）

年份	放映单位数（个）	座位（个）	银幕（个）	专业电影院（个）	放映厅（个）
1986 年	859	—	—	—	—
1987 年	890	—	—	—	—
1988 年	734	—	—	—	—
1989 年	579	—	—	—	—
1990 年	577	—	—	—	—
1991 年	548	—	—	—	—
1992 年	530	—	—	—	—
1993 年	460	—	—	—	—
1994 年	460	—	—	—	—
1995 年	465	—	—	—	—
2000 年	372	—	—	—	—
2001 年	381	—	—	—	—
2002 年	381	314 664	463	70	—
2003 年	328	—	—	—	—
2004 年	311	—	—	—	—
2005 年	252	175 000	—	60	350
2006 年	245	166 000	—	60	357
2007 年	237	151 800	—	61	361
2008 年	235	146 700	—	60	358
2009 年	226	144 138	—	64	408
2010 年	152	—	—	—	—

资料来源：据《上海通志》（2005 年 4 月第 1 版）、《上海电影志》（1999 年 10 月第 1 版）、《上海年鉴》（1996—2010）、《上海统计年鉴》（2011）整理汇编。

【宣传与发行方式】

宣传方式　20 世纪 70 年代末到 90 年代，电影宣传主要依靠专业和业余相结合的宣传队伍，电影宣传工作在市级公司设立专职部门。市公司宣传科配备文字编辑和美工人员。在 80 年代末，又配备了摄像人员和设备。各区县相应地均设有宣传组，配备 2～3 人的专职员工。各影院设有宣传业务票务组，直接为电影宣传促销服务。在看片单位，凡是大中型企事业单位，由工会或是宣传部门设立“工会文教”和“电教干事”，兼职负责电影宣传和组织评论等工作。

1982 年起，上海市总工会所属工人文化宫和团市委所属青年宫相继成立上海市职工影评协会和上海市青年影评协会。上海师范大学、华东师范大学、复旦大学、上海大学等15所高校相继成立高校影评联合会。市教育局所属中小学电影管理站也成立了中等学校影评协会。1986年2月，上海电影评论学会正式成立。至1986年，全市有组织的影评人员5万余人，各类影评报纸50余种。市级影评组织有上海市电影评论学会、上海市高校电影评论协会、上海市中小学电影评论协会、上海市青年电影评论协会、上海市职工电影评论协会、上海市老干部电影评论协会、上海市少儿影视指导协会。区、县级一般都建立了综合性的区、县电影评论队伍。一般基层影院都建立了影评中心组，以区、县文化宫(馆)为"龙头"，建立地区性的影评组织。在一些大厂、学校也有自己的影评组织。

上海电影宣传的方式和手段也多种多样，由市公司统一操作的有小报《上海银幕》、上海电视台定期播放的《上海银幕》、东方电视台定期播放的《空中影坛》、上海有线电视台的《影视介绍》、上海广播电台定期播放的电影讯息《为您服务》。2003年上影集团属下的东方电影频道开播，该频道覆盖整个上海地区的350万用户，以播放电影为主体，电视剧、动画片、影视资讯为辅助，每天滚动播出24小时，是全国第一家全天候播出的专业电影频道。2007年，五星级影院永华电影城和传媒集团新娱乐举行联手仪式，永华电影城同新娱乐下属的《东方新娱乐》《新娱乐在线》栏目开展了更广泛、更深入的合作，实现电影、电视两大优势品牌互动互利共赢的目标，创建大电影、大娱乐的大平台，实现信息和效益的最大化。此后，所有在永华电影城举行的电影首映活动，由新娱乐的著名主持人担任司仪，并在新娱乐各档节目中加以报道；永华电影城则每月定期提供新上映的电影的各类视频信息，对电影市场进行测评，吸引更多的观众走进影院。

电影宣传还通过在纸质媒体(如《解放日报》《文汇报》《新民晚报》)上刊登新片预告和影院映出广告、在公交车辆车身上发布电影流动广告以及在民航班机的电视机中播放电影预映消息等方式来开展。此外，市公司还统一制作电影预映宣传的录像带和幻灯片供电影院映前放映，在闹市区固定租用大型电影路牌广告，在影院雨棚上设置大型宣传画等。各区、县组织印刷的有小报"影讯""电影介绍""排片表"等印刷品。电影院自己制作的有宣传橱窗、立牌、海报、电视宣传、幻灯片宣传、喇叭宣传等。

电影宣传的另一个重要手段是举办多种形式的活动，为电影促销和提高影片的知名度服务，如举行影片展映活动，摄制组与观众见面会，专题座谈，创作、评论报告会等。

售票方式 随着技术的发展，电影售票方式也由线下纸质票售卖向线上电子票售卖转变。

1999年4月5日，上海卓尚信息公司在"上海热线"的"休闲空间"文化栏目上，开设了国内首家网上预定影票的网站(http://www.hotcinema.com)。同年，中文纯电影网站"环球电影乐园"创建。"环球电影乐园"得到永乐股份上海电影发行放映公司的全力支持。它全面介绍上海电影市场最新电影，并连接16家大影院的网上订票。

至2000年，为应对加入WTO，规范电影发行放映市场的经营秩序，全市有40家电影院统一安装了由中国电影科学技术研究所开发的"火烈鸟"计算机售票管理系统对外售票。2001年春节前，上海有16家影院开始由电脑售票。根据国家广播电影电视总局电影局的统一部署，自2001年起，上海开始实施计算机售票工程，分批对全市70家电影院安装计算机售票设备，经过对有关人员统一培训后正式投入使用，于2002年6月30日前，实现全国数据联网。

而随着移动新媒体的出现，2005年8月起，新世纪影城、上海永华影城等开展手机购电影票业务。

特色排映 为了满足不同受众的需求，上海影院也推出了一些特色排映。

上海自1984年起恢复外语原版片专场,满足了懂外语和学习外语的观众的需求。

1985年起,上海出现了通宵电影。每年的四大节日,为满足观众对文化消费的需求,少数影院提出试放通宵场。市电影发行放映公司在片源上给予支持,配备4～5个节目,结果观众踊跃,情况良好。1986年春节,市电影发行放映公司统一规划,在市区21座影院开辟通宵场。后来发展到每个周末放映通宵场,但仍不能满足观众的需求,因为有许多青年不是在周末休息,因而燎原、大光明两家电影院率先每天开设通宵场,另有10多家影院仍坚持周末放映通宵场。1988年元旦,60余家影院里25万观众兴致勃勃地看了一个通宵的电影。放映通宵场的电影院全部爆满,观众秩序良好。这晚的通宵场电影是近年来观众人数最多的一次。但随着整个电影观众滑坡的趋势,电影通宵场在1989年后,逐步呈现萎缩趋势,虽逢节假日,有些影院仍开设通宵场,但上座率很低。

2001年底,上海衡山电影院首家推出私人包场放映电影的特色服务,观众可以根据自身需求来"点映"电影,如私人聚会、生日祝贺、毕业庆典、结婚礼仪等均可有针对性地"点映"相关题材的影片,度过一个有特殊意义的电影观赏聚会。

2006年2月9日,上海电影集团决定推出设立专厅和专门时段放映文艺片,满足广大观众多样化的观影需求。上海影城、永华影院、浦东新世纪影城3家影院,开设艺术片放映专厅。

票房与票价 改革开放之后,电影观众人数在1979年达到一个小高峰,当年的年人均看电影次数也达到28.9次,在1978年之后的近20年间都是最高。80年代中期,电影受电视普及的影响,各地影院上座率普遍下降,但相较而言,上海下降幅度最小。

1993年时,上海电影票房收入首次突破亿元大关,以1.2亿元的实绩从以往的排名全国第十位跃入前3名,比1992年上升50%以上。1994年上海电影市场保持增长,全年票房收入达1.4亿元,居全国各省市领先地位。据统计,1992年时上海市场电影票收仅占全国总量的3.7%,1994年猛增到7%,1995年达到了9.6%,1996年增长到了11.8%。而1996年上海影院的拥有量仅占全国影院拥有量的2.4%。

但1997年上海电影票房总收入却下降了26%,这是近20年来电影票房首次出现负增长。由于VCD市场的发展,盗版VCD影碟的屡禁不止,影剧院的上座率受到冲击。当年电影放映25.4万场次,电影观众达到3 670万人次,票房收入为1.93亿元,这在全国仍名列前茅。1998年电影放映场次、人次较1997年分别下降7.9%、20%,分别为23.4万场次、2 924万人次,但电影票房收入却意外飘红,较1997年上升3.6%,超2亿元。上海电影票房收入占全国电影票房收入的比例也从1997年的约1/8,提高到约1/7。

2000年前后,电影市场整体低迷。2000年上海电影全年票房收入为1.32亿元,比1999年增加9%左右,发行收入在全国同行中继续保持领先地位。2000年上海电影平均票价为7.84元,票房总收入是全国唯一的超亿元省市,占全国电影票房总收入的六分之一左右,因此上海也成为引起海内外电影业人士关注的一个重要地区。

2002年开始,上海电影票房重新回到增长通道。2002年,上海市电影市场票房达到18 271万元,占全国9亿元票房收入的1/5强,比上年增加38.41%。与之相应,电影平均票价也有所增长。2004年,电影平均票价为15.67元。到2008年时,该价格上升到30.18元。2010年时,上海电影票房达到历史高峰,为9.4亿元,比2009年增长2.7亿元。

表 2-2-21　1978—2010 年上海电影放映与票房统计表

年份	放映场数	观众人数	年人均看片	票房(放映收入)	平均票价
	(场)	(人次)	(次)	(亿元)	(元)
1978 年	348 262	274 049 155	25	—	—
1979 年	402 169	327 630 172	28.9	—	—
1980 年	390 984	293 040 604	25.6	—	—
1981 年	375 064	268 225 223	23.1	—	—
1982 年	377 726	258 282 796	21.9	—	—
1983 年	369 203	252 044 068	21.1	—	—
1984 年	359 034	241 494 364	20	—	—
1985 年	338 751	218 853 569	18	—	—
1986 年	358 156	232 200 247	17.6	—	—
1987 年	371 712	219 850 223	16.2	—	—
1988 年	375 787	204 608 212	16.1	—	—
1989 年	374 311	207 763 514	15.5	—	—
1990 年	379 217	193 511 931	15.5	—	—
1991 年	359 196	157 630 419	13.1	—	—
1992 年	286 718	91 447 962	7.6	—	—
1993 年	252 656	65 419 822	5.5	1.2	—
1994 年	238 197	46 787 219	3.9	1.4	—
1995 年	237 663	49 042 002	4	—	—
1996 年	273 118	46 455 696	—	2.6	—
1997 年	254 000	36 700 000	2	1.9	—
1998 年	234 188	29 240 000	—	2.0	—
1999 年	—	—	—	1.2	—
2000 年	178 760	18 240 000	—	1.3	7.84
2001 年	—	—	—	1.3	—
2002 年	—	—	—	1.8	—
2003 年	198 260	9 715 302	—	1.8	—
2004 年	239 300	13 650 000	—	2.4	15.67
2005 年	276 000	15 090 000	—	2.7	—
2006 年	273 000	12 537 000	—	3.1	—

（续表一）

年份	放映场数	观众人数	年人均看片	票房（放映收入）	平均票价
	（场）	（人次）	（次）	（亿元）	（元）
2007 年	333 900	13 850 700	—	3.7	26.97
2008 年	355 000	14 564 000	—	4.4	30.18
2009 年	445 000	19 382 000	—	6.7	—
2010 年	546 000	22 878 000	—	9.4	—

资料来源：据《上海通志》（2005 年 4 月第 1 版）、《上海电影志》（1999 年 10 月第 1 版）、《上海年鉴》（1996—2011）整理汇编。

三、音像发行放映

20 世纪 80 年代，上海音像行业的发展由盒式音带发行拉开序幕。1981 年 7 月 29 日，第一盒原音带《白色的彷徨》发行上市第一天，音乐书店在 20 分钟内销售 100 盒，可乐无线电商店在 30 分钟内 80 盒全部卖光。当年发行 93 000 盒，累计实现销售 302 930 盒。1981 年，上海音乐图书公司全年销售音乐图书、唱片、磁带 253 万多册（张、盒），金额 330 万元，其中录音磁带一项就达 211 万元。上海音乐图书公司还创办了录制有声磁带业务，并于 1983 年 4 月正式成立了上海有声读物公司。上海有声读物公司成立之初，即与上海音乐书店脱钩，隶属上海新华书店领导。1985 年 1 月，上海有声读物公司与上海新华书店脱钩，独立建制，直属上海市出版局领导。

1981 年，上海广播电视服务公司销售录音带 93 291 盒，1982 年销售 268 215 盒，1983 年销售数超过 100 万，达到 100.41 万盒。同年，上海广播电视服务公司更名为上海音像公司，其录音带产品在上海市有 100 多家销售商店，外地有 1 000 多个经销单位。到 1987 年，上海音像公司仅上半年就销售盒带 330 万盒，利润 370 万，完成全年计划 67.3%。《小和尚》突破 90 万，《82 首金曲荟萃》达 40 万，《凤飞飞》三周销售 30 万，秋季订货会准备推 16 个品种。

1984 年 7 月，上海音像公司开始出版发行录像带；1985 年 4 月 11 日，上海录像发行公司成立。到 1986 年，上海观看录像的人次达 2 300 万，观看录像已经成为非常流行的文化活动。1987 年，录像发行公司从 7 月 5 日起，试行个人租借录像带业务，节目内容有：各类题材的国内外生活片、惊险侦探片、教学片、武打片等单本或连续剧。业务开办后，录像发行公司门庭若市，每天有数百人前来办理租借手续。1989 年 6 月，上海录像公司经上海市音像管理处批准，在中国青少年读物发行总公司上海经营部设立特约销、租点，在上海市仪表局服务公司经理部南京东路门市部和上海乐声音像制品经销部设立特约销售点，在上海利达家用电器经销服务部和上海四联科技服务部设立特约租片点。至 1990 年底，已在全市各区设立 20 多个出租点，发放租片卡 1 万张左右。

1987 年 8 月 20 日，音像管理处召开全市 14 家音像出版、发行单位负责人会议，传达贯彻全国音像管理工作会议精神和国务院《关于打击非法出版活动的通知》。音像管理处从 8 月底集中力量，组织审查淫秽录像和调查全市音像制品市场。知识产权保护也受到更多重视。同年 9 月 18 日，上海市人民政府颁布《上海市录像放映管理规定》。12 月，上海音像管理处对全市录像放映单位进行全面整顿，130 余个录像放映单位因不符合《上海市录像放映管理规定》而被撤销。1988 年 1 月，闸北区山西街道文化站私自翻录并公开售票放映录像片《上海滩》，音像管理处没收其私自翻录的《上海滩》录像带7盒，并责令赔偿上海电视台1 050元的经济损失。

1988年，全市录像观众达2 000多万人次，全市录像公开放映单位达412个，其中市区199个，郊区213个。加强管理后，录像放映单位社会效益的意识增强，注重选择有社会效益的片子，重视宣教片的播放，提高国产片的播放比例。

1990年，上海市成立压缩整顿音像办公室，日常工作由上海市音像管理处负责，压缩整顿工作以繁荣音像事业、丰富人民群众的文化生活，促进社会主义精神文明建设为最终目的。同年10月10日，广电部和文化部联合发出紧急通知，要求全国立即停止进口激光视盘；已经进口的激光视盘必须立即停止播放、出售、出租等经营活动，并且分别由主管的音像部门查封。在这个背景下，唱片公司仍取得了较好的效益。唱片公司生产盒带674万盒，销售约500万盒；生产密纹片31万张，销售约26万张；生产薄膜唱片313万张，销售约318万张；生产录像带6 700盒，销售5 500盒；生产播控设备604台套，销售610台套。全年工业总产值约3 480万元，实现利润300多万元。

1991年，全市共有448家放像单位，录像放映场次相较1990年降低，但观众人次与年营业额仍然保持增长。全年共放录像381 106场次，为1990年的71.8%；观众达39 759 707人次，为1990年的117.4%，年营业额为1990年的114.6%。

1992年5月5日，上海录像公司主办的“九二全国录像节目带交易会”在上海影城隆重开幕。来自全国各省市(除西藏、内蒙古)音像出版社及发行单位的200余名代表参加。这次录像节目带交易会历时3天，共推出81部新片，其中引进版41部，国产片40部，成交录像带15万盒。在1983年至1992年的10年中，上海音像公司共出版谷类音带684个片号，总发行数达3 600余万盒，创利4 500余万元，该公司从一个编辑室起家，发展到已排入全国闻名的音像出版机构之列。20世纪80年代最早进入音像制作发行领域的上海音乐图书公司，在90年代中期也拥有2 000多平方米营业面积，5层楼面，以全开架的方式经营音像制品和音乐书籍，经营品种达2万余种。

1995年12月26日，上海市影视音像管理处发出通知，落实文化部、广电部《关于停止营业性放映激光视盘故事片》的8条意见，决定对上海市录像放映厅进行年审换证复核登记，取缔营业性镭射放映厅。1996年，上海的音像市场从扫“黄”打“非”阶段进入规范经营阶段。在220家有证经营单位中，正版音像制品达90%以上的有198家，出租和放映单位自备正版录像制品达标率100%。1996年2月8—12日，有线台所属上海录像公司、上海音像公司与上海电影音像出版社、上海音像出版社、上海声像出版社等五家单位在上海美术馆联合举办了“96迎新春优秀音像制品展示会”。“主渠道”体现优势，“正规军”占领市场。

1997年1月起，根据文化部、国家版权局《关于改进营业性录像放映管理保护知识产权的通知》精神，全市400家录像放映场所全面实施录像节目专供制度。9月份，上海在全国率先实现录像播映专供率达到100%，并在全市所有录像放映厅设置了监督信箱。而上海音像制品批发、零售、出租单位则全面实行文化部《关于音像制品加贴统一防伪标识的通知》的规定，凡未加贴统一防伪标识的音像制品一律视为非法音像制品，不得以任何形式在市场上流通。1997年，《上海市音像制品管理条例》颁布施行。

1997年11月15日，“第六届上海国际广播音乐节'97国际音像制品、音响器材、音乐图书博览会”在上图新馆隆重开幕。这届音展博览会的规模为历届之最，露面的产品多达4 000种。EMI百代、宝丽金、BMG、华纳、英国CARLTON、德国WPME、中国香港丝绸之路音乐公司等参展。

1997年11月，上海第一家音像制品租赁连锁企业——上海美亚音像有限公司成立。1998年，美亚已发展到拥有86家连锁经营网点、75 430个会员单位，可供出租的节目共有10 534个品种251

560 盘。1998 年全年营业额达到 2 738.49 万元。

1998 年全市重新审核 456 家音像放映单位，其中申请歇业的 63 家，未通过年检而被注销音像制品放映经营许可证的 21 家，372 家通过年检，发给经营许可证，达到百分之百录像节目专供化。同时，所有录像放映单位在醒目位置安装监督信箱，并公布监督电话。

除建立年检制度外，局影视音像管理处与市交通办建立联手监管音像制品的网络。自 1997 年到 1999 年，局影视音像管理处在全市 2 家航空公司、3 个火车站、15 个公路出省口、40 个港口码头、876 个邮政局建立监管网络，实行准许证制度。据统计，1998 年，共审核开具音像制品运输传递准许证 9 000 余份，批准托运邮寄和提取正版音像制品 3 000 万(盒)，有效地制止了非法音像制品向上海市流入。

而随着影视合流的深化，音像出版发行尝试与电影发行构建产业链。1999 年 7 月 25 日，动画大片《宝莲灯》尚未公映，影片的音带首批发行就达 10 万盒。1999 年 12 月 5 日，由冯小宁导演、宁静主演、上海永乐电影电视(集团)公司摄制出品的电影《黄河绝恋》的 VCD 激光视盘由被授权单位——广州俏佳人文化传播有限公司制作发行，并于 11 月上旬全面推向全国市场。

1999 年，上海市影视音像管理处共对全市 1 395 家音像制品零售、出租单位进行年检，通过 1 173 家，因违法经营而被取消经营资格或歇业的 187 家。

2000 年，上海新汇世纪音像中心有限公司成立。该公司是一家从事音像制品及相关产品销售的综合性音乐文化企业，由上海新汇光盘集团与上海世纪出版集团共同投资组建，上海世纪出版集团所属上海图书公司负责经营。其属下有上海大剧院店和徐家汇店两家大型音像制品零售店。上海大剧院店位于上海大剧院一楼，营业面积 2 200 平方米；徐家汇店设在上海徐家汇美罗城二楼 A 区，营业面积 1 400 平方米。

截至 2000 年年底，上海共有音像制品批发交易中心 1 个，音像制品批发单位 23 家，录像放映场所 184 家，音像制品零售、出租经营单位 1 200 余家。同年 10 月，音像制品经营单位仓库登记备案制度实施。音像制品行政管理部门完成对全市 1 200 余家音像制品批发、零售、出租经营单位的仓库地址、面积、产权归属等情况进行登记备案。该措施的落实，有利于音像市场日常检查和社会监督。

几年来，上海积极支持音像制品连锁业的发展，规定开展音像连锁经营单位的注册资金必须在 500 万元以上，连锁门店不少于 30 家，并做到统一店招、统一标识、统一配送、统一管理、统一服装、统一培训、统一装修。经过几年的发展，上海形成了“美亚”和“东方”两大连锁经营系统。至 2000 年，“美亚”发展专营店 200 家；“东方”依托新华书店，至 2001 年发展连锁店 96 家，营业面积总计达 6 500 余平方米，年销售额 3 718 万元。此外，一些大的经营单位通过开设销售门店，形成了辐射全国的经营网络，如上海东部批发市场开设了 10 家销售门店，中图上海公司进入大型百货商场和超市开展音像经营，开设 11 家分店，均取得较好的效益。2001 年，上海还建立地铁轨道交通沿线连锁音像店，形成“地上两条线、地下一条线”的规范、竞争的音像制品经营阵地。规范市场秩序，对推动正版音像制品的销售起到积极作用。随着各音像出版单位出版质量的提高，发行数量也有大幅提高，中唱上海公司音带和 CD 的发行量同比增长 50%和 120%，VCD 增长 28%；上海声像出版社发行收入当年同比增长超过 20%，上海音像出版社则增加 50%左右。

2001 年，上海全年出版录音制品 4 086 种，发行总量为 3 819.93 万盒；录像制品 5 种，发行总量 2 817 万盒；激光唱片 909 种，发行总量为 181.32 万盒；VCD 为 477 种，发行总量为 25.9 万张；激光视盘 4 种，发行总量为 20 244 张。至年底，全市有音像制品批发交易中心 2 个，音像制品批发单位

23家,音像制品零售、出租经营单位1399家。

2001年4月13日,文化部在沪召开全国整顿和规范文化市场秩序工作会议,部署2001年文化市场整治工作,提出要清理整顿音像制品集中经营场所,年内基本关闭音像制品集中经营场所。自2000年7月起,市文广影视局和公安、工商等部门联合对营业性录像场所进行了专项治理,经过专项治理,共关闭录像放映场所142家,取缔无照经营场所51家,使录像放映业面貌在一定程度上得到改观。但是由于种种原因,录像放映业日益萎缩的趋势没有改变。鉴于录像放映业的实际情况,综合考虑知识产权保护等方面因素,市文广影视局于2001年初作出年底关闭全部营业性录像放映场所的决定,并把这项工作作为整顿和规范音像市场的一项重要内容。经过各区县音像主管部门和经营单位的努力,至2001年底,上海市如期关闭了全部营业性录像放映单位。

2002年对1445家音像制品经营单位重新进行审核登记,压减经营单位580家。至2002年底,全市音像制品连锁经营单位8家,比上年增加4家。音像制品零售、出租经营单位979家,比上年压减32.3%;其中858家是通过重新审核登记的经营单位,121家为新批准经营单位。全年音像制品营业额11亿元。2002年,全市音像制品批发、零售业主营收入18亿元,主营业务利润2.8亿元,实现增加值4.3亿元。与此同时,对违法音像制品的打击也一直没有放松。根据文化部办公厅《关于开展“金风行动”严打违法音像制品的通知》精神,上海市从2002年10月20日起开展为期一个月的“金风行动”。各级文化稽查部门出动执法人员4200余人次,检查音像制品经营场所1659个,查缴违法音像制品34万盘(张),进一步净化了上海音像市场。在专项行动中,各级文化管理稽查部门重点查处文化部通知规定的简易包装的DVD、VCD、无SID码或烫涂SID码的光盘,以及载有进口文艺音像节目的MP3、MP4等违法音像制品,共销毁违法音像制品30余万盘(张)。

至2003年底,全市音像制品经营单位1592家(含连锁经营门店)。其中,音像制品连锁经营单位8家,门店394个;批发经营单位38家;网上经营单位5家。全年音像分销业主营收入11.6亿元。

2004年,支持音像连锁经营,促进规模发展,全市音像经营单位共1700多家,其中连锁经营企业12家,拥有门店455个,占全市音像业零售出租门店总数的26%。全市音像制品分销行业中民营企业达70%以上。全年鉴定非法碟片149万余张,销毁501万余张。

至2004年底,全市有音像制品批发、零售、出租经营单位1499家,其中音像制品批发单位50家,音像制品连锁经营单位12家,中外合作分销企业23家。全年音像制品经营收入12.8亿元。市文广局全年鉴定非法音像制品149万余张(盘),集中销毁501万余张。

2005年全市音像制品经营单位1347个,比上年减少152个。其中音像制品批发单位67个;音像制品连锁经营单位14个,门店264个,占全部零售、出租门店的21%;中外合作分销企业25家;音像制品网上经营企业14家。音像制品经营单位注册资本金9.45亿元,主营营业收入10.37亿元,比上年下降29.77%。同年7月8日,上海音乐书店重新开张。上海音乐书店成立于1961年2月,是当时全国最大的专业音乐书店,2002年因市政动迁,从人民广场迁出,后又几次迁址。重新开张的上海音乐书店融音乐图书、音像制品、中西乐器、艺校培训为一体,并首次在音乐图书领域引进品牌专卖店和大卖场理念。书店营业面积达5000余平方米,经营品种总数达3万余种。

2006年1月,上海大光明文化(集团)有限公司与上海中恒(集团)有限公司共同投资重组的上海市最大音像制品销售企业——上海市音像制品批发交易市场。上海市音像制品批发交易市场位于陆家浜路，总建筑面积约 4 300 平方米，共 3 层，经营品种多达 4 万余种。

2007 年上海有音像批发单位 88 个，音像零售出租单位 998 个，音像连锁经营单位 20 个，网上音像经营单位 22 个。2008 年，音像分销业主营收入 6.39 亿元。2010 年，上海共发行音像制品 4 406.56 万张（盒），发行总金额达到 2.17 亿元。

第三章 文化艺术业

第一节 文艺创作与表演业

1978年，上海文艺生产活动进入恢复和调整阶段。上海演艺界一些被强行撤销、合并的单位恢复重建，并新增了一些单位。平反冤假错案，拨乱反正，恢复和重建"文化大革命"期间受到严重破坏的文化体系。上海市艺术表演团体数量从1978年的17个迅速增至1981年的49个。

20世纪80年代初，上海文化体制改革拉开序幕，上海市艺术表演团体借鉴农村改革经验，实行"承包责任制"。在上海杂技团的改革示范效应带动下，京剧、越剧、淮剧、滑稽戏等相继进行了承包责任制和其他形式的改革。改革偏重于演出场次和经济效益，带来了忽视艺术质量及社会价值的问题。到80年代中期，上海的艺术表演团体相继放弃了这一初级形式的改革。

20世纪80年代末，上海院团实行分类管理，全市18个院团，分为三类：第一类是全额拨款，包括上海京剧院、上海昆剧院、上海芭蕾舞团、上海交响乐团、上海民族乐团；第二类是自收自支，包括上海杂技团、上海滑稽剧团、上海轻音乐团；其他院团为第三类，实行差额拨款。

与此同时，在人事管理上，上海艺术表演团体继续深化改革，先是试行专业人员评定职称和聘任制相结合（评聘结合），后推行全员聘任制。到1987年，上海市文化系统进行了专业技术职务评聘工作，对专业人员实行了评聘结合的聘任制。在新机制下，艺术团体共有930人未予聘用，其中有215名已达离退休年龄的人办理了离退休手续。实行聘任制，院团长责、权到位，根据事业需要设置岗位。根据岗位聘用人员，使专业技术人员能上能下。1989年开始推行全员聘任制。1992年，市文化局制定了《关于艺术表演团体实行全员聘任制的改革方案》。到1993年，市属18个艺术院团先后实行了全员聘任制。

随着文化体制改革不断深化，上海演艺市场从90年代中后期开始逐渐活跃。截至1996年，上海市文化系统有直属表演艺术团体17个、美术团体5个、演出公司2个、演出场所10个。政府加大文化艺术事业经费投入保证正常的业务经费的同时，又积极争取社会融资，开发多种经营，提倡自主经营，自负盈亏，出现了一批经营管理好，国家少拨款、不拨款的文艺团体。

到1997年，上海市全年文艺演出达到11426场，观众500余万人次，连续4年创下演出场次超万场纪录。与此同时，演出市场如音乐会、戏曲、歌舞等专场中，自行购票观赏的观众增多，公款消费减少，年轻观众增多，老年观众减少。

2009年11月，拥有5000万元注册资本、净资产近10亿元的国有控股大型演艺集团上海文广演艺集团成立，其所属的上海话剧艺术中心、上海歌舞团、上海滑稽剧团、上海木偶剧团、上海轻音乐团等5家上海市属文艺院团完成转企改制，与率先转企改制有限公司的上海杂技团共同揭牌。上海国有文艺演出院团转企改制工作取得阶段性的成果。转企改制成立的上海文广演艺（集团）有限公司，是全国独有的集演艺业产、供、销一体化，以及形成演艺人才培训、舞美制作等完整产业链的大型集团公司。上海文广演艺（集团）有限公司以资产为纽带，对完成转制的上海话剧艺术中心有限公司、上海歌舞团有限公司、上海杂技团有限公司、上海滑稽剧团有限公司、上海木偶剧团有限公司、上海轻音乐团有限公司6家院团公司和上海市演出公司、上海市演艺总公司、上海文化信息票务中心3家演出中介服务公司实施经营管理，同时受托对上海淮剧团、上海评弹团、上海爱乐乐团以及美琪大戏院、兰心大戏院、艺海剧院、宛平剧院、长江剧场、人民大舞台、上海市马戏学校、上海舞美艺术中心等单位实施委托管理。到2010年，上海共有艺术表演团体89个。

表2-3-1　1977—2010上海市艺术表演团体数量统计表

年份	数量	年份	数量	年份	数量	年份	数量	年份	数量
1977年	—	1984年	44	1991年	36	1998年	29	2005年	85
1978年	17	1985年	44	1992年	35	1999年	29	2006年	97
1979年	45	1986年	42	1993年	34	2000年	29	2007年	103
1980年	48	1987年	42	1994年	35	2001年	28	2008年	107
1981年	49	1988年	38	1995年	31	2002年	28	2009年	77
1982年	46	1989年	35	1996年	31	2003年	72	2010年	89
1983年	46	1990年	36	1997年	31	2004年	75		

资料来源：据《上海统计年鉴》(1978—2011)整理汇编。

一、传统曲艺

【京剧】

1978年，上海京剧团撤销，改建为独立的上海京剧一、二、三团。1981年8月14日，三团合并，恢复上海京剧院建制，演职员有700多人。

1984年底，上海京剧院调整剧院领导班子，俞振飞任名誉院长，马博敏任常务副院长(1986年任院长)，撤销演出队，组建各具特色的3个演出团，逐步深入进行体制改革。1986年为艺术系列职称改革试点单位。1988年，上海京剧院成为全国第一个实行聘任制的戏曲艺术团体，实行院长负责制。与此同时，上海文艺团体开展有偿服务，多种经营，以增加财力，搞活业务。在上海院团实行分类管理之后，京剧院享受全额拨款，京剧重新恢复大集体演大戏，小团体撤销。90年代实行4项基金制度，为创作出人才教育4项资金专款专用。

1994年4月20日，天蟾京剧中心正式挂牌成立。4月28日，天蟾京剧中心所属逸夫舞台举行盛大开台庆典，成为上海唯一的戏剧专业演出场所、全国京剧的大码头之一，致力于打造国内戏剧演出主流剧场的“逸夫”品牌。在上海逸夫舞台开台3周年之际，上海天蟾京剧演出公司于1997年4月宣告成立。这是国内第一家专营京剧演出的公司，也是上海演出市场的一项重大改革措施。新成立的演出公司，面向全国京剧市场，大量引进各地优秀京剧剧目，促进国内菊坛名角名剧的交流和合作。

2001年，逸夫舞台全年演出场次高达443场，其中京剧占220场。观众人次近40万，上座率达90%。逸夫舞台在第三届中国上海国际艺术节上，承接了包括京、昆、越、沪、川、粤等各种戏曲13台剧目24场的演出。

2002 年 2 月,上海媒体、剧场、戏剧院团打破以往各自为阵的运作模式,合作推出“东方戏剧之星”系列展演活动,优势互补,联动发展。“东方戏剧之星”系列展演活动由上海文广新闻传媒集团主办,东方电视台戏剧频道、上海京剧院、上海昆剧团、上海越剧院、上海沪剧院协办、天蟾京剧中心逸夫舞台承办。“东方戏剧之星”系列展演活动是在经历了文广体制改革的一系列举措后,媒体、剧场、院团集中优势、三位一体,第一次全方位地合作,推选上海各剧种的优秀青年演员轮流举办专场演出。期间,媒体的宣传策划、剧场的营销运作、院团的组织统筹,各自充分发挥优势,联手打造更多的戏剧明星。之后,上海媒体、剧场、院团进一步加大经营、宣传、制作三位一体的合作力度,瞄准戏剧演出市场,推动剧目建设;东视戏剧频道、天蟾中心逸夫舞台、上海京剧院在原有基础上主动出击,共同投资创排经典海派京剧连台本戏《宏碧缘》。2002 年 4 月 12 日至 14 日,《宏碧缘》(上集)在逸夫舞台连演 3 场,戏票全部售完,获得很好的票房收入。

2002 年,天蟾中心逸夫舞台坚持以经营为中心,以演出为龙头,1 月至 6 月的演出场次高达 223 场,其中京剧演出 119 场,比去年同期增长了 3.7%,为完成全年的演出目标奠定了良好的基础。2002 年 1 至 9 月间,演出场次高达 326 场,比去年同期增长 4.5%,取得了社会效益和经济效益的双赢。

2007 年,在上海京剧院、上海昆剧团和天蟾逸夫舞台 3 个独立法人单位的基础上组建而成以京昆艺术创作、制作、演出、营销为主业的新型演艺实体——上海京昆艺术中心。2011 年,上海京昆艺术中心正式撤销,旗下的上海京剧院与上海昆剧团正式并入上海戏曲艺术中心,实行全额拨款。

【昆剧】

1978 年 2 月,上海昆剧团成立,以戏校第一、第二届毕业生为主体,充实各类创作、管理人员。1981 年文化部“两省一市昆剧继承革新座谈会”和 1986 年“文化部保护和振兴昆剧会议”以后,抢救了一批优秀折子戏。1986 年,上海昆剧团接连出访美国、英国、瑞典、丹麦、日本、新加坡等国家,赢得国际声誉。在文艺创作上,上海昆剧院成果璀璨。1986 年,上海昆剧团将昆曲和莎剧在现代文化背景上结合起来,排演了根据《麦克白斯》改编的昆剧《血手印》。这出戏将昆剧传统的唱念做打、手眼身法步十八般武艺并用,还采用了髯口、甩发、变脸、喷火等特技,使人物内心外化,表现人物变态的心理。1987 年第四届中国戏剧梅花奖颁奖典礼,上昆 5 位演员“摘梅”,成为梅花奖至今未被打破的传奇。曹禺曾以“第一流剧团、第一流演员、第一流剧目、第一流演出”盛赞上昆,被戏迷们尊称为“大熊猫”的国宝级昆剧表演艺术家 2/3 在上昆。但是,到 20 世纪 90 年代,昆曲的市场境遇窘迫,常常是台上演员比台下观众还多,观众席上“白茫茫”,基本没有年轻人,上海昆剧院最惨的一次,整场演出的观众只有 3 人。

2007 年,在上海京剧院、上海昆剧团和天蟾逸夫舞台三个独立法人单位的基础上组建而成以京昆艺术创作、制作、演出、营销为主业的新型演艺实体——上海京昆艺术中心。

2009 年,上海昆剧团副团长张军辞职,成立上海张军昆曲艺术中心,是当时中国唯一的民营职业昆剧院团。

2011 年,原上海京昆艺术中心正式撤销,旗下的上海京剧院与上海昆剧团正式并入上海戏曲艺术中心。享受市财政的全额拨款扶持,这是院团资金扶持上的一个很大变化。

【其他小剧种】

上海原有的小剧种剧团也在“文化大革命”后恢复。

锡剧 1978 年、1979 年,一些锡剧团相继重建。1979 年,停演 13 年的金山县锡剧团又重返舞台，春节至4月，“他们共演了40多场，观众达五万多人次，有的观众甚至一连看了6、7次。每场戏票一售而空”。但是由于在“文化大革命”中受到的摧残巨大、文化市场不景气等诸多原因，上述剧团在80年代中后期相继解散。

扬剧　“文化大革命”期间，上海扬剧团全部被迫撤销或解散，“文化大革命”后，也很久未能恢复。但是，扬剧在上海的群众基础未断，80年代初，上海扬剧的部分从业人员组建“上海扬剧艺友联谊会”，许多扬剧观众也自发组织“扬剧之友社”。随后江苏扬剧团、扬州扬剧团等多次来沪演出。2009年，扬剧团重新落户申城。

甬剧　甬剧剧团也在“文化大革命”中受到打击，终因演员行当不齐、人员老化等原因，恢复无力。然而，上海的甬剧文艺生产和消费仍以其他方式继续存在，例如2004年，艺海剧院隆重推出了“艺海名剧月月演”活动，浙江宁波市艺术剧院携甬剧代表剧目走进艺海剧院。

粤剧、绍剧　曾在上海拥有群众基础的小剧种还有粤剧、绍剧等，在“文化大革命”后，其文化生产和消费活动以业余群体的形式存在，黄浦区文化馆经常有业余粤剧团的演出活动，在绍籍居民聚居地区有业余绍剧演出队开展活动。

二、歌剧、话剧

【歌剧、歌舞剧】

1978年中国共产党十一届三中全会后，上海舞蹈开始“复苏”，上海剧院歌舞剧团恢复。1979年上海市舞蹈学校以芭蕾舞科毕业生(原《白毛女》剧组)组成上海芭蕾舞团。同年，又以民族舞科毕业生组成上海歌舞团，与上海歌剧院舞剧团鼎足而立。1985年上海歌舞团和歌剧院的舞剧团合并成立上海舞剧院。1990年8月14日，上海歌剧院与上海舞剧院合并，改称为上海歌剧舞剧院。1997年，与上海乐团“撤二建一”，仍名上海歌剧院。

2008年，以《小刀会》《宝莲灯》等精品闻名的上海歌剧院舞剧团，在沉寂多时后向媒体亮出了《城舞·今典》舞蹈专场。同年，上海歌剧院先后应邀赴意大利、梵蒂冈、奥地利、芬兰、瑞典进行巡演，综合实力和演唱演奏水平得到当地媒体、观众和同行的高度赞誉。2010年，上海歌剧院与上海大剧院联手打造上海世博“中国歌剧嘉年华”和“2010世博咏叹”音乐会，向世界展示了上海的音乐力量。

【话剧】

“文化大革命”结束时，上海话剧也遭受了严重的摧残，正常的创作、演出几乎停止。上海人民艺术剧院和上海青年话剧团被迫合并成了上海话剧团。1976年，上海文艺界拨乱反正，上海人民艺术剧院(下属的滑稽剧团脱离剧院单独建团，方言话剧团大部分成员调离而解体)、上海青年话剧团又恢复了原来的建制，大批话剧艺术家重返舞台，一批优秀剧目复排上演。

1995年，上海人民艺术剧院和上海青年话剧团顺应体制改革的需要，撤销原先两个院团的建制，成立上海话剧艺术中心，实行总经理负责制，首任总经理杨绍林。上海话剧艺术中心建立了以制作人为首的演出体制，由上海话剧艺术中心总经理聘任制作人组织一个含制作、演出、公关、宣传的小班子，负责从选择剧本、聘请导演、物色演员，到排练制作，公关宣传，票务销售等艺术生产的全过程，演出制作体实行制作人(或经理)负责制。上海话剧艺术中心还建立演员俱乐部，对演员进行集中管理和调度，以实现演员竞争上岗，双向选择，剧组的优化组合，便于艺术从业人员正常流动。

上海话剧艺术中心落户安福路时，每年仅创作数部话剧，话剧演员们还记得“台上的演员比台下的观众还多”。到2010年左右，安福路因话剧的繁荣而成为上海青年最时尚的消费场所，每天晚上，这里总会有1～3部话剧上演，且票房都十分红火。人气的急速增长，使得越来越多的咖啡馆选择进驻安福路，供话剧爱好者们看完戏后交流聚会。

从2009年开始，上海话剧艺术中心加快了转企改制的步伐，依据话剧表演艺术院团自身特点，进行了以剧目、人才、资本三要素为基准的改革。在中共上海市委宣传部的指导下，上海话剧艺术中心有限公司于2009年11月成立。在转企改制过程中，上海话剧艺术中心探索、创建了制作人负责制以及项目聘任制。在这种崭新的机制框架下，制作人拥有对剧目选择判断的权利，经艺术总监和总经理把关，完成论证程序后，即可独立自主地进行各项工作。而建立起有利于项目聘任制的“演员俱乐部”会员管理制度后，人才流动的管理和竞争机制逐步形成并日益发挥出积极作用。2011年，转企改制完成。

三、音乐

【上海交响乐团】

上海交响乐团前身是1879年诞生的上海公共乐队，曾开启了近代中国人接受西方音乐的新纪元。新中国成立后，乐团得以保留，进入了中国人主导的新时代。1956年正式定名为上海交响乐团。“文化大革命”之后得以恢复。

1984年，陈燮阳接替黄贻钧担任上海交响乐团团长，继而又被任命为上海交响乐团音乐总监，成为中国文化艺术发展史上第一位文艺院团总监；在陈燮阳的带领下，乐团进行了一系列大刀阔斧的改革，他首开上海交响乐团音乐季，首创音乐总监制、全员聘用合同制，建立交响乐发展基金会、上海交响乐爱好者协会，并启动全球巡演。1993年2月，上海交响乐团成立董事会，实现艺术表演团体管理向社会开放，逐步向政府、社会联合管理过渡。上海文化发展基金会和上海汽车工业总公司是交响乐团的董事会成员，它们给乐团的资金也同政府财政拨款一样，与乐团的艺术生产指标挂钩。乐团实行全员聘用制，公开向社会招聘演奏员，拉开了个人收入分配档次，引进了竞争机制。

2003年，上海交响乐团巡演美国11个城市，取得了一系列巨大成功，次年登上了柏林爱乐大厅，成为这个世界级音乐厅迎来的第一支中国交响乐团。

2008年7月，上海交响乐团宣布成立理事会，是内地第一批成立理事会的乐团。2009年，余隆成为上海交响乐团通过全球招聘聘用的第一位音乐总监。同年4月，上海交响乐团面向全球发布演奏员招考计划，这是上交历史上最大的一次招考活动。2010年，上海交响乐团赴美国纽约，与纽约爱乐乐团同台上演中央公园夏季音乐会，成为首个与纽约爱乐乐团同台上演中央公园音乐会的乐团。同年，上海交响乐团还与上海市教育委员会联合创办上海夏季音乐节，为沪上首个大型户外古典音乐节。

【上海轻音乐团】

上海轻音乐团成立于1986年3月，是中国第一个轻音乐团，涌现出包括乐团创始人朱逢博、作曲家屠巴海、歌唱家孙青、歌星沈小岑等诸多享誉国内外的著名音乐家。2005年之前，上海的剧场里很少看到上海轻音乐团的身影，2009年转企改制后，乐团细心打磨主题音乐会，整理和演出上海老歌，推出了《凤凰于飞——老上海经典歌曲演唱会》，举办了《世界经典轻音乐作品音乐会》《好一朵茉莉花》等品牌轻音乐专场，走进了上海大剧院、东方艺术中心及北京保利、广东星海等剧场，上海轻音乐团演出效益大幅提高。2010 年上海世博会举办期间，乐团在欧洲广场演出了 160 场，乐团还受邀赴加拿大温哥华举办"迎世博，庆中加建交 40 周年专场音乐会"。

【上海歌舞团】

上海歌舞团于 1979 年 6 月建团，由上海市舞蹈学校民族舞科毕业生组建而成。设舞蹈演员队、乐队(包括声乐小组)、舞台美术队、创作组及团部办公室。1985 年与上海歌剧院舞剧团合并成立上海舞剧院。1990 年 1 月撤销上海舞剧院，重建上海歌舞团。

20 世纪 90 年代中期，上海歌舞团、上海芭蕾舞团和上海歌剧院舞剧团，停止了编导队伍的充实和更新。等到老编导们退休之后，创作队伍逐渐不复存在。院团无编导，新作品只能邀约创作。虽然邀约创作拓宽了视野，但是也存在较高的风险，签订合同时，无法保证作品演出后，是否能在市场上受到观众欢迎。2006 年，上海歌舞团进行整合改革，推出了优秀舞剧《天边的红云》、大型舞剧晚会《中华鼓舞》《满庭芳》、大型原创舞剧《金舞银饰》《闪闪的红星》《野斑马》《霸王别姬》等，形成了国内一流的舞剧创作演出基地。该团创作的舞蹈《秀色》，投入 5 万元，收回票房 100 多万元，年收入也从 2005 年的 400 多万元增加到 2008 年的 1 000 多万元。

2009 年 11 月，上海文广演艺集团成立，上海歌舞团、上海杂技团与其所属的上海话剧艺术中心、上海滑稽剧团、上海木偶剧团、上海轻音乐团等 5 家上海市属文艺院团共同揭牌。

四、杂技、魔术

【上海杂技团】

"文化大革命"后，上海杂技团率先对管理体制实行全面改革并取得了积极成果。1979 年以原上海魔术团、江南杂技团和红色杂技团部分人员为基础重新组建全民所有制团体上海魔术团，实行企业管理，以魔术为主、杂技为辅。1980 年，上海杂技团通过中国对外演出公司与美国哥伦比亚艺术家管理公司首次签订商业合同，开创了改革开放后，上海对外商业性演出的先河。

1980 年春，上海杂技团率先进行体制改革的试点。1980 年到 1984 年间，全团组成了杂技、马戏两个演出队，又支持其余人员采取自愿组合的办法，建立一个 30 人的魔术队，实行"全民所有、集体经营、自负盈亏、结余分红"(后改为"集体经营、独立核算、自负盈亏、结余分成")的管理体制。此举得到文化部的肯定，其经验被编入了《中国艺术表演团体在改革中前进》。1983 年初，上海杂技团在全团实行分队核算、结余分成的承包经营责任制。1984 年自给率达 125%，并开拓对外文化交流，走向世界，累计创汇 530 多万美元，在 1981 年、1986 年、1989 年，先后三次东渡日本，演出 400 多场，观众达 130 万人次，为国家创汇 350 万美元。1986 年，杂技团出国商业性演出和国内营业性演出的各项收入高达 370 万元，不但全部自给，而且超额 185%，位居全国剧团首位，全团演职员一年的平均收入达 3 000 多元，也遥遥领先于各省市艺术院团。

2007 年，上海杂技团对团内马戏剧组进行了股份制改革探索，推出了有剧组演职人员持股的上海欢乐马戏有限公司进行试运作，主营《欢乐马戏》节目的项目运营。2008 年 9 月，上海杂技团正式将员工吸纳为股东，让全剧组 28 名演职人员正式参股，成立上海欢乐马戏有限公司。

2009 年 11 月，上海文广演艺集团成立，上海杂技团与其所属的上海话剧艺术中心、上海歌舞团、上海滑稽剧团、上海木偶剧团、上海轻音乐团等 5 家上海市属文艺院团共同揭牌。至 2011 年，上海杂技团欢乐马戏的票房已达到 680 万元，上海杂技团也成为上海率先"破冰"、第一家完成转企改制的院团。

【上海魔术团】

1979 年以原上海魔术团、江南杂技团和红色杂技团部分人员为基础，重新组建全民所有制团体上海魔术团，实行企业管理，以魔术为主，杂技为辅，并确定“魔术大、中、小，杂技小、精、尖”的艺术方针。1979 年 4 月在徐汇剧场公演，演出盛况空前。

20 世纪 80 年代初，上海魔术团也先实行承包责任制，组织魔术队，著名魔术表演家朱腾云自任队长，并借鉴美国马克·威尔逊(Mark Wilson)的表演风格，和他的女儿朱新宝、学生刘义民等组织演出。80 年代，上海魔术团多次进京演出，并参与外事活动。在 1987 年至 1998 年的 11 年间，该团多次赴日本、泰国、新加坡、新西兰、美国等国演出。在节目的创作上，该团从 80 年代已不断革新与发展，1988 年上演了宋健康、赵力志设计的《摩托车穿越人体》，并作为魔术晚会的压轴节目。

20 世纪 90 年代，“魔术饭店”在上海餐饮业中独树一帜，这源于上海魔术团的年轻人的创意，后来成了上海魔术师俱乐部的所在地。1991 年 7 月，傅腾龙创作的《心灵感应》首演于上海艺术剧场，引起了同行与观众的普遍关注。为适应对外演出的需要，1991 年上海魔术团组建了分团“新上海马戏团”。1997 年上海国际魔术大赛，由徐英、郁文彤主演的《空中悬走》《古钟幻影》获最佳创意奖。1998 年起，新上海马戏团在美国密苏里州布兰森市投资定点商业演出，开辟了一条对外演出新干线；1999 年，应邀赴纽约百老汇新胜利剧院演出，实现了中国杂技进军百老汇的愿望；2001 年，上海云峰杂技魔术专场做到了天天演，突破了预期业务指标。

2012 年，上海魔术团“海派杂技与魔术天天演”全年演出 338 场，观众 12.95 万人次，新编《跳板蹬人》《肩上芭蕾》等节目。

第二节　图书馆与档案馆

一、图书馆

1979 年以来，市、区、县和高校系统图书馆新建馆舍，部分中学、街道图书馆也兴建了专用馆舍。1995 年，各类文献藏量达到 1.1 亿册(件)，专业人员 1.2 万名。市、区、县公共图书馆与高校、科研系统图书馆普遍开始应用计算机管理，并拥有一批国家级专业文献数据库，中国科学院上海分院的计算机光纤网络、高校系统的教育科研网络开通，初步达到文献资源共享和与国际网络联接的目标。1994 年到 1995 年，国家文化部对上海市、区、县公共图书馆进行综合评估，上海图书馆列省级馆总分第三位，区、县馆进入一、二级行列，市少年儿童图书馆列全国先进行列。1995 年 10 月，上海图书馆与上海科技情报研究所合并，成为国内首家省市级综合性图书情报联合体。

表 2-3-2　1995 年上海市主要图书馆分类情况统计表

类别	馆数	建筑面积(平方米)	文献藏量(万册)	人员	流通册次(万)	服务人次(万)
上海图书馆	1	39 386	852	620	175.4	31.5
上海少年儿童图书馆	1	3 150	23.8	38	95	36.6

（续表一）

类别	馆数	建筑面积（平方米）	文献藏量（万册）	人员	流通册次（万）	服务人次（万）
区(县)图书馆	31	86 796	698.7	956	454.9	1 338.8
高等学校图书馆	54	331 000	2 904.2	2 323	462.7	25.5
中科院上海分院系统图书馆	12	23 329	453	203	12	35

说明：上海图书馆新馆 8.3 万平方米未列入；上海科技情报研究所文献馆未列入。
资料来源：《上海年鉴》(1996)。

1996 年，上海图书馆新馆建成并对外开放，上海地区有了世界一流的大都市图书馆。新馆开放一个多月中，开展一系列宣传活动，在社会上重塑了图书馆，尤其是公共图书馆的形象。部分地区公共图书馆网络向里弄进行延伸。1996 年 5 月，在北京召开的全国少儿图书馆评估工作总结表彰大会上，上海少儿图书馆被文化部确定为国家一级馆。

1996 年 11 月，《上海市公共图书馆管理办法》经市政府批准，自 1997 年 1 月 1 日起施行。《办法》分 8 章 39 条，包括总则、图书馆设置、人员经费、文献收藏、读者服务、辅导协作和奖惩条例等。1996 年 12 月，上海图书馆新馆举行开馆庆典仪式。上海图书馆新馆位于淮海中路 1555 号，占地 3.1 万平方米，建筑面积 8.3 万平方米，由 58.8 米和 106.9 米高的两座塔形高层和 5 层裙房组合而成，藏书容量达 1 300 万册。自开馆至 1997 年 1 月，上海图书馆举行了开馆宣传月活动，包括艺术展览、学术报告、名人访谈、专家座谈、图书赠送、歌曲竞赛和市民参观新馆等。

到 1998 年，上海市有上海图书馆 1 家，上海少儿图书馆 1 家，区县公共图书馆 33 家，全日制高校图书馆 38 家，中科院上海分院系统图书馆 12 家。其中上图文献总藏量 4 029.97 万册(件)，服务人次 292 万。图书馆界的计算机自动化管理步入网络化发展阶段，上图成为 OCLC 馆际互借成员馆。继科学院系统之后，全市高校图书馆初步完成网络实时控制管理的基础体系，区县及下属的街道、乡镇图书馆也以各种方式建立并形成了有效的网络形式管理架构。全市 38 所高校图书馆书目联合数据库在教育科技网上正式运行。1998 年 11 月 18—20 日，上海图书馆与上海海峡两岸学术文化交流促进会联合举办学术研讨会，促进对家谱类文献的学术研究，并帮助海外华人寻根问祖，推进祖国统一事业。

1999 年 5 月，上海市 60 多个公共、高校、科研、情报四大系统的图书馆负责人，参加上海市文献资源共建共享协作会议。会议正式提出《上海市文献资源共建共享计划》：在 3 年时间(1999—2001)内，全市图书馆与情报机构组成统一领导、规划和共同建设、享用的资源网络体系。计划主要实施的内容有：(1)在邮电网的基础上，逐步建立沟通全市图书情报机构的文献资源公共传输平台；(2)分阶段实施 Z39.50 计算机通信标准协议，统一用户资源查询检索界面，加快各馆特色数据库等数字化文献上网步伐；(3)传统合作项目在计算机网络环境下进一步加强，如外文书刊采购的网上协调、书刊资料的网上互借、馆藏文献的网上集中编目等都将在高新技术的支撑下获得新的进展。

1995 年起上海着手历史文献的抢救整理工作，至 1999 年末，已修补破损家谱 10 000 余册，抢救整理碑帖拓片 30 000 余件，整理编目盛宣怀档案资料 57 000 余件。1998 年开始的民国图书修补工作，两年中修补旧平装书刊 500 册 210 000 余页。同时还应用各种现代技术手段保存并促进历史文献的利用,如古籍善本全文光盘,已扫描、刻制光盘240余张,录入善本古籍2000多种;拍摄近代文献史料图片20000余张,建成上海地方史料的照片库。“中国文化名人馆”征集到中国现代、当代作家手稿资料45000余件。上海图书馆藏有各类历史文献360万册(件),其中包括古籍善本17.8万册,并有大量家谱、碑帖、舆图、历史人物文档、名家手稿墨迹和图书馆界集藏量最大的民国时期书刊等。

2000年5月,上海图书馆家谱研究中心编纂的《上海图书馆馆藏家谱提要》出版。《家谱提要》记录了上海图书馆收藏的328个姓氏,11700余种谱牒文献。在《家谱提要》出版的同时,上海图书馆举行了以“谱牒研究和资源开发”为主题的中国族谱国际学术研讨会,10多个国家47名谱牒研究专家来沪参加研讨。上海图书馆还与新加坡寻根网公司达成合作协议,建立了“寻根咨询网站”,提供家谱信息资源服务。

2001年,上海市图书馆文献资源共建共享工作步入实质性阶段。2000年末起步的市中心图书馆建设,有上海交大、华东师大、上海音乐学院3所高校馆和黄浦、静安、南汇、松江、崇明5所区县馆加盟,上海图书馆的服务功能开始通过中心图书馆辐射到全市各地。交大、复旦等校建设的8个特色数据库、学科导航库在中国高等教育文献保障体系(CALIS)管理中心的专家评审中获得优等评定,另有27个数据、导航库通过验收。

2002年,中国科学院与上海图书馆等合作重新组建的生命科学图书馆诞生,开拓了图书馆的社会化建设与服务领域。生命科学图书馆的组建方式,打破了图书馆原先的系统分割局面,是国内科学院与地方合作实现体制创新、资源共享的首例。上海地区的中心图书馆网络进一步延伸,至年底各类分馆达20所,包括区馆13所,高校馆5所,专业馆2所。上海图书馆年末推出网上电子图书借阅服务。部分高校馆陆续建立“学科馆员”队伍,公共图书馆出现“参考馆员”岗位。

2003年,上海市各级各类图书馆进一步拓宽信息的社会服务领域,主动参与社会文化活动。上海各图书馆的创新实践为国内外图书馆界瞩目,各类专业图书馆会议落户申城。2003年上海图书馆举办讲座100多场,直接听众72万人次。上图讲座还根据需要,发展许多衍生服务,如举办演讲者与听众、听众与听众之间的“信息沙龙”,编辑出版“上海图书馆讲座中心丛书”,制作录音录像在上海图书馆网站播出等。上图讲座包括信息化讲座、中学生讲坛、新世纪讲坛、相约健康讲座、名人解读名著讲座,以及结合读者需要的专题讲座等。

2004年,上海市中心图书馆网络继续扩大,加盟网络的公共、高校、科研图书馆达34所。图书馆合作活动开始向长三角地区延伸,已在图书馆讲座资源等领域开始共享实验。基层图书馆获得新的发展,各区陆续新建的社区文化中心内都有完善的图书馆设计与配置,公共图书馆服务体系的新格局正在形成。以数字图书馆研究为中心的专业技术发展呈现良好的势头。10月,第二届上海国际图书馆论坛(SILF)、2004年都柏林核心及元数据应用国际研讨会及第三届中日国际图书馆学研讨会同时在上海图书馆举行。12月,第七届亚洲数字图书馆国际会议在上海光大会展中心举行。

表2-3-3　2004年上海市公共图书馆统计表

	合计	市级	区级	县级
机构数(个)	28	2	25	1
从业人员(人)	2009	818	1148	43

（续表一）

	合计	市级	区级	县级
总藏量（万册、件）	5852.25	5081.84	831.89	38.52
图书	2084.67	1246.98	801.94	35.75
报刊	292.38	280.83	11.43	0.12
建筑面积（万平方米）	24.10	12.16	11.23	0.71
阅览座位（个）	14028	2414	11114	500
图书借阅情况	—	—	—	—
人次（万人次）	1317.47	284.56	983.99	48.92
册数（万册次）	1341.13	588.42	723.77	28.94
信息化装备	—	—	—	—
计算机（台）	3662	1607	1980	75
共享工程服务点（个）	146	62	83	1

资料来源：《上海年鉴》（2005）。

2005年，在长三角地区图书馆多年的服务文献资源共建共享基础上，上海开始全国性的文化资源共享探索。上海图书馆的市民讲座——“城市教室”获得国家文化部首届创新奖。4月在上海首次召开全国图书馆讲座工作研讨会，上海图书馆的专家讲座资源通过全国文化信息资源共享工程辐射到全国各地，为各省市以及地县图书馆开展公益讲座服务提供支撑。上海市基层公共图书馆拓展图书馆文化服务功能，设立面向困难群体的创新服务项目，如：静安区图书馆与区建委配合，在北京西路国际丽都城项目工地开展“共建图书室”活动，把杂志、畅销读物送到外来务工人员身边；闸北区芷江西路街道图书馆组织聋人电脑网络应用培训班，开展“聋人网上行”活动；杨浦区延吉图书馆与社区管理组织合作，共同组织“共享知识盛宴——延吉社区助残周读书活动”。12月20日，上海市图书馆行业协会成立。首批会员图书馆51所，其中公共图书馆28所，高校图书馆15所，科研机构图书馆7所，党校行政学院图书馆1所。

表2-3-4　2005年上海市公共图书馆统计表

	合计	市级	区级	县级
机构数（个）	28	2	25	1
从业人员（人）	2597	1441	1126	30
总藏量（万册、件）	6049.41	5122.16	888.50	38.75
图书	2165.14	1277.83	848.65	38.66
报刊	299.00	286.07	12.92	0.01
建筑面积（万平方米）	24.39	12.33	11.35	0.71
阅览座位（个）	15209	2414	12295	500

(续表一)

	合计	市级	区级	县级
图书借阅情况	—	—	—	—
人次(万人次)	1249.40	231.94	971.28	46.18
册数(万册次)	1027.95	241.79	759.77	26.38
信息化装备	—	—	—	—
计算机(台)	4234	2131	2033	70
共享工程服务点(个)	312	208	103	1

资料来源:《上海年鉴》(2006)。

2006年,通过城乡新建的社区文化中心,上海公共图书馆拓展各种书刊与电子文献资源服务。徐家汇美罗商厦内出现图书阅览外借的服务点,郊区偏远的乡村中开始提供"百姓书社"微型图书馆服务。高校图书馆的校际合作呈现出地域化、专业化的发展趋向,提高各高校图书馆及其合作组织的工作效率。上海图书馆在10个国家11座城市开设"上海之窗",同时荷兰也在上海市中心图书馆长宁分馆开设"海牙之窗"。上海图书馆与世界各地多个高校、图书馆签订合作研究协议,提升图书馆国际文化交流的水平。8月,第三届上海国际图书馆论坛在上海图书馆举行。来自中、美、英、法、俄、澳等28个国家和地区的170多名专家参加交流。10月,文化部全国文化信息资源建设管理中心、国家图书馆和上海图书馆共同主办的首届全国公共图书馆展览资源共建共享交流研讨会在上海图书馆举行,主题为"图书馆展览与构建公共文化服务体系"。

2007年,上海市、区县和街道(乡镇)图书馆在馆外设立流通服务点共1687个,其中市级图书馆74个,区县图书馆598个,街道(乡镇)图书馆1010个,另外还针对性地在机关、企业、学校、商厦、军营、工地、监狱和来沪务工人员居住地布点。全年各级公共图书馆服务2044余万人次,图书流通1884万册次,其中街道(乡镇)图书馆分别达694万人次和764万册次,分别占总数的34%和40.6%。图书借还"一卡通"服务同步向基层社区的街道(乡镇)图书馆扩展,至年末,70所基层馆实现"一卡通"。上海市提前3年完成"十一五"区县图书馆购书经费的投入目标,即区图书馆购书经费年人均1.8元,县图书馆年人均1.6元。2007年,由上海图书馆、上海音像资料馆、上海电影资料馆、上海戏剧学院图书馆和复旦大学上海视觉艺术学院联合组建的上海视觉艺术文献中心在复旦大学上海视觉艺术学院成立,上海市中心图书馆复旦大学上海视觉艺术学院分馆同时启用。上海视觉艺术文献中心是一个跨系统、跨部门、跨行业的协作机构,服务于上海在未来10年内实现国际创意产业中心的目标。

2008年,上海市公共图书馆继续推进向社区、乡村基层延伸文献服务工作。至年底,市、区、乡镇各级图书馆在基层设立的各类图书流动服务点共有2098个,年流通图书420余万册次,服务760多万人次。郊区"农家书屋"工程有新发展,松江示范区在101个行政村建立起农家书屋。上海市古籍保护中心挂牌成立,上海图书馆等10家单位收藏的170种珍贵古籍进入首批《国家珍贵古籍名录》。上海图书馆、上海博物馆和复旦大学图书馆被命名为"全国古籍重点保护单位"。一批新图书馆建筑相继落成,其中上海海洋大学图书馆、上海海事大学图书馆新馆和上海交通大学图书馆新馆共新增面积10.14万平方米。

表 2-3-5　2008 年上海市公共图书馆情况统计表

	合计	市级	区级	县级
机构数(个)	29	2	26	1
从业人员(人)	2 169	911	1 220	38
总藏量(万册、件)	6 394.12	5 264.07	1 083.71	46.34
图书	2 450.08	1 400.13	1 003.84	46.11
报刊	321.95	300.66	21.28	0.01
建筑面积(万平方米)	27.48	12.32	14.45	0.71
阅览座位(个)	16 282	2 641	13 141	500
图书借阅情况人次(万人次)	509.06	62.96	436.10	10.00
册数(万册次)	1 072.38	240.71	805.67	26.00
信息化装备计算机(台)	5 219	2 725	2 406	88
电子阅览室终端数(个)	1 455	202	1 195	58

资料来源:《上海年鉴》(2009)。

2009 年,上海图书馆事业开始呈现专业化、精细化发展趋势。上海图书馆推出数字阅读器、听书阅读器外借(设有盲文触感按钮)和网上 24 小时委托借书等新服务项目。曲阳图书馆联合市收藏协会、上海电影(集团)有限公司、虹口区收藏学会举办“追寻上海电影历史文脉 · 民间电影史料藏品展”,展出设备、模型、手稿、书刊、照片、画册、海报、说明书、名人遗物等 800 余件。中国科学院上海生命科学图书馆联合汤森路透科技与医疗集团北京代表处、查尔斯沃思北京信息服务有限公司举办科技期刊数字出版研讨会,就期刊生产、发行流程的数字化主题展开研讨。

表 2-3-6　2009 年上海市公共图书馆情况统计表

	合计	市级	区级	县级
机构数(个)	29	2	26	1
从业人员(人)	2 376	1 198	1 141	37
总藏量(万册、件)	6 593.43	5 309.95	1 235.03	48.45
图书	2 630.1	1 438.52	1 143.37	48.21
报刊	329.59	307.47	22.11	0.02
新购藏量(万册、件)	196.69	55.79	137.9	3
建筑面积(万平方米)	28.59	12.38	15.5	0.71
书库	8.44	6.09	2.19	0.16
阅览室	6	1.38	4.47	0.15
阅览座位(个)	16 839	2 416	13 923	500
图书借阅人次(万人次)	556.13	79.05	469.08	8

(续表一)

	合计	市级	区级	县级
图书借阅册数(万册次)	1452.51	282.21	1144.3	26
计算机(台)	5296	2346	2862	88
电子阅览室终端数	1503	169	1276	58
举办读者活动次数(次)	2132	297	1786	49
读者活动参加人次(万人次)	87.06	12.31	70.55	4.2

资料来源:《上海年鉴》(2010)。

2010年,上海公共图书馆流通人次约2696万,图书外借册次2807万,开展各类活动16121次,参与人次达289万。中心图书馆"一卡通"成员单位共242家,其中总馆(即上海图书馆)1家,区县分馆23家,街镇图书馆212家,设在商厦、机关、居民小区的服务点6个。全年完成1.18万种善本共计305万页数字化工作,完成9130种馆藏家谱共计606万拍全文数字化工作。上海地区图书馆社会文化服务网络基本实现全覆盖目标,212个街镇社区文化中心全部开通与中心图书馆联网文献查询和图书借还服务系统。市、区县、乡镇"一卡通"年流通图书2252余万册次。各级公共图书馆组织宣传上海世博会知识,服务上海世博会中心活动。高校、科研系统图书馆与上海图书馆共同推进数字文献资源建设,与国外同行开始数字化文献服务探索。浦东图书馆等新馆建成。

表2-3-7 2010年上海市公共图书馆情况统计表

	合计	市级	区级	县级
机构数(个)	28	2	25	1
从业人员(人)	2180	838	1305	37
总藏量(万册、件)	6808.73	5364.21	1395.38	49.14
图书	2766.06	1483.89	1233.35	48.82
报刊	355.01	315.44	19.56	0.01
新购藏量(万册、件)	176.45	56.01	117.14	3.3
建筑面积(万平方米)	37.03	12.38	23.94	0.71
书库	9.51	6.09	3.3	0.12
阅览室	9.88	1.38	8.35	0.15
阅览座位(个)	19427	2332	16595	500
图书借阅人次(万人次)	579.12	54.65	524.47	—
图书借阅册数(万册次)	1461.23	256.74	1204.49	—
计算机(台)	5502	2203	3209	90
电子阅览室终端数	1774	200	1516	58

（续表一）

	合计	市级	区级	县级
举办读者活动次数(次)	3723	654	2989	80
读者活动参加人次(万人次)	110.89	22.23	80.65	8

资料来源:《上海年鉴》(2011)。

表 2-3-8　1996—2010 年上海市公共图书馆收支情况统计表

年份	总收入(千元)	总支出(千元)	年末固定资产原值(千元)
1996	609006	551454	541613
1997	772215	740207	788509
1998	196725	181457	—
1999	837392	847330	1210017
2000	1097622	1008585	2080267
2001	1199255	1149357	2168749
2002	1318800	1282641	2326842
2003	185463	1665611	17537638
2004	326855	323689	1557035
2005	382781	367569	1703419
2006	405915	385885	1812403
2007	383080	455370	—
2008	517474	526517	2122427
2009	652864	632384	2352198
2010	647229	637276	2515981

资料来源:据《上海市文化事业统计资料》(1996—2008 年)、《上海市文化文物事业统计资料》(2009—2010 年)整理。

二、档案馆

1991 年,上海市档案馆新馆舍落成并投入使用,馆库面积 2 万平方米,馆藏 1520732 卷(册),市馆建立了档案安全保管所必需的温湿度、消防、防盗监视系统并集中自动监控,缩微技术设施齐备,电子计算机辅助管理初具规模。1993 年上半年至 1994 年底,全市开展"档案创效益"活动,155 家成绩突出的企业、科技事业单位开发利用档案所创经济效益达 4.3 亿元。

1996 年,上海已建立市、区县、专门、部门档案馆 48 个,馆舍总面积 78761 平方米,馆藏量 4147942 卷(册),各级机关、团体、企事业单位档案室 2548 个,有近 2000 名中高级专业技术人员,已形成较完整的档案工作网络。区、县档案馆形成满 30 年的档案基本向社会开放,市档案馆已开放 7 批,共 48.9 万卷(册)。1995 年上海首次组织档案工作代表团赴加拿大考察。上海市档案馆与日本横滨开港资料馆,开展了为期 5 年的"上海·横滨都市形成史比较研究"。上海市档案馆成为国际档案理事会城市档案馆委员会两个亚洲成员之一。1996年,上海市十届人大常委会第十九次会议审议通过《上海市档案条例》,10月1日起正式实施,是全国第一部地方性档案法规。

1997年,上海市深入实施《中华人民共和国档案法》和《上海市档案条例》,市、区县两级档案行政执法人员统一使用市政府颁发的行政执法证开展执法工作,重点对18个国家级、市级开发区档案工作进行检查,对48个各级各类档案馆和87个建设工程项目档案进行登记。上海市档案馆新开放档案83个全宗32142卷,接待查档2066人次,提供档案20607卷次;完成档案多媒体全文数据库系统的招标;馆区"花园式"建设初见成效。为探索多渠道、多层次、多功能开发档案信息资源的新路,相继拍摄电视连续剧《一号机密》和电视专题片《档案里的故事》,举办"上海发展在我心中"等图片史料展和孙中山史料新闻发布会,编辑出版《追忆——近代上海图史》等图册,《上海档案志》加快了编纂进度。承担在沪召开的第十三届国际档案理事会首次执委会的会务接待工作。

表2-3-8　1997年上海地区档案馆一览表

档案馆名称	馆库面积(平方米)	馆藏案卷	成立日期	地址
上海市档案馆	29000	1646249	1959年12月31日	仙霞路326号
上海市杨浦区档案馆	1078	97277	1963年2月11日	榆林路707号
上海市黄浦区档案馆	177	69776	1963年3月14日	九江路230号2楼
上海市徐汇区档案馆	960	117422	1963年8月31日	漕溪北路336号
上海市卢湾区档案馆	1600	127933	1963年10月7日	重庆南路139号
上海市长宁区档案馆	338	61192	1963年11月18日	愚园路1320号
上海市南市区档案馆	1000	79848	1964年3月13日	陆家浜路1100号
上海市静安区档案馆	1486	93277	1964年6月11日	常德路370号
上海市普陀区档案馆	1140	55769	1964年6月13日	普雄路29号
上海市虹口区档案馆	367	95805	1964年7月6日	海南路10号
上海市闸北区档案馆	930	83430	1964年7月20日	秣陵路50号
上海市宝山区档案馆	1776	45829	1988年9月	友谊支路161号
上海市浦东新区档案馆	1120	134112	1993年3月31日	浦东新区川沙镇新川路540号
上海市嘉定区档案馆	1070	58337	1993年4月	嘉定区城中路72号
上海市闵行区档案馆	900	103234	1993年7月13日	闵行区莘建路146号
青浦县档案馆	1176	87025	1958年11月10日	青浦环城东路2号
南汇县档案馆	1081	93752	1959年4月	南汇人民路47号
奉贤县档案馆	1425	67712	1959年5月7日	奉贤解放路64号
松江县档案馆	2165	48861	1959年5月10日	松江中山中路38号
崇明县档案馆	1021	45245	1959年5月14日	崇明人民路34号
金山县档案馆	10980	79036	1959年5月30日	金山东林街160号

（续表一）

档案馆名称	馆库面积（平方米）	馆藏案卷	成立日期	地址
上海城市建设档案馆	2366	192087	1987年6月19日	陵园路10号
上海市音像资料馆	900	180245	1984年6月30日	岳阳路44号
上海地质矿产局地质资料馆	965	15403	1985年2月16日	灵石路930号
上海市气象档案馆	130	49275	1986年4月1日	蒲西路166号
上海文化艺术档案馆	2000	386	1987年4月6日	巨鹿路709号
上海市邮电管理局档案馆	312	54014	1987年5月18日	打虎山路101号
上海铁路局档案馆	450	44318	1989年12月13日	天目东路80号
上海工商行政管理档案馆	1000	213762	1991年3月7日	长安路1001号
上海科技成果档案资料馆	2020	43985	1993年4月10日	中山西路1525号
房屋土地管理局档案馆	1040	155408	1995年2月27日	曲阳路557号
高桥石油化工公司档案馆	5144	25273	1985年8月14日	浦东新区浦东大道3000号
上海石油化工股份有限公司档案馆	1744	36353	1987年5月20日	金山卫随塘河路1号
上海第一钢铁(集团)有限公司档案馆	2500	64628	1987年5月20日	长江路735号
上海飞机制造厂档案馆	1239	37466	1988年3月4日	场中路3115号
上海电机厂档案馆	407	29675	1988年6月15日	闵行区江川路555号
上海耀华玻璃厂档案馆	1767	14941	1988年8月9日	浦东新区耀华路700号
上海第三钢铁厂档案馆	1100	41683	1989年1月23日	浦东新区上南路300号
上海交通大学档案馆	710	58688	1986年4月12日	华山路1954号
华东理工大学档案馆	336	34699	1986年4月28日	梅陇路130号
中国纺织大学档案馆	1150	18767	1987年5月9日	延安西路1882号
同济大学档案馆	1038	48145	1987年6月10日	四平路1239号
复旦大学档案馆	525	65358	1988年4月5日	邯郸路220号
华东师范大学档案馆	1100	36104	1988年6月11日	中山北路3663号
上海医科大学档案馆	500	36249	1988年12月16日	医学院路138号
上海第二医科大学档案馆	480	34177	1990年6月19日	重庆南路280号
上海师范大学档案馆	824	44461	1991年6月25日	桂林路100号
上海大学档案馆		31476	1992年10年29日	延长路149号 说明：卢湾区档案馆旧馆时已拆除，因暂借馆房故无馆库面积。

资料来源：《上海年鉴》(1998)。

1997年，上海市档案馆实现了晋升国家一级档案馆的目标，馆藏档案165万余卷，开放档案10

批近74万卷。建立多媒体档案计算机辅助管理系统的微型模式,数据库拥有案卷级、文件级目录122万余条,近10万条开放档案目录可供用户检索,上海市档案局(馆)电子邮件系统与市政府电子邮局正式联网。先后接待来访的美、荷、日、韩等国档案代表团,相继组团出访美、德、加等国,并首次在德国、美国的5个城市成功举力了上海档案展览。

1998年,上海纪念《档案法》颁布10周年,召开档案法制工作经验交流会。上海市首次农业农村档案工作会议召开。制定一批新经济领域档案业务工作规范。14个科研课题立项,其中“档案材料模糊褪变字迹、图像恢复处理系统”经专家鉴定达到国际先进水平。成立上海市首届档案科技专家委员会,为档案科研管理提供咨询服务。上海市档案馆档案多媒体全文数据库系统第一阶段任务通过阶段项目验收,并投入运行,数据库总量达到152万条目录,居省市级档案馆之首。上海市档案局(馆)主页通过市科技网进入国际互联网。市档案馆全年接收23个全宗120971卷档案。向社会再次开放档案10650卷,接待查档1923人次,提供档案18336卷次。举行馆藏周恩来、刘少奇档案史料介绍会。赴加拿大举办“上海发展在我心中”展览,首次赴美国等地征集有关孙中山档案,举办国际档案理事会东亚分会执委会和第四届中国地方档案国际研讨会,与市外办共同举办“犹太人在上海”展览。

1999年,《上海市档案工作政策法规汇编》出版。35个机关档案馆(室)升市一级、110个升市二级;6个科技事业单位档案馆(室)升国家一级,13个升国家二级,45个升市级;5个企业档案馆(室)升国家一级,9个升国家二级,20个升市级;2个区、县档案馆跨入市一级行列;乡镇档案工作提前一年实现“九五”计划确定的70%达市二级的目标。对24个市重点项目档案进行登记,指导验收东海石油天然气工程等30个项目档案工作。全年接待查档2739人次,提供档案13988卷,海外学者来馆查档人次比上年增加1倍。《上海档案志》正式出版。“档案与上海史国际学术研讨会”“海峡两岸档案学术交流会”等大型学术活动成功举办。

2000年,上海市档案馆举办纪念抗美援朝运动50周年史料发布会,并利用馆藏照片参与主办第二届中国上海国际艺术节活动之一——苏州河光明行摄影展,其中近百件摄影、绘画作品由该馆收藏。卢湾区档案局(馆)利用馆藏照片举办淮海路百年回顾展、编纂出版《淮海路(1900—2000)》大型画册。2000年9月6日,市档案馆向巴金、王元化颁发捐赠档案收藏证书。巴金自1991年以来已向该馆捐献本人重要著作的手稿,旅法时的护照、身份证,各个时期的照片,当选第一至第三届全国人民代表大会代表的证书等档案资料达2282件。王元化自1993年以来已向该馆捐赠个人的读书笔记、历史照片、录音录像资料以及10多位文化名人的信函、读书笔记、照片,其中信件3133封,其他档案资料188件。

2001年,由市委组织部、市委宣传部、市委党史研究室和市档案局联合主办,市档案馆承办的“上海纪念中国共产党成立80周年图片展”,观众逾8万人次;市档案馆举办的“近代上海工商业同业公会史料展”和由市档案局、市民政局等联合举办、市档案馆承办的“上海市拥军优属、拥政爱民图片展”也获得社会好评。经多年编纂的《上海租界志》正式出版,并出版了整理翻译的《工部局董事会会议录》,举行了“租界与近代上海”国际学术研讨会。

2003年,上海档案工作主动服务“抗非”斗争,编发“抗非”工作大事记;将“非典”防治工作档案列为重要档案的监管范围。利用服务取得新成效,创办《新闻档案》,完成《追忆——档案里的故事》前60集的制作和播出,在日本横滨成功举办《用照片来记忆——上海横滨30年的发展》图片展。

2004年,上海市档案馆外滩新馆于4月23日开馆,举办《邓小平——女儿心中的父亲》等10个展览、开展“走近档案,解读上海”活动、设立东方讲坛举办点、开通“城市记忆”母亲河巡游热线等一系列举措。外滩新馆 4—12 月接待参观来访者超过 12 万人次。

2005 年，上海市档案馆外滩新馆全年接待学生 2 万多人次，党团活动 6 000 批 13 万多人次，参观各种展览和档案文化休闲活动的 31 万多人次。至年底，上海市档案目录中心数据库共有全文信息 1 681 万页，检索基本数据 803 万条，专题数据 30 万条；区级档案目录中心数据合计总量达 1 317 万条。上海市档案馆与 10 个区档案局馆合作编制完成《上海著名街区变迁图片专题目录》。“做时代先锋，为党旗增辉——建国以来上海市共产党员先进事迹档案文献图片展”在市档案馆外滩新馆展出，并到崇明县、金山区巡展，参观人数达 26 万人次。上海市档案馆出版图书《日本在华中经济掠夺史料》，并与市文明办、上海人民广播电台新闻频率等单位联合举办“抗日战争与上海”档案图片实物展、“市民与社会”和“抗战胜利纪念日”特别节目，电台、电视台首次将直播现场设在市档案馆。市档案馆外滩新馆开展假期“学生课堂”系列活动，推出“外滩景，上海情”主题活动。市档案馆积极参与中外文化交流，由市档案馆与有关方面联合举办的上海风情图片展，分别在塞黑等欧洲八国巡回展出。来自法国、德国、波兰的水上人家摄影展、“和平 · 11 扇窗”德国纪实图片展、维斯瓦河流域的格但斯克图片展相继在市档案馆外滩新馆展出。

到 2009 年底，上海市和区县档案馆馆藏档案 752.47 万卷，其中市档案馆馆藏档案 281 万卷。市、区县档案馆共接待政府公开信息和档案查阅 15.45 万人次。市档案馆接待参观展览和档案文化休闲活动 24 万人次，学生 2.6 万人次，党团活动 19 万人次；开放档案 80 多万卷；到馆查阅政府公开信息和档案 1.43 万人次，其中个人利用 6 108 人次。市档案局（馆）首次与解放军档案馆联合举办“光荣历史的见证”档案实物展，纪念中国人民解放军建军 80 周年。上海市档案馆利用馆藏资源开设学生专题活动项目，被市教委列入 2007 年出版的《上海市中小学社会实践基地版图》和《上海市中小学社会实践基地活动方案选编》。参与实施建设“城市记忆开发工程”，市档案馆编研的《档案里的上海》《上海老工业》《日军占领时期的上海》等书出版。

2010 年 12 月 28 日，《记录成功再现精彩留住难忘——档案人镜头中的世博写真》展览，在市档案馆外滩新馆隆重揭幕并向社会免费开放。国家档案局副局长段东升，市政协副主席吴幼英出席开幕式并为展览揭幕。

第三节 文化遗产保护服务

1996 年 2 月，《上海市文物市场管理办法》公布，并于 4 月 1 日起实施。办法规定在上海范围内以收购、销售、寄售、典当、拍卖等方式经营文物或文物监管物品的，必须经市文管会批准，发给经营许可证，并办妥公安、工商行政管理部门的特种行业许可证和营业执照，方准营业。9 月 14 日，上海文物博物馆学会举行成立大会。有团体会员 19 个，个人会员 262 人。学会的宗旨是开展文物保护、陈列展览、藏品研究和科学管理等学术活动，团结全市文博工作者，促进文物、博物馆事业的发展，为建设社会主义精神文明作出积极贡献。会议期间同时举行了首届学术讨论会。12 月 30 日，上海博物馆新馆局部建成并试行对外开放，位于人民大道，与市政府大厦遥遥相对。建筑面积 3.8 万平方米，地面 5 层，地下 2 层，建筑高 29.5 米。新馆试行开放的有“中国古代青铜馆”、“中国古代雕塑馆”和“中国古代陶瓷馆”。

1996 年上海地区 13 座古塔中有 7 座修复或加固。青浦泖塔、嘉定法华塔、松江李塔于 1995 年度先后开工清理修缮，其中：法华塔向南倾斜 78 厘米，纠偏工程竣工；清理李塔“地宫”出土佛像、铁塔等文物 70 余件。新发现奉贤江海和泖塔二处古文化遗址；为筹建遗址博物馆，对崧泽古文化遗址进行了第四次清理;上海老城墙一隅和城上大境阁修竣,于10月份开放,阁内布置老城厢史迹陈列。

表2-3-9 2001年上海市全国重点文物保护单位一览表

名称	建立时期	地点	公布日期
上海孙中山故居	1918年	卢湾区香山路7号	1961年3月6日
中国社会主义青年团中央机关旧址	1920年	卢湾区淮海中路567弄(渔阳里)6号	1961年3月6日
中中国共产党第一次全国代表大会会址	1921年7月	卢湾区兴业路76号	1961年3月6日
鲁迅墓	1956年	虹口区四川北路2288号鲁迅公园内	1961年3月6日
豫园(包括湖心亭、荷花池、九曲桥)	明、清	南市区老城厢	1982年2月23日
宋庆龄墓	1981年	长宁区宋园路宋庆龄陵园	1982年2月23日
松江唐经幢	唐大中十三年(859年)	松江县松江镇中山小学内	1988年1月13日
徐光启墓	明崇祯十四年(1641年)	徐汇区南丹路光启公园	1988年1月13日
龙华革命烈士纪念地	1927—1937年	徐汇区龙华路龙华烈士陵园内	1988年1月13日
兴圣教寺塔(松江方塔)	宋熙宁、元祐年间(1068—1094年)	松江县松江镇中山东路方塔园内	1996年11月20日
真如寺正殿	元延祐七年(1320年)	普陀区真如镇	1996年11月20日
沉香阁(归属全国重点文物保护单位豫园)	明、清	南市区沉香阁路	1996年11月20日
外滩建筑群	20世纪初至30年代	上海大厦至延安东路口	1996年11月20日
原上海邮政总局大楼	1924年	虹口区北苏州路276号	1996年11月20日

资料来源:《上海年鉴》(2002)。

1997年5月,龙华烈士纪念馆和宋庆龄文物馆开馆,为广大群众特别是青少年增添两处革命传统教育基地。12月,虹口区政府为中共中央宣传部旧址、远东反战大会旧址等10处革命和文化遗址挂牌。松江李塔、崇明学宫第一期修缮工作先后竣工。青浦太阳岛泖塔修复后,被世界航标协会宣布为世界航标遗产,并列入世界历史名胜灯塔百强。上海自然博物馆和台湾自然科学博物馆在台中市联合举办“台湾特有鸟类特展”;上海博物馆珍藏“长江五千年文明　　良渚文化”特展在台中自然科技博物馆展出。

1998年,上海市文物管理委员会完成《上海市文物保护管理条例》的起草工作,先后抢救维修了金山东林寺大殿、朱家角放生桥、松江佘山秀道者塔等一批市、区级文物保护建筑。上海市历史博物馆东迁东方明珠电视塔的筹备工作正式启动;广东路上海文物商店南商场北迁工程结束,与原北商场连成一体,东起江西中路,西至河南中路,初步形成文物一条街规模。9月18日,法国总统希拉克在爱丽舍宫会见以马承源为团长的上海博物馆代表团,并授马承源“法兰西共和国荣誉勋章”,

表彰其在中国文物博物馆事业及中法文化交流中的杰出贡献。截至年底，上海市有全国重点文物保护单位 13 处，市级文物保护单位 112 处，区县级文物保护单位 142 处。1998 年 11 月 5 日，课题"竹简脱水干燥研究"通过评审获上海市文物管理委员会科技进步一等奖，达到国际先进水平。

1999 年，中共一大会址纪念馆改扩建工程竣工并对外开放，新建的上海公安博物馆和改建的上海鲁迅纪念馆相继开馆；崇明县博物馆在新馆开馆的同时，还举办了"崇明岛史和古船"与"崇明民俗"特色展览。考古工作取得新成绩，金山松隐寺华严塔塔刹宝瓶内发现一批重要文物，松江广富林古村落遗址的年度考古发掘获得丰硕成果。上海博物馆举办一批重要展览，其中"大英博物馆藏古埃及艺术珍品展"在上海引起轰动。1999 年 8 月 31 日—9 月 1 日，上海市文物工作会议召开，提出了 1999—2002 年的上海文物工作计划和"十五"及 2015 年远景规划。11 月至 12 月，市文管委考古部对广富林遗址进行了较大规模的发掘，该遗址是长江下游考古的重要发现和新的突破，丰富了上海地区的古代文化内涵。

2000 年，经国务院批准，上海开展了新中国成立以来规模最大、持续时间最长的一次文物普查，共查得文物点 3 957 处，其中古遗址 202 处，古墓葬 276 处，古建筑 1 267 处，石刻 352 处，近现代重要史迹 887 处，近现代代表性建筑 725 处及其他文物点 248 处。为了加强对文物拍卖的管理，上海市文管委举办了第一期"上海市文物拍卖专业知识人员资格培训班"。年内，相继建成了中国首家银行博物馆、陈云故居暨青浦革命历史纪念馆和上海淞沪抗战纪念馆。

2002 年，上海公布全国重点文物保护单位 16 处，市级文物保护单位 114 处，古文化遗址保护单位 30 处。在考古发掘工作方面，志丹苑遗址发掘初见成效，一组保存完整的元代大型水闸建筑渐露面目。在文物流通领域，市文管会培训考核各类文物经营单位工作人员 728 人，核发文物经营许可证 624 张，重新审批文物拍卖标的 9 万余件。上海博物馆举办"山西晋侯墓地出土青铜器国际学术研讨会""中国古代白瓷国际学术研讨会""国际博协亚太地区第七次大会暨博物馆与无形文化资产国际学术研讨会""千年遗珍国际学术研讨会"，出版"上海博物馆藏品研究大系"等系列国际学术活动成果，庆祝建馆 50 年。上海博物馆投资 1 600 万元的信息化工程的平台建设、数据库建设、多媒体信息采集等取得阶段性成果，达到全国一流水平。12 月，推出的"晋唐宋元书画国宝展"，展出书法 26 件、绘画 46 件，均为国宝级重要藏品，盛况空前。

2002 年 10 月 16 日，上海工艺美术博物馆在汾阳路 79 号开馆。汾阳路 79 号原为法租界公董局某公董住宅，建于 1905 年。该建筑占地总面积 5 862 平方米，建筑面积 1 496 平方米，三层混合结构，为法国后期文艺复兴式住宅，正南设左右双抱露天大楼梯，平屋顶有漏空女儿墙。抗战胜利后，联合国世界卫生组织曾在此办公。1960 年上海工艺美术研究所迁入。1989 年公布为上海市文物保护单位。2001 年上海市工艺美术研究所在市文管委指导下对建筑进行复原修缮，设立博物馆及专业创作室。展品和藏品补充上海博物馆收藏品以外的近现代工艺美术精品，成为上海较有特色的行业博物馆。

2003 年 5 月 13 日，上海博物馆"敬业、创新、一流、合作、务实"的"上博精神"在各行业得到推崇。抗击"非典"期间，上海博物馆在加强严密预防措施的同时坚持开放。9 月 25—27 日，亚欧基金会博物馆协会上海会议在上海博物馆召开，这是该协会第一次在中国举办类似会议，会议肯定了上海博物馆在博物馆研究、管理、开放工作中的成绩。

2004 年，上海市文物管理委员会在加大文物保护力度的同时，充分利用区、县文化行政管理部门职能，调动全社会保护文物积极性。4 月，市文管委把全市各区、县文化行政管理部门公布的首批 635 处"登记不可移动文物"予以统一公告。10 月，市政府召开文物保护"五纳入"工作会议，把文物保护纳入经济和社会发展计划,纳入城市规划,纳入财政预算,纳入体制改革和纳入各级领导责任制。上海博物馆成功举办"晋唐宋元书画国宝展"、"淳化阁帖最善本特展"、"周秦汉唐文明大展"及其他国宝系列展。5月至7月,第二届全国省级文物局长培训班在上海举办。上海市原按照市政府规章已经核定的文物拍卖企业,需按新的要求重新申领文物拍卖许可证。至年底,有18家拍卖企业取得该证。针对上海现状,市文管委要求各拍卖企业在取得文物拍卖许可证后,加强从业人员对文物保护有关法律、法规学习,在文物拍卖标的的征集、申报、审核、拍卖、备案各个环节都应遵守《文物拍卖管理暂行规定》和《上海市文物经营管理办法》。

2005年,上海市完成400余处不同级别文物保护单位编码、审核、上报工作:完成第一至第五批全国重点文物保护单位档案的整理、核实、上报工作;经批准的各类文物经营单位37个、文物拍卖企业24家、旧木器经营单位46个、文物交易市场8个。应上海海关、检察院等要求,鉴定涉案文物1100件。征集珍贵文物883件。办理文物出境鉴定277人次2978件。制定并实施《上海市博物馆事业发展总体规划》。上海博物馆举办"上博馆藏铜镜精品展""十八、十九世纪法国马赛艺术展""法国凡尔赛宫珍藏展""中、英十七世纪景德镇瓷器馆藏展"等。

2006年,上海市文管委制定并实施《上海市博物馆事业发展总体规划》。完成上海邮政博物馆、中共四大史料陈列室等6座博物馆的建设;审核、指导宋庆龄故居和豫园、龙华烈士纪念地等数十项各级文物保护单位的修缮保护工程;充分利用中国首个"文化遗产日"并结合"5·18国际博物馆日"活动周,免费开放百余个博物馆、历史文物建筑;为新公布的3处全国重点文物保护单位挂牌;组织红色旅游等,促进、指导区县文博事业的发展,提升文化遗产保护水平。上海博物馆以世界文化、中华文化经典展览等为主线举办故宫博物院宫廷珍宝展、大英博物馆藏亚述珍品展、中日书法珍品展、纽约近代艺术博物馆藏绘画名作展等一系列中外精品展览。

至2007年底,上海有博物馆、纪念馆106座,年内接待观众1000万人次,其中免费接待未成年人等特殊群体约107万人次。上海博物馆举办世界古代文明系列大展之一的美国艺术三百年特别展览、从提香到戈雅——普拉多博物馆藏艺术珍品展、瑞典银器五百年展览。推进全国重点文物保护单位外滩建筑群的修缮工作,审核、指导沙逊大厦、江中饭店、怡和洋行、江海关等建筑的整修工程,完成上海宋庆龄故居纪念馆、兴圣教寺塔、龙华革命烈士纪念地等修缮工作。全年共完成7处全国重点文物保护单位、18处市级文物保护单位、27处区级文物保护单位的整治修缮工作。此外,协调市规划、房地资源等部门,完成全市12个历史文化风貌区保护规划审定工作。实施上海市郊32处历史文化街区的复查和审定工作。

2008年,市文管会全面实施文物保护法律法规,开展文物保护、普查,博物、考古等工作,取得较好成果。按照国务院统一部署,5月上海市开始进行第三次全国文物普查工作。"上海市总工会旧址"艺术性保护标志在闸北区落成。3—9月,市文管会联合复旦大学、上海大学等上海主要考古力量,对松江广富林遗址进行抢救性田野考古发掘,发掘面积逾5000平方米。

2009年,上海市先后完成大光明电影院整体修复,张闻天故居、王伯群住宅和圣三一基督教堂等多处历史建筑的修缮、保养、维护工程。年初召开上海市第三次全国文物普查工作会议,签订目标责任书。全市文物普查机构成立率100%,设备到位率100%,实地文物调查启动率100%,普查完成率100%;组建文物普查办公室19个、文物普查队114个,一线普查人员达980人。

2010年,上海市文管委基本完成《国务院关于加强文化遗产保护的通知》中提出的"到2010年初步建立比较完备的文化遗产保护制度,文化遗产保护状况得到明显改善"的战略任务。围绕"5·18"国际博物馆日、"6·10"中国文化遗产日、"12·8"中国历史文化名城纪念日,组织各区县文物管理部门开展各类宣传活动，包括博物馆、文物建筑的免费开放，名人故居挂牌，文物保护单位揭牌以及专家讲座、学术讨论等活动。2010年上海市各博物馆、纪念馆共举办各类展览219个，比上年增长11.17%，全年接待观众1 114.12万人次，比上年增长1.74%。全年审核文物艺术品拍卖场次141场，参拍品10.18余万件，发现疑似出土文物近30件，作撤拍处理。上海市文物商店售前文物审核5 000余件。审核文物携带出境128人次，文物1 709件；办理文物临时进境审核307人次，文物5 844件；办理文物临时进境复出境96人次，文物1 572件；审核文物复仿制品42件；审核国内外文物交流项目6个。4月13日，上海会馆史陈列馆建成开馆。9月1日，上海市文物局成立。11月7—12日，国际博物馆协会第二十二届大会在上海召开。

第四节　群众文化服务

20世纪70年代末以来，上海以文化宫、俱乐部、社区文化活动中心以及“歌会”等形式开展群众文化活动。

1981年8月，上海举办第一届“十月歌会”，以后每两年举办一届。到1989年，上海有市级群众艺术馆、工人文化宫、青年宫、少年宫各1所；有区、县级文化馆31所、工人俱乐部和少年宫各22所；街道和乡镇有文化站350个、文化中心站161个；厂级俱乐部4 200个，农村有亦工亦艺的“文艺工厂”161个，形成市、区县、街道乡镇三级群众文化网，达到了“六五”期间“县县有文化馆，乡乡有文化站”的要求。群众文化活动日益丰富多彩，形式有艺术节、文艺沙龙、文化庙会、元宵灯会、纳凉晚会、家庭演唱会，以及工厂的“班组之声”、学校的“班班有歌声”等。

1995年，上海市共有文化娱乐场所4 409家。其中，公益性区县文化馆34所，街道文化馆（站）212所，乡镇文化馆（站）104所，营业性文化娱乐场所4 059家，每天有14万市民在上述场所参加各种活动。广场文化活动也初具规模，建成以外滩和徐家汇广场为起点，东西南北中五大块的格局。各区、县的广场文化活动逐步形成有机制保障、操作规范、点线面相结合的运作方式。

表2-3-10　1995—2010年上海群众文化服务机构统计表

年份	1995	2000	2005	2010
机构数	45	340	249	240
从业人数	1 617	3 874	3 832	4 702
活动次数	1 021	7 629	35 027	35 600

2006年，上海市群众文化服务以建设公共文化服务体系为主线，推进社会主义新农村文化建设，强化公共服务能力，以社区文化活动中心和东方社区信息苑建设为重点，巩固和完善公共文化设施三级网络，并积极向小区（村）延伸。市文广影视局会同市农委等相关部门制定《推进上海市新农村文化建设行动计划（2007—2010）》，明确“十一五”期间上海市农村文化建设的目标、任务和推进步骤。

2008年，上海的公共文化设施不断优化，新建和改扩建了28个社区文化活动中心，建成了1 237个农村文化信息共享、数字电影播放服务点。至2008年底，全市公共图书馆面积总量达到39.8万平方米，比2007年提高了2.2%，公共文化馆和文化中心（站）面积总量达到93.2万平方米，比2007年提高了14.8%。

到2009年3月,上海已经建成标准化的社区文化活动中心135个,农村文化信息共享服务点1 237个,上海的公共文化设施网络进一步完善。至2010年底,共建成203家规范化、标准化社区文化活动中心。

一、群艺馆、文化馆

上海市群众艺术馆(简称群艺馆)于1956年12月30日成立,"文化大革命"期间,多数人员下放工厂当工人,建制撤销。1979年3月8日,中共上海市委宣传部批准恢复群艺馆建制。群艺馆设于复兴中路597号北楼二楼和五楼。建馆后,提出"面向全市,以农村为重点"的工作方针。"文化大革命"以后,群艺馆还主持《中国民间歌曲集成·上海卷》和《中国民族民间器乐集成·上海卷》编纂工作。1983年9月,委托上海师范大学艺术系举办文化馆音乐、美术干部大专班,学制两年。1986年9月,又举办文化馆戏剧干部大专进修班,1987年7月毕业,学习期满,成绩合格,发给大专毕业文凭。1986年编辑、出版《上海群众文化研究》季刊,1988年更名《群文论苑》,开展群众文化理论研讨活动。

区、县文化馆在中共十一届三中全会以后得到发展。1979年,金山县文化馆探索从文化消费型向文化经营型发展的新路子,实行农民画进入国际市场销售,开放文化市场,增加收入,以文补文。中共中央宣传部主办的《宣传动态》刊登《金山县文化馆办活了》一文,并加了编者按语,对金山县文化馆的经验给予充分肯定。文化部主办的《群众文化》1980年第2期也转载了该文。1983年初,黄浦区浦东文化馆率先实行承包责任制。

20世纪80年代,各区、县相继改建、扩建文化馆。同时,投资新建吴淞、闸北、上海、南汇、川沙、奉贤、嘉定、松江、青浦、金山等区县文化馆,以及普陀区真如文化馆、虹口区曲阳文化馆、杨浦区延吉文化馆、吴淞区月浦和桃浦文化馆等。虹口区曲阳文化馆,于1988年11月建成开放,建筑面积4 000平方米,集资480万元,开馆后,平均月收入11万多元,一年结余50多万元。普陀区真如文化馆实行以文补文,成绩显著。1989年10月,文化部在该馆召开全国部分文化馆以文补文经验交流会,真如文化馆在会上作经验介绍。1990年12月上半月,文化部在北京召开"全国先进文化馆、站经验交流暨表彰大会",上海的宝山区文化馆、松江县文化馆、虹口区曲阳文化馆、黄浦区浦东文化馆获得"全国先进文化馆"称号。松江县文化馆副馆长陆军获"全国文化系统劳动模范"的殊荣。潘兴发(真如文化馆)、孙菊英(杨浦区文化馆)获得"全国先进文化馆长"称号。至1992年底,全市共有区级文化馆24所,工作人员1 014人,县文化馆10所,工作人员357人。全市有区、县文化馆34所,建筑面积146 920平方米,工作人员1 371人。金山的农民画,松江的戏剧创作和丝网版画,奉贤的舞蹈和表演唱,川沙、青浦、金山的讲故事,崇明的山歌剧,南汇的锣鼓书,黄浦的戏曲"大家唱",浦东的摄影和谜会,宝山的吹塑版画,以及徐汇的桂花节,南汇的桃花节等,各领风骚。

街道、乡镇文化站(室)、文化中心市区街道文化站也在改革开放后得到发展。1980年11月,杨浦区辽源街道文化中心站对外开放,成为集文化、宣传、娱乐于一体的多功能文化活动场所。1984年12月,杨浦区昆明街道率先与本地区32家工厂企事业联合成立文化协作委员会,采取"以块为主,条块结合,互相协作,齐抓共管"的办法,联合举办群众文化活动,建设文化中心。1988年2月,上海县三林文化中心站与年利润达1400万元的市属国营工厂——上海刀片厂成立"飞鹰经济文化联合会",结成经济、文化联合实体,繁荣三林乡的群众文化。

到1992年底,上海市区139个街道,有文化站136个,总面积106 258平方米;郊县204个乡、镇，有文化站 203 个，总面积 123 831 平方米；还有集镇文化中心 161 个。

2000 年，上海市各区（县）、街道（乡镇）、里弄（村）三级文化设施得到发展，群众文化着力点落实到基层和社区。全市有 4 700 个群众文化、社区文化设施阵地，区、县文化馆 39 家，街道乡镇文化站 302 家，里弄文化图书室 3 701 家。

2004 年，上海市开展群众文化活动近 10 万场次，有组织的活动达 4.3 万场次，参与群众达 1 862 万人次。上海居（村）委小区多功能文化活动室的总面积为 56 万平方米，覆盖率达 94%。年内新建"文化信息共享工程"基层中心 11 个，社区级基层中心 66 个。2005 年，上海新建社区公共文化活动中心 30 个，新建社区信息苑 60 个，启动或完成区级公共文化设施 8 个。全市区县公共文化设施总面积达 270 万平方米，共有 250 个市、区县、街镇公共文化馆。2008 年，新建和改扩建 28 个社区文化活动中心，全市标准化社区文化活动中心总量达 135 个，公共文化馆和文化中心（站）面积总量达 94.5 万平方米。到 2010 年，共建成 203 家规范化、标准化社区文化活动中心。

二、文化宫、俱乐部

上海市工人文化宫是市总工会兴办的群众文化事业单位，位于市中心的西藏中路 120 号，占地面积 2 591 平方米。1978 年 9 月，上海市文化宫创作演出轰动全国的话剧《于无声处》。1980 年起，上海市工人文化宫连续举办 12 届迎春邮展和《上海职工八小时以外——生活集锦展览会》。1981 年组建上海市工人文化宫职工旅游服务部。1982 年具体负责组织"振兴中华"读书活动。1983 年主办"体育运动邮票展览"，国际奥委会主席萨马兰奇、国际足联主席阿维兰热出席开幕式。从 1985 年起市文化宫实行内部改革，逐步走上自负盈亏、自我发展的道路。文化宫从扩大经营自主权着手，积极参与文化市场的竞争，开设了大潮汐文化发展实业总公司，并向外投资欢乐文华休闲村、东方建筑五金有限公司等实业。

除了上海市工人文化宫，上海还有诸多区、县、产业工人文化宫、俱乐部。1979—1990 年，上海在原有的文化宫、俱乐部的基础上，建立了铁路工人文化宫、石化总厂文化宫，以及轻工业、纺织、财贸、海员、城建、港务、医务、教育等俱乐部。1990 年，除上海市工人文化宫以外，市区有沪东、沪西 2 个工人文化宫，14 个区工人俱乐部，12 个产业工人文化宫、俱乐部；郊县有 9 个工人俱乐部、13 个镇工人俱乐部；此外，全市的工厂、企业、农场有文化宫、俱乐部 745 个，专职工作人员 1 230 人。

到 20 世纪末，上海各处商圈快速崛起，成为新的休闲购物、文化娱乐中心；相比较之下，工人文化宫从外貌到内容显得比较老旧，对年轻白领人群的吸引力不足。以沪西工人文化宫为例，随着商铺出租越来越多，从曾经的沪西休闲文化地标"慢慢演变成小商品集市了"。工人文化宫在挑战中逐步摸索属于自己的发展之路。

2007 年，市现有各级工会文体事业机构 40 家左右，建筑面积约 22 万平方米，其中大部分建筑陈旧、设施老化的工人文化宫、俱乐部、体育场已得到改建修缮，工人俱乐部在功能上也有所调整，更加贴近劳动者们的需求。

到 2010 年，开放三年的上海长宁区工人文化宫已经成为上档次、高品位的职工文化活动中心。沪东工人文化宫形成了以创意策划为龙头，集影视演出、会务会展、文艺创作、艺术辅导等综合服务功能于一体的多元化运行体系。沪西工人文化宫每年开办舞蹈、美术、书法、器乐等培训班 200 多期，培训学员 5 000 余人次；职工技术交流站每年开办电工、制冷、烹饪、点心、电脑、会计等培训班 4 000 余个，培训学员 11 300 余人；2010 年为农民工进行技能培训就达 4 000 余人次。

三、群众文化活动

20世纪70年代末以来,上海以文化宫、俱乐部、社区文化活动中心以及“歌会”等形式开展群众文化活动。1981年8月,上海举办第一届“十月歌会”,以后每两年举办一届。到1989年,上海有市级群众艺术馆、工人文化宫、青年宫、少年宫各1所;有区、县级文化馆31所、工人俱乐部和少年宫各22所;街道和乡镇有文化站350个、文化中心站161个;厂级俱乐部4 200个,农村有亦工亦艺的“文艺工厂”161个,形成市、区县、街道乡镇三级群众文化网,达到了“六五”期间“县县有文化馆,乡乡有文化站”的要求。群众文化活动日益丰富多彩,形式有艺术节、文艺沙龙、文化庙会、元宵灯会、纳凉晚会、家庭演唱会,以及工厂的“班组之声”、学校的“班班有歌声”等。

1995年,上海市共有文化娱乐场所4 409家。其中,公益性区县文化馆34所,街道文化馆(站)212所,乡镇文化馆(站)104所,营业性文化娱乐场所4 059家,每天有14万市民在上述场所参加各种活动。虹口区被评为全国群众文化工作先进地区,奉贤县获全国文化先进县称号,宝山区被评为全国边境文化长廊建设先进地区。

1997年,上海已形成70多个辐射力强、影响大的广场文化活动中心,全年举行活动5 000多场,观众达800多万人次。上海广场文化已从单一的小规模文艺表演,发展到包括教、科、文、卫、体等综合性大型文化活动。

2006年,上海市群众文化服务以社区文化活动中心和东方社区信息苑建设为重点,巩固和完善公共文化设施三级网络,并积极向小区(村)延伸。市文广影视局会同市农委等相关部门制定《推进上海市新农村文化建设行动计划(2007—2010)》,明确“十一五”期间上海市农村文化建设的目标、任务和推进步骤。

2008年,上海的公共文化设施不断优化,新建和改扩建了28个社区文化活动中心,建成了1 237个农村文化信息共享、数字电影播放服务点。至2008年底,全市公共图书馆面积总量达到39.8万平方米,比2007年提高了2.2%,公共文化馆和文化中心(站)面积总量达到93.2万平方米,比2007年提高了14.8%。

到2009年3月,上海已经建成标准化的社区文化活动中心135个,农村文化信息共享服务点1 237个,上海的公共文化设施网络进一步完善。至2010年底,共建成203家规范化、标准化社区文化活动中心。

2010年,上海公共文化工作以世博会为契机,推进上海公共文化体系建设,编制《上海市公共文化服务体系“十二五”规划》和《上海市非物质文化遗产保护发展“十二五”规划》。全年共开展群众文化活动47万余场次,参与人次逾3 919万。新创群众文化作品7 000余件,其中新创演出作品约2 300余件。至年底,共建成203家规范化、标准化社区文化活动中心。

第五节 文化研究和社团服务

1979年上海艺术研究所成立,上海戏剧学院、上海音乐学院又分别成立了戏剧研究所和音乐研究所。这一时期,艺术理论向科学建设的多元化方向发展,还有计划、有系统地研究、编纂了上海地区艺术史志,记录整理了一批著名艺术家成长道路的专著,出版了《中国京剧史》《中国戏曲志上海卷》《中国曲艺志上海卷》《中国民间民族舞蹈集成上海卷》《中国戏曲音乐集成上海卷》《中国曲艺音乐上海卷》《周信芳文集》《俞振飞艺术论集》《袁雪芬的艺术道路》《展开艺术想象的翅膀》《筱文艳舞台生活》等;涌现了一批优秀学术著作,有赵景深的《曲论初探》、蒋星煜的《明刊本〈西厢记〉研究》、徐扶明的《元代杂剧艺术》、余秋雨的《戏剧理论史稿》、叶长海的《王骥德〈曲律〉研究》、胡妙胜的《充满符号的戏剧空间》、贺绿汀的《贺绿汀音乐论文选集》、江明惇的《汉族民歌概论》、叶栋的《敦煌琵琶曲说解释》、王志芬的《中国舞蹈发展史》、谢稚柳的《鉴余杂稿》、伍蠡甫的《伍蠡甫艺术美学文集》等。

一、社团机构

【研究院所】

上海舞台技术研究所　前身是上海市文化局舞台光源组,1980 年改建为上海舞台灯光技术研究室,1988 年改为研究所,下设灯光机械研究室、调光电气研究室、舞美艺术中心、技术服务部等部门,主要从事舞台技术的研究,先后担任负责人的有卢珂、石慰苍、贺寿昌等。

上海艺术研究所　始建于 1979 年,是从事艺术研究的专门机构。主要研究艺术史论和当代文艺发展的态势,并搜集、摄制、保存戏剧音像资料,编纂《上海艺术家》《上海戏曲史料荟萃》《戏曲音乐资料汇编》《上海艺术研究论坛》等刊物。先后担任所长的有章力挥、李祥春等。

上海戏剧学院戏剧研究所　前身为上海戏剧学院戏剧研究室,成立于 1979 年。1982 年改为上海戏剧学院戏剧研究所。主要从事中外戏剧史论和表导演艺术的研究,创办了《戏剧艺术》季刊,为科研成果提供发表的园地,组织专题讨论,并担任了一些国家和文化部的重点科研项目。先后担任所长的有吴仞之、陈恭敏、胡妙胜等。

【社团】

上海越剧艺术研究中心　成立于 1988 年,主任袁雪芬。组织撰写编辑出版了《上海越剧志》《重新走向辉煌——越剧改革五十周年论文集》等著作,参与筹备召开越剧音韵和语言研讨会,上海、浙江越剧现状及对策研讨会等研究活动。

上海话剧艺术研究会　成立于 1989 年,会长为李祥春、余秋雨。曾参与主办“’90 上海话剧展演与研讨”等大型活动,组织完成《上海话剧发展对策调查报告》等。

上海吴昌硕艺术研究会　成立于 1989 年,会长程十发。搜集整理吴昌硕史料,筹建吴昌硕纪念馆,并参与举办吴昌硕书画展。

二、艺术研究活动

“文化大革命”结束后,中国进入改革开放的新时期,艺术研究又得以重新开展,并不断深入有了新的发展。艺术研究活动包括但不限于:关于“样板戏”的讨论、关于“戏曲危机”的讨论、关于生活真实与艺术真实的讨论、关于油画民族化的讨论、关于民族舞剧的讨论、关于现代舞的研讨、关于南派京剧的研讨,等等。1986 年,上海文艺新学科研究在全国文艺观念更新和方法论研究潮流中兴起,上海初步建成了一支较大的文艺新学科研究队伍,由科研、教学、宣传和文艺管理部门工作者组成。上海社会科学院情报所主编《当代新学科手册》和《世界新学科总览》,收进文艺新学科近 50 种。1986 年,上海社会科学院文学所新学科研究中心先后召开全市文艺新学科座谈会和文艺新学科研讨会。1986年以来,上海实际开展的文艺新学科研究种类包括:信息论文学、文艺风格学、文艺生态学、科学文学、文艺心理学、文艺创造学、文艺社会学、文艺时间学、广播电视社会学、电影社会学、文艺管理学、接受美学、舞蹈社会学、书法美学、音乐社会学,等等。

20世纪90年代,上海曲艺界联合召开评弹艺术理论研讨会,就评弹艺术革新、书目建设、人才培养进行了探讨,有的人还提出要建立"评弹学"。

1994年12月20日至1995年1月10日,文化部于梅兰芳、周信芳两位大师诞辰百年之际联合举办系列纪念活动,开幕在北京,闭幕在上海。纪念梅兰芳、周信芳诞辰100周年学术研讨会于1995年1月7—9日在宛平艺苑举行,梅兰芳、周信芳两位大师的子女梅绍武、梅葆玖、周少麟、周采蕴等参加了研讨会开幕式。

1999年9月,文化产业的发展与管理研讨会举行,来自国内外的60多位学者提出:随着中国加入WTO步伐的加快,大力发展文化产业已成为当务之急。1999年11月至12月,市文联、协会连续举办"文艺家工作室座谈会""走进市场的动画片——《宝莲灯》研讨会""探索影视制作新思路——《黄河绝恋》研讨会",交流和研讨文艺走进市场的经验得失。这是上海文艺体制改革后,文联协会第一次举办大规模的文化市场研讨活动,意见集中在三个方面:强调艺术家需要经纪人、呼唤法律保障、呼唤懂市场的评论家。研讨中,有专家还提出,艺术家还有待加强市场观念,21世纪,影响艺术家走入市场的最大难题是高科技。

2000年3月13日,上海市文联召开文化经纪人座谈会,探讨艺术生产与文化经纪人的关系,文艺界、工商管理界、文艺演出公司等方面人士参会。与会人士认为,艺术生产从创作到市场,需要很多环节,其中需要中介机构的参与。从发展趋势看,除少数国家扶植的重点剧团外,其余团体的演职员将逐渐成为自由职业者。文化经纪人就显得格外重要。与会人士还认为中国的文化经纪人行业也存在许多问题。国家单位经纪人步履维艰,而个体经纪人操作又不规范,这是当前上海文化经纪人的工作现状。如何规范市场操作,让以个体形式出现的经纪人从"地下"走到"地上",这是改革应该解决的问题。有些人士认为,管理部门的审批环节太多,经纪人没有合法地位,也是不利于经纪人发展的原因之一。

2002年6月,上海大学"海派文化研究中心"成立,每年举行上海大学海派文化研究中心学术研讨会。2007年6月2日,由上海市档案馆、上海大学海派文化研究中心主办的"第6届海派文化学术研讨会"在上海青浦举行,会议主题为"海派文化与城市综合竞争力"。2010年11月27日,由长宁区委宣传部、上海大学党委宣传部、长宁区文化局、长宁区图书馆等联合举办的"海派文化与城市更新和创新——第九届海派文化学术研讨会"在长宁区图书馆举行,以"海派文化与城市更新和创新"为主题。

第四章　文化信息传输业

第一节　互联网信息服务业

20世纪80年代末期，互联网以局域网的形式在行政机关应用。1988年，上海政府系统的信息网络初步形成。这个网络以市政府办公厅为枢纽，有通向22个区、县政府办公室的纵向串联系统，有通向75个委、办、局办公室的横向并联系统，还有通向6个市政府驻外省市办事处的扩散系统。在此基础上，各委、办、局和区、县政府还多层次地建立了自己的信息网络。

到90年代，互联网应用日渐拓展。一方面，互联网技术不断应用于公共服务领域，1992年，上海师范大学和中共上海市委党校等11家单位携手，成立西南地区图书情报馆（室）协作网。1994年，上海高校、科研、情报和公共图书馆四大系统的19家图书馆成立上海地区文献资源共享协作网。同年，上海申联文献信息技术公司聘请的16位退休教授和专家，经过5年努力，编制成一套完整的图书计算机目录数据，由此，世界上39 000个图书馆能及时获悉中国出版的图书与文献信息。1996年，上海交通大学、复旦大学等4所学校开通校园网。1997年7月，上海中小学教育信息网工程取得初步成果。同年，“上海社区服务网”建设在全市推广。该网以“社区”为基础，以“服务”为载体，是一项实现全社会信息网络化、网络社区化、社区信息化的系统工程。有电脑的家庭可以通过电话拨号免费上网，没有电脑的家庭则可以到设立在上海街头的400个电脑服务亭中，免费享受网络化的社区服务。

另一方面，互联网技术也被应用于商务领域。一个为海内外人士提供电子信息资讯服务的现代化电子网络“通向中国之路”由华东化工学院所属的捷成信息工程公司和国务院18个部委联合组建的中国科技资料进出口公司共同开发成功。1997年，上海第一家开设在计算机信息网络上的“网络商店”开张。这家“网络商店”由上海赛百威电脑公司和迪尔电子技术公司共同创办，它开设在上海公共信息网即上海热线（Shanghai Online）上。

90年代中后期，上海的互联网用户也日益增长。1996年，“上海热线”注册用户300户，每天上网寻访量1 300人次。1997年，国际互联网（Internet）和“上海热线”注册用户23 104户，“上海热线”上网数据库111个，至当年底，“上海热线”累计上网人次超过348万，日均上网人次1.6～1.8万，位居全国之首。同年，联通北京、上海、广州、深圳、福州、西安、沈阳、哈尔滨等8大城市的计算机信息网络“瀛海威时空”开通。“瀛海威时空”的用户在电脑上只需拨通本地电话，即可与另外7个城市互联。在网络上，用户能单向获取新闻、行情、气象等各类信息。1997年3月18日下午，在东方广播电台的直播室，通过东方广播电台和瀛海威信息通信有限责任公司合作，东广主持人梦晓和瀛海威信息通信有限责任公司的技术人员共同开通了网络广播——“东广信息网”。

1997年6月，一条面向全国、通达世界的信息高速公路——上海市东方网络信息中心正式开通，上海再添国际互联网络新“入口”。上海东方网络信息中心，由上海市虹口科学技术委员会与上海工业技术发展基金会联合组建，是上海市邮电局批准从事InternetISP服务的第九家运行单位。在这个信息化“窗口”中，人们可以24小时享受Internet网上驰骋、电子传真信箱等先进的网络服务。

至1998年末,上海本地最大的中文公共信息网——上海热线上网人次达1552万,其信息资源站点达155个,网上数据库及应用服务154个。固定上网用户总数超过20万,其中VIP用户13万,INTERNET注册用户7万多,总数达11万户。新增数据用户带宽201兆。作为169中国公众多媒体通信网上的最佳热门站点,上海热线与中国科技网(上海)、上海教育与科研网、上海科技网、上海经济网、中国互联网(CHINANET)实现互联互通,并实现了与30多个省市169公众多媒体通信网的互联。上海热线从较简单的电话号码查询、网上信息浏览发展到5大类20多个分类栏目信息,并开发了“证券之星”等精品库。网上服务功能从上网浏览发展到网上交谈、电子邮件(E-mail)、网上购物等互动式信息服务。在国内,上海热线在电子商务方面已走在其他公共网络的前面,开发提供的项目有网上炒股、订机票、购书、房产交易、预订客房等。同年8月8日起,上海电视台开通网站,其电视节目可在网上浏览。上海电视台网站共有15个类别200多层页面,内容信息量大,充分涵盖新闻、经济、体育、文艺等诸多方面,并特别推出“网上市场”服务,使上海电视台的市场节目得到延伸。1998年,上海信息交互网还新添了第八个成员:中国金桥信息网。至此,上海信息交互网已有中国科技网、上海教育与科研网、上海科技网、上海公共信息网(上海热线)、上海经济信息网、瀛海威时空、上海优特网等成员。同年,上海市广告协会建成了国内第一家实现信息交互处理的专业广告市场网络(CAM网站),《解放日报》也创建了电子网络版,从1998年10月27日到11月25日,不到一个月的时间里,浏览人次超过20万,比上个月翻了一番,其中60%的浏览者来自美国。

1999年,上海完成全国公众多媒体骨干网一期工程和全国第二期窄带多媒体通信联网工程;完成了中美、欧亚国际光缆近海段的敷设、设备安装及调试工作。信息化建设方面,在用户光纤到小区、到大楼的基础上,推出了上海热线Ⅱ,基本形成了以光纤全业务网为代表的上海电信宽带信息网,具国内领先水平。上海电信还与市教委共建教育信息网暨中小学网上学校,与市教委、复旦大学、上海交通大学、上海电视大学联合建成远程教育系统,开设了工商管理硕士(MBA)考前辅导课程及计算机网络专升本和广播电视大学课程;建成多媒体服务和制作中心,可向邮电二村、六里小区等6个智能化小区和非对称数字用户线(ADSL)用户提供300小时的视频信息。2月7日,上海公共文化信息网在上海图书馆正式开通。1999年5月29日,中国上海网站(www.shanghai.gov.cn)在国际互联网上正式开通。

2000年,信息产业成为带动上海经济和社会发展的第一支柱产业,产值(现价)和经营收入达到1031.14亿元,信息产业增加值350.36亿元,占全市国内生产总值7.7%。与之相应,信息服务业日趋成熟。全年营业收入188.12亿元,比上年增长54.6%,其中,网络服务业收入7.86亿元。在具体工作推进上,信息港主体工程被列为上海市第一号重大建设工程,并全面完成各项建设任务。一个高带宽、高覆盖、高速率、高性能的上海信息港主体框架已形成。与上年底相比,反映城市信息基础设施功能水平的主要指标均有明显提高:国际出口带宽从250兆提高到1500兆;城域主干网由一家发展为上海电信、上海联通、上海网通和上海有线等四家;本地交互网互联带宽由10兆以内提高到100兆以上,交互网接入单位从9家增至13家;市区家庭宽带网络覆盖率从20%升至95%。全市家庭电脑互联网用户数110万户左右,比上年增长20%以上;Internet用户数近202万户,比上年增加102万户,增长102%。

与此同时,信息技术在各行各业得到广泛应用。市区两级政府基本建立了内部局域网,55个政务部门实现政务公开信息上网。大型网站“东方网”开通,为用户提供丰富的信息服务。建设数字图书馆、网上博物馆和网上学校,新建10个旅游咨询服务中心,累计达22个,共接待游客和网民访问量近80万人次。社区服务网建成15个区、100多个街道的网络节点,上海社区服务网与社区服务热线构建了市、区、街道、居委四级网络服务体系和信息平台,并开通上海慈善网、上海婚姻网、上海老龄网、上海殡葬网、上海康复器材网、上海彩票网等6个民政服务专题网站。此外,还开通了上海网上科技市场(www.cnsm.net)。中国连锁超市业的“领头羊”——联华超市则全面进军电子商务,成立由其发起控股的上海联华电子商务有限公司。4月,中国的e龙公司和美国的Mail.com公司在上海宣布进行合作,建立以e龙为核心的亚洲最大因特网公司Asia.com(亚洲公司)。同年,上海电信信息产业公司倡议发起成立上海热线网站联盟成立。该网站联盟根据自愿、双赢、优势互补、分工合作的原则,依托上海热线的用户资源和网络资源,加强相互间的技术、业务合作交流,共同拓展上海及全国的市场,开发出更丰富、更多的服务功能。新组建的上海热线网站联盟首批成员有美亚在线、中国汽车网、中国天元网、中国消费网等单位。

2001年,信息产业继续成为上海第一支柱产业,实现产值和经营(服务)收入1301.51亿元,比上年增长24.4%。其中信息服务业收入215.78亿元,比上年增长14.7%。全市完成增加值402.38亿元,占全市GDP的8.1%,比上年增长20.2%,对全市GDP的直接贡献率为14.7%。其中信息服务业增加值149.24亿元,比上年增长11.9%。年末国际互联网用户310万户,比上年末增加108万户,宽带接入用户12.5万户。2001年拨号上网的互联网用户年底达到99.1万户,比上年增加10.9万户,增幅为12.4%。互联网拨号上网使用时长达到45.9亿分钟,比上年增加7.6亿分钟,增幅为19.8%。同年,社区服务网实现社区服务中心宽带联网和信息网、热线电话网、业务网“三网联动”;政务网开通了“中国上海”门户网站,55个委办实现政务公开信息上网。至2001年底,上海教科网主干带宽由建设之初的64K提升到1.25G,各教育单位(主要为高校)互联光缆近200公里,全市教育宽带网逐步形成。

2001年年内,批准了134家单位经营互联网服务提供商(ISP)业务,660家单位经营互联网内容提供商(ICP)业务,同意备案450家。为加强互联网信息发布管理,2001年3月,上海市文化广播影视管理局颁布《关于加强通过信息网络向公众传播广播电影电视类节目管理的通告》。《通告》规定,凡上海市范围内的单位或个人,需利用包括国际互联网络在内的各种信息网络传播广播电影电视类节目的,须通过市文化广播影视管理局报国家广播电影电视总局批准;经批准通过信息网络传播的广播电视新闻类节目,必须是境内广播电台、电视台制作、播放的节目。

2001年初,上海热线“新世纪版”首批推出互联网个人号码(IPN)、电话E-mail和游戏中心3项网络新业务。7月27日,集图书、音乐、期刊、理财和大型工具书网上在线于一体的专业出版网站——易文网宣布正式开通。易文网是上海世纪出版集团、上海新汇光盘集团和上海联和投资公司组建的上海数字世纪网络有限公司创办的经营性专业出版网站,主营业务为图书和音像制品网上销售以及电子出版物网络版的销售、下载、转让。12月30日上海市教师教育网站(www.21shte.net)开通。

2002年,上海信息产业全年完成增加值489.07亿元,比上年增长17.8%(统计口径与上年有变动,下同),占全市GDP的9%,其中信息服务业增加值完成176.4亿元,比上年增长17.4%。信息服务业完成信息服务业收入260.08亿元,比上年增长20.5%,其中网络服务收入17.07亿元,增长近5倍。国际互联网用户达419.6万户,比上年增加109.6万户;宽带接入用户达34.79万户,比上年增加22.29万户。2002年,上海市公务网工程各方面建设任务基本完成;“中国上海”门户网站正式运行,全年访问人次达400万;“校校通”工程基本建成。批准成立ICP(互联网内容服务提供商)1 688 家、公告栏(BBS)经营者 64 家。

2002 年 6 月,上海市互联网协会成立。该协会是由上海市从事互联网业及互联网相关产业的企事业单位、个人以及关心和致力于推动上海互联网事业发展的企事业单位、社会各界人士自愿组成的非营利性的专业社会团体。上海联通、上海电信、上海移动、上海网通、上海邮政、解放日报社、上海交通大学、上海贝尔、邮通设备等上海市互联网协会成员单位和上海长宽、上海热线、灵通网络等沪上 100 余家互联网从业单位作为上海首批签约单位当场签署《中国互联网行业自律公约》。《公约》承诺:不制作发布或传播危害国家安全、危害社会稳定、违反法律以及迷信、淫秽等有害信息;不链接有有害信息的网站;制作、发布或传播网络信息,要遵守有关保护知识产权的法律、法规;引导广大用户文明使用网络,增强网络道德意识,自觉抵制有害信息的传播。

2003 年,信息产业完成增加值 622.04 亿元,比上年增长 17%,占全市 GDP 的 10%。其中,信息服务业增加值为 252.2 亿元,比上年增长 24%。信息服务业全年完成经营收入 501.28 亿元,比上年增长 33%。其中网络服务收入 23.55 亿元,比上年增长 63.1%。国际互联网用户 431.6 万户,比上年增加 12 万户;宽带接入用户 92.49 万户,比上年增加 57.7 万户。2003 年 9 月 9 日,东方宽频网络电视开播。东方宽频网站是文广影视集团与上海信息产业有机融合的产物。东方宽频网站设有新闻、影视剧、体育、音乐、互动财经、短信等 10 多个频道和数据增值服务。至年底付费用户已超过 3 000 多户。“中国上海”门户网站拥有“中文简体版”、“中文繁体版”、“中文个性化版”和“英文版”4 种版本。全年访问人次达 1 024 万,页面访问量达 6 261.93 万次。至 2003 年年底,上海互联网用户达 432 万户,比上年增长 2.8%,占全国总数的 5.4%。万维网(WWW)站点年底达 52 600 个,比上年增长 32.6%,占全国总数的 8.8%。宽带接入业务迅速发展,用户数达到 93 万户,比上年增长 151%,互联网普及率为 27%。2003 年,全市共有互联网接入企业(ISP)91 家,互联网内容服务提供企业(ICP)852 家,互联网公告栏(BBS)经营者 115 家。

2004 年,全年信息产业完成增加值 849.29 亿元,比上年增长 35.9%。全年信息服务业完成经营收入 655.6 亿元,比上年增长 30.8%。信息服务业增加值 335.95 亿元。至年末,国际互联网用户达 633 万户,比上年增加 179 万户。宽带接入用户数超过 159 万户,其中非对称数字用户线路(ADSL)用户 97.8 万户。至年底,上海拥有因特网接入服务业务(ISP)62 家,因特网信息服务业务(ICP)815 家。2004 年全年“中国上海”网站信息容量达 2.24 千兆,访问量达 2 215 万人次,日均达 2 万人次以上,累计页面访问量达 2.1 亿次,日均达 19.3 万次。2004 年 5 月,上海市地情资料最丰富、最齐全的“上海通”网站(www.shtong.gov.cn)开通。9 月,上海文博信息网站正式开通。12 月 28 日,由上海文广新闻传媒集团创办的上海东方网络电视在上视大厦举行开播仪式,这是继报刊、广播、电视、网络之后的又一个全新媒体。

至 2004 年底,全市共有 37 家互联网文化经营单位取得文化部核发的网络文化经营许可证。2004 年,全市互联网文化经营单位主营收入 13.6 亿元,其中盛大网络主营业收入为 12.4 亿元。

2005 年,全年实现信息产业增加值 1 097.91 亿元,比上年增长 25.7%,占全市生产总值的比重达 12%。其中,信息服务业增加值 422.5 亿元,比上年增长 26.4%。信息服务业完成经营收入 916.8 亿元,比上年增长 37.1%。其中网络服务收入 102.7 亿元,比上年增长 45.3%。2005 年末,“中国上海”门户网站累计访问量达 3 545.43 万人次,累计页面访问量达 3.5 亿次。全年电子商务企业完成交易额 1 327.09 亿元,比上年增长 78.6%,占全市商品销售总额的比重达 10.3%。同时,上海中心城区信息管线敷设基本成网,国际互联网用户达 803 万户,比上年增加 170 万户。2005 年 4—8 月,上海市通信管理局根据信息产业部发布的《非经营性互联网信息服务备案管理办法》和

《互联网IP地址备案管理办法》，对全市从事非经营性互联网信息服务的单位和已获得IP地址的和具有分配IP地址供其他单位和个人使用的单位，进行集中备案，共有139 461家非经营性网站办理备案手续。在该项工作中建立起来的电子备案系统，在发现和取缔无证网站，查处网上违法违规行为，协助有关部门快速查阅有关信息等方面的作用明显。

2006年，完成信息产业增加值1 337.89亿元，其中信息服务业增加值499.55亿元，比上年增长18.1%。信息服务业实现经营收入1 221.5亿元，其中网络服务收入172.4亿元。2006年，“中国上海”门户网站网上办事和服务项目达1 667个。网站实现对全市所有政府网站内容多形式组合的全网检索，对各子网站信息发布情况的监控和内容管理等。2006年，上海互联网用户普及率达52.7%；宽带接入用户新增87.8万户，累计达335.2万户，其中家庭宽带接入用户新增达79.02万户，累计达301.68万户。国际互联网用户达957万户，比上年增加154万户。至年末，“中国上海”门户网站累计访问量达6 053.34万人次，比上年末增加2 507.91万人次；页面访问量累计超过5.41亿人次，比上年末增加1.91亿人次。2006年3月11日，电视新闻中心网站正式开通。7月6日，SMG音乐站（www.smgmuslc.cn）正式开通。12月20日，由市文明办主办的上海市精神文明建设政府门户网站——“上海文明网”（www.wmsh.gov.cn）开通。

2007年，信息产业总规模继续扩大，全年实现总收入7 417亿元；完成信息产业增加值1 632.82亿元，占全市生产总值的比重达13.4%。其中信息服务业增加值565.43亿元。信息服务业实现经营收入1 502.25亿元，比上年增长23.0%。其中互联网服务业经营收入131.38亿元。全市有20家信息服务业企业，全市网络游戏产业占全国市场份额的70%。2007年上海网络文化服务实现增加值84.67亿元，占文化服务业增加值19.4%，网络文化服务近年持续保持高速增长的态势十分明显。至年底，全市互联网用户普及率达58.1%；国际互联网用户达1 080万户，比上年增加123万户，家庭宽带接入用户达327.6万户；推进“村村通”工程，宽带网络和有线电视网络正逐步向郊区农村覆盖。电子政务基础网络平台进一步完善，“公务网”“政务外网”基本覆盖市区两级政府部门，可支持各类业务应用和部门间的信息交换共享。“中国上海”门户网站增设政府规章草案民意征询的功能，提供各类办事服务表格下载47类1 493项，可受理办事审批537项，其中可实时查询办事状态153项、结果反馈180项。至年末，累计备案非经营性网站148 995家。其中主体网站44 747家，异地接入网站94 714家。

2007年1月，为更好地整合媒体和社会影像资源，用视觉说明上海、服务世博，文新集团、上海图书馆、东方IC传媒合力打造的“上海影像网”正式启动。5月，“上海之窗”网站在上海图书馆正式开通。“上海之窗”项目是“中国图书对外推广计划”的组成部分，主要通过向境外图书馆及藏书机构捐赠由国内出版的图书，全方位地向境外读者介绍中国历史和文化。7月，上海电影资料馆中文网站正式启动。

2008年，上海信息产业增加值1 670.52亿元，比上年增长14.2%，占全市生产总值的12.2%。其中信息服务业增加值690.64亿元，比上年增长18.4%。全年信息服务业实现经营收入1 811.8亿元，比上年增长20.6%。互联网服务业全年实现经营收入183.5亿元，比上年增长39.6%。互联网服务业通过向传统产业渗透，为商业、文化、娱乐、个人等提供服务，不断孕育发展新的商业模式和商业形态。2008年，上海有规模以上信息服务业企业3 000多家，其中经营收入超亿元的互联网服务和软件企业达到89家，且前10位企业都超过15亿元，产业集中度不断提高，集聚效应逐步显现。至年底，复旦复华、盛大网络、巨人网络、携程等20家企业已在海内外上市。信息服务业从业人员达27.8万人。至2008年底，全市互联网用户普及率为61.4%。国际互联网用户达1160万人,比上年增加80万人,家庭宽带接入用户376.7万户。信息产业发展环境逐步完善。上海文化信息产业园即“东方慧谷”于12月6日奠基,总建筑面积约50万平方米,分3期开发。全年完成电子商务交易额2785亿元,比上年增长14.8%。2008年,上海互联网普及率列全国第二,网页总数排名全国第二,网页增长率全国第一。至年底,全市有互联网站20万个,平均每1万互联网用户拥有180个网站,高于全国平均水平。全年上海市通信管理局共审核备案网站45344个;互联网数据中心(IDC)机房共接入网站449484个,其中外省市备案主体服务器放置在上海的337864个,占全市接入网站总数的75.2%。

2008年,“文化中国(英文)网”(http://www.cultural-china.com)开通,这是上海市新闻出版局所属的长江对外出版有限公司为推进中国出版“走出去”战略搭建的外向型平台,也是面向世界介绍中华文明和中国文化的窗口。同年,在北京召开的2008年“全国出版业网站建设与创新年会”上,文新传媒网荣获2008全国出版业最具商业价值网站奖,并被评定为全国30强报刊社网站之一。

2008年也是重点整治反动、色情网络视听节目的一年,共删除违规视听节目近6万个,提请执法部门关闭魔方网等35家严重违规网站,对10家违规网站进行诫勉谈话并重点加强监管。

2009年全年完成信息产业增加值1446.32亿元,其中信息服务业增加值772.20亿元。实现信息服务业经营收入2108.1亿元,比上年增长20.2%。至年底,全市规模以上信息服务企业3800家,从业人员29.3万人,其中年经营收入超亿元企业158家(不包括信息传输服务企业),在海内外上市的信息服务企业累计达22家。互联网服务业实现经营收入268.1亿元,比上年增长46.1%。全市互联网普及率65.1%、家庭宽带接入用户普及率60.6%,城镇居民家庭的电脑普及率和接入互联网的比例已达到国际先进水平。沪上互联网平台“7×24小时”运转,聚焦适合自身发展的细分领域——既服务于汽车、钢铁、金融、航运等支柱产业,又贴近网络视听、游戏等民众文娱需求,由此实现2009年度营收268亿元,取得同比42%的跨越式增长,增速高出全市信息服务业近22个百分点。2009年4月,“上海终身学习网”正式开通,并在全市18个区县建立管理员队伍。上海M50创意园也推出网上创意园(www.m50.cn),成为全国第一家有实体园区支撑的垂直门户网站。至年底,上海共有279016个网站主办者开办304870个网站,其中51.58%在上海接入;拥有域名403322个,其中.com和.cn域名分别占到51.65%和39.16%;上海接入的网站总数达614565个,其中外地主体的网站达458142个,占74.55%。

2009年开始,网络文化产业在日渐繁荣的同时也日渐规范。3月20日,上海市网络文化工作会议在上海展览中心召开。会议提出,要紧紧围绕“四个确保”的工作中心,着力推动网络创新文化与和谐文化建设,大力促进网络文化产业发展,努力实现全市网络文化大发展大繁荣。会议宣布“上海市网络文化协会”成立。5月,《上海市网络游戏服务规范》向社会发布,这是市信息服务业行业协会联合盛大网络、久游网、第九城市、5173等网游企业,共同起草制定的“游戏规则”。以此为基础,上海地方标准《网络游戏行业服务规范》也进入制订程序,成为国内首部与网络游戏相关的地方标准。12月30日,上海文广影视局主办的上海网游企业运营游戏产品“适龄提示”工程启动仪式举行。包括盛大游戏、第九城市、巨人网络、淘米网络等在内的30余家企业参加该项工程,为涉及的《预言OL》《塞尔号》《盛世OL》《快乐西游》《奇迹世界》等80余款游戏在官方网站或游戏客户端添加游戏“适龄提示”。主要供6到14岁的孩子使用。游戏时间设定为周一至周四,每个账号每天累计在线时间不能超过2小时,每隔45分钟强制休息3分钟;服务器里不允许儿童输入自己的语言对话,只能采取设定好的语言沟通,以避免因信息的输入导致不良信息的传播。

2010 年，上海信息产业总收入 9 691.5 亿元，居六大支柱产业首位，实现增加值 1 646.49 亿元。全年上海信息服务业实现经营收入 2 532.02 亿元，比上年增长 20.1%。实现增加值 903.52 亿元，比上年增长 15.2%，占第三产业比重达到 9.4%，占全市国内生产总值的比重达到 5.4%。至年底，有规模以上信息服务企业 3 900 家，从业人员达到 32.3 万，其中全年经营收入超亿元企业达到 173 家(不包括信息传输服务企业)。全年上海互联网服务业实现经营收入 360.98 亿元，比上年增长 34%，正快速形成高技术性、高附加值、高增长性的知识密集型现代服务产业群。在网络视听领域，土豆网、激动网、PPS 和 PPLive 四大主流视频网站 2010 年的营业收入较上年翻番。在数字出版领域，张江国家数字出版基地发展形势喜人，集聚了上海方正、世纪创荣、中文在线等 330 多家数字出版及相关企业，基本形成网络文学、互动教育、网络游戏、艺术典藏、手机出版等特色产业聚集的数字出版产业链。世纪出版、新华传媒、盛大文学等企业在加快数字出版产业发展的同时，积极与电子阅读器科技企业成功对接，逐步形成“数字出版转档、内容平台搭建、电子阅读器终端设计制造与销售”的新型产业链。5 月，激动网成为首家获得国务院新闻办颁发的“互联网新闻信息服务许可证”的民营视频网站。与此同时，互联网信息内容监管日益规范，当年共处理违规视听网站 139 家。至年底，上海共有 338 000 个网站主办者开办 381 385 个网站，共拥有域名 534 410 个。其中 55.94%的主体为个人，44.06%的主体为单位。

2010 年 4 月 18 日，东方财富网、慧聪网、网宿科技、佳游网络等一批网络和信息服务公司，作为首批企业入驻了位于嘉定的上海文化信息产业园。上海文化信息产业园占地 40 万平方米、总建筑面积约 60 万平方米，由嘉定马陆镇、东方网以及宏发集团联手打造，以吸引文化创意产业、信息产业为特色，致力于打造上海文化信息产业名片。12 月 22 日，首个国家级网络视听基地——中国(上海)网络视听产业基地正式挂牌。百视通、土豆网、PPLive 等国内知名互联网视听企业首批入驻，并与微软签订共建网络视频云计算中心协议。

2010 年，东方网成立十周年后日均浏览量超过 5 000 万，日均独立 IP 用户超过 300 万，拥有中英日三个语种，120 余个频道；业务涵盖新闻发布、舆论交互、电子政务、市场广告、商务合作、技术运营等多领域；影响力覆盖互联网、无线网、电视网，成为上海最具影响力、权威性和公信度的门户网站。东方网旗下有 1 家报社(《城市导报》)、9 家控股公司、8 家参股公司，业务涉及上网终端连锁、无线增值服务、技术研发输出、企业征信体系、比较购物搜索、无线定位测控、创意产业园区等 10 多个与互联网相关的产业门类。其中东方网点 317 家、东方数字社区信息苑 330 家、东方农村信息苑 1 669 家，遍布上海全部 18 个区县，实名会员超过 35 万。由东方网参建的上海最大文化信息产业创意园区——东方慧谷，2008 年 11 月正式奠基动工，园区位于嘉定区，占地 40 万平方米，总投资 30 亿，是 50 万平方米的产业社区；2010 年已吸引土豆网、携程网、东方财富网、掌上灵通等知名网站入驻，园区成为以现代文化产业、信息产业、创意产业融合发展为特色的大型高新技术产业集聚区。

第二节　增值电信服务业

20 世纪 80 年代，增值电信服务得到初步发展。1986 年 4 月 1 日，复旦大学首创中国 PC 电话远程网，这一成果可以直接利用单位内部或已有的公用电话线，用一部电话和一台计算机，再配置一台调制解调器，形成电话远程网。双方由此可以传送中文文件，用中文进行交谈。1987 年 12 月 23 日，北京、上海、广州慢扫描可视会议电话系统联网试传仪式举行。国务院代总理李鹏在北京国际电信局10楼电传会议室,与在上海的上海市长江泽民和在广州的广东省副省长于飞通过屏幕会面,互相问好。

80年代末,增值电信服务也逐渐走向公众应用领域。1988年7月,全国首创上海电话信息服务台,尽力为用户当好消费参谋,一年中,有15万人次通过200200这个电话号码询问了各类信息。

90年代初期,随着技术的发展,更多增值服务被开通。1990年4月,电子邮递服务进入上海。中国卫讯公司、上海索佩克商务印刷有限公司和中国计算机用户协会上海分会联合召开新闻发布会,展示这种新发展的国际通信手段。同年5月18日,由上海邮电通信开发服务总公司引进的国内第一个集群电话网在上海正式开通,开始昼夜为用户服务。1991年7月18日起,上海邮电部门受理电子信函(MHS)用户申请。经申请并已配置一个专用通信软件的用户,不需要到邮局交寄或用电话联系,即可在任何时间接收和发送信息至全世界各处。

这一时期,无线通信业务发展十分迅速。1992年,全市"无线寻呼BB机"容量突破10万门,BB机用户净增18000户;800兆赫集群电话净增650户;并建立南星、恒丰、长乐、长安、浦江5个寻呼中心,拥有600多名工作人员。其中,长安台是中国开通的第一家中文信息台;浦江台成为上海市最大的无线寻呼中心。1994年4月,全国第一家连接上海—珠江三角洲—香港的联网寻呼服务系统——润迅寻呼台正式开通启用。该系统通过卫星传输进行寻呼,标志着上海的寻呼通信上了一个新台阶。

1992年2月,全国第一个实现双向图像通信的电话电视村在上海嘉定县封浜乡火线村建成开通。同年,上海可视会议系统实验网正式开通,这个系统可同时与5个会场连通。1992年4月24日,上海和香港间的国际会议电视业务线、香港至浦东新区的高速数据专线分别开通。

1995年,上海电信系统新增数字数据网(DDN)节点、本地分组交换节点164个,新增数据端口容量5000余个,新增数据用户800户,总数达到2000户。英特耐特(Internet)、国内800、国际传真存储转发、200电话卡联网等新业务相继投入运营。至1996年,数据通信新增用户端口3160个,总数达到8660个。分组交换新增用户端口3525个,总数达到4651个。数据网已覆盖全市。1997年,新增数字数据(DDN)节点166个,端口2251个,总数达10911个。新增无线寻呼用户10.6万户。新增数据用户1927户。此外,800、300、200、虚拟专用网、无线数据网、电子邮件(E-mail)等业务也有较好发展。

1998年,上海市邮电管理局完成邮电分营、移动分离和寻呼剥离工作。数字移动系统(GSM)1800、码分多址(CDMA)数字移动电话网正式投入运行。198、199无线寻呼网实现全国联网。信息服务新增上海热线资源站点40个,新开160声讯服务台50个。新增BP机用户17.5万户,新增国际互联网用户7.7万户,总数达11万户,上海热线注册用户5.3万户,上网人数1552万人次。新增数据用户带宽201兆。同年11月,长途电信局EDI实业有限公司与中国图书进出口公司共同组建的网上CD专卖店开张试营业,这标志着上海步入了电子商务时代。而在一根电话线上同时开出语音、数据、图像、传真四类业务的"一线通",即窄带综合业务数字网在1997年发展1万用户的基础上,1998年再增3万用户,为上海人进入信息社会提供网络基础。至1998年年底,上海的移动数据网已覆盖内环高架以内96%的地区,并进入应用阶段。它可以发送和接收数据,在金融、证券、保险、公安、运输、商业等行业和个人通信方面有着广泛的应用,当年有200多家金融、证券、商业等行业的企业成为该网络的首批用户。1998年年底,上海市电话智能网开通,电话投票(VOT)、公众电话(MAS)和电话广告(AD)三种智能业务率先在智能网上登台亮相。

1999年，上海因特网及上海热线注册用户净增15万户，数据业务收入占上海电信业务收入的3%，上海电信将数据业务作为增长点，着力培育。5月，经信息产业部批准，手机用户网上付费等新业务项目推出。8月，上海移动通信公司组建，该公司的经营范围是上海地区的移动电话业务、移动数据业务，以及与上述业务相关的信息服务、技术开发、技术服务、设备销售以及国家批准或委托的其他业务。

2000年，上海电信进行了政企分开、电信重组，并于7月1日成立中国电信集团上海市电信公司，新组建的上海市电信公司是中国电信集团的全资子公司，管理层由原上海市邮电管理局的企业职能部门和原上海市电话局本部的管理层为主体构成。公司注册资金638568万元。当年，电信业务收入比上年增长12.3%。上海移动通信公司年内相继推出“全球通”WAP（无线应用协议）业务、手机银行、“全球通”IP电话、中国移动IP电话卡、中国移动Internet卡和GPS等系列新业务。同时，全面开放中文短讯、信息点播等业务。新业务使用人数猛增至150多万户，占数字机用户的80%。与此同时，新的客户服务系统投入运行，1860咨询电话实现移动业务综合咨询、受理、服务一体化。中国联通、中国网通、吉通等通信公司也在上海拓展业务。联通的移动电话在上海有三个服务品种，形成系列，并开出WAP、STK卡（智能用户身份识别卡）的移动证券、呼叫转移、会议电话等功能，使移动电话增值服务项目达15项之多。同年7月，中国联通上海国脉165网络正式开通。165网可提供通过专线方式和普通拨号方式的上网业务，为中小企业提供虚拟主机业务、主机托管业务，“165”同时还提供网络资源出租业务、电子邮件业务、统一信息服务、面向全国的虚拟专用网业务、数据承载业务等。网通的IP电话可在国内46个城市实现漫游，并可通达全球149个国家和地区，且首家实现国际漫游；吉通在上海开展卫星通信、互联网接入、虚拟业务、帧中继等多项数据业务，并设有一站式服务，在吉通的全国100多个分公司都可受理用户在全国范围内的数据业务和付费。至年底，全市家庭电脑互联网用户数110万户左右，比上年增长20%以上；Internet用户数近202万户，比上年增加102万户，增长102%。

2000年，由上海电信技术研究所研制开发的金手指多媒体网络电话于8月通过市科委的鉴定以及国家电话交换机质检中心的检验。金手指网络电话集信息查询、电话通信、广告播放及互联网应用于一体，用户通过触摸屏幕上的虚拟键盘，输入网站地址，可快速进行网上漫游，或输入电子信箱地址，收发电子邮件。它支持中文输入，具有离线浏览功能。金手指网络电话可以作为电子商务终端，市民可以方便地在网上缴纳水、电、煤等费用，也可以进行网上购物及股票的查询、交易等。5月，南汇县的20万电话用户率先成为上海首批“网上付费”电话用户。10月，为了向上海企业大规模上网及开展电子商务提供强有力的支撑和保障，上海电信公司大型网站“上海企业在线”正式开通，上海市10家大型企业当场签约成为首批用户，4家网站成为首批入驻网站。

2001年2月16日，手机可以兼作拷机（寻呼机），一种将手机与寻呼机功能合二为一的手机新业务——“全球呼”正式向“全球通”用户推出。

“全球呼”业务是上海移动利用中文短信平台向具有该功能的用户发送呼叫短信的一项新业务。“全球通”用户申请该业务就可以获得一个7位全球呼号码，呼叫方只需一次性连续拨打“1259+7位全球呼号码”，待语音提示结束后选择挂机或保留数字信息，即可实现自动寻呼功能，信息以短消息的形式立即发送到手机上。另外，“全球呼”业务还提供更方便的手机号码替代全球呼号码的功能，即呼叫方一次性连拨“1259+被呼叫的11位手机号码”，即能够以短信方式呼叫。

据悉，“全球呼”业务不收开户费，用户只要付5元的月功能费便可享受无限量服务，并且接收短信不计费。另外，已经拥有“全球通移动秘书”功能的用户申请此业务，则不另收功能费。用户需携带身份证原件及用户使用证到上海移动各营业厅即可申请此项业务。

上海市范围内的固定电话、移动电话均可拨打“全球呼”。而且,无论被呼手机漫游到何地(国内或国外)都可收到“全球呼”的呼唤。如果手机暂时没有开机,系统会为用户保存信息,用户一旦开机,手机会立即显示呼叫的号码。

2001年是上海电信管理体制改革,实行政企分开后正式运作的第一年。3月2日,上海市通信管理局正式挂牌,上海市通信管理局受信息产业部和上海市人民政府双重领导,以信息产业部为主。迈入21世纪后,无线寻呼用户呈逐年减少趋势,比上年减少37.5万户,减幅为11%。2001年,数字数据用户为2.3万户。3月,铁道通信信息有限责任公司上海分公司(简称铁通上海公司)诞生,标志着中国电信形成了新的多元竞争格局。铁通公司可提供10项通信服务,即:国内长途电话;本地电话;国内传真、电报业务;国内公共数据传送业务;国内网络资源出租业务;互联网接入、互联网信息服务等增值服务;卫星通信;专用通信;与通信信息相关的软件开发、技术咨询、系统集成业务;经信息产业部批准的其他电信业务,如无线寻呼业务等。同年7月,上海移动通信公司率先将GPRS业务投入试商用,向300名试商用客户提供GPRS手机,并提供专业辅导和培训,提供包括无线E-mail收发、移动办公、在线聊天、即时信息、交互式游戏等应用服务。此外,客户还可以用Kjava软件下载图片、小说、游戏等,用笔记本电脑通过GPRS实现无线上网。10月15日,上海移动又率先扩大GPRS试商用,凡客户提出申请即可开通业务。

2002年11月18日,上海市电信有限公司在通贸大酒店举行成立仪式。根据中国电信重组改制的整体规划,中国电信集团公司将上海、江苏、浙江、广东的电信业务部分资产(含农话)加以重组,成立中国电信股份有限公司。上海市电信有限公司是中国电信股份有限公司的全资子公司。公司经营范围:被授权经营国内固定电信网络与设施(含本地无线环路)业务,经营基于固定电信网络的话音、数据、图像及多媒体通信与信息服务,按国家规定进行国际电信业务对外结算,开拓国际通信市场。公司注册资金159.84亿元。

2003年,全市共有基础电信运营企业6家,获准试点经营宽带用户驻地网企业9家,增值电信业务企业1105家,其中甚小口径卫星(VSAT)通信企业9家,电话信息服务企业11家,呼叫中心业务企业47家,互联网接入企业(ISP)91家,互联网内容服务提供企业(ICP)852家,互联网公告栏(BBS)经营者115家。6月26日,市通信管理局颁布《上海市信息服务(通信短信息)业务管理暂行规定》,对短信业务的市场准入、经营、资费、服务管理等作了明确规定。当年,无线寻呼用户继续为负增长,从年初的162万户下降到年底的97.5万户,平均每月减少5万户。2003年1月20日,上海电信开通上海市医疗急救中心主叫号码信息查询系统,并免费提供该系统所需的DDN和ISDN专线。同年,上海至台北“新视通”视频会议业务正式开通。

2004年,上海无线寻呼业务继续萎缩,年末用户数70.9万户,比上年减少27.3%。上海拥有无线寻呼业务21家,用户驻地网业务14家,因特网接入服务业务(ISP)62家,因特网信息服务业务(ICP)815家,电话信息服务业务12家,呼叫中心业务35家。同年8月,上海移动推出手机电视业务。该项业务基于上海移动现有通用分组无线业务(GPRS)网络,利用上海文广新闻传媒集团的媒体优势,并与之合作为客户提供电视直播、点播等视频类节目,内容包括新闻、财经、影视等方面。2004年,上海文广新闻传媒集团技术运营中心还着手开发短信基础平台项目。该项目主要是建设与中国移动、中国联通通信之间的短信接口,实现和移动、联通之间短信收发的互联互通,为电视频道运营短信业务提供技术支撑与保障。短信基础平台的建成意味着增加信息回传途径,使历来以广播式、无交互的单向传播为主的电视节目发生变化。上视生活时尚频道10月3日深夜开播的

《互动点点吧》节目是短信基础平台一期工程中新型电视业务的最初模式。该节目的电视屏幕分割成音乐电视、游戏和聊天3个版块，版块之间互相补充，融为一体，突破空间的限制。观众还能从电视屏幕上享受下载服务。该项目由技术中心传送播出部、文广集团广播科研所和新奥特公司合作进行。

2005年电信服务业收入331.4亿元，比上年增长20.6%。移动短消息中心容量达5585万条，比上年增长3.1%。无线寻呼业务持续萎缩，用户数为56.4万户，比上年减少15万户，减幅20.5%。移动短信业务量180.6亿条，比上年增长36.0%。上海的基础电信服务企业主要有6家，即上海市电信有限公司（上海电信）、上海移动通信有限责任公司（上海移动）、中国联合通信有限公司上海分公司（上海联通）、中国网络通信集团公司上海分公司（上海网通）、中国铁通集团有限公司上海分公司（上海铁通）和中国卫星通信集团公司上海分公司（上海卫通）。无线寻呼业务21家，用户驻地网业务8家，因特网接入服务业务（ISP）119家，因特网信息服务业务（ICP）832家，固定网信息服务业务15家，移动信息服务业务（SP）221家，呼叫中心业务81家。同年9月15日，上海移动通信有限责任公司与交通银行上海分行签署全面合作协议，合作推广“手机钱包”业务。“手机钱包”业务是一种新型移动金融服务，它将客户的手机号码与银行卡支付账户绑定，通过手机短信、语音、无线应用协议（WAP）、Java二代微型版、非结构化补充数据等操作方式管理绑定的银行卡账户。“手机钱包”主要有缴费、购物和理财3项基本业务。客户通过短信自助申请“手机钱包”后，即可进行公用事业缴费、个人账务查询、购买彩票、手机订报、手机购票、购买IP卡、手机捐款、远程教育、手机投保等多项业务。

2006年，上海市电信业完成通信业务总量511.4亿元，比上年增长36.1%；实现通信业务收入327.5亿元，比上年增长7.73%。1月，上海移动通信有限公司（上海移动）联合多家媒体，开通手机报业务；至年底，已与解放日报报业集团合作开通“i-news手机报”，与新华社合作推出“参考消息手机报”“东方新体育手机报”，《环球周报》与文汇新民联合报业集团合作推出“新闻365”“财经365”“娱乐365”“体育365”等共8个品种的手机报，内容涉及社会热点、财经动态、娱乐体育等多个领域，已有近5万用户。7月20日，市通信管理局、市政府新闻办公室、市互联网协会在全市移动信息服务企业中开展的为时3个多月的绿色手机文化优秀栏目推荐评选活动结果揭晓，评出“东方头条快报”等10个栏目为上海首批绿色手机文化优秀栏目。7月11日起，市通信管理局在全市实行移动短消息“用户二次确认”的服务方式。7月底，上海地区短消息类服务接入代码调整统一工作启动，至年底，市通信管理局共核配141个短消息类服务接入代码，其中经营性短消息类服务接入代码131个，非经营性短消息类服务接入代码10个。9月1日，市电信公司（上海电信）和上海文广集团联合开展交互式网络电视（IPTV）业务，IPTV是一种利用宽带网络作为有线电视网，集互联网、多媒体、通讯等多种技术于一体，向家庭用户提供包括数字电视在内的多种交互式服务的技术。该次提供的IPTV内容包括视频点播、影视节目收看、时事新闻、远程医疗、视频房产信息、餐饮信息、天气预报、票务查询、可视电话以及IPTV游戏等，直播内容达58个，视频点播可选节目量达3000个小时；推出的IPTV服务不但有多种包月、包年优惠套餐，还免费提供机顶盒给用户使用。至年底，IPTV用户突破6.8万户，上海成为全国IPTV用户发展最快的城市。

2007年，上海市实现电信业完成通信业务总量661.5亿元，比上年增长29.3%；实现通信业务收入362亿元，比上年增长约10%；利润总额120.4亿元；实现电信业务增加值240.7亿元。至年底，全市共有电信增值企业1009家，其中互联网接入服务提供商（ISP）79家，互联网信息服务提供商（ICP）850家，电话信息服务业务5家，移动信息服务（SP）业务228家，呼叫中心业务55家，用户驻地网业务9家，存储转发企业9家，无线寻呼业务14家。全年上海市移动短消息发送量达271.7亿条，多媒体短消息业务量达2.72亿条。年内，根据信息产业部统一部署和工作要求，组织开展全国范围内通信行业重大项目——短消息类服务接入代码的调整和统一工作，并于12月1日全面完成该项工作。

2008年，上海实现电信业务总量776亿元，比上年增长17.3%；电信业务收入405.2亿元，比上年增长11.9%；利润总额105.8亿元，比上年下降12.1%；电信业务增加值226亿元，自2003年以来出现首次下滑状况，比上年下降5.5%。至年底，全市移动多媒体短消息用户数551万户，业务普及率29%；上海移动公司手机报付费用户数106万户，手机电视用户27.6万户。交互式网络电视(IPTV)业务发展迅速，全市IPTV用户已激增到74.2万户，活跃度达到70%。至年底，全市共有电信增值服务企业805家，比上年下降14.36%。其中互联网接入服务提供商(ISP)168家、互联网信息服务提供商(ICP)557家、电话信息服务业务提供商5家、移动信息服务(SP)业务提供商116家、呼叫中心业务提供商70家、IDC业务提供商6家、存储转发企业12家、无线寻呼业务提供商10家、虚拟专用网业务提供商5家、在线数据处理与交易处理业务提供商3家、模拟集群业务提供商3家。共审批上海本地短消息类服务接入代码13个，全国短消息类服务接入代码备案93个。审批ICP许可证39张，SP许可证19张，ISP许可证55张，呼叫中心许可证15张，传真存储转发许可证4张，数据中心许可证3张。同年4月1日，具有中国自主知识产权的TD-SCDMA(时分同步的码分多址技术)试商用正式启动。至年底，全市已开通TD基站超过3000个，覆盖率达到同区域第二代网络的95%以上，顺利完成TD-SCDMA/2G融合组网试点，客户“不换号、不换卡、不登记”，即可方便使用TD-SCDMA。至年底，客户达7.5万户。基于TD-SCDMA网络的流媒体手机电视、奥运视频点播等特色业务也投入试用。4月10日，由《上海电视》杂志社和东方龙新媒体有限公司共同合作开发的《上海电视》手机版正式上市。

2009年，经过电信体制重组合并后，上海基础电信运营企业分别为中国电信集团公司上海分公司(简称上海电信)、中国移动通信集团上海有限公司(简称上海移动)、中国联合网络通信集团有限公司上海分公司(简称上海联通)和中国铁通集团有限公司上海分公司(简称上海铁通)4家公司。实现电信业务总量806.9亿元，比上年增长3.98%，电信业务收入402.5亿元，比上年下降0.66%。实现利润总额102.5亿元，比上年下降3.2%，电信业业务增加值228.4亿元，比上年增长1.06%。全年上海市移动短消息发送量达到329.0亿条。短信业务用户数达到1943.5万户。同年1月7日，工业和信息化部正式发放3G运营牌照。至年底，上海的3G用户数约为100万户，其中TD-SCDMA(时分同步的码分多址技术)用户所占份额超过50%。上海的3G网络基站数量超过1万个。此外，上海有互联网信息服务企业508家、移动信息服务企业112家、因特网接入服务企业185家、呼叫中心企业78家、在线数据处理与交易处理5家、数据中心7家、虚拟专用网9家、声讯5家、传真存储转发11家、寻呼11家、模拟集群2家。2009年5月11日，初期投资达5亿元的中国移动视频产品创新基地在沪揭牌。该基地坐落于上海市浦东新区金桥出口加工区，占地5600平方米，是中国移动通信集团公司设立的为全国用户提供手机视频相关产品服务的机构，主要承担全国手机视频产品的创新、开发和优化，业务的统一运营和管理，平台的统一建设和维护，与内容合作伙伴开展合作，实现内容引入、内容管理和合作结算，以及为各省提供营销支撑、客服支撑等职责。11月12日，中国电信视讯运营中心在上海成立。该中心的成立是落实4月中国电信集团公司和上海市政府签署的信息化战略合作协议的重大举措。该中心所构建的平台，让众多内容提供商和信息服务提供商创造的视频节目通过中心的渠道直接到达手机、电脑、电视屏幕上为观众接收。该中心统一运营中国电信集团公司互联网协议电视(IPTV)、手机视讯、互联网视讯等业务，负责全国视讯中央级平台的业务运营，支撑视讯业务发展。同年，在市经济和信息化委员会、市通信管理局的大力倡导和支持下，中国电信上海公司免费为全市1万家特色中小企业提供为期一年的“自助建站”服务。

2010年，上海市实现电信业务总量966.96亿元，比上年增长19.8%。电信业务收入448亿元，比上年增长11.3%，电信业务总量和业务收入之比由2009年的2.00倍扩大至2.16倍。上海市电信业务量和业务收入增长不均衡的情况继续加大。实现利润总额97.6亿元，比上年下降4.8%；电信业增加值234.5亿元，比上年增长2.7%。移动短信业务量和彩信业务量分别为371.5亿条和17.0亿条，分别比上年增长12.9%和22.3%。至年底，获得市通信管理局各类增值电信业务许可的企业共957家，获得工业和信息化部许可在沪备案企业762家。移动信息服务经营企业共772家。手机上网用户达到1236万户，3G用户达到197万户；IPTV(交互式网络电视)用户达130万户。年内，上海新增14家呼叫中心增值业务经营企业，6家企业关闭业务，至年底，共有86家呼叫中心企业取得上海地区增值业务经营许可证，备案企业增加25家，共有65家取得全国性经营许可证的企业在上海地区备案。在上海地区经营呼叫中心业务的企业总数达到151家，总座席数超过60000个。2010年2月5日，上海电信在南京路步行街推出“翼支付·手机刷卡”业务，南京路步行街成为“中华手机支付第一街”，新世界、宝大祥、老凤祥、第一食品、茂昌眼镜、宏伊广场等商家和“一茶一坐”“全家连锁”等50余家商户成为“翼支付”的首批特约商户。年内，上海电信还建设和推广10家“数字医院”以及50家数字养老院。11月10日，中国联通集团有限公司在上海举行手机应用“沃商店”(wostore)上市发布会。“沃商店”是跨平台、开放的手机应用开发和推广平台，是手机应用软件的聚合、交易和服务平台。随着“沃商店”的正式上线，中国联通手机用户可享受到包括游戏、工具、娱乐、主题、生活以及阅读等在内的6大类约2200余款的手机创新应用。2010年11月，上海市三网融合工作协调小组第一次全体会议召开，上海三网融合试点工作全面启动。

第三节　广播电视传输业

一、广播传输

20世纪80年代，上海的广播传输事业在全国居于领先地位。1980年元旦，上海电台990千赫功率由7.5千瓦扩大到50千瓦，功率增加6倍多。同年10月20日，上海电台又新增1197千赫发射频率，节目由5套增为6套，由此播出总时数平均每日增长到87小时32分，比1976年增加30小时多。1981年底，上海电台第一次尝试同国外电台进行大规模合作。12月26日，日本东京放送(TBS)举办上海8小时特别节目，上海电台派出编辑、记者、技术人员协助工作向东京实况转播。为更好地发展广播电视技术，1982年12月，上海市广播事业局增设总工程师室。1983年元旦起，上海电台792千赫开始全天24小时连续播音，直至1986年4月13日。1983年5月，上海市广播事业局试制成功中国第一套10千瓦级调频天馈线四工器，并投入使用。

与此同时，有线广播在市郊农村地区也不断发展。市郊农村第一条铝质广播线路在松江县建成并投入试用，并于1983年9月24日通过了广播电视部、市广播事业局等有关部门工程技术人员的技术鉴定。

80年代中期，担负着三套节目发射任务的上海电台中波广播虹桥路发射机房的三大电声指标进入甲级,创历史最好水平。1985年2月22日,上海电台更是首次与江苏人民广播电台在南京联合举办"星期广播音乐会"春节专场。利用微波技术从南京向上海作现场直播。而与此同时,上海也开始筹建更先进的广播发射台。1984年10月31日,上海市计委批准,筹建题桥广播发射台。三年后的1987年7月18日,上海电台在上海县陈行乡举行题桥发射台工程开工典礼。1989年9月25日,题桥中波发射台正式开播。当年底,题桥发射台完成了三个频率的开通,分别为792千赫、1 296千赫和990千赫。1990年9月25日,题桥发射台正式对外播出上海电台的五套中波广播节目的频率。值得一提的是,在此项目中,上海市广播科学研究所研究成功全国第一台10千瓦多频率全固态中波发射机,并以此提供给题桥发射台多种发射机代辅机。1991年1月26日,上海市广播电视技术中心举行虹桥发射机房40周年总结座谈会,至此,虹桥机房完成历史任务,全部频率在题桥发射播出。

90年代初,青浦、南汇、宝山等郊县开通了电台调频广播。其中,南汇县成为郊县广播电视设施最齐全的县,拥有有线广播、调频广播、电视、地面卫星接收站四种宣传工具。南汇县各乡镇每年集资50多万元,用于改善设备,当时全县有91%的村办起了广播室,13万多只喇叭形成了乡村两级的有效宣传工具。

到90年代中期,上海电台建成了地面卫星站(广播)。这个时期,上海的广播传输技术研发依然保持领先地位。上海市广播科学研究所研制的1千瓦调频五工器,进行了全功率状态下的试验,达到国外同类产品的先进水平。1995年12月20日,上海广播科学研究所研制的波导型大功率分米波10千瓦～30千瓦天线双工器项目获1995年度国家科技进步三等奖。

1995年中,广播播控中心出现重大事故。6月30日16时58分57秒,因受暴风雨影响,播控中心断电,13个频率停播7小时44分24秒。

这一时期,因受到"电视热"的冲击以及农村乡镇建设和农民住房改造的快速变化与农村广播经费相对萎缩这一矛盾的制约,农村有线广播日渐衰落。为扭转这种局面,崇明县采取了一系列措施,加强农村有线广播建设,并取得了一定成效。1997年,市委副书记陈至立作出了"有线广播进村进户"批示,农村有线广播事业进一步得到推动。

1995年,上海区县共有无线广播电台9座,有线广播电台10座,无线广播发射台9座,区县广播喇叭9 919万只(农户拥有率75.88%);经测试,广播发射的场强已基本达到规定标准,基本覆盖了上海郊区及其周围地区,满足了广大听众的需要。各区县一般都办有两套广播节目。至1999年,上海拥有有线广播线8 800杆公里,广播喇叭近90万只。

1998年以来,上海明珠广播电视科技有限公司依托该项目累计完成产值8 610万元,实现利税2 073万元。已生产的287台广播发射机分布在28个省市和海外4个国家(地区),受到好评。

2001年,上海明珠广播电视科技有限公司承担的上海火炬计划项目"全固态中波广播发射机"通过验收。全固态中波广播发射机采用先进实用的数字调制技术、大功率合成技术、天馈线网络设计技术、发射机机房计算机监测控制智能化等技术,其技术指标达到了国际同类产品的先进水平。

2002年9月2日,上海文广集团技术中心广播技术部的英夫美迪自动播出系统升级获得成功。该自动播出系统采用千兆光纤以太网技术组网联结,光纤到桌,光纤到楼;率先使用的34台性能超群英特奔腾Ⅳ的计算机组成的播出和制作两大网络;在大功率、大容量的IBM数据服务器24小时不间断连接下,提供快速网上实时节目自动播出,数据库的容量也在原来的基础上提升10倍,达到8 000小时的节目容量,为全面开展下一阶段的自动播出工作打下了基础。

依托于数字技术的广播传播也在21世纪初得到发展。上海文广互动电视有限公司积极进行数字音频的开发应用，至2003年底，已开通19套数字音频广播。在上海数字电视系统中开发的数字音频节目中，上海人民广播电台和东方广播电台的FM、AM9套节目已全时段转入数字音频广播。此外，还开发了《恢弘古典》《写意古典》《轻松节拍》《华夏乐韵》《爵士流行》《动感地带》《华语风云》《欧美劲爆》《日韩潮流》《英语世界》等10套数字音频节目。

2004年6月，上海市无线电管理局揭牌成立，无线电管理局对保护频谱资源、维护空中电波秩序起到了重要作用，是电波世界的"交通警"。

2010年上海数字移动广播（CMMB）完成全市覆盖网建设并投入商业运营。

二、电视传输

与广播传输技术相仿，20世纪70年代末80年代初，上海的电视传输技术也在全国居于领先地位。1979年6月，上海市广播事业局与上海无线电三厂的工程师调试完成了联合设计、制造的40千瓦5频道电视发射机。次年8月，上海市广播事业局自行设计的调频圆极化宽频带天线正式投入使用；11月，上海电视台还试制成功与国产10千瓦调频发射机配套的晶体管立体声调制器。

在自主研发的同时，上海在电视传输事业发展中还积极引进国外的先进技术并注重技术人才培养。1980年8月，上海电视台从日本引进NEC730N型30千瓦20频道分米波电视发射机及天线馈线系统，这是全国第一个建立的大功率分米波发射台（1993年1月18日，上海东方电视台成立，20频道划归东方电视台使用）。为更好地培养人才，1980年10月1日至1981年9月30日，由联邦德国艾伯特基金资助，上海电视台技术部主任王忻济、上海电台顾笃瑛赴联邦德国进修学习广播和电视发射技术，这是上海市广播事业局第一次派技术人员出国进修。

到80年代中期，上海在电视传输技术上又有了不少新突破。1984年，上海广播器材厂和上海交通大学联合研制成功了用于电视台的广播电视光缆传输系统。同年10月，上海广播电视技术研究所还研制成功中国第一套船用电缆电视设备。这套设备的研制成功，改变了中国大型客船上看不到电视的落后局面，填补了中国电视广播技术上的一项空白。1984年12月29日，上海广播电视技术研究所、上无二厂、上海电视九厂等单位共同研制成功一种卫星电视地面收转站中心控制系统，有了这种设备，不仅城市里就近的电视用户可以直接接收卫星节目，而且边远地区的用户也可通过它收看卫星电视节目，还能同时进行录像和转发。这也标志着中国电视接收技术取得了突破性的成果。

这一时期，上海电视台的节目传输范围也得到了较大拓展。1983年元旦开始，上海电视台5频道启用了40千瓦电视发射机，发射功率比以前增加3倍。1985年4月10日，上海电视台的广播电视光纤传输试验第一期工程（从电视台到永安大楼的光纤线路）正式架设成功，全长1.21千米。同年7月31日上午8时半，上海虹桥卫星地面站开始通过国际通信卫星传送中央电视台第一套节目，从此，所有有卫星电视接收站的边远地区也可及时而有效地接收中央电视台的电视节目。12月2日，上海电视台与江苏省无锡、常州、南京、扬州、南通等7城市电视台取得协议，通过上海—北京微波线路，开口转播上海电视台节目。以后，浙江杭州、宁波、舟山等城市电视台也建立了微波、差转台，转播上海电视台节目。1986年3月23日，上海电视台第一次顺利地向国外传送在上海举行的由9个国家114名运动员参加的国际女子马拉松比赛实况。同年7月1日，上海电视台卫星地面接收站建成，接收电视节目。通过差转和微波传送，上海电视台的覆盖范围不断扩大，北至江苏连云港，西到浙江、安徽部分地区，南达江西东北部，东含舟山群岛和长江三角洲的大部分地区，都能看到上海电视台的节目,人口超过1亿。

但也是在80年代中期,上海电视台出现了建台以来停播时间最长的一次事故。1984年12月23日,上海电视台20频道发射机突然发生故障,于18时24分停播,由于无备机,对外停播1小时46分。

在1984年上海市计委批准筹建题桥广播发射台后,新的电视塔建设工程也在1987年由国家计委批准立项,并被纳入上海"九四"专项。1988年11月8日,上海广播电视塔工程领导小组成立,副市长倪天增任组长,副市长刘振元任副组长。1989年3月4日,中共上海市委常委会在听取专家意见的基础上,确定华东设计院设计的上海电视塔为"东方明珠"式,该塔高450米左右。1991年7月30日上午,广播电视塔工程奠基仪式在浦江东岸广播电视塔建筑工地隆重举行。依托于电视塔成立的上海东方明珠广播电视技术传输公司为广播、电视提供专业发射技术服务。该公司隶属于中国文化系统首家股份有限公司——上海东方明珠股份有限公司。1993年时,上海东方明珠广播电视技术传输公司就为电视台、广播电台提供5套电视、12套广播节目的传输服务,并依托在当时建成210米高的广播电视塔和频率资源,开拓业务,开通了证券信息广播、数字信息广播、无线寻呼(明珠台)、图文电视,并在电视塔上开设了东方明珠空中俱乐部。公司发射的广播、电视节目的质量指标长年稳居全国首位。1994年5月1日,上海东方明珠广播电视塔天线桅杆整体攀升到位,468米高塔诞生。1995年5月1日上午9时30分,上海东方明珠广播电视塔发射开播,正式投入使用。上海东方明珠广播电视塔天线桅杆高118米,通过它可以发射9套电视和10套调频广播节目。1996年8月21日10时左右,东方明珠发射台值班人员未执行操作制度,致使105.7 MHz因重大人为责任停播71分钟。

90年代初期,上海郊县的电视传输事业也有了较大发展。1990年1月15日,青浦有线电视台正式试播。南汇作为郊县广播电视设施最齐全的县,拥有有线广播、调频广播、电视、地面卫星接收站四种宣传工具。1990年9月25日,宝山区电视台、电台调频广播正式开播。宝山电视台、电台位于长江西岸,邻近宝钢。宝山电视塔高109.5米,拥有150平方米的发射机房和4.6米网状地面卫星接收站一座。1990年11月2日,崇明、金山、青浦3县建成4座电视塔,这4座电视塔的高度都在120至130米之间,每座均可同时转播2套电视节目。由此电视节目信号覆盖全县,明显改善了边远郊县农民收看电视的效果。

20世纪80、90年代,中国音像事业发展如火如荼,为规范音像市场发展,国务院于1990年批准发布了《卫星地面接收设施接收外国卫星传送电视节目管理办法》。为贯彻有关精神,1990年12月14日,上海市音像管理处召开颁发接收外国卫星传送电视节目许可证会议,向首批经审核批准的全市49家单位机构颁发了许可证,只有获得许可证的机构才具有接收外国卫星传送电视节目的合法资格。1994年3月30日,广播电影电视部发布《〈卫星地面接收设施管理规定〉实施细则》,其中规定地方各级广电部门是当地的卫星地面接收设施的归口管理部门,会同地方各级公安部门和国家安全部门负责本辖区内的卫星地面接收设施的管理工作。任何单位均可申请设置卫星地面接收设施接收卫星传送的境内电视节目。凡需设置卫星地面接收设施接收境内电视节目的单位,必须向当地县级以上(含县级)广电部门提出申请,报地、市级广播电视行政部门审批。省、自治区、直辖市的直属单位可直接报省、自治区、直辖市广播电视行政部门审批。经审查批准的单位,凭审批机关开具的证明购买卫星地面接收设施。卫星地面接收设施安装完毕,经审批机关检验合格后由其发给接收卫星传送的境内电视节目许可证,同时个人不得安装和使用卫星地面接收设施。

除接收卫星传送的电视节目外,上海也开始尝试通过卫星传送电视节目。1993年2月9日,上

海东方电视台首次通过卫星向香港无线电视传送《刘嘉玲肖像侵权案开庭审理》和《上海股市今日创新高》的新闻

为加强管理，1987 年中，上海市广播电视局发布《上海市闭路电视管理暂行规定》。1990 年起，住宅区也开始安装闭路电视，曲阳新村是上海市第一个开设闭路电视的住宅区，当年用户数量就达到 2 万。

在此基础上，上海有线电视也在 90 年代初期开始起步发展。改革开放政策实施以后，电视节目不断丰富，上海市民拥有电视机的数量逐年增多。与此同时，由于高楼大厦日益增加，上海电视台 210 米的电视塔发射的电波，受到遮挡，电视机的屏幕上出现重影和杂波。远离市区的郊县居民，也纷纷反映电视图像不清晰，收视效果不佳。这时，第二代的有线电视系统——有线电视广播系统也已在中国问世。有些社区、企业把安装有线电视作为“为民办实事”的目标。一些涉外宾馆、大型企业、街道和郊区乡镇、农场纷纷建立共用天线或能够播放节目的有线电视广播系统。为了使有线电视事业健康发展，按照 1990 年 11 月和 1991 年 4 月广电部颁发的《有线电视管理暂行办法》和《〈有线电视管理暂行办法〉实施细则》的精神，上海有线电视实行“许可证”制度，对符合播放条件的有线电视站，发放“许可证”。1991 年 8 月，由上海广播电视局首批发放的有 166 家有线电视站，终端 151 108 户。同年 9 月 27 日，又为 20 家有线电视站第二批发放了“许可证”，终端 20 152 户。到 1991 年 12 月 3 日止，共为 203 家有线电视站发放了“许可证”，终端 283 223 户。至此，上海有线电视被纳入了统一管理的轨道。到 1993 年，有线电视单位达到 136 家，终端 423 989 个（包括浦东新区 12 个沿江街道的 11 万终端）。在市郊有线电视建设中，嘉定区嘉定镇有线电视站的《光纤 CATV 科研示范工程》，是被国家科委确认、上海市科委设立的重点科研项目，工程应用国际上先进的单模光纤，采用光电结合，星形——树形网络结构是国内第一个光纤电视传输网。

为了规范有线电视的安装施工，1991 年 9 月 12 日，上海有线电视台筹备小组制订并实施《上海有线电视技术规则》和《上海有线电视工程设计、安装、施工、验收，管理暂行规定》。次年，上海市广播电视局制订实施《上海市有线电视工程工艺、安全和施工规范》和《上海市有线电视工程验收规则》。上海有线电视台的网络工程，采用光缆和电缆相结合，1992 年初开始兴建。鉴于少数有线电视开办单位在获得有线电视台（站）许可证后随意扩建网络，导致工程质量降低，影响了用户收视效果。为此，12 月 16 日，市音像管理处发出通知，要求严格工程扩展手续。

1992 年底，上海有线电视台正式建台开播，共播出 10 个频道，除 9 个转播频道外，自办一个综合频道。实现市区有线电视联网是上海市政府确定的 1993 年要完成的 12 件实事之一，为更好推进相关工作进展，市广播电视局委托市邮电局建设传输网络。联网的规划、设计、建设、维护管理遵循广电部的建网原则和广播电视局的技术要求，建设经费除利用邮电局原有埋设的光纤外，新架设的光纤及其传输设备由两局共同投资，日常维护工作由邮电局负责。上海有线电视台开播初期，上海长宁区的遵义、天山、虹桥、武夷、华阳、周家桥、江苏、新华等 8 个街道，徐汇区的湖南、天平、永嘉、斜土等 4 个街道及龙华镇实现联网，近 7 万终端用户成为上海有线电视台的第一批观众。1993 年初，卢湾区的瑞金街道，南市区的半淞园、陈家桥、蓬莱、小北门等街道，有 3 万多用户入网。1993 年 11 月 26 日，浦东新区、静安区、闸北区的 11 个街道，又有 10 万多用户入网。截至 1993 年 12 月底，入网户总数 70.3 万，跨入世界大型有线电视网络的行列。

与此同时，经市物价局核准，从 1993 年 3 月份开始，有线电视台制订统一收费办法，每月向每家用户收取收视维护费 8 元。本着“用户自愿”、“有偿服务”和“取之于民，用之于民”的原则，收取的收视维护费中 19%用于超干线光缆的建设、运行、维护及设备折旧费；30%用于电缆网络维护和更新改造;20%用于上海有线电视台开办节目;15%用于街道有线电视站以下用户网络的运行、维护和管理;9%用于节目的制作和播出(不足部分用广告收入);7%用于资助区有线电视中心制作地区新闻的费用。当年12月12日,上海市广播电视局向全市各街道(镇)有线站发布《有线电视收视维护费管理的规定实施细则》。

1994年6月10日,上海市广播电视局技术中心新体制开始运行。上海电视台、上海有线电视台、上海电台的技术工作被划到广播电视局技术中心,新建广播技术部、电视制作部、传送播出部和技术保障部。

到1994年底,连续三年被列为市政府实事工程的上海有线电视联网工程已开通12个频道,用户和网络覆盖面达11个区、1个县,达116.3万户,已成为全国最大的有线电视网络。为更好地管理有线电视运营,1995年2月6日,上海市人民政府发布《上海市有线电视管理办法》。当年底,上海有线电视台全市联网用户达150万户,市区入户率超过65%,上海有线电视采用光缆和电缆混合传输技术,已成为全球最大的有线电视独立网络之一。与此同时,全市119个站的有线电视用户档案也已录入计算机磁盘,并经过逐一整理,消除用户号重号,纠正差错。有线电视用户档案已具备快速、准确提供数据,投入各种管理的条件。为了提高用户资料的管理效率和管理水平,提供较高层次的查询和统计功能,保证数据的准确完整,网络部从1995年3月开始着手研制、开发有线用户电脑管理系统。这套系统经过两年多的运行及不断更新,在1997年底通过了局科学技术委员会专家的鉴定。到1996年,随着中央电视台卫星加密频道在沪联网试播,上海有线电视网加密和不加密的播出频道共达18个,同年11月30日,上海有线电视台联网已达到180.8万户。其中市区160.5万户、郊县20.3万户、企事业单位339户(2 830端)。

1996年,为进一步贯彻《〈卫星地面接收设施管理规定〉实施细则》,为了严格控制和管理卫星电视广播地面接收设施的销售,市影视音像管理处会同市工商行政管理部门、市商业管理部门、市电子工业管理部门,指定4家销售单位,专门向经批准允许接收卫星传递电视广播节目的单位和个人销售卫星电视广播地面接收设施。

1997年12月26日,上海有线电视网络用户已突破220万。1998年初,随着崇明有线电视的开通,上海全市20个区县全部实现有线电视联网,当时,上海有线电视的市区覆盖率达90%、入户率达78%,郊区覆盖率为50%、入户率为25%。12月8日,有线台网络规模达到256万终端。年底,上海有线网络已拥有4 000公里光缆、2 200个光结点,282个乡、镇、街道已全部实现了光纤联网。

1998年9月28日,上海广播电视卫星地球站在闵行区陈行镇落成。上海广播电视卫星地球站占地20 000平方米,其中天线场地约8 000平方米。上海广播电视卫星地球站的C波段发射系统拥有两个发射通道,4架直径为9米以上的发射天线。新建成的上海广播电视卫星地球站可以接收海内外68套节目,同时担负着为上海卫视的节目上星覆盖和传输提供上行发射通道的任务。同年10月1日,上海卫星电视正式开播,上海地区和北京地区的观众通过当地的有线电视网络直接收看上海卫视的节目。年内,上海卫星电视实现470家有线网落地播出。1999年9月28日,全国各地收转上海卫视的有线台(网)突破800家。

1998年12月31日,为推进"网台分营"格局的形成,上海市有线网络有限公司正式揭牌。上海市有线网络有限公司是上海有线电视台、上海市信息投资股份有限公司等单位共同出资组建的高科技信息产业,是上海信息港基础设施之一。公司由上海有线电视台控股,主要负责建网、管网和用网工作。

1999年底，有线台网络终端用户总量达到293万户。其中，郊区(县)的扩网建设速度比上年有较大幅度提高，全市郊区(县)的新增联网户数超过13万，用户总量已达60万户。与此同时，上海有线电视网络加紧进行升级改造和网上业务的开发试验。1999年全年建成4 400公里光纤网络，7月开始，双向网改造工程在全市11个区35个街道全面展开，至年底，共有32万户完成改造，原有450兆光缆全部改换成860兆宽带光缆，并顺利实现了实验网用户与信息汇聚点的互联。这一改造工程将使上海有线网络逐步成为数字化双向传送的“信息高速公路”。当年，卫视在全国落地达1 000家。1999年开始，上海对有线、卫星电视管理坚持社区网由市有线网络公司统一安装的原则，严格控制社会工程项目审批，年内批准企事业有线电视工程52个，其中联网15个。加强境外加扰卫星电视解码的专项管理。经审核批准，使用境外加扰卫星电视解码器的涉外单位123家。

2000年，先后有云南、内蒙古、北京、重庆、安徽、山西、湖南、宁夏、江西、山东等10家电视台的卫星电视节目落地上海。同年年底，上海卫视在全国省、市、县级落地接收站已达到1 236个，收视户达4 000万户，观众近2亿人。至2003年底，辽宁、黑龙江、浙江、新疆、甘肃、四川、贵州、吉林、江苏、广东、天津、湖北、海南、青海、陕西、河北等16家卫星电视在沪落地。至此，大陆地区除西藏、福建、河南外，中央电视台的14套节目和各省、自治区、直辖市的27套卫星电视在沪落地。

2001年开始，数字高清电视开展播出实验。元月1日晚9时，技术中心首次使用有线增补27频道试验播出数字高清晰度电视。全市100户居民成为首批数字高清晰度电视的观众。此后，有线电视网在增补27频道每晚9—10时试播1小时。

20世纪90年代末至21世纪初，上海市郊的电视传输事业也得到较大发展。1998年8月26日，青浦广播电视中心正式落成。该中心由青浦县投资3 000余万元建设，建筑面积6 000平方米，其中多功能广播电视发射塔1座，高168米。2001年底，市郊共完成1 031个村有线电视“村村通”建设。上海市郊有线电视村通播率从2000年的36%提高到70%，浦东新区、闵行区、青浦区实现了全区有线电视村村通。

2001年，上海有线电视总用户达316万户。7月1日，上海有线电视台正式摘牌，与上海电视台合并。同年，上海卫视在全国拥有1 250多家落地接收点，收视用户达4 000万户，收视人口近2亿。12月，上海卫视在日本开始试播，2002年1月1日起正式实行收费播出。上海卫视是继央视之后获得日本政府播出许可的第二家中国电视媒体。至2002年年底，上海卫视已拥有5 000收视户。同年9月，上海卫视与香港电视广播(国际)有限公司(TVBI)签订有关上海卫视在澳大利亚落地的合作意向书。12月1日，上海卫视开始在澳大利亚试播，2003年1月1日正式落地澳大利亚。2002年11月1日起，上海卫视启用亚洲二号卫星6A转发器，向各地传送节目信号，以便各地观众更好地继续收看到上海卫视节目。2003年经国家广播电影电视总局批准，10月23日，上海卫视正式更名为上海东方卫视。全新的东方卫视每天24小时播出，至2004年，节目除在全国30个省区市播出外，还在日本、澳大利亚、北美、中国澳门等国家和地区落地播出。

为积极推动有线电视传输事业，东方网点连锁管理公司大力发展加盟店。截至2002年6月30日，东方网点连锁管理有限公司旗下的加盟店已达到238家，分布在上海的18个区县。

21世纪初也是新媒体传播大力发展的时期。2001年12月至2002年5月，上海文广影视集团节目中心、信息中心结合集团广播电视节目资料数字化存储、应用、管理系统一期项目研制成功的有利条件，整合600小时素材、100小时节目在上海电信、有线通等宽带平台上进行试验。8月进入试运转后，建立专门技术平台，形成较为成熟的节目方案、技术方案和运营方案。经过一年探索，“东方宽频电视”初具雏形，形成新闻广角、动感体育、纪实经纬、时尚节拍、影视动画、戏剧沙龙、音乐丛林、直播快车等8个频道共48个栏目的宽频网站规模,于2003年3月1日正式对外试播。

2002年,上海东方明珠移动多媒体有限公司成功地将数字电视技术运用到公交车以及游轮和快艇等移动交通工具上。至年底,全市78条公交线路的1080辆车上安装数字移动电视。市区26个轮渡码头,7艘浦江游轮上也安装数字移动电视。每天有近100万流动人口能在出行中看到新闻等节目。2004年,移动电视在上海城市信息覆盖率超过92%。至2005年,东方明珠移动电视的收视终端已广泛覆盖于上海的6000多辆公交车、5000多辆出租车、部分轨道交通线路以及水上巴士等,形成了规模庞大的户外立体交通数字移动电视信息平台,累计视频终端数达到16220个,日受众群体高达1200万人次,华东地区更有1800万FM98.1广播频率的听众同步收听。东方明珠移动电视每天连续播出17个小时40分钟节目,40多个栏目包括了新闻、资讯、娱乐、服务、互动等多种类型,成为上海地区影响力不断提升的信息传播新媒体。

2004年12月29日,传媒集团和上海移动共同宣布,"手机电视"在上海正式开播。这也是国内首家由区域主要移动通信运营商和大型综合传媒集团共同合作推出的"手机电视"正式商用服务。2005年1月1日开始,有500名用户加入试播服务,用户只需拥有通过兼容性验证的手机,在上海移动营业厅进行业务办理开通,就能使用"手机电视"业务。传媒集团下属的东方龙移动信息有限公司向"手机电视"提供4套直播电视和8个栏目的电视节目VOD点播,包含新闻、财经、体育、时尚、音乐、娱乐、滑稽等分类,每天更新的节目数量达到60多条。2005年3月,传媒集团获得国家广电总局颁发的国内第一张手机电视集成运营牌照。9月28日,"东方手机电视"全网平台开通,并以平均每天4000户的速度增长。截至2006年2月15日,用户已超过40万。东方手机电视的节目还相继成功输出到中国台湾、新加坡和文莱等地移动电话运营商的3G网络中,开创了手机电视外宣的新渠道。2006年2月15日起,上海东方龙新媒体有限公司经营的东方手机电视平台在中国移动全网正式商用,通过手机电视直播、点播等方式为用户提供各种资讯服务。10月,东方手机电视全网联通手机电视业务正式商用。至年底,东方手机电视付费与免费用户达几十万户,9个省市实现直播运营,推出电视和电台直播业务16路,针对手机电视制作的轮播频道18路,点播下载栏目61个;完成与中国电信、中国网通合作的3G视频业务测试平台建设及北方小灵通WAP及手机视频等项目。

2005年,上海共有付费电视15套、互联网转播3套、卫星传输电视节目17套。全市广电传输光缆达21174公里。有线电视用户435.1万户,其中数字电视用户6.8万户,有线电视用户入户率达88.7%。

2005年3月,上海文广新闻传媒集团获得国家广电总局颁发的国内第一张IPTV集成运营牌照,上海IP电视正式开通。上海IP电视已实现频道组播、节目点播、时间平移、电子节目指南等功能,提供60多个电视节目频道、5000多小时的点播节目,有4万户用户。为迅速扩大IPTV业务试点的覆盖区域,上海文广新闻传媒集团分别与中国电信集团和中国网通集团达成协议,在全国17个和20个省市推行IP电视试点。

2006年1月9日,上海文广互动电视有限公司与北京歌华有线网络股份有限公司、北京北广传媒数字电视有限公司签订了合作协议,将SiTV平台上的全国数字付费电视频道传输到北京有线网络。9月,IPTV全国播控中心建成,为集团在全国范围播出的IPTV电视业务提供高质量、高可靠的播出信号。整个IPTV临时头端系统包括信源系统、编码系统、网络系统和传输系统。该系统能够提供92套电视和10套广播节目。2006年底,SiTV集成运营平台共向全国分发21套全国数字付费电视频道。共与全国78家有线网络公司签订合作协议,SiTV全国有线数字付费频道集成运营平台的节目信号覆盖除西藏、天津、香港、澳门、台湾外的138个城市，拥有用户550万，占付费电视市场份额的70%。同年底，上海文广互动电视有限公司共开办16套全国数字付费电视频道、1套全国数字广播频率、17套上海本地准视频点播节目。

2007年有线广播电视干线网络总长30 200.54公里。有线广播电视用户499.3万户，有线电视入户率99.94%，比上年增长10.8%。其中，农村有线电视入户50.5万户，入户率49.9%。上海数字电视用户31万户(其中付费数字电视用户10.8万户)，比上年增长99.94%。2007年，上海市将广播电视“村村通”工程列为2007年全市农村文化建设的一号工程，至年底，除崇明县外，其余区全部实现有线电视“村村通”。

2007年9月，有线电视数字化整体转换工作在市区全面启动。年内共有20.85万户家庭实现数字电视转换，全市有线数字电视用户总数突破30万户。上海数字付费电视平台覆盖全国170个城市，数字付费电视用户突破1 000万户。

2008年有线广播电视传输网络干线总长33 696公里，广播电视综合人口覆盖率100%。有线广播电视用户527.2万户，比上年增长5.6%；有线电视入户率104.76%，比上年增长4.9%，位居全国第一。截至年底，全市1 736个行政村全部接通有线电视信号，农村有线电视新增用户18万户，农民用户数达66万，入户率为63.4%，比上年提高13.5%。年内，上海地面无线电视全面进入数字时代，从7月1日开始，东方明珠广播电视塔正式发射6套数字标清电视节目和1套数字高清电视节目。

2008年年内，上海互动电视在全国平台集成22套数字付费频道，覆盖全国220个城市及地区，用户1 800余万。同年8月20日，东方明珠(集团)股份有限公司与申通地铁资产经营管理有限公司合资成立上海地铁电视有限公司，双方联合开发地铁电视项目。至年底，上海市数字电视用户达70.9万户，比上年增长128.7%(付费数字电视用户15万户，比上年增长38.9%)，全市大多数有线电视网络完成数字化双向改造，高清地面数字电视及标清地面数字电视于7月开播，中广卫星移动广播有限公司多媒体广播(CMMB)通过东方明珠发射台播出。CMMB手机电视系统组建8个发射点的单频网，在上海地区发展CMMB手机电视用户2万户。百视通公司创新推进三屏融合试点，IPTV发展到湖北、重庆、江西等地，用户达300万户，其中上海用户突破100万户，上海由此成为全球最大的IPTV本地网以及全球唯一用户规模过百万的城市。

2009年，全市有线广播电视传输网络干线总长35 387公里，广播、电视综合人口覆盖率均达100%。有线电视用户553.3万户，比上年增长4.9%；有线电视入户率109.2%，比上年增长4.4%，入户率位居全国第二。数字电视用户77.6万户，比上年增长9.4%；其中付费数字电视用户14.3万户，比上年下降4.7%。

2009年，科技部、国家广电总局和上海市政府签署合作协议，以在上海开展下一代广播电视网示范建设为契机，完成5万户示范网络建设，实现以“高清、交互、宽带”为重点，开展文化娱乐、金融服务、教育医疗等各类增值服务应用，并成立“中国下一代广播电视网(NGB)应用实验室”。同年，上海全面启动市中心城区250万户有线电视数字化整体转换工作，共完成70万户有线电视用户的数字化转换。开播2套地面高清电视和12套有线高清电视(其中2套为付费)。建成高清演播室，高清生产设备基本全覆盖生产、播出、媒资领域。2009年9月28日起，上海有线数字电视网播出12套数字高清晰度电视节目，东方明珠广播电视塔同步播出两套高清数字电视节目，这标志着上海开始进入高清电视时代。10月19日，上海有线电视数字化启动。

2009年12月15日，中国电信上海公司与SMG合作共同运营的IPTV业务在上海地区的用户规模突破100万户,上海成为IPTV全国乃至全球用户数最多的城市。

至2009年底,上海郊区行政村全部实现有线电视村村通,农村有线电视入户率75%。

2010年有线广播电视传输网络干线总长36 211公里,广播、电视综合人口覆盖率均达100%。有线电视用户总计573万户,比上年增长3.6%;有线电视入户率112.4%,比上年提高3.2个百分点;有线电视数字化整体转换全面启动,数字电视用户总计235.6万户,比上年增长203.6%。其中付费数字电视用户近22.6万户,比上年增长58%。

2010年中心城区有线电视数字化整体转换工作基本完成,在235.6万户居民家中安装有线电视数字机顶盒410余万台。全市农村有线电视用户近70.4万户,有线电视农村入户率为80.7%。

2010年3月15日,中国下一代广播电视网(NGB)应用实验室在张江成立。截至此时,上海已诞生首批5万户“下一代广电网家庭”,家中电视机经机顶盒接入高性能宽带信息网,同时兼有电视、电脑、电话功用。2010年11月30日,上海三网融合试点工作全面启动。

至2010年底,上海市IPTV本地用户突破100万,全国用户超过300万。完成光纤覆盖改造的家庭接近100万户,此外新建3G基站1 300个、无线热点(WLAN)接近2 000个;下一代广电网(NGB)完成中心城区100万用户的覆盖。

第五章　文化创意和设计业

第一节　广 告 服 务 业

改革开放后，上海的广告服务陆续恢复。最先恢复的是霓虹灯商业广告，1978年后，上海就根据节能、安全，有利于市容美化的原则，合理安排布局霓虹灯商业广告。1979年，路牌广告、报刊广告、广播广告和电视广告也开始恢复。1979年1月28日，《解放日报》率先刊登上海戏剧服装厂的戏剧服装和上海药材公司的“人参补酒”“华陀酒”广告，恢复报纸的商业广告。同日，上海电视台在全国率先播放了第一条商品电视广告，介绍“参桂养荣酒”，上海人民广播电台也于1979年3月5日率先开始恢复广播广告。3月15日上海电视台播出瑞士雷达表广告，为中国电视第一条外商广告，《文汇报》也刊登外商瑞士“雷达表”广告，并在显著版面上刊登了《为广告正名》的评论，成为“文化大革命”结束后第一家恢复刊登来华外商广告的报纸，这也是20世纪60年代后中国报刊的第一条外商广告。各媒体广告业务的恢复也为广告服务业务的开展提供了土壤。1979年初，上海美术公司改为上海市广告装潢公司，经营广告业务。1979年11月，中共中央宣传部发出《关于报刊、广播、电视台刊登播放外国商品广告的通知》，政策上的放开进一步推动了上海广告事业的发展。

广告业的快速发展也引发了一些问题，无论是广告内容、广告设计还是广告经营等方面都出现了一些混乱现象。为了加强对广告业的管理，正确发挥广告在促进生产、扩大流通、指导消费、活跃经济、方便人民生活以及发展国际经济贸易等方面的媒介作用，1982年2月6日，国务院发布新中国成立后第一个《广告管理暂行条例》。此后，上海也推出了相关管理规定，规定报纸刊登商品经济广告的版面不得超过总版面的八分之一；传播经济信息的专业报纸，刊登经济广告版面平均不得超过总版面的三分之一；广播广告播放的时间，不得超过每日播放总时数的6%；并规定不准刊登新闻广告、虚假广告和烟酒(药酒广告除外)广告。对违反规定的，依据情节轻重，分别采取停止发布广告、责令公开更正、通报批评、没收非法所得、罚款、停业整顿等处理措施，直至吊销广告经营许可证，以维护广告经营的合法秩序。1982年7月，上海市工商行政管理局根据工商行政管理总局《关于整顿广告工作的意见》，针对上海出现的广告多头经营、内容过滥、管理混乱等情况，公布了《上海关于整顿广告的意见》。经过整顿，至1982年底，全市144家广告经营单位，被注销广告经营资格的有26家，占被清理整顿总户数的18.1%；核准继续经营的广告经营单位有118家，占被清理整顿总户数的81.9%，其中有专营广告公司3家，兼营广告业务的电视台、电台、广播站62家，准许刊登广告的报纸杂志53家。在清理整顿基础上，市工商局进一步加强了广告兼营、刊登广告的管理，在各专营、兼营广告经营单位内部建立了管理制度和广告稿件审核单制度。随着广告管理的规范，广告制作质量也得到提升，电视广告也更为多样灵活，上海电视台甚至配备了专门的编导人员和录像设备，以此加强电视广告的表现力。

为加强上海市广告管理工作，上海市工商行政管理局于1983年初将商标管理处改为商标广告管理处，配备专职广告管理干部，各区、县工商行政管理局也在同年底相继设立了广告管理科、股，开始恢复广告业的行政管理工作。广告服务业在规范管理的背景下,继续保持高速增长,虽然因整顿而关停了不少广告经营单位,但至1983年底,全市审核批准广告经营单位仍然出现增长,达到152家,从业人员1894人。

20世纪80年代中期,上海广告服务业经历了一段快速增长的时期。1986年,上海的广告经营单位增加到411家,营业额从3192万元增加到8976万元,从业人员增加到4586人,分别比1983年增加了1.7倍、1.8倍和1.4倍。由于广告经营单位增长过快,又分别隶属于几十个不同的单位,还有不少企业设立了广告宣传部门,为规范广告业,需要建立和加强彼此之间的联系和协作,经上海市人民政府批准,全市广告行业于1986年3月27日成立上海市广告协会,并根据行业特点建立了13个行业工作委员会,制订了规章制度,以行业自律与工商行政管理相结合的方式,加强对广告经营单位和广告个体户的监督。

随着市场经济的发展,政策层面对广告经营的限制进一步放开。1987年起,上海逐步取消了报刊刊登经济广告版面的限制。广播广告的播放时间也不再作任何限制,由上海人民广播电台自行安排,采取以行业自律为主的管理方法,工商行政管理部门对广播广告管理的重点放在内容是否明晰、真实、合法上。同年,延安东路外滩的人行立交桥上出现了上海市第一块天桥广告牌。为配合商业夜市的开放,上海还在南京路上规划开辟霓虹灯一条街,建设外滩至南京路成都路段霓虹灯工程,全长2500多米的街面上荟萃霓虹灯广告118幅、霓虹灯招牌96幅、霓虹灯装饰119家、灯箱广告87幅、泛光照明14处、大型电子显示屏2块,发挥了现代商业中霓虹灯广告的作用。

1987年10月26日,国务院发布了修订后的《广告管理条例》,上海根据《条例》规定,明确各类广告经营者的登记条件,允许个体户经营广告业务。为了保证绘制水平和美化市容市貌,上海市中心地带的路牌广告,主要由上海市广告装潢公司和上海市美术设计公司承办;铁路沿线及火车站、轮船码头、机场、体育馆、展览中心等专门场所的路牌广告,则由相关的专业或兼营的广告公司承建。

1988年1月,国家工商行政管理局重新制定了《广告管理条例施行细则》。同月,广播电影电视部和国家工商行政管理局联合发出《关于进一步加强电视广告宣传管理的通知》,对电视广告形式作了规定,并明确,未经工商行政管理机关批准,电视台不得擅自经营赞助广告业务,电视台内部的非广告经营部门,不准经营或代理广告业务。同年,上海市工商行政管理局对全市虚假广告开展专项检查。在538家广告经营单位和个体广告户中,查获虚假广告30件,对违章违法情况严重的18家广告经营单位和个体广告户注销其广告经营许可证,占被清理检查面的3.3%。

1989年以后,境外有实力的广告公司逐步进入上海,或与上海地区广告公司合资,或在上海设立办事机构,展开了以提高服务质量为中心,争夺广告客户的"广告大战"。为保证广告内容的真实性、合法性,巩固清理整顿广告工作的成果,上海市工商行政管理局还于1989年起在全市范围内,对广告经营单位实行广告审查员制度。当年,上海市又对广告经营单位进行了一次既全面又有重点的整顿工作,经过自查、重点检查和整顿、验收,注销证照18家,缓发证照25家,发现虚假广告30起,超越经营范围12家。全年共查处广告违法案件22件,罚款77.3万元。同时,加强了对外烟广告的管理和控制,并根据体育广告、文艺演出广告经营的混乱现象,会同有关主管部门拟定了专项管理办法。

至1990年底,全市广告经营单位发展到534家,其中中外合资企业1家、专营广告公司40家、报社54电台11家、电视台7家、杂志社259家、民航3家、铁路2家、体委1家、印刷厂1家、制作工厂 71 家、文化馆 3 家、广告个体户 82 家。全市市区内有大型路牌广告 800 多块，主要公交路线车站设置的小型路牌广告有 400 多块。从业人员达 6 889 人，年营业额 2.28 亿元。同年 10 月，为了加强对广告经营活动和企业广告费开支的监督管理，制止国内和海外一些单位和个人未经批准非法承揽广告业务，制止利用名目繁多的赞助活动搞硬性摊派、挥霍浪费、偷漏税收、私分牟利，制止一些企业凭借广告名义滥支广告费，用于请客送礼，或向职工发放福利物品等不正常现象的发生和蔓延，经上海市人民政府批准，上海市工商行政管理局会同财政局、税务局、审计局联合发布了《关于加强广告经营和企业广告费管理的若干规定》，对全市广告经营单位实行“统一发票”和“广告费专用章”制度。以监督广告经营单位依法经营，制止乱摊派，杜绝铺张浪费。由于实行广告业务专用发票制度，广告收费专用章制度，广告业务证、广告审查员证制度，1991 年全市广告经营单位数量得到控制。

表 2-5-1　1983—1990 年上海市广告经营情况统计表

类别	1983 年	1984 年	1985 年	1986 年	1987 年	1988 年	1989 年	1990 年
户数(户)	152	252	403	411	472	538	557	534
营业额(万元)	3 192	4 106	6 548	8 976	11 344	18 710	17 759	22 789
其中外汇人民币(万元)	175	239	496	514	788	1 662	935	1 352
从业人员(人)	1 894	3 510	4 546	4 586	5 956	6 332	6 399	6 889

资料来源：《上海工商行政管理志》(1997 年 4 月第 1 版)。

表 2-5-2　1990 年上海市广告经营情况分类统计表

项目	经营(兼营)单位数(个)	从业人数(人)	营业额(万元)	其中：外汇人民币(万元)
合计	534	6 889	22 789	1 352
广告公司	40	205	7 170	319
报纸	54	342	5 939	446
电台	11	75	810	3
电视台	7	88	3 421	428
杂志社	259	1 278	1 207	28
民航	3	46	257	104
铁路	2	49	250	2
体委	1	7	209	—
印刷厂	1	24	70	—
制作工厂	71	1 879	1 789	1
影剧院	—	—	—	—
文化馆	3	38	34	—
其他	82	1 012	1 633	21

资料来源：《上海工商行政管理志》(1997 年 4 月第 1 版)。

1992年,上海市对广告经营单位由数量控制转为资质标准审批,市工商局为此颁发《广告经营单位资质标准(试行)》。同年,新批准277户广告经营单位,全市广告经营单位达到827户,其中有中外合资和私营广告公司,还有一批策划代理型广告公司。市工商局制定《上海霓虹灯广告制作单位资质标准》,全市有37家霓虹灯制作单位接受资质标准检查。

1993年1月6日,市工商局发布通知,规定广告商必须建立广告业务登记审查、广告业务合同、存档、送样备案、统计报表、广告收费标准备案、单独立账、法规学习等8项制度,以作为开业必备条件和年检工作项目。5月11日,市工商局颁发《广告管理工作规范》。利用中介机构,对广告经营单位的广告业务予以审计。当年,上海广播电台、上海电视台、东方广播电台、东方电视台、上海有线台和《每周广播电视》报社成立了所属的广告代理公司。

经过10多年的发展,到90年代中期时,上海各广告公司的实力在全国居于领先地位。在1994年举行的首届中国广告公司实力评价中,上海10家广告公司荣列全国综合实力50强,11家广告公司列入广告营业额50强;上海广告公司和上海市广告装潢公司均列入两项评价的前5名;上海广告公司雄踞综合实力50强榜首。此时,广告已是产品打开销路的重要手段。同年,上海市制定了《广告业发展规划纲要》。

1995年2月1日,《中华人民共和国广告法》开始实行。上海市工商行政管理局对广告经营单位换发了新的广告经营许可证,并印发《上海市广告经营单位资质标准》及《实施意见》,对不符合资质标准的,分别予以公告注销、降格或限期整改。市工商行政管理局还起草了《上海市查处利用经济合同违法行为的暂行规定》《上海市广告经营单位资质标准》等一批重要管理规章,使上海市场在依法依章的轨道上进一步有序发展。至1995年底,上海有注册的广告经营单位2631户,全年广告营业额达44亿元,其中外汇营业额2.9亿元。

表2-5-3 1985—1995年上海市广告经营单位情况统计表

项目 年度	经营单位 (户)	其中:经营外商广告 经营单位(户)	从业人员 (人)	营业额 (万元)	其中:外汇人民币 (万元)
1985年	403	14	4546	6548	496
1986年	411	14	4586	8976	514
1987年	472	17	5956	11344	788
1988年	538	—	6332	18710	1662
1989年	557	—	6399	17759	935
1990年	534	—	6889	22789	1352
1991年	547	—	7267	40660	2591
1992年	824	—	10630	79009	—
1993年	1484	37	20778	210807	18618
1994年	2217	106	28947	296179	17807
1995年	2631	379	34714	440004	29062

资料来源:《上海工商行政管理志》(1997年4月第1版)。

表 2－5－4　1995 年广告经营单位及从业人员情况统计表

项目	经营单位(户)		从业人员(人)			
	小计	其中:经营外商广告	小计	管理人员	业务人员	其他人员
合计	2 631	379	34 714	7 923	13 123	13 668
其中:1. 国有企业	586	131	9 686	2 176	3 414	4 096
2. 国有事业	290	45	2 806	698	1 241	867
3. 集体企业	723	59	10 370	2 172	3 404	4 794
4. 集体事业	45	9	648	143	254	251
5. 个体、私营企业	565	4	5 807	1 372	2 757	1 678
6. 外商投资企业	48	32	1 086	271	432	383
7. 股份制企业	201	35	2 591	661	1 003	927
8. 联营企业	102	51	1 146	266	359	521
9. 其他	71	13	574	164	259	151
其中:1. 广告公司	1 488	210	23 885	5 197	9 345	9 343
2. 兼营广告企业	406	20	3 806	923	1 369	1 514
3. 电视台	16	5	253	50	148	55
4. 电台	6	2	113	21	53	39
5. 报社	59	21	531	143	224	164
6. 杂志社	218	23	1 378	396	565	417
7. 有线广播	1	—	10	2	5	3
8. 其他	437	98	4 738	1 191	1 414	2 133

资料来源:《上海工商行政管理志》(1997 年 4 月第 1 版)。

表 2－5－5　1995 年广告经营单位广告经营额统计表

项目	广告经营额(万元)									
	小计	其中:外汇人民币	药品	食品	化妆品	医疗器械	医疗服务	家用电器	生产资料	其他
合计	440 004	29 062	22 825	53 155	39 297	2 875	2 155	48 833	42 714	228 150
其中:1. 国有企业	105 118	11 615	3 535	9 199	4 803	634	314	12 773	9 003	64 857
2. 国有事业	167 372	12 995	13 512	19 752	13 632	1 684	1 593	20 195	23 822	73 182
3. 集体企业	58 273	893	1 296	6 514	8 820	157	130	5 037	4 296	32 023
4. 集体事业	4 315	—	31	378	120	—	—	168	730	2 888
5. 个体、私营企业	26 075	13	829	3 595	1 862	168	56	2 160	1 328	16 077

（续表一）

项目	广告经营额(万元)									
	小计	其中：外汇人民币	药品	食品	化妆品	医疗器械	医疗服务	家用电器	生产资料	其他
6. 外商投资企业	42 630	2 929	2 845	7 213	8 222	—	1	5 781	1 339	17 229
7. 股份制企业	19 582	587	521	3 409	912	161	42	1 744	1 612	11 181
8. 联营企业	12 694	—	153	1 508	734	25	9	666	404	9 195
9. 其他	3 945	30	103	1 587	192	46	10	309	180	1 518
其中：1. 广告公司	244 630	17 083	9 137	29 429	25 420	1 644	1 229	30 143	17 492	130 136
2. 兼营广告企业	18 177	67	533	3 622	865	54	8	848	1 978	10 269
3. 电视台	68 412	3 074	7 728	11 538	8 594	147	47	3 040	136	37 182
4. 电台	7 983	152	884	1 055	492	1	—	792	325	4 434
5. 报社	74 424	8 382	3 981	5 114	2 887	930	799	12 719	20 339	27 655
6. 杂志社	3 054	33	264	62	56	35	21	39	1 254	1 323
7. 有线广播	50	—	—	49	—	—	—	—	—	1
8. 其他	23 274	271	298	2 286	983	64	51	1 252	1 190	17 150
补充资料	1. 户外广告情况：霓虹灯 970 件，路牌 4 908 件，电子显示牌 64 个，立体造型 382 件，公交车载体 20 034 件。 2. 广告业增加值 165 181 万元。									

资料来源：《上海工商行政管理志》(1997 年 4 月第 1 版)。

20 世纪 90 年代中后期，上海广告行业由量的扩张转向质的提升。1997 年，全市清理了 685 户不符合资质要求的广告经营单位后，上海广告经营单位减至 2 400 户，比上年减少 16.35%，但全年广告经营额达 84.93 亿元，比上年增长 32.28%。当年，上海市还第一批认定了 34 件著名商标。1998 年，上海的广告经营单位数量有小幅增长，达到 2 449 户，其中经营外商广告的有 188 户，广告公司有 1 625 家。

进入 21 世纪后，上海广告服务业保持高速增长。至 2000 年底，全市共注册广告经营单位 2 397 户；全年广告经营额 111.8 亿元。全市广告经营额占全市国内生产总值(GDP)2.46%。2001 年内，上海广告业的经营额增幅较大。全年广告经营额 130 亿元，比上年增长 16.3%，其中国有企业经营额 16.9 亿元，比上年下降 8.6%；国有事业 33.7 亿元，比上年增长 3.9%；个私企业 31.1 亿元，比上年增长 56.8%；外商投资企业 23.4 亿元，比上年增长 30%。广告经营单位 2 656 户，比上年增长 10.8%，其中国有企业 447 户，比上年减少 57 户；国有事业 220 户，比上年增加 23 户；集体企业 492 户，比上年增加 44 户；集体事业 49 户，比上年减少 2 户；私营企业 1 140 户，比上年增加 348 户；外商投资企业 60 户，联营企业 52 户，均与上年持平；其他单位 196 户，比上年减少 94 户。户均经营额 490 万元。私营企业 2 142 户，占全市广告经营单位总量的 80.6%；从业人员 30 953 人，占总量的 86.0%；年广告经营额 90.82 亿元，占总量的 69.9%。全市广告公司经营额在亿元以上的广告经营单位 20 户，比上年增加 1 户。与此同时，广告形式也日渐多样化，2001 年 1 月，香港通成推广有限公司和上海地铁广告公司在上海明珠线推出“品牌车站——创造你的自由空间”广告推广活动，百事可乐和联合利华夏士莲去屑洗发露成为首批赞助商，分别给车站冠名。百事可乐和联合利华两大国际知名品牌充分利用其所拥有的“自由的空间”，在地铁站所有墙面、立柱、地面、月台、大厅和通道等着以主题盛装展现广告创意。年底，金茂大厦立面亮起超大型字幕广告。

2002 年，上海广告业继续呈现稳步增长态势，各项统计指标均有不同程度的增长。广告经营额稳步上升，全年广告经营额 145.56 亿元，比上年增长 11.9%。其中国有企业单位数量比上年减少 3.13%，质量明显上升，广告经营额达 23.26 亿元，比上年增长 37.2%；国有事业单位因组建大规模的媒体集团，单位数量比上年下降 21.8%，但经营额上升也较显著，经营额为 36.87 亿元，比上年增长 9.5%。上海文广新闻传媒集团、解放日报报业集团、文汇新民联合报业集团等三大传媒集团均成立广告经营中心，对集团所属媒体的广告实行统一经营、统一管理，开始实行广告总代理或节目、栏目广告代理，并试行广告代理招标办法。私营广告公司经营额大幅上涨，达到 38.2 亿元，比上年增长 23%；外商投资企业经营额为 27.05 亿元，比上年增长 15.6%。市场准入放宽后，上海的广告经营单位家达 2918 家，比上年净增 262 家，增长 9.9%。其中，国有企业 433 家，比上年减少 14 家；国有事业 172 家，比上年减少 48 家；集体企业 347 家，比上年减少 145 家；集体事业 75 家，比上年增加 26 家。在中国“入世”承诺和减少行政审批的总原则指导下，上海市 2002 年修订了广告经营单位资质标准，新的资质标准使得上海市私营广告企业的数量达到 1584 家，比上年增加 444 家，增幅达 38.9%，占广告经营单位总数的 54%。上海广告行业的外商投资企业 61 家，比上年增加 1 家；联营企业 61 家，比上年增加 9 家；其他单位 185 家，比上年减少 11 家。平均每家经营额 499 万元，比上年增长 1.84%。当年，上海东浩国际服务贸易(集团)有限公司与世界 500 强的英国 WPP 集团、日本株式会社博报堂共同投资组建的中、英、日合资上海广告有限公司于 11 月 3 日签约。WPP 集团、博报堂各拥有 25%的股份。上海一百集团有限公司也以出让原上海市广告装潢公司 50%股份给日本株式会社旭通 DK 的方式，将原上海市广告装潢公司改制为中、日合资的上海广告装潢有限公司。

上海广告业在量的快速增长的同时，行业素质、技术设备、管理水平、创意能力也得到提高和增强，涌现了一批有实力的综合服务型广告公司和一批专业化程度较高的中、小型广告公司；新技术、新设备、新材料、新工艺的广泛引进和应用，促进了广告制作和发布质量的提高；广告人才教育得到重视，大专院校相继开设广告专业培养高层次广告人才，行业协会则着重对广告从业人员进行岗位资格培训；一系列广告法规的颁布、广告行业自律规则的制定、重信誉创优质服务活动的开展、公益广告活动的推广等，都促进了上海广告业整体素质的提高。上海市广告协会从 2002 年开始向社会公开推荐创作实力优势广告公司，每年推荐一次，以广告公司在上海市优秀广告展评赛中获奖作品的累计积分的分值为推荐依据。2002 年第一批上海市创作实力优势广告公司推荐名单共有智威汤逊—中乔广告有限公司等 31 家广告公司。同年，协会还举办第九届优秀广告展评赛、第十届上海国际广告技术设备展览会，以此推动行业的高质发展。

上海广告业巨大市场和发展前景吸引着国内外资本和广告公司的目光，2003 年开始，越来越多的外资、外企纷纷以合资、参股、收购、兼并的方式开始渗入上海广告业；国内其他省市各大媒体陆续进入上海扩大发行和广告招商；其他省市广告公司开始在上海设立分支机构或开设新公司；各地广告人才转战上海寻求发展机遇。面对市场开放带来的压力和激烈竞争带来的挑战，上海广告界开始加强与广告主的合作、加强与媒体的合作、加强与广告受众的合作，开始向集团化、专业化方向发展。在这个背景下，至2003年底，全市广告经营单位总数为4151家，比上年增长42.3%，净增1233家。其中，国有企业、集体企业、集体事业性质广告经营单位均比上年减少，私营广告公司增长迅速，总数达2737家，比上年增长84%，净增1249家，已占广告经营单位总数的66%。广告从业人员48299人，比上年增长24.7%，净增9575人。广告经营额为160.6亿元，比上年增长15亿元，增幅为10.4%。年内，有广告公司3426家，占广告经营单位总数的82.5%，年广告经营额109.4亿元，比上年增加7.9亿元，占全市广告经营总额的68.1%，私营广告公司年广告经营额47.2亿元，比上年增加9亿元，占广告公司经营总额的43.2%，占全市广告经营总额的29.4%。广告经营额在1000万元以上的广告公司有288家。在亿元以上的广告公司有24家。广告业的发展，促进了广告传播载体的发展，四大传统媒体引进资金、引进人才、改版扩容；移动电视、分众传媒等新广告载体应运而生，颇受欢迎；全市户外广告经营额达到9.9亿元，占全市广告经营总额的6.2%。涉及户外广告经营的广告公司有1284家，户外广告媒体种类的大类有霓虹灯、路牌、灯箱、公交载体、电子显示屏(牌)等，户外广告媒体数量为38.7万个。固定及非固定形式印刷品广告大量增加，非固定形式印刷品广告登记件数2125件。随着广告行业的蓬勃发展，地方各级政府开始将推进广告业的发展纳入政府重要议事日程。工商行政管理部门在减少行政审批、放宽市场准入的同时，加大广告监管力度，虚假、违禁广告得到有效遏制。全市共查处违法广告1278件，罚没款784万元。行业协会在行业自律、行业服务、行业代表、行业协调方面正发挥越来越大的作用。

2004年，上海市政府制定《上海加速发展现代服务业实施纲要》，随后，徐汇区、卢湾区、静安区、黄浦区、闸北区等区政府将广告业列为重点发展的行业之一，推出一系列扶持广告业发展的政策、措施。广告行业的发展越来越在政策层面受到关注。与此同时，中央政府与香港、澳门政府分别签订的《内地与香港(澳门)关于建立更紧密经贸关系的安排》(CEPA)于2004年1月1日起实施，香港、澳门的服务提供者可在内地设立独资广告公司；3月2日，国家工商行政管理总局和国家商务部联合颁发《外商投资广告企业管理规定》，允许外商可在中外合营广告公司中拥有控股权。这些政策促进国外资本和中国香港、澳门地区服务提供者涉足上海广告市场的进程。上海广告业也出现新一轮快速发展的态势。广告经营单位数、广告从业人员数、广告经营额均有大幅度增长。年内，广告经营单位新增2477家，累计为6628家，比上年增长59.67%；其中，广告公司5890家，净增加2464家，比上年增加71.92%；广告公司中私营广告公司5557家，占广告公司总数的94.35%。广告从业人员净增16686人，比上年增加34.55%，累计为64985人。全市广告经营额为293.97亿元，比上年增长133.37亿元，增幅为83.02%；其中广告经营额在1000万元以上的广告公司有325家，比上年增加36家；广告经营额在亿元以上的广告公司有32家，比上年增加8家；私营广告公司年广告营业总额90.2亿元，比上年增加43亿元，增幅为80.15%，占广告公司经营总额的40.07%。全市广告公司的经营额为225.2亿元，比上年增长87.99%；其中50家外商投资广告公司的经营额为100.98亿元，比上年增长169%，占广告公司经营总额的44.8%，占全市广告经营总额的34.4%。食品类广告列广告投放额第一位，达40.2亿元。在中国广告协会开展的中国广告企业资质认定工作中，上海有53家广告公司分别被认定为中国一级、二级、三级广告企业(一级14家、二级22家、三级17家)。全年全市涉及户外广告经营的广告公司共4125家，广告经营额8.36亿元。

行业的快速发展也带来一些经营乱象，为加强管理，2005年4月1日《上海市户外广告设施管理办法》开始正式实施，由此户外广告的设置和管理走上规范轨道。同年，国务院办公厅发布了《国务院办公厅关于开展打击商业欺诈专项行动的通知》，上海市参照中央部际联席会议的做法，于6月20日成立以市工商局牵头，市委宣传部、市公安局、市监察委、市纠风办、市通信管理局、市卫生局、市文广局、市新闻出版局、市食品药监局等10个部门参加的整治虚假违法广告专项行动联席会议制度，制定《上海市虚假违法广告专项整治工作方案》，采取部门联动、齐抓共管方式，建立综合治理、长效管理机制，加大联合执法力度。加强整治后，上海全市广告经营额在2005年有所下降。至2005年底，全市广告经营单位10221家，广告从业人员69695人，全年广告经营额279.34亿元。与上年比，广告经营单位增长54.21%，广告从业人员增长7.25%，广告经营额下降4.98%。全市私营广告公司7296家，比上年增长31.29%；广告经营额95亿元；而兼营广告企业从上年的342家增加到2100家，比上年增长514%；外商投资广告公司58家，广告经营额达103亿元，比上年增长2.29%。年内，全市涉及户外广告经营的广告公司有3999家，比上年减少126家，户外广告媒体数为22.64万个，比上年减少33.30%，其中路牌数量减少52.39%，公交载体数量减少33.07%，灯箱数量增加94.29%，霓虹灯数量增加321.37%；户外广告经营总额达11.95亿元，比上年增长42.90%。

2005年也是中国政府兑现加入世界贸易组织的承诺，全面开放广告市场的一年。在这个背景下，上海市各级政府加大扶持广告业发展的力度，制定了更具体的政策；行业协会也宣传推广国际先进广告技术，推动广告业设计、制作技术升级换代；市劳动和社会保障局首次发布广告行业薪酬福利报告和工资福利指导价位；广告企业探索资本运作，上海分众传媒控股有限公司于2005年7月13日(美国当地时间)在美国纳斯达克成功上市挂牌交易，成为首家登陆美国股票市场的中国纯广告传媒股票。8月18日，分众传媒以1亿多美元价格收购国内最大的电梯平面媒体框架媒介，然后又并购其竞争对手聚众传媒。同年，20家广告公司获中国广告资质企业认定；上海累计有中国一级、二级、三级广告企业分别为17家、26家、18家；22家广告公司获全国广告行业文明单位称号；168件广告作品在第十二届中国广告节“中国广告大奖赛”上获奖；132件广告作品在“上海市第十二届优秀广告展评赛”上获奖。

2006年，全市共有广告经营单位15124个，比上年增长47.97%；广告从业人员77800人，比上年增长11.63%；广告经营额265.61亿元，按可比口径(剔除2005年统计差异因素后)比上年增长8.58%。全市共有广告公司12182家，比上年增长57.13%；广告经营额186.59亿元，占全市广告经营总额的70.25%。广告公司中有私营广告公司11645家，比上年增长59.61%；广告经营额110.30亿元，占广告公司广告经营额的59.11%。外商投资广告企业95家，比上年增长46.15%；从业人员0.48万人；广告经营额53.60亿元，占全市广告经营总额的20.18%。四大传统媒体广告出现新一轮上升势头，广告营业额达67.11亿元，比上年增长43.63%。

2007年，全市共有广告经营单位26480个，比上年增长75.09%，增幅比上年增加约27个百分点；广告从业人员82041人，比上年增长5.45%，增幅比上年下降约6个百分点。广告经营额298.95亿元，比上年增长12.55%，户均广告经营额下降35.80%。全市共有广告公司16102家，比上年增长32.18%，广告经营额180.60亿元，占全市广告经营总额的60.41%。经营主体中兼营广告企业数量大幅增长，达9668户，比上年增加7094家，增长276%。此外，私营企业成为上海广告业发展的主力军。个体、私营广告企业25340家，比上年增长79.5%；广告经营额156.31亿元，是国有广告企业的517%、外商投资广告企业的218%，占全市广告经营总额的52.29%。外商投资广告企业119家，比上年增长25.36%；广告经营额49.41亿元，占全市广告经营总额的16.44%。随着网络广告发展，互联网广告市场规模成倍增长。列入统计的互联网广告经营单位由上年的5个增加至257个,比上年增长500%,广告经营额为2 030万元,比上年增长132%。

2008年,全市共有广告经营单位30 757个,比上年增长16.15%,增幅比上年减少约59个百分点;广告从业人员114 422人,比上年增长39.47%,增幅比上年提高约34个百分点。广告经营额313.35亿元,比上年增长4.82%,户均广告经营额比上年下降9.73%。至年底,全市共有广告公司16 205家,比上年增加103家;广告经营额227.18亿元,比上年增长25.79%,约占全市广告经营总额的72.5%。经营主体中兼营广告企业持续增加,达13 631家,比上年增长40.99%。民营经济主体继续在上海广告业中领先,个体、私营广告企业共28 909家,比上年增长14.08%;广告经营额167.45亿元,是国有广告企业的7.68倍、外商投资广告企业的3.02倍,占全市广告经营总额的53.44%。外商投资广告企业133家,比上年增长11%;广告经营额55.46亿元,比上年增长12.85%,占全市广告经营总额的17.70%。国有广告企业623家,比上年增长50.12%;广告经营额21.80亿元,比上年下降14.02%。集体广告企业262家,比上年增长26.57%;广告经营额3.19亿元,比上年下降55.68%。互联网广告市场规模持续扩大,列入统计的互联网广告经营单位491个,比上年增长91.05%;广告经营额3.07亿元,比上年增长1 412%。为推动广告行业发展,上海还提出广告业的长期发展战略,形成《上海市广告业"十一五"发展战略研究》报告。4月18日,由中国广告协会和嘉定工业区联合筹建的中国广告产业总部基地奠基。2008年,上海还出现了国内首个汽车飞艇广告。10月31日晚上,装载大型电子视频的汽车飞艇广告升上上海天空。该飞艇广告装有一组世界最大的LED空中显示屏,显示有关上海大众A级车LAYIDA朗逸的内容。

2009年,上海共有广告经营单位(含广告公司、媒体单位、兼营广告的单位)36 960个,比上年增加6 203个,增长20.2%;广告从业人员168 488人,比上年增加54 066人,增长47.3%。全市广告经营额318.22亿元,比上年增长1.6%;户均广告经营额86万元,比上年下降15.7%;人均广告经营额18.9万元,比上年下降31%。全市广告企业中,国有企业708家,比上年增长13.6%;集体企业361家,比上年增长37.8%;私营企业和外商投资企业分别为34 760家和156家,分别比上年增长20.2%和17.3%。国有企业与外商投资企业的广告经营额分别为27.6亿元和76.44亿元,比上年分别增长26.6%和37.8%;集体企业和私营企业的广告经营额分别为1.67亿元和147亿元,比上年分别下降47.9%和12.1%。至年底,全市广告经营单位中广告公司17 477家,比上年增加1 272家,增长7.8%;从业人员75 448人,比上年减少4 453人,下降5.6%;广告经营额238.79亿元,比上年增加11.61亿元,增长5.1%;人均广告经营额31.65万元,比上年增长11.3%。上海互联网广告经营额2.81亿元,比上年下降8.4%。上海户外广告经营单位780个,比上年下降23.8%;经核准登记的户外广告经营额18.08亿元,比上年下降8.1%;经核准登记的户外广告总面积282万平方米,比上年下降78.2%。

2010年2月,上海市政府发布《关于进一步促进本市中介服务业发展若干意见的通知》,将广告服务纳入中介服务业重点领域,大力推进广告产业集聚区建设,促进上海广告业加速发展。上海还调整广告业征收的文化教育事业建设费费种,费率从4%降至3%,为广告行业的发展创造了更有利的税收环境。至2010年底,全市共有广告经营单位(含广告公司、媒体单位、兼营广告的单位)47 563个,比上年增加10 603个,增长20.2%;广告从业人员215 208人,比上年增加46 720人,增长27.7%。全市广告经营额378.08亿元,比上年增长18.8%;户均广告经营额79.49万元,比上年下降7.7%;人均广告经营额17.57万元,比上年下降7%。在全市广告企业中,国有企业714家,比上年增长0.9%;集体企业309家,比上年下降14.4%;私营企业45 577家,比上年增长

31.1%；外商投资企业164家，比上年增长5.1%。国有企业和集体企业的广告经营额分别为35.06亿元和2.54亿元，比上年分别增长27.0%和52.8%；私营企业和外商投资企业的广告经营额分别为168.92亿元和87.32亿元，比上年分别增长14.7%和14.2%。至年底，全市广告经营单位中广告公司20083家，比上年增加2606家，增长14.9%；广告经营额287.64亿元，比上年增加48.85亿元，增长20.5%。电视、广播、报纸、杂志四大传统媒介广告的经营额总计70.27亿元，比上年增加13.27亿元，增长23.3%；占全市广告经营总额的18.6%。电视广告、广播广告增长明显，其中电视媒体广告经营额为44.81亿元，比上年增长29.6%；广播媒体广告经营额4.59亿元，比上年增长35.8%。平面媒体中，报纸广告经营额17.14亿元，比上年增长13.3%；杂志广告经营额3.74亿元，比上年下降5%。互联网广告经营单位全年经营额4.97亿元，比上年增长76.8%。互联网广告收入成为网站营收的重要内容，大量中小网站加入广告联盟、搜索引擎代理等互联网广告业务中。全年全市机场、车站、轨道交通站厅等交通运输等候室的户外广告发展势头迅猛，发布金额为17.65亿元，占全市户外广告登记发布金额的74.5%；利用交通工具发布户外广告的发布金额3.31亿元，占全市户外广告登记发布金额的14%；利用建筑物、道路、市政设施和其他公共服务设施发布户外广告的发布金额2.65亿元，占全市户外广告登记发布金额的11.1%。

第二节　文化软件服务业

上海软件产业发展始于20世纪80年代初。80年代，中文信息处理系统的开发是软件行业关注的重点。1984年10月20日，由著名科学家、上海工业大学校长钱伟长主持研制的处理中文信息新方法——汉字宏观字形编码(简称钱码)，在上海通过技术鉴定。同年11月16日，一种“高速通用汉字终端”由上海科学技术情报研究所研制成功，可与各种计算机相连，每秒取字4000个，这项成果标志着中国汉字信息处理系统从专用化向通用化前进了一大步。1985年7月1日，上海实用电子研究所金逸平工程师研究出了一种最新的计算机手写汉字实时输入方法。随着中文信息处理系统的日渐成熟，基于中文的软件系统开发也取得进展。1986年8月13日，国内第一个用于现代化商场管理的“汉字以太微机网络系统”问世。同年，上海还开发出财务软件会计核算系统。80年代末，上海软件行业开始出口。1988年，日本8家企业与中方合资在上海创办上海启明软件有限公司，以带动该类技术产品的对日出口。

1990年时，上海计算机软件市场已初具规模，软件市场开发总产值达4940万元，比1988年增长68.8%，其中软件出口192万美元，有13家企事业单位被授予“上海软件明星单位”称号。此时，中文信息系统开发更趋完善。1990年，上海民办科技机构的私营“老板”姚福田，主持研制成功“嵌入式中文软件环境”卡。软件出口也更为活跃。1991年初，上海王安电脑发展公司与美国王安电脑公司签订了一项价值50万美元的计算机软件出口合同，这是该公司第一次向美国出口这种高技术产品。研发软件的范围也进一步拓展。1991年，上大科技开发总公司开发成功具有90年代国际技术水平的三维电脑动画制作系统。到90年代中期，随着电子信息网络业务的扩大，应用软件和集成的软件平台也快速发展。1996年底，上海市信息中心新建了近百个信息采集点，开发了新的应用软件和软件平台，调整了栏目结构，使电子信息网形成了系统化的业务流和全天候的电脑服务系统，为用户提供的信息量也成倍增加。到90年代末，上海软件行业具备相当的出口规模，1999年出口额达到2680万美元。为更好地推动行业发展，1999年4月，徐汇软件基地成立。软件园区的定位是搭建服务平台，降低企业成本，资源整合、优势互补，形成产业链。

进入21世纪后,软件行业的战略性产业地位被确立。2000年,继徐汇开办软件基地后,浦东也创办了浦东软件园。3月18日,国家软件产业基地——浦东软件园一期工程在张江高科技园区基本完成,浦东软件园正式开园,它标志着上海的软件产业进入了新的发展阶段。4月11日,上海软件出口联盟(SOBUS)在浦东软件园成立。该联盟由上海浦东软件园等一批软件企业发起成立,是跨行业、跨部门从事计算机软件出口的业务联合体。此时,上海有100多家企业从事软件出口业务,在规模、技术和质量上都有了长足进步,2000年上海软件出口额达到5 200万美元。而软件产业的经营收入在1996年至2000年期间也一直保持50%左右的年增长速度。

随着行业的快速发展,政府在出台扶持政策的同时也加强了行业管理。2000年10月,国家信息产业部颁布《软件企业认定标准及管理办法(试行)》,据此,中国境内的软件产品(含国产软件和进口软件)实行登记和备案制度。按照规定登记、备案的国产软件产品,可享受《产业政策》所规定的有关鼓励政策,未经登记、备案的软件产品,不得在中国境内经营或者销售。同年12月,上海市制定了《关于本市鼓励软件产业和集成电路产业发展的若干政策规定》,明确建立软件联席会议制度。联席会议办公室设在市信息委,主要负责政策落实、对享受鼓励政策的软件企业和集成电路企业进行资格审核等日常工作。上海市软件行业协会是上海软件产品登记的受理机构,审批机构为上海市信息化委员会。自2000年起,上海的软件产品登记工作有序开展。

2000年,上海有一定规模的软件企业已有600多家,经营总收入达48亿元,其中有20多家软件企业年经营收入超过5 000万元。上海的软件企业也逐渐开始形成自己的特色:一是充分利用上海城市信息化建设所提供的巨大市场机会,发展具有自主知识产权的系统软件。如万达信息股份公司所承担的浦东机场计算机系统、上海工商行政管理信息系统、上海医保计算机系统,上海华腾软件系统有限公司承担的金卡工程、绿卡工程等重大项目,标志着这些企业在开发和集成超大型的信息管理系统上,已达到国际先进水平。二是软件企业的技术创新能力不断增强。2000年共开发出有自主知识产权软件产品200多件,申请软件著作权登记的有250件,在全国居第3位;涌现出一批在国内有一定影响的软件企业和产品,如复旦金仕达的期货软件、博科2 000平台软件、格尔公司的数字认证核心软件等。三是一大批新创业的软件企业,包括留学生创办的软件企业,富有生命活力。留德学生在浦东软件园创办的英特公司,研究开发一种地理信息系统,引起德国政府重视,特出资在该公司建立研发中心。

2001年,上海软件产业开始出现跨越式发展态势。市政府把推进软件产业发展列为提高城市综合竞争力的战略措施,为了鼓励软件企业的发展,上海市在投融资、税收、人才教育和培养、收入分配、知识产权保护等方面,制定了29条政策规定。同时,采取了多种形式,支持软件企业走向国际市场。尤其通过聚焦浦东软件园,加强国家级软件基地建设,市政府将超级计算中心、国家信息安全(东部)基地、微电子基地、光电子基地、软件和集成电路人才培训基地等设在张江,形成项目、技术、人才的聚焦效应。2001年,上海软件著作权登记数达到480件,软件产品登记数307个。同年,获得国家软件登记中心软件著作权登记的"沪版"软件达414件,居全国第4位。全市软件产业实现经营收入72.64亿元,同比增长52.19%;软件出口实现1.02亿美元,同比增长97%,全市具有一定规模的软件企业1 000多家,从业人员超过32 000人。

2002年上海软件产业增长速度再创历史新高,全年实现经营收入117亿元,比2001年增长61%,其中软件出口达1.75亿美元,比2001年增长71.6%;软件出口企业86家,较2001年增加22家。规模以上软件企业(年经营收入超过50万元)有1 207家,从业人员达4.09万人。优势企业也不断涌现,2002年全市已有23家软件企业经营收入超过1亿元,较2001年的13家增加了10家,这些软件企业的经营总收入占全市软件产业经营总收入的46%；129家企业经营收入介于1 000万元和1亿元之间，约占全市软件企业总数的1/9，它们的经营收入占全市软件产业经营总收入的27%。宝信软件等4家成为上市软件企业，吸引了大量社会资本参与软件产业的运作。截至2002年底，上海共认定软件企业669家，占全市软件企业总数的56%，其中2001年认定361家，2002年认定308家。在国家重点软件企业认定中，2002年度上海有15家通过认定，占全国重点软件企业总数的14.29%，仅次于北京，名列全国第二位。在通过国家认定的15家重点软件企业中，软件产值超亿元的企业5家，外向型软件出口企业8家，符合国家软件产业投资指南、在某些软件主要领域内销售收入列前五名的2家。在系统集成资质认证中，上海通过认证的软件企业有58家，占全国的11%，其中一级的有1家，二级的有15家，三级的有24家，四级的有18家。截至2002年底，上海登记软件产品938个，其中2001年登记软件产品307个，2002年登记软件产品631个。在全市已登记软件产品中，支持软件占7.6%，应用软件占85.84%，系统软件占4.1%，其他软件占2.42%。全市已认定的软件企业平均拥有自主知识产权软件产品数为1.4个。与此同时，2002年上海软件园区的集聚效应和孵化功能明显增强，浦东软件园、徐汇软件基地、慧谷创业中心、漕河泾开发区及长宁信息园的创业环境不断改善，吸引了越来越多的软件企业入驻，同时也带动了软件企业向这些园区集中。浦东新区的软件企业占总数的27%，徐汇区占22%，长宁区占10%。这3个区的软件企业数量几乎占了总数的2/3。而软件企业多种所有制并存的局面继续保持，2002年，有限责任公司、外商投资企业(含港、澳、台资和中外合资企业)和民营企业三大经济成分主导了上海软件产业的发展，上海开放的投资环境和巨大的市场份额，引来了一批国内外著名软件企业的纷纷入驻。同年4月，微软成立了它在上海的首家合资企业——上海微创软件有限公司；5月，惠普在浦东金桥成立了中国软件研发中心；6月，印度最大的软件出口商塔塔咨询公司落户浦东软件园，紧接着第二大软件企业TCS公司和第四大软件企业INFOSSYS公司落户，而第三大软件企业WIPO公司也在积极地洽谈中；至于IBM、INTEL，则早就在上海设立了软件研究中心。在上海市的软件企业中，外商投资软件企业占全市软件企业的22%，外商投资企业的软件出口占了全市软件出口的60%。

2003年，国务院下发《振兴软件产业纲要》，上海市为贯彻执行国务院的文件精神，制定了《信息产业三年发展规划》。1月24日，上海市政府召开上海软件和集成电路产业工作会议，副市长严隽琪、杨雄到会并作了重要讲话。2月13日，软件工程国家工程研究中心上海基地成立。上海软件产业也保持了持续高速增长的势头。2003年，全年共实现经营收入201亿元，比2002年增长了65%，同时，实现了营业利润8亿元；软件出口2.67亿美元，增长52.6%。上海软件出口已形成了一些优势产品领域，爱立信通信软件，育碧、东星、科乐美的多媒体游戏软件，畅想和商泰的GIS软件等形成了一定的国际竞争力。伴随着国际产业分工的大发展，国际软件及软件外包服务为上海的软件产业提供了巨大的机遇。以汇丰数据处理中心、花旗银行数据处理中心、微创软件为代表的一批重量级软件外包服务企业纷纷落户上海，大大促进了上海软件外包服务的发展。截至2003年底，上海有各类软件企业1 395家，比2002年增加了15.6%。上海软件企业总资产达384.6亿元。31家企业资产超亿元，占上海软件企业总资产的57%；215家企业资产超1 000万元，占上海软件企业总资产的36%；100家超500万元。2003年，上海经营收入超亿元的软件企业已达27家，经营收入在0.1亿元～1亿元的软件企业有182家，经营收入在500万元～1 000万元的有117家，经营收入在100万元～500万元的有227家。另外，占软件企业总数不到20%的1000万以上收入的企业，其经营收入占上海整个软件产业经营收入的80%，上海软件产业的集聚效应进一步增强。上海软件产业从业人员也进一步增加,2003年已达5万人。软件企业的人员规模进一步扩大,已有1 000人以上企业3家、400～1 000人企业7家、200～400人企业21家、100～200人企业60家、50～100人企业142家。上海软件企业正逐步摆脱人员规模过小的情况,规模竞争优势不断增强。民营企业、国内有限责任公司和外商投资企业(含港、澳、台资和中外合资企业)三大经济成分继续主导了上海软件产业的发展。其中,民营软件企业占企业总数的38%,国有有限责任公司占31%,外商投资企业占24%。

2004年,上海软件产业全年共实现经营收入302.78亿元,比2003年增长了50.5%。营业利润达到29.16亿元,比2013年增长2倍多。软件出口在通信软件、游戏软件和GIS软件等领域形成了一定的国际竞争力。与此同时,国际软件及软件外包服务为上海的软件产业提供了巨大的机遇,一批重量级的软件外包服务企业纷纷落户上海,大大促进了上海软件外包服务的发展。软件出口收入达到4.76亿元,比2013年增长80%。上海的软件外包服务由原来以承接日本订单为主,已开始逐步向欧美市场发展。上海软件行创业园发展也出现区区合作、区校合作、园园合作的趋向。2004年5月20日,上海天地软件创业园与华东师范大学软件学院、上海天地软件创业园和徐汇软件园分别签约。上海软件企业的质量进一步提升。2004年,上海万达信息股份有限公司入选"中国软件产业最大规模前100家企业"名单,同时还获得"计算机信息系统集成壹级资质"。年内,万达公司还作为全国软件行业中心首批通过CMM五级资质认证的企业。上海拥有最大注册资金的软件企业——上海中标软件有限公司的"中标普华Linux桌面V1.2""中标普华OfficeV1.2"被中国软件行业协会推荐为2004年度优秀软件产品。民营企业上海申瑞电网控制系统有限公司2004年被评为市10家小巨人企业之一。

2005年,上海已成为全国软件产业最发达的地区之一,实现经营收入455亿元,是2000年的9.6倍。与2000年相比,上海软件企业数量增加了近千家,至2005年已达1 596家。全行业利润率逐步上升,从2000年的全行业亏损,到2001年扭亏为盈,进而逐年增长,至2005年已达13%。上海软件产业连续5年保持了50%以上的增长速度。2005年,上海软件出口达到7亿美元,在全国软件出口方面占有优势地位。从出口形式来看,上海自主软件产品出口有所增加。如易保公司的保险业务软件、亚太公司的加油管理软件等分别出口到欧美和东南亚地区。从出口目的地来看,上海软件出口以日本为主,占出口总额的60%,欧美方面的外包订单增长速度较快,软件对外贸易的渠道有了大幅扩展。从出口企业来看,上海有各类软件出口企业200多家,较突出的有中和、启明等。此外,还出现了专业软件发包公司和承接外包的企业联盟,如科技京城的申联软件企业联盟。从收入规模来看,上海经营收入超亿元的软件企业有43家,2005年度超亿元软件企业经营收入已占全市总收入的近50%,产业集中度不断提高。从人员规模来看,1 000人以上软件企业有5家,500人以上的软件企业有12家。从上市情况来看,盛大、九城、掌上灵通等成功在纳斯达克上市;宝信、华东电脑等在国内市场上市;交大慧谷、西姆通等在香港上市。此外,上海列入国家规划布局内重点软件企业数也在逐年增加,2005年达到27家,占全国1/6。上海共有115家企业获得计算机信息系统集成资质认证,其中一级资质5家,二级资质24家,三级资质49家,四级资质37家。截至2005年底,上海共登记自主知识产权软件产品3 332件。上海全市有一个国家级软件产业基地(全国11家)、一个国家级软件出口基地(全国6家)和六个市级软件产业基地。产业基地积聚了全市60%以上的软件企业。软件行业协会、软件产业基地、软件评测中心、产业推进联盟和软件出口联盟等专业化中介服务机构建设也不断加强。这些中介机构在企业认定、产品登记、产品测试、技术扩散、成果转化、项目评估、创新资源配置等方面发挥了重要的作用。

2006年，软件产业经营收入实现617亿元，增长36%，利润总额达到84亿元，增长38%。截至年底，全市共有软件企业1 175家，从业人员超过14万人，全年软件出口量同比增长45.7%，达到9.92亿元。“亿元”软件企业的数量达到70家，比2005年的43家增加了63%，超过10亿元的约有5家。所有“亿元”企业的经营收入超过300亿元，占上海软件产业整体收入的五成。上海软件业规模经营的特征越来越显著。全国152家获批“国家规划布局内重点软件企业”中，上海有26家，占全国的1/6，仅次于北京的31家。其中，属于出口型软件企业的有14家，数量居全国之首。

2007年，上海软件产业实现经营收入801.8亿元，同比增长30%，实现利润总额120.8亿元，同比增长43.3%，高于经营收入增幅13.3个百分点，产业主营业务利润率也提高到15%以上。软件产业成为上海增长最快的高科技产业门类之一。全市软件出口额11.9亿美元，同比增长20.0%；认定软件企业292家，登记软件产品1 422个。截至2007年底，全市共有有效认定的软件企业1 372家，其中年经营收入超亿元企业83家，同比增长18.6%。全市进入2007年中国软件企业100强名单的企业总数仅次于北京市和广东省，位列全国第三位。从企业构成来看，上海软件企业按注册类型划分，内资占主导地位，达到74.3%，其他还有港澳台投资企业和外商投资企业两种类型；按经济类型划分，股份制和外商及港澳台投资经济型企业拥有明显优势，占近70%的份额，其他企业则呈现多种类型并存的局面，所占比重都不是很大。2007年，上海的海隆软件、海得控制、延华智能三家企业在深圳成功上市，巨人网络等企业在海外成功上市。2007年，上海软件产品收入达到255.0亿元，同比增长10.8%，占全市软件产业经营收入的31.8%，较上年同期下降5.5个百分点，软件“服务化”趋势日益明显。自主研发软件产品表现突出，尤其是嵌入式操作系统、桌面和服务器操作系统、基于构件的中间件，以及办公与文档处理等基础软件得到广泛应用。2007年，上海软件产品登记数量达到1 422个，同比增长24.08%。其中，应用软件产品占绝对地位，全年应用软件产品登记数量达到1 290个，同比增长23.56%，占全部软件产品的90.72%。上海软件产业基地建设也取得不同程度的进展，形成了以国家软件产业基地和国家软件出口基地——浦东软件园为龙头，7个市级软件园区为支撑的分布格局，真正形成了一流的软件开发及产业发展环境。至年末，上海级软件产业基地建筑面积已超过200万平方米，集聚了1 300多家软件相关企业，成为上海软件产业发展的重要推动力量。

2008年，上海软件产业总体规模跨上一个新台阶，经营收入突破1 000亿元大关，达到1 004.78亿元，同比增长25.3%。上海软件企业盈利能力呈现持续稳定增长态势。利润总额由2004年的29.34亿元增长到2008年的143.28亿元，增长了近5倍，利润率也由2004年的9.7%增长到2008年的14.3%，提高了4.6个百分点。上海软件出口7.98亿美元(不包含嵌入式软件出口)，同比增长26.7%，增幅比软件产业经营收入高1.4百分点。上海的软件出口合同网上登记协议金额6.06亿美元，同比增长42.9%，排名全国第一。出口主要国别依次是日本、美国、法国、乌兹别克斯坦、安哥拉等52个国家和地区。上海109家超亿元软件企业的经营收入在全市软件产业经营收入中的占比超过60%，利润的比重更是达到了80%以上，产业集中度不断提高，集聚效应凸显。上海共有出口型重点软件企业16家，数量全国排名第一，所占比重达到34%。在工业和信息化部公布的“2008年中国软件业收入前100家企业名单”中，上海有贝尔阿尔卡特、中国银联、宝信、长江计算机、万达和理想等6家软件企业榜上有名，其中宝信同时被评为中国前十自主创新软件企业。上海有效认定软件企业数量达到1 561家，有效认定软件企业数量仅次于北京和广东，全国排名第三。2008年，上海软件产品登记数量达到1 782个，同比增长25.3%，全市共通过软件产品登记检测的软件产品 1 500 多个。浦东国家软件产业基地和国家软件出口基地建设卓有成效,产值占上海软件产业规模的 14%;市级软件产业基地建设蓬勃发展,集聚了全市 60%的软件企业。

2009 年,上海软件产业运营呈平稳增长态势,实现经营收入 1 206.19 亿元,比上年同期增长 20%。全年新增认定软件企业 308 家,登记软件产品 2 567 个。从业人员 21.8 万人。2009 年,通过 CMM/CMMI3 级以上国际认证的企业达到 113 家,较 2008 年底增加 6 家;其中 5 级的 14 家、4 级的 8 家。有 172 家企业获得计算机信息系统资质认证,较 2008 年底增加 3 家;其中一级的 11 家,二级的 24 家。截至 2009 年,上海累计认定软件企业 2 512 家。经营收入超亿元软件企业 135 家,超千人软件企业 16 家。全市共有 8 家软件企业被评为中国软件收入百强企业;共有 27 家软件企业被列为 2009 年国家规划布局内的重点软件企业,全国排名第二。截至 2009 年,上海累计登记软件产品达 10 249 个。其中应用软件占全部登记软件产品总量的 80%以上,同时系统软件和支持软件数量也在快速增长。年内,"上海基础软件产业基地"在闸北挂牌成立,这是国内首家集聚完整产业链的软件产业基地。中标软件、上海达梦、东方通等一批国内知名的基础软件企业入驻,涵盖了操作系统、数据库、中间件和办公软件等基础软件产品。

2010 年,上海软件产业运营呈平稳增长态势,实现经营收入 1 459.5 亿元,比上年同期增长 21%,增速比上年同期提高 1 个百分点。企业赢利能力进一步提高,利润总额达到 211.63 亿元,比上年同期增长 25.1%,占营业收入的比重达到 14.5%。软件企业的实力不断增强,全年新增认定软件企业 327 家,登记软件产品 2 920 个,较 2009 年增长 13.8%;其中,系统软件 23 个,支持软件 202 个,应用软件 2 689 个,其他类 6 个。截至 2010 年,上海累计认定软件企业 2 839 家,全国排名第三,累计登记软件产品已达 13 169 个。通过 CMM/CMMI3 级以上国际认证的企业达到 117 家,其中 5 级的 18 家、4 级的 17 家。有 189 家企业获得计算机信息系统集成资质认证,其中一级的 12 家、二级的 33 家、三级的 105 家、四级的 39 家。经营收入超亿元软件企业 150 家,其中经营收入超 10 亿元的软件企业 16 家,超千人软件企业 24 家。

第三节　建筑设计服务业

1978 年后,上海市住房和城乡建设管理委员会为建筑设计系统内的多名干部和设计人员落实政策,恢复职位,上海建筑设计行业也由此得到恢复发展。以上海工业建筑设计院为例,其 1978 年下半年完成的建筑设计比上半年增长两倍多,全年完成设计任务比 1977 年翻了一番。1978 年后,用经济手段管理设计工作也开始成为一种趋向。

20 世纪 80 年代,上海共开办建筑设计企业 48 家。开办于 1980 年的中国房地产开发总公司上海公司建筑设计院在整个 80 年代坚持为上海设计质量高、有特色的住宅,取得了可喜的成就。设计院在 80 年代一共为上海、江苏、浙江、安徽等地设计各类工程 300 多项、建筑施工图 220 万平方米,其中有 8 个居住小区、59 幢高层建筑。而且多个建筑设计获得奖项。该院设计的长白新村文化馆、图书馆工程获 1988 年上海市优秀设计二等奖。在全国住宅设计研究网 1988 年优秀设计评选中获两个一等奖和一个三等奖。在 1989 年商品化住宅方案设计竞赛中,该院获上海市一个一等奖、一个二等奖和两个三等奖。"江西中路 250 号办公楼加层"工程获 1989 年上海市优秀设计三等奖。在建筑设计领域,作为传统行业的"工程管理服务"和"工程勘探设计"在改革开放后,得到了迅速的恢复和发展,但建筑设计领域中的"规划服务"在当时属于新兴产业,发展规模仍然较小。到 1982 年,上海只有 1 家从业人员仅为 15 人的小型集体规划服务企业。改革开放前,建筑设计企业基本以国有和集体企业为主，而在80年代末，建筑设计企业的所有制结构出现多元化趋势，上海出现了第一家私营合伙的建筑设计企业，1989年上海还出现了第一家股份合作建筑设计企业。

进入20世纪90年代，随着城市建设的大幅度推进、大规模实施，上海建筑业迅速崛起，已形成具有相当规模实力的独立产业，与之相应，建筑设计行业也取得了长足的发展。上海高速度、高质量建成了南浦大桥、杨浦大桥、东方明珠广播电视塔、地铁一号线、高架道路等为代表的一大批具有世界先进水平的优秀建筑。1993年时，上海建筑设计行业出现了第一家股份有限公司。与此同时，世界著名建筑、设计企业和全国各地设计、施工队伍纷纷介入，为上海建筑业的发展注入了活力。1995年时，上海全市范围内形成了大小2.3万多个工地，上海成为当时全世界最大的建筑市场。良好的外部环境也使上海本地建筑设计院水平得到快速提高。1995年6月，曾成功设计了东方明珠电视塔的华东建筑设计研究院，在设计高度为世界第一的印度尼西亚雅加达电视塔设计国际竞标中，击败5家世界一流强手，一举中标，成为中国第一个在国际竞标中获胜的民用设计单位。这一时期，不少建筑设计企业也积极拓展园林绿色专业设计市场。到1995年，已有27家单位取得园林绿化工程设计许可证。在行业大发展的背景之下，上海自1995年相继出台了一系列建筑管理法规，推出了一批建筑、设计标准，实施注册建筑师制度，健全了市和区、县两级建设行政管理机构，使全市建筑市场管理趋于规范。1990年至1999年，上海开办的建筑设计企业达到572家以上，与80年代相比呈现显著增长。

2000年后，上海建筑设计行业进入高速增长时期。2004年，上海建筑设计产业内企业总数为2 912家，其中工程管理服务、工程勘察设计和规划管理企业分别为1 070家、1 762家、80家。到2008年时，上海建筑设计产业内企业增加到3 373家，其中工程管理服务、工程勘察设计和规划管理企业分别为1 232家、2 065家、76家，各占36.7%、60.5%和2.7%，总量增长了15.8%，年均增幅为4.0%；从业人员相应地从2004年的66 623人增长到2008年的90 691人，增长36.1%，年均增幅达为9.0%。而三项指标中，增长最快的还是营业收入，2004年时总计1 442 719.5万元，到2008年时达到3 548 153.3万元，增长了145.9%。年均增长高达36.5%。其中，在1949—1979年创立的老企业经营状况相当不错，总收入占总营业收入的29.6%，特别是工程勘察设计业营业收入最高，占46.3%，将近占本产业的半壁江山。在工程勘察设计方面，由于老企业集聚了技术、人才、资金方面的优势，虽然很多面临着挖潜、转制的难题，但仍然发挥着主力军的作用。从企业规模来看，根据2003年颁布的《中小企业标准暂行规定》，按人员标准，上海建筑设计产业均为中小企业，其中中型企业44家，其余为小型企业。

在空间分布上，上海建筑设计产业区域分布规律明显，主要集中在中心城区，地域范围西北、南部以内环线为界，东部以浦江为界，再加浦东新区以陆家嘴为中心的江沿岸地区，总体呈现“小集聚，大分散”格局。在这些区域内又形成三大主要区块：一是东部以陆家嘴商业区为中心形成的“陆家嘴建筑设计产业区”；二是北部以同济大学为依托的“环同济建筑设计产业区”；三是围绕内环线、浦江、苏州河形成规模最大的、功能最齐全的“浦西中心城区建筑设计产业区”，该区域涉及徐汇、卢湾、静安、黄浦、长宁、普陀、闸北、虹口共8个中心城区。其中，形成了外滩（黄浦）、新天地和8号桥（卢湾）、武宁路和光新路（普陀）、宝庆路和徐家汇（徐汇）、石门二路（静安）以及长宁东部等局部集聚。上海建筑设计产业区域分布也十分显著，从各区企业数量来看，2008年，徐汇企业数量最多，为547家；杨浦位居第二，为449家；浦东新区、长宁、静安依次为320家、307家和196家。而总营业收入最高的是普陀区，达到78.63亿元，该区企业数量只有133家，企业平均产出最高，达到5 912

万元/家,从企业性质看大部分为国有中型企业,在建筑设计企业中属于大型企业。营业总收入第二位的是浦东新区,企业平均产出也排第二位,达到1663.9万元/家。

资质企业的发展状况也是建筑设计行业发展的重要指标。2001年至2008年,通过住房和城乡建设部资质审批的上海工程勘察设计企业数量增加了94.8%,其中2004年的增幅最快,一年间增幅达到33.5%。2008年,上海工程勘察设计行业有641家资质企业,其中工程勘察企业38家,工程设计企业328家。专项设计资企业274家,其他1家,无工程咨询企业。专项设计资质中以建筑装饰企业为最多,达到104家;建筑智能化设计企业次之,共有92家。照明设计企业家数为零。在2008年住房和城乡建设部审核合格的139家甲级规划编制单位中,上海有5家企业:上海同济城市规划设计研究院、上海复旦规划建筑设计研公司、上海市浦东新区规划设计研究院、上海现代建筑设计(集团)有限公上海市城市规划设计研究院。从注册登记情况来看,上海拥有各类资质的工程勘察设计企业中内资企业的数量最多,占总体的93.4%,港澳台和外商投资企业的总数只有42家,占总体的6.6%。2008年,上海有4家企业进入全国工程勘察设计营业收入50强,但是名次均不靠前,进入前10位的只有中国电力工程顾问集团华东电力设计院,且仅列第10位。进入全国境外收入50强的上海企业有5家,其中中国建材国际工程有限公司以17.86亿元的成绩位居全国第三名。进入2008年全国工程勘察设计营业税金及附加50强的上海企业虽然有6家,但名次均不靠前。2008年,按照住房和城乡建设部统计的上海工程勘察设计行业总营业收入为784.46亿元。截至2010年,全国共有49家勘察设计企业取得设计综合甲级资质;其中上海有4家:上海市政工程设计研究总院、中国电力工程顾问集团华东电力设计院中国石化上海工程有限公司、中船第九设计研究院工程有限公司。

表2-5-6　2008年进入全国工程勘察设计企业勘察设计收入50强的上海企业统计表

排名	企业名称	行业分类	从业人员(人)	收入(万元)
10	中国电力工程顾问集团华东电力设计苑	工程设计综合资质	1124	92263
14	上海市政工程设计研究总院	工程设计综合资质	2183	79546
15	同济大学建筑设计研究院(集团)有限公司	建筑	1708	79473
41	中船第九设计研究院工程有限公司	工程设计综合资质	1380	55391

资料来源:《上海建筑设计产业发展报告》(中国建筑工业出版社,2009年12月第1版)。

表2-5-7　2008年全国工程勘察设计企业全年境外收入50强上海企业统计表

排名	企业名称	勘察设计行业分类	人员(人)	境外收入(万元)
3	中国建材国际工程有限公司	建材	1175	178609
13	上海宝钢工程技术有限公司	冶金	5404	46157
29	上海海洋石油局第一海洋地质调查大队	冶金	875	16663.24
33	中国海诚工程科技股份有限公司	轻纺	845	15371.91
41	中国石化集团上海工程有限公司	工程设计综合资质	1384	11596

资料来源:《上海建筑设计产业发展报告》(中国建筑工业出版社,2009年12月第1版)。

表 2-5-8　2008 年全国工程勘察设计企业营业税金及附加 50 强上海企业统计表

排名	企业名称	勘察设计行业分类	从业人员(人)	营业税金及附加(万元)
19	同济大学建筑设计研究院(集团)有限公司	建筑	1708	6243
21	上海市政工程设计研究总院	工程设计综合资质	2183	5818.54
31	上海宝钢工程技术有限公司	冶金	5405	4853
41	中船第九设计研究院工程有限公司	工程设计综合资质	1380	4036

资料来源:《上海建筑设计产业发展报告》(中国建筑工业出版社,2009 年 12 月第 1 版)。

表 2-5-9　2008 年上海建筑设计企业营业收入 20 强一览表

单位名称	开业年份	主营业务、特色	主要涉及行业	是否承担工程总承包
中船第九设计研究院工程有限公司	1953 年	多专业、综合技术强大型工程公司,从事工程咨询、工程设计及工程项目总承包。2009 年获得国家工程设计综合甲级资质证书。公司是为船舶行业基本建设服务的专业设计院,拥有 55 年的工业建筑设计经验,20 世纪 80 年代初进入民用建筑市场,已具备建筑造型、室内空间的设计创造能力	军工、水运、机械、建筑	是
中国石化集团上海工程有限公司	1953 年	前身是“上海医药设计院”“中国石化集团上海医药工业设计院”。是国内最早从事石油化工、医药、化工工程设计和总承包的大型综合性工程公司之一。2008 年获得国家工程设计综合甲级资质证书。主要业务领域分为三类:一是石化、化纤、炼油化工等,二是医药化工和生物能源化工等,三是环保、电子、轻纺食品、天然气储运工程等。服务范围覆盖工程项目的规划咨询、项目建议书、可行性研究和基础工程设计、详细工程设计,以及工程采购、工程总承包、工程项目管理、技术开发等	化工、石化、医药行业	是
中国建材国际工程有限公司	2000 年	全国综合性甲级设计科研单位和国际化工程公司,上海市高新技术企业。拥有建筑材料行业、轻纺(日用硅酸盐)、建筑工程、环境污染治理专项工程的设计和工程总承包、工程咨询、工程监理等资质。从 2003 年起,中国建材工程连续多年被美国 ENR 评为全球顶级工程设计咨询公司 200 强,成为全国建材行业唯一进入此行列的单位	建材行业	
中国电力工程顾问集团华东电力设计院	1953 年	具有工程勘察设计、造价咨询、环境影响评价、工程总承包、工程咨询、工程监理、测绘及海洋工程等甲级证书和对外承包工程经营权。主要承担电力系统规划,火电、核电、超高压、特高压送变电工程的勘测设计、咨询、监理、总承包等。2008 年 3 月,经建设部批准,华东电力设计院取得工程设计综合甲级资质。该院在中国电力建设史上创下了诸多第一,曾参与 26 项海外工程的设计	电力行业	是
上海市政工程设计研究总院	1954 年	全国最早成立的市政设计院之一,综合实力居全国同行之首,2008 年获得国家首批工程设计综合甲级资质证书。该院有给水、排水、道路、桥梁、综合交通、结构、水工、轨道交通、地下空间开发、园林景观、建筑、环境卫生、电气仪表、设备、暖通动力、岩土工程、工程测量、技术经济、工程总承包、城乡规划等专业,下设 15 家专业和综合性设计院、8 家控股或参股公司、10 多家驻外分院和办事处,下设研发中心、信息技术中心、工程总承包部等	市政行业	是

(续表一)

单位名称	开业年份	主营业务、特色	主要涉及行业	是否承担工程总承包
同济大学建筑设计研究院	1958年	实施集团化管理的特大型甲级设计单位。持有建设部颁发的建筑、市政、桥梁、公路、岩土、地质、风景园林、环境污染防治、人防、文物保护等多项设计资质及国家计委颁发的工程咨询证书,是国内设计资质涵盖面最广的设计单位之一。该院十分重视建筑教育,依托同济大学培养了一大批研究院硕士生、博士生。该院的另一特色是对外交流与合作,与来自美国、加拿大、德国、法国、西班牙等国的著名事务所保持良好的学术交流和合作关系	建筑行业	
拜耳技术工程(上海)有限公司	2003年	面向生产装置和过程的全生命周期,在开发、工程设计、实施、开工、维护及优化等方面提供先进技术增值服务。作为化工和制药行业整体化的技术合作伙伴,该公司致力于通过自产品及工艺开发、工程及建设直至工艺自动化及最优化的服务来支持行业发展,为客户创造持久而有效的竞争优势。公司致力于新技术的研发和应用,重点在医疗保健工程、微反应技术、生物质燃料技术,以及环保技术方面不断开拓,将可持续发展和科技创新作为公司发展的不竭源泉	化工、石化、医药行业	
中国海诚工程科技股份有限公司	1953年	由中国轻工业上海设计院整体改制设立,是国内最大的提供工程咨询、设计、监理和采购、施工、培训、开车等工程总承包服务的上市公司之一。公司业务涉及轻纺行业、商物粮行业、机械行业、电子通信广电行业、化工石化行业、医药行业、建材行业、农林行业、市政公用行业、电力行业、冶金行业、建筑工程及人防、建筑智能化(专项)、环境工程(专项)、城市规划、压力管道、压力容器等。作为国家轻工行业的骨干工程技术企业,早在1996年就获得建设部颁发的甲级工程总承包资质证书	轻纺、商物粮、机械行业	是
上海邮电设计院有限公司	1964年	专门从事信息技术应用的甲级勘察设计院,主要承担电话交换、市话管线、光缆通信、微波通信、卫星通信、移动通信、网络规划、通信电源、邮政通信、通信建筑房屋、通信铁塔等工程的规划咨询、可行性研究、勘察、设计、工程总承包。并承担国家、上海市有关部委局下达的体制、标准、定额、规范等研究编制任务	电子通讯、广电行业	是
中交第三航务工程勘察设计院有限公司	1958年	国内最大的交通、港口工程勘察设计单位之一,上海市高新技术企业。具有国家颁发的工程咨询、勘察、设计、总承包和工程造价等甲级资质证书。2005年获得建设部建筑工程设计甲级资质和商务部授予的对外承包工程经营权。能独立承担国内外各类港口、航道、海洋工程、物流工程、河川枢纽、修造船厂、公路、桥梁、机场跑道等综合性大型工程项目及供水、输电、环保工程、工业民用建筑、工业计算机自动控制等项目的规划、咨询、勘察、设计、工程监理、工程造价及工程总承包等	水运、公路、水利、海洋行业	是
华东建筑设计研究院有限公司	1952年	主要提供建筑设计的综合性服务,涉及建筑设计、结构及建筑机电设计、城市规划、室内及景观设计等领域。公司设计项目遍及20余个国家和地区,完成工程设计及咨询2万余项,在各个领域获得总计600余个奖项,并与100多家境外建筑设计事务所、工程公司建立了合作关系	建筑行业	

（续表二）

单位名称	开业年份	主营业务、特色	主要涉及行业	是否承担工程总承包
上海电投管道工程有限公司	2007年	主要从事电力工程高中压管道的设计、采购、销售、技术咨询和技术服务等业务	电力行业	
上海同济城市规划设计研究院	1994年	同济大学的全资规划设计科研机构，在国内首批取得城市规划设计甲级资质及旅游规划甲级资质，也是商务部公布的第一批参与城市商业网点规划编制且规划质量较高的四家中介机构之一。主要业务包括战略规划、区域规划、城市总体城市规划、历史文化遗产保护规划、详细规划、城市设计、风景设计、旅游规划和各类专项规划等的编制与咨询；同时该院还承担国家建设部、各级地方政府下达的科研课题、城市规划相关技术规范和行业标准的编制工作	城市规划设计	
上海现代建筑设计（集团）有限公司	1998年	以建筑设计为主的现代科技型企业集团，旗下拥有华东建筑设计研究院和上海建筑设计研究院等20余家专业公司和机构。在2008年中国工程设计企业60强排名中跻身于前5名。2001—2008年连续8年被ENR列入"国际工程设计公司200强"和"全球工程设计公司150强"之一。拥有众多的合作伙伴及国内外客户	建筑行业	
上海建筑设计研究院有限公司	1999年	前身为1953年成立的"上海市建筑工程局生产技术处设计科"，1993年更名为"上海建筑设计研究院"，1998年与华东建筑设计院合并成立"上海现代建筑设计（集团）有限公司"，同时保留"上海建筑设计研究院"名称。公司具有国家甲级勘察设计资质，享有对外经营权，以建筑设计为主业。是中国成立最早、规模最大、影响力最大的综合性设计院之一。公司现有5个综合设计所，分别在文化建筑、体育建筑、会展与博览建筑、医疗建筑、教育建筑等领域各有专长，同时还有空间结构设计研究、智能化系统设计研究和超高层结构设计研究等科研开发层的技术中心。公司主要承接各类民用建筑（图书馆、影剧院、博物馆、体育场馆、医院、办公楼、宾馆、购物中心、学校、住宅建筑）和工业建筑（工业厂房、冷库和仓库等）设计、城市规划设计以及相关技术合作、技术联营、技术成果转让等业务	建筑行业	
阿克工程（上海）有限公司	2005年	提供工程设计施工、技术产品和综合服务的国际集团公司。其客户中主要集中在石油和天然气、炼油和化工、金属和采矿等行业。在技术转让项目以及使用多种合同策略的设计、采购、施工总包或设计、采购、施工管理项目等方面富有经验。在京沪两地设有办公室，拥有350多位双语中国员工。公司业务包括化学制品、聚合物、医药、石油和天然气项目，并积极地在金属、采矿、水和废水处理及交通等领域寻求发展	化工石化行业、医药行业、石油天然气行业	
上海同盛工程建设配套管理有限公司	2004年	为了配合洋山深水港工程建设发展需要，于2004年4月成立，主要担负洋山深水港区电网规划、建设、运营和电力保障任务	电力行业	
上海市城市建设设计研究院	1963年	以市政公用为主业的综合勘察设计研究院，上海市高新技术企业。具有市政公用行业（道路、桥隧、地铁轻轨、给排水、环境卫生、园林）、公路行业（公路）、公路行业（特大桥梁）、水利行业（城市防洪）、建筑行业（建筑工程）甲级工程设计和丙级城市规划设计以及甲级岩土工	市政、公路、水利、建筑行业	

(续表三)

单位名称	开业年份	主营业务、特色	主要涉及行业	是否承担工程总承包
		程勘察设计、甲级工程测量等资质,同时具有甲级工程咨询的资格。能承担上述各行业各类大中型工程的勘察设计、技术咨询及其新技术、新工艺、新材料、新产品的研究开发。该院完成的工程勘察设计项目范围涵盖城市规划,高速公路、一级公路和其他等级的公路,城市快速路、城市高架路和大型立交、车行地道和城市越江隧道,桥梁(包括大跨径桥梁、多跨桥梁、大型立交桥),交通监控系统,给水厂和污水处理厂、给排水管网和给排水泵站、防汛构筑物,城市轨道交通,多层和高层建筑以及园林等工程领域		
上海市隧道工程轨道交通设计研究院	1968年	拥有隧道与地下工程、轨道交通、给排水、道路、桥梁、规划、建筑、装饰、智能化系统、环保、勘察和测量等专业的甲级勘察、设计及甲级咨询资质,1999年获国家外经贸部对外经营权。2004年成为国家发改委批准可以担任全国城市轨道交通项目评估的三个咨询单位之一。该院是上海城市轨道交通研究、设计的开创者之一。业务范围包括:市政公用工程(城市轨道交通、枢纽、站场等公共交通,隧道工程,道路桥梁工程,给排水工程等);公路/建筑行业设计工程(含公路、桥梁及特大隧道等);建筑工程与装饰工程;通信工程;盾构等机械设备等领域的设计及全过程咨询;以及岩土工程(勘察、设计、监测);工程测量;工程监理;工程总承包及八技服务;境外工程的勘测、咨询、设计、监理、招投标;设备材料进出口;劳务输出	市政、公路、建筑行业	是
上海勘测设计研究院	1954年	拥有水利、水电、风电、建筑、环境等工程设计、建设监理、工程咨询、水土保持方案编制、水土保持监测、环境影响评价、水资源论证、水文与水资源调查评价、工程勘察等多项甲级资质;具有国家商务部颁发的对外经济合作经营资格证书。主要提供水利、电力、环境、建筑、市政(给排水工程)、水运等工程全过程服务。先后承担新安江等40余座大中型水电工程的规划勘测设计任务;承担了长江口综合开发整治规划及水源地规划设计、太湖流域综合治理规划、黄浦江综合治理规划、上海第三水源地——青草沙水库及取输水泵闸工程设计,以及上海、外省市大量的水利枢纽工程设计任务,承担了上海等10余个省市的风电场设计任务,在风力发电规划设计领域处于国内领先地位;承担了太湖水环境综合治理等环境工程规划设计任务	水利、电力、水运、市政、建筑行业	

资料来源:《上海建筑设计产业发展报告》(中国建筑工业出版社,2009年12月第1版)。

第四节　专业设计服务业

改革开放后,社会生产得到全面恢复,由于既有体制机制的延续效应,专业设计大都从属于既有的生产系统,并未形成独立的产业。但此时的上海设计也已是“上海制造”风靡全国的重要支撑力量。1979年,上海170名纺织设计人员所作的167项设计获得“设计百花奖”,织物设计、图案设计、款式设计、包装装潢设计和商标设计均走在行业前列。到20世纪80年代,上海的著名产品设计开始趋于理性化。华生电扇对其经典产品44厘米电扇,在产品外观上作了一次全面设计,形成三个产品系列,成为全国同行模仿的对象;海鸥系列照相机产品经过多轮设计已趋成熟,其4B型双镜头反光相机被誉为中国老百姓最熟悉的“全民相机”,累计生产1272977台,并成为日后中国所有同类相机的设计母本。稍后诞生的DF－1型单反相机在80年代前4年便生产了4万台，并催生了“熊猫、孔雀、珠江、长城”等近10种同类产品。与此同时，专业设计师也开始展露才华，上海市服装公司研究所设计员屠天芳、丁亦聪在1985年举行的第二届横滨时装设计发布会上获得“特别奖”。

进入90年代，设计在市场竞争中的作用得到进一步认可，不少著名企业纷纷聘请设计师对产品进行升级换代设计，并梳理自己的品牌。上海金星电视机厂邀请著名设计师傅月明设计了28英寸彩色电视机，并命名为“金星·金王子”，成为该厂高端品牌和拳头产品，进入国际市场。专业设计公司也日益增多。1992年6月25日，由上海轻工业对外经济技术合作公司与日本福田武环境设计研究所（株）共同投资的上海福田工业设计有限公司在浦东开业，这是国内首家专业从事工业设计的中外合资企业。1993年3月，上海工业系统从事产品设计的企事业单位以及工业设计工作者等设计专业人员，自愿联合组成跨行业、非营利和专业性的社会团体法人——上海工业设计促进会。协会开展设计专业的人才培训、信息交流、业务咨询、专业服务、设计成果评比及展览、考察。90年代创建的一批专业设计企业也在日后成为上海设计行业中的中坚力量。成立于1995年的龙域设计逐渐将业务拓展到工业产品、模具的设计、技术开发、技术转让、技术咨询、技术服务，企业形象设计咨询，产品市场营销策划，会展会务服务，各类图文设计、制作、代理，建筑装潢工程，五金交电、百货、建材材料（除有毒危险品）的销售等，并成长为长三角和珠三角地区最具规模和活力的工业设计公司之一。

进入21世纪后，上海开始举办专业设计展览，一些知名企业也通过大奖赛的形式来激励创新设计的出现。2002年，上海设计双年展创办，上海双年展由上海市科学技术委员会、上海对外科学技术交流中心主办，工业设计、平面设计、空间设计、环境设计等，自2002年开始每两年举办一次。同年还创办了“上海电气杯”工业设计大奖赛和上海国际时尚家居设计精品展览会。“上海电气杯”工业设计大奖赛是由上海电气集团股份有限公司、上海工业设计协会主办的年度大赛，大赛的参赛作品涉及：通用基础装备类、专用机械装备类、自动化装备类等，旨在重视和支持产品的工业设计，借助工业设计来激发创新精神，提升产品的附加值，为实施上海电气的品牌战略，为上海电气实现新一轮发展作出更大贡献。上海国际时尚家居设计精品展览会则是由上海博华国际展览有限公司主办的年度赛事，以“设计你的时尚生活”为主题，展会作品主要涉及高端家用室内家具、儿童家具、SOHO办公家具等。

2005年开始，上海国际创意产业活动周举办，一系列设计活动，如展览、论坛、大赛、评选、工作坊、创意之旅等，吸引了工业设计、时尚设计、建筑与城市设计、室内装饰设计、平面设计、多媒体艺术设计、创意管理等众多领域，呈现出了不一样的设计主题。2006年起，上海工业设计协会每年主办中国国际工业博览会发展论坛与工业设计作品展，以此展现上海工业设计的整体形象和最新成果，组织上海设计机构、设计师与国内外企业界、设计界共同探讨在上海建设创新型城市过程中如何更有效地发挥创意设计的作用，促进工业设计产业的发展，分享最新设计成果，探讨设计行业最新发展趋势。而随着上海设计行业的发展，上海工业设计协会的会员单位也陆续发展到67家，个人会员290人。协会分设两个中心：上海创意产业中心和上海设计创意中心；设五个专业委员会：装备设计、交通工具、家具设计、陶瓷设计、青年设计师专业委员会。

随着设计行业的发展，其独立性和国际化趋势也日益凸显。2007年，上海工业设计协会、上海设计创意中心为推进上海设计产业的发展，促进设计与产业的互动，构筑上海设计服务的产业链和设计人才高地，联合评选“影响上海设计的100位（个）设计师及设计机构”。2008年，上海国际设计趋势高峰论坛创办。2009 年,首个属于上海服装设计师自己的团体——上海服装设计协会成立。同年,还创办了上海国际工业设计展,上海国际设计创新高峰论坛。

2010 年 2 月 26 日,在全球最大的创意盛会——2010 年上海世博会召开前夕,上海正式获联合国教科文组织批准,加入了全球"创意城市网络",并获颁"设计之都"称号。同年 9 月 11 日,上海市创意设计工作者协会成立,中共上海市委常委、市委宣传部部长杨振武,中国文联党组成员、副主席冯远出席成立大会。此时,上海在平面设计、环境艺术设计、工业设计、服装和时尚设计、广告设计、会展设计、建筑设计等创意设计领域,已拥有 20 000 多人的设计师队伍,并为 100 多万人提供了就业岗位。

第六章　文化休闲娱乐业

第一节　景区游览服务

一、公园

1978 年以来，上海市政府通过恢复扩建和新建等方式建造了各类公园，为人民文化休闲提供了基础设施。中山公园占地总面积 20.90 万平方米，位于上海中心城区西部，周边地理位置优越：东近曹家渡，西接内环高架路，北靠苏州河，南临长宁路商业中心。上海解放以后，市政府多次拨款进行建设，完整地保存了公园的风貌和园林布局。自 20 世纪 80 年代起，公园恢复并重建了各项规章制度，开始实行经济责任承包制，并引进了多个游乐项目，丰富了公园的文化娱乐功能。

截至 1998 年 1 月，上海建成了古典园林、近代公园、现代公园、风景游览区、居住区配套公园等大大小小 108 座不同类型的公园。108 座公园的绿化总面积达到 940 万平方米以上，占到上海公共绿地总面积的一半左右。建于明清时期的秋霞圃、古猗园、豫园、醉白池、曲水园是上海的五大名园，上海园林部门对这五大古典园林进行修缮、改造、扩建，使其焕发出新的活力。长风公园、杨浦公园、和平公园、共青森林公园等解放后新建的现代公园是上海公园的主体，这些公园是上海市民休闲、娱乐的好去处，长风公园的老年人京剧角、鲁迅公园的老年合唱队、桂林公园的老年茶室、复兴公园的戏剧角等在老年人中已享有很高的“知名度”。

2000 年 5 月 1 日起，浦东新区有 6 座公园对公众免费开放，分别为临沂、长青、泾东、上南、济阳、南浦广场公园。浦东开发开放之初，仅有 5 座公园，总面积 20.65 万平方米；2001 年底，位于浦东的塘桥、泾南两座公园完工，新区的公园数达到 18 座，总面积达 210 万平方米。浦东新区免费开放了滨江大道、中心绿地、蔓趣公园和金桥公园。1993 年至 2001 年底，浦东新区绿化建设发展迅速。绿地总量已从原来的 328 万平方米增至 3 400 多万平方米，其中公共绿地由 52 万平方米增至 1 450 万平方米，增长了 27 倍，新增公共绿地占全市的一半左右。

到 2005 年 4 月 1 日，随着人民公园等 23 座公园加入免费开放的行列，整个上海市免费公园数量已达到 122 座，占全市公园总数的 80%以上。

【修复类古园林】

1979 年 6 月 1 日，上海市嘉定县的汇龙潭公园正式开放。汇龙潭疏浚于明代万历十六年(公元 1588 年)，五条小河在此汇合，为嘉定名胜之一。后因屡遭战火，长年失修。园林部门于 1976 年开始筹建公园，历经近三年时间恢复和扩大了原有园景特色。

徐家汇桂林路南端的康健园成为全国首家以青少年和儿童为主要服务对象的“上海科普公园”。1985 年 2 月春节前，开放接待游客。金山县亭林镇复兴街的“古松园”，1986 年 10 月进入施工扫尾阶段。金山亭林镇有一棵罗汉松已有 600 余年历史，据《松江府志》记载，系元末文学家杨维桢手植。在“文化大革命”中，隔壁一个工厂建食堂时，被锯掉两支丫枝，使它失去了雄姿。市、县有关部门为了保护它,决定拨巨款修建一座小巧典雅的江南园林。

上海在20世纪80年代初开始着手修建古园林,到1983年已复建龙漕、嘉定、松江三个古园林风景点。1983年,市人大代表、上海市园林管理局局长程绪珂在人代会上介绍,龙漕、嘉定、松江三个风景点具有中华民族风格和上海地方特点。龙(龙华)漕(漕河泾)一带,以桂林公园、康健公园、漕溪公园、龙华公园和上海植物园为主;嘉定一带,以秋霞圃、古猗园、汇龙潭为主;松江一带,以醉白池、方塔为主。这些古园林扩大了面积范围,尽可能恢复原貌。

南汇县第一个公园"古钟园"建设工程,于1982年10月9日正式动工。古钟园位于县城惠南镇东南角,公园的建设分三年完成。300米园墙的建筑,湖心亭、曲桥和二座石桥的基础部分以及假山堆土任务,在1982年内完成。

明代古园林豫园1982年8月20日起暂停开放,进行全面整修。豫园,原占地46 666.67余平方米,距今已有400余年历史,鸦片战争后,多次遭到破坏。解放前夕,大部分风景湮没。为了抢救这一历史遗产,1956年,人民政府拨款整修。1982年2月,国务院宣布豫园为全国重点文物保护单位。

1982年1月,嘉定古园林"秋霞圃",经过修建恢复工作,第一期工程完工,正式对外开放。"秋霞圃"建于明代嘉靖年间,本是尚书龚宏府第的后园。园内三面石山缭绕,站在桥前看园内水景,亭台楼榭以一塘清水为中心,鲜明如画。北面水边是一座宽敞的"四面厅",由厅后走上假山,高处有小亭一座,亭下原有"横琴"石峰;向西有"水月亭""丛桂轩""池上草堂"等亭榭;向东有"凝霞阁"等景观。园内的走廊和屋子里,原有李流芳、唐时升、娄坚、程嘉燧的手迹石刻,现残存的只有娄坚手迹"涉趣桥"一方。秋霞圃已荒芜40年,1979年上海市园林局拨款重修。除了石刻外,一些建筑物已基本恢复原貌。

坐落在松江城西秀南街上海第四福利院内的颐园,1990年1月开工修缮。颐园面积约1 100平方米,园内尚有古朴雅致的明式戏楼、住宅楼,以及长廊、水榭、书斋、黄石假山、三曲石桥等古代园林建筑。全园景色"虽由人作,宛自天开",显得分外幽雅静谧、自然朴素。据古建筑园林专家鉴定,颐园是上海仅存的三处明代私家园林(另有上海豫园、嘉定秋霞圃)之一,具有较高的文物价值。

【新建类公园设施】

1978年以后,上海陆续新建了一些公园设施,以满足上海人民日益增长的文化休闲娱乐和对公共活动空间的需求。1978年4月,上海植物园局部开放。1984、1987年一期、二期工程先后竣工。1984年9月28日,国内规模最大的植物陈列馆——上海植物园建成并开馆。1980年元旦起,西郊公园更名为上海动物园。上海动物园是全上海最大的动物园,占地70万平方米,不仅有中国特有的珍贵动物,还有来自世界各地的稀有珍禽怪兽,总数达350多种。上海野生动物园始建于1994年4月14日,1995年11月18日建成开放。动物园位于上海浦东新区,占地面积15.3万平方米,是首批国家5A级旅游景区。瀛洲公园于1982年12月起在上海崇明岛城桥镇奠基兴建,这是崇明岛第一家公园,1985年5月30日建成开放。地处城桥镇东南面临江的瀛洲公园,占地37 333.33平方米,建筑和布局采用明代民间式。园内设综合性娱乐场所,儿童乐园置备了荡船、转盘、飞椅、摇驴等电动玩具;老年人可进书场,或独坐凉亭品茗。1982年3月1日上午,上海共青森林公园破土动工。1983年3月,以辟建"骑驴骑马区"为内容的共青森林公园第一期工程基本完成。1986年10月1日共青森林公园开放,这是一家既有森林野趣,又有中国园林艺术风格的公园。1993年9月,崇明县东平森林公园被列为国家级森林公园。1994年11月,位于上海松江西安内的国家森林公园建成开放;1995年8月更名为佘山国家旅游度假区。1995年初,松江县佘山风景旅游度假区与位于青浦县境内黄浦江上游与太浦河交汇处的上海太阳岛旅游度假区被国家旅游局批准同意列为国家级旅游度假区。

2000年4月18日,世纪公园正式对外开放。世纪公园是上海市中心区域最大的城市生态公园,位于浦东新区花木行政文化区,占地面积140.3万平方米,其中,绿地面积86万平方米,水体面积27万平方米,道路总长度为16公里,道路面积7.3万平方米,广场面积8.5万平方米,其他均为建筑及停车场面积。公园内共有乔木8万株,灌木74万株,草坪71万平方米。公园位于浦东新区世纪大道终端,因时至21世纪来临之际,故在2000年4月18日全园对外开放时,命名为"世纪公园"。2000年5月5日,中共中央总书记江泽民到世纪公园视察,为公园题写了园名。世纪公园建设总投资10亿元,总体规划方案由英国LUC公司设计,公园以大面积的草坪、森林、湖泊为主体,建有7大景区,分别是乡土田园区、观景区、湖滨区、疏林草坪区、鸟类保护区、异国园区和迷你高尔夫球场区;并建有景点53处,分别是世纪花钟、镜天湖、大喷泉、绿色世界浮雕、音乐喷泉、音乐广场、缘池、鸟岛、奥尔梅加头像和蒙特利尔园等。

大观园位于上海市西郊青浦县金泽镇杨舍村,与江苏省吴江县毗邻。园区两面临水,东依淀山湖,西傍雹荡,青商公路贯穿其中,南靠318国道,距市中心约65公里。大观园仿古建筑群前后施工7年,于1988年10月15日全部竣工。至此大观园游览区已成为上海市规模最大、交通方便、设施完善、环境优美、具有古典园林风格的风景游览区。全区于1988年10月20日全部对外开放,初名上海淀山湖风景区,1985年1月更名上海淀山湖大观园游览区,1991年定名为上海大观园。

1958年,上海市园林管理处曾在淀山湖南岸的淀峰、西岑征地100.4万平方米辟建苗圃,后因国家经济困难,1961年至1962年间,苗圃撤销,退地还农。"文化大革命"结束以后,为发展旅游事业,上海市园林管理局于1978年10月23日提出辟建淀山湖风景区的规划设想,同月25日,中共上海市委第三书记彭冲在市园林管理局领导陪同下实地踏勘,确定选址在杨舍。同年11月17日,经市计划委员会批准,同意全面规划,分期建设,逐步建成一个比较完整的游览风景区。

二、大型游乐场所

1985年兴安盟与前卫农场合办第三产业,一个占地26 666.67平方米的"蒙古村"在市郊长兴岛前卫农场落成对外开放。蒙古村总投资30多万元,由内蒙古兴安盟农牧场管理局和前卫农场联合创办。游客可衣着蒙古服装跑马、骑驴,游览"蒙古村",并可划船、垂钓、射箭、坐骆驼拍照。前卫农场旅游服务部和上海浦江游览站旅行服务社联合开办了长兴岛游览蒙古村一日游、二日游活动。

大型休闲游乐场所——"横沙—夏威夷水上乐园"于1992年7月26日开始试营业。这座乐园由宝山区旅游服务公司和美国泛太平洋集团公司合作经营,总投资额为200万美元,由美方负责经营管理。这是上海旅游景区建设中第一家三资企业。横沙岛面积5 000万平方米,具有净水、净土、净气的优良环境。

文化广场,在复兴中路597号。西起陕西南路,东达茂名南路,北临复兴中路,南止永嘉路,占地4.8万平方米。1928年,法商在此开办逸园跑狗场,以赛狗赌博为主,并附设旅馆、舞厅等,号称"远东第一大赌场"。1941年太平洋战争爆发,被日军改作军营和仓库。1951年,因资方拖欠国家巨额税款和职工工资,经上海市中级人民法院判决,由上海市文化局出资清偿债务,所有土地及建筑归文化局。市长陈毅提出将逸园改造为上海群众性政治文化活动场所。1952年4月,上海市人民文化广场筹备成立,11月定名为上海市文化广场。1985年筹建上海文化艺术中心。1988年拆除演映设备和观众座席,停止演出和放映电影。1992年撤销上海文化艺术中心,成立上海文化广场实业公司。

上海影视乐园,又名车墩影视基地,由上海电影电视(集团)公司于1992年投资兴建,1998年正式对外开放。该乐园位于车墩集镇南首,北松公路以南,车亭公路以东,占地43.33万平方米。2006年入选中国十大影视基地。

1986年市政府决定恢复"大世界"名称,除继承原"大世界"部分特色外,还准备充实青年娱乐所需要的现代化文化设施。在办好"大世界"的同时,另择新址建造"上海青年活动中心"。在该中心建成之前,"大世界"相应保留一部分原青年宫活动项目。恢复后的"大世界",一方面继承、充实传统的具有各种地方特色的戏曲娱乐项目,另一方面加快引进、发展国内外一些现代化的高级游乐设施,使之真正成为与上海这个国际化开放大城市相适应的、雅俗共赏、老少咸宜的新颖娱乐中心。1987年1月25日,"大世界"正式恢复开业。大世界游乐中心复业4年共接待中外宾客1000万人次。

1996年,由上海永乐股份有限公司等单位共同投资改造的"沪北永乐城"竣工。内设有按三星级标准设计的电影厅,有640只沙发软座、阶梯式排列的观众厅、先进的SR电影放映设备、六声道立体声音响。占地8000平方米的沪北永乐城内同时还设有录像、卡拉OK、KTV、迪斯科舞厅、桌球、咖啡厅、保龄球、大型电子游艺厅等多功能娱乐项目。

1999年6月14日,自国家颁布《旅游区(点)质量等级的划分与评定》以来,上海建成开放的主要户外大型游乐场部分被评为星级旅游景区。主要有:上海滨海太阳岛国际俱乐部,位于青浦区沈巷沈太路2588号,2002年被评定为上海4A级景区;金山城市沙滩景区,位于上海金山区金山大道1972号,2008年被评定为上海4A景区;上海市浦东射击游乐有限公司,位于滨海旅游度假区东首,2002年被评定为上海3A级景区;上海南汇大团桃园,位于上海南汇大团镇赵桥村888号,2009年被评为第一批上海农业旅游推荐单位。

此外,上海欢乐谷,位于上海西南部的松江佘山国家旅游度假区内,于2009年9月12日建成开业。同年,上海迪士尼乐园项目被批复核准建设。

三、旅游节庆活动

【上海旅游节】

上海旅游节,前身为上海黄浦旅游节,始办于1990年,1996年正式更名为上海旅游节。1990年10月6日,第一届上海黄浦旅游节在南京西路仙乐斯广场开幕,中外宾客游览了南京路、外滩。1990年10月12日,旅游节在黄浦江上降下帷幕。

1991年第二届上海黄浦旅游节与中国旅游购物节一起,于1991年9月21日在上海展览中心广场开幕。第三届上海黄浦旅游节于1992年9月开幕。黄浦海外交流协会邀请全日本和服顾问协会来黄浦区参加本届上海黄浦旅游节,进行了中日文化交流。黄浦区整个商委系统9月份销售额达到6.07亿元。1992年上海黄浦旅游节,以改造一新的南京路为主旋律,于9月26日开幕。"'94上海黄浦旅游节"于1994年9月21日晚在外滩开幕。1995年上海黄浦旅游节于9月21日在人民广场开幕,主题为"浓郁的民族风情,独特的都市文化"。

1996年,上海黄浦旅游节更名为上海旅游节,于9月21日至9月27日举行。本届旅游节共组织开展了40项活动，其中主要的19个项目活动在浦东新区举行，涉外旅游活动项目13个。彩车27辆，其中65%由境外驻沪机构或跨国公司制作，有20多个国家和地区的旅游团体及旅客参加了此届旅游节。此届旅游节吸引了国内外游客近100万人，参与和观摩旅游节各项活动的市民达1 200万人次。

1997年11月2日，上海旅游节在豫园开幕。市领导徐匡迪、龚学平、陈铁迪等出席了开幕式，在沪出席上海市市长国际企业家咨询会议的贵宾，以及澳大利亚、波兰、韩国等10个国家的驻沪领事官员等，共3 000多位中外来宾参加了开幕式活动。中共中央政治局委员、国务院副总理吴邦国为旅游节题词："发展都市旅游，展现上海风貌"；国家旅游局发来贺电；中共中央政治局委员、上海市委书记黄菊，市长徐匡迪，市委副书记龚学平等市领导都分别发来贺信、题词。黄菊在贺信中说，举办上海旅游节，是上海大力发展旅游业，以节兴游，以游促商，培育新经济增长点的重要举措之一。

1998年10月24日，上海旅游节"摩托罗拉-联通寻呼之旅"万人单骑游上海活动在上海体育场拉开帷幕，副市长周慕尧出席首发仪式。活动在上海市19个区县展开，组织单位精心选择了17条路线，参与者可以在骑车锻炼中观赏上海宏伟壮观的市政建设成就和都市文化景观，游览上海的知名景点。

1998年10月10日，以"绿色旅游、回归自然"为主题的上海崇明首届森林旅游节在崇明县东平国家森林公园南广场举行了隆重的开幕仪式。作为上海旅游节重头戏之一的首届崇明森林旅游节，推出了30多项旅游节目和3条特色旅游线路，其中"森林狩猎""森林滑草""林中赛马""竹筏漂流"等内容给久居都市的人带来原野的乐趣。另外，为纪念22万上海知青围垦崇明30周年，同日下午森林公园还举行"知青创业纪念墙"揭幕典礼。在首届崇明森林旅游节上，崇明县召开大型招商洽谈会，意大利RMS集团技术基金会、上海电气(集团)公司等当即与崇明工业园区、崇明绿色食品园区签订9个项目，总投资逾2亿元，吸引外资500多万美元。

2000年10月14日，以"走进美好与欢乐"为主题的"人民大众的节日"——上海旅游节在铁路上海站不夜城广场举行开幕仪式。11月12日，2000年上海旅游节落幕。东方明珠塔在旅游节期间，共接待游人18.2万人次；共青森林公园以"森林之旅"系列游园活动，吸引游客4.34万人次，全园游乐、餐饮等收入达80万元；上海城市规划展示馆旅游节期间共接待海内外旅游者4万人次，票务收入达50万元。华亭海外旅游公司接待海外游客6 174名，同比增长1 200多名；春秋旅行社接待游人1.5万人次，营收850万元，其中"春秋中外百团申城游"参与人数5 000人，创下国内同一旅行社、同一天、同一城市接待之最。锦江集团、衡山集团的客房出租率同比增长4%、7%，高于"十一"黄金周期间的出租率，其中，虹桥宾馆客房出租率比上年同期上升15个百分点；锦江饭店总营收增加7%，客房出租率增加12%，餐饮增长24%。

2001年上海旅游节9月15日开幕。市委副书记龚学平、市人大常委会副主任沙麟、副市长周慕尧、市政协副主席谢丽娟出席开幕仪式。2001年上海旅游节落幕，7天迎客320万人次。

2002年10月6日，为期23天的2002上海旅游节闭幕。上海旅游节已成功举办了13届，本届旅游节吸引了600多万中外游客。旅游节期间，为期16天的"花车大巡游"巡游总次数增加到12次，20辆花车共经过15个区县，行驶总里程近1 000公里，直接观看花车的市民和旅游者近200万人次。9月20日晚的南京路大狂欢有6 000多名中外游客参加。连续举办三年的上海国际音乐烟花节是上海旅游节节目"菜单"中的一道"名餐"。来自西班牙、荷兰、加拿大的顶级音乐烟花艺术大师为观众献演美妙绝伦的"火之交响乐"，而素有"冷美人"的低温烟花也首次登台亮相。除了烟花节,还有卢湾区的“玫瑰婚典”、长宁区的“小主人生日游”和松江佘山国际沙雕节等品牌活动。

2009年9月12日下午,上海旅游节开幕式暨上海欢乐谷开园庆典举行。中共中央政治局委员、市委书记俞正声,市委副书记、市长韩正,国家旅游局局长邵琪伟与全国人大常委会委员龚学平、国务院国资委监事会主席杨坚、文化部部长助理丁伟、华侨城集团总裁任克雷等共同启动了2009年上海旅游节开幕暨华侨城欢乐谷开业引擎。上海市领导王仲伟、丁薛祥、杨定华、胡延照、赵雯、周太彤出席庆典。这次旅游节包含了松江旅游节、购物节的48项主题活动,48个“小节”共迎上海旅游节“大节”。松江首次将“上海之根”旅游节与松江购物节“两节合一节”,以实现“1+1>2”的商旅融合效应。

2009年10月6日,历时25天、参与人数达800万人次的第二十届上海旅游节闭幕。2009年上海旅游节以推广“世博之旅”为重点,推出了55条世博之旅。本届旅游节参与活动的游客达到800余万,花车巡游暨评比大奖赛参与人数超350万。开幕式当晚及浦江彩船大巡游现场吸引了30万人次的游客前来欣赏。世纪公园的国际音乐烟花节每场吸引3万余名游客入园观看。2009年是上海旅游节的第20个年头,开幕式首次“下乡”,移师松江欢乐谷举行。

【上海国际艺术节】

中国上海国际艺术节是由中华人民共和国文化和旅游部主办、上海市人民政府承办的重大国际文化活动,是中国唯一的国家级综合性国际艺术节。自1999年至今,中国上海国际艺术节以“创新发展”的理念为引领,坚持走品牌发展之路,已成为了中国对外文化交流的重要窗口和国际艺坛具有影响力的著名艺术节之一。中国上海国际艺术节从1999年起,每年举办一届,时间一般在11月1日至12月1日。

中国上海国际艺术节始终坚持“艺术的盛会,人民大众的节日”这一办节宗旨,集合舞台演出、展览博览、“艺术天空”系列演出、艺术教育、“扶持青年艺术家计划”暨“青年艺术创想周”、节目交易、论坛研讨、节中节等板块活动,凸显国际性、经典性、艺术性、创新性和观赏性。艺术节荟萃一流经典、力推原创新作、传播创意文化,逐步成为展示优秀演艺作品、推进文化贸易、促进文化交流、孵化艺术人才与提升民众艺术素养的平台。在每年金秋十月,一如既往地为中外观众奉上最精彩最辉煌的艺术盛宴。同时,艺术节通过“艺术天空”、“艺术教育”、“优惠票”、艺术节体验计划等惠民项目,不断降低普通百姓参与艺术节的门槛,使金秋上海的大街小巷成为艺术的海洋,让更多市民获得参与艺术节的机会。

上海国际艺术节活动的内容,包括舞台艺术演出、文化艺术展览、群众文化活动、剧目和各类艺术品交易等。美术展览等各类文化艺术展览、博览活动是中国上海国际艺术节活动的重要组成部分。上海国际艺术节以舞台艺术演出为主,参演剧(节)目为国外优秀剧(节)目和有较高艺术质量、有较强民族特色的国内剧(节)目,包括中国香港特区、澳门地区和台湾省的剧(节)目。

上海国际艺术节举办以演出节目交易为主的演出交易会。根据每届情况也可举办其他专题艺术品交易活动,开展各种形式的丰富多彩的群众文化艺术活动。上海国际艺术节期间不定期举办国际性的艺术比赛或单项活动。

【上海国际电影节】

上海国际电影节(Shanghai International Film Festival)是中国第一个获国际电影制片人协会

认可的全球 15 个国际 A 类电影节之一。1993 年首次举办，1994 年获得国际电影制片人协会承认。电影节于每年 6 月上旬举行，为中国唯一的国际 A 类电影节，最高奖名称为金爵奖，下设 8 个奖项，都由来自各国的国际评委评审产生。

上海国际电影节始办于 1993 年 10 月，每两年一届。电影节宗旨是：增进各国、各地区电影界人士之间的相互了解和友谊，促进世界电影艺术的繁荣。从第五届（2001 年）起改为每年举办一届。每年 6 月，为期 9 天的电影节如约而至，成为上海文化生活一个重要的景观。电影节呈现并鼓励多元艺术创作，创办以来在专业架构及服务、社会影响力等方面迅速提升，被誉为“全球成长最快的国际电影节”。上海国际电影节的开幕红毯不仅集聚世界各国著名电影人，同时完整呈现华语影坛的最新风貌，成为展示年度华语电影力量的最佳窗口，越来越多的电影人把参加上海电影节作为重要的影片推广机会。

1995 年，上海市广电视局与上海电影局合并为上海市广播电影电视局，上海国际电影节与上海电视节也因此归并其直属的国际大型活动办公室策划组织。

2006 年，第九届上海国际电影节实现了历史性的突破，电影节报名影片数量被刷新，比前一届增加 48.4%，并首次采取网上报名方式。

2010 年，在中国电影产业步入黄金发展期的大背景下，于世博会期间举办的上海国际电影节无论报名影片、市场招展、创投项目，还是出席红地毯、电影论坛的明星与嘉宾，数量上都再次刷新电影节创办以来的纪录。

上海电影节下辖电视市场板块，分为电影交易市场和电影项目市场。电影交易市场主要通过产业服务平台的结构性搭建，以国际标准为要求、强化专业服务功能，广邀国际买家，借此推动中外多元电影内容产品的交流与交易。电影项目市场（包括中国电影项目创投与合拍片项目洽谈）是电影项目与资本对接的桥梁，也是发掘、推广电影新锐的重要平台。

【上海电视节】

上海电视节是中国第一个国际性电视节，是为数不多的具有评奖、市场、论坛等综合功能的国际性电视节，也是亚洲最重要的国际电视交流平台之一。

1986 年 12 月 10—16 日，上海国际友好城市电视节（后被定为第一届上海电视节）举办。来自 16 个国家 18 个城市的 23 家电视台、制片公司以及国内各电视台参加。1988 年 10 月 22—28 日，来自 25 个国家和地区的 92 家电视台、影视公司的 1 000 名代表参加了第二届上海电视节。电视节由国际电视节目“白玉兰”奖评选、国际电视节目交易会、国际广播电视设备展览会三项活动组成。

1990 年 11 月 10—15 日，第三届上海电视节共有来自 35 个国家和地区的 350 家电视台、制片公司的 1 200 名代表参加。这届电视节主要活动项目还增加了国际电视学术交流会。1992 年 11 月 7—12 日，第四届上海电视节在上海举行。来自 35 个国家和地区的 428 个电视台、制片公司、广播电视设备制造厂商等近 700 多名外宾和 900 余名国内来宾参加。第四届电视节增设了国际音像制品博览会和国际著名影星作品展。1994 年 11 月 12—17 日，来自 39 个国家和地区的 584 家电视台、电视片公司、广播电视制作公司等共 1 600 名中外来宾参加了第五届上海电视节。1996 年 11 月 10—14 日，第六届上海电视节在上海举行，有来自 37 个国家和地区 700 家公司的 1 800 余名中外来宾参加。节目交易会上，海外购买国内电视剧、专题片达 504 集，创历届电视节之最。由此次电视节开始，增加了广播电视设备交易会。1998 年 11 月 7—12 日，来自 35 个国家和地区 1 224 家公司、3 538 位中外来宾参加了第七届上海电视节。电视节节目交易会总成交量 3 327 部（集）。

2000年,第八届上海电视节于10月24—29日举行。共有来自47个国家和地区的1487家影视机构、新闻单位、公司参与。电视节共举行29项活动,接待海内外来宾4118人,其中境外来宾1031人。电视节由"白玉兰"奖国际电视节目评选、国际影视节目交易市场、国际广播电影电视设备展览会、国际影视学术研讨会四项主体活动组成。

2002年,第九届上海电视节于6月9—13日在上海举行。从2002年开始,上海电视节改为每年6月上旬举办一届。从而,上海电视节与上海国际电影节也从以往两年一届轮流举行,改为一年一届同时举行。上海电视节由国家广播电视电影总局和上海市人民政府主办,上海文化广播影视管理局和上海文化广播影视集团承办。该届电视节共有来自42个国家和地区1040家中外影视公司的3561名中外来宾参加。电视节期间,举办了"白玉兰"奖国际电视节目评选、国际影视节目交易市场、国际广播影视设备展览会及国际影视学术研讨会等主体活动。国际影视节目交易市场共有23个国家和地区的264家电视台、影视制作、发行公司参展。其中境外公司占40%,国内机构占60%。成交金额约49537万元。

2004年第十届上海电视节于6月6—9日举办。该届电视节共有44个国家和地区1028家中外影视公司的3513名中外来宾参加各项活动,其中中外记者592人。国际影视节目市场于6月6—8日在新国际博览中心二号馆举行。节目市场占地1.12万余平方米,展区面积5244平方米,21个国家和地区的181家电视台、影视制作和发行公司、影视节组织机构和专业媒体单位签约参展,其中境外公司占39.8%。节目市场达成交易和有成交意向的金额为6.46亿元、3337.28万美元,合计9.22亿元。交易涉及电视剧、动画片、电视节目、纪录片共6997部、162464集。国际广播影视设备展览会于6月6—8日在新国际博览中心一号馆举行。展览会占地面积1.13万平方米,参展公司74家,分别来自美国、英国、德国、日本、以色列等11个国家和地区。

2006年6月17—21日,第十二届上海电视节举行。该届电视节共有来自38个国家和地区的2904名中外嘉宾参加活动,其中境外702人。国际影视节目交易市场于6月18—20日在上海新国际博览中心举行,占地面积1.15万平方米;共有16个国家和地区的194家影视公司参展,其中110家为中国公司,84家为境外公司,近500名专业买家进场交易。国际新媒体与广播影视设备市场于6月18—20日在上海新国际博览中心举行,占地面积1.15万平方米;有9个国家和地区近80家公司参展,其中75%为中国公司,25%为境外公司。

2008年6月9—13日,第十四届上海电视节在沪举行。电视节共举办"白玉兰"奖国际电视节目评选、国际影视节目市场、国际新媒体与广播影视设备市场和"白玉兰"国际电视论坛四大主体活动,吸引了20个国家和地区的4551名来宾参与,其中媒体记者近600人。国际影视节目市场和国际新媒体与广播影视设备市场于6月10日—12日在上海新国际博览中心E1、E2馆举行。节目市场先后有15个国家和地区的170多个机构报名参展,其中85%的展商已连续三次以上参加该项活动。中国大陆以外展商超过40%。设备市场有近70家国内外广播影视公司参展。电视节期间,国际电视论坛发布《中国电视购物行业发展报告2008—2009》,对电视购物行业展开数据分析及市场与发展前景调查。该届电视节新增"聚焦动漫谷"上海动画项目创投、"真实中国·导演计划"和"上海大学生电视节"三个特色项目。其中"聚焦动漫谷"上海动画项目创投是国内首个专为动画创意、作品和项目设置的专业选拔平台,在109件征集作品中选出入围项目10个、优秀项目20个。经专家评审,最具市场投资潜力项目为上海文广新闻传媒集团的《哈哈》,最具创意项目为成都三昧火动画设计有限公司的《巴巴象》。

2010年6月7—11日,由国家广电总局和上海市政府联合主办,市文广影视局、上海文广影视集团承办的第十六届上海电视节举行。该届电视节举办“白玉兰”奖国际电视节目评选、国际影视节目市场、国际新媒体与广播影视设备市场和“白玉兰”国际电视论坛四大主体活动。“白玉兰”论坛跨行业探讨产业内容和展现电视节行业风向标，高峰论坛聚焦“三网融合”并探讨其带来的机会及意义。节目和设备市场共有267家中外影视机构设展，总展出面积1.6万平方米，有1200多名中外专业买家2万多名业界人士前来参观和洽谈。

第二节　娱乐休闲服务业

一、文化休闲娱乐设施

【歌舞厅、音乐茶座、KTV等娱乐场所】

1986年，上海第一家舞厅和第一家音乐茶座开业。1986年第三季度，卢湾科技馆舞厅开始营业。卢湾科技馆舞厅，在复兴中路526号，舞客大多是老年知识分子。设早、午、晚三场。1986年11月，东亚音乐茶座开业，位于南京东路680号，是东亚饭店附设娱乐场所，有200多座，另设有舞池。

1988年大都会舞厅改建为大都会欢乐园。大都会舞厅，初为新新公司新新旅馆舞厅，1934年易名大都会，开业时由影星阮玲玉揭幕。次年经营者在戈登路(今江宁路)56号创建大都会花园，附设舞厅。场地、装潢、灯光、音响等均讲究，成为上海知名舞厅。1952年大都会舞厅改书场，1954年名静园书场。1985年拆除固定座位改活动散座。日场评弹，夜场舞会。1988年10月改建为大都会欢乐园，设有舞厅、卡拉OK厅、书场兼录像放映厅、台球房、餐厅。其中舞厅总面积780平方米，设252座，圆形舞池有乐队伴奏和女歌手伴唱。

七重天舞厅，在南京东路627号7楼。1932年创办，1952年停业。1958年上海电视台创建于此。1986年七重天宾馆在7楼办音乐茶座，1988年改为迪斯科歌舞厅，乐队由上海广播电视艺术团专业乐手组成，是上海第一支进驻舞厅的专职乐队。

1989年又有两家主要的娱乐场所开业。新都娱乐总会，在贵州路82号5楼，由黄浦区体育俱乐部、中国长城工业公司上海分公司和香港莱利贸易公司合资创办，是上海第一家中外合资综合性文化娱乐场所。设高级舞厅、咖啡厅、KTV包房，聘上海一流歌手驻唱。联谊俱乐部舞厅，在南京西路722号。上海海外联谊会举办，1989年7月开业。是上海各界与港、澳、台同胞，海外侨胞以及外籍华人联谊场所。舞池280平方米，装高级弹簧地板。

1990年10月，贝思特(BEST)夜总会(上海文艺俱乐部)开业，位于长乐路398号，由兰馨艺术经营公司和加拿大亚森国际发展公司合资创办。经营娱乐、餐饮为主，将海外流行的P(多功能钢琴酒吧)、D(迪斯科舞厅)、K(KTV包房)合而为一，在上海首次引进外国KTV项目。1993年3月，拆除设施KTV，引进国外PTV、DTV音响设施。1997年，外商退出，更名为文谊俱乐部。

1992年8月，上海虹桥音乐喷泉歌舞厅有限公司嘉顿夜总会成立，由上海虹桥经济开发区有限公司、上海园林发展总公司和加拿大杰汉森有限公司合资创办。1993年5月改为香港雅达娱乐管理有限公司经营管理。有大型音乐喷泉，邀请港台歌星演唱。

1994年4月，百乐门舞厅改建为百乐门夜总会百乐门舞厅，在今万航渡路愚园口百乐门大饭店内，英文名“PARAMOUNT”。1932年竣工开业。整幢建筑气势宏伟，装潢富丽堂皇，设有两个舞池，一装有十厘米彩色磨砂玻璃地板，俗称玻璃舞池，亦装弹簧地板，均有冷暖设备。聘菲律宾大乐队演奏各国名曲,有红歌星演唱助兴。设伴舞女,以白俄、法国、葡萄牙以及国内红舞女为号召。1951 年,改建电影院,先后称红都大戏院、红都影剧场,影剧兼营。1994 年 4 月,改建为百乐门夜总会。

1998 年 2 月,上海 JJ 迪斯科广场改称阳阳娱乐总汇。在延安中路 1127 号,以迪斯科为主,经营卡拉 OK、酒吧等。占地 2 000 平方米,设 818 座,呈立体状,上下两个舞池。特聘英国调音师(DJ),放送高水准迪斯科舞曲,煽情领舞制造欢乐气氛,飞碟表演把人带入梦幻世界,顿生遨游太空之感觉。舞厅场地、灯光、音响等被 BBC 电视台和美国 CNN 电视台综合评价为世界第五、第六,并同时评为中国第一。1988 年 2 月重修,改称阳阳娱乐总汇。

【影剧院、书场】

1978 年,中国福利会儿童艺术剧场(金门大戏院)改建。中国福利会儿童艺术剧场在延安路 555 号,由五福游艺股份有限公司租地建造,1932 年 2 月开幕,定名金门大戏院,观众席 1 050 座,专映电影。1943 年 1 月归伪中华电影联合公司。1946 年归五福游艺股份有限公司。1951 年 10 月公私合营,1952 年更名为延安电影院。1957 年交由中国福利会投资改造、扩建舞台,更名为中国福利会儿童艺术剧场,1958 年 2 月启用,观众席减至 900 座,为中国福利会儿童艺术剧院儿童剧专用剧场。1964 年 5 月 10 日,国家副主席、中国福利会主席宋庆龄到场观看儿童剧《小足球队》。1978 年改建,增设二楼观众厅,观众席增至 1 397 座。1988 年大修,观众席减至 1 240 座。

1981 年,瑞金剧场改建。瑞金剧场原名金都大戏院,在延安中路 572 号。国华国泰影业公司制片商柳中亮、柳中浩兄弟投资,1940 年 12 月建成开业,称金都大戏院,专映电影。上海沦陷期间,改演话剧。1943、1944 年,同茂剧社演出话剧《家》《上海屋檐下》等。1951 年起,成为合作越剧团基本演出场所。1955 年,更名瑞金剧场,主要演出沪剧、话剧、滑稽戏。解放后多次大修。1981 年改建,扩建舞台,辟演员宿舍,观众厅二层,连包厢共 1 104 座。

1981 年,南市影剧院建成开幕。南市影剧院位于陆家浜路 871 号。观众厅二层,设软座 1 537 座。舞台台口宽 14 米、深 14 米、高 7.5 米,总高 21.9 米。滑稽剧、京剧、昆剧、越剧、沪剧、淮剧、歌剧、舞剧、音乐、舞蹈、话剧等团体在此演出。20 世纪 90 年代起,开拓儿童剧市场,有市内和各地艺术团体演出儿童剧。

1982 年,南汇县新场公社创办农民文化宫,是市郊第一所由公社创办的农民文化宫。这所农民文化宫坐落在南汇县新场镇奉新路边,室内面积 500 平方米,内设阅览、电视、乒乓、汽枪、排演、棋类等八个活动室。

1984 年,上海市交通运输场(明星大戏院)改建为上海市交运工人俱乐部。明星大戏院在黄河路 301 号。1930 年 10 月 29 日开幕,设座 934 张。初映电影,20 世纪 40 年代改演戏剧,兼映电影。1961 年停业,改为市交通运输会场,1984 年改建为上海市交运工人俱乐部。

1984 年,上海市工人文化宫剧场改称市工人文化宫影视剧场。市工人文化宫影视剧场在北海路 25 号。1923 年 2 月,建成开幕,始称申江大戏院,专映电影。1924 年 3 月,湖北路亦舞台拆除,迁班并入,更名申江亦舞台,演出京剧。1925 年和其他四家戏院由明星电影公司联合组成中央电影公司,专映国产片,更名为中央大戏院。1930 年后,主要演出沪剧,兼演宁波滩簧、滑稽戏等。抗日战争胜利后,为沪剧施家班、文滨剧团主要演出场所。1956 年公私合营。1966 年后改称革命剧场、北海剧场。1970 年,归上海市总工会,称上海市工人文化宫剧场,主要供总工会文化宫各业余艺术团演出。1978 年,话剧《于无声处》首演,引起轰动。1984 年后对外放映电影和投影录像,称市工人文化宫影视剧场。

1985 年 5 月虹口区文化馆改为虹口文化娱乐厅。清光绪三十四年(公元 1908 年),西班牙人雷玛斯搭建铅皮影戏院虹口活动影戏园,人称“铁房子”。后改建成钢筋混凝土结构,为英式简陋拱型剧场,观众席 710 座,位于乍浦路 388 号。1919 年改称虹口大戏院,兼营电影放映。抗日战争胜利后演出戏剧。1956 年公私合营,1965 年 1 月 1 日起改为虹口区文化馆剧场,1985 年 5 月改为虹口文化娱乐厅。

1985 年南区市政府建造淮南文化馆影剧场。淮南文化馆影剧院,在浦东新区浦东南路 5055 号,于 1989 年 2 月开放。文化馆附属设施。占地 2 800 平方米,建筑面积 3 663 平方米,观众厅二层,设座 949 张。舞台台口宽 14 米、深 12 米、高 7 米,总高 19 米。

曲阳文化馆影剧院于 1988 年 11 月建成,位于在曲阳路 570 号。观众厅设座 882 张,剧影兼营。

长城电影院(辣斐大戏院)位于在复兴中路 323 号。1987 年 5 月翻建,二楼为电影观众厅,设 695 座,底座辟舞厅、餐饮厅等。

1987 年 11 月云峰剧院在上海警备区军人俱乐部原址建成。观众厅二层,观众席 1 511 座。舞台台口宽 16 米、深 18 米、高 21.5 米。设可升降乐池 60 平方米。舞台安装三个直径为 3 米的电动转台。电动吊杆 24 道。除部队文艺团体演出和警备区定期放映电影外,经常有国内外艺术表演团体公演。

大上海电影院(大上海大戏院),在西藏中路 500 号。1933 年 12 月 6 日,融融股份公司创办,称大上海大戏院。1987 年起,举办上影部分优秀影片展,中外女性电影展等专题影片展和研讨会。1987 年开始,每年票款收入超百万元,另开辟舞厅、弹子房、音乐茶座、商场。1994 年 7 月,底层辟为商场,二楼尚有观众座 743 席。

1989 年 4 月 10 日,由市文化局投资 800 万建成的宛平剧院投入使用,可接待外国大型文艺团体、放电影和 300 英寸大屏幕投影录像。还设有舞厅、桌球房、电子游艺室、咖啡厅、餐厅和对外开放的备有娱乐项目的招待所,住宿者可免费观看电影和录像。宛平剧院位于在中山南二路 859 号,舞台台口宽 14 米、深 13.5 米,总高 17.3 米。两侧副台面积共 202.5 平方米。设有演员招待所。观众厅二层,观众席 1 065 座。

蓬莱电影院(蓬莱大戏院),在学前街 110 号,原戏院为砖木结构,单层观众厅 970 座。1928 年 8 月,无锡匡仲谋创办蓬莱国货市场,内设游乐说唱场开业。1930 年 1 月改电影院。1932 年 1 月改演京剧。9 月改新舞台,又有绍兴大班演出。1942 年被日伪征用。抗日战争胜利后恢复放映电影。解放后更名为蓬莱电影院,1967—1989 年两次翻扩建,改为钢混结构,观众厅 747 座。增设立体声宽银幕、放映设备和冷气设备,为南市区第一家甲等放映技术特轮电影院。

1991 年 8 月上海市邮电俱乐部影剧场拆除重建。影剧厂位于在四川北路 61 号,于 1959 年 2 月由上海邮电局始建,观众厅木椅 1 031 座,剧影兼营。为上海人民艺术剧院、上海滑稽剧团及邮电系统艺术团队主要演出场所。1991 年 8 月,拆除重建,剧场重建俱乐部二至三层楼,观众厅设席 872 座。

1993 年 5 月徐汇剧场迁田林东路 588 号。徐汇剧场原位于肇嘉浜路 1111 号。1959 年 10 月 1 日开业。二层观众厅设 1 238 座,影剧兼营,演出为主。1993 年 5 月迁田林东路 588 号,新建徐汇影剧场,设席 466 座,1995 年 10 月开放。

随着旧有场馆的复建和恢复以及新的演出场所的开设,到世纪之交的 2001 年,上海市全市共有艺术演出场所 36 家,均为事业单位性质,工作人员总计 1 189 人,坐席数 20 606 个。在文化事业单位机构改革的推动下,原有的演出场所单位有的合并,有的拆分,有的已完成转企改制。截至2010年,上海市共有艺术表演场所97家,从业人员总人数为2 425人,其中事业单位性质的演出场所52家,企业性质45家。企业性质的艺术表演场所全年营业收入总额为255 002 000元人民币。上海市各区域艺术表演场所总览具体情况见下表:

表2-6-1 2010年上海市艺术表演场所(事业单位)基本情况统计表

单位名称	从业人员	坐席数	演(映)出场次	观众人次	本年收入(千元)
上海市合计(52)	1 469	52 228	15 322	5 169	288 571
市属合计(15)	829	25 372	3 764	3 157	198 809
艺海剧院	24	1 377	317	280	5 751
宛平剧院	37	1 003	122	80	3 978
话剧艺术中心	319	700	818	210	79 177
上海大舞台	131	12 216	46	345	21 501
仙乐斯剧场	93	208	127	12	2 411
天蟾艺术中心逸夫舞台	33	928	356	264	11 877
上海人民大舞台	2	—	—	—	903
上海长江剧场	10	—	—	—	541
戏剧学院实验剧院	30	910	145	130	11 114
上海音乐厅	26	1 243	224	202	20 392
云峰剧场	24	1 534	440	404	3 350
贺绿汀音乐厅	14	744	203	150	3 736
上海大剧院	36	2 500	663	830	22 504
上海兰心大戏院	25	681	169	105	5 216
美琪大戏院	25	1 328	134	145	6 358
区属合计(36)	628	25 812	11 442	1 891	87 610
上海市雅庐书场	—	122	540	34	804
上海市卢湾区体育中心	54	3 000	30	60	23 747
卢湾区文化馆	45	615	699	282	7 875
上海市新泾文化馆	30	332	231	20	4 765
长宁文化艺术中心影剧院	12	552	118	65	683
上海市桃浦文化馆剧场	5	445	282	24	133
上海星火影剧院	25	994	1 380	96	2 441
上海市闸北体育馆	—	1 874	67	20	3 995
上海市闸北区宋园茶艺馆	11	150	169	13	10 863

（续表一）

单位名称	从业人员	坐席数	演(映)出场次	观众人次	本年收入（千元）
上海市总工会沪东工人文化宫	25	1 199	156	90	5 880
上海新浦江影剧院	6	734	20	10	46
上海市闵行区吴泾文化馆	4	452	132	37	50
上海市总工会闵行区工人文化宫	5	680	10	6	302
上海颛桥电影院	4	850	6	5	—
上海市闵行剧院	24	419	327	120	2 070
宝山区文化馆影剧院	10	903	3 422	221	3 174
上海市宝山区月浦文化馆影剧院	7	929	153	90	465
上海新滨海影视广场有限公司	41	761	1 367	143	5 148
上海市金山区石化工人影剧院	16	883	51	33	42
上海市金山区亭林影剧院	5	100	300	9	270
上海松江洞泾剧场	—	—	—	—	—
上海松江佘山影剧院	4	800	20	15	300
上海市松江区新桥影剧院	4	813	7	4	305
上海市松江区松江剧场	12	825	186	140	6 299
上海市松江区张泽镇影剧院	—	—	—	—	—
上海市松江区九亭影剧院	10	778	124	41	936
青浦区文化馆	5	564	58	29	278
奉贤区南桥电影院	13	950	1 395	183	2 480
奉贤肖塘影剧院	3	650	30	10	125
上海奉贤钱桥影剧院	2	802	56	30	150
上海奉贤青村影剧院	2	700	50	30	160
奉贤四团影剧院	—	—	—	—	—
上海奉贤光明影剧院	2	988	10	5	42
上海柘林影剧院	4	555	8	4	100
上海胡桥影剧院	4	538	8	4	100
上海市奉贤区机关服务中心	234	855	30	18	3 582
县属合计(1)	12	1 044	116	121	2 152
崇明影剧院	12	1 044	116	121	2 152

说明：事业性质的演出场所年度收入包括财政拨款和经营性收入等所有类型的收入在内。
资料来源：2010 年上海市文化文物事业统计资料。

表 2-6-2　2010 年上海市艺术表演场所(企业)基本情况统计表

单位名称	从业人员	坐席数	演(映)出场次	观众人次	营业收入(千元)
上海市合计(45)	956	31 920	7 655	2 821	255 002
市属合计(3)	262	6 435	1 322	1 265	77 540
上海马戏城	55	2 143	533	491	23 430
上海东方艺术中心	189	3 301	511	520	50 409
上海商城剧院	18	991	278	254	3 701
区属合计(42)	694	25 485	6 333	1 556	177 462
上海豫园文化传播有限公司	20	302	15	2	8 069
上海共舞台有限公司	—	—	—	—	—
黄浦剧场	17	570	1 515	159	4 651
上海大光明电影院有限公司	80	365	757	200	24 268
上海中国大戏院有限公司	10	400	—	—	2 268
上海新光影艺苑有限公司	52	319	220	70	8 002
马兰花剧场	6	480	250	48	2 800
小伙伴剧场	5	400	400	80	2 600
上海市总工会沪西工人影剧院	20	998	79	31	1 521
上海杨浦文化娱乐有限公司	34	800	330	80	4 345
上海旗忠森林体育城有限公司	160	1 000	15	15	63 561
宝钢文化体育中心	9	923	3	1	50
上海市宝山区顾村文化中心	5	397	20	1	1 600
上海祁连文化艺术发展中心	11	400	8	3	1 102
上海市宝山区杨行文化中心站	3	210	15	3	200
上海宝山罗店文化馆	15	490	129	6	475
上海永乐股份有限公司泗塘电影院	16	362	49	6	316
大地影院发展有限公司上海嘉定分公司	27	1 000	24	12	12 290
上海嘉定影剧院有限责任公司	31	1 054	163	81	4 568
上海浦东龚路影剧院	6	857	227	33	313
外高桥娱乐总汇	26	555	120	17	3 106
上海浦东新区川沙影剧院	22	1 165	37	34	4 862
上海东方明珠国际文化交流有限公司	10	300	132	12	1 500

（续表一）

单位名称	从业人员	坐席数	演（映）出场次	观众人次	营业收入（千元）
上海华侨城投资发展有限公司	33	400	1 260	500	23 430
上海市青浦区赵巷镇文化体育服务中心	7	871	16	13	170
青浦重固影剧院	3	470	—	—	—
青浦风溪影剧院	6	1 013	44	5	10
青浦赵屯影剧院	2	430	—	—	—
青浦朱家角影剧院	4	930	6	4	26
青浦沈巷影剧院	4	500	6	2	106
青浦蒸淀影剧院	1	848	—	—	—
青浦小蒸影剧院	2	400	—	—	—
青浦区练塘影剧院	4	606	—	—	—
青浦徐泾影剧院	8	838	—	—	—
青浦白鹤影剧院	6	500	21	10	25
奉城影剧院	4	1 278	20	20	200
桥乡影剧院	4	500	20	10	200
奉贤区奉城影剧院塘外分院	4	500	20	10	200
上海市奉贤区庄行影剧院	4	500	20	10	200
上海邬桥牡丹影剧院	3	550	200	10	160
泰日影剧院	5	502	96	34	134
金汇影剧院	5	502	96	34	134

资料来源：2010 年上海市文化文物事业统计资料。

二、营业性文化场所

1995 年，全市有舞厅（含歌舞厅）1 394 座，音乐茶座 141 座，卡拉 OK（含 KTV 包房）3 124 座。1995 年对全市 5 437 家舞厅、卡拉 OK 厅、台球室、游戏机室、和游乐场的统计，主营营业收入 28.89 亿元，主营业务利润 7.08 亿元，主营营业税金及附加费 2.71 亿元，从业人员 3.08 万人。

截至 1996 年 11 月底，上海共有文化娱乐场所 4 142 家。按其活动内容分（有的一家有几个活动内容），计有歌舞厅 1 451 个，卡拉 OK 厅 3 145 个，音乐茶座 484 个，桌球室 554 个，游戏机房 610 个，游乐场 34 个。

至 1997 年底，上海共有营业性演出场所 303 家，其中剧场 222 家，书场 81 家。营业性文化娱乐场所 9 510 家，其中有舞厅 1 472 家，KTV 1 160 家，卡拉 OK 厅 1 970 家，音乐茶座 133 家，音乐餐厅 386 家,台球室 853 家,游乐场 20 家,小型游乐场 188 家,游戏机房 665 家,游艺机房 35 家,餐饮卡拉 OK 厅 1 444 家,餐饮 KTV 1 184 家。

1998 年,上海共有营业性演出场所 324 家,其中剧场 237 家,书场 87 家;营业性文化娱乐场所 10 059 家,其中舞厅 1 472 家,KTV 1 505 家,卡拉 OK 厅 2 106 家,音乐茶座 194 家,音乐餐厅 428 家,台球室 1 027 家,游乐场 24 家,小型游乐场 182 家,游戏机房 719 家,游艺机房 34 家,餐饮卡拉 OK 1 261 家,餐饮 KTV 1 107 家。

1999 年,上海共有营业性演出场所 310 家,其中剧场 224 家,书场 86 家;营业性文化娱乐场所 10 035 家,其中舞厅 1 412 家,KTV 1 684 家,卡拉 OK 厅 2 095 家,音乐茶座 235 家,音乐餐厅 436 家,台球室 1 103 家,游乐场 23 家,小型游乐场 242 家,游戏机房 898 家,游艺机房 38 家,餐饮卡拉 OK 985 家,餐饮 KTV 884 家,每天有 20 多万人次参与各项文化娱乐活动。

2000 年,上海共有营业性演出场所 412 家,其中剧场 230 家,书场 80 家;电影放映场所 372 家,录像放映场所 184 家;营业性文化娱乐场所 6 000 余家,其中歌舞娱乐场所(含舞厅、卡拉 OK 厅) 4 523 家,音乐茶座 215 家,音乐餐厅 375 家,台球室 753 家,游乐场 21 家,游戏机房 567 家,游艺机房 38 家。上海影城成为全市第一家五星级电影院。

2001 年,全市有电影放映场所 381 家,演出场所 332 家,舞厅 720 家,卡拉 OK 厅 1 350 家,卡拉 OK 包房 1 125 家,音乐茶座 304 家,音乐餐厅 448 家,游戏机房 639 家,游艺机房 38 家,游乐场 17 家,台球室 1 040 家,合计营业性文化娱乐场所 5 681 家。

2002 年,全市共有娱乐场所经营单位 3 264 个,开办娱乐场所 8 516 家。在娱乐场所中,舞厅 717 家,卡拉 OK 厅 1 322 家,卡拉 OK 包房 1 122 家,音乐茶座 394 家,音乐餐厅 508 家,餐饮卡拉 OK 包房 224 家,游戏机房 614 家,游艺机房 38 家,游乐场 16 家,台球室 1 096 家,其他 2 465 家。

2003 年,全市共有演出场所 260 家,其中剧场(含影剧院)180 家,书场 80 个。全市共有娱乐场所经营单位 2 840 个,开办娱乐场所 5 744 家。在娱乐场所中,舞厅 641 家,卡拉 OK 厅 1 101 家,卡拉 OK 包房 1 078 家,音乐茶座 399 家,音乐餐厅 482 家,餐饮卡拉 OK 包房 159 家,游戏机房 565 家,游艺机房 28 家,游乐场 11 家,台球室 943 家。

2005 年,全市持有文化经营许可证的娱乐场所经营单位 2 865 个,从业人员 47 838 人。场所 5 253 个,其中舞厅 568 个、卡拉 OK 包房 1 265 个、卡拉 OK 厅 876 个、音乐茶座 397 个、音乐餐厅 453 个、游戏机房 533 个、游艺机房 46 个、游乐场 7 个、小型游乐场 7 个、台球室 842 家、餐饮卡拉 OK 厅 151 个、餐饮 KTV 108 个。2005 年,全市文化娱乐场所注册资本金 50.1 亿元,固定资产 77.11 亿元,主营营业收入 32.81 亿元,比上年减少 4.18 亿元;主营业务利润 6.59 亿元,比上年增加 3 227 万元;上缴各项税金 3.59 亿元,比上年增加 4 416 万元。

至 2006 年底,上海市共有娱乐场所持证经营单位 3 026 家,从业人员 49 874 人。文化娱乐场所 5 518 个,其中歌舞娱乐场所 3 102 个、音乐茶座 874 个、游戏机房 527 个、游艺机房 75 个、台球室 833 个、游乐场 5 个、小型游乐场 102 个。全市文化娱乐场所主营收入达 33.42 亿元,比上年增长 1.85%。

截至 2007 年底,上海全市共有文化娱乐经营单位 2 455 家,娱乐场所 5 386 个,其中舞厅 506 个,卡拉 OK 厅 764 个,卡拉 OK 包房 1 437 个,餐饮卡拉 OK 包房 83 个,餐饮卡拉 OK 厅 120 个,音乐茶座 414 个,音乐餐厅 427 个,游戏机房 516 个,游艺机房 178 个,游乐场 5 个,小型游乐场 90 个,台球室 846 个;画廊 242 家。娱乐业主营收入 28.4 亿元。

截至2008年底，上海全市共有互联网上网服务营业场所1462家，其中连锁企业拥有门店482家，占总数的32.9%；互联网文化经营单位81家，网络文化业主营收入90.56亿元，其中网络游戏经营单位主营业收入81.66亿元，占互联网文化经营单位总收入的90.2%；网吧业17.5亿元。截至2009年，上海全市共有文化娱乐场所经营单位2762家，经营场所4407个；另有画廊244个。娱乐业主营收入35.53亿元。

2010年，上海共有文化娱乐机构5286家，从业人员8.23万，主营收入达到150.5亿元。

表2-6-3 1995—2010年上海市文化娱乐机构发展情况统计表

年份	机构数（个）	从业人员（万人）	年末固定资产原价（亿元）	房屋建筑面积（万平方米）	主营收入（亿元）	主营业务利润（亿元）
1995年	3120	3.09	56.1	80.6	29.9	7.83
2000年	2770	6.33	86.58	199.2	34.79	6.81
2005年	4211	6.47	94.47	357.3	61.05	22.8
2006年	6253	8.46	88.77	384.6	77.31	24.05
2007年	6100	7.9	96.97	223.1	92.47	37.18
2008年	5806	7.86	75.75	176.5	115.23	41.49
2009年	4707	7.3	74.9	326.1	150.5	52.3
2010年	5286	8.23	78.06	292	150.5	39.29

说明：以上统计的文化娱乐机构包括文艺表演团体、演出场所经营单位、演出经纪机构、娱乐场所、经营性互联网文化单位、互联网上网服务营业场所（网吧）、艺术品经营机构以及文化市场连锁经营机构总共八大类的数据。

资料来源：《上海文化统计年鉴》（2013）。

三、互联网经营场所

2001年底，上海全市共有游戏机房639家，游艺机房38家，经市文广影视局重新审核合格的互联网上网服务营业场所750家。2002年，上海文化娱乐业和网吧主营收入29亿元，主营业务利润5.8亿元，实现增加值12.7亿元。截至2003年底，上海全市共有互联网上网服务营业场所1331家，其中“东方网点”连锁网吧门店237家。

截至2005年底，上海市共有互联网上网服务营业场所1400个，计算机终端近16万台。网吧连锁经营企业14家。互联网上网服务营业场所固定总资产7.50亿元，主营营业收入8.60亿元。全市互联网文化单位49个，其中从事互联网游戏运营的企业30家。互联网文化经营单位注册资本金6.14亿元；主营营业收入25.55亿元，比上年增长87.87%；上缴各项税金1.33亿元。互联网游戏年运营总收入24.58亿元，占互联网文化单位总收入的96%。

截至2006年底，上海市共有互联网文化经营单位66个，网吧1434个，其中11家网吧连锁经营企业拥有连锁经营门店726个。全年网络文化业总收入381150万元，网吧业98550万元。

截至2007年底，上海市共有互联网上网服务营业场所1455个，互联网文化单位74个，总注册资本8.9亿元，其中52家单位主营业务是运营网络游戏，占总数70.3%。网络文化业主营收入90.56亿元，其中网络游戏经营单位主营业收入81.66亿元，占互联网文化经营单位总收入的

90.2%;网吧业17.5亿元。

截至2008年底,上海全市共有互联网上网服务营业场所1 462家,其中连锁企业拥有门店482家,占总数的32.9%;互联网文化经营单位81家,网络文化业主营收入90.56亿元,其中网络游戏经营单位主营业收入81.66亿元,占互联网文化经营单位总收入的90.2%;网吧业17.5亿元。

截至2009年,上海全市共有互联网上网服务营业场所1 475家,其中网吧连锁经营企业13家,网吧连锁经营门店(包括直营和加盟店)514家,非连锁经营门店972家;另有网络游戏运营企业96家。网吧业主营收入20亿元,网络游戏业收入100.3亿元。至2010年,上海全市共有上网服务营业场所1 455家,主营收入4.98亿元。

表2-6-4　2005—2010年网络文化经营机构情况统计表

年份	机构数(家)	网络游戏经营单位(个)	从业人员(人)	资产总计(亿元)	固定资产原价(亿元)	经营面积(万平方米)	自主研发网游(个)	主营收入(亿元)	主营业务利润(亿元)
2005年	49	—	5 016	—	2.62	0.77	—	25.55	15.53
2006年	66	—	4 472	—	3.65	2.4	—	38.1	16.55
2007年	74	44	4 636	82.85	8.74	2.2	30	61.31	16.84
2008年	81	55	7 987	117.25	17.13	10.6	44	90.56	28.69
2009年	89	79	8 176	128.05	18.08	41.61	157	102.36	43.82
2010年	118	110	11 920	90.58	16.1	17.32	225	111.06	32.29

资料来源:《上海文化统计年鉴》(2013)。

表2-6-5　2005—2010年互联网上网经营场所(网吧)的经营情况统计表

年份	机构数(家)	连锁门店(个)	从业人员(人)	资产总计(亿元)	经营面积(万平方米)	计算机终端数(万台)	上网人次(万人次)	营业收入(亿元)	主营收入(亿元)	主营利润(亿元)
2005年	1 400	—	10 265	—	58.7	—	—	2.68	2.68	0.68
2006年	1 434	—	8 556	—	40	—	—	5.79	5.79	0.88
2007年	1 453	456	8 930	14.09	48.3	19.81	8 095	14.69	4.17	1.13
2008年	1 462	484	10 853	9.31	48.5	15.9	4 283	17.46	2.69	1.91
2009年	1 415	515	8 003	10.54	52.25	20.59	10 878	6.15	5	1.8
2010年	1 455	548	7 708	9.55	53.99	20.88	16 976	5.54	4.98	1.6

资料来源:《上海文化统计年鉴》(2013)。

第三篇
文化生产行业

文化生产行业主要指《中国文化及相关产业统计分类》中文化相关产业下属的各行业门类，具体包括工艺美术品的生产、文化产品生产的辅助生产、文化用品的生产以及文化专用设备的生产。

上海市文化生产行业中的重要行业板块主要隶属于轻工系统。1978年，上海市轻工业局所属14个行政性公司。造纸、制笔、搪瓷玻璃制品、包装装潢、照相器材、轻工装备、家用电器、工艺美术、室内装饰、玩具照明电器、文教体育用品等行业均在其列。1978年1月1日，市政府决定将上海市轻工业局所属文教行业的文教用品、纸制品、体育器材和乐器、手电筒等162家国营企业划归上海市手工业管理局。7月，成立上海包装装潢公司。11月，上海市印刷工业公司划归上海市出版局。与此同时，逐步恢复在“文化大革命”中被撤销的制笔、文教等10个研究所(室)和局科技情报站。

1986年4月18日，市政府决定上海市手工业管理局更名为上海市第二轻工业局，9月之后，造纸、电影照相器材、玻璃制品、包装装潢、制笔等12家行政性公司推行改制。上海造纸公司改为企业性公司。上海申贝办公机械公司、上海电光源公司、上海海鸥照相机公司相继成立，各行业管理处均被撤销。1992年，上海市轻工业局组建上市公司形成热潮。5月，中国第一铅笔股份有限公司成立。6月，上海丰华圆珠笔股份有限公司成立。7月，上海永生制笔股份有限公司成立。1993年，上海英雄股份有限公司成立。1995年12月22日，中共上海市委、市政府决定撤销上海市轻工业局、上海市第二轻工业局建制，组建上海轻工控股(集团)公司，保留上海市工业合作联社，作为全市轻工系统集体所有制企业的联合经济组织。12月28日，上海轻工控股(集团)公司正式成立，拥有35个行业、883户企业、职工40万人，资产总额400亿元。

1999年7月，中共上海市工业工作委员会、市经委同意市工业合作联社单列，不再与上海轻工控股(集团)公司“两块牌子、一套班子”。2000年，上海轻工控股(集团)公司实施“推进整体结构调整，保持经济稳定增长”的工作方针。上海海鸥照相机有限公司、上海申贝办公机械公司、上海老凤祥公司等19个重点集团公司支撑作用明显。

2004年前国家还没有正式的文化产业统计分类依据，2004年，上海开始进行相关统计工作。2003年上海文化相关产业增加值为112.79亿元，增长率为14.6%，2004年、2005年增长率均保持在两位数以上。2006年与2007年文化相关产业增加值增速放缓，增长率分别为9.7%与7.3%。2007年6月21日，上海市轻工业协会成立。同年，初具规模的一批创意园区和轻工工业园区有100多个。

2008年，上海轻工行业发展融入时尚元素，提升自主品牌价值。在外部经济形势不佳的背景下，文化相关产业反而逆势增长，增加值达到302.08亿元，增长率重回二位数，达到12.5%。但高增长的态势从2009年开始逆转。2009年文化相关产业增加值为298.1亿元，增长率仅有3.3%。2010年，文化相关产业增加值为270.28%，增长率为-12.4%。在整体文化产业增加值中的占比进一步缩小。

第一章　工艺美术品生产

1978年中共十一届三中全会后，上海市工艺美术工业公司，通过贯彻“调整、改革、整顿、提高”八字方针，逐步归类为雕刻、绣品、绣衣、工艺织毯、首饰和综合工艺品生产等6个行业。1979年共有生产企业44家，职工约15737人，工业总产值约23866万元。

1987年，上海市工艺美术公司由行政性公司转为企业性的上海工艺美术公司。1990年组建上海工艺美术(集团)公司。1990年，上海工艺美术品制造行业共有企业190家，职工3.74万人，工业总产值10.42亿元。其中，上海工艺美术(集团)公司所属企业47家，职工16443人，工艺美术、工程和经济类专业技术人员约1937人，公司所属各厂占地面积23.5万平方米，建筑面积30.7万平方米，拥有固定资产值1.33亿元、净值0.92亿元，年出口工艺品2.2亿元，工业总产值3.95亿元，上交税利6782万元。通过规划、调整，在徐汇区漕河泾和上海县朱行地区形成两个工艺美术加工集中地。截至1990年底，上海工艺美术系统有9家企业被评为国家二级企业。

20世纪90年代中后期，不少工艺美术生产企业逐渐陷入经营困境，一些传统工艺美术品种和技艺后继乏人，濒临失传。与此同时，民营企业和民营资本兼并工艺美术小企业的速度加快；以品牌和品牌企业为龙头，进行重组并建立企业集团成为公司制改革的突破口。1994年4月，上海老凤祥有限公司应运而生。以老凤祥为代表的国有企业先后完成了股份制改革，成为上海市工艺美术行业由国有控股上市的骨干企业。

2001年2月上海市人民政府发布《上海市传统工艺美术保护规定》，并由上海市经济委员会转发了4个配套的《实施细则》。由此，上海工艺美术步入了“依法护业、依法兴业”的轨道。进入21世纪，上海工艺美术领域出现百花齐放的局面。无论是珠宝首饰、抽纱刺绣、雕刻、园林、陈设艺术，还是陶瓷制品均取得了巨大发展。

第一节　工艺美术品制造与销售

工艺美术品是以手工艺技巧制成的与实用相结合并有欣赏价值的工艺品。随着时代的发展，工艺美术已不局限于手工艺，而是与机器工业甚至与大工业相结合，向实用品艺术化，或艺术品实用化方向发展。上海工艺美术业有三大重点领域：珠宝首饰、抽纱刺绣和雕塑工艺。截至2006年底，上海已有工艺美术企业5000余家，产值达300多亿元，企业和产值数量均名列国内前茅。上海市拥有中国工艺美术大师17人、上海市工艺美术大师41人、高级工艺美术师150人。上海工艺美术产业由一般加工业向创意、设计、营销等业态转变；由企业直销向依靠第三方策划、营销转变；由单一批零售向展销、拍卖、典当等多种销售方式转型；由江浙沪联动向长三角其他城市乃至全国辐射。至2007年，上海从事工艺美术行业从业人员6万，年营业收入近2000亿元。

一、珠宝首饰行业

上海的珠宝首饰生产因其独特的风格而有“海派首饰”之誉。始创于清道光二十八年(公元

1848年)的老凤祥便是“海派首饰”的始创者和传播者,也是上海珠宝首饰生产领域里的代表性企业。

1982年11月,国务院批准恢复内销黄金饰品,时值上海远东金银饰品厂在原老凤祥银楼旧址,开设了门市部。与此同时,源自上海老城隍庙的“老庙”黄金也成为首批黄金饰品零售商之一。1985年1月,远东金银饰品厂门市部恢复成“老凤祥银楼”,以“凤祥”牌(1985年11月15日注册)商标向市民服务。

1992年,老庙黄金发展连锁门店,这在中国珠宝行业中是首创。1993年10月,上海远东金银饰品厂更名为上海老凤祥首饰总厂;12月,商标更新为“老凤祥”牌。1994年4月,为带动工艺美术行业的发展,老凤祥有限公司成立。

20世纪90年代末,老庙黄金尝试将品牌植入影视剧,取得了较好的营销效果,也成为影视剧广告植入的开创者。1998年至2001年间,老凤祥流失了相当多的设计师、技师、能工巧匠以及经营管理人员。这些流失人员纷纷跳槽去了老凤祥的竞争对手处。2001年至2003年,老凤祥银楼开始对承包柜台进行清理,清理店铺后,经营渠道也随后开。与此同时,老凤祥决定恢复下属工厂生产。通过全面整顿,老凤祥大刀阔斧地推行了包括撤并岗位、关停并转下属微利或亏损企业、分流安置冗员、下放部分小微企业、组成混合所有制单体、完善职工持股会、引入经营者持股等一系列改革举措,有力地激发了企业内在的造血功能,使一个濒临破产的企业重新走上了良性循环之路。老凤祥于2004年步入上升通道,并由此开启了10年的快速增长。

老凤祥2001年销售额7.1亿元,利润584万元。同年,老庙黄金与F1签约,通过赞助F1赛事扩大了品牌影响力。

2006年,老凤祥和老庙黄金共同被认定为“中华老字号”。同年,老凤祥销售达到39.2亿元,利润1.03亿元,并荣登“亚洲500最具有价值品牌”,这也是中国内地珠宝首饰类唯一入选品牌。

2007年老凤祥销售额达到64亿元;2009年销售额100亿元,利润3亿元,5年销售收入翻一倍到200亿元。2009年老凤祥通过定向增发的方式将黄埔区国资委持有的上海老凤祥有限公司27.57%股权和上海工艺美术有限公司100%股权整体注入上市公司平台,2009年7月,老凤祥股份有限公司成立。同年,老庙黄金还创立了全国高端珠宝品牌传奇之印。

2010年世博会,老凤祥获得了贵金属产品特许经营权,在上海地区有50多家、全国共有60多家专卖店获得了世博的特许经销权。截至2010年2月,老凤祥世博特许产品的批发额突破5 000万元,各门店也有近5 000万元的销售佳绩。同时,通过订货会及各大展会积极拓展。截至2010年底,老凤祥的经济规模由2001年的7.1亿元,上升到250亿元,主要生产黄金、铂金、白银、钻石、珠宝首饰盒玉器、工艺礼品等产品,产品行销27个省(市),产品覆盖率达中国的87%,一跃成为全国各省、直辖市工艺美术行业的龙头老大。

除老凤祥、老庙黄金外,上海珠宝首饰行业还有一批品牌企业,如“亚一”“张铁军珠宝”“东华钻石”“今亚珠宝”“九洲黄金”“明牌首饰”等,共同造就了上海珠宝首饰行业的繁荣。

二、抽纱刺绣行业

绣衣是上海抽纱刺绣行业中的代表性产品。绣衣历史悠久,集服装造型、装饰图案、刺绣工艺于一身。上海丝绸绣衣早在20世纪30年代就问世了。1953年至1956年,龙华镇、三林镇、塘桥镇、张桥镇、周浦镇有五个缝纫生产组,职工约30—80人左右,厂房均是租借当地公共庙宇和祠堂,面积只有几百平方米。1956年合作化高潮时期,这些生产小组转为生产合作社,后转为地方国营的合作工厂。1962 年又转变为大集体所有制性质的合作工厂。

从 1979 年开始，外贸部门又在上海郊县发展扶植 10 余个乡镇绣衣厂。上海绣衣于 20 世纪 80 年代初打入美国市场，主要销售无袖时装，销量很大。1982 年 7 月，上海绣衣研究所成立。上海绣衣研究所在 1983 年至 1985 年间，设计的作品屡屡获奖，其中国家级奖项 3 个，市级奖项 21 个。

1983 年开始，上海绣衣行业将出口面料用到内销绣衣上，创作出了真丝双绉衬衫和连衫裙等品种，在上海市手工业管理局产品陈列室展销，受到广大群众欢迎。1987 年上海绣衣流行的款式、面料、色彩越来越多，变化越来越快，流行周期也越来越短，改变了过去几年一贯制的现象。款式逐渐裙套化、宽松化、垫肩化。绣衣销售也出现了三大趋势：一是穿着裙套的年龄向上延伸，中老年妇女穿着裙子的越来越多；二是穿着季节向两头延伸，原来只是夏季穿裙子，开始变为向春秋两季延伸；三是裙子的长短尺寸，春秋两季向超长、夏季向超短方向延伸。

迈入 21 世纪，上海绣衣由以外销为主转向关注内销，并不断提升设计能力。上海绣衣所先后为赴香港的“上海时装表演”，赴日本的“第二次‘丝绸之路’发表会”，赴德国、俄罗斯的“中国服装展览”，赴意大利的“中国时装表演”等，设计、制作、提供了 500 多件(套)绣衣作品，展现出上海的设计实力。

三、雕塑工艺品行业

上海的木雕和玉雕均在业内享有盛誉。

在木雕领域，上海艺术品雕刻厂是业内的领军企业。上海艺术品雕刻厂是上海工艺美术公司下属的一家专业生产各类木雕工艺制品的外贸重点单位，由原来的上海市艺术品雕刻二厂、上海艺术品雕刻三厂和上海市红木雕刻厂三家企业于 1988 年 1 月合并而成。有正式职工 800 余人，建筑面积 2.1 万平方米，位于上海县朱行镇。主要产品有首饰橱盒、红木雕刻制品、艺术灯具、镜框和镜木条等。年产值 1 000 万元，其中 70%直接出口，年创汇 150 万美元。上海艺术品雕刻厂生产的各类木雕工艺品历史悠久，质量精益求精，工厂技术力量雄厚，注重信誉。产品多次荣获部、局颁发的各种荣誉称号。其中传统首饰橱盒、红木小摆件 1988 年荣获轻工业部颁发的铜质奖；艺术灯具、镜木条等产品也多次荣获局、公司等单位颁发的优秀产品奖。

海派玉雕是中国玉雕四大流派之一，形成于 19 世纪末 20 世纪初，是以上海为中心地区的玉石雕刻艺术风格的流派。1980 年上海玉雕行业从业人员 876 人，生产总值从 1980 年的 630.4 万元上升到 1987 年的 806.3 万元。至 1990 年，上海珠宝玉器厂和上海玉石雕刻厂小件车间共有生产设备 144 台，其中进口设备 18 台。1982 年上海光明玉模厂更名为上海珠宝玉器厂，上海玉石雕刻厂组建小件车间，利用其生产余下的边角料制作玉石圆珠挂件等，年产值由 1985 年的 10 万元上升到 1989 年的 30 万元。1985 年后，由于上海经济发展缓慢，人民生活的水平同比下降，上海玉雕行业等特种工艺出现技艺人员大量流失的现象，许多艺人转行或南迁，仅 1987 年上海玉石雕刻厂流失技艺人员就达 104 人。1988 年，上海市人民政府对玉雕、首饰等特种工艺的分配给予特殊优惠政策，上海玉石雕刻厂经批准享有自营出口权，先后参加中国香港、法国、加拿大、摩洛哥以及美国等国家和地区的展览、展销活动。

20 世纪 80 年代末期，上海地区玉雕行业的从业人员已经超过 2 000 人，作品品类也多达 200 多种。1990 年底，市二轻局系统有玉雕生产企业 4 家，即上海玉石雕刻厂、上海珠宝玉器厂、长江刻字厂玉雕车间和上海市工艺美术研究所玉雕小组，职工 977 人，当年生产总值 665 万元。1989 年和

1990年,上海玉雕自营出口额分别为外汇人民币229.13万元和233万元。主要销售国家和地区是美国、日本、西欧、东南亚及中国香港和中国台湾,1990年总销售额达到了877万元。及至20世纪90年代,随着上海玉石雕刻厂的解体,海派玉雕从以往那种大规模、企业化的生产模式,逐步被个人及工作室的独立经营模式所取代,这也促使上海玉雕的技术力量由单一走向多元化发展。随着生产方式的转变,首先带来的是产品的变化——中小件逐渐成为海派玉雕的主流产品,其次是涌现出刘忠荣、吴德升等一大批新的玉雕名家。2009年8月,海派玉雕被列入上海市非物质文化遗产名录。2011年5月,海派玉雕被评为国家级非物质文化遗产项目。

第二节　园林、陈设艺术及其他陶瓷制品制造

在园林、陈设艺术及其他陶瓷制品的制造领域,上海工艺美术行业也做出了较大的贡献。上海工艺美行业为园林配套古典家具,如青浦区"大观园"等;用玻璃缸制成的花盆点缀城市公园,如人民公园等。自20世纪90年代起,在艺术陶瓷、红木雕刻艺术、景观山石、漆器制作上涌现出了一批知名品牌和生产企业。

1992年,上海建筑装饰工程中需要"修旧如旧"的陶瓷构件,以"供春"为品牌的企业,为马勒公寓、美国驻沪总领事馆、法国驻沪总领事馆、德国驻沪总领事馆、上海音乐厅建筑外墙、室内装饰件的修复配套,试制了符合要求的构件。"供春"不断创新。首创陶瓷壁挂艺术(被认定为上海市工艺美术精品),成功运用在浦东"上海东方艺术中心";2010年运用到上海世博洲际酒店的装饰墙,题材是《京剧交响》。

1998年,"艺尊轩"品牌在上海诞生。2002年该企业获得"一种防止名贵硬木变形的方法"专利。经市文管会批准,创办"上海海派红木艺术博物馆"。2010年,大型樱木圆雕《万世师表》,在上海世博会联合国信息馆展示。

2002年初,上海欧亚建设发展有限公司建造园林景观山石,如和平公园、同济大学、复旦大学校区园林等。

2009年1月,在闵行区纪翟路1688号,有了"清韵坊"漆器工作室,创始人聘请俞升寿等恢复海派漆器制作工场。2010年"清韵坊"收藏的漆器工艺美术品已有近1 000件。

大师领衔创建工作室成为行业内重要的生产方式。以张心一、张京羊、李遊宇、刘远长、屠杰、唐敏敏、陆莲莲、蒋国兴、程美华、翟念卫、朱惠卿等为代表的工艺美术大师工作室先后建立。此外,各类工艺美术类行业博物馆也纷纷涌现。2002年10月以后,诞生了如嘉定竹刻博物馆、上海玻璃艺术博物馆、中国现代国之宝艺术馆、上海海派红木艺术博物馆、上海手工艺朱家角展示馆等博物馆,成为园林、陈设艺术及其他陶瓷制品等工业美术品的宣传展示的重要空间。

第二章　文化产品生产的辅助生产

第一节　版 权 服 务

一、版权人员培训与组建版权管理部门

改革开放后，上海版权服务工作从两个方面分别展开：第一，组织开展版权专业人员培训工作。第二，建立版权行政管理部门。

版权培训工作于1980年启动。1980年5月上旬，国家出版局主办、上海市出版局承办的版权学习班在上海开班，南方13个省和上海市出版局及出版社的50余人参加学习，主讲人为英国版权专家彼得·杜索伊和英国版权协会主席丹尼斯·戴弗里特斯。1981年6月，美国版权局局长雷大卫和版权专家多罗西施拉德等应邀来沪讲学，上海出版系统有60余人听讲。1984年6月29日至7月14日，由文化部主办，联合国教科文组织协办，上海市出版局承办的版权培训班，在上海浦江饭店举行，参加学习的有各省出版和版权管理人员近80人，前来授课的有联合国教科文组织和美国、瑞典等国的版权专家。1985年，为贯彻实施"图书期刊版权保护试行条例"，上海先后举办"出版社编辑室主任版权学习班""报刊编辑版权培训班"4期，参加学员近200人。

版权管理工作同步推进。1982年6月，上海成立"版权研究小组"，归属上海市出版工作者协会。1985年，上海市出版局根据国家版权局要求，指派专人兼管版权工作，咨询和调处版权纠纷。1987年11月，上海市新闻出版局成立版权处。1988年5月，经上海市编制委员会批准，成立上海市版权处。版权处成立后，统一管理全市的图书、期刊、音像、影视、文化、艺术、科学技术、建筑设计等方面的版权工作；依法处理和协助各级法院审理全市的版权纠纷、案件；管理全市涉外版权事宜，提供版权方面的法律咨询。与此同时，上海出版界按照有关政策和国际惯例开展了合作出版与著作权交易工作。1987年下半年，台湾当局宣布对大陆出版物有限解禁并尊重大陆作者的著作权，沪台之间的著作权贸易呈上升趋势。

表3-2-1　1988—1992年沪台著作权贸易统计表

年份	合同数(份)	占合同总数	图书种数(种)	占图书总数
1988年	35	54.7%	93	61.2%
1989年	58	72.5%	117	80.7%
1990年	69	78.4%	229	90.5%
1991年	52	81.2%	88	78.5%
1992年	86	81.1%	105	82.6%

说明：含期刊2种，音像制品1种。

进入20世纪90年代，上海市民的版权保护意识逐渐加强。1990年8月，复旦大学教授吴文祺

聘请上海市经济贸易律师事务所版权法律事务部主任朱妙春律师为常年法律顾问,全权处理其著作版权的有关事务。吴文琪由此成为上海市个人聘请版权律师的第一人。

这一时期,政府继续推进版权行业的培训工作。1991 年,广播电影电视部与国际唱片业协会联合在沪举办"音像出版行业版权培训班"。同年 6 月,根据国家版权局"关于认真学习贯彻著作权法加强著作权管理工作的通知"的精神,上海市先后举办"书刊、音像出版单位社长、总编辑和著作权管理干部著作权法研讨班""图书出版社编辑室主任著作权法学习班""部分期刊社长、总编辑著作权法学习班""演出单位负责人著作权法学习班",共 6 期,有近 300 人参加。1992 年 12 月 16 日至 18 日,上海市在南汇县周浦镇举办"涉外著作权研讨班",有 40 多家图书出版社、杂志社、音像出版社的 80 余位负责人参加。与此同时,上海对外版权贸易逐步向双向贸易发展。据不完全统计,1991 年上海出版系统分别与美国、日本、苏联、新加坡等国家以及中国香港、中国台湾等地区签订版权贸易合同 65 份,涉及图书 114 种。

二、版权管理与版权贸易

1993 年 8 月 24 日,上海市版权代理公司成立,同时成立驻纽约办事处。这是上海第一家版权服务派出机构。1994 年 2 月 15 日,上海市高级人民法院和上海市中级人民法院共同成立知识产权审判庭,并开始对外开展工作。同年 8 月 22 日至 24 日,上海市举办"出版与版权学习班",邀请英国国际出版商协会董事大卫·福斯特和英国朗文出版集团版权部经理欧文·林内特授课。

20 世纪 90 年代中后期,上海市版权服务、管理的官方机构和民间组织均得到发展完善。

1995 年 5 月 11 日,上海版权保护协会经上海市民政局批准成立。1997 年 10 月,上海市政府批准设立上海市版权局。1998 年 1 月 12 日,上海市版权局正式成立。该机构是市政府主管全市著作权管理工作的职能部门。市版权局与市新闻出版局实行一个机构、两块牌子。市版权局的职责是:贯彻执行党和国家有关著作权保护的方针、政策和法律、法规;制订、起草全市著作权管理的政策和法规、规章草案,并在有关政策和法规、规章发布后组织实施及进行监督检查;实施著作权行政管理,依法查处著作权侵权行为;归口管理全市著作权方面的对外交流与合作;归口管理全市与著作权有关的社会团体;承办市政府交办的其他事项。

这一时期,版权贸易取得新进展。1995 年,上海与美国、英国、法国、德国、日本、新加坡、中国香港等国家、地区或组织的 58 家出版单位、代理机构开展涉外贸易。1996 年,与美国、日本、德国、英国及中国台湾、中国香港等 10 个国家和地区的 60 个出版单位和代理机构开展著作权贸易,其中与外国的签约数首次超过与中国台湾、中国香港地区的签约数,比例约为 5∶3。1997 年,全市对外版权贸易网络基本建成,与美国、英国、法国及中国香港、中国台湾等 13 个国家和地区的 121 家出版商或代理商开展版权贸易,其中与乌克兰、意大利、荷兰、埃及等国家首次进行版权贸易即获成功。1995 年起,电子出版物成为版权贸易领域的新成员。计算机书籍也成为版权引进的热点。

与此同时,政府著作权执法力度得到加强。1996 年 1 月 1 日起,为进一步加强对音像制品和电子出版物出版、复制工作的管理,上海市版权处、市影视音像管理处共同向上海联合光盘有限公司和上海华德光电科技有限公司派出 4 名驻厂监督员,定期向音像行政管理部门和版权管理部门书面报告各项检查情况。同年,上海市建立出版外国图书合同等级制度和复制境外音像制品合同登记制度。1998 年 7 月,上海版权局成立执法检查队,对上海地区图书、音像制品(VCD、CD)、电脑光盘(CD-ROM)等市场采取执法行动,打击侵权盗版活动。同年9月10日,上海市版权局、市出版工作者协会、音像协会、计算机软件协会和版权保护协会共同发起成立上海反盗版联盟。

进入21世纪后,上海市版权服务管理的规范化水平进一步提升。

2000年1月3日,上海市政府颁布《上海市著作权管理若干规定》,并定于当年3月1日起实施。这是上海市第一个有关著作权管理的政府规章。2000年7月20日,上海市知识产权局正式揭牌成立,主要是将原市专利管理局更名为市知识产权局,列入市政府直属机构赋予其主管全市专利工作、统筹协调涉外知识产权事宜的工作职能,进一步理顺全市的知识产权行政管理体系。同年,"上海市知识产权联系会议"制度建立,共涉及26家单位,目的是统筹那些分散在各委办局中的知识产权保护资源。截至2001年,上海市19个区县成立了知识产权局。在官方版权管理机构逐渐健全规范的同时,上海的民间机构也逐渐发挥作用。2000年,上海市著作权集体管理组织共计向不同行业发放60余个使用许可证,使用方式包括现场表演、影视录制、图书出版、音像录制、网络传播、广告制作、报刊转摘等,涉及金额70万元。

上海的版权贸易也日趋成熟。2001年版权贸易主要显现出四个特点:一是合同的签订数量是改革开放以来最多的一年;二是引进版权的合同数远远大于输出版权的合同数,实际引进版权的合同为551份,输出68份;三是引进作品的来源更加广泛。在引进的作品中,除中国的香港、台湾地区外,涉及21个国家。其中南斯拉夫、埃及、奥地利、爱沙尼亚、挪威、瑞士、西班牙、爱尔兰等国家的作品,是首次以版权贸易的形式在上海出版;四是上海市一些以前很少或从未开展过涉外版权贸易的出版社,也积极参与对外版权贸易,共有28家出版社和版权代理机构与境外出版商签订了版权贸易合同。

2001年5月,上海市成功举办第二届上海版权贸易洽谈会、率先实现娱乐行业使用音乐作品付酬等,成为上海版权工作新的亮点。同年8月,中国音乐著作权协会与上海文化娱乐行业协会签订《音乐作品著作权使用费代收协议》,音乐作品机械表演权的许可收费工作在上海启动,卡拉OK、歌厅、舞厅、音乐餐厅等娱乐场所的经营者为使用音乐作品向著作权人支付使用费。这是继现场表演、影视制作、书刊出版、音像制作、广告使用、网络传输等领域以后,著作权集体管理工作取得的又一项重大突破,也是全国首次实现娱乐场所全面支付音乐著作权使用费。当年,全市共收转音乐作品使用;费114.83万元,比上年的55.5万元增长106.9%。其中上海文化娱乐行业协会代收转使用费40多万元。次年,中国音乐著作权协会上海办事处完成对全市宾馆业情况的调查和取证工作,为协商解决宾馆业音乐作品许可使用的著作权问题作了准备,并向部分公交线路和大型商场发放了许可证。

2002年2月6日,上海市版权局公布《上海市软件著作权登记费资助办法》。该办法鼓励市民软件著作权登记,规定凡在中国软件登记中心完成软件著作权登记的上海市公民或法人均可得到登记费及代理费资助。

2003年5月,上海市文学艺术著作权协会网站正式开通,标志着上海在运用信息网络手段保护知识产权上又迈进一步。该"维权网站"开设法律法规、咨询服务、案例分析、信息传递等栏目,由权威法律工作者为艺术家解答疑难杂症,并提供服务。5月,上海传媒集团为生活时尚频道《今日印象》等29个品牌栏目、文艺频道《相约星期六》等19个品牌栏目申请商标注册,使这些栏目知识产权免受侵权。6月,上广新闻频率专题节目《市民与社会》通过申请注册商标,《中国工商报》刊登"市民与社会"节目进行新注册商标展示的通知。

2004年12月15日,上海版权交易中心正式成立。该中心以服务版权产业发展为宗旨,在市政府支持下,由市版权局和杨浦区政府共同打造,旨为版权作品的创作者、传播者、使用者提供全方位的服务。一同成立的还有上海版权公共服务平台。这一年,上海市版权局围绕版权产业发展和软件版权保护,开展著作权知识宣传普及活动,与上海东方电视台联合,制作两期以宣传著作权法知识为内容的专题节目,与上海电视台联合制作宣传反盗版成果专题新闻透视节目,组织数十家媒体集中报道上海软件版权保护工作情况。2004 年底,美国商业软件联盟授予上海市版权局 2003—2004 年度软件知识产权保护突出贡献奖。

三、社会版权教育与版权保护治理

2005 年,上海市版权局分别开展针对社会公众、中学生和与版权保护有关联企业的版权知识宣传教育活动,制作版权保护公益广告片和情景剧《老娘舅和他的儿孙们——盗版的报复》在电视台播出。同年 4 月至 12 月,中共上海市委宣传部和市版权局、市教委、团市委联合举办"拒绝盗版,从我做起——上海市中学生版权保护主题教育"活动。7 月 6 日,上海成立国内首个艺术品登记制证中心。该中心由上海市版权局、上海市版权保护协会、上海知识产权园等机构共同设立,地址设在杨树浦路上的上海知识产权园内。中心成立后,由书画家向该中心提出原作登记制证申请,作品经本人鉴定确认等程序,在 20 个工作日内可得到艺术品原作登记证。

2006 年 4 月,卢湾区泰康路田子坊成立田子坊知识产权保护联盟,这是上海首个由创意产业企业自发推出的有关知识产权保护的行业自律组织。与此同时,联盟还专门设置了一个知识产权服务事务所。同年 6 月,上海市版权局组织开展"宣传教育、执法打击、建立长效管理机制"三个阶段的执法行动。9 月 6 日,上海市版权局颁布《上海市著作权合同备案办法》,建立著作权合同备案制度。该"办法"明确:上海市居民、法人或者其他组织如果与著作权人订立著作权许可或转让合同,可以向市版权局指定的机构——上海版权保护协会办理著作权合同备案;经备案的合同由市版权局颁发备案证书。

2007 年 3 月 5 日,上海市知识产权司法鉴定中心在上海知识产权园内揭牌,该中心由专业的司法鉴定人,为知识产权纠纷提供专业的鉴别和判断。同年 5 月,上海版权中心成立,具有登记、展示、信息、保护、策划、服务和交易等项功能。6 月 28 日,国家动漫游戏产业产权交易中心在上海联合产权交易所运行。该产权交易中心由国家动漫游戏产业振兴基地和上海联合产权交易所共同组建,通过信息发布、产权转让、并购重组、产业链整合、产权评估等服务,推动中国动漫游戏产业产权化、资本化。交易品种主要有股权类、项目资产类、虚拟游戏装备类、动漫游戏商品化权类和动漫游戏经纪权类等五大类。

2008 年 2 月 1 日,《上海市出版物发行管理条例》重新修订并实施。随着出版物发行市场的发展变化,在出版物发行中特别是在报纸发行中出现了附送大量宣传资料的现象,使得正常的出版物市场秩序和公共利益受到严重侵害。因此,为制止该现象蔓延,净化出版物发行市场,杜绝社会安全隐患,上海市人大常委会决定修改《上海市出版物发行管理条例》,对上述行为作出禁止性规定。同年 3 月 7 日,上海市知识产权援助中心成立。该中心成立后,凡上海市企事业单位在知识产权方面遇到纠纷,均可向中心申请专项援助,并得到政府的资金支持。10 月 29 日,上海知识产权仲裁院成立,仲裁员队伍由国内外知识产权专家、律师、资深退休法官等组成。根据仲裁院的仲裁规则,纠纷双方以指定各自信任的仲裁员,并在事前约定仲裁方式,但仲裁局一旦作出裁决,就具有法律强制力,当事人不得再就同一问题向法院起诉。

2009 年 4 月 14 日，上海首批版权服务工作站成立。上海市版权局向首批 5 个版权服务工作站授牌，这 5 个工作站均位于产业园区，分别在：上海张江高科技园区、上海多媒体产业园、上海数字娱乐中心、大柏树传媒产业集聚区、上海知识产权园，并主要为所在园区的中小企业提供版权管理、版权市场经营和版权维护等个性化服务。同年 6 月 15 日，上海版权交易中心挂牌运营。该交易中心依托上海文化产权交易所搭建的版权交易技术平台，组织开展版权的许可使用和转让交易，包括以版权为主要资产的企业的产权、股权交易，以及与版权有关权利的交易。6 月 24 日，上海文广新闻传媒集团成立版权中心，这是国内地方媒体成立的首家版权专门机构。该中心除负责规范本集团节目版权的运营、维护节目及衍生品的版权利益外，还负责电视节目版权的信息归集、管理和协调工作，是上海文广新闻传媒集团实现自身节目版权价值最大化的重要平台。10 月 11 日，上海知识产权交易中心揭牌成立。该交易中心由上海联合产权交易所实际运作，其主要运作内容包括三个方面：一是在源头上参与对可供质押的知识产权进行价值评估的价格发现过程，对相关知识产权进行备案并探讨潜在的市场流转空间；二是在质押的知识产权需要实际的市场退出操作时，利用公开交易平台实施流转；三是流转的具体操作方式可以包括竞价、拍卖等途径。培育质押物的流转市场体系，可以为知识产权质押融资提供源头定价及退出操作等市场支撑。

2010 年 2 月 9 日，上海知识产权交易中心正式落户徐汇区漕河泾新兴技术开发区。同年 4 月 12 日，《上海版权产业报告》正式发布，成为国内首份版权产业报告，标志着上海拥有了一份最具权威的版权产业发展指南，上海市版权局决定每年发布版权产业报告。《报告》指出，从 2004 年至 2007 年，上海版权产业的增加值从 669.51 亿元上升到 1 085.81 亿元，占当年上海 GDP 的比重从 8.29%上升到 8.91%；上海版权产业的从业人数从 60.75 万人上升到 76.45 万人，占当年上海全社会各行业从业人数的比重从 7.26%上升到 8.41%；上海口岸与版权产业相关的海关商品出口额从 294.37 亿美元上升到 545.50 亿美元。上海版权产业的发展状况呈现出：保持比较稳定的持续增长和发展、相比于全国及其他国家处在较高发展水平、核心版权产业的发展潜力高于非核心版权产业、核心版权产业的优势产业比较突出、新兴的核心版权产业发展比较迅速、上海口岸版权产业相关的海关商品出口优势比较明显等 6 大特点。

同年 5 月 11 日，上海版权服务中心和版权纠纷调解中心成立，入驻张江国家数字出版基地。市版权局与市高级法院就共同建立版权纠纷调解联动机制达成共识。市高级法院向市内有知识产权案件管辖权的各级法院下发《关于开展著作权纠纷委托调解工作的意见（试行）》，对市内法院委托上海版权纠纷调解中心调解版权纠纷案件的工作原则、范围、阶段、期限和诉调衔接等内容作明确规定。根据“意见”，诉至市内法院的各类版权纠纷在法院收到起诉状后、正式立案前或立案后、开庭审理前或开庭审理后、法院判决前，经双方当事人同意，市内法院可以将纠纷委托上海版权纠纷调解中心进行调解，也可邀请上海版权纠纷调解中心参与法院主持的调解。6 月 6 日，中国银行上海市分行联手中国投资担保有限公司上海分公司、徐汇区财政局，通过电视剧《神话》的播映权质押，向上影英皇文化发展有限公司发放了 450 万元的贷款，为新片《金枝玉叶》开拍注入“流动性”。这成为全国首创的不靠实物抵押，而是用热播电视剧的播映权向银行贷款来换取新片拍摄资金的“播映权质押融资模式”。12 月 8 日，全国首家音乐产权交易中心在上海挂牌成立。该中心由上海文化产权交易所与上海新汇文化娱乐（集团）有限公司共同发起成立，为上海文化产权交易所的分支机构，主要运用上海文化产权交易所交易平台，为音乐产业的发展提供以交易为核心的投融资、产权评估、法律服务、版权保护、公关推介、信息咨询等内容的多方面服务。

表 3-2-2　2000—2010 年上海市版权登记情况统计表

年份	2000 年	2001 年	2002 年	2003 年	2004 年	2005 年	2006 年	2007 年	2008 年	2009 年	2010 年
自愿登记作品总数(件)	176	237	370	611	809	1 185	1 232	2 024	1 565	2 217	2 636
文字作品(件)	44	39	80	99	105	210	259	334	197	330	289
音乐作品(件)	18	20	—	4	6	37	46	73	56	24	71
美术作品(件)	103	170	220	346	588	797	787	1 290	1 184	1 632	2 077
摄影作品(件)	—	6	48	76	50	44	15	232	57	106	72
工程设计和产品设计图纸及其说明(件)	—	2	—	81	—	—	—	—	—	—	—
影视作品(件)	—	—	16	5	5	6	11	14	15	16	23
图形作品(件)	—	—	6		55	91	104	68	31	21	47
其他作品(件)	—	—	—	—	—	—	10	13	12	88	32
计算机软件和著作权(件)	—	—	950	—	—	—	2 477	2 970	4 726	5 475	7 905
曲艺作品(件)	—	—	—	—	—	—	—	—	4	—	—
音像制品(件)	—	—	—	—	—	—	—	—	—	—	25

说明:2000 年美术作品登记数量实际为美术摄影作品登记数量。

表 3-2-3　1989—2010 年上海市版权贸易数量情况统计表

年份	1989～1990 年	1991 年	1995 年	1996 年	1997 年	1998 年	1999 年	2000 年	2001 年
版权贸易合同数(份)	52	65	119	115	178	288	367	619	—
涉及作品(种)	—	—	192	167	250	—	—	—	—
图书版权合同数(份)	—	—	—	—	145	269	363	564	556
涉及图书(种)	89	114	—	—	217	327	427	—	849
期刊合同(份)	—	—	5	—	—	—	—	10	—
音像制品合同(份)	—	—	7	—		—	—	—	—
软件合同(份)	—	—	—	—	—	—	—	—	—
其他合同(份)	—	—	—	—	—	—	—	—	—
电子出版物合同(份)	—	—	7	10	33	19	4	45	13
备案登记期刊合同数(备案登记)	—	—	—	—	—	—	91	—	5
备案登记计算机许可使用合同(份)	—	—	—	—	—	—	18	—	30

（续表一）

年份	1989～1990年	1991年	1995年	1996年	1997年	1998年	1999年	2000年	2001年
备案登记影视作品许可使用合同(份)	—	—	—	—	—	—	1	—	—
引进版权合同(份)	—	9	96	—	—	277	355	551	—
涉及品种(种)	—	—	131	—	—	—	—	—	—
引进图书版权合同(份)	—	42	—	—	136	—	—	—	—
引进图书(种)	—	—	—	—	202	—	419	—	846
输出版权合同(份)	—	—	—	—	—	11	8	68	—
涉及图书(种)	—	—	—	—	—	—	8	—	214

年份	2002年	2003年	2004年	2005年	2006年	2007年	2008年	2009年	2010年
版权贸易合同数(份)	—	1 749	792	755	1 072	1 203	1 293	1 299	1 192
涉及作品(种)	—	—	—	—	—	—	—	—	—
图书版权合同数(份)	696	1 004	—	—	—	—	—	—	—
涉及图书(种)	794	—	1 282	—	—	—	—	—	1 396
期刊合同(份)	—	281	—	—	—	—	—	—	—
音像制品合同(份)	—	344	—	—	—	—	—	—	206
软件合同(份)	—	50	—	—	—	—	—	—	—
其他合同(份)	—	65	—	—	—	—	—	—	—
电子出版物合同(份)	2	5	—	—	—	—	—	—	191
备案登记期刊合同数(备案登记)	5	—	—	—	—	—	—	—	—
备案登记计算机许可使用合同(份)	57	—	—	—	—	—	—	—	—
备案登记影视作品许可使用合同(份)	—	—	—	—	—	—	—	—	—
引进版权合同(份)	—	1 577	—	—	—	—	—	—	—
涉及品种(种)	—	—	—	—	—	—	—	—	—
引进图书版权合同(份)	—	—	706	—	—	—	—	—	795
引进图书(种)	—	—	1 020	1 179	1 080	1 242	1 119	—	1 133
输出版权合同(份)	—	172	—	—	—	—	—	—	—
涉及图书(种)	—	—	262	272	207	120	216	—	263

第二节 印刷复制服务

中共十一届三中全会后，上海书刊印刷厂的经营方针与业务范围有一定变化，为出版服务的格局有所突破，书刊印刷厂承接非出版任务的数量有所增加，包括开拓包装装潢和其他社会印刷方面的业务。但书刊印刷厂的主要服务对象，仍然是出版任务。上海市新闻出版局原则上规定，局属出版社的印制业务，其总量的70%应安排在局属书刊印刷厂。

1979年8月，上海市出版局和市工商行政管理局等7家单位联合印发《关于整顿印刷行业开展登记管理的试行办法》。同年9月，上海市出版局批准恢复上海出版印刷公司名称。1981年起，上海出版印刷公司扩大企业经营自主权。

1979年以后，书刊印刷业进行技术改造。1982年至1986年，引进了一批制版、印刷、装订的关键装备及配套设备，共38个品种，110余台。全部投资达1 400万美元，折合人民币近5 000万元。投资额绝对数超过新中国成立以来30年的总和。印刷质量得到提升。1982年、1984年和1986年，在全国书刊印刷质量评比中，上海连续三次荣获总分第一。其中，1986年上海中华印刷厂获铅印总分第一名，上海美术印刷厂获胶印总分第一名。这期间，印刷的《宋人画册》《颐和园》《泰晤士世界历史地图集》《鲁迅全集》《辞海》《唐诗鉴赏词典》《德汉大辞典》《新英汉词典》《刘海粟油画选集》《哈萨克民间图集》以及中国美术全集的《敦煌画册》等印刷品的质量都达到较高的水平。

1984年起，上海书刊印刷业的企业管理工作，以建立经济责任制为起点向纵横深化，试点推广厂长负责、党委监督保证、职工代表大会支持配合的制度，劳动组织、定员、定额和各项基础工作都有了加强。

20世纪80年代中期以后，随着市场经济的纵深发展，书刊印刷厂的经营方针逐步转入以市场为导向，根据社会需要组织生产。

1986年，在图书市场出现萎缩、印刷任务不足的情况下，各厂在质量、周期和品种上做到适应客户要求。经过努力，印刷厂长期来的“涨肚”和任务不足情况有所好转，买方市场开始出现，同时在竞争中增强了企业素质和活力。与此同时，书刊印刷工业系统兴办了销售门市部、招待所、餐厅等第三产业，并同江苏、浙江、广东等兄弟省市和上海郊县等地区组织了紧密型或松散型的经济联合体。全系统各厂兴办的第三产业近20处，营业收入超过200万元，总产值超500万元，排字量4 000余万字，印刷装订量10万余纸令。书刊印刷质量上，《宋人画册》《颐年和园》《泰晤士世界历史地图集》《鲁迅全集》《辞海》《唐诗鉴赏词典》《德汉大辞典》《新英汉词典》《刘海粟油画选集》《哈萨克民间图集》《敦煌画册》等印刷质量达到较高水平。这一年，印书品种约占全国的十分之一，印书数量约占全国八分之一。

1987年2月，上海市新闻出版局报经中共上海市委宣传部批准，取消所属上海出版印刷公司和上海印刷物资公司对印刷厂的行政管理职能，改变为经营性公司，两公司所属工厂改由新闻出版局直接领导。在局内新设印刷管理处，负责对局系统书刊印刷工厂的日常行政管理工作，不涉及全市印刷行业的管理。3月，上海出版印刷公司和上海出版物资公司完成改组。与此同时，全行业加快实行厂长负责制的步伐。年底，全行业中实行厂长负责制单位已占全行业总户数的60%。这一年，印刷工业技术水平进一步提升。“六五”时期引进的设备，在生产上发挥作用，消化和吸收的情况良好。出版电脑照排技术进入应用阶段，全市采用电脑照排图书占全部出版量的1/4。上海字模一厂研制成功的“小片字模”革新项目获国家科委颁发的国家科技进步三等奖，上海印刷技术研究所和上海印刷机械一厂研制成功的“办公室自动化系统用半精密型汉字字库”等11个项目分获国家新闻出版署颁发的1985至1986年度科技进步三等、四等奖；上海印刷技术研究所朱安宜、陆华平、徐学成等分别荣获全国印刷新字体评委会壮文美术变体一等奖和第二届国际排版字体森泽奖第一名和佳作奖。上海字模一厂引进P.S版生产流水线。然而，整体上，上海书刊印刷工业生产力的提高还跟不上出版事业的发展。“出书慢”“出书难”的问题依然存在。和国际先进水平比，工艺设备仍较落后。

1988年，全民所有制企业全面推行厂长负责制，并于年底前全部同市新闻出版局签订经济承包合同。同年12月31日，上海市印刷十一厂和香港特版公司合资建立上海和克域立体印刷有限公司，成为上海第一家三资企业。技术改造方面，当年8月，第一套国产电脑照排系统华光Ⅳ型计算机激光精密照排系统在上海安装成功。全行业投资2500多万元，完成各类更新改造项目54项，引进电子分色机、四色机、胶装联动机、过油机、滴塑机和激光照排机。增加丝网印刷、不干胶印刷、滴塑印刷、变色、变形印刷等新品种，普遍采用书封贴塑、上光、凹凸、烫金等新工艺。图书印刷开本字体、字号趋向多样化。系统各厂为美国、日本、中国香港、新加坡等国家和地区印制了挂历、日历、图书、画册等印刷品数十种，出口印刷用钢线、橡皮布、印刷机械等，外销产值达150万美元以上。《清代绘画》、《石刻线画》、《龙门石窟》、《画像石画像砖》、《上海投资环境及对外经济法规》，挂历《台北故宫藏画》、《刘靖基藏画》，以及《中国时装》等印制精良。

1989年，上海市新闻出版局启动落实《印刷行业管理暂行办法》。3月，会同上海市公安局、市工商行政管理局、市轻工业局和市文化局就贯彻执行的有关事宜进行研究，决定联合组成上海市印刷行业管理协调领导小组，由上海市新闻出版局为牵头单位；根据上海市的实际情况，决定书刊印刷业和其他印刷业由上海市新闻出版局负责管理；包装装潢印刷行业由上海市轻工业局负责管理；市属及区属印刷企业由上海市新闻出版局和上海市轻工业局直接管理，县属印刷企业，则委托各县文化局代管。根据决定，上海市印刷行业管理的日常工作主要是：有重点的对书刊印刷企业进行抽查，生产质量以及有否违法经营和超经营范围经营等；对书刊印刷企业的法人代表，经营管理人员进行培训，及时沟通有关情况；对市内书刊印刷业、其他印刷业的基本情况进行收集、整理、汇总，及时上报；每年对全市的书刊印刷厂、其他印刷厂进行年检工作，对不符合条件的印刷厂，按照有关规定进行处理；协调市公安局、工商局、轻工业局和文化局等单位在贯彻行业管理上碰到的有关问题，并负责向市政府及新闻出版署请示汇报。5月，《解放日报》和《文汇报》登出启动印刷企业登记的通知，对登记的范围、手续、需持有的证件及截止日期等作出规定。市新闻出版局、市轻工业局各抽调3名干部组成登记发证办公室，挂靠在市新闻出版局印刷管理处，办公地点设在绍兴路5号内，主要负责文件、表格及许可证等设计和印刷工作。11月，首次登记和发证工作告一段落。与此同时，10月31日，新闻出版局颁发《关于出版物进出上海市印制的暂行规定》，对上海书刊印刷厂承印市内外公开和非公开出版物的条件、手续等作了具体规定。这一年，印刷质量上稳中求好，开始采用电分制版文字排版和高精印刷。技术改造项目共完成49项，投资总额1230万元，主要增添了四色胶印机、电子分色机、精装联动线和程控切纸机等先进设备。完成了与投改项目配套的土建工程6000余平方米建设。上海新华印刷厂作为新闻出版署全国16个重点技术改造单位之一，于11月24日通过署级验收，成为中国第四家重点技改企业合格单位。《中国美术全集》(20部)、《上海画册》、《上海革命史画册》、《辞海》(1989年新版)、《汉语大词典》等获得好评。业务渠道方面，这年扩大了外向型业务，增加了创汇额。

进入90年代，印刷业探索体制改革的步伐加快。1990年8月，经中共上海市委宣传部批准，市出版局决定重新组建上海出版印刷公司，将11家工厂(市印二、四、六、七、十、十一、十二、群众、日历、照相和装订厂)委托公司行使行政管理职能。同年,上海新闻出版发展公司、上海市印刷二厂、交通银行上海分行和香港中华商务联合印刷有限公司合资创办上海安全印务有限公司。上海中华印刷厂和香港王氏贸易公司合资创办上海卡特印刷有限公司。上海市印刷八厂与台湾杰盛电脑排版科技有限公司合资创办上海杰申电脑排版有限公司。这几家公司于1991年陆续开业。

1990年完成自1986年开始的全行业设备改造,投资7493万元,新增固定资产8057万元。书刊印刷技术实现"照相排版、电子分色、胶印印书、装订联动"。同年,中国首创的"一次性大面积烫金折光压痕工艺"由上海人民印刷八厂研制成功。上海第一印刷机械厂成功地试制出具有国际水平的PZ4650四开四色机组式平版胶印机,填补了中国带电脑控制的四开四色胶印机生产的空白。生产能力方面,书刊印刷行业由于出版任务不足、原材料价格上涨、企业负担增加等原因,面临的形势十分严峻。但是各厂适当调整了产品结构和生产结构,逐步适应了出版"剪刀差"的格局,同时加强了企业内部管理,以质量为中心带动其他工作。上海的书刊印刷能力约占全国的十四分之一。印刷质量方面,《中国美术全集》《中国美术家辞典》《齐白石画册》获得好评。

1991年起,行业管理制度化、规范化水平得到提高。当年1月1日起,按新闻出版署要求,全市实行书刊印刷定点制度。制度规定,上海市各出版单位(包括出版社、报社、期刊社)的出版物,按新闻出版署《加强书报刊印刷管理的若干规定》,应委托书刊印刷定点企业印刷。出版社凭盖有公章的发排单、付印单;期刊社(编辑部)凭期刊登记证,委托上海市书刊印刷定点企业印刷。如委托上海市领有图书报刊印刷许可证的非书刊印刷定点企业印刷,须经市新闻出版局批准同意。委托外地全国书刊印刷定点企业印刷,须经委印和承印单位双方省、市新闻出版局批准。上海市出版单位不得擅自委托外地非全国定点企业印刷正式出版物。上海市全国书刊印刷定点企业承印外省、市出版物,须凭委印单位所在地省、市新闻出版局批准件到市新闻出版局办理外地出版物准印证后,方可承印。上海市市级书刊印刷定点企业和非定点印刷企业不得承印外省、市出版物(包括:排版、制版、印刷、装订)。经过行业整顿,年底,新闻出版署批准,符合全国定点企业条件的书刊印刷企业为24家。其中:市新闻出版局直属的企业为18家。符合省、市定点企业条件的书刊印刷企业为26家。其中,市新闻出版局直属企业及联营企业10家。

技术改造方面,1991年,上海中华印刷厂、商务印书馆上海印刷厂、上海市印刷机构一厂和上海印刷器材厂在"八五"期间被国务院重大项目办和新闻出版署列为国家重点技改项目单位,落实项目资金5500万元。同年,商务、中华、美术、机一等7家企业贴息贷款近5000万元,提高了企业的技术装备水平;中华印刷厂完成技改第一期工程,建立起高精胶印专线,引进了德国海德堡五色对开胶印机,日本艺3000整页拼版系统及双色打样机,在年内安装、调试完毕,形成了生产能力。这一年,上海中华印刷厂在全国第六次书刊印刷质量评比中荣登榜首。上海市印刷二厂印刷的《齐白石画册》(德文版)获全国画册、画刊最佳优质产品。上海市美术印刷厂原制版车间主任、印制版工程师徐志放荣获第三届毕昇印刷奖。

1992年,印刷企业积极转换经营机制。市新闻出版局下属企业积极推行岗位技能工资,实行上岗合同制和全员劳动合同制;调整机构设置,划小核算单位,1000人左右的企业纷纷建立分厂制,下放经营、人事、分配等权力,至年底,共有5家企业的分厂制开始运转。与此同时,局属合资企业达7家。当年7月1日起,全市放开书刊印刷工价(除教科书外),印刷厂不仅可以自定工价,也同时增加了自主寻找客户的自由度。这一年,上海印刷业基本完成"八五"印刷技术改造。印刷业普遍采用进口和国产四色、五色机。

1993年,大型印刷企业(集团)逐步兴起。上海界龙实业股份有限公司公开向社会发行股票,成为上海第一家向社会公开发行股票的印刷企业。上海凹凸彩印总公司也在年底成立。上海市新闻出版局属书刊印刷厂积极筹建成立印刷工业总公司(集团)。森林印刷厂、庆丰彩印厂、紫江集团等初具规模,积极向(集团)公司化方向发展。与此同时,乡镇印刷企业迅速崛起,以上海界龙彩印总公司为代表的一批乡镇印刷企业正在赶上或者超过国有印刷企业。这一年,"八五"印刷技术改造工作提前两年基本完成。新技术、新工艺、新设备大量运用于生产,特别是进口和国产四色、五色机被各印刷企业普遍采用。

1994 年,市新闻出版局内 23 家国有大中型印刷企业组成上海印刷(集团)总公司,资产 3.18 亿。乡镇印刷企业继续发展,上海庆丰彩印总厂和上海界龙彩印总公司 1994 年的工业总产值都超过亿元,企业管理、技术更新、产品档次、生产设备的先进程度等可与国有大中型企业相匹敌。三资印刷企业总数突破 100 家。

表 3-2-4　1994 年上海出版系统全国书刊印刷定点企业一览表

企业名称	人数(人)	铅、胶印产量(千印)	地址
商务印书馆上海印刷厂	1 017	铅印　232 357	天通庵路 190 号
上海新华印刷厂	859	139 974	大连路 190 号
上海市印刷三厂	1 023	238 917	控江路 665 号
上海市印刷四厂	431	—	新闸路 1730 弄 6 号
上海市印刷六厂	261	33 700	顺昌路 622 号
上海市印刷十二厂	402	104 934	番禺路 870 号
上海市群众印刷厂	562	72 425	江宁路 1110 号
上海日历印刷厂	198	—	安庆路 268 弄 17 号
上海中华印刷厂	1 125	铅印　237 703	澳门路 477 号
		胶印　417 803	
上海市印刷一厂	522	162 671	齐齐哈尔路 920 号
上海市印刷二厂	447	296 718	福禄街 210 号
上海市印刷七厂	434	铅印　40 224	永明路 153 号
		胶印　264 117	
上海市印刷十厂	230	182 762	辽阳路 343 号
上海市印刷十一厂	230	114 028	中州路 66 号
上海美术印刷厂	509	315 475	番禺路 888 号
上海装订厂	119	—	虹桥路 554 号
上海照相制版厂	139	—	汉口路 131 号 219 室
上海出版印刷公司	80	—	延安东路 119 号 5 楼
合计	8 508	铅印　1 100 234	其中包括商务等铅印厂的胶印产量
		胶印　2 216 043	

资料来源:《上海出版志》(2000 年 12 月第 1 版)。

表 3-2-5　1994 年上海非出版系统的全国书刊印刷定点企业一览表

厂　　名	地　　址
上海海峰印刷厂	古北路 650 号
上海人民印刷八厂	南市傅家街 65 号
上海凹凸彩印厂	顺昌路 330 号
复旦大学印刷厂	国权路 579 号
上海人民塑料厂	朱行路 111 号
华东师范大学印刷厂	金沙江路 87 号

资料来源:《上海出版志》(2000 年 12 月第 1 版)。

表 3-2-6　1994 年上海市省(市)级书刊印刷定点企业一览表

厂　　名	地　　址
上海市人民印刷一厂	七浦路 471 号
交通大学印刷厂	虹桥路 60 号
上海师范大学印刷厂	桂林路 100 号
中华印刷厂综合服务部	曹杨路 1350 弄 41 号
上海市印刷十厂马桥分厂	逸仙路 651 号
上海古籍印刷厂	虹井路 123 号
上海浦江印刷厂	共和新路 4600 号
上海长城绘图印刷厂	山阴路 167 号
上海东方印刷厂	连云港路 191 号
上海崇明印刷厂	崇明县城镇八一路 120 号
上海联昌印刷厂	漕宝路七号桥南
上海翔文印刷厂	南翔古猗园东
上海市印刷七厂一分厂	嘉定区江桥镇
上海奉贤印刷厂	奉贤南桥镇沪杭支路 11 号
上海祝桥新华印刷厂	南汇祝桥南塘街 206 号
上海周礼日历印刷厂	周南线闵家宅车站东
达华印刷厂	崇明县长征农场
上海市人民十一厂	镇宁路 465 弄 181 号
上海川沙印刷厂	川沙护塘街 347 号
上海影印厂	瑞金二路 410 弄 3 号
上海界龙外贸印刷厂	川黄路 555 号
上海市人民印刷十厂	闸北陈家宅路 56 号

（续表一）

厂　　名	地　　址
上海竟成印刷厂	纪念路 500 号
上海现代科技印刷厂	上中路 602 号
上海出版专科学校实习工场	内江路 397 号
上海铁路局印刷厂	虬江路 1150 号

资料来源：《上海出版志》（2000 年 12 月第 1 版）。

表 3－2－7　1994 年按工业总产值排名前十的印刷企业统计表　　单位：万元

排名	企 业 名 称	总产值
1	上海印钞厂	32 301
2	上海庆丰彩印总厂	15 160
3	上海凹凸彩印总公司	12 523
4	上海申南复合包装制品有限公司	12 030
5	上海人民印刷八厂	11 349
6	上海烟草工业印刷厂	10 769
7	上海外贸界龙彩印厂	9 150
8	上海纺印利丰印刷包装有限公司	8 389
9	上海合众塑料印务有限公司	7 203
10	上海中华印刷厂	7 133

资料来源：《上海出版志》（2000 年 12 月第 1 版）。

表 3－2－8　1994 年按利润总额排名前十的印刷企业统计表　　单位：万元

排名	企 业 名 称	总产值
1	上海印钞厂	2 493
2	上海庆丰彩印总厂	1 145
3	上海烟草工业印刷厂	1 130
4	上海中华印刷厂	1 125
5	上海市印刷三厂	1 023
6	商务印务馆上海印刷厂	1 017
7	上海凹凸彩印总公司	924
8	上海新华印刷厂	859
9	上海人民印刷八厂	695
10	上海外贸界龙彩印厂	650

资料来源：《上海出版志》（2000 年 12 月第 1 版）。

表 3-2-9 1994 年末固定资产净值排名前十的印刷企业统计表

单位:万元

排名	企业名称	总产值
1	上海印钞厂	10 237
2	上海纺印利丰印刷包装有限公司	7 334
3	上海凹凸彩印总公司	6 136
4	上海庆丰彩印总厂	5 415
5	上海外贸界龙彩印厂	4 952
6	上海合众塑料印务有限公司	4 915
7	上海烟草工业印刷厂	4 384
8	上海申南复合包装制品有限公司	4 338
9	上海市印刷三厂	3 227
10	上海中华印刷厂	2 775

资料来源:《上海出版志》(2000 年 12 月第 1 版)。

表 3-2-10 1994 年上海市出版系统印刷合资企业概况表

企业名称	合资者		员工人数(人)	地址
	中方	外方/港方		
卡特印刷公司	中华	中国香港	72	陕西北路 149 号
精华威印刷公司	市一	日本	62	齐齐哈尔路 920 号
安全印务公司	市二	中国香港	112	惠民路 531 号
精英印务公司	市十	中国香港	20	殷高路 23 弄 28 号
新颖广告制作公司	市八	中国香港	10	武定路 450 号
怡高印刷器材公司	字模	中国香港	65	许昌路 1220 号
明治印刷橡皮布公司	器材	日本	56	逸仙路 280 号
兄弟印刷机械公司	机二	美国	92	肇嘉浜路 702 号
和克域印刷公司	印刷公司	中国香港	12	殷高路 2 号
丽佳分色制版公司	印刷公司	新加坡	78	漕河泾桂平路 471 号 10 号楼
紫明印刷机械公司	印刷公司	英国	347	老沪闵路 2520 号

资料来源:《上海出版志》(2000 年 12 月第 1 版)。

表 3-2-11 1994 年上海市印刷企业员工人数前十名企业统计表

单位:人

排名	企业名称	员工人数
1	上海印钞厂	2 493
2	上海庆丰彩印总厂	1 145

（续表一）

排名	企业名称	员工人数
3	上海烟草工业印刷厂	1130
4	上海中华印刷厂	1125
5	上海市印刷三厂	1023
6	商务印务馆上海印刷厂	1017
7	上海凹凸彩印总公司	924
8	上海新华印刷厂	859
9	上海人民印刷八厂	695
10	上海外贸界龙彩印厂	650

资料来源:《上海出版志》(2000 年 12 月第 1 版)。

1995 年,全市共有印刷企业 4302 家,基本与上年持平,其中三资企业数量增加至 130 家,全行业工业总产值约 70 亿元。

1996 年,印刷业发展平稳。当年 3 月,市新闻出版局对对全市图书、期刊的印制实施全国统一的《图书、期刊印制委托书》,并负责市内《委托书》的发放及管理工作。图书、期刊出版单位印制图书、期刊,必须到领有"书刊印刷许可证"的企业印制,领有书刊印刷许可证的印刷企业承接图书、期刊印制业务必须有出版单位开具的《委托书》;委印和印制图书、期刊,出版社和印刷企业必须严格按照《关于实施书刊印刷定点制度有关问题的通知》精神执行;对违反《通知》规定,不按要求使用《委托书》的出版单位和印制企业,可视情节轻重给予警告、通报批评、停业整顿的行政处罚,对翻印、伪造《委托书》进行非法出版活动,构成犯罪的,依法追究其刑事责任。与此同时,市新闻出版局针对全市所有书刊印刷厂的厂级干部启动为期三年的岗位培训,规定凡在 1998 年仍未取得厂长岗位证书的不得担任厂级干部。这一年,全行业销售收入约 75 亿元。市新闻出版局下属上海印刷集团公司的 16 家书刊担当了图书、期刊印刷的主力军,当年完成书刊印刷 100 万纸令、彩色胶印 237 万对开色令的印刷任务,保证了上海市图书、期刊的正常出版。

表 3-2-12　1996 年上海印刷业分类情况统计表

分类		单位数(个)	从业人员(人)	年销售收入(亿元)
合计		4922	140000	75
书刊印刷业		375	40000	13
其中:	书刊印刷全国定点企业	24	10000	6
	书刊印刷市级定点企业	26	4000	3
包装印刷企业		1697	76000	42
其他印刷企业		2850	24000	20

资料来源:《上海年鉴》(1997)。

1997 年,新闻出版局紧抓局属书刊印刷业改革,加快了结构调整步伐。上海中华印刷厂和上海美术印刷厂组并成中华彩印有限公司的工作顺利启动;下岗分流、减员增效力度加强;上海市新闻出版局推出了印刷业务流向调控和印刷质量承诺制度。当年5月27日,颁布《关于书刊印刷质量承诺与出版印刷业务流向管理的暂行办法》,主要内容是:印刷厂对出版社实行以质量为核心的承诺,出版社在业务上支持局属印刷企业,市新闻出版局对此加以调控,逐月检查、通报执行情况,并将这一管理办法纳入对印刷(集团)公司和各出版社的考核内容,考核结果与印刷(集团)公司、出版社负责人的年度收入挂钩。数月后,局属书刊印刷厂的质量和服务有较明显的进步,印刷业务量不足的矛盾也得到缓解。同年6月,市新闻出版局原副局长万启盈获"毕昇印刷奖";上海凹凸彩印总公司总经理江礼昶和上海印刷研究所杰申电脑排版有限公司总经理沈康年获"森泽信夫印刷奖"二等奖。这两个奖项是全国印刷行业的最高奖项。

表3-2-13 1997年上海印刷业分类情况统计表

分类		单位数(个)	从业人员(万人)	年销售收入(亿元)
合计		5341	12.8	82
书刊印刷业		370	3.6	14
其中:	书刊印刷全国定点企业	24	1	6
	书刊印刷市级定点企业	26	0.4	3
包装印刷企业		1724	7	46
其他印刷企业		3247	2.2	22

资料来源:《上海年鉴》(1998)。

1998年,印刷业在市委、市政府的领导下实施战略性调整并取得成效。上海中华印刷有限公司和商务印书馆上海印刷股份有限公司分别于6月和8月相继组建。当年,上海印刷集团即结束全市国有印刷业连续13年利润滑坡的历史,赢利141万元。次年1月,两家企业正式完成重组。上海中华印刷有限公司调动上海印刷集团所属7家企业的资产,集中了集团三分之二的优质设备,剥离了所有黑白印刷能力,形成了一个具有一流高档彩色印刷能力的"新中华"。商务印书馆上海印刷股份有限公司吸纳了"中华"黑白印刷设备,淘汰落后生产工艺,引进当时世界最先进的罗兰700型多色机等设备,成为上海最大的书刊印刷企业。改建重组后,两家企业在产品结构、生产规模和装备水平上形成了相当的市场竞争优势,并显著增强了上海精品彩色印刷的能力。

1999年,全市进行印刷业清理整顿。整顿前,共有印刷企业5360家;整顿后,验收合格的印刷企业共有4115家,从业人员109621人,其中三资企业179家,从业人员13196人。与此同时,全市20家印刷企业(包括印机制造行业)获得ISO9002质量认证。

2000年,大中型印刷企业发展速度明显加快,印刷企业集团正逐步形成。当年1月,上海印刷新技术(集团)有限公司成立,该公司以上海印刷技术研究所为龙头,联合上海主要印刷材料生产企业、印刷物资销售公司和部分印刷生产企业组建而成,拥有独资企业5家,合资、合作企业7家,资产总额2亿元;6月,上海中华印刷有限公司投资扩股重组,重组后的"中华印刷有限公司"由上海印刷(集团)有限公司、上海文汇新民报业集团、解放日报报业集团、上海世纪出版集团、上海广播电影电视发展有限公司等5家单位共同投资组成,资本总额为1.2亿元,印刷市场由单一逐步走向多元,在保持出版物、包装装潢印刷增长的同时,磁卡印刷、商用印刷、票据印刷也在快速增长,并形成自己独有的生产规模。12月,上海三印时报印刷有限公司成立,该公司由上海印刷(集团)有限公司所属的上海市印刷三厂与新加坡时报有限公司合资改建，总投资达1.65亿元，成为当时沪上规模最大的书刊印刷合资企业。这一年，全市海外印刷市场的开发明显加快。业务能力方面，上海中华印刷有限公司引进投产M－600、M－130两台八色胶印轮转机，提高了产品质量和市场竞争力，当年全年完成胶印产量巧2.6万对开色令，位居全国书刊印刷企业胶印产量第一位；解放日报报业集团印务中心通过ISO9002质量体系国内、国际认证，成为国内首家同时通过ISO9002国际、国内认证的新闻单位印务中心，也是全国省级党报印务中心第一家通过ISO9002质量体系认证的单位。

2001年，上海市对印刷业实施全行业管理。市新闻出版局、市公安局、市工商局、市经委等7部门制订下发《关于贯彻〈印刷业管理条例〉及整顿和规范印刷市场秩序的通知》，明确上海市新闻出版局为上海印刷业监督管理的主管部门，负责对全市所有印刷企业（包括出版物印刷企业、包装装潢印刷品印刷企业、其他印刷品印刷企业）按《印刷业管理条例》等有关法律法规施行行业管理，整顿和规范印刷市场秩序，促进全市印刷业的繁荣和发展。随着中国加入WTO，印刷业进一步加大对外开放力度，除继续允许建立中外合资、合作的出版物印刷和其他印刷品印刷的企业外，允许外商独资设立从事包装装潢印刷品印刷的企业，国际大印刷集团开始进军上海。面对入世后的挑战，上海印刷（集团）有限公司成立境外印刷业务部，聘请外籍人员担任业务员，积极拓展海外业务市场。当年，该公司承接完成来自美国、英国、日本、新加坡等地的境外印刷品12批32种，共47.9万册，分别比上年增长3倍、3倍、9倍。与此同时，上海中华印刷有限公司胶印产量152.6万对开色令，为全国同行之最，年销售收入10072万元，达到历史最高水平。

2002年，印刷业在清理整顿的同时，企业数量显著增加，共5074家，比上年增加531家。印刷企业发展实力进一步提升。当年度，上海印刷（集团）有限公司销售产值4.58亿元，利润1715万元，实现销售收入和利润双增长。商务印书馆上海印刷股份有限公司实利润总额506万元，比2001年有较大增长。同年10月，由上海市新闻出版局所属上海百汇印刷投资有限公司与美国印刷业巨头当纳利控股公司共同投资建立的上海当纳利印刷有限公司进行试生产。这一年，全行业拥有商用八色胶印轮转机16台；全张或对开四色及以上平张纸胶印机400台以上，在国际、国内印刷业的综合竞争力进一步提高。印刷质量方面，在新闻出版署组织的书刊印刷品质量检测认定中，共有1425种印刷品新闻出版署认定为一等品，9种印刷品被认定为优等品；商务印书馆上海印刷股份有限公司和上海中华印刷有限公司分别获得全国书刊印刷优秀质量企业的金奖和铜奖。

2003年，上海印刷企业的印刷质量得到行业积极认可。同年5月，上海14家印刷企业进入《中国印刷经理人》杂志社组织发布的2002年中国印刷100强排名榜，其中上海印钞厂以85190万元年销售收入列首位。其余进入中国印刷100强的上海印刷企业有：上海界龙集团列第五位，上海印刷集团列第六位，上海烟草工业印刷厂列第九位，上海紫江彩印包装有限公司列第21位，上海紫泉包装有限公司列23位，上海皇冠包装有限公司列第31位，上海国际纸业有限公司列第39位，上海人民印刷八厂列第49位，上海紫华彩色包装有限公司列第51位，上海联合包装装潢有限公司列第54位，上海白玉兰烟草有限公司列第77位，上海华励包装有限公司列第93位，上海利士包装有限公司列第95位。列入中国印刷100强的14家印刷企业年销售收入合计为44.5亿元，占全市印刷业年销售收入1/4。此外，上海当纳利印刷有限公司同时通过ISO9001国际质量管理体系、ISO14001国际环境管理体系和OHSAS18001国际职业健康安全管理体系的认证，成为上海印刷业中首个同时通过3项体系认证的。

在印刷质量受到积极肯定的同时，上海市三个部门同时发文鼓励开拓境外印刷业务。2003年8月，上海市新闻出版局发布《关于促进印刷企业承接境外印刷业务及进一步规范承接手续的通知》,明确承接境外出版物的审批内容、申报有关手续和境外包装装潢及其他印刷品备案事项、手续,并规定办事时限;上海海关发布《上海海关印刷品加工贸易监管操作办法(试行)》,明确各印刷企业承接境外印刷品的报关程序、印刷用各项原材料的备案申请程序和保税规定;上海市外经贸委发布《上海市外经贸委关于印刷品加工贸易有关管理事项的通知》,明确印刷企业承接境外印刷业务申请原材料备案的有关条件和程序。三项措施为上海印刷企业承接境外印刷业务缩短了办理审批、报关、通关等手续的时间。这一年,经上海市新闻出版局批准或备案的境外出版物、包装装潢和其他印刷品印刷共172批,528个品种,分别比上年增长26%和56%。

2004年,随着国内书报刊印刷、发行市场逐步开放,市场竞争加剧,上海市加快了印刷业体制改革的步伐。当年9月,上海新华发行集团有限公司和上海印刷(集团)有限公司经过投资主体多元化改制,从国有独资企业改制成国有多元投资企业,并确立由多元投资向混合所有制企业进一步转变的战略部署。其中,上海新华发行集团有限公司当年就已在上海联合产权交易所公开挂牌。在这次改制中,上海精文投资有限公司、解放日报报业集团、上海文化广播影视集团、上海世纪出版集团、上海文艺出版总社成为上海新华发行集团有限公司的新股东;上海文汇新民联合报业集团、上海世纪出版集团、上海文艺出版总社、上海精文投资有限公司成为上海印刷(集团)有限公司的新股东。印刷质量方面,11月19日,由上海博物馆编辑、上海书画出版社出版、上海龙樱彩色制版有限公司制版、上海界龙艺术印刷有限公司印刷的《淳化阁帖最善本》,获得第二届亚洲印刷大奖赛限量版本艺术复制印刷品类金奖。在新闻出版总署组织的2004年书刊印刷品质量检测认定中,全市1244个品种被认定为一等品,6个品种被认定为优等品,其中商务印书馆上海印刷股份有限公司和上海中华印刷有限公司分别获得书刊印刷优秀质量管理企业的银奖和铜奖。

2005年,印刷业开拓境外印刷业务取得新进展。市新闻出版局批准或备案的各类境外印刷品共231批,597种,全年境外印刷业务销售产值达13.5亿元。《印刷经理人》评比的中国印刷企业100强排名中,上海入围22家,其中4家企业进入前十,分别是:上海紫江企业集团股份有限公司列第四位、上海烟草工业印刷厂列第六位、上海界龙发展有限公司列第八位、上海包装造纸(集团)有限公司列第十位。全市印刷复制业专项整治工作自上年9月启动后,于2005年4月告一段落。整治期间,全市共举办6期印刷法规培训班,有600名印刷企业负责人参加培训,经检查合格的印刷企业与印刷业管理部门签订"守法经营承诺书"。职能部门按《印刷品承印管理规定》要求,统一印制《上海市印刷业务承接登记簿》发至各印刷企业,要求各印刷企业按规定如实登记。与此同时,在新闻出版总署和上海新闻出版局的大力支持下,上海中华商务联合印刷有限公司成立并开始筹建上海基地。

表3-2-14　2005年上海市印刷品获国际奖项情况表

印刷品名称	奖 项 名 称	获奖单位
《锦绣文章》	第三届亚洲印刷大奖赛书刊印刷(四色或四色以上)产品项目类金奖	上海界龙艺术印刷有限公司
防伪镭射气罐标贴膜	第三届亚洲印刷大奖赛不干胶和标签产品项目金奖	上海人民塑料印刷厂
欧莱雅3Dcolor	第三届亚洲印刷大奖赛平张印刷包装产品项目类银奖	上海烟草工业印刷厂
《望》(期刊)	第三届亚洲印刷大奖赛平张印刷杂志(四色或四色以上)产品项目类银奖	上海质胜印刷有限公司

（续表一）

印刷品名称	奖 项 名 称	获奖单位
"吴宫喜月"月饼礼盒	第三届亚洲印刷大奖赛特种印刷产品项目类铜奖	上海凹凸彩印总公司
唐寅《仕女图》	美国印刷大奖优秀奖	上海龙樱彩色制版有限公司
《纸钞精粹》 《周秦汉唐文明特集》	美国印刷大奖优秀奖	上海界龙艺术印刷有限公司
戴敦邦新绘《红楼梦》	美国印刷大奖优秀奖	上海中华印刷有限公司

资料来源：《上海年鉴》(2006)。

2006 年，全市印刷业发展规模稳中有升，全行业销售产值突破 300 亿元，达 347 亿元；利润总额 25.5 亿元。其中境外印刷业务销售产值约 21 亿元。这一年，行业认证制度工作和认证水平获得积极推进。印刷企业经理人和印刷企业高级经理人认证项目于年内启动实施，首批有 37 人获得印刷企业经理人任职资格证书。美国 Adobe 公司向上海中华印刷有限公司、上海文高图文文化发展有限公司、上海精英彩色印务有限公司、上海硕科图像有限公司、上海丽佳制版印刷有限公司、上海龙樱彩色制版有限公司等 6 家公司授予"Adobe 认证输出中心"铭牌。同年 8 月，上海创设"上海印刷大奖"，该奖由上海市新闻出版局主办(发起)，上海市印刷行业协会、上海市包装技术协会、上海市轻印刷行业协会承办，中国印刷及设备器材工业协会包装印刷分会、中国包装联合会包装印刷委员会、中国印刷技术协会票据印刷分会等协办，部分印刷设备、器材、材料供应商及大型印刷集团为支持单位。上海印刷大奖参照国际通用规则，设精装出版物、平装出版物、期刊、报纸、历书、综合类出版物、商业票据、纸盒包装、纸箱包装、塑料包装、金属包装、烟酒包装、商业包装、药品包装、特种包装、特种印刷、数码印刷、印刷设计、印刷创新等 19 类奖项，每年举办一次，评比标准依据国内外有关规定，尽可能向国际先进标准靠拢。除上海市印刷单位的产品可以参评外，其他地区印刷单位的产品经有关协会推荐或组委会同意也可参评。首届上海印刷大奖，共有 118 家单位选送 547 个产品参评，最终评出金奖 9 项，银奖 30 项，铜奖 33 项，提名奖 117 项。

表 3-2-15　2006 年首届上海印刷大奖金奖一览表

获 奖 作 品	获奖单位	奖项
《锦绣文章》	上海界龙艺术印刷有限公司	精装出版物金奖
《都市生活》(2006 年 4 至 6 期)	上海中华印刷有限公司	期刊金奖
"蓓泽丝"包装	上海烟草工业印刷厂	纸盒包装金奖
"松下 NN-S443WF 微波炉"塑料包装	上海华励包装有限公司	纸箱包装金奖
"气雾罐标贴雷射膜"包装	上海人民塑料印刷厂	塑料包装金奖
"14 mg 珍品江山条盒"包装	上海烟草工业印刷厂	烟酒包装金奖
"亚洲包装设计(apd)"	上海界龙艺术印刷有限公司	商业印刷金奖
"熊猫(圆角)硬盒"	上海烟草工业印刷厂	特种印刷金奖
"百美图"	上海龙樱彩色制版有限公司	数码印刷金奖

资料来源：《上海年鉴》(2007)。

与此同时,文新青浦现代印刷中心于12月28日在青浦工业园区建成。该中心由文汇新民联合报业集团和上海印刷(集团)有限公司共同投资兴建,占地面积20.6万多平方米,建筑面积17万平方米,总投资4.2亿元,是集书报刊印刷、商业包装印刷、电子印刷于一体的现代化印务基地。

2007年,全市印刷业销售总产值398亿元,利润总额28.3亿元,增加值118.5亿元。考虑到国内外出版发行单位希望进口图书直接在上海印制以降低成本的强烈诉求,上海市新闻出版局专门立项研究制定了《上海市出版物进口单位进口图书在沪印制管理办法》,于当年10月15日发布实施。《办法》对出版物进口单位和承接印制企业的资质、印制图书的种类和方式、印制的手续、相关数据统计等提出了具体的监管对策。

2008年,印刷业整体发展规模平稳增长。销售总产值468亿元;利润总额28.9亿元;增加值119亿元;资产总额531亿元,比上年增加57亿元;净资产294亿元,比上年增加32亿元。企业规模继续扩大,其中外商投资企业达204家,销售总产值173.53亿元。尽管受全球金融寒潮等因素影响,国际(境外)印刷业务销售产值仍达到39.7亿元,比上年增长10.28%;承接境外印刷业务的企业数达到247家,比2007年的139家增加108家。当年7月,由国家新闻出版总署印刷复制管理司特别支持,上海市新闻出版局、上海市印刷行业协会、上海市包装技术协会和世博集团上海现代国际展览有限公司主办2008首届上海国际印刷包装产品交易会,并取得较好效果。其中,第二届印刷大奖颁奖典礼在交易会期间举行,共有125家单位选送783个产品参评,最终评选出全场大奖1个,金奖10个,银奖35个,铜奖57个,提名奖162个。上海雅昌彩色印刷有限公司的《上海中国画院作品集》获全场大奖。上海界龙艺术印刷有限公司的《流沙梦痕》、上海市印刷七厂有限公司《THE FAMOUS FIVE》(7本盒套装)等10个产品获金奖。这一年,上海市新闻出版局会同上海市印刷行业协会、上海出版印刷高等专科学校,制定了集中反映上海主要印刷企业实力的综合竞争力排名指标体系,并发布了2007年上海印刷企业综合竞争力排名,其中排名前20位的企业依次为:上海烟草工业印刷厂、上海印钞厂、上海紫江彩印包装有限公司、上海紫丹印务有限公司、上海密特印制有限公司、上海美声服饰辅料有限公司、上海正伟印刷有限公司、上海解放传媒印刷有限公司、上海金鼎印务有限公司、上海当纳利印刷有限公司、上海紫泉标签有限公司、上海宝翼制罐有限公司、上海纺印印刷包装有限公司、上海闵行爱生雅包装有限公司、上海界龙艺术印刷有限公司、上海中豪纸品加工有限公司、上海仁彩印务有限公司、上海航空印刷有限公司、上海紫泉包装有限公司、上海外贸界龙彩印有限公司。与此同时,上海印刷水平获得国际认可。在当年举办的"第59届美国印制大奖赛"上,上海有21件印刷品获各类奖项,其中获金奖4件,分别是上海界龙艺术印刷有限公司的《人头马Club》(包装盒)、雅昌企业(集团)有限公司的《中国文化遗产——贵州省》、上海中华商务联合印刷有限公司的《秦俑》和《新世纪汉英大辞典》。由美国印刷工业协会主办的"美国印制大奖"素有印刷界"奥斯卡"之称,是全球印刷行业极具权威性和影响力的印刷产品评比国际赛事。此次上海的印刷品从大奖赛上载誉而归,充分体现了上海印刷行业在国际上的竞争实力。

表3-2-16 1978—1995年上海市新闻出版系统直属印刷厂生产情况统计表

年份	工业总产值(不变价)万元	商品产值(现行价)万元	排字			书刊印刷			胶印印刷(对开色令)	书刊装订(令)
			排字(铅字)	铅排(万字)	照排(万字)	书刊印刷(令)	铅印(令)	胶印(令)		
1978年	—	—	68290	68290	—	1259296	1259296	—	2688542	1267680

（续表一）

年份	工业总产值（不变价）万元	商品产值（现行价）万元	排字			书刊印刷			胶印印刷（对开色令）	书刊装订（令）
			排字（铅字）	铅排（万字）	照排（万字）	书刊印刷（令）	铅印（令）	胶印（令）		
1979 年	—	—	51 172	46 853	4 319	1 503 478	1 503 478	—	3 134 233	1 424 834
1980 年	18 840.4	—	59 279	54 712	4 567	1 547 543	1 547 543	—	3 571 901	1 496 652
1981 年	19 826.8	—	40 856	37 533	3 323	1 581 419	1 581 419	—	3 592 140	1 562 164
1982 年	21 772.4	—	60 468	54 709	5 979	1 773 233	1 642 086	131 147	3 378 559	1 450 947
1983 年	22 580.1	—	67 047	59 525	7 522	1 894 674	1 678 178	216 496	3 304 966	1 565 755
1984 年	23 953.1	—	68 306	58 999	9 307	2 010 046	1 661 077	348 969	3 395 237	1 646 563
1985 年	25 653.6	—	68 505	58 297	10 211	2 016 940	1 457 016	559 924	3 363 385	1 562 844
1986 年	25 575.2	13 995.0	69 912	57 806	12 106	1 724 646	8 890 474	834 202	3 381 102	1 292 437
1987 年	26 646.5	14 717.9	68 483	52 781	15 702	1 812 699	765 311	1 047 388	3 000 889	1 311 259
1988 年	24 798.3	16 306.2	61 714	46 087	15 627	1 462 250	580 574	881 676	2 712 091	1 036 876
1989 年	23 159.3	13 267.9	77 803	57 680	20 123	1 185 544	459 791	725 753	2 356 250	917 355
1990 年	42 818.9	19 466.1	78 185	56 182	22 003	1 156 528	725 753	717 725	2 258 484	784 558
1991 年	48 378.2	22 183.9	77 251	53 814	23 437	1 412 656	502 984	909 672	2 463 391	829 823
1992 年	43 128.2	17 766.2	78 214	48 497	29 717	1 343 599	458 461	885 138	2 730 939	879 146
1993 年	37 760.3	17 831.1	59 588	37 336	22 252	1 126 481	335 601	790 880	2 434 492	585 815
1994 年	39 290.9	—	52 679	34 562	18 117	1 000 234	266 373	833 861	216 043	558 910
1995 年	14 592.3	—	47 923	26 419	21 504	1 084 368	234 085	850 283	2 350 435	569 822

说明：1994 年起取消商品产值统计，产量均为成品产量。
资料来源：《上海出版志》（2000 年 12 月第 1 版）。

表 3－2－17　1993—2008 年上海印刷业生产情况统计表

年份	全市印刷企业单位数（个）	销售产值（亿元）	利润总额（亿元）
1993 年	3 200	50	—
1994 年	4 300	—	—
1995 年	4 302	—	—
1996 年	4 922	75	—
1997 年	5 341	82	—
1998 年	5 360	90	—
1999 年	4 115	97.44	7.33
2000 年	4 725	125	8.7

(续表一)

年份	全市印刷企业单位数(个)	销售产值(亿元)	利润总额(亿元)
2001 年	4 543	150	12
2002 年	5 074	180	15
2003 年	5 386	210	16
2004 年	5 758	260	18
2005 年	4 947	298	22.3
2006 年	5 281	347	25.5
2007 年	4 943	398	28.3
2008 年	4 437	468	28.9

资料来源:据《上海通志》(2005 年 4 月第 1 版)、《上海出版志》(2000 年 12 月第 1 版)、《上海年鉴》(1996—2009)整理汇编。

表 3-2-18 1993—2008 年上海印刷业按业务类型分布情况统计表

年份	各类印刷企业(个)	其中				
		书刊印刷企业(个)	包装装潢企业(个)	其他印刷企业(个)	混合印刷企业(个)	三印企业(个)
1993 年	3 200	300	—	—	—	—
1994 年	4 300	322	—	—	—	—
1995 年	4 302	373	1 532	2 397	—	—
1996 年	4 922	375	1 697	2 850	—	—
1997 年	5 341	370	1 724	3 247	—	—
1998 年	5 360	360	1 500	3 500	—	—
1999 年	4 115	345	1 102	2 668	—	—
2000 年	4 725	345	1 354	3 206	—	—
2001 年	4 543	338	1 433	2 722	—	—
2002 年	5 074	337	1 776	2 961	—	—
2003 年	5 386	333	2 026	3 027	—	—
2004 年	5 758	322	2 291	3 135	—	—
2005 年	4 947	268	2 212	2 467	—	—
2006 年	5 281	271	2 403	2 607	—	—
2007 年	4 943	256	2 400	2 281	—	—
2008 年	4 437	22	1 455	723	1 621	616

说明:1993 年起对大印刷行业数据进行统计,包括所有从事排版、制版、印刷、装订、打印、复印、膜切、烫金等企业。其中,2008 家书刊印刷企业数量为纯出版物印刷企业的数量。

资料来源:据《上海通志》(2005 年 4 月第 1 版)、《上海出版志》(2000 年 12 月第 1 版)、《上海年鉴》(1996—2009)整理汇编。

表 3－2－19　1993—2008 年上海印刷业按所有制类型分布情况统计表

年份	全市印刷企业(个)	书刊印刷企业(个)	其中				
			全民所有制企业(个)	集体所有制企业(个)	私营企业(个)	三资企业(个)	其他类型(个)
1993 年	3 200	300	16	—	—	—	—
1994 年	4 300	322	—	—	—	100	—
1995 年	4 302	373	827	2 686	695	130	—
1996 年	4 922	375	—	—	—	—	—
1997 年	5 341	370	—	—	—	—	—
1998 年	5 360	360	—	—	—	—	—
1999 年	4 115	345	—	—	—	179	—
2000 年	4 725	345	—	—	—	—	—
2001 年	4 543	338	—	—	—	—	—
2002 年	5 074	337	—	—	—	—	—
2003 年	5 386	333	—	—	—	—	—
2004 年	5 758	322	397	928	3 035	252	1 164
2005 年	4 947	268	215	520	3 038	210	964
2006 年	5 281	271	—	—	—	—	—
2007 年	4 943	256	170	409	4 154	210	—
2008 年	4 437	244	130	300	3 803	204	—

资料来源：据《上海通志》(2005 年 4 月第 1 版)、《上海出版志》(2000 年 12 月第 1 版)、《上海年鉴》(1996—2009)整理汇编。

第三节　文化经纪代理服务

经纪代理服务属于要素市场。上海的文化经纪代理服务始于 1992 年。当年 12 月 5 日，上海新民经纪事务所成立。该机构由新民晚报信息咨询服务公司和静安区工商行政管理学会联合创办，茅锡洪任董事长，傅兆雄任副董事长兼法人。这是上海市第一家经纪人事务所，也是新闻机构与政府部门首次联合开放经纪人市场的改革实践。经过培训和考核的经纪人获得工商管理机关监制、公证机关公证的“新民经纪人证”，首批持证经纪人按事务所规定的经纪人程序从事中介服务活动。自此，经济、体育、旅游、科技、文化、艺术等各类经纪人可以持证上岗，并依法纳税，接受监管部门的监督管理。

1993 年，文化经纪服务在演艺业快速发展。当年 3 月和 10 月，上海市演艺总公司、新世纪演艺公司相继建立，主要负责经营演出经纪服务。截至当年底，上海全市拥有 8 家专业性的演出公司和 26 家注册登记的兼营演出单位的演出经纪机构群体。其中，上海市演出公司在 1992 年到 1993 年的一年中，举办了一系列规模较大的演出，如云南民族舞剧《阿诗玛》、陕西民族歌剧《张骞》、全国著名歌唱家演唱会、南北京剧名家汇演等。上海演艺总公司也参与主办或承办了多场话剧、音乐会等演出活动,如话剧《开放夫妻》,俞丽拿、李坚母子音乐会,首届"十佳"青年演员评选发奖仪式演出等。其他如敦煌国际文化交流公司等兼营演出单位,在国际文化交流和组织外地高雅艺术来沪演出活动中,也做了不少工作。

1996 年,市文化局、市工商局和上海交通大学共同举办首期"演出经纪人培训班",共培训上海演出经纪机构从业人员 40 人,并获得由国家工商总局、市工商局、市文化局联合签发的首批演出经纪人资格证书。

1997 年 4 月,上海天蟾京剧演出公司成立,这是国内第一家专营京剧演出的公司,也是上海演出市场的一项重要举措。当年,李维康、耿其昌、王树芳等京剧名家,在逸夫舞台与尚长荣、李炳淑、方小亚等在上海同行同台献艺,举行了 6 场祝贺专场演出。截至年底,全市专业演出经纪机构发展到 13 家。

1998 年,京沪两剧场试行相互代理制。北京和上海的京剧界、演出界首次尝试以"相互代理制"的市场运作方式操作大型演出活动。从当年 12 月 21 日起,北京京剧院和上海京剧院联手举办"天蟾·长安京剧月",分别携带各自的代表剧目,以最强的演出阵容,分别在上海逸夫舞台和北京长安大戏院展演。具体承办该"京剧月"活动的是上海天蟾京剧中心演出公司和北京市长安文化娱乐中心长安大戏院。"天蟾"和"长安"分别作为上海京剧院和北京京剧院的代理,到异地交流演出。承办单位负责自己代理的京剧院的组团出行交通费用和演出费用,相互负责对方代理的京剧院前来演出的宣传、出票和食宿,演出收入则全归承担全部风险的承办方所有。其中,12 月 21—27 日,北京京剧院携现代京剧《杜鹃山》《金龟记》《伍子胥》《状元媒》等一批优秀传统剧目,在上海逸夫舞台连演 8 场。12 月 22—28 日,上海京剧院携全本《狸猫换太子》《杨门女将》《法门寺》等一批传统折子戏,在北京长安大戏院连演 8 场。

至 2000 年,上海市演出经纪机构从原来 13 家快速发展到了 33 家,形成了一支国营、私营、股份合作多种经济体制共存格局的经纪人队伍。他们积极为各类演出活动牵线搭桥,进一步活跃了上海文艺舞台。当年 3 月,上海市文联还邀请本地文艺界、工商管理界、文艺演出公司等方面人士召开了文化经纪人座谈会,共同就文化经纪服务行业的问题交流看法和意见。其中,经纪人转行问题受到关注。据相关数据统计,1993 年到 2000 年,市工商管理局与市文化局共培养 1 000 多名经纪人,但截至 1999 年,大部分经纪人已改行,反映出经纪人队伍的发展问题。

2001 年,市政府加强对各类经纪人的监督管理。年初开始实施《上海市经纪人条例》;2 月 28 日,上海市职业经纪人协会成立;4 月,市工商局制定颁发《上海市执业经纪人注册管理办法》,对申请经纪人执业注册的条件、受理机关、受理程序、提交材料等做了具体规定。至年末,有 25 家文化经纪企业进行了登记注册。这一年,全市演出经纪机构数量 43 家。

2002 年,全市演出经纪机构发展到 64 家,比 2001 年增加 21 家,注册资金达 11 686 万元。其中由社会力量、通过多种出资方式组建的演出经纪机构 45 家。全年举办组台演出项目 887 个,收入 1.22 亿元,上缴税金 693 万元。2003 年以后,上海演出经纪机构的发展规模呈现逐年壮大趋势。2003 年、2004 年,全市演出经纪机构数量分别为 95 家、103 家,至 2005 年,全市演出机构数量快速增长为 157 家,其中民营演出机构的数量占到总数的 78%。

2006 年,全市演出经纪机构数量超过 200 家。当年 9 月,上海演出行业协会正式成立,全市 216 家演出经纪机构中有 76 家成为该协会首批会员单位。

2008 年,全市演出经纪机构数量突破 300 家,相比 2007 年的 281 家,增长了 58 家。这一年,上海市加强了对演出经纪机构涉外、涉港澳营业性演出的制度管理。当年4月9日，《上海市演出经纪机构涉外和涉港澳台营业性演出告知承诺制度》开始实施。该制度要求演出举办单位（告知方）与演出团体、个人（承诺方）就涉外和涉港澳台营业性演出签订告知承诺书。告知承诺书中，由演出经纪机构明确告知涉外营业性演出的相关规定，由演出团体和个人承诺已阅知并接受，如有违反承诺行为，将对所引发的一切后果承担全部法律责任。

2009年，全市演出经纪数量锐减至118家。至2010年，上海演出经纪市场经过内部调整后，全市演出经纪机构的数量又增长到244家。

表3-2-20　1997—2010年上海演出经纪机构数量统计表

年份	数量	年份	数量	年份	数量	年份	数量
1997年	13	2001年	43	2005年	157	2009年	118
1998年	13	2002年	64	2006年	216	2010年	244
1999年	13	2003年	95	2007年	281	—	—
2000年	33	2004年	103	2008年	339	—	—

资料来源：据《上海文化年鉴》（1993—2010）、《中国工商行政管理年鉴》（2002）整理汇编。

第四节　文化贸易代理与拍卖服务

一、画廊

上海市作为国际性商业和文化大都市，画廊业在中国乃至亚洲都较为发达。上海市的画廊主要分布于商业街区和文化街区，多为私人画廊。

1994年，圣仕画廊成立，位于上海市茂名南路12—14号，主要经营油画、国画、装饰画、配框、装裱等业务。同年，蔼蒂画廊成立，位于茂名南路20号，主要经营金山农民画、水彩画、传统中国画、刺绣等产品。

1996年，劳伦斯（Lorenz Helbling）创办香格纳画廊。这是上海首家独立的当代艺术画廊，致力于中国艺术的推广，并以介绍20世纪80年代以后的中国当代艺术为主。同年4月，杰杰艺术品有限公司画廊成立，位于茂名南路，主要经营油画。

1997年前后，上海市已有200多家专营字画的画廊，空间分布从市中心向各区域拓展。

1998年9月，打浦桥街道办事处把泰康路集贸市场搬入泰康路37号（前身为上海人民针厂）室内，并开始规划泰康路"工艺品特色街"。次年3月，泰康路工艺品特色街管理委员会和办公室成立。12月28日，"一路发"陶瓷卖场在泰康路37号开业，成为第一家入驻单位。同年，上海大剧院画廊成立，地址位于市中心文化区域，主要经营油画、水彩画、雕塑等艺术作品，以写实主义作品为主，同时也有非写实的抽象作品。詹姆士·科恩（James Cohan Gallery）画廊也在这一年开放，坐落于上海市岳阳路。

2000年起，泰康路受到越来越多的艺术家和艺术机构青睐。2000年1月，画家陈逸飞、摄影家尔冬强、上海美协副主席王劼音、书法家王家俊、美术评论家马钦忠等一批有影响的艺术家进驻泰康路。以举办各种画展为长的易典画廊、以镂青竹刻著名的自在工艺品公司等一批艺术品商店纷至沓来。国外艺术家们也不断加盟,当时共有17个国家和地区的106家单位、650多人在泰康路工作。

同年9月,瑞金二路街道正式启动"绍兴路文化艺术街"的开发,在长不到500米的绍兴路上汇聚上海人民出版社、上海文艺出版社、上海音像出版社等众多上海知名的出版机构。出版界的权威监督机构上海市版权局设在该街5号。在这一年,香格纳作为中国大陆画廊首次入围被称为"艺术世界的奥林匹克"的巴塞尔国际艺术展,成为第一个从中国走入巴塞尔的"主要画廊"部分的画廊。

2002年,沪申画廊开始筹建,隶属于上海佳通四合文化有限公司(House of Three Ltd.)。该画廊筹建之初,便代表"外滩三号"与上海美术馆联合举办了"都市营造——2002上海双年展",赢得了国内外艺术界的广泛关注。2004年元月,沪申画廊正式落成,地址位于上海外滩3号。2005年6月,按照文化部《美术品经营管理办法》有关备案的规定,市文广影视局对全市美术品经营单位开展备案登记工作。至年底,该项工作基本完成,全市共有179家美术品经营单位依法备案。市文广影视局还要求各区、县文化(广)局加强辖区内美术品经营单位的调研和监管,通过建立信用档案,将企业的服务承诺、经营情况和消费者投诉情况记录在案并定期向社会公布。2006年底,上海最大国际性画廊集聚空间——上海五角场800号艺术空间落户于杨浦区五角场。"五角场800号"主要经营油画、雕塑、摄影等当代艺术,其中大部分的作品来自中国台湾、香港以及海外的画廊。

2007年,全市共有画廊229个。同年1月,上海原曲画廊(Original Song Gallery)成立,该画廊由上海原曲文化艺术有限公司投资,位于上海市中心静安区常德路(后搬迁到长宁区虹许路731号西郊鑫桥创意产业园内),以当代经典油画、雕塑、摄影作品为重点,兼顾其他各种形式的当代艺术作品。

2008年,全市画廊数量增至242个。这一年,玛格画廊(Galerie Maegh)在上海设立了上海办事处,着手开展与中国艺术家的合作。

2009年,上海市设有画廊244个。6月20日,上海M50创意园内20余家画廊展联合开幕。这次联合开幕,既聚集了香格纳画廊、比翼艺术中心、上海大学美术学院99创意中心等重要机构,也包括了上海爱普生影艺坊、升艺术空间、小平画廊、全摄影画廊、雅巢画廊、VANGUARD画廊、亦安画廊、熏依社画廊、太阳虹画廊等艺术机构,还有新落户的七艺术中心的开幕展以及在当日正式营业的罐子书屋等。

2010年,上海市的画廊数量有所减少,降为180个。4月16日,上海民生现代美术馆(位于上海市中心的淮海西路570号红坊艺术区)正式建成,并开放展览,一直持续到7月18日。展览全面回顾了中国当代艺术30年,上百幅曾轰动一时或争议重重的名作云集上海,这也是1980—2010年来中国当代艺术的首度整体呈现。

二、拍卖

上海拍卖业发展始于20世纪80年代末。1989年9月27日,上海国泰拍卖行有限责任公司成立。此后,上海拍卖公司的数量和种类不断增加。1992年,上海朵云轩艺术品拍卖公司成立。该公司是朵云轩在1978年重新恢复品牌名称后,建立的一家专门负责艺术品经营的公司,也是中国第一家艺术品拍卖公司。次年6月20日,"朵云轩首届书画拍卖会"在上海开槌,敲响了中国大陆艺术品拍卖的第一槌。此次拍卖的拍品共计153件,成交117件,成交率高达76.5%,成交额879.512万元。

1995年3月26日，上海国际商品拍卖中心成立。该中心由国家贸易部和上海市人民政府联合创办，是全国首家国家级拍卖市场。同年，上海工美拍卖行成立，是当时中国工艺美术系统内唯一的国有拍卖企业。这一年，朵云轩艺术品拍卖公司开始采用国际艺术品拍卖行业惯例，每年组织春秋两次拍卖。

至1997年，德康、上海、工美、国际、虹口、黄浦、豫园等7家艺术品拍卖公司，年总成交额在1亿元左右。这一年，朵云轩艺术品拍卖公司的拍卖业绩大幅增长，成交额从1994年的数百万元上升至6000余万元。与此同时，海外跨国艺术品拍卖公司也看好上海市场，相继在沪成立办事处。

1999年3月，中华人民共和国上海海关指定上海国泰拍卖公司为拍卖海关查获走私货物物品受理行。3月25日，上海嘉泰拍卖有限公司成立，经营范围包括生活资料、生产资料、无形资产、收藏品、艺术品、文物、珠宝、首饰、房地产的拍卖等。

2000年，上海艺术品拍卖市场整体比较景气，一些著名拍卖公司的成交率大多在60%左右，总成交金额有的接近1000万元。12月4日，上海敬华艺术品拍卖有限公司成立，该公司由上海博物馆艺术品公司和上海文物商店两大股东投资组成，经营范围包括文物、艺术品、珠宝首饰、收藏品的拍卖等。

2001年6月，上海敬华艺术品拍卖公司在上海花园饭店举行首场预展和拍卖活动，此次拍卖成交金额为5422.4万，成交率为78.3%。

2002年7月2日，上海崇源艺术品拍卖有限公司成立，经营范围包括文物、艺术品拍卖（不包括国家法律法规另有规定的商品）等。同年，国家经贸委和海关总署确定上海国泰拍卖公司为海关缉私罚没车辆定点拍卖机构。

2003年，朵云轩被评为上海市著名商标。同年12月24日，上海天衡拍卖有限公司成立，经营范围包括各类商品拍卖（不包括罚没物资、机动车及国家法律法规另有规定的商品），第二、三类文物（第二类文物：书画、古籍、邮品、手稿、文献资料等等）。

2004年6月8日，上海泓盛拍卖有限公司成立，主营业务包括代艺术、油画雕塑、中国书画、瓷器工艺品、铜镜、新中国金银币、中国纸币、邮品、钱币与纸杂文献等8个版块。这一年，上海市对美术品经营活动加强管理。6月14日，上海市文化广播影视管理局向各区、县文化（广）局下发《关于做好全市美术品经营单位备案工作的通知》，明确区、县文化主管部门对辖区内美术品经营单位进行备案登记的职责、备案单位范围、备案工作流程等；要求凡从事美术品的收购、销售、租赁、装裱、经纪、评估、咨询以及商业性美术品展览、比赛等经营活动的单位，以及从事美术品进出口经营活动的单位，均应在领取营业执照之日起15日内到其住所地区、县文化（广）局备案。除做好新设立的美术品经营单位备案工作外，市文广局对全市现有各类美术品经营单位进行了重新梳理，使全市179家美术品经营单位依法进行了备案。市文广局还要求各区、县文化（广）局加强对辖区内美术品经营单位的调研和监管，通过建立信用档案，将企业的服务承诺、经营情况和消费者投诉情况记录在案并定期向社会公布的方式，维护美术品市场的健康有序。7月15日，市文管委就进一步落实《中华人民共和国文物保护法》等法律、法规有关文物拍卖的规定，召开申领文物拍卖许可证会议。国家文物局为加强文物保护、规范文物拍卖经营活动，对全国经营文物拍卖的拍卖企业进行申领文物拍卖许可证的审批工作。上海市原按照市政府规章已经核定的文物拍卖企业，需按新的要求重新申领文物拍卖许可证。至年底，已有18家拍卖企业取得该证。针对上海现状，市文管委要求各拍卖企业在取得文物拍卖许可证后应加强从业人员对文物保护有关法律、法规学习，在文物拍卖标的的征集、申报、审核、拍卖、备案各个环节都应遵守《文物拍卖管理暂行规定》和《上海市文物经营管理办法》,增强从业人员文物保护意识,在征集拍卖标的过程中发现重要文物,必须及时与文物行政管理部门联系;中国境内外的出土文物、各执法部门依法没收追缴的文物、国有企事业单位收藏的文物均不得作为拍卖标的;文物商店不得从事文物拍卖经营活动;文物拍卖企业不得从事文物购销经营活动;文物拍卖企业不得委托文物经营单位征集文物拍卖标的;文物经营单位不得以投资、入股或代为征集等形式参与文物拍卖活动;文物拍卖许可证严禁出租、出借或转让。11 月 16 日,上海敬华艺术品拍卖有限公司宣布转让产权,产权交易合同签约仪式在上海市文新报业大厦 43 楼举行。

2005 年 6 月,上海正德拍卖有限公司成立,经营范围有艺术品、古玩、书画、房地产、民用物资、工业物资等。

2006 年,上海市文管委对 34 家企业换发文物拍卖许可证,审核拍卖 155 场次,拍卖标的计 36 273 件。

2007 年,上海各拍卖公司组织的春季艺术品拍卖中,朵云轩与崇源两家拍卖公司拍卖总额超过了亿万元。同年,中国工商银行股份有限公司认定上海国泰拍卖公司为其特殊资产拍卖处置合作拍卖公司。

2008 年,“上海 800 拍卖”的首次艺术品拍卖——2008 秋季拍卖会于 9 月 13 日在位于上海五角场地区的“上海 800 艺术区”举槌。拍卖会仅设一个亚洲现代艺术专场,推出以中国大陆艺术家为主、包括中国台湾地区的艺术家以及来自日韩的 136 位亚洲艺术家的 163 件作品,总估价超过 5 000 万元。

2009 年,朵云轩将其品牌下的八家公司合归朵云轩总公司管理,走上集团化发展道路,并启动体制机制改革,向现代艺术品经营企业转型。

2010 年,上海市文管委审核文物艺术品拍卖场次 141 场,参拍品 10.18 余万件。

三、文物市场

改革开放后,上海文物市场在改革中重新兴起。一方面,市政府加强对文物市场的行政管理和业务审批;另一方面,民间古玩市场在全市多个区域自发形成,竞相发展。1978 年 10 月,上海古玩总店划归上海市文化局领导,并更名为上海文物商店,性质由一般商业部门改为文物事业单位,主要任务是通过商业手段来收集和保护流散在社会上的传世文物,把其中具有收藏价值的珍贵文物提供博物馆充实馆藏。性质改变后的文物商店,克服了追求利润的思想,将符合博物馆一、二、三级藏品标准的文物,全部有价调拨博物馆。

1981 年起,本着“少出高汇,细水长流”的方针,全市严格控制文物出口,逐步减少对外批发的数量。有些国内已经较少的文物品种,从严控制。已故著名书画家徐悲鸿、傅抱石、潘天寿、何香凝、董希文、王世廓、李可染的作品一律不准出口;吴湖帆、贺天健、齐白石、丰子恺、黄宾虹、沈尹默、张大千、邓散木等 67 位书画家的精品和各时期的代表作品一律不准出境。1986 年 6 月 18 日起,上海工艺品进出口公司批发出口文物和旧工艺品的业务被明确禁止,该公司库存的文物、旧工艺品 300 万件全部按账面价拨文物部门保存。自此,文物大批量出口成为历史。

在政府加强管理的同时,上海民间古玩市场重新兴起。1985 年,在上海市卢湾区民间自发形成“上海东台路古玩市场”。这是一个有一定国际影响的古玩市场。到上海旅游的外国游客和在上海工作的外籍人士经常来此地“捡漏”。1986 年之后,上海会稽路、浏河路、东台路、福佑路也先后自发形成了民间古玩市场。1988 年 8 月,徐汇区政府在太原路设立邮票交换市场,此后又将其扩大为邮币交换市场，一度成为全国四大邮币市场之一。1989 年前后，东台路形成上海首家有顶棚固定摊位的工艺品市场，正式许可经营民国元年（1912 年）以后中国和外国制作生产的陶瓷器，金银器、铜器及其他金属器，玉石器，漆器，玻璃器皿，以及各种质料的雕刻品、雕塑品、家具、书画、碑帖、拓本、图书、文献资料、织绣、邮票、货币、工艺美术品等文物监管范围内的旧工艺品。1992 年至 1993 年，以上海市福佑路为中心，自发形成了主要在周末设摊交易的马路古玩交易市场。随着发展规模不断扩大，逐渐扩展为福佑路工艺品市场，成为当时上海最大的工艺品市场。1994 年，该市场迁入上海老街华宝楼。1994 年 9 月 28 日，老城隍庙古玩市场开业。交易大厅在豫园华宝楼，面积 1 500 平方米，设有 200 多个专间店铺，经营古玩与旧工艺品上万种，主要有陶瓷、珠宝、玉器、青铜器、漆器、字画、印章、钱币、邮票、家具及工艺品等。

1995 年 4 月，上海工艺美术品拍卖行在沪成立。同年，上海市政府加强对文物市场的管理。当年 2 月 26 日，市政府公布《上海市文物市场管理办法》，自同年 4 月 1 日起实施。该办法规定在上海范围内以收购、销售、寄售、典当、拍卖等方式经营文物或文物监管物品的，必须经市文管会批准，发给经营许可证，并办妥公安、工商行政管理部门的特种行业许可证和营业执照，方准营业，并且严禁文物或文物监管物品的私自买卖或走私活动。这一年，上海 6 家经营文物的机构被国家文物局批准为文物外销商店；11 家机构被上海文管会批准为外销文物代销单位；经营文物、旧工艺品拍卖的 6 家；经营文物和旧工艺品抵押业务的 4 家；经营（包括外销和内销）古钱币的 4 家。浏河路工艺品市场经市文管会批准经营 1911 年以后生产的旧工艺品，市场内有 138 户个体工商户。

表 3－2－21　1995 年经国家文物局批准的文物外销单位情况表

单位名称	经营内容
上海文物商店	收购、代销、外销各类文物
朵云轩	收购、外销字画、文房四宝
上海古籍书店	收购、外销古籍、碑帖
上海友谊商店	外销各类文物
创新旧货商店	外销各类文物
陕西旧货商店	外销各类文物

资料来源：《上海通志》（2005 年 4 月第 1 版）。

表 3－2－22　1995 年经市文管会批准的外销文物代销单位情况表

单位名称	经营内容
上海穆斯林开发公司	代销国家文物局批准的文物经营单位的外销文物
上海老城隍庙工艺品商店	代销国家文物局批准的文物经营单位的外销文物
上海明园贸易公司	代销国家文物局批准的文物经营单位的外销文物
锦江饭店	代销国家文物局批准的文物经营单位的外销文物
上海兰馨珠宝文物商行	代销国家文物局批准的文物经营单位的外销文物
中华旅游纪念品总公司	代销国家文物局批准的文物经营单位的外销文物

(续表一)

单位名称	经 营 内 容
上海积玉斋	代销国家文物局批准的文物经营单位的外销文物
上海工艺美术研究所	代销国家文物局批准的文物经营单位的外销文物
银光古玩商行	代销国家文物局批准的文物经营单位的外销文物
集雅轩工艺品商店	代销国家文物局批准的文物经营单位的外销文物
上海文化博物商行	代销国家文物局批准的文物经营单位的外销文物

资料来源:《上海通志》(2005年4月第1版)。

表3-2-23　1995年经市文管会批准从事文物、旧工艺品拍卖的单位情况表

单 位 名 称	经 营 内 容
朵云轩艺术品拍卖公司	外销文物字画拍卖
远东古玩拍卖行	1. 文物经营单位外销文物拍卖 2. 1911年以后的旧工艺品拍卖
黄浦典当拍卖行	1911年以后的旧工艺品拍卖
上海东方艺术公司	1911年以后的旧工艺品拍卖
德康典当拍卖公司	1911年以后的旧工艺品拍卖
虹口拍卖行	1911年以后的旧工艺品拍卖

资料来源:《上海通志》(2005年4月第1版)。

表3-2-24　1995年经市文管会批准从事文物、旧工艺品抵押的单位情况表

单 位 名 称	经 营 内 容
上海典当行	文物抵押
上海天成典当行	文物抵押
崇明典当行	1911年以后的旧工艺品抵押
德康典当拍卖公司	1. 文物抵押 2. 1911年以后的旧工艺品拍卖

资料来源:《上海通志》(2005年4月第1版)。

表3-2-25　1995年经市文管会批准的古钱币经营单位情况表

单 位 名 称	经 营 内 容
文庙书屋	古钱币收购、寄售、代销、内销
上海图书馆综合服务部	古钱币收购、寄售、代销、内销
上海文化博物商行	古钱币收购、寄售、代销、内销
青浦今古泉友斋	古钱币收购、寄售、代销、内销

资料来源:《上海通志》(2005年4月第1版)。

1997 年 11 月 1 日，福佑路古玩工艺品市场，乔迁到方浜中路的“藏宝楼”内，更名为“福佑工艺品市场”，并开始对外营业。

1998 年，上海已拥有 700 多家规模大小不一的文物古玩收藏品商店，形成了国家、集体、个人多层次、多渠道的文物古玩市场。1998 年元旦，新建于淮海中路上的鼎鑫古玩商厦正式开张迎客，主营书画、陶瓷、翡翠、玉器等高档艺术品，以及各种精美工艺品。同年 6 月 18 日，有着百年历史的上海最大的文物古玩商店——上海文物商店经过重新扩建后喜庆复店 20 周年。文物商店复店之际举办的华东地区文物艺术展，集中展示了华东 25 家文物商店参与的 20 000 余件展品，其中包括历代陶瓷器、青铜器、书画、玉器、竹木漆器、钱币和金石篆刻印章等等。同年，上海珍宝馆开业，位于上海藏宝楼旁边。

2002 年，上海市文物管理委员会进一步整顿规范文物经营活动，于 4 月 1 日起施行《上海市文物经营管理办法》。该《办法》共 29 条，特别强调文物经营活动实行许可制度，明确文物经营、拍卖、典当的条件审批程序。市文管委根据该《办法》，对已经批准经营和新申请经营文物的单位、开办文物交易市场的管理人员、文物交易市场内的个体工商户及典当行的人员进行文物经营资格培训，经考试合格后颁发文物经营资格证；对原持有旧版文物经营许可证的单位与个人重新核准其经营资格和经营范围，换发新版文物经营许可证，并对文物拍卖专业技术人员进行辅导和考核。

整顿后，上海市文物经营秩序显著改善，文物市场的发展规模进一步壮大。据有关部门数据统计，2006 年，全市共有各类文物经营单位 37 个，文物交易市场 8 处（含经营户 600 多家）；2008 年，全市文物经营单位数量 42 个，文物交易市场调整为 7 处（含经营户 1 500 家）；2009 年，全市文物经营单位 43 个，文物交易市场增长为 9 处，有自然人经营户 1 800 家。至 2010 年，上海市文物经营单位增长至 47 个。

表 3-2-26　1993—2010 年朵云轩拍卖会成交情况统计表

拍卖时间		成交金额（万元）	成交率
1993 年	首届拍卖会・中国书画	829.7（HKD）	75.50%
1994 年	94 拍卖会・中国字画	1 547.9	86.70%
1995 年	第一届艺术品拍卖交易会	1 595.2	60.9%
	95 秋季中国艺术品拍卖会	2 859.8	57.80%
1996 年	96 春季中国艺术品拍卖会	2 018.2	60.40%
	96 秋季中国艺术品拍卖会	1 263.8	68.20%
1997 年	97 春季中国艺术品拍卖会	1 603.2	58.10%
	97 秋季中国艺术品拍卖会	2 839.2	61.30%
1998 年	98 春季艺术品拍卖会	1 146.5	71.20%
	98 秋季艺术品拍卖会	1 516.2	62.90%
1999 年	99 春季艺术品拍卖会	1 311.1	54.70%
	99 秋季艺术品拍卖会	1 112.7	36.40%

(续表一)

拍 卖 时 间		成交金额(万元)	成交率
2002 年	2002 春季艺术品拍卖会	2 413	72.10%
	2002 秋季艺术品拍卖会	4 235.6	77%
2003 年	2003 春季艺术品拍卖会	4 002.6	83.70%
	2003 秋季艺术品拍卖会	8 636.3	90%
2004 年	2004 春季艺术品拍卖会	15 574.5	91.60%
	2004 秋季艺术品拍卖会	13 859.1	86.70%
2005 年	2005 春季艺术品拍卖会	22 634.8	88.70%
	2005 秋季艺术品拍卖会	14 298.8	65.40%
2006 年	2006 春季艺术品拍卖会	15 678.2	56.50%
	2006 秋季艺术品拍卖会	6 906.9	62.10%
2007 年	2007 春季艺术品拍卖会	17 148.6	66.10%
	2007 秋季艺术品拍卖会	15 659.5	67.70%
2008 年	2008 春季艺术品拍卖会	12 100.1	61%
	2008 秋季艺术品拍卖会	9 708.7	64.10%
2009 年	2009 春季艺术品拍卖会	11 471.4	70.10%
	2009 秋季艺术品拍卖会	21 493.2	78.90%
2010 年	2010 春季艺术品拍卖会	30 561.8	83.70%
	2010 秋季艺术品拍卖会	36 968.7	87%

资料来源:据朵云轩官方网站历届拍卖会“拍卖结果”数据整理汇编,https://auction.artron.net/shanghaiduoyunxuan/results/。

第五节　文化出租服务

改革开放后,上海的文化出租服务主要表现为音像制品的出租服务。

1983 年,上海市在全国城市中首先进行录像的生产和经营。随着录像制品的生产、销售,逐渐产生了一些录像租片点,如:上海录像公司、上海电影发行放映公司等,但截至 1989 年 4 月前,数量只有四、五家。

1989 年 5 月以后,上海音像管理处一方面对原有录像销售、租赁单位开展整顿清理工作;另一方面,随着家庭和单位录像机使用数量的大幅度上升,录像片供需矛盾日趋突出,为了缓和这一矛盾,同时打击录像带非法出版、交易活动,音像管理处在原有出版单位门市部的基础上,扩充了一批录像带出租点。为了保证录像市场的稳定,采取以发行单位设特约出租点的形式,从进货渠道加以控制,批准全市文化宫馆、影剧场、俱乐部等录像放映点兼营租片业务。1989 年,全市共审批特约出租点 20 个,连同 82 个录像放映单位兼营的出租点,基本形成一个供片网络,大大方便了群众。当年 6 月,上海市在全国率先取消录像准映证制度,凡是国内正式出版单位出版的国内外录像带,各录像放映点均可选购播放以及出租，并制定了录像出租最高限价，每盒不得超过 3 元，以适应群众需求。

1990 年，在稳定、开放、搞活的精神指导下，录像出租业陆续有所发展，截至年底，全市已有出租网点 195 个，比上年增加 91.2%，在很大程度上缓和了 1989 年出现的“租片难”现象。1990 年至 1994 年期间，全市录像制品的出租单位数量呈现显著增长趋势。

表 3-2-27　1990—1995 年上海市录像制品出租点数量统计表

年份	出租单位数量(个)	新增录像带出租单位数量(个)
1990 年	195	102
1991 年	218	—
1992 年	284	71
1993 年	402	117
1994 年	839	296
1995 年	516	—

资料来源：《上海文化年鉴》(1991—1996)。

1994 年，围绕贯彻落实《上海市音像市场管理办法》，上海市对 2 000 多家音像制品批发、零售、出租、播映单位进行重新登记，核发上海市音像制品经营许可证。对于新申请的单位，采取“总量控制、合理布局、鼓励竞争、扶植重点”的方针，向音像制品专卖店倾斜，鼓励开设代表上海水平的品种繁多的音像制品大型专卖店，鼓励开办音像制品出租业务。截至年底，全市经营音像制品销售、出租单位 839 家，其中新申请 296 家。

1995 年，在实行许可证制度后，全市音像出租市场发生调整，全市音像出租单位从上年的 839 年缩减为 516 家。

1996 年，上海在实施影视合流一年后，原音像管理处与电影发行放映管理处合并，音像出租的管理工作归口至影视音像管理处。次年，市人民代表大会颁布《上海市音像制品管理条例》，其中规定，上海市广播电影电视行政部门是全市音像制品经营活动的主管部门，各区、县主管音像制品的行政管理部门，负责本辖区内音像制品经营活动的监督和管理，业务上受市音像制品行政管理部门的监督和指导；各级工商行政管理部门、公安部门以及其他行政部门依法履行其职责，并协同音像制品行政管理部门进行管理。同年 11 月，上海美亚音像有限公司成立，这是上海第一家音像制品租赁连锁企业。1998 年，经过一年时间的发展，上海美亚音像有限公司建设连锁经营网点 86 个，拥有会员单位 75 430 个，可供出租的节目共有 10 534 个品种、251 560 盘，当年营业额达到 2 738.49 万元。

1999 年，上海市影视音像管理处对全市 1 395 家音像制品零售、出租单位进行年检，其中 1 173 家通过验收，187 家因违法经营而取消经营资格或歇业。这一年，上海电影制片厂为盘活国有资产存量，开拓了包括服装道具出租以及景点旅游、提供场景等多项业务，并使之成为上海电影业新的经济增长点。

2004 年，全市音像制品批发、零售、出租经营单位 1 449 家。这一年，上海市进一步加强音像市场管理工作，以当年 7 月 1 日起实施《行政许可法》为契机，放开音像制品经营单位审批数量的限制,市文广局6月下发《关于规范全市音像制品经营单位行政许可的通知》,要求各区县文化行政管理部门自7月1日起依法受理设立音像制品经营单位的审批,凡符合法规规定设立条件的,应当在规定时间内批准设立。

受互联网影响,2005年起,全市音像制品出租市场有所萎缩。截至2008年底,全市经营音像制品零售、出租的单位数量仅为691家,相比2004年减少了748家。

表3-2-28 2001—2008年上海市音像制品零售、出租经营单位数量统计表

年份	出租单位数量(个)	备　注
2001年	1399	—
2002年	979	其中858家通过审核登记,212家为新批准精英单位
2003年	1100	—
2004年	1449	—
2005年	—	—
2006年	978	—
2007年	978	—
2008年	691	—

资料来源:《上海文化年鉴》(2002—2009年)。

第六节 会展服务

“文化大革命”结束后,特别是中共十一届三中全会后,上海文化展览活动重新恢复繁荣。

1978年1月1日,上海美术展览馆举办人像摄影艺术展览,主办方为上海市摄影创作办公室和上海市饮食服务公司,成为“文化大革命”后上海举办的第一个文化展览。这次展出的200余幅人像摄影作品,是全市照相业广大职工在室内拍摄基础上创作出来的。同年1月22日,上海工人文化宫举办外国科技图书展览会,成为“文化大革命”后上海举办的第一个图书展,该书展分设“科学技术综合馆”“化学化工”“工业建筑”“交通运输”“农林牧副渔”“电子技术”“矿山冶金”“自动化”等8个部分,展出了10余个国家近两、三年来出版的理、工、医、农等各方面书籍、期刊和资料近两万种。2月7日,上海美术展览馆举办上海实用美术展览,这是“文化大革命”后上海举办的第一个美术展览,由上海市轻工业局、纺织工业局、手工业管理局、对外贸易局、文化局联合举办,共展出轻工、纺织、手工、外贸等方面的实用美术展品近2000件,涌现了不少“适用、经济、美观”的日用工业产品的试制品,如:上海竹木用品公司家具研究室会同有关部门设计试制出了组合多用柜类家具;上海伞厂设计生产出自动开闭晴雨伞;上海第七印绸厂和上海丝绒厂试样设计生产出新花型、新工艺处理的涂白印花丝绸、万春绒;上海自行车三厂设计生产出新型的多速小轮自行车;上海打火机厂设计生产出煤气灶多发点火器等。4月25日,上海展览馆举办法国19世纪农村风景画展览,成为“文化大革命”后上海举办的第一个国际美术展览,展出了雷诺阿的《塞纳河畔的尚普鲁塞》、库尔贝的《雪景》、莫奈的《克洛兹河谷》、米叶的《喂食》、勒帕热的《垛草》、罗萨・彭纳的《尼维尔内的田间劳动》、

莱昂·莱尔米特的《收割的报酬》、罗尔的《农妇芒达·拉梅特里》、卢梭的《走下汝拉山的奶牛群》、德巴-蓬桑的《朗格多克葡萄园的一角》等名画。6月29日，上海举办民间工艺品展览，是为上海解放以来举办的第一次民间工艺品展览，全市10个区、3个县的数百名民间工艺美术作者的的140多个品种、1000多件作品参加了展出。这次展出的工艺品中，有90多个品种是专业工厂没有组织生产的，如“裘皮动物”“丝绸贴画”等都是新品种，过去上海闻名的“顾绣”“民间编结”也被发掘出来参加展出。随着文化展览的复苏，在改革开放背景下，上海商业展览的数量也不断增加。1978年，全市举办商业型展览四场，举办地点主要在上海展览馆，如12月的电子和电气技术展览会和全国纺织产品质量品种汇报展览。

1979年，上海全年举办商业展览23场，以外国优秀工业的展览居多，如1979年2月举办引进商品展览会；3月举办瑞士机床展览会；5月举办日本东京重机缝纫机械设备展览会，等等。同时，本土的商业贸易展览活动较上年增加不少，如1月上海市手工业局直属的九个公司和部分区属单位举办的上海手工系统新产品、新品种展销会，4月在松江县举行的城乡物资交流大会，11月举办的上海市第四次生产资料展销调剂会等。这一年，文化展览的类型非常丰富，涉及摄影展、图书展、工艺品展、文物展以及各类美术展等。该年8月，由中国图书进口公司、日本图书展览会推进委员会和上海市日本图书展览会办公室举办的日本图书展览会，成为当时国内举办的外国图书展览中规模最大的一次，展出图书包括科学技术、医学、文化艺术、人文科学、少年儿童读物和教科书等12大类，共26000余册，同时还展出了部分图书馆设备和视听觉教育器材。

1980年的商业会展的种类不断增加，对外出口型的展会也开始增多。如1月举办的上海市建筑安装施工安全生产展览会、2月由中国土产畜产进出口总公司举办的第一届中国鬃刷交易会、3月首次举办的家用电器和建筑材料出口交易会、5月举办的首次春季物资交易会、8月举办的首届革制品交易会以及12月的上海市工业新产品展览会，从农业到建筑业都陆续举办展会来进行商业活动。文化展览方面，展览类型以摄影展、图书展、工艺品展，图片资料展和各类美术展为主。当年9月，由中国摄影家协会上海分会、中国图片社主办的《意大利、西班牙、瑞士风光彩色摄影展览》，是“文化大革命”后首次在上海举办的介绍外国风貌的大型彩色照片展览。同年10月，上海画院举办新中国成立以来上海市首个少数民族画展。

从20世纪80年代起至90年代初期，主要商业会展仍集中在工业方面，但对外交流的展会也有呈现。如1981年4月的外国电器产品陈列和技术交流会和6月的法国工厂技术设备革新展览会、1983年6月在上海展览馆举办的首届上海对外贸易洽谈会、1985年7月举办的首届上海国际汽车工业展览。1991年10月在上海展览中心举办的首届上海科技博览会，荟萃了上海及江苏、安徽、福建等兄弟省市科研设计院所、高等院校、工矿企业等900多个参展单位的高新技术成果、实用技术成果、发明创造、专利技术等3000多项，签订合同和意向性协议638项，展品以实物为主，配以声、光、电显示，部分可以操作表演，并现场提供技术咨询、服务和转让。

该时期上海的文化会展集中在摄影、图书、工艺品、图片资料以及美术方面。同时，各类节庆活动也陆续开展。其中，1981年5月举办的美国图书展览，成为中美建交后首次在沪举办的展览。1983年2月，上海举办了中国首届工艺品交易会。1986年1月，“上海广告摄影艺术展览”成为新中国成立来首次广告摄影展，共展出300多幅全市优质产品和上海经济区部分优质产品的摄影艺术作品。同年，上海美协举办首届“海平线”绘画雕塑联展，同时组织学术研讨会，成为上海首个学术性美术展览。自此，该展每两年组织一届。4月10—23日，首届戏剧节举行，由上海戏剧学院、中央戏剧学院、中国话剧艺术研究会、中国莎士比亚研究会联合主办，分南北两个演区在北京和上海举行。上海演区演出莎剧14台,观众5.5万余人次;同时举办学术理论活动。12月,上海国际友好城市电视节举办,16个国家18个城市的23家电视台、制片公司及国内各电视台的代表近400人参加,电视节组织者以节目交换形式,获得了参加国的电视剧17部(集)、文化专题片16部、风光专题片25部的播映权,由上海电视台播放。

1987年5月31日至6月17日,首届上海国际艺术节举行,由上海市政府主办,市文化局承办,演出25台72场节目。其中,美国、苏联、日本、波兰、加拿大、澳大利亚、墨西哥等国和中国香港地区506人演出10台30个节目,与上海演员合作演出8台19场节目;上海演员演出7台23场节目,举办5个展览会。同年12月,首届中国油画展在上海举办。1988年11月10—14日,首届上海国际动画电影节举行,主要活动项目有进行各类型影片比赛、会外映出、专题动画电影回顾展、召开讨论会及国际动画协会理事会议。主要奖项有大奖、评委会特别奖、分组奖及特别证书等。30个国家和地区386部影片报名参赛,20个国家和地区52部影片作为参赛片,16个国家和地区26部影片会外放映。同时,还举行了1987年广岛国际动画电影节获奖作品选、美国独立制片人作品选、加拿大国家电影局历年名作选、国际评委代表作品选、上海美术电影制片厂作品选及南斯拉夫萨格勒布动画电影回顾展等6个专题展映。

1989年10月23—28日,国际科教电影节举行,由广播电影电视部、上海市政府、中国科教电影电视协会主办,上海市科学技术委员会、上海市电影局、上海市外事办公室、中共上海市委宣传部、上海科学教育电影制片厂承办。1990年,上海举办了中国旅游交易会。

随着改革开放的不断深入,坚持引进来和走出去的基本国策,上海的会展活动数量不断增加,规模影响不断壮大。

1992年,上海举办了海峡两岸当代水墨画联展,由上海海外联谊会联谊书画社、上海文化联谊会和台湾太平洋文化基金会联合主办的。1992年3月,“92中国华东出口商品交易会”在上海展览中心、上海商城和上海国际展览中心举行,参加交易会的外贸公司和企业近700家,带来了数万种机械、电子、化工、轻工、纺织、医药、服装、粮油食品等门类的产品,以及各种对外合资、合作项目。同年4月,由中国水产供销行业协会、上海市水产供销公司联合主办的“92上海水产品交易会”在上海水产大厦举行,这是新中国成立以来全国国营水产行业首次集水产品产供销、渔工商、内外贸于一体的大型水产品交易会,交易水产品5大类1000余个品种。10月至11月,上海举办第6次国际性大中型展览,参展的海外公司和商社超过600家,涉及建材和设备、食品加工机械、医疗器械、皮革、日本先进企业工业样本、成套工业设备等多个领域。

1993年,上海举办了两个图书展览。1993年10月7—14日首届上海国际电影节举行,由上海市政府主办。主要活动项目有进行故事片比赛、组织会外展映、举办各种专题电影展览、召开艺术研讨会、举办影片交易活动。设金爵奖,奖项有最佳影片、最佳导演、最佳男演员、最佳女演员,并设评委会特别奖。共33个国家和地区的167部影片报名,19部影片参赛,其余影片参加会外放映。同时还举行上海电影回顾展、谢晋电影精选、美国导演奥立弗·斯通电影作品展、日本导演大岛渚电影特快、巴西制片人L·C·巴雷托电影和张艺谋电影一瞥等6个专题展。

1994年,上海主要举办的文化会展有图书展和美术展。1994年9月20—26日,第二届戏剧节在上海举行。演出9台节目,英国、德国等剧团也参加演出。同年10月,中国首届国际风筝会上海赛区在奉贤县举行。随着互联网科技的不断发展,该年7月,在上海展览中心举办了家用电脑展览会。

1995年,上海的商业会展活跃。由上海市人民政府财贸办公室主办、上海商务中心股份有限公司承办的迎国庆商品大联销，9月在上海商务中心大厦举行，参加这次联销活动的有市属专业公司和各区财办所属的200多家大店、名店和特色店。10月，上海商品交易会成交51亿元，海内外1 500家厂商参展，参展商品包括日用百货、文化用品、针纺织品、服装鞋帽、五金交电、家用电器、食品、商用设施8大类4万余种。

1996年，全市共举办各类大型交易会、展销会140多次。其中国际性的展览、交易会约120次，全国性的交易会4次，市、区政府主办的节庆展销活动18次。国际展览、交易会中，涉及传真器材、消防保安技术设备、包装印刷及食品加工设备、建筑材料、国际电子通信、物流技术及应用、农业技术及应用、低压电器新技术、特种车辆、航空工业等各个领域。市商业部门举办的全国针棉织品交易会、全国农副产品交易会、上海全国商品交易会，分别实现成交60.1亿元、24.3亿元和68.3亿元。市外经贸委举办了华东地区出口商品交易会，市旅游局举办了国内旅游交易会，新亚(集团)公司等举办了世界烹饪大赛，全国性交易会接连举办，促进了上海商贸与各地商品流通，年增长达8.1%。文化会展方面，1996年3月，上海美术馆举办首届“美术双年展”，共展出全国各地26位油画家、3位旅居海外的装置艺术家百余件作品，在展览期间还举行了学术报告会和学术研讨会。同年8月，在上海展览中心举办首届上海图书节，当时成为上海开埠以来规模最大的一次图书文化盛事，图书节期间举办了各类活动40余项。这一年，节庆会展的举办数量明显增加，市、区(县)两级政府先后举办了龙华庙会、南汇桃花节、牡丹花会、上海啤酒节、上海旅游节、上海国际服装文化节、四川北路欢乐节、红楼文化艺术节、上海桂花节、豫园旅游文化纪念品博览会、上海柑橘节、国际茶文化节等，吸引了国内外旅客和全市消费者，对1996年全市社会消费品总额突破1 000亿元大关起到重要作用。

1997年，全市共举办各类大型交易会、展销会150多次，展销参会总客商25万人，交易总额达到150亿元。其中：国际性的展览、交易会近120次，全国性的交易会6次，市、区政府主办的节庆展销会30次。文化会展方面，这一年举办了多个包括节庆在内的大型展览，如：“97上海旅游节”“97上海国际服装文化节”“97上海国际魔术节”“97上海国际茶文化节”“97全国优秀儿童剧展演”“中国艺术大展·齐白石、刘海粟、林风眠作品展”“上海中国画院年展”“上海市书法展览”“97上海市摄影艺术作品展”等。当年10月，还举办了上海首届全国文物艺术品展销会、首届上海艺术博览会。其中首届上海艺术博览会共设立380个展位，展示了中国和法国、美国、日本、瑞士、韩国、新加坡等国家的117个著名画廊、美术院校、艺术团体以及艺术家的5 000余件作品。

1998年，上海举办各类大型交易会、展销会80多次。其中，举办国际性展览、交易会约40次，全国性交易会10次，市、区政府主办的节庆展销会30多次。如4月份德国政府在上海举办的德国消费品博览会，5月份上海市商委、外经贸委和经委联合主办的“98上海国际服装博览会”等。文化会展方面，市、区、县各级商业部门，先后举办了豫园元宵灯会、龙华庙会、南汇桃花节、国际茶文化节、上海啤酒节、国际服装文化节、桂花节、红楼文化艺术节、柑橘节、豫园旅游文化纪念品博览会等，并依托节庆活动举办各种交易会、展销会，形成了商业与旅游、商业文化结合的消费热潮，使上海商业在“买方市场”情况下，销售依然保持稳定、持续增长。同年5月，市读书指导委员会、市新闻出版局、市邮电管理局、上海图书馆和市中小学生读书活动指导委员会主办的首届中国杂志展览会，是上海开埠以来首次邀集全国杂志在沪的集中亮相，参展杂志广涉政治、经济、文化、科技、书摘、文学、教育、卫生、金融、外语、音响、服饰、家庭等逾20个门类。与此同时，“98上海国际艺术节”举办，共组织56台中外优秀文艺节目，演出113场，平均售票率达88.72%，平均上座率达92.21%。1998年上海艺术博览会国际化、市场化水平显著提升，其参展国家和地区除美国、法国、新加坡等国家和中国台湾、中国香港外，意大利、加拿大、荷兰、西班牙、俄罗斯和以色列首次参加，国内参展的有来自各省市的130个画廊和艺术团体，参观人数达35 000余人，现场成交额达500万元。

1999年，上海商业展览活跃，在沪举办的大型展览有："香港博览会·上海"、"99春季全国针棉织品、纺织品、服装交易会"、"99中国国际消费品展览会"、"99上海国际少儿用品博览会"、"99上海啤酒节"、"99秋季全国洗涤化妆品交易会"、第八届上海全国商品交易会、中国连锁超市博览会暨中国连锁业会议等。大型展览会有2 500多家企业参展，成交额近150亿元。其中，"99春季全国针棉织品、纺织品、服装交易会"是当时行业内规模最大的一次交易会，交易会展览面积2.5万平方米，标准展位963个，参展厂商330多家，其中美国、韩国、意大利、日本、法国等国及中国香港、中国台湾20家厂商参展，三天中成交额达72亿元。文化会展方面，上海成功举办第四届上海国际电影节、"99上海青年电影节和第七届上海国际广播音乐节"等。当年11月举办的首届中国上海国际艺术节以"国际性、民族性、经典性"为定位，是全国第一个国家级国际艺术节，活动期间共组织32台正式参演剧目、20台中外祝贺演出剧目，演出136场；举办国内首次国际演出交易会、非洲艺术大展、亚洲音乐节和艺术博览会以及一系列广场文化、社区文化活动。

进入21世纪，上海会展业进入规范化发展的新阶段。

2000年，上海市商业系统举办和参与各类展览展示活动数十项(不含以零售为主的展销活动)，使用场馆面积达10万平方米，折合国际标准展位5 000个。来自国内30多个省、自治区、直辖市和中国香港、澳门、台湾地区以及日本、韩国、新加坡、美国、德国、法国、意大利等国家的4 000多家企业参展，参会客商累计超过30万人次，成交金额140亿元。与此同时，上海本地会展公司发展快速，数量达17家；其中有2家公司(上海现代国际展览有限公司和上海国际展览中心有限公司)获得ISO9002质量体系认证证书，标志着上海的展览企业的服务质量逐渐走上规范运作的轨道；举办国际展览会244个，其中经上海市外经贸委审批的有208个，外省市在沪举办的有36个。文化会展方面，展览内容涵盖艺术类、图书出版类、档案图片类、国际文化交流类以及文化产业类等。一方面，文化展览不仅反映了上海人民精神风貌，促进精神文明建设，而且也促进了文化产业的发展；另一方面，重大影视节庆活动活跃。当年11月举办的第二届中国上海国际艺术节，集中上演了54台中外艺术家的演出，其中包括创下三项世界基尼斯纪录的超大型景观歌剧《阿依达》，并成功举办了第五届全国残疾人运动会开幕式文艺演出、第八届上海电视节、第四届上海学生电影节、首届上海社区电影节、2000上海国际服装文化节、上海国际旅游节专场演出《金舞银饰》、"五一"上海各大公园游园活动等。这一年，上海会展业经过多年的发展形成以虹桥开发区为核心，辐射至漕河　浦东的展览"黄金走廊"，上海图书馆、市第一百货商店店东楼、金玉兰广场等新建场馆也成为具有复合功能的"展览新秀"。

2001年，上海会展业呈继续深入发展的良好态势并被列为重点发展的都市型服务业和新的经济增长点。至年底，具有国际展览经营权的展览公司已有18家(不包括科技方面的展览公司)，国际来展238个，外省市来沪举办的国际展览会40个，涉及的领域有上海汽车、IT、通信、纺织、服装、轻工产品等；市商业系统全年共举办展览会项目9个，展览面积10.3万平方米，参展商3 286家，到会商客达26.6万余人。这年的上海展览业有30%的展会是与高新技术产业、都市产业和支柱产业相关。据不完全统计，上海展览会的直接成交额达到450亿元，大型国际性展与小型技术交流会209场次，展品货值1.5亿美元，同比增长30%，留购展品货值1 300万美元，同比增长227%。国际商会(ICC)年会、环太平洋论坛年会、亚太法官会议、国际引航员大会等国际性会议以及《财富》论坛年会等700个会议先后在上海举行。上海世界展览会议有限公司和上海世界贸易商城有限公司经外经贸部批准授予举办境内对外经济技术展览会主办单位的资格。文化会展方面,展品水准高,构思巧,富有个性特色,形式上具有创意。8月,上海美术馆举办了新世纪首届上海市书法篆刻展;11月,第五届上海艺博会举办,其规模和展位数量均超过历届,参展作品全部为国画、油画、版画和雕刻,共有630个展位,美国、法国、荷兰、阿根廷、俄罗斯、乌克兰、韩国、德国、奥地利、卢森堡、新加坡、波多利哥、伊朗、尼泊尔等10余个国家参展,并进行与拍卖会相结合的尝试;11月,第三届中国上海国际艺术节举办,艺术节期间,直接参与、观赏艺术节各项活动的中外游客、艺术爱好者和市民近100万人,来自世界五大洲25个国家和地区的61台优秀剧(节)目相继亮相,艺术品种包括芭蕾、现代舞、交响乐、室内乐、爵士乐、杂技、魔术、话剧、京剧、地方戏曲、歌剧、演唱会等,演出共139场,观众逾23万人次。

2002年,上海"世博会"申办成功。全年共举办展览338个,较上年增长33%;观众500万人,其中境外观众约占10%;展览直接收入18亿元,交易额达550亿美元。市商业系统举办各类商展项目11个,展出总面积近10万平方米,参展厂商3 500余家,参观观众25万人次。全市共有7个大型展览场馆,附带会议设施的星级酒店超过3 000家;从事会展组织、场馆经营以及相关服务的专业公司达500多家。当年4月,世界第三大展览公司——德国法兰克福展览会有限公司落户申城,至此,德国汉诺威、意大利米兰和德国法兰克福展览公司等世界展览业三巨头均已在黄浦江畔设立了分支机构。4月25日,上海在全国率先成立省一级的会展行业协会——上海市会展行业协会。文化会展方面,办展的运作模式有所创新,国际来沪艺术展增多,参展国增加。5月,海上山艺术中心举办首届美术精品展。10月,上海工艺美术博物馆举办首个学术性工艺品艺术展。11月,第六届上海艺术博览会参展艺术品门类较历届更完整,交易成果多。12月,上海图书馆举办首届全日本代表书家作品展;朵云轩举办了21世纪首届书画展。

2003年,全市共举办展览348个,展览面积达224.35万平方米。相比上一年,商业展览的类型更加丰富,出现了商铺展、加盟店展、理财博览会等投资理财类展会;展览的专业化程度提高,许多原先涵盖诸多商品的百货展已细分为众多专业大类商品展,如文化用品展、礼品展、玩具展、美容化妆品展、内衣展、自行车展等;展览的功能不断丰富,许多展览增加了讲座和论坛的环节。其中,第十三届华交会成交20.4亿美元,第十二届上交会成交超60亿元人民币。全市规模最大的商业展会中心——上海新国际博览中心全年共举办42场展览,出租88万平方米场地,吸引1.6万家参展商,接待100多万人次专业参观者和近100万人次普通观众,15%～20%来自海外。就文化会展看,这一年艺术演出交易活动活跃,第五届中国上海国际艺术节演出交易会共有来自27个国家和地区的135个演出经纪团体参加,达成合作意向112个。

2004年,全市展出面积306万平方米。上海会展业向市场化、国际化、专业化、品牌化发展。上海国际汽车工业展览会,中国国际模具技术和设备展览会,中国国际食品和饮料展,中国国际家具生产、装潢与装饰机械及配件展览会,中国国际酒店、餐饮、烘焙、零售设备供应及服务展,中国国际加工、包装及印刷科技展览会,中国国际林业、木业机械与供应展览会,上海国际广告、印刷、包装、纸业展览会8个展览获得国际展览联盟(UFI)认证。市外经贸系统下属展览公司共举办经贸类展览175个,科技类展览27个,外省市来沪举办的国际展会82个。上海外经贸商务展览有限公司共主办和承办展览48个,展出面积57.6万平方米,营业额约11.5亿元,比上年增长23%。上海新国际博览中心共举办65场商业类展览,出租场地近190万平方米。文化会展方面,法国印象派绘画珍品展在上海美术馆新馆举办,超25万人次参观。第八届上海艺术博览会举办,场内成交额达

2 600 万元。当年 3 月 18—21 日,上海首届民间艺术博览会在上海展览中心举办,12 个大类数百种民间艺术品参展,每天近 5 000 人次参观。9 月 28 日—11 月 27 日,上海工业商务展览有限公司与上海对外科学技术交流中心联合主办首届上海设计双年展首届上海设计双年展,展会分设计展览会和设计论坛两大部分,外商参展比例达 56%,展品绝大多数是最新的设计产品,首次在中国亮相。

2005 年,上海举办各种展览会总数超过 400 个,总展出面积超过 400 万平方米。举办国际展览会在国际化、规模化、品牌化、专业化等方面均有显著提高。全年举办国际展览会项目 276 个,总展出面积 376 万平方米,其中 1 万平方米以上国际展览会 105 个,占总项目数的 38%,超过 5 万平方米的大型国际展览会 15 个;参展商总数 176 224 个,其中境外参展商 42 113 个,占总参展企业数的 23.9%;参观总人数为 7 598 476 人次,其中境外 455 445 人次,占总参观人次的 6%;展会期间举办各类相关会议 3 272 场。上海的国际展览会项目第十一届上海国际汽车工业展览会跻身世界六大 A 级车展;第十三届中国国际海事技术学术会议和展览排名世界同主题展会第四、亚洲第一;上海励展展览服务有限公司、上海汉图展览有限公司等企业完成从传统单一的展会搭建服务向综合展示工程服务的职能转变。文化会展方面,上海美术馆全年举办展览 87 个,上海博物馆全年举办展览 6 个,上海图书馆全年举办展览 78 个。法国文化年系列展成为一大特色,法国当代艺术展、法国当代建筑与城市规划展、马赛艺术展和凡尔赛宫珍藏展吸引大批观众;中外文化艺术交流类展览众多,毕加索版画展、苏比拉克作品展、奥地利新抽象绘画展、中英景德镇瓷器特展等展览促进中外文化互相沟通。年内,首次举办集创作、展示和交易为一体的国际城市雕塑双年展。第九届上海艺术博览会,成交额突破 5 000 万元。这一年,在会展业快速发展的同时,市政府加强对展览业的监督管理,颁布了一系列管理办法。当年 5 月 1 日,《上海市展览业管理办法》正式颁布,规定上海市外经贸委为会展行业的主管部门。5 月和 7 月,《上海市会展行业自律公约》(试行)与《上海市展览场地租赁合同示范文本》分别颁布试行。与此同时,会展行业协会管理加强。上海市会展行业协会年内启动对全市国际性展览会的试评估工作,并成立上海市会展行业评审委员会和专家评估组,全年对 29 个国际展览会进行信息采集评估。从上海市会展行业协会成员单位的数量构成比例看,形成了一个包含国有、民营、外商独资、合资的发展体系,其中,国有企事业单位占 11.9%,民营企业占 69%,外商独资、合资企业占 17.7%。

进入 2006 年,各类型会展企业在全市会展行业协会中的比重进一步发生变化,上海会展产业链的分工更加明确。截至年底,全市共有协会会员 358 家,其中国有企业 122 家,占会员总数的 34.08%;民营企业 185 家,占会员总数的 51.68%;中外合资 15 家,占会员总数的 4.19%;外商独资 36 家,占会员总数的 10.06%。与此同时,企业主营业务的结构比重有所调整,其中主承办单位 63 家,占会员总数的 17.6%;场馆单位 20 家,占会员总数的 5.59%;展示工程 173 家,占会员总数的 48.32%;其他配套相关服务 102 家,占会员总数的 28.49%。随着行业结构的调整,全市会展业发展规模进一步壮大,尤其是国际会展业方面。这一年,全市举办国际展览项目 295 个,总展出面积 433.5 万平方米,其中 1 万平方米以上的国际展览项目 129 个;参展企业 18.03 万家;参观者 884.86 万人次,比上年增加 16.45%;众多有影响的国际性会议和节事活动移至上海举办,境外参展商比例达 24%。国内展会项目方面,全年共举办 171 个,总展出面积 45 万平方米。而就文化会展情况看,全年上海美术馆举办展览 81 个,上海博物馆举办展览 4 个,上海图书馆全年举办展览 74 个。"俄罗斯年"系列展、意大利文化年系列展以及墨西哥现代美术展规格高,展品多,种类全。纽约现代艺术博物馆藏绘画名作展、大英博物馆藏亚述珍品展、中日书法珍品展等进一步促进中外文化的互相沟通。第六届上海双年展共接待观众近22万人次，成为上海文化活动的一个热点。故宫博物院宫廷珍宝展、中国服饰文化展，系统形象展示传统文化精髓。第八届中国上海国际艺术节期间，在上海公安博物馆、上海世贸商城、上海东亚展览馆、刘海粟美术馆、上海图书馆、上海城市规划馆、上海新国际博览中心等10余个场馆共举办12项展览、博览活动。内容包括绘画、摄影、雕塑、文物和岩画、古代盔甲、兵器等新鲜题材；参展艺术家与展品分别来自26个国家以及中国台湾、中国香港地区；据统计，参观总人次突破50万。第十届上海艺术博览会，有来自14个国家和地区精英画廊和优秀艺术家参与，还首次将拍卖行引入展厅现场，以及举办一系列讲座。中国当代油画联展展示包括陈丹青、程丛林、戴士和等30多位名家和新秀的精品力作。内蒙古文物精品展，选取内蒙古博物馆珍贵馆藏120余件(套)。

2007年，上海举办的各类展览会共515个，比上年的466个增长10.5%，总展出面积571.9万平方米。就国际展览看，展览会项目309个，展出面积474.6万平方米；展观展人数达907万人次，其中境外53.44万人次；全年1万平方米以上国际展览会144个，其中超过5万平方米的25个；国际展览会总参展商16.2万家，其中境外参展商4.21万家，占参展总数的25.99%；举办主要国际性会议96个、重要节事活动72个。就国内展览看，1 000平方米以上的国内展206个，总面积97.26万平方米；其中5 000平方米以上的国内展总展出面积61.6万平方米，有近20个展会超过1万平方米。文化会展方面，上海美术馆全年举办展览90个，上海博物馆举办展览5个，上海图书馆举办展览73个。第九届中国上海国际艺术节举办，并举办系列展览、博览项目18个。作为“西班牙文化年”交流项目之一，9月12日至11月12日，“从提香到戈雅：西班牙普拉多博物馆藏油画精品展”举办。这一年，市政府加强打造上海市会展业品牌形象。8月，上海市会展行业协会组织召开“大力推进上海会展业品牌建设座谈会”，26个会展单位签署《大力打造上海会展品牌的倡议书》。

2008年，上海举办的各类展览会共544个，总展出面积707万平方米，比上年增长23.6%。其中国际展览项目294个，比上年减少4.9%；总展出面积596.69万平方米，比上年增长25.7%，5万平方米以上的项目达34个，比上年增长40%，3万—5万平方米的项目24个，比上年增长14.29%。全年举办的国际展览会有参展商16.4万家，比上年增长1.2%，其中境外参展商4.025万家；参观总人次831万，比上年下降8.4%，其中境外观众62.01万人次，比上年增长17%。举办国内展览会250个，比上年增长21.4%，总展出面积110万平方米，比上年增长13%。国内展览会项目中，服饰类项目39个，占15.6%；农副产品类项目25个，占10%；房产装潢类项目31个，占12.4%；婚庆类项目13个，占比5.2%。国内展会项目数量增长较快，该年项目数比上年增长21.4%，其中1万平方米以上的展览会15个，总展出面积19.3万平方米。这一年上海市会展场馆进一步建设，上海新国际博览中心新建E5、E6馆，扩大室内展出面积2.3万平方米。上海10个主要场馆的室内总展出面积上升为26.81万平方米，比上年增长9.4%。就文化会展看，上海美术馆全年举办展览72个，上海博物馆举办展览4个。5月1日至7月21日，上海博物馆与大英博物馆合作举办古代奥林匹克运动与艺术展。10月9—12日，举办首届上海中国钱币博览会、首届上海中国古玩艺术品博览会。该年，上海市政府进一步完善会展业相关政策。自9月1日起正式执行市地方税务局颁布的《关于全市会展业营业税征收问题的通知》，会展企业就此享受差额缴纳营业税的优惠政策。

2009年，上海举办各类展览会526个，比上年减少3.3%；总展出面积723万平方米，比上年增长2.3%。其中国际展览会243个，比上年下降17.3%；展出面积560万平方米，比上年下降

6.2%。国际展览会项目平均展出面积达2.3万平方米,比上年增长13.5%,其中展出面积在5万平方米以上的项目达31个。国际展览会数量和总展出面积跌幅较大,主要有三方面原因:一是受金融危机影响,影响展出面积34.6万平方米;二是有7个项目转移到其他城市,影响展出面积24.88万平方米;三是近30个项目通过市场行为合作、合并。国内展览会283个,比上年增长13.2%;展出面积163.2万平方米,比上年增长48.4%。该年上海市拥有新国际博览中心等场馆11个,可提供室内展出面积36.7万平方米。文化展览方面,上海美术馆全年举办展览68个,上海博物馆举办展览195个,上海图书馆举办展览44个。在上海举办的节庆活动向国际化发展,规模和影响进一步扩大。这一年上海市会展行业协会为完善服务职能,协会秘书处新设立法务部和服务中心,为会员单位提供各类咨询及法律援助。编写《上海会展资讯》《上海会展业发展报告》《上海国际展览会精粹》等供行业内交流参考。

2010年,上海举办各类展览会项目642个,比上年增加116个,增长22%,其中国际展览会项目232个,比上年减少11个,下降4.5%;全市总展出面积804万平方米,比上年增加81万平方米,增长11.2%,其中国际展览项目总展出面积577.5万平方米,比上年增加17.1万平方米,增长3%。全年展出面积在5万平方米以上的国际展览项目有33个,总展出面积345.28万平方米。全年各类国际展览会吸引的展商共15.98万家,比上年增长5.8%,其中境外展商3.49万家,占21.8%;吸引的参观客商为812.5万人次,比上年增长5.0%,其中境外参观客商59.94万人次,占7.4%。全年举办国内展览会410个,比上年增长44.9%,总展出面积226.5万平方米,比上年增长38.8%。参展商共7.5万家,比上年增长25%;参观客商为220万人次,比上年增长19%。截至年底,全市各类展出场馆11个,提供室内展出面积34.82万平方米;全市会展行业协会有效会员单位共498家。就文化展览看,全年上海美术馆举办展览64个,上海市各博物馆、纪念馆共举办各类展览219个,上海图书馆举办展览52个。这一年,上海会展业最大的亮点就是中国2010年上海世界博览会。当年5月1日至10月31日,"中国2010年上海世界博览会"在上海举行。本届世博会是中国第一次举办的注册类世界博览会,也是在发展中国家首次举行的世界博览会。上海世博会主题是"城市,让生活更美好"(Better City, Better Life),下设5个副主题,分别是"城市多元文化的融合""城市经济的繁荣""城市科技的创新""城市社区的重塑""城市和乡村的互动",通过展示、活动、论坛三种形式诠释和表达。上海世博会占地面积5.28平方公里,其中围栏区面积3.28平方公里,配套服务区面积2平方公里,横跨黄浦江两岸,230多个展馆等公共建筑面积达250万平方米,参加的国家和国际组织246个。与此同时,本届世博会志愿者人数79965名,创历届世博会之最;正式参展方自建馆数量也为历届之最;吸引了海内外7000万人次游客前来参观。

表3-2-29　1978年文化会展情况概览表

时间	展会名称	举办地点	举办方
1月1日	人像摄影艺术展览	上海美术展览馆	上海市摄影创作办公室和上海市饮食服务公司
1月22日	外国科技图书展览会	上海	上海工人文化宫
2月8日	中国玉雕展览	上海博物馆	—
3月22—31日	上海实用美术展览	上海美术展览馆	上海市轻工业局、市纺织工业局、市手工业管理局、市对外贸易局、市文化局

（续表一）

时间	展会名称	举办地点	举办方
3月21日—4月9日	北京市山水花鸟画展览	上海市青年宫	北京市美术摄影展览办公室和中国美术家协会上海分会
4月25日—5月21日	法国十九世纪农村风景画展览	上海展览馆	中国人民对外友好协会上海市分会
5月27日	中国画版画展览	上海美术展览馆	江苏省文化局、上海市文化局、中国美术家协会江苏分会和上海分会
6月20日	上海市少年儿童画展	上海美术展览馆	上海市教育局和中国美术家协会上海分会
6月29日	上海民间工艺品展览	上海工艺美术陈列室	上海工艺美术研究室
10月1日	上海年画、连环画、宣传画作品展览	上海美术展览馆	中国美术家协会上海分会和上海人民美术出版社
10月1日	上海科技图书、资料展览	上海市工人文化宫	市科技协会、上海科技书店、市工人文化宫、上海科技出版社、中科院上海图书馆
10月8日	国外化学化工书刊展览	上海	上海图书馆和上海市化学化工学会
12月5日	金山农民画展览	上海美术展览馆	—

表3-2-30　1979年文化会展情况概览表

时间	展会名称	举办地点	举办方
1月28日	迎春画展	上海美术展览馆	上海画院
3月5日	总理为人民，人民爱总理摄影展	工人文化宫	上海市总工会工人文化宫和中国摄影学会上海分会
4月4日—6月4日	全国陶瓷艺术展览	上海市中山公园	—
4月18日	大阪上海友好城市书法交流展览会	上海美术展览馆	—
4月26日	瑞典绘画雕刻展览	上海美术展览馆	—
5月5日	上海民间工艺品观摩交流大会	上海	上海市手工业局
5月15日—6月6日	六省一市肖像画展览	上海美术展览馆	福建、江西、浙江、上海、江苏、安徽、山东
5月18日—6月18日	突尼斯迦太基出土文物展览	上海博物馆	—
5月23日	上海工人摄影展览会	上海市工人文化宫	—
6月1日	上海市儿童美术作品展览	上海美术展览馆	上海市教育局、共青团上海市委员会、上海市妇女联合会、中国福利会、中国美术家协会上海分会

（续表一）

时间	展会名称	举办地点	举办方
6月1日	民间工艺品展销会	上海	上海市手工业局
6月6日	手工编结工艺品展览会	富民路原服装工业公司	上海工艺美术工业公司
6月8日	漫画展览	上海美术展览馆	中国美术家协会北京分会和上海分会
7月1日	朱德委员长光辉生平摄影展览	上海美术展览馆	—
7月5—25日	京津沪职工美术作品展览	上海市工人文化宫	北京市总工会、天津市总工会、上海市总工会
7月8日	上海青年国画山水画展	上海	—
7月19日—8月10日	林风眠画展	上海美术展览馆	美协上海分会
7月24日	争艳美展	中山公园	—
8月6日—26日	日本图书展览会	上海展览馆	中国图书进口公司、日本图书展览会推进委员会和上海市日本图书展览会办公室
8月14日	陈复礼摄影作品展览	上海美术展览馆	中国摄影协会上海分会
9月2日	郭雪湖绘画展览	上海美术展览馆	中国美术家协会上海分会
9月4日	日本现代绘画展览	上海美术展览馆	日本国际艺术文化振兴会和日中文化交流协会
9月20—23日	上海市工艺品展销会	上海展览馆和中山公园	上海市手工业局、外贸局和商业一局
9月22日	捐献文物展览	上海博物馆	上海市文物保管委员会和上海博物馆
10月1日	上海摄影艺术展览	上海美术馆	—
10月1—21日	大型综合美术作品展览	上海美术馆	美协上海分会
10月12日	一九七九年度全国群众书法展览	徐汇区工人俱乐部	—
10月23日	庆祝建国三十周年书法篆刻展览	上海美术展览馆	上海中国书法篆刻研究会
10月25日—11月4日	大型综合美术作品展览	上海美术馆	美协上海分会
11月18日	香港海鸥摄影会摄影作品展览	上海美术展览馆	—
11月21日	湖北省出土战国秦汉漆器展览	上海博物馆	湖北省博物馆和上海博物馆
12月14日	中国历代古尸展览	上海自然博物馆	—

表 3-2-31　1980 年文化会展情况概览表

时间	展会名称	举办地点	举办方
2 月 4—20 日	书画篆刻展览会	上海展览馆	上海市文史馆和上海市人民政府参事室
2 月 12 日—3 月 12 日	上海地方历史文物展览	上海博物馆	上海市文物保管委员会
3 月 2 日	左联有关史料展览	上海鲁迅纪念馆	上海鲁迅纪念馆
3 月 8 日	美国普兰蒂斯·霍尔出版公司书展	上海外文书店	—
3 月 22 日	本市风景、静物油画展览	南京路美术馆	上海美术家协会
3 月 23 日	余克危个人油画展览	徐汇区工人文化宫	—
4 月 5 日	美国海茵摄影作品展览	上海美术展览馆	—
4 月 20 日	奥地利女画家玛利访华作品展览	上海美术展览馆	—
4 月 21 日	黄幻吾国画展览	上海美术展览馆	中国美术家协会上海分会
4 月 27 日	美国麦美伦出版公司书展	上海外文书店	—
5 月 1 日	王个簃书画展	上海	上海友谊商店古玩分店
5 月 16 日	美国一瞥摄影艺术展览	上海美术展览馆	—
5 月 18 日	伟大的马克思主义者、无产阶级革命家刘少奇同志摄影展览	上海博物馆	上海市文化局、中国摄影家协会上海分会、中国美术家协会上海分会
6 月 2 日	法国图书展览	上海展览馆	中国图书进出口公司和上海对外科技交流中心
6 月 18 日	日本川上景年书法展览	上海美术馆	—
7 月 2 日	沈尹默书法遗作展览	上海美术展览馆	—
7 月 5—20 日	上海工艺品洽谈会	上海展览馆	上海工艺品进出口公司会同上海工艺美术工业公司
7 月 23 日	景德镇陶瓷壁画展销会	淮海公园	—
8 月 1 日	1980 年上海市儿童美术作品展览	上海美术展览馆	市教育局、市妇联、中国福利会和美协上海分会
8 月 1 日	中国文物立体摄影展览	上海博物馆	文物出版社、三联出版有限公司和上海博物馆
9 月 1 日—10 月 1 日	黄幻吾国画展览	上海友谊商店古玩分店	上海友谊商店古玩分店
9 月 6 日—9 月 24 日	意大利、西班牙、瑞士风光彩色摄影展览	黄陂北路美术展览馆	中国摄影家协会上海分会、中国图片社
9 月 25 日	上海市青年美术作品展览	市青年宫	上海市文化局、共青团上海市委和中国美术家协会上海分会

(续表一)

时间	展会名称	举办地点	举办方
9月30日	方成漫画作品展览	上海美术馆	—
10月9日	赵丹书画展览	上海淮海公园	海墨社和复兴公园
10月9日	法国现代画家埃利翁作品展览	上海美术展览馆	—
10月25日—11月6日	少数民族画展	上海画院	—
11月3日	美籍画家章尚璞女士的水墨画展览	上海美术展览馆	上海市文化局
11月5—12日	外国财经图书展览	上海展览馆	财政部人事教育司和中国图书进出口公司
11月15日	智利图片、工艺品展览	上海美术展览馆	上海市文化局
11月15日	北京、天津、上海三市水彩画联展	上海美术展览馆	—
12月8日	赵丹书画遗作展览	上海美术展览馆	—
12月23日	简庆福的摄影艺术作品展	上海展览馆	中国摄影家协会上海分会
12月25日	赖少其书画展览	上海美术展览馆	—

表3-2-32　1981年文化会展情况概览表

时间	展会名称	举办地点	举办方
1月10日	绿野摄影艺术展览、祖国颂影展	上海	中国摄影家协会上海分会农业摄影创作组、市青年宫
1月17日	无锡惠山泥人展览会	上海	沪西工人文化宫与无锡惠山泥人厂、无锡泥人研究所
2月5日	迎春画展	上海展览馆	上海中国画院
2月16日	久保田博二彩色摄影作品	上海美术展览馆	—
3月1日	上海市中、小学生迎春摄影展览	黄浦区少年宫	《青年报》、《少年报》、上海市少年科学技术指导站
3月5—12日	江南之春画展	上海美术馆	—
3月13日	青年画家李槜的油画、水粉画展	淮海公园	—
3月23日	油画风景、静物展览	上海美术展览馆	福建、江西、浙江、江苏、安徽、山东、上海
3月24日	王个簃诗书画篆刻展览、肖像漫画展览	上海美术馆	美协上海分会
4月7日	四省一市水彩画联展	沪西工人文化宫	山东、江西、江苏、浙江、上海水彩画学会、研究会

（续表一）

时间	展会名称	举办地点	举办方
4月9日	钱瘦铁先生的金石书画展览、永保秋光教授等书法展	上海美术馆	美协上海分会
4月10日	美国旧金山儿童画	中国福利会少年宫	—
4月22日	中日联合书法展览	美术展览馆	—
5月10—22日	丰子恺先生画展	上海美术展览馆	—
5月14日	扬州市国画院作品展览	虹口公园	—
5月14日	李健书画遗作展览	中国画院	上海中国画院和书法篆刻研究会
5月16日	美国图书展览	上海展览馆	—
5月27日	陈大羽画展	上海美术展览馆	—
6月1日	一九八一上海市儿童美术作品展览	上海美术展览馆	—
6月12日	美籍画家王蛟女士画展	上海美术展览馆	—
6月13日	一九八一年上海漫画展览	美术馆	美协上海分会
7月1日	上海市职工书法篆刻展览	市工人文化宫	上海市总工会
7月1日	大型综合性的纪念中国共产党成立六十周年上海美术作品展览	上海美术馆	上海市文化局、中国美术家协会上海分会
7月1日	庆祝中国共产党成立六十周年、纪念辛亥革命七十周年中国邮票展览	上海博物馆	—
7月31日	朱德、彭德怀、贺龙、陈毅、罗荣桓光辉业绩图片展览	上海市工人文化宫	—
8月6日	吴湖帆梅景书屋师生书画展	上海工业展览馆	海墨画社和梅景书屋
8月6日	钱君匋书画、篆刻、装帧展览	上海美术展览馆	—

表 3-2-33　1983 年文化会展情况概览表

时间	展会名称	举办地点	举办方
1月10日	上海铁道书画摄影展	上海铁路文化宫	—
1月10日	冉熙个人画展	上海卢湾区文化馆	—
1月24日	上海美专校友画展	上海美术馆	上海美专校友画展筹备组、朵云轩
2月24日	中国首届工艺品交易会	上海	—
6月4日	法国毕加索绘画展	上海市美术展览馆	—

表 3-2-34　1986 年文化会展情况概览表

时间	展会名称	举办地点	举办方
1 月 14 日	上海广告摄影艺术展览	上海展览中心	文汇报社、上海展览中心、中国摄影家协会上海分会、《中国广告》杂志社和上海科美广告装潢公司
3 月 1 日	首届文汇书展	上海市工人文化宫	—
4 月 10—23 日	中国莎士比亚戏剧节	上海、北京	上海戏剧学院、中央戏剧学院、中国话剧艺术研究会、中国莎士比亚研究会
12 月 10—16 日	上海国际友好城市电视节	上海展览中心	上海市外办、上海市电视台主办，上海文化局、旅游局、电影局和电台协办

表 3-2-35　1987 年文化会展情况概览表

时间	活动名称	举办地点	举办方
5 月 31 日—6 月 17 日	首届上海国际艺术节	上海	上海市政府主办，市文化局承办

表 3-2-36　1988 年文化会展情况概览表

时间	展会名称	举办地点	举办方
3 月 5 日	第三届文汇书展	上海	上海东方图书公司、中国科技图书公司、上海图书公司、上海外事图书公司、上海学术书苑、上海工具书店、上海教育书店、上海生活书屋、上海法学书局
5 月 19 日	金石声艺术摄影作品	上海美术馆	—
5 月 19 日	上海市公安系统书画摄影以及工艺美术作品展	上海美术馆	—
6 月 14 日	崇明风情画展	上海文化古城嘉定	—
10 月 22—29 日	上海国际电视节	上海	上海广播电视局
11 月 10—14 日	首届上海国际动画电影节	上海	上海国际动画电影节组委会主办，上海市电影局、中国动画学会、上海美术电影制片厂承办

表 3-2-37　1989 年文化会展情况概览表

时间	展会名称	举办地点	举办方
3 月 18 日—8 月 28 日	第四届文汇书展	上海	上海新闻出版局、文汇读书周报、上海东方图书公司、上海省版书店、上海南京东路新华书店学术书苑、上海外文图书公司、沪江书店等主办
5 月 26 日	上海四十年摄影展览	上海展览中心	—
9 月 9 日	89 上海书展	上海美术馆	上海新华书店
10 月 23—28 日	1989 年国际科教电影协会年会和电影节	上海	广播电影电视部、上海市政府、中国科教电影电视协会主办，上海市科学技术委员会、上海市电影局、上海市外事办公室、中共上海市委宣传部、上海科学教育电影制片厂承办
12 月 1 日	上海历史景观展览	上海博物馆	上海历史文物陈列馆

表3－2－38　1990年文化会展情况概览表

时间	展会名称	举办地点	举办方
3月12日	朱屺瞻先生百岁画展	上海美术馆	—
5月23日	王明龙个人艺术雕塑展览	上海美术馆	上海广播电视发展公司主办，上海焦化厂协办
5月26日	解放区邮票展览	中共一大会址纪念馆	上海革命历史博物馆和上海市集邮协会
5月27日	鸦片战争150周年图片展览	上海图书馆	—
5月31日	许惟兴的个人水油画展	上戏艺术画廊、图书馆大厅	—
5月12—22日	90上海艺术节	上海	上海市人民政府
6月14日	上海漫画邀请大展	上海	美协上海分会以及上海主要新闻单位
8月28日—9月12日	振兴京剧展览演出	武警会堂	上海市文化局、上海京剧院
11月10—15日	第三届上海国际电视节	上海	第三届上海电视节组织委员会主办，上海市广播电视局承办

表3－2－39　1992年文化会展情况概览表

时间	展会名称	举办地点	举办方
3月25日—5月14日	海峡两岸当代水墨画联展	上海美术馆	上海海外联谊会联谊书画社、上海文化联谊会和台湾太平洋文化基金会
5月15—25日	92上海艺术节	上海	上海市人民政府主办
11月7—12日	第四届上海国际电视节	上海	第四届上海电视节组织委员会主办，上海市广播电视局承办
12月5—10日	第二届上海国际动画电影节	上海	中国动画学会参与主办

表3－2－40　1993年文化会展情况概览表

时间	展会名称	举办地点	举办方
2月15日	第三届全国地方版科技图书交易会	上海教育国际交流中心	上海市新闻出版局
3月19日	第八届文汇书展	上海市工人文化宫	文汇读书周报、杭州西泠电器（集团）公司主办，上海《书业行情》承办
10月7—14日	首届上海国际电影节	上海	上海市政府主办

表3－2－41　1994年文化会展情况概览表

时间	展会名称	举办地点	举办方
6月23日	上海百景中国画展	上海美术馆	振海艺术品公司、海上名家画廊、宝山钢铁集团公司、文汇报、新民晚报、劳动报

（续表一）

时间	展会名称	举办地点	举办方
11月12—17日	第五届上海国际电视节	上海	上海电视节组织委员会主办，上海市广播电视局承办
12月10日—1995年1月10日	梅兰芳、周信芳诞辰100周年纪念活动	上海体育馆	文化部、广电部
12月14日	第九届亚细亚国际水彩画展	上海美术馆	上海现代国际交流画会

表3-2-42　1995年文化会展情况概览表

时间	展会名称	举办地点	举办方
3月21—28日	95上海国际服装文化节	上海	上海市人民政府主办，中国纺织总会协办
2月9日	“上海风采——三年大变样”摄影展	上海展览中心	—
5月25日	上海辉煌五十年	上海图书馆	上海市委宣传部
9月16日	95上海国际时装周	上海展览中心	香港贸易发展局、上海国际展览公司等
10月28日—11月6日	第二届上海国际电影节	上海	上海市人民政府

表3-2-43　1996年文化会展情况概览表

时间	展会名称	举办地点	举办方
3月18日—4月7日	96上海美术双年展	上海美术馆	上海美术馆
4月28日—5月5日	96上海国际茶文化节	闸北区不夜城名品商厦	上海市闸北区政府、市茶叶学会、市文联、市旅游局、市广电局、市文化局
5月18—30日	96上海艺术节	上海	上海市人民政府
9月19—27日	96上海国际服装文化节	上海展览中心	上海市人民政府主办，中国纺织总会协办
8月5—20日	香港的历史与发展图片展	上海美术馆	上海市政府新闻办和文汇报社
8月9日	首届上海图书节暨96上海书市	上海展览中心	上海市委宣传部、上海市新闻出版局主办，上海新华书店承办
11月9—14日	第六届上海电视节	上海	—

表3-2-44　1997年文化会展情况概览表

时间	展会名称	举办地点	举办方
4月11—16日	97上海国际魔术节暨首届上海国际魔术比赛	上海	文化部外联局、上海市文化局、东方电视台、新民晚报社主办，上海市对外文化交流公司承办
4月26日—5月2日	97上海国际茶文化节	上海	上海闸北区政府、市文化局、市茶叶学会

（续表一）

时间	展会名称	举办地点	举办方
5 月 2 日	孙中山与华侨大型美术展	上海图书馆	永芳艺术基金会主办，市海外交流协会、市侨联承办
6 月 27 日	中国艺术大展・中国当代油画艺术展	刘海粟美术馆	文化部
7 月 9—14 日	97 上海市摄影艺术作品展	上海图书馆	上海市摄影家协会主办、银箭摄影广场协办
7 月 17 日—8 月 17 日	齐白石、刘海粟、林风眠三位绘画大师作品联展	刘海粟美术馆	文化部
7 月 25 日—9 月下旬	中国革命之路——“八一”南昌起义、井冈山革命根据地创建 70 周年图片展览	上海博物馆	中共上海市委宣传部主办，上海历史博物馆、“八一”南昌起义纪念馆和井冈山革命博物馆承办
9 月 19—27 日	97 上海国际服装文化节	上海	上海市人民政府主办，中国纺织总会协办
10 月 1—12 日	景德镇现代美术陶瓷名作展	福州路上海书店	上海图书公司、上海书店出版社、上海博古斋、景德镇瑜窑陶坊联合举办
10 月 16—20 日	97 上海艺术博览会	上海世界贸易商城	上海文化发展基金会主办
10 月 18—26 日	1997 上海首届全国文物艺术品展销会	城煌珠宝总汇	上海文物商店主办、上海古玩有限分司协办
12 月 27 日	二十世纪末上海民间工艺精品博览会	上海工艺美术商厦	上海轻工控股集团等发起

表 3－2－45　1998 年文化会展情况概览表

时间	展会名称	举办地点	举办方
5 月 2 日—6 月 1 日	98 上海国际艺术节	上海	文化部、上海市人民政府批准举办
5 月 2—19 日	98 上海国际服装文化节	上海	上海市人民政府主办，中国纺织总会协办
5 月 3—12 日	98 上海百家艺术精品展	上海金玉兰广场	上海市文化发展基金会主办，上海市美术家协会承办
8 月 24—28 日	第四届中国国际民间艺术节	上海	上海市文联，宝山区委、区政府
8 月 21—30 日	“邓小平——女儿心中的父亲”摄影展	上海图书馆	中共上海市委宣传部、中共文晓出版社、中共上海市委对外宣传办公室
10 月 20 日—11 月 20 日	98 上海(美术)双年展	上海美术馆、刘海粟美术馆	上海美术馆、梁洁华艺术基金会
11 月 7—12 日	第七届上海电视节	上海	国家广播电影电视总局、上海市人民政府主办，上海市广播电影电视局承办
11 月 17—22 日	98 上海艺术博览会	上海世贸商城	上海文化发展基金会、上海市文化局

表 3-2-46　1999 年文化会展情况概览表

时间	展会名称	举办地点	举办方
2 月 23 日—3 月 4 日	佛教文化艺术展	上海朱屺瞻艺术馆	中国佛教文化研究所、上海市佛教协会
4 月 2—7 日	新疆维吾尔自治区美术作品展	上海美术馆	上海文化发展基金会、新疆维吾尔自治区文史研究馆、中央文史研究馆、上海美术馆
4 月 20 日—5 月 30 日	99 上海青年电影节	上海	上海市广电局、市教委、团市委
4 月 29 日—5 月 15 日	纪念五四运动八十周年馆藏文献展览	上海图书馆	团市委、上海图书馆上海科技情报所
5 月 2—3 日	纪念“五四”的文献史料展、“周恩来邓颖超与‘五四’运动”、“光辉历程——纪念‘五四’运动八十周年”图片展	上海	上海图书馆、上海档案馆、上海宋庆龄陵园管理处和上海青年文化活动中心
5 月 12—23 日	99 上海国际服装文化节	上海	上海市人民政府主办，中国纺织总会协办
5 月 25 日	上海辉煌五十年	上海图书馆	上海市委宣传部
5 月 25 日	时代风采大型画展	上海美术馆、刘海粟美术馆	上海市委宣传部
5 月 28 日—6 月 15 日	第十八届上海之春音乐会	上海	上海市文联、市文化局、市广电局、市音协、市舞协联合
5 月 29 日	99 上海市敏之杯“六一”少年儿童书画展	上海中国画院	市教委、市文化局、中福会、市艺教委和敏之体育文化交流中心
7 月 1—15 日	没有共产党，就没有新中国“七·一”画展	上海当代书画院	中共普陀区委宣传部、普陀区文化局主办，上海盛典文化艺术有限公司协办
8 月 14 日	中国影人名人书画艺术展	上海城隍庙第一购物中心	中国电影基金会、上海城隍庙第一购物中心有限公司
9 月 5—15 日	沪上百位书画家精品展	上海浦东文化馆	上海浦东文化馆、海上书画会、青杉湾市场策划公司
9 月 29 日—10 月 8 日	上海美术五十年作品回顾展	上海美术馆	中共上海市委宣传部、上海市文化局、上海市文联和上海市美协
10 月 13 日	99 上海市书法篆刻系列大展	上海图书馆	上海市文联和上海市书法家协会
10 月 16—27 日	第九届全国美术作品展览·油画作品展	上海广场	中华人民共和国文化部、中国美协主办，上海市文化局、上海市美协、卢湾区人民政府承办
10 月 21—31 日	第四届电影节	上海	国家广播电影电视总局、上海市人民政府
11 月 2 日—12 月 1 日	首届中国上海国际艺术节	上海大剧院	文化部主办，上海市承办
11 月 15—19 日	第七届上海国际广播音乐节	上海	上海市广电局主办，上海电台承办
11 月 23 日	上海艺术博览会	上海国际展览中心	上海文化发展基金会、上海市文化局

表 3-2-47　2000 年文化会展情况概览表

时间	展会名称	举办地点	举办方
5 月 10—18 日	上海国际服装文化节暨国际服装博览会	上海	上海市人民政府主办，国家纺织工业局、国内贸易局、香港贸发局协办
5 月 29 日	“上海印象”摄影展	上海	上海市政府新闻办公室、上海实业（集团）有限公司主办
6 月 24 日	第十二回中日友好书画交流展	上海图书馆	上海市书法家协会和日本书画振兴协会
7 月 27 日	张自申教授油画展	上海大学美术学院	上海大学美术学院
9 月 30 日—10 月 28 日	20 世纪中国油画展·上海展	上海美术馆新馆	上海市文化广播影视管理局
10 月 8—13 日	中国·上海第五届国际摄影艺术展览暨上海第二届国际摄影器材博览会	上海展览中心	上海市文学艺术界联合会、上海市摄影家协会、上海电视台
10 月 17 日	版面设计艺术展	上海鲁迅纪念馆	上海鲁迅纪念馆、上海市期刊协会、上海市编辑学会
10 月 24—29 日	第八届上海电视节	上海	国家广播电影电视总局、上海市人民政府主办，上海市文化广播影视管理局承办
10 月 28 日—11 月 4 日	第三届上海宝山国际民间艺术节	上海宝山区	上海宝山区政府、上海市文联、宝钢（集团）公司、上海大学
11 月 1 日—12 月 1 日	第二届中国上海国际艺术节	上海	文化部主办，上海市人民政府承办
11 月 5—26 日	中国美术馆藏齐白石精品展	刘海粟美术馆	中国上海国际艺术节中心、解放日报报业集团、文汇新民联合报业集团、中国美术馆主办，刘海粟美术馆承办
11 月 3—8 日	第四届上海艺术博览会	上海世贸商城	上海文化发展基金会、上海市文化广播影视管理局
11 月 6 日	第三届上海双年展	上海美术馆	上海美术馆主办，上海有线电视台协办
12 月 31 日	走向 21 世纪艺术设计大展	上海图书馆	上海市美术家协会、解放日报报业集团和上海图书馆

表 3-2-48　2001 年文化会展情况概览表

时间	展会名称	举办地点	举办方
3 月 29 日	2001 年上海青年美术大展	上海刘海粟美术馆	上海市文化广播影视管理局、共青团上海委员会、上海市美术家协会、刘海粟美术馆、青年报主办
4 月 25 日—5 月 3 日	上海国际服装文化节	上海	上海市人民政府主办

(续表一)

时间	展会名称	举办地点	举办方
4月26日—5月2日	第八届国际茶文化节	上海	上海市闸北区人民政府、市文联、市文广影视局、市旅游委等主办
5月4—13日	2001上海之春国际音乐节	上海	上海市文广局、市文联主办,东方广播电台、上海市音乐家协会、上海市舞蹈家协会联合承办
6月9—17日	第五届上海国际电影节	上海	国家广播电影电视总局、上海市人民政府主办,上海市文化广播影视管理局承办
9月15日—10月7日	2001年上海旅游节	上海	上海市旅游委、上海市商委、上海市文化广播影视管理局
9月27日	2001中国国际摄影展	上海中信泰富广场	中国摄影家协会、上海市对外文协等
11月1日—12月1日	第三届中国上海国际艺术节	上海	文化部主办、上海市政府承办
11月16—20日	第五届上海艺博会	上海世贸商城	上海文化发展基金会、上海市文化广播影视管理局
11月28日	第三届中国工艺美术精品博览会	上海世贸商城	中国工艺美术学会
12月15日—2002年1月10日	2001上海美术大展	上海美术馆新馆	上海市文学艺术界联合会、上海市美术家协会

表3-2-49　2002年文化会展情况概览表

时间	展会名称	举办地点	举办方
4月3日—5月3日	俄罗斯现实主义新生代作品展	精文美术馆	上海市美术家协会、京凯文化艺术发展有限公司
4月5—14日	第三届上海国际花卉节	上海长风公园	上海市旅委、市绿化管理局、市农林局、普陀区人民政府等
4月17日	第二届中国美术家“江山行”画展	上海陆俨少艺术院	中国美术家协会
4月24日—5月3日	2002上海国际服装文化节	上海	上海市人民政府主办,中国纺织工业协会、香港贸易发展局、香港凤凰卫视协办
4月26日—5月2日	第九届上海国际茶文化节	上海	上海市闸北区人民政府、上海市文学艺术界联合会和上海市茶叶学会等
4月30日—7月30日	晋国奇珍——山西晋侯墓群出土文物精品展	上海博物馆	上海博物馆、山西省文物局、北京大学考古文博学院、山西省考古研究所
5月2日	山东书画家杨自立书画展	上海美术馆	山东省政协联谊书画院、上海市政协华夏画院等
5月7日	首届美术精品展	海上山艺术中心	上海艺术网

（续表一）

时间	展会名称	举办地点	举办方
5月9日	第23届亚洲、太平洋地区摄影比赛获奖作品展	上海中兴泰富广场	联合国教科文组织
5月9日	第2届国际民俗摄影《人类贡献奖》年赛作品展	上海中兴泰富广场	联合国教科文组织
5月12—21日	上海之春国际音乐节	上海	上海文化广播影视集团、上海市文学艺术界联合会主办，上海文广新闻传媒集团、上海人民广播电台、上海音乐家协会、上海舞蹈家协会承办
5月30日	走近西藏——来自档案馆的精品	上海	上海市档案局(馆)与西藏自治区档案局(馆)
5月31日—6月2日	全国少儿新世纪“三毛”画展	人民公园	上海市妇联、市教委、市文广局、解放报业集团、文新报业集团、中国关心下一代工作委员会专家委员会
6月8—13日	第九届上海电视节	上海	国家广播电影电视总局、上海市人民政府主办，上海市文化广播影视管理局、上海文化广播影视集团承办
6月8—16日	第六届上海国际电影节	上海	国家广播电影电视总局、上海市人民政府
6月10日—10月	光辉的历程——从一大到十六大图片展	上海	上海市委党史研究室、中共一大会址纪念馆
7月12日	安康汉滨版画艺术展	鲁迅纪念馆	上海美协、鲁迅纪念馆
7月24日	中国皇陵的绝唱——世界遗产清东陵精华展	上海	上海市档案馆、河北省清东陵文物管理处
8月22—25日	2002上海动画漫画展览会	上海展览中心	上影集团、美影厂
9月8—12日	第三届海派艺术交流展	上海市民主党派大厦	上海文汇新民文化艺术发展有限公司、上海复欣水处理工程技术有限公司等
9月14日—10月6日	2002年上海旅游节	上海	上海市旅游委、上海市商委、上海市文化广播影视管理局
9月28日—10月20日	第六届全国水彩、粉画展	上海美术馆	中国美术家协会主办、上海市美术家协会承办
9月30日	张德华、梁玉龙教授美术作品回顾展	上海图书馆	中共上海市委宣传部、中国美协
10月24日	著名岭南画派画家赵华山水画作品展	上海美术馆	上海市对外文化交流协会
10月30日—11月5日	德国画家伊门道夫画展	上海城市规划展示馆	文化部、德国驻华使馆主办，对外文协等单位承办
11月1日—12月1日	第四届中国上海国际艺术节	上海	文化部主办，上海市人民政府承办

(续表二)

时间	展会名称	举办地点	举办方
11月13—17日	第六届上海艺术博览会	世贸商城	上海文化发展基金会、上海市文化广播影视管理局
11月22日—2003年1月26日	2002上海双年展	上海美术馆	上海美术馆、上海佳通四合文化有限公司
11月30日—2003年1月6日	晋唐宋元书画国宝展	上海博物馆	北京博物馆、辽宁省博物馆、上海博物馆
12月25日—2003年1月6日	2002海平线绘画雕塑联展	刘海粟美术馆	上海市美术家协会
12月25日	21世纪首届书画展	朵云轩	海墨画会

表3-2-50　2003年文化会展情况概览表

日期	展会名称	举办地点	举办方
1月29日—2月19日	2003上海油画展	上海美术馆	上海美术家协会和上海美术馆
3月18—27日	2003上海国际服装文化节	上海	上海市人民政府主办,中国纺织工业协会、香港贸易发展局、香港凤凰卫视、中国流行色协会协办
4月12—18日	第十届上海国际茶文化节	上海	上海市闸北区人民政府、浙江、安徽、福建、湖南省等七省市区
8月22—24日	走向当代——2003年上海市书法篆刻大展	上海美术馆	上海市文联、上海市书法家协会
8月27日—9月7日	第二届全国中国画展(上海展)	上海美术馆	中国美术家协会主办,中国美术家协会中国画艺术委员会、上海市美术家协会、上海美术馆承办
9月3—6日	第十二届“江南之春”画展	上海美术馆	上海群众艺术馆等单位
9月12—21日	首届上海国际雕塑与环境艺术展	上海东方明珠广播电视塔及上海国际新闻中心	上海市对外文化交流协会
9月13日—10月6日	2003上海旅游节	上海	上海市旅游事业管理委员会、上海市经济委员会、上海市文化广播影视管理局
10月1—5日	首届上海室内装饰艺术博览会	上海光大会展中心	上海市文联
10月18日—11月18日	第五届中国上海国际艺术节	上海	中华人民共和国文化部主办,上海市人民政府承办
10月25—30日	首届上海时装周	上海	上海市人民政府主办,中国纺织工业协会、中国服装协会、上海市浦东新区人民政府、上海市卢湾区人民政府、上海市长宁区人民政府、东华大学协办

（续表一）

日期	展会名称	举办地点	举办方
10月28日—11月2日	第七届上海艺术博览会	上海世贸商城	上海文化发展基金会
11月4日—12月7日	印象·法兰西——雷诺阿、吉诺、朱德群等法国大师艺术作品展	上海城市规划展示馆	上海市对外文协、解放日报报业集团、上海艺术博览会组织委员会
11月11—15日	第六届上海亚洲音乐节	上海体育场	上海文化发展基金会、上海文广新闻传媒集团
11月19—23日	2003年中国（上海）传媒业博览会	上海东亚展览馆	上海市新闻工作者协会、上海市国际文化传播协会
12月15日—2004年1月4日	2003上海美术大展、设计艺术大展	上海美术馆	中国美协、上海市文联、上海市美协、上海美术馆

表3-2-51　2004年文化会展情况概览表

日期	展会名称	举办地点	举办方
2月19—22日	首届上海世界旅游资源博览会	上海新国际博览中心	上海市旅游事业管理委员会、荷兰皇家展览集团
3月18—21日	首届上海民间艺术博览会	上海展览中心	上海文联、上海民协、上海高鑫文化发展有限公司等
3月18—27日	2004上海国际服装文化节	上海	上海市人民政府主办，中国纺织工业协会、中国服装协会、中国流行色协会协办
4月12—18日	第十一届上海国际茶文化节	上海	上海市闸北区政府、市文广局、市旅游委、市外事办、市侨务办、市绿化局、市文广影视集团、市文联、市茶业协会
5月3日	2004动漫形象博览会	上海浦东正大广场	上海世纪出版集团、上海文广新闻传媒集团、解放日报报业集团和上海浦东新区文化广播电视管理局主办，上海世纪华创文化形象管理有限公司、上海《漫动作》杂志社承办
5月5—15日	2004上海之春国际音乐节	上海	上海文化广播影视集团、上海市文学艺术界联合会主办，上海文广新闻传媒集团、上海音乐家协会承办
6月5—13日	第七届上海国际电影节	上海	国家广电总局、上海市人民政府主办，上海文化广播影视管理局、上海文化广播影视集团承办
6月6—9日	第十届上海电视节	上海	国家广电总局、上海市人民政府主办，上海文化广播影视管理局、上海文化广播影视集团承办
8月19日—9月14日	第十届全国美术作品展览艺术设计作品展	上海美术馆	文化部、中国美术家协会主办，上海文学艺术联合会、上海美术家协会承办

(续表一)

日期	展会名称	举办地点	举办方
9月18日—10月6日	2004上海旅游节	上海	上海市旅游事业管理委员会、上海市经济委员会、上海市文化广播影视管理局
9月28日—11月27日	2004上海双年展	上海	上海美术馆、《东方早报》
10月11日—11月22日	第四届上海宝山国际民间艺术节	上海宝山区	上海宝山区政府、上海市文联、宝钢(集团)公司、上海大学、中国文联国际联络部
10月15日—11月18日	第六届中国上海国际艺术节	上海	中国文化部主办、上海市人民政府承办

表3-2-52　2005年文化会展情况概览表

日期	展会名称	举办地点	举办方
4月12—28日	2005上海国际服装文化节	上海	上海市人民政府主办,上海纺织控股(集团)公司等单位协办
5月5—15日	上海之春国际音乐节	上海大剧院	上海文化广播影视集团、上海市文学艺术界联合会主办,上海文广新闻传媒集团、上海音乐家协会承办
6月11—19日	第八届上海国际电影节	上海	中国国家广播电影电视总局、上海市人民政府主办,上海文广影视集团国际大型活动办公室承办
6月11—15日	第十一届上海电视节	上海	中国国家广播电影电视总局、上海市人民政府主办,上海市文化广播影视管理局、上海文化广播影视集团承办
8月15—23日	永恒的记忆——纪念中国人民抗日战争暨世界反法西斯战争胜利60周年京沪美术作品联展	上海美术馆	上海市文广局、北京市文化局、北京市广播电视局
9月17日—10月6日	2005年上海旅游节	上海市	上海市旅游事业管理委员会、上海市经济委员会、上海市文化广播影视管理局
10月18日—11月18日	第七届中国上海国际艺术节	上海	中国文化部主办,上海市人民政府承办
10月26日—11月12日	第八届上海亚洲音乐节	上海	上海亚洲音乐节组委会、上海文广新闻传媒集团等
10月28日—11月6日	2005上海时装周	上海	上海市人民政府主办,中国纺织工业协会、中国服装协会、中国服装设计师协会、中国流行色协会、中华全国工商联纺织服装商会等15家单位协办
11月15—20日	2005上海民族民间艺术博览会	上海展览中心	上海社会文化经济交流协会、上海民族民间文化保护中心主办,上海健生文化体育发展有限公司承办

（续表一）

日期	展会名称	举办地点	举办方
11月18—20日	第三届中国(上海)传媒业博览会	上海展览中心	上海市新闻工作者协会、上海市国际文化传播协会主办，文新报业集团等10余家上海市媒体协办
11月19日—2006年3月	2005上海国际城市雕塑双年展	上海	上海文化发展基金会、上海城市雕塑委员会主办，上海市徐汇区人民政府、上海明圆文化艺术中心和美国伊曼纽尔-伽弗戈艺术公司(Emmanuel Javogue Fine Arts LLCU. S. A)共同承办
12月2—18日	2005(第三届)上海美术大展	上海美术馆	上海市文学艺术界联合会、上海市美术家协会

表3-2-53　2006年文化会展情况概览表

日期	展会名称	举办地点	举办方
3月15日—4月15日	第十二届上海国际服装文化节	上海	上海市政府
3月30日—4月2日	上海世界旅游资源博览会	上海展览中心	上海市旅游委、VNU欧洲展览集团
4月6—16日	第五届上海国际花卉节	上海长风公园	上海市旅游委、市绿化局、市农委、上海文广新闻传媒集团、新民晚报、普陀区政府主办，普陀区政府承办
4月12—16日	第十三届上海国际茶文化节	上海国际会议中心	上海闸北区政府、市旅游委、市政府侨办、市政府外办、市文明办、市政府合作交流办、市文广影视局、市绿化局、市文联、上海文广影视集团、市茶叶学会
5月5—16日	上海之春国际音乐节	上海大剧院	上海市文化广播影视管理局、上海市文学艺术联合会、上海文化广播影视集团主办，上海广新闻传媒集团和上海音乐家协会承办
5月11—17日	“共享上海”影像展	上海图书馆第二展厅	徐汇区精神文明建设委员会、中共徐汇区宣传部主办，上海城开承办，上海摄影家协会协办
5月29日—6月24日	太阳城——社会主义现实主义的辉煌艺术展	上海城市规划展示馆	中华人民共和国文化部、俄罗斯联邦文化电影署主办，中国对外文化集团公司和上海市对外文化交流协会承办
6月10—12日	上海民族民间艺术博览会	上海东亚展览馆	上海市社会经济文化交流协会等
6月17—25日	第九届上海国际电影节	上海	国家广电总局和上海市政府联合主办，上海市文化广播影视管理局、上海文化广播影视集团承办
6月17—21日	第十二届上海电视节	上海	国家广播电影电视总局、上海市人民政府主办，上海市文化广播影视管理局、上海文化广播影视集团承办

(续表一)

日期	展会名称	举办地点	举办方
6月28日—7月3日	2006上海卡通总动员	东亚展览馆	传媒集团、上海炫动卡通卫视等
8月5—11日	2006上海书展	上海展览中心	上海市新闻出版局
9月5日—11月5日	第六届上海双年展	上海美术馆	上海双年展组织委员会
9月16日—10月6日	2006年上海旅游节	上海	—
9月27日—10月7日	2006上海国际少年儿童文化艺术博览会	上海浦东世纪广场	文化部中外文化交流中心、文汇新民联合报业集团
10月17日—11月18日	第八届中国上海国际艺术节	上海	中国文化部主办,上海市人民政府承办
10月17日—11月18日	第八届中国上海国际演出交易会	上海展览中心	中国文化部主办,上海市人民政府承办
10月24—31日	锦绣文章华服霓裳——中国服饰文化展	上海世贸商城	上海文化发展基金会、上海市文化广播影视管理局、上海时装周组委会主办
12月10日	首届中国国际少儿艺术展	上海光大会展中心	联合国科教文组织、中国对外友协、中国文化艺术发展促进会主办
12月21日	第五届中韩日文化人书艺展	上海文庙	上海市大学书法教育协会
12月23日—2007年1月30日	迎奥运、世博2006首届中国·上海龙文化展览	上海浦东世界广场	上海收藏协会、上海老年体育协会、虹口收藏协会及上海华燕置业策划有限公司

表3-2-54　2007年文化会展情况概览表

日期	展会名称	举办地点	举办方
2月5日	首届上海当代工艺美术展	上海工艺美术博物馆	上海工艺美术协会、上海美协、上海工业美术设计协会等
3月15日—5月12日	第十三届上海国际服装文化节	上海	上海市人民政府
4月11—14日	第九届中国国际花卉园艺展览会	上海世贸商城、上海国际展览中心	中国花卉协会主办,上海国际展览中心有限公司、长城国际展览有限责任公司承办
4月18—22日	第十四届上海国际茶文化节	上海	上海闸北区政府、市旅游委、市政府侨办、市政府外办、市文明办、市政府合作交流办、市文广影视局、市绿化局、市文联、上海文广影视集团、市供销合作总社、市茶叶学会
6月9—13日	上海民族民俗民间文化博览会	东亚展览馆	上海市社会经济文化交流协会、上海市非物质文化遗产保护中心
6月11—15日	第十三届上海电视节	上海	国家广播电影电视总局、上海市人民政府主办,上海市文化广播影视管理局、上海文化广播影视集团承办

（续表一）

日期	展会名称	举办地点	举办方
6月16—24日	第十届上海国际电影节	上海	国家广电总局和上海市人民政府主办，上海市文化广播影视管理局、上海文化广播影视集团承办
8月10—12日	首届中国体育旅游博览会	上海展览中心	国家体育总局、国家旅游局、上海市人民政府
8月15—21日	2007上海书展	上海世贸商城	上海市新闻出版局
8月18—26日	上海·日本新多媒体动漫艺术展	上海城市雕塑艺术中心	中国文化部、日本文化厅、日本画像情报教育振兴协会
9月25日	首届上海老字号博览会	上海展览中心	上海市经委、黄浦区人民政府和上海市档案局主办，黄浦区经委、市档案馆和上海中华老字号企业
10月18日—11月18日	第九届中国上海国际艺术节	上海	中国文化部主办，上海市人民政府承办
10月19—23日	首届上海电子艺术节	上海美术馆	上海世博会事务协调局、市科委、市文广影视局、浦东新区人民政府、上海文化发展基金会联合主办，上海东方文化发展中心承办

表3-2-55　2008年文化会展情况概览表

日期	展会名称	举办地点	举办方
1月26日—2月17日	时代华章——北京画院、上海中国画院50年作品展	上海美术馆	文化部艺术司、中共北京市委宣传部、中共上海市宣传部、北京市文化局、上海市文化广播影视管理局
2月28日—3月11日	中国油画·工笔重彩·水墨肖像艺术展	上海美术馆	中国油画学会、北京工笔重彩画会、中央美术学院中国画院、上海美术馆
3月14日—4月6日	伦勃朗铜版画作品展	上海城市规划展示馆	上海市对外文化交流协会、奥中文化交流促进上海城市规划展示馆
3月24日—4月29日	第十四届上海国际服装文化节	上海	上海市人民政府
4月25—28日	首届上海中国古玩艺术品博览会	上海东亚展览馆	全国工商联古玩业商会
4月28日—5月16日	上海之春国际音乐节	上海	上海市文广影视局、市文联、上海文广影视集团主办，上海文广传媒集团、上海音乐家协会、上海音乐学院承办
4月29日—5月5日	傅雷百年诞辰展览	上海图书馆	国家图书馆、上海图书馆举办
5月1日—7月21日	古代奥林匹克运动与艺术展	上海博物馆	上海博物馆、大英博物馆

(续表一)

日期	展会名称	举办地点	举办方
5月9—12日	第十五届上海国际茶文化节	上海	上海闸北区政府、市委宣传部、市旅游局、市农委、市政府侨办、市政府外办、市文明办、市政府合作交流办、市文广影视局、市绿化局、市文联、上海文广影视集团、市供销合作总社、市茶叶学会
5月19日	《抗震救灾众志成城》图片展	文新报业大厦	文新集团图片中心
5月24日—6月8日	力量——托尼克设计展	上海美术馆	复旦大学上海视觉艺术学院、零时艺术中心和上海美术馆
6月9日—13日	第十四届上海电视节	上海	国家广播电影电视总局、上海市人民政府主办,上海市文化广播影视管理局、上海文化广播影视集团承办
6月14—22日	第十一届上海国际电影节	上海	国家广播电影电视总局、上海市人民政府主办,上海文广影视集团承办
6月21日—8月20日	古典与唯美——西蒙基金会藏欧洲19世纪绘画精品展	上海美术馆	中华世纪坛世界艺术馆、上海美术馆、湖南省博物馆、广东美术馆和墨西哥西蒙基金会共同举办
9月8日—11月16日	第七届上海双年展	上海美术馆	上海双年展组织委员会
9月13日—10月6日	2008年上海旅游节	上海	上海市旅游局、市文广局、市经委
9月29日—10月4日	2008上海动漫娱乐展	世贸商城	文新集团
10月9—12日	首届上海中国钱币博览会	上海光大会展中心	上海市钱币学会和上海市徐汇区文化局
10月18—22日	2008上海电子艺术节	上海科技馆	上海世博会事务协调局、上海市科学技术委员会、上海市文化广播影视管理局、上海市浦东新区人民政府、上海文化发展基金会
10月18日—11月18日	第十届中国上海国际艺术节	上海	中国文化部主办,上海市人民政府承办
10月29日—11月6日	2008上海时装周	上海	上海市人民政府
11月2日	第22届全国文房四宝艺博会	黄浦区图书馆	中国文房四宝协会、黄浦区政府主办,上海新世界(集团)承办

表3-2-56　2009年文化会展情况概览表

日期	展会名称	举办地点	举办方
1月16日—2月20日	吴冠中捐赠作品展	上海美术馆	上海美术馆

（续表一）

日期	展会名称	举办地点	举办方
3月10日—4月29日	第十五届上海国际服装文化节	上海	上海市人民政府
4月16—23日	第十六届上海国际茶文化节	上海	上海国际茶文化节组委会主办，上海闸北区政府、上海文广影视集团承办
4月28日—5月16日	上海之春国际音乐节	上海	上海市文广影视局、市文联、上海文广影视集团主办，上海广播电视台、上海音乐家协会、上海音乐学院
5月1日—6月21日	图像的故事——安特卫普古典及新时代大师精品展	上海美术馆	上海美术馆
6月8—12日	第十五届上海电视节	上海	国家广播电影电视总局、上海市人民政府主办，上海市文化广播影视管理局、上海文化广播影视集团承办
6月11日—7月11日	阿尔贝托·科拉松抽象绘画和雕塑艺术展	上海民生现代美术馆	上海市对外文化交流协会、西班牙巴伦西亚现代艺术博物馆
6月13—21日	第十二届上海国际电影节	上海	国家广电总局和上海市政府联合主办，上海文广影视集团承办
6月24—30日	庆祝中华人民共和国成立六十周年上海美术作品展暨第五届上海美术大展	上海美术馆	上海市文联、市文广影视局、市美协
8月13—19日	2009上海书展	上海展览中心	上海市新闻出版局
9月12日—10月6日	2009年上海旅游节	上海	上海市旅游局、市文广影视局、市经济信息化委
9月15日	金秋颂歌——上海市第六届书法篆刻大展	金秋颂歌——上海市第六届书法篆刻大展	上海市文联、市书法家协会
9月18日—10月25日	融古开今—纪念谢稚柳百年诞辰书画精品展	上海博物馆	上海博物馆
9月23日—11月29日	哥伦比亚前西班牙时期黄金艺术展	上海博物馆	哥伦比亚共和国银行、上海博物馆
9月24日	锦绣岁月——纪念新中国成立60周年老物件精品展	中福古玩城	上海市收藏协会、中福古玩城
9月29日—10月6日	2009上海民族民俗民间文化博览会	东亚展览馆	上海市社会经济文化交流协会、市非物质文化遗产保护中心、夏征农民族文化教育发展基金会
10月18日—11月18日	第十一届中国上海国际艺术节	上海	文化部主办，上海市政府承办
10月18日—11月18日	首届东方喜剧展	上海	中国上海国际艺术节组委会、上海戏剧学院、北京大道文化制作有限公司、上海东上海国际文化影视集团有限公司

(续表二)

日期	展会名称	举办地点	举办方
10月20—27日	2009上海时装周	上海	上海市人民政府
10月20—31日	2009时尚创意空间展	上海名仕街时尚创意园	中国纺织工业协会主办，上海国际服装服饰中心和名仕街协办
10月23日—11月5日	第十一届全国美术作品展览中国画展	上海展览中心	文化部、中国美协
11月5—9日	首届上海国际木偶艺术节暨邀请赛	上海	中国上海国际艺术节组委会、市文广影视局、市文联、黄浦区政府、上海文广影视集团、联合国教科文组织国际木偶联会中国中心、中国木偶皮影艺术学会
11月5—8日	第六届上海国际魔术节	上海国际体操中心	中国上海国际艺术节组委会、上海文广演艺(集团)、长宁区政府、市文联
11月6—9日	首届上海国际陶瓷生活艺术博览会	上海世贸商城	上海春天国际艺术沙龙公司、江苏演艺集团有限公司
11月13—15日	60年:盛世·传媒——第10届上海传媒业博览会	上海展览馆西二馆	上海新闻战线“三项学习教育”活动领导小组、上海市新闻工作者协会、解放日报报业集团、文汇新民联合报业集团、上海广播电视台、上海东方传媒集团有限公司、东方新闻网
11月18—29日	革命的时代:延安以来的主题创作展	上海美术馆	上海美术馆
12月17日—2010年1月20日	激情纸艺——2009上海原创纸艺大展	徐汇图书馆	上海民间文艺家协会等

表3-2-57　2010年文化会展情况概览表

日期	展会名称	举办地点	举办方
3月10日—4月20日	第十六届上海国际服装文化节	上海新国际博览中心	上海人民政府
3月10日—6月6日	意大利乌菲齐博物馆珍藏展	上海博物馆	意大利乌菲齐博物馆、上海博物馆以及上海市对外文化交流协会
4月2日—5月23日	“利玛窦——明末中西科技文化交流的使者”特展	上海博物馆	意大利马尔凯大区政府、中国文物交流中心
4月15—18日	第十七届上海国际茶文化节	上海	上海市闸北区人民政府、上海市文学艺术界联合会和上海市茶叶学会
4月28—18日	上海之春国际音乐节	上海市	上海市文广影视局、市文联、上海文广影视集团主办，上海广播电视台、上海音乐家协会、上海音乐学院承办
5月4日—6月1日	变奏的身体:法国罗纳-阿尔卑斯大区五大美术馆藏品展	上海美术馆	上海美术馆、法国里昂美术馆

（续表一）

日期	展会名称	举办地点	举办方
5月12—20日	光华百年——世界华人庆世博美术大展	上海美术馆	上海市政府侨办、上海世博局、市文联、市美协
6月3—29日	台湾行旅——台北市立美术馆典藏品特展	上海美术馆	上海美术馆、台北市立美术馆
6月7—11日	第十六届上海电视节	上海	国家广播电影电视总局、上海市人民政府主办，上海市文化广播影视管理局、上海文广影视集团承办
6月12—20日	第十三届上海国际电影节	上海	国家广播电影电视总局、上海市人民政府主办，上海文广影视集团承办
6月21日	上海国际室内设计节	上海环球金融中心	中国室内装饰协会、上海市经济团体联合会主办，上海市室内装饰行业协会承办
7月8—12日	第六届中国国际动漫游戏博览会暨2010卡通总动员	上海展览中心	国家文化部和上海市人民政府
8月4日—11月15日	“古印度文明：辉煌的神庙艺术”特展	上海博物馆	上海博物馆、大英博物馆、维多利亚与阿尔伯特博物馆
8月8—25日	吴冠中纪念展	上海美术馆	上海美术馆
8月11—17日	2010年上海书展	上海展览中心	上海市新闻出版局
8月25日—9月6日	精彩世博——中国首届3D图片展	上海图书馆	中共上海市委宣传部、新华社上海分社
8月25日—12月12日	北方之星：叶卡捷琳娜二世与俄罗斯帝国的黄金时代特展	上海博物馆	上海博物馆、俄罗斯艾尔米塔什博物馆
9月8—12日	第十四届上海艺术博览会	上海世贸商城	上海艺术博览会组织委员会、上海广播电视台、解放日报报业集团、文汇新民联合报业集团、新民晚报、东上海国际文化影视集团
9月12日—10月6日	2010上海旅游节	上海	上海市旅游局、市文广影视局、市经济信息化委
9月17日—10月5日	观城——2010上海国际版画展	上海虹桥当代艺术馆	上海市对外文化交流协会与市美术家协会、上海虹桥当代艺术馆、上海大学美术学院
9月24日—10月22日	香港文化周	上海	中国上海国际艺术节组委会、香港特别行政区政府联合主办，中国上海国际艺术节中心和香港特别行政区政府康乐及文化事务署共同承办
9月27日—10月27日	第十二届中国上海国际艺术节	上海	文化部主办，上海市人民政府承办

(续表二)

日期	展会名称	举办地点	举办方
9月28日—10月7日	写意中国·2010大写意国画邀请展	上海浦东展览馆	中国国家画院、中国上海国际艺术节中心
9月28日—11月23日	千年丹青——日本、中国藏唐宋元绘画珍品展	上海博物馆	上海博物馆、东京国立博物馆
10月20日—10月25日	2010上海时装周(秋季)	上海	上海市人民政府
11月12—14日	世博精彩难忘传媒有声有色——2010年中国(上海)传媒业博览会	上海展览中心	上海新闻战线“三项学习教育”活动领导小组、市新闻工作者协会
12月17—31日	2010跨越欧亚世博行——“对话文明”中法艺术家世界遗产发现之旅作品展	上海思南公寓展览中心	上海市对外文化交流协会、杭州市文化广播电视新闻出版局

表3-2-58　1978年商业会展情况概览表

时间	展会名称	举办地点	举办方
1月11日—1月20日	中国羽绒制品交易会	上海	中国土产畜产进出口总公司
3月17日	上海市科技成果展览会	沪东工人文化宫	—
12月2日	电子和电气技术展览会	上海展览馆	德意志联邦共和国西门子公司
12月11日	全国纺织产品质量品种汇报展览	上海展览馆	—

表3-2-59　1979年商业会展情况概览表

时间	展会名称	举办地点	举办方
1月10日	第四届中国羽绒制品交易会	上海展览馆	中国土畜产进出口总公司
1月19日	上海手工系统新产品、新品种展销会	上海手工业产品陈列室	上海市手工业局直属的九个公司和部分区属单位
1月28日	一九七八年度上海市中小学科技活动成果展览会	上海青年宫	—
2月3日	引进商品展览会	上海市工人文化宫	—
2月26日	一九七九年上海服装造型设计展览	上海	—
3月10日	一九七九年静安区服装、皮布鞋造型设计展览会	上海	静安区衣着用品公司
3月14日	瑞士机床展览会	上海展览馆	瑞士机械制造商协会机床组和瑞士贸易发展联合局

（续表一）

时间	展会名称	举办地点	举办方
4月5日	提高产品质量汇报展览	上海	上海市革委会工交办公室
4月5—9日	城乡物资交流大会	松江县	—
4月11日	引进商品展览	上海	上海市第一商业局
4月25日	春夏季服装展销	上海	上海市服装鞋帽公司
5月5日	日本东京重机缝纫机械设备展览会	上海展览馆	—
5月25日	外贸出口商品展览会	南汇县	—
7月10日	上海市利用太阳能科研成果展览会	科学会堂	—
7月25日	上海市消防展览会	黄浦区文化馆	—
8月6—18日	一九七九年秋季中国对日本服装、针棉织品交易会	上海	中国纺织品进出口总公司
10月5—18日	日本横滨工业展览会	上海展览馆	—
10月6日	上海市医药商品展销交流会	上海	—
10月24日	上海市烹调技术展览会第二期	上海	—
11月13—18日	机床工具产品展销会	中山西路六百号	上海市机床公司
11月14—22日	上海市第四次生产资料展销调剂会	上海	—
11月16日	日本医疗设备和感光器材展览会	上海展览馆	—
12月19—22日	供需直接见面的订货会议	生产资料交易市场	上海市机电设备供应公司

表3-2-60　1980年商业会展情况概览表

时间	展会名称	举办地点	举办方
1月1日	上海市百货系统橱窗广告展览会	黄浦区文化馆	—
1月10—20日	第五届中国羽绒制品交易会	上海展览馆	中国土产畜产进出口公司
1月14日	上海市建筑安装施工安全生产展览会	上海	劳动局
1月22日	瑞典电子设备和仪器展览会	上海展览馆	瑞典出口理事会
2月26日	对港澳服装交易会	上海	中国纺织品进出口公司
2月28日	第一届中国鬃刷交易会	上海	中国土产畜产进出口总公司
3月3日	家用电器和建筑材料出口交易会	上海	—
3月25日	上海市工业系统创优质产品展览会	上海工业展览馆	上海市经济委员会

(续表一)

时间	展会名称	举办地点	举办方
3月27日—4月5日	英国航空设备展览会	上海展览馆	英国宇航公司协会
4月15日—5月15日	上海市第一次春季物资交易会	上海	—
4月25日—5月2日	上海县城乡物资交流会	龙华镇	—
5月28日	日本工业新产品样本展览会	上海展览馆	日本工业调查会
5月31日	曹简楼花卉作品观摩会	上海	上海画院
7月20日	上海市人民防空展览会	上海	—
8月11—30日	全国机电产品交易会	上海	—
8月25日—9月1日	首届革制品交易会	上海市衡山宾馆	中国轻工业品进出口公司
9月16日—10月17日	新产品展销会	上海	上海市轻工业局
9月25日	一九八〇年盆景艺术展览	上海市人民公园	上海盆景协会
10月24—29日	上海秋季物资交易大会	上海市肇嘉浜路二〇一号	
11月5—15日	意大利包装机械展览会	上海展览馆	意大利外贸协会
12月1—10日	法国仪器和电讯设备展览会	上海展览馆	—
12月7—14日	一九八一年第一次机电产品供应订货会	上海	上海市机电设备供应公司
12月13日—1981年1月30日	上海市工业新产品展览	工业展览馆南京西路技术革新分馆	上海市经委

表 3-2-61　1981 年商业会展情况概览表

时间	展会名称	举办地点	举办方
1月10—20日	第六届中国羽绒制品交易会	上海展览馆	中国土产畜产进出口总公司
3月18日	英国科学仪器展览会	上海展览馆	英国科学仪器制造商协会和英国海外贸易局
3月1—10日	中国鞋类、皮手套交易会	衡山宾馆	中国轻工业品进出口总公司
3月30日—4月4日	工业产品交易会	上海	上海市生产资料交易市场
4月1—14日	一九八一年中国丝绸交易会	上海衡山宾馆	中国纺织品进出口总公司
4月20日	外国电器产品陈列和技术交流会	上海展览馆	上海市对外贸易总公司进口部和上海广告公司
6月18—31日	日用消费品展销活动	黄陂北路美术展览馆	市手工业局所属各工业公司和黄浦区的部分商店

（续表一）

时间	展会名称	举办地点	举办方
6月18日	法国工厂技术设备革新展览会	上海展览馆	—
8月3日	上海服装选样定产会	文艺会堂	上海市服装公司
8月8日	上海化工科研成果转让交易会	红光中学	—

表3-2-62 1983年商业会展情况概览表

时间	展会名称	举办地点	举办方
7月21—30日	首届上海对外贸易洽谈会	上海展览馆	上海市对外贸易总公司

表3-2-63 1983年商业会展情况概览表

时间	展会名称	举办地点	举办方
6月21—30日	首届上海对外贸易洽谈会	上海展览馆	上海市对外贸易总公司

表3-2-64 1984年商业会展情况概览表

时间	展会名称	举办地点	举办方
1月7日	一九八三年羽绒制品博览会	上海	上海市手工业局陈列室
3月1—10日	上海对外贸易洽谈会	上海	上海市对外贸易总公司

表3-2-65 1985年商业会展情况概览表

时间	展会名称	举办地点	举办方
7月3日	首届上海国际汽车工业展览	上海	中国国际贸易促进委员会上海市分会（上海贸促分会）、香港雅式展览公司

表3-2-66 1986年商业会展情况概览表

时间	展会名称	举办地点	举办方
3月1日—10日	第四届上海对外贸易洽谈会	上海	上海市对外贸易总公司

表3-2-67 1988年商业会展情况概览表

时间	展会名称	举办地点	举办方
12月21—26日	1988年上海市引进技术消化吸收成果展览交易会	上海展览中心	市经委和市科委

表3-2-68 1989年商业会展情况概览表

时间	展会名称	举办地点	举办方
1月2—10日	上海经济区出口名优商品展评会	上海	—

(续表一)

时间	展会名称	举办地点	举办方
3月16日	上海地区工业1989年春季订货会	上海展览中心	—

表3-2-69 1990年商业会展情况概览表

时间	展会名称	举办地点	举办方
10月7日	中国旅游交易会	上海	国际旅游局、上海市人民政府

表3-2-70 1991年商业会展情况概览表

时间	展会名称	举办地点	举办方
10月9—15日	首届上海科技博览会	上海展览中心	上海市人民政府

表3-2-71 1992年商业会展情况概览表

时间	展会名称	举办地点	举办方
3月5—14日	92中国华东出口商品交易会	上海展览中心、上海商城和上海国际展览中心	上海、江苏、浙江、安徽、江西、南京、宁波
4月25日	92上海水产品交易会	上海水产大厦	中国水产供销行业协会、上海市水产供销公司

表3-2-72 1993年商业会展情况概览表

时间	展会名称	举办地点	举办方
3月5—14日	93中国华东出口商品交易会	上海	上海、江苏、浙江、安徽、江西、南京、宁波
10月20日	第二届上海科技博览会	上海	上海市人民政府

表3-2-73 1994年商业会展情况概览表

时间	展会名称	举办地点	举办方
3月25日	上海国际时装展览会	上海	香港贸易发展局、市国际展览公司、香港工商业公司
7月26日	家用电脑展览会	上海展览中心	—

表3-2-74 1995年商业会展情况概览表

时间	展会名称	举办地点	举办方
6月27日	名车展览	上海国际展览中心和上海展览中心	市国际展览公司、香港雅式展览服务有限公司
8月8—9日	1995上海名牌产品订货会	上海商务中心	市政府财贸办公室、市经济委员会、市经济技术协作办公室、市名牌产品推荐委员会
9月1日	95上海国际食品博览会	上海商城展览厅	上海现代国际展览公司、上海申宏公司和上海商城

（续表一）

时间	展会名称	举办地点	举办方
9 月 23 日—10 月 3 日	迎国庆商品大联销	上海商务中心大厦	上海市人民政府财贸办公室主办，上海商务中心股份有限公司承办
10 月 8—12 日	上海商品交易会	上海商务中心	国内贸易部和上海市政府

表 3-2-75　1996 年商业会展情况概览表

时间	展会名称	举办地点	举办方
3 月 23—25 日	96 春季全国针棉织品交易会	上海商务中心	中国纺织品商业协会主办，上海第一百货针织品公司(原上海针织品批发总公司)承办
11 月 16—19 日	96 上海全国商品交易会	浦东新区新上海商业城	国内贸易部和上海市政府

表 3-2-76　1997 年商业会展情况概览表

时间	展会名称	举办地点	举办方
4 月 11—20 日	第四届中国花卉博览会暨首届中国花卉交易会	长风公园	中国花卉协会、上海市人民政府
5 月 14 日	97 上海国际计算机及网络展览会	上海展览中心	全国电子信息系统推广办公室和上海计算机应用与产业发展领导小组
11 月 10—14 日	97 中国国际计算机网络应用系统博览会	上海展览中心	市信息港办公室、市计算机学会、中国计算机协会、IDG 世展博览(亚洲)有限公司
11 月 11 日	97 秋季全国文化用品交易会	虹桥上海世贸商城	中国百货商业协会主办，一百集团上海文化用品总公司和上海一百集团百文有限公司共同承办
11 月 19 日	国际工业装备展	上海	中国机械工程学会
12 月 3 日	国际电脑博览会	上海	浦东国际展览公司
12 月 5 日	新年礼品贺卡展	上海	外经贸商展公司

表 3-2-77　1998 年商业会展情况概览表

时间	展会名称	举办地点	举办方
4 月 28 日	多国服装加工工艺和设备展、多国时装衣料和辅料展、多国针织加工工艺和设备展、国际工业自动化与控制技术展	上海	上海市纺织工业局、上海市国际贸易信息和展览公司、香港雅式展览服务有限公司、中国自动化学会
5 月 21—23 日	98 全国化妆洗涤商品交易会	上海世贸商城	中国百货商业协会主办，上海一百集团百文有限公司承办
10 月 14—17 日	98(第七届)上海全国商品交易会	上海世贸商城和上海国际展览中心	国家经贸委、上海市人民政府、国家内贸局
11 月 10 日—12 日	98 秋季全国五金商品交易会	上海国际展览中心	中国五金交电化工商业协会主办，上海五金公司承办

(续表一)

时间	展会名称	举办地点	举办方
11月17日	第52届全国电子产品展销订货会暨98(上海)国际电子展、第二届国际视听产品展	上海世贸商城	中国电子器材总公司
12月26日—1999年1月2日	98上海全国玩具及旅游品博览会	上海国际儿童广场	中国工艺美术总公司

表3-2-78　1999年商业会展情况概览表

时间	展会名称	举办地点	举办方
1月23日	99上海食品博览会和华夏酒文化展	美罗城	市商委、市协作办和徐汇区人民政府,上海市糖业烟酒(集团)公司和上海友谊(集团)公司
4月19—21日	中国国际消费品展览会	上海国际展览中心	法兰克福展览有限公司、华港国际展览公司、上海商业展览办公室
8月11—15日	99上海国际少儿用品博览会暨99小主人之夏	上海展览中心	上海市商业展览办公室和《小主人》报社
9月27—29日	99《财富》全球论坛上海年会	上海	美国时代华纳集团旗下《财富》杂志主办,上海市人民政府承办
11月10—13日	99(第八届)上海全国商品交易会	上海光大会展中心	国家经济贸易委员会、国家国内贸易局、上海市人民政府
11月10—13日	首届中国连锁超市博览会暨中国连锁业会议	上海	中国连锁经营协会

表3-2-79　2000年商业会展情况概览表

时间	展会名称	举办地点	举办方
3月28日	第十一届国际制冷、空调、供暖、通风及食品冷冻加工展览会	上海世贸商城和上海国际展览中心	中国制冷空调工业协会
4月	上海消费品展览会	上海	上海外服国际展览广告公司与日本横滨市政府
4月25—27日	春季全国交电家电商品交易会	上海光大会展中心	中国家用电器商业协会和中国五金交电化工商业协会主办,华联集团家用电器有限公司和上海市商业展览办公室承办
4月26—29日	“2000中国上海国际生物技术和医药工业展览会暨研讨会”“2000中国国际非处方药工业展览会暨研讨会”“2000上海国际先进医疗器械、康复理疗设备展览会”“2000上海国际制药机械和医药包装设备展览会”	上海世贸商城	上海现代国际展览有限公司

（续表一）

时间	展会名称	举办地点	举办方
5月	第八届国际模具技术和设备展览会	上海市国际展览有限公司	中国模具工业协会、中国贸易促进会上海分会、上海市国际展览公司
5月10—13日	第六届上海国际服装博览会	上海展览中心	上海工业商务展览有限公司
6月	第九届上海国际信息通信展	上海	上海市国际展览有限公司
6月1—4日	第二届上海国际金卡工程应用技术及设备展览会	上海	上海浦东国际展览公司
6月16—19日	“第八届上海国际广告、印刷、媒体技术设备展览会”“第三届中国国际柔印凹印技术设备展览会”“2000上海国际纸业、纸制品加工包装及标牌丝网印刷展览会”	上海国际展览中心和上海世贸商城	上海现代国际展览有限公司
8月21—24日	第五届国际整烫洗涤设备和工业清洗机械博览会	上海光大会展中心	上海工业商务展览有限公司与中国轻工机械协会洗涤机械专业委员会
9月5—7日	第七十五届中国纺织品服装交易会暨上海国际纺织家居装饰面料展览会	上海世贸商城	中国纺织品商业协会
9月12—15日	2000年上海国际工业清洗与整烫洗涤机械设备及用品博览会	上海展览中心	上海工业商务展览有限公司
9月20日	中国上海国际包装和食品加工技术展览会	上海国际展览中心	中国食品和包装机械总公司、法国爱博展览集团
9月21—24日	上海国际家庭用车推广展览会	上海	上海浦东国际展览公司
9月23日—10月22日	第三届中国国际园林花卉博览会	世纪公园	国家住房和城乡建设部、上海市人民政府
9月26—29日	2000年上海国际电子商务应用展	上海国际会议中心	中国贸促会电子信息行业分会主办，上海工业商务展览有限公司公司协办
10月	第七届国际食品加工及包装机械展览会	上海	上海市国际展览有限公司
10月24—28日	第二届上海国际工业博览会——2000年高新技术成果展	上海展览中心	国家经贸委、外经贸部、科技部、信息产业部、教育部、上海市人民政府
11月	“CA-WORLDINASIA”亚洲信息技术展览会	上海国际会议中心	上海外服国际展览广告公司、美国CA公司
11月	西班牙家居展	上海	上海市国际展览有限公司
11月1—4日	第九届上海全国（消费）商品交易会（简称上交会）	上海光大会展中心	国家经贸委和上海市人民政府
11月1—4日	第二届中国连锁业会议暨超市博览会	上海	中国连锁经营协会

（续表二）

时间	展会名称	举办地点	举办方
11月7—9日	秋季全国五金商品交易会	上海光大会展中心	中国五交化商业协会主办，上海友谊集团、上海市商业展览办公室承办
11月22—25日	2000年上海国际中老年医疗、康复、保健用品博览会	上海展览中心	市老龄委、市老年基金会主办，上海外经贸商务展览公司承办
12月5—8日	首届“中国国际润滑油、脂及调和技术设备展览会”	上海国际展览中心	上海国际展览中心有限公司与上海博慧商务展览有限公司
12月15—17日	上海国际互联网网络、网站推广展览会	上海	上海浦东国际展览公司
12月29日—2001年1月2日	普陀区首届大型房展	上海	—

表3-2-80　2001年商业会展情况概览表

时间	展会名称	举办地点	举办方
2月18日	2001中国(上海)国际眼镜业展览会	上海国际展览中心	中国眼镜协会
3月6—9日	第二届国际啤酒、饮料技术及设备展览会	上海光大会展中心	中国轻工机械协会、中国国际展览公司、上海市国际展览有限公司和京慕国际展览有限公司
3月27—29日	上海国际生物医药及非处方药展览会	上海	上海现代国际展览有限公司
3月27—30日	中国国际工业自动化及技术展/中国国际传感器、测试测量及自动化技术展	上海光大会展中心	中国自动化学会
4月22日	上海国际建筑装饰材料精品展	上海国际展览中心	上海新裕展览服务有限公司承办
4月25日	2001年上海SUPERCOM展览会	上海光大会展中心	信息产业部和美国商务部共同发起
4月25—28日	中国国际SUPERCOMM展	上海光大会展中心	国家信息产业部、中国邮电器材总公司、美国通信工业协会等
5月3日	国际时装模特大赛	上海	上海广电集团
5月22—24日	第八十七届中国化妆洗涤美容用品交易会暨中国(上海)国际美容化妆用品博览会	上海	中国百货商业协会
5月28日—6月2日	第九届上海国际纺织工业展	上海	上海市国际展览有限公司、香港雅式展览服务有限公司
6月7—10日	第十届上海国际信息通信展览会	上海光大会展中心	国家信息产业部、中国邮电器材总公司、美国通信工业协会

（续表一）

时间	展会名称	举办地点	举办方
6月26—29日	第十一届中国上海国际医疗设备及技术展览会	上海世贸商城	上海展览中心和显辉国际展览有限公司
7月17—20日	第七届中国国际包装及加工科技展	上海光大会展中心	香港展览服务有限公司
7月18—21日	上海国际广告技术设备和国际印刷技术设备展览会	上海	上海现代国际展览有限公司
8月27—30日	在上海国际会议中心举行亚太经合组织2001年中小企业工商论坛暨展览	上海国际会议中心	上海工业商务展览有限公司
9月4—7日	第四届上海国际消防、保安技术设备展览会	上海世贸商城	市消防局主办，市公安局技术防范办公室协办
10月18—20日	中国(上海)国际打印机技术与应用展览会	上海	上海展览中心、中国计算机用户协会终端打印机分会、上海邦达展览服务有限公司
10月23—26日	第十二届多国仪器仪表展览会暨国际仪器仪表发展高峰论坛	上海世贸商城	上海工业商务展览有限公司
11月13日	中国物流及运输展和中国动力传送和控制展	上海新国际博览中心	德国汉诺威展览公司
11月14日	第七届中国国际教育器材展览会和2001年秋季全国高教仪器设备展示订货会	上海光大会展中心	中国高等教育学会、中国教学仪器设备总公司
11月22—27日	第三届上海国际工业博览会	上海浦东新国际博览中心	上海工业商务展览有限公司
11月23日	工博会论坛	上海国际会议中心	国家经贸委、外经贸部、科技部、信息产业部、教育部、中科院、中国国际贸促会、上海市人民政府
11月23日	产业发展信息发布暨对外合作项目推介会	上海	上海市外国投资促进中心与上海电气(集团)总公司
12月10日	2001上海国际汽车展览会	上海新国际博览中心	汉诺威国际展览有限公司、汉诺威展览会(中国)有限公司、东方国际集团广告展览有限公司

表3-2-81　2002年商业会展情况概览表

时间	展会名称	举办地点	举办方
1月17—19日	上海国际软件、集成电路展示交易会暨人才招聘会	上海世贸商城	上海市信息化办公室、上海市对外经济贸易委员会、上海市人事局共同主办，上海浦东国际展览公司承办

(续表一)

时间	展会名称	举办地点	举办方
2月28日—3月7日	第12届中国华东进出口商品交易会	上海新国际博览中心	上海市商务委、江苏省商务厅、浙江省商务厅、安徽省商务厅、福建省商务厅、江西省商务厅、山东省商务厅、南京市商务局、宁波市商务局
3月20—23日	第三届上海国际连锁加盟创业展览会	上海光大会展中心	上海商业联合会、上海连锁商业协会、上海市开业指导服务中心
5月1—4日	假日楼市——2002上海房地产春季展示会	上海展览中心	上海展览中心和上海协作国际展览公司
5月21—23日	上海国际交通及轨道运输技术设施展览会、上海国际现代物流展览会及上海国际市政设施和交通工程机械展览会	上海展览中心	上海市交通运输协会和上海国际服务贸易(集团)有限公司
5月30日—6月1日	第八十九届中国洗涤美容用品交易会暨中国(上海)国际美容化妆用品博览会	上海光大会展中心	中国百货商业协会主办,上海一百集团会展服务有限公司和上海百文有限公司联合承办
7月25日	上海商业房产展示交易会	上海光大会展中心	上海市商业展览办公室和上海市商业网点管理办公室
9月11—15日	中国国际家具展览会、中国国际办公家具展览会、中国国际家具生产设备与原辅材料展览会和中国国际家居饰品布艺及灯饰展览会	上海新国际博览中心和上海光大会展中心	东方国际集团广告展览有限公司、中国家具协会和上海博华国际展览有限公司
10月26日	2002年上海苗木信息暨新品展示交易会	上海国际农业展览中心	市农林局主办,市林业站、上海种业(集团)有限公司承办
11月6—9日	第十一届上海全国消费品交易会(简称上交会)	上海世贸商城和上海国际展览中心	市政府和中国商业联合会
11月9—12日	上海国际特许经营研讨会暨展览会	上海国际会议中心	上海世界展览会议有限公司
11月22—27日	第四届上海国际工业博览会	上海新国际博览中心	国家经济贸易委员会、对外贸易经济合作部、科学技术部、信息产业部、教育部、中国科学院、中国国际贸易促进委员会和上海市人民政府
12月6—8日	2001年度上海市信得过家庭装饰企业成果展示咨询会	上海展览中心	上海市装饰装修行业协会
12月9—12日	2002年中国(上海)国际信息化暨现代办公技术与设备展览会	上海世贸商城	上海市档案局、市信息化办公室和市档案学会

表 3－2－82　2003 年商业会展情况概览表

日期	展会名称	举办地点	举办方
2 月 19 日	第三届中国(上海)婚纱摄影及器材展览会	上海光大会展中心	上海市国际贸易促进委员会、上海国际商会和上海市摄影家协会
3 月 1—7 日	第十三届华东进出口商品交易会	上海新国际博览中心	上海市商务委、江苏省商务厅、浙江省商务厅、安徽省商务厅、福建省商务厅、江西省商务厅、山东省商务厅、南京市商务局、宁波市商务局
3 月 21—24 日	2003 上海国际钻石珠宝展览会	上海国际会议中心	上海世界展览会议有限公司
4 月 9—11 日	第四届中国国际食品和饮料展览会	上海浦东新国际博览中心	法国爱博展览集团与中国商业联合会
4 月 21—24 日	第十届上海国际汽车展	上海浦东新国际博览中心	中国汽车工业协会、中国国际贸易促进委员会上海市分会、中国国际贸易促进委员会汽车行业分会
5 月 17—23 日	第七届上海科技节	上海	上海市人民政府
8 月 14—17 日	第十三届中国国际自行车展览会暨中国电动自行车及零配件展览会	上海新国际博览中心	中国自行车协会
8 月 27—30 日	第二届上海国际时尚品牌服装(饰)博览会	上海展览中心	中国工经联名牌培育委员会、浦东新区政府、市名牌办公室、上海跨国采购中心、上海服装行业协会等
10 月 22—25 日	第十二届上海全国消费品交易会	上海光大会展中心	上海市人民政府和中国商业联合会
10 月 29 日—11 月 1 日	首届中国国际印刷技术及设备器材展览会	上海浦东新国际博览中心	中国印刷技术协会、中国印刷科学技术研究所、德国杜塞尔多夫展览(中国)有限公司
11 月 6—11 日	第五届上海国际工业博览会	上海新国际博览中心	国家发展改革委、商务部、科技部、信息产业部、教育部、中科院、中国国际贸促会、上海市人民政府
12 月 10—18 日	第十届上海国际纺织工业展览会和第五届上海国际产业用纺织品和非织造布展览会	上海浦东新国际博览中心	上海纺织控股(集团)公司、上海市国际贸易促进委员会、上海国际商会

表 3－2－83　2004 年商业会展情况概览表

日期	展会名称	举办地点	举办方
3 月 11 日	2004 年春季全国五金商品交易会暨第五届国际五金商品博览会	上海新国际博览中心	中国五金交电化工商业协会、北京金益友联展览有限公司
3 月 24 日	2004 中国国际门窗幕墙展览会和第 8 届中国上海国际生物技术和医药工业展览会暨研讨会	上海国际展览中心	上海市现代生物与医药产业办公室

(续表一)

日期	展会名称	举办地点	举办方
3月25—27日	2004中国汽车零部件跨国采购贸易洽谈会	上海展览中心	上海国际广告展览有限公司
4月5日	第六届中国国际电梯设备展览会	上海国际展览中心	中国电梯协会、中国国际贸易促进委员会北京市分会和中国机电设备招标中心
4月12日	中国数控机床展览会	上海光大会展中心	中国机床工具工业协会主办,上海国际展览公司承办
4月14—17日	第十四届中国国际自行车展览会暨2004年中国电动自行车及零配件展览会	上海浦东新国际博览中心	中国自行车协会
4月21—23日	首届中国国际房地产商务论坛及博览会	上海新国际博览中心	德国慕尼黑国际博览集团与中国房地产业协会
4月23日	第12届上海国际音响影视展览会	上海展览中心	中国电子音响工业协会
4月26日	Cebit亚洲展	新上海国际博览中心	国贸促会电子信息行业分会、德国汉诺威展览公司和汉诺威展览会(中国)有限公司
5月5日	第93届中国化妆洗涤美容美发商品交易会暨中国国际化妆品节	上海光大会展中心	中国百货商业协会、广东省美容美发协会
5月12—16日	第十届中国国际模具技术和设备展览会	上海新国际博览中心	中国模具工业协会和上海市国际展览有限公司
5月21日	上海国际信息化博览会	上海展览中心	上海市信息化委员会、上海市对外经济贸易委员会、上海市建设和管理委员会、上海市通信管理局、上海市国际贸易促进委员会、上海市电信有限公司、上海移动通信有限责任公司、中国联合通信有限公司上海分公司
5月29日—6月1日	第十四届中国国际体育用品博览会	上海新国际博览中心	中国体育用品业联合会、中体联(北京)体育产业发展有限公司
6月2—5日	第三届上海商业房产展示交易会	光大会展中心	上海市商业网点管理办公室、上海市商业展览办公室
6月8—10日	第十届中国(上海)零售业博览会	浦东新国际博览中心	杜塞尔多夫展览(中国)有限公司、荷雅企龙展览服务有限公司
8月11日	2004中国(上海)国际多媒体技术与应用展览会	上海国际展览中心	上海多媒体行业、上海科技会展有限公司
9月10日	中国国际发明展	上海展览中心	中国发明协会、发明者协会国际联合会(IFIA)
10月6日	中国国际数码互动娱乐产品及技术应用展览会	上海新国际博览中心	中华人民共和国新闻出版总署、另国际贸易促进委员会

（续表二）

日期	展会名称	举办地点	举办方
10月19—21日	中国国际五金展和中国国际厨卫展	上海国际博览中心	中国五金制品协会、德国科隆国际展览有限公司、全国工商联五金机电商会、中国贸促会轻工行业分会
10月20—23日	第十三届上海全国消费品交易会	上海展览中心和上海光大会展中心	上海市人民政府
10月23日	2004中国（上海）国际乐器展览会、2004上海国际专业灯光音响设备与技术展览会	上海浦东新国际博览中心	中国乐器协会、上海国际展览中心有限公司、法兰克福展览（香港）有限公司
11月4—9日	第六届上海国际工业博览会	上海新国际博览中心	国家发展和改革委员会、商务部、科技部、信息产业部、教育部、中国科学院、贸促会、中国工程院、上海市政府
11月15—18日	首届亚洲电子展暨2004年秋季（第六十四届）全国电子展览会	上海新国际博览中心	中国电子器材总公司、韩国电子产业振兴会、日本电子展协会、中国台湾电机电子工业同业公会、中国香港贸易发展局
11月16日	第九届中国小电机技术研讨暨展览会	上海光大会展中心	中国微特电机与组件行业协会等主办，中国电子科技集团公司第21研究所承办
11月25—28日	2004中国国际旅游交易会	上海浦东新国际博览中心	中国国家旅游局、上海市人民政府以、中国民用航空总局

表3-2-84 2005年商业会展情况概览表

日期	展会名称	举办地点	举办方
3月21日	2005中国（上海）国际LED与半导体照明展览	浦东新国际博览中心	上海市光电子行业协会、世博集团上海外经贸商务展览有限公司
3月25—27日	2005年中国国际音像电子博览会	上海国际展览中心	新闻出版总署、国家版权局、上海市人民政府以及中国出版工作者协会等
4月12日	第十五届中国国际电子生产暨微电子工业展	上海光大会展中心	中国国际贸易促进委员会电子信息行业分会、励展博览集团
4月22—28日	第十一届上海国际汽车工业展览会	上海新国际博览中心	中国汽车工业协会、中国国际贸易促进委员会上海市分会、中国国际贸易促进委员会汽车行业分会
5月18日	上海国际锅炉、辅机及供热系统设备展览会	上海国际展览中心	中国电器工业协会工业锅炉分会和上海市国际展览有限公司
6月22—25日	2005中国国际信息通信展览会	上海国际展览中心和上海世贸商城	工业和信息化部、中国国际贸易促进委员会
6月23日	第十六届中国国际体育用品博览会	上海新国际博览中心	国家体育总局 上海市人民政府 中国体育用品联合会 中国体育科学学会
7月13日	第六届中国国际流体机械、通用机械展	上海新国际博览中心	新加坡环球联系有限公司

(续表一)

日期	展会名称	举办地点	举办方
9月26—28日	2005上海跨国采购洽谈会	上海世贸商城	上海市对外经济贸易委员会
10月28—30日	第18届中国(上海)国际连锁加盟创业巡回展	上海展览中心	上海市商业联合会、上海连锁经营协会、上海伊比逊会展有限公司
11月24—27日	首届中国(上海)国际黄金珠宝玉石展览会	上海世贸商城	亚洲博闻中国有限公司、中国黄金协会和上海商展办展览有限公司

表3-2-85　2006年商业会展情况概览表

日期	展会名称	举办地点	举办方
3月1日	第16届中国华东进出口商品交易会	上海新国际博览中心	上海市商务委、江苏省商务厅、浙江省商务厅、安徽省商务厅、福建省商务厅、江西省商务厅、山东省商务厅、南京市商务局、宁波市商务局
3月15—17日	上海国际服装纺织品贸易博览会	上海新国际博览中心	上海市国际服装文化节组委会
4月10—13日	第十三届中国(上海)国际石材产品及石材技术装备展览会	上海新国际博览中心	中国国际贸易促进委员会建筑材料行业分会
4月17—20日	第十六届中国国际自行车展览	上海新国际博览中心	中国自行车协会
5月17日	第97届中国日用百货商品交易会	上海光大会展中心	中国百货商业协会
5月25—28日	2006中国国际音像电子博览会暨国际音像电子产业高峰论坛	上海国际展览中心	国家新闻出版总署、国家版权局、上海市政府和中国版协
6月5日	中国零售业论坛	上海新国际博览中心	中国商业联合会、中华全国商业信息中心、中国商业发展中心
6月8—10日	2006中国上海国际汽车零部件展览会	2006中国上海国际汽车零部件展览会	中国国际贸易促进委员会上海市分会和中国汽车工程学会主办，世博集团上海市国际展览有限公司和德国IMAG—国际交易会及展览会有限公司承办
6月13—15日	中国国际铝工业展览会	上海光大会展中心	励展博览集团(中国)公司
6月14—18日	第二届中国国际印刷技术及设备器材展览会	上海新国际展览中心	中国印刷技术协会、中国印刷技术研究所、杜塞尔多夫展览(中国)有限公司、科印传媒
6月21—23日	2006上海国际渔业博览会暨上海国际海鲜博览会	上海世贸商城	上海水产行业协会
6月27—30日	第二届中国国际环保博览会	上海浦东新国际博览中心	中国资源综合利用协会与德国慕尼黑国际博览集团

（续表一）

日期	展会名称	举办地点	举办方
6月29日—7月3日	第二届中国国际动漫游戏博览会	上海展览中心	文化部和上海市人民政府主办，上海市文化广播影视管理局和国家动漫游戏产业振兴基地承办
7月5日	2006上海国际纺织机械展览会	上海新国际博览中心	上海纺织控股(集团)公司、中国国际贸易促进委员会上海市分会和中国国际商会上海商会
7月19—22日	上海国际广告展	上海新国际博览中心	世博集团上海现代国际展览有限公司
7月28日	中国国际数码互动娱乐产品及技术应用展览会(ChinaJoy)	上海新国际博览中心	国家新闻出版总署、国家版权局和上海市人民政府
8月5—11日	2006上海书展	上海展览中心	上海市新闻出版局
9月27—29日	中国国际五金展	上海新国际博览中心	中国五金制品协会、德国科隆国际展览有限公司、全国工商联五金机电商会、中国贸促会轻工行业分会
10月18—21日	2006中国(上海)国际乐器展览会	上海新国际博览中心	中国乐器协会、上海国际展览中心有限公司及法兰克福展览(香港)有限公司
10月18—20日	中国国际玩具、模型及婴儿用品展览会	上海新国际博览中心	德国纽伦堡玩具展览公司与中国玩具协会
10月24—30日	首届中国汽车生活展	上海万体馆东亚展览馆	中华全国工商业联合会汽车摩托车配件用品业商会、上海汽车配件流通行业协会、上海会展有限公司
10月26日	2006上海国际餐饮博览会	上海光大会展中心	上海餐饮行业协会和上海光大会展中心有限公司
11月1—5日	中国国际工业博览会	上海新国际博览中心	工业和信息化部、国家发展和改革委员会、商务部、科学技术部、中国科学院、中国工程院、中国国际贸易促进委员会、联合国工业发展组织和上海市人民政府
11月4日	第四届中国(上海)传媒业博览会	淮海公园	上海市新闻工作者协会
11月16—19日	2006中国国际旅游交易会	上海新国际博览中心	国家旅游局、国家民航总局、上海市人民政府
11月17—19日	第四届上海理财博览会	上海展览中心	上海《理财周刊》社、VNU欧洲展览集团
11月19日	2006上海国际档案信息化暨现代图书办公技术及设备展览会	2006上海国际档案信息化暨现代图书办公技术及设备展览会	上海市档案局、上海市信息化委员会
11月21—24日	第三届中国国际工程机械、建材机械、工程车辆及设备博览会	上海新国际博览中心	中国上海慕尼黑展览有限公司

表 3-2-86 2007 年商业会展情况概览表

日期	展会名称	举办地点	举办方
1月10日	第十一届中国·上海国际婚纱摄影器材展览会和2007上海影楼用品春季交易会	上海国际展览中心、上海世贸商城和光大会展中心	中国人像摄影学会、中国国际贸易促进委员会上海市分会
1月31日—2月3日	首届上海国际美容展	上海新国际博览中心	亚太区美有限公司
3月3—5日	首届上海国际机车暨休闲运动车展览会	上海东亚展览馆	世博集团上海外服国际展览广告有限公司
3月22—25日	上海世界旅游资源博览会	上海展览中心	亚太旅游协会(PATA)、上海市旅游局、上海旅游会展推广中心、万耀企龙
4月1日	中国国际音像电子博览会	上海光大会展中心	新闻出版总署、国家版权局、上海市人民政府、中国出版工作者协会共同主办,中国音像协会、上海市新闻出版局等承办
4月7日	2007中国(上海)国际游艇展	上海展览中心	中国船舶工业行业协会船艇分会、上海船舶工业行业协会、上海博华国际展览有限公司、上海对外科学技术交流中心
4月10日	上海国际珠宝首饰展	上海新国际博览中心	中国珠宝玉石首饰行业协会
4月20—28日	第十二届上海国际汽车工业展览会	上海新国际博览中心	上海贸促会、中国汽车工业协会、中国国际贸促会汽车行业分会
6月1—4日	第十三届上海国际纺织工业展览会	上海新国际展览中心	上海纺织集团有限公司、中国国际贸易促进委员会上海分会、中国国际商会上海商会
6月5日	第六届上海国际电力设备及技术展览会暨第五届上海国际电机工程及电工装备展览会	上海国际展览中心	国电力企业联合会主办,雅式展览服务有限公司合办
7月5日	2007上海国际航空航天技术与设备展览会	上海展览中心	上海市航空学会
7月20—22日	2007年台湾优质农产品巡回展览	上海农业展览馆	上海市政府台湾事务办公室、市外经贸委、市农委
9月12—15日	第十三届中国国际家具展	上海新国际博览中心、上海科技馆、浦东展览馆	中国家具协会、上海博华国际展览有限公司
9月16—23日	2007上海购物节国际水产品暨鱼文化展	上海东方国际水产中心市场	上海水产(集团)总公司主办,上海水产大学、中国水产科学院东海水产研究所、上海水产行业协会协办
9月25日	2007中国(上海)国际跨国采购大会	上海世贸商城	国家商务部和上海市人民政府

（续表一）

日期	展会名称	举办地点	举办方
10月10日	2007亚洲动力传动展、2007亚洲物流展	上海新国际博览中心	德国汉诺威展览有限公司、汉诺威展览会（上海）有限公司、中国液压气动密封件工业协会、中国机械通用零部件工业协会、中国轴承进出口联营公司、中国内燃机学会、中国物流与采购联合会、中国机械工程学会、中国国际贸易促进委员会电子行业分会
10月16—19日	2007中国（上海）国际创意产业展览会	上海国际展览中心	上海市创意产业协会、世博集团上海市国际展览有限公司
10月17日	2007中国（上海）国际乐器展览会和2007上海国际专业灯光音响展览会	上海新国际博览中心	上海国际展览中心有限公司、法兰克福展览（香港）有限公司
11月6—10日	2007中国国际工业博览会	上海新博览中心	工业和信息化部、国家发展和改革委员会、商务部、科学技术部、中国科学院、中国工程院、中国国际贸易促进委员会、联合国工业发展组织和上海市人民政府
11月11日	上海国际钓具渔具（暨户外及狩猎）用品展	上海国际展览中心	上海申易浩投资管理公司
11月15—16日	2007中国人才服务业博览会	浦东新区	上海市人事局、中国人才交流协会、浦东新区人民政府
12月28日	轻工新品名品展示展销会	上海展览中心	上海市经济和信息化委员会、上海市商务委员会

表3-2-87　2008年商业会展情况概览表

日期	展会名称	举办地点	举办方
1月16—18日	国际纸品、胶片、薄膜加工印刷技术设备及材料博览会	上海世贸商城展览馆	慕尼黑展览（上海）有限公司、德国nimble展览媒体有限公司
3月3—5日	2008世界体育电视版权大会（亚洲）	上海香格里拉酒店	传媒集团
3月18—20日	上海国际信息化博览会	新国际博览中心	慕尼黑国际博览集团
7月27—31日	中国国际纺织机械展览会暨ITMA亚洲展览会2008	上海新国际博览中心	中国国际贸易促进委员会纺织行业分会、中国纺织机械器材工业协会、中国国际展览中心集团公司与欧洲纺织机械制造商委员会（CEMATEX）
9月3—5日	中国国际甜食及休闲食品展览会、中国国际甜食及休闲食品生产技术展览会、世界食品中国展览会和中国上海国际食品加工及包装机械展览会	上海新国际博览中心	科隆国际展览有限公司
10月25日	"玩具小·世界大"百年上海玩具珍藏展	儿童博物馆	上海儿童博物馆，新加坡"上海玩具博物馆"

（续表一）

日期	展会名称	举办地点	举办方
11月4—8日	2008中国国际工业博览会	上海新国际博览中心	工业和信息化部、国家发展和改革委员会、商务部、科学技术部、中国科学院、中国工程院、中国国际贸易促进委员会、联合国工业发展组织和上海市人民政府

表3-2-88 2009年商业会展情况概览表

日期	展会名称	举办地点	举办方
3月10—12日	第十五届中国国际五金博览会	上海新国际博览中心	中国五金交电化工商业协会、中国建筑装饰协会、中国五矿化工进出口商会、中国电器工业协会电动工具分会
3月25—27日	第十三届中国国际食品添加剂和配料展览会暨第十九届全国食品添加剂生产应用技术展示会	上海光大会展中心、上海世贸商城和上海国际展览中心	中国食品添加剂和配料协会、中国贸促会轻工行业分会和《中国食品添加剂》杂志社
4月8—11日	第九届世界客车博览亚洲展览会	上海新国际博览中心	世界客车联盟(B. A. A. V.)、中国土木工程学会城市公共交通学会、VNU亚洲展览集团　上海万耀企龙展览有限公司
4月18—20日	2009国际健康生活方式博览会	上海国际博览中心	卫生部、科技部、中国科协和上海市政府
4月20—28日	第十三届上海国际汽车工业展览会	上海新国际博览中心	上海贸促会、中国汽车工业协会、中国国际贸促会汽车行业分会
7月23—26日	第七届中国国际数码互动娱乐展览会	上海新国际博览中心	国家新闻出版总署、科学技术部、工业和信息化部、国家体育总局、中国国际贸易促进委员会、国家版权局和上海市人民政府
9月22—26日	2009中国(上海)国际跨国采购大会	世贸商城、上海汽车会展中心	中华人民共和国商务部和上海市人民政府
11月3—7日	2009中国国际工业博览会	上海新国际博览中心	工业和信息化部、国家发展和改革委员会、商务部、科学技术部、中国科学院、中国工程院、中国国际贸易促进委员会、联合国工业发展组织和上海市人民政府
11月6—9日	上海国际陶瓷生活艺术博览会	上海世贸商城	上海春天国际艺术沙龙有限公司、江苏演艺集团有限公司

表3-2-89 2010年商业会展情况概览表

日期	展会名称	举办地点	举办方
4月27—30日	第二十届中国国际自行车展览会	上海新国际博览中心	中国自行车协会
5月19—21日	中国国际轨道交通展览会	上海新国际博览中心	中国国际工程咨询公司和上海国际展览中心有限公司

（续表一）

日期	展会名称	举办地点	举办方
5月27日	第七届上海世界旅游资源博览会	上海展览中心	上海市旅游局、亚洲展览集团
7月7—10日	第十八届上海国际广告印刷包装纸业展览会	上海新国际博览中心	第十八届上海国际广告印刷包装纸业展览会
7月22—24日	2010上海国际儿童、婴儿、孕妇产品博览会	上海新国际博览中心	联合商业媒体（UBM）全资子公司亚洲博闻有限公司
9月17—19日	中国国际高端物业展	优博集团和中国房地产报	优博集团和中国房地产报
9月24—26日	2010中国国际马博会	上海东亚展览馆	中国马业协会、优博集团
11月18日	中国绿色食品2010上海博览会	上海农展馆	国家农业部和上海市政府
11月18—20日	2010中国国际旅游交易会	上海新国际博览中心	中国国家旅游局、上海市人民政府、中国民用航空局
12月8日	全球零售自有品牌产品亚洲展	上海世贸商城展览馆	上海跨国采购中心、国际自有品牌制造商协会

表3-2-90　2005—2010年上海主要会展场馆情况统计表

场馆名称	年份	展出项目（个）	展会面积（平方米）	参展商（个）		观众（万人次）	
				总数	其中境外	总数	其中境外
上海新国际博览中心	2005年	61	2234940	102386	—	445.91	—
	2006年	95	2901738	79120	18874	414.58	32.95
	2007年	86	3116616	114591	31545	658.43	40.29
	2008年	109	4071450	119636	30831	622.47	43.31
	2009年	87	3963510	111536	24541	549.61	40.16
	2010年	70	427.7	121844	26889	598	43.83
上海光大会展中心	2005年	46	495300	22733	—	91.02	—
	2006年	46	361502	20733	5147	121.76	5.71
	2007年	62	406200	12892	2921	67.95	3.95
	2008年	58	665500	10840	2290	56.93	3.22
	2009年	54	641500	10144	1815	57.73	3.46
	2010年	58	61.05	9657	1720	54.9	3.22
上海展览中心	2005年	52	335619	16917	—	72.95	—
	2006年	47	363580	15602	4643	99.52	3.59
	2007年	42	390974	11131	2664	55.61	3.21
	2008年	33	336773	9790	2350	43.55	3.47

（续表一）

场馆名称	年份	展出项目(个)	展会面积(平方米)	参展商(个)		观众(万人次)	
				总数	其中境外	总数	其中境外
	2009 年	25	263 400	8 757	1 872	46.53	3.51
	2010 年	25	28.202 4	9 395	2 013	49.85	3.9
上海国际展览中心	2005 年	45	311 984	14 979	—	64.59	—
	2006 年	45	342 200	16 624	4 661	102.28	4.32
	2007 年	46	373 500	9 212	2 146	50.48	2.47
	2008 年	32	326 400	8 974	2 011	42.72	3.45
	2009 年	31	314 300	8 507	1 905	46.61	3.48
	2010 年	38	30.6	9 872	2 250	54.37	4.24
上海世贸商城	2005 年	45	305 476	15 507	—	68.39	—
	2006 年	43	296 100	15 657	3 774	97.68	3.46
	2007 年	31	222 400	8 911	1 904	49.7	2.42
	2008 年	41	377 800	10 260	2 077	42.89	2.91
	2009 年	25	236 400	7 659	1 798	46.63	3.47
	2010 年	20	21.76	7 050	1 650	42.73	3.2
上海国际会议中心	2005 年	16	37 244	1 762	—	7.6	—
	2006 年	11	24 762	3 662	416	24.63	0.9
	2007 年	24	71 232	1 010	238	4.64	0.22
	2008 年	9	23 868	720	174	3.96	1.28
	2009 年	5	11 090	355	98	2.49	0.56
	2010 年	7	1.583 2	510	142	3.6	0.84
上海汽车会展中心	2006 年	3	26 200	824	610	8.54	0.19
	2007 年	5	75 000	1 521	198	7.5	0.24
	2008 年	4	94 000	1 730	200	8.77	1.32
	2009 年	4	94 000	1 700	210	10.02	0.82
	2010 年	1	1	200	25	1.13	0.1
上海东亚展览馆	2005 年	6	20 100	881	—	3.79	—
	2006 年	3	11 350	427	119	9	0.36
	2007 年	7	33 500	1 125	222	5.09	0.25
	2008 年	2	8 800	410	67	2.72	0.2
	2009 年	6	26 400	1 056	167	3.82	0.26
	2010 年	2	1.3	540	90	1.9	0.15

（续表二）

场馆名称	年份	展出项目（个）	展会面积（平方米）	参展商（个）		观众（万人次）	
				总数	其中境外	总数	其中境外
浦东展览馆	2007年	4	40000	1226	234	4.25	0.21
	2008年	5	44300	1320	220	6.17	2.74
	2009年	6	53800	1286	214	10.56	0.76
	2010年	6	3.04	740	125	6.02	0.46

表3-2-29至表3-2-90资料来源：据《文汇报》（1978—2010）、《解放日报》（1978—2010）、《新民晚报》（1983—2010）、《上海通志》（2005年4月第1版）、《上海年鉴》（1996—2011）整理汇编。

第三章　文化用品生产

第一节　办公用品制造

在改革开放初期，办公用品制造由上海市轻工系统管理，上海拥有英雄钢笔、永生钢笔、丰华圆珠笔、中华铅笔等一系列历史悠久，具有全国影响力的品牌。1984 年，全国自来水笔总产量 14 200 万支，全国成为世界上生产自来水笔最多的国家。而上海生产自来水笔达 7 650 万支，占全国总产量的 54%，其中金笔产量占全国 65%，高级铱金笔占全国产量 58%，销售成交约占全国的 80%。20 世纪 90 年代初期，上海永生股份有限公司、上海第一铅笔股份有限公司、上海丰华圆珠笔股份有限公司、上海英雄股份有限公司先后上市成功。随着体制改革的推进，民营资本逐渐进入办公用品制造领域，并快速发展，取得骄人的成绩。其中，于 1999 年落户浦东六里的晨光文具逐渐发展为行业的佼佼者，生产产品类别涵盖各式书写工具、修正工具、橡皮类、尺类、胶类、画材类、本册类、包袋类、PP 类、桌面用品、电子类、削笔工具、财务行政用品、益智类等产品领域，至 2010 年时已成为中国文具行业中的龙头企业。

一、英雄金笔厂

1979 年，英雄金笔厂被评为全国 118 个先进企业之一，受到国务院嘉奖。1986 年 10 月，轻工业部举行的全国自来水笔质量评比中，英雄金笔厂的 100 型金笔、329 型高级铱金笔、50 型高级铱金笔、362 型普通铱金笔等 4 种产品获第一名。20 世纪 80 年代末，“英雄”自来水笔占据了中国 70%以上的市场份额，稳坐业界头把交椅。同年，“英雄”墨水被评为“上海市优质产品”。1989 年，英雄金笔厂被首批命名为国家一级企业。

自 80 年代起，英雄金笔先后被用于许多重要场合，1984 年的《中英联合声明》、1987 年的《中葡联合声明》、2001 年的《上海合作组织成立宣言》和《中华人民共和国加入世界贸易组织议定书》等重要文件的签署，使用的都是英雄金笔。

90 年代，“英雄”品牌产销量仍名列国内前茅。1990 年，英雄金笔厂在全国轻工业职工思想政治工作会议上被评为全国轻工业优秀思想政治工作企业。1993 年 10 月上海英雄股份有限公司上市，首次募集资金 2.2 亿元。1995 年，“英雄”商标成为中国驰名商标，“英雄”牌自来水笔被评为上海市名牌产品。1996 年，“英雄”牌墨水被评为上海市名牌产品。1997 年，“英雄”自来水笔商标被认定为上海市著名商标。1998 年，“英雄”墨水商标被认定为上海市著名商标。

“英雄”老品牌步入 21 世纪后，影响力由上海进一步辐射到全国。2002 年，“英雄”墨水被中国制笔协会评为“中国制笔行业名牌产品”。2004 年，“英雄”墨水被中国文教体育用品协会评为“中国学生用品行业知名品牌”。2003 年，英雄金笔厂被上海海文(集团)有限公司接手，改制为上海英雄金笔厂有限公司。2006 年，海文集团更名为上海英雄(集团)有限公司。上海英雄(集团)有限公司是国内著名的生产经营文化办公用品的企业集团之一，拥有“英雄”“博士”“长城”“爱伊”等 100

余个商标，主营业务涉及文化办公用品、精细化工类产品和商贸租赁服务三大产业，产品出口到美、欧、非、亚洲的20多个国家。

不过，随着中性笔的出现与电脑的普及，钢笔市场逐渐萎缩，“英雄”也遭遇了经营的困境。为此，英雄钢笔谋求转型，向礼品、纪念品方向发展。2007年，“英雄”牌自来水笔成为中国名牌产品。2010年，上海世博会举办，英雄金笔厂成为上海世博会特许生产经营企业，并荣获2010年上海世博会全球华人设计大奖和质量奖。

二、上海丰华(集团)股份有限公司

上海丰华圆珠笔厂生产制造了全国第一支圆珠笔“式派雷斯”，是国产圆珠笔的诞生地，也是全国圆珠笔行业创建最早、规模最大、经济效益最好的制笔骨干企业。改革开放后，上海丰华圆珠笔厂多年一直保持全国圆珠笔生产领域中的龙头地位。1988年，该厂1200名职工年产圆珠笔1亿支，占全国总产量三分之一以上。该厂活动铅笔年产1000万支，圆珠笔芯2.5亿支，年产量全国第一；出口量第一，远销90多个国家和地区；110高级圆珠笔已达到甚至超过世界名笔派克同类笔质量水平；上海丰华圆珠笔厂还帮助上海市姐妹城市朝鲜咸兴市兴建圆珠笔厂，受到了朝鲜党和国家领导人的称誉。

1992年5月，上海丰华圆珠笔厂经过股份制改造，成立上海丰华圆珠笔股份有限公司，并于同年9月在上海证券市场交易所挂牌上市，证券代码“600615”。2001年10月25日，经上海市工商行政管理局核准同意，公司更名为上海丰华(集团)股份有限公司，注册资本总额不变。至2005年12月31日，公司总股本为15041.64万元。2006年，香港沿海绿色家园集团的入主上海丰华(集团)股份有限公司，由此公司业务向建材、房地产行业转移，房地产业务成为公司新的利润增长点。

三、中国铅笔一厂

中国标准国货铅笔厂股份有限公司于1935年在上海诞生，1954年更名为中国铅笔一厂。1979年中铅一厂在党的十一届三中全会的路线、方针、政策指引下进行整顿和建设。1984年，在巩固企业整顿成果的基础上，加强精神文明和物质文明建设，提高职工队伍素质，提高企业管理水平，促进产品质量，获得了“1984年度局级文明单位”光荣称号。全厂提出“三新”目标(设备进一步更新、产品进一步翻新、效益进一步刷新)、“三美”活动(生活设施美、厂区绿化美、职工心灵美)。1986年开始连年获得“上海市文明单位”光荣称号。

1985年8月推行厂长负责制以后，全厂职工坚决贯彻党中央提出的“企业要积极改革内部机制”的精神和要求，推进改革，努力工作，使企业进入飞跃发展时期。中铅一厂积极深化改革，转换经营机制，基本实现了“产品结构由单一木质铅笔向多种产品”“经营机制由生产型向经营开拓型”“营销观念以生产为中心向以经济效益为中心”“销售渠道由单渠道向多渠道”等4个重点转移。形成4大系列产品共同经营的多门类、多品种的综合性生产企业：木制铅笔14个规格，年生产能力5.3亿支；化妆笔2个系列，37个品种，年生产能力2000万支；活动铅笔3个系列，10个品种，年产能力500万支；细铅芯2个系列，20个品种，年产能力10亿支。至1990年，全厂利润1304.5万元，人均利税突破2万元，主要经济指标始终列于全国铅笔行业之首，成为全国铅笔行业中规模最大、产量最高、品种最多、效益最好、声誉最佳的企业,同时也成为全国轻工重点骨干企业。1990 年,中国铅笔一厂核定为铅笔行业唯一的国家一级企业。

1994 年以来,“中华”牌铅笔连续被命名为上海著名商标。随着经济体制改革的深入发展,中国铅笔一厂积极探索深化企业改革,加速企业发展,将国营企业转换为股份制经营机制。1994 年 5 月 11 日,经上海工商行政管理局浦东新区分局批准,中国第一铅笔有限公司设立,经营范围为生产各种笔及其配套文教用品,销售自产产品。公司拥有“中华”“长城”两大知名品牌,市场占有率超过 36%,其中高档产品更是以 75%的占有率称雄市场,出口世界 54 个国家和地区。

多年来,中铅公司的质量管理和产品质量屡获殊荣。1999 年 4 月,经中国方圆标志认证委员会认证,“中华”牌铅笔率先在行业中通过产品质量认证。1999 年 6 月,公司通过 ISO9002 质量体系认证。2002 年 5 月,公司通过中国质量认证中心 ISO9001 质量体系认证。同年,中国第一铅笔股份有限公司被中国制笔协会授予“中国制笔王”称号。2003 年,中国第一铅笔股份有限公司被中国制笔协会授予“全国制笔功勋企业”称号,公司通过上海出入境检验检疫局一类管理企业审核。2004 年,“中华”牌铅笔经中国名牌战略推进委员会评价,被国家质量监督检验检疫局授予全国铅笔行业唯一的中国名牌称号。2005 年,“中华”牌铅笔被国家质量监督检验检疫局批准免检,成为全行业仅有的国家免检产品。

“中华”牌铅笔集国家工商局、国家技监局、海关总署重点保护商标于一身,是国家重点保护的著名品牌之一。公司铅笔年生产规模不仅位居全国第一,而且还跻身世界铅笔制造业前列,成为中国轻工行业的重点骨干企业。2008 年,由中铅公司研制的“中华神七太空书写笔”伴随着航天员实现了中国人首次太空行走。在 2008 年北京奥运会和 2010 年上海世博会上,中铅公司都被指定为特许产品制造商。

作为民族优秀品牌的代表,中铅公司牢牢把握机遇,坚持充分发挥产业优势,坚持拓展国内外市场,坚持推动产业链整合,铅笔的生产规模得到持续放大,铅笔销售的持续旺盛,也带动了公司经济效益的整体上扬。在全国制笔行业中,中铅公司一直保持规模、产量、技术、质量、品牌、出口、效益七项全国第一。

四、晨光文具

1989 年,位于汕头谷饶镇横山村的晨光文具迈出了创业第一步。1997 年,“晨光”商标正式启用,确立了自主品牌的发展路径,并与全国各地的文具代理商合作,建立伙伴关系。

1999 年,晨光文具落户上海浦东六里,拥有员工 100 余人,先后成立了模具、注塑、印刷装配车间,生产体系初具雏形。2002 年,晨光文具开始规模化经营,以规模求效益。同年,晨光生产制造了国内首支按动中性笔 K35。2004 年开始,晨光文具更注重品牌的打造与提升,于 2005 年成为博鳌亚洲论坛指定文具供应商。2006 年晨光文具被国家工商总局评定为“中国驰名商标”。同年,“晨光”牌中性墨水笔被上海市名牌产品推荐委员会评为“2006 年度上海名牌产品”。2007 年,晨光文具获得“中国名牌”称号。2008 年,晨光文具在文具行业率先启动“连锁加盟”项目,同时光明园区落成,中国制笔中心、中国制笔工业基地挂牌成立,由此奠定了它在文具行业的龙头地位。2015 年,晨光文具在上海证券交易所正式登陆沪市 A 股(股票代码:603899)。

第二节　乐器制造

上海的乐器制造历史悠久,工艺水平在全国居于领先地位。上海民族乐器一厂拥有的“敦煌”牌民乐乐器,上海钢琴有限公司旗下的“施特劳斯 STRAUSS”,上海国光口琴厂有限公司的“国光”牌口琴均是驰名全国的乐器品牌。“敦煌”牌古筝、琵琶在业内有“玉古筝”“金琵琶”的称号。上海钢琴有限公司更是起草制定了中国第一部《钢琴制造国家标准》。在1978年至2010年间,这些老牌乐器制造企业虽然历经体制变革,但仍然专注于产品的生产,不断推陈出新,在创新中谋求发展,显示出勃勃生机。

一、上海民族乐器一厂

上海民族乐器一厂1958年始建于城隍庙,1969年移至闵行区莘庄镇。20世纪80年代,上海民族乐器一厂发展生产高档红木琵琶,扩大出口。产品出口中国香港和澳门、东南亚、北美、日本等国家和地区,产品注册“敦煌”牌商标。1986年10月,上海民族乐器一厂自建“中国民族乐器博物馆”,在海内外引起较大反响。1993年,上海民族乐器一厂和香港利源贸易公司共同合资创办上海敦煌乐器有限公司。至1995年,上海民族乐器一厂生产的产品有拉、弹、吹、打等6类,主要有二胡、古筝、琵琶等,生产民族乐器20.55万件;有员工344人;工业总产值118万元;销售收入1484万元;利润45万元。

上海民族乐器一厂生产的“敦煌”牌民乐乐器在全国享有盛名。1998年9月,在全国民族乐器琵琶、古筝制作大赛中,“敦煌”牌古筝囊括前三名,“敦煌”牌琵琶获前两名及一个第三名。“敦煌”牌古筝、琵琶也获得了“玉古筝”“金琵琶”的称号。1999年5月,上海民族乐器一厂与中央民族乐团签订协作协议,无偿承担乐团今后的乐器改良项目,逐步由企业生产的“敦煌”牌高品位乐器替代乐团使用的乐器。同年10月,在江阴举行的全国二胡制作比赛中,“敦煌”牌二胡夺得了全部13个奖项中的11项,并获得工艺品质第一名称号。

2000年8月8日,上海民族乐器一厂正式挂牌成立兰考县上海牡丹民族乐器有限公司。同年,企业对阮的研制与开发获得成功,形成阮族系列乐器。与上海闵行中学合作建立中国第一支女子阮乐队。

自2001年起,“敦煌”牌商标连续被认定为“上海市著名商标”。2001年9月29日,上海民族乐器一厂与东方广播电台在上海鲁迅公园联合举办“千筝和鸣——花好月圆”中秋文艺晚会。身着印有“敦煌乐器”上衣的千人古筝乐队共同演奏,创下了一项吉尼斯世界纪录。

2002年2月,上海民族乐器一厂与原上级公司上海钢琴有限公司和英雄股份有限公司脱钩划归上海红双喜(集团)有限公司领导。2003年9月,上海民族乐器一厂由闵行区莘庄镇搬迁至闵行区七宝镇。

上海民族乐器一厂多次远赴中国香港、新加坡等地,开展民乐推广活动。2007年更是建立了敦煌艺术学校,聘请作曲家朱晓谷、上海音乐学院民乐系副主任刘英担任校长等职务。同年10月,厂内还建立民族乐器陈列馆,展示企业的部分精品,并免费向社会开放。

2008年8月24日,上海民族乐器一厂与日本罗兰公司联合开发的电声二胡在北京奥运会闭幕式上亮相。该二胡在传统二胡的基础上增加了电声设备,具有延音、回声、合奏、八度等多种变化音效,可以模仿中胡、马头琴等乐器的声音,拉出传统、爵士、经典等各种不同风格的乐曲,可谓“中西合璧”。

自2009年起,“敦煌”牌民族乐器连续荣获“全国用户满意产品”称号。而上海民族乐器一厂也进一步将企业的发展与民乐的宣传推广相结合。2010年,上海民族乐器一厂成为上海世博会宝钢大舞台“中国元素”乐坊专区承办单位,通过乐器展览、乐团演奏、开设乐器制作坊和音乐小课堂等方式,向中外游客传递中国传统民乐的独特魅力。同年,上海民族乐器一厂首次以赞助乐队演奏用琴的形式弘扬民族音乐文化,与ViVA-Girls(雅乐团)签约,支持新人、新作品。与此同时,上海民族乐器一厂还冠名协办“敦煌杯”全国青少年二胡大赛,该大赛是新中国成立以来中国二胡界专业和综合比赛中评委阵容最为专业、最为强大的一次二胡赛事。2010年10月8日,中共中央政治局委员、上海市委书记俞正声,市委副书记、市长韩正莅临世博会上海活动周民族乐器非遗展区,俞正声敲响虎座鸟架鼓。10月31日,企业精心制作的12把“敦煌”牌琵琶亮相上海世博会闭幕式舞台,向世界展示了中国民族器乐的独特魅力和风韵。

经过多年的不懈发展,拥有“敦煌”品牌的上海民族乐器一厂已成为中国国内规模最大、品种最齐全、技术和中和实力最强的民族乐器生产企业之一。

二、上海钢琴有限公司

上海钢琴有限公司始创于1893年,是中国最早的钢琴制造企业。1958年,由29家钢琴制造作坊、琴行公私合营,在上海市江浦路组建了全民所有制企业——上海乐器厂,生产“英雄”“上海”“聂耳”等品牌钢琴。1966年更名上海钢琴厂。1977年,在厂部技术人员的努力下,全面修订2215道生产工艺规程。并于1979年完成击弦机轴架钻眼自动化改造,消化气垫轧床、流转车两项新技术。1984年,上海钢琴厂宝山生产基地动工,开始形成现代化、规模化生产,上海钢琴厂也成为全国四大钢琴生产基地之一。

1987年,企业重组更名为上海钢琴公司,实行专业化生产,压缩风琴产量,扩大钢琴生产,钢琴生产实现零部件规格化、标准化。产品出口83个国家和地区。1988年,上海钢琴公司起草制定了全国第一部《钢琴制造国家标准》,显示了其在行业内的龙头地位。1989年,“聂耳”钢琴品牌因出口需要注册在兰生公司名下,为避免知识产权纠纷,公司于重新注册启用“施特劳斯 STRAUSS”商标。到1995年,上海钢琴有限公司已具备七个制造基地,拥有专业钢琴制造设备600多台,产品销售遍布全国和欧、亚、美、澳等洲60多个国家和地区。

1997年适应体制改革更名为上海钢琴有限公司。2000年后通过生产布局、组织结构、产品结构的不断调整完善,原来分散的场地、臃肿的人员得以梳理精简。资产总额达约8 000万,占地30多万平方米,拥有独立设计和制造各种规格家庭娱乐、教学练习、专业演奏用系列立式、卧式钢琴的能力,并通过ISO:9001质量体系认证、ISO:14001境管理体系认证。公司产品主要有“施特劳斯 STRAUSS”“上海 SHANGHAI”“卡尔曼 KELMANN”“希维顿 SCHWECHTEN”等四个品牌的钢琴及相关附属产品。其中以“施特劳斯 STRAUSS”品牌为主,占95%以上,其产品曾分别荣获轻工部“优质产品奖”“声学品质优秀”“演奏性能优秀”“制作工艺优秀”“金桥奖”“上海市名牌产品”“上海市著名商标”“中华老字号”等荣誉称号,并在海外注册,远销欧、美、亚、非等洲60多个国家和地区,在国内外钢琴市场享有一定的声誉(上海地区市场占有率达26%以上)。产品获得了20多项国家专利。

三、上海国光口琴厂有限公司

国光口琴厂始建于1931年8月，原名中国新乐器制造股份有限公司。1979年后，国光口琴厂主要产品为口琴和锌合金钢字。1985年口琴产量64 775打，1989年达到125 200打。1987年12月，“英雄”牌24孔木格口琴与电铝壳木格口琴被评为全国轻工业优质产品，1988年，工厂被授予全国轻工业出口创汇先进企业称号。1990年“国光”牌24孔塑格口琴被评为轻工业部优质产品。在此期间，先后生产的产品有“在线电流表电阻测试仪”、80－2袖珍式电子计算机、有机玻璃仪尺，SGD电子琴等。

1990年，国光口琴厂职工442人，占地面积5 078平方米，建筑面积10 071平方米，设备230台，固定资产原值292.7万元，净值188.1万元。1990年工业总产值689.4万元，主要产品口琴产量106.3万只，锌合金钢字8.09亿只，销售额1 415.2万元，出口创汇34.51万美元，实现利税219.9万元。

1994年6月，经上海市轻工业局同意，为加速产品结构调整充分利用级差地租，上海制笔实业总公司与上海国光口琴厂实行合并，同时组建“上海制笔实业总公司文化体育用品分公司”，并同意对外仍保留上海国光口琴厂名。1997年3月10日，经上海市经济委员会批复，上海制笔实业为适应社会开放市场经济体制的运作，同意改制为上海海文(集团)有限公司，上海国光口琴厂对外为上海海文(集团)有限公司上海国光口琴厂。1999年由上海轻工控股集团公司同意上海海文(集团)有限公司文化体育用品分公司改制为股份合作企业。上海海文(集团)有限公司文化体育用品分公司改制后更名为上海汽枪厂。2000年4月21日，上海海文(集团)有限公司上海国光口琴厂注销，同年5月17日，上海国光口琴厂有限公司登记成立，企业注册资本100万元。2000年5月30日，经上海国光口琴厂有限公司股东代表大会决议，根据章程规定产生了股东代表5人、推荐了上海国光口琴厂有限公司法人代表。上海国光口琴厂从制笔实业总公司文化体育分公司到上海海文(集团)文化体育分公司，再到上海汽枪厂，最后经改制为上海国光口琴厂有限公司。

企业转制后，上海国光口琴厂有限公司积极开发新产品，拓展市场。至2003年，职工人数为32人，资产总值5 242 446.42元，销售收入6 067 984.28元，净利润284 558.93元。2010年由于原材料价格不断上涨、劳动成本的不断增加，企业面临着困境，口琴产量和销售额均有了一定程度的下降。至2010年12月底，上海国光口琴厂有限公司销售大中口琴576 315只、口风琴14 074只、校音器(折单)87 960只，资产总值6 120 412.07元，销售收入4 743 035.89元，净利润34 778.21元。

四、上海帕斯琴行

柏斯音乐集团于1986年创立于香港，1993年起积极拓展中国内地市场，1996进驻上海，成立上海柏斯琴行，扎根地区，稳步发展。2004年，帕斯琴行建立上海柏斯艺校，其音乐教育体系辐射上海多个区县，建有10余所音乐艺术培训学校，每家培训学校均设有设备完善、师资优良的音乐艺术中心，提供各类中西乐器、舞蹈课程。上海柏斯琴行一直注重产品创新，聘请世界顶级设计人才、优秀乐器制造专家，并配备了一流的现代化技术设备，吸收德国传统制造工艺和日本规模化生产技术的精髓。拥有“长江(YANGTZE RIVER)”“威廉·史丹堡(WILH. STEINBERG)”“高天(GROTRIAN)”“托雅玛(TOYAMA)”“森柏龙(SCHÖNBRUNN)”等8大自有品牌。

上海柏斯琴行经过多年的发展,已成为一家集"乐器制造、销售、教育和文化"为一体的综合性文化产业企业。其母公司帕斯音乐集团位居"全球乐器与音响制品行业225强"第11位、"全球乐器零售商排名"第7位、世界钢琴制造企业前3强的行业领先地位,并被商务部、中宣部、工信部等23家组织机构联合授予"中国诚信典范"荣誉和"诚信之玺"奖杯。

五、海音琴行

1999年10月,海音琴行创立于上海市杨浦区佳木斯路创业园区,在上海市金陵东路200号开设了第一家零售乐器的商店。次年,琴行与上海天山商厦采用当时商场流行的提供场地铺位,售后扣除约定成交额的方法,合作开设了上海商业单位首家以此形式销售专业乐器的先河。

2002年,海音琴行与上海钢琴公司合作,在金陵东路190号开设了上海地区第一家海音琴行施特劳斯专卖店。此后,又与上海民族乐器一厂合作,在原有经营范围外建立了海音琴行敦煌民乐专卖店及敦煌民乐维修站。

2004年,海音琴行根据市场发展及销售模式的改变,跨行业与上海永乐家电公司合作,开创了上海第一家家电行业销售乐器的先河,开办了海音琴行永乐漕宝店。此后,又陆续开办了海音永乐新大陆店、曲阳商务中心店、闵行店、控江路店等。随着家电行业实力的重新分配,2007年后全面退出合作。

2005年,海音琴行投资注册成立由教育局认可的上海市黄浦区海音艺术进修学校。2006年,在浦东新区张杨路1826号建立了海音琴行张杨店,采用集销售、培训于一体的模式。同年,海音琴行获宁波海伦钢琴有限公司授权,为上海地区独家代理海伦品牌的销售及售后服务。

2008年,因上级单位红双喜集团相关领导支持及产品传承的需要,收购上海民族乐器二厂奉贤联营厂鸣凤乐器有限公司收购,同年投资1000万元进行改造并恢复正常生产,保持"鸣凤"牌打击乐器得以传承。

同年,海音琴行注册上海海音乐器专营店,设立海音电商部,正式入驻淘宝平台,形成海音销售的线下线上同步发展的局面。2009年,获得雅马哈管乐产品在上海地区的销售资质。2010年4月,海音琴行加入上海市乐器行业协会,成为上海市乐器行业协会的理事单位。

第三节 玩具制造

1965年,上海手工业局组建上海玩具工业公司,下辖玩具厂65家,职工10000余人。20世纪70年代末80年代初,行业内推广电子应用技术,设计、生产了一批智能型玩具,有声控爬娃、遥控赛车、豪华型电子警车等新产品。此后,玩具行业调整产品结构,重点发展长毛绒玩具和塑料机动玩具。长毛绒玩具生产厂由2家发展为7家,童车生产从上海童车厂1家发展为4家。1984年4月,创办行业内首家沪港合资企业上海环球玩具有限公司,生产锌合金玩具。此后又成立9家中外合资企业,引进外资784万美元。玩具行业走在对外开放的前列,产品出口北美、西欧等市场。1995年,全市玩具厂125家,主要企业有康元玩具厂、上海玩具一厂、上海童车厂、上海玩具七厂、上海玩具十五厂、上海环球玩具有限公司等,从业人员2.57万人,工业总产值14.54亿元,玩具出口额达到1.96亿美元。随着市场经济的发展,进入21世纪后,越来越多的民营资本进入玩具制造领域,民营企业也日渐成为上海玩具制造领域中的主力军。

一、上海玩具进出口有限公司

1980 年，上海玩具进出口公司成立。这是经国务院批准的第一批工贸合一的进出口企业，是全国范围内试办工业为主经营进出口业务的工贸公司之一。1997 年，为推进现代企业制度，上海玩具进出口公司更名为上海玩具进出口有限公司。上海玩具进出口有限公司有下属企业 15 家、全资子公司 6 家、控股公司 3 家、参股公司 6 家。获得“上海市著名商标”“中国质量诚信企业”“中国玩具行业优秀企业”“全国轻工业出口先进单位”“全国轻工业出口创汇十佳单位”“全国轻工业出口创汇腾飞奖”等多项荣誉。

二、上海环球玩具有限公司

上海环球玩具有限公司于 1984 年 4 月创办于闵行经济技术开发区，是市手工业局系统第一家沪港合资企业，其生产的锌合金玩具填补了行业空白。1984 年到 2004 年，上海环球玩具有限公司生产了上亿辆火柴盒(Matchbox)锌合金小车模型，因其价格实惠，做工上乘，深受小朋友的喜爱和追捧。

三、上海大阿福童车有限责任公司

上海大阿福童车有限责任公司是一家集研发、生产、销售为一体的专业化儿童用品公司，公司成立于 1991 年 11 月，由当时上海玩具进出口有限公司下属的上海玩具六厂下岗干部和员工三人，每人出资 1 万元人民币组建而成，是一家私营股份制企业。公司注册的商标“大阿福”获上海市著名商标。1998 年获得中国工艺美术学会全国玩具专业委员会、《玩具世界》杂志社、1998 全国旅游品玩具博览会颁发的“全国玩具行业争创名优品牌”奖，1999 年荣获中国玩具协会颁发的“中国玩具行业优秀企业”称号，是上海市先进企业、上海市高新技术企业、上海市平安企业、上海市重合同守信用 AAA 级企业。20 世纪 90 年代该公司童车覆盖全国，占全国儿童用品市场童车销售量的 26%。品种齐全，有儿童推车、儿童自行车、婴儿布艺床、儿童游戏床、儿童木床、儿童学步车等上百种型号。又在马德里注册了国际商标“DAAFU”。公司通过 ISO9001：2008 国际质量体系认证、德国莱茵 TUV 认证。产品通过 SGS 的测试，通过欧共体 EN716－1、EN716－2、EN1888、法国标准、英国标准、美国标准。公司致力于欧洲市场，现拥有欧洲大客户英国玛德凯、法国欧尚、意大利英吉利娜、西班牙大型百货公司。公司拥有专利 319 项，2006 年获上海市专利示范企业称号。2010 年，公司销售收入 8 399 万元(其中出口 7 692 300 美元)，利润 233 万元。

四、荣威国际控股有限公司

荣威国际控股有限公司创立于 1994 年。百适乐(Bestway)是隶属于荣威国际旗下的全球运动休闲品牌。百适乐总部设立在上海，致力于研发、生产、销售高品质和创新的户外休闲产品。公司提供四大类核心产品，包括地上游泳池及便携移动式 SPA、娱乐休闲产品、运动休闲产品，以及户外野营产品等约 1 100 种独特产品，以满足不同用户群体的需求。公司在行业内的全球市场占有率超过三分之一。公司为中国文教体育用品协会和中国玩具和婴童用品协会副会长单位，积极参与国内行业的产品技术标准制定。至2010年，公司业务扩展至欧洲、中美洲、南美洲和美国。作为行业的跨国企业，公司参与欧洲标准化委员会(CEN)、美国材料与试验协会(ASTM)、美国泳池和水疗池专业协会(APSP)、美国保险商实验室(UL)的地上水池、玩具、水上休闲产品、充气床垫、水上漂浮产品等技术委员会起草制定修订相关产品的技术标准。2010年，公司产值12.38亿元，利税1 091万元。

第四节　视听设备制造

改革开放之初，上海无论在视听设备制造的数量还是质量上都位居全国前列。1978年，上海生产电视机28.91万台，彩电0.24万台，电视机产量占全国的55.9%。视听设备制造领域中的多个全国第一也都在上海产生。1979年，中国第一台国产彩色录像机在沪试制成功。1980年，中国自行设计制造的第一条年产10万台16英寸黑白显像管流水线在上海电子管二厂建成。同年，上海试制成功彩色投影电视。1981年，上海首创14英寸电视机——"上海"牌全频道十四英寸黑白电视机。在收音录音机制造领域，上海制造也是新品迭出。1979年，上无三厂试制成功3PL3收音录音两用机。1980年，"海鸥"牌715型七波段十六晶体管便携式收音机由上无三十五厂(原名长空无线电厂)试制成功。1981年时，上无二厂自行设计建造的一条收录机生产流水线。同年，上海录音器材厂设计生产了L400盒式四喇叭收录机。1982年，上无四厂试制了一种能够在轿车、客车、旅游车中放送立体声录音磁带和收听调频调幅广播的汽车收放两用机。

视听设备制造也是改革开放后较早引入外资和技术的领域。1980年，上海从日本日立制作所引进的一条彩色电视机装配线。1981年，上海灯泡厂从日本松下电器公司引进技术，建造的一条生产12英寸、14英寸黑白显像管生产线，是全国最大的一条黑白显像管生产线。

到20世纪80年代中后期，上海视听设备制造能力有了大幅提升，各类产品产量快速增长，在引进吸收外来技术的基础上不断提高制造中的国产化比例，同时在生产体制上也进行了探索。1984年，上海飞乐音响股份有限公司成立，这是全国第一个上市股份有限公司。1985年10月，中国第一台光盘录放系统在上海激光技术研究所研制成功。上海无线电三十二厂工程技术人员自主研发100英寸大型银幕，填补了全国投影电视显像设备的一项空白。同年，上海录音机制造整机国产化程度已平均达到90%，居全国首位。而上海广播器材厂的14英寸彩色电视机更在1988年获得了联邦德国通信工程总管理局(简称FTZ)的认可。但随着其他省份和地区制造能力的提升，上海产品在全国同类产品中的数量占比有所下降。1984年时，上海电视机生产数量占比已由70年代末的半壁江山下降到22.2%。这一时期，随着技术能力的提升，上海视听设备制造也开始走上技术输出的道路。1986年，上海市人民政府与捷克斯洛伐克政府签订协议，帮助他们建造两条彩色电视机生产流水线和两条录音机生产流水线，并转让有关技术。上海电视机也更多走向国外市场。1988年，上海电视电子集团成立，成为全国最大的电视机出口集团。

20世纪80年代末90年代初，上海视听设备制造领域的自主生产能力进一步得到提升。1989年，全国第一种以我为主、中外联合设计、具有80年代中期国际先进水平的彩电新机型——"飞跃"牌47C3-3型47厘米彩电，在上无十八厂通过部级生产定型，开始大批量生产。这是上海彩电行业由过去"组装式"生产向自行设计生产发展的一次重大转折。到1990年时，"金星""飞跃""凯歌"等沪产优质名牌彩电的单机国产化率达到100%、批量国产化率达到95%。1992年，彩电遥控器电路全部依赖进口的历史也宣告结束。中外合资上海贝岭公司的BL50462彩电遥控发送器电路通过鉴定并大量投产。

虽然上海的视听设备取得过辉煌的成就，但随着上海产业转型的推进，视听设备制造日渐不再成为上海的重点发展领域。也是从20世纪90年代开始，上海电视机产量不仅在全国占比持续下降，而且电视生产总量也开始下降。1988年上海生产电视机472.8万台，1990年下降为465.5万台，至1995年产量为418.23万台。农村集体资本也开始进入原来以国有资本为主的视听设备制造领域。1992年上海县马桥乡江川实业总公司买下了濒临破产的上海电视十七厂，开创了市内资产向农村流动的先河。

表3-3-1　1978—1995若干年份上海市电视机与彩电产量统计表

产品	1978年	1983年	1988年	1990年	1995年
电视机(万台)	28.91	188.85	472.8	465.5	418.23
彩电(万台)	0.24	15.02	108.56	81.48	111.77

资料来源：据《上海通志》(2005年4月第1版)。

表3-3-2　1978—1995年若干年份上海市主要工业产品占全国比重情况表

产品	1978年	1984年	1990年	1995年
电视机	55.9	22.2	17.5	12.1
彩电	—	—	8	5.7

资料来源：据《上海通志》(2005年4月第1版)。

20世纪90年代中后期，上海视听设备制造领域不断谋求产品和品牌的升级。1994年，上海广电股份有限公司和世界著名音响生产厂商日本建伍公司以及香港肖莱克斯有限公司共同组新中国成立以来最大的音响合资企业——上海建伍电子有限公司。1999年，上海索广映像有限公司彩电大屏幕彩管生产线投产，这是国内第一条全平面特丽珑大屏幕彩管生产线。迈入21世纪后的2002年，原有的明星产品“金星”彩电基本停产。此后，上海广电集团打造SVA品牌，全力开拓高端电视市场。但随着上海城市定位的变化，以及新兴产业的发展，视听设备制造领域已不再有20世纪时的风光。

一、上海电视一厂

在改革开放后的很长一段时间内，上海电视一厂是中国电视机制造和生产领域的龙头企业，也是上海知名电视品牌“金星”电视的生产厂家。

1982年，上海电视一厂从日本日立公司引进技术，建造了一条可年产20万架“金星”牌彩色电视机的生产线。当年，“金星”牌14英寸和22英寸彩色电视机以及14英寸黑白电视机就远销香港，并取得良好的市场反馈。1986年，“金星”彩电远销东南亚和西欧。

在引进技术的基础上，上海电视一厂也不忘自主研发。1985年，上海电视一厂以“金星”终端产品为龙头，联合国内优质配套件厂，起用国际上先进的技术标准和手段，共同开发国产彩电元器件，在实现彩电国产化方面取得显著成果。同年，上海电视一厂自行设计制造的一条彩电装配生产线也正式投产使用。

80年代中期开始,上海电视一厂就已经是全国最大的电视机生产企业。1988年共生产优质名牌"金星"电视机924 000台,其中"金星"彩电521 000台,在全国同行中保持领先地位;全年产值达到11.2亿元,比上年增长16.3%,成为全国电子行业中第一家产值超十亿元大关的"大户",全年销售总额达到8.64亿元。1990年,"金星"电视机销售额11.61亿元,勇夺全国电子工业百家销售额"五连冠"。

1990年6月,上海电视一厂、上海无线电四厂、上海无线电十八厂、国家二级企业上海录音器材厂等7家单位组建上海广播电视(集团)公司。1992年6月,又改制为上海广电股份有限公司。公司内部经营管理采用母子公司模式。转变经营机制后,上海电视一厂在20世纪90年代初还是保持了较好的发展势头。1991年上海电视一厂的工业总产值达到14.38亿元,实现销售总额12.51亿元,完成利税总和1.26亿元,分别比上年增长28%、7.7%和2.2%。年底,全国第一条国产大屏幕彩电生产装配流水线在上海电视一厂投产。1992年,由上海电视一厂和上无四厂、上无十八厂联合研制的全国第一台大屏幕高频画中画数字电视机通过部级鉴定。同年,上海电视一厂成功地向国外输出彩电生产成套设备和技术,这在全国也属首次。1994年6种"金星"彩电新品种把计算机技术与彩电技术结合起来,其质量、功能、技术档次和外观造型都有较大提升。

直到2000年,上海电视一厂的"金星"牌彩电在上海的市场占有率一直占据绝对优势,但在行业利润的日渐微薄的情况下,2003年,母公司上广电正式停止了"金星"牌彩电的生产,这个历史悠久的品牌就此退出了中国彩电市场。

二、上海飞乐音响股份有限公司

1984年10月23日,上海市电子元件工业公司同意在飞乐电声总厂内,新组建一个集体性质的音响公司,作为在改革中的新探索,工商登记名称为"飞乐音响公司"。1984年11月14日,中国人民银行上海市分行正式批复同意发行"飞乐音响"股票。上海飞乐音响股份有限公司成为新中国第一家向社会公开发行股票的股份制企业。发行股票总额50万元,计50万股。1986年9月26日,"飞乐音响"股票在中国工商银行上海静安信托业务部首家柜台上市。1990年12月19日,"飞乐音响"股票转至上海证券交易所首批上市交易,是上海"老八股"之一。90年代末,"飞乐音响"进入战略性调整,逐步形成了以IC卡产业、系统集成与软件开发为一体,并辅以数码电子应用产品的新业务。2007年12月20日,飞乐音响公司在《新财富》评出的最具有成长性100家上市公司中居第25位。

第五节　照相器材制造

1978年9月,上海照相机厂、上海照相机二厂、上海照相机五厂合并成立上海照相机总厂,迁往松江;9月29日,上海照相机总厂搬迁投产庆祝大会隆重召开,并举行了挂牌仪式;10月,上海照相机总厂正式投入生产,这象征着中国的照相机工业开始了新的发展历程。至1980年,上海照相机总厂年产量达到20万架,成为全国最大的照相机专业生产企业。

1981年起,照相机市场出现新的变化,进口彩卷大量投放市场,彩扩设备增多,促使120型相机向35毫米相机转化,并向光、机、电、塑照相机发展。至1985年,135照相机的生产比重从1981年的 6.3%，上升到 21%；各类照相机年产量达到 53.51 万架，创 32 年来的历史最高纪录。同年，上海照相机总厂还与日本美能达照相机公司，谈判“X-300 型照相机生产技术转让”，并获得成功。

1986 年开始，上海照相器材行业由于受到走私货冲击、军工产品减少的影响，120 型照相机无人问津，这迫使照相机行业再次大幅度调整产品结构。1987 年 10 月，在上海照相机总厂和日本美能达照相机公司的共同努力下，完成第一阶段 X-300 照相机 50 374 架组装任务。同年，上海照相机总厂产值过亿，居全国同行业之首。1988 年，上海照相机总厂与日本美能达照相机公司签订美能达 X-300 第二阶段生产技术设备转让合同，上海照相机总厂组织力量进行技术消化吸收，同时，开发光圈优先自动曝光 DF-300 型石英电子单镜头反光照相机。

1988 年 1 月 30 日，上海海鸥照相机公司成立。它以上海照相机总厂为主体，由 21 家跨地区、跨行业的单位参加，核心企业由上海照相机总厂、上海照相机二厂(集体)、上海照相机三厂、上海照相机器材二厂和上海有色光学玻璃厂 5 家单位组成，拥有职工 6 832 人、固定资产原值 1.22 亿元、设备 7 732 台(套)，占地面积 15.7 万平方米，建筑面积 18.8 万平方米。1989 年，该集团公司生产 DF-300 照相机 13 169 架，国产化率达 50%；1990 年，生产 DF-300 照相机 14 166 架，国产化率达 60%。产品销往瑞士、美国、德国和意大利等国家，成为出口的主导产品。1990 年，全行业年产照相机 20.91 万架、产值 1.34 亿元，销售照相机 22.21 万架、金额 1.16 亿元，其中出口照相机 4.02 万架、交货金额 2 930.2 万元。

然而，进入 90 年代后，在传统的计划经济向社会主义市场经济转轨的新形势下，以及全国照相机行业遭到水货相机的冲击后，国内照相机业绩出现严重滑坡，照相机企业亏损严重，难以为继，全国 38 家照相机企业一下子只剩下 2～3 家。“海鸥”也同样陷入了困境。

1992 年初，上级部门任命了海鸥公司新的党政领导班子。新班子形成了“要保住民族照相机工业的最后阵地”的共识，果断提出了在改革中求发展的“振兴海鸥”思路：

一是加大改革力度，调整人员结构。坚持实施“三一一”和“四五”劳动力分流工程。截至 1994 年初，三产企业吸收从业人员近 1 000 人，全年贸易额近 7 000 万元。

二是优化组织结构，实现资产、销售、科技一体化。为适应国内外照相机市场急剧变化的环境，积极按照现代企业制度模式进行公司制改造。1993 年，国家机械工业部与海鸥公司合作成立“上海科隆摄影器材中心”。1994 年，海鸥公司与日本美能达共同出资组建的上海美能达光学仪器有限公司成立。1995 年初，海鸥将研究所改为以产品开发为中心的技术开发部。至 1995 年底，海鸥相机已累计出口创汇 6 655 万美元，累计利税 30 260 万元。1996 年 5 月，原上海海鸥照相机公司转制为上海海鸥照相机有限公司，同年 10 月完成“分立破产”，原上海照相机总厂向上海市松江区人民法院提出破产申请，转制为上海海鸥照相机厂，转制后资本金扩大到 1.46 亿元，至此进入了一个新的发展时期。上海海鸥照相机有限公司下设 5 个子公司、3 个分公司、5 个合资公司、3 个股份合作制企业，实行资产一体化，增强了“海鸥”的综合优势和整体实力。1997 年 4 月，组建上海海鸥照相机销售有限公司，成立华东、华北、西北、被反给、中南、西南 6 大分公司，形成销售一体化，依托海鸥品牌夺取制高点。并且，大力推进技术创新，不断提高产品竞争能力。集中全公司人才，资金资源，构筑了一套符合市场经济规律的科技开发一体化体制。

三是咬定主业，规模发展。海鸥公司在积极引进消化国外先进技术的同时，制订了照相机工业规模发展的计划，先后推出了 DF100、DF200、DF300A 等数十种不同规格、功能、外观、价格的照相机，满足了不同层次的消费者的需求。对进入产品衰退期的老 DF 系列，则通过引进先进技术改造生产了 DF105、DF106、DF108 系列，提高该系列产品的市场占有率。尤其是海鸥 DF200、DF300 两大单反系列及与之配套的各种变焦镜系列,与国内市场同类产品相比,在零售市场上始终处于名列前茅的地位。至1997年,90年代初的老产品已被全部替代,新产品年更新率每年达35%以上。

"九五"时期,海鸥还树立起了品牌战略新意识。先后推出了一系列措施,比如建立海鸥摄影学校,开展海鸥用户摄影作品双月循环赛,设海鸥专卖店,推出纪念型相机等;在国际市场,则通过参加专业博览会、利用媒体渠道以及在海外建立售后服务网点等,扩大品牌影响,提升国际形象。这些措施得到了商家、用户及社会有识之士的肯定与赞评,显示了"海鸥"作为国内第一品牌的龙头地位和世纪风范。

1998年顺利通过ISO9001国际质量认证,进一步提高了海鸥品牌的信誉度。1998—1999年间,海鸥为美能达生产出口相机35000多台,创汇260万美元。1999年,在经历了90年代几乎10年的"暴风骤雨"之后,上海海鸥照相机有限公司完成了扭亏增盈的目标。至2000年,经济实体的销售收入已占国有板块比例约三分之一。2000年海鸥产品已远销世界30多个国家和地区,销售收入达10亿元。

面对数码照相机成为21世纪世界照相机市场主流产品的全球局面,站在世纪之交的海鸥,以"五个第一"的大手笔撰写了中国照相机工业史的新篇章:拥有了中国第一台有自主知识产权的数码相机、第一条数码相机生产流水线、国家计委认定的唯一的一个数码相机高科技产业化示范工程、第一家数码相机出口企业。权威人士高度评价海鸥数码相机为"上海工业标志性产品"。2000年末,"海鸥"牌数码相机创汇达2400万美元。

海鸥同时确立并坚持贯彻"三足鼎立"的产品发展新思路:全面停产传统相机老产品,以全新外观设计的新概念相机为品牌注入新生命;加大数码相机及立体相机这两项上海市产品新高地项目的研发及生产力度。2001年,数码相机"DSC-1100型"、相机"DF-400G型"诞生。2002年,3D立体照相机、数码相机"Z-60型"诞生。

2004年,海鸥相机整机正式停产,生产销售数字定格在2066万台,曾经风靡一时的海鸥相机从此沉寂。

2009年,两位同样怀揣振兴"海鸥"这一民族品牌的同道中人正式入股"海鸥";同年,一支来自深圳的数码相机技术研发团队也加入了进来。在整合、继承、吸收具有近60年悠久历史的上海照相机总厂品牌、研发、制造等优质资源的基础上,上海海鸥数码照相机有限公司于2011年1月全新成立,新海鸥是致力于影像产品开发、制造、销售的高新技术企。作为国内历史悠久、研发实力颇强、生产制造规模较大的自主品牌数码照相机企业,海鸥肩负"复兴民族相机产业,重振国货经典品牌"的使命,为民族相机产业崛起而不懈努力。

第四章　文化专用设备生产

第一节　印刷专业设备制造

上海是中国近代印刷机械制造业的发祥地。上海印刷机械行业为中国印刷业的技术进步和快速发展起到了强有力的推动作用。1978 年党的十一届三中全会后，上海印刷包装机械制造业的历史从此翻开了新的一页。

中国印刷技术同国际先进水平相比还很落后。20 世纪 80 年代初期才刚刚具备批量生产 PS 版的能力。上海地区第一条 PS 版生产线系上海字模一厂于 80 年代中期从日本富士药品引进的单张刷磨自动生产线，调试投产后，PS 版的整体质量较以前有了大幅的提升，年产量达到 20 万平方米。

1982 年 8 月 7 日，在中宣部和国家经济委员会的领导下，成立了由文化部、机械部、电子部和轻工部等派人参加的印刷技术装备协调小组，该小组制定了印刷技术装备"六五""七五"发展规划，把印刷机械成套设备列为重点之一，同时制定了"激光照排、电子分色、胶印印刷、装订联动"的印刷业发展 16 字方针。1983 年，上述规划经国家计划委员会、国家经济委员会和办公会议审查批准，该规划要求发展重大新产品 22 项，其中由上海负责研制的包括：半电子式自动照相排字机、卷筒纸报版胶印轮转机、卷筒纸书版胶印轮转机、骑马订联动机、精装书籍加工联动机、平装书籍加工联动机、程序自动切纸机。

1983 年 3 月，经印刷技术装备技术引进项目论证会讨论决定，全国印刷机械引进制造技术项目 13 项，引进样机 28 台(套)，其中上海引进的制造技术项目共 8 项。

表 3-4-1　1983 年上海引进印刷制造技术项目一览表

照相制版设备	制版照相机设计制造技术
印刷机	卷筒纸给纸机及张力控制系统 商业标签印刷机设计制造技术 B-B 型卷筒纸书版胶印轮转机设计制造技术 胶印打样机设计制造技术 卷筒纸报版胶印轮转机设计制造技术
装订机械	程序控制切纸机制造技术 栅刀混合式折页机制造技术

资料来源：《变革图新　上海印刷业 60 年》(2009 年 12 月第 1 版)。

1984 年，上海的技术引进工作取得了一定成果，已与国外厂家就胶印轮转印刷机、制版照相机等项目签订正式技术转让合同。1983 年至 1984 年底，上海印刷机械制造业的重点技术改造共完成投资 2 000 万元。通过技术改造，上海印刷机械制造企业的生产条件有了一定的改善。

改革开放初期至 1985 年间，上海先后试制成功了一批新产品。

表 3-4-2　1978—1985 年上海印刷制造技术试制成功项目一览表

试制工厂	项　　目
上海印刷器材制造厂	ZJD2 型对开吊式自动对焦照相机 ZDK-900 型吊式程控照相机
上海光学机械厂	HDP-2 型电动照相排字机
上海第二印刷机械厂	DYP615A 型、DYP880C 型、DYP1230A 型平版胶印打样机 ZYH660 型折页机
上海人民机器厂	JLS203 型、JLS205 型、JLS206 型书刊胶印轮转印刷机 JLB202 型、JLB207 型报版胶印轮转打印机 S1101 型全张双面单色胶印机
上海第一印刷机械厂	TY850 型对开一回转平台印刷机 P615 型胶凸两用印刷机
上海切纸机械厂	QS03 型三面切书机 QZY920 型对开液压切纸机 QZY920 型微机程控切纸机
上海订书机械厂	BSX-03 型半自动锁线机

资料来源:《变革图新　上海印刷业 60 年》(2009 年 12 月第 1 版)。

这标志着上海印刷包装机械产品开发能力已经升级,而且正在不断地向程序控制、微机控制的方向发展。

1983 年 6 月至 1984 年 10 月,上海轻工业机械公司所属上海市轻功机械技术研究所,受上海市科学技术委员会委托,组织轻工业机械公司所属上海人民机器厂、上海延安机器厂、上海切纸机械厂、上海订书机械厂、上海第一印刷机械厂、上海第二印刷机械厂、上海第三印刷机械厂、上海第四印刷机械厂等单位就,编制了《上海市印刷机械行业 1986—2000 年科学技术发展调研预测论证》报告,并在论证报告基础上编制了《上海市印刷技术更新实施计划》,该实施计划被列为上海市经济委员会重点开发的“12 个重点项目”之一。

1986 年 8 月,经上海市工业党委、市经委批准,市轻工业机械公司体制改革方案予以全面实施:根据“政企分开、因业制宜”的原则,按造纸机械、印刷机械、轻工机械 3 大类产品划分为 3 个企业集团。由上海人民机器厂等 11 家工厂自愿联合而成的企业群体组织——上海印刷机械联营公司,于 1986 年 9 月 28 日成立。至此,上海印刷包装机械制造业作为上海机械工业的一个独立行业而存在,其体制变革主要经历了以下 3 个阶段:

第一,入股集资、松散联销阶段。上海印刷机械联营公司是一个经营服务型的企业型经济组织,实行董事会领导下的经理负责制。公司成立时,基本成员有上海人民机器厂等 11 家企业,拥有职工 6 600 余人,固定资产 6 000 多万元,年产量 1.2 万吨以上。1986 年,上海印刷机械联营公司的工业总产值达 10 987 万元,利润 3 756 万元。

第二,理顺关系、多层次联合阶段。上海印刷机械联营公司成立后不到一年,于 1987 年 8 月 11 日更名为上海印刷包装机械公司,并先后列入上海市“仿三资试点企业”和“现代企业制度试点企业”。经过半年多的运营,公司成员企业由 11 家发展为 26 家,并逐步形成 3 个层次的联合:稳固的第一层——业内企业;松散的第二层——业外企业;互补的第三层——联销企业。

上海印刷包装机械公司成立时，公司成员企业已有43家。1987年，公司通过销售管理服务和"双增双节"取得了显著的经济效益，据市机电局对公司12家成员厂的考核统计，公司工业总产值达12316万元，超计划1.1%，比1986年增长5.9%；实现利润3935万元，超计划2.2%，比1986年增长8.1%；产品出口创汇1340万元，超计划11.6%。

第三，组建公司分支企业集团阶段。上海印刷包装机械公司把组建其分支组织——按产品分类、以主机生产厂为"龙头"的企业集团，作为深化改革的重要步骤，以进一步理顺公司与成员企业之间的关系：

首先，于1987年9月17日建立飞达切纸机械集团。该集团以生产优质名牌"飞达"切纸机的上海切纸机械厂为骨干，首批成员有上海新建切纸机械厂、上海飞达办公机械厂等5家企业。

其次，于1987年12月3日建立海达集团。海达集团以上海第一印刷厂为核心，以优质名牌产品为纽带的专业化协作生产的企业群体，是在原上海凸版印刷机械联合生产委员会的基础上组建的。

最后，于1987年12月28日建立双赢印刷机械集团。这个集团以荣获国家银质奖的"双鹰"牌对开平版胶印打样机等系列产品为龙头，以上海第二印刷机械厂为主题组建而成。

自1988年始，上海印机行业不断迈出中外合资步伐。上海印刷包装机械公司率先在全国印机行业走出中外合资经营第一步：同港资企业成立了第一个合资企业——上海亚华印刷机械有限公司。随后仅用5年时间，销售额便跃上亿元台阶，跨入全国最大500家外资投资工业企业和上海市产品销售收入前500家行列。"亚华公司"的销售额比合资前增长了20倍，出口创汇增长了8.3倍。

在1988年后的6年间，上海印刷包装机械制造企业首先实现了从国有到合资的经营体制的创新，先后成立了上海亚华印刷机械有限公司、上海申威达机械有限公司、上海光华印刷机械有限公司、上海紫光机械有限公司、上海高斯印刷设备有限公司、上海爱凯思机械刀片有限公司、上海紫宏印刷机械有限公司、上海紫明印刷机械有限公司，取得了显著成效。

在体制创新的同时，上海在印刷机械设备及技术上也在不断提高。

进入20世纪80年代中期，国内胶印印刷进一步向多色、高速提升，这就对印刷橡皮布提出了更高的品质要求。上海印刷器材制造厂虽然也研制了气垫橡皮布，但由于种种原因形不成批量生产。80年代末，新闻出版署将"引进气垫橡皮布制造技术"的项目列入"八五"规划下达给上海。1991年11月，中日合资上海明治橡胶制品有限公司成立，成为国内唯一专业生产气垫橡皮布的企业。国产"明治橡皮布"不仅替代了部分国内市场的进口产品，并出口日本、北美等国际市场。从1996年起，上海明治连续七年被上海市外资委、上海市外商投资协会评定为上海市出口型双优三资企业。1990年代中期，中国经济持续发展，市场经济改变了以往的供需关系。1998年，中国橡皮布生产厂发展到11家，经过几年激烈的竞争，2003年又减少至8家，其中6家集中在上海地区，分别是中日合资上海明治橡胶制品有限公司、上海豹驰印新材料有限公司、上海新星印刷器材有限公司、上海三鼎印刷橡胶制品厂、上海游龙橡胶制品公司、上海三甲港纺织胶带厂。

2003年，全国橡皮布制造企业销售总额21897万元，上海地区为20259万元，占92.5%。

同样在90年代中期，前述提到的PS版生产，在1993年投产的浦东川沙黄楼远景印刷器材厂，全部依赖人工操作，每天的产量不足100张。1994年，上海界龙集团与台湾芬瑟贸易股份有限公司共同出资，引进中国印刷研究所PS版自动连续处理技术，成立了上海界龙印刷器材有限公司，于1996年正式投产，当年产量达到20万平方米。

1995年底建厂的上海申化铝业有限公司从华北铝加工厂引进的PS版连续生产线，于1996年投入运行，设计能力150万平方米/年。在上述卷筒连续生产线陆续投产的同时，上海PS版再生产单张生产线也在同步发展。建于1993年的上海亚星印刷器材厂和1997年的上海灵龙印刷器材厂，满足了打样及普通印刷要求。1996年，上海PS版总产量为165万平方米。至2002年底，上海有连续卷筒生产线四条，连续单张生产线二条，实际产量总计达到640万平方米，占全国的8%。

同一时期，上海数字印刷的萌芽也开始出现，主要是以打印、复印、喷绘和工程图处理为主。1995—1999年，这一阶段的企业主要以打印复印、喷绘和工程图打印店等一些小型店面为主，大多为民营，主要服务于专业的工程设计领域，如建筑设计领域。

"九五"以来，上海印刷机械制造业在原有基础上取得持续发展，形成了以上海电气集团印刷包装机械有限公司为行业龙头(下属由10余家合资、全民、集团企业组成)的印刷机械开发生产基地。上海电气印包公司共有印机企业近60家，从业人员7000余人，半数以上是技术人员，其中中高级技术人员600多人，占职工人数近10%，主要产品超过250种，大多数产品质量和能级在国内居领先地位，产品出口占国产印机出口总量的一半以上。

上海电气集团印机公司实施"走出去"战略，"以亚洲为基地，以西欧为突破口，大力发展北美和其他地区市场"，积极参与国际市场竞争；2000—2002年，分别参加在德国、英国、美国和日本举办的国际印刷展，取得了可喜成效。产品出口金额不断增加，2002年和2003年，出口分别达到2300万美元和3300万美元，位居全国印机行业出口之首。

而在2000—2004年间，高速新型的数字印刷设备开始被大规模应用，数字印刷企业的服务领域也开始从传统的工程设计、商务快印，拓展到出版印刷、可变数据印刷以及个性化印刷领域。在2004年7月的"上海书展"上，上海同昆数码印刷有限公司运用数字印刷设备推出"按需出版"，在展会现场演示了制作新书《F1狂飙》的全过程。一本150页、32开、彩色封面、黑白内页的书籍印刷仅需几分钟，真正做到了"立等可取"，而且可以根据读者的需要进行个性化定制。《F1狂飙》也成为了国内第一本按需数字印刷的正式出版物。同期，部分印刷企业业务中类似账单、票据等形式的可变数据印刷也更多地采用了胶印加数字印刷套印的方式来实现。

为了加大科技投入，提高自主开发能力和核心竞争能力，1999年上海电气集团印刷包装机械有限公司成立了国家级技术中心。上海电气印包公司投入技术与进步的资金逐年增加，仅2002年度科技投入就超过8000万元；2007年度科技投入超过11924万元，有效推动了新产品的开发。

据不完全统计，上海印刷包装机械制造业在这一时期开发成功的新产品有120多种，其中11种被列为"国家重点新产品"或"重点火炬项目"，8种产品获"上海市科技进步奖"，26种产品获"上海市优秀新产品奖"。

在提高管理的基础上，全力培育了一批知名品牌，如"上海高斯"的"毕昇"牌、亚华公司的"狮印"牌、紫光公司的"金鼎"牌、申威达公司的"飞达"牌、光华公司的"翼鹰"牌、鼎龙公司的"鼎龙"牌、新闵太阳公司的"太阳"牌、紫明公司的"品字"牌、爱凯思公司的IKS牌、新星公司的"星"牌等，其中"狮印""飞达"等品牌被用户和有关部门认定为名牌产品。

当中国于2001年11月10日正式加入世界贸易组织(WTO)后，上海印刷包装机械制造业在推进国际化战略上迈出了新的重要一步。

2001年底，具有53年历史的日本秋山印刷机械制造株式会社被上海电气集团成功收购。海外工厂的建立，揭开了中国印机行业史无前例的一页。

跨国收购的成功实现了"日本秋山"同"上海光华"的联动发展。光华公司在2005年开始引进

“日本秋山”的技术，开发了BT40、BT28系列多色单张纸平版印刷机，在消化、吸收的基础上，国产化率达到80%以上。从2007至2008年的销售来看，已实现销售90台，销售额达到3.7亿元，税金达6 311万元。

进入“十一五”时期，上海电气印包公司生产销售总量名列全国第一，占国产印机市场近四分之一份额。2007年，上海电气印包公司工业总产值已由成立时的1.1亿元人民币递增到21亿元人民币(不含海外企业)，年销售收入从1.5亿元人民币递增到近30亿元人民币，年出口创汇7 900万美元，在全国印机同行中名列前茅。

“上海高斯”已从一个合资前年销售8 681万元人民币成长为年销售收入超6亿元人民币的企业，年出口创汇位居全国印机行业首位；“光华”的销售额也从2002年收购“秋山”时的5亿多元人民币，增长为2007年的近13亿元人民币。上海电气印包公司的国际化经营总量已超过1.6亿美元。

上海电气印包公司通过引进、消化、吸收、再创新就，产品能级不断提升，申请专利220余项，其中申请发明专利8项；有28种主要产品通过CE、UL标准认证；多家企业被命名为“上海市高新技术企业”和“双密集型企业”。上海电气印包公司形成了印刷设备、特种印刷设备、书刊后道设备和包装后道设备以及辅机设备等5大产品板块。

1999年7月，以优质资产组建的上海电气印包公司，通过“上菱”(即现在的机电股份)融资增发，借壳上市，成为上市公司的全资子公司；2005年4月，上海电气集团股份有限公司在香港联交所成功上市，上海电气印刷包装机械产业是其重要的组成部分。同年，上海印刷业在技术装备上已具备相当实力，已引进、更新、安装、投产使用的各类印刷设备包括直接制版机(CTP)约100台、八色商用胶印轮转机25台、对开四色及以上单张纸胶印机近500台(其中一般是2000—2005年间引进)、四色及以上柔性版印刷机100多台、四色及以上凹版印刷机100多台，上海有相当数量的数字印刷机和印后配套的装订设备等，具备了完成各类出口印刷产品的综合能力。2007年，印刷包装机械被上海电气集团确立为其12个产业集团之一，得以重点发展。

在DRUPA2008展会上，上海电气印刷包装机械集团以“上海电气”的整体品牌亮相，参展产品包括单张纸印刷设备、特种印刷设备、书刊后道设备、包装后道设备和辅机设备等系列在内的15台(套)，全部是上海电气印包集团各企业的主流产品和新产品，其中包括“光华”的经济型PZ4650单张纸胶印机、“光华”和“秋山”协同制造的BT40四色单张纸胶印机、“亚华”的YTM1050Y纵横双向自动烫印模切机、“紫光”的具有无轴传统技术的YP420WZ柔版印刷机、提升的NOVA12骑马装订联动机、“申威达”的突出安全性能的FQZK系列微机程控切纸机等。

与此同时，上海数字印刷行业自2005年起也开始进入快速成长期，并作为上海印刷业的一种新业态，表现出了良好的发展势头，从购置生产型数字印刷机的统计数字中也可以看到这一点。据上海市新闻出版局提供的《2008年上海印刷业统计信息通报》显示，2008年上海印刷企业拥有100万元产值以上的生产型数字印刷机83台，分布在26家印刷企业中。2005—2008年，购置数字印刷机的企业明显增多，300万元以上的数字印刷机大部分是在这几年购置的。据不完全统计，2008年上海数字印刷的销售总额已增加到10多亿元，占上海印刷总产值的3%左右，相比于2004年有了大幅增长。同时更多新兴数字印刷企业不断涌现，个性化印刷领域出现了诸如“龙樱网”“超印速”“印客网”等企业。

2008年底，数字印刷被列入上海市重点发展产业目录。2009年，上海市新闻出版局还出台了诸如《扶持数字印刷的指导意见》等多项指导性意见。数字印刷成为传统胶版印刷方式以外的重要印刷方式之一。

2010年,上海市政府及相关委办加大了都市型产业发展的力度,出台了一系列促进政策。数字印刷低碳绿色环保,是都市型产业的重要组成部分,是现代服务业中生产型服务业的重要环节。

随着上海国家级张江数字园区的建立,又一个国家级上海金山绿色印刷园区批准成立。截至2010年,上海已先后建立金桥、闵行、青捕、曹扬、市北张江、金山、闸北、宝山奉贤嘉定等10多个印刷工业园区。

"十一五"期间,上海印刷企业在低碳导向和产业政策促进下,取得了长足发展。基本的表现形态,一是传统印刷转型绿色印刷;二是既有传统印刷又有数码印刷,两相结合并举。在现有阶段拓宽了服务领域,适应出版物的长版和短版需求,商务个性化需求,金融可变数据需求;三是传统印刷向数字印刷转型。它们大多印前制作CTP化,印刷绿色化(采用水性油墨),顺应了产业发展要求;四是纯数码印刷。而从数字出版印刷产业项目的资本运作上看,除出版特殊性领域外,率先进入数字印刷领域的民营资本、外商资本为主的格局已经改变。上海文新和解放日报报业集团、世纪和文艺出版集团、上海电气印包机械集团等大型国有资本也相继进入数字出版印刷机械产业链的运作。

改革开放以来,上海印刷包装机械制造业在中国较早市场化过程中创造了行业中多个全国第一。经过30多年的时间,通过与合资伙伴和境外企业的广泛接触,上海印机产业在了解和吸收世界先进技术、掌握国际通行规则、熟悉境外企业的运营管理等方面取得了较大进步,并在行业中形成了统一共识,为上海印机行业继续实施"国际化"战略提供了基础。

第二节　广播电视电影专用设备制造

一、放映技术相关设备制造

【放映声学设备制造】

20世纪70年代中期和后期,上海对电影放映电声设备率先进行了改革。研制出全晶体管化双频道电影还音扩音机,以替代老式的电子管扩音机,获得了文化部1980年度重大科技成果的嘉奖。在20世纪80年代中期由上海电影照相工业研究所立项研制成功DLC-1型电影立体声信息处理器,曾被广泛应用于上海的大多数专业电影院。

80年代初,上海电影制片厂引进杜比电影立体声录音设备。至80年代中期,上海出现了杜比光学立体声的电影院。及至90年代初,上海几乎所有的专业电影院都经过技术改造,安装了电影立体声还音设备。至此,电影立体声技术在上海取得了明显的推进。

这段时期内,上海和全国一样,所进行的4-2-4立体声电影院建设,均为杜比A型制式。1992年上海对杜比SR频谱录还音技术进行了技术研讨,并对有条件的重点电影院进行了技术改造,逐步建成了一批SR型立体声电影院,为进一步过渡到数字立体声还音进行了技术准备。

1995年上海国际电影节期间,上海影城安装了SDDS8声道数字立体声还音设备,上海永乐宫安装了SR·D6声道数字立体声还音设备,以迎接国际电影节期间参展的数字立体声影片的放映。此后,中影公司为发行《龙卷风》影片,而引进了6套DTS的数字立体声还音设备。

1997年的SMPTE年会,发表了关于"因影片拷贝声迹由留银的普通声迹向无银的青染料声迹过渡,为了适应声迹的这种变化,电影还音的激励光源也应由白光向红光转换"的学术报告。上海根据这一报告,首先从国外电影器材市场全套引进双红光(数字声迹和模拟声迹)还音部件,选择适合反向扫描激励系统的珠江 FG－2ES 电影放映机，并和广东电影机械厂一起进行研究改装，取得了成功。首批珠江 FG－2ES 双红光还音的电影放映机于 1998 年就开始供应市场，引起放映技术界和电影机械行业的极大兴趣和关注。

【放映光学设备制造】

1978 年，市电影发行放映公司检修车间曾伯炎、朱国忠等联合研制的解放 103 型放映机改装 500 瓦氙灯光源成功，获 1978—1980 年度文化部科技成果二等奖。1981 年，上海电影器材供应站以吴荣为主，联合有关工厂的技术人员，共同研制的大功率氙灯应用技术，获 1981—1982 年度文化部科技成果二等奖。

1982 年，上海市区 93 家影剧院全部实现了氙灯放映。上海对电影放映新光源的研究成功和推广应用，引起了全国发行放映行业的关注，文化部委托上海举办全国氙灯应用技术讲习班，决定在全国尽快推广这一成果，使中国电影放映光源进入一个新的阶段。1986 年，市电影发行放映公司检修车间曾伯炎、朱国忠与上海机械学院共同研制的非共轴反光镜，获广电部电影局 1987 年度科技成果二等奖。

二、数字化技术设备制造

20 世纪 90 年代起，世界电影逐步迈入以数字化技术为主的多媒体时代。上海的电影院，在经历了以声、光、座（视听环境）为主要内容的技术改造和进步后，开始往数字化方向阔步前进。

1995 年，世界流行的三种电影数字立体声制式在上海出现，上海已具备数字立体声还音的多厅电影院。上海影城、环艺影城、永乐电影城、超极电影世界等多厅电影院，其数字立体声影厅的比例均已达到 100％，重点的影厅还具备了三种数字声制式；单厅的数字立体声电影院亦正在扩大。随着电影放映双红光还音技术的发展，电影数字立体声成为上海电影院建设的一项重要内容，电影声音的数字化基本实现。

2003 年，直属于上海文广影视集团的上海文广科技公司着手研发带硬盘的高清数字节目内容播放机。2006 年，上海文广科技公司开发出适合数字电影放映用播放器整机（0.8K 机），2007 年通过总局电影技术质量检测所测试，并投入批量生产。

2008 年底，上海文广科技公司研发试制成功具有自主知识产权的 1.3K 数字电影放映机。2009 年 1 月 8 日，15 家采用了上海文广科技公司 HDM－505 播放器的 1.3K 数字影厅顺利地放映了国家首部 1.3K 数字大片《赤壁（下）》，并取得了良好的票房成绩。2009 年 4 月，上海文广科技公司向国家广电总局电影局申请的数字电影上海研发基地获得了批准。2009 年 6 月 22 日，上海文广科技公司的中档（1.3K）HDM－505 型数字电影服务器获得国家广电总局首批中档数字电影设备质量认定证书。这表明上海文广科技公司在数字电影放映设备研发发展之路上又迈进了坚实的一步。

第四篇
重点文化企业和文化产业项目

文化企业是上海文化产业发展的重要主体，文化企业的发展变迁也是上海文化体制改革的缩影。本篇分别选取了新闻出版发行服务、广播电视电影服务、文化艺术服务、文化信息传输服务、文化创意和设计服务、文化休闲娱乐服务、文化产品生产的辅助生产、文化专用设备生产等行业领域的代表性企业。这些企业的发展变革从一个微观的角度为上海文化产业的发展增添了注脚，与此同时，文化体制改革的推进也正是由这些企业的发展来实践的。

文化产业项目的建设更是集中展现了上海文化产业的活力。项目建设为产业提供基础设施，搭建平台，并直接推动文化产业发展。1978 年至 2010 年间，一个个文化产业项目的建设不仅是行业发展的巨大动力，也见证了上海的产业更新和城市发展。

第一章　文化服务业企业

第一节　新闻出版发行业企业

一、解放日报报业集团

1999年12月15日,新闻出版署批准成立解放日报报业集团。2000年10月9日,解放日报报业集团正式宣告成立。成立大会在上海国际会议中心上海厅举行。中共中央政治局委员、上海市委书记黄菊发来贺信,市委副书记龚学平出席并讲话。全市各界400余人出席大会。组建后,解放日报报业集团拥有《解放日报》《新闻晨报》《新闻晚报》《报刊文摘》《申江服务导报》《上海学生英文报》《人才市场报》《上海计算机报》《房地产时报》等9家报纸,另有《上海支部生活》《上海小说》《新上海人》等3家刊物以及《解放日报·电子网络版》。集团的总资产为103000万元,净资产61725万元,2000年全年税前利润13752万元。解放日报报业集团实行党委领导下的社长负责制。同年11月8日,解放日报报业集团印务中心同时通过ISO9002质量体系国际、国内认证,成为全国第一家通过认证的省级党报印务中心。年底,上海对所属报纸进行了结构调整,将《人才市场报》和《上海计算机报》划归解放日报报业集团。从2000年起,集团还拓展多元化经营,参与投资拍摄了《爱是一个美丽的错》、《风尘舞蝶》、《千丝万缕》、《秋水长天》、《斩首行动》(又名《暗战》)等电视剧。

2001年,解放日报报业集团对系列报刊进行了改造。《新闻晨报》扩版,《新闻晚报》改版,《申江服务导报》改扩版,《人才市场报》扩版增刊,同时,于1月创办《房地产时报》和《新上海人》杂志,与华东师范大学合办《上海学生英文报》。《上海计算机报》12月更名为《I时代》。2001年解放日报报业集团总资产13.6亿元,广告收入5.3亿元。

至2002年底,上海公开发行的73种报纸中属解放日报报业集团的9家,占公开发行报纸的12.3%。当年,解放日报报业集团成立广告经营中心,对集团所属媒体的广告实行统一经营、统一管理,开始实行广告总代理或节目、栏目广告代理,并试行广告代理招标办法。2002年,集团下属《新闻晨报》《申江服务导报》《报刊文摘》《人才市场报》《房地产时报》五张报纸的利润均逾1000万元。至2003年底,属解放日报报业集团主办的报纸增加到10种。上海三联书店划归解放日报报业集团管理。解放日报报业集团全年广告营业额6.88亿元,比上年增长31.76%;实现税前利润2.1亿元,比上年增长25%。

2004年,经市委宣传部同意,报新闻出版总署批准,财经类日报《每日经济新闻》于12月9日创刊首发。《每日经济新闻》由解放日报报业集团主管,解放日报报业集团和成都日报报业集团联合主办,解放日报报业集团为主要主办单位。同年7月1日,经市委宣传部批准,《新闻晚报》改版。同时,解放日报报业集团联合上海嘉美盛海文化传播有限公司和上海交大昂立股份有限公司,成立由解放日报报业集团控股的上海新闻晚报经营有限公司,把《新闻晚报》自办发行网络建设作为重点。10月20日,"风火轮发行物流网络"启动,网点覆盖上海中心城区。至年底,《新闻晚报》日发行量达30万份,比改版前增长近1倍。

2006年,解放日报报业集团与上海联通共同创建的i-news短信手机报。同年,集团还与技术运营商合作出版名为“摩客”(i-mook)的网络数码杂志平台,为读者免费提供多种期刊的在线阅读及下载服务。2007年、2008年,集团还先后和上海大剧院联合主办时尚音乐剧《妈妈咪呀》、励志音乐剧《发胶星梦》。

2008年,解放日报报业集团推出新型移动数字报纸《新新闻》。该移动数字报纸具备现代新媒体的多种重要特性,完全排除纸张和印刷成本,可以按时间半径进行多种图文资讯实时传播,每天可在11个小时的正点出版约50个版面。同年,解放日报报业集团主管主办的《浦东时报》于11月11日创刊发行。由浦东时报社创办的前沿网(www.pdfrontier.com)也同时启动。2009年1月1日,解放日报报业集团主办的《倡廉文摘》创刊。该刊为月刊,是全国首家反腐倡廉文摘类杂志。

2010年,解放日报报业集团在移动互联网发展手机无线新闻产品“解放新新闻”上线。“解放报业App”(应用程序)在AppStore(苹果应用商店)上线。到2010年底,集团已构筑起以《解放日报》为核心,都市报、娱乐周报、专业报和新媒体为支撑的多元化媒体产业集群。拥有《解放日报》、《新闻晨报》、《新闻晚报》、《报刊文摘》、《申江服务导报》、《上海法治报》、《房地产时报》、《人才市场报》、《i时代》报、《上海学生英文报》、《上海支部生活》、《倡廉文摘》、《新沪商》和解放牛网、上海三联书店、上海沪剧院团,计10家报纸、3份期刊、1个网站、1家出版社、1个文艺院团。在集团事业发展的同时,市委宣传部也在全市宣传文化系统中统筹协调,划拨资源支持新华传媒上市。2010年底集团总资产从成立时的10.3亿元发展到107.5亿元,净资产从7.25亿元增至47.15亿元,主营收入26亿元。利润总额翻一番,在职人员数从1266人发展到1692人。2010年7月,新闻出版总署首次发布中国报业集团总体经济规模综合评价,集团在全国50多家报业集团中名列第二(合并新华传媒报表)。

二、文汇新民联合报业集团

1998年7月25日,经新闻出版署批准,文汇新民联合报业集团在上海成立。集团拥有《文汇报》《新民晚报》《文汇读书周报》《文汇电影时报》《新民晚报·美国版》《新民体育报》《漫画世界》《新民围棋》《新闻记者》《萌芽》等六报四刊和文汇出版社,形成了日报、晚报、周刊、半月刊、月刊和出版社等结构合理、品种齐全的报业出版群体,期发总量超过250万份。经济实体20多个,总资产17.4亿元。职工1800余人,有中级以上专业技术人员352人,其中高级职称124人。集团在北京、南京、杭州、广州、深圳等10个城市建有办事处或记者站、通联站。在美国、法国、日本、墨西哥、印度、菲律宾、尼泊尔、乌克兰等国家和澳门地区及联合国派驻12名记者,并在美国设有记者站,出版《新民晚报·美国版》。在国内外设立20个卫星传版印刷点,报纸发行做到当天与读者见面。集团为市委宣传部直属事业单位,实行党委领导下的社长负责制,王仲伟任集团党委书记、社长。《文汇报》《新民晚报》作为集团所属部门,实行集团领导下的总编辑负责制。

作为扩大报业集团的试点,文汇新民联合报业集团成立后采取了一系列举措。1998年12月1日《新民晚报·网络版》出版,同年底集团广告中心组建。1999年开始,《旅游时报》《上海文化报》《文学报》等文化类报纸改由文汇新民联合报业集团主办、主管。同年,文汇新民联合报业集团还先后创办了《新民周刊》、英文版《上海日报(Shanghai Daily)》。1999年7月31日,位于威海路755号(靠近陕西北路口)的文新报业大厦建成启用。为扩大广告经营,9月28日文汇新民联合报业集团还投资创办了上海新世纪广告交易中心。这是全国第一家运用现代化交易手段和公开市场化交易形式进行大型广告交易的场所，自主经营、自负盈亏、独立核算的企业法人单位，员工30人。交易地点设在延安中路839号上海新世纪广告交易中心大楼内。经营范围为报纸、杂志、电视、广播、路牌、灯箱等各种媒体的广告版面或时段，以及各类广告制作材料和设备。该大楼配置了商务中心、银行、速递、法律咨询、工商咨询等服务。集团在稳固媒体经营主业的前提下，也向资本经营和产业经营方向拓展。1999年开始，集团开始参与低风险的资本市场运作。2000年5月，上海文新投资公司挂牌成立。

为更好地提升集团运营效率，2000年，文汇新民联合报业集团调整旗下报业结构，停办《漫画世界》报，改办上海第一张广告信息类报纸——《上海星期三》，而《文汇电影时报》休刊。2000年，上海对所属报纸进行了结构调整。在此次调整中，《上海家庭报》《上海交通报》划归文汇新民联合报业集团。《上海交通报》于2001年元旦更名为《行报》，并于8月28日全新改版，成为全国第一张汽车服务信息报。2001年，文汇新民联合报业集团总资产29.9亿元，广告收入8亿元。

2002年，集团调整了投资管理办法，设立资产管理运作部。集团也开始陆续开展资产委托管理、增发申购、基金、企业转债、证券市场逆回购等多种业务，探索在国债市场中的资本运作方式。同年，文新报业集团、文广影视集团和东方网3家媒体联合创办中国首家真正意义上的体育日报——《东方体育日报》。2003年，文新报业集团创办《东方早报》和《新读写》杂志。《新读写》由文新报业集团主办、上海教育报刊总社《家庭教育时报》协办，是中国第一本面向中学生的中英文双语写作月刊。《新读写》编辑部采用全新的经营机制进行运作，成立新读写传媒股份有限公司，由集团下属的文汇出版社和《家庭教育时报》分别投资51％、49％的资金，实行利益共享、风险共担、利润分成的操作模式。《新读写》首发数即达到99 876册，1年有效期发行量已突破16万份。同年，上海市报刊整顿后，《现代农村》《上海滩》《今日上海》划转到文新报业集团。至2003年年底，上海公开发行的73种报纸中，属文新报业集团主办的报纸10种。

至2006年，文汇新民联合报业集团以8 739万元的纳税额位列上海新闻出版业之首，在全国各大媒体中排名第二，在全国新闻出版业中名列第五。同年3月16日，文汇新民联合报业集团和上海移动通信有限责任公司签署业务合作框架协议，双方共同倾力打造一代手机报纸——“News365——上海手机传媒”，以迎接3G时代的到来。

2007年1月1日，文新集团图片中心成立，“上海影像网”同时开通。该网站是以纪实类图片为核心内容、高端平面设计和商业拍摄为主要业务方向、数字视觉为主要载体的网络运营实体，利用文新集团图片资源为政府机构、各类媒体提供有偿服务。通过网络形式，构筑专业影像人士互通信息、业务交流的网络平台。至年底，该网站拥有文汇新民联合报业集团所属19家纸质媒体的近50万张图片。集团净资产与1998年底相比，国有资产年均保值增值率达229.3％。2005年至2007年间，集团通过配合孩童证券成功借壳上市，以净资产价格增持东方证券股权1亿股，成为东方证券第二大股东。

2008年文新报业集团拥有的媒体从成立初的9家报刊，发展到18家纸质媒体，期发行量超过250万份。集团以多媒体新闻网站、手机报、呼叫中心等为代表的10余个新媒体格局初见成效。成立十年中，集团培育了37个市级、集团级优秀媒体品牌，1 400余件新闻作品获得中国新闻奖、上海新闻奖等新闻奖项，形成了新闻质量考核、品牌推进、全面预算管理、媒体成长、人才发展等多个促进机制，一大批高级、优秀新闻工作者脱颖而出。集团构建了媒体主业与印刷、文化产业、资本运营四大板块，形成“一业为主、多业并举”的发展态势。2008年，集团全年总收入达到11亿元，实现利润1.9亿元。2009年，集团提出总部经济概念，整体实力不断加强，全年总收入近12亿元，实现利润约1.35亿元。当年,成功拍卖部分东方证券股权获利。截至2010年底,集团资产规模上升到54.5亿元,总资产规模在华东各报业集团中名列第二,其中归属于母公司净资产名列第一。集团印务中心总利润4044万元,名列全国报业印刷企业第三位。

三、上海世纪出版集团

1999年2月24日,由上海人民出版社、上海教育出版社、上海译文出版社、汉语大词典出版社、上海图书公司(含上海书店)等5家单位组成的上海世纪出版集团正式成立。这是全国出版业第一个出版集团,拥有丰富的出版资源,总资产4.16亿元。2001年,上海世纪出版集团、上海新汇光盘集团和上海联和投资公司共同组建上海数字世纪网络有限公司,并创办全国首家集信息服务、网上出版与电子商务等多重功能于一体的经营性专业出版网站——易文网(www.ewen.cc)。网站于7月27日开通,有图书、音乐、期刊、理财、大型工具书在线、易文商城和易文批发等7个频道。同年,上海世纪出版集团发行中心完成销售码洋3.50亿元,比建立发行中心的第一年增长9.38%。

2003年6月,中宣部将上海世纪出版集团列为全国文化体制改革试点单位。9月,中共上海市委批准集团党的关系由原隶属上海市新闻出版局党委改为隶属市委宣传部,市新闻出版局对集团实行行业管理。集团将下属或投资单位分成核心层、紧密层、松散层3种类型。核心层由13家出版单位(包括45种社办报刊)、集团发行中心等单位组成,13家出版单位是上海人民出版社、上海教育出版社、上海译文出版社、汉语大词典出版社、上海书店出版社、北京世纪文景文化传播有限公司以及2003年并入的少年儿童出版社、上海科学技术出版社、上海辞书出版社、上海古籍出版社、学林出版社、上海远东出版社、上海科技教育出版社,核心层单位没有独立法人地位,由集团在计划范围内授权经营。紧密层有上海商报、理财周刊、远东经济画报、漫动作、上海数字世纪网络有限公司(易文网)、东方编译所、上海图书公司(包括专业零售网点)、上海新汇世纪音像中心有限公司、上海世纪秋雨物流有限公司、上海香港三联书店有限公司等,是集团的全资子公司或控股子公司,拥有独立的法人地位,在经济上享有更多的自主权。松散层单位主要是集团投资参股单位。至年底,集团有职工2700余人,总资产达到11.6亿元,净资产7亿元。2003年集团出版图书近8000种,出版报刊49种,造货总码洋17亿元,销售收入达到8.2亿元,利润1亿元。

2005年11月26日,上海世纪出版集团转企改制,成立国内出版领域第一家股份有限公司——上海世纪出版股份有限公司,这是中国新闻出版业改革迈出的重要步伐,也是上海文化体制改革的重大进展。在成立大会上,中宣部副部长李从军致信祝贺,国家新闻出版总署副署长邬书林、中共上海市委副书记殷一璀出席大会并讲话。上海世纪出版股份有限公司由上海世纪出版集团、上海大盛资产有限公司、上海精文投资公司、上海联和投资有限公司、东方网股份有限公司、浙江出版联合集团等国有投资主体共同发起设立。公司成立后,按照现代企业制度要求,构建出版企业新的管理架构和运行机制。全市38家图书出版社中,有12家属于世纪出版集团。原由市新闻出版局主管的66种社办期刊中有《青年一代》《少女》《中外书摘》《国际服装技术》《家居主张》《出色》《微型世界》《语文学习》《小学数学教师》《小学语文教师》《看图说话》《读读写写》《素质教育大参考》《中学科技》《小学科技》《电脑技术》《数字世界》《上海服饰》《科学画报》《大众医学》《科学》《无线电与电视》《车迷》《科技评论》《远东经济画报》《理财周刊》《漫动作》《外国文艺》《世界时装之苑》《名车志》《家居廊》《大众》《娃娃画报》《故事大王》《少年科学》《小朋友》《少年文艺》《卡通先锋》《作文世界》《活力派》《海外求学》等41种期刊变更为上海世纪出版集团主管。至2006年,世纪出版集团完成整体转企改制。

2009 年，上海世纪出版集团已成为拥有 17 家图书编辑出版机构、4 家音像出版社、3 家电子出版社、1 家网络出版企业、44 家期刊、5 张报纸、1 家动漫制作企业和 1 家数字出版企业的大型出版集团。上海世纪出版集团推出了数以万计的文化精品，其中 90 种图书获得“五个一工程奖”“国家图书奖”“出版政府奖”等国家级奖项，在全国位于前列。同年，集团下属的上海商报社，正式改制成为上海商报传媒有限公司，成为经国家新闻出版总署正式批准的全国第一张改制成为企业的日报。

四、上海文艺出版总社

2004 年 6 月 22 日，经中共上海市委、市人民政府批准，上海文艺出版社(上海文化出版社、上海音乐出版社、上海文艺音像出版社)、上海书画出版社、上海人民美术出版社、上海画报出版社、百家出版社组建成上海文艺出版总社，党的关系隶属于中共上海市委宣传部。

新组建的上海文艺出版总社旗下共有 8 家出版社、29 种报刊，年出书品种 2 200 种以上，总资产 4 亿多元，2003 年销售收入 4 亿元，利润 6 800 万元。其发展目标为建成一家以文学艺术出版物为主要特色的专业化、集团化、走内涵式发展道路的新型出版机构。

2005 年，全市 38 家图书出版社中有 7 家属于文艺出版总社。经新闻出版总署批准，原由市新闻出版局主管的 66 种社办期刊中《故事会》《旅游天地》《秀》《艺术世界》《小说界》《音乐爱好者》《东方剑》《咬文嚼字》《好 HOW》《美家》《新发现》《写字》《买卖世界》《上海画报》《车经》《大美术》《今日风采》《今日佳丽》《旅行者》《动画大王》《书与画》《书法》《艺术当代》《上海家居》等 24 种期刊变更为上海文艺出版总社主管。2006 年，文艺出版总社所辖出版单位完成整体转企改制。

2009 年 6 月 22 日，在成立五周年之际，上海文艺出版总社更名为上海文艺出版(集团)有限公司，以全新面目启动新一轮改革发展。全国政协副主席厉无畏等发来贺信。该集团由上海文艺出版社、上海文化出版社、上海音乐出版社、上海文艺音像电子出版社、上海人民美术出版社、上海书画出版社、上海锦绣文章出版社、百家出版社、上海故事会文化传媒有限公司、上海壹周文化传媒有限公司、上海咬文嚼字文化传播有限公司和上海印刷新技术(集团)有限公司组成。

五、东方出版中心有限公司

东方出版中心是中国出版集团所属具有独立法人资格的社科综合类出版单位。前身是中国大百科全书出版社上海分社，成立于 1978 年 11 月 18 日。1995 年 10 月更名为东方出版中心。中心图书出版以品牌建设为核心，以数字影像资源开发、文化产业园建设为重点，依托集团优势，立足上海，面向华东，辐射全国，突出重点优化产品结构，逐步形成以高端学术著作为旗帜，以普及型社科学术图书为重点，文化、生活、艺术类图书为主线，教育与社科专业工具书为补充的出版格局。建社 30 多年来，东方出版中心共出版各类历史、文化、学术著作近 5 000 种，其中《中国大百科全书》获得国家图书荣誉奖，《中国诗学》获得中国图书奖，《湮没的辉煌》《大雅村言》获得全国鲁迅文学奖。《中国馆藏满铁资料联合目录》《中国学案史》获得了“中华优秀出版物奖”相关奖项，体现了当前学术出版的较高水平。“世界历史文库”“时光之轮系列”“上海著名中学师生推荐书系”“初高中文言文助读”等一批通俗读物深受读者欢迎，梁晓声、沈志华等一批著名作家、学者在中心出版了重要作品，“中华文化专题史研究”等学术著作产生了较大的社会影响。与此同时，中心图书选题领域不断拓宽,陆续编辑出版了《中国古代书画鉴定实录》《中华民族人物谱》《中华民族印谱》等艺术图书精品,取得了较好的社会效益和经济效益。此外,作为中国出版集团在华东的重要出版单位,东方出版中心将财经类图书作为重要产品线,重点出版了《红色资本》《服务的灵魂》《做空中国——华尔街的新阴谋》等20多种受到业界和市场好评的财经类图书。

六、上海新华发行集团

2000年6月10日,上海新华发行集团暨上海新华发行(集团)有限公司成立。该集团是以上海新华书店、新华书店上海发行所、上海书城、中国科技图书公司、上海音乐图书公司和全市20个区县新华书店的全部资产为纽带,按现代企业制度组建的新型企业。集团拥有资产12.6亿元,年销售收入20多亿元,总营业面积5万多平方米,还拥有大型仓库和专业运输车队。

集团于2001年1月正式运作。集团组建后,以结构调整为主线,以发展大连锁、促进大流通、建设大市场为图书发行的方向,进行了一系列尝试和探索。2001年新增网点43家,新增营业面积1.4万平方米,其中东方音像连锁6 500平方米、东方书城4 000平方米。集团相继推出专业连锁、管理连锁和社区连锁三种经营模式;联合组建"东方出版交易中心",为培育全国统一开放、竞争有序的出版物市场体系创造了一个产业发展的新平台;建立和完善对基层书店法人代表的年薪考核制度,实行末位淘汰;推行财务预算管理和会计委派制度,加强对资金的集中使用;推行全员劳动用工聘任合同制,建立了较为完整的规章制度。该集团2001年共完成图书、音像制品和电子出版物批零总额26.73亿元,比上年增长7.18%;利润4 685万元,比上年增长17.8%。新闻出版总署于2001年8月决定将上海新华发行集团列为全国第四家发行改革试点单位。2003年,上海新华发行集团有限公司销售码洋23.91亿元。

2004年,随着中国书报刊发行市场逐步开放,市场竞争加剧,上海新华发行集团有限公司加快体制改革步伐,由国有独资向多元投资、混合投资企业转变。改制工作分步进行:第一步,经市国有资产监督管理委员会批准,将集团公司的资产分别划转给上海精文投资有限公司、解放日报报业集团、上海文广影视集团、上海世纪出版集团和上海文艺出版总社,2004年9月9日召开新一届集团公司董事会成立大会。第二步,该集团公司49%股份通过上海联合产权交易所公开挂牌竞价。上海绿地集团有限公司出资3.48亿元,获得上海新华发行集团有限公司49%股权,成为上海新华发行集团有限公司的最大股东。上海新华发行集团有限公司成为全国文化单位中通过市场竞价转让股权,进行产权改革,实现混合所有制的第一家企业。股权转让后,上海新华发行集团有限公司除留出2亿元用作职工"保障金"外,还获得3.06亿元增资。上海新华发行集团股权投资主体多元化之后,各股东单位积极支持资产和资源重组,争取尽快形成集团公司新的产业链,不断加强内涵,扩大外延;积极支持通过股权出让,引进战略伙伴,加快提升集团公司实力。同时,上海新华发行集团各股东单位还按照集团公司发展目标加快扩大融资步伐,创造上市融资条件;组织制定公司发展规划,分阶段、分步骤推进,按照现代企业制度要求,建立规范的公司法人治理结构,不断提升企业的核心竞争力。2004年,上海新华发行集团有限公司下属的新华书店在全市有350多家网点,销售额21.71亿元。

2005年6月21日,上海新华发行集团以上海各区县新华书店25家教材门店为基础组建上海新华发行集团教材连锁店。与此同时,溧阳教材旗舰店举行开业典礼。溧阳教材旗舰店地处四平路95号(近海伦路口),营业面积2 800平方米,经营品种5万余种。2005年第,上海新华发行集团有限公司出版物发行销售额达到23.77亿元。

2006年,新华发行集团完成从国有独资到国有多元投资、到混合所有制、再到核心业务整体上市的改造。10月17日,上海新华传媒股份有限公司揭牌仪式在上海展览中心举行,宣告新华发行集团核心业务成功借壳上市公司“华联超市”上市,上海新华发行集团有限公司整体改制工作完成,成为中国出版发行企业中第一家A股上市公司。“新华传媒”除继承新华发行集团图书发行主营业务外,还收购炫动卡通卫视、故事会文化传媒、东方书报刊服务、上海联市文化发展、上海久远、贝塔斯曼文化实业、东方出版交易中心、图书会展等公司部分或全部股权。上市公司“华联超市”更名为“新华传媒”。2008年,“新华传媒”营业收入达到29.05亿元,利润总额达到2.99亿元。2009年,实现营业收入22.77亿元,利润2.97亿元。2010年,“新华传媒”营业收入为23.07亿元,利润总额为2.75亿元。

七、上海新汇光盘(集团)有限公司

上海新汇光盘(集团)有限公司成立于1997年9月1日,是由上海市委、市政府直接牵头,上海文化广播影视集团、上海世纪出版集团和上海联和投资有限公司共同出资组建,并由市委宣传部直接主管的中国首家跨媒体经营的音像产业集团。

上海新汇光盘(集团)有限公司在相继创建光盘子盘复制和母盘刻录两个企业后,与美国索尼音乐集团达成协议,建立起中国最大的中外合作文化企业——上海新索音乐有限公司,并迅速成长为全国最大的音像分销企业。至2004年,新汇光盘集团消化潜在亏损2 500多万元,通过清产核资,核销不良不实资产4 970多万元,新增潜盈1 334万元。至2010年,集团拥有全资成员单位及控股、参股公司20家,已初步形成了以音像制品和电子出版物编辑、出版、发行为主,光盘复制、生产、物流相配套,并逐步向影视、动漫、演艺、网络等领域拓展的产业体系。

八、中国图书进出口上海公司

中国图书进出口上海公司是中国出版集团公司成员单位——中国图书进出口(集团)总公司在上海设立的国有全资子公司,于1982年经国家科委商得上海市人民政府同意后着手筹建,1985年11月10日于上海市延安中路537号正式开业。公司于1986年获上海市对外经济贸易委员会批准,经营科技书刊资料为主的进出口业务。1986年由国家科委正式确定为副局级建制。中图上海公司依托地域优势和资源优势,承担着图书、报刊、音像制品、文献资料、电子出版物等文化信息产品的进出口业务;涉足编辑出版、书刊印刷、物流快递、信息技术、广告策划和海内外展览展销等相关领域,服务于上海,服务于长三角地区。

中图上海公司拥有100余家图书、报刊和音像制品的销售网点,6家自营门店。现代书店有限公司总部、中国图书国际会展中心上海分中心也正式落户上海。

中图上海公司关注新文化业态的发展,致力于新产品、新模式的探索和研究,打造成立了“中国出版蓝桥创意产业园”,园区占地14 666.67平方米,总建筑面积3万平方米,主体建筑4幢,分别为数字动漫大楼、数字出版大楼、数字设计大楼以及综合服务大楼。园区以数字出版为特色,吸引和集聚传统内容产业、新兴数字媒体行业、创意设计产业,打造数字数字出版、设计高端人才培训实训基地,协助新兴产业走向市场。2010年5月,园区被新闻出版总署授予国家数字出版基地(虹口园区)。

中图上海公司于2001年通过ISO9001:2000质量管理体系认证。连续获得"上海市文明单位""上海市诚信企业"荣誉称号;被评为"国家文化出口重点企业""海关信得过企业""上海世博工作优秀集体"。

2010年,中国图书进出口上海公司共完成营业收入22507万元,利润672万元。全公司在职员工214人,其中编辑发行人员40人。

第二节 广播电视电影业企业

一、上海文化广播影视集团

2001年4月19日,经国家广播电影电视总局、中共上海市委和市人民政府批准,组建上海文化广播影视集团。上海文化广播影视集团是以广播影视、传输网络、网站和报刊宣传为主业,兼营相关产业的大型新闻文化集团,集团下设文广新闻传媒集团、上海电影集团、文广投资有限公司、文广技术管理中心四大子集团。集团对广告和节目营销实行统一经营,并对上视、东视的频道资源进行重新定位和整合。2002年,上海文化广播影视集团,分别于1月1日和7月15日完成以电视频道和广播频率专业化为重点的综合改革,推出11个电视专业频道和10个广播专业频率。

至2003年底,集团总资产157亿元,员工总人数15679人。集团拥有12个电视专业频道、10套广播专业频率等一批重要的广播电视传统媒体和宽频电视、互动电视、移动电视等新媒体。集团是全国重要的影视剧生产基地,多年来拍摄制作了大量优秀的影视剧,在国内外屡获殊荣。集团还拥有一批高水平的文艺表演团体和丰富的文化娱乐资源。集团旗下的上海东方明珠(集团)股份有限公司是中国第一家文化类上市公司,名列中国最具发展潜力上市公司50强。集团所属上海大剧院总公司是集剧场管理、演出经营等综合功能的演出领域龙头企业,在演出营运方面具有丰富的专业经验和雄厚的经济实力。文广集团全方位介入公众文化生活,每年举办上海电视节、上海国际电影节、上海之春国际音乐节等,在海内外享有盛誉。经过新一轮改革,文广集团直接领导和管理的有九大单位,即上海文广新闻传媒集团、上海电影集团公司、上海东方明珠(集团)股份有限公司、上海大剧院总公司、上海文广科技发展有限公司、上海文广实业有限公司、上海文广集团大型活动办公室、STR国际(集团)公司、上海电影资料馆。2003年,集团完成了以宣传为中心、以发展内容产业为重点的各项任务。实现营销等各类收入57.5亿元,比上年度增长5%;创收突破27亿元(广告收入22.8亿元,比去年增长12%);实现收支结余及利润10.4亿元,比上年增长13%。2005年,上海文广影视集团先后启动并完成电视新闻资源整合、广播电视娱乐资源整合、广播新闻资源整合与人力资源管理综合改革工作,实现集团体制机制改革的新跨越。2008年,上海文化广播影视集团收入101.36亿元。

二、上海文广新闻传媒集团

上海文广新闻传媒集团隶属于上海文化广播影视集团,是文广集团旗下集广播、电视、报刊、网络等传媒于一体的子集团。下属主要成员单位有上海人民广播电台、上海东方广播电台、上海电视台、东方电视台、上海文广互动电视有限公司、东方网、《每周广播电视报》社、东上海国际影视文化有限公司、上海广电影视制作有限公司，以及受委托管理的上海京剧院、上海昆剧团、上海歌剧院、上海歌舞团、上海话剧艺术中心、上海交响乐团、上海淮剧团、上海滑稽剧团、上海评弹团、上海民族乐团、上海杂技团、上海轻音乐团、上海东方青春舞蹈团等 13 家院团。集团还管理或控股上海东方篮球俱乐部、上海东方排球俱乐部和上视女子足球俱乐部。集团共有 5 200 多名员工。集团推行广播频率和电视频道专业化。在“上海人民广播电台”和“上海东方广播电台”的呼号下，设 10 套广播节目：上广新闻频率、上广交通频率、上广戏剧频率、上广文艺频率、东广新闻综合频率、东广金色频率、东广流行音乐频率、东广经典音乐频率、第一财经频率、浦江之声电台。在“上海电视台”和“东方电视台”的呼号下设 12 个专业频道：上视新闻综合频道、上视生活时尚频道、第一财经频道、上视体育频道、上视纪实频道、上视电视剧频道、东视新闻娱乐频道、东视文艺频道、东视戏剧频道、东视音乐频道、上海东方卫视。东方卫视除在全国 280 多个地级以上城市落地播出外，还在日本、澳大利亚落地播出。2003 年，集团已有 3 个频道实行公司化管理：上海东方卫视成立“上海东方卫视传媒有限公司”，第一财经频道成立“第一财经传媒有限公司”，上视生活时尚频道成立“上海时尚文化传媒公司”。2003 年，集团各电视频道共播出电视节目 76 726 小时，其中自制节目 22 195 小时，占 29%。各频率共播出广播节目 62 940 小时，其中自制节目 43 069 小时，占 68%。2002 年 10 月—2003 年 12 月，推出数字电视 88 套，其中自办 31 套；播出数字广播节目 19 套，其中自办 10 套。同时，提供 7 套电视数据信息，包括气象、游戏、电视节目指南等服务。数字节目集成能力和播出时间居全国首位。2003 年集团广告和节目营销等创收 24.01 亿元。

集团组建后，大力发展新媒体业务，互动电视、宽频电视、数字移动电视、网络电视、IPTV、手机电视、手机广播电台、数字音频与数据广播业务陆续开展。2009 年，经国家广电总局批准，上海撤销上海文广新闻传媒集团，撤销上海电视台、上海人民广播电台、上海东方电视台、上海东方广播电台，合并组建上海广播电视台，实现事业和产业分开、宣传与经营分开、制作和播出分离、资源整合和结构优化。

三、上海电影电视(集团)公司

1996 年 2 月 16 日，上海电影电视(集团)公司成立。该集团公司以上海电影制片厂为母体，集合了上海电影技术厂、上海电影发展总公司、上海东方影视发行公司、上海新光影艺苑和上海银星假日酒店。集团公司实行总经理负责制，实施人力、物力、财力资源的优化组合、合理配置。上海电影电视(集团)公司的成立是上海影视合流体制改革工作的重要组成部分。

1996 年 9 月，上海电影电视(集团)公司与上海有线电视台联合出资成立江南影视制作有限公司，江南影视制作公司是一家自主经营、独立核算、自负盈亏的有限责任公司，其主要任务涵盖电视制作和电影制作两个领域，具体包括制作电视剧、电视纪录片、电视专题片、电视综艺节目，摄制电影故事片，创作影视文学剧本，策划文化娱乐活动及进行电影电视的中介服务等。

四、上海永乐电影电视(集团)公司(含永乐股份有限公司)

1993 年 3 月 18 日，上海永乐股份有限公司由上海市电影发行放映公司全建制地转制建立，是上海电影行业第一家股份制企业。永乐股份有限公司的成立也是全国电影发行渠道放开以来，电影界内部作出的最直接的反应。原属于电影发行放映业务的科室组成上海电影发行放映公司，隶属永乐股份有限公司,仍负责上海地区的电影发行放映业务的经营。同年10月1日,公司开通了上海市第一个8位数字电话号码——“永乐电影热线”(16833333),24小时为观众提供上海最新电影信息。1995年,上海永乐股份有限公司进一步探索电影发行放映新的运作方式,大胆拓展市场,先后推出了“天王院线”“明星院线”“阳光院线”“月光院线”等四条电影院线。同年,上海永乐电影院线的票房收入、制片发行收入、电影放映场次和电影观众人次均比上一年度有所上升。其中电影票房总收入达2亿元,制片发行收入为1亿元,电影放映总场次为21.9万场,电影观众总人次为4 500万。这一骄人业绩继续在全国同行中保持了领先地位。

1995年,上海市广播电影电视局推进影视合流工作,于正式成立11月9日永乐影视集团公司筹备领导小组。1996年7月1日,上海永乐电影电视(集团)公司成立。

至1997年,上海永乐股份有限公司在全国电影市场上的占有份额不断扩大,其中有的单片的票房收入已接近全国总票收的三分之一。1997年6月2日,由中国电影发行放映协会牵头组建的中华院线正式成立。全国300家影院已纳入该院线,上海永乐院线的30家电影院加盟“中华院线”。1998年新年伊始,永乐股份上海电影发行公司以全新方式运作中国首部贺岁片《甲方乙方》的市场营销工作。这部影片在发行中设立影片发行责任人制,由经理室授权委托该责任人全权处理该影片发行中的全部事宜:从宣传策划、广告实施、拷贝调度、市场跟踪、票房回收一直到影院的超标奖励,全程责任到人,权力相对集中。此举试图和市场经济更紧密接轨,并对市场的动态变化作出有力而迅速的反应。这种单片责任人发行方式,使《甲方乙方》票房达到350万元的不俗成绩。之后,永乐集团又对美国影片《战地之恋》实行首轮招标放映,不仅激活了市场,同时也激发了影院主动参与的热情;《生日历险》作为首次竞拍放映的影片,在市场上引起了轰动效应。1998年下半年,公司投拍的电影《黄河绝恋》也采用新机制,与制片人签订项目合同,制片人、主创人员与项目效益进行挂钩,明确责任制,明确项目的权利和义务,并且分别与最终实行的市场效益挂钩。

除发行外,永乐集团在影视制片上也取得较好成绩。1998年永乐集团全年共投拍电视剧24部381集,其中求索影视制作社6部77集;电视剧制作一公司3部23集;创新影视制作社1部20集;永乐电影制作有限公司4部76集;鸿申文化发展有限公司1部16集;集团公司与新加坡电视机构合拍片2部44集;集团公司与国内有关单位合作摄制的3部43集;集团公司与香港新达宝影业公司合拍片2部41集;开拓影视制作社2部40集;集团公司还集资义拍了抗洪题材电视剧《太阳升起》(3集)。

1999年,上海永乐影视(集团)公司由侧重于发行放映转到创作生产与发行放映并重的轨道上来。同年,永乐集团在投拍电影故事片《黄河绝恋》时,借鉴海外某些影视公司的做法,结合实际情况,在全国影视圈内率先探索性地试行“捆绑式”酬金方式,就是把影视创作人员的劳务酬金和影视产品的市场回报“捆绑”在一起,按市场回报率来决定创作人员的劳务酬金。这种改革激起了创作人员的创作激情和市场意识,从而带来了新的效应。电影《黄河绝恋》以其思想性、艺术性和观赏性的高度统一,获得1999年中宣部第七届“五个一工程”奖,中国电影华表奖优秀故事片奖、优秀编剧奖,中国电影金鸡奖故事片特别奖、最佳音乐奖、最佳女主角奖(宁静)、最佳特技美术奖,上海影评人奖最佳故事片奖等大奖。《黄河绝恋》总投资400万元,影片公映后,仅在上海一地就获得600万元的电影票房收入。1999年,永乐股份上海电影发行放映公司还支持中文纯电影网站“环球电影乐园”的创建。

2000年,永乐电影电视(集团)公司完成电影6部。同年10月5日,永乐股份上海电影发行放映公司于10月份组建并推出一条新院线——新星院线。新星院线成立后改变以往由各区县电管站排片为上海电影公司参与排片，以往由市区和区县(局)构成的两级电影发行网结构发生改变。2001年，上海电影业改革取得重大突破。8月底，永乐集团与原上影集团、动画集团、译影厂等10家单位共同组成上海电影集团。

五、上海动画影视(集团)公司

上海动画影视(集团)公司于1999年9月22日正式挂牌成立，是集美术电影、电视制片、制作发行及相关产业开发、经营为一体的综合性影视文化集团。上海动画影视(集团)公司以上海美术电影制片厂为核心组建，公司有上海亿利美动画公司、上海卡通文化发展公司、上海美术电影绘制厂、《卡通王》杂志社和上海美术电影专修学校等下属单位。集团公司成立后，按照现代企业制度的要求，实行全员聘用合同制，改国家用工为单位用工；向社会招聘创作、经营、管理等各方面人才。新机制为企业带来了新活力，2000年年中上海国产动画片创作便取得历史性突破——年内产量达到5 000分钟，创作产生了中国首部真人与动画合成的电影《可可的魔伞》、影院木偶片《气球上的五星期》、影院短片《哎哟，妈妈》。上海动画影视(集团)公司也被确认为全国两个动画生产基地之一，肩负全面带动国产动画片的创作的重任。2001年，上海动画影视(集团)公司被归并进入上海电影集团。

六、上海电影集团

2001年8月，上海电影集团组建。上海电影集团是上海文化广播影视集团的下属集团，由原上海电影电视(集团)公司(含上海电影制片厂、上海电影技术厂、上海影视乐园、东方影视发行公司、银星皇冠酒店等)、上海永乐电影电视(集团)公司(含永乐股份有限公司)、上海动画影视(集团)公司(含上海美术电影制片厂)、上海电影译制厂、上海科教电影制片厂、上海影城、上海美术设计公司、上海电影艺术研究所、上海木偶剧团、求索影视制作公司等单位合并而成。上海电影集团公司是上海文化广播影视集团的子集团，是事业性质企业化管理的国有大型电影企业，也是中国最具规模和实力的电影集团之一。公司以影视创作生产和影视作品发行销售为主业并经营开发相关产业，已初步形成制片、发行、放映一体化，影视录盘综合发展的经营格局。公司有员工3 600余人，总资产近16亿元，2001年销售收入达6.6亿元。2004年底，上影集团通过整体转企改革方案。2008年，上影集团已开始推进整体股份化，建立董事会，形成决策层、执行层和监督层。改制后的上影集团经济效益明显增长。集团2008年主营收入15.18亿元，净资产15.15亿元，利润总额2.16亿元。与转企改革前的2003年相比，利润增加了102倍。与此同时，上影集团旗下联和院线，票房从2003年的1.42亿元起步，连续四年保持全国第一。

2009年，上海电影(集团)公司(简称上影集团)制作完成影院美术片、电视系列动画片9部；创作电视剧15部、471集，译制影片70部、电视剧100集以及《玄奘大师》《上海建筑百年》等电影电视纪录片。其中上影集团投资的商业影片《花木兰》《锦衣卫》《苏乞儿》《我的唐朝兄弟》等都引起市场关注。其中《锦衣卫》全国电影票房达1.5亿元。上影集团全年主营业务收入16.5亿元，净利润达到1.3亿元。上影集团也先后获得“中国文化企业30强”、“中国文化体制改革先进企业”和“中国优秀文化出口企业”等荣誉。上影集团下属上海美术电影制片厂(简称美影厂)被商务部、文化部、国家广电总局、国家新闻出版总署授予“2009—2010年度国家文化出口重点企业”称号。《小蝌蚪找妈妈》《牧笛》《三个和尚》等10余部经典动画片远销西班牙、马来西亚、韩国等国家，销售片长4 046分钟，海外发行收入达10万美元；2006年下半年开办的“动画艺术长廊”，至2009年年底参观游人近3万元，收入达60万元，被全国工农业旅游示范点委员会评为国家级的“全国工业旅游示范点”。2009年内，上影集团旗下的联和电影院线共发行电影188部，总票房6.99亿元，比上年增长49.66%；放映59万场次，比上年增长20%；观众3 292万人次，比上年增长18%。联和电影院线加盟影院扩大到20个省、直辖市的49个城市，拥有128家加盟影院、473块银幕、104 113个座位。2010年，上影集团制作电影14部、专题片1部(《和谐中国》)、影院美术片3部、电视动画片1 532分钟、电视剧14部442集，译制影院放映的影片22部，译制电视播映的影片31部，译制电视剧110集。

七、上海联和电影院线有限责任公司

2002年10月7日，由上海永乐股份有限公司和上海东方影视发行有限责任公司共同投资组建的上海联和电影院线有限责任公司正式成立。公司的第一届董事会由朱永德等组成，沈佐平任首席监事。上海电影联和院线成立之初有56家影院加盟，其中上海市的影院有45家，其余为无锡、苏州、盐城、徐州、靖江、太仓、常熟、吴江、昆山等地的影院。其上海市的影院包括上海影城、环艺影城、永乐电影城、超极电影世界、嘉华海兴影城、国泰电影院、衡山电影院、天山电影院、永乐宫等设施一流的著名影院，外地影院也均具有优良的品质。

2003年时，联和院线拥有73家影院、188块银幕。2004年5月26日，上海市教育委员会与上海电影集团公司联合组建上海联和教育院线。2006年，联和电影院线有影院85家，拥有264块银幕，跨越7省23个城市，票房突破3亿元，连续4年年度票房在全国37条院线中名列第一。3亿元票房由1 300万张电影票、4 300场阳光专场、16 000场农村放映、500场露天放映活动构成。2006年，联和院线共放映中外影片150多部，其中有国家广电总局推荐的优秀国产影片29部，观众人次接近1 500万人。2009年内，联和电影院线共发行电影188部，总票房6.99亿元，比上年增长49.66%；放映59万场次，比上年增长20%；观众3 292万人次，比上年增长18%。联和电影院线加盟影院扩大到20个省、直辖市的49个城市，拥有128家加盟影院、473块银幕、104 113个座位。

八、上海大光明院线有限公司

2002年5月23日，国家广电总局电影局批准成立了上海大光明院线有限公司。这是上海诞生的第一家院线公司，是一家跨省市经营的院线公司。成立之初，旗下拥有上海和江苏的15家电影院，它们是：大光明电影院、浙江电影院、黄浦剧场、共舞台、南市影剧院、文化电影院、沪南电影院、和平双厅电影院、大上海电影院、黄浦区文化宫、淮海(时代)电影院，以及江苏无锡的三家电影院和宜兴的一家电影院。院线中的11家上海影院，占了全上海电影市场份额的十分之一。其中，大光明电影院是一家历史悠久、品牌卓越的影院，在20世纪90年代曾经连续多年获得全国单厅票房冠军，在中国电影放映历史上创造过率先突破1 000万元票房等辉煌业绩。在中国加入世贸组织之后，国家实行以院线为主的电影发行放映机制改革，根据国家赋予院线公司的权利，“大光明院线”可以自行排片。院线体制打破了区域垄断，改变了单渠道发行的格局，让利于片方与影院，对电影的发展有很大的促进。

九、上海美亚音像有限公司

上海美亚音像有限公司成立于1997年11月，是上海第一家音像制品租赁连锁企业。1998年，发展到86家连锁经营网点，拥有会员单位75 430个，可供出租的节目共有10 534个品种251 560盘。1998年全年营业额达到2 738.49万元。2000年，已经发展专营店200家，是上海重要的音像零售、出租连锁系统。

十、上海灿星文化传媒股份有限公司

灿星文化是中国最大的综艺娱乐内容产业公司，先后与中央电视台、浙江卫视、东方卫视、江苏卫视等国内一线电视媒体合作，开创了中国电视产业制播分离的新局面，成功制作了《中国新歌声》《出彩中国人》《蒙面唱将猜猜猜》《中国好歌曲》《全球华语音乐榜中榜》《金星秀》《中国好舞蹈》《与星共舞》《我们的挑战》《中国之星》《歌声的翅膀》等一系列创造中国现象级收视的综艺节目，获得来自全球各地的高度赞誉。灿星文化同时运营最大的艺人演艺经纪公司梦响强音，拥有签约艺人150余人。公司业务包括音乐学院、演唱会、音乐剧、线下演出等在内的全产业链，同时有丰富的大型演出策划及执行经验、资源。灿星文化还拥有星空华文传媒集团旗下星空卫视、星空国际、Channel [V]等多个国际电视平台，覆盖遍及亚洲、印度及中东，尤其在东南亚地区享有深远的影响力。

十一、上海易腾影视文化有限公司

上海易腾影视文化有限公司创办于2009年12月25日，是国内优秀的电影创作和宣发机构。旗下的“大象纪录”是国内最优秀的纪录片和电影创作机构之一，曾拍摄多部优秀电视纪录片、纪录电影、艺术电影，并建立了一个分布全国的纪录片爱好者社群。旗下的“大象点映”是一条虚拟艺术院线，是一个基于电影爱好的观影社交平台，颠覆传统宣发从“宣传—发行—影院—观众”的B2C销售模式，通过C2B的点映模式，帮助更多优质电影在影院获得排片，遇见对的观众。

十二、上海新文化传媒集团股份有限公司

上海新文化传媒集团股份有限公司成立于2004年12月30日，是上海影视文化领域的上市公司(股票代码：300336)，主要从事影视内容的制作、发行业务。公司通过不断优化内容和团队建设，实现内容产出和规模的快速增长。利用资本优势，进行传媒产业链横向纵向延伸，扩大产能规模，布局相关产业。新文化拥有国家新闻出版广电总局颁发的甲种电视剧制作许可证，为中国电视剧制作产业协会副会长单位、上海市广播电视节目制作行业协会会长单位、中国十佳电视剧制作单位。连年获得国家文化出口重点企业荣誉称号。公司定位于精品内容制作和发行，通过从电视剧到电影的转换，在产品的内容和数量上实现了进一步的扩充。集团旗下有“凯羿影视”、上海新文化影业有限公司以及北京分公司，负责电影产品的生产和发行业务。产业方面拥有“兰馨·悦立方”影院，惊幻科技发展(上海)有限公司，基于4K、3D影视制作的高技术影视特效实验基地。新媒体发展方面，新文化投资参股移动互联网端的新兴媒体公司“哇棒传媒”。为配套集团纵横向产业链

拓展的资本需要,集团与赛领资本成立股权投资基金,侧重配合公司进行战略投资、产业链整合。新文化的经营理念是要在内容中注入更多富有国际化、多元化的元素,加大幅度应用高科技及新媒体的力量投入生产及运作。期望通过“内容+渠道+技术”的战略,不断输出国际化文化内容产品,再通过“以市场为导向”的产业链整合及外围扩张,将不同的企业间内容、渠道、平台进行融合,促进电视剧、电影、动漫、游戏、文学、文化旅游等各种不同内容形态的交叉渗透,打造具有强大创意力、传播力、生产力的综合性、国际化传媒集团。

十三、上海观池文化传播有限公司

上海观池文化传播有限公司成立于1999年,是一家创意内容运营平台公司,拥有以商业视频制作为底蕴,以创意数字科技为引擎,以原生影视内容为核心的三大事业板块。拍摄足迹遍布全球48个国家和地区,拥有700余位明星、1 500余个品牌、2 200余名全球导演、5 300余部作品。从城市形象到国家形象,从品牌视频到公益视频,从地方文化到中国元素,整合全球导演及制作资源,为政府及商业品牌定制高品质视频内容。实施“家战略”电影计划,集多渠道搜集、原生态孵化、科学化评估、实力团队制作于一体。积极投身网大、网剧、微电影、动漫等原创内容的孵化与创作。拍摄作品囊括电视金鹰奖、电视星光奖、“五个一”工程奖、金投赏全场大奖、白玉兰贡献奖等跨界大奖,成为中国影视广告制作行业领军者。

十四、上海炫动传播股份有限公司

上海炫动传播股份有限公司于2004年12月成立,是国家广电总局颁发的国家动漫产业基地;以原创动漫为核心,以媒体运营为特色,以产业经营为驱动;拥有“原创动漫投资中心”、“媒体运营中心”和“产业中心”三大业务板块。2010年,作为东方传媒集团旗下的第一家上市公司在国内创业板上市,也成为中国真正意义上的第一家传媒上市公司,是上海宣传系统与资本市场结合的第一个突破口。上海炫动传播股份有限公司包括原先的炫动卡通、哈哈少儿、幻维数码、影视剧中心动漫部的动画制作、广告、发行、培训、衍生产品等业务及东方广播的广告经营业务,公司以动漫原创、媒体运营、衍生产业为核心业务。2010年下半年,广州炫动卡通科技有限公司成立,并很快吸引到在国内玩具领域具丰富经验的广州灵动创想文化科技有限公司参与玩具设计,拥有玩具商业动画片拍摄经验的广州蓝弧文化传播有限公司承担动画制作。与此同时,炫动还积极拓展电子商务渠道,2011年元旦,“炫动酷地带”和“哈哈小店”网络商城同时上线。

十五、上海今日动画影视文化有限公司

上海今日动画影视文化有限公司成立于1998年,是国内第一家拥有动画出品资质的民营动画公司。与包括迪士尼频道、德国国家电视集团(ZDF)、法国国家电视集团、法国电视一台、法国电视六台、美国Netflix、CCTV、SMG在内的全球各大主流媒体都保持着紧密的合作关系。业务从单一的动画加工,逐步发展成为动画片拍摄、制作、发行、图书创作、IP品牌运营为一体的综合性动画影视公司。因各项成就,于2010年被评为中国国家文化产业示范基地,全国首批18家重点动漫企业之一(首批中上海唯一一家),连续8年被国家五部委评为国家文化出口重点企业。代表作《中华小

子》,以中国故事、中国形象、中国原创、中国团队、中国风格、中国精神,完美诠释中华文明的精粹,得到欧美主流媒体的热捧,获得了2007年法国三台和中国央视一套双地收视冠军,远销全球80多个国家及地区,被译成15种语言。成为中国动画近年来最有海外影响力的作品之一。被文化部评为全国重点动漫产品。荣获日本TBS亚洲数码内容大赛"评委会特别奖"、"金熊猫"、金鹰奖、"美猴王奖"、"白玉兰奖"等多项荣誉。

十六、上海幻维数码创意科技有限公司

成立于1999年,隶属于上海文广影视集团,由上海文广科技发展有限公司、上海文广新闻传媒集团和上海东方明珠股份公司共同投资组建而成,经营面积达6000多平方米,总投资逾亿元人民币。公司有100多人组成的国内颇具规模、设备最先进的影视节目、广告及动画制作基地,是上海市高新技术企业、中国动画协会会员、上海多媒体行业协会理事单位。

第三节　文化艺术业企业

一、上海文广演艺集团

2009年11月,继上海文广传媒集团率先在全国实施制播分离改革之后,拥有5000万元注册资本、净资产近10亿元的国有控股大型演艺集团上海文广演艺集团成立,所属的上海话剧艺术中心、上海歌舞团、上海滑稽剧团、上海木偶剧团、上海轻音乐团等5家上海市属文艺院团完成转企改制,与率先转企改制有限公司的上海杂技团共同揭牌。上海国有文艺演出院团转企改制工作取得阶段性的成果。

转企改制成立的上海文广演艺(集团)有限公司,是全国独有的集演艺业产、供、销一体化,以及拥有演艺人才培训、舞美制作等完整产业链的大型集团公司。以资产为纽带,对完成转制的上海话剧艺术中心有限公司、上海歌舞团有限公司、上海杂技团有限公司、上海滑稽剧团有限公司、上海木偶剧团有限公司、上海轻音乐团有限公司等6家院团公司和上海市演出公司、上海市演艺总公司、上海文化信息票务中心等3家演出中介服务公司实施经营管理,同时受托对上海淮剧团、上海评弹团、上海爱乐乐团以及美琪大戏院、兰心大戏院、艺海剧院、宛平剧院、长江剧场、人民大舞台、上海市马戏学校、上海舞美艺术中心等单位实施委托管理。

二、上海话剧艺术中心有限公司

1995年1月,上海人民艺术剧院和上海青年话剧团合并成立,实行总经理负责制,首任总经理杨绍林。建立以制作人为首的演出体制,总经理聘任制作人,组织含制作、演出、公关、宣传的班子,负责从选择剧本、聘请导演、物色演员,到排练制作、公关宣传、票务销售等艺术生产的全过程。2000年,上海话剧艺术中心在深化改革中,推出以制作人为首的新型演出制作体,并在全国率先突破传统管理模式,成立了演员俱乐部,集中管理和调度演员,演员竞争上岗,演员和制片人双向选择。

上海话剧艺术中心实行委托管理后,积极开拓话剧市场,努力培育观众群体,创作演出创收步

入了良性循环发展轨道。2001年,上海话剧艺术中心新创作排演剧目6台,复排演出剧目6台,完成演出场次222场,全面超额完成年度创收演出计划。2001年,上海话剧艺术中心的创收与上年相比增长了83%,其中,演出收入368万元,创历史新高,为上海话剧艺术事业的发展注入了活力。

2009年11月4日上午,上海文广演艺(集团)有限公司成立大会在艺海剧院举行。上海话剧艺术中心、上海歌舞团、上海滑稽剧团、上海木偶剧团、上海轻音乐团也同时宣布转企改制,分别成立有限责任公司。中共上海市委副书记、市长韩正致信祝贺。市委副书记殷一璀,市委常委、宣传部部长王仲伟出席成立大会,并共同为上海文广演艺(集团)有限公司及下属6家转企改制的上海文艺院团有限公司揭牌。

上海话剧艺术中心多年来不仅培育了上海的话剧市场,也在全国范围努力打造上海话剧品牌,不仅每年都有多部作品进行全国性巡演,并将"看话剧是一种生活习惯"的概念率先向周边辐射。2009年,中心的《鹿鼎记》《杜拉拉》《茶花女》《今夜请将我遗忘》《漂移》等5部作品同时在外巡演,在巡演过程中,甚至出现了同一个导演的两部作品互相争夺票房的局面。

三、上海歌舞团有限公司

1979年,上海歌舞团正式成立。前身是原上海市舞蹈学校演出二队,由舞蹈队、管弦乐队、歌队、舞美队组成。

2006年12月13日,上海歌舞团与上海东方青春舞蹈团合并,成立了以创作演出民族舞剧、舞蹈、歌舞为主的上海歌舞团/东方青春舞蹈团。资深舞蹈艺术家舒巧任名誉团长,资深舞蹈教育家、著名舞蹈艺术家陈飞华为团长,著名青年舞蹈家黄豆豆任艺术总监。

2009年11月10日,上海歌舞团有限公司新创排的舞剧《舞台姐妹》全体创排在歌舞团大厅举行。中国文联副主席、中国舞蹈家协会主席白淑湘,中国舞蹈家协会驻会副主席、分党组书记冯双白,市文联党组书记、副主席杨益萍,上海文广演艺集团总裁吴孝明,党委书记卢国庆,副总裁黄乾明、俞亦纲、朱光,舞剧《舞台姐妹》导演丁伟,上海歌舞团有限公司总经理陈飞华等出席观看,并参加随后举行的座谈会。

四、上海杂技团有限公司

20世纪70年代初,由于外事活动的需要,中国杂技已经开始复苏。上海杂技团原名上海市人民杂技团,成立于1951年11月,由原神州魔术团与邱家班杂技团为基础组成。1973年出访阿尔巴尼亚、法国、意大利等9国;1974年又出访日本。粉碎"江青反革命集团"后,更名为上海杂技团,率先对管理体制实行全面改革并取得了积极成果。1980年,上海杂技团通过中国对外演出公司与美国哥伦比亚艺术家管理公司首次签订商业合同,开创了改革开放后,上海对外商业性演出的先河。

1980年春,上海杂技团率先进行体制改革试点。1980年至1984年间,全团组成了杂技、马戏两个演出队,又支持其余人员采取自愿组合的办法,建立一个30人的魔术队,实行"全民所有、集体经营、自负盈亏、结余分红"(后改为"集体经营、独立核算、自负盈亏、结余分成")的管理体制。此举得到文化部的肯定,其经验被编入了《中国艺术表演团体在改革中前进》一书。1983年初,上海杂技团在全团实行分队核算、结余分成的承包经营责任制。1984年自给率达125%,并开拓对外文化交流,走向世界,累计创汇530多万美元,尤其是在1981年、1986年、1989年先后三次东渡扶桑,纵横日本四岛 40 多个城市，演出 400 多场，观众达 130 万人次，为国家创汇 350 万美元。1986 年，杂技团出国商业性演出和国内营业性演出的各项收入高达 370 万元，不但全部自给，而且超额 185%，位居全国剧团首位；全团演职员一年的平均收入达 3 000 多元，也遥遥领先于各省市艺术院团。

2007 年，上海杂技团对团内马戏剧组进行了股份制改革探索，成立了有剧组演职人员持股的上海欢乐马戏有限公司，主营《欢乐马戏》节目的项目运营。2008 年，上海杂技团正式将员工吸纳为股东，让全剧组 28 名演职人员正式参股，成立上海欢乐马戏有限公司。2009 年上海杂技团成为上海率先"破冰"、第一家完成转企改制的院团。

五、上海滑稽剧团有限公司

上海滑稽剧团建立于 1978 年初，前身为上海蜜蜂滑稽剧团。1960 年春，划归上海人民艺术剧院建制，定名为上海人民艺术剧院滑稽剧团。1963 年上半年起，剧团更名为上海市滑稽剧团，20 世纪 60—70 年代其间曾解散，于 1978 年重新组建，定名为上海曲艺剧团；1985 年更名为上海滑稽剧团。1986 年，上海滑稽剧团成为上海市第一个实行"团长负责制"和经济上全部"自负盈亏"的市属国家文艺团体。改革后上海滑稽剧团一分为三："顺开喜剧社"、由龚伯康组队的"中青年演出队"、由李青任队长的"四双"演出队。"顺开喜剧社"是上海第一个实行"明星经理制"的市属国家艺术团体。2009 年 11 月 4 日上午，上海文广演艺（集团）有限公司成立大会在艺海剧院举行。上海话剧艺术中心、上海歌舞团、上海滑稽剧团、上海木偶剧团、上海轻音乐团也同时宣布转企改制，分别成立有限责任公司。

第四节　文化信息传输业企业

一、上海热线信息网络有限公司

1996 年 9 月 22 日，上海热线正式上线运行，注册用户 300 户，每天上网寻访量 1 300 人次。至 1997 年底时，"上海热线"已累计上网人次超过 348 万，日均上网人次 1.6～1.8 万，位居全国之首。"上海热线"上还开办了上海市第一家"网络商店"。

1998 年 5 月 18 日，上海热线信息网络有限公司正式成立，是中国电信上海公司、中国电信上海信息产业（集团）有限公司的全资子公司，负责"上海热线"的运营。至 1998 年底，上海本地最大的中文公共信息网——上海热线上网人次达 1 552 万，其信息资源站点达 155 个，网上数据库及应用服务 154 个。固定上网用户总数超过 20 万，其中 VIP 用户 13 万，INTERNET 注册用户 7 万多。作为 169 中国公众多媒体通信网上的最佳热门站点，上海热线与中国科技网（上海）、上海教育与科研网、上海科技网、上海经济网、中国互联网（CHINANET）实现互联互通，并实现了与 30 多个省市 169 公众多媒体通信网的互联。上海热线已从较简单的电话号码查询、网上信息浏览发展到 5 大类 20 多个分类栏目信息，并开发了"证券之星"等精品库。网上服务功能从上网浏览发展到网上交谈、电子邮件（E-mail）、网上购物等互动式信息服务。2001 年年初，上海热线"新世纪版"首批推出互联网个人号码（IPN）、电话 E-mail 和游戏中心 3 项网络新业务，在国内均处于领先地位。上海热线自正式上线运行起，曾连续五次进入中国互联网信息中心（CNNIC）组织的中国互联网络发展状况统计调查十佳网站之列。2005 年被中国互联网协会评为"中国互联网产业品牌 50 强"，荣获"本地化综合资讯服务”第一名。

二、快钱支付清算信息有限公司

快钱支付清算信息有限公司(以下简称“快钱”)是国内领先的独立第三方电子支付及清结算企业,旨在利用先进的IT技术打造创新型金融服务,为各类企业及个人提供安全、便捷和保密的综合电子支付清算方案,提高资金的运转效率。快钱成立于2004年,总部位于上海,在北京、广州及深圳等地设有分公司,有员工1000余人。快钱秉承跨银行、跨地域、跨行业、跨网络、跨人众的运营模式,致力于通过创新型金融服务,支持国家现代服务业的发展。快钱业内产品线丰富,创新能力强,受到相关各级政府部门和银行金融机构的高度重视和认可。快钱以广泛而深厚的银行战略合作资源、创新而丰富的产品解决方案,以及多种灵活的支付形式服务于各大行业领域及广大个人用户群体。截至2009年12月31日,快钱已拥有超过5300万注册用户和逾41万家商业合作伙伴,其中既包括百度、新浪、搜狐、网易等知名互联网上市企业,也包括商务部中国国际电子商务中心、联想、国美电器、联邦快递、新东方教育、东方航空、中国航信等大型企事业单位。

三、上海证券信息有限公司

上海证券信息有限公司成立于1996年,是国内第一批专业从事财经资讯、具有著名品牌的信息服务机构。公司致力于中国财经资讯传播事业,主营业务包括财经信息采编和传播;大型财经信息数据库的建立和维护;开发并运营卫星通信、电视图文传输、寻呼通信、手机短信、互联网等各种财经信息传播平台和传输系统;财经电视制作等。公司秉承“以财经资讯为核心,同心多元化发展”的战略,立足中国,面向全球,努力建设、扩展高效、权威的财经资讯平台。已建成贯通卫星、INTERNET和电视三大传播渠道的财经信息传播网络。公司拥有天汇卫星财经资讯系统、中国证券网和财经演播中心及卫星传输系统,建有国内内容最完备、数据最权威的财经数据库,并向专业化、个性化、智能化资讯服务发展。

四、中国证券网

中国证券网创立于1997年,是中国最早从事财经信息网络传播的专业性网站之一,是上海证券报的网上窗口,是上海证券报平面媒体在网络上的延伸,代表着未来媒体的发展方向。依托新华社和《上海证券报》强大的报道力量,中国证券网是最受股(网)民喜爱的综合类财经网站之一,日访问量近1000万。作为以信息发布为主的财经专业网站,中国证券网有着权威而丰富的信息资源,拥有《上海证券报》报道内容的网上发布权和经营权;同时还得到《上海证券报》主管单位新华社的有力支持,可第一时间获得新华社最新、最快的信息资料;依托新华社和《上海证券报》强大的报道力量,在信息的权威和全面上,有着独一无二的资源优势。作为上海证券报社旗下网站,上海证券报社对其给予全力支持。中国证券路演中心可以为上市公司及其他用户的路演活动同时提供网络通道和一系列报纸版面,充分实现公司和投资者互动交流、报纸信息和网络信息的多方强化。

五、携程旅游网

创立于1999年初的携程旅行网(简称“携程网”)是一家为吸纳海外风险投资组建的旅行服务公司。公司总部设在中国上海,下有北京、广州、深圳、香港4个分公司,并在全国20多个大中城市设有分支机构,有员工近万人,是国内最大的旅游电子商务网站、最大的商务及度假旅行服务公司。2000年10月,并购了国内最早、最大的订房中心——北京现代运通商务旅游服务有限公司,一举成为国内最大的商旅服务企业和最大的宾馆分销商。2001年10月,比预计时间提前一年实现了盈利。2001全年,交易收入达到6亿元人民币,其中订房的交易收入超过了中国青年旅行社的总和。2002年,预计交易收入超过10亿元人民币。2002年,全年的交易额超过10亿元,其中酒店预订量达到了18万间。2002年4月,收购了北京最大的散客票务公司——北京海岸航空服务公司。2002年12月止,拥有注册会员超过500万人,其中使用过携程服务及产品的常用客户约50万人。2003年12月,正式在美国纳斯达克上市,成为上海市第一家在美国上市的企业和中国第一家在美国上市的旅游企业。同年底,拥有注册会员约700万人,其中使用过携程网服务及产品的常用客户约60万人。2007年,上海携程旅游信息技术有限公司进入中国软件企业100强企业名单,位列第86位。

携程网专注全面旅行服务,主要集酒店预订、机票预订、度假预订、商旅管理、特惠商户、旅游资讯服务于一体,为客户打造全方位的旅行方案,同时提供丰富多彩的积分兑换。公司的服务准确率已达国际领先水平。依托强大的技术能力,建立了先进的服务系统,超过5 000位专业人员24小时为客户提供服务;并以国际先进的六西格玛标准控制服务流程,确保客户的旅程高枕无忧。同全球134个国家和地区的28 000余家酒店建立了长期稳定的合作关系,其机票预订网络已覆盖国际国内绝大多数航线,送票网络覆盖国内50多个主要城市。

六、易趣

1999年8月,易趣在上海创立。2002年,易趣与eBay结盟,更名为eBay易趣,并迅速发展成国内最大的在线交易社区。秉承帮助几乎任何人在任何地方能实现任何交易的宗旨,易趣不仅为卖家提供了一个网上创业、实现自我价值的舞台,品种繁多、价廉物美的商品资源,也给广大买家带来了全新的购物体验。2006年12月,eBay与TOM在线宣布合作,通过整合双方优势,凭借eBay在中国的子公司eBay易趣在电子商务领域的全球经验以及国内活跃的庞大交易社区与TOM在线对本地市场的深刻理解,2007年8月底,双方为中国市场推出了本地化在线交易平台易趣(www. eachnet. com)。新平台致力于为用户提供“品质网购”的体验,为卖家带来更多的互联网与手机增值领域的商机。

七、前程无忧

前程无忧(Nasdaq:JOBS)是国内领先的集多种媒介资源优势的专业人力资源服务机构,集合了传统媒体、网络媒体及先进的信息技术,加上一支经验丰富的专业顾问队伍,提供包括招聘猎头、培训测评和人事外包在内的全方位专业人力资源服务。2004年9月,“前程无忧”成为首个在美国纳斯达克上市的中国人力资源服务企业,融资8000多万美元。"前程无忧"招聘猎头服务在国内首创了"报纸+网站+猎头+软件+校园招聘"的"全方位招聘方案",拥有上千万的个人用户,并为20万家企业成功招募所需人才,帮助企业高效准确地锁定目标,用最短的时间,最经济的成本找到最合适的人才。"前程无忧"的专业培训测评顾问为企业量身定制各种公开课程、内部培训、实战模拟及专业测评方案,帮助企业员工迅速提高职业水平和综合素质,轻松面对工作挑战。"前程无忧"为企业推出了一系列"人事外包服务",提供从员工招聘到退工的一站式服务与咨询,帮助企业更好地管理人力资源,节约成本,让员工轻装上阵,全力以赴。

八、东方网

东方网(www.eastday.com)是国务院新闻办指定的上海地区重点新闻网站、全国重点新闻网站转企改制上市试点单位,是具有媒体特色和优势的区域性综合门户网站。于2000年5月28日成立。2002年,与文新报业集团、文广影视集团联合主办中国首家真正意义上的体育日报——《东方体育日报》。2003年,获得互联网出版权,是中国首批获得网络出版权的单位。2004年,和上海精文投资公司、上海文广新闻传媒集团、上海电影集团、上海文新报业集团、上海世纪出版集团联合投资组建上海炫动卡通卫视。2006年,和上影集团上海永乐股份有限公司、上海精文投资有限公司联合投资组建上海东方永乐数字电影院线有限公司。至2010年,日均浏览量超过5000万,日均独立IP用户超过300万,拥有中、英、日三个语种,120余个频道;业务涵盖新闻发布、舆论交互、电子政务、市场广告、商务合作、技术运营等多领域;影响力覆盖互联网、无线网、电视网,成为上海最具影响力、权威性和公信度的门户网站。旗下有1家报社(《城市导报》)、9家控股公司、8家参股公司,业务涉及上网终端连锁、无线增值服务、技术研发输出、企业征信体系、比较购物搜索、无线定位测控、创意产业园区等10多个与互联网相关的产业门类。其中东方网点317家、东方数字社区信息苑330家、东方农村信息苑1669家,遍布上海全部18个区县,实名会员超过35万。参建的上海最大文化信息产业创意园区——东方慧谷2008年11月正式奠基动工,园区位于嘉定区,占地40万平方米,总投资30亿。50万平方米的产业社区,2010年已吸引土豆网、携程网、东方财富网、掌上灵通等知名网站入驻,园区成为现代文化产业、信息产业、创意产业融合发展为特色的大型高新技术产业集聚区。

九、上海东方明珠股份有限公司

1992年4月24日,全国文化系统首家股份有限公司——上海东方明珠股份有限公司成立。该公司是由上海广播电视发展总公司、上海电视台、上海人民广播电台和《每周广播电视》报社发起组建的,以公有股为主体的股份有限公司。由龚学平担任董事长。

上海东方明珠股份有限公司下辖上海东方明珠广播电视技术传输公司,依托于东方明珠广播电视塔为广播、电视提供专业发射技术服务。1993年时,上海东方明珠广播电视技术传输公司就为电视台、广播电台提供5套电视、12套广播节目的传输服务,并依托在当时建成210米高的广播电视塔和频率资源,开拓业务,开通了证券信息广播、数字信息广播、无线寻呼(明珠台)、图文电视,并在电视塔上开设了东方明珠空中俱乐部。公司发射的广播、电视节目的质量指标长年稳居全国首位。1994年5月1日,上海东方明珠广播电视塔天线桅杆整体攀升到位,468米高塔诞生。1995

年5月1日，亚洲第一高塔——上海东方明珠广播电视塔举行发射开播仪式。国家主席江泽民题写“东方明珠”塔名。该塔坐落于浦东陆家嘴，高468米，为亚洲第一，世界第三。塔体自下而上由塔座、下球、中间小球、上球、太空舱、发射天线桅杆构成。其中塔座分为4层，地面两层为进出塔大厅和百货商场、科幻游艺娱乐厅等，地下两层为配套设施用房等；下球体直径50米，地面标高68米～118米，主要用于高科技娱乐、观光；塔身中间5个小球成串状分布，为空中旅馆；上球体直径45米，地面标高250米～295米，有观光层、旋转餐厅等；太空舱直径16米，地面标高334米～350米，分为两层，主要用于贵宾观光及国际会议；天线桅杆高118米，通过它可以发射9套电视和10套调频广播节目。1995年全年接待中外游客约161万人次。还接待了国家主席江泽民、国务院总理李鹏、全国人大常委会委员长乔石等党和国家领导人，以及土耳其总统、日本首相、韩国总理、奥地利总统、澳大利亚总督、越南总理、古巴国务委员会主席等外国国家元首、政府首脑，取得较好经济效益和社会效益。2004年，东方明珠广播电视塔游客总数超过2 500万。经十年运作，东方明珠的年收入已超过法国埃菲尔铁塔，成为世界上盈利最好的电视塔。“东方明珠”也被世界品牌实验室(WBL)评估为“2003年—2004年中国500家最具价值品牌第96位”、中国品牌“世界影响力”前20位，品牌价值为51.48亿元。2008年，随着数字电视时代的到来，东方明珠广播电视塔从7月1日开始正式发射6套数字标清电视节目和1套数字高清电视节目。2009年9月28日起，东方明珠广播电视塔同步上海有线数字电视网播出2套高清数字电视节目，这标志着上海开始进入高清电视时代。

移动多媒体也是上海东方明珠股份有限公司运营的重要板块。2002年，上海东方明珠股份有限公司下辖的上海东方明珠移动多媒体有限公司成功地将数字电视技术运用到公交车以及游轮和快艇等移动交通工具上。5月1日，先在920路17辆公交车上安装成功。6月10日开始规划、设计、选址、设备采购、建设数字发射单频网系统。并在东方明珠广播电视塔、东视大厦、广播大厦和教育电视台大厦完成发射台的整体建设。10月10日，数字移动电视节目正式开播。至年底，全市78条公交线路的1 080辆车上安装数字移动电视。市区26个轮渡码头、7艘浦江游轮上也安装数字移动电视。每天有近100万流动人口能在出行中看到新闻等节目。至2004年，移动电视在上海城市信息覆盖率超过92%。东方明珠移动电视也成为全球第二、国内首家户外数字移动电视新媒体。其收视终端广泛覆盖于上海的6 000多辆公交车、5 000多辆出租车、部分轨道交通线路以及水上巴士等，形成了规模庞大的户外立体交通数字移动电视信息平台。东方明珠移动电视每天连续播出17个小时40分钟节目，40多个栏目包括了新闻、资讯、娱乐、服务、互动等多种类型，成为上海地区影响力不断提升的信息传播新媒体。至2005年底，东方明珠移动电视累计视频终端数达到16 220个，日受众群体高达1 200万人次，华东地区更有1 800万FM98.1广播频率的听众同步收听。移动电视信号信息覆盖率也增长到97%。2008年8月20日，东方明珠(集团)股份有限公司与申通地铁资产经营管理有限公司合资成立上海地铁电视有限公司，双方联合开发地铁电视项目。至此，东方明珠移动电视应用从公交移动电视拓展到地铁电视、楼宇电视，形成全方位、多渠道新媒体覆盖网络。移动电视也获得“中国媒体年度十大品牌”称号。2009年2月12日，中广卫星移动广播有限公司与上海东方明珠集团正式签约，CMMB商运合作进入实质启动阶段。此后，CMMB手机电视陆续实现信号在申城的全覆盖。

十、上海市有线网络有限公司(东方有线网络有限公司)

1998年12月31日,上海市有线网络有限公司正式揭牌,是上海有线电视台、上海市信息投资股份有限公司等单位共同出资组建的高科技信息产业,是上海信息港基础设施之一。公司由上海有线电视台控股,以股份制的方式组建而成,经营上海市的有线电视网络资源,拥有带宽、用户资源、光纤资源和规模运营的优势,拥有多年的网络运作经验和高素质的员工队伍,是集有线电视、家庭宽带、互动电视、企业数据等于一体的全业务运营商。

公司组建后,在1999年至2002年期间完成了上海市区范围内HFC双向网改造。2000年,正式启动增值业务,"有线通"宽带接入业务进入市场运营。2001年,又将有线电视信号覆盖至远郊的乡村。2002年,公司承接上海市公务网建设。率先推出数字付费电视业务。并于次年启动政务外网,全面发展企业数据业务。

2004年,正式更名为东方有线网络有限公司。2005年,启动互动电视试验网,为政府、企事业等单位提供组网服务。同年7月,东方有线的第一个宽带内容平台"东方星天地"正式上线,积极引进互联网内容合作伙伴,完成宽带内容服务门户,客户端界面,日常内容和SP管理的设计和系统建设,实现了宽带内容平台及流媒体内容的上线运行,并初步实现了影视和下载类内容的海量上传。2006年,又率先启动有线电视数字化整体转换试点,与虹口区共建上海数字媒体产业园,交互电视业务项目也正式启动。2007年,推出个人宽带接入和数字互动电视融合产品,顺利实现上海20.85万户家庭数字化整体转换。2008年进一步推出高清电视业务,电视开始从"模拟时代"进入到"数字高清时代"。当年,公司年收入超过13亿、总资产约29亿。2009年7月,科技部、广电总局以及上海市政府签署了NGB示范网建设部局市合作协议,东方有线作为具体实施和运营单位在上海率先建设下一代广播电视网。2010年,公司全面启动整体转换和NGB建设工作。三网融合业务试点全面启动。2010年10月14日,上海市信息投资股份有限公司、东方有线网络有限公司分别与上海东方传媒集团有限公司正式签署合作备忘录和合作意向书,并隆重举行上海下一代广播电视网(NGB)互动点播业务上线仪式,通过强强联手,全力推进上海三网融合试点工作。同年,根据市委、市政府批准的实施方案,上海市广播电视有线网络整合工作将以"一城一网、全程全网、明确主体、创新机制、统一规划、加强领导、政策支持"为原则,由东方有线网络有限公司作为整合主体,绝对控股整合浦东新区、闵行区、嘉定区、宝山区、松江区、金山区、青浦区、奉贤区等8个区的有线网络资源。至此,东方有线网络有限公司已从单载体、单平台、单一的有线电视业务,发展为产品多元化、业务全方位、社会效益和经济效益有机统一,成为全国有线网络中规模大、业务完整、效益优良的基础网络运营商之一。

十一、上海华测导航技术股份有限公司

上海华测导航技术股份有限公司创建于2003年,是一家集高精度GNSS相关软硬件产品研发、生产、销售于一体的"文化创意产业企业"。公司员工1 500余人,拥有博士、硕士为主的400多人专业技术研发团队,每年新产品贡献率达70%以上,多次承担了中国人民解放军总装备部、国家科技部、863计划等重大专项研究开发。华测导航不仅是上海市认定的高新技术企业,同时也是上海市小巨人培育企业,是中国第一款自主知识产权的测量型GNSS的研制者和推广者。公司已拥

有11款高精度测地型GNSS生产许可证，系国内同行业中拥有许可证最多，认证精度最高的企业。生产的测地型是同行业唯一获得科技部等四部委认定的“国家重点新产品”；公司相关产品已连续多次入选“上海市重点新产品”，是首次到达南极内陆最高点的国产品牌，是三江源大型科考活动唯一指定产品。公司主要产品和服务涵盖高精度测地型GNSS、GIS数据采集终端、无线数传设备、水上测量产品、组合导航系统、变形监测系统、系统集成、移动测绘等解决方案以及相关软件开发应用等方面。经过近十年的辛勤开拓，公司形成了立足上海、遍布全球的市场格局。在中国大陆地区拥有28个销售办事处和区域服务中心，拥有大中型客户近万家；在海外，建立了覆盖欧洲、北美、拉美、东南亚、中东及非洲区域的三个分公司，在60多个国家拥有正式授权代理商。公司一直以“振兴中华、测绘天下”为己任，立志成为世界级领先的高精度GNSS设备和系统方案提供商。

十二、哔哩哔哩科技有限公司

哔哩哔哩科技有限公司成立于2009年，同年6月26日创建哔哩哔哩(bilibili)弹幕网。2016年12月注册落户杨浦区，是集视频、游戏、直播、电商、演出等服务为一体的综合性内容社区平台，为国内领先的年轻人文化社区，被粉丝们亲切的称为“B站”。B站是极具互动分享和二次创造的文化社区，也是众多网络热门词汇的发源地之一。B站拥有动画、番剧、国创、音乐、舞蹈、游戏、科技、生活、鬼畜、娱乐、时尚等多个内容分区，注重围绕年轻一代对于正向文化和内容的需求，在深度、广度和多样化方面不断开拓业务，拉动了国产动漫、游戏、主题音乐、演艺经纪、纪录片、版权等多个上下游产业链的发展，并积极参与社会公益活动，也是国内最大的纪录片出品方和播出平台之一。

十三、雅昌艺术网

雅昌艺术网成立于2000年10月，是全球知名的中国艺术品与业门户网站，是中国最大的综合性艺术服务平台。雅昌艺术网定位于以互联网IT技术为艺术行业提供与业化平台服务，包括资讯平台服务、数据平台服务、交易平台服务，服务的用户有艺术家、工美师、设计师，拍卖行、画廊、古玩店、工艺品店，艺术品买家及艺术爱好考。雅昌媒体平台精心制作出雅昌头条、雅昌快讯、雅昌专栏、雅昌展讯、雅昌带你看展览、雅昌圄桌、雅昌公开课、公教讱座等众多优势栏目。雅昌艺术网拥有逾280万与业会员、850万日均浏览量，日均浏览量峰值最高达1,500万。Alexa中文排名进入前300位，稳坐全球艺术网首位。

第五节　文化创意和设计业企业

一、上海市广告装潢有限公司

上海广告装潢有限公司的前身是上海市广告装潢公司，这是中国最早的广告公司之一。1984年7月24日，上海市广告装潢有限公司在浦东新区市场监管局登记成立，法定代表人诸琦，公司经营范围包括广告的设计、制作、代理、发布，自有办公用房的租赁等。作为一家历史悠久的老广告公司，公司在设计装潢上具有较强实力。在1988年第二届全国优秀户外广告评比会上凭借作品宝石花手表立体路牌广告荣膺一等奖。公司还在首届中国广告公司实力评价中位列全国综合实力以及广告营业额前5名。

二、上海美术设计有限公司

上海美术设计有限公司原名为上海美术设计公司,成立于1956年,注册资本5000万元,是上海电影(集团)有限公司旗下一家专业从事行销传播、陈列展示、建筑装饰的综合型国有服务企业。先后获得上海市文明单位、上海市模范集体、上海市工人先锋号、上海市著名商标等殊荣。上海美术设计有限公司在业界率先通过"ISO9001、ISO14001、OHSAS18001质量环境职业健康安全一体化管理体系"认证,拥有"中国一级广告企业"、国家"建筑装饰工程设计专项甲级"、"建筑装修装饰工程专业承包一级"、"中国展览工程一级"企业、"上海展示工程一级"企业等资质;蝉联"上海市广告行业'白玉兰奖'""上海市会展行业最佳企业""上海市'信得过'建筑装饰企业"等荣誉称号。与此同时,博物馆、纪念馆等的建设展陈,商业广告和公益广告的创意,以及品牌活动的策划等也多次荣获全国和上海市的各类奖项。

1979后,公司顺应市场的需求,将业务重点逐步转向广告,承接了国内外众多知名品牌的广告设计、制作、代理、发布,成功转型为全面服务型的现代广告公司。到1985年,通过建立联营公司、合资公司、全资公司等多种形式延伸和拓展业务能力,先后成立了上海浦东美术广告有限公司、上海创导广告有限公司、上海美术设计公司浦东分公司、上海埃迪霓虹电器有限公司、上海永美广告有限公司等,公司规模不断扩大。到20世纪90年代,抓住城市建设的发展机遇,设立建筑装饰部门,完成了人民大会堂上海厅、市府大厦接待厅、上海马戏城杂技场、逸夫舞台、杏花楼酒家、豫园商城亚一金店、上海西郊宾馆、波特曼丽嘉大酒店等一系列工程项目,多次获得上海市建筑工程白玉兰奖和市内设计大赛奖项,被评为上海市信得过建筑装饰企业和市内设计优秀公司。1999年,恰逢新中国成立五十周年和上海解放五十周年,完成了上海公安博物馆、99上海国际汽车展、上海城市规划展示馆、上海马戏城、南京雨花台烈士纪念馆、澳门回归礼品等重大工程的设计、制作。2010年上海召开世博会,承揽或参与了包括主题馆(城市与生命馆)、智利国家馆、斯里兰卡国家馆、国际组织联合馆、最佳城市实践区圣保罗馆在内的多个展馆的建设和展陈布置。

三、上海影城公关广告部

上海影城公关广告部主要是以影院广告代理为主的国内代理广告公司,是上海影城连锁影院的主要创利部门之一。公司成立于1992年,经过16年的发展,拥有一批国际知名的客户群,营业收入连续6年达到1000万元以上,2008年共完成营业收入1,751万元,利润145万元,人均创收创利再创历史新高。上海影城公关广告部有较为完善的广告审查、发布、监播制度,同时充分凭借上海影城连锁影院综合销售优势,不断开拓新客户,扩大市场占有率。该部连续12年(1996—2007年度)获得"上海市重信誉、创优质服务先进单位",连续8年(2000—2007年)获得"全国广告行业文明单位"等荣誉称号。上海影城公关广告部不但多次被授予中国二级广告企业,其作品还荣获"上海市第十五届优秀广告展评赛"优秀作品奖。

四、分众传媒

分众传媒(Focus Media)是中国领先的数字化媒体集团,创建于2003年,产品线覆盖商业楼宇视频媒体、卖场终端视频媒体、公寓电梯媒体(框架媒介)、户外大型LED彩屏媒体、电影院线广告媒体、网络广告媒体等多个针对特定受众、并可以相互有机整合的媒体网络。2005年7月,成功登陆美国纳斯达克,成为海外上市的中国纯广告传媒第一股,并以1.72亿美元的募资额创造了当时的IPO纪录。2007年12月24日,正式被计入纳斯达克100指数,成为第一个被计入纳斯达克100指数的中国广告传媒股。2009年,税前总营收超过46亿元人民币,所经营的媒体网覆盖全国100余个城市数以10万计的终端场所,日覆盖超过2亿的都市主流消费人群,已成为中国都市最主流的传媒平台之一,效果被众多广告主所认同肯定。

同时,分众传媒积极参与各项公益事业,每年都会从极度紧俏的媒体资源中分配出数以千万计的资源,通过分众旗下所有媒体网络开展禁毒、助残、卫生、安全、交通、公共道德等宣传,配合国家和社会所需,尽一个企业公民的责任,刊播了大量中国红十字会总会、宋庆龄基金会等公益组织的公益宣传片。在一些国家重要活动(如特奥会、世博会)举办期间,配合有关部门的宣传计划进行系列公益宣传。凭借对公益事业的热忱,分众传媒先后获得“2006中国企业是社会责任调查百家优秀企业”“2007上海践行公共道德突出贡献单位”“2007—2008年度上海市公益广告活动先进单位”“中国2010年上海世博会公益宣传2009年度先进单位”等称号。

五、上海理想信息产业(集团)有限公司

2004年12月28日,上海理想信息产业(集团)有限公司在沪成立。上海理想信息产业(集团)有限公司作为上海电信系统集成业务的主体经营单位,以网络系统集成、应用软件集成、软件产品研发、咨询服务为核心业务,广泛服务于政府机关、公用事业、通信业、教育业等多个领域,市场覆盖近20个省市。该公司是以上海电信系统集成业务发展为契机、全面整合17家控股子公司组建而成的。公司的成立表明上海电信从传统的通信业务提供商向通信与信息服务提供商转变,全方位进军系统集成业务。

六、久游网

久游网(www.9you.com)是中国领先的互动娱乐社区2.0运营商,2010年上海世博会世博游戏项目参与方,中国率先实现融合音乐舞蹈模拟类游戏、体育模拟类游戏、仿真赛车模拟类游戏、格斗动作模拟类游戏、竞速模拟类游戏、多人在线角色扮演类游戏(MMORPG)、虚拟养成、创建分享、商业经营、社区交友及音视频、多媒体博客等Web服务等为一体的全新形态的生活化互动娱乐社区V2.0(Interactive Community 2.0),为全球华人提供时尚、高品质的一站式多平台互动娱乐服务。2009年4月,久游网发布“中华传世武侠系列”研发工程,以自主研发次世代MMORPG精品作为公司的中长期核心战略。久游网自公司成立以来采取基于一号通一卡通的先体验后付费运营模式,代表着最新型的网络互动娱乐形式。公司开创网络游戏行业整合营销的新模式。自主研发的休闲网游《超级舞者》《宠物森林》等出口到北美、欧洲、东南亚、印度、中国台湾及中国香港等全球

42个国家和地区。截至2009年12月底,累计注册用户突破4亿,最高总同时在线账户数超过100万,久游网流量在国内网游运营商中位居前列。

七、第九城市

“第九城市”是国内最大的网络游戏开发商和运营商之一,旨在通过世界“第九艺术”——游戏艺术,为都市人创造一种全新的在线娱乐生活方式。在这个“城市”里,激情、活力、浪漫时时相伴,平等、尊重、关爱充溢其间。截至到2009年,第九城市旗下的产品有《奇迹》(*MU*)、《快乐西游》、《卓越之剑》(*GE*)、《奇迹世界》(*SUN*)、《激战》(*GW*)、《暗黑之门》(*Hellgate: London*)、《幻想世界》、《仙境传说2》(暂定名)(*RO2*)、*Emil Chronicle Online*、*Huxley*、*EA Sports FIFA Online*等。

八、5173.com

5173.com成立于2002年11月,是中国领先的以规范化运营为己任的大型专业网游及数字产品在线交易电子商务平台。为了全面满足广大用户的网游及数字产品交易需求,5173.com提供的交易服务涉及网游道具、网游帐号、网游点卡、其他数字点卡、网游代练等众多领域。为了充分满足广大用户对服务的差异化需求,5173.com为用户提供了普通寄售交易、带号寄售交易、担保交易等各种个性化交易方式。与此同时,5173.com还通过独具特色的网游资讯社区为玩家提供了解游戏动态、分享游戏心得、讲述心情故事的共同家园。正式成为致力于维护玩家合法利益的上海市信息服务业行业协会反盗号绿色联盟赞助商及发起成员。5173.com的日均页面访问量和注册用户数均已突破2 000万。公司当选中国出版工作者协会游戏出版物工作委员会理事单位,入选“清科——最具投资价值企业50强”,荣获游戏产业年会“中国游戏产业优秀服务商”称号。

九、上海河马文化科技股份有限公司

上海河马文化科技股份有限公司(简称河马股份)位于上海浦东新区张江高科技园区,是一家以影视制作与营运为主导、虚拟仿真虚拟现实及多媒体互动体验设计研发于一体的文化科技类企业。公司成立于2006年1月,作为国内较早以原创3D立体动画为主导的文化科技类企业,形成了国内最大的3D立体数字内容制作团队之一,具备领先的“真人+CG”影像处理技术及虚拟现实(VR)、虚拟仿真(VS)和混合现实(MR)等技术设计研发能力,并将人工智能领域作为未来重要布局。

十、完美世界网络技术有限公司

完美世界股份有限公司简称完美世界,业务涵盖完美世界游戏和完美世界影视两大板块,是中国最大的影游综合体。2004年,完美世界游戏正式创立,推出的《完美世界》以自主研发的3D引擎和来自《山海经》的中国传统经典内容大获成功。2007年7月,完美世界游戏成功于美国纳斯达克上市。2008年,完美世界影视成立,并于2014年12月成功登陆A股市场,公司名称为“完美环球娱乐股份有限公司”(简称完美环球,股票代码:002624)。2015年7月,完美世界游戏完成私有化。

2016 年 4 月，完美环球通过发行股份购买资产的方式成功将完美世界游戏注入上市公司。2016 年 7 月，完美环球娱乐股份有限公司正式更名为完美世界股份有限公司，简称完美世界。这一举措意味着完美世界正式回归国内 A 股市场，并且完成其上市体系影游业务的全面重组，同时也宣告了中国最大影游综合体正式诞生。作为中国最早进行海外运营的网络游戏公司，完美世界游戏在中国网络游戏海外出口市场收入中连续多年排名第一，用户群体覆盖至全球 100 多个国家和地区，在全球建立了自己的运营平台。

十一、游族网络股份有限公司

游族网络股份有限公司创立于 2009 年，创始人林奇，是中国领先的互动娱乐供应商。总部位于上海，在南京、汉堡、浦那等地设有分支机构，立足全球化游戏研发与发行、知名 IP 管理、大数据与智能化、泛娱乐产业投资四大业务板块全面发展。成功推出多款知名游戏产品，从页游到手游引领行业创新，以技术突破树立精品标杆，缔造自研产品成功率超 90％的游族现象。在海外积累 1 000 多个合作伙伴，发行版图遍及欧美、中东、亚洲及南美等 230 个国家及地区，海外收入赶超国内市场，全球化优势凸显。

十二、上海骏梦网络科技有限公司

上海骏梦网络科技有限公司（简称骏梦游戏）成立于 2009 年 9 月，为富春科技股份有限公司（300299）旗下 100％全资子公司，着眼全球互动娱乐市场，专注手机游戏、网页游戏等跨平台业务，拥有领先的技术积累、丰富的研发经验、深厚的人才储备，一直保持在行业的领军地位。骏梦游戏重视知识版权保护，在成立之初就确定了“优质 IP＋精品游戏”战略，根据经典 IP 授权研发了《仙境传说：复兴》《霹雳江湖》《秦时明月》《新仙剑》《仙境物语》等多款手机游戏、网页游戏产品，在内地、海外均取得了出色成绩。拥有《仙境传说 RO》《古龙群侠传》等优质 IP 的授权，通过自研、合作方式全面开发 IP，为用户呈现更多精品游戏。

十三、上海时代光华教育发展有限公司

上海时代光华教育发展有限公司是专注于“企业 e-Learning”业务的独立法人公司，拥有国内 50％以上份额的自主版权网络课程库，积累了适合各种规模企业的成熟 e-Learning 学习平台以及全国网络运营保障体系，通过遍布全国的 70 多家直营或代理机构为客户提供产品及服务，是中国首家 e-Learning SAAS 完全服务供应商。2009 年，在中国企业 e-Learning 市场的占有率达到 16.7％，从销售额、市场布点、产品特性、发展趋势等指标来看，上海时代光华综合竞争力排名处于细分行业内前列。2009 年，e-Learning 平台为全国 2 000 多家企业、近 20 万学员提供在线学习服务，是中国企业用户数、终端用户数最多的 e-Learning 供应商之一。上海时代光华是双软企业、高新技术企业，是上海信息服务业行业协会优秀会员单位，是“2009 年度上海市诚信企业”，公司有多位员工被评为“上海市软件行业标兵”“上海市软件行业服务明星”的称号。

十四、华东建筑设计研究院有限公司

成立于1952年,主要提供建筑设计的综合性服务,涉及建筑设计、结构及华东建筑机电设计、城市规划、室内及景观设计等领域。设计项目遍及20余个国家和地区,完成工程设计及咨询2万余项,在各个领域获得总计600余个奖项,并与100多家境外建筑设计事务所、工程公司建立了合作关系。

十五、同济大学建筑设计研究院

成立于1958年,实施集团化管理的特大型甲级设计单位。持有建设部颁发的建筑、市政、桥梁、公路、岩土、地质、风景园林、环境污染防治、人防、文物保护等多项设计资质及国家计委颁发的工程咨询证书,是国内设计资质涵盖面最广的设计单位之一。重视建筑教育,依托同济大学培养了一大研究院批硕士生、博士生。另一特色是对外交流与合作,与来自美国、加拿大、德国、法国、西班牙等国的著名事务所保持良好的学术交流和合作关系。

十六、上海同济城市规划设计研究院

成立于1994年,同济大学的全资规划设计科研机构,在国内首批取得城市规划设计甲级资质及旅游规划甲级资质,也是商务部公布的第一批参与城市商业网点规划编制且规划质量较高的四家中介机构之一。主要业务包括战略规划、区域规划、城市总体城市规划、历史文化遗产保护规划、详细规划、城市设计、风景设计、旅游规划和各类专项规划等的编制与咨询;同时还承担国家建设部、各级地方政府下达的科研课题、城市规划相关技术规范和行业标准的编制工作。

十七、上海现代建筑设计(集团)有限公司

成立于1998年,以建筑设计为主的现代科技型企业集团,旗下拥有华东建筑设计研究院和上海建筑设计研究院等20余家专业公司和机构。在2008年中国工程设计企业60强排名中跻身于前5名。2001—2008年连续8年被ENR列入"国际工程设计公司200强"和"全球工程设计公司150强"之一。拥有众多的合作伙伴及国内外客户。

十八、上海建筑设计研究院有限公司

前身为1953年成立的"上海市建筑工程局生产技术处设计科",1993年更名为"上海建筑设计研究院",1998年与华东建筑设计院合并成立"上海现代建筑设计(集团)有限公司",同时保留"上海建筑设计研究院"名称。具有国家甲级勘察设计资质,享有对外经营权,以建筑设计为主业。是中国成立最早、规模最大、影响力最大的综合性设计院之一。有5个综合设计所,分别在文化建筑、体育建筑、会展与博览建筑、医疗建筑、教育建筑等领域各有专长,同时还有致力于空间结构设计研究、智能化系统设计研究和超高层结构设计研究等科研开发层的技术中心。主要承接各类民用建

筑(图书馆、影剧院、博物馆、体育场馆、医院、办公楼、宾馆、购物中心、学校、住宅建筑)和工业建筑(工业厂房、冷库和仓库等)设计、城市规划设计以及相关技术合作、技术联营、技术成果转让等业务。

十九、上海市城市建设设计研究院

上海市城市建设设计研究院成立于1963年,是以市政公用为主业的综合勘察设计研究院,上海市高新技术企业。具有市政公用行业(道路、桥隧、地铁轻轨、给排水、环境卫生、园林)、公路行业(公路)、公路行业(特大桥梁)、水利行业(城市防洪)、建筑行业(建筑工程)甲级工程设计和丙级城市规划设计以及甲级岩土工程勘察设计、甲级工程测量等资质,同时具有甲级工程咨询的资格。能承担上述各行业各类大中型工程的勘察设计、技术咨询及其新技术、新工艺、新材料、新产品的研究开发。该院完成的工程勘察设计项目范围涵盖城市规划,高速公路、一级公路和其他等级的公路,城市快速路、城市高架路和大型立交、车行地道和城市越江隧道,桥梁(包括大跨径桥梁、多跨桥梁、大型立交桥),交通监控系统,给水厂和污水处理厂、给排水管网和给排水泵站,防汛构筑物,城市轨道交通,多层和高层建筑以及园林等工程领域。

二十、富乐工业设计(上海)有限公司

富乐工业设计(上海)有限公司(英文名:Frog)是一家国际化创新公司,致力于帮助世界顶级的公司创造富有影响力的产品、服务和体验,并将其成功商业化。Frog创建于1969年,总部设在美国加利福尼亚州的旧金山,并在上海、奥斯丁、班加罗尔、波士顿、印度金奈、印度古尔冈、约翰内斯堡、乌克兰基埔、纽约、西雅图、米兰、旧金山、阿姆斯特丹、慕尼黑等城市设有工作室。工作流程涵盖多个专业领域,体现出对市场和消费者的洞察力。由1 600多名多名顶尖级设计师、技术专家、策划师和分析师组成,能够提供结合多项技术、平台和媒介的综合性解决方案,广泛应涉足各种行业,其中包括电子消费电子产品、电信、医疗、媒体、教育、金融、零售和时尚业等。客户包括迪斯尼、通用电气、惠普、罗技电子、微软、MTV、希捷、西门子、雅虎等。

二十一、龙域设计

龙域设计成立于1995年,是一家专业的设计策划和产品设计咨询公司。一直致力于为全球制造企业提供以品牌为核心的产品设计及相关设计服务,并努力探索集设计、策划、研究于一身的设计咨询服务新模式。业务范围包括工业产品、模具的设计,工业产品、模具的技术开发、技术转让、技术咨询、技术服务,企业形象设计咨询,产品市场营销策划,会展会务服务,承接各类图文设计、制作、代理,建筑装潢工程,五金交电、百货、建材材料(除有毒危险品)的销售。设计产品种类主要包括家用电器、通信电子设备、电脑办公设备、家居用品、卫浴健身、工业工具、医疗设备、交通工具、监控安检设备等。自成立以来,龙域设计服务过上千家国内外客户。在龙域的长期战略合作伙伴中,不乏英特尔、松下电器、西门子、三洋、东芝、伊莱克斯、通力、3M、Rapid、宝洁、庄臣等国际品牌,也有华为、中兴、海尔、海信、美的、苏泊尔、九阳、科龙、浪木、爱仕达、奔腾、柯达、永久、高露洁等国内著名企业。获得包括Reddot、iF、G-mark在内的19项国内外设计大奖,获得国内外合作企业的普

遍赞誉。2010年和2011年,龙域设计深圳分公司和常州分公司相继成立。

二十二、上海水晶石视觉展示有限公司

上海水晶石视觉展示有限公司成立于2000年,为不同行业的客户提供基于数字图像服务的整体解决方案。主营业务为利用电子计算机图形图像处理技术,为客户提供数字图像的创意设计、制作和软件集成的服务,满足其在宣传展示、沟通、娱乐及专业应用等方面的需求。根据业务性质,业务可分为数字图像制作和视觉系统集成,其中数字图像制作主要应用在设计可视化、商业宣传及影视特效领域,视觉系统集成主要应用展览展示、大型活动及虚似仿真领域等。

二十三、上海睿和文化艺术发展有限公司

上海睿和文化艺术发展有限公司,成立于2008年,致力于发展文化艺术产业及美育教育等领域。2013年取得荷兰梵高博物馆权益——IP授权。2014年初步确定与天猫战略合作意向。2015年携手天猫,引领梵高博物馆正式登录中国。2015年9月,与阿里鱼(阿里巴巴旗下版权交易平台)合作的全新模式线上销售艺术授权衍生品,第一次众筹活动首日成交额达358万人民币,1亿PV曝光量,创下线上艺术衍生品首例众筹最大单。2016年正式入驻阿里鱼平台,成为阿里鱼平台首个入驻艺术IP,与20余个知名品牌展开合作,取得良好业绩。实现了艺术衍生品的价值,让艺术走进千家万户,让IP的价值变现。2016年5月至12月,销售额突破5000万。

二十四、上海高诚创意科技集团

上海高诚创意科技集团,简称"高诚创科"。公司成立于2004年,业务涵盖品牌创意策划、美学创意设计、陶瓷创意制造、包装设计印制、新材料新工艺研发、线上线下营销、众创空间及智造基地打造等,高诚创科是包括茅台、五粮液、汾酒等10余家国内一线酒企的指定文化酒和创意产品设计者及开发伙伴,是白酒行业创意产品的先锋领袖级企业。2010年,上海举办2010年上海世博会,有着"国酒"美誉的茅台作为东道主,以文化使者的身份,推出全套81瓶特形包装的"世博茅台纪念酒",向全世界诠释了"中国酿造"的高贵品质,为2010上海世博会留下"醉美的茅台印记"。全套由"和平使者""友谊使者""盛世中国""醉美中华""世博喜酒"5大系列、共81款特形包装组成;以世博国家馆为造型设计来源,体现世界盛会、国之盛世、人民之喜。

第六节 文化休闲娱乐业企业

一、上海网鱼信息科技有限公司

网鱼创始于1998年,业务范围覆盖连锁上网服务门店、电脑及周边产品、游戏社交软件等,为加盟伙伴提供一体化的解决方案。截至2017年底,其网鱼网咖全球签约门店超1000家店,年服务人次超3000万,相继进入澳大利亚、加拿大、新加坡、美国等国家,门店遍布四洲六国,会员数量突破1300万。

二、大光明电影院

大光明电影院是上海老字号的电影院，位于南京西路216号，于1928年由卡尔登跳舞场改建而成。影院共两层，上下座位1400余个，是一座在当时设备完善的电影院。1933年影院由匈牙利著名建设师邬达克重新设计开业。1949年到1955年期间，大光明电影院属于公私合营过渡阶段，由国光公司负责经营管理。1955年，大光明电影院收归国有；1958年，国家拨款人民币20万元，大光明电影院改建成中国第一家宽屏幕电影院。

1985年10月16日，大光明电影院安装英国道尔贝424式立体音响系统及光学4声道立体声，是全国首家4声道立体声电影院。1986年起，大光明影院率先每天开设通宵场电影放映，连续两年名列全国票房收入超百万影院之首。1988年，大光明电影院票房收入突破300万元大关；1989年，放映收入突破四百万元；1990年12月4日，放映收入较1989年提前一个月再超400万大关，连续4年在全国同行业中获得第一。

1992年，大光明影院又投资500万元进行了全面整修，成为中国第一家立体声电影院。1992年12月31日，大光明电影院修建工竣恢复营业，是全市第一家达到四星级标准的电影院。1993年12月25日，大光明电影院庆祝建院60周年，拨款10万元作为评比1994年度在该影院上映的国产影片评奖专项基金。连续获得全国单厅票房八连冠的大光明电影院，1997年共放映电影4782场，观众1634228人次，票房收入17681991元，仍列全国之首。1998年，大光明电影院的票房达到1800多万元。1999年，大光明电影院再次以1002万元票房总收入排名全国第一。

2002年发行放映体制进行重大改革。2002年5月23日，依托大光明电影院的影院放映运营优势，大光明院线经国家广电总局电影局批准成立，这是上海诞生的第一家院线公司。

2004年，由上海联和电影院线有限责任公司和上海大光明文化（集团）有限公司共同投资建设的大光明巨幕影院，2月20日在上海和平影都落成并开张迎客。这是中国内地首家商业化运作的IMAX巨幕影院。大光明电影院2004年票房总收入753.9万元，位列上海市排放收入前十的电影院第十；2005年，票房收入904.9万元，排名第十；2009年，票房收入2215.98万元，排名第九；2010年，票房收入2860.59万元，排名第九。

2008年，大光明电影院斥资1.2亿元进行修复工程。2009年，大光明电影院再营业。1月20日，大光明电影院整体修复改造工程竣工，完全恢复风帆形外立面、荷花形屋顶、圆弧曲线形大厅和高挑堂皇进厅的旧貌；保持放映厅2层楼的原始设置，共有1300多个观众席，即一楼设800多座，二楼设500多座；新辟4个小观众厅和1个贵宾厅。此外，引进杜比3D立体数字放映机，形成胶片、数字共存的放映格局，使观众在影院中有更多的选择。影院底层通道空间被改造成大光明电影院80年历史文化长廊，供观众免费参观。

三、上海影城

上海影城有限公司成立于1987年9月26日，注册地位于长宁区新华路160号，是一座多功能的影视学术交流活动中心和娱乐场所，准五星级影院。总面积1.4万余平方米，主楼地面6层，地下1层。内设5座风格各异的电影厅（一厅1080座、二厅442座、三厅276座、四厅72座、试片室52座）和4座录像厅，还有1100平方米可作展览、交易用的大堂，以及艺术走廊、会议室、餐厅、咖啡厅、酒吧、迪斯科广场等。电影厅安装有标准大银幕和现代化视频系统,第三放映厅还配置4声道同步传译设备,其现代化的视频系统和硬件设施在国内居领先地位。吴贻弓(兼)、车大林先后任上海影城的主任(总经理)。上海影城代表上海影院最高水平,是国际电影艺术交流的放映中心,自1993年开始便是上海国际电影节的主会场。

2000年10月5日,历时半年、耗资1850多万元的上海影城改造装修工程全面完工,成为一座以电影活动为主体,同时兼有餐饮、会务、娱乐等诸多功能的休闲之城,经市文广影视局核准为五星级影院。改建后的上海影城电影放映厅从原来的5个增至9个,刷新了沪上多厅影院的新纪录,并全部采用数字立体声还音。第一放映厅231平方米的超大银幕,在国内属首屈一指。一、二、三厅均配备了多种制式的高科技放映设施。影城书市搬进了新落成的影城书屋,除了热门图书之外,还可以在里面选购音像制品和电影衍生产品。影城内还设置了出售爆米花和可乐的专柜,增设了3个不同风格的休闲吧,并引进了国际知名品牌“哈根达斯”共同经营管理。2001年12月20日,上海影城迎来了10岁生日。此时,影城不断深化改革,从一个单一的影院发展成为多功能和综合性的大型文化企业。上海影城共放电影74500场,观众达1550万人次,10年累计各项收入达28500万元,影城还连续4届被评为上海市文明单位。2001年全年综合收入创5900多万元新高。

2003年1月28日,由上海影城自筹资金2200万元兴建的第一家连锁影院——新世纪影城建成开业。影城位于浦东八佰伴商厦10楼,总面积3200平方米,有7个视听效果一流、环境舒适的放映厅和一个超豪华小厅,总座位1320个。可放映数字、SDDS八声道环绕立体声及4D动感立体等多种制式的电影,符合五星级影院标准。

2004年10月,上海影城第二家连锁影院——西南影城开业。该影城位于徐汇区罗香路,建筑面积1761平方米,有3个放映厅,观众座位中厅有308个,两个小厅均为75个,共458个座位。西南影城全部设施按照五星级影院标准建造。

2006年,包括上海影城在内的5家影城的年票房超过1000万元。2009年,上海影城的全市连锁影院会员卡总数达到6675张,新增卡数量比上年增长142%,实现年消费金额400万元。上海影城连锁影院经营继2008年营收超过亿元后,2009年营收又创新高,上海三家连锁影院实现营业收入1.15亿元,同比增长10%;完成利润1220万元,同比增长73%。再一次开创了营收、利润的历史双新高。2009年全年票房收入7363万元,同比增长31%。2009年第十二届上海国际电影节期间,影城票房收入达206.5万元,同比增加了33.3万元。与此同时,上海影城连锁影院进一步得到发展。作为上海市票房第二名的新世纪影城创下了票房单日51万元及单月票房702.5万元的两项新的历史纪录。

2010年5月1日,上海影城连锁影院——世博国际影城开业。该影城位于上海世博文化中心6楼,由上海影城全额投资,按国家五星级影院标准建造,是中国首家全数字放映和数字网络化管理影院。

四、上海卡通尼儿童乐园有限公司

上海卡通尼儿童乐园有限公司成立于2004年11月23日,是台商投资的知名连锁游乐园公司,注册地位于宝山区锦秋路48号F50,总部位于漕宝路401号3栋1楼A座,在上海设有漕宝店、西郊店、虎城店、中环店、长风店、安亭店、金桥店、康桥店等多家门店。

卡通尼儿童乐园(Kartoony world)是将游艺机与小型游乐场结合为一体的室内主题乐园,致力于打造一个亲子同乐的场景。每个主题乐园各具主题,如海盗历险记、丛林历险记、魔法古堡、欢乐小丑城等。各门店常举办亲子互动活动,通过游戏增进亲子关系。店内除了摆放传统的游艺机,还设有旋转木马、卡通飞天车、碰碰车等多种大型游乐设施,较受低龄儿童的喜爱。

第二章　文化生产企业

第一节　辅助生产企业

一、朵云轩

清光绪二十六年(公元1900年),河南路旁新开了一家笺扇商号——朵云轩。朵云轩初营苏杭雅扇、诗笺信纸、文房四宝、书画装裱等,后又发展出木版水印、书画中介等业务。

新中国成立后,朵云轩完成国有化,成为沪上艺术品行业的代表性企业。1978年,已更名为上海东方红书画社和上海书画社的朵云轩再次更名为上海书画出版社,由方去疾题写社名,同时在传统经营领域沿用朵云轩品牌。同年4月,朵云轩恢复字画收购经营业务,收购、抢救、收藏了大量民间流散珍贵文物,在文物保护方面作出了巨大贡献,先后向国家收藏机构捐赠藏品数千件,并恢复和发展了传统的木版水印技艺。

1989年,重建朵云轩画廊,并举办"董其昌国际学术研讨会";同年,木版水印作品《明十竹斋书画谱》获德国莱比锡国际图书艺术博览会"国家大奖"。在德国莱比锡举办的世界权威艺术书展——国际书籍艺术博览会上,朵云轩木版水印作品《十竹斋书画谱》获得唯一最高奖——国家大奖。20世纪80年代,朵云轩已成为上海艺术品行业无可争议的龙头企业。

1992年,上海朵云轩艺术品拍卖公司成立。该公司是朵云轩在1978年重新恢复品牌名称后,建立的一家专门负责艺术品经营的公司,也是中国第一家艺术品拍卖公司。在这一年,朵云轩举办了各种大型活动:《书与画》创刊十周年纪念书画篆刻大展、"清初'四王'国际学术研讨会"以及在上海和深圳巡回举办的"黄宾虹画展"。

1993年6月20日,"朵云轩首届书画拍卖会"在上海静安希尔顿酒店举行,敲响了中国大陆艺术品拍卖的第一槌。此次拍卖的拍品共计153件,成交117件,成交率高达76.5%,成交额879.51万元。同年,上海朵云轩古玩有限公司成立。此后,朵云轩又率先进军多个艺术品新兴业务,形成涵盖拍卖、文房礼品销售、古玩、艺术经纪、艺术电商、艺术教育及木版水印制作经营等多业态的艺术品产业链。

1994年,"朵云轩木版水印复制艺术展览"在香港大会堂举行。1995年,上海朵云轩文化经纪有限公司成立。同年,朵云轩艺术品拍卖公司开始采用国际艺术品拍卖行业惯例,每年组织春秋两次拍卖,并举办"赵孟頫国际学术研讨会",同时公开发表印制达8年之久的《洛神赋图》。

1996年,朵云轩在香港举办"现代中国水墨画展"。同年,"上海朵云轩名家书画展"第二次在美国洛杉矶展出。1997年,1904年出版的《朵云诗笺》捐赠仪式和《中华老字号——朵云轩》出版仪式在朵云轩举行;由朵云轩主办的"中国艺术大展·当代中国画展"在上海开幕。在这一年,朵云轩艺术品拍卖公司的拍卖业绩大幅增长,其成交额从1994年的数百万元上升至6000余万元。

2000年,朵云轩大楼重新修建竣工,"朵云轩"商标注册成功。为庆祝朵云轩成立100周年,举办"翰墨传情——上海书画出版社40周年木版水印、图书回顾展""朵云轩捐赠国家博物馆作品展"

“北京荣宝斋藏品展”“西泠印社藏品展”，吴邦国、黄菊、徐匡迪、汪道涵分别题词或致贺信，龚学平等出席了朵云轩系列纪念活动。

2003年，“朵云轩”被评为上海市著名商标，成为文化领域中首批被评为著名商标的三家企业之一。同年，朵云轩举办“高山流水”中国山水画邀请展。2005年，上海朵云轩电子商务公司成立。同年12月，朵云轩迎来105周年庆，“翰墨百年——朵云轩105周年展”在上海美术馆揭幕，展出了朵云轩旧藏170余件书画极品。

2006年被国家商务部认定为第一批“中华老字号”企业。同年，朵云轩举办“二十世纪山水画国际学术研讨会”及“二十世纪山水画大展”。2007年，朵云轩再次被评为上海市著名商标，木版水印被评为上海市非物质文化遗产。在这一年，上海各拍卖公司组织的春季艺术品拍卖中，朵云轩拍卖公司拍卖总额超过了亿万元。

2009年，朵云轩总公司(筹)成立，朵云轩品牌下的8家公司合归朵云轩总公司管理，走上集团化发展道路，并与上海书画出版社一起，分别成为上海文艺出版集团下属的两家基层单位。

2010年，上海世博会期间，朵云轩推出8年精心制作的木版水印巨制《群仙祝寿图》，又组织“朵云画舫”亮相世博园，现场展示木版水印技艺。同年，朵云轩木版水印作品《幽兰丛竹图》获得首届中国非物质文化遗产博览会金奖。朵云轩荣获商务部等联合颁发的“最受欢迎老字号品牌”称号。

二、上海世博(集团)有限公司

上海世博(集团)有限公司(简称世博集团)成立于2004年2月18日，是经上海市人民政府批准，在原上海东浩国际服务贸易(集团)有限公司的基础上，吸收上海文化广播影视集团、上海东方国际集团等公司的投资组建而成，注册资本11.1亿元。

世博集团在世博会工作中，负责建造中国2010年世博会世博中心、主题馆两大永久性场馆，负责这两个场馆世博会期间的运营管理以及世博会后的后续利用。在发展现代服务业上，世博集团坚持多元化、市场化运作，大力发展现代服务业，形成了会展和传播、人力资源、贸易和物流等主营业务板块。

三、上海市国际展览有限公司

上海市国际展览有限公司成立于1984年，是中国国际贸易促进委员会上海市分会的直属企业，是上海成立最早国有从事国际会展的专业公司，是上海国际会展业的领军企业之一。

公司拥有一批全球知名的大型专业展会，模具、汽车、染料展相继成为全球展览业协会认证的展览项目。上海国际汽车工业展览会跻身世界顶级车展之列；中国国际模具技术和设备展览会是全球模具行业首屈一指的展会；中国国际染料工业及有机颜料、纺织化学品展览会成为全球染料行业规模领先的专业展；中国·上海国际婚纱摄影器材展览会为同类展会全球规模领先。此外，公司还举办摄影器材展、儿童摄影展、数码印花展、亚洲染料展、汽配展等一批极具行业权威性的专业展览会和大型国际会议。除主营业务外，公司及其下属子公司还提供展览运输、展览展示策划设计、展会搭建、广告、展品留购、会务承接等全方位的服务。

四、上海展览中心(集团)有限公司

上海展览中心是经上海市人民政府批准组建的专业从事会议、展览业务的经济实体。上海展览中心主体建筑建成于1955年3月,是新中国成立后上海建成最早的会展场所。在这里举行过重大政治、外事活动,接待过党的领导人以及数十位外国国家元首、政府首脑,常年担负着市委全会、党代会、市人代会、市政协会议等市重大政治任务和市委、市政府、市人大、市政协日常重要会议的服务保障工作。每年还组织和举办数百个国内外展览会和许多国际著名品牌的商业推介活动,已成为全市主要的会议中心和著名的展览场馆,是上海市重要的政治、经济、科技、文化活动中心和对外交流的窗口之一,为上海的改革开放和社会发展做出了重要的贡献。

上海展览中心占地9.3万平方米,建筑面积8万平方米,坐落在繁华的南京西路和交通主干道延安中路之间,具有十分优越的地理条件。历经多次扩建改造,2001年又进行了保持原有建筑风貌、提升功能的全面加固大修改造,造就了"南展北会"的新格局,有展览面积2.2万平方米,大小40多个能分别容纳数十人至上千人的多功能会议室和会议厅。上海展览中心建筑在上海建筑群中独具一格,其俄罗斯风格建筑雄伟典雅、装饰华丽,1989年被评为"1949—1989上海十佳建筑",1999年被评为"建国50周年上海十大金奖经典建筑",2005年被评为上海市第四批优秀历史建筑。

五、上海科技会展有限公司

上海科技会展有限公司成立于2001年,是一家专业从事科技类会议、展览和展示工程策划服务的企业。公司秉承"激情创造、热情服务"的理念,坚持"科技特色、展会并重"的经营特色,以"让科技和会展都精彩"作为企业使命,形成以会议、展览、活动为主体,以展示工程和公关服务为两翼的五位一体的业务格局。公司在生物医药领域、信息技术领域、生态环保领域、科学普及活动、国内科技交流等多方位形成了自己的品牌展会,如浦江创新论坛、中国国际工业博览会(创新科技馆)等。

2010年上海世博会期间,公司承担了世博科技宣传、世博科技巡展、世博接待以及世博会9个世博展馆的策划、设计、搭建、运营等项目,公司及员工获市级以上世博荣誉10余项。

六、上海印刷集团有限公司

上海印刷集团有限公司成立于1995年2月,是上海市新闻出版局下属的专业从事以书刊印刷为主的国有独资企业。本部由上海出版印刷公司、上海出版物资公司组成,下辖上海中华印刷厂、商务印书馆上海印刷厂、上海新华印刷厂、上海美术印刷厂、上海市印刷一厂、二厂、三厂、四厂、六厂、七厂、八厂、十厂、十一厂、十二厂、上海印刷机械二厂、上海印刷器材厂、上海字模一厂、上海照相制版厂、上海日历印刷厂、上海群众印刷厂、上海装订厂等21家全民所有制企业,注册资本3.16亿元人民币。成立集团公司是上海市新闻出版局对书刊印刷企业管理体制和经营机制进行改革的一大举措。集团公司成立后,就上海书刊印刷业进行第二次创业作出总体规划,并在加快改革力度,加快机制转换,加快产品结构的调整以及保证完成教科书、重点书等印制任务的前提下,对开拓新的市场和新的业务领域作出新的部署。

1998年,集团公司制止了连续13年的经营效益滑坡。2000年销售收入达4.17亿元,比1999年增长30%;实现利润总额1 130万元,比1999年增长64.5%,初步实现了中央提出的国有企业2000年扭亏脱困的目标。

2001年,面对中国加入"WTO"后的挑战,上海印刷集团有限公司强化了企业内部管理,引进先进生产设备,提高产品质量和市场竞争力,在开发上海和外省市市场的同时,努力开拓境外印刷市场,专门成立境外印刷业务部以拓展海外业务。为了适应国际市场的要求,该公司制定了科学的评审制度,建立了完善的价格确定体系,培训了一支熟悉境外印刷市场规则、适应国际市场竞争的业务员队伍,还聘请外籍人员担任业务员。在印刷集团及所属各印刷企业的努力下,承接完成了来自美国、英国、日本、新加坡等地的境外印刷品12批、32种、47.9万册,分别比2000年增长3倍、3倍、9倍。印刷品质量完全达到客户的要求。

2004年9月,上海印刷(集团)有限公司经过改制,由原来的国有独资企业转变为由上海文汇新民联合报业集团占42%股份、上海世纪出版集团占22%股份、上海文艺出版总社和上海精文投资公司各占18%股份的国有多元投资企业。自此,其印刷市场由单一的书刊印刷改变为以书刊印刷为主,广告彩印、磁卡印刷、票据印刷、纸张经营为辅的多元化经营。

七、上海电脑打印有限公司

上海康伟商务有限公司是中国最早引入数码印刷机的企业。凭着不断完善的硬件设施和服务方式,将数码印刷和装订技术有机结合,发挥出数码印刷按需打印的优势。

上海电脑打印公司是上海最早引入计算机、全国第一家引进打印机从事商业运营的企业。2003年,经上海市工商行政管理局、黄浦区国资办的批准,上海康伟商务有限公司与上海电脑打印公司合并成为上海电脑打印有限公司。主要用先进的数码短版快印技术以及装帧为客户提供服务。三年内,已发展成为了中国最大的数码印艺公司之一。同时进军海外市场。2004年初,上海电脑打印有限公司在严格的资格筛选中脱颖而出,成为中国第一个加入国际打印网络组织IPN(International Printers Network)的企业会员。

公司依托上海这一国际化大都市,并凭借世博会的契机,把数码印刷国际化、电子化,发挥本产业的公共职能,建成一个中国最大的数码印刷文件加工中心、数码印刷展示中心、国际交流中心、研究开发中心和管理培训中心。

八、商务印书馆上海印刷股份有限公司

1998年7月28日,商务印刷书馆上海印刷股份有限公司成立。公司拥有世界一流的电脑制版、彩色印刷、电脑票据印刷、柔板印刷、书刊自动装订设备和高科技的数码印刷设备。主要承印科教书、科技和文史等书籍、期刊、杂志、画册及辞书、字典经典著作等大型精装工具书。21世纪以来,公司开发出PVC印刷、数码三维防伪印刷、辞书拇指索引等新产品。企业产品质量稳定,荣获国家新闻出版总署2001年度全国书刊印制质量金奖。2002年11月,被认定为上海市高新技术企业。2003年1月,公司获准企业进出口业务经营权。公司通过ISO9002国际标准质量体系认证。

九、上海中华印刷有限公司

上海中华印刷有限公司原名中华书局印刷所、上海中华印刷厂，1998年改为有限责任公司，是新闻出版总署命名的国家级书刊印刷定点企业。1992年，被国家人事部、新闻出版署评为先进企业；2003年，被上海市人民政府评为“2001—2002年度上海市文明单位”。

2002年中华公司实现销售12100万元，完成胶印产量194万对开色令。同年，公司海外图书印刷业务也取得突破，《灯塔》《美国海军》等图书分别出口美英法等国家和地区。

中华公司拥有苹果及PC电脑组成的彩色桌面制版系统、数码打印机、直接制版机(CTP)、海德堡和小森四色平张胶印机，以及马天尼锁线机、马天尼骑马订生产线、马天尼精平装联动线等印装设备，形成了从印前、印刷到印后的完整精品生产线。公司1999年通过ISO9000质量体系认证，2003年通过ISO9001:2000转版认证。

第二节　文化专用设备生产企业

一、上海高斯印刷设备有限公司

上海高斯的前身是上海人民机器厂，是中国印刷机械制造业的大型重点企业，也是原国家机械电子工业部印刷机制造业的骨干企业。

20世纪80年代初期，上海人民机器厂就开始研发胶印轮转机，已逐渐取代传统铅印。此外，硅控整流器(SCR)的自主开发成功和批量生产，极大满足了客户的需求，为企业赢得了国内的广大市场。

改革开放后，上海人民机器厂在原有的基础上不断创新，迎来了数字印刷时代。在SCR的基础上，上海人民机器厂自主开发了程序逻辑控制，即以可编程逻辑控制器(PLC)为中心，形成了更完善、独立的网络连通的新型印刷设备。

20世纪90年代，为顺应大战需要，再造竞争优势，上海人民机器厂选择了同世界一流的印刷设备制造企业——美国高斯国际公司合资，全方位引进国际最先进的印刷技术。

合资初期，公司从美国高斯国际公司全面引进小滚筒SSC卷筒纸胶印机，并将这一产品不断升级为自动化程度高、外形美观的新型印刷机。在试制的过程中，公司继续开发了墨量遥控、电动对版、光电断纸检测、全自动套准等一系列新功能，并通过对机械结构的改进，使其转速从2.5万张/时提高到3.5万张/时。在完善SSC配置的基础上，公司还对该机型进行了二次开发，生产出Magnum系列产品，创造性地扩展了网络管理、远程诊断、无轴传动、墨色遥控、卷轴式上橡皮布等先进功能；这也部分采用高精度位置控制、光缆传输、现场总线等设计，大大优化了产品的结构。Magnum系列产品将世界上先进的无轴驱动技术和计算机控制中心全面融合进设备，是机、光、电一体化的高新技术产品。不仅在国内处于领先地位，还达到了国际同类产品的先进水平。

“上海高斯”对该机拥有自主知识产权，申请了7项专利，并真正做到了用信息化带动工业化，速度从4万张/时到7.5万张/时不等，从真正意义上解决了不同报社的实际需求，为产品参与市场竞争创造出更大空间。

二、上海紫光机械有限公司

“上海紫光”的前身是上海印刷包装机械总公司所属上海订书机械厂，是原国家机械电子工业部重点企业。1995 年起，上海订书机械厂根据市场发展需要，进一步扩大生产门类，涉足特种印刷机械产品制造。1992 年 12 月 2 日，经上海市外国投资工作委员会批准，上海订书机械厂与国际著名的美国晨兴集团(Morningside Group)的子公司英国紫文投资有限公司(Purple Scroll Investments CO.，Ltd)合资，组建成立上海紫光机械有限公司(Shanghai Purlux Machinery Co.，Ltd)。经过多年的打造，公司发展成为国内著名的印后装订机械和特种印刷机械的生产制造企业。

公司投资总额 1363 万美元，注册资本 750 万美元，中外双方各占 50%股份，由中方负责生产经营管理。公司经营范围包括设计、制造、销售和修理印后装订机械、包装机械、印刷机械及其他相关机械和有关设备、配件，并对其产品实行售后服务。

进入 2000 年后，公司曾创造年销售收入 1.85 亿元、年净利润 2 063 万元的佳绩。

公司通过引进和二次开发，成功研制出具有自主知识产权的新产品，形成了印后装订类、特种印刷类的无限胶订、铁丝装订、锁线装订和商用轮转印刷、柔性版印刷五大系列机械产品和印后辅机产品，品种达 30 种。2002 年 10 月，公司通过 ISO9001：2000 质量管理体系的认证。LQD10 骑马装订联动机、YR420 卷筒纸柔性版印刷机等 10 个产品获欧洲标准“CE”证书。NOVA12 和 LQD10 骑马装订联动线、ZXJD450/25、ZXJD440C 中速平装胶订自动线、YR420 无轴传统柔性版印刷机、YR520A 卡纸型柔性版印刷机等新产品的推出，标志着公司在产品开发上进入了新的领域，显示出雄厚的技术开发实力和先进的生产制造水平。商用表格印刷机、骑马装订联动机、圆盘包本机、平装胶订自动线、卷筒纸柔性版印刷机等产品获得国家、上海市优秀新产品等奖项，其中圆盘包本机、骑马装订联动机、平装胶订自动线等产品连续 11 年获得“上海市名牌产品”称号。仅 2001—2008 年间，圆盘包本机、胶订包本机、锁线机、柔性版印刷机等产品就获 38 项技术专利。公司印后装订主导产品在国内市场国产产品中有较高的占有率，同时，产品还出口到德国、英国、法国、美国等欧美发达国家，以及中东和东南亚国家或地区。2006 年 2 月，公司搬迁至闵行区浦江镇工业园区。

三、上海紫宏机械有限公司

上海紫宏机械有限公司是折页机生产的知名厂家。1999 年，第一台紫宏 ZYH 折页机下线；2001 年，紫宏折页机在国内市场占有率突破 50%，开始向成为中国折页机生产基地的目标靠近；2002 年，公司“综合经济效益指数”在国内印机行业位居第二，此后始终名列前茅；2003 年，公司销售收入突破亿元大关，同年 6 月，被上海外商投资企业协会评为“先进技术企业”；2005 年，公司三面切书机系列产品销量超过百台，市场占有率达到 50%，开始成为国内的重要生产基地；2006 年，通过上海市科学技术委员会的“高新技术企业”认定；2007 年，ZY660 系列折页机获得“上海名牌产品”荣誉；2008 年，获得“卓越绩效先进企业”荣誉称号；2009 年，再次被评为“上海市高新技术企业”。11 年间，公司成功开发出了四大系列 40 多个品种的印后装订机械，产品研发获得了 20 多项国家专利，1 款系列产品及 4 款单品通过“CE”认证，ZY660 系列折页机更是获得多项科技成果奖，并从 2007 年起连续 3 年被评为“上海名牌产品”。

HSK30 全自动糊书壳机、BQ30 扒圆起脊机、ZK320 书封折前口机、TNC1000 贴窗机、QS80 和

DQS100 三面切书机、SX150 全自动锁线机等产品的成功开发推出，不仅填补了国产设备的空白，更为国内广大装订企业减少投资带来了福音。

作为三面切书机的生产基地，“紫宏”开发的 QS60、QS70、QS80 等系列产品在使用的可靠性和稳定性、裁切的精度、整机的噪声和寿命等方面得到了广大客户的认可，成为国内此领域中市场占有率最高的产品。出口也以每年 20%的速度递增。针对印刷装订行业中小批量印件占大多数的现状，公司又设计推出了 DQS100；对印刷企业来说，DQS100 不仅操作简便，调整高效，能大大减少无效工时，提高效率，还为客户提供了连接胶订后半条线的解决方案。

自 2002 年 4 月公司召开第一届紫宏公司全国代理工作会议以来，经过几年的发展与完善，公司已拥有国内外代理公司近百家。从 2001 年出口第一台机器，2004 年组建国际贸易部，到 2008 年、2009 年出口额占公司总销售额的 19.7%，出口交货值排名全国印机行业前十位。

2007 年底，公司率先成为印机行业中具有 ISO9001 质量管理体系、ISO14001 环境管理体系与 OHSAS18001 职业健康和安全管理体系三证合一的企业，树立了公司的“绿色形象”，为产品进一步开拓国际市场提供了通行证。2008 年，公司自主研制开发了 SK20 书刊包装机，并且申请了 7 项实用新型专利及 1 项发明专利，填补了国内印刷市场在印后包装成品机械化领域的空白。

四、上海明治橡胶制品有限公司

中日合资上海明治制品有限公司成立于 1991 年 11 月。1994 年进行试生产，截至 2003 年，销售收入达 6 亿多元人民币，出口创汇 4 000 多万美元。自 1996 年以来，连续七年被上海市外资委、上海市外商投资协会评定为出口型双优企业。

2001 年，经董事会决定，第二期扩建工程总投资 1 400 万美元，日本明治公司的投资比例从 51%增加到了 67%。2003 年 11 月，完成了新工厂的扩建工程，一座现代化的崭新工厂屹立在上海宝山工业园区，厂房明亮整洁，高速涂布生产线、各类发泡新设备、电脑检测仪器一应齐全。

五、上海新星印刷器材有限公司

上海新星印刷器材有限公司是一家主营气垫橡皮布的民营企业。1997 年初，决定开发橡皮布项目。1997 年下半年，在南汇填河建设新厂房，采购并制造部分设备。1998 年 4 月，生产出第一批橡皮布。同年 6 月，成功研制出 901 型橡皮布。1998 年 8 月，开始研制 2000 型气垫橡皮布。1999 年，2000 型气垫橡皮布的研制被列入上海市“星火计划”项目，并于 2000 年通过了上海市科学技术委员会的验收。2000 年 9 月，开始研发 3000 型高速气垫橡皮布。2001 年，3000 型高速气垫橡皮布被列入上海市“种子基金”项目。2002 年 9 月，3000 型高速气垫橡皮布经上海市工业产品质量监督检验中心检验，全部符合质量标准。2003 年 1 月，申请了“印刷气垫橡皮布底布”专利，这也是中国橡皮布业的第一个专利。同年 6 月，3000 型高速气垫橡皮布通过市级验收。后又成功生产 5000 型高速气垫橡皮布。在 5000 型高速气垫橡皮布的首批用户中就有上海书刊印刷的龙头企业——上海中华印刷公司、商务印书馆上海印刷股份有限公司等。

2006 年 3 月，国家标准化管理委员会向公司颁发了“采用国际标准产品标志证书”(以下简称“采标”)。2006 年 5 月，国家印刷机械质量检测中心对 5000 型高速橡皮布进行抽查，结果全部符合“采标”要求。2006 年 12 月，5000 型气垫橡皮布被认定为“上海市高新技术转化项目”；2007 年 6

月，5000 型橡皮布还通过了 SGS 认证，加强了对橡皮布重金属含量的控制。2007 年 9 月，被认定为“上海市重点新产品项目”；2008 年 12 月，被国家科技部认定为“全国重点新产品项目”。

六、上海电影技术厂

上海电影技术厂（以下简称“上技厂”）是中国最早建成的专业电影技术加工基地之一，主要承担电影底样片洗印加工和后期制作，包括音乐录音、混合录音、字幕拍摄、声画合成拷贝的制作和大量发行拷贝的洗印等。拥有远东第一流的洗印、录音设备，曾荣获国家统计局颁发的“中国五十家最大文教体育用品制造业企业”（1990 年度最大经营规模第五名、最佳经济效益第六名）和“一九九二年利税总额行业排序十强企业”称号。

20 世纪 70 年代以后，上技厂进入飞速发展时期。经过几年的努力，把原来的 35 mm 单一品种生产，扩大成有染印法、16 mm、8.75 mm 的多品种生产，成立了以这 4 个品种为主的生产车间。洗印工艺上也采取了高温快速技术。并先后建成了强吸声音乐棚、洗印废水处理系统，自制了全套 24 路录还音设备，并从美国引进了当时最先进的音乐棚模拟立体声调音台、多台贝尔浩 6124 型面版式干湿两用印片机，以及柯达 7A 感光测定仪器、液体超声波洁片机等；1985 年从意大利引进了多台澳玛克摩擦式洗片机，机速为每小时 3 600 米～6 000 米，从而使上技厂的拷贝洗印生产从质量和完成任务的速度上都达到了新的高度。

1984 年后，上技厂内机构重新进行了调整，设置了洗印、录音、整备、水电等 6 个车间及厂办、总师办、生产科、技术设备科、鉴定科等 14 个科室，人数达 990 多人。无论是技术队伍或行政部门设置均成为历史上最鼎盛时期。1987 年，彩色拷贝年产量 4 968 万米，达到历史最高纪录；年完成利润 2 030 万元，创造了历史最高纪录；年产值 9 016 万元，也创历史最好水平。1990 年在北京召开的全国电影拷贝洗印质量和优质服务评比发奖大会上，上技厂又以优异的成绩获得影片质量、服务质量两个第一名。

之后，由于电视、VCD 等媒体的普及和发展，电影生产出现了不景气的局面。1992 年上技厂投资 3 800 万元建造了远东第一的彩色多层片洗印大楼，同时改建了“梦影酒楼”，使客户足不出户就能享受到洗印、录音、字幕、住宿一条龙的服务。

1995 年 2 月，上技厂重新调整了管理机构，设置了三室三部。并成立相对独立的 12 个分公司、子公司，即洗印公司、影视公司、染印公司、录音公司、环保化学公司、整备车间、水电车间、物资供应公司、综合服务公司、影技发展总公司、梦影酒楼。1996 年 2 月，又经历了一次重大体制改革。以上海电影制片厂为主体成立了上海电影电视集团公司，上技厂并入该集团公司。

机构、人员的调整后，在全体技术人员的努力下，6124 印片机、海泽丁配光机、贝尔浩 C 型印片机等都经历了较大的“外科手术”，其中海泽丁配光机、6124 印片机及自制数字立体声印片头等分获广电部及广电部电影局科技成果奖。1998 年以后，又先后获得上海市广电局科技委评选的 SR · D 数字声洗印工艺质量管理系统等 17 项科技成果奖。

同时，上技厂也开始在电影技术的新领域进行探索，先后出巨资从国外引进了音频工作站、大型数字控制模拟立体声调音台和 Avid 视频工作站，形成了上技厂电影数字化视音频剪接与数字立体声制作的新工艺，帮助八一电影制片厂成功完成《大转折》；1997 年，制作完成了上影第一部杜比 SR 立体声影片《灵魂出窍》；1998 年 8 月，又完成第一部 SR · D 数字立体声译制片《天地大冲撞》；1999 年 4 月，在行业内率先在录音棚安装了 DTS 立体声编码设备，并成功制作了国内第一张 DTS

电影数字立体声试验光盘《上海纪事》;同年 8 月,首次用 DTS 数字立体声设备制作的上海美术电影制片厂的动画大片《宝莲灯》大获成功。同时,开始涉足民用音乐和高清电视音频制作领域,并制作完成了杜比 AC-3 音频格式的 DVD《红河谷》,建立了 CD 音乐盘制作系统,完成了多部高清电视的声音制作任务。

1997 年和 2000 年,上技厂因洗印加工的上影电影《红河谷》《紧急迫降》声画质量俱佳而获得全国电影华表奖最佳技术奖。

与此同时,上技厂的市场占有份额大大增加,1999 年以来,底片年加工量超过 100 万米,创下了历史最好水平。2001 年,广告片冲洗量历史上第一次超过故事片。底样片冲洗从 2000 年起经柯达监察达标多次获得"双 A 级"综合优秀评价。2001 年以来全部获得"双 A 级"最高评价,达到历史上最好水平。

2003 年,底片加工首次超过 160 万米,拷贝生产自 2002 年以来经过《天下无双》《天脉传奇》《河东狮吼》《极地营救》《天地英雄》《双雄》《飞鹰》等国产分账大片及中影进口分账大片的实战检验,无论从技术质量上还是供片速度上,上技厂在同行业中都处于领先地位。

七、八一电影机械厂(第二六零一工厂)

八一电影机械厂主营电影设备制造。在 1983 到 1990 年的 8 年时间内,八一电影机械厂以 103 型、104 型、163 型为基础,开发系列产品,使用溴钨灯、铟灯、锡灯、氙灯等不同光源,在制片设备方面开发出程控加色法印片机、影片洁片机等,共开发出 50 多种电影设备,其中井岗山 103-A 型 35 mm 移动式放映机和 104-X2 型 35 mm 移动式放映机分别获国家银质奖。八一电影机械厂从 1986 年起大力开发照相彩色冲扩设备,成功的开发了 811 型、812 型、813 型和 814 型彩色照片冲扩设备。随着服务领域的扩大,逐步形成电影机械、照相机械、印刷机械、医疗和家用器械等 5 大类系列产品。1989 年,又试制出 ZX16 加色光缩片机,为制片设备增添了新品种。

建厂至 1990 年末生产过 150 多种产品,其中 40 多项填补了中国电影机械的空白,累积生产放映机 10 万余台,出口超过 1 万台,成为中国放映机出口大户。1991—1995 年,彩照冲洗扩印设备形成 1 000 台以上的生产能力。

1995 年 7 月,与日本株式会社科宝合资建立了上海科宝八一精密机械有限公司。上海科宝八一精密机械有限公司于 2004 年实行改制,重新组建了股份制公司,仍保留了电影放映机、彩扩设备的生产。该厂供市场需求的"井岗山"牌放映机有 105 型移动式电影放映机、2000 型移动式电影放映机、206 型固定式电影放映机(模拟立体声型、单红光型、双红光型)、GX98 型 35 毫米电影放映机。2005 年又推出全新 GX8 型 35 毫米电影放映机,该机配备变形镜头架、宽银幕片窗板、遮幅式片窗板,加装变形镜头和短焦镜头可放映变形宽银幕和遮幅式影片。2006 年推出 GX9 型放映机。

八、上海电影机械厂

上海电影机械厂成立于 1954 年,是以生产制片设备,尤其是洗片设备和录音设备为主的工厂。20 世纪 70 年代末,由于电影制片设备的大量引进,国产洗片机的需求量逐年减少,企业为了生存和发展,利用光、机、电综合的技术优势和铸、镀、钣金加工的有利条件,产品向教育、科研、办公机械、电视等领域扩展。1979 年投产了直轨式幻灯机,1982 年与美国柯达公司合作生产柯达圆盘式自动幻灯机,形成万台生产能力,产品54%返销到中国香港和美国,被海关定为"免检产品";1986年研制了缩微胶卷拷贝机、缩微胶卷冲洗机、多用途缩微阅读机。经过几年的努力,初步形成电影机械、电化教育、复印设备、缩微设备等四大类系列产品。1990年4月,上海电影机械厂开发制成的大型XDD-35彩色洗片机,洗片速度达2700米/小时,标志着中国电影洗印设备已达到80年代国际先进水平。上海电影机械厂后并入上海市申贝办公机械总公司。

九、上海险峰电影机械厂

上海险峰电影机械厂建于1970年,厂址在吴淞路669号,由上海电影技术研究所与上海非金属试验机厂合并组成,隶属市机电一局。上海险峰电影机械厂先后生产活动遮片摄影机、动画字幕摄影机、逐格摄影控制设备、多用放映机、双声道放映机、自动记录密度计、数字式密度计、感光仪、照度计、亮度计、大功率稳压电源等,是中国以生产电影测试仪器为主的定点企业。1992年该厂并入上海市申贝办公机械总公司。

十、上海感光胶片厂

上海感光胶片厂于1978年分立成两个独立厂:设在漕河泾的为上海感光胶片一厂,设在临潼路的为上海感光胶片厂。两厂发挥各自产品的技术优势,均建立了中心实验室,加快新产品的开发和原有产品更新换代的步伐。新组建的上海感光胶片厂,以生产民用感光材料为主,产品包括黑白感光材料系列、X胶片系列和紫外线示波记录纸等品种;上海感光胶片一厂则以生产电影感光材料财主,主要产品为彩色电影胶片系列。

1981年12月,北京召开全国电影胶片质量评比会,上海感光胶片一厂的35毫米、32毫米水溶性彩色电影正片和35毫米油溶性彩色电影正片均获第一名。80年代后期,洗印单位使用OMAK冲洗机,提高显影温度,缩短显影时间,一厂为了适应用户需要研制成中温中速油溶性彩色电影正片,1990年投入批量生产。

1986年8月12日,成立了上海感光胶片总厂;10月,上海感光胶片总厂苏州分厂建立。该厂是中国电影胶片生产的重点厂之一。主要生产油溶性彩色电影正片、水溶性彩色电影正片、染印法彩色电影正片、黑白电影正片等多种产品。

第三章　文化产业项目选介

第一节　概　　况

文化产业项目是推动文化产业发展的重要抓手，大型文化产业项目的建设运营，不仅为文化产业提供基础设施，搭建平台，而且直接推动文化产业发展。

改革开放后，为了满足广大人民的需求，上海市积极推进各类文化产业项目的落地和建设。20世纪80年代中期，上海首次引进国外游乐设施，在虹梅路建造了一家大型游乐园——锦江乐园。东方明珠广播电视塔项目也在80年代末被纳入上海"九四"专项，并最终在90年代中建成。在这个项目推进的过程中，为筹集东方明珠广播电视塔的建设资金，中国第一张文化企业股票问世，这成为上海文化体制改革史上浓墨重彩的一笔。20世纪90年代末开始，为适应上海城市定位和产业升级的需求，一系列城市更新项目陆续落地，泰康路艺术街、新天地、绍兴路文化街等陆续建成，成为新的标志性地点，也为城市注入更多的文化艺术气息。

21世纪初，上海文化产业发展已初具规模，产业集聚现象相继出现，一些聚焦于不同细分行业的园区项目陆续建成，像上海名仕街创意产业集聚区、上海天地软件园、广告湾等。这些各有特色的园区在建设中搭建各类服务平台，促进并放大了行业集聚效应。

随着社会经济不断发展，人民的文化需求也日益增长，更多的大型游乐项目在上海启动并落地，上海欢乐谷于2009年建成，上海迪士尼乐园项目也在同年被批复核准建设。2010年，中国2010年上海世界博览会成功举办，这不仅向世界展示了上海，而且也留下了永久性的文化场馆，为更多高水平文化活动的开展做好了准备。

第二节　选　　介

一、锦江乐园

锦江乐园建成于1985年初，隶属锦江国际集团，位于虹梅路201号，是改革开放后上海引进国外游乐设施建造的第一家大型游乐园。占地面积11万平方米，拥有30多项大中型游乐项目。现代化的游乐项目将娱乐、情趣、艺术造型和自然风光奇妙地融于一体，给游客带来休闲的乐趣。其中大部分机械旋转项目全部从国外引进。为了满足中外游客日益增长的文化娱乐和健身需求，锦江乐园不断地增添新的项目，先后引进国内外领先的大型游乐项目"欢乐世界""峡谷漂流"，并改进了高架观光火车"锦乐新干线"。2002年5月，建成中国第一的108米摩天轮——"上海大转盘"项目；2003年5月，又建大型双层木马项目，深得游客青睐。配套服务有：休闲屋、餐厅、商场、客房、旅行社以及旅游客运服务。

二、上海国际汽车工业展览会

上海国际汽车工业展览会创办于1985年，由中国汽车工业协会、中国国际贸易促进委员会上海市分会、中国国际贸易促进委员会汽车行业分会主办，承办单位是上海市国际展览有限公司。上海国际汽车工业展览会已成长为中国顶级的汽车大展和国际A级车展之一，是中国最早的专业国际汽车展览会。2004年6月，上海国际汽车展顺利通过了国际博览会联盟（UFI）的认证，成为中国第一个被UFI认可的汽车展。

三、东方明珠广播电视塔

1987年1月17日，建造450米电视塔由国家计委批准立项并纳入上海“九四专项”。1991年，上海市广播电视局提出了依托东方明珠广播电视塔成立股份制文化企业的设想和计划。同年6月，上海市政府批准上海广播电视塔建设领导小组由副市长倪天增为组长，副市长刘振元为副组长，上海市广播电视局局长龚学平为秘书长。7月30日上午，广播电视塔工程奠基仪式于在浦江东岸广播电视塔建筑工地隆重举行。

为保证项目建设资金的需求，上海市广播电视局所属上海广播电视发展公司联合上海电台、上海电视台、《每周广播电视》报社，就该项目共同发起组建“上海东方明珠股份有限公司”，通过向社会发行股票的方式从社会集资。1992年4月24日，中共上海市委宣传部批复同意组建“上海东方明珠股份有限公司”，由龚学平担任董事长。这也是全国文化系统首家股份有限公司。5月23日，中国人民银行上海市分行金融行政管理处批准由上海万国证券公司主承销发行股票4.1亿元。4个发起人单位用固定资产和现金形式投资入股3.7亿元，占90.24%。向社会法人招募2000万元，向社会个人（包括内部职工）公开发行2000万元。股票每股面值10元，发行价格51元。1992年8月8日东方明珠股份有限公司挂牌，中国第一张文化企业股票问世。通过公开招股，东方明珠股份有限公司自有资金达5.74亿元。

1992年下半年，上海市广播电视局实行机构体制改革，至1993年，先后组建3家新的媒体。经上海电台、上海电视台、东方广播电台、东方电视台以及上海电视节办公室协商并经董事会讨论，同意5家单位间有偿转让发起人法人股。转让后，上述5家单位投入资金和占有股份数为：上海电视台670万元，占1.634%；上海电台240万元，占0.58%；东方电视台330万元；占0.806%；东方广播电台60万元，占0.146%；上海电视节办公室200万元，占0.488%。

1993年6月29日，东方明珠股份有限公司与中国人民建设银行上海市浦东分行、中国工商银行上海市浦东分行等十几家著名金融机构组成的银团，就上海“东方明珠广播电视塔”项目分别签订了1.4亿元人民币贷款协议和1850万美元贷款协议。同年12月14日，东方明珠电视塔实现主体结构封顶。1994年5月1日，上海东方明珠广播电视塔天线桅杆整体攀升到位。

1995年5月1日上午9时30分，上海东方明珠广播电视塔发射开播，正式投入使用。国家主席江泽民为其题写塔名“东方明珠”。该塔坐落于浦东陆家嘴，高468米，为亚洲第一，世界第三。塔体自下而上由塔座、下球、中间小球、上球、太空舱、发射天线桅杆构成。其中塔座分为4层，地面两层为进出塔大厅和百货商场、科幻游艺娱乐厅等，地下两层为配套设施用房等；下球体直径50米，地面标高68米～118米，主要用于高科技娱乐、观光；塔身中间5个小球成串状分布，为空中旅馆;上球体直径45米,地面标高250米~295米,有观光层、旋转餐厅等;太空舱直径16米,地面标高334米~350米,分为两层,主要用于贵宾观光及国际会议;天线桅杆高118米,通过它可以发射9套电视和10套调频广播节目。

四、华东进出口商品交易会

华东进出口商品交易会(简称"华交会")于1991年创办,由中华人民共和国商务部支持,上海市、江苏省、浙江省、安徽省、福建省、江西省、山东省、南京市、宁波市等9省市联合主办,每年3月在上海举行,由上海外经贸商务展览有限公司承办。华交会是中国规模最大、客商最多、辐射面最广、成交额最高的区域性国际经贸盛会。2010年,第二十届华交会在上海新国际博览中心举行,展览面积达10.35万平方米,标准展位5310个,参展企业3376家,境外参展企业165家,成交总额约27.33亿美元。

五、泰康路艺术街

泰康路是打浦桥地区的一条小街,全长约400米。1998年8月前是一条马路集市,1998年9月打浦桥街道办事处,把泰康路集贸市场搬入泰康路37号(前身为上海人民针厂)室内的同时,开始规划泰康路"工艺品特色街"。而后,画家黄永玉依史载中国古代画家田子方之姓名,取其谐音,为泰康路210弄起弄名为田子坊。弄内的厂房构筑起泰康路上的艺术精华,厂房改成的工作室经过艺术的再现体现出不同的风格和氛围,并吸引国外艺术家来构筑艺术和创意之巢。

1999年3月,泰康路工艺品特色街管理委员会和办公室成立。泰康路的营业面积从2000年的3000平方米发展为2003年的近18000平方米。1999年12月28日,第一家特色店"一路发"陶瓷卖场入驻泰康路37号开业。2000年1月,画家陈逸飞、摄影家尔冬强、上海美协副主席王劼音、书法家王家俊、美术评论家马钦忠等一批有影响的艺术家进驻泰康路。以举办各种画展为长的易典画廊、以镂青竹刻著名的自在工艺品公司等一批艺术品商店也纷至沓来。与此同时,国外艺术家们也不断加盟。共有17个国家和地区的106家单位、650多人在这里工作。著名的有中国香港陶艺家郑棉、美国陶艺家吉米、法国设计家卡洛琳、南斯拉夫摄影家龙·费伯、新加坡平面设计家陈志诚、澳大利亚邮人公司、丹麦设计师沈翠娜。他们的入驻使泰康路国际化程度明显提高。随着经济的发展,泰康路又吸引一批从美国哈佛大学、日本、加拿大、法国、新加坡学成的"海归派"在此筑巢。各进驻单位经常举办画展、书展、收藏展、摄影展、招贴展、邮币展、陶艺展、雕刻展等,晚上还举办音乐沙龙、钢琴咖啡吧、时装发布会、中外歌舞表演、个人演唱会等。泰康路从当初的"工艺品特色街"逐步演变成"艺术街"。位于泰康路210弄的上海田子坊创意产业集聚区荣获"2006中国最佳创意产业园区"奖,是上海唯一入选的创意产业集聚区。2007年,田子坊的企业集聚效应进一步增强,来自18个国家和地区的100余家创意设计机构和文化艺术企业入驻。2010年4月17日,"田子坊"入选15家上海市首批文化产业园区。

六、中国国际工业博览会

中国国际工业博览会是由国家工业和信息化部、发展和改革委员会、商务部、科学技术部、中国科学院、中国工程院、中国国际贸易促进委员会、联合国工业发展组织和上海市人民政府于1999年共同主办，中国机械工业联合会协办，东浩兰生(集团)有限公司承办的以装备制造业为展示交易主体的国际工业品牌展，每年11月第一个周二至周日在上海举办。中国国际工业博览会自创办以来，通过专业化、市场化、国际化、品牌化运作，已发展成为通过国际展览业协会(UFI)认证、中国装备制造业最具影响力的国际工业品牌展，是中国工业领域面向世界的一个重要窗口和经贸交流合作平台。1999年至2010年共举办了11届。

七、上海新天地

上海新天地坐落在市中心，淮海中路南侧、黄陂南路和马当路之间3万平方米的地块上，毗邻黄陂南路地铁站和南北、东西高架路的交汇点。是一个典型反映上海百年历史文化的地方。上海新天地以中西融合、新旧结合为基调，将传统的石库门里弄与现代新建筑融为一体，是集历史、文化、旅游、餐饮、商业、娱乐、办公、住宅为一体的特色小区。该项目总投资约1.5亿美元，由香港瑞安集团和上海复兴建设发展有限公司合资开发。于1999年初动工，2001年中建成。新天地2002年全面开业，入驻有法、美、德、英、日、意等国家和中国香港、台湾地区等80多个地方的各类企业。众多负有盛名的餐厅、酒吧、咖啡吧、艺术品商店、影视中心、美发健身中心、酒店式服务公寓纷纷落户其中。新天地频繁地举办服饰、美术、影视、摄影、迎新倒计时等各类活动，成为上海时尚文化活动的重要场所。上海新天地自开工建设以来，引起社会各界广泛关注。党中央、国务院及中央各部委和中共上海市委、市政府众多领导视察上海新天地，外国政党、贵宾和中外工商界人士、中外艺术家、各国驻沪使节也纷纷来访。2003年，共接待国内外领导、贵宾535批7922人次。日均客流量约2万人次，周末、节假日达3万人次。

上海新天地以兴业路为界分为北里和南里两个部分。北里由多幢石库门老房子组成，结合现代化的装潢和设备，化身成多家高级消费场所及餐厅，菜式来自法国、美国、德国、英国、巴西、意大利、日本、中国台湾和中国香港。南里和北里之间的兴业路是中共一大会址的所在地，沿街的石库门建筑开设着各类艺术品商店和小型博物馆。青砖铺垫出的北里广场，占地250平方米，适合做时尚演出、主题展览等活动。2003年，北里荣获城市轨道交通与水上英才奖(Urban Land Institute (ULI) Award for Excellence)大奖。该奖项于1979年在美国首都华盛顿设立，目的为表扬世界各地理念创新、设计卓越、具经济效益以及有助提升环境品质的房地产发展项目。上海新天地北里是首度获此殊荣的中国内地项目。

南里以现代建筑为主，石库门旧建筑为辅。南里建成一座总楼面积达25000平方米的购物、娱乐、休闲中心，于2002年中正式开业。这座充满现代感的玻璃幕墙建筑物，进驻各有特色的商户，包括年轻人最爱的时装专门店、时尚饰品店、美食广场、电影院及健身中心，为本地和外地的消费者及游人提供一个多元化和有品位的休闲娱乐热点。购物中心一层的中庭占地面积625平方米，可容纳700人左右。南里广场共占地1500平方米，结合玻璃幕墙上的大屏幕，适合做各类产品推广、娱乐表演等。

八、绍兴路文化街

绍兴路东起瑞金二路，西至陕西南路，长470.5米，宽12.4米—13.2米。这里汇集了上海众多的著名出版机构,以及书店、画室、茶室、美术用品店、餐馆、舞台、公园等各种文化休闲场所,短短的小街充满着浓厚的文化氛围和高雅的生活气息。2000 年 9 月,瑞金二路街道正式启动"绍兴路文化艺术街"的开发,依托历史积淀和文化底蕴,有序地进行调整,旨在建成以海派文化为特征的高雅文化艺术街。2003 年底,绍兴路两侧的文化单位、出版社、画廊等达 55 家。在长不到 500 米的绍兴路上汇聚了上海人民出版社、上海文艺出版社、上海音像出版社等众多上海最大的出版机构。出版界的权威监督机构上海版权局设在该街 5 号。街区内东海堂、迪画廊、集古斋、圣菱未来姿态、艾门等近 10 家画廊、画室、摄影室,风格迥异、流派纷呈,陈列着全国乃至国际上知名画家和大师的作品。兰馨舞台也坐落在街中的上海昆剧院内。街中心的绍兴公园占地 2 411 平方米,南北呈长方形,经过多次改建,于 1999 年春节前重新开放。

九、上海欢乐谷

欢乐谷位于佘山度假区核心区内,东临嘉松公路,南临沈砖公路,西、北临林荫大道。上海华侨城投资发展有限公司投资建设,投资约 40 亿元。欢乐谷于 2007 年 10 月动工,2008 年 3 月被列为上海市 2008 年重点建设项目,2009 年 8 月 16 日试营业,9 月 12 日正式开业。2009 年,成功承办上海旅游节开幕仪式。"十一"黄金周共计接待游客 16.58 万人次,营业收入 2 300 万元。欢乐谷占地面积 90 万平方米,是华侨城投资发展有限公司四大欢乐谷(北京、成都、深圳、上海)中面积最大、投资金额最多的项目。欢乐谷分阳光港、欢乐时光、香格里拉、蚂蚁王国、上海滩、金矿镇和飓风湾七大主题区,2 000 米的主环道和 2 500 米的水上游览线将散布在园内的 50 多个景点串联在一起。5 大表演场馆和散落在园区各处的表演点,汇集世界各地的精彩演艺活动。各类游乐设备 42 台(套),有 12 项顶级游乐设备,如轨道最长无底板跌落式过山车、国内首台木质过山车、首座 4K 高清飞行影院、首座双座舱式天旋地转机等。

十、上海名仕街创意产业集聚区

上海名仕街创意产业集聚区位于上海市洛川中路 1158 号,总占地面积约 20 000 平方米、19 000 平方米,建筑面积 41 000 平方米,其中商务办公用房 25 000 平方米,展示办公区 5 500 平方米,公共服务平台建筑面积 4 800 平方米,生活商务配套设施 5 600 平方米。2006 年,原上海织袜一厂由中国服装集团租赁投资改建为上海名仕街创意产业集聚区,使原来污染大户的国有企业变为环境优美的和谐园区。园区门口原来造成周边环境污染、喷吐黑色烟雾的烟囱,经创意改造为上海最大的"萨克斯乐器"雕塑,是闸北区标志性建筑物之一,同时也成为闸北区的工业旅游景点之一。园区自开埠以来,成为上海市的现代服装产业公共服务平台。随着各项工作的深入开展,园区具有的展示发布功能、信息咨询功能及培训交流功能已为入驻企业提供帮助。

十一、上海迪士尼乐园

2008 年 3 月 7 日,上海申建迪士尼首选地浦东。2009 年 11 月 4 日,上海市人民政府新闻办公室授权宣布:上海迪士尼项目申请报告已获国家有关部门核准。2009 年 11 月 23 日,经报请国务院同意,国家发展改革委正式批复核准上海迪士尼乐园项目。该项目由中方公司和美方公司共同投资建设。项目建设地址位于上海市浦东新区川沙新镇。上海迪士尼乐园，是中国内地首座迪士尼主题乐园，位于上海市浦东新区川沙新镇，于2016年6月16日正式开园。它是中国大陆第一个、亚洲第三个、世界第六个迪士尼主题公园。乐园拥有七大主题园区：米奇大街、奇想花园、探险岛、宝藏湾、明日世界、梦幻世界、玩具总动园；两座主题酒店：上海迪士尼乐园酒店、玩具总动员酒店；一座地铁站：迪士尼站；并有许多全球首发游乐项目。2016年3月8日，上海迪士尼度假区在其官方网站公布首批园内实景图。园内的创·极速光轮成为全球迪士尼主题乐园中首创的景点。

十二、上海天地软件园动漫制作公共服务平台

上海天地软件园区于2008年成立了上海天地软件园数码科技有限公司，投资800万建成"动漫制作公共服务平台"，为动漫游戏企业提供集群渲染、动作捕捉、后期制作以及移动音视频等公共技术服务；有效地为企业降低了研发成本、提高了作品精度、加快了开发进度，2010年度被评选为上海市"大型科学仪器设施共享服务先进集体"。该平台的"光学运动捕捉系统"，曾在好莱坞电影《金刚》中大显身手；"数字三位扫描系统"则由4台高精度影像扫描仪组成，可以把人直接"扫描"进电脑；而"远程集群渲染系统"集成了20颗CPU芯片，不但可以在最短的时间内完成繁复的动画渲染过程，而且用户还能通过电信宽带，异地高速上传动画素材。

十三、广告湾

广告湾是在卢湾区政府和上海市广告协会的支持下，于2004年1月正式成立的。2004年3月，由卢湾区国资经营公司、上海市广告协会、敦联企业管理咨询公司共同投资组成的上海广告湾企业管理咨询有限公司在广告湾俱乐部开业。广告湾为广告企业入驻卢湾提供招商政策、注册程序、可供物业等资讯，也提供作财务、税收、管理、人力资源、中国广告传媒的特性与动向等方面的咨询服务。广告湾坐落在绍兴路23号，拥有1600多平方米的办公活动场所，广告湾多功能厅能同时容纳100余人举办活动。作为上海广告传媒业交流的平台，广告湾除为入驻企业提供服务外，还附设广告主题吧、多功能活动中心等交流活动场地。举办专业培训、主题交流、信息发布、展览展示、咨询商洽等行业服务活动。作为促进广告传媒行业发展的基地，广告湾致力于成为广告传媒行业的专业服务中心。成立两年来，先后举办龙玺环球华文广告奖、莫比广告大奖(Mobius Awards)、香港金帆广告大奖(Kam Fan Awards)等广告奖项的推广及评选工作；成功地举办2005上海优秀广告作品展示活动、"与世博文明同行"——首届公益广告大赛等大型广告行业活动；组织广告专业培训、专题讲座、主题沙龙、媒体介绍等上百次活动。仅2005年下半年，已组织包括21世纪广告公司管理革命高级研修班、创意无量——CADF全国创意巡讲上海站、广告公司人力资源管理主题沙龙等在内的10余次行业交流活动；配合美术指导联盟与撰文指导联盟(CADF)协办两场专题讲座；联合业界开展相关专题研讨，参与协办媒体企划实战高级研修班；与万马堂广告公司共同策划组织"从没听说过"——与众不同的广告知识专题沙龙讲座；与区妇联共同主办知识女性的新生活方式主题沙龙等活动；初步形成上海广告业交流、展示、聚集的中心。两年来，广告湾先后与数十家著名广告传媒企业进行接触，成功引进WPP旗下的宝林国际传媒、户外媒体巨头——华伦媒体、顶级华文广告创意公司——意识形态广告等跨国广告传媒企业，上交税收数百万元。

十四、上海世界博览会

中国2010年上海世界博览会(EXPO 2010)于2010年5月1日至10月31日期间在上海举行，是第四十一届世界博览会。本次世博会是由中国举办的首届注册类世界博览会，主题为“城市，让生活更美好(Better City, Better Life)”，吉祥物为“海宝(Haibao)”，取“四海之宝”之意，主体为蓝色“人”字造型。上海世博会会场位于南浦大桥和卢浦大桥区域，沿着上海城区黄浦江两岸进行布局。世博园区规划用地范围为5.28平方公里，包括浦东部分为3.93平方公里，浦西部分为1.35平方公里。围栏区范围约为3.22平方公里。上海世博会是继北京奥运会后中国举办的又一国际盛会，有来自246个国家、国际组织的参展方，通过展示、论坛、表演等形式，一起探讨城市未来发展前景，共同谱写了一曲人类文明和谐共生的激情乐章，生动诠释了“理解、沟通、欢聚、合作”的世博理念。

十五、上海世博文化中心

上海世博文化中心是上海世博会最重要的永久性场馆之一，在项目建设过程中曾用“上海世博演艺中心”之名，2010年2月更名为“上海世博文化中心”，同年3月修建完成。中心在世博会期间承担各类大型演出和活动，满足世博会大型文艺演出需求。同时，还充分考虑了世博会之后的后续利用和可持续发展需要，与上海“国际文化大都市”定位相适应。中心主场馆空间可根据需要隔成18 000座、12 000座、10 000座、8 000座、5 000座等不同场地，既能举行超大型庆典、演唱会，又能举办篮球比赛、冰上表演，甚至冰球比赛。除主场馆外，文化中心里还设有音乐俱乐部、影剧院、溜冰场、世界各国美食街、安徒生儿童乐园、NBA互动馆，以及近2万平方米的商业零售、文化休闲娱乐区。中心总建筑面积达到12万平方米，每年举行250场演出，是一座世界一流水准的现代化演艺场馆，一个集综合演艺、艺术展示、时尚娱乐于一体的文化集聚区，也是上海文化娱乐的地标。

第五篇
园区、基地和平台

园区、基地和平台是文化产业发展的重要依托。20 世纪末，上海推进产业结构调整，制造业企业搬离市中心，一些从事艺术、设计的创意者开始自发地聚集到莫干山路、泰康路、昌平路、福佑路的老厂房和仓库，形成了上海早期的文化创意产业群，拉开了上海文化创意产业园区的序章。2004 年 11 月，“上海文化产业中心”成立。2005 年 4 月，上海首批 18 家文化创意产业园区挂牌成立。至 2010 年，经上海市政府认定的文化创意产业园区为 81 家，上海还拥有国家级文化产业基地共 13 个。这些园区和基地是文化产业的集聚区，也是助推文化产业发展的重要平台。

为更好地服务于文化产权交易，上海还开办了上海文化产权交易所和上海联合产权交易所。

在产业上游的投融资环节，上海也开展了积极的探索。上海文化发展基金会、上海精文投资有限公司、东方惠金以及华人文化产业投资基金为国有文化资本如何更好地助力文化产业发展做出了有益的尝试。

第一章 园区与基地

第一节 文化创意产业园区

一、概况

上海创意产业发展思路源自1997年上海的第一次重大产业结构调整——都市产业结构调整。1998年，上海市政府提出“都市型工业”新概念，2000年确定了600平方公里的中心城区优先发展现代服务业、6 000平方公里的郊区优先发展先进制造业的布局。

1998年，陈逸飞工作室进驻田子坊；1999年，建筑设计师刘继东在四行仓库开设设计事务所；从20世纪90年代起，一些从事艺术、设计的创意者开始自发地聚集到莫干山路、泰康路、昌平路、福佑路的老厂房和仓库，在老厂房拆与不拆的争议中形成了上海早期的创意产业群。创意产业在全球引发热潮后，上海创意产业发展也形成了一定的产业基础和规模，以老厂房、老仓库为基础的创意产业园，成为集聚创意企业发展的主体空间，新建创意产业集聚区不断涌现。四行仓库是上海最早的创意产业集聚区。刘继东入驻四行仓库后，对老仓库进行重新布局整修，凭着“创意仓库”的概念，融到了万元风险投资，变独自承租为转租分摊，新亮相后的“创意仓库”很快吸引了境内外知名设计公司，“四行仓库”也因此成为了设计师们的集聚地。

2004年11月，“上海文化产业中心”成立。2005年，上海出台《上海实施科教兴市行动纲要》，要求上海的经济和社会发展真正以科学技术作为动力，在更高的层次上寻求经济和社会发展的科技支撑。随后，上海把发展创意产业作为推动新一轮经济发展和建设先进文化的重要举措。2005年4月，上海首批18家文化创意产业园区挂牌成立。

以2005年作为分水岭，上海市开始主动推进创意产业平台的建设。2005年10月12日，“上海文化科技创意产业基地”与“上海戏剧学院创意学院”双双落户张江。张江创意产业基地规划的总面积30万平方米，凭借张江高科技园区雄厚的科技基础，着力发展动漫和游戏产业包括网络游戏、影视制作产业、多媒体内容产业，其中包括多媒体的软硬件开发和制作、动漫画制作、游戏软件、高科技影视后期制作、产品工业造型设计等。到2005年底，上海的创意产业集聚区达50个。

2006年，上海创意产业中心理事会的成立。《上海创意产业“十一五”发展规划》《上海创意产业发展报告》的出台、《上海城市创意指数》的发布，都为上海文化创意产业的未来提供了坚实的发展平台。《上海创意产业“十一五”发展规划》指出，上海创意产业要“伴随全球产业结构调整和升级而迅速发展”，为文化创意产业集聚区大规模的增长奠定良好的政策基础。2006年4月，上海“田子坊知识产权保护联盟”成立；5月，上海创意产业投资有限公司正式成立。截至2006年底，上海经过政府的四次授牌，达到75家创意产业集聚区，建筑面积达到221万平方米，前三批50家集聚区总产值近200亿元，总投资约30亿元，从业人数2.7万人，入驻企业2 500多家，企业入驻率达到65%，人均产出率达到60万元/人。集聚区中入驻有美国、日本、比利时、法国、新加坡、意大利等30余个国家和地区的创意设计企业，产业门类涉及研发设计创意、建筑设计创意、咨询策划创意、文化传媒创意和时尚消费创意等创意产业的主要领域。

在2000至2010年期间,上海先后发展了三批创意产业园区:

第一批创意产业集聚区包括:田子坊、8号桥、创意仓库、天山软件园、时尚产业园、传媒文化园、乐山软件园、静安现代产业园、旅游纪念品产业发展中心、虹桥软件园、工业设计园、周家桥、文化科技创意产业基地、设计工厂、M50、同乐坊、卓维700、昂立设计创意园等。

第二批创意产业集聚区包括:海上海、创意联盟、2577创意大院、X2数码徐汇、车博汇、建筑设计工场、天地园、智慧桥、尚街LOFT、德邻公寓、合金工厂、通利园、空间188、逸飞创意街、东纺谷、尚建园、旅游纪念品设计大厦等。

第三批创意产业集聚区包括:创邑·河、创邑·源、JD制造、数娱大厦、1933老场坊、西岸创意园、湖丝栈、华联创意广场、新十钢、绿地阳光园、优族173、98创意园、E仓等。

截至2010年底,经上海市政府认定的文化创意产业园区为81家,文化创意产业涉及工业设计、建筑设计、计算机软件设计、服装设计、旅游品设计、游戏设计、艺术品创作和交易、动漫设计与制作、影视制作、传媒代理等多个产业领域。

二、简介

各市辖区中,徐汇区、虹口区、长宁区的文化创意产业园区数量最多,全部超过10家,在10个中心城区中分布了72家文化创意产业园区,占总数的96%。截至2006年底,75家文化创意产业园区中,1万平方米以下的19家,占总数的25%;1万平方米~2万平方米的29家,占总数的39%;2万平方米~5万平方米的园区21家,占总数的28%;5万平方米以上的园区6家,占总数的8%。

表5-1-1　2006年上海市各辖区文化创意产业园区一览表

市辖区	园区名称	园区地址
浦东新区(共6家)	上海张江文化产业园区	张东路1387号16幢E座
	新场民间技艺文化创意基地	新场镇海泉街128号
	金桥网络文化产业基地	新金桥路230号
	上海喜马拉雅中心	芳甸路1188号
	鑫灵创意园	塘桥峨山路613号
	张江创星园	张江高科技园达尔文路88号3幢1楼
黄浦区(共7家)	8号桥	建国中路8-10号
	江南智造	东起制造局路、西至蒙自路、南起中山南一路、北至丽园路
	旅游纪念品设计园	傅家街65号
	南苏河创意产业园	南苏州路1295-1305号
	田子坊文化产业园	泰康路210弄
	上海滩-幸福码头创意产业园	中山南路1029号
	卓维700文化创意产业园	黄陂南路700号

（续表一）

市辖区	园区名称	园区地址
徐汇区（共12家）	2577创意大院	上海市龙华路2577号
	D1国际创意空间	天钥桥路909－915号
	虹桥软件园	上海虹桥路333号、上海乐山路33号
	汇丰创意园	喜泰路239号
	浦原科技园	桂林路396号
	上海数娱大厦	虹桥路628号
	尚街Loft时尚生活文化产业园	嘉善路508号
	设计工厂	漕宝路300号
	文定生活文化创意产业园	文定路258号
	西岸创意园	徐虹中路20号
	越界文化产业园	漕河泾开发区田林路140号
	越界－X2创意空间	茶陵北路20号
长宁区（共14家）	法华525创意树林创意园区	法华镇路525号
	上海多媒体产业园	长宁路1027号
	创邑·河	万航渡路近中山西路
	创邑·源	凯旋路613号
	德必·易园	安化路492号
	聚为园	武夷路351号
	湖丝栈	万航渡路1384弄
	上海时尚产业园	天山路1718号
	上海新十钢（红坊）创意产业集聚区	淮海西路570－588号
	周家桥创意产业园	万航渡路2453号
	上海映巷创意工厂	定西路711弄
	时尚品牌会所	天山路1718号
	天山软件园	天山路641号（近长宁支路）
	原弓艺术创库	仙霞路295弄20号
静安区（共10家）	800秀创意园区	常德路800号
	3乐空间	淮安路735号
	安垦绿色创意产业集聚区	淮安路668号
	静安现代产业园	昌平路68号
	现代戏剧谷	江宁路66号
	汇智创意园	胶州路757号

(续表二)

市辖区	园区名称	园区地址
	传媒文化园	昌平路 1000 号
	同乐坊	余姚路 14 号
	源创创意园	陕西北路 600 号
	98 创意园	延平路 98 号
普陀区(共 9 家)	越界・苏河汇	光复西路 1107 号
	景源时尚产业园	杨树浦路 1666 号
	E 仓创意园	宜昌路 751 号
	M50 莫干山路创意园	莫干山路 50 号
	SHANGHAITOP 桃浦文化创意产业园	武威路 18 号
	创邑金沙谷	真北路 988 号
	上海天地软件园	中江路 879 号
	谈家 28—文化・信息商务港	谈家渡路 28 号
	“中华 1912”文化创意产业园	澳门路 477 号
虹口区(共 15 家)	国家音乐产业基地	虹口区辽宁路 46 号
	1933 老场坊	沙泾路 29 号
	彩虹雨创意产业园	北宝兴路 355 号
	大柏树数字设计创意产业集聚区	广纪路 738 号
	花园坊	花园路 171 号
	建桥 69	通州路 69 号
	上海名仕街时尚文化产业园	洛川中路 1158 号
	空间 188 创意产业园	东江湾路 188 号
	绿地・阳光园	西江湾路 500 号
	智慧桥创意产业园	广灵四路 116 号
	优族 173 创意产业园区	邯郸路 173 号
	通利商务创意园	周家嘴路 1010 号
	物华园创意产业集聚区	物华路 73 号
	新华文化创新科技园	沪太路延长路 801 号交叉路口
	新兴港	大连路 1053 号(近新港路)
杨浦区(共 12 家)	创意联盟产业园	平凉路 1055 号
	建筑设计工场	赤峰路 63 号
	铭大创意广场	长阳路 2467 号
	昂立设计创意园	四平路 1188 号

（续表三）

市辖区	园区名称	园区地址
	创智天地	大学路 38 号
	东纺谷创意园	平凉路 988 号
	环同济设计创意产业集聚区	同济大学四平路校区
	中环滨江 128	翔殷路 128 号
	尚街 Loft 上海婚纱艺术产业园	军工路 1436 号
	上海国际家用纺织品产业园	平凉路 1398 号
	上海国际设计交流中心	长阳路 1080 号
	五角场 800 艺术区	国顺东路 800 号西楼
闵行区（共 3 家）	西郊鑫桥创意产业园	虹许路 731 号（近虹梅路）
	七宝老街	闵行区七宝镇
	上海众欣文化产业园	虹梅南路 1755 号
宝山区（共 3 家）	上海动漫衍生品产业园	上大路 668 号
	上海国际工业设计中心	逸仙路 3000 号
	M50 半岛 1919 文化创意园	淞兴西路 258 号
嘉定区（共 4 家）	上海文化信息产业园	宝安公路 2999 号
	智慧金沙・3131	金沙江路 3131 号
	南翔智地企业总部园	沪宜公路 1188 号
	中广国际广告创意产业园区	汇源路 55 号
金山区（共 1 家）	国家绿色创意印刷示范园区	金山工业区
松江区（共 5 家）	创异工房	沈砖公路 6000 号
	叁零・SHANGHAI 文化创意产业园	车墩镇北松公路 4915 号
	时尚谷创意园区	鼎源路 618 弄
	上海仓城影视文化产业园区	松江区永丰街道
	泰晤士小镇	三新北路 900 弄
青浦区（共 2 家）	中国・梦谷-上海西虹桥文化产业园	华徐公路 888 号
	上海青浦现代印刷产业园区	漕盈路 2500 号
奉贤区（共 1 家）	南上海艺术创意园	大叶公路 2675 号
崇明县（共 1 家）	江南三民文化村	东风农场林风公路 2201 号（近北沿公路）

资料来源：根据东方文创网及各园区官网资料整理汇编。

【浦东新区】

上海张江文化产业园区 上海张江文化产业园区是以科技研发、金融支持、创新服务为特色，集聚龙头企业和规模效应成效显著，在文化与科技、创新、金融、贸易结合上优势明显，具有强大文化传播力的国家级文化产业示范园区。

上海张江集团联合上海文新报业集团共同组建上海张江文化科技创意产业发展有限公司，通过企业化、市场化的运作模式推进基地的开发和建设。2004年8月，中共上海市委宣传部正式命名张江为上海市文化产业基地。注册于张江的文化企业累计达到400家，其中不乏盛大网络、第九城市、炫动传播、城市动漫、河马动画等一批国内知名、业界领先的文化企业。园区同时还是全国首家国家级数字出版基地；上海市文创办首批认定的市级文化产业园区——张江国家数字出版基地和“动漫谷”文化创意产业基地都在张江文化产业园内。

园区集聚了上海文化产权交易所(上海版权交易中心)、上海版权服务中心、上海市动漫研发公共服务平台、上海市宣传系统人才交流中心、华人文化产业投资基金、上海动漫产业促进会等功能要素，为园区文化企业服务。位于张江路69号的全国第一家专业化动漫博物馆——上海动漫博物馆于2010年6月1日正式对外开放，成为张江文化产业新地标。

新场民间技艺文化创意基地 新场古镇是浦东地区唯一保护完整的千年古镇。2008年12月被国家建设部命名为“中国历史文化名镇”，2009年3月被评为上海市首批文化产业园区，同年又被评为“国家AAA级旅游风景区”。“上海新场民间技艺文化创意基地”重点为“一厂”即十九厂；“一街”即影视街、洪东街、洪西街；“一田”，即16.6万平方米观光农田。划分为4个相互平列、相互关联、相互支撑的分区，分别是：民间技艺文化创意集聚区、民间技艺互动旅游区、传统手工艺品商业街区、稻作文化休闲展示区。

金桥网络文化产业基地 金桥网络文化产业基地位于新金桥路230号，占地面积40万平方米，是在金桥出口加工区高新技术产品研发和制造的基础上，以网络视频技术(3G及三网三屏)为基础，形成网络文化、视频业务运营、技术服务、内容提供等核心业态的综合性文化产业基地。基地集聚了中投视讯、人民视讯、新华视讯、国视通讯、央广视讯和中报视讯等多家拥有手机视频内容牌照商的网络视频内容商；集聚了网达软件、融创天下等多家新媒体技术提供商；集聚了以网络视频产业为代表的信息网络文化类项目20多个；形成了完整的网络视频产业链。

上海喜马拉雅中心 喜马拉雅中心坐落于中国上海浦东芳甸路、樱花路、梅花路和石楠路围合地块，由证大集团精心打造，占地超过3万平方米，总建筑面积18万平方米。中心由证大·大隐精品酒店和证大艺术酒店、喜马拉雅美术馆、大观舞台和商场共同组成。喜马拉雅中心吸引了全球的精英人士共同打造。CEO林书民就是国际著名的数码视觉影像艺术家。由不同背景和文化构筑的喜马拉雅中心团队，充满创意和灵感，同时喜马拉雅中心希望将中国文化真正渗透到企业文化中。将中国文化精髓融入现代商业地产开发和营运，是喜马拉雅中心不断思考的模式。

鑫灵创意园 鑫灵创意园，位于浦东陆家嘴金融贸易中心塘桥峨山路613号，占地面积7 076平方米，建筑面积11 264平方米。原为上海东星手帕厂，经过改造已成为面向青年大学毕业生，以服务业为主的“创意创业基地”。园区是上海市规模较大、具有特色的青年大学生双创(创意+创业)基地。2009年该园区被市经信委任命为鑫灵创意产业集聚区，园区形成二大创业板块：一是中小企业就业创业，二是公益服务机构创业。入驻园区154家企业，其中大学生占80%，就业人员达到2 000人以上，创意产业类占70%以上，主要以大学生为主的计算机维修、电子商务、服装销售、信息维护、网络应用、多媒体制作、立体影像制作、会务会展、室内各类装饰设计、婚庆服务、公益服务等现代服务业。

园区形成了三大服务功能：即载体服务功能、增值服务功能、特质服务功能。2009 年“双创基地”的创建与管理获得了上海市企业管理现代化创新成果一等奖，服务大学生创业的创意产业园区建设获“第十六届国家级二等企业管理现代化创新成果”奖等，特别是 2010 年“世博会”期间，园区被中共上海市委外宣办指定为中外新闻媒体采访点。

张江创星园　创星园总部位于上海张江自主创新示范区核心园，是一家集园区投资、运营管理、企业孵化、金融服务于一体的创新型集团公司。拥有国家高新技术创业服务中心、国家级科技孵化器、国家中小企业示范公共服务平台、上海市创意产业集聚区、上海文化创意产业园区、上海市品牌建设优秀园区等近 30 项荣誉资质，并同时拥有上海市著名商标称号和上海名牌称号。

创星园通过品牌输出、管理输出、服务输出等模式，先后创建了上海张江创星园、上海美院设计产业基地、上海低碳产业园、张江平湖科技园、张江枫泾科技园等一批特色产业园区，总规划面积达到 87 平方公里。创星园长期致力于以创意设计、研发设计产业为主的创意园区、高科技园区、特色产业园的专业化运营管理，是培育创意产业、高新产业、优质企业的专业服务机构。

【黄浦区】

八号桥创意园区　“八号桥”位于建国中路 8－10 号，占地 7 333.33 平方米，建筑面积 1 万余平方米，前身为上汽集团所属上海汽车制动器公司，共有 20 世纪 50—80 年代建造的老厂房 8 栋。2003 年，在市经委和卢湾区人民政府支持下，由上海华轻投资管理有限公司、时尚生活策划咨询(上海)有限公司对上海汽车制动器公司生产场地实施改造，创立“八号桥”。

“八号桥”保留了工业老建筑特有的底蕴，楼与楼之间用桥巧妙连接，也因此得名。整个“八号桥”由 7 栋房子构成，在房子的二层，设计师以桥作为连接，连通了每一栋房子，也使得人与人之间的沟通有了一个最好的平台。整个园区一共有 4 座桥，每座桥的造型均不同，铁桥均在厂房原来的设施上扩展而成。有着绿色“门”字造型的天桥，是一个放大版的“八号桥”的 LOGO。经过一番设计和包装，利用原厂房的高空间，多层次的布局被用来开展各种时尚展览活动。

园区一期(8 号楼)工程建设于 2003 年 12 月完成，建筑面积 4 000 多平方米。上海(国际)产业转移咨询服务中心、上海市工业开发区招商服务中心是上海产业咨询服务园(一期)的核心单位。园区二期“上海时尚创作中心”项目(包括 1－7 号楼)由香港时尚生活策划咨询(上海)有限公司负责建设和管理。2004 年 3 月开始建设，建筑面积近 10 000 平方米。其先进的建设模式使园区成为发展现代服务业的标志性项目。

“八号桥”已成为各类设计创意企业的集聚区，来自欧美、中国香港、中国澳门的 80 余家企业已入驻，如英国 ALSOP 设计公司、法国摩新商务策划咨询(上海)有限公司、美国 SOM 建筑设计咨询(上海)有限公司等。“八号桥”已成为全国工业旅游示范点中首个以创意产业为特色的示范点，是上海都市的旅游新景点。“八号桥”创意产业区二期最大的创意就是用通过一座横跨建国中路的天桥，将一期二期两幢建筑连接在一起，桥高达 24 米(相当于七八层楼)。与一期一样，“八号桥”二期内也有一个中心广场供创意活动和展示。

江南智造创意园　江南智造创意园建于 2009 年，东起制造局路、西至蒙自路、南起中山南一路、北至丽园路，园区总面积 107 563 平方米，商业配套服务设施面积 15 677 平方米。“江南智造”是上海市认定的“一区多园”式的创意产业集聚区。园区入驻了企业 160 余家，集聚了设计、咨询、广告、软件、文化传媒、会展等文化创意企业。2010 年，6 个园区整体出租率接近 100%。

旅游纪念品设计园 旅游纪念品设计园大厦创建于2001年4月，位于著名的豫园旅游区的南侧，是黄浦区“一业特强”——旅游纪念品的创意、研发的重要载体，以翡翠、白玉、珠宝、黄金等旅游纪念品的创意、制作为主要特色。集聚区总建筑面积达9500平方米。大厦入驻的翡翠、珠宝、工艺品企业有9家，其中大师工作室7个；大厦内设有经济服务中心，为入驻大厦的企业提供相关服务。

南苏河创意产业园 南苏河创意产业园坐落于上海市黄浦区苏州河畔南苏州路1305号，早年是上海滩杜月笙的仓库，始建于1933年。后在建筑设计师登琨艳领衔下，于1999年起对老仓库进行了保护性的开发利用，并在改造修复时本着“修旧如旧”的原则，保留了老仓库原有的建筑风貌。2004年，粮仓一度被联合国教科文组织授予“亚太地区文物遗产保护奖”，这也是当时中国大陆地区唯一获此殊荣的建筑。2006年11月，“南苏河创意产业集聚区”列入“上海市第四批27个创意产业园区”之一，成为了上海文化的一张名片。

南苏河创意产业集聚区总建筑面积达9128平方米，创立以来吸引了许多艺术家和设计家入驻园区。

田子坊文化产业园 田子坊位于上海市泰康路210弄。泰康路是打浦桥地区的一条小街，自1998年9月起，泰康路依据打浦桥地区的功能定位开始实施特色街的工程。田子坊是由上海特有的石库门建筑群改建后形成的时尚地标性创意产业聚集区，也是不少艺术家的创意工作基地，人们往往将田子坊称为“新天地第二”。泰康路上入驻的艺术品、工艺品商店已有40余家，入驻的工作室、设计室有20余家。园区内集聚了陈逸飞工作室旧址、尔冬强艺术中心、张毅和杨慧珊琉璃艺术博物馆、陈海汶摄影工作室、贺友直书画社、郑伟乐天陶社、王劼音油画社、陈瑞元摄影工作室、李守白剪纸等。

园区具有五大文化特色：一是建筑文化，集中了上海从乡村到租界和现代城市发展的各个时期、各种类型的历史建筑，不仅有典型的江南民居、花园洋房、老式石库门和新式石库门建筑，还有20世纪70年代前后的工业厂房建筑。二是文化艺术，这里既是艺术家的生态社区，也具有海派文化特质的艺术消费区，入驻了众多有较强参与性、体验性、观赏性的文化项目。三是里坊风貌，至今仍保存着率真的里弄生活。四是时尚文化，拥有众多个性化商铺，出售的多是设计师的最新原创作品，基本形成了以旗袍、围巾、高级成衣等为代表的特色产品。五是休闲文化，在这里云集了10多个国家和地区的风味美食。

上海滩-幸福码头创意产业园 上海滩-幸福码头创意产业集聚区位于黄浦区南外滩地区，该园区由多幢房屋、各具不同特色的园区组成，集聚区总建筑面积达51500平方米。其中包括三个子园区，即：已建的“外码头”、在建的“老码头”及拟建的“幸福码头”，面积约4万平方米。园区由上海幸福坊创意产业管理有限公司进行管理。上海滩-幸福码头创意产业园2010年营业总收入为2045万元，其中文化企业营业总收入1亿元。

园区有体育文化用品展示平台、中小企业孵化平台、丝绸文化展示平台、文化传媒服务平台、创意设计平台、游艇文化平台和家居文化展示平台，均已建成并投入使用。园区在功能规划上实现金融服务配套、互动融合世博、工业遗产保护利用与工业文化传播；在业态布局上实现创意办公、品牌秀场、工业历史展厅、休闲配套四个功能区。

卓维700 卓维700原系上海纺织控股(集团)有限公司下属单位上海织袜二厂，位于黄陂南路700号，占地面积4442平方米，建筑面积13450平方米。该地旁依上海文化时尚中心“新天地”，位于离淮海路仅几条街的黄金地段。2005年4月，经改造形成了集动漫、广告制作、投资咨询、软件开发、项目设计等为一体的创意产业集聚区。

园区拥有现代陶艺原创大师服务平台，使园区得到市区两级政府资助的现代陶艺服务平台展现其信息发布、展示、交流、交易、培训五大功能。主要涵盖瓷器展示、陶瓷制作、影视、摄影、广告制作、软件开发、投资咨询、项目设计、化妆、走秀、培训、录音制作等以文化产业链等为主体的现代时尚文化品牌创意产业。

【徐汇区】

2577 创意大院　2577 创意大院坐落于上海市龙华路 2577 号，最早为清朝洋务运动时期李鸿章创办的江南枪炮局，也是第一家中国工业设计院所在地，有"中国西洋艺术摇篮"之誉，是中国现代工业设计的发源地。民国时期，一度成为国民革命军淞沪司令部。改建后园区先后荣获"中国最佳创意产业园区奖""上海优秀创意产业园区奖"等荣誉。

2577 创意大院总占地面积约 66 666.67 平方米，建筑物约 35 幢，其中 9 幢历史保护建筑。大院导入了商务花园的规划理念，以创意大院颇具历史文化内涵的优秀建筑为班底，整旧如旧。其产业定位以新媒创意产业为核心，辐射广告策划设计、公关会展策划、新媒体产业、艺术创作、其他设计咨询类产业及现代服务业。

D1 国际创意空间　D1 国际创意空间坐落于天钥桥路 909－915 号，与上海体育场一路之隔。其前身为上海市果品公司冷冻库。2007 年开始对该工业老建筑进行全面改造，总建筑面积达 2 万平方米。内部保留了原有仓库的大空间布局，室内层高在 4 米—6 米，单元面积 50 平方米—1 500 平方米。改建后，园区由三座建筑组成。

园区形成以设计、广告、影视为主的创意园区，集聚了国内外许多优秀的创意企业和人才。其中北京句芒多媒体技术有限公司、香港尊筑国际设计集团、香港陈秉祥（上海）工程顾问有限公司、上海东方电影频道、彪马（上海）商贸有限公司等企业在业内具有较大影响。主导产业企业占园区全部企业总数的 95%以上。

虹桥软件园　上海虹桥、乐山软件园位于上海虹桥路 333 号、上海乐山路 33 号。上海虹桥、乐山软件园前身为原上海经昌色织厂，因企业破产，导致厂房长期闲置，建筑面积共 35 000 余平方米。虹桥软件园定位为科技企业孵化器，并于 1999 年成立上海慧谷高科技创业中心（以下简称中心），中心是由上海交通大学、上海市科学技术委员会和徐汇区人民政府联合组建的社会公益性国家级科技企业孵化器。上海虹桥、乐山软件园地处上海徐家汇科技密集区，周边拥有上海交通大学等 18 所高等院校及中科院上海分院、上海科学院等科研院所 113 所。上海虹桥软件园也是上海慧谷高科技创业中心慧谷孵化基地。

汇丰创意园　汇丰创意园位于喜泰路 239 号。汇丰创意园前身是上海新丰制毡厂，建筑面积共计 13 000 平方米。2006 年被上海市经委授牌为创意产业园。园区以居家展示设计为核心主题，并以创作、广告设计、会展会馆为联动，是地标性的示范园区。进驻园区的客户中有采用国际上最新型的高科技处理原料织造的各种新型面料与米兰、巴黎等时尚花型接轨，多次获奖的上海鼎天纺织品有限公司；有多次在国际、国内参展作品中获奖的雕塑大师严友人工作室和油画大师方世聪工作室；有与美国合资的园艺和庭园别墅的上海泛亚园艺饰品有限公司等。

浦原科技园　浦原科技园坐落于桂林路 396 号，地处漕河泾国家级高新技术开发区，是中国核工业集团直属上海中核浦原总公司成立的，并获得上海市经委认定的都市型工业园区。园区的前身为上海电子仪器厂，占地面积 18 067 平方米，总建筑面积 37 761 平方米。园区拥有四栋商务办公楼，其中两栋为新建智能化办公楼。园区重点引进国内外软件开发、核电仪器仪表、系统集成设计、互联网技术、现代生物等相关企业,旨在建设成徐汇区新兴的IT、系统集成高集聚度园区,是徐汇区乃至上海市有一定规模、环境一流的现代新型高新科技示范园区。园区吸引各类高科企业达50多家,形成良好的软件企业和仪器仪表聚集中心。

上海数字娱乐中心 上海数字娱乐中心位于虹桥路628号,由上海市互联网协会和徐汇软件基地共同合作搭建。园区旨在通过政府的推动和业内合作,加强数字娱乐产业的行业自律,提供数字娱乐产业的版权服务与贸易、通信市场管理与服务、资源交易服务、人力资源建设与培养等服务功能,并引入和培育一批在数字娱乐产业领域从事技术发展和推广、产品研发、运营及培训的相关企业与机构,以此促进上海地区数字娱乐产业的健康发展和成长。

尚街Loft时尚生活文化产业园 尚街Loft时尚生活园区位于嘉善路508号,园区总面积41 617平方米,以文化服饰创意设计为核心,以时尚产业平台为特色构建时尚生活园区,进驻特色企业包括上海小荧星艺术团、喜满星、八方新气、威奔广告、云起时文化传播公司、上下贸易等。

自2007年12月起,上海纺织将坐落于徐汇区嘉善路508号的原上海三枪纺织集团的老厂,改造成尚街LOFT时尚生活园区,确定把服装服饰创意设计作为园区的主题。包括全球顶级品牌爱马仕、欧莱雅、NEXT等在内的各类时尚产业相关公关、媒体、广告设计、咨询、文化传播企业和产品研发中心已纷纷入驻其中。园区出租率达到98%,入驻企业86家,员工约2 000人。据统计,2010年园区总营业额达8亿元,上缴税收达5 000万元。

园区于2010年成为世博会涉外新闻采访单位、上海市首批15个示范创意产业集聚区之一,旗下品牌尚街LOFT时尚生活园、尚街LOFT·上海婚纱艺术产业园荣获上海市第二批文化产业园区称号;2008年获“北京奥运涉外记者采访单位”称号;2009年获上海市“文明单位”、“上海优秀创意园区”称号。

设计工厂 设计工厂位于漕宝路300号,是由上海师范大学美术学院设计改造成集产、学、研为一体的设计创意产业园区和设计创意产业人才培育基地。园区一期工程即上师大美院设计工厂原址为上海面包厂,设有厂房及综合办公楼等,占地面积4 666.67平方米,建筑面积5 000平方米。

园区内设有上海师范大学美术学院下属视觉传达、环境艺术、展会设计、工业造型、数码艺术、动画制作、装饰艺术、现代陶艺、版画制作等多个专业的教育及教学实习基地,并设有城市公共形象设计及城市建筑与遗产保护研究中心及学生的创意产业孵化中心、美术学院设计中心、企业产前研发中心及人才培训中心,并直接面对社会,建立起公共设计服务、公共设计教育及公共设计研发的平台。园区内有艺术设计教室、工业造型设计专业车间、专业图书阅览室、视觉艺术成果展示厅、大学生创意设计创业孵化器,以及视觉艺术研究中心、中国创意产业研究所等约20家创意设计企业、研究中心。

文定生活文化创意产业园 文定生活文化创意产业园位于徐汇区文定路258号,地处宜山国际建材商圈,是全上海唯一的独立旗舰店形式成立的创意家居生活中心。“文定生活”前身为上海冷轧型刚厂,占地17 333.33平方米。2006年特邀意大利名设计师设计改造,园区保留了原有的老厂房元素和建筑形态,并在其基础上进行创新性的构建。于是废弃的旧厂房华丽转身为集国际高端家居品牌展厅与创意设计为一体的商业空间,整个建筑群分为三部分:ABCD区为家居品牌展示区、设计大楼为会所和设计创意公司办公室,配套服务楼为商业服务办公及咖啡吧和花店等。

“文定生活”于2008年正式挂牌,是上海国际室内设计节的主要分会场。此外,文定生活·家居创意广场还不定期地举办国际性的画展、顶级家居品牌的设计作品展等。

西岸创意园 西岸创意园处位于成立于20世纪80年代初的上海知名老牌纺织企业——汉森

织造手帕厂原地，位于徐虹中路20号，占地10 649平方米，建筑面积18 200平方米。属上海商业文化中心徐家汇核心CBD的延伸腹地，由知名的解放传媒、上海纺织集团、润邦集团共同打造。

西岸创意园是集研发设计、建筑设计、文化传媒、咨询策划、时尚消费等诸多创意产业于一处的徐家汇商务圈地标性时尚传媒创意基地。园区功能定位包括创意办公、传媒基地、创意体验和时尚餐饮等。

越界文化产业园　越界文化创意园由锦和商业投资打造，2007年7月开始改建，管理机构为上海锦和商业经营管理股份有限公司，是上海最大的单体创意产业园区之一。园区处于漕河泾开发区、田林康健成熟社区交界之处。园区将园林艺术融入了公共空间，融合了"办公、创意、休闲配套"三大功能，囊括产业生活全方位需求，在开放式生态园林街区中，形成了产业互动，将创意工作室、绿色餐饮、广告设计、文化传播等创意商务休闲产业形成完整的产业链条，助推园区企业的发展壮大。

越界创意园区累计入驻创意企业200多家，涉及的主导产业及门类包括：研发设计创意、建筑设计创意、文化传媒创意、咨询策划创意、时尚消费创意等。园区主要的品牌企业包括腾讯创业基地、德国毕克加特纳(上海)公司、上海医药临床研究中心、光韵达3D打印、篱笆网、芳草地画廊等企业与机构。越界创意园不仅获得上海市文化、创意两大产业园区的授牌，并且被徐汇区授予了4星级创意园区的荣誉称号，还是上海首批获得授牌的"上海市文化创意产业园区"，是上海文化创意产业园区的一面旗帜。

越界-X2创意空间　越界-X2创意空间位于徐汇区茶陵北路与斜土路交界口，原址为国内印刷机械行业首家中外合资的上海亚华印刷机械厂。越界-X2创意空间占地4 178平方米，建筑面积13 000平方米，其中可供出租商业建筑面积2 000平方米，可供出租办公建筑面积10 000平方米，配套服务面积1 000平方米。X2创意空间由4—6层共6栋建筑围合成U字型，底层为商业，2—6层是LOFT与大开间挑高空间办公室。

越界-X2创意空间于2006年3月正式开放，园区定位包括IT数码、软件设计、动漫设计、游戏设计等。园区内有中国最大的数字音乐内容供应商——绝对浩室，成功投资YAHOO和GOOGLE的美国红杉基金，携程霞客行俱乐部及医疗资源公共服务平台等企业入驻。是2009年度徐汇区二星级产业园。

【长宁区】

法华525创意树林　法华525创意树林坐落于长宁区法华镇路525号，是上海德必创意产业发展有限公司运营的一个创意产业园区，也是中国首个禅意文化办公空间，总可出租建筑面积为7 903平方米。园区内入驻企业有大旗网、上海凯拉贸易有限公司、上海帕克德景观设计咨询有限公司、马龙广告、东上海国际旅行社、LE PETIT JARDIN必客乐食品(上海)有限公司等。

法华镇是上海最早出现的小镇，旧上海有"先有法华镇，后有上海城"的说法。法华镇路525号，是始建于公元970年"法华寺"的原址，抗战后几经变迁，成为了里弄服装厂。迄今为止，院内仍然保留着当年留下的银杏古树。2008年，古寺院落经过改建，成为新兴的创意园区。园区引入现代元素，运用直线条、大开面的钢、木、玻璃等材料，产生禅意与创意交错的效果，形成能激发无限想象力的创意空间。园区先后吸引了英国、法国、美国、德国、韩国、日本等国家的28家文化创意企业入驻，外资企业比例则在80%以上。

上海多媒体产业园　上海多媒体产业园创立于2002年3月，由上海市科学技术委员会批准建立，是整合办公、商务、住宅等项目为一体的新生代园区，也是上海市政府于2002年发起创立的国内首个多媒体产业基地。上海多媒体产业园的主体建筑兆丰广场坐落于上海市长宁区中心地带，次体建筑包括多媒体生活广场和新时空国际商务广场，多媒体生活广场位于汇川路、长宁路交汇处。上海多媒体产业园重点发展视觉艺术产业，涉及的市场领域有：影视制作、动画漫画、广告制作、多媒体制作与多媒信息服务、游戏开发、建筑设计、工业设计、系统仿真、虚拟现实和虚拟环境等。

2003年，园区内成立了国内第一个多媒体产业孵化基地——上海多媒体产业园创业有限公司(以下简称MPVC)，专业从事多媒体企业孵化、高新技术企业创业投资及高科技园区和孵化基地的管理，并经上海市科技创业中心批准，被列为上海市高科技孵化器网络的成员。先后于2005年和2006年被国家科技部和国家文化部授予“国家数字媒体技术产业化基地”和“国家文化产业示范基地”称号。MPVC成立后在上海多媒体产业园、兆丰世贸大厦、华敏翰尊国际、华联发展大厦和华联创业园建立起了五个孵化基地，吸引了众多高科技企业入驻，累计吸引资金逾十亿元。入驻企业包括：中国最大的户外视频广告运营商分众传媒，国内最大的专业网络广告技术和营销方案供应商新好耶，全球知名的B2B电子商务网站——阿里巴巴的上海公司，中国网络游戏市场的新生代力量、世界著名网络游戏开发公司SONY ONLINE的中国合作伙伴——坤迈网络，国内三大博客网站之一、第一家实施商业化运作的中文博客网站——blogbus等。

创邑・河产业园　上海创邑・河创意产业园位于长宁区的苏州河边，前身是建于20世纪30年代的国棉五厂，建筑面积约5 000平方米。园区引进飞来飞去多媒体创意、超前多媒体数码科技、紫禁之巅广告设计、瑞德霖邦设计咨询等企业10余家。

创邑・源产业园　创邑・源位于长宁区凯旋路613号，其前身曾经是建于20世纪60年代的大明橡胶厂。经过改造，创邑・源已成为一座延续了城市工业历史的创意产业园区，园区由8栋共4 000平方米的楼宇组成；建筑形态多为大空间的车间厂房，层高从3.5米到11米不等。园区于2006年6月竣工，引进卡通数码、蓝雪数码、银阁传媒等创意企业。

德必・易园　长宁德必易园是“德必易园”系列的第一个文化创意产业园区，位于长宁区安化路492号，原建筑为上海航天局第809研究所，于2010年改建完成，园区总面积约21 000平方米，园区吸引了中国最大的城市生活消费指南网站“大众点评网”、世界500强企业拉加代尔等一批国际知名企业入驻。德必・易园是上海多媒体产业园分园，是以多媒体产业为主的业态聚集地。易园设计理念来自《易经》和现代高科技元素的结合，具有浓郁的中国传统文化特色。园区地处长宁区龙头板块——中山公园商圈的中心地带，毗邻上海多媒体产业园。

聚为园　聚为园(武夷商务中心)是在上海市纺织建筑工程公司第一工程队原址的基础上，经过多次改建而成的现代商务办公园区、影视制作的工作园、设计研发的创作园。园区的产业特色是以现代设计服务为主体，主要包括：室内装饰设计、建筑设计、广告设计、动漫设计等。各类设计企业占入驻企业总数的70%以上。入驻企业包括法国DBX设计公司、禾影数码影画制作公司、上海圣亚设计有限公司、背景天盈网络技术有限公司、上海优麦达氏酒业有限公司、匡正建筑装潢设计工程有限公司、上海凌群贸易有限公司、上海创钧电子发展有限公司、上海拓瑞司达环保设备有限公司、上海梁点工程设计咨询有限公司、云门服饰有限公司、上海因派工程顾问有限公司等。

湖丝栈　湖丝栈位于万航渡路1384弄苏州河畔，建筑面积7 000余平方米，原址为原信昌丝厂等近10家丝绸加工工场，因缫丝蚕茧来自浙江湖州而得名。经过保护性开发改建的“湖丝栈”，是一个具有原汁原味古建筑特色的创意产业园区，同时也是上海市第三批发展的创意产业集聚区。

集聚了包括创意设计、平面影视表现、公关策划、网络媒体等互相倚合的创意企业，如受世界一线品牌爱马仕青睐的半木设计、以欧洲设计师为主的 Lime 388 等。

上海时尚产业园　上海时尚产业园于 2004 年由中国服装设计师协会和长宁区人民政府共同创立。其有两个园区，分别为海时尚园和上海时尚园品牌中心。上海时尚园位于长宁区天山路 1718 号，前身是上海汽车集团的离合器总厂。园区总面积 12 000 平方米，商业配套服务设施面积 500 平方米，由上海时尚园企业发展有限公司进行管理。品牌中心位于北翟路剑河路，前身是长宁豆制品厂。园区着力打造上海市服装产业公共技术服务平台，扶植培育都市时尚产业。截至 2008 年，园区入驻企业 48 家，包括中国服装设计研究中心上海分部等服装设计、工业设计、设计师品牌公司以及培训学校，还有行业机构如亚洲时尚联合会中国秘书处和中国服装设计师协会上海代表处等。

上海新十钢(红坊)创意产业集聚区　上海新十钢(红坊)创意产业集聚区位于淮海西路 570－588 号核心地段，前身是始建于 1956 年的原上钢十厂冷轧带钢厂厂房群，占地面积约 5 万平方米，项目总建筑面积约 4.6 万平方米，室外公共展示空间达 1 万平方米。改建后的园区成为工业遗产再利用的示范区，也是中国文化产业的示范区及国内外具有影响力的文化创意产业集聚区。

2005 年初，在有关部门的支持和推动下，红坊借鉴国际上利用废弃工业建筑改建为公共艺术中心的成功经验，将原废弃的厂房进行定性和功能重塑，成为上海城市雕塑艺术中心。过程中，本着城市工业遗产与再利用的实践，最大限度地保持了建筑原有结构、空间特征，将素混凝土、钢、玻璃和木材融入原建筑，使得工业厂房的粗犷雄健与现代化艺术展示的精致细腻在对比中浑然一体。2007 年，在成功建设并运营公益性项目——上海城市雕塑艺术中心基础上，长宁区进一步推进，逐步打造具有地标性质的上海新十钢(红坊)创意产业集聚区。2009 年，上海新十钢(红坊)创意产业集聚区被来自全国的近 200 位文化遗产工作者和专家认定为工业遗产利用示范区，并向全国推广。

园区吸引了 80 多家有影响力的国内外创意企业入驻，其中 70% 为外资文化企业，包括全球著名广告公司李奥贝纳及博报堂、世界 500 强企业之一的伊莱克斯文化体验馆、国际的品牌文化公司 INTERBRAND 等等。园区内总体涉及创意产业的产值达到 10 亿元人民币，带动上下游就业人口近 5 000 人。2010 年 10 月，红坊文化发展有限公司最新推出的首个以艺术、设计和生活为核心内容的时尚精品店红坊沙龙(REDTOWN SALON)。

上海新十钢(红坊)创意产业集聚区以其独特的创新发展成为上海的新文化地标，并先后获得“2007—2008 年度上海优秀创意产业集聚区”“上海市创意产业示范集聚区”“2007 中国创意产业年度大——中国创意产业 100 强”“2008 中国创意产业高成长企业 100 强”“2008 年上海创意空间口碑大”“2008 年度视觉文化艺术产业示范”“2009 年上海市工业旅游景点服务质量达标单位”，以及国家文物局授予的“工业遗产再利用示范单位”等荣誉称号。

周家桥创意产业园　周家桥创意产业园位于万航渡路 2453 号，原厂为亚洲电焊条厂，建筑面积 12 000 平方米，2004 年 12 月投入改建开发。周家桥创意产业园由上海意潮环境艺术有限公司、周家桥文化创意有限公司建设。园区入驻企业多为设计、摄影等方面的创意公司，在周家桥一期 7 000 平方米的空间内，现已入驻了设计、摄影、广告、多媒体、会展等 30 多家创意产业公司，园区招商率达到 90%。

上海映巷创意工厂　上海映巷创意工厂(原明旺工业园区)位于长宁区定西路 711 弄，前身为上海塑料模具厂。2008 年被翻新改建成新型创意工场。园区招商客户定位主要集中于新兴视觉创意行业、传统视觉行业、时尚视觉行业和若干主题商户。园区入驻商户有概念引力模特经济公司、COSTA COFFEE、祈刚高级成衣定制工作室、法国V+动漫影视制作公司、英国创意产业中心上海代表处、德国罗昂建筑设计公司、映像行视觉传播机构&宋波摄影工作室、SHANGHAI STYLE专业造型、国际美发品牌创意产品展厅以及敏敏舞蹈工作室等。

天山软件园 天山软件园位于天山路641号(近长宁支路),是以软件开发为主体的专业园区,是长宁区的首座软件园,建筑总面积约25 000余平方米,入驻企业数达70余户。天山软件园是上海交通大学在成功地创建3座彗谷高科技发展基地后,总结经验,在长宁区科委等政府部门的大力支持与参与下,携手著名的上市企业上海白猫股份公司,由官、产、学三方共同打造,属于第一批的上海创意产业集聚区。天山软件园融学术交流、技术创新、产品开发、人才培育、政策扶持、资本运营为一体,以政府产业政策扶持为导向,以开放的技术平台为依托,致力于培育一流的软件企业,成为长宁区科技发展的一块高地。

原弓艺术创库 原弓艺术创库位于仙霞路295弄20号,是集办公楼、艺术展馆及餐饮为一体的、各种文创企业相互聚合的创意产业集聚地,建筑面积6 000平方米。原弓艺术创库被挂牌为第四批上海创意业集聚区。主要投资运营商为上海日邦投资管理公司。

园区内集聚了一些经营早期油画、水彩、素描、雕塑等当代艺术的画廊和艺术工作室。入驻机构包括上海原弓美术展览馆、美艺智家文化会所、上海瑞能(艺术品)拍卖有限公司、上海原潮文化艺术策划有限公司、上海永迪文化艺术策划有限公司、日本诺日士服务有限公司、CASTER街舞工作室、明翼形体艺术中心、景德镇瓷器文化交流中心以及奥林匹克美术大会组委会数码艺术委员会交流中心等数十家创意文化企业。

【静安区】

800秀 800秀位于静安区常德路800号,原址为人民电机厂,由上海静工(集团)有限公司与上海电气资产经营有限公司双方共同出资组建上海八佰秀企业管理有限公司对其进行建设与管理,总投资额达1亿元人民币(其中静工集团占80%,电气资产公司占20%)。800秀地处静安区中部,占地1.8万平方米,是静安区政府"中部崛起"战略的重点项目之一,是静安"一街五区、南改北建"整体建设规划布局的重要一环。

集聚区分两期项目组成:一期为上海人民电机厂老厂房改建而成,建筑面积22 000平方米,包括一幢全长115米的苏式车间及十来幢老建筑;二期为"锦迪地块",总建筑面积约6 800平方米,由前身为白猫股份有限公司厂房及一部分地铁口沿街商铺组成。

在功能定位上,"一轴两翼"的布局彰显了"800秀"魅力。以多功能秀场为中心,创意办公与休闲餐饮区域分布在"南北两翼",将会展、时尚发布与商务、休闲有机结合。秀场成为静安南京路时尚高端品牌演绎、展示的舞台。自2009年起,"重生"艺术展、上海国际创意产业活动周、荷兰文化馆、上海时装周、壹戏剧大赏及市民剧场、法国音乐节、上海高校设计创意优秀作品展等一系列文化活动先后在800秀的秀场亮相。

3乐空间产业园 3乐空间产业园位于上海静安区淮安路735号,东临苏州河,北临淮安路,南临昌平路,处在苏州河河滨景观规划区域,是上海静工(集团)有限公司收购上海第九制药厂的车间改建而成,园区占地面积1 775平方米,总建筑面积3 439平方米,园区共分三部分组成,在2006年竣工。园区以文化产业、文化传媒、广告设计、电脑软件、信息服务、医疗器械、生化制品为产业导向。是静安区重点规划建设的一个综合产业园区,也是上海市内不可多得位于市中心地段的产业园区之一。

安垦绿色创意产业集聚区　安垦绿色仓库位于上海市静安区淮安路668号，原是上海百联下属分公司的储备仓库，用于存放搪瓷、牙刷等日用生活品。同时也是一座总建筑面积为6,222平方米的翻新仓库，其混合使用空间由上海安垦投资咨询有限公司于2008年7月投资开发改建为安垦绿色创意产业集聚区。

安垦绿色共有六层楼，占地面积1723平方米，总建筑面积为6700平方米。其设计深受德国包豪斯风格的影响，创造绿色生态环境的可持续发展空间。项目开始策划于2008年7月份，历经1年半的时间改建及招商后基本全面完成，招商入驻率达到100%。

园区以环保为根基，致力于通过人性化的设计，寻找对环境保护敏感度高的客户来共同维护环境，安垦公司获得2010年澳大利亚洲政府评选的澳洲在华企业最具可持续性发展企业奖及最受欢迎企业奖。同时，东方卫视、上海电视台、《城市周末》、《上海日报·英文版》、《申周刊》、杂志*La Vie*均对安垦绿色创意园区进行深度报道。

改建后曾荣获上海市创意产业集聚区、澳大利亚在华企业"最受欢迎"和"最可持续性发展"奖、上海市静安区文化创意4星园区、上海市版权示范园区等多项荣誉。

静安现代产业园　静安现代产业园位于昌平路68号，由上海无线电三厂老厂房改建而成。园区占地3184平方米，总建筑面积14000平方米，为7层涉外商务楼，可提供办公面积约12142平方米。2005年4月，静安现代产业园被上海市经委授牌命名为第一批"上海创意产业集聚区"，同年12月被静安区经委评为"五星级都市产业园"。2006年荣获"上海市小企业安全生产信用程度评估（A级）绿标企业"的称号和ISO9001/ISO14001质量和环境管理体系认证；2007年被上海国际创意产业周组委会授予"2007年度上海市十大优秀创意产业集聚区"称号；2008年蝉联"2008年度上海市优秀创意产业集聚区"称号。园区汇集了近33家来自新加坡、美国、日本、马来西亚、意大利、瑞士、德国等十几个国家和地区从事广告、传媒、网络、设计等的企业，成为静安文化创意产业的聚集地之一。园区内仅摄影棚、录音棚就有近30座，集聚度之高在上海中心城区处于领先地位。入驻园区的著名企业还有阳狮广告（世界第四大传媒集团阳狮集团的子公司）、上海东方IC公司（国内最大的图片设计公司）、尊艺摄影、方亦刚工作室、达力制作公司等。

现代戏剧谷　现代戏剧谷是上海首批文化产业园区，也是15家产业园区中唯一的音乐、演出娱乐类产业项目。2009年正式启动，以创立中国第一戏剧平台为己任。该项目的建设着眼于整个上海文化产业格局的完善和提升，同时也是2010年上海世博会最主要的文化消费领域产业业态。

现代戏剧谷采用"政府主导推动，专业机构运营，社会资源参与"相结合的市场运营模式，实施以品牌为驱动的战略规划，于建设初期启动了五大产业功能集成平台与三大文化公益项目。五大产业功能集成平台包括：戏剧演季平台、戏剧资助平台、戏剧资讯平台、戏剧评奖平台和科技服务平台。三大文化公益项目包括社区戏剧教育、青年优才计划和白领戏剧节庆。

汇智创意园　汇智创意园坐落于胶州路，占地面积5200平方米，建筑面积15700平方米，于2003年10月建成。当时被上海市经委命名为"都市型工业楼宇"，2004年更名为"静安都市产业园"，2007年成为汇智创意园，前身为上海鸿新色织厂。园区吸引了软件开发、文化传媒、设计等创意类企业30余家，如上海极光影视广告有限公司、上海克丽缇娜纺织品有限公司、上海格尔软件股份有限公司等企业，构建成集时尚、科技、创意为一体的产业集聚区。

汇智创意园园区2005年通过了ISO9001质量认证和ISO14001环境认证，2006年、2007年分别通过了质量认证和环境认证的复审，汇智创意园园区以高起点、外向型、国际化为定位，运用现代的管理模式，营造"以人为本"的服务氛围。2005年被区政府命名为"四星级"园区。优质的服务赢得了业内外领导和同仁的高度肯定，被评为上海市劳模集体；2007年，上海市委书记习近平视察了园区并给予高度评价。

传媒文化园 传媒文化园位于昌平路1000号，前身是上海窗钩厂，建筑面积占地4 730平方米，后改建为以影视制作、网络图片、艺术摄影、工业创意设计、建筑创意设计等为特色的都市产业园区。入驻企业逐渐形成了两大主导产业，一个是以网络图片设计为主导的特色产业，另一个是以建筑和工业创意设计为主导的特色产业。2004年，园区被静安区工业局认定为“三星级”工业园区，2005年升格为“四星级”工业园区。2005年4月被市经委命名为上海首批18个创意产业集聚区之一并授予传媒文化园称号，2005年11月被上海国际创意产业活动周组委会指定为12个分会场和参观单位之一，2006年上半年被上海市经委授予上海市十大创意产业集聚区之一。2007年通过ISO9001认证，2010成为上海市文明单位。广播电视、报刊杂志等多种媒体都对昌平路1000号传媒文化园作过报道。香港《文汇报》把传媒文化园和莫干山路50号等创意产业园区誉为“老国企改革的缩影”。

同乐坊 同乐坊前身是昔日的“弄堂工厂”集中区域，坐落着中国钢铁工厂、中国钢品厂、马宝山糖果饼干制造厂、增泰纺织染厂、三元橡皮印刷厂、兴业化学工厂、公用电机制造厂、友联建筑公司工场、新恒泰铁工厂、兴昌漆作、上海锡纸厂等弄堂小工厂，还有芷江大戏院、芷江电影院、西海商场、西海照相、西海体育馆、国术场、竞华中小学、台球室等文化体育场所，大宁电料行、张行记号、大明书店、恒裕酱园等小店铺。2005年，老工房改造工程正式运作，同乐坊成为首批上海18家创意产业集聚区之一。园区改造该争取以“整旧如旧”为原则，以“制造快乐”为宗旨，外部环境保持上海传统弄堂工业厂房的特色，内部改造成为集国际性、文化性、互动性于一体的艺术创意、时尚创意空间。

经过改造，同乐坊于2006年完工后成为一个兼备时尚娱乐和文化休闲产业的消费场所。以“文化、休闲、创意”为导向，融“国际化、文化性、互动性”为一体，涵盖酒吧、餐厅、概念零售店、艺术前卫画廊、文艺小剧场等。入驻企业包括美国洛杉矶品牌Muse Club、全球第一家模特概念时尚酒吧EliteBar、海第一家欧洲古典油画画廊Cinguini画廊、阆风艺术画廊、芷江梦工场和快乐学习教育集团等。

源创创意园 源创创意园位于静安区陕西北路600号，原是上海机床附件一厂的旧址，2008年底，上海全华资产管理有限公司对该址进行重新定位，改造为创意产业集聚区。园区占地面积4 351平方米，建筑面积约10 000平方米。产权方为上海电气(集团)总公司，由上海全华资产管理有限公司投资开发。源创创意园以高级定制、秀场、创意办公为主，涵盖了建筑设计、地产规划、装潢设计、服装设计、广告设计等各类创意企业。园区出租率达70%，已成功引进各类高级家具、服装定制、时尚设计、建筑设计、室内装饰、广告策划等原创创意企业及商业、公共配套企业30余家。

98创意园 98创意园地处延平路98号，又名“蓝天绿地城市商务广场(Nature Plaza)”。整个园区面积14 000平方米，创意园原址是上海电器厂厂区，始建于1967年，专门生产高低压成套电器设备。企业转制搬迁后，上海电气酒店投资管理公司对原有厂房加固、改造，将旧厂房打造成工业设计、品牌设计创意园区。

【普陀区】

越界·苏河汇 越界·苏河汇位于普陀区光复西路1107号，前身为上海曹杨副食品批发市场，经过改造，已成为一个以时尚设计、信息技术为主导的创意产业集聚区，园区可供租赁面积约1

万平方米，管理机构为上海锦羽企业管理有限公司（上海锦和商业经营管理股份有限公司全资子公司）。

越界·苏河汇定位为创意产业园，招商中的目标客户为时尚设计、创意产业以及信息技术产业租户，客户业态主要有广告设计、会展设计、服装设计、各类 IT 公司，是现代服务产业聚集地。园区文化产业主要有设计类企业、文化传播企业和信息技术类企业。截至 2010 年 12 月底，园区出租率 98.45%，办公面积为 98%，2% 为商业配套。园区企业中，设计类企业占 48%，信息技术企业占 40%。园区主要入驻企业有：上海传诚服装有限公司、上海欧翼文化传播有限公司、网纪信息技术上海有限公司、和光社写真室、览灿国际贸易（上海）有限公司、上海和煦展览服务有限公司、上海唐硕软件咨询有限公司、上海柯慧网络科技有限公司等。

景源时尚产业园　景源时尚产业园位于长寿路 652 号，占地面积 16 066.67 平方米，建筑面积 20 549 平方米，原是上海市纺织原料公司办公楼和上海纺织原料公司长寿路仓库库房，建筑面积 10 389 平方米，内有 14 幢建造年代从 20 世纪 20 年代末至 90 年代初各时期的工业建筑。2008 年，景园创意园进行了保留历史风貌的改造。景源创意园定位以时尚、设计、文化、现代为特征，构筑纺织、服装服饰设计、家具设计、工业设计、建筑设计等与时尚品牌发布为基础的创意产业，并有与之相呼应的配套形态，形成功能互补、错落有致的主题性创意园区。园区吸引了 30 多家企业入驻，其中设计服务类创意企业超过 70%。

E 仓创意园　E 仓位于宜昌路 751 号，前身为诚孚动力机械厂，拥有 10 栋源自 20 世纪 30 年代到 50 年代旧厂房，经过改造后建筑面积约 5 700 平方米。园区于 2007 年 1 月正式对外开放，定位集中在艺术设计、动漫设计、文化推广等方面。入驻企业主要是艺术设计、平面广告设计、建筑设计公司，动漫设计、动漫制作、游戏制作公司，文化推广、中外文化传播交流公司等。入驻企业有唐人电影制作公司、三圣建筑设计事务所、人英网络知名企业等。

M50 莫干山路创意园　M50 莫干山路创意园位于普陀区苏州河南岸莫干山路 50 号，M50 原为近代徽商代表人物之一周氏的家族企业——信和纱厂，解放后更名为上海第十二毛纺织厂、上海春明粗纺厂。拥有自 20 世纪 30 年代至 90 年代各个历史时期的工业建筑 50 余幢，是苏州河畔保留最为完整的民族工业建筑遗存。从 2000 年起，在上海市经济信息化委和纺织控股集团公司的支持下，企业通过都市型工业园区的建设和业态调整，逐步将 M50 创意园区定位为以视觉艺术和创意设计为主体的艺术家工作室、文化艺术机构和设计企业。经过十年时间的发展，M50 创意园吸引了来自 20 个国家和地区的 130 余户艺术家工作室、画廊、高等艺术教育以及各类文化创意机构，并在创意园区的基础上，积极开拓衍生业务，逐步形成了 M50 品牌体系。M50 创意园曾先后获得"上海市首批创意产业园区""上海十大优秀创意产业园区""全国工业旅游示范点""上海首批文化产业园区""上海名牌区域""国家 AAA 级旅游景点"等荣誉和称号，成为上海乃至全国最具规模和影响力的创意产业园区之一。

M50 西部桃浦创意园　M50 西部桃浦创意园（Shanghai Top）园区地址位于上海市普陀区武威路 18 号，是 M50 创意园位于普陀区的一处分园，原址是上海纺织集团下属的凤凰毛毯厂。园区总面积 23 138 平方米，商业配套服务设施面积 827.16 平方米，由上海天玉创意发展有限公司进行管理，2010 年营业总收入 1 500 万左右，其中文化企业营业总收入 1 080 万左右。

园区主要文化产业门类有当代艺术、时尚设计、建筑设计类。园区积极打造文化艺术展览平台、引导孵化培育平台、增值服务平台、国际人才交流服务平台。园区入驻企业达到 31 家，其税收落地率达到 78%；同时园区增加就业岗位 500 人次。

创邑金沙谷 创邑金沙谷位于真北路988号,园区原为上海离合器总厂厂址,金沙谷于2007年2月完成改造,建筑面积共达23000平方米,其中商业18400平方米,办公4600平方米。创邑·金沙谷重点引进服装设计、建筑装饰设计、印刷包装设计、工业产品设计等创意设计企业及工作室,集设计、出样、展示功能于一身,形成一条创意产业链。入驻企业主要有和黄物流、中纺集团、欧马会等。

上海天地软件园 上海天地软件园于2004年成立,是一个以软件为主题的高科技园区。园区主要面向广大软件企业,整合优质社会资源,搭建为企业提供一体化服务的中介服务平台。园区采用政府指导企业运作的管理模式。由普陀区、长征镇有关领导组成的上海天地软件园管理委员会,作为园区发展的主要决策机构;由注册形成的园区管理公司运用企业化手段实施对园区的管理。园区发展了一批成熟的软件企业,成为上海乃至中国的龙头软件企业;扶植了一批中小型的软件企业,帮助他们成长,成为上海软件产业的骨干企业。同时,园区还积极推动软件科技成果的产业化进程,培育一批具有自主知识产权的软件产品。

谈家28-文化·信息商务港 谈家28-文化·信息商务港是经上海市普陀区人民政府批准建设的,以科技信息、研发设计为集聚方向的高科技产业园区,先后被认定为“国家级科技企业孵化器”“国家工信部中小企业公共服务平台网络单位”“上海市公共服务示范平台”“上海市信息服务业产业基地”“上海市文化产业园”等。园区位于上海市普陀区谈家渡路28号,地处苏州河十八湾的谈家渡湾;园区总面积20000平方米,商业配套服务设施面积1100平方米,由上海盛泉实业有限公司进行管理。

园区以文化创意、平面传媒、网络文化服务为产业集聚方向,入驻企业172家,其中文化创意企业130家,占全部入驻企业的75%以上。其中包括网恒文化传播、忆通广达、天泰茶业、堂皇文化、企荫信息、威瑟科技、九旭文化传播、岚天信息科技、掌赢信息技术、九旭文化传播等文化科技企业,产业集聚效应初步形成。

中华1912 中华1912文化创意产业园位于澳门路477号。中华印刷厂老厂房原是1935年由英国泰利公司建造的中华书局印刷厂,至今已经有75年的历史,1999年被评为上海市“优秀历史建筑”。2009年在上海市经委及上海市普陀区政府的指导下,为更好地保护和利用中华印刷厂这一历史建筑群,由上海仲华置业发展有限公司负责项目开发运营,并将其修缮改建“中华印务创意产业园”,并将其推广名定为“中华1912”。中华1912创意产业园主要发展以文化传播与影视传媒为主的文化创意产业,主要包括广告设计、建筑设计、动漫设计、影视制作、剧本创作与交易、影视作品译制、海报设计、会展会务等产业链上下游企业。

【虹口区】

国家音乐产业基地(虹口制作中心) 上海国家音乐产业基地位于虹口区辽宁路46号,于2009年11月由原国家新闻出版总署批准上海新汇文化娱乐集团建立,是全国首个正式获批的国家级音乐产业集聚区。园区总面积7683平方米,由上海新汇文化娱乐(集团)有限公司进行管理。虹口园区搭建了音乐制作公共服务平台、云端音乐连锁营销系统、音乐产权交易中心等平台,集聚了上海新汇文化娱乐集团、上海声像出版社有限公司、上海音像有限公司、上海高瞻音乐剧剧团、上海新汇原创文化科技有限公司、缪尚网络信息科技(上海)有限公司、上海市音像出版制作行业协会等一批业界龙头企业、特色企业及行业协会,形成了内容原创、演艺经纪、录音制作、音像出版(包括数字出版)、批发零售、版权交易等较为完整的音乐产业链,创作生产了一大批在海内外有一定影响力的中国原创音乐作品和产品，10多次荣获全国“五个一工程奖”、“中国出版政府奖”、“中华优秀出版物奖”和“中国金唱片奖”等奖项，跻身于上海文化出口前十位，主办承办了“国际音乐创意产业高峰论坛”“国际唱片协会亚洲区年会”等业界峰会。

1933老场坊　1933老场坊位于沙泾路29号，前身是上海工部局宰牲场。1933年，由工部局出资兴建，著名英国设计师巴尔弗斯设计，中国知名建筑营造商建造的上海工部局药厂在上海虹口区沙泾路正式建成，并以“远东第一”名噪一时。建筑面积共计3.17万平方米，建筑层数5层，结构方式为钢筋混凝土结构。经过修缮改建的老场坊，融合“发布、展示、交流、交易”为一体，“法拉利”“宝马”“雷达表”“可口可乐”等世界著名品牌相继在1933老场坊进行展示宣传。同时一批在国内外具有相当知名度的品牌企业也已入驻1933老场坊。成功举办过法拉利F1派对、雷达表50周年庆、《蓝莓之夜》亚洲首映派对、ZSAZSAZSU新品发布及派对，此外阿迪达斯2008年大型派对、可口可乐新品发布会、奔驰新车发布会、保时捷60周年纪念、“NIKE摩天争霸篮球赛”、中德安联2009卓越精英颁奖盛典等也在1933举行。2009年7月，作为国内首家对本土原创设计产品进行展示、宣传、品鉴、交易的公共服务平台——“上海设计之窗”在1933老场坊隆重开幕。老场坊先后获得上海市优秀历史建筑、上海创意产业集聚区、全国工业旅游示范点、“2008创意盛典”优秀创意产业集聚区的荣誉。

彩虹雨创意产业园区　彩虹雨园区坐落于虹口区北宝兴路355号，后更名为晟大文创园，在20世纪90年代原是康培尔服装厂，地处闸北区延长路与虹口区北宝兴路交汇口。园区由一幢主楼、两幢副楼组成，利用老厂房层高的优势，打造按个性需求分隔的办公空间。发展定位于咨询策划、创意设计、教育培训、文化传媒、电子科技、科技信息、软件开发等领域，引进的企业主要有建设工程咨询人才培训中心、航运代理公司、软件设计公司、高档灯具设计公司、服装设计公司等。

大柏树数字设计创意产业集聚区　大柏树数字设计创意产业集聚区总占地面积3.8万平方米，建筑面积7万余平方米，总投资2.14亿元，于2009年9月正式建成。中国出版蓝桥创意产业园、明珠创意产业园和大柏树930科技创意园区作为大柏树地区重要的产业载体，分别发挥不同发展作用。3家园区共同申报市级集聚区发挥了集聚区发展的规模效应和集聚效应，其中中图蓝桥文化创意产业园是上海市虹口区政府、中国出版集团公司、中图集团总公司倾力打造的一个以数字出版为特色的全新文化创意产业园；大柏树930创意产业园定位于数字媒体和信息服务业的科技创意产业园区；上海明珠创意产业园则积极引进创意传媒、软件设计、产业创意展示、数字网络、文化创意等企业。这三家园区地理位置相近、产业定位相似，通过虹口区政府的统筹规划，形成了共同发展的格局。2010年5月，中国出版蓝桥创意园正式挂牌国家数字出版基地(虹口园区)，成为继张江国家数字出版基地后上海数字出版业的又一地标性园区。

花园坊节能环保产业园　花园坊节能环保产业园位于花园路171号/中山北一路121号，紧邻虹口足球场，在工地老厂房(原上海乾通汽车附近有限公司)的基础上建立起来，于2009年初完成改造。花园坊上海节能环保中心是上海乃至全国首家创意产业与新型节能环保结合的专业性主题产业园区。园区占地面积70 000平方米，建筑面积达60 000平方米，入驻园区的客户已达到40几家，包括上海环境能源交易所、上海市能效中心，上海安悦节能技术有限公司、上海上汽安悦充电科技有限公司、虎扑体育、乐竞文化传媒、高顿财务教育培训、美丽加芬等诸多著名企业。园区获得“节能建筑示范园区”“新能源产业孵化基地”“上海市创意产业集聚区”“上海市创意产业示范园区”“上海市节能环保科普教育基地”“上海市工业旅游基地”等荣誉。

建桥69创意园　建桥69创意园位于通州路69号，地处虹口区北外滩区域，原为上海沪东机床厂。园区引进物流、创意设计及咨询业三大支柱产业。园区吸引了物流业的意大利著名物流公司首富国际运输有限公司、国内物流百强企业之一的恒通物流;创意设计类不仅有设计业的主流军团景观设计公司、建筑设计公司、室内设计公司,还有设计业内的新贵家具设计公司、摄影公司及同济大学教授创立的企业形象设计公司;咨询业内不但有专为外商投资中国引路的白氏咨询机构,更有信息科技服务、海事技术服务、智能系统工程等专业咨询机构。

空间188创意产业园 空间188创意产业园位于东江湾路188号,前身为原上海无线电八厂,建筑面积达30 000平方米。园区由加拿大海移集团下属的加拿大南海岸国际投资有限公司与上海仪电控股(集团)共同开发。入驻园区的企业中有两家世界500强企业:法国欧尚集团公司和德国曼罗兰集团公司。园区还与虹口区政府合作共同打造了上海市数字媒体产业园,引进了多家获得风投的数字媒体行业的公司。

绿地·阳光园 绿地·阳光园位于西江湾路500号,是在虹口区政府的支持下,由美国和德国知名设计师进行整体设计、上海绿地集团建设开发的创意园区。园区前身为上海宝钢建设有限公司,建筑占地面积为8 200平方米。绿地·阳光园主要面向国内外各类创意产业企业,形成以文化设计为特色的重点领域。园区定位涵盖体育文化、建筑设计、广告等三大方面,已入驻园区的知名企业有世界500强企业西马克带钢技术(上海)有限公司、上海华浦教育进修学院、上海绿光教育培训中心、乐宁教育、炬威冶金技术(上海)有限公司、上海意开信息科技有限公司等,出租率已达99%左右。

智慧桥创意产业园 上海智慧桥创意产业园是上海市政府确定的第二批18个创意产业集聚区之一,由上海科事发房地产有限公司投资建设。园区借鉴第一批创意产业园区的成功经验,结合虹口的文化底蕴,以位于虹口区广灵四路116号虹口区原建材厂厂房为一期开发用地,占地面积3 220平方米,建筑面积5 000平方米,于2006年7月建成营运。园区为设计创意企业及设计创意工作者提供全方位的、高效、优质、专业的服务,并与上海设计创意企业、研发机构及高校合作,为设计创意产业架起全面沟通的桥梁,形成产学研一体化发展,从而提高设计创新能力和设计知识水平,推动设计创意产业的集聚。园区入驻企业达到20余家,以网络信息技术服务、研发设计企业为主,包括个性化印刷品在线设计、建筑设计、服装设计、产品外观设计等产业链,并拥有从电子商务、网络技术服务、物流贸易等相对齐全的配套与辅助服务行业集群。

优族173创意产业园区 优族173创意产业园区位于上海虹口区邯郸路173号,是上海市优族文化创意产业发展有限公司开发的集创意、办公、休闲、生活为一体的多功能创意产业园。2003年,园区在原上海电力建设修造厂厂址上投资1.2亿元打造,占地面积28 000平方米,是上海市第三批虹口区首批的市级87家创意产业集聚区之一。优族173创意产业园区于2006年6月建成,是集办公、培训、IT设计研发、信息交流为一体的创意集聚地,园区总体定位为“知识服务业的创意平台”。

上海通利商务创意园 上海通利商务创意园由上海无线电模具厂的老厂房改造而成,园区地处北外滩开发区,位于交通主干道周家嘴和大连路的交汇处。2005年上海无线电模具厂的老厂房进行整体开发、改建、招商和管理,改造后的海通利商务创意园总建筑面积为7 119平方米。园区定位于产品设计、建筑设计、航运服务等产业。

新华文化创新科技园 新华文化创新科技园(上海新华文化创新科技产业有限公司)是由上海新华发行集团、上海杨浦科技创业中心、闸北区科技创业中心3家单位共同出资建立的新型文化创意产业园区和文化企业孵化器。园区以数字出版、文化创意、咨询设计为主导的文化创意产业作为产业方向。园区被中共上海市委宣传部等四部门联合认定为“上海市文化产业园区”，被上海市科委认定为“上海市文化企业孵化器”，园区可以为入驻的文化创意企业提供全方位的专业孵化服务。

新兴港创意产业集聚区　新兴港创意产业集聚区(卢比克魔方)前身为原上海电子仪表厂房，占地约 4 600 平方米，建筑面积共计 12 000 平方米，经由上海天虹兴港实业发展有限公司改建成创意产业集聚园区，建成时间为 2008 年 9 月。经过改造，新兴港成为以建筑设计、工业设计、咨询策划及动漫等为主的公共开放式创意园区。已有 30 多家中外企业入驻。

【杨浦区】

创意联盟产业园　创意联盟产业园位于杨浦区平凉路 1055 号，建筑面积为 12 500 平方米。园区定位为创意类、技术开发类企业的现代化办公综合场所，园区吸引注册与入驻企业 500 余家，主要入驻对象为创意类、技术开发类和现代服务类企业，如西门子上海分公司、上海铭大爱涛创意设计有限公司、上海智森航海电子科技有限公司、上海傲旗工业设计有限公司、上海铭之晟家居用品有限公司等。

建筑设计工场　建筑设计工场(原沪东科技园)是经杨浦区人民政府批准于 2001 年 12 月成立的，由上海渔业机械仪器研究所、沪东科技信息沙龙、四平街道联合创办，并于 2005 年得到市经委授牌。建筑设计工场位于赤峰路 63 号中国水产科学研究院渔业机械仪器研究所内，同济大学南北校区之间，居赤峰路建筑设计街中心，建筑占地总面积为 25 621 平方米。建筑设计工场服务于杨浦知识创新，力主推进大专院校、科研院所科技成果转化，推进知识转化为生产力，在杨浦知识创新中扮演知识产业化试验基地的角色。园区入驻率为 100%，入驻企业 36 家，其中建筑设计企业 31 家(4 家拥有设计甲级资质)，使用面积达 80%；软件开发类企业 4 家，使用面积达 20%。企业从业人员 2 200 多人，其中本科以上人员占总人数的 80%以上。2010 年，建筑设计工场荣获了“2010 年中国创意产业年度大奖”最佳园区奖。

铭大创意广场　铭大创意广场位于杨浦区内环线以内的长阳路 2467 号(近隆昌路)，是在原上海电焊机厂厂址上改建而成的一个以工艺品、艺术品和环境艺术为主题的创意产业园区，也是上海最具规模的现代工艺品产业聚集区之一，铭大创意园区于 2009 年 8 月改造完成并正式开放，园区建筑面积约 13 000 平方米。园区曾先后举办过“现代艺术大师作品展”“现代刺绣艺术展”“现代书画艺术展”“2008 年创意产业活动周”“创意与资本高峰论坛”等较具影响力的大型活动。

昂立设计创意园　昂立设计创意园位于四平路 1188 号，2005 年初认定的上海市首批 18 个上海创意产业集聚区之一。昂立设计创意园经过改建后建筑总面积达到 31 000 平方米，形成了从城市规划设计、建筑设计、室内装饰设计、沙盘设计、桥梁设计、施工工程设计、环境设计、景观设计到建筑模型设计的整个建筑设计产业链条，其设计集聚效应引领了整个赤峰路设计一条街。园区内有承租企业 45 家，其中 40 家为设计相关企业，包括《现代建筑》杂志社、东方设计院、日兴建筑设计、博创建筑、源景景观、同设建筑设计、鲁班软件、水石景观、元基工业设计等一批知名设计相关企业产生了相当的设计集聚效应。2006 年 4 月园区被评为上海最有影响力的创意产业集聚区之一。

创智天地园区　上海创智天地园区，位于上海市杨浦区五角场地区，由杨浦区政府联合香港瑞安房地产集团建设，投资规模 100 亿元，建成后总建筑面积 100 万平方米，形成以信息产业为主的高新技术产业集群。园区建成的办公楼宇由 4 大部分组成，一是创智天地广场，由 12 幢甲级办公楼组成。重点引进以跨国公司为主的总部级研发和销售中心，园区引进的大型企业有 EMC、IBM、甲骨文和易保软件等，同时还引进了以联合国南南全球技术交易所和环境能源交易所等国际机构；

二是创智坊,该区域以乙级办公楼和公寓式办公楼为主,重点引进具有自主知识产权的创业型企业,外包服务企业等;三是科技园,以定制总部级公司办公楼为主,重点引进企业总部,已与多家公司在接洽商谈中;四是江湾体育中心,以历史保护建筑为主,建成上海东北片重要的公共活动中心。

创智天地园区所引进的企业以信息技术产业、现代设计产业和科技金融三大产业为主要发展方向,占到园区内现有企业总数的80%以上。既有规模大、产值高的世界500强行业巨头企业,也有规模小、主业突出、核心竞争力强的中小企业,形成了大、中、小企业共存共荣、错位竞争、良性发展的产业氛围。特别是在软件和信息服务业聚集了一批著名跨国企业包括EMC、IBM、甲骨文软件、易保软件、缤动信息等。

东纺谷创意园 东纺谷创意园(上海纺织科技工业园)地处杨浦区平凉路988号,是以上海市纺织科技研究院为基础,建立于2002年2月,占地面积27 070平方米,原建筑面积43 000余平方米。2005年11月园区被上海市经济委员会命名为“东纺谷”创意产业园。园区是以纺织科技为主导的园区,是纺织科技企业发展和创业的基地。东纺谷利用上海市纺织科学研究院的场地、厂房、科研设施、情报网络以及测试中心等优越的条件,组合纺织控股集团业内的纺织科技精英,发挥区政策优势、服务优势,强强联手,推进上海纺织高新技术的发展。园区先后引进纺织科技创意公司70余家,有林家阳原创大师工作室有限公司、陈凯原创大师工作室有限公司、凌雅丽服饰原创设计有限公司、上海世之维集团有限公司、上海中纤纺织科技发展有限公司、上海迅尔服装有限公司、上海德赛纺织工程技术有限公司等企业,形成了独特纺织专业科技创意园。

环同济设计创意产业集聚区 环同济设计创意产业集聚区位于“环同济知识经济圈”即同济大学周边2.6平方公里的核心区域内,是以设计创意内涵为要素、相关产业链为聚合,构建以研发设计创意、建筑设计创意、文化传媒创意、咨询策划创意等为内容的设计创意产业集聚区。集聚区内包括由原“公交汽车一场”地块改建而来的上海国际设计一场、同济联合广场、赤峰路63号建筑设计创意工场等重点项目,以及同济大学建筑设计研究院、上海市政工程设计研究院、上海邮电设计院等一批骨干企业。2007年5月,杨浦区政府与同济大学联合启动了环同济建设。2008年纳入到张江高新技术产业开发区管理体制内。2009年1月国家科技部正式命名“国家火炬计划环同济研发设计服务特色产业基地”,成为国内唯一以现代服务业为主的特色产业基地。2009年这一区域已吸引近1 200家设计类企业集聚,从业人员近3万人,去年总产值已达102亿元。2009年上半年在国际金融危机的背景下,呈现逆势上扬势头,总产出达59亿元,同比增长近20%。同年9月上海市经济和信息化委员会授牌“环同济设计创意产业集聚区”。2010年7月19日“上海环同济设计创意集聚区开发建设有限公司”正式揭牌成立。

尚街Loft上海婚纱艺术产业园 尚街Loft上海婚纱艺术产业园位于杨浦区军工路1436号,前身是由民族企业家强锡麟先生于1946年创办的上海华丰第一棉纺织厂。成立之初,便以花园工厂著称。1971年转产化纤,更名为上海第五化学纤维厂。2007年开始向创意产业园转型,利用老厂房改造的特色产业园,契合了当下年轻人在追去时尚的同时有隐含的一种怀旧情结,并确立了以婚纱摄影为主线的时尚文化生活创意集聚地为打造目标。园区已成为上海最大的婚纱摄影地,其中园区内的唯一视觉、蔚蓝海岸、ID摄影原创空间三大婚纱摄影主力机构更是遥遥领先于业内同行。2010年7月园区归入上海纺织时尚产业发展有限公司旗下,进入“尚街Loft”品牌园区系列。2010年通过了上海市经信委市级创意园区的立项审批。2011年12月底被中共上海市委宣传部、上海市经济和信息化委员会、上海市文化广播影视管理局、上海市新闻出版局联合授予“上海市文化产业园区”称号。

上海国际家用纺织品产业园　上海国际家用纺织品产业园位于平凉路1398号，原是上海第四漂染厂，2001年工厂亏损停产。2003年由上海杨浦工贸（集团）有限公司承担对园区整体的开发与建设，上海今代纺织科技发展有限公司负责园区运营。并定位家用纺织品为主导产业，前身由“工业园”起步运营以来，逐步改造为创意产业集聚区，改建后集聚区总建筑面积约35000平方米，并被区人民政府确定为重点扶持和发展的优势产业。

上海国际设计交流中心　上海国际设计交流中心——汇星广场（又名“汇星创意园”）由原上海针织厂改建而成，位于长阳路1080号，建筑总面积34000平方米，以工业、建筑、环境、视觉设计为核心主题。上海国际设计交流中心园区品牌是上海纺织时尚产业发展有限公司旗下四大园区品牌之一。品牌的核心内涵是“互动·创意·时尚设计”。以“时尚设计”为核心，通过集聚和培育、交流和传播、发布和展示的平台，整合前沿时尚设计理念与优秀时尚设计作品，汇聚国际设计力量与本土时尚先锋。

园区引进了香港洛克斯国际集团有限公司、上海原味文化传媒有限公司、上海东朔建筑设计有限公司、上海筑道城市设计咨询有限公司、上海荷越景观艺术工程有限公司等国际、国内的工业设计、建筑设计、环境设计、视觉艺术设计和动漫设计、时尚设计等相关的企业和设计大师以及上海工业设计协会入驻。

五角场800艺术区　五角场800艺术区坐落于上海市东北角，自2006年建成以来，已形成了艺术机构、设计机构、艺术教育、配套服务为一体的艺术产业多形态结构，成为了上海市文化的新地标。2009年4月被评为上海市创意产业园区。

艺术区自建成后吸纳了50余家艺术创意机构，其中公益性艺术机构1家，艺术品经营机构10余家，摄影、艺术设计、艺术教育、文化传播机构30余家，园区配套服务机构10余家。形成了多样性的艺术业态。艺术区以其艺术展览的学术性、艺术活动的丰富性，艺术文化辐射的宽广性成为了上海文化艺术发展的典型代表。艺术区先后举办2008年的“吴冠中走进上海——吴冠中原作展”、2009年的“大师之路——两院故宫藏画复制展”、2010年的“巨匠——中国艺术的十个个案”大型展览。艺术区内有来自中国台湾地区、韩国、新加坡的多家国际艺术机构。园区内的艺术设计机构也颇为丰富，从景观设计、室内设计等大型工程设计公司，到产品设计、包装设计等小型设计工作室各个特点鲜明。

【闵行区】

西郊鑫桥创意产业园　西郊鑫桥创意产业园位于闵行区虹许路731号，是闵行区第一家创意产业园，产业园原为上海第十四羊毛衫厂，改造后于2006年重新对外开盘。园区经过改建后建筑总面积达1.5万平方米。园区毗邻虹桥开发区，背靠虹梅路休闲街，定位为艺术、设计类创意产业。西郊鑫桥创意园有23家不同风格的创意文化企业入驻，接纳了20多家以精致艺术为主的创意企业，60%的企业从事建筑装饰设计和服装、家具设计，25%的企业从事文化艺术创作。例如山西今古古典家具馆、陈伟德艺术玻璃工作室、韩家英设计公司、黑泡泡设计公司、翰林区额博物馆、山西古典家具馆、科誉办公系统有限公司、澳珀家具上海工作室、上企建筑装饰有限公司、申凡工作室等。园区还创建了以精致艺术为主的辉轩国际设计艺术走廊，为“中国设计师走向世界、国际设计师进入中国”架设起了一个平台。

七宝老街　七宝老街位于上海市闵行区中部。集游览、观光、餐饮、休闲为一体，属江南水乡历史风貌型旅游度假区。自2005年，七宝老街荣获上海“十大休闲街”荣誉称号以来，又连续被评为上海商业特色街、上海名牌区域等荣誉称号。

为保护历史文化遗产,发展旅游事业,七宝镇人民政府于2000年对老街进行修复改造,整理历史文化,再现独特的人文景观与个性特色。七宝老街商业街垂直于蒲汇塘,由蒲汇塘分为南、北大街,全长360米,东西宽约200米,占地约61333.33平方米。七宝老街的后续改造于2010年上海世博会前全部完工。

上海众欣文化产业园 上海众欣文化产业园创立于1995年,位于虹梅南路1755号,功能定位为以文化印刷为主体,以文化产业新产品为引领,以现代信息技术服务为平台,将二、三产业有机融合。园区内知名的或有特色的文化企业包括:称秋雨印刷(上海)有限公司、上海伊诺尔防伪技术有限公司、上海伊诺尔印务有限公司。2010年园区营业总收入35亿元,其中文化企业营业总收入15亿元。园区建了文化总部经济平台、研发设计平台、创新孵化平台、综合服务平台,四大平台将文化产业有机融合,优势叠加。

【宝山区】

上海动漫衍生品产业园 上海动漫衍生品产业园是国内第一家专业的动漫衍生产业园区。园区围绕动漫衍生品产业链,借助上海动漫产业发展优势,依托宝山区,打造国内动漫衍生产品的产业集群。园区一期位于上海市宝山区大场镇,于2008年年底启用,启用不到半年,出租率便达100%。园区作为上海数字娱乐中心动漫衍生品基地,大力吸引国内外动漫衍生品行业的设计、生产(以OEM为主)、代理、营销及培训企业入驻,并围绕以动画卡通、网络游戏、手机游戏、多媒体产品等为代表的动漫产业,打造动漫衍生品产业链。园区一期(海纳科技大厦)建筑面积1.2万平方米。主要吸引动漫图书、报刊、音像制品、舞台剧、教育、基于现代信息传播技术手段的动漫新品种,以及与动漫形象有关的食品、服装、玩具、电子游戏等相关企业入驻。

上海国际工业设计中心 上海国际工业设计中心由上海汽车工业(集团)总公司、中国工业设计协会、上海工业设计协会、上海设计创意中心、上海时尚产业中心、宝山区人民政府联合打造,是上海唯一一个以工业设计为主题的创意园区。中心地处上海市淞南镇东部地区,占地面积20100平方米,建筑面积约50000平方米,于2009年12月建设完成并投入使用。

上海国际工业设计中心以工业设计为主导,集生产、服务于一身。中心立足国际资源,以集聚高端设计产业为目标,通过科学规划和市场化运作,将"设计产业"引入到经济领域,并通过自身优势,联合区域政府、行业组织、协会高校、中介金融机构、产权专利交易机构等多方力量,致力于中心的发展,使之成为集展示、技术、孵化、交易四大功能的主题性创意园区。中心先后吸引了40余家工业设计、建筑设计、广告传媒等领域的创意企业入驻,主导产业占入驻企业率达到80%以上。

M50半岛1919文化创意园 M50半岛1919文化创意园位于淞兴西路258号(吴淞大桥以西),占地面积为14.2万平方米,建筑面积为14万平方米,由上海纺织控股(集团)打造。前身是上海第八棉纺织厂。该厂筹建于1919年,至今仍完好地保存了原厂不同历史时期建造的各式建筑,其中部分被列为受保护的历史建筑。改造项目保留棉纺织厂的一些原有元素,同时建造充满现代气息的建筑群。项目一期占地80666.67平方米,建筑面积为7.3万平方米,由上海纺织控股集团和上海红坊文化发展有限公司等共同建设,2009年3月交付使用。拥有以"海派抽象艺术"为主题、"国际定位"为目标的艺术库,大型主题展示互动活动的创意体验中心,以及数十家艺术家、设计师工作室和各类休闲服务配套设施。

产业园已签约入驻艺术库的工作室有:上海抽象画派艺术家周长江、潘微、陈墙、曲丰国及黄渊青，实力派画家殷雄。上海戏剧学院创业实验基地、中央美术学院第九工作室、中国设计业十大杰出青年杨明洁的设计工作室、日本文化村（日本首个大型综合文化村落）也签约入驻。

【嘉定区】

上海文化信息产业园　上海文化信息产业园（东方慧谷）是由中共上海市委宣传部、上海市嘉定区人民政府批准成立的文化信息化产业基地，是由嘉定区马陆镇人民政府、上海东方网股份有限公司、上海宏发集团三方强强联手打造的首个以现代文化产业、信息产业、创意产业融合发展为特色的大型高新技术产业企业集聚区。园区占地近 40 万平方米，入驻企业定位于文化、信息、创意产业以及关联及配套服务产业，上海市文化和信息化融合发展的重大示范工程。

智慧金沙·3131 创意园　智慧金沙·3131 创意园位于金沙江路 3131 号，是首个以电子商务为主的创意产业基地。前身是上海嘉真经济发展有限公司旧厂房，经营仓储、生产加工等业务。2008 年初经精心设计、内外翻新，同年 6 月改建完成，改建后的园区总建筑面积为 32 000 平方米。麦包包、上海团购网、驴妈妈等多家知名电子商务公司入驻其中。2009 年 9 月，园区被上海市经济和信息化委员会授予“上海创意产业集聚区”称号。

南翔智地企业总部园　南翔智地企业总部园位于嘉定区沪宜公路 1188 号，总面积 85 万平方米，于 2008 年建立，由上海南翔智地企业投资管理有限公司进行管理，是上海市首批上海生产性服务业功能区、上海市品牌建设优秀园区、上海市知识产权示范园区、上海市文化产业园区、上海市企业总部基地、上海市民营经济总部集聚区、嘉定区现代服务业示范企业、嘉定区现代服务业重点发展扶持项目。上海南翔智地企业总部园功能定位于以文化信息及多媒体影视为先导的生产性服务功能区，主要面向企业总部、文化创意、会展博览、信息服务、新能源科技研发、电子商务等行业。

中广国际广告创意产业园区　中广国际广告创意产业园区成立于 2007 年，位于嘉定区汇源路 55 号，园区总面积 47 975 平方米，由中广国际广告创意产业基地发展有限公司（上海嘉定工业区开发集团有限公司全资子公司）负责开发和运营。通过产业链高度聚集来集约资源，推进中国知名广告企业的扩张与品牌提升。规划用地 200 万平方米，吸引了近 3 000 家文化创意类企业入驻，汇聚了百度、爱奇艺、时尚集团、中国元素、观池文化传播、创梦上海嘉定亚马逊 AWS 联合孵化器、智炎孵化等一批行业内领先的企业，成为国内规模比较大、产业链比较完整的市级孵化基地和国家级广告园区。

【金山区】

金山国家绿色创意印刷示范园区　金山国家绿色创意印刷示范园区 2010 年 10 月 8 日落户上海金山。这是国家新闻出版总署与上海市政府进行“部市合作”，探索推动中国出版业创新发展的重要内容之一。金山国家绿色创意印刷示范园区位于上海市金山工业区内，规划面积 246.67 万平方米，着力发展包括绿色特种印刷、智能标签印刷、数字和数字化印刷、广告和创意设计等在内的七大“绿色”印刷产业。与台湾永丰馀集团、上海申健等知名印刷企业正式签约，两家企业分别投资 3 亿元和 3 000 万美元落户金山国家绿色创意印刷示范园区。

【松江区】

创异工房　创异工房位于松江区沈砖公路 6000 号，占地 133 333.33 平方米，由上海佳利特实业有限公司投资建设和经营管理。2010年正式投入运营,吸引了包括奇际广告传播有限公司、申凡工作室、视范图片公司、英特贝斯(上海)陶瓷有限公司、欧洲技术服务中心、玛娅家居有限公司等30余家企业和机构入驻,其中德国、意大利、瑞典等外资企业占比60%以上,出租率在90%以上。创异工房是松江区乃至上海西南区域重要的创意设计和工业设计企业机构的集聚地,也是该区域知名的汽车广告摄影和嘉年华活动场所,艺术家沙龙场所和工业设计、家居家具、服装服饰企业的产品秀场。

叁零·SHANGHAI文化创意产业园 叁零·SHANGHAI文化创意产业园是以上海影视乐园车墩基地为核心,以20世纪30年代老上海的独特风情为基础,以影视产业辐射带动产业链发展,融入全新理念打造集影视拍摄、影视创意办公、影视旅游休闲、老上海文化体验旅游、艺术展览、婚庆拍摄为一体的主题式文化创意产业园。园区位于松江区车墩镇北松公路4915号,占地总面积达473 333.33平方米,东起车峰路,西至车亭公路,南起影佳路,北到北松公路。园区是以上海影视乐园为基础进行拓展的文化创意产业园,上海影视乐园在它运营的20年中,被评为"全国十大影视基地""上海工业旅游示范点""老年人最喜爱的旅游景点"等,并通过ISO200质量管理体系的认证。园区内龙头企业包括上海昊浦影视文化有限公司、上海安美水色影视文化有限公司等。

时尚谷创意园区 时尚谷创意园位于松江区鼎源路618弄,总建筑面积达16万平方米,是一个专业化的纺织服装时尚设计园区。园区在中国纺织工业协会的领导下,联合行业内大型企业和专业服务机构共同建设。入驻企业包括即发股份、鲁泰集团、达利丝绸、华升集团、德美化工、中纺控股、华之毅、金科达、鼎天集团、峰达轻纺、红门鹰时装、佐岸服饰、浙江雅莹、特步、安踏等。

上海仓城影视文化产业园区 上海仓城影视文化产业园区位于松江区永丰街道境内,在玉树路以东、金玉路以南、富永路以西、玉朝路以北这一近似正方形区域内。2009年3月,园区由市委宣传部、市经委、市文广局、市新闻出版局共同挂牌成立,是市首批15家文化产业园区之一,也是一家以影视文化作为主导产业的文化园区。入驻企业主要有广告、建筑设计、艺术和文物交易、工艺品设计、时装设计、互动休闲软件、音乐、表演艺术、出版、软件、电视广播、游戏与网络游戏、动漫、DV、FLASH制作、短信、手机增值业务、网络视屏等。还涵盖了影视创意、影视拍摄、影视后期制作、影视配套服务、影视体验娱乐、影视文化生活等各环节的影视文化创意产业。园区有700余家影视文化类相关企业入驻,其中影视类企业占总比重70%以上。截至2010年,新增项目数200家,新增项目中影视类企业比重达到90%。其中国内最大的民营影视制作集团海润影视、国内最大电视剧采供中介服务机构剧酷公司、国内首家影视行业上市公司华谊兄弟集团、国内动漫产业龙头阿尼迈公司、华东地区最大的影视制作公司及上海国际电影电视节直接承办方东上海影视集团、宝宏公司以及国内最大的动态广告媒体内容制造商北影集团等知名企业及其分支机构均已在园区完成投资注册成立公司。

2010年园区企业年产影视作品150余部集以上,产值超过20亿元,营业收入大于5 000万元的文化企业共30多家,包括上海剧酷文化传播有限公司、上海宝宏影视文化传媒有限公司、上海东汉文化发展有限公司、上海丰紫琪文化传播有限公司、上海易人文化传播有限公司、上海强胜影视文化传媒有限公司、上海厚度文化传播有限公司、上海美视文化传播有限公司、上海金天地影视文化有限公司、上海众壹影视传播有限公司、上海天涌影视传媒有限公司、上海久润文化传播有限公司等。电影《十月围城》《新少林寺》《建国大业》《建党伟业》、电视剧《人间正道是沧桑》《借枪》《铁梨花》《新西游记》等屡创佳绩的国产优秀影视剧集均由园区企业参与投资与制作。

泰晤士小镇 泰晤士小镇位于三新北路900弄,由上海松江新城建设发展有限公司联合上海恒和置业有限公司等几家大型房地产开发企业携手打造。泰晤士小镇总建筑面积 50 万平方米，是一个具有居住、旅游、休闲等多项功能的大型社区，于 2005 年正式竣工。泰晤士小镇积极开展各种艺术展览和活动，包括世界著名雕塑大师阿曼的作品展、国际新闻摄影比赛、民俗剪纸展、书法作品展等。

【青浦区】

中国·梦谷-上海西虹桥文化产业园　中国·梦谷-上海西虹桥文化产业园园区地址位于上海青浦华徐公路 888 号，总面积 66 666.67 平方米，商业配套服务设施面积 10 万平方米，由上海五天实业有限公司进行日常管理，集聚了创意设计、包装品牌、文化传播、卡通动漫、电视购物、电子商务、目录销售、呼叫中心、时尚家居生活馆连锁等企业。入驻企业总数 28 家，其中文化企业 15 家，大都从事创意设计与新经济、新商业模式等现代服务业的拓展。2010 年销售总额超过 20 亿元，纳税总额超过 8 000 万，提供了 2 500 多个就业岗位，分别被市精神文明办评为上海市精神文明单位，被上海市科技创业中心评定为上海市科技企业孵化器。龙头企业包括上海金汇通创意股份发展有限公司、上海智造空间家居用品有限公司（一五一拾）、上海海客瑞斯酒店用品有限公司等。

上海青浦现代印刷产业园区　上海青浦现代印刷产业园区位于青浦区漕盈路 2500 号，建筑总面积达 56.2 平方公里，商业配套服务设施面积 1.56 平方公里。2010 年度园区营业总收入 427 亿元，其中文化企业营业总收入 30 亿元。园区功能定位主要是印刷、印刷机械、印刷及印刷机械相关配套产品等文化门类，主要产品是书刊杂志、包装印刷、多色印刷机、印刷油墨等。截至 2010 年底，青浦工业园区累计引进外资企业 577 家，外资注册资本 31.86 亿美元，实到外资 24.6 亿美元；引进世界 500 强企业 21 家，行业著名企业 98 家。园区内龙头企业包括海德堡印刷设备（上海）有限公司、上海当纳利印刷有限公司、上海中华商务联合印刷有限公司、上海安全印务有限公司、阪田油墨（上海）有限公司、上海世纪出版股份有限公司、上海世图物流有限公司、上海爱凯思机械刀片有限公司、波拉印刷设备（上海）有限公司等。

【奉贤区】

南上海艺术创意产业园　南上海艺术创意产业园位于上海市奉贤区庄行镇张塘村大叶公路 2675 号，园区总面积 156 510 平方米，商业配套服务设施面积 8 400 平方米，管理机构为上海庄行创意产业投资管理有限公司。南上海艺术创意产业园致力于打造以陶瓷艺术为核心的文化创意全产业链体系，实现创意设计的市场化和产业化运作，建设文化艺术创作、文化展示交流、文化创意服务和文化产品交易四大平台，形成艺术创意的创作、交流、服务、交易的产业价值链体系。

南上海艺术创意产业园是奉贤区首家文化创意产业园，入驻创意类企业 300 余家，集聚 1 500 名以上的艺术创意人才。园区重点建设 4 大平台：文化艺术创作平台、创意办公服务平台、文化展示交流平台、文化产品交易平台；6 个主功能区：艺术创作区、交流活动区、创意办公区、艺术文化中心、人才培训区、展示交易。

【崇明县】

江南三民文化村　江南三民文化村位于崇明生态岛中北部，以江南地区传统的民间、民俗、民族文化元素为主题,按衣、食、住、行、艺、玩、商分类,是非物质文化遗产挖掘、保护和传承的基地。文化村占地6万多平方米,建筑面积近万平方米,自2007年12月开始筹备建设,总投资近3000万元,于2010年7月竣工投入运营。包含中华龙宫、崇明土布馆、长寿博物馆、行知园及具有江南代表性的56个系列展示馆。

【闸北区】

上海名仕街时尚文化产业园 上海名仕街时尚创意园是由中国服装集团在上海投资建设,由上海名仕街企业管理有限公司管理的大型创意产业项目之一。它是上海市76家创意园唯一获得国家发委授予"上海现代服装产业小企业创业基地"称号的园区,也是上海市政府重点扶持的"上海现代服装产业公共服务平台"。

上海名仕街时尚创意园位于洛川中路1158号,总占地19000平方米,建筑面积41000平方米,其中个性化创意、商务办公用房30000平方米,公共服务平台(四个中心、发布厅等)建筑面积4800平方米,生活商务配套设施6200平方米。园区由中国服装集团有限公司控股投资。园区入驻的主导企业占园区入驻企业总数的70%,以创意为基础,服装产业为中心,追求时尚、艺术、生活的园区产业特色。上海名仕街公共服务平台建设日趋完善,积极为园区内企业服务,举办的活动有2007上海时装周开幕式、上海国际服装文化节时装发布会,法国纪梵希Givenchy新品发布会,新生代设计师郑彤、凌雅丽、许林等个人设计作品发布会等。园区还连续四年为上海大学巴黎时装学院和复旦视觉艺术学院免费组织学生作品展。

创意仓库 创意仓库位于苏州河北岸光复路181号,建筑面积约13000余平方米,前身为始建于1927年的"四行仓库",由当年设计国际饭店的著名犹太设计师乌达克设计,解放前曾是金城、盐业、大陆和中南这四家银行的仓库,后因此而得名。2000年完成改造后,四行仓库总面积为4.3万平方米,入驻了十几家创意设计公司,其中大部分是具有境外背景的城市规划、建筑设计、环境艺术为主的创意工作室,是上海创意工业的坐标之地。

交大科技园/新慧谷科技创意中心 交大科技园/新慧谷科技创意中心(简称"交大新慧谷")创立于2001年,是上海交通大学国家大学科技园与闸北区人民政府在上海北部中心城区联合组建的核心创新园区。项目首期占地3333.33平方米,建筑面积1万余平方米。新慧谷的主导产业方向是数字媒体,涵盖了网络娱乐、影视制作、远程教育、展览展示、远程医疗等众多领域。依托上海交通大学的科研资源,与市区两级政府科技管理部门筹划建设"数字媒体相关技术平台",成立"数字媒体专业孵化器"。

工业设计园 上海工业设计园位于上海市闸北区,园区综合面积为9279平方米。园区产业包括工业设计、展示、交易相关的电子通信、生物医药、新材料、服装、模具等工业设计相关的行业。

合金工厂创意园 合金工厂创意园区位于闸北区灵石路上,园区占地面积28898平方米,规划总建筑面积60163平方米。其前身为上海合金材料总厂,按照"保留、改造、新建"的原则,充分利用了现有厂房、办公楼等资源,改造成适于各种企业所需的"变革式"高端商务园区。共由3幢多种形态的创意建筑围合而成,其中1号、2号楼为老厂房改造的创意办公空间。3号楼为新建的甲级办公楼。

第二节　文化产业基地

一、概况

文化产业基地指在发展文化产业方面做出显著成绩，在行业中具有典型和示范意义，且由文化行政管理部门专门授牌的文化企业。在中国，文化产业基地涉及演出业、影视业、音像业、文化娱乐业、文化旅游业、网络文化业、图书报刊业、文物和艺术品业以及艺术培训业等领域的各类所有制的文化企业，被分为国家和省两级，有示范和辐射作用。

在国家层面，政策上为了积极培育市场主体，增强微观活力，通过先进文化企业的示范、窗口和辐射作用，引导促进中国文化产业持续健康快速发展，不断提高文化产业的总体实力和竞争力，自2004年起，文化部鼓励演出业、影视业、音像业、文化娱乐业、文化旅游业、网络文化业、图书报刊业、文物和艺术品业以及艺术培训业等领域的各类所有制的文化企业申报国家文化产业示范基地。示范基地原则上每两年评选命名一次。文化部对示范基地在政策、信息服务和市场开拓等方面给予重点扶持。至2010年上海通过申报评选，上海拥有国家级文化产业基地共13个。

表5-1-2　2004—2010年上海市国家文化产业示范基地一览表

批次	基地名称	所在市辖区	具体地址
第一批	上海张江文化产业基地	浦东新区	张东路1387号16幢E楼3楼
	上海盛大网络发展有限公司	浦东新区	张江碧波路690号一号楼
	上海大剧院总公司	黄浦区	人民大道300号
	上海瑞安集团	黄浦区	淮海中路333号瑞安广场26层F室
第二批	上海时空之旅文化发展有限公司	静安区	共和新路2266号308室
	上海多媒体产业园发展有限公司	长宁区	长宁路999号
第三批	上海东方明珠(集团)股份有限公司	徐汇区	宜山路757号
	上海长远集团	虹口区	东江湾路444号凯德龙之梦A座21层2室
第四批	上海天地软件创业园有限公司	普陀区	真北路958号20幢1501室
	上海今日动画影视文化有限公司	闵行区	虹许路731号西郊鑫桥创意园4号楼303室

二、选介

【上海盛大网络发展有限公司】

上海盛大网络发展有限公司成立于1999年12月29日，位于中国(上海)自由贸易试验区张江路727号。成立之初，即推出中国领先概念的图形化网络虚拟社区游戏——《网络硅谷》。2001年，通过代理《热血传奇》正式进军在线游戏市场，首创E-sale销售系统，开创“盛大模式”并一举成为中国网游行业的领军企业。2003年，第一款自主研发网游《传奇世界》成功面世，并逐渐走上产品多元化的道路。是中国乃至世界最大的互动娱乐社区。2004年5月，在美国纳斯达克上市，并于前后两年间展开一系列公司并购,吉胜、数位红、浩方、边锋、起点、Actoz、游戏茶苑等先后成为盛大集团旗下的企业。被国家文化部命名为“文化产业示范基地”,也先后获得“世界知识产权组织版权创意金奖”“优秀网络文化企业”“中国游戏行业优秀企业”“热心社会公益事业先进单位”“中国管理学院奖”“上海市信息服务行业杰出贡献奖”“中国网络文化贡献奖”等一系列奖项。

作为领先的互动娱乐媒体企业,通过盛大游戏、盛大文学、盛大在线等主体和其他业务,向广大用户提供多元化的互动娱乐内容和服务。盛大游戏是中国领先的网络游戏开发商、运营商和发行商,致力于打造中国乃至全球领先的网络游戏平台。盛大游戏拥有 2 000 多名自主研发人员,并与 20 000 多名开发者合作,坚持丰富多样化的产品线,向用户提供包括 MMORPG、高级休闲游戏、网页游戏、社交游戏和移动互联网游戏等 70 多款产品,以及 40 000 余款 Flash 小游戏和手机游戏。盛大游戏拥有国内最丰富的自主知识产权网络游戏的产品线,向用户提供包括大型多人在线角色扮演游戏(MMORPG)、休闲游戏等多样化的网络游戏产品,满足各类用户的普遍娱乐需求。盛大文学通过整合国内优秀的网络原创文学力量,推动纸质书出版,加强第三方版权内容的数字化运营,构建全球领先的正版数字书城,推动数字出版,引领数字阅读潮流,为消费者提供包括数字图书、网络文学、数字报刊等数字商品。并依托原创故事,推动实体出版、影视、动漫、游戏等相关文化产业的发展。盛大在线作为专为无物流的文化和虚拟产品提供数字出版的服务平台,致力于提供基于云计算服务的综合解决方案。通过完善的统一登录、计费、内容分发、广告营销、搜索推荐、客户关系服务等,为广大互联网用户和企业获取数字内容产品提供优选渠道和专业化的用户服务体系。盛大其他投资公司还提供网络视频、家庭棋牌平台、电子竞技平台、手机互动娱乐、网络动漫、网络音乐等在内的适合不同年龄层次用户群的互动娱乐产品,深受广大用户的欢迎。截至 2009 年,盛大拥有的累计注册用户数超过 8 亿。

【上海大剧院总公司】

上海大剧院坐落于上海市人民广场,总投资 12 亿元,由法国夏邦杰建筑设计公司设计,占地面积 2.1 万平方米,总建筑面积为 62 803 平方米,总高度为 40 米,内设大、中、小三个剧场。大剧院采用世界上最先进的全自动机械舞台,拥有票务中心、芭蕾排练厅、乐队排练厅、贵宾厅、展示厅、艺术品商店、咖啡吧、宴会厅和停车库等完备的附属设施,是上海的文化标志性建筑物,上演过歌剧、音乐剧、芭蕾、交响乐、室内乐、话剧、戏曲等各类大型演出和综艺晚会。

1998 年 8 月 27 日,上海大剧院正式开业,由中央芭蕾舞团演出的芭蕾舞剧《天鹅湖》,成为上海大剧院的开幕演出。开业后,上海大剧院迎来了无数世界级表演团体和海内外众多的艺术名家,演出场次累计达到 10 200 余场,观众达到 1 250 万人次,已成为世界级艺术作品的展示平台、国际性艺术活动的交流平台和公益性艺术教育的推广平台。

2003 年,在整合上海多家剧场和演出公司资源后,上海大剧院总公司成立。上海大剧院总公司是集剧场管理、演出经营等综合功能的演出领域龙头企业,在演出营运方面具有丰富的专业经验和雄厚的经济实力。公司制定了“节目是龙头、市场是导向、经营是核心、管理是基础”的经营方针,实行总经理负责制,下设 3 个中心:艺术中心、管理中心、经营中心。剧院正副总经理各兼任一个中心的总经理。艺术中心是 1996 年 11 月注册的企业法人单位,自主经营、照章纳税。

2004 年,上海大剧院总公司被命名为“国家文化产业示范基地”;2005 年,荣获“全国文化工作先进集体”荣誉称号;2006 年,荣获“中国最佳剧院经营金奖”;2008 年,被命名为“上海市对外文化交流基地”,所引进的国外演艺剧目多次荣获上海市对外文化工作优秀项目。

【上海东方明珠(集团)股份有限公司】

上海东方明珠(集团)股份有限公司成立1992年8月,并于1994年在上海证券交易所挂牌上市,成为中国第一支文化股票(股票代码:SH600637)。公司成立以来,先后在文化休闲娱乐、新媒体、对外投资等领域进行多元化拓展,在规模、效益和品牌等方面取得了显著提升,实现了产业结构优化和业绩的稳健、快速发展。经营范围包括广播电视传播服务、电视塔设施租赁、五金交电、日用百货、服装鞋帽、针纺织品、工艺美术品、金属材料、文体办公用品、针棉织品、建筑装潢材料、家具、实业投资等。公司现有注册资本31.86亿元,截至2007年末,公司总资产86.45亿元,净资产58.51亿元,品牌价值77.55亿元,被上海市人民政府列入50家重点大型企业,名列中国最具发展潜力上市公司50强、中国科技上市公司50强。“东方明珠”还被国家工商管理总局认定为中国驰名商标。公司蝉联世界媒体500强,入选“中国互联网企业100强”及“上海百强企业”,并连续7年入选中国“文化企业30强”。

【上海长远集团】

上海长远集团原为上海市虹口足球场鲁迅公园联合发展集团,成立于1999年7月1日,为虹口区人民政府举办的事业单位。为了进一步发展文化体育产业,形成一定的区域经济发展优势,虹口区文化系统下属单位上海多伦文化旅游开发管理有限公司和上海国际电影文化娱乐有限公司等,于2004年3月与上海市虹口足球场鲁迅公园联合发展集团合并,2004年10月1日正式更名为上海长远集团。集团主要业务有主、承办大型活动(足球甲A联赛、演唱会等),相关业务有运动休闲、广告、绿化养护工程、旅游、影视娱乐、物业开发、商务推广及各类展示展览会等。长远集团以四川北路北端为直线轴线,重新整合、盘活周边的文化、体育、旅游企事业资源,形成“大文化”范畴的虹口区中心城区文体产业链。2009年被文化部列为“国家文化产业示范基地”。

上海长远集团经营管理着虹口足球场、鲁迅公园、虹口游泳池、多伦路文化名人街、多伦现代美术馆、朱屺瞻艺术馆及虹口区各影、剧院等文化体育产业,这些资产具有浓厚的历史文化底蕴,其中鲁迅公园是全国第一个体育公园,也是中国奥林匹克运动的重要起源地。集团拥有全国第一个专业足球场、全国第一批国务院颁布的重点保护文物——鲁迅墓、上海最早开放的公用游泳池、闻名中外的多伦路文化名人街、中国第一个为当代艺术服务的专业化现代美术馆等。

【上海今日动画影视文化有限公司】

上海今日动画影视文化有限公司是国内第一家拥有动画片出品资质的民营动画公司,业务已由最初单一的动画片加工,逐步发展成动画片合作拍摄、制作、发行、版权授权经营与开发,以及图书、音像制品、玩具、文具礼品的出品、销售等为一体的综合性动画影视公司。

公司主要从事综合性动画影视制作,公司具备从剧本、分镜头、美术设计、设计稿、原动画、线拍、背景到扫描、上色、合成及特效和后期编辑能力。公司汇集了中国优秀的动画导演、美术设计师、原画师、背景师、摄影师等艺术、技术人才,具有国际专业后期制作设备以及ANIMO、PEGS和AXA电脑上色系统。公司制作的“阿格丽”和“JK侦探”于2002年入围法国昂西国际动画节,2003年与法国卡通人动画公司联合投资、联合导演的52集动画系列片《马丁的早晨》又入围了当年的法国昂西国际动画节、意大利海湾卡通节、葡萄牙电影动画节,并在2003中国卡通产业论坛暨青岛国际卡通艺术周首映时引起关注,一举获得中国卡通艺术“金鞋奖”。被法国电视三台评为亚洲最信得过的三家动画公司之一。

【网络视听产业基地】

2010年2月21日,国家广播电影电视总局正式批准上海市文化广播影视管理局与上海紫竹高新技术产业开发区共同建设全国首个国家级网络视听产业基地(以下简称“基地”)。基地致力于打造一条具有集聚效应和示范效应的文化创意产业链,涵盖内容制作、产品交易、集成播控、技术研发、视听云计算及应用、基础电信服务等。

2010年12月22日,网络视听产业基地正式揭牌成立。百视通、土豆网、PPLive等国内知名互联网视听企业首批入驻,并与微软公司签订共建网络视频云计算中心协议。首批入驻园区企业在网络视听牌照获取上获得优先支持,并获得税收优惠支持、带宽资费补贴等。该基地位于闵行区紫竹科学园区,规划面积40万平方米,总投资35亿元。

第二章　文化版权交易平台

第一节　上海文化产权交易所

上海文化产权交易所于 2009 年 4 月 23 日由上海市人民政府批准设立，是以文化物权、债权、股权、知识产权等各类文化产权为交易对象的专业化市场平台，是中宣部、文化部、广电总局、新闻出版总署支持的立足上海、服务全国、面向世界的权益性资本市场，也是全国首家文化产权交易所。2009 年 6 月 15 日，上海文化产权交易所在外高桥保税区正式揭牌。上海文化产权交易所通过境内外的分支机构，为各类出资主体提供灵活、便捷的投融资服务，是上海及国家文化体制改革的重要市场平台，也是上海国际金融中心建设中的一个重要组成部分。

上海文化产权交易所的业务范围包括新闻出版发行、广播电视电影服务、文化艺术和网络文化服务及休闲娱乐服务、文化艺术经纪和市场服务及文化用品产品服务、各类版权服务、文物及艺术品收藏、数字软件与设计及公关咨询策划、创意产业与品牌时尚、体育卫生旅游等相关文化行业服务、政府文化专用权益、文化系统政府采购等领域中与文化有关的产权交易；文化类企业的产权股权交易；为文化产业投资、咨询、并购重组等提供服务；国家有关部门和市政府授权或委托的其他有关产权交易。

上海文化产权交易所遵循“公开、公平、公正”原则，依法开展政策咨询、信息发布、项目推介、投资引导、并购策划、项目融资、产权交易组织等活动，运用产权交易方式和规范化的市场运作，推动各类所有制文化企业资产重组、跨国融资并购等工作，通过产权交易、信息披露、投融资服务等方式为各类文化产权主体提供定价、资本进出通道，探索创建文化金融体系的新途径。

第二节　上海联合产权交易所

上海联合产权交易所是经上海市人民政府批准设立的综合性产权交易服务机构；是集物权、债权、股权、知识产权等交易服务为一体的专业化市场平台；是实现资源市场化高效配置，连接各类资本进退的专业化、综合性要素流通平台和重要的资本市场平台。2003 年 12 月 1 日，中共上海市委、市政府联合批复同意合并上海产权交易所和上海技术产权交易所，组建上海联合产权交易所。这是上海贯彻落实党的十六届三中全会精神的一项重大举措，是促进上海产权市场快速发展的又一重要里程碑。2003 年 12 月 18 日，上海联合产权交易所正式揭牌运行。

上海联合产权交易所是国务院国有资产监督管理委员会选定的从事中央企业国有产权转让以及上海国有企业产权转让指定的挂牌交易机构；财政部指定的中央金融企业产权交易中心平台；工信部指定的中小企业融资服务市场平台；中宣部指定的全国重点文化产权交易平台；国家发改委指定的环境能源交易平台，并成为财政部 CDM 基金唯一入股的环境能源交易所；国家机关事务管理局指定的中央国家机关行政事业单位资产处置平台；科技部指定的“863”项目技术交易和技术转移服务平台；高级人民法院指定的涉诉资产交易平台；中国浦东干部学院指定的全国唯一的产权交易现场教学基地；与商务部共建国际投资促进与产权交易平台；也是中国—中东欧国家投资促进联系机制(16+1)项目发布平台。

第三章　文化产业投融资机构

第一节　上海文化发展基金会

1986年11月15日，经上海市人民政府批准，上海文化发展基金会成立。它是应上海文化事业发展战略的需要而建立的国内首家地区性（市级）文化类基金组织，也是上海地区成立最早、规模和影响最大的几家基金组织之一。基金会的主要任务是：联络国内外团体和个人，争取各种形式的社会资助和支持；研究和实施文化产业化道路，协助政府推进和完善上海文化艺术体制改革；倡导和支持高雅艺术，支持上海文化艺术人才的培养和交流；组织、支持、赞助在上海举办的大型文化艺术活动和上海地区对外文化交流；奖励优秀文化艺术作品和对文化事业做出突出贡献的团体和个人。

1993年起，基金会又每年拨款100多万元，用于资助上海芭蕾舞团、上海交响乐团、上海歌舞团等优秀剧（曲）目的排演。2004年起，基金会受政府委托面向全市开展对文艺创作和公益文化项目的资助评审，并对资助项目实施监管。基金会资助项目涉及戏剧、影视、音乐、艺术、摄影、书法、出版、文学创作等广泛领域，此外，基金会还直接主办或参与主办了一系列在上海乃至海外有影响的大型文化交流活动。如"1989年上海文化艺术节"大型展演、'90上海少年儿童队列歌曲演唱活动、'91上海亚洲音乐节、第五届全国小提琴比赛、"故乡情"海外中国名家音乐会、上海艺术博览会、'98上海百家艺术精品展以及每年一届的上海新年音乐会等。为弘扬民族文化，推动艺术精品创作，基金会还先后举办20多项大型专题学术研讨活动；同时，拨出专款，设立"上海白玉兰戏剧表演艺术奖""上海文学艺术奖""上海市中、长篇优秀小说创作奖"等标志性常设奖项。

第二节　上海精文投资有限公司

上海精文投资有限公司成立于1995年，直属中共上海市委宣传部。位于上海市宛平南路788号。公司的主要任务是：以宣传文化系统国有文化资产的投融资为主业，通过文化资本的市场化经营、运作，促进文化投融资体制的改革和完善，加强国有文化资本在文化发展中导向和调控的战略作用，支持宣传文化事业发展，促进国有资产的保值增值。

2005年开始，公司积极涉足资本市场，拓宽融资渠道，以国资为引领参与文化产业建设。公司投资领域涉及媒体、影视、娱乐、出版、发行、文化场馆、教育、电子信息、音乐、网络、艺术等10多个文化和服务领域。投资参股、控股的公司有上海东方网股份有限公司、上海东方明珠股份有限公司、上海世纪出版集团股份有限公司、上海文艺出版总社、上海新华发行集团股份有限公司、上海印刷集团股份有限公司、上海印刷新技术（集团）有限公司、上海国际会议中心有限公司、上海华亭宾馆有限公司、上海炫动卡通传媒有限公司、上海精统置业有限公司、上海东方汇融文化商务有限公司、上海畅想音像版权服务有限公司、上海新索音乐有限公司、万达信息股份有限公司、上海文宣出国服务公司、21世纪电子有限公司以及上海英华美精文专修学院等。此外，公司遵循《上海文化发展规划（2006—2010）》的有关精神，还积极探索新兴文化领域，介入、参与娱乐咨询业、电子传媒业等新兴文化产业及文化服务业。

第三节　上海东方惠金文化产业创业投资有限公司

上海东方惠金文化产业创业投资有限公司于2006年12月29日在自贸区市场监督管理局登记成立。公司位于中国(上海)自由贸易试验区张衡路200号2幢,法定代表人为楼家麟,公司经营范围包括文化产业创业投资、创业投资管理、创业投资咨询(除经纪)等。

2006年12月至2007年12月,上海精文投资有限公司和上海张江(集团)有限公司进行体制改革创新,先后打造上海市文化产业投融资服务平台运行机构——上海东方惠金文化产业投资有限公司(现更名为上海东方惠金文化产业创业投资有限公司)和上海东方惠金文化产业担保有限公司(现更名为上海东方惠金融资担保有限公司),成为国内首家承担政府扶持功能性、市场化运作、专门从事文化产业风险投融资服务的企业。东方惠金公司为上海市文化创意产业中小企业和政府重点文化创意项目提供融资担保、创业投资、投融资咨询、财务顾问以及管理咨询等综合服务,搭建国内首家承担政府扶持功能性但市场化运作的文化产业投融资综合服务平台。

第四节　华人文化产业投资基金

2009年4月,华人文化产业投资基金通过国家发展改革委备案审批,基金规模50亿元,成为第一个在国家发改委获得备案通过的文化产业私募股权基金。

基金的主要发起方及出资方,包括文汇新民联合报业集团、上海东方传媒集团有限公司(SMG,原上海文广新闻传媒集团)控股的上海东方惠金文化产业投资有限公司、国家开发银行下属的国开金融有限责任公司、上海大众公用事业(集团)股份有限公司下属的上海大众集团资本股权投资有限公司、招商局中国基金下属的深圳天正投资有限公司、宽带资本等机构。

华人文化产业投资基金由黎瑞刚于2010年正式创立,后成为国内领先的专注于文娱、科技、消费三大领域的私募股权投资机构。华人文化基金现管理着两支人民币私募股权基金及两支美元私募股权基金。

第六篇
文化产业学科
建设与研究

上海的文化产业发展走在全国前列，蓬勃发展的产业实践为理论研究提供了现实基础，因此上海也是全国范围内较早开展文化产业研究并进行文化产业专业人才培养的地区。1993年5月，上海交通大学在全国率先创办成立以培养文化产业高级专门人才为目标的四年制文化产业管理本科专业，开全国文化产业管理高级专门人才培养之先河；1999年12月，上海交通大学国家文化产业创新与发展研究基地成为中华人民共和国文化部授权挂牌的专门性研究机构。上海文化研究中心、上海社科院创意产业研究中心均汇聚了上海文化产业研究领域的多位专家学者，针对上海乃至全国文化产业发展展开了一系列创新性研究。上海市创意产业协会则是全国创意产业领域诞生的第一家协会，致力于服务文创“产、学、研、创”的结合。在学界的努力下，上海召开了一系列高规格的研究会议，并推出了一系列在全国范围内具有开创性和代表性的研究成果，如中国第一部地方文化年鉴《上海文化年鉴》、中国第一本文化产业学术研究刊物《中国文化产业评论》（这也是中国入选CSSCI源期刊唯一的文化产业研究领域的专业学术刊物）、中国第一本城市文化发展报告《上海文化发展蓝皮书》等。

第一章 学科建设

第一节 上海交通大学文化产业管理专业

1993 年 5 月，经国家教育委员会批准，上海交通大学设置中国第一个“文化艺术管理”专业，方向为“文化经济”。专业设在上海交通大学文学艺术系内。同年成立“文化管理教研室”，胡惠林任教研室主任。2003 年该专业划入新组建的国际与公共事务学院，2004 年成立“文化产业与管理系”，胡惠林任系主任。这是中国第一个以培养高水平文化产业管理人才的四年制本科专业，授文学学士学位，开始了中国高等教育专业培养文化产业管理专门人才的历史。1998 年 7 月设立文艺学硕士学位授予点，招收“文化产业管理”方向的硕士研究生；2005 年 7 月在“战略与区域管理”博士点，招收“文化产业管理研究”方向博士研究生；2008 年在上海交通大学工商管理博士流动站招收“文化产业管理研究”博士后研究人员。至此，形成了中国第一个从本科、硕士、博士到博士后完整的文化产业管理高级专门人才培养体系。先后被纳入上海交通大学“211”和“985”高水平大学建设序列；胡惠林主编的《文化经济学》纳入上海交通大学建校 100 周年“百年校庆、出百本教材”，开始了学科建设的教材建设，先后出版“21 世纪文化管理系列教材”(上海文艺出版社)(2003)、“高等院校文化产业管理专业系列教材”(山西出版集团书海出版社)(2005)。2006 年，胡惠林的《文化产业学》被列入普通高等教育“十一五”国家级规划教材，由高等教育出版社出版。初步完成了以专业课程为依据、学科建设所需要的基本教材体系搭建。教材为后来开办文化产业管理专业的绝大多数高校所采用。为后来不断深入的学科建设和教材体系建设奠定了扎实基础。

1999 年 12 月，国家文化部与上海交通大学以该专业为依托共建“国家文化产业创新与发展研究基地”，为该专业的学科建设开辟了广阔空间，该专业学科建设的新阶段开始了。

此后同济大学、上海师范大学、华东政法大学等高校也纷纷设立了文化产业管理专业。上海成为中国高校文化产业人才培养最集中的地区，为上海文化产业发展源源不断地输送专门人才。

第二节 华东政法大学文化产业管理专业

华东政法大学人文学院于 2005 年创办了文化产业管理专业。专业培养具有较高文化素养、掌握一定法律以及商务专业基础，具有创意能力及执行能力，能够在文化企事业单位、文化行政管理职能部门、传统企业、社会创新部门、高校、科研机构从事文化产业管理、文化产业经营、文化产业研究的文化产业经营管理型专门人才。专业在专业定位与特色培育上逐渐形成版权运营与管理和公共文化服务与管理两大专业特色。主要开设课程有文化产业概论、管理学原理、文化资源开发与管理、文化项目管理、文化经济学、文化产业政策、文化产业法律实务等。

第三节　同济大学文化产业系

同济大学人文学院文化产业系成立于2007年，是国内高等院校中较早设立的系科，开设文化产业管理本科专业，授予管理学学士学位。专业通过开展学术研究和社会实践，努力培养具有深厚人文素养、开拓性思维和专业化知识的高层次、复合型文化产业管理人才。文化产业管理本科专业每届约50人。依托同济大学的优势学科和本系教师专业特色，设置了四个主要培养方向：艺术与创意产业管理、媒体产业管理、文物与博物馆管理、珠宝产业管理。主要开设的课程有：中西方艺术史、文化产业概论、管理学概论、文化产业经济学、文化产业政策与法规、知识产权专题、文化资源概论、新媒体经营与管理、博物馆学基础、当代艺术专题、艺术研究方法论、宝石学基础教程等。此外，同济大学还在美学专业开设了文化产业研究方向，在文艺学专业开设媒体管理方向，培养硕士研究生，并在美学专业招收文化产业理论研究方向的博士研究生。

第四节　上海师范大学文化产业管理专业

上海师范大学文化产业管理专业创办于2008年，隶属于上海师范大学女子文化学院，开设文化产业管理本科专业，授予管理学学士学位。专业结合时代发展需要与女性就业特色，以培养行业所需的复合型人才为目标，通过经济管理、艺术与生活、文学与欣赏三大版块课程的设置，着重培养学生三大核心能力：人文精神与艺术审美素养、职业精神与经营管理能力、创新意识与营销创作技能。专业在尊重女性特质、发挥女性优势的基础上为文化产业发展培养行业紧缺人才。专业重视对学生就业、创业能力的培养，在课程设置和实践性教学上将学生的专业素质教育、职业人生规划与就业创业能力培养结合起来。在日本成就公司的支持下，专业开设“女性与创业”课程，采用外教授课的双语教学模式，并设立“河合奖学金”，专门奖励学生的创业能力，每届均有一定比例的学生获得该项奖励。专业还与上海市女企业家协会合作，由女企业家协会为学生提供一定数量的见习岗位，并邀请女性企业家开设专题讲座，指导学生制定职业人生规划。

第二章　研究机构

第一节　国家文化产业创新与发展研究基地

国家文化产业创新与发展研究基地(以下简称“基地”)成立于1999年12月2日,由中华人民共和国文化部与上海交通大学共建。文化部常务副部长李源潮、上海交通大学校长谢绳武共同担任基地主任,上海交通大学副校长叶取源、文化部文化产业司副司长金一伟任基地副主任,胡惠林任办公室主任。2004年文化部文化产业司司长王永章任基地副主任。金一伟不再担任基地副主任。基地的主要任务是:以马列主义、毛泽东思想、邓小平理论为指导,就中国文化产业政策、文化产业理论、文化产业发展战略与规划、国家文化体制改革与文化产业创新体系建设、国家文化安全等建设有中国特色社会主义文化产业体系所涉及的广泛问题,开展全面、多层次、跨学科、宽领域研究,为政府文化政策决策提供咨询和理论支持;其目标是:经过若干年的建设和努力,把基地建设成为具有国家“开放性实验室”性质和广泛国际影响的国家级文化产业研究智库。

国家文化产业创新与发展研究基地成立后,先后与中国社会科学院文化研究中心、中共山西省委宣传部、中共云南省委宣传部、中共长沙市委宣传部、重庆市文化局建立了全面合作关系。2003年,基地办公室主任胡惠林被中共中央宣传部文化体制改革办公室聘请为《文化发展纲要》和《文化体制改革总体方案》起草小组专家组成员;先后承担和参与了上海市、长沙市、湖南省、重庆市、山西省、浙江省、深圳市、云南省、宁波市、南京市等省市和计划单列市的文化体制改革方案、文化产业发展战略与发展规划研究、评审。

基地建有四大工作平台:

一、举办“21世纪中国文化产业论坛”。每两年举办一届,采取年会制。截至2010年,以先后举办五届年会。以此为平台,2005年10月,在上海交通大学举办首届海峡两岸文化产业发展论坛,首开两岸文化产业学术交流之先河,对促进两岸文化产业合作交流发挥了重要作用,产生了重要影响。2002年1月,受文化部委托承办由中华人民共和国文化部、大韩民国文化观光部和日本国经济产业省联合主办的“首届中日韩文化产业论坛”,开启了三国文化产业政府间合作交流机制。论坛创办后每年一届,依次在三国轮流举办。中日韩文化产业论坛主要围绕“促进中、日、韩三国文化产业交流合作”的中心议题,深入探讨三国文化产业进行实质性合作的必要途径和具体项目。论坛以促进三国在文化交流与产业合作各方面达成优势互补、共同发展、共享繁荣的目标,共同研究如何将三国的文化产品和文化服务更多地推向国际市场,从而使三国文化产业在全球激烈的竞争中立于不败之地。首届论坛的主题是:深入探讨加强三国人文领域交流和深化文化产业合作,建立三国文化合作机制、促进地区稳定繁荣。来自三国文化产业学界、政界和产业界的200多人出席了论坛。

二、与中国社会科学院文化研究中心联合主办《文化蓝皮书:中国文化产业发展报告》(简称“中国文化产业蓝皮书”)。2002年创办,江蓝生、谢绳武主编,社会科学文献出版社出版。

三、主办《中国文化产业评论》。全书简洁易懂,可读性强,同时具有一定权威性,综合国内学术界多位专家学者的观点,就与“文化产业”发展有关的热点问题进行了全方位的分析和考察,立论新颖,观点纷呈,与中国精神文明建设的现实情况紧密联系,关注社会、关注民生,对从事该专业研究的相关人士具有极大的参考价值。自第26卷(出版时间:2018年09月)始,《中国文化产业评论》开始约请海外文化产业的专家学者发表主题论文,正式将中国文化产业研究推向国际学术界。

四、受文化部委托,举办“国家文化产业人才培养工程”,为全国各省市培养高级文化产业经营管理干部。2003年举办首届,先后举办了18届。来自全国各地的处级以上文化管理干部1500多名干部参加了培训。此外,还专门受澳门特别行政区政府文化局委托,举办了“澳门特区文化产业管理高级研修班”。

第二节　上海文化研究中心

上海文化研究中心于2004年6月14日正式成立,为中共上海市委宣传部领导下的事业单位。中心借助学术咨询、专家访谈、专题研讨、协议合作等方式,联手社会研究机构,协同各方研究力量,组织研究上海文化事业和文化产业发展中面临的新情况、新问题,为市委、市政府的重要文化决策提供科学依据和智力支持。

上海文化研究中心隶属于上海社会科学院文学研究所。该所设有文学研究室、公共文化研究室、城市文学和文化研究室、国际文化交流和比较文学研究室、文化产业研究室、民俗学与非遗保护研究室共6个研究室。是文化部正式设立并授牌的“国家对外文化交流研究基地”。此外,还设有若干研究中心,包括“上海文化研究中心”“民俗与非物质遗产保护研究中心”“文化产业研究中心”“上海电影产业研究中心”“性别与城市文化研究中心”等。有文艺学、现当代文学、古代文学、文化产业及民俗学等5个硕士学位授予点。出版公开发行学术期刊《上海文化》,编辑出版年度连续出版物《上海文化发展报告》和《上海文学发展报告》等。

2004年后,上海文化研究中心立项了许多与文化产业研究相关的项目,为上海乃至全国文化产业发展的方方面面提供了理论指导和学科研究。

第三节　上海社会科学院创意产业研究中心

上海社会科学院创意产业研究中心成立于2004年9月,由上海社会科学院部门经济研究所所长、研究员厉无畏创设,目的是回应工业化后期大型都市产业结构变化带来的决策、学术和社会研究需求。厉无畏担任中心主任,中心核心成员主要由上海社科院部门经济研究所、信息所和文学所的科研人员组成,其开放式的合作综合了部门所人员在产业经济学与文化创意产业方面、信息所人员在互联网新经济和定量分析方面,以及文学所人员在文化发展方面的研究优势,体现了跨部门和跨学科的特点,覆盖了经济学、管理学、文学、地理学、规划学等学科门类,具有在产业创新、管理创新、文化创新、政策创新等领域的研究特长。中心由上海社会科学院部门经济研究所创意经济研究室(后更名为文化创意产业研究室)负责管理运行。

中心以文化创意产业学科建设为重要抓手,通过与政策研究、规划研究、对策建议的结合,形成了学科研究与决策咨询的双轮驱动特色。至2010年,中心承接省部级以上课题超过20项,承接各地政府、企业委托的文创规划项目近百项,形成了10余部学术专著、40余篇学术论文,多份专报获批示,对创意园区在上海的兴起、上海加入联合国教科文组织创意城市网络、上海市“十一五”到“十二五”文化创意产业规划等上海文创大事件做出重要理论贡献，是文化创意产业理论研究和决策咨询的重镇。

中心主要研究成果有：

一、创意产业基础理论专著系列：《创意产业导论》（2006年）、《创意产业改变经济发展方式》（2008年）、《创意产业新论》（2009年）、《创意改变中国》（2009年）。

二、上海文化创意产业发展战略及规划研究系列：《上海创意产业研究》《上海创意产业发展“十二五”规划研究》《上海推进“创意城市”建设的重点、措施及政策研究》《上海文化大都市建设的中长期因素与战略对策研究》《上海设计之都三年行动计划》。

三、原创论文成果系列：《学习与探索》2010年第4期发表了团队成员以“文化资源转化与经济发展方式转变”为主题的系列论文，包括《历史文化资源的开发利用与创意转化》《文化创意旅游：城市特色化的转型之路》《低碳旅游：低碳城市转型的模式创新》等；《社会科学》2010年第11期杂志发表了团队成员以“创意城市发展”为主题的系列论文，包括《创意城市的创新理念、模式与路径》《论旅游产业与创意城市的融合发展》《转型视野下的创意城市与低碳城市的耦合关系研究》《国外创意城市的实践与经验启示》等；《解放日报》（新论）2010年5月31日以“创新·融合·提升——对上海旅游产业发展的探索研究”为主题发表了团队成员的系列观点性文章，并加了编者按，包括《无边界旅游为上海城市转型破题》《文化创意旅游激活城市无形资源》《谋划低碳旅游的创新突破之路》《全面实施长三角旅游一体化战略》，部分观点和内容被纳入上海市政府的“上海旅游产业‘十二五’规划”；《社会科学》2009年第7期发表了团队成员以“创意产业促进上海经济发展方式转变”为主题的系列论文，包括《创意社群与创意产业的持续发展》《上海发展创意产业的战略分析》《英国、日本、韩国发展创意产业的举措及启示》等。

四、专报与提案成果系列：《加强机制创新，推动创意产业健康发展的若干建议》《建设创意之都，推进上海城市新发展》《开发苏州河的符号价值，助推上海创意城市的建设》《关于提升上海创意产业软环境的几点建议》《关于强化文化创意产业推进领导小组办公室功能建设的建议》等。

五、决策咨询课题系列：《发展创意农业，推进社会主义新农村建设》《上海文化创意旅游产业集聚区策划方案研究》《诸暨珍珠文化创意产业发展规划研究》《迁西板栗文化创意产业规划》《黔西南州文化创意产业规划》《创新机制，推进上海品牌文化建设》《上海非物质文化遗产生产性保护研究》《创意产业促进上海经济发展方式转变》《发展创意旅游，完善旅游产业链》等。

第四节　上海市创意产业协会

上海市创意产业协会，成立于2005年8月，是全国创意产业领域诞生的第一家协会。协会由上海戏剧学院、上海社会科学院、上海文广集团、上海实业集团共同发起筹备，在中共上海市委宣传部、上海市经济信息化委员会关心指导下，由上海市社会团体管理局批准成立，是具有独立法人资格的社会团体。上海市创意产业协会是跨部门、跨行业的非营利社会组织。协会旨在通过整合创意资源和集聚创意人才，建立创意产业的发展平台。协会下设18个专业委员会和11个中心开展相关工作。协会专业委员会和团体会员（单位）是协会集聚资源和开展活动的主要载体。协会由300余家团体会员组成，主要涵盖创意产业园区、文化地产、文化传媒、信息软件、生活时尚、广告、出版、设计、多媒体、旅游、文化艺术、影视、动漫、电竞等领域的企事业单位；还拥有上海社科院、复旦大学、上海交通大学、同济大学、上海戏剧学院等相关高等院校及科研院所的教授专家资源。协会在文创“产、学、研、创”相结合的探索中前进。

上海市创意产业协会依托会员遍布理论界、企业界、文化界、教育界的优势，通过持续策划、编写、出版“创意产业系列丛书”，促进文化创意产业理论研究及理念传播。丛书包括《创意产业导论》《创意改变中国》《创意学概论》《创意产业基础理论研究》《中国创意经济比较研究》《创意产业知识产权管理》《创意企业构想》《创意上海》《名家谈创意》《遭遇创意队》《从种子到森林》《创意上海蓝皮书》《人民世博》等，既有前瞻性的理论著作，又有适合大众阅读的普及型书籍。

上海市创意产业协会主办的上海创意产业国际论坛，是国内最早聚焦文化创意产业的专业论坛。2005 年的论坛，由协会与联合国南南合作局在上海联合举办。联合国教科文组织、开发计划署、贸发大会等七个国际组织与来自十六个国家的代表参会。历届由协会举办的上海创意产业国际论坛，涉及园区建设、创意人才、创意城市、世博机遇、设计之都、转型发展等同文化创意产业发展紧密相关的各个议题。

首任会长厉无畏等协会负责人及广大会员，以各种方式为上海和全国文化创意产业的发展建言献策，撰写了《上海创意产业集聚区发展瓶颈及对策研究》《杨浦区创意产业现状与发展方向》《张江集团文化创意产业调查及建议咨询》《创意产业促进经济增长方式转变》《上海旅游业与文化创意产业融合发展的思路和对策》《发展上海创意农业研究》《推动上海创意产业发展的思考》《关于抓住世博重大机遇加快上海“创意城市”建设的若干意见》等一批调研报告与咨询建议，提出的若干对策措施，被相关部门所采纳。协会的会长单位上海社科院创意研究中心的专家积极参与上海市文化创意产业“十二五”“十三五”规划的起草，发挥了重要的核心作用。

第三章　研究会议与成果

第一节　研究会议

一、上海文化发展战略研讨会

1986年5月10—14日，上海召开了文化发展战略研讨会，中央和上海党政部门的领导干部与京、沪思想文化界的专家学者共300多人出席研讨会，共同探讨上海文化发展战略问题。这在全国是第一次。会上，于光远等经济学家提出研究文化经济学，开始了上海文化产业研究。就城市文化发展与培养“四有”人才的关系、文化发展与社会主义精神文明建设的关系、上海文化发展战略与上海城市总体发展战略的关系等问题展开讨论，对《关于制定上海文化发展战略的建议》加以论证。会后形成《关于上海文化发展战略的汇报提纲》，并上报国务院。

二、21世纪中国文化产业发展论坛

2000年11月4—5日，“21世纪中国文化产业论坛首届年会”在上海交通大学召开。该论坛由文化部和上海交通大学共建的国家级学术研究机构——国家文化产业创新与发展研究基地主办。论坛以中国加入世界贸易组织给中国文化产业发展带来的问题、挑战和机遇为主题，就中国介入WTO后文化产业发展面临的一系列重大而紧迫的理论、政策和战略问题进行深入地研讨。来自中宣部、文化部等部门的负责人，全国10多个省、市、自治区宣传文化部门的领导，高校和学术界知名专家学者及文化企业的代表100多人，围绕“WTO与中国文化产业发展挑战”这一中心议题，从中国文化产业发展的各个领域各个方面存在的政策性、战略性议题，展开了广泛而深入的学术讨论。这是中国加入世界贸易组织前学术界召开的一次影响最大的学术论坛，为加入WTO后中国文化产业发展做了舆论上的准备，是一次具有里程碑意义的中国文化产业发展论坛。论坛每两年举办一届。曾先后应中共陕西省委宣传部、中共郑州市委宣传部和中共云南省委宣传部的邀请，分别于2004年、2006年和2008年在山西省朔州市、河南省郑州市、云南省玉溪市举办第三、第四、第五届年会。每一届年会一个主题。

第二节　研究成果

一、《上海文化年鉴》

1987年10月，《上海文化年鉴》以《上海文化年鉴》编纂委员会为主编单位，副市长刘振元任主编，由中国大百科全书出版社。本年鉴介绍了上海文化市场、文化产业、社会文化和图书馆事业，以及对外文化交流、文艺演出、文艺科研、文艺创作、文化人物等。这是全国第一部地方文化年鉴。文

化产业作为重要内容第一次列入文化年鉴。此后,按年份每年出版一本。为上海文化产业研究提供了重要的史料,是研究上海文化产业重要的工具书。

二、《中国文化产业评论》

《中国文化产业评论》创刊于2003年,由上海交通大学国家文化产业创新与发展研究基地主办,上海人民出版社出版。叶取源、陈昕、王永章任主编,胡惠林任执行主编。2008年起,改由胡惠林、陈昕主编。《中国文化产业评论》是中国第一本文化产业学术研究刊物。2007年入选中文社会科学引文来源集刊(CSSCI)。任务是对当代中国文化产业发展实践提出来的重大理论和政策问题进行深入研究,给出学术的回答;对当代国际文化产业发展进程和理论与政策研究,给予中国学术界的关注,发表自己的见解。学术目标是:引领中国文化产业发展学术思潮,追求前沿性、原创性、学术性与国际化。

《中国文化产业评论》旨在建设一个具有"开放性实验室"性质与特征的公共学术平台,主张学术自由,倡导学术平等,坚持学术规范,遵循"百家争鸣"方针;主张全球性视野,突出原创性品格,坚持社会关怀,践行社会主义核心价值观,努力打造具有鲜明中国风格和中国学派特征的中国文化产业研究学术品牌。

《中国文化产业评论》每年出两卷。主要栏目有:理论与政策、改革与发展等。《中国文化产业评论》是中国文化产业领域里最具影响力的学术刊物,中国文化产业学术界最具代表性和影响力的第一代学者——叶郎、胡惠林、张晓明、熊澄宇、金元浦、章建刚、施惟达、齐勇锋等都在上面发表了他们最新的文化产业学术研究成果,具有广泛的学术影响,成为了解和观察中国文化产业学术思潮的窗口。

三、《上海文化发展蓝皮书》

《上海文化发展蓝皮书》创刊于2000年2月,是全国第一本城市文化发展报告。由上海社会科学院文学研究所主持编撰,并邀请上海社会科学院、各高等院校、政府部门和文化企事业单位有关研究人员撰稿。2000年至2004年,《上海文化发展蓝皮书》主编为尹继佐;2005年,主编为王文英、蒯大申;2006年至2010年,主编为叶辛、蒯大申。2000年至2005年的《上海文化发展蓝皮书》由上海社会科学院出版社于每年1月或2月出版,2006年至2010年改由社会科学文献出版社于每年1月或2月出版。

《上海文化发展蓝皮书》采用年度研究报告的形式,有重点地对上海文化发展的成功经验进行总结,对上海文化发展过程中亟待解决的重要问题进行分析,并提出发展的对策思路和政策建议,同时对下一年度的发展趋势进行展望。

作为一种连续出版物,《上海文化发展蓝皮书》具有自己明确定位,即以问题为中心,以宏观研究和深度调查分析为特色。在研究方法上尽力做到三个结合,即定性分析与定量分析相结合,宏观把握与微观分析、个案研究相结合,现状研究与历史分析、前瞻性研究相结合。

从2000年至2010年,《上海文化发展蓝皮书》分别就文化产业发展、经济全球化与上海文化发展、文化创新与城市综合竞争力、国际大都市文化建设、培育上海城市精神、文化体制改革、文化创意产业、构建公共文化服务体系、共建共享和谐社区文化、文化大都市建设的理论与实践、文化世博等主题展开研究，取得了一批扎实的研究成果，在学术界和社会上产生了广泛的影响。

《上海文化发展蓝皮书》在结构上有三个相对稳定的板块：(一)总报告。对上海文化上一年度的发展状况、特点进行概括，并结合上海实际对当年文化蓝皮书的主题进行理论性阐释。(二)上海文化发展研究报告。这个板块是蓝皮书的主体，围绕当年主题对上海文化发展中的重要问题展开研究。(三)国际国内研究报告。有选择地研究、介绍国际及国内兄弟省市相关情况。通过这些板块和选题，《上海文化发展蓝皮书》不断提高文化问题研究的广度和深度，同时体现了一种比较宽阔的研究视野。

《上海文化发展蓝皮书》每年“两会”期间赠送代表、委员，受到欢迎。《上海文化发展蓝皮书》发表的研究报告被广泛转载、引用。《上海文化发展蓝皮书》的研究定位、研究方向和编撰方式被全国众多省市广泛复制。《上海文化发展蓝皮书》2002 年获上海市哲学社会科学优秀成果奖著作三等奖。《上海文化发展蓝皮书》发表的“上海文化竞争力国际比较研究”英文版在课题负责人瞿世镜 2006 年访问英国时赠送伦敦市市长，受到高度关注。2008 年，伦敦市也发表了伦敦、纽约、巴黎、东京、上海文化发展比较研究报告——《伦敦：一次文化大审计》。

第七篇
人物

本篇收录上海文化体制改革及文化产业发展做出重要贡献的人物。收录人物分为三个类别：第一个类别是在宏观管理层面设计并推动上海文化体制改革的人物，主要包括在主要管理机构、重点国有文化单位担任领导职务并推动体制创新的同志；第二个类别是在转型时期，从中国的文化组织层面积极探索文化市场发展道路的人物，主要包括一些身处体制内却不断摸索市场化文化发展模式，以实践探索文化体制机制创新的同志；第三个类别是在文化市场得到肯定和承认后，开拓进取，为上海文化产业发展做出重要贡献的人物，主要包括各领域杰出文化企业的开创者和领导者。

由于本志人物传略遵循“生不立传”原则，故在本卷审定稿完成即2019年10月前去世的，收入“人物传略”，其余收入“人物简介”。入传人物排列先后以卒年为序，在世人物以生年为序，其中若是同年去世或同年出生的，则以姓名笔画为序。

第一章　人物传略

黄佐临（1906—1994）

广东番禺人，生于天津。原名黄作霖。1925年留学英国，在伯明翰大学攻读商科，同时热心于演剧活动，并结识了英国戏剧大师萧伯纳。1929年回国后，曾任天津新华书院名誉校长。1935年在纽约与从哥伦比亚大学毕业的金韵之（丹尼）结婚，随后共赴英国再度留学，在剑桥大学研究莎士比亚，同时在伦敦戏剧学馆师从法国名导米·圣丹尼学习。此间，系统地研究了欧美各种戏剧流派，较早接触了斯坦尼斯拉夫斯基体系和布莱希特学说。1937年"卢沟桥事变"爆发后，夫妇二人从英国绕道莫斯科回国。次年赴重庆国立戏剧专科学校任教，教授《导演术》《西洋戏剧史》《排练》等课程。任教期间曾排演《阿Q正传》等戏。1939年，赴上海投身"孤岛"剧运，相继在上海剧艺社、上海职业剧团、上海艺术剧团任导演，导演了《小城故事》《边城故事》《蜕变》《荒岛英雄》《秋》《大马戏团》《秋海棠》等剧。1942年起筹建苦干剧团，吸引了一批有才华的青年演员如石挥、张伐、韩非、黄宗江等，导演了《梁上君子》《牛郎织女》《金小玉》《乱世英雄》《家》《夜店》《升官图》等，被上海剧坛誉为"四大导演"之一。1946年创建文华影片公司，导演了《假凤虚凰》《表》《腐蚀》等优秀电影。1948年参加中共地下党的外围组织——上海剧影工作者协会的筹备，以迎接上海解放。中华人民共和国成立后，1950年被任命为上海军管会文艺处副处长，后被任命为上海人民艺术剧院院长（1960年起任院长、1985年任名誉院长）。1957年8月，加入中国共产党。在这期间，着力实践一种新的富有中国气派和审美特点的话剧。在1962年率先提出了斯坦尼斯拉夫斯基、布莱希特、梅兰芳作为世界三大戏剧体系的理论观点。《漫谈"戏剧观"》文章，也成为中国戏剧舞台样式变革的重要文献。更是在1989年提出了《振兴话剧战略构想十四条》。在新中国成立后的17年里，排导了《抗美援朝大活报》《曙光照耀着莫斯科》《布谷鸟又叫了》《悲壮的颂歌》《胆大妈妈和她的孩子们》《激流勇进》《第二个春天》等剧。20世纪80年代后，更注重探索他的"写意戏剧观"的演剧理想，力图在中西方文化交融的基础上，形成独树于世界戏剧之林的东方戏剧体系。导演的《中国梦》较完整地体现了这一戏剧思想。从20世纪70年代末至90年代初，执导了《彼岸》《陈毅市长》《生命·爱情·自由》《消失的雨点》《闹钟》等剧。历任中国剧协副主席、中国剧协上海分会副主席、上海对外友好协会副会长、中国莎士比亚研究会副会长、上海话剧研究会名誉会长等职。著有《梁上君子》、《荒岛英雄》和论著《导演的话》、《我与写意戏剧观》等。

万籁鸣（1899—1997）

江苏南京人。原名嘉综，曾用名海啸、初人、家宗。自幼习画。1919年入商务印书馆美术部、影戏部任职。1925年与其孪生弟万古蟾和弟万超尘创作中国第一部动画广告短片《舒振东华文打字机》，1926年合作完成中国第一部真人与动画合成的短片《纸人捣乱记》。1931年起与其弟为联华、明星等影片公司绘制《同胞速醒》《民族痛史》等多部动画短片。1935年制成中国第一部有声动画片《骆驼献舞》。1937年，"八一三"事变后在武汉加入中国电影制片厂。1939年回上海。次年入上海新华影片公司，与其弟绘制第一部大型有声动画片《铁扇公主》。1949年赴香港，1954年回沪于上海美术电影制片厂任动画片导演。20世纪60年代创作第一部彩色动画长片《大闹天宫》，获第十三届卡罗维发利国际电影节短片特别奖、第二届电影百花奖最佳美术片奖和第二十二届伦敦国际电影节最佳影片奖。曾任中国影协理事、上海美协常务理事。著有《人体表情美》《人体图画美》。

王根发(1943—2000)

江苏盐城人。1970年8月毕业于复旦大学新闻系,大学学历。1996年评为主任编辑。1961年参军。1965年进入上海第一纺织机械厂工作,同年作为调干生进入复旦大学新闻系学习。1970年毕业后回原单位从事宣传工作,兼任新华社上海分社、解放日报社通讯员。1974年在厂设计科电气设计组任助理工程师。1984年调入上海电视台,先后任秘书科科长、台长助理、副台长,并兼任台总编室主任、台办公室主任、台广告部主任。1987年参与创办《海外影视》栏目。1988年起先后参与创办杂志型综艺节目《荧屏纵横》和《卡西欧家庭演唱大奖赛》。广告部制作的电视广告片量连续多年列全国省台之首。担任上海电视节和第八届全国运动会集资部负责人,为大型活动的成功举办作出贡献。1993年任东方电视台党总支书记。1995年起先后任上海有线电视台党总支书记、党委书记。兼任中国电视广告学会副主席、上海广告学会副会长、上海电影电视广告学会主席。

林三祝(1930—2000)

浙江定海人。1952年毕业于大同大学电机系电讯组,大学学历。同年进中央广播事业局工作。1955年调入553台国际收测台任技术设备检修组长。1958年进上海人民广播电台技术部仪器室工作。1987年起任上海市广播科学研究所副总工程师、综合技术室主任。1990年评为高级工程师(教授级)。大学毕业后在中央广播事业局担任广播电视方面的进口设备维护和新设备新仪器的技术开发和研究工作。负责研制的"网络分析仪配用微机组成自动测量系统"获1985年国家广电部科技进步三等奖。1985年负责筹建局监测台自动监测系统。1988年,作为项目负责人之一参与"全固态多频率自动代播中波广播发射机"的开发研制。在3 kW、10 kW两种全固态发射机的研究开发成功中发挥了重要作用。1994年作为高级专家,承担"50千瓦全固态功率合成"的研究(即东方广播电台792千赫扩大功率项目)。

刘　冰(1927—2001)

安徽安庆人。曾用名"刘绥林"。1992年评为高级编辑。1992年离休。1938年参加革命,先后担任皖北地区《大江报》、华中《新华日报》、山东《大众日报》、济南《新民主报》记者。抗日战争和解放战争期间,撰写大量新闻、通讯、特写等。1949年任《解放日报》记者、编辑、副组长。1950年调入上海人民广播电台,先后任华东·上海人民广播电台编辑部副主任、文艺部主任。1978年任上海市广播事业局副局长。1979至1983年兼任上海电视台台长。1990年参与并主持上海有线电视台筹建工作。在上海人民广播电台、上海电视台和上海市广播事业局、上海市广播电视局工作期间,在增强广播电视新闻时效性、开拓新闻报道面、扩大文艺广播范围、组织电视剧创作等方面进行了探索,作出了贡献。发表论文:《华语电视国际间合作的现实性探讨》《关于文艺广播方针问题》等10余篇。兼任上海新闻学会副会长,第一届上海市广播电视学会常务副会长、第二届上海市广播电视学会副会长。担任上海电视节、上海国际广播音乐节数届评委,主持评奖工作。

谢　晋(1923—2008)

浙江上虞人。电影导演,20世纪中国电影导演中的代表人物之一。1943年肄业于四川江安国立戏剧专科学校。同年进重庆中国青年剧社任演员。1946年回南京国立戏剧专科学校复学,攻读导演专业。1948年入大同电影企业公司任副导演。1950年,参加华北革命大学政治研究所学习,后任长江电影制片厂、上海电影制片厂副导演、导演,执导影片30余部。代表作有《女篮五号》《红色娘子军》《舞台姐妹》《啊!摇篮》《天云山传奇》《牧马人》《高山下的花环》《芙蓉镇》《鸦片战争》等。上海电影行业改革的先行者,1988年成立"谢晋工作室";1992年创办上海谢晋—恒通影视有限公司；1999年与民营企业上海中路集团联合创办上海谢晋中路影视有限公司并出任董事长。曾任美国电影艺术和科学学院成员、美国电影导演工会会员，上海大学影视艺术技术学院院长、谢晋—恒通明星学校校长，中国文联副主席等。

陆炳炎（1944—2009）

江苏江阴人。1968年北京地质学院石油勘探专业毕业，1982年西北大学构造地质学专业研究生毕业，获理学硕士学位。1996年评定为研究员。曾在中国科学院昆明地球物理研究所，云南省科教局、教育厅、省教委工作，历任云南省教育厅高教处处长、副厅长，省教委副主任，华东师范大学党委副书记、书记。2000年8月调解放日报报业集团任党委副书记、副社长，解放日报党委书记。2001年4月任解放日报报业集团党委书记、社长。中共上海市第八届委员会候补委员，上海市第七、第八次党代会代表，上海市第十一、第十二届人大代表。在解放日报报业集团工作期间，围绕集团事业发展和系列报刊管理等主持制定了一系列规章制度和实施办法。在《中国高等教育》《中国报业》等报刊发表学术论文多篇，其中《创新集团运作机制强化集团主体地位解放日报报业集团的实践与思考》获第四届上海新闻论文奖一等奖。1997年入选享受国务院政府特殊津贴名单。

田　锋（1958—2012）

江苏丹徒人。1982年毕业于华东化工学院复合材料专业，大学学历。2004年毕业于中欧工商管理学院EMBA专业，硕士学位。1975年至1978年到安徽省舒城县舒荣公社军埠茶林场插队。1982年任华东化工学院团委书记。1985年任共青团上海市委学校部部长。1988年任上海中国青年旅行社总经理兼上海因私出入境服务中心总经理。1993年起历任东方明珠股份有限公司总经理助理兼东方明珠实业总公司经理、东方明珠国际会议中心有限公司总经理、上海国际会议中心有限公司总经理。1998年评为高级经济师。2001年起任上海文化广播影视集团事业发展部主任，文广投资有限公司副总经理、总经理、党委副书记，上海文化广播影视集团经济运行部主任，文广项目投资开发有限公司总经理。2004年任上海电影（集团）公司副总裁。

邹凡扬（1923—2015）

上海市人。1942年毕业于上海私立民立中学，高中学历。中共上海市第五次代表大会代表、上海市第八届人大代表，第六、七届上海市政协委员、常委。1987年评为高级编辑。1995年离休。1939年至1942年在上海民立中学任党支部书记。1942年至1946年在中共江苏省盐阜地委城工部任指导员、秘书。1946年至1949年受中共地下党组织委派，任国民党上海大光通讯社记者、采访主任等职。1949年5月25日凌晨，上海尚未全部解放，代表中共上海地下党组织赶到国民党上海广播电台，命令停止原有广播，改播解放军入城布告和由他编写的“大上海解放”的第一条新闻。1949年至1960年任上海军事管制委员会新闻室工作人员，《新闻日报》采访主任、编委、副总编辑。1960年至1966年任上海人民广播电台副总编辑。1966年至1976年下放上海新闻出版系统“五七”干校劳动。1979年起任上海电视台负责人，上海人民广播电台台长，上海市广播电视局副局长、局党委书记、局长。1978年，积极组织上海电台、上海电视台开展真理标准的讨论。三次转播否定“文化大革命”的话剧《于无声处》，其中一次传送至中央电视台播放。1979年1月起率先在上海电视广播中开办广告业务，为上海广播电视事业迅速发展奠定扎实的经济基础。在担任局领导期间，提出在浦东陆家嘴建造400米左右电视调频发射塔的构想，并主持了勘察、选址、论证和报批工作。1994年获国务院政府特殊津贴。兼任中国广播电视学会顾问、上海市广播电视局顾问、上海新闻工作者协会副主席、上海新闻学会副会长、复旦大学新闻系兼职教授。离休后，关心广播电视发展，撰写了许多具有方向性、建设性的稿件，一些建议和意见被广播电视有关部门采纳，为上海广播电视事业发展作出了贡献。

王　波(1962—2016)

江苏启东人。1984年毕业于上海交通大学电子工程系电子工程专业,大学学历。1984年进上海市广电局技术中心广播技术部,历任传音科技术员,技术科科长,检修科科长、副主任、主任。2005年起任上海文广新闻传媒集团广播技术部主任。2009年起任技术运营中心副主任、主任,上海东方传媒技术有限公司执行董事,上海市广播科学研究所所长。2014年评为高级工程师(教授级)。20世纪80年代末,牵头引进全国第一套数字硬盘播出系统。1994年受命组建广技部技术科,承担上海虹桥路广播大厦前期设计、系统安装调试和搬迁任务。1996年10月上海广播大厦新的播控中心启用,该项目获华东地区广播电台技术协作会二等奖。自2001年至2009年间,作为广技部主任,带领上海广播技术创造多个"第一":2002年,上海广播建成全国第一套全数字化直播室;同年,全国第一套广播制播系统上线运行,开启中国广播数字化播出新时代;2004年,上海广播全年停播率为0秒/百小时,创造了上海广播历史上的最好成绩;2006年,受广电总局委托,主撰的第一部《中国广播数字化网络化建设白皮书》诞生;2008年,带领上海广播成为广电总局首批数字化网络化建设示范基地。2009年起,先后主持参与上海世博会国际广播电视中心系统、广播电视高清化、广播电视全媒体融合等重大系列项目。其后,直面传统广播电视行业下滑,创新建立全成本核算试点部门和"工作室"管理模式,年经营利润稳步增长。曾兼任上海电影电视技术学会副理事长、华东地区广播电台技术年会秘书长。

穆端正(1952—2017)

江苏无锡人。1985年9月毕业于北京广播学院新闻系采编专业,大专学历。1996年评为高级编辑。中共上海市第九、第十次党代会代表,上海市第十二届人大代表,第十二届上海市政协委员。1973年进上海电视台新闻部任记者、编辑。1985年起任上海电视台新闻部副主任、主任。参与策划、采编的专题片、纪录片有65个在全国获奖,其中"南浦大桥成为上海人民心目中的丰碑"等11个作品获一等奖。创办了《新闻透视》和《三百六十行》等专题节目。1991年上海电视台新闻部获"上海市劳动模范集体"称号。1992年任上海东方电视台首任台长、党委副书记。期间,积极推行人事、分配等制度改革,在内部实行竞争激励机制和奖金与节目质量挂钩等改革措施。秉持"敢为人先,创业创新,团结奉献,勇于改革"的办台方针,积极探索电视事业发展的新路,在节目宣传上体现栏目新、构思新、形式新和包装新的特点。1998年起任上海市信息办副主任,市广播电影电视局副局长,市文化广播影视管理局副局长,局党委副书记、局长,东方新闻网站主任。期间,率先实施广播电视制播分离改革,加强行政管理和扶持发展,逐步完善公共服务体系,积极推进电信网、有线电视网和计算机互联网的融合。2008年2月任上海图书馆、上海科学技术情报研究所党委书记。率先实现上海市中心图书馆"一卡通",市、区县、街镇全覆盖。上海图书馆首次获得2011—2012全国文明单位称号。2014年任上海视觉艺术学院副校长、党委书记,市教委派驻民办高校督导专员。兼任第二届上海市广播电视学会副会长、第四届上海电视艺术家协会主席、全国音像资料馆协作会会长、第六届上海市文学艺术联合会副主席、第六届上海市摄影家协会主席。主编《新闻透视发展轨迹》、《当代中国广播电视百卷丛书》(东视卷)。

陈文炳(1937—2018)

浙江镇海人。1961年毕业于上海社会科学院(财经大学)计划统计专业,大学学历。1961年参加工作。1987年评为高级经济师。第八、第九届上海市政协委员。1963年起先后任中共中央华东局宣传部干事、部长秘书。1970年任上海市仪表局党校校长、党支部书记。1976年进上海市广播事业局，先后任局组织科科长，上海市广播电视局组织处负责人、副局长，上海人民广播电台党委书记、台长。分别于1980年、1983年，两次组织实施上海市广播事业局向社会公开招聘编辑记者工作。1986年至1989年任东方明珠广播电视塔筹建组组长，参与该塔筹建、选址、设计等工作。1991年倡导成立上海电台交通信息台，被列为市政府"十件实事"之一。1989年至1997年，先后组织实施第二、第三届上海国际音乐节目展播，第四、第五、第六届上海国际广播音乐节。1992年建立有专业特色的8个系列台。1994年建立新闻、经济、文艺、浦江之声4个中心台，实行节目总监制。1995年，创办国内第一家上海有线戏剧电视专用频道。1996年向中宣部建议，把广播剧列入精神文明建设"五个一工程"评奖项目，得到中宣部领导赞同并采纳。1990年策划上海电台与市公安局合办广播连续剧《刑警803》，在听众中产生较大反响。兼任第一、第二届上海市广播电视学会副会长，第三届上海电视艺术家协会常务副主席。2003年至2009年任上海市公共关系协会常务副会长兼秘书长。2009年至2018年任上海广播电视台退休职工第一党支部书记。2016年，评为上海广播电视台优秀离退休共产党员。

吴贻弓（1938—2019）

浙江杭州人。1938年出生于重庆。中国第四代导演代表性人物。1956年考入北京电影学院，成为这所新建的高等学府第一届导演系大学生。1960年毕业于北京电影学院导演系，同年回沪进入海燕电影制片厂工作，任导演助理，是上海电影系统第一位本科出身的电影导演。1984年起，先后出任上海电影局副局长、上海电影总公司经理、上海电影制片厂厂长、上海市电影局党委书记兼局长、上海广播电影电视局艺术总监、上海影城主任等；1993年参与创办了上海国际电影节，为中国唯一的国际A类电影节。担任上海电影制片厂厂长期间，大胆决策，将在闹市商业区的陈旧厂用于置换郊区土地，启动建设中国最早的影视拍摄基地，主持建造上海影城，开创了中国多厅影院的先河，获"新时期全国影视十佳电影导演""国家有突出贡献电影艺术家""第十五届上海国际电影节华语电影终身成就奖"等称号。还曾任中国文联副主席、中国电影家协会主席、上海电影家协会主席等。中共第十四、第十五届中央候补委员。主要电影作品有：《我们的小花猫》《巴山夜雨》《城南旧事》《姐姐》《阙里人家》等。其中《巴山夜雨》获首届中国电影金鸡奖最佳故事片等奖，《城南旧事》获第二届马尼拉国际电影节最佳故事片金鹰奖等国内外奖项。

第二章　人物简介

丁　一(1916—　)

河南沁阳人。原名郭淑真。1937年参加民族解放先锋队,同年加入中国共产党。1939年任山西第三行政区妇女救国会主任,晋东南妇救总会常委、部长。1940年到延安,先后在中央党校一部、二部学习。1946年在中央妇委会工作,后任晋、冀、鲁、豫边区武安县区委书记。1949年在天津任中共天津市委妇委副书记、市妇联副主任、市总工会女工部长、市纺织工会主席。1955年任全国总工会女工部副部长。1957年任上海普陀区委文教书记。1960年调任上海天马电影制片厂党委书记。任职期间,重视贯彻知识分子政策。1978年至1985年任上海市电影局副局长、上海电影制片厂党委书记。1953年至1977年任中华全国妇女联合会执行委员。1953年至1978年任中华全国总工会候补委员。

池　欣(1929—　)

上海南汇人。经济师。1946年进上海法商电车公司当售票员。翌年加入中国共产党,在工人中开展工作,曾任中共上海地下组织支部委员、支部书记、淮南地委政治交通员。新中国成立后,任上海公用事业党委助理秘书、上海市公安局文保处副科长。1977年后任上海市电影公司副科长、上海市电影局发行放映处副科长、中共新光影剧场支部书记。1985年8月任上海市电影发行放映公司经理,直至离休。在公司经理任职期间,先后组织了“上海解放四十周年优秀影片展映”“中外文学名著改编影片汇映”“军旗颂”等各类映出活动;全市的电影票房收入屡创新高,自1984年到1988年的五年间,年递增率高达13.4%,于1989年获得了由市人民政府颁发的“1987—1988上海市企业管理优秀奖”。上海电影家协会理事。

迟习道(1929—　)

河北南皮人。1952年毕业于山东大学艺术系,同年入上海电影制片厂,历任创作集体负责人、副厂长、常务副厂长、艺委会委员等职。20世纪80年代后,曾起草《上海电影制片厂故事片分阶段管理程序》(20条),并主持编写《上海电影制片厂生产手册》。中国影协理事、上海影协常务理事。

童祥苓(1935—　)

江西南昌人。京剧演员,工老生。自幼酷爱京剧,8岁学戏,先后向刘盛通、雷喜福、钱宝森等学艺,多演余(叔岩)派戏。后又拜马连良、周信芳为师,余、马、麒各派剧目均能演出。擅演剧目有《龙凤呈祥》、《桑园会》、《群英会》及现代京剧《智取威虎山》等。“文化大革命”中,京剧《智取威虎山》唱遍大江南北,成就了童祥苓事业上的辉煌。童祥苓文武兼备,唱做全面,在学习余(叔岩)派的基础上,融入了麒派、马派的表演方法,演唱富有韵味,做功细致,表演洒脱自如,善于刻画人物。在《群英会·借东风·华容道》中前饰鲁肃,中饰孔明,后饰关羽;在《龙凤呈祥》中前饰乔玄,后饰鲁肃,不同人物的表演各具特色。1983年,童祥苓和李炳淑分别组建的两个包干责任制演出队,率先冲出上海京剧院体制改革的起跑线。包干责任制演出以有利于出人、出戏为目标,更好地满足人民文化生活需要,兼顾国家、集体、个人三者利益。演出队成员经济分配,实行“基本工资加分红”的办法。1983年,上海京剧院共演出870场,在当时的市文化局系统各演出团中演出场次最多;经济收入45万元,居市文化局戏曲演出团体首位。演出队经济实行包干,独立核算,分户立账,由国家负担成员工资70%和独生子女费、副食品补贴费等，其余各项开支均由演出队各自负担。收入结余部分10%交院部，30%作为公积金和团长基金，60%作为分红。1993年，因为大儿子工厂破产，小儿子想学戏没学成，两个人失业在家，58岁的童祥苓提前退休，回家开店。

孙　刚(1936—　)

山东陵县人。1964年毕业于南京工业学院自动控制专业，大学学历。同年分配到中央组织部二处。1967年调任西安黄河机器厂政治部干事。1968年调入上海工作后，先后任上海有线电厂技术员、车间副主任、厂科研组组长，上海航天局804所副所长，上海有线电厂党委副书记兼政治部主任，上海市航天局党委副书记兼政治部主任。1985年任中共上海市委宣传部副部长兼纪检组组长，分管组织人事工作，一段时间曾主持日常工作。1988年评为高级工程师。1993年任上海市广播电视局党委书记，1995年任上海市广播电影电视局党委书记。1995年至1996年，全局4家单位被评为市级文明单位。是中共第十三次全国代表大会代表，中共上海市第五次代表大会代表，中共上海市第五、第六届纪委委员，第七、第八、第九届上海市政协常委，第九届上海市政协文化委员会主任。兼任上海市政协华夏文化经济促进会常务副会长，上海市社会经济文化交流会常务副会长，第二、第三届上海市老新闻工作者协会会长，东上海国际影视公司董事长。

孙　滨(1936—　)

山西平遥人。1960年毕业于上海戏剧学院表演系，大学学历。同年，加入上海戏剧学院实验剧团参加工作。1977年被评为上海市文化局先进工作者。1980年3月加入中国戏剧家协会上海分会。1980年8月当选为剧协第三届理事会理事，后又担任上海市文联委员。1985年任上海市文化局局长助理，后任局党委书记，1988年至1997年间任上海市文化局局长，还担任上海市生活美学学会副会长、上海炎黄文化研究会副会长等。1997年后任上海市政协教科文卫体委员会副主任。1993年受聘上海交通大学兼职教授。曾在全国性报刊、书籍中发表过《"从自我出发"试读》《试读体验反面角色情感问题》《四个轮子同时转动促进上海文艺进一步繁荣》《浦东开发与文化事业发展设想》等文章；主编《中国戏曲志·上海卷》《论艺术表演团体体制改革》等文集。编写大型话剧剧本《吉他之谜》，连载小说《吉他在行动》，在电影《开天辟地》、话剧《归来兮》及多部电视连续剧中扮演过孙中山等角色。担任上海市文化局局长期间，重视培养和引进人才，推动原创剧目创作，因此涌现出一批具有全国影响的原创剧目，如京剧《曹操与杨修》、话剧《商鞅》等。为满足上海市文化需求，解放文化艺术生产力，在全国率先推进艺术团体的全员聘任制；组织策划了杂技团、芭蕾舞团、上海油画雕塑院、群艺馆、上海市演出公司等单位主要负责人的公开招聘工作；举办了上海国际艺术节、上海国际魔术节、上海免费周末音乐会等活动；积极推动上海图书馆新馆、刘海粟美术馆和上海马戏城等文化设施建设。为适应市场需求，在上海推行艺术团体的分类管理，并策划组建全国第一个歌星俱乐部，话剧艺术中心演员俱乐部等；重组上海歌剧院；策划话剧艺术中心的组建；扶持民营剧团发展；主持创办文化实业公司；主持制定并经上海市人大通过，颁布全国第一个由地方人大通过的演出法规《上海市演出市场管理条例》(1994)，得到中宣部、文化部和司法部表彰，在全国引起巨大反响。

李晓庚(1937—　)

江苏武进人。1960年毕业于复旦大学新闻系，大学学历。同年8月赴西藏高原工作。先后任《西藏日报》记者、编辑、采通部主任、记者部主任、编委。1986年调任西藏广播电视厅副厅长、党委委员。1993年调任上海市广播电视局副局长，1995年任上海市广播电影电视局副局长。1991年评为高级记者。在西藏从事新闻广播工作33年，采制的新闻报道和文艺专题片有4次在全国获奖。在上海工作期间,组织并参与制订《上海市有线电视管理办法》《上海市音像市场管理办法》《上海市音像制品管理条例》等。曾兼任西藏新闻学会秘书长、西藏广播电视学会副会长、全国音像资料协会副会长、上海市广播电视学会常务副会长、上海西藏联谊会副会长。

冯士能(1938—)

浙江宁波人。1960年上海社会科学院财政信贷系毕业,从事新闻工作,历任《解放》杂志编辑,解放日报科教部记者、副主任、编委,解放日报党委副书记兼副总编辑。1989年10月任上海市新闻出版局党委代理书记、党委书记。1993年12月起,任解放日报党委书记兼副总编辑。1994年起任中国报业协会副会长、上海市报业协会会长、上海大学影视学院客座教授。上海市第五、六、七次党代会代表,上海市第九届政协委员,教科文卫体委员会副主任。上海华夏文化经济促进会副会长,上海市记协会常务理事。1994年获国务院政府特殊津贴。

胡运筹(1938—)曾用名"胡胜利"

浙江慈溪人。1964毕业于复旦大学历史系,大学学历。同年进入上海社会科学院历史研究所工作。1970年下放上海星火农场。1974年起在上海市郊区五七干校从事理论教育工作。1978年调入上海市广播事业局,先后在局宣传办公室、政治处,上海电视台社教部,上海广播电视艺术团,上海电视台办公室,上海音像管理处等部门和单位工作,历任科长、部(室)副主任、党支部书记和处长。1987年评为主任编辑。1991年获国家广播电影电视部先进工作者称号。1991年起负责筹建上海有线电视台,历任台党委副书记、台长、总编辑。1997年上海有线电视台被《世界有线电视》杂志评为"全球最佳有线电视系统奖"。1999年任上海国际会议中心董事长。兼任第二届上海市广播电视学会副会长,上海有线电视协会会长、名誉会长。

吴承璘(1940—)

上海市人。高级工程师。曾担任上海市会展行业协会会长、党委书记,长三角城市会展联盟理事长,上海市经济团体联合会副会长,上海现代服务业联合会副会长,上海市外商投资企业协会顾问,亚洲展览会议协会联盟副理事长。曾担任上海市轻工业局局长、国家轻工业部群星集团公司副总裁、上海市张江高科技园区开发公司总经理、上海市浦东新区管理委员会副主任、上海市外经贸委副主任、上海市外国投资工作委员会常务副主任、上海钻石交易联合办公室主任、上海跨国采购中心有限公司董事长、中国国际贸易促进委员会上海市分会会长等职。在职期间负责筹建和管理全国首家新型对外招商机构——上海市外国投资促进中心、审批管理上海市吸引外资工作、筹建和管理上海市钻石交易所。参与制定《上海市进一步加快推进走出去的指导意见》,中德合资上海新国际博览中心项目谈判、立项、审批,改善上海综合投资环境,提高通关效率的多项重要工作。参与APEC部长级会议、国际商会会员大会、WTCA会员大会在上海举行的承办工作,担任组织者和陈述人。参与上海申办2010世博会前期筹备工作,担任申博办公室专家组咨询专家、上海大虹桥国家会展中心(中国博览中心)项目咨询专家、世博发展集团战略研究项目咨询专家。

李森华(1941—)

广东潮州人。1965年毕业于复旦大学新闻系,大学学历。同年进入上海人民广播电台,历任记者、编辑、新闻编辑组组长、新闻部副主任、台副总编辑、副台长、台总编辑、台长。1989年起任新民晚报社副总编辑。1994年至1996年兼任《新民体育报》主编。1995年起兼任《新闻记者》杂志主编。1986年策划并负责创办浦江之声广播电台,1987年倡导筹建上海人民广播电台英语台。撰写论文《对新闻自由的思考》获1987年全国广播电视学术论文三等奖。曾任首届上海市广播学会副会长、上海市新闻工作者协会常务理事。1992年评为高级编辑。1993年起享受国务院政府特殊津贴。

贾树枚(1941—　)

山东博兴人。1964年复旦大学新闻系毕业。1978年9月任《光明日报》记者。1983年8月任《文摘报》主编。1984年3月任《文汇报》党委副书记、副总编辑。1987年5月任上海市新闻出版局副局长。1992年1月任上海市广播电视局党委书记。1993年11月任中共上海市委宣传部副部长兼市委外宣办、市政府新闻办主任。1999年起兼任《解放日报》党委书记、副总编辑,2000年1月兼《解放日报》总编辑,并主持了解放日报报业集团的组建,同年任解放日报报业集团党委书记、社长。2001年12月任上海市记协主席。上海市第十、十一、十二届人大代表,第十一、十二届人大常委会委员、教科文卫委员会委员,上海市第六、七次党代会代表,中国记协副主席。1995年评定为高级编辑。编著有《上海新闻志》、《见证辉煌》、《锦绣年华良辰美景》和"中外记者笔下的上海"丛书、"当代上海记者"丛书等。

徐林达(1941—　)

江苏苏州人。1959年毕业于上海市戏曲学校,中专学历。1963年参军,历任南京军区前线歌舞团演员、干事、综合队队长、党支部书记。1964年5月1日,作为全军优秀演员之一登上天安门城楼观看烟花表演。参加全军第三、第四届文艺会演,创作并演出的苏州评弹《迎新曲》《唱心篇》获全军优秀作品和优秀演员奖。1979年出席全国第四届文代会,被选为全国曲艺家协会理事。1979年4月赴云南河口参与慰问演出并获三等功。1986年转业进上海市广播电视局音像资料馆任办公室主任。1989年6月赴香港上海实业公司(市政府驻香港办事处)音像部任总经理。1993年任香港上海实业集团有限公司常务董事、副总裁,兼公司上海办事处主任。1994年兼任上海电视广播集团有限公司(香港STV)董事长。1995年起任香港上海实业文化集团董事长、上海电视广播集团有限公司(香港STV)董事长、上海电视广播集团有限公司(香港STV)国际(新加坡)有限公司董事长。

盛重庆(1941—　)

江苏镇江人。1966年毕业于上海复旦大学新闻系,大学学历。1978年进江苏南通人民广播电台,历任记者、编辑、评论组组长、新闻部主任、总编室主任。1985年任南通市人民广播电台常务副台长(主持工作)、南通市广播电视局局长。1988年任上海市广播电视局办公室主任、局党委委员。1991年任上海电视台台长兼总编辑,1996年兼任上海美术电影制片厂厂长。1999年任上海东方明珠(集团)股份有限公司董事长。2002年任东方网监事长。1998年评为高级编辑。领导建设南通电视塔,参与建造东方明珠广播电视塔组织领导工作(常务副总指挥),直接领导建造上海广电大厦、上海电视大厦。组织策划在全国有影响的"全国56个民族音乐舞蹈邀请展演"。1997至1999年,上海电视台连续举办"中国风""亚洲风""五洲风"文艺晚会。第八、第九届上海市政协委员。兼任第二届中国电视艺术家协会副主席、第三届上海电视艺术家协会副主席、第二届上海广播电视学会副会长、上海大学客座教授。

李炳淑(1942—　)

女,安徽宿县人,京剧演员,工旦行。14岁入安徽宿县京剧团学戏,后调安徽蚌埠京剧团。1959年又带艺入上海市戏曲学校深造两年,曾得梅派传人言慧珠、杨畹农传授,后拜魏莲芳为师,又向张君秋学艺。1961年毕业于上海戏校,为上海市戏曲学校京昆实验团主要演员。同年赴香港演出,《杨门女将》一剧使其初露头角。1970年后,成为上海京剧团二团主要演员。1983年,组建包干责任制演出队,和童祥苓一起率先冲出上海京剧院体制改革的起跑线。1988年应联合国教科文组织邀请,举办"京剧艺术演讲会",受到与会者赞誉。常演剧目有《白蛇传》、《凤还巢》、《凤还巢》、《杨门女将》及现代戏《龙江颂》、《审椅子》等。其中《审椅子》、《白蛇传》和《龙江颂》均摄成影片。

郭开荣(1942—)

浙江海宁人。1988年毕业于中央党校党政管理专业,大专学历。1961年参军,历任陆军535团宣传股长、八一电影制片厂办公室主任、上海警备区黄浦区武装部政委。1988年起历任中共黄浦区委常委、宣传部长,上海市精神文明建设委员会办公室主任,上海市新闻出版局党委书记,上海市文化局党委书记,上海市文化广播影视管理局党委书记,上海市扫黄打非办公室主任。第九届上海市政协委员,第十届上海市政协常委、教科文卫体委员会常务副主任。在上海宣传文化部门担任主要领导期间,坚持加强党对宣传文化工作的领导,协调各方,狠抓落实,勇于攻坚克难,善于处理各种矛盾,把握工作主动权,加强文艺和宣传队伍建设,深化文化和广播电影电视体制改革,完善公共文化服务体制,完成创办中国上海国际艺术节等各项重大文化活动。兼任中国文化娱乐协会副会长、上海市文化娱乐协会会长、上海市现代服务业联合会副会长、上海市慈善基金会副理事长、上海市政协之友社理事会理事。

龚学平(1942—)

江苏南京人。高级编辑。1967年毕业于复旦大学新闻系,1968年参军任西藏军区某部政治部宣传干事,1974年转业至上海广播电视局,历任电视台编辑、新闻部党支部书记兼副主任。1983年起,任市广电局副局长兼上海电视台党委书记、台长、总编辑。1985年任市委宣传部副部长,同年任市广电局党委书记、局长兼上海电视台台长,1992年任市政府副秘书长,1993年任副市长,1997年任市委副书记,2003年任市人大常委会主任、党组书记,2008年任全国人大常委会委员。中共十三大、十四大、十六大、十七大代表,第十、第十一届全国人大代表,上海市第五至第八次党代会代表,第五至第八届市委委员,第七、第八届市委常委。在担任电视台台长期间,率先在全国实现宣传体制改革、节目内容创新、自主经营试点,全台出现了以导向为主,一手抓节目生产,一手抓广告经营,以节目促广告,用广告保节目,多快好省发展电视事业的新气象,担任市广电局长后,继续加大改革创新力度,相继成立了上海东方电视台、上海东方广播台、上海有线电视台,形成了"五台三中心"既合作又竞争的新格局,使上海广电节目质量和广告总收入一直处于全国地方台的首位,同时在全国广电系统率先结束了依赖财政拨款发展事业的局面,走上了自主经营、自我统筹和自我发展的良性循环道路。1986年起,在全国首次举办上海电视节和国际广播音乐节。1992年,创立全国文化系统首家上市股份有限公司——东方明珠股份有限公司;规划主持东方明珠广播电视塔、上海大剧院、上海图书馆、上海博物馆、上海国际会议中心、上海国际网球中心、八万人体育场、东方绿舟、十一所寄宿制高中、松江大学城等重大文化、体育、教育项目的建设,运用市场机制成功地举办了第一届东亚运动会、第八届全国运动会和上海电影节、旅游节、国际艺术节、服装节等重大节庆活动,推动了文化产业的发展。2005年,用社会资源创立了上海视觉艺术学院,曾先后兼任中国广播电视学会副会长、上海市广播电视学会会长、上海电视艺术家协会主席,被华东师范大学影视学院、上海大学影视艺术技术学院和复旦大学新闻学院聘为名誉院长等社会职务。

朱永德(1943—)

浙江海盐人。摄影师。1962年毕业于上海电影专科学校摄影系,后入上海电影制片厂任摄影助理、新闻纪录片摄影兼编导、摄影师。1987年后任上海电影制片厂制片人办公室主任、副厂长、厂长。任上海电影电视(集团)公司总经理、银星假日酒店董事长。是中国电影制片人协会理事长,上海电影家协会、电视家协会主席团成员,中国摄影家协会上海分会影视委员会委员。曾先后拍摄影片《难忘的战斗》(与许琦、马林发合作)、《牧马人》、《飞来的女婿》、《咱们的牛百岁》、《高山下的花环》(合作)、《日出》、《紫红色的皇冠》、《开天辟地》(合作)等。其中,《日出》于1986年获第一届上海文学艺术奖优秀电影创作奖(摄影)。

尤纪泰(1944—)

江苏扬州人。1986年毕业于南京大学中文系,大专学历。1961年参军,1966年起任中国人民解放军60军政治部文化处干事。1971年起历任南京军区宣传部、文化部干事、副处长、处长。1986年任南京军区军人俱乐部主任兼党委书记。1990年任解放军"海峡之声"广播电台总编辑。1992年转业进上海人民广播电台任副台长。1993年参与策划、承办第四届上海国际广播音乐节,任组委会副秘书长和开幕式晚会总指挥。1994年起历任上海东方广播电台党总支书记、党委书记。领导组织全台加强精神文明建设,1998年获"上海市精神文明建设优秀组织者"称号。2000年起历任上海电影制片厂党委副书记(主持工作)、上海电影(集团)公司党委书记。2003年任东方新闻网站党委副书记。1997年评为高级政工师。2002年5月当选为中共上海市第八次代表大会代表。2006年任上海互联网公共上网服务行业协会副会长。

叶志康(1944—)

浙江绍兴人。1966年毕业于上海戏剧学院表演系,大学学历。1968年起,先后担任中央广播文工团电视剧团演员,武汉军区文工团话剧团演员,上海电影制片厂演员剧团演员、副团长、党支部书记。1985年起任上海电影总公司总经理助理、办公室主任,上海市电影局局长助理兼发行放映处处长。1991年起历任上海市广播电视局局长助理、副局长、局长兼总编辑。1995年起历任上海市广播电影电视局党委副书记、局长,总编辑。1999年评为一级导演。上海市文化广播影视管理局党委副书记、局长。上海文化广播影视集团总裁、党委书记。上海市第十一届人大代表。在上海文广影视系统担任领导期间,团结带领班子成员,艰苦奋斗,勤于探索,主抓东方明珠广播电视塔、国际会议中心等重大建设项目;参与策划东方明珠股份公司成立和股票上市;坚持正确舆论导向,抓好影视创作,领导文艺院团进行"一团一案"的落实;深化体制机制改革,推动事业和产业的发展。兼任东方明珠(集团)股份公司监事长、第三届上海市广播电视学会会长、第三届上海电视艺术家协会主席、第六届中国记协副主席、上海大学特邀教授。

汤渭达(1944—)

浙江绍兴人。1987年毕业于北京广播学院新闻专业(函授),大专学历。1969年进上海电视台,历任记者、编辑、经济新闻科科长,新闻部副主任兼党支部书记,对外部主任兼党支部书记,上海电视台二台党总支书记、副台长、国际部主任。1993年起任东上海国际文化影视有限公司执行董事、常务副总经理。1998年起任上海卫星电视中心党总支书记、常务副主任、副总编辑。2003年任正大综艺电视制作有限公司董事长。编辑制作的报道《上海南京路一条街学雷锋》1980年获中国广播电视奖新闻一等奖。任中方导演合拍的大型纪录片《当代中国》1998年获美国电视大奖泰勒奖纪录片奖。1999年评为高级编辑。

张行端(1944—)

江苏宜兴人。1965年南京师范学院中文系毕业,同年进新华社江苏分社,先后任记者、调研组长,所采写的《实践之树常青》《江苏南北支援发展经济》等报道分获新华社好新闻一、二等奖。1990年11月任新华社上海分社副社长。1994年评定为高级记者。合作采写的通讯《上海打出"中华牌"》获1992年中国新闻奖一等奖。1991年,新华社上海分社与上海证券交易所合作创办《上海证券报》,兼《上海证券报》社长。主持编辑出版了《股民学校初级教程》《股民学校中级教程》《B股入门手册》《股民身边的经济纠纷》等系列投资者教育丛书。上海市第八、第九届政协委员。

赵 凯(1944—)

江苏无锡人。1967年毕业于复旦大学新闻系,大学学历。大学毕业后,到《青海日报》工作,先后任校对、记者、编辑、编报室主任、经济部主任。1991年起先后任上海人民广播电台副台长、上海东方广播电台党总支书记、上海市广播电视局副局长。1994年评为高级编辑。1995年起任上海市广播电影电视局副局长、局党委书记。1998年任解放日报党委副书记、总编辑。2000年获国务院政府特殊津贴。2000年任文汇新民联合报业集团党委书记、社长。2004年受聘为复旦大学新闻学院院长、教授、博士生导师。策划创办上海电台《市民与社会》节目、上海有线电视台《小小看新闻》等栏目。参与策划、监制的电视、广播节目《外滩,悄然崛起的上海金融街》获中国新闻奖一等奖,《邀请美国总统做嘉宾》获中国新闻奖二等奖。论文《对上海广播电视事业发展思路和管理模式的探索》获1999年度第九届中国新闻奖新闻论文一等奖,《党报如何迎接新世纪的挑战》获2001年度中国新闻奖论文二等奖。中共上海市第七届委员会候补委员、委员。上海市第十二届人大常委会委员、教科文卫委员会委员。兼任上海市社联副主席、第五届上海市记协副主席、上海市新闻学会副会长、中国记协常务理事、中国新闻教育学会副会长。

李保顺(1945—)

江苏丹阳人。1986年毕业于空军政治学院政治工作专业,大学专科学历。1961年参军,历任团政治处主任、空军政治学院党史研究室教员、学员队政委。1987年参加撰写的《党组织和党员在社会主义精神文明建设中的责任》一文经《解放军报》刊登后,被解放军总政治部评为军队院校政治理论研究三等奖。曾参加空军政治部组织编写的空军党员教育大纲。1988年起历任上海市广播电视局办公室副主任、主任、党委副书记兼纪委书记、副总编辑。1994年评为高级政工师。1995年起任上海市广播电影电视局党委副书记、纪委书记兼上海永乐影视(集团)公司党委书记。2000年任上海市文化广播影视管理局党委副书记。2001年任上海文化广播影视集团党委副书记。在集团党委的领导下,他在加强党员教育、推进精神文明建设、加强党风廉政建设、加强人力资源开发、建立培训制度和激励机制等方面做了大量的探索和工作。

金闽珠(1946—)

女,浙江镇海人。1998年毕业于中央党校函授学院政法专业,大学学历。1964年参加工作,历任上海人民广播电台播音员、上海市广播电视局团委书记、局党政办公室主任等职。1988年起任上海市广播电视局副局长,上海电视台党委书记兼台长,东上海国际文化影视有限公司董事长、总经理。1992年评为高级政工师。1998年任上海市广播电影电视局副局长。1999年任中共上海市委统战部副部长、上海海外联谊会副会长。1982年评为上海市妇女"六好积极分子",1989年获"上海市优秀党务工作者""全国优秀党务工作者"称号。中共上海市第六次代表大会代表、上海市第九届人民代表大会代表、第十届上海市政协常委、港澳台侨委员会主任。兼任第四届上海市新闻工作者协会副主席,市妇联九届执行委员,市播音专业高级评审委员会副主任,上海市慈善基金会副会长、秘书长。

马博敏(1947—)

女,江西景德镇人。1966年毕业于上海戏曲学校,中专学历。同年参加工作,上海京剧院演员。主演过穆桂英、肖太后、方海珍、阿庆嫂等数十个京剧旦角人物。1998年评为国家一级演员。1984年任上海京剧院院长,1991年任上海市文化局副局长,兼首任上海戏曲舞蹈学院院长。1997年任上海市文化局局长,2000年任上海市文化广播影视管理局党委副书记、艺术总监。第九、第

十、第十一届全国政协委员。曾获得上海市三八红旗手、三八红旗手标兵、全国三八红旗手荣誉称号。长期从事艺术管理及领导工作，紧抓创作，培养人才，引进尚长荣、陈薪伊、陈少云等高端人才，为上海文化繁荣发展作出贡献。曾组织创作众多优秀作品，主要有：京剧：《曹操与杨修》《狸猫换太子》《盘丝洞》，昆剧：《司马相如》、《班昭》、《牡丹亭》（三本）、《景阳钟》，京昆合演《桃花扇》等。推动上海首届美术双年展、首届中国上海国际艺术节的创立，组织策划并担任艺术总监的有：第八届全国运动会大型文艺活动开幕式、亚太经济合作组织文艺晚会等。兼任中华文化促进会副主席、中国京剧基金会副理事长、上海市戏剧家协会副主席、上海市京昆艺术发展咨询委员会主任、周信芳艺术研究会会长。

孙重亮（1948—　）

浙江镇海人。1990年毕业于空军政治学院政工专业，大专学历。1970年进广州军区空军政治部文工团，任演员队长、导演。1982年进上海电视台，历任演员剧团副团长、演员，电视剧制作中心译制部主任、文艺中心主任、党委副书记兼纪委书记，上海电视台党政办公室主任、副台长，上海正大综艺电视制作公司董事长。2001年任上海京剧院院长、党委书记。2007年任上海京昆艺术中心总裁、党委书记。1998年评为一级导演。执导译制的美国连续剧《根》在首届全国译制片研究会评比中获一等奖。策划改编的京剧《王子复仇记》在英国爱丁堡国际艺术节中荣获"先驱天使奖"，被国家文化部评为"优秀文化出口产品项目奖"。主持出品的京剧电影《廉吏于成龙》获2009年度"华表奖"和"金鸡奖"。撰写的论文《戏歌的审美效应及社会功能》获全国第四届中国戏曲音乐年会论文奖。2005年获"全国文化系统先进工作者"称号。

李民权（1950—　）

河北武邑人。经济师。1971年起任上海电影技术厂洗片员、车间副主任、党支部书记。1982年7月至1984年7月在上海师范学院学习，毕业后历任上海电影技术厂党委书记、上海市电影局党委副书记、副局长、上海电影制片厂党委书记兼副厂长。1995年8月任上海广播电影电视局副局长，后任上海市旅游工作党委副书记。在电影系统任职期间，协助局长分管计划、财务、基建、审计、教育和多种经营等工作，并撰写了《试论电影产品社会效益和经济效益的统一》《组建上影集团，重振上影雄风》等文章。上海电影家协会理事、中国电影基金会理事。

卑根源（1950—　）

江苏南通人。1989年空军政治学院军队政治工作专业毕业，大学专科学历。1968年参军，历任排长，武汉军区空军教导队学员、教员，《空军报》编辑。1976年5月上海广播器材厂干部科科员。1981年至1995年历任上海电视台新闻部编辑、新闻部主任、台党委副书记兼纪委书记、台办公室主任、台总编室主任。1992年至1993年中共中央党校理论宣传干部研究班学习。1995年起历任东方电视台党委副书记、台长、总编辑、党委书记。领导和组织开展精神文明建设，东方电视台两次被评为上海市文明单位。2001年任上海文广新闻传媒集团党委副书记。2005年任上海文广新闻传媒集团党委副书记、纪委书记。2006年任上海文广新闻传媒集团党委书记。2007年评为高级编辑。上海市静安区第九届人民代表大会代表。第十一届上海市政协委员、教科文卫体育委员会常务副主任。主持组织的上海造漆厂火灾报道获1986年全国电视新闻特等奖。论文《电视宣传工作的灵魂》获上海市邓小平理论研究和宣传成果三等奖。

俞远明（1950—　）

上海市人。1986年黄浦区业余大学毕业。1973年进《解放日报》，历任夜班编辑部编辑、编辑组组长，群工部主任，《解放日报》编委兼群众工作部主任、工交财贸部主任。1994年任《解放日报》

副总编辑兼《新闻报》总编辑。2000年任《上海经济报》总编辑,上海市记者协会常务理事。2004年调上海文广新闻传媒集团,参与《第一财经日报》和《第一财经周刊》出版筹备工作。1995年评定为高级编辑。撰写论文《宅配研究》等。编撰出版的图书有《企业改革回顾与展望》《上海市交易市场大全》《外商驻沪机构年鉴(1995)》等。

秦来来(1950—)

上海市人。1984年毕业于上海市南市区业余大学中文专业,大专学历。1983年进上海人民广播电台,历任戏曲科编辑、交流科副科长、交通信息台台长、经济台总监。1997年任上海有线电视戏剧频道副总监。2000年任上海巴申音乐制作公司总经理。2002年起任上海文广新闻传媒集团广播文艺中心编辑。2008年起任上海大世界投资管理有限公司副总裁。2005年评为一级编辑。合作采制的获奖新闻报道有:《风雪卅分》1992年获上海广播电视奖新闻一等奖、中国广播电视奖二等奖;《空中一小时》1992年获中国广播电视奖三等奖;《浓雾锁申城　电波寄深情》1996年获中国广播电视奖一等奖、第六届上海新闻奖三等奖;《淡雅、隽永品"乡愁"》获2004年上海广播电视奖广播文艺一等奖;广播配乐纪实作品《黄宗英自述》获2008年中国广播文艺节目专家创优评析常规综艺节目一等奖。著有《采访札记——写在舞台边上》《穿越——写在舞台边上》等书。

缪国琴(1951—)

女,浙江海宁人。1985年上海师范大学政教系毕业,2002年中央党校经济管理专业研究生毕业。1974年上海师范大学师资培训班毕业后,到上海人民出版社教育编辑部任编辑。1976年12月到中共上海市委宣传部工作,先后任干部处干事、副处长、调研员。1989年9月任中共上海市委办公厅正处级秘书。1994年12月起任中共上海市委宣传部干部处处长、纪检组组长、秘书长。2000年起任上海图书馆、上海科技情报研究所党委副书记(主持工作)、书记。2004年12月任文汇新民联合报业集团党委书记,2007年下半年主持集团党委、行政工作。上海市第八、第九次党代会代表,上海市第十、第十一届政协委员,上海市政协教科文卫体委副主任、提案委副主任,上海市妇联第十二届执委。

杨玉冰(1951—)

江苏泰兴人。经济师。1970年参军,历任指导员、营职参谋等职。1985年后任上海市电影发行放映公司副总经理,上海永乐股份有限公司董事、副总经理、总经理、董事长、党委书记,上海永乐电影电视(集团)公司总经理。1996年被评为广播电影电视部劳动模范。中国电影发行放映协会副会长、上海电影评论学会副会长、上海电影家协会主席团成员。

杨绍林(1952—)

山东梁山人,出生于河北。上海市戏剧家协会主席、中国戏剧家协会理事、国家一级演员。从事戏剧表演及艺术管理工作40余年,实现了从演员到管理者的转变,并且与所在领域取得突出成就。曾分别在50余部话剧、电视剧、电影中饰演主要角色,并参与主持了300余部戏剧作品的策划与制作。在其转型剧院管理工作期间,领导的上海话剧艺术中心在国有表演艺术院团体制改革道路上走出一条独特的成功道路,在话剧的创意发掘、制作与演出市场培育、演艺工作者的经纪与培训、剧院的运营与管理等多个方面取得了丰富的成果及经验。政府相关文化管理机构连续多年对上海话剧艺术中心进行营运业绩考核,绩效评估始终名列国有表演艺术院团前茅。

吴孟辰(1952—)

上海市人。电影事业家。1975年进上海市电影发行放映公司,先后从事电影发行放映、技术和业务工作,后担任上海市电影发行放映公司副经理、经理、党委书记,上海市电影局副局长,上海永乐股份有限公司董事长兼总经理等职。1994 年调任中国电影发行放映公司总经理。现任上海国际文化影视公司总经理。发表的论文有《充分发挥计财工作在开拓电影市场中的作用》《中国电影将在改革中崛起》《坚持企业改革，坚持宏观调控》等。

陈　文(1952—　)

女，浙江海宁人。1982 年毕业于上海师范大学艺术系油画专业，大学学历，2010 年获硕士学位。1984 年进上海电视台，历任记者、编辑、频道总监助理、上海有线电视台总编室主任、影视频道总监、电视剧频道主编。2003 年进上海文广新闻传媒集团，历任节目营销中心主任、上海录像影视公司总经理、影视剧中心主任、炫动卡通卫视总监。1989 年获"全国三八红旗手"称号。任总策划的电影《我也有爸爸》获第七届中国电影"童牛奖"金奖。任总策划的小品剧《你说好不好》获 1996 年度第十七届中国电视剧"飞天奖"优秀短剧奖。筹划制作的电视剧《诺尔曼·白求恩》获中宣部精神文明建设"五个一工程"奖。论文《有线电视在多元竞争中的选择》获第六届全国广电学术论文一等奖、第二届上海新闻论文一等奖。2000 年评为一级编辑。

陈圣来(1952—　)

浙江余姚人。2002 年获美国纽约理工大学 MBA 硕士学位，研究生学历。1981 年进上海人民广播电台，历任编辑记者、文艺部副主任、文艺台副台长、台长。1992 年创办东方广播电台，任台长、总编辑，实行 24 小时全天候直播和广播主持人中心制。1996 年评为高级编辑。参与指导的专题节目《奉献一片爱心》获第三届中国新闻奖一等奖。评论《从徐虎打假说起》获 1997 年中国广播电视学会三等奖。论文《时代变迁与广播的地位以及广播人的责任》获第二届上海新闻奖二等奖。2000 年获中国广播电视学会主持人研究会颁发的"杰出贡献奖"。同年筹办中国上海国际艺术节中心并任总裁。2005 年、2007 年、2008 年、2009 年、2010 年分别被国际节庆协会授予"中国杰出人物奖""改革开放 30 年影响中国节庆产业 30 人""建国 60 周年中国节庆风云人物""中国节庆十大新闻人物"。2010 年当选为亚洲艺术节联盟主席。兼任中国文艺广播协会副会长、上海市广播电视学会副会长、国家对外文化交流研究基地主任、上海国际文化学会会长。北京大学、复旦大学等 5 所大学的特邀研究员或客座教授。著有《生命的诱惑》《晨曲短论》《广播沉思录》《品味艺术》《艺术节与城市文化》《国家文化软实力的新视野研究》。

陈先进(1952—　)

浙江鄞县人。中共党员。高级经济师。在英国获得工商管理硕士学位，拥有高级国际商务师职称。从 1984 年起，主要从事国际展览业，并身兼多个会展专业组织职务。担任国际展览业协会(UFI)名誉主席、全国会展业标准化技术委员会主任委员。1986 年 10 月起，先后担任中国贸促会上海市分会副秘书长、上海市国际展览中心总经理、上海市国际展览有限公司董事长。2001 年 9 月起任市贸促会副会长，在 2002 年 4 月至 2003 年 10 月期间，作为上海世博会申办工作领导小组办公室副主任，参与了 2010 年上海世博会的申办工作。2003 年起担任上海世博(集团)有限公司总裁。2007 年 3 月起任上海世博会事务协调局副局长，主要负责上海世博会的展览展示、市场开发、票务等工作。2006 年至 2010 年，出任 UFI 亚太区主席，并于 2012 年底正式当选为 2013 年度 UFI 全球主席，是第一位来自中国的 UFI 全球主席。

陈　昕(1952—　)

浙江鄞县人。华东师范大学世界经济与政治研究生、复旦大学管理学院研究生，获工商管理硕士学位。1968 年离开上海，奔赴黑龙江生产建设兵团务农，1972 年参军入伍，1977 年退伍复员后，被分配到上海出版系统工作。1981 年起先后担任学林出版社编辑、编辑室主任，上海三联书店副总编辑、总编辑,三联书店(香港)有限公司副总编辑、总编辑,上海人民出版社社长兼总编辑,上海市新闻出版局副局长,上海新汇光盘(集团)有限公司总经理,上海世纪出版集团党委书记、社长,上海世纪出版股份有限公司董事长、总裁。2000年起,兼任同济大学、华东师范大学、上海师范大学教授。任中国出版协会副主席、上海市政协委员、上海市人大常委会决策咨询专家、上海经济学会副会长,享受国务院政府特殊津贴。2007年获首届中国出版政府奖优秀出版人物奖,2009年被评为“新中国60年百名优秀出版人物”“中国百名优秀出版企业家”。是中央组织部专家库成员、首批全国文化名家暨“四个一批”人才、首批全国新闻出版行业领军人才。主持、策划、编辑了30多套丛书,共计3000多种图书。著有《中国图书定价制度研究》《中国图书出版产业发展阶段研究(1978—2005)》《数字网络环境下传统出版社的转型发展》《高擎火把的人》《书之重,评之轻》《出版经济学研究》《出版忆往》等10余部著作,发表学术论文及文章近200篇。

陈燮君(1952—)

浙江宁波人。1973年毕业于静安区业余大学,大专学历。1991年学完美国圣路易斯华盛顿大学哲学系博士生课程。1989年评为研究员,2008年评为博士生导师。1993年起享受国务院政府特殊津贴。1999年起任上海市文管委常务副主任、上海博物馆常务副馆长、馆长、党委副书记。组织“晋唐宋元书画国宝展”等一系列大展,从美国抢救宋刻宋拓《淳化阁帖》祖本等回归,组织国际博协第22届大会在上海召开。2003年任上海市文化广播影视管理局党委书记,组织市文广局体制改革、事业发展和组织实施。2004年获“意大利仁惠之星骑士勋章”。中国2010年上海世博会主题演绎顾问、总策划师。担任馆长的“城市足迹馆”被中共中央、国务院授予“上海市世博会先进集体”荣誉称号。中共上海市第九次党代会代表,市第十三届人大代表,第九、第十届上海市政协委员,第十一届市政协委员、市政协文史委副主任。出版《学科学导论——学科发展理论探索》等著作(包括合作)100多部。兼任亚欧基金会博物馆协会执委、美国亚洲协会国际理事会理事、中国博物馆学会副理事长、国际博协中国国家委员会副主席、上海文博学会理事长、上海市新学科学会会长。

胡惠林(1952—)

浙江上虞人。文学博士,上海交通大学文化产业与管理系创系主任。上海交通大学教授、博士研究生导师,上海交通大学学术委员会委员(文科学部委员),享受国务院政府特殊津贴。1992年从中共上海市委党校调任上海交通大学文学艺术系。1999年国家文化部与上海交通大学共建国家文化产业创新与发展研究基地,被任命为基地办公室主任。是中国文化产业管理学科建设主要开拓者和领军人物,其代表作《国家文化安全:经济全球化背景下中国文化产业发展策论》提出的“国家文化安全”这一概念为中央决策所采纳,成为中国文化产业学术研究的重要范畴之一。自2003年起,先后担任中共中央宣传部《全国文化体制改革总体方案》《文化发展规划纲要》起草专家组成员;山西省、河南省、重庆市文化改革与文化发展决策咨询专家委员会成员。多项研究成果获中央领导人(李长春、刘云山、刘延东等)批示,且有多项研究成果刊发于中央内参(《求是》内参、《成果要报》)上,连续五年担任全国哲学社会科学基金艺术科学文化管理学科终审专家。担任年度性国家文化产业报告《文化蓝皮书:中国文化产业发展报告》和中文社会科学引文索引(CSSCI)来源集刊《中国文化产业评论》的主编。2008年主持教育部哲学社会科学研究重大课题攻关项目《我国文化产业发展战略研究》,研究成果《中国文化产业发展战略论》获第八届高等学校科学研究优秀成果奖(人文社会科学)二等奖;先后承担完成上海市、澳门特区、郑州市等地文化产业发展规划项目研究。著有:《文化经济学》(1996)、《文化政策学》(1999)、《文化产业学》(2006)和《中国国家文化安全论》(2005)等。

刘　建(1953—　)

山东滨州人。1994年中央党校函授班经济管理专业毕业,大学学历。2003年中央党校函授政治学研究生毕业。1968年入伍,历任班长、排长、政治指导员、团宣传股股长、师宣传科副科长、团政治处主任、团政委、师政治部主任、旅政委。期间,三次立三等功,1989年被总政治部评选为全军优秀党务工作者。1992年被授予大校军衔。1995年起历任上海市精神文明办公室主任、活动指导处处长。1997年任上海市文化局党委副书记、纪委书记。2000年起任上海市文化广播电影电视局副局长、党委副书记、纪委书记。参与上海文化广播电视体制改革、事业发展的重大决策和组织实施。2010年任上海市地方志办公室党组书记、主任。上海市第十次党代会代表,第十一、第十二届上海市政协委员,上海市政协文史委常务副主任。1997年被评为上海市精神文明建设优秀组织者,2000年被评为上海市职工信得过的好干部。

花　建(1953—　)

上海市人。1982年上海社会科学院研究生毕业,获硕士学位,后担任上海社会科学院文学研究所研究员、文化产业研究中心主任、研究生导师;兼任北京大学文化产业研究院研究员、深圳大学文化产业研究院学术委员会委员。先后完成国家社科基金、世界银行、部委和省市等重点研究项目20多项,出版《文化软实力——全球化背景下的强国之道》《文化产业竞争力》《文化产业的集聚发展》《区域文化产业发展》等10多部专著;先后荣获"文化部文化产业优秀课题一等奖""上海市第四、第五、第十届邓小平理论研究和宣传优秀成果奖""第八届、第九届上海市决策咨询研究成果奖""上海社会科学院建院五十周年学术贡献奖"等重要奖项;所提交的研究报告,多次获得省部级主要领导的批示和肯定。先后承担成都市和上海市申报联合国教科文组织全球创意城市申请报告,并亲赴联合国教科文组织总部(巴黎)陈述。领衔完成横店、桂林、佛山、顺德、南海、禅城、平湖、太仓、芜湖、肥城、石林等20多项地区文化产业规划和发展战略报告等,承担编制"中国-东盟文化产业互动计划"等重要项目,获得有关政府部门的表彰。

薛沛建(1953—　)

江苏常州人。1980年毕业于华东师范大学政教系,大学学历。1970年至1977年江西波阳县福州军区生产建设兵团六团二连,历任班长、排长、指导员、农场政治处主任。1980年留校任教师。1984年起历任华东师范大学副总务长、总务长、校长助理、副校长,上海市教育委员会副主任。1993年至1995年美国宾西法尼亚大学访问学者。1990年评为副研究员。2003年任上海市人民政府副秘书长。2005年起历任上海文化广播影视集团党委书记、总裁。东方明珠(集团)股份有限公司董事长、监事长。中共上海市第九次党代会代表,第十一、第十二届上海市政协常委。第十一届至第十六届上海电视节组委会副主席,第八届至第十三届上海国际电影节组委会副主席。著有《高等学校后勤管理》《美国大学后勤管理:中美大学后勤管理比较研究》等,主编《跨出校门天地宽——上海高校后勤社会化的思考》《高校后勤社会化全球视野》等。

尹明华(1954—　)

江苏高邮人。1984年毕业于静安区业余大学,大专学历。2002年入中欧国际工商管理学院读研究生,硕士学位。1984年进上海人民广播电台,任新闻编辑、副科长、科长。1992年任东方电台副台长。1994年任上海电台副台长。1996年评为高级编辑。1998年起任市委宣传部新闻处处长、秘书长,上海新闻高级职称评审委员会主任。2003年起历任解放日报社党委书记、总编辑,解放日报报业集团党委书记、社长。先后获首届中国韬奋新闻奖提名、首届上海韬奋新闻奖、上海十佳青年编辑称号。论文《讲究辩证法,推进三贴近》获第十五届中国新闻奖一等奖,《传媒发展的重要选择》获第十九届中国新闻奖二等奖。中共十七大代表,中共上海市第八、第九、第十次全会代表。上海市第十三届人大代表。2009年获国务院政府特殊津贴。2007年获"上海领军人才"称号。2010年分别获国家新闻出版领军人才、首届中国传媒融合领军人物奖。著有《空谷回音》《特殊热线》《美国新观察》《媒介态度》《千日之旅》《传媒再造》等10本。兼任第六届中华全国新闻工作者协会副主席,第五、第六届上海新闻工作者协会副主席,北京广播学院、北京大学、南开大学等10所大学客座教授。

杨启祥(1954—)

浙江慈溪人。1987年毕业于卢湾区业余大学,大专学历。1998年毕业于亚洲(澳门)国际公开大学工商管理专业,硕士学位。1971年赴四川参军。1976年进上钢三厂工作。1982年起历任上海团市委青工部工业科科长、副部长、部长、团市委常委。1987年9月至1988年9月作为中国青联技术研修生赴日本东京都三和テッキ株式会社研修经营管理。1991年起历任上海大世界集团公司董事长兼总经理、上海大世界基尼斯总部法人代表、大世界基尼斯活动创始人。1994年评为高级经济师。1997年任上海科技城有限公司法人代表、执行董事、总经理,筹建上海科技馆。2001年任上海科技馆副馆长。2002年任上海市政府侨办副主任。2008年任上海文化广播影视集团副总裁,兼任文广实业公司、STR集团公司、大世界投资管理公司董事长等。1986年获上海市新长征突击手称号,1995年获团中央、文化部"全国优秀青少年宫工作者"称号。

沈佐平(1954—)

浙江海宁人。1999年毕业于中央党校函授学院党政管理专业,大学学历。2002年毕业于中央党校经济管理专业,在职研究生。1996年评为高级经济师。1971年赴崇明长江农场,1975年参军,1978年入职上海市文化局。1985年起先后任上海市文化局人事处副处长、处长。1995年任上海文化实业有限公司总经理。1997年起历任上海市文化局计划财务处处长、副局长。2000年起历任上海电影制片厂副厂长,上海电影电视集团公司副总经理,上海电影(集团)公司党委副书记、纪委书记。2005年任上海文化广播影视集团党委副书记、纪委书记。

钮卫平(1954—)

女,上海市人。1988年毕业于上海师范大学经济管理专业,大专学历。1998年澳门公开大学MBA毕业。1972年分配至崇明东风农场工作,历任东风橡胶二厂财务科长、东风纺织厂厂长助理。1988年任上海回力宾馆党支部书记兼副总经理。1992年5月起历任上海东方明珠广播电视塔有限公司副总经理、总经理。1997年评为高级经济师。2000年起历任上海东方明珠(集团)股份有限公司总裁、党委书记、董事长。曾兼任上海国际会议中心有限公司董事长、东方明珠移动电视有限公司董事长。2001年任上海文广新闻传媒集团副总裁,2005年任上海文化广播影视集团副总裁。2010年任上海梅赛德斯-奔驰文化中心(世博文化中心)有限公司董事长,负责上海世博会开幕式和闭幕式场馆保障工作、世博文化中心建设及筹组开业和经营。1999年评为上海市三八红旗手、全国女职工先进标兵、第四届上海市优秀青年企业经营者(金鹰奖)。2000年评为上海市劳动模范。2010年11月获中共中央、国务院授予的"上海世博先进个人"称号。

任仲伦(1955—)

浙江宁波人。中共党员。教授。1974年参加工作,连续多年被授予上海市优秀青年教师称号,历任上海师范大学中文系副主任,文汇报社《文汇电影时报》总编辑,中共上海市委宣传部文艺处处长,上海作协党组副书记、副主席。2002年加入中国作家协会。后担任上海文化广播影视集团副总裁、上海电影集团公司总裁。2003年5月,以"开放促改革,合作促发展"的理念,利用有限的资金和丰富的市场资源，借用与国际接轨的营销手段以及与香港特别行政区和海外的著名片商、导演、演员合作拍片，推出了一批有影响力的作品。如《2046》、《地下铁》、《长恨歌》、《如果・爱》和《伯爵夫人》等，探索出了一套合拍片的新思路。努力创新电影宣传推广的方式，加强电影宣传的力度和声势，吸引更多的观众走进影院。推动上影集团主动争取与政府有关部门合作，通过企业赞助、院线让利、影院优惠的方式，发行阳光电影卡，放映低价公益电影，降低电影票价，让更多的普通百姓有能力走进影院观看电影。

祝君波（1955—　）

浙江金华人。华东师范大学夜大学中文系1987年毕业。1995年复旦大学经济学院硕士生结业。编审。1972年进入上海市新闻出版界及朵云轩学徒，专攻木刻雕版工艺。1991年起历任上海书画出版社社长兼党委书记、上海人民美术出版社社长兼党委书记、朵云轩总经理兼朵云轩拍卖公司创始总经理、上海市新闻出版局副局长、中国出版集团东方出版中心总经理兼党委书记、上海市新闻出版局副局长（正局长级）、上海世界华人收藏家大会组委会执行副主任、中国期刊协会副会长、上海市政协文史委员会常务副主任、中国最美的书评委会副主任。兼任国家拍卖师培训中心授课教师，上海理工大学传媒学专业、华东师范大学艺术市场专业和上海大学艺术市场专业硕士生导师，上海视觉艺术大学客座教授，交通大学海外学院特聘教授。从事出版和艺术贸易40余年。主要著作《艺术品拍卖与投资实践教程》、《祝君波谈收藏》、《典藏文札》、《艺术品投资指南》、《拍卖通论》（部分章节）。著有各类论文160余篇。2010年被台湾《艺术新闻》杂志评选为年度“十大风云人物”。职业生涯中还创办了中国第一家艺术专业拍卖公司朵云轩拍卖行，敲响了中国大陆拍卖第一槌。2004年参与发起“中国最美的书”评选以及中国国际数码互动娱乐展览会（ChinaJoy），使之成为国内外知名的文化品牌。2007年主持促成了世界华人收藏家大会的筹建和召开（八年四届）。

顾行伟（1955—　）

江苏丹阳人。1987年创办《上海时装报》任总编辑。1992年任劳动报党委书记、总编辑，上海市总工会常委。1997年任文汇报副总编辑。1998年任文汇新民联合报业集团总经理。2003年任上海市新闻出版局巡视员。2008年任香港《文汇报》董事、总经理。中国作家协会会员、上海市作家协会理事。1995年获上海韬奋新闻奖。《论中国报业发展的十大关系》被全国报业年会评为一等奖，《论报业经营中的资本运作》被全国报业年会评为优秀奖。著有《星期天・我们在巴黎》《晚秋偶赋》《诗画水乡》。

李智平（1956—　）

浙江绍兴人。1982年华东师范大学中文系毕业。1993年起在复旦大学新闻传播研究生进修班、德国欧洲研究生院和新加坡南洋理工大学学习，先后获欧洲硕士和工商管理硕士学位。1980年6月进青年报，历任记者、采访部主任。1984年1月任青年报副总编辑，主持创办《生活周刊》并兼主编。1988年1月起任青年报社社长、总编辑、党委书记，将青年报社发展为拥有一份日报、两份周报及三份杂志的报刊传播联合体。2000年初参加筹建东方网，后任东方网副主任、东方网股份有限公司董事长兼总裁。1995年评定为高级编辑。曾任中国记协理事、全国青联常委、中国青年报协副会长兼报纸委员会主任，上海市第八、第九届政协委员。论文《政治家办报产业化经营》收入《〈新闻战线〉文萃・理论卷》及1997年《中国新闻年鉴》。编著有《新青年手册》《走向不惑之路》。

张　哲（1956—　）

上海市人。1974年参加工作，1983年加入中国共产党。第七届全国青年联合会委员、第八、第九届全国青年联合会常委，上海市第三届十大杰出青年，上海市十次党代表，上海市第十四届人大代表,上海大学荣誉教授,上海华东政法大学、上海戏剧学院兼职教授,中国国际经济贸易仲裁委员会仲裁员,高级经济师。2002年起担任上海市文化广播影视管理局副局长,2008年12月起任市文广局正局级巡视员,上海大剧院艺术中心党委书记、总裁,上海大剧院院长。担任上海大剧院艺术中心掌舵人期间,他负责上海交响乐团迁建项目和上海芭蕾舞团迁建项目,主抓上海文化广场2011年重新开业工作、上海大剧院2014年大修工程。在文化艺术机构的市场探索方面,率先引进商业赞助,开启剧院冠名赞助先河。

吴孝明(1957—)

江苏吴县人。2006年毕业于复旦大学经济管理学院,大学本科学历,获工商管理硕士学位。1976年任长江农场文艺宣传队演员。1978年任昆明军区空军政治部文工团演员。1998年进上海电视台,历任节目购销中心党支部书记、主任,上海电视台广告节目经营中心党支部书记、主任。1999年评为高级政工师。2001年起历任上海文广新闻传媒集团院团管理部主任,上海滑稽剧团团长,上海爱乐乐团团长,上海文广演艺集团副总裁、总裁、党委副书记、书记。2010任上海电影(集团)公司党委委员、副总裁,上海文广集团演艺总监。期间,参与策划推动上海文艺院团转企改制改革。成功策划创作2003年抗击"非典"大型报道剧《非常任务》。策划组织的舞剧《天边的红云》演出逾200场,获中宣部精神文明建设"五个一工程奖"。策划组织实施的杂技《时空之旅》成为上海第一个驻场演出项目。2003年评为中共上海市委宣传部优秀共产党员。2008年被评为国家文化部先进个人。

程坚军(1957—)

浙江杭州人。1989年毕业于华东师范大学,大学学历,文学学士学位。1976年入伍,历任班长、排长、干事。1996年进上海市广播电影电视局,历任局组织人事处主任科员、副处长。2000年起历任上海市文化广播电影电视局组织人事处副处长,上海文化广播影视集团人力资源部副主任、主任。2010年任上海电影(集团)公司党委副书记、纪委书记。期间,参与组织实施市广播影视局与市文化局"撤二建一"、组建文广集团、选拔业务骨干出国培训等重点工作。论文《青年干部队伍现状分析及形成培养机制的对策》《上海广播影视系统队伍管理现状分析及建立科学管理机制的思考》,分别获1996年、1998年市委宣传部组织人事论文二等奖。《党管人才原则对新时期广电系统队伍建设的重要指导意义初探》2003年获国家广电总局党建优秀论文奖。2001年评为高级政工师。2010年评为高级经济师。1998年、2001年、2006年先后评为文广集团优秀共产党员、先进工作者、优秀党务工作者。

金国平(1958—)

上海市人。经济师。1976年进上海美术电影制片厂工作。1980年,任厂长办公室秘书、厂长助理,1994年起,先后任上海亿利美动画有限公司董事长、上海美术电影制片厂厂长兼任上海卡通文化发展有限公司董事长、《卡通王》杂志社社长。1996年影视合流,上海美术电影制片厂并入上海电视台,任美影厂厂长、上海电视台副台长。1999年上海美术电影制片厂与上海电视台分离,单独组建上海动画影视(集团)公司,任上海动画影视(集团)公司总经理。2002年上海动画影视(集团)回复原上海美术电影制片厂建制,归并上海电影(集团)公司,任美影厂厂长兼任上海电影(集团)公司副总裁、上海联和电影院线有限公司副董事长、上海永乐股份有限公司董事。2004年辞职。20世纪90年代后,曾监制了百集动画系列片《自古英雄出少年》《大森林里的小故事》《中国民族民间故事》等多部影片。还监制了中德合拍美术片《倔强的凯拉班》《白雪公主与青蛙王子》《环游地球80天》等。曾是中国动画学会副会长、国际动画协会(ASIFA)理事。

周澍钢(1958—　)

江苏连云港人。1986 年毕业于中国人民大学中共党史系,大学学历。2002 年获 EMBA 硕士学位。1986 年起先后在中共上海市委办公厅秘书处和上海市人民政府办公厅秘书处工作,担任副处长和正处级秘书。1998 年任上海有线电视台常务副台长,1999 年任上海有线电视台台长,推进和巩固有线电视专业频道的办台理念,节目质量和广告收入得到很大提升。2001 年任上海文化广播影视集团副总裁,兼任第三届上海市广播电视学会副会长。2002 年至 2003 年在美国弗吉尼亚大学达顿商学院作交流访问学者。2004 年任上海精文投资有限公司总裁,探索确立精文投资作为政府功能性投资公司的定位,在上海文化产业发展中形成重要的推动力量并持续发挥作用。获"2008 年上海领军人才"称号。

袁晔珉(1958—　)

上海市人。1983 年毕业于上海师范大学中文系,大学学历。2007 年获硕士学位。1985 年进上海电视台,历任编导、《我们大学生》栏目负责人、文化专题部专栏科科长、社教专题部副主任、八频道副总监、文艺节目中心副主任、社教(海外)节目中心主任。2001 年后历任上海文广新闻传媒集团纪实频道总监兼党总支书记,文艺频道、大型活动部、艺术人文频道党总支书记。2010 年起任上海东方传媒集团有限公司影视剧中心、尚世影业党总支书记。导演的音乐专题片《唱得幸福落满坡》获第十二届中国电视文艺"星光奖"二等奖。《家在云之南》获第七届全国少数民族题材电视艺术"骏马奖"艺术片一等奖、第十七届中国电视"金鹰奖"电视专题文艺节目优秀奖。2009 年评为一级导演。曾任中国电视艺术家协会电视纪录片学术委员会和中广协会纪录片研究委员会副秘书长。第六、第七届上海市青联委员。上海市专业技术职务评审艺术类高评委。

李梦甦(1959—　)

上海市人。1982 年毕业于陕西机械学院印刷机械专业,大学学历。2004 年毕业于东华大学机械理论与设计专业,获工学博士学位。1982 年进上海铰链四厂任副厂长。1993 年起任上海丰华(集团)股份有限公司总工程师、副总裁、总裁。2003 年进上海东方明珠(集团)股份有限公司,历任项目发展部总经理、上海文广手机电视有限公司总经理、上海东方明珠投资管理有限公司总经理,上海东方明珠新媒体股份有限公司下属上海东蓉投资有限公司总经理、上海东秦投资有限公司总经理。2010 年评为高级工程师(教授级)。2009 年获上海市五一劳动奖章。上海市浦东新区第五届政协委员,中国民主建国会上海市浦东新区委员会委员。

王　玮(1960—　)

浙江嘉兴人。1982 年毕业于上海交通大学电子工程系,大学学历。同年进上海电视台,历任助理工程师、工程师、副科长。1989 年起任上海市广播电视局技术中心发射部副主任、主任。1992 年任东方明珠传输公司总经理。1998 年任上海市广播影视局局长助理兼局技术中心党委书记。1999 年任上海市广播影视局副局长。2000 年任上海市文化广播影视管理局副局长。2001 年任上海文化广播影视集团副总裁。2003 年评为高级工程师(教授级)。2007 年任上海市文化广播影视管理局副局长。中共上海市第八次党代会代表。致力上海广播电视行业数字化发展,主持完成国家计委下达的"数字电视地面广播平台"项目,组织推动上海广播电视机构台内数字化、有线电视数字化、有线网络整合和下一代广播电视网(NGB)建设,推动 IPTV 等新媒体业务发展。组织编著出版《影视特效》《英汉广播电影电视技术缩略语词典》,分获国家广播电影电视总局 2007 年度科技创新奖二等奖、三等奖。

杨震华(1960—)

浙江湖州人。上海新文化传媒投资集团首席执行长兼总裁,中国广播电视协会电视制片委员会常务理事。1986年至1995年先后担任上海音像出版社电视部主任、发行总站常务副站长,中华文艺音像出版社常务副社长,担任《七品芝麻官》《李香君》《红楼梦》等电视连续剧的制作人。1993年发起成立上海新文化娱乐公司以来,全面负责公司发展战略的制定及企业管理。在他的带领下,公司规模不断发展壮大,并先后组建成立了广播电视制作有限公司、演出公司、音像制品连锁经营及票务公司等,架构文化产业链,使文化经营走向产业化、集团化和规模化。

王建军(1961—)

女,山东淄博人。2003年毕业于中央党校经济管理专业,研究生学历。1982年起历任共青团上海县委学少部部长、副书记,上海县梅陇乡副乡长。1985年起历任共青团上海市委常委、少年部部长、办公室主任。1996年9月至1997年3月作访问学者赴美国伊利诺大学。2006年8月至2007年2月作访问学者赴美国万博宣伟国际公关公司。1997年任中共上海市委对外宣传办公室、上海市人民政府新闻办公室秘书处处长。2001年任中共上海市委宣传部办公室主任。2002年任中共上海市委办公厅秘书。2005年任中共上海市委对外宣传办公室、上海市人民政府新闻办公室副主任。2010年任上海广播电视台党委书记、上海东方传媒集团有限公司执行董事。主编《上海概览》书籍、《上海》光盘、《上海印象》画册、《上海协奏曲》形象片等。参与主编的《世博读本》、《世博百位名人谈上海世博》和《我们的微笑——2010上海世博会精彩瞬间》书籍,分别获全国金桥奖出版物类画册类一等奖、全国外宣出版物评估专题类一等作品和上海市银鸽奖一等奖。

周　洁(1961—)

女,上海奉贤人。国家一级演员,中国舞蹈家协会理事。1974年10月入上海歌剧院舞蹈培训班。15岁主演《小刀会》成名,此后相继主演舞剧《半屏山》《凤鸣岐山》《小刀会》《木兰飘香》《丰碑》等,并赴美、法、德、日、丹麦、东南亚等国家和地区演出。1982年,参加香港第十届国际艺术节演出舞剧《半屏山》《凤鸣岐山》获得好评。曾主演电影《杨贵妃》《垂帘听政》《解放大西北》等,获大学生电影节最佳女主角"学士奖";主演长篇电视连续剧《海外遗恨》《山野》等,获中国电视"金鹰奖"最佳女主角提名奖和"飞天奖";以及主演和参演电视连续剧《军中红舞鞋》和《宝莲灯》《隋唐演义》等。1997年起旅居美国,在休斯敦市和他人创办"周洁·徐利舞蹈学校"。2002年回上海,创办周洁(国际)舞蹈学校,并任上海歌剧院舞剧团艺术总监。2003年4月,与上海东方世纪学校合作开办周洁演艺中心。

万　捷(1962—)

北京市人。雅昌文化集团董事长。全国政协委员,民盟中央委员,中国版权协会副理事长,中国检验检疫学会理事会副理事长,中华文化促进会副主席,企业公民委员会副会长,北京故宫文物保护基金会发起人、理事,故宫学院副院长,阿拉善SEE生态协会理事,吴作人国际美术基金会青年策展人专项基金会理事长,雅昌艺术基金会创始人。1984年毕业于北京印刷学院印刷机械专业。毕业后,辞去原分配单位的"铁饭碗"工作,应聘于深圳美光彩印公司。经过7年的努力,入驻公司董事会,成为公司最年轻的董事厂长。其间曾先后多次赴日本著名制版公司——光阳社和富士精版两家公司研修,接受严格的制版印刷技术和经营管理专业培训。通过培训、学习、比较国外成功印刷企业的成功之道,结合自身多年经验,取精去粕,提出一套"以人为本,以客为尊,崇尚服务,实施精品战略,发展企业集团"的经营管理模式。1993年创立深圳雅昌彩色印刷有限公司。1997年获"森泽信夫印刷奖"一等奖。雅昌首创了"中国艺术品拍卖市场行情发布系统",建立了世界上独一无二的中国艺术品拍卖市场数据库、艺术家及作品数据库、书画印鉴数据库、画谱收录书画著录数据库四大数据库；并以此为基础，通过科学计算和概率统计方法生成一系列雅昌艺术市场指数，包括成分指数、分类指数、个人作品成交价格指数等三大类艺术品市场指数。

范敬贵（1962— ）

福建政和人。大学学历。政协上海市崇明区第一届委员会委员、上海万穗文化传播有限公司董事长兼总经理，上海三民文化艺术中心主任。并担任文化部中国文化管理学会常务副秘书长、文化部中国范仲淹研究会理事、中国工艺美术学会设计分会副会长、上海市非物质文化遗产协会副秘书长等社会职务，是上海工艺美术学院客座教授、华东师范大学客座教授、上海师范大学研究员。自1999年以来，曾先后创办了上海大手笔文化用品市场（龙华）、上海自然风艺术广场（中山南二路）、上海自然风画城（土山湾）、上海阳光色画城（淮海路）；策划投资上海国际书画博览会（世贸商城）、中国创意工艺品博览会（世贸商城）；投资建设了崇明知青文化艺术中心（崇明前卫村）、江南三民文化村。近十年来，举办了20余次民间、民俗、民族文化研讨会，积极开展对传统文化的保护和传承。投资运营的江南三民文化村现已成为国家AAAA级旅游景区、上海市文化产业园区及多项上海市级非物质文化遗产的传承基地。

徐锦江（1962— ）

浙江宁波人。1984年复旦大学中文系毕业，进《解放日报》任编辑、记者。1992年赴广州筹建《解放日报》驻广州办事处暨记者站，任负责人。1997年任《解放日报》国内部副主任，参与创办《申江服务导报》，后任副主编、副主编（主持工作）、主编。其间，《申江服务导报》荣获上海市著名商标、上海市优秀创新媒体品牌。2004年评定为高级记者，获上海市十佳新闻工作者称号。2007年被评为中国十大创新传媒人物，2008年被评为上海领军人才，2009年被评为中国传媒创新年度人物。著有《〈申〉报关键》《世相》《流言导读》《话说流言蜚语》等。

宗　明（1963— ）

女，江苏宜兴人。1993年中共中央党校本科学历，1999年进入澳大利亚Latrobe大学学习MBA课程。曾任川沙县委办公室副主任、川沙县团委书记、浦东新区团工委副书记、团市委常委。1997年任团市委副书记、浦东新区团工委书记。2001年任上海电视台党委书记，2002年任上海文广新闻传媒集团党委书记。2006年任杨浦区委副书记、区长。2009年任中共上海市委宣传部副部长。2010年12月兼任上海市文化创意产业推进领导小组办公室副主任。2002年被评为高级政工师。在文广新闻传媒集团频道、频率专业化和传媒集团化的改革过程中，加强领导班子思想政治建设和党风廉政建设，创建行风和职业道德建设网络化教育平台；加强干部和人才队伍建设，创造性提出并实施“双通道”人才晋升制度，探索“双向选择、竞聘上岗，以岗定薪、优绩优酬、绩效考核”等，推进人事和薪酬制度改革；组建全国首家媒体机构博士后流动工作站；推动文明单位创建活动，传媒集团旗下1个频道2005年获“全国文明单位”称号，11家单位被评为2005—2006年度上海市文明单位；推进“蓝天下至爱”等优秀公益品牌项目；探索媒体管理文艺院团新机制，加大对文艺院团的投入，打响“时空之旅”等一批文化品牌。1988年获“上海市新长征突击手”称号，2000年获“上海市巾帼建功先进工作者”称号。上海市第十三届人大代表。

张天晓（1963— ）

上海市人。上海今日动画影视文化有限公司董事长及艺术总监，中国动画行业领军人物，任十部委扶持动漫产业部际联席会议专家委员、中国电视艺术家协会卡通艺术委员会副主任、中国动画学会创意委员会秘书长、中国新媒体动漫联盟副理事长、上海市动漫行业协会副会长、上海联合动漫产业发展中心理事长兼秘书长,并在法国建立了法国影屏影业公司(France Ecran)。

唐　萍(1963—　)

女,浙江绍兴人。1985年毕业于华东师范大学中文系中文专业,大学学历。1985年进上海电视台任电视编导,1992年起历任东方电视台青少部主任、文艺部主任、大型策划总监,上海文广新闻传媒集团少儿频道副总监,上海儿童国际文化发展有限公司总经理,上海文广新闻传媒集团综艺部副总监,新娱乐有限公司副总经理。2007年评为一级导演。参与执导的《'97上海国际魔术节暨首届上海国际魔术比赛开幕式》获第十二届星光奖曲艺杂技节目地方组一等奖。2003年参与执导的《我们成功啦——上海市庆祝申博成功大型联欢活动》获第二十一届金鹰奖综合电视文艺节目优秀作品奖。创排的儿童音乐梦幻剧《马兰花》2006年获上海优秀文艺作品创作优秀作品奖。参与执导《APEC景观焰火表演》《上海世博会开幕式室外大型景观表演》《中国国家馆日文艺晚会》等多项国家级演出。2002年获第二届"上海十佳电视艺术工作者"称号,2010年获"上海市级世博先进工作者"称号。

朱咏雷(1964—　)

江苏苏州人。1985年毕业于复旦大学新闻系,获文学学士学位。2006年毕业于中欧国际工商学院,获高级工商管理硕士学位。1985年7月入上海电视台任新闻部记者。1992年9月参与筹建东方电视台,历任报道部副主任、编委、总编室主任、副台长。1997年7月起历任上海市广播电影电视局局长助理,上海电视台党委副书记、常务副台长、台长、总编辑,上海卫星电视中心主任,上海文化广播影视集团副总裁,东方明珠(集团)股份有限公司党委书记、董事长,上海文广新闻传媒集团党委书记、总裁,东方网党委书记,世博集团有限公司副总裁,上海世博局副局长,上海市文化广播影视管理局党委副书记、局长,上海市文物局局长,中共上海市委宣传部副部长、市委外宣办(市政府新闻办)主任、市委网信办主任,国家广播电视总局副局长、党组成员。2007年评为高级编辑。担任主要作者采制的电视新闻系列报道《复旦大学领导与学生协商对话形成制度》获1986年全国好新闻一等奖;电视新闻《谢百三的课为何受欢迎?》获1988年全国优秀电视新闻一等奖。作为主要负责人推出的"网上中国2010年上海世博会"项目获上海市科技进步一等奖。1989年获"上海市新长征突击手"称号并获"五四奖章",1991年被评为"全国优秀新闻工作者",2000年获上海市范长江新闻奖。曾兼任第三届中国电视艺术家协会副主席,第五届上海市新闻工作者协会副主席,第八、第九届上海市青联副主席,第三届上海市广播电视协会副会长。

陈剑峰(1964—　)

上海市人。1987年上海财经大学财政金融系毕业。2002年获新加坡南洋理工大学工商管理硕士学位。1987年进文汇报,历任文汇报团委书记、总会计师助理、总经理助理。1996年调中共上海市委宣传部工作,历任事业管理处副处长、国有资产监督管理办公室主任、董监事中心主任。2007年调解放日报报业集团,历任社长助理,上海新华发行集团有限公司总裁,上海新华传媒股份有限公司常务副董事长、董事长。2009年任解放日报党委委员、解放日报报业集团副社长。2008年入选中宣部"四个一批"人才和上海领军人才。2008年担任上海市报业协会副会长。

陈　梁(1964—　)

四川金堂人。1988年毕业于复旦大学新闻系广播电视专业,研究生学历。2010年获博士学位。1988年进上海电视台,历任新闻部采访科记者、副科长,新闻部编辑组副组长。1992年进上海东方电视台,历任报道部主任、新闻中心主任、副台长。2000年起任上海东方广播电台副台长。

2003年起任上海卫星电视中心主任、党总支书记，上海东方卫视传媒有限公司总经理、总编辑。2006年起任上海文广新闻传媒集团总裁助理、党委委员，上海东方传媒有限公司副总裁、重大题材创作办公室主任。撰写论文《在东视，尝试一种新闻》获1993年全国新闻改革论文一等奖。参与采制的电视长消息《一次成功的迫降》获1998年中国新闻奖二等奖。参与策划的广播新闻版面《9·11特别报道》获2001年上海新闻奖一等奖。策划监制的电视剧《历史的天空》获第二十五届中国电视剧"飞天奖"、第十届中宣部精神文明建设"五个一工程"奖。策划监制的电影《男生贾里新传》获第十三届电影"华表奖"。2002年评为高级编辑。

蒋国兴（1964—　）

江苏宜兴人。字田申，号惠山，艺名田申斋主、草根泥人。中国工艺美术大师、全国技术能手、全国劳动模范、全国五一劳动奖章获得者、享受国务院政府特殊津贴专家、正高级工艺美术师、复旦大学硕士研究生、中国文物学会世界遗产研究委员会客座研究员、同济大学建筑与城市规划学院艺术造型课程顾问教授、景德镇陶瓷大学客座教授。1985年进入宜兴陶瓷行业，师从王寅春长子王石耕。曾受教于中国工艺美术大师徐秀棠，长期得到上海视觉艺术学院李遊宇教授的教育与培养，并进修于清华大学美术学院，得到清华名师的指导。2002年被上海市作为特殊人才引进，成为宜兴历史上第一位上海市工艺美术大师。2009年被评为上海市领军人才。担任上海工艺美术行业协会副会长、上海工艺美术行业协会陶艺专委会主任、上海工艺美术学会紫砂专业委员会会长，在环境陶瓷艺术领域独树一帜。

韩婷婷（1964—　）

女，上海市人。国家一级演员。出身京剧世家，1981年3月考入上海虹口越剧团，专工小生行当。1984年春节以主演《打金枝·闯宫》在上海电视荧屏亮相而崭露头角，乃成范门（范瑞娟所创立的越剧小生流派）弟子。1984年上海青年演员会演获新苗奖。1984年、1986年两届江浙沪越剧电视大奖赛均获三等奖，1985年起成为虹口越剧团主要演员，主演过《天长地久》《梁祝》《沈园绝唱》等10余个剧目。1988年全国越剧电视大奖赛获荧屏奖。1989年1月随团赴香港主演《天长地久》。1990年江、浙、沪越剧大赛被授予"越剧之星"称号。1990年1月，熔越剧、京剧、评弹歌曲于一炉，举办《韩婷婷演唱艺术专场》。1993年主演《三世奇缘》获第四届上海"白玉兰"主角奖。1994年、1996年分别在上海电视台和虹口越剧团联合摄制的越剧电视剧4集《蝴蝶的传说》和3集《金缕曲》中担任主演而获奖。1995年任虹口越剧团副团长。1990年到1998年任虹口区政协委员。中国农工民主党党员。享受国务院政府特殊津贴。

朱　涛（1965—　）

江苏武进人。1986年毕业于复旦大学新闻系新闻学专业，大学学历。2006年获硕士学位。1986年起在空军政治学院担任教学工作。1995年进入上海广电系统，历任上海东方电视台、上海卫星电视中心、上海电视台总编室副主任、主任；上海文广新闻传媒集团总编室主任。2003年起先后在上海电视台新闻综合频道、第一财经日报社、电视新闻中心等单位任频道总监、社长、党委书记。2008年评为高级编辑。主持开发了国内第一套电视节目选题申报、播出编排、标引入库、检索统计的计算机管理系统。论文有《第一财经日报社发行体系再造》《风雨兼程十五年》等。

裘　新（1965—　）

浙江绍兴人。1988年复旦大学新闻学院毕业，进《解放日报》，先后任记者、工交财贸部副主任。1998年5月任《申江服务导报》主编。1999年1月起任《新闻报》副总编辑、常务副总编辑。2000年6月起任《解放日报》副总编辑、《新闻报》总编辑。2003年11月任《文汇报》党委副书记、总编辑。2004年12月任文汇新民联合报业集团副社长,《文汇报》党委副书记、总编辑。2005年8月任解放日报报业集团党委副书记、副社长,《解放日报》党委书记、总编辑。2004年评定为高级记者。2008年获国务院政府特殊津贴。上海市第九次党代会代表、中共上海市第九届委员会候补委员。2002年获复旦大学新闻学硕士学位。2004年获中欧国际工商学院高级工商管理人员硕士学位。上海市记协副主席、中国记协理事。曾获全国百佳新闻工作者、上海新长征突击手、上海文化新人等称号,入选中宣部"四个一批"人才、全国新闻出版行业领军人才、上海领军人才。合作采写的通讯《总设计师与浦东开发》获第五届上海新闻奖一等奖,消息《上海家化公司好气魄,1200万元买回美加净》获第六届中国新闻奖二等奖,编辑的消息《上海企业竖起"专利墙"》获第十六届中国新闻奖三等奖。新闻论文《探索新形势下党报调查的思路与方法》获第六届上海新闻论文奖一等奖。

阚宁辉(1965—)

安徽明光人。1989年华东师范大学古籍所古典文学古籍整理专业毕业,获文学硕士学位;同年进上海出版印刷高等专科学校任教,先后任教务处副处长、党委办公室主任。1997年调上海市新闻出版局,先后任助理调研员,局党委办公室副主任、主任。2004年任上海文艺出版总社党委副书记、副社长,兼上海天下合力传媒有限公司、上海壹周传媒文化有限公司董事长,《上海壹周》主编。主持创办科学人文杂志《新发现》。2008年7月任上海市新闻出版局副局长。

黎洪伟(1965—)

江西武宁人。1988年上海大学文学院社会学专业毕业。2005年中欧国际工商学院毕业,获高级管理人员工商管理硕士学位。2000年12月任《青年报》社长。2002年8月起兼青年报社总编辑、《青年报》总编辑。2003年7月任上海市宣传系统人才交流中心主任。2005年起任上海演艺工作者联合会副主席。2007年评定为高级经济师。

卢革胜(1966—)

江西广昌人。先后取得上海交通大学EMBA学位、北大-美国普莱斯顿大学管理哲学博士学位。现任上海晨路信息科技股份有限公司、上海利丰物流有限公司等14家公司董事长、董事,涉及领域包括互联网、现代物流业、环保业、金融等。同时担任中国软件协会副会长、江西抚州市党代表、上海江西商会监事长、上海市普陀区政协委员等7个社会职务。2006年,作为中国最早提出无端网游戏的领军人物之一,卢革胜先生创建了上海晨路信息科技有限公司,是一家自主研发中国绿色网络游戏的企业,共获得软件著作权登记17项、注册商标15项,并完成了U3D网页技术。从研究开发,到将产品推广到海外市场,把中国文化传播到世界各国。由他总策划的《武林英雄》游戏,于2009年获评"中国民族游戏海外拓展奖",并于2011年获得了上海文广局颁布的"科学技术进步奖"三等奖。晨路公司在他的领导下,也先后斩获"上海市高新技术企业""上海市科技小巨人(培育)企业""普陀区区技术中心""2010年度上海明星软件企业"等称号。作为具有行业影响力的社会人士,卢革胜先后获评2008年度"十大诚信企业家"、2008—2009年度"普陀区优秀中国特色社会主义事业建设者"、2008—2009"中国互联网精英"等荣誉称号。作为一名中共党员,他时刻心怀祖国人民,以个人或公司名义合计捐助慈善事业415.4万元,于2009年荣获"上海市慈善大奖个人奖"。在他的倡导下,上海晨路信息科技有限公司与普陀区慈善基金分会合作,建立了"晨路慈善服务社",每年都从晨路公司的利润中提取0.5%投入到服务社的帮困基金中,用于帮助公司困难职工和社会上的困难人员。

徐　威(1966—　)

江苏盐城人。1990年毕业于北京国际关系学院国际新闻系,大学学历。2004年获工商管理硕士学位。1990年进上海人民广播电台,从事英语新闻采访和播音工作。1992年进上海东方广播电台任新闻部主任。1997年至1999年被派至英国金融时报上海分社工作。2001年至2003年在市委宣传部新闻出版处挂职锻炼。2003年参与组建上海卫星电视中心,历任上海东方卫视传媒有限公司总经理、总编辑,上海东方卫视主任。2006年评为高级记者。2007年借调上海世博会事务协调局任新闻宣传部部长、新闻发言人。

高韵斐(1966—　)

江苏海门人。1988年上海大学文学院社会学系毕业。2003年获中欧国际工商学院工商管理硕士学位。1988年进上海电视台,先后任新闻中心采访部副主任、编辑部主任、新闻中心副主任等。1989年9月任中共上海市委宣传部新闻出版处副处长。2000年4月任上海有线电视台副台长。2001年8月起先后任上海电视台副总编辑,上海第一财经传媒有限公司董事长、总经理,上海第财经报业有限公司董事长,上海文广新闻传媒集团广告经营中心主任等。2006年1月任上海文广新闻传媒集团副总裁,上海东方卫视传媒有限公司董事长。2009年9月任文汇新民联合报业集团副社长。1995年获上海市新长征突击手称号。作品《6 000万元亏损为何无人知晓》获第五届中国新闻奖二等奖、中国电视新闻奖一等奖。上海市第九届政协常委,第十、第十一届政协委员兼文史资料委员会副主任,上海市新闻学会副会长,中国报业协会副会长。

胡劲军(1967—　)

浙江宁波人。1990年复旦大学新闻学院毕业,2005年获上海交通大学高级管理人员工商管理硕士学位。1990年进解放日报社,先后任编辑、记者、评论员,《解放日报》团委书记。1995年5月起先后任中共上海市委宣传部新闻出版处副处长、宣传处副处长(正处级),新民晚报驻美国记者站记者。1999年4月任上海卫星电视中心党总支书记、副主任、副总编辑。2000年4月起先后任上海东方电视台党委副书记、台长,上海文广新闻传媒集团党委副书记、执行副总裁。2003年12月起先后任《新民晚报》党委书记、总编辑,文汇新民联合报业集团党委副书记、社长,上海世博会事务协调局党委委员、副局长。2010年6月起任上海申迪集团有限公司党委副书记、总裁。作品《"亲和之旅"——江泽民主席访美侧记》获第七届上海新闻奖一等奖。第十届全国青联常委、上海市记协副主席、上海市青联副主席、上海市政协委员、上海市文联委员。

钮也仿(1967—　)

上海市人。1990年复旦大学新闻学院毕业,2004年获上海财经大学高级工商管理硕士学位。1990年7月进《解放日报》,先后任记者、编辑。2000年6月任《新闻晨报》副主编。2001年底任《上海计算机报》(后更名为《i时代》报)主编。2003年8月任《i时代》报主编、经营公司总经理、总代理公司董事长。2007年起兼《每日经济新闻》社长。2008年评定为高级记者。2010年获上海市长江韬奋奖,被评为中国报协全国报纸经营管理先进个人。

徐　克(1967—　)

北京市人。上海河马动画设计股份有限公司创始人。出生于北京航天世家,父母都是长期从事航天火箭领域的国家级专家。1990年7月,中国人民大学财政金融专业本科毕业后留学美国,1992年7月毕业于美国 University of Bridgeport(桥港大学),获得工商管理硕士,辅修计算机硕士。在2001年回国担任上海复星集团投资银行部总经理之前,长期担任美国 Newton International Group、JITGROUP 的副总经理。2006年1月,创办了国内第一批的原创3D动漫企业——上海河马动画设计股份有限公司,是国内较早拥有3D动画全制作链的行业龙头企业。公司于2012年被认定为全国重点动漫企业,于2014年经文化部认定为第六批国家文化产业示范基地,于2015年被认定为2015—2016年度国家文化出口重点企业,并于2016年6月入选2015年度上海文化企业十佳。2015年12月,公司成功挂牌全国中小企业股份转让系统("新三板")。公司构建了电影、电视、游戏、出版、玩具等全产业链并成功开拓覆盖北美、欧洲和东南亚的海外发行和联合制片的渠道。公司自主研发的虚拟仿真、互动体验和云制作等高科技文化装备居于国内领先水平,实现了内容、技术、设备和服务的系统集成。2010年12月,因在原创高端的3D影视动画和虚拟仿真、合成特效技术研发应用领域的杰出成绩,同时有鉴于由其编剧、导演、制片的3D立体动画电影在国内外取得的丰硕成果,被中共中央宣传部正式授予全国宣传文化系统"四个一批"人才称号。

方世忠(1968—)

安徽芜湖人,研究生学历、博士学位,副教授。1989年1月加入中国共产党,1990年7月参加工作,任华东师范大学党委宣传部副部长、部长,中共上海市委宣传部宣传处副处长(正处级),市委办公厅、市人大常委会办公厅机要秘书,市人大常委会研究室副主任,市委宣传部副巡视员,上海大剧院艺术中心党委书记、总裁,上海大剧院院长,静安区委常委、副区长,市新闻出版局局长、党组书记,市版权局局长,宝山区副区长、代理区长,上海市徐汇区委副书记、区长等职。2005年1月起任上海大剧院艺术中心党委书记。2005年3月起兼任上海大剧院艺术中心总裁,2005年7月起兼任上海大剧院院长,2007年8月起兼任中国上海国际艺术节中心组委会副秘书长、中国上海国际艺术节办公室主任。期间主要负责上海大剧院艺术中心的组建,遵循艺术规律、市场规则和国际惯例,推动转型走向剧场和院团集群式发展模式。

张大钟(1968—)

江苏吴县人。2004年毕业于中欧国际工商学院管理工程专业,研究生学历。1991年进上海有线电视台,1992年任节目部副主任,1993年起历任上海有线电视台体育频道总监、台长助理,上海电视台体育频道党总支书记、主编,上海文广投资有限公司副总经理,上海互动电视有限公司总经理。2003年起任上海文广新闻传媒集团总裁助理、集团总编室主任兼任上海东方宽频有限公司总经理。参与创建上海文广互动电视有限公司、上海东方宽频传播有限公司、东方龙新媒体有限公司、百视通公司。2006年任上海文广新闻传媒集团副总裁。2009年任上海广播电视台副台长。2000年评为"上海文化新人""上海市新长征突击手"。2010年获得"中国传媒学院奖年度传媒人物"称号。

秦　朔(1968—)

河南开封人。1990年复旦大学新闻学院毕业,2009年6月获中山大学企业管理博士学位。1990年进《南风窗》杂志,历任记者、编辑、室主任、编辑部主任、副社长、副总编辑。1997年4月任《南风窗》杂志总编辑。2004年11月起先后任《第一财经日报》总编辑、第一财经传媒有限公司总经理兼《第一财经日报》总编辑。2010年9月任上海东方传媒有限公司副总裁兼第一财经传媒有限公司总经理。2002年评定为编审。2007年获上海长江韬奋奖。编发的评论《实体经济偏冷,应予更多关注》获2009年中国新闻奖三等奖、上海新闻奖二等奖。著有《大脑风暴——文化工业探寻X告别GDP崇拜:中国发展的一种解读》等。

顾黎明(1968—)

上海市人。毕业于上海科学技术大学无线电技术专业,完美世界集团副总裁、华东公司总经理。完美世界作为中国最早进行海外运营的网络游戏公司,在中国网络游戏海外出口市场收入中连续多年排名第一。完美世界游戏有限责任公司于2008年在杨浦区注册，他担任公司总经理，带领团队开发和运营了诸如DOTA2、《无冬》、《轮回决》、《射雕英雄传手游》等广受欢迎的游戏，所开发游戏连续多年获得包括金手指奖、金塔奖、金翎奖在内的各种奖项和赞誉。作为公司带头人，他在关注大IP产业链、大资源整合和多元文化融合的基础上，大力发展电竞产业，注重将电竞赛事打造成集科技、文化、娱乐、体育、音乐于一体的共生舞台，传递乐观、拼搏、奋斗、团结的正能量。

黎瑞刚（1969—　）

广东中山人。1994年毕业于上海复旦大学新闻学院，研究生学历。1994年进上海电视台工作，历任编导、制片人、新闻中心编辑部副主任等。1998年任上海市广播电影电视局总编室副主任。参与创作拍摄的电视纪录片《长征·世纪丰碑》获1996年上海市广播电视奖特等奖。1998年获首届"上海文化新人""上海市新长征突击手"称号。上海市第十三届人民代表大会代表，第十届上海市政协委员。1998年任中共上海市委办公厅秘书。2001年任上海文化广播影视集团总裁助理。2001年8月至2002年4月，赴美国哥伦比亚大学作访问学者。2002年7月起历任上海电视台台长、上海文广新闻传媒集团总裁、上海文化广播影视集团副总裁。2004年评为高级编辑。2010年任上海广播电视台台长、上海东方传媒集团有限公司总裁。兼任第五届上海市新闻工作者协会副主席、第三届上海市广播电视学会副会长、第四届中国电视艺术家协会副主席等职。

郭耀华（1970—　）

天津市人。1992年上海复旦大学经济学专业毕业后进入珠海市农渔委隆益实业公司工作，任珠海市农渔委隆益实业公司经理。1993年至2002年任珠海国际赛车场董事、总经理助理。2002年入职上海国际赛车场招商有限公司。2008年任上海久事赛事管理有限公司赛场经营中心副总经理。2008年底，出任上海南翔智地企业投资管理有限公司党总支书记、总经理。任职后，针对不同产业集聚的需求，整合空间资源，形成围绕产业集群的布局，并且对整个园区进行了升级改造，积极开展模式创新，形成成熟的科技50全要素孵化体系。同时，整合了南翔智地党群服务站、翔立方文化体育综合体、科技50、CIE大链盟等多方资源，创新平台4plus联动式服务阵地，还积极推动医学产业基地服务体系建设。

王　微（1973—　）

福建福州人。拥有欧洲工商管理学院的MBA学位以及约翰霍普金斯大学的计算机硕士学位。1997年到2001年间，任职于美国休斯公司。任职业务开发经理期间，负责亚洲市场的卫星宽带及卫星电视业务。还参与了休斯在亚洲的战略规划及并购。2005年1月，创立土豆网，这是全球首家视频网站。

费屹立（1973—　）

上海市人。金融硕士。任上海界龙实业集团股份有限公司董事长，兼任中国印刷及设备器材工业协会副理事长、中国印刷技术协会副理事长等行业领导职务；当选浦东新区第六届人大代表、浦东新区人大常委会预算工作委员会委员、民建浦东新区第五届区委副主任委员、上海市工商联常委、上海市侨联青年总会执行副会长等。在费屹立的领导下，界龙多年来名列中国印刷百强企业前十强，年均上交国家税金超亿元。同时他加快产业对外拓展步伐，重视智能化、数字化产业基地和新兴项目投资；布局绿色经济，发展新型环保包装项目；并积极谋求转型升级，探索发展文创产业。作为人大代表，他关注社会发展，积极建言，并热心参与慈善捐助、帮困助学。获评"全国轻工业企业信息化优秀领导奖""第四届上海市工商业拔尖人物"等重要荣誉称号。

王珮瑜(1978—)

女,江苏苏州人。京剧演员,国家一级演员,上海京剧院演员。1992年考入上海市戏曲学校专工老生行当,师承王思及,并先后得到朱秉谦、关松安、孙岳、李甫春、王世续、曲永春、童强等教诲。1994年起分别在“新苗杯”“宝钢杯”“梨园杯”“蓝岛杯”四项全国少儿京剧大赛中获得一等奖。1999年考入上海师范大学表演艺术学院。2001年毕业后进入上海京剧院工作,同年获得CCTV全国青年京剧演员电视大赛最佳表演奖(老生组)。2010年6月16日,在纪念梅兰芳京剧团重建15周年举办的梅派经典剧目系列演出中,受邀和梅葆玖等共同主演《四郎探母》。王珮瑜学的是京剧流派中的余派唱腔,经过数年的钻研,掌握了余派唱腔的精髓,在吐字、发音、用气、行腔诸方面精心调度,浑然一体,不露斧凿痕迹,追求“恬淡雍容,内涵筋骨”的境界,于淡泊中寓神韵。严谨工整的吐字、规范有矩的行腔,深显她高超的余派风范。学习了《失空斩》《搜孤救孤》《捉放曹》等余派戏,学演过《法场换子》《武家坡》《打渔杀家》等各种流派各种风格的剧目。2001年获全国京剧优秀青年演员评比展演一等奖、全国青年京剧演员电视大赛最佳表演奖。2008年起,创立工作室“瑜音社”,开通微博和微信公号,在淘宝上推广周边产品。从2009年开始,“瑜音社”与王珮瑜一系列演出品牌紧密相连,包括“余脉相传”京剧骨子老戏展演、王珮瑜京剧清音会以及足迹遍布全国各地的“瑜乐京剧课”等。

吴文辉(1978—)

浙江台州人。阅文集团联席CEO,同时兼任浦东新区政协委员、第十二届上海市青年联合会委员、上海市青年文学艺术联合会副会长等社会职务。2002年,吴文辉创立“起点中文网”,并带领团队首创“VIP收费制度”,一举奠定网络原创文学的商业模式并一直沿用至今。2004年,起点中文网初创团队与上海盛大网络发展有限公司达成收购协议,并从五湖四海汇聚到上海张江,开启了事业新征程。此后的几年间,吴文辉带领团队陆续推出“作家福利制度”、“白金作家制度”等一系列措施,打造了良好的网络文学作家生态体系。2005年后,起点中文网相继完成了一系列网络文学作品的版权开发计划,为其他文化领域提供了优质的改编素材。2008年,以起点中文网为核心的盛大文学有限公司正式成立,并由吴文辉担任总裁职务,就此开启了网络文学的辉煌时代。打通网站、纸质书、听书三大渠道,形成了其他同类企业难以打破的内容和渠道壁垒。在深耕数字阅读领域的同时,吴文辉还尝试将网络文学改编为影视、动画、游戏、舞台剧等多种文艺形态,深度激发版权价值。2009年《鬼吹灯》漫画版成功打入日本漫画市场,受到当地青少年的喜爱,同年出品的游戏版本在国内也引起了不俗的反响;2010年《斗罗大陆》漫画版出版至今累计销量近2 000万册。这些有益的尝试,开创了数字阅读版权运营新模式,使得网络文学不再局限于线上连载、线下出版,而是向文创全产业链拓展。

陈　睿(1978—)

四川成都人。毕业于成都信息工程大学通信工程专业。于2009年创建上海哔哩哔哩科技有限公司,任哔哩哔哩科技有限公司董事长兼CEO。旗下的哔哩哔哩弹幕网是集视频、游戏、直播、电商、演出等服务为一体的综合性内容社区平台,陈睿作为董事长兼CEO,带领团队利用平台自身独特的青年文化优势,积极培育向上向善的网络文化,使B站成为国内二次元文化爱好者交流最活跃的社区,拥有0.9亿25岁以下的用户。公司先后荣获了上海市安全互联网服务单位、上海市优秀网站、上海文化企业十佳、上海市诚信创业企业、上海市第七届最佳网站等荣誉。

专 记

一、ChinaJoy:技术与时代的脉搏

ChinaJoy 全称为中国国际数码互动娱乐产品及技术应用展览会，是由新闻出版署和上海市人民政府共同指导，中国音像与数字出版协会和上海汉威信恒展览有限公司主办，上海市新闻出版局和浦东新区人民政府协办的综合性国际数字娱乐产业盛会。ChinaJoy 涵盖游戏、动漫、互联网影视、互联网音乐、网络文学、电子竞技、潮流玩具、智能娱乐软件及硬件等数字娱乐多个领域，是全球数字娱乐领域最具知名度与影响力的年度盛会之一。

21 世纪初，盛大游戏、第九城市等网络游戏公司快速发展，巨人网络在上海成立，此外久游、世纪天成、邮通等一批实力雄厚的网络企业也在上海崭露头角，上海成为全国的网络游戏中心，占全国 80%以上的市场份额。

为了更好地服务网络游戏行业发展，上海市新闻出版局积极推动引进 ChinaJoy。再加上上海互联网基础设施比较发达，游戏人才相对集聚，ChinaJoy 落户上海也就成为顺应行业发展需求的选择。因此，除第一届展会在北京举办以外，自第二届开始 ChinaJoy 便永久落户上海。第二届 ChinaJoy 于 2004 年 10 月 5 日在上海浦东新国际展览中心成功举办。展区面积 2 万平方米，有 140 家参展商的 167 款游戏参展，其中包括美国 E 电、法国育碧等知名公司。展会门票定价 50 元(周末 100 元)，由于现场有很多新游戏的免费体验，各大公司也有礼品发放，因此吸引了 6 万多观众。结合中国游戏市场的现实，ChinaJoy 在起步阶段定位在 B to C，通过吸引玩家造成声势、规模，再进一步吸引全球游戏商和相关产业链的供应商进入，开辟 B to B 的商务展区，形成两个展区并行的展览模式。随着网络游戏行业的快速发展，ChinaJoy 一届比一届火爆，规模一届比一届大。2006 年 ChinaJoy Cosplay 嘉年华成功举办了全国范围的高水平 Cosplay 大赛，开创中国全国范围内 Cosplay 大赛的先河，在国内外反响强烈。2008 年，第六届 ChinaJoy 在原先的基础上更进一步，展会面积达 4 万平方米，来自中国、美国、日本、法国、加拿大、澳大利亚等国内外的 170 多家游戏企业参展。2009 年 ChinaJoy 在展览会期间更是举办了中国国际数码互动娱乐产业高峰论坛、中国数码互动娱乐产业投资发展论坛、中国移动娱乐发展论坛、中国休闲游戏发展论坛、ChinaJoy 游戏动漫角色扮演嘉年华、“张江杯- ChinaJoy 电子竞技大赛”、Miss ChinaJoy 青春风采大赛等诸多会议和大型活动。至 2010 年，无论是参展的游戏品种、参观人次还是展出面积，ChinaJoy 均比 2004 年时增加了约两倍。

2004—2010 年 ChinaJoy 展会情况统计表

年份	届别	参展商	含海外参展商	游戏品种	观展人数(万)	展出面积(万平方米)
2004 年 1 月	第一届	129	12	145	6.1	1.5
2004 年 10 月	第二届	140	14	167	7.5	2
2005 年 8 月	第三届	156	19	289	8	2.5
2006 年 8 月	第四届	161	23	338	9	3
2007 年 8 月	第五届	13	24	345	10	3.5

(续表一)

年份	届别	参展商	含海外参展商	游戏品种	观展人数(万)	展出面积(万平方米)
2008年8月	第六届	170	28	354	12.4	4
2009年8月	第七届	187	29	367	13.8	4.5
2010年8月	第八届	190	30	407	16.8	5

二、时空之旅:体制机制改革的创新探索

《时空之旅》是一场以中国杂技为基本元素,结合多种艺术形式和高科技多媒体技术打造的高端演艺产品。上海时空之旅文化发展有限公司则是为创排制作和营销《时空之旅》而创建的项目公司,也是中国文化演艺领域跨行业、跨系统、跨部门、跨地域合作的创新市场主体。据2010年底统计,《时空之旅》已演出2098场,拥有观众211万人次,票房收入达到22395万元;在收获市场的同时,《时空之旅》还先后获得"第二届文化部创新奖""第四届中国演出十大盛事'最佳娱乐演出'金奖""2006—2007年度国家舞台艺术精品工程十大精品剧目"等荣誉。而上海时空之旅文化发展有限公司也因该项目的成功被授牌为"国家文化产业示范基地",并获得"全国文化企业30强"称号。这一系列成绩是体制机制创新、演艺制作创新以及营销推广创新的结果。

【体制机制创新】

上海时空之旅文化发展有限公司由上海文广新闻传媒集团、中国对外文化集团公司、上海马戏城和上海杂技团共同投资组建。三方投资的意向确认后,上海文广新闻传媒集团总裁黎瑞刚便提出公司必须按照现代企业制度发展的要求建立法人治理结构,实行市场化运作。公司要向投资方的资本负责,承担资本增值的压力,必须面向市场,独立完成《时空之旅》的策划创排、宣传推广、运作经营、市场营销等工作,要以公司制的企业模式进行现代化的文化产品项目管理,使优秀的"文艺作品"真正成为有市场、有观众的"文化产品"。

2005年7月26日,由三家投资单位投资3000万元人民币的上海时空之旅文化发展有限公司正式注册成功。公司独立核算,自负盈亏;三家股东共担风险,共享收益,在项目合作上各展所长:马戏城出租场地,杂技团提供演员,中演公司组织国际交流,文广集团在技术和媒体宣传环节予以大力支持。《时空之旅》的收入,刨去公司日常开销、演员劳务费用、租上海马戏城的场地费、水电煤气、道具修理等各种杂费,剩下的即为效益,三家按投资比例进行分配。

三个投资方共同推举宗明担任上海时空之旅文化发展有限公司的董事长。宗明按照现代企业制度对公司架构进行梳理。在内部管理上,公司建立新型的项目经营管理模式,积极探索新的运行机制:第一,推行用人签约制,实行全员劳动合同聘用制,严格考核,能进能出,能上能下;第二,实行目标责任制,董事会与经营团队签订目标责任书,个人及团队收入与绩效挂钩;第三,实施成本核算制,控制成本,增加收入,提高效益。《时空之旅》最终能成为一个成功兼顾国际化与中国市场的文化产品,体制机制创新是其运行基础。

【演艺制作创新】

《时空之旅》最初策划时,便以追求"全球一流"为目标,立志制作水准要向全球票房最火爆的太阳马戏看齐,由此"秀一个上海给世界看"(《时空之旅》的口号语),因此公司从加拿大聘请了世界顶级的制作团队,由著名的多媒体设计师艾瑞克·维伦纽夫担任导演,由太阳马戏团的黛布拉·布朗女士担任编导。20多位中外编创人员组建的创作团队深入挖掘中国特有的民族艺术元素,汇集上海杂技团众多国内外获奖节目,融合杂技、音乐、舞蹈、武术等各类艺术形式,以时空交错的表现手

法,展现过去、现在和未来。这台戏通过大型装置以及声、光、电、水雾等特效的运用,将人们带入新的境界;另外,该戏还融入音乐剧元素,中西乐队混合,真正做到了中外合作,集合了东西方智慧。

【营销推广创新】

旅游、商务、网络是《时空之旅》营销系统的三驾马车。旅游招徕人气,商务带来利润,而网络代表未来。

针对产品定位中高端人群的特点,时空之旅公司将到上海旅游的中外旅客视为主要的人气来源。项目运营之初,营销人员便先后走访了上海 100 多家三星级以上宾馆,并与多家旅行社、航空公司等结成战略联盟,将其引入旅游系列节目。

与此同时,公司还与近 50 家商务楼宇、外资合资企业、各省市驻沪办、领事馆等合作,开拓了企业专场演出等形式。为了开拓境外商务人士市场,公司总经理郑梅带队参加中国旅游交易会,向海外买家直接宣传《时空之旅》,把宣传工作做到了他们来上海之前。

《时空之旅》的另一大营销特色是便利的网上购票系统。公司一开始就运用独立域名和独立服务器,同时设立专门的部门和人员从事网络建设。公司网站内容不仅包括新闻速递、演出介绍影音欣赏、观众交流,还有票务中心和衍生产品栏目,并为海外观众特设英文版和日文版。网站特别开通网上支付,包括外卡支付,24 小时服务热线,长三角即时联网售票等。此外,网站还与美国全国广播公司(NBC)、日本交通公社(JTB)等国际网站建立友情链接。经过一系列的推广举措,网络营销额占《时空之旅》营销总额的 22%左右。

《时空之旅》的成功还带来了一系列溢出效应,随着剧目的常年演出,其所在的共和新路中段逐渐聚集了许多企业和机构,形成了生机勃勃的创意产业园区和休闲商业区,显示出体制机制创新后的优秀演艺节目对城市发展的良好带动作用。

三、朵云轩:中国艺术品拍卖第一拍

在20世纪90年代之前,中国的艺术品拍卖基本由佳士得和苏富比垄断,香港、伦敦和纽约是中国艺术品的集中拍卖地。而中国内地的艺术品市场则于1992年在上海兴起。1992年5月29日,上海市新闻出版局批复同意在浦东创办朵云轩拍卖公司,这是改革开放后中国创办的第一家拍卖公司。

自1985年起,朵云轩和上海书画出版社就已改为事业性质、企业化管理,政府不再下拨补贴。朵云轩和上海书画出版社是一个单位两块牌子,由一个领导班子领导。当时上海书画出版社出版的书比较专业,受众十分有限,要在既有模式上做大并不容易,而要解决单位员工的生活问题,并上交利润,为国家多做贡献,就不得不创新经营方式。传统的朵云轩和文物商店的经营模式是依托门店经营,在店铺内销售文物。这就带来了两个方面的局限性:一方面,门店空间大小决定了文物售卖数量,一个门店可供出售的文物数量是十分有限的。另一方面,文物商店买断画作或文物再卖出,这种经营方式对资金的要求较高,资金量的大小也决定可售商品数量的多少,而且万一短期内没有销售出去,就会形成库存。20世纪90年代初,朵云轩只有100万元人民币的流动资金,因此只有找到新模式才能扩大经营。

1991年,上海书画出版社社长祝君波带了一些书画前往香港,计划与永成拍卖行举行联合拍卖。经过前期洽谈与努力,1992年4月26日,朵云轩与香港永成拍卖行合作成功。这次拍卖效果很好,艺术品售价比在上海门店内高出很多;更重要的是,这种经营模式也给朵云轩带来了很大的启示:拍卖模式能很好克服门店销售的局限。第一,拍卖不依赖于店铺门店,节省了大量的门店租金成本。第二,拍卖也能解决资金有限,规模无法做大的问题。艺术品所有者委托拍卖行拍卖,拍卖行选中物件后并不用先买入,只需在拍卖成功后再与其结算,如果拍卖不成功则退回原物。这样拍卖行不但资金压力小,而且没有库存问题。再从另一方面来看,拍卖是价高者得,物主们也能通过拍卖得到更好的回报。在这个过程中,拍卖行和物主便实现了双赢。朵云轩与香港永成拍卖行拍卖成功后,祝君波又带队考察了佳士得、苏富比的春季拍卖。为了提升销售利润,也为了能让中国成为自己的艺术品拍卖主场,第一家专业的艺术品拍卖公司便由此诞生。

1993年2月20日,朵云轩拍卖公司成立大会在静安希尔顿酒店举行。汪道涵、龚心瀚、徐福生等同志出席大会并讲话。1993年6月20日下午,改革开放后中国大陆拍卖第一槌在上海静安希尔顿酒店成功敲响,当天成交率74.5%,成交总价830万港币(超过1000万元人民币),有两件拍品成交价超过100万。1994年春季拍卖共推出255件拍品,成交率84.5%,成交总额高达1530余万。

朵云轩艺术品拍卖的成功也带动了全国文物商店转型,有条件的文物商店都陆续开办拍卖行,一些业外人士也开始进入拍卖领域。到2010年,中国已成为全球排名第二的艺术品拍卖市场。

(资料来源于对祝君波先生的访谈)

附　录

上海市图书报刊市场管理规定(1986)

第一条　为了加强图书、报刊市场的管理,促进社会主义精神文明建设,根据国家有关出版、发行管理的规定,结合本市实际情况,制定本规定。

第二条　本规定适用于在本市经营(包括专营或兼营)图书、报刊发行业务的国营、集体单位,以及经营图书、报刊零售业务的个体户。

第三条　国营、集体单位和个体户必须坚持正确的经营思想和作风,销售内容健康,既有益于提高读者思想政治水平和科学文化知识,又能满足读者文化娱乐需要的图书、报刊。严禁销售反动、淫秽、恐怖、封建迷信的图书、报刊。

第四条　国营、集体单位经营图书、报刊发行业务和个体户经营图书、报刊零售业务需经业务主管部门同意,向所在地工商行政管理部门申请登记,取得营业执照后,方可营业。外省市单位在本市经营图书、报刊发行业务应经市出版局同意,报市政府协作办公室批准,向工商行政管理部门申请登记,取得营业执照后,方可营业。

第五条　国营、集体单位和个体户必须向国营新华书店、邮局和其他经批准可以经营图书、报刊批发业务的单位进货。个体户不得经营图书、报刊的批发业务。经营图书批发业务的国营、集体单位开展征订工作时,应将征订单同时报送市出版局备案;经销国外和港、澳、台图书报刊,须经市出版局批准,由指定的单位按有关规定经营。

第六条　国营、集体单位和个体户不得经销或出租下列图书、报刊:

(一)非出版社出版的图书和其他出版物;

(二)未经出版行政管理部门核准登记的报刊;

(三)禁止出版发行的图书、报刊;

(四)超越发行范围的图书、报刊。外省市不经国营新华书店、邮局发行的报刊,须经市出版局同意后,才能在本市发行。

第七条　集体单位和个体户不得经销限国营新华书店和邮局发行的图书、报刊。限内部发行和限国内发行的图书不能公开陈列销售。

第八条　个体户必须在指定地点营业,并出示营业执照。邮局的报刊流动零售人员出售报刊时,必须佩戴统一标志。

第九条　国营、集体单位和个体户必须按定价销售图书、报刊,不得私自涂改定价、抬价经销及搭售图书、报刊。

第十条　国营、集体单位和个体户不得用不健康的、欺骗性的文字或图案宣传介绍图书、报刊;违者,应责令改正。

第十一条　读者买卖或交换图书、报刊,应在市出版局和市工商行政管理部门指定的地点进行。非法的图书、报刊市场应予取缔。

第十二条　国营、集体单位和个体户应自觉遵守国家出版、发行管理的有关规定,接受工商行政管理、公安、物价等部门和持有《上海市书刊出版、印刷、发行业检查证》的检查人员的检查。

第十三条　违反本规定,有下列行为之一的,出版、工商行政管理部门检查人员应视情收购或没收其图书、报刊,并由工商行政管理部门没收其非法所得;情节严重的,可处以罚款,直至吊销其营业执照。

(一)销售或出租非法出版物的;

(二)销售或出租禁止出版发行的图书、报刊的;

(三)未经批准销售或出租从国外和港、澳、台进口的图书报刊的;

(四)超越发行范围销售图书、报刊的;

(五)未经批准经营批发业务的。无证经营的,由工商行政管理部门视情收购或没收其图书、报刊,没收非法所得,并可处以罚款。

第十四条　私自涂改定价及抬价经销图书、报刊的,由物价部门按有关物价管理规定予以处理。

第十五条　经销反动、淫秽、恐怖、封建迷信的图书、报刊或拒绝、阻挠检查人员检查的,由公安机关按《中华人民共和国治安管理处罚条例》处理;构成犯罪的,依法追究其刑事责任。

第十六条　本规定由市出版局负责解释。

第十七条　本规定经市人民政府批准,自一九八六年九月一日起施行。本市过去有关规定与本规定有抵触的,按本规定执行。

上海市录像放映管理规定(1989)

第一条　为了加强对录像放映的管理,根据国家有关规定,结合本市实际情况,制定本规定。

第二条　凡本市录像放映单位,均应遵守本规定。

第三条　下列单位可从事公开售票放映录像的业务:

(一)市总工会系统各工人文化宫、俱乐部;

(二)市文化局系统各文化馆(站);

(三)市广播电视系统各广播站;

(四)电影院及其他经过批准的单位。

第四条　机关、部队、企业、事业单位,可放映录像用于教育职工和丰富职工文娱生活,但不得公开售票放映录像。

禁止任何个人公开售票放映录像,或进行变相的售票放映活动。

第五条　凡需公开售票放映录像的单位,应征得其上级主管部门同意后,向市广播电视局音像制品管理处(以下简称市音像管理处)提出申请。申请单位须经市音像管理处会同所在地的区、县公安机关审查批准,由市音像管理处发给《录像放映许可证》,公安机关发给《治安管理合格证》,并向所在地工商行政管理部门办理登记手续,经核准后,方可从事公开售票放映录像的活动。

第六条　录像放映单位只准放映经国家批准的音像出版单位公开出版的录像片,其购置、租赁的录像片不得自行翻录。

公开售票放映录像的单位,可以兼营录像片出租业务,但须经市音像管理处批准,并向所在地工商行政管理部门办理工商登记手续。

未经批准,任何单位及个人,不得出租、转租或转借录像片牟利。

第七条　录像放映必须在确定的场地内进行。放映场地必须建筑结构牢固,有两个以上出入口,并保持太平门畅通;放映场地内的座位必须固定,座位宽距不得少于五十厘米,排距不得少于八十厘米;放映场地的光线、空气、座位数、屏幕与观众的距离和视角、图像和声音的清晰度等,均须符合市音像管理处制定的有关标准。

第八条　录像连续放映时间不得超过三个半小时。晚上放映不得超过十二点。录像放映时,放映单位应负责维持场内秩序。

第九条　录像放映的收费标准,应低于相同放映时间的电影收费标准。

第十条　对从事公开售票放映录像的单位,市音像管理处和受市广播电视局委托的音像管理部门可按月收取其录像放映所得收入额百分之三点五的管理费。

管理费用于音像管理工作所需经费的开支,不得挪作他用。管理费的使用范围和管理办法,由市广播电视局会同市财政局制定。

第十一条　专业单位放映与本专业有关的内部参考录像片,由单位负责人负责鉴定内容和确定放映范围。每次放映的片名、内容、放映范围和审批人必须逐一登记,以备核查。

对跨单位、跨行业放映内部参考录像片的管理,参照广播电影电视部《关于加强音像资料馆(室)管理的通知》的规定执行。

第十二条　严禁进口、翻录、复制和放映反动、淫秽、恐怖、凶杀和散布封建迷信的录像片。

第十三条　公安部门、工商行政管理部门和市音像管理处有权对录像放映单位进行监督检查。

第十四条　对违反本规定的单位或个人,市音像管理处、公安和工商行政管理部门可视情节轻重,分别给予以下处罚:

(一) 市音像管理处可给予警告、没收录像片、责令赔偿出版单位经济损失、责令停放整顿的处罚;情节严重的,可没收其录像放映设备,直至吊销其《录像放映许可证》。

(二) 工商行政管理部门对于非法从事公开售票放映录像的单位或个人,情节一般的,可给予没收非法所得的处罚;情节严重的,还可处其非法所得总额一至五倍的罚款。

(三) 放映反动、淫秽录像的,由公安机关依法处理;构成犯罪的,依法追究其刑事责任。

第十五条　本规定由市广播电视局负责解释。

第十六条　本规定自一九八九年六月一日起施行。本市过去的有关规定与本规定有抵触的,以本规定为准。

上海市营业演出管理办法(1990)

第一章　总则

第一条　为加强本市营业演出管理,促进艺术事业的繁荣和发展,满足人民群众对精神文化生活的需要,根据国家有关规定,制定本办法。

第二条　凡在本市范围内进行营业演出活动的单位和个人,必须遵守本办法。

第三条　本办法所称的营业演出是指通过演出、为演出提供场所或为演出提供中介服务取得收入的艺术表演活动。艺术表演活动是指戏剧、音乐、舞蹈、杂技(魔术、马戏)、曲艺、木偶、皮影等演出。

第四条　上海市文化局是本市营业演出的主管部门。区、县文化局负责对本行政区域内营业演出的管理。

各级公安、工商、卫生、物价、财政、税务等行政部门应配合和支持文化管理部门做好营业演出的管理。

第五条　未经文化管理部门批准,任何单位和个人不得从事营业演出。

第六条　营业演出活动必须坚持为人民服务、为社会主义服务的方向,演出内容应当文明、健康。禁止有损害国家利益和社会公共利益的任何形式的违法演出活动。

第二章　营业演出单位的审批

第七条　营业演出单位分艺术表演单位、演出场所单位和演出中介单位。

(一)艺术表演单位是指从事艺术表演的剧团(院)等演出经营实体。

(二)演出场所单位是指为艺术表演提供场所的剧场、影剧院、书场、俱乐部、文化宫(馆、站)、礼堂、体育馆(宫)等单位。

(三)演出中介单位是指为演出提供中介服务的演出经营单位。

第八条　从事营业演出的单位,必须按下列规定办理有关审批手续,方可从事营业演出:

(一)市文化局、市级人民团体、部队、高等艺术院校和涉外单位举办的艺术表演单位,应向市文化局提出申请,经市文化局审核批准,发给《营业演出许可证》;其他单位举办的艺术表演单位应向所在地的区、县文化局提出申请,经区、县文化局审核,报市文化局批准后,发给《营业演出许可证》;

(二)市文化局、市级人民团体、部队、高等艺术院校和涉外单位举办的演出场所单位,应向市文化局提出申请;其他单位举办的演出场所单位应向所在地的区、县文化局提出申请,经区、县文化局审核后报市文化局审批。市文化局接到申请和区、县文化局审核意见后,应会同公安、卫生行政部门审批,由市文化局发给《营业演出许可证》,公安部门发给《治安管理合格证》,卫生行政部门发给《卫生许可证》。

(三)演出中介单位应向市文化局提出申请,经市文化局审核批准后,发给《营业演出许可证》。

前款规定中,凡具备企业法人条件的,应凭《营业演出许可证》向工商行政管理部门办理企业法人登记手续后，方可从事营业演出。

营业演出单位合并、转业或撤销时，必须按开业的审批程序办理有关手续。

第九条　申请营业演出的艺术表演单位应具备下列条件：

（一）有具有一定业务水平和管理能力的负责人和熟悉业务的管理人员；

（二）有具有一定艺术质量和数量的演出剧（节）目和相应的演职人员；

（三）有固定的办公地点、必要的排练场所和供演出需要的器材设备；

（四）有必要的管理制度和组织章程；

（五）有规定数额以上、来源合法的资金。

第十条　申请营业演出的演出场所单位应具备下列条件：

（一）有具有一定业务水平和管理能力的负责人和相应比例的管理人员；

（二）有适合演出的场地、舞台、观众席位和必要的设施器材；

（三）建筑结构安全合理，消防设备齐全有效；

（四）通风、卫生等设施符合卫生标准；

（五）有必要的管理制度和组织章程。

第十一条　申请经营演出的演出中介单位应具备下列条件：

（一）有具有一定业务水平和管理能力的负责人和相应比例的熟悉演出的从业人员；

（二）有固定办公地点和与经营范围相适应的必要设施；

（三）应是独立核算、自负盈亏、自主经营、具有法人资格的经济实体；

（四）有必要的管理制度和组织章程；

（五）有规定数额以上、来源合法的注册资金。

第三章　营业演出个人的审批

第十二条　从事营业演出的个体艺人（包括合伙）应向住所地（或合伙负责人住所地）的区、县文化局提出申请，经市文化局考核批准，发给《个体营业演出许可证》后，方可从事营业演出。

第十三条　非艺术表演单位的在职人员，需从事营业演出的，应经所在单位同意后，向住所地的区、县文化局提出申请，经市文化局考核、批准，发给《个体营业演出许可证》后，方可从事营业演出。

第十四条　申请营业演出的个体艺人应具备下列条件：

（一）有本市常住户口；

（二）有艺术表演特长。

第四章　营业演出的管理

第十五条　无《营业演出许可证》的单位和个人不得进行营业演出。演出单位和个人进行营业演出时，应携带《营业演出许可证》。《营业演出许可证》不得出借、出租、复制和伪造。《营业演出许可证》每年复核一次。

第十六条　营业演出的票价由艺术表演单位和演出场所单位在市物价局规定的限价内按艺术表演质量和市场需求协商确定。文化主管部门和物价部门应对营业演出票价实行监督检查。

营业演出的收入分成和场租收费等标准按市文化局有关规定执行。

第十七条　营业演出单位发布各类营业演出广告，其内容应真实、健康。需在电台、电视、报刊上播放或刊登营业演出广告的，应经市文化局核准。

第十八条 非演出单位在主办各种庆祝、纪念、比赛活动中，需组织营业演出的，应委托艺术表演单位或演出中价单位办理申请手续，经市文化局审核批准，发给《临时营业演出许可证》；其中大型演出活动，还须经公安部门批准后，方可组织营业演出。主办单位不得以此牟利。

第十九条 外国和港、澳、台艺术家表演团体和个人来本市演出，除按国家有关规定，经文化部或市政府有关部门批准外，应由接待单位向市文化局申请，发给《临时营业演出许可证》后，方可从事营业演出。

第二十条 业余艺术团队临时进行营业演出，必须向所在地的区、县文化局提出申请，经区、县文化局审批，发给《临时营业演出许可证》；跨区、县进行营业演出，应经演出所在地的区、县文化局审核后，报市文化局审批，发给《临时营业演出许可证》。

临时营业演出许可时间不得超过三个月。

第二十一条 凡进行营业性组台（包括组团，下同）演出的单位，须按市文化局关于组台演出的规定办理申请手续，经批准后，方可从事营业演出。参加组台演出的人员（包括专业和业余）须经所在单位同意，并出具证明。

外省、市艺术表演人员受聘来本市营业演出，应经所在单位同意，并持有所在地文化主管部门的演出介绍信。

第二十二条 本市艺术表演团体或艺术表演人员（包括专业和业余）去外省、市演出，须经市文化局批准，并出具演出介绍信后，方能与有关省、市文化主管部门联系演出。

第二十三条 外省市艺术表演团体来本市演出，须凭所在省、市文化主管部门出具的演出介绍信、《营业演出许可证》和演员名单，事先征得本市文化主管部门同意后，方可与本市演出场所单位联系演出。

第二十四条 营业演出单位的演出报酬应通过银行结算支付给演出单位；其中艺术表演单位受聘演出的个人报酬由所在单位代扣个人收入调节税、管理费后，付给演职人员。

营业演出个人的演出报酬由主办单位通过银行支付给文化管理部门结算，由文化管理部门代扣个人收入调节税、管理费后，付给个人。

外省、市艺术表演团体来本市演出的演出收入除通过银行支付外，可予支付部分现金，但支付的现金最高额不得超过演出分成收入的百分之五十。

第二十五条 进行募捐性演出须向市文化局申请，由市文化局按有关规定办理审批手续。演出收入除必需的成本开支外，应全部用于募捐性项目。

第二十六条 专业艺术表演团体和其他单位组办各类艺术表演大奖赛活动，并进行营业演出的，须经市文化局批准。

第二十七条 采用赞助性广告形式进行营业演出的，应按国家工商行政管理局和财政部的有关规定，编制计划和费用预算报市文化局审定，经市文化局同意后，向市或区、县工商行政管理部门办理申请手续，经批准发给《临时性广告经营许可证》后，方可举办赞助广告活动，并接受工商行政、财政部门监督检查。

广告赞助费如有盈余，应纳入主办单位收入，不得私分，并按累进比例上缴市文化局作为表演艺术基金，具体办法由市文化局会同市财政局制定。

演出单位接受其他单位经济资助，须签订合同，并将合同副本交文化管理部门备案，接受财政部门的监督检查。

第二十八条　营业演出单位和个人需在街头、广场、绿化地带等场所进行营业性演出活动的，必须经文化管理部门和公安部门批准。

宾馆、饭店、公园等场所接受艺术表演单位和个人进行临时性营业演出的，应向市文化局提出申请，由市文化局会同公安、卫生等行政部门审核，经批准发给《临时营业演出许可证》后，方可从事营业演出活动。

第二十九条　演出单位应自觉遵守国家和本市的法律、法规和规章，服从文化管理部门管理，并接受持有《上海市社会文化稽查证》的稽查人员的检查。

第三十条　营业演出单位和个人应按期向文化管理部门交纳管理费，具体标准由市文化局会同市物价局、市财政局制定。

第五章　营业演出合同的签订

第三十一条　凡在本市进行营业演出活动，当事人均应签订书面营业演出合同。签订演出合同应遵守国家的法律、法规和政策，贯彻平等互利、协商一致、等价有偿的原则。不得利用演出合同进行违法活动，牟取非法收入，扰乱社会秩序，损害国家利益或社会公共利益。

第三十二条　营业演出合同应具备下列内容：

（一）演出剧团、节目内容、领队和主要演职人员；

（二）演出票价、演出收入分成比例和公提分担费用；

（三）演出日期、地点、场次和装拆台时间；

（四）违约责任；

（五）签约双方约定的其他内容。

第三十三条　演出合同的变更、解除及无效演出合同的确认，按国家和本市有关规定执行。

第三十四条　签订营业演出合同应报市和区、县文化管理部门备案。无《营业演出许可证》的单位和个人不得签订营业演出合同。

第六章　营业演出纠纷的仲裁

第三十五条　营业演出发生纠纷时，双方当事人应及时协商解决，协商不成的，可按下列规定办理：

（一）因营业演出合同发生纠纷的，向合同履行地或者合同签订地有管辖权的经济合同仲裁委员会申请仲裁。

（二）除营业演出合同纠纷外的其他营业演出纠纷由市或区、县文化局负责处理。

第三十六条　各级经济合同仲裁委员会在受理演出合同纠纷案件时，可聘请文化管理部门的管理人员担任兼职仲裁员。兼职仲裁员与专职仲裁员在执行仲裁职务时，享有同等权利。

第七章　处罚

第三十七条　对违反本办法的单位和个人，视情节轻重，给予下列处罚：

（一）违反本办法第十五、十八、十九、二十、二十一、二十二、二十三、二十五、二十六条规定的，由文化管理部门没收非法所得，并可处以三千元以下或非法所得额三倍以下的罚款。情节严重的，可责令其停业整顿，或吊销其《营业演出许可证》。

（二）违反本办法第十六条规定的，由文化管理部门没收非法所得，并可处以一千元以下罚款，或由物价部门按物价管理规定予以处罚。

（三）违反本办法第十七条规定的，由文化管理部门责令收回或消除广告，并可处以二千元以下的罚款，或由工商行政管理部门按广告管理规定予以处罚。

（四）违反本办法第二十四条规定的，由文化管理部门追回已发的现金，并可处以二千元以下罚款；屡次违犯者，可责令其停业整顿或吊销其《营业演出许可证》。

（五）违反本办法第二十七条第一款规定的，由工商行政管理、财政部门按有关规定予以处罚。违反本办法第二十七条第二、第三款规定的，由文化管理、财政部门按有关规定处罚。

（六）违反本办法第二十八条规定的，由文化管理部门没收非法所得，并可处以非法所得额三倍以下罚款，或由公安部门按《中华人民共和国治安管理处罚条例》处理。

（七）伪造《营业演出许可证》或演出介绍信等演出证件进行非法演出的，由文化管理部门没收非法所得，并处以三千元以下的罚款。

第三十八条　罚款必须出具罚款收据，罚款收入应全部上交财政。

第三十九条　文化管理部门的稽查人员，有权对违反本办法的单位和个人作出查扣《营业演出许可证》的决定，凡拒绝、阻挠检查的，由公安部门按《中华人民共和国治安管理处罚条例》处理；构成犯罪的，由司法部门依法追究刑事责任。

第四十条　对区、县文化局处罚不服的，当事人可在接到处罚决定书次日起十五天内，向市文化局申请复议。

第四十一条　市、区、县文化局及其工作人员，应忠于职守，文明执法。滥用职权、以权谋私者，由主管部门追究其责任；构成犯罪的，由司法机关依法追究刑事责任。

第八章　附则

第四十二条　凡在本市营业演出活动中穿插武术、气功、健美表演的，应按照本办法执行。

第四十三条　本办法由市文化局负责解释。市文化局可根据本办法制定实施细则。

第四十四条　本办法自一九九〇年一月一日起施行。一九八三年二月八日上海市人民政府批准的《上海市文艺演出管理办法》同时废止。

上海市电影发行放映管理办法(1992)

第一条　为了加强本市电影发行放映的管理,促进电影事业的发展与繁荣,满足人民群众精神文化生活的需要,根据国家有关规定,结合本市实际情况,制定本办法。

第二条　凡在本市从事电影发行、放映的单位,必须遵守本办法。

第三条　上海市电影局(以下简称市电影局)是本市电影发行放映的行政主管部门;其所属的电影发行放映管理处(以下简称发行放映管理处)具体负责电影发行放映业的管理,并直接负责市电影局所属电影院的日常监督管理。

各区、县文化局负责本区域内电影放映单位的行政管理,业务上受市电影局领导。

各级公安、工商、卫生、物价、财政、税务等行政部门应依法履行各自职责,配合电影行政管理部门做好电影发行放映的管理工作。

第四条　上海市电影发行放映公司是本市从事电影发行业务的经营单位,统一负责本市营业性电影发行工作。

县电影管理站、市农场局电影管理站受上海市电影发行放映公司委托,负责本区域、本系统的营业性电影发行工作。

从事本系统内非营业性电影发行业务的单位,须经国家电影行政管理部门或市电影局批准。从事非营业性电影发行业务的单位,不得从事营业性电影发行业务。

第五条　电影放映单位分为营业性电影放映单位和非营业性电影放映单位。

营业性电影放映单位系指以营利为目的、以对外售票方式从事电影放映业务的单位,包括电影院、电影放映队等专营电影放映单位和影剧院、文化宫(馆)和礼堂、俱乐部等兼营电影放映单位。

非营业性电影放映单位系指机关、团体、部队、企事业单位设立的为本单位或本系统内部职工服务,不以营利为目的、不对外售票的电影放映单位。

第六条　从事电影发行放映业务的单位,必须遵守国家的有关法律、法规和规章,坚持为人民服务、为社会主义服务的方向。

第七条　未经批准,任何单位不得在本市从事电影发行放映业务。国外及香港、澳门、台湾地区的机构,不得在本市从事电影发行业务。

电影放映单位所放映的影片,必须是经国家电影行政管理部门批准发行的影片。禁止发行放映反动、淫秽、色情、凶杀暴力、封建迷信等有害影片和其他非法影片。

个人不得在本市从事电影发行放映业务。

第八条　从事电影放映业务的单位,须按下列规定办理审批手续:

(一)设立营业性电影放映单位,由其上级主管部门批准后,向所在地的区、县文化局申请,经区、县文化局审核后报市电影局,由市电影局会同公安、卫生行政管理部门审批。合格者由市电影局发给《营业性电影放映许可证》,公安部门发给《治安管理合格证》,卫生行政部门发给《卫生许可证》。申请单位凭三证向工商行政管理部门办理工商登记手续,领取营业执照后,方可从事电影放映业务。

(二)中央驻沪单位、驻沪部队在本市从事非营业性电影放映业务的,须向市电影局申请,经审批合格,发给《非营业性电影放映许可证》,方可从事电影放映业务。

（三）除前项规定外的其他单位从事非营业性电影放映业务的,应向所在地的区、县文化局提出申请,经区、县文化局审核后报市电影局审批。合格者发给《非营业性电影放映许可证》,方可从事电影放映业务。

第九条　申请设立电影放映单位应具备下列条件:

（一）有熟悉电影放映业务的管理人员和合格的电影放映技术人员。

（二）有持有市电影局颁发的《上海市电影放映人员合格证》的电影放映员。

（三）具备符合规定的电影放映场所,符合技术标准的全套电影放映设备。

（四）安全、消防、卫生设施符合市公安、卫生行政部门的有关规定。

（五）有健全的电影放映管理制度。

（六）营业性电影放映单位,须有符合规定的注册资金。

第十条　因文化、学术交流需要,在本市举办未获得发行许可但获得放映许可的影片的电影展览、电影节、电影周等电影放映活动,举办单位须向市电影局提出申请,由市电影局按国家有关规定进行审批。

第十一条　电影制作单位使用未发行的电影影片,在电影制作单位外组织放映活动,须报市电影局批准。

电视台需播放影片,应按国家电影行政管理部门和市电影局规定执行。

第十二条　非营业性电影放映单位,不得从事营业性电影放映业务。

电影放映单位放映性生理知识等内容特殊的影片,须经市电影局批准并在规定的场所内放映。

第十三条　电影放映单位放映被国家电影行政管理部门定为少年儿童不宜观看的影片,须在放映广告、售票处和放映场所显著位置及电影票上予以注明,并不得接纳十八周岁以下未成年人观看。

第十四条　放映国外原版影片应在放映场所、售票处和电影票上予以注明。

除前款规定外,放映国外影片须有中文配音或加印中文字幕。

第十五条　电影放映单位放映影片的场次、场次的间隔时间及放映广告的时间,均须遵守市电影局的规定。

电影放映单位须在售票处、放映场所的明显位置上标明电影票价、影片的放映时间。

第十六条　营业性电影放映单位售出电影票后,须按预定的场所、场次放映影片。

第十七条　电影发行放映单位须执行由市电影局制定、市物价局批准的各类影片的租价和电影票价以及有关的收费标准。

第十八条　营业性电影放映单位出售的电影票,由市电影局统一监制。

第十九条　营业性电影放映单位需经常性放映通宵场电影的,须向所在地的区、县文化局提出申请,经区、县文化局审核后报市电影局,由市电影局会同公安、卫生行政管理部门审批。经批准发给《上海市通宵场电影放映许可证》后,方可从事通宵场电影放映业务。

营业性电影放映单位需在周末、节假日放映通宵场电影的,须向所在地的区、县文化局提出申请,由区、县文化局会同区、县公安、卫生行政管理部门审核后,报市电影局审批。经批准发给《上海市通宵场电影放映许可证》后,方可从事周末、节假日通宵场电影放映业务。

第二十条　专营电影放映单位在电影放映场所内需兼营录像放映的,必须经市电影局同意后报音像管理部门批准。

第二十一条　专营电影放映单位的合并、撤销，放映场所的变更，须经市电影局审核批准后，向工商行政管理部门办理变更、注销手续。

第二十二条　对违反本办法的，视情节轻重，给予下列处罚：

（一）违反第四条、第七条规定擅自从事电影发行业务的，由发行放映管理处没收其影片拷贝和非法所得，可并处一万元以下罚款；其中发行反动、淫秽、色情、凶杀暴力、封建迷信等有害影片的，按《上海市查禁有害出版物暂行规定》处罚。

（二）违反第七条、第八条规定擅自从事电影放映业务的，由发行放映管理处或区、县文化局没收其影片拷贝、放映设备和非法所得，可并处五千元以下罚款；其中放映反动、淫秽、色情、凶杀暴力、封建迷信等有害影片的，按《上海市查禁有害出版物暂行规定》处罚。

（三）违反第十条、第十一条规定的，由发行放映管理处没收其影片拷贝和非法所得，并处以非法所得二至五倍的罚款。

（四）违反第十二条、第十三条规定的，由发行放映管理处或区、县文化局责令限期改正，并处以一千元以下罚款。

（五）违反第十四条、第十五条、第十六条规定的，由发行放映管理处或区、县文化局责令限期改正；逾期不改的，处以一千元以下罚款。

（六）违反第十七条规定的，由物价管理部门按有关规定进行处罚。

（七）违反第十九条规定的，由发行放映管理处或区、县文化局责令限期改正、没收非法所得；逾期不改的，责令停业整顿，并处以非法所得二至五倍的罚款。

（八）违反第二十条规定的，由发行放映管理处责令限期改正、没收非法所得；逾期不改的，处以非法所得二至五倍的罚款。

（九）违反第二十一条规定的，由发行放映管理处责令限期改正，并处以一万元以下罚款。

第二十三条　行政机关作出行政处罚，必须出具行政处罚决定书；收缴罚款及没收非法所得、违法物品时，必须开具罚没收据。罚没收入按规定上交国库。

区、县文化局没收的影片拷贝、放映设备，统一上交市电影局处理。

第二十四条　从事电影发行放映业务的单位，应接受电影行政管理部门的检查和监督。电影行政管理人员执行公务，应佩戴市电影局统一制作的检查证。

第二十五条　凡拒绝、阻碍执行公务的，由公安部门按《中华人民共和国治安管理处罚条例》处罚；构成犯罪的，由司法部门依法追究刑事责任。

第二十六条　当事人对行政机关的具体行政行为不服的，可按《行政复议条例》、《行政诉讼法》的规定，申请行政复议或向人民法院起诉。

第二十七条　本办法由市电影局负责解释。

第二十八条　本办法自一九九二年六月一日起施行。

上海市音像制品管理条例(1997)

第一章　总则

第一条　为了保障音像事业的健康、有序发展,促进音像事业的繁荣,丰富人民群众的文化生活,推进社会主义精神文明和物质文明建设,根据国务院《音像制品管理条例》及有关法律、法规,结合本市实际情况,制定本条例。

第二条　本条例适用于本市行政区域内录有内容的录音带、唱片、激光唱盘、录像带、激光视盘(含数码激光视盘)、激光唱视盘等音像制品的出版、制作、复制、进口、批发、零售、出租和放映等经营活动及其管理。

第三条　音像制品经营活动,应当遵守法律、法规,坚持为人民服务、为社会主义服务的方向。

鼓励传播有益于经济发展和社会进步的思想、道德、科学技术和文化知识的音像制品经营活动。

第四条　本市保护音像制品著作权人和音像制品经营者的合法权益。

第五条　本市对音像制品的经营活动实行许可证制度。

第二章　管理部门及其职责

第六条　上海市广播电影电视行政部门是本市音像制品经营活动的主管部门(以下称市音像制品行政管理部门),其主要职责是:

(一)贯彻执行国家和本市的有关法律、法规,负责本条例的实施;

(二)负责制订、组织实施本市音像事业的发展规划,并对音像制品经营单位的设立实行总量调控;

(三)负责对音像制品经营活动的监督和管理;

(四)负责对音像制品经营、管理人员的培训和考核;

(五)负责对音像制品的鉴定;

(六)对繁荣音像事业作出突出成绩的单位和个人进行表彰、奖励;

(七)对违反本条例的行为实施行政处罚。

上海市影视音像管理处负责对本市音像制品经营活动的日常管理,依法查处违反本条例的行为。

第七条　区、县主管音像制品的行政管理部门,负责对本辖区内音像制品经营活动的监督和管理,业务上受市音像制品行政管理部门的监督和指导,其主要职责是:

(一)贯彻执行国家和本市的有关法律、法规;

(二)根据本市音像事业的发展规划,制定本辖区内音像事业的发展计划并组织实施;

(三)负责对本辖区内音像制品批发、零售、出租和放映等经营活动的监督和管理;

(四)对繁荣音像事业作出突出成绩的单位和个人进行表彰、奖励;

(五)对违反本条例的行为实施行政处罚。

第八条　各级工商行政管理部门、公安部门以及其他行政部门应当依法履行各自职责，协同音像制品行政管理部门实施本条例。

第三章　申请与审批

第九条　从事音像制品经营活动，应当具备下列条件：

（一）有适应业务需要并具备规定资格的工作人员；

（二）有规定数额的资金；

（三）有必要的财务、统计等管理制度，其中音像制品放映单位还应当有必要的场务、票务管理制度；

（四）有必需的设备和符合规定条件的经营场所。

第十条　申请从事音像制品经营活动的，按照下列规定办理审批手续：

（一）申请设立音像出版（包括图书出版单位出版配合本版图书的音像制品）、复制单位，由申请单位的上级行政主管部门报市音像制品行政管理部门审核。市音像制品行政管理部门应当自收到申请之日起三十日内提出审核意见，经市人民政府同意后，由市音像制品行政管理部门报国务院新闻出版行政部门审批。

（二）申请从事音像制作或者音像制品批发业务的单位，应当报市音像制品行政管理部门审批。市音像制品行政管理部门应当自收到申请之日起三十日内作出审批决定。

（三）申请从事音像制品零售或者出租业务的，应当报所在地的区、县音像制品行政管理部门审批。区、县音像制品行政管理部门应当自收到申请之日起二十日内作出审批决定。

（四）连锁经营单位从事音像制品零售、出租业务的，应当向市音像制品行政管理部门申请，市音像制品行政管理部门应当自收到申请之日起三十日内作出审批决定。

（五）在客运交通工具内从事音像制品零售或者出租业务的，应当向市音像制品行政管理部门提出申请。市音像制品行政管理部门应当自收到申请之日起三十日内作出审批决定。

经音像制品行政管理部门审核批准的，由批准部门发给音像制品经营许可证。取得音像制品经营许可证的，应当按照国家有关规定，向工商行政管理部门申请营业执照。其中，申请设立音像复制单位的，还应当同时向公安部门申请特种行业许可证。

第十一条　对音像制品经营者的经营资格每两年复核一次。复核不合格或者未经复核的，不得继续从事音像制品经营活动。

第十二条　音像制品经营者变更名称、地址、法定代表人或者主要负责人的，应当向原发放音像制品经营许可证的行政管理部门办理变更手续。

音像制品经营者终止经营的，应当向原发放音像制品经营许可证的行政管理部门办理注销手续。

音像制品经营者改变经营范围的，应当按照本条例第十条的规定，重新办理审批手续。

第四章　对经营活动的管理

第十三条　音像制品经营者应当在经营场所的醒目位置展示音像制品经营许可证。

未经音像制品行政管理部门许可，任何单位和个人不得从事音像制品经营活动。

第十四条　音像制品经营许可证不得伪造、涂改、出借、出租或者转让。

第十五条　禁止经营有下列内容的音像制品：

（一）危害国家统一、主权和领土完整的；

（二）煽动民族分裂、破坏民族团结的；

（三）泄露国家秘密的；

（四）宣扬淫秽、迷信或者渲染暴力的；

（五）诽谤、侮辱他人的；

（六）有国家禁止出版、传播的其他内容的。

第十六条　音像出版单位可以制作、复制、销售本单位出版的音像制品；销售非本单位出版的音像制品的，应当按照本条例第十条的规定办理审批手续。

第十七条　音像出版单位应当根据批准的选题计划出版音像制品。

第十八条　音像制品出版选题计划的审批和音像制品内容的审核，按照国家有关规定执行。

第十九条　音像出版单位应当在出版的音像制品及其包装的明显位置，标明出版单位的名称、地址、版号以及出版时间、著作权人姓名等事项。

第二十条　音像出版单位不得向任何单位或者个人转让、出租、出售本单位的名称或者版号。

第二十一条　音像出版单位应当自音像制品出版之日起三十日内向市音像制品行政管理部门送交样品。

第二十二条　音像出版、制作单位制作故事类录像制品的，参照本条例第十条第一款第二项规定的程序向市音像制品行政管理部门另行办理审批手续。

音像出版、制作单位与香港特别行政区和澳门、台湾地区或者外国的组织、个人合作制作音像制品的，应当按照国家有关规定办理审批手续。

第二十三条　音像复制单位接受委托复制音像制品的，应当要求委托方提交有关证明文件，并凭委托方的委托书复制音像制品。

音像复制单位应当与委托方签订书面合同，并按照合同的约定复制音像制品。

音像复制单位不得接受非音像出版单位和个人的委托，复制经营性的音像制品。

第二十四条　音像复制单位未经委托不得自行复制音像制品；不得从事音像制品的销售业务。

第二十五条　音像复制单位接受香港特别行政区和澳门、台湾地区或者外国的组织、个人委托复制音像制品的，应当将委托方提供的母带、模版报送市音像制品行政管理部门审核，并持著作权人的授权书向著作权行政管理部门登记。复制的音像制品的交付应当遵守国家有关规定。

第二十六条　音像复制单位应当保存所复制的音像制品的样品和委托方提供的复制委托书及有关证明文件，保存的期限不少于三年。

第二十七条　音像制品经营者进口用于出版或者销售的音像制品的，应当按照国家有关规定，办理审批手续。

第二十八条　供研究、教学参考的进口音像制品，不得用于复制、批发、零售、出租或者放映等经营活动。

第二十九条　音像制品批发单位可以从事音像制品零售业务。

第三十条　音像制品出租、放映单位用于经营的音像制品，必须向持有音像制品经营许可证的出版、批发或者零售单位购买。

音像制品零售单位用于经营的音像制品，必须向持有音像制品经营许可证的出版或者批发单位购买。

第三十一条　符合下列条件之一的音像制品，可以用于批发、零售、出租或者营业性放映：

(一)经国家有关行政部门批准的音像出版单位出版的;

(二)国家有关行政部门批准进口的。

音像出版单位出版时声明供家庭专用的音像制品,不得用于营业性放映。

第三十二条　禁止音像制品经营者转承包经营。

第三十三条　在中小学、幼儿园、托儿所、医院以及本市规定的其他场所内不得进行音像制品的营业性放映活动。

第三十四条　举办音像制品展销等临时性经营活动的,举办者应当在举办临时性经营活动的十五日前,向区、县音像制品行政管理部门提出申请。区、县音像制品行政管理部门应当自收到申请之日起十日内作出审批决定。其中参加展销活动的经营者,应当持有音像制品经营许可证。

音像制品经营者在其经营场所内举办音像制品展销活动的,不必另行申请。

第三十五条　音像制品经营者应当将音像制品的经营报表送市或者区、县音像制品行政管理部门备案。

第三十六条　对出版后被国家和本市规定禁止经营的音像制品,音像制品经营者应当及时上交市或者区、县音像制品行政管理部门。经营者由此造成的损失按照国家有关规定向原供货单位索赔。

对依法查处的禁止经营的音像制品,由市音像制品行政管理部门统一销毁。

第三十七条　音像制品行政管理部门的管理人员,应当遵纪守法、秉公执法。

音像制品行政管理部门的检查人员对音像制品经营活动进行检查时,应当出示行政执法证件。

第三十八条　对检举或者协助查处音像制品违法经营活动有功的单位和个人,音像制品行政管理部门应当给予表彰和奖励。

第五章　法律责任

第三十九条　违反本条例,有下列行为之一的,由上海市影视音像管理处或者区、县音像制品行政管理部门根据违法行为的情节,给予警告、没收违法音像制品、没收违法所得的处罚,可以并处违法所得五倍以上十倍以下的罚款:

(一)未取得音像制品经营许可证或者超越许可范围从事音像制品经营活动的;

(二)音像出版单位向其他单位或者个人转让、出租、出售本单位名称或者版号的;

(三)音像出版、制作单位未经批准制作故事类录像制品的;

(四)未经批准与香港特别行政区和澳门、台湾地区或者外国的组织、个人合作制作音像制品的;

(五)音像复制单位自行复制、批发、零售音像制品的;

(六)未经批准进口音像制品的;

(七)批发、零售、出租或者营业性放映供研究、教学参考的进口音像制品的;

(八)批发、零售、出租或者营业性放映非音像出版单位出版的音像制品的;

(九)批发、零售、出租或者营业性放映未经批准进口的音像制品的;

(十)经营本条例禁止经营的音像制品的。

有本条第一款所列行为,情节严重的,由市或者区、县音像制品行政管理部门责令停产停业,没收违法从事出版、复制经营活动的主要专用工具、设备,吊销音像制品经营许可证。其中,吊销音像制品出版、复制经营许可证,必须经国务院新闻出版行政部门批准。

有本条第一款所列行为，构成犯罪的，依法追究刑事责任。

第四十条 从事音像制品经营活动侵犯他人著作权的，由著作权行政管理部门依照《中华人民共和国著作权法》给予行政处罚；

从事音像制品经营活动，违反国家有关工商行政管理法律、法规的，由工商行政管理部门依照有关法律、法规给予行政处罚；

从事音像制品经营活动，违反《中华人民共和国治安管理处罚条例》的，由公安部门给予行政处罚。

第四十一条 当事人对音像制品行政管理部门的具体行政行为不服的，可以按照《中华人民共和国行政复议法》和《中华人民共和国行政诉讼法》的规定，申请行政复议或者提起行政诉讼。

当事人对音像制品行政管理部门作出的行政处罚决定在法定期限内不申请复议，不提起诉讼，又不履行的，音像制品行政管理部门可以依据《中华人民共和国行政诉讼法》的规定，申请人民法院强制执行。

第四十二条 音像制品行政管理部门的管理人员玩忽职守、滥用职权、徇私舞弊的，由其所在单位或者上级主管部门给予行政处分；构成犯罪的，依法追究刑事责任。

第六章 附则

第四十三条 本条例所称的音像制品经营许可证，是《音像制品出版经营许可证》、《音像制品制作经营许可证》、《音像制品复制经营许可证》、《音像制品批发经营许可证》、《音像制品零售经营许可证》和《音像制品出租经营许可证》的统称。

第四十四条 营业性文化娱乐场所放映非故事类的音像制品的管理，按照《上海市文化娱乐市场管理条例》执行。

第四十五条 本条例自 1997 年 10 月 1 日起施行。

上海市文化领域行政执法权综合行使暂行规定(2000)

第一条(目的)

为了加强本市文化领域经营及其相关活动的管理,综合行使行政执法权,提高行政执法效率,根据有关法律、法规,制定本规定。

第二条(市稽查总队的执法领域)

上海市文化稽查总队(以下简称市稽查总队)受市有关行政管理部门委托,在本市演出、美术品、娱乐(包括文化娱乐和体育娱乐活动)、广播、电影、电视、音像制品、图书报刊、电子出版物和文物等文化领域(以下统称文化领域)行使综合执法的职责。

第三条(市稽查总队的职责)

市稽查总队受市有关行政管理部门委托,依照法律、法规和规章,履行下列具体职责:

(一)负责对文化领域经营及其相关活动中的违法行为实施行政处罚;

(二)负责对文化领域经营及其相关活动中的违法行为采取行政强制措施;

(三)负责在文化领域经营及其相关活动中,行使与行政处罚权、行政强制权相关的监督检查权。

第四条(违反营业性演出、美术品经营和文化娱乐场所管理规定的处罚)

对违反营业性演出、美术品经营和文化娱乐场所经营管理规定的行为,市稽查总队受上海市文化局的委托,依照有关法律、法规和规章的规定予以处罚。

第五条(违反广播、电影、电视、音像制品管理规定的处罚)

对违反广播、电影、电视、音像制品管理规定的行为,市稽查总队受上海市广播电影电视局的委托,依照有关法律、法规和规章的规定予以处罚。

第六条(违反图书报刊、电子出版物管理规定的处罚)

对违反图书报刊、电子出版物管理规定的行为,市稽查总队受上海市新闻出版局的委托,依照有关法律、法规和规章的规定予以处罚。

第七条(违反文物保护规定的处罚)

对违反文物保护规定的行为,市稽查总队受上海市文物管理委员会的委托,依照有关法律、法规和规章的规定予以处罚。

第八条(违反体育娱乐经营管理规定的处罚)

对违反体育娱乐经营管理规定的行为,市稽查总队受上海市体育运动委员会的委托,依照有关法律、法规和规章的规定予以处罚。

第九条(违法行为的移送和处理结果的反馈)

上海市文化局、上海市广播电影电视局、上海市新闻出版局、上海市文物管理委员会和上海市体育运动委员会在文化领域发现上述违法行为,应当及时移送或者通知市稽查总队处理。市稽查总队处理后,应当及时将处理结果向移送或者通知的行政管理部门通报。

第十条(处罚程序)

市稽查总队受市有关行政管理部门委托作出行政处罚时，应当向当事人出具行政处罚决定书，并抄送给委托的市有关行政管理部门。

第十一条（复议和诉讼）

当事人对市稽查总队实施的行政处罚或者采取的行政强制措施不服的，可以依法申请行政复议或者提起行政诉讼。

第十二条（区、县文化领域综合执法组织的设立）

区、县人民政府设立文化领域综合执法组织，受区、县文化行政部门、广播电视行政部门和体育行政部门委托，对本辖区文化领域经营及其相关活动中的违法行为实施行政处罚或者采取行政强制措施，以及行使与行政处罚权、行政强制权相关的监督检查权。

区、县文化领域综合执法组织的具体设立工作，由区、县人民政府决定。

第十三条（施行日期）

本规定自2000年1月1日起施行。

上海市文物经营管理办法(2001)

第一条　目的和依据

为了加强本市文物经营的管理,保护国家历史文化遗产,根据《中华人民共和国文物保护法》(以下简称《文物保护法》)及其实施细则等法律、法规,结合本市实际情况,制定本办法。

第二条　适用范围

本办法适用于本市范围内文物的经营及其管理活动。

第三条　管理部门

上海市文物管理委员会(以下简称市文管委)负责本市文物经营的管理工作。

各级公安、海关、工商、物价、税务、商业等行政管理部门应当按照各自的职责,配合做好文物经营管理工作。

第四条　许可制度

本市对文物经营活动实行许可制度。

未经市文管委许可,任何单位和个人不得从事文物的经营活动。

第五条　经营许可证

需要从事文物经营的,应当向市文管委申领《文物经营许可证》。《文物经营许可证》分为甲、乙两类。

甲类《文物经营许可证》的经营范围为国家规定可以经营的各个时期的文物;乙类《文物经营许可证》的经营范围为国家规定可以经营的 1911 年以后的文物,但国家文物局确定的具有重要历史、文化、艺术价值的除外。

第六条　文物经营条件

申请甲类《文物经营许可证》的单位,应当具备下列条件:

(一)有 3 名以上取得市文管委颁发的《文物经营资格证》的从业人员,其中至少有 1 名是取得文博系列中级职称或者具有与文物相关专业大专以上学历的专业人员;

(二)有固定的并符合市文管委规定面积的营业场所。

申请乙类《文物经营许可证》的单位和个体工商户,应当具备下列条件:

(一)有 1 名以上取得市文管委颁发的《文物经营资格证》的从业人员;

(二)有固定的并符合市文管委规定面积的营业场所。

第七条　文物交易市场的设立条件

申请设立文物交易市场的,应当具备下列条件:

(一)申请人为企业;

(二)有固定的与交易活动相适应的经营场地;

(三)有 3 名以上取得市文管委颁发的《文物经营资格证》的管理人员。

第八条　文物拍卖、典当企业的条件

拍卖、典当的企业在向有关主管部门申请从事文物拍卖、典当前,其从业人员应当经市文管委考核,并取得《文物经营资格证》。其中,经营文物拍卖企业应当具有 3 名以上持有《文物经营资格证》的从业人员；经营文物典当企业应当具有 1 名以上持有《文物经营资格证》的从业人员。

第九条　申请经营文物提供的材料

申请《文物经营许可证》时，应当提供下列材料：

（一）文物经营申请登记表，内容由市文管委规定；

（二）从业人员的资格证明；

（三）营业场所的房屋产权证明或者租赁合同备案登记证明。

第十条　申请设立文物交易市场提供的材料

申请设立文物交易市场时，应当提供下列材料：

（一）文物交易市场申请登记表，内容由市文管委规定；

（二）申请人的证明文件；

（三）经营场地的证明材料；

（四）管理人员的资格证明；

（五）文物交易市场的章程。

第十一条　审批程序

市文管委应当在接到申请材料之日起 15 个工作日内审批完毕。对符合条件的，颁发《文物经营许可证》或者文物交易市场批准文件；不符合条件的，书面告知申请人。

申请人凭《文物经营许可证》或者文物交易市场批准文件，向所在地区、县公安部门申领《特种行业许可证》，然后到所在地的工商行政管理部门办理登记注册，领取营业执照后方可经营。

第十二条　变更与终止

文物经营者变更《文物经营许可证》核定的经营范围的，应当经市文管委审核批准后，到所在地区、县公安部门和工商行政管理部门办理变更登记。

文物经营者变更名称、法定代表人、地址的，应当到所在地区、县公安部门和工商行政管理部门办理相应的变更登记，并在登记之日起 30 日内向市文管委备案。

文物经营者终止经营的，应当向市文管委、所在地区、县公安部门和工商行政管理部门办理注销手续，并向市文管委缴回《文物经营许可证》。

第十三条　亮证经营

文物经营者必须在经营场所的显著位置，悬挂《文物经营许可证》。

第十四条　禁止行为

文物经营者应当遵守国家和本市有关法律、法规和规章，不得经营国家明令禁止经营的文物；文物经营禁止转承包。

文物经营者应当按照《文物经营许可证》核准的经营范围从事经营活动，禁止超越范围经营。

第十五条　文物销售要求

文物经营者在销售文物时，应当真实提供文物的名称、年代、瑕疵等基本情况。

第十六条　文物收购、寄售、典当的要求

文物经营者在收购或者接受寄售、典当文物时，应当要求出售、寄售、典当者出示单位证明或者个人身份证明，并予以登记。

典当文物成为死当物品时，应当经市文管委鉴定、许可后，方可处理。

前款所称的死当物品是指，依法或者按照双方当事人约定的典当期满后，典当者既不赎当又不续当的当物。

第十七条　交易市场要求

文物交易市场应当建立场所内部管理制度，负责对入场经营者的管理；禁止无《文物经营许可证》的经营者进入交易场所从事文物经营活动。

第十八条　文物拍卖要求

拍卖人应当在发布拍卖公告日15日前，其中拍卖的文物在500件以上的，应当在发布拍卖公告日30日前，向市文管委报送《文物拍卖标的申请鉴定表》和《文物拍卖标的申请鉴定清册》，经市文管委鉴定、许可后，文物方可拍卖。

拍卖企业不得从事文物的收购、销售活动。

第十九条　经营允许出境文物的要求

取得甲类《文物经营许可证》的经营者，可以向税务部门申请印制文物古籍外销统一发票。销售允许出境的文物，在销售前应当经国家指定的文物出境鉴定机构鉴定、许可，并钤盖允许出境的标识后，方可销售。

销售、拍卖没有钤盖允许出境标识的文物，文物销售者或者拍卖人应当在销售或者拍卖前向购买者或者买受人告知下列内容：

（一）所购或者所拍得的文物可以或者不可以出境；

（二）可以出境的文物需要出境的，应当按有关规定向国家指定的文物出境鉴定机构办理出境鉴定、许可手续。

第二十条　优先收购权

国有文物收藏单位在征集文物藏品时需要行使优先收购权的，应当经市文管委审核批准。文物经营者在同等条件下应当优先供应。

第二十一条　无馆藏价值文物的处理

国有文物收藏单位保存的文物中，属于无馆藏价值需要处理的，应当经市文管委审核批准后，进行公开出售或者拍卖。

国有文物收藏单位对接受捐赠的文物不得擅自处理；特殊情况需要处理的，应当由受赠单位组织专家鉴定、论证后，报市文管委审核批准，但捐赠双方已有约定的除外。

第二十二条　许可证年审

《文物经营许可证》每年验审一次。未经年审或者年审不合格的，不得继续从事文物经营活动。

第二十三条　处罚

对于违反本办法规定的单位和个人，《文物保护法》及其实施细则有处罚规定的，从其规定；没有规定的，按照下列规定给予处罚：

（一）有下列行为之一的，由市文管委责令限期改正；逾期未改正的，处以2 000元以上1万元以下的罚款：

1. 经营者未真实提供文物的名称、年代、瑕疵等基本情况的；

2. 典当的文物形成死当物品后，未经市文管委鉴定、许可，典当企业自行处理的；

3. 文物经营转承包的。

（二）国有文物收藏单位未经批准处理无馆藏价值文物的，由市文管委给予警告，责令其追回处理的文物，并可处以1万元以上3万元以下的罚款；同时由其单位或者上级主管部门对主要责任人给予行政处分。

（三）文物经营者未经年审的，市文管委应当责令其限期改正，逾期不年审的或者年审不合格而继续从事文物经营活动的，由市文管委给予警告，并可处以5 000元以上2万元以下的罚款。

第二十四条　强制鉴定

拍卖人拍卖的文物未经鉴定、许可的，市文管委可以对拍卖的文物进行强制鉴定，并在5个工作日内作出鉴定结论。

市文管委在调查或者检查过程中，收集证据时，可以对涉嫌违法经营的文物进行强制鉴定，并在5个工作日内作出鉴定结论。

第二十五条　依法罚没财物的处理

罚没款按规定上缴国库。依法没收的文物，经鉴定符合国家规定馆藏标准的，无偿移交国有文物收藏单位收藏；不符合国家规定馆藏标准的，由市文管委指定的拍卖企业拍卖，所得款项按规定上缴国库。

第二十六条　复议和诉讼

当事人对行政管理部门作出的具体行政行为不服的，可以按照《中华人民共和国行政复议法》和《中华人民共和国行政诉讼法》的有关规定，申请行政复议或者提起行政诉讼。

当事人在法定期限内不申请复议，不提起诉讼，又不履行具体行政行为的，市文管委可以依法申请人民法院强制执行。

第二十七条　不可移动文物的适用

不可移动文物的经营及其管理，按照国家有关规定执行。

第二十八条　应用解释部门

市文管委可以对本办法的具体应用问题进行解释。

第二十九条　施行日期

本办法自2001年4月1日起施行。1995年2月6日上海市人民政府发布的《上海市文物市场管理办法》同时废止。

关于加快本市文化产业发展的若干意见

（沪委发〔2009〕12号）

为贯彻落实党的十七大关于推动社会主义文化大发展大繁荣的战略部署，促进本市文化产业又好又快发展，按照市委、市政府关于加快推进“四个率先”、加快建设“四个中心”和社会主义现代化大都市，以及建设文化大都市的要求，现就加快本市文化产业发展提出如下意见：

一、本市文化产业发展的重要意义

（一）文化产业是加快本市经济发展的重要力量。文化产业是指从事文化产品生产和提供文化服务的经营性行业。近年来，本市文化产业持续稳步发展，增加值增幅保持在13%～15%之间，占全市生产总值比重保持在5.4%～5.7%之间。文化领域国有力量持续发展，非公有制企业快速生长，成长起一批骨干文化企业，培育了一批知名文化品牌、优秀文化产品和文化领军人才，初步形成了以公有制为主体、多种所有制共同发展的文化产业格局。文化产业与数字、网络等新技术加速融合，带动文化产业转型升级，新兴媒体、新兴业态不断涌现，文化产业的创新发展充满活力。

（二）加快文化产业发展具有特殊的现实作用。文化产业具有涉及领域广、资源消耗少、环境污染小、智力密集程度高、吸纳就业人数多、拉动消费能力强等显著特点。面对当前严峻的经济形势，围绕市委、市政府“四个确保”的目标，加快本市文化产业发展具有特殊的现实作用。提升文化产业能力，拉动社会文化消费，有利于促进经济平稳较快发展；推动文化创新和创业，创造新的文化就业岗位，有利于促进民生持续得到改善；扩大文化产品和服务的供给，丰富人民群众的精神文化生活，有利于促进社会和谐稳定；扶持文化创意，提升传播能力，有利于促进上海世博会筹办有序推进。

（三）文化产业面临前所未有的发展机遇。当前，本市文化产业发展正处于前所未有的历史机遇期。全球创意经济、网络经济和生态经济兴起，全国文化体制改革推进，长三角地区区域经济一体化发展，本市经济结构调整和产业转型升级，上海世博会筹办及新材料、新技术和新工艺高速发展等，都为本市文化产业加快发展创造了新的条件，注入了新的活力，开辟了新的空间。把握发展契机，进一步发挥文化产业在促进本是文化产业结构调整、转变经济发展方式、增强城市文化软实力和建设社会主义先进文化中的积极作用，是上海实践科学发展观的重要任务。

（四）加快文化产业发展必须解决存在的问题。近年来，本市文化产业虽然发展较快，但也面临一些影响进一步发展的问题。主要是：文化企业实力还不强，具有一定经营规模、资本实力及影响力突出的非公有制文化企业不多，国有文化企业的核心竞争力不突出；文化要素市场发育不充分，体现文化创新能力的主要指标及资本、产权、版权、技术、信息、人才等要素市场，与发达国家大都市相比差距较大；文化产业跨地区、跨所有制发展进程慢，企业、产品和服务对本地文化市场依赖性较强，文化“走出去”能力有待提高。着力解决这些问题，有利于开创本市文化产业发展的新局面。

二、本市文化产业发展的指导思想、发展目标和基本思路

（一）指导思想。全面贯彻党的十七大精神，高举中国特色社会主义伟大旗帜，以邓小平理论和“三个代表”重要思想为指导，深入贯彻落实科学发展观，围绕上海加快推进“四个率先”、加快建

设“四个中心”和社会主义现代化国际大都市的目标，落实市委、市政府关于建设上海文化大都市的战略部署，按照市第九次党代表大会提出的“文化要素集聚，文化事业繁荣，文化产业发达，文化创新活跃”的要求，立足以创新促转型，以开放促发展，加强宏观指导，完善规划布局，优化发展环境，加大引导扶持力度。加快上海文化产业发展，突出发挥市场机制的作用，确立企业主体地位；突出转企改制的深入推进，加大重组力度，鼓励社会资本进入文化产业领域发展；突出新媒体的发展和作用，鼓励技术、业务模式等的创新和应用。要突出上海的优势，围绕“四个中心”建设的定位，推动相关文化产业的快速发展，努力实现本市文化产业健康平稳较快发展。

（二）发展目标。今后五年，着力打造进出口、投融资、产权交易等三大国家重点文化产业功能性服务平台，培育并完善若干在全国乃至国际范围内有吸引力的文化要素市场，加快资本、技术、信息、人才等产业关键要素向本市集聚。建设20个以上国家级文化产业示范基地和20个以上市级文化产业特色园区，实施一批重点文化产业项目。完成经营性文化事业单位转企改制，促进国有文化企业跨地区、跨行业、跨所有制重组，扶持非公有制文化企业做强做大，在广电、出版、娱乐、网络文化等本市文化产业优势领域培育若干个总资产或年总产出上百亿的文化产业集团。推进文化产业与数字、网络等新技术融合发展，加强媒体制作和传播新技术的研发利用。加快财经类、时尚类等传媒产业发展。推动文化产业服务“四个中心”建设，增强新闻、出版、广播、影视、演艺等内容产业的文化原创和传播能力，加快上海国际“传媒港”建设。强化文化产业的交易功能，建立和完善文化产业流通体系，加快建成国家级国际文化服务贸易平台。确保文化产业质量、规模、效益居于国内领先地位，重点文化产业门类具有较强的国内、国际市场竞争力。力争文化产业增加值年增幅高于全市生产总值增幅，稳步提高文化产业在全市经济发展中的权重，逐步增强本市文化产业带动区域、服务全国、面向世界的影响力。

（三）基本思路。树立以改革开放为动力，以创新创意为核心，以市场运作为主导，以交易流通为手段的理念，大力推进“五个结合”：把贯彻落实国家促进文化产业发展政策与有效对接国家及本市相关领域产业政策资源结合起来；把推进文化产业重点领域建设与实现传统文化产业升级改造结合起来；把促进文化产业创意创新与加强知识产权保护、运用能力结合起来；把发挥国有骨干文化企业基础优势与鼓励支持社会力量积极参与文化产业发展结合起来；把实现文化资源跨地区、跨行业、跨所有制整合与提升中华优秀文化国际传播能力结合起来。

三、本市文化产业重点发展领域

（一）文化信息产业。着力推进有线电视网数字化整体转换和下一代广播电视网建设试点，支持第三代移动通信网和下一代互联网发展，推动“三网融合”。积极鼓励具有自主知识产权的数字、网络文化产品创作和相关支撑技术研发。继续推动文化资源信息化共享，支持建设若干个文化内容和信息集成服务平台，大力发展文化电子商务。支持拓展新媒体业务，引导电子书、手机报、移动广告、移动电视、手机电视等新媒体业务健康有序发展。

（二）文化创意产业。充分发挥推进文化及创意产业发展协同机制的作用，继续加大对文化原创和文化创意活动的扶持力度，使文艺创作、艺术设计、动漫游戏研发、项目策划等成为可以独立实现价值的新兴“端产业”，逐步培育以文化创意为核心竞争力和主要生产形态的文化产业组织机构，推动上海文化产业跨越式发展。

（三）演艺娱乐产业。着力发展多层次演艺、娱乐消费市场，推进以重大演艺、娱乐设施建设为基础的产业集群发展。鼓励开发、引进优质的演艺剧目和娱乐项目，积极培育和壮大演艺中介服务机构，继续扩大本市演艺娱乐产业的发展规模和服务范围，支持演艺娱乐产业与旅游等相关产业的联动发展和衍生产业发展。

(四)新闻出版产业。继续发挥本市传统出版业的品牌、产品优势和出版特色,鼓励和推进出版企业实行资源重组和跨地区发展。依托国家数字出版基地建设,大力发展数字出版新业态,加强相关支撑技术研发,逐步实现传统出版向数字出版的业态转型。大力发展现代印刷产业,促进传统印刷业实现“高、新、特、精、专”的技术转型。

(五)广播影视产业。以做强影视数字化制作加工业为重点,延长和完善影视产业链。围绕“四个中心”建设,推动财经类、时尚类节目和频道发展。实施广播电视节目制播分离改革,实现广播电视内容制作社会化,提升广播电视内容质量。市、区县联手,切实推进广播影视传媒产业公共服务平台建设。以区县电影放映机构转企改制为契机,推动全市电影发行放映资源优化重组。持续加大华语影视市场开拓力度,加快推进数字电影业务发展,继续推动跨区域电影院线建设。

(六)民族、民俗、民间文化传承和创新。加快本市民族、民俗、民间文化传承和创新,进一步扩大国内外各民族优秀民间文化的展示交流。鼓励合理运用市场机制,探索民族、民俗、民间文化保护、传承、创新和发展的新模式,逐步开发民族、民俗、民间文化产业新业态、文化服务新样式和文化消费新产品。

四、加快本市文化产业发展的保障措施

(一)降低准入门槛,加快改革开放。本市文化市场准入方面,在执行法律、行政法规和国务院有关规定的同时,不增设任何前置性行政审批事项。努力争取国家文化主管部门若干审批权下方本市或实施延伸审批,简化审批程序,加快将文化产业若干审批权下放区县文化主管部门。努力为优秀文化企业争取国家文化行政许可资源。继续加强文化行业协会建设,支持各文化行业协会在促进文化产业发展、保障文化企业利益和维护文化市场秩序方面发挥积极作用。编制文化产业政策导向和项目指南,加大媒体对优秀文化企业的宣传力度。积极贯彻《国务院关于非公有资本进入文化产业的若干决定》,估计和支持各类资本进入国家鼓励和允许的文化产业领域,为非公有制文化企业提供及时有效的政策信息服务。

(二)深化文化体制改革,培育文化市场新主体。按照中央关于上海在2010年全面完成文化体制改革任务的要求,完成全市经营性出版单位转企改制,完善法人公司治理结构。完成区县电影放映机构转企改制。完成杂技、歌舞、曲艺类国有文艺院团改革。完成广播电视节目制播分离改革、非时政类报刊转企改制试点。积极为转制企业落实《国务院办公厅关于印发文化体制改革中经营性文化事业单位转制为企业和支持文化企业发展两个规定的通知》中明确的各项政策。利用浦东综合配套改革试点等发展契机,进一步深化改革,按照开放性、市场化重组联合的原则,大力推进强强联合,通过兼并、收购、参股、合资、合作等方式,引进战略投资者,实现优势互补,大力推动本市国有文化企业跨地区、跨行业、跨所有制重组,吸引中央企业、外省区市企业及非公有制企业参与本市国有文化企业重组,培育上海文化市场新主体。

(三)完善规划布局,加强“部市合作”和市、区县联动。启动本市“十二五”文化产业发展规划编制,以文化产业重点领域为核心,注重相关产业协调配套,持续优化本市文化产业功能布局。争取国家有关部门的政策支持和资源保障,共同开发、建设“部市合作”文化产业项目。加强市、区联动发展,编制区县文化产业发展规划,落实各区县“文化及相关产业”统计工作,鼓励区县政府安排文化产业发展专项资金。积极培育国家级、市级文化产业示范园,推进本市文化产业重大项目优先对接示范园区。研制文化发展评估考核指标体系,把文化产业发展作为评价考核各区县宣传文化主管部门领导干部实绩的重要内容。编制并发布本市文化产业发展年度报告。

（四）落实文化经济政策，扶持文化企业发展。按照国家发展文化产业的政策规定，安排文化产业发展专项资金，采取贴息、补助、奖励等方式，支持本市文化企业发展，吸引和带动社会资本投入文化产业项目。对本市从事电影制片、发行、放映企业和广播电视服务运营企业，本市符合规定的文化产品及服务出口，以及企业为生产重点文化产品而进口国不能生产的自用设备及配套件、备件等，根据国家有关规定落实税收减免等优惠政策。研究制定著作权、文化品牌等无形资产的评估和质押办法，鼓励商业银行、融资担保机构创新服务模式和信贷产品，加大对本市文化企业的信贷支持力度。鼓励本市文化企业通过利用银行贷款、发行企业债券和信托计划等方式，投资开发战略性、先导性文化项目。鼓励本市文化企业实现股份制改革和上市融资，支持本市上市文化企业进一步发展为优质的产业融资平台，通过再融资和实施并购重组，提高文化产业优质资源集中度。对本市文化企业积极响应国家的文化“走出去”战略，推进文化产品和服务出口有成效的，按照国家和本市有关规定，给予扶持或奖励。本市支持服务业发展的有关政策，重点支持文化产业发展，积极促进本市各类各种所有制文化企业有效对接、用好国家和本市与加快现代服务业发展、加快科技进步和信息化建设、推进上海国际金融中心和国际航运中心建设、人才工作和浦东开发开放等有关的各项财税、金融、房地、科技、人才、教育、创业等促进政策。

（五）鼓励技术进步，推动产业创新。推动本市文化产业与数字、网络等信息技术进一步融合，鼓励通过技术成果转化等形式，实施广播影视、出版印刷、演艺娱乐等传统文化产业的技术改造和升级转型。积极培育扶持电子书报刊、网络动漫、数字图书馆、网络游戏、电影特技制作、数字艺术设计、数字媒体、虚拟展示等新兴业态。在文化产业支撑技术等领域内，推进对文化高新技术企业的认定工作，落实高新技术企业的各项优惠政策。文化企业开发新技术、新产品、新工艺发生的研发费用，允许按国家税法规定，在计算应纳税所得额时加计扣除。大力支持各类文化产业创新活动，完善创新激励机制，加强知识产权保护，对实施业态创新、产品和服务创新、运营模式创新的文化企业，优先列入本市文化产业特色示范企业项目库，并给予多方面实质性扶持。对文化创新企业、文化创新项目、文化创新产品、文化创新品牌、文化创新人才等给予奖励，积极营造鼓励创新的氛围。

（六）重视队伍建设，构筑人才高地。充分认识文化人才队伍建设对加快本市文化产业发展的重要意义，运用本地培训、异地交流、国际引进等多种形式，针对不同领域、不同文化企业的差异化需求，实现多样化文化人才供给。鼓励市场化经营较为成熟、社会责任感强的文化企业、文化产业园区作为见习基地，吸纳和储备文化人才，优化文化产业人才队伍结构。积极搭建开放的事业发展平台，促进文化产业人才异地交流，开展非本市户籍文化产业人才留沪生活适应性调查研究，有针对性的帮助国内及国际文化产业人才解决在本市工作生活中的困难和问题。加快研究制定并出台本市高端紧缺文化人才认定标准，对经认定的高端紧缺艺术人才、文化经营管理人才、文化贸易人才、文化创意策划人才、数字和网络技术人才等，按其贡献逐步研究推出政府奖励办法。对引进的高端紧缺人才，提供人才公寓、医疗保障、子女就学等各种便利条件。

（七）搭建功能性服务平台，完善要素市场建设。着力增强政府在文化产业发展中的协调和服务创新能力，提高主动服务意识，重点搭建功能性服务平台，加快完善本市文化产业要素市场建设。建立上海文化产权交易所，推动文化产权、版权交易，促进文化创意的成果转化和价值实现。建立文化产业投资基金，加快对重点领域文化企业的股权投资，推动本市文化企业跨地区、跨行业、跨所有制发展，引导社会资本参与本市文化资源的优化重组。完善外高桥国际文化服务贸易平台功能，整合各类文化贸易资源，探索创新运行机制，促进文化产品和服务“走出去”。继续发挥上海国际电影节、上海国际文化艺术节等重大文化节庆活动平台的功能,促进全球文化产品在本市的展示交易和国际间文化产业的交流合作。

(八)实施互补协作,推进长三角文化产业发展。贯彻《国务院关于进一步推进长三角地区改革开放和经济社会发展的指导意见》,切实加强长三角文化产业互补协作。积极参与区域文化产业发展规划的制定,共同推动区域产业结构布局优化,推进优势产业领域项目合作,实施重大功能性服务平台共建共用。加强文化市场准入、培育、开放及版权保护、执法等方面的合作,推动行政许可的三地互认,建立健全长三角文化产业推进工作协作机制,加强信息交流,共同提升长三角文化产业创新能力、规模实力和经济效益,率先在国内走出区域文化产业协作发展的新路子。

上海市文化“走出去”专项扶持资金管理办法

（试行）(2009)

第一章　总则

第一条　为贯彻落实《关于进一步加强和改进文化产品和服务出口工作的意见》（中办发〔2005〕20号）和《关于鼓励和支持文化产品和服务出口的若干政策》（国办发〔2006〕88号），加强对外文化交流，扩大对外文化产品出口和服务贸易，规范上海文化“走出去”专项扶持资金管理（以下简称专项扶持资金），提高资金使用效益，根据《上海市宣传文化专项资金管理办法》及有关规定，特制定本管理办法。

第二条　设立专项扶持资金是为了有效推动文化产品和服务出口这一国家战略任务，大力支持上海国际文化服务贸易平台对国内文化市场的开发和国际文化市场的开拓，提升本市优秀文化产品和服务的国际影响力和竞争力，进一步加快上海文化大都市建设。

第三条　专项扶持资金的运用遵循公开、公平、公正和规范、效率、透明的原则。确保资金专款专用、注重实效。

第二章　专项扶持资金管理机构和职责

第四条　上海国际文化服务贸易平台（以下简称平台）是充分运用上海产业结构调整和增长方式转变契机、浦东新区综合配套改革试点、外高桥保税区独特区域优势和政策，着力推动建设重点文化企业集聚、文化金融政策试验、文化产品进出口贸易服务和文化经营人才培训等服务功能，由中共上海市委宣传部和浦东新区人民政府共同建立的旨在实践中华文化“走出去”战略和文化产业领域改革的重要创新基地和公共服务平台。

第五条　中共上海市委宣传部和浦东新区人民政府共同发起设立上海国际文化服务贸易平台促进委员会（以下简称文促会），督促平台有效运行并负责专项扶持资金有关决策事项，主要有：制订《上海文化“走出去”专项扶持资金管理办法》有关实施细则，拟订专项扶持资金使用和管理的各项细则，建立文化“走出去”项目库和专家评审委员会，核准资金年度使用预、决算和计划调整方案。

第六条　文促会下设由市委宣传部相关业务处室负责人和浦东新区文广局分管负责人组成的办公室（以下简称文促会办公室），负责专项扶持资金的日常管理工作，具体包括：负责审核资助项目，提出资助标准和金额，检查监管资助项目的实施和资金使用情况，做好资金使用绩效的评估等工作。文促会办公室设在上海市文化事业管理处。

第七条　上海东方汇文国际文化服务贸易有限公司（以下简称东方汇文）是平台的日常管理和运作机构，受文促会办公室委托，承担有益于平台和相关文化企业发展的建设工作、推动有助于文化“走出去”的公共服务项目、受理专项扶持资金资助项目的申报及评审的组织工作及文促会办公室委托的其他事项。

第三章　专项扶持资金来源和预算管理

第八条　专项扶持资金的来源前期由市宣传文化发展专项资金和浦东新区政府等额配套出资构成，2008 年至 2010 年期间每年 5000 万元人民币，共计 1.5 亿元人民币。专项扶持资金划入设立在上海国际文化服务贸易平台促进委员会办公室的“上海市文化‘走出去’专项扶持资金”专门账户，实施统一管理。专项扶持资金年度使用结余部分，可结转下年度继续使用。

第九条　受文促会办公室委托，平台运作机构于每年三月上旬向文促会办公室提交当年公共服务类、房租补贴类项目专项扶持资金使用计划及预算，文促会办公室审核并提出意见后，报文促会主要领导批准。

第十条　专项扶持资金的管理和使用严格执行国家有关法律法规和财务制度。

第四章　专项扶持资金的支持范围、方式及标准

第十条　专项扶持资金重点支持在平台内依法注册，且税收户管在浦东新区的具有独立法人资格的文化企事业单位或其他文化相关组织。

第十一条　专项扶持资金予以支持的范围包括：(一)公共服务类项目；(二)出口导向类项目；(三)房租补贴类项目。具体分类如下：

1. 通过平台运作，组织、策划参加境外文化节庆、项目投标、市场调研、会议研讨等国际文化市场前期拓展活动；

2. 通过平台运作，组织、策划赴境外开展商业性演出；

3. 通过平台运作，组织、策划境外推介活动，租用境外文化博览会等场馆进行展示，宣传并推广我国文化产品或服务；

4. 通过平台组织，针对文化出口企业和文化出口项目在国外遭遇贸易摩擦和开展贸易维权所提供的服务；

5. 以促进本市文化产品和服务开拓国内、国际市场为目的，由平台组织、策划并在平台上开展的文化企业交流、专项展览展示、专业研讨论坛、行业专家咨询、企业人才培训等活动；

6. 以出口为目的的电影和音像制品的翻译、外文配音和字幕的打印制作、重点出口图书的翻译等；

7. 开展文化产品或服务的涉外版权登记；

8. 开拓或协助开拓国际文化市场成绩突出的企业以及在境外产生良好社会效益和经济效益的文化项目；

9. 实际入驻平台集聚发展的文化产品和服务出口相关企业及其项目；

10. 其他以走出去为导向、具有良好市场前景的文化项目。

第十二条　专项扶持资金予以支持的方式主要有项目补贴、贷款贴息、政府委托、房租补贴和奖励等。

第十三条　专项扶持资金的资助标准如下：

(一) 对补贴的项目，一般为一次性投入，单个项目的资助比例一般不超过项目总投资的 50%，额度不超过 50 万元人民币；

(二) 对贷款贴息的项目，按人民银行同期贷款基准利率，单个项目贴息比例不超过利息总额的 50%，额度不超过 50 万元人民币；

（三）政府委托平台开展有利于平台发展的活动及提供公共服务，单个项目投入不超过 50 万元人民币；

（四）对入驻平台或在平台内运作文化展示、交易等项目的文化相关企业，视企业和项目的具体情况，给予每平方米每天 0.8 元至 2 元不等的房租补贴；

（五）按有关规定，对有特殊贡献的单个法人或单个项目予以奖励，奖励额度为 5 万元人民币至 20 万元人民币。

以上专项扶持资金用于出口项目补贴、贷款贴息、活动及提供公共服务、奖励的有关资助标准在遇到中央和市委、市政府布置的特别重大或亟需完成的重大项目、出口前景特别良好或经济社会效益特别突出的重大项目等特殊情况下，经文促会办公室审核后，可由文促会主要领导审议批准后放宽单个项目资助额度，一般单个项目不超过 300 万元。

第五章　专项扶持资金的申报和评审

第十四条　专项扶持资金资助的出口导向类项目，申报单位在申报时，应提供项目申报书、项目支出预算明细表、项目可行性报告和项目评估报告等相关材料。有自筹资金来源的，应提供出资证明及其他相关财务资料。申请贷款贴息的项目，还需出具项目单位与有关金融机构签订的贷款协议或合同。

第十五条　专项扶持资金资助项目的申报单位应按照平台网站所定期公布的申报要求向平台申报。项目申报一般为每年两次，上半年于 3 月底前结束，下半年于 9 月底前结束，遇有重要特殊项目，经文促会办公室同意后可单独申报。平台运作机构按要求向文促会办公室统一报送初审。

第十六条　平台运作机构按照批复同意的年度工作及预算资金使用计划，对拟实施的公共服务类项目和房租补贴类项目，按照“一事一报”原则，提前 30 天以上将项目组织策划书及资金使用测算等文本报送文促会办公室，提请文促会办公室审核后方可实施。年度工作计划中的个别项目调整，应告知理由并提请文促会办公室审核后方可实施。遇重大变动的，由文促会办公室报文促会主要领导审核同意后方准实施。

第十七条　申报专项扶持资金资助的项目应是计划在申报年度策划启动或组织实施、在当年或下一年度完成的项目。申报时已基本完成的项目，原则上不再受理申报，特殊情况另行处理。

第十八条　文促会办公室对申报专项扶持资金资助的出口导向类项目初步审核后，组织专家评审委员会评议，文促会办公室综合专家评审委员会意见提出项目资助建议。文促会主要领导根据评审结果和有关建议，审定批准资助项目和资助金额。

第十九条　申报专项扶持资金资助的项目一经审定批准，即以书面形式通知申报者。

第二十条　文促会办公室工作人员不得参与专项扶持资金资助项目的申报。

第二十一条　参与评审的专家评委遇到与本人有关的资助项目申报评审时，应当回避。

第六章　专项扶持资金的监督和检查

第二十二条　专项扶持资金的使用单位应随年度决算，向文促会办公室报送项目资助资金使用情况和项目执行情况的总结报告。

第二十三条　文促会办公室负责组织专项扶持资金资助项目的验收，定期对资助项目的执行情况以及资金使用情况进行专项监督检查，组织开展绩效评估。

第二十四条　文促会办公室对资助项目单位违反有关批复意见，项目实施不力的行为，根据情形可采取暂缓拨款或终止拨款、撤销该资助项目、追回部分或全部资助款项等措施。

第二十五条　因不可抗力或特殊原因,资助项目单位不能按约定实施或完成资助项目时,应及时通知平台转报文促会办公室。文促会办公室视实际情况延期、终止或撤销对该项目的资助。

第二十六条　经文促会办公室决定终止、撤销的资助项目,项目单位应在接到通知之日起一个月内清理账目,按要求提交项目资助资金使用情况和项目执行情况的总结报告,提交文促会办公室进行清算。

第二十七条　对于虚报、冒领、截留、挪用、挤占专项扶持资金等违反法律规定的行为,责令限期整改,并按照有关行政法规进行处理。构成犯罪的,依法移交司法机关追究刑事责任。

第七章　附则

第二十八条　本办法由中共上海市委宣传部和浦东新区人民政府制定并解释。

第二十九条　本办法自2009年7月起实施,试行期两年。

上海市金融支持文化产业发展繁荣的实施意见(2010)

为贯彻落实《中央宣传部、中国人民银行、财政部、文化部、广电总局、新闻出版总署、银监会、证监会、保监会关于金融支持文化产业振兴和发展繁荣的指导意见》(银发〔2010〕94号)精神,推进上海国际文化大都市建设,加快形成上海金融与文化产业相互促进、共同发展的局面,现提出以下实施意见:

一、充分认识金融支持文化产业发展的重要意义

(一)推动金融业与文化产业对接,充分发挥金融在支持文化产业发展中的重要作用,是本市建设国际文化大都市和国际金融中心的必然要求。大力发展文化产业,加快建设上海国际文化大都市是市委、市政府的重要战略部署。加强金融对文化产业发展的支持,推进文化要素整合和资源优化配置,有利于增强文化产业的核心竞争力,加快本市转变发展方式、提升城市"软实力";有利于拓展金融企业业务范围,完善服务功能,培育新的盈利增长点;有利于优化上海人文环境,集聚金融人才,加快上海国际金融中心建设。

二、加大对文化产业的信贷投入

(二)加强对优势文化行业和重点文化企业的信贷支持。引导金融机构对本市列入《国家文化出口重点企业名录》的文化企业优先给予信贷支持。引导金融机构针对影视、出版、报业、印刷等行业兼并重组和技术升级的需要提供并购贷款,针对设备进口、设备租赁、技术改造和基础设施建设等开展进口开证、供应链融资、固定资产贷款、融资租赁贷款等融资服务。支持向影视、出版、演艺等领域具有较强产品研发、生产、服务和出口能力的内容服务商提供订单融资。

(三)加强对重点文化项目的信贷支持。引导金融机构对符合本市《文化产业投资指导目录》导向、列入国家或市文化发展规划的文化产业项目、列入国家或市重大文艺创作项目的重点项目优先给予信贷支持。引导商业银行通过联合贷款、银团贷款等方式对融资规模较大的项目提供金融支持。加强对国家级、市级文化产业园区和上海国际文化服务贸易平台的金融服务,引导金融机构为其基础设施建设、技术研发、制作中心等公共服务平台建设和入驻的文化企业提供信贷支持。

(四)加强对中小文化企业的信贷支持。支持银行业金融机构加强与融资性担保公司的合作,扩大对中小文化企业的担保贷款规模。鼓励金融机构依托国家级、市级文化产业园区和上海国际文化服务贸易平台,探索发展中小文化企业联保联贷产品。支持金融机构对于具有稳定物流和现金流的企业发放应收账款质押、仓单质押贷款。支持金融机构对于具有优质商标权、专利权、著作权等知识产权的企业,通过权利质押贷款等方式,逐步扩大收益权质押贷款范围。支持金融机构与保险公司加强合作,试点开展履约保证保险、信用保险等产品。

(五)创新文化消费信贷产品。鼓励金融机构根据文化消费特点,积极开发分期付款等消费信贷品种,扩大综合消费信贷投放。完善银行卡消费环境,积极推动娱乐、广播影视、新闻出版、旅游广告、艺术品交易等行业的刷卡消费。

(六)完善对文化企业的信贷机制。支持金融机构制定明确的文化产业授信政策、信贷目标和实施计划。支持金融机构充分考虑文化企业特点,设计内部评级指标体系和评级模型,建立和完善

信用评级和信用评分制度。对国家重点支持的文化企业和项目,金融机构要简化审批流程,提高贷款审批效率。对重大文艺创作项目,金融机构可结合上海文化发展基金会项目评审机制,加强对项目可行性和信用度评估。支持金融机构根据文化企业、文化项目实际情况,科学合理确定贷款期限,建立灵活的差别化定价机制,适当提高对中小文化企业不良贷款的风险容忍度。推动地方性金融机构设立从事文化产业服务的专门部门,配备相关专业人才。推动金融机构建立专门的文化产业金融服务考评体系,建立尽职免责和正向激励机制。

三、积极推动文化产业直接融资

(七)推动符合条件的文化企业上市融资,鼓励依托资本市场进行并购和重组。支持处于成熟期、经营较为稳定的文化企业在主板市场上市;支持处于成长期、发展前景广阔的中小文化企业在创业板、中小板上市。支持已上市的文化企业通过增发、配股等方式开展再融资,通过并购重组、整体上市等加快发展。

(八)加强适合上市融资的文化企业的筛选和储备。建立本市"拟上市文化企业资源库"(以下简称"资源库")。对于列入"资源库"的文化企业,政府各部门加大沟通协调支持力度,主动积极提供便捷、优质、高效的服务,推动相关部门简化程序。推动地方证券机构配备熟悉文化产业的投行人员,参与"资源库"建设,对列入"资源库"的企业提供针对性服务。完善本市文化企业上市跟踪机制,加强与国家有关部门的沟通协调。

(九)支持本市文化企业通过债券市场融资。支持符合条件的文化企业通过发行企业债、公司债、短期融资券、中期票据、集合债、集合票据等方式融资。对符合国家政策规定的中小文化企业发行直接债务融资工具的,运用补贴等方式鼓励中介机构适当降低收费,减轻文化企业的融资成本负担。支持文化企业选择运作比较成熟的文化产业项目,以未来现金流、收益权等为基础,开展资产证券化试点。

(十)支持文化产业多渠道直接融资。通过政府注资、吸引金融资本参与等方式,进一步充实国有文化投资机构的实力,提高其对文化产业核心领域和新兴文化业态的投资能力。支持金融机构在符合监管要求的前提下投资文化企业债权和股权,参与面向文化产业的股权投资基金。发挥政府资金的引导作用,促进文化产业投资基金发展,拓宽处于创业期和成长初期的文化企业的融资渠道。推动风险投资基金、股权投资基金与文化企业的对接。进一步开放文化产业,支持外资、民资等各类资本在政策许可范围内投资文化产业。

四、积极培育文化产业保险市场

(十一)进一步开发符合文化产业需求的保险产品。推动保险机构开展适合文化产业园区、上海国际文化服务贸易平台、会展、影视制作基地、演艺场所特点的安全责任、公众责任、环境污染责任等领域的责任保险。推动保险机构开展知识产权侵权险,演艺、会展、动漫、游戏、各类出版物的印刷、复制、发行和广播影视产品完工险、损失险,团体意外伤害保险等适合文化企业特点和需要的新型险种和保险业务。推动保险机构对列入国家文化产业示范基地、上海市文化产业示范基地、《国家文化出口重点企业名录》的文化企业开展适合其特点的高管责任保险。

(十二)加强和完善对国家和本市重点扶持的文化企业和文化产业项目的保险服务。引导保险机构对列入国家文化产业示范基地、上海市文化产业示范基地、《国家文化出口重点企业名录》的文化企业,签订一揽子保险计划,合理确定保险费率,提供完善、优惠的风险管理与服务。对列入名录、信誉好、风险低的文化企业和文化产业项目,给予适当的费率优惠。鼓励保险机构为本市受到国家重点扶持的文化企业和文化产业项目提供承保和理赔的"绿色通道"。

（十三）加强和完善针对文化出口企业的保险服务。引导保险机构对于符合《文化产品和服务出口指导目录》条件，特别是列入《国家文化出口重点企业名录》和《国家文化出口重点项目目录》的文化出口企业和项目，积极提供出口信用保险服务；加强与国际救援组织的合作，积极开展文化产业项目人员的境内外急难救助。

五、加强和改进对文化产业的综合金融服务

（十四）引导金融机构开发适合文化企业需求的综合金融产品和特色金融服务。引导金融机构将本市列入国家文化产业示范基地、上海市文化产业示范基地、《国家文化出口重点企业名录》的文化企业纳入重点战略客户名单。支持金融机构加强合作，综合利用多种金融业务和金融产品，推出信贷、债券、保险、信托、基金、租赁等多种工具相融合的一揽子金融服务和个性化服务，做好文化企业从初创期到成熟期各发展阶段的融资方式衔接。支持金融机构为网络文化等新兴文化业态提供数字化网络化的专业金融服务。

（十五）促进文化产权交易市场发展。研究制定有利于本市文化产权交易市场发展和繁荣的配套政策。积极扶持上海文化产权交易所发展，本市各类机构、企业针对其所拥有的国有文化产权开展转让、租赁、投资等经营处置行为，须通过文化产权交易所进行。支持上海文化产权交易所扩大服务半径，为全国各地文化企业和个人的股权、债权、物权、知识产权等资产的转让交易活动提供高效、专业的市场服务。支持上海文化产权交易所提升服务能级，在文化产业领域探索开展资产重组、融资并购、文化创意成果转化等高端增值服务。研究开发文化产权交易指数。培育和发展服务文化产权交易的资产评估、财务审计、法律服务、产权经纪等专业机构。

（十六）大力发展面向文化产业的融资租赁业务和融资性担保业务。培育和发展面向文化产业的融资租赁公司和融资性担保公司，鼓励融资租赁公司、融资性担保公司等加大对中小文化企业的融资支持。进一步发挥现有文化产业担保公司作用，引导和鼓励国资、民资、外资等各类资本参与文化产业领域的融资担保服务。支持符合条件的融资性担保公司和再担保公司按照《财政部、工业和信息化部关于印发〈中小企业信用担保资金管理暂行办法〉的通知》（财企[2010]72 号）的有关规定申请中小企业信用担保资金资助，使各类担保公司更好地为推动中小文化企业发展服务。

（十七）完善对文化企业外汇管理与服务。便利文化企业对外贸易、跨境融资和投资，满足其合理的用汇需求，简化外汇管理业务流程，提高外汇管理效率。发挥金融机构海外网点的信息和服务优势，为文化企业“走出去”提供金融支持。

六、建立健全金融支持文化产业发展的配套措施

（十八）建立领导和协调推进机制。在本市文化体制改革工作领导小组领导下，建立金融促进文化产业发展的协调推进机制。搭建本市宣传文化和金融管理等有关部门、文化企业、金融机构之间多层次的信息沟通机制，定期发布文化产业发展规划、投资指导目录、文化产业园区、重点企业名录等信息和国际文化服务贸易平台发展动态，引导金融机构有重点地支持文化产业。

（十九）设立市、区（县）联动的中小企业融资担保专项资金。由市、区（县）两级财政出资设立中小企业融资担保专项资金，向经市有关部门认定、为本市中小文化企业提供融资担保服务的重点融资性担保机构，对其经核定后的代偿损失按规定给予适当补偿。

（二十）支持文化企业运用金融工具做强做大。市、区（县）政府有关部门对产业技术升级、文化内容生产等有利于提升本市文化产业综合竞争力的重点项目，可按有关规定给予贷款贴息；对列入国家文化产业示范基地、上海市文化产业示范基地、《国家文化出口重点企业名录》的文化企业投保财产保险、责任保险、人身意外保险，可按有关规定适当给予保费补贴；对拟上市的文化企业，在

企业转制、上市辅导等不同阶段可按有关规定分别适当给予补贴。

(二十一) 推动设立文化金融研究机构。委托相关机构联合本市高校、文化企业、金融服务和监管机构等方面的专家,开展文化与金融结合的相关研究,为政府部门决策和政策制定提供依据。

(二十二) 加强政策落实监测评估。建立和完善金融支持文化产业发展的专项统计制度,加强对文化产业金融支持的统计和监测分析。结合本市实际,建立金融支持文化产业发展的专项信贷政策导向效果评估制度。

(二十三) 加强舆论对金融支持文化产业发展的引导。新闻媒体要积极开展金融与文化产业对接的宣传报道,促进金融业与文化产业共同发展。对金融机构支持本市文化产业发展成效明显的,要大力宣传、重点报道。对本市文化企业实施开放战略、积极引入社会资本参与发展、有效解放和发展文化生产力的,要给予舆论引领和支持。

本意见也适用于从事建筑设计、工业设计、服装设计、图像设计等创意企业。

上海市“十二五”文化人才发展规划(2010)

文化是民族凝聚力和创造力的重要源泉，是综合国力竞争的重要因素，是经济社会发展的重要支撑。文化建设在“十二五”时期上海加快创新驱动转型发展、实现“四个率先”、建设“四个中心”和社会主义现代化国际大都市进程中具有重要的战略地位。人才是引领和支撑文化大发展大繁荣最为宝贵、最可持续和最具潜在优势的第一资源，是推动国际文化大都市建设的第一要素，必须以高度责任感和使命感，加快人才优先发展，不断开创充满活力、人才辈出的文化人才工作新格局。“十一五”期间，上海宣传文化系统牢固树立科学人才观，高度重视文化人才工作，专门建立人才工作机构，积极推进文化人才队伍建设。经过五年努力，上海文化人才队伍总体实力显著提升，人才队伍规模不断扩大，人才结构不断优化，文化人才创新创作能力不断增强，文化人才参与国际竞争的素质能力显著提升，为城市文化发展繁荣提供了有力的人才保证和智力支撑。但是，上海高层次文化人才总量不足，特别是名家大师不多，与上海承担深化文化体制改革“排头兵”的角色不相适应；文化人才原创能力不强，人才国际化程度不高，与国际大都市定位对文化发展的要求不相适应；文化产业新兴领域人才匮乏，与文化大发展大繁荣的要求不相适应。为大力加强本市文化人才队伍建设，根据《国家中长期人才发展规划纲要（2010—2020 年）》、《上海市中长期人才发展规划纲要（2010—2020 年）》、《上海“十二五”文化发展规划》等精神，特制定本规划。

一、指导思想和发展目标

（一）指导思想

坚持以邓小平理论和“三个代表”重要思想为指导，深入贯彻科学发展观，坚持社会主义先进文化前进方向，坚持党管人才原则，围绕上海文化大发展大繁荣的战略需要，按照“人才优先、高端引领、开拓创新、服务发展”的基本原则，以高层次文化人才开发为龙头，以各领域文化人才队伍建设为基础，以文化人才工作创新为重点，加大优秀文化人才集聚和培养力度，充分发挥文化人才在经济社会发展中的独特作用，为推进上海国际文化大都市建设提供强有力的人才保证和智力支撑。

（二）发展目标

“十二五”时期，上海文化人才发展的总目标是：人才队伍规模进一步扩大，人才结构进一步优化，人才工作机制进一步创新，使上海成为充满创新精神、创造活力、创作激情、创意思维，在国内外具有重要影响力的文化人才高地。到 2015 年，上海文化人才资源总量达到 25 万人，其中文化领域副高职称以上或高级经营管理人才达到 7 万人；实现文化人才工作“百千万”目标，入选国家、上海市高层次人才培养计划人数达到 100 名，重点培养资助 1 000 名优秀文化人才，培训 4 万名文化人才。

二、加快高层次文化人才开发

高层次文化人才是上海文化人才队伍发展水平的集中表现，是城市文化影响力、吸引力的重要来源，是上海打造文化大都市的核心竞争力。“十二五”期间，必须把高层次文化人才开发放在更加突出位置，推动文化人才结构优化，以高层次人才带动整个人才队伍建设。

（一）文化名家资助计划

按照国家文化名家工程要求，在哲学社会科学、新闻出版、广播影视、文化艺术、文物保护等领域,推出一批造诣高深、成就突出、影响广泛、体现上海文化发展水平的名家大师,对其承担重大课题、重点项目、重要演出给予重点扶持、资助,进一步发挥文化名家示范引领作用。资助扶持100名“上海文化名家”,入选国家文化名家工程人数位居全国前列。

(二)领军人才开发计划

深化组织实施“四个一批”人才培养工程和上海领军人才培养计划。通过举办专业研修,组织考察、采风,资助专著出版、举行作品研讨、举办成果展示,提升文化领军人才创新创作能力、团队组织能力,重视领军人才创新团队建设;实施文化领军人才后备队建设计划,每年选拔一批专业成就突出、具有发展潜质的文化人才进入领军人才后备队,建立以项目为导向的培养、资助机制,加强绩效考核和全程跟踪机制;进一步扩大领军人才开发的工作覆盖面,把新媒体、新业态、基层宣传文化及非公有制经济领域优秀人才纳入开发范畴。到2015年文化领军人才达到100名,文化领军人才后备队人数达到500名。

(三)青年英才培养计划

实施青年英才培养计划,每年重点培养扶持一批青年英才,采取及早选苗、重点扶持、跟踪培养等特殊措施,使大批优秀青年人才持续不断地脱颖而出。依托文化骨干企业、文化产业园区及创意产业集聚区,建设一批青年英才培养基地,打造一批新人展示平台,不断推出新人新作,通过给项目、配导师、搭平台,形成推动优秀青年文化人才快速成长的机制;深化实施“上海文化新人”、“粉墨佳年华”等一批新人培养品牌项目,通过组建文化社团、举行沙龙活动、开展专业实践,鼓励青年文化人才深入基层、深入一线,进一步强化培养工作的后续机制。入选青年英才培养计划人数达到500名。

(四)海外人才引进计划

以实施“上海千人计划”为重点,成立“上海千人计划”文化引进人才评审平台,组建评审专家库,围绕上海文化领域重点发展战略目标的人才需求,制定和发布海外高层次文化人才引进目录,引进一批紧缺急需的海外高层次文化人才,为上海文化人才队伍和文化发展繁荣注入新的活力。引导和扶持一批文化骨干企业建立海外高层次文化人才引进基地,突出事业聚才、项目引才;组织开展高层次文化人才海外招聘活动,吸引优秀人才来沪发展;采取咨询、讲学、聘任制、签约制、项目合作制等多种形式,柔性引进海外高层次文化人才和智力。吸引和集聚50名左右海外高层次文化人才。

三、加强各类文化人才队伍建设

各类文化人才是上海文化发展繁荣的主力军。“十二五”期间,要以能力建设为突破口,按照各领域文化人才队伍自身特点与发展要求,推进各类文化人才队伍开发。

(一)党政领导人才队伍

以提高领导水平和执政能力为核心,建设一支政治坚定、勇于创新、善于推动宣传思想文化工作科学发展的高素质党政领导人才队伍。坚持德才兼备、以德为先的标准,切实加强各级领导干部的选拔配备,特别要选好配强一把手;树立正确的用人导向,积极推进包括提名、推荐、考察、讨论、公示等在内的干部选拔任用工作制度改革,进一步增强干部选拔任用工作公开性;加大公开选拔、竞争上岗等竞争性选拔干部力度,拓宽选人用人渠道,加强干部交流,进一步改善和优化领导班子和干部队伍结构;加大优秀年轻干部选拔和党政后备干部队伍建设力度,制订后备干部队伍培养计划和针对性培养方案,加强动态管理;健全权力约束制衡机制,加强干部教育和管理监督;开展大规模干部教育培训,五年内对全系统党政领导干部进行一次全面系统轮训。

（二）哲学社会科学人才队伍

以提高学术水平和理论创新能力为核心，建设一支政治素质好、理论水平高的哲学社会科学人才队伍。开展哲学社会科学教学科研骨干研修工作，对全市4 000名哲学社会科学教学科研骨干进行轮训；扎实推进马克思主义理论研究和建设工程，把推进重点学科、特色学科和重点基地建设与专业人才队伍建设紧密结合起来，开展学术论坛、国情调研，着力扶持拔尖人才和学科带头人；充分发挥东方青年学社等学术团体作用，开展年度社科新人评选，选拔和培养50名左右中青年学术带头人；鼓励和资助优秀文化人才参与国际文化交流合作，支持国内人才到国际组织、国际性专业团体担任重要职务，不断增强上海哲学社会科学人才的国际影响力；提高哲学社会科学人才管理专业化水平，完善学术评估机制，提高学术经费使用效率。

（三）新闻宣传人才队伍

以提高传播水平和舆论引导能力为核心，努力建设一支政治强、业务精、纪律严、作风正的高素质新闻宣传人才队伍，加快培养一批名编辑、名记者、名评论员、名主持人。深入实施“三项学习教育”活动，重点抓好媒体负责人、业务骨干和一线编辑、记者、播音员、主持人、评论员的培训，加强对从业人员的岗位培训；实施新一轮的全市外宣干部基本技能培训，进一步提高区县、委办局外宣专职队伍能力和水平，建立健全长期稳定的海外合作机制，深入推进新闻发言人和外宣媒体专业人才五年海外轮训项目，切实提高各基层部门应对境外媒体采访的实际工作能力；强化互联网编辑全员培训及国家职业资格认证，开展网络舆情研判培训；进一步加强财经类媒体、外语媒体人才的集聚。

（四）出版人才队伍

以提高专业水平和出版创新能力为核心，建设一支社会责任感强、业务精通的出版人才队伍。依托出版名家工程、重大出版工程，培养一批行业认可度较高、社会影响力较大的名编辑；探索建立出版人工作室，加大资金支持力度，培育一批优秀策划人、经理人、企业家、营销商；强化出版从业职业资格管理工作，逐步完善关键岗位职业许可管理、重要岗位职业水平评价和特有工种行业职业技能鉴定评价制度；搭建教育实训平台，培养造就适应出版印刷现代化发展的高技能人才；重点培养和扶持数字出版及技术开发、创意策划编辑、国际版权贸易、出版管理与营销等紧缺专业人才，推进一批重点出版基地建设。

（五）文化艺术人才队伍

以推进艺术水平和原创能力为核心，建设一支门类齐全、业务精湛的文化艺术人才队伍。依托文学、影视、舞台艺术、美术等文艺创作重点工程、重大项目，加大优秀文艺人才扶植和奖励力度，造就一批德艺双馨的艺术家；继续深入推进文艺人才实践基地建设，建立健全特殊艺术专业人才保障机制，加大文艺紧缺人才培养力度；适应深化文化体制改革要求，探索驻沪作家、导演工作室等制度，建立短期工作、项目合作等柔性流动方式，吸引和集聚一批国内外优秀文艺人才。

（六）宣传思想教育和精神文明创建人才队伍

以提高政策理论综合素质和实务能力为核心，建设一支能准确把握形势政策、实践经验丰富、善于运用新技术新手段，面向群众具有话语引导力和思想感召力的宣传思想教育和精神文明创建工作队伍。制定出台加强队伍建设的实施意见，完善相关政策措施，建立工作经费保障机制，着力稳定和发展专职从事宣传教育、思想政治工作、群众性精神文明创建等骨干队伍；建立健全培训体系，五年内分期分批将各区县、委办局、国有大型企业、高校和重点事业单位等四个类别宣传思想教育和精神文明创建干部培训一遍；建立完善激励机制，评选表彰上海优秀思想政治工作者、精神文明建设优秀组织者等；探索建立宣传思想教育、精神文明创建等人才评价指标体系，建立宣传思想教育和精神文明创建人才库;加强服务平台建设,选送优秀人才参与市级以上宣传思想文化和精神文明创建重点课题研究和重要项目建设,努力营造人才发展的良好环境。

(七)公共文化服务人才队伍

以提升服务水平和实践能力为核心,建设一支职业化、专业化的公共文化服务人才队伍。以公共文化设施管理人才、群众文化活动指导人才、保护人才、图情文博人才为重点,加强市、区(县)、街(镇)及村(居)公共文化服务人才队伍建设,推行从业人员持证上岗制度,把从业人员资质作为考核公共文化服务机构的重要依据;开展基层文化人才轮训,实施公共文化内容供给人才、基层文化专职管理人员、群众文化活动指导人才(包括大学生村官、文化志愿者等)专题培训,建设一批公共文化服务人才培训基地,实现对基层宣传文化人才队伍全员轮训。

(八)文化经营管理人才队伍

以提升经营水平和市场竞争能力为核心,建设一支具有战略思维、懂文化、会经营、善管理的文化经营管理人才队伍。适应深化文化体制改革要求,加大国有文化企业经营管理岗位公开选拔竞争上岗力度;开发文化经营管理人才测评系统,完善具有行业特点的经营管理人才评价发现机制;着眼于增强培育文化企业市场主体活力,以文化创意园区、拟上市文化企业的重点领域中高层经营管理人才为重点,组织开展市场营销、资本运作、政策法规等专项培训;完善文化经营管理人才激励机制,支持优秀人才创办文化企业,组织文化企业高管沙龙,积极为企业经营管理人才发展搭建平台、营造环境。

(九)文化产业新兴领域人才队伍

以提高业务水平和创新能力为核心,着眼抢占未来发展制高点,以文化科技人才、文化金融人才、文化贸易人才和文化创意人才为重点,加强文化产业新兴领域人才队伍建设。围绕"三网融合"、"智慧城市"建设,建设一批文化高新技术研发公共服务平台,引导企业、高校、科研机构建立产学研联盟,加大数字技术、网络技术、广播影视制播技术等文化科技人才培养力度;充分发挥文化产业投资担保平台、文化产权交易平台、国际文化服务贸易平台作用,加大版权交易、产权经纪、融资租赁等文化金融、文化贸易领域专业人才培养和引进力度;充分发挥各级文化产业园区及创意产业集聚区的集聚、吸引、孵化文化创意人才作用,在项目资助、财税政策、创业扶持、政策咨询、公共服务等方面给予倾斜。

四、推进文化人才工作创新

改革创新是推动文化人才发展的动力源泉,是文化人才工作保持生机活力的必由之路。"十二五"时期上海要围绕文化人才工作关键环节,推进人才工作创新突破,最大限度地激发各类人才的创新激情和创造活力。

(一)培训工作体系化

制定《市委宣传部"十二五"干部教育培训规划》,把培训工作列入重要议事日程,统筹安排、整体推进。建立市委宣传部统一领导、系统内各单位、区县宣传部分级实施、各类干部和专业培训机构分工合作的培训工作体系;根据党政干部、专业技术人员、经营管理人员各支队伍的特点和需求,加快课程开发,优化师资队伍,创新培训手段,推进培训项目的深化实施,健全培训项目体系;进一步加强机构建设,拓展培训渠道,完善运作机制,健全评估系统,完善培训支撑体系,全面提高培训质量和水平。培训4万名文化人才。

(二)"文教结合"项目化

加强文化人才培养的部校合作、产学合作,提高人才培养的针对性和有效性。深化与复旦、华师大、上戏、上音等高校项目合作，加强高校教育基地与文化企事业单位专业实训基地工作衔接，促进专业人才培养与文化事业产业发展紧密结合；设立相关专业优秀文化和教育人才“双向挂职”项目，每年集中选派一批文化企事业单位拔尖人才到高校挂职，担任专职或兼职教学工作，吸引一批优秀高校教师到宣传文化部门、企业集团参与管理、提供咨询，促进理论与实践的有效融合；引导和鼓励有关高校与文化新兴领域优秀文化企业加大合作力度，推动文化创意、数字动漫、互动娱乐等新兴专业建设和项目开发，加快培养一批适应文化事业产业发展新需求的人才。

（三）人才引进系统化

根据文化事业产业发展趋势，扩大选人用人视野，进一步完善人才队伍结构，为上海文化发展注入新的活力。更新紧缺人才开发目录，重点引进一批创新型、复合型、外向型、科技型文化人才；制定引进文化人才实施细则，建立“统一领导、集中受理、专家评审”的文化人才进沪“绿色通道”；充分发挥用人单位主体作用，以项目引才、产业聚才、核心人才带动引才等多种方式吸引高端人才和创新团队，积极为引进人才搭建良好的事业平台；关注引进人才生活服务需求，重视引进人才住房、医疗、子女教育等现实问题，妥善解决引进人才后顾之忧；充分调动现有人才积极性，促进各类人才融合发展、和谐相处、各展其才、各尽所能的局面。

（四）分类管理制度化

根据各类文化人才队伍特点，健全管理人才和专业技术人才发展“双通道”晋升制度。健全党政干部、经营管理人员、专业技术人员分类评价机制，建立党政领导群众认可、经营人才市场认可、专业技术人才业内认可的分类评价制度；完善文化人才分类使用机制，以突破行政级别为主的单一晋升途径为重点，通过提供项目平台、设置首席岗位，促进专业人才发展，健全分类使用、激励制度，使各类人才各尽所能、各得其所。

（五）人才信息网络化

建立文化人才信息管理系统，为文化人才队伍建设提供基础性、战略性支撑。加强硬件建设，健全多层次、多渠道、多形式的文化人才信息网络；进一步做好现有文化人才信息收集、统计、管理、储存、使用工作；抓紧建设高层次文化人才信息库，对高层次文化人才信息实施全面、准确、实时、动态管理；充分发挥行业管理机构、行业协会和有关专业机构作用，建立行业人才信息库，为文化人才有序流动、健康发展提供服务。

（六）人才服务专业化

结合本市文化行业特点，推进上海市宣传系统人才交流中心等服务机构建设，构建覆盖体制内外、功能齐全、服务优质的文化人才公共服务平台，不断提升人才服务的专业水平。完善高层次文化人才服务机制，为高层次人才创业发展提供个性化、专业化服务；深化文化人才认证工作，根据文化发展需求，拓展水平认证项目开发领域，建立文化人才职业能力社会化评价体系；适应文化体制改革需要，为文化企事业单位提供人才招聘、人事代理、人才派遣、政策咨询等专业配套服务。

五、组织实施

实施本规划是新形势下加强上海文化人才队伍建设的重要举措。要从全局和战略高度，充分认识人才工作的重要性和紧迫性，把人才工作摆上重要议事日程，切实加强组织领导，狠抓落实，务实求新，努力把工作提高到一个新的水平。

（一）加强组织领导

坚持党管人才原则，完善市委宣传部统一领导，干部人事部门牵头抓总，有关部门各司其职，社会力量广泛参与的文化人才工作格局。建立市文化人才工作联席会议制度，形成部局合作、市区联动的全市文化人才工作协调机制,加强对规划实施的统筹协调和宏观指导;明确"第一把手"抓"第一资源",建立各级党政领导班子落实规划目标责任制,加大分解任务实施情况进行监测、评估、考核力度,加强督促检查;调动各有关人民团体、社会组织的积极性,充分发挥用人单位的主体作用,运用全社会力量做好人才工作,共同形成人才工作的整体合力。

(二)加大资金投入

树立人才投资优先理念,加大财政投入力度,完善政府投入机制,确保文化人才开发经费逐年增长。设立市文化人才发展资金,确保对本市文化人才引进、平台建设、继续教育、考察调研、承担重大课题、重要演出、创作出版、创意创业项目以及人才奖励等工作的专项投入;在文化发展基金中设立文化人才发展专项,扩大基金资助范围;突出用人单位主体责任,按规定足额提取并合理使用职工教育经费,重视对人才工作的投入;运用税收、贴息等优惠政策,多渠道吸引和募集社会资金,鼓励企业、社会组织加大对文化人才的资金投入,建立多元化投入机制。

(三)优化发展环境

加大舆论宣传力度,树立尊重知识、尊重劳动、尊重人才、尊重创造的观念,积极倡导鼓励创新、宽容失败、积极创业、追求卓越的社会氛围,进一步营造全社会关心、支持文化人才发展,有利于各类优秀文化人才脱颖而出、发挥作用的宽松环境;加大文化人才工作基础性研究,深入探索理论、新闻、出版、文艺等不同领域文化人才成长发展特有规律,促进文化人才评价、培养、使用、管理的科学化、专业化、规范化;坚持"二为"方向和"双百"方针,聚焦重大项目、重要基地建设,拓展创业平台建设,积极为人才创造潜心创作创造的良好工作环境和事业舞台,使他们创业有机会、干事有舞台、发展有空间;加大优秀文化人才表彰奖励力度,整合各类宣传资源,有计划、分重点向全社会推出优秀文化人才,不断提升知名度、扩大影响力;进一步修订和完善人才工作政策,提高行政效能,为优化文化人才开发提供政策保障;加大与有关部门、区县协调力度,提供医疗、子女教育等生活便利,解决高层次人才后顾之忧。

文化及相关产业分类(2012)

一、目的和作用

(一) 为深入贯彻落实党的十七届六中全会关于深化文化体制改革、推动社会主义文化大发展大繁荣的精神,建立科学可行的文化及相关产业统计制度,制定本分类。

(二) 本分类为界定我国文化及相关单位的生产活动提供依据,为当前的社会主义文化建设、文化宏观管理提供参考,为文化及相关产业统计提供统一的定义和范围。

二、定义和范围

(一) 定义

本分类规定的文化及相关产业是指为社会公众提供文化产品和文化相关产品的生产活动的集合。

(二) 范围

根据以上定义,我国文化及相关产业的范围包括:

1. 以文化为核心内容,为直接满足人们的精神需要而进行的创作、制造、传播、展示等文化产品(包括货物和服务)的生产活动;

2. 为实现文化产品生产所必需的辅助生产活动;

3. 作为文化产品实物载体或制作(使用、传播、展示)工具的文化用品的生产活动(包括制造和销售);

4. 为实现文化产品生产所需专用设备的生产活动(包括制造和销售)。

三、分类原则

(一) 以《国民经济行业分类》为基础

本分类以《国民经济行业分类》(GB/T4754—2011)为基础,根据文化及相关单位生产活动的特点,将行业分类中相关的类别重新组合,是《国民经济行业分类》的派生分类。

(二) 兼顾部门管理需要和可操作性

根据我国文化体制改革和发展的实际,本分类在考虑文化生产活动特点的同时,兼顾政府部门管理的需要;立足于现行的统计制度和方法,充分考虑分类的可操作性。

(三) 与国际分类标准相衔接

本分类借鉴了联合国教科文组织的《文化统计框架—2009》的分类方法,在定义和覆盖范围上可与其衔接。

四、分类方法

本分类依据上述分类原则,将文化及相关产业分为五层。

第一层包括文化产品的生产、文化相关产品的生产两部分,用“第一部分”、“第二部分”表示;

第二层根据管理需要和文化生产活动的自身特点分为 10 个大类,用“一”、“二”……“十”表示;

第三层依照文化生产活动的相近性分为 50 个中类,在每个大类下分别用“(一)”、“(二)”、“(三)”……表示;

第四层共有 120 个小类,是文化及相关产业的具体活动类别,直接用《国民经济行业分类》

(GB/T4754—2011)相对应行业小类的名称和代码表示。对于含有部分文化生产活动的小类,在其名称后用“ * ”标出。

第五层为带“ * ”小类下设置的延伸层。通过在类别名称前加“—”表示,不设代码和顺序号,其包含的活动内容在表 2 中加以说明。

五、文化及相关产业分类表:

表 1　文化及相关产业的类别名称和行业代码

类 别 名 称	国民经济行业代码
第一部分　文化产品的生产	
一、新闻出版发行服务	
(一)新闻服务	
新闻业	8510
(二)出版服务	
图书出版	8521
报纸出版	8522
期刊出版	8523
音像制品出版	8524
电子出版物出版	8525
其他出版业	8529
(三)发行服务	
图书批发	5143
报刊批发	5144
音像制品及电子出版物批发	5145
图书、报刊零售	5243
音像制品及电子出版物零售	5244
二、广播电视电影服务	
(一)广播电视服务	
广播	8610
电视	8620
(二)电影和影视录音服务	
电影和影视节目制作	8630
电影和影视节目发行	8640
电影放映	8650
录音制作	8660

（续表一）

类别名称	国民经济行业代码
三、文化艺术服务	
（一）文艺创作与表演服务	
文艺创作与表演	8710
艺术表演场馆	8720
（二）图书馆与档案馆服务	
图书馆	8731
档案馆	8732
（三）文化遗产保护服务	
文物及非物质文化遗产保护	8740
博物馆	8750
烈士陵园、纪念馆	8760
（四）群众文化服务	
群众文化活动	8770
（五）文化研究和社团服务	
社会人文科学研究	7350
专业性团体（的服务）*	9421
—学术理论社会团体的服务	
—文化团体的服务	
（六）文化艺术培训服务	
文化艺术培训	8293
其他未列明教育*	8299
—美术、舞蹈、音乐辅导服务	
（七）其他文化艺术服务	
其他文化艺术业	8790
四、文化信息传输服务	
（一）互联网信息服务	
互联网信息服务	6420
（二）增值电信服务（文化部分）	
其他电信服务*	6319
—增值电信服务（文化部分）	

（续表二）

类 别 名 称	国民经济行业代码
（三）广播电视传输服务	
有线广播电视传输服务	6321
无线广播电视传输服务	6322
卫星传输服务*	6330
—传输、覆盖与接收服务	
—设计、安装、调试、测试、监测等服务	
五、文化创意和设计服务	
（一）广告服务	
广告业	7240
（二）文化软件服务	
软件开发*	6510
—多媒体、动漫游戏软件开发	
数字内容服务*	6591
—数字动漫、游戏设计制作	
（三）建筑设计服务	
工程勘察设计*	7482
—房屋建筑工程设计服务	
—室内装饰设计服务	
—风景园林工程专项设计服务	
（四）专业设计服务	
专业化设计服务	7491
六、文化休闲娱乐服务	
（一）景区游览服务	
公园管理	7851
游览景区管理	7852
野生动物保护*	7712
—动物园和海洋馆、水族馆管理服务	
野生植物保护*	7713
—植物园管理服务	
（二）娱乐休闲服务	

（续表三）

类 别 名 称	国民经济行业代码
歌舞厅娱乐活动	8911
电子游艺厅娱乐活动	8912
网吧活动	8913
其他室内娱乐活动	8919
游乐园	8920
其他娱乐业	8990
（三）摄影扩印服务	
摄影扩印服务	7492
七、工艺美术品的生产	
（一）工艺美术品的制造	
雕塑工艺品制造	2431
金属工艺品制造	2432
漆器工艺品制造	2433
花画工艺品制造	2434
天然植物纤维编织工艺品制造	2435
抽纱刺绣工艺品制造	2436
地毯、挂毯制造	2437
珠宝首饰及有关物品制造	2438
其他工艺美术品制造	2439
（二）园林、陈设艺术及其他陶瓷制品的制造	
园林、陈设艺术及其他陶瓷制品制造*	3079
—陈设艺术陶瓷制品制造	
（三）工艺美术品的销售	
首饰、工艺品及收藏品批发	5146
珠宝首饰零售	5245
工艺美术品及收藏品零售	5246
第二部分　文化相关产品的生产	
八、文化产品生产的辅助生产	
（一）版权服务	
知识产权服务*	7250

(续表四)

类 别 名 称	国民经济行业代码
—版权和文化软件服务	
(二) 印刷复制服务	
书、报刊印刷	2311
本册印制	2312
包装装潢及其他印刷	2319
装订及印刷相关服务	2320
记录媒介复制	2330
(三) 文化经纪代理服务	
文化娱乐经纪人	8941
其他文化艺术经纪代理	8949
(四) 文化贸易代理与拍卖服务	
贸易代理*	5181
—文化贸易代理服务	
拍卖*	5182
—艺(美)术品、文物、古董、字画拍卖服务	
(五) 文化出租服务	
娱乐及体育设备出租*	7121
—视频设备、照相器材和娱乐设备的出租服务	
图书出租	7122
音像制品出租	7123
(六) 会展服务	
会议及展览服务	7292
(七) 其他文化辅助生产	
其他未列明商务服务业*	7299
—公司礼仪和模特服务	
—大型活动组织服务	
—票务服务	
九、文化用品的生产	
(一) 办公用品的制造	
文具制造	2411

（续表五）

类 别 名 称	国民经济行业代码
笔的制造	2412
墨水、墨汁制造	2414
（二）乐器的制造	
中乐器制造	2421
西乐器制造	2422
电子乐器制造	2423
其他乐器及零件制造	2429
（三）玩具的制造	
玩具制造	2450
（四）游艺器材及娱乐用品的制造	
露天游乐场所游乐设备制造	2461
游艺用品及室内游艺器材制造	2462
其他娱乐用品制造	2469
（五）视听设备的制造	
电视机制造	3951
音响设备制造	3952
影视录放设备制造	3953
（六）焰火、鞭炮产品的制造	
焰火、鞭炮产品制造	2672
（七）文化用纸的制造	
机制纸及纸板制造*	2221
—文化用机制纸及纸板制造	
手工纸制造	2222
（八）文化用油墨颜料的制造	
油墨及类似产品制造	2642
颜料制造*	2643
—文化用颜料制造	
（九）文化用化学品的制造	
信息化学品制造*	2664
—文化用信息化学品的制造	

(续表六)

类别名称	国民经济行业代码
(十)其他文化用品的制造	
照明灯具制造*	3872
—装饰用灯和影视舞台灯制造	
其他电子设备制造*	3990
—电子快译通、电子记事本、电子词典等制造	
(十一)文具乐器照相器材的销售	
文具用品批发	5141
文具用品零售	5241
乐器零售	5247
照相器材零售	5248
(十二)文化用家电的销售	
家用电器批发*	5137
—文化用家用电器批发	
家用视听设备零售	5271
(十三)其他文化用品的销售	
其他文化用品批发	5149
其他文化用品零售	5249
十、文化专用设备的生产	
(一)印刷专用设备的制造	
印刷专用设备制造	3542
(二)广播电视电影专用设备的制造	
广播电视节目制作及发射设备制造	3931
广播电视接收设备及器材制造	3932
应用电视设备及其他广播电视设备制造	3939
电影机械制造	3471
(三)其他文化专用设备的制造	
幻灯及投影设备制造	3472
照相机及器材制造	3473
复印和胶印设备制造	3474
(四)广播电视电影专用设备的批发	

（续表七）

类 别 名 称	国民经济行业代码
通讯及广播电视设备批发*	5178
—广播电视电影专用设备批发	
（五）舞台照明设备的批发	
电气设备批发*	5176
—舞台照明设备的批发	

表 2 对延伸层文化生产活动内容的说明

序号	类别名称及代码		文化生产活动的内容
	小类	延伸层	
1	专业性团体（的服务）（9421）	学术理论社会团体的服务	包括党的理论研究、史学研究、思想工作研究、社会人文科学研究等团体的服务。
		文化团体的服务	包括新闻、图书、报刊、音像、版权、广播、电视、电影、演员、作家、文学艺术、美术家、摄影家、文物、博物馆、图书馆、文化馆、游乐园、公园、文艺理论研究、民族文化等团体的服务。
2	其他未列明教育（8299）	美术、舞蹈、音乐辅导服务	包括美术、舞蹈和音乐等辅导服务。
3	其他电信服务（6319）	增值电信服务（文化部分）	包括手机报、个性化铃音、网络广告等业务服务。
4	卫星传输服务（6330）	传输、覆盖与接收服务	包括卫星广播电视信号的传输、覆盖与接收服务。
		设计、安装、调试、测试、监测等服务	包括卫星广播电视传输、覆盖、接收系统的设计、安装、调试、测试、监测等服务。
5	软件开发（6510）	多媒体、动漫游戏软件开发	包括应用软件开发及经营中的多媒体软件和动漫游戏软件开发及经营活动。
6	数字内容服务（6591）	数字动漫、游戏设计制作	包括数字动漫制作和游戏设计制作等服务。
7	工程勘察设计（7482）	房屋建筑工程设计服务	包括房屋（住宅、商业用房、公用事业用房、其他房屋）建筑工程设计服务。
		室内装饰设计服务	包括住宅室内装饰设计服务和其他室内装饰设计服务。
		风景园林工程专项设计服务	包括各类风景园林工程专项设计服务。
8	野生动物保护（7712）	动物园和海洋馆、水族馆管理服务	包括动物园管理服务，放养动物园管理服务，鸟类动物园管理服务，海洋馆、水族馆管理服务。
9	野生植物保护（7713）	植物园管理服务	包括各类植物园管理服务。

(续表一)

序号	类别名称及代码		文化生产活动的内容
	小类	延伸层	
10	园林、陈设艺术及其他陶瓷制品制造(3079)	陈设艺术陶瓷制品制造	包括室内陈设艺术陶瓷制品、工艺陶瓷制品、陶瓷壁画、陶瓷制塑像和其他陈设艺术陶瓷制品的制造。
11	知识产权服务(7250)	版权和文化软件服务	版权服务包括版权代理服务,版权鉴定服务,版权咨询服务,海外作品登记服务,涉外音像合同认证服务,著作权使用报酬收转服务,版权贸易服务和其他版权服务。文化软件服务指与文化有关的软件服务,包括软件代理、软件著作权登记、软件鉴定等服务。
12	贸易代理(5181)	文化贸易代理服务	包括文化用品、图书、音像、文化用家用电器和广播电视器材等国际国内贸易代理服务。
13	拍卖(5182)	艺(美)术品、文物、古董、字画拍卖服务	包括艺(美)术品拍卖服务,文物拍卖服务,古董、字画拍卖服务。
14	娱乐及体育设备出租(7121)	视频设备、照相器材和娱乐设备的出租服务	包括视频设备出租服务,照相器材出租服务,娱乐设备出租服务。
15	其他未列明商务服务业(7299)	公司礼仪和模特服务	公司礼仪服务包括开业典礼、庆典及其他重大活动的礼仪服务。模特服务包括服装模特、艺术模特和其他模特等服务。
		大型活动组织服务	包括文艺晚会策划组织服务,大型庆典活动策划组织服务,艺术、模特大赛策划组织服务,艺术节、电影节等策划组织服务,民间活动策划组织服务,公益演出、展览等活动的策划组织服务,其他大型活动的策划组织服务。
		票务服务	包括电影票务服务,文艺演出票务服务,展览、博览会票务服务。
16	机制纸及纸板制造(2221)	文化用机制纸及纸板制造	包括未涂布印刷书写用纸制造,涂布类印刷用纸制造,感应纸及纸板制造。
17	颜料制造(2643)	文化用颜料制造	包括水彩颜料、水粉颜料、油画颜料、国画颜料、调色料、其他艺术用颜料、美工塑型用膏等制造。
18	信息化学品制造(2664)	文化用信息化学品的制造	包括感光胶片的制造,摄影感光纸、纸板及纺织物制造,摄影用化学制剂、复印机用化学制剂制造,空白磁带、空白磁盘、空盘制造。
19	照明灯具制造(3872)	装饰用灯和影视舞台灯制造	包括装饰用灯(圣诞树用成套灯具、其他装饰用灯)和影视舞台灯的制造。
20	其他电子设备制造(3990)	电子快译通、电子记事本、电子词典等制造	包括电子快译通、电子记事本、电子词典等电子设备的制造。
21	家用电器批发(5137)	文化用家用电器批发	包括电视机、摄录像设备、便携式收录放设备、音响设备等的批发。

（续表二）

序号	类别名称及代码		文化生产活动的内容
	小类	延伸层	
22	通讯及广播电视设备批发(5178)	广播电视电影专用设备批发	包括广播设备、电视设备、电影设备、广播电视卫星设备等的批发。
23	电气设备批发(5176)	舞台照明设备的批发	包括各类舞台照明设备的批发。

附件：1.《文化及相关产业分类(2012)》修订说明

2. 新旧《文化及相关产业分类》类别名称和代码对照表

附件1:《文化及相关产业分类(2012)》修订说明

一、修订的背景

2004年，为贯彻落实党的十六大关于文化建设和文化体制改革的要求，建立科学可行的文化产业统计，规范文化及相关产业的范围，国家统计局在与中宣部及国务院有关部门共同研究的基础上，依据《国民经济行业分类》(GB/T4754—2002)，制定了《文化及相关产业分类》，并作为国家统计标准颁布实施。从实施情况看，以此分类为基础开展的统计工作为反映我国文化产业的发展状况，为文化体制改革和文化产业发展宏观决策提供了重要的基础信息。

党的十七届五中全会提出推动文化产业成为国民经济支柱性产业的战略目标，党的十七届六中全会进一步强调推动文化产业跨越式发展，使之成为新的增长点、经济结构战略性调整的重要支点、转变经济发展方式的重要着力点，对文化产业统计工作提出了新的要求。同时，由于新的《国民经济行业分类》(GB/T4754—2011)颁布实施，联合国教科文组织《文化统计框架—2009》的发布，文化新业态的不断涌现，有必要对2004年制定的《文化及相关产业分类》进行修订。

2011年9月28日，中宣部、国家统计局在北京召开了文化产业统计研讨会，有关部委同志、部分省市党委宣传部和统计局负责同志以及有关专家学者参加。会议认为，要适应我国文化产业发展的新情况、新变化，总结近年来各地区、各部门统计工作的实践经验，对现行分类进行必要调整，使其更加切合发展需要。修订工作争取2012年6月底前完成，从2012年统计年报开始正式实行。

根据会议精神，国家统计局开始了《文化及相关产业分类》的修订工作。

二、修订的主要内容

本次修订在2004年制定的《文化及相关产业分类》的基础上进行，延续原有的分类原则和方法，调整了类别结构，增加了与文化生产活动相关的创意、新业态、软件设计服务等内容和部分行业小类，减少了少量不符合文化及相关产业定义的活动类别。

（一）结构的调整情况

1. 2004年制定的《文化及相关产业分类》第一层分为“文化服务”和“相关文化服务”两部分，本分类将第一层分为“文化产品的生产”和“文化相关产品的生产”两部分。

2. 第二层的大类由原来的9个调整为10个。具体是：

(1) 合并原大类“新闻服务”和“出版发行和版权服务”为“新闻出版发行服务”一个大类，包含内容略有调整；

(2) 保留“广播电视电影服务”、“文化艺术服务”、“网络文化服务”、“文化休闲娱乐服务”四个大类，包含内容有所调整。其中“网络文化服务”更名为“文化信息传输服务”。

(3) 新增"文化创意和设计服务"、"工艺美术品的生产"、"文化产品生产的辅助生产"三个大类;

(4) 取消原大类"其他文化服务"。将其中的广告服务移至新增的"文化创意和设计服务"大类中,其他内容移至新增的"文化产品生产的辅助生产"大类中;

(5) 将原"文化用品、设备及相关文化产品的生产"和"文化用品、设备及相关文化产品的销售"两个大类修订为"文化用品的生产"和"文化专用设备的生产"两个大类。

3. 第三层的中类由24个修订为50个,第四层的小类由99个修订为120个(其中新增19个、减少5个,因执行新《国民经济行业分类》增加7个),带"*"的小类由17个修订为23个(其中新增11个、减少4个,因执行新《国民经济行业分类》减少1个)。

4. 取消过渡层,在带"*"的小类下设置29个延伸层。

(二) 增加和减少的内容

1. 增加的内容

(1) 文化创意。包括建筑设计服务(指工程勘察设计中的房屋建筑工程设计、室内装饰设计和风景园林工程专项设计)和专业设计服务(指工业设计、时装设计、包装装潢设计、多媒体设计、动漫及衍生产品设计、饰物装饰设计、美术图案设计、展台设计、模型设计和其他专业设计等服务)。

(2) 文化新业态。包括数字内容服务中的数字动漫制作和游戏设计制作,以及其他电信服务中的增值电信服务(文化部分)。

(3) 软件设计服务。包括多媒体软件和动漫游戏软件开发。

(4) 具有文化内涵的特色产品的生产。主要是焰火、鞭炮产品的制造,珠宝首饰及有关物品的制造、销售,陈设艺术陶瓷制品的制造等。

(5) 其他。包括文化艺术培训、本册印制、装订及印刷相关服务、幻灯及投影设备的制造和舞台照明设备的批发等。

2. 减少的内容

包括旅行社、休闲健身娱乐活动、教学用模型及教具制造、其他文教办公用品制造、其他文化办公用机械制造和彩票活动等。

三、有关问题的说明

(一) 关于文化及相关产业的定义

2004年制定的分类把文化及相关产业定义为"为社会公众提供文化、娱乐产品和服务的活动,以及与这些活动有关联的活动的集合"。本次修订把文化及相关产业的定义进一步完善为"指为社会公众提供文化产品和文化相关产品的生产活动的集合",并在范围的表述上对文化产品的生产活动(从内涵)和文化相关产品的生产活动(从外延)做出解释。

根据这一定义,文化及相关产业包括了四个方面的内容,即文化产品的生产活动、文化产品生产的辅助生产活动、文化用品的生产活动和文化专用设备的生产活动。其中文化产品的生产活动构成文化及相关产业的主体,其他三个方面是文化及相关产业的补充。

(二) 关于文化事业和文化产业的划分

在国民经济行业分类中,一个行业(或产业)是指从事相同性质的经济活动的所有单位的集合。在统计分类中,行业与产业在英语中都称为"industry"。对国际上的有关分类我国一般翻译为"产业",而我国相对应的分类叫"行业"。目前,在我国使用"产业"一词往往更强调其经营性或经营规模。

本次修订继续使用“文化及相关产业”的名称，分类涉及范围既包括了公益性单位，也包括了经营性单位，其范围与联合国教科文组织的《文化统计框架—2009》规定的范围基本一致。

在制定 2004 年的分类时，由于文化体制改革刚刚起步，从单位的行业属性很难区分其公益性和经营性。在很多行业内部，公益性和经营性单位共存，公益性和经营性的统计分类标志尚未确定。目前，文化体制改革取得重大进展，多数行业的公益性或经营性属性可以确定，特别是经过两次全国经济普查，使用是否执行企业会计制度来区分经营性文化产业单位和公益性文化事业单位的原则已经确定。因此，在本分类公布后，统计上所称的“文化及相关产业”指本分类所覆盖的全部单位，“文化产业”仅指经营性文化单位的集合，“文化事业”仅指公益性文化单位的集合。

（三）关于不再保留三个层次划分的说明

在 2004 年制定分类时，为反映文化建设和文化体制改革的情况，提出《文化及相关产业分类》的内容可进一步组合成文化产业核心层、文化产业外围层和相关文化产业层。目前我国文化体制改革已取得新突破，文化业态不断融合，文化新业态不断涌现，许多文化生产活动很难区分是核心层还是外围层，因此本次修订不再保留三个层次的划分。

（四）关于增加分类内容意见的处理

在本次修订过程中，有关方面提出了很多增加分类内容的意见。经研究，对于新生的文化业态和与文化及相关产业定义较为符合的生产活动已纳入分类，对于争议较大或目前尚把握不准的生产活动暂不纳入（如手机和微型家用计算机的制造），对于虽有部分活动与文化有关但已形成自身完整体系的生产活动不予纳入，以免削弱本分类的文化特征。按此原则，在本次修订中，凡属于农业、采矿、建筑施工、行政管理、体育、自然科学研究、国民教育、餐饮、金融、修理等生产活动和宗教活动均不纳入分类。

附件 2：新旧《文化及相关产业分类》类别名称和代码对照表

表 3　新旧《文化及相关产业分类》类别名称和代码对照表

类别名称(2012)	GB/T4754—2011 代码	类别名称(2004)	GB/T4754—2002 代码	简要说明
第一部分　文化产品的生产				
一、新闻出版发行服务				
（一）新闻服务				
新闻业	8510	新闻业	8810	
（二）出版服务				
图书出版	8521	图书出版	8821	
报纸出版	8522	报纸出版	8822	
期刊出版	8523	期刊出版	8823	
音像制品出版	8524	音像制品出版	8824	
电子出版物出版	8525	电子出版物出版	8825	
其他出版业	8529	其他出版	8829	
（三）发行服务				

(续表一)

类别名称(2012)	GB/T4754—2011 代码	类别名称(2004)	GB/T4754—2002 代码	简要说明
图书批发	5143	图书批发	6343	
报刊批发	5144	报刊批发	6344	
音像制品及电子出版物批发	5145	音像制品及电子出版物批发	6345	
图书、报刊零售	5243	图书零售	6543	
		报刊零售	6544	
音像制品及电子出版物零售	5244	音像制品及电子出版物零售	6545	
二、广播电视电影服务				
(一)广播电视服务				
广播	8610	广播	8910	原8910部分内容调出
电视	8620	电视	8920	原8920部分内容调出
(二)电影和影视录音服务				
电影和影视节目制作	8630	电影制作与发行	8931	原8920、8931、8940部分内容调到此类
电影和影视节目发行	8640			
电影放映	8650	电影放映	8932	
录音制作	8660	音像制作	8940	原8910、8940的部分内容调到此类
三、文化艺术服务				
(一)文艺创作与表演服务				
文艺创作与表演	8710	文艺创作与表演	9010	
艺术表演场馆	8720	艺术表演场馆	9020	
(二)图书馆与档案馆服务				
图书馆	8731	图书馆	9031	
档案馆	8732	档案馆	9032	
(三)文化遗产保护服务				
文物及非物质文化遗产保护	8740	文物及文化保护	9040	更名
博物馆	8750	博物馆	9050	
烈士陵园、纪念馆	8760	烈士陵园、纪念馆	9060	

（续表二）

类别名称（2012）	GB/T4754—2011代码	类别名称（2004）	GB/T4754—2002代码	简要说明
（四）群众文化服务				
群众文化活动	8770	群众文化活动	9070	
（五）文化研究和社团服务				
社会人文科学研究	7350	社会人文科学研究	7550	
专业性团体（的服务）*	9421	专业性社会团体*	9621	更名
（六）文化艺术培训服务				
文化艺术培训	8293			新增行业
其他未列明教育*	8299			新增“*”行业
（七）其他文化艺术服务				
其他文化艺术业	8790	其他文化艺术	9090	
四、文化信息传输服务				
（一）互联网信息服务				
互联网信息服务	6420	互联网信息服务	6020	原6020部分内容调出
（二）增值电信服务（文化部分）				
其他电信服务*	6319			新增“*”行业
（三）广播电视传输服务				
有线广播电视传输服务	6321	有线广播电视传输服务	6031	
无线广播电视传输服务	6322	无线广播电视传输服务	6032	
卫星传输服务*	6330	卫星传输服务*	6040	
五、文化创意和设计服务				
（一）广告服务				
广告业	7240	广告业	7440	
（二）文化软件服务				
软件开发*	6510			新增“*”行业
数字内容服务*	6591			新增“*”行业，原6212部分内容归入此类
（三）建筑设计服务				

（续表三）

类别名称(2012)	GB/T4754—2011 代码	类别名称(2004)	GB/T4754—2002 代码	简要说明
工程勘察设计*	7482			新增“*”行业
(四) 专业设计服务				
专业化设计服务	7491	其他专业技术服务*	7690	新增行业，原7690部分内容调到此类
六、文化休闲娱乐服务				
(一) 景区游览服务				
		旅行社	7480	取消行业
公园管理	7851	公园管理	8132	
游览景区管理	7852	风景名胜区管理	8131	
		其他游览景区管理	8139	
野生动物保护*	7712	野生动植物保护*	8012	原8012分解
野生植物保护*	7713			
(二) 娱乐休闲服务				
歌舞厅娱乐活动	8911	室内娱乐活动	9210	原9210分解
电子游艺厅娱乐活动	8912			
网吧活动	8913	其他计算机服务*	6190	原6190部分内容调到此类
其他室内娱乐活动	8919	室内娱乐活动	9210	原9210分解
游乐园	8920	游乐园	9220	
		休闲健身娱乐活动	9230	取消行业
其他娱乐业	8990	其他娱乐活动	9290	原9290的彩票活动调出
(三) 摄影扩印服务				
摄影扩印服务	7492	摄影扩印服务	8280	
七、工艺美术品的生产				
(一) 工艺美术品的制造				
雕塑工艺品制造	2431	雕塑工艺品制造	4211	
金属工艺品制造	2432	金属工艺品制造	4212	
漆器工艺品制造	2433	漆器工艺品制造	4213	
花画工艺品制造	2434	花画工艺品制造	4214	

（续表四）

类别名称（2012）	GB/T4754—2011 代码	类别名称（2004）	GB/T4754—2002 代码	简要说明
天然植物纤维编织工艺品制造	2435	天然植物纤维编织工艺品制造	4215	
抽纱刺绣工艺品制造	2436	抽纱刺绣工艺品制造	4216	
地毯、挂毯制造	2437	地毯、挂毯制造	4217	
珠宝首饰及有关物品制造	2438	珠宝首饰及有关物品的制造	4218	
其他工艺美术品制造	2439	其他工艺美术品制造	4219	
（二）园林、陈设艺术及其他陶瓷制品的制造				
园林、陈设艺术及其他陶瓷制品制造*	3079			新增“*”行业
（三）工艺美术品的销售				
首饰、工艺品及收藏品批发	5146	首饰、工艺品及收藏品批发	6346	
珠宝首饰零售	5245			新增行业
工艺美术品及收藏品零售	5246	工艺美术品及收藏品零售	6547	
第二部分　文化相关产品的生产				
八、文化产品生产的辅助生产				
（一）版权服务				
知识产权服务*	7250	知识产权服务*	7450	
（二）印刷复制服务				
书、报刊印刷	2311	书、报、刊印刷	2311	
本册印制	2312			新增行业
包装装潢及其他印刷	2319	包装装潢及其他印刷*	2319	取消“*”
装订及印刷相关服务	2320			新增行业
记录媒介复制	2330	记录媒介的复制*	2330	取消“*”
（三）文化经纪代理服务				
文化娱乐经纪人	8941	文化艺术经纪代理	9080	原7499部分、原9080分解
其他文化艺术经纪代理	8949	其他未列明的商务服务*	7499	原7499部分、原9080分解
（四）文化贸易代理与拍卖服务				

(续表五)

类别名称(2012)	GB/T4754—2011 代码	类别名称(2004)	GB/T4754—2002 代码	简要说明
贸易代理*	5181	贸易经纪与代理*	6380	原 6380 分解为 5181、5182、5189
拍卖*	5182			
(五) 文化出租服务				
娱乐及体育设备出租*	7121			新增"*"行业
图书出租	7122	图书及音像制品出租	7321	原 7321 分解
音像制品出租	7123			
(六) 会展服务				
会议及展览服务	7292	会议及展览服务	7491	
(七) 其他文化辅助生产				
其他未列明商务服务业*	7299			原 7499 分解
九、文化用品的生产				
(一) 办公用品的制造				
文具制造	2411	文具制造	2411	
笔的制造	2412	笔的制造	2412	
		教学用模型及教具制造	2413	取消行业
墨水、墨汁制造	2414	墨水、墨汁制造	2414	
		其他文化用品制造	2419	取消行业
(二) 乐器的制造				
中乐器制造	2421	中乐器制造	2431	
西乐器制造	2422	西乐器制造	2432	
电子乐器制造	2423	电子乐器制造	2433	
其他乐器及零件制造	2429	其他乐器及零件制造	2439	
(三) 玩具的制造				
玩具制造	2450	玩具制造	2440	
(四) 游艺器材及娱乐用品的制造				
露天游乐场所游乐设备制造	2461	露天游乐场所游乐设备制造	2451	
游艺用品及室内游艺器材制造	2462	游艺用品及室内游艺器材制造	2452	原 2452 分解
其他娱乐用品制造	2469			
(五) 视听设备的制造				

（续表六）

类别名称(2012)	GB/T4754—2011 代码	类别名称(2004)	GB/T4754—2002 代码	简要说明
电视机制造	3951	家用影视设备制造	4071	原 4071 分解
音响设备制造	3952	家用音响设备制造	4072	更名
影视录放设备制造	3953			原 4071 分解
(六) 焰火、鞭炮产品的制造				
焰火、鞭炮产品制造	2672			新增行业
(七) 文化用纸的制造				
机制纸及纸板制造*	2221	机制纸及纸板制造*	2221	
手工纸制造	2222	手工纸制造*	2222	取消“*”
(八) 文化用油墨颜料的制造				
油墨及类似产品制造	2642			新增行业
颜料制造*	2643			新增“*”行业
(九) 文化用化学品的制造				
信息化学品制造*	2664	信息化学品制造*	2665	
(十) 其他文化用品的制造				
照明灯具制造*	3872			新增“*”行业
其他电子设备制造*	3990			新增“*”行业
(十一) 文具乐器照相器材的销售				
文具用品批发	5141	文具用品批发	6341	
文具用品零售	5241	文具用品零售	6541	
乐器零售	5247			原 6549 部分内容调到此处
照相器材零售	5248	照相器材零售	6548	
(十二) 文化用家电的销售				
家用电器批发*	5137	家用电器批发*	6374	
家用视听设备零售	5271	家用电器零售*	6571	取消“*”
(十三) 其他文化用品的销售				
其他文化用品批发	5149	其他文化用品批发	6349	
其他文化用品零售	5249	其他文化用品零售	6549	原 6549 部分内容调出
十、文化专用设备的生产				

(续表七)

类别名称(2012)	GB/T4754—2011 代码	类别名称(2004)	GB/T4754—2002 代码	简要说明
(一)印刷专用设备的制造				
印刷专用设备制造	3542	印刷专用设备制造	3642	
(二)广播电视电影专用设备的制造				
广播电视节目制作及发射设备制造	3931	广播电视节目制作及发射设备制造	4031	
广播电视接收设备及器材制造	3932	广播电视接收设备及器材制造	4032	
应用电视设备及其他广播电视设备制造	3939	应用电视设备及其他广播电视设备制造	4039	
电影机械制造	3471	电影机械制造	4151	
(三)其他文化专用设备的制造				
幻灯及投影设备制造	3472			新增行业
照相机及器材制造	3473	照相机及器材制造	4153	
复印和胶印设备制造	3474	复印和胶印设备制造	4154	
		其他文化、办公用机械制造*	4159	取消行业
(四)广播电视电影设备的批发				
通讯及广播电视设备批发*	5178	通讯及广播电视设备批发*	6376	
(五)舞台照明设备的批发				
电气设备批发*	5176			新增“*”行业

表 4　上海市文化创意产业分类目录(2012 版)

类 别 名 称	国民经济行业代码(GB/T4754—2011)
第一部分　文化创意服务类	
一、媒体类	
1. 新闻出版服务	
(1) 新闻业	8510
(2) 书、报、刊出版	
图书出版	8521
报纸出版	
期刊出版	8523

（续表一）

类 别 名 称	国民经济行业代码(GB/T4754—2011)
其他出版	8529
(3) 音像及电子出版物出版和制作	
音像制品出版	8524
录音制作	8660
电子出版物出版	8525
(4) 印刷业和记录媒介的复制	23
(5) 书报刊、音像及电子出版物销售	
图书批发	5143
图书、报刊零售	5243
报刊批发	5144
音像和电子出版物批发	5145
音像和电子出版物零售	5244
2. 广播、电视服务	
(1) 广播、电视制作与播放	
广播	8610
电视	8620
二、艺术业	
1. 文艺创作、表演及演出服务	
(1) 文艺创作与表演	8710
(2) 艺术表演场馆	8720
2. 电影制作、发行与放映	
电影和影视节目制作	8630
电影和影视节目发现	8640
电影放映	8650
3. 文化保护和文化设施服务	
(1) 文物及文化保护	
文物及非物质遗产保护	8740
其他文化艺术业	8790
(2) 图书馆、档案馆、博物馆、纪念馆和烈士陵园	
图书馆	8731

(续表二)

类别名称	国民经济行业代码(GB/T4754—2011)
档案馆	8732
博物馆	8750
烈士陵园、纪念馆	8760
4. 群众文化服务	
群众文化活动	8770
专业性社会团体*	9421
5. 文化艺术培训服务	
文化艺术培训	8293
*其他未列明教育**	*8299*
6. 文化艺术策划及代理服务	
(1) 文化艺术经纪代理	
文化娱乐经纪人	8941
其他文化艺术经纪代理	8949
贸易代理*	5181
拍卖*	5182
*娱乐及体育设备出租**	*7121*
图书出租	7122
音像制品出租	7123
(2) 文化创意策划与代理	
其他未列明商务服务业*	7299
体育经纪人	8942
三、工业设计	
1. 工业产品设计	
专业化设计服务*	7491
其他专业设计服务*	7499
2. 科学与技术设计	
工程和技术研究和试验发展	7320
四、建筑设计	
1. 规划管理	7483
2. 工程勘察设计和管理服务	

（续表三）

类 别 名 称	国民经济行业代码(GB/T4754—2011)
工程勘察设计	7482
工程管理服务	7481
3. 绿化管理	
绿化管理	7840
4. 建筑装饰业	5010
五、时尚设计与制造	
1. 时尚服饰设计与制造	
*机织服装制造**	*1810*
*针织或钩针编织服装织造**	*1820*
*服饰制造**	*1830*
*皮革制品制造**	*192*
*羽毛(绒)制品加工及制品制造**	*194*
*制鞋业**	*195*
*家用纺织制成品制造**	*177*
*眼镜制造**	*4042*
2. 时尚用品设计与制造	
*家具制造业**	*21*
雕塑工艺品制造	2431
金属工艺品制造	2432
漆器工艺品制造	2433
花画工艺品制造	2434
天然植物纤维编织工艺品制造	2435
抽纱刺绣工艺品制造	2436
地毯、挂毯制造	2437
珠宝首饰及有关物品制造	2438
其他工艺品制造	2439
日用玻璃制品制造*	3054
玻璃包装容器制造*	3055
日用陶瓷制品制造*	3073
园林、陈设艺术及其它陶瓷制品制造*	3079

(续表四)

类 别 名 称	国民经济行业代码(GB/T4754—2011)
*钟表与计时仪器制造**	*4030*
3. 时尚美容美发及用品制造	
*理发及美容服务**	*7940*
*化妆品制造**	*2682*
*香精、香料制造**	*2684*
六、网络信息业	
1. 互联网信息服务	6420
2. 广播、电视、卫星传输	
有线广播电视传输服务	6321
无线广播电视传输服务	6322
卫星传输服务*	6330
其他电信服务*	6319
互联网接入及相关服务	6410
其他互联网服务	6490
七、软件与计算机服务业	
1. 软件及计算机辅助设计	
软件开发*	6510
集成电路设计	6550
数字内容服务*	6591
计算机动漫设计服务*	7499
2. 计算机应用服务	
信息系统集成服务	6520
信息技术咨询服务	6530
其他未列明信息技术服务业	6599
网吧活动	8913
八、咨询服务业	
1. 商务咨询	
市场调查	7232
社会经济咨询	7233
信用服务	7295

（续表五）

类 别 名 称	国民经济行业代码(GB/T4754—2011)
其他资本市场服务	6790
保险经纪与代理服务	6850
保险监管服务	6860
风险和损失评估	6891
其他未列明保险活动	6899
2. 科技咨询	
科技中介服务	7520
知识产权服务	7250
其他科技推广和应用服务业	7590
3. 社科咨询	
社会人文科学研究	7350
4. 其他咨询	
其他专业咨询	7239
九、广告及会展服务	
1. 广告服务业	
广告业	7240
2. 会展服务业	
会议及展览服务	7292
十、休闲娱乐服务	
1. 旅游服务	
（1）旅行社及相关服务	727
（2）游览景区管理及野生动植物保护	
游览景区管理	7852
公园管理	7851
自然保护区管理	7711
野生动物保护*	7712
野生植物保护*	7713
2. 文化消费及休闲娱乐服务	
（1）休闲健身及娱乐活动	
歌舞厅娱乐活动	8911

(续表六)

类 别 名 称	国民经济行业代码(GB/T4754—2011)
电子游艺厅娱乐活动	8912
其他室内娱乐活动	8919
游乐园	8920
休闲健身活动	8830
其他娱乐业	8990
(2) 婚庆服务	
婚姻服务	7970
(3) 摄影扩印服务	7492
(4) 茶馆、酒吧与咖啡厅	
茶馆服务	6231
咖啡馆服务	6232
酒吧服务	6233
第二部分　文化创意相关产业	
十一、文化创意相关产业	
1. 文化创意用品、设备的生产	
(1) 文化创意用品生产	
文具制造	2411
笔的制造	2412
墨水、墨汁制造	2414
乐器制造	242
玩具制造	2450
游艺器材及娱乐用品制造	246
机制纸及纸板制造*	2221
手工纸制造*	2222
油墨及类似产品制造	*2642*
*颜料制造**	*2643*
信息化学品制造*	2664
照相机及器材制造	3473
焰火、鞭炮产品制造	*2672*
*照明灯具制造**	*3872*

（续表七）

类 别 名 称	国民经济行业代码（GB/T4754—2011）
*其他电子设备制造**	*3990*
（2）文化创意设备生产	
印刷专用设备制造	3542
广播电视设备制造	393
电影机械制造	3471
幻灯及投影设备制造	*3472*
家用视听设备制造	395
复印和胶印设备制造	3474
其他文化、办公用机械制造*	3479
2. 文化创意用品、产品、设备的销售	
（1）文化创意用品销售	
文具用品批发	5141
文具用品零售	5241
其他文化用品批发	5149
乐器销售	5247
其他文化用品零售	5249
（2）文化创意产品销售	
首饰、工艺品及收藏品批发	5146
珠宝首饰零售	*5245*
工艺美术品及收藏品零售	5246
（3）文化创意设备销售	
通讯及广播电视设备批发*	5178
*电气设备批发**	*5176*
照相器材零售	5248
家用电器批发*	5137
家用视听设备零售	5271

注：
1. * 为部分纳入文化创意产业的国民经济行业
2. 斜体字代表《文化及相关产业分类（2012）》增加的行业小类

索　　引

一、主题索引

二、人名索引

三、图表索引

2

S

编　后　记

《上海市志·文化产业分志(1978—2010)》(以下简称《文化产业分志》)于2016年上半年确定由上海市文化广播影视管理局委托上海交通大学国家文化产业创新与发展研究基地承编。经过前期反复的大纲论证与相关工作准备,2016年7月召开了《文化产业分志》启动工作会议,宣告该项修志工作正式开始。会议上原上海市文化广播影视管理局办公室副主任葛译友宣布《文化产业分志》编委会名单。《文化产业分志》编委会副主任、上海交通大学教授胡惠林介绍编纂大纲并做任务分解。上海市文化广播影视管理局副局长贝兆健作动员讲话。上海市地方志办公室党组书记、主任洪民荣到会讲话。市委宣传部、市发改委、市经信委、市商务委、市新闻出版局、市统计局、市文化市场行政执法总队、市旅游局以及区(县)文化局(16个)等相关单位的领导和同志参加了会议。此后,第一阶段资料搜集工作正式开展。

编纂工作正式启动后,编纂委员会组织参编人员、资料搜集人员培训,以保证搜集资料的要求、标准和路径清晰,具备可操作性。编纂委员会按上海市方志办要求,派编纂人员多次参加志书编纂基本理论、资料收集、"志书在线编辑信息系统"操作应用等方面展开的业务培训,提升了编纂效率和质量。

2016年下半年,《文化产业分志》篇目细化完成,开始资料收集和卡片制作,编纂组通过培训让参编人员充分了解资料卡片制作的规范要求,保证了报送的卡片具有针对性和有效性。编纂组还对资料卡片制作、报送中存在的问题进行分析,以提高资料卡片的报送质量。资料搜集工作主要分两方面开展:一方面,由编纂组成员联络各单位提供有关材料。编纂组做了具体分工,为每个有关单位安排了具体联络人员。在资料搜集过程中保持电话联络,在有需要的时候还走访了相关单位,如新闻出版局、经信委、市文化创意产业推进领导小组办公室、区县编纂单位等。在前期资料搜集进展并不理想的情况下,与市方志办保持沟通,请市方志办帮忙协调和帮助资料搜集工作。另一方面,编纂组成员自主搜集并制作资料卡片。编纂组查阅了上一轮地方志中的有关分志和专项志材料,调阅了《解放日报》《新民晚报》《文汇报》《广播与电视报》《上海市统计年鉴》《上海文化统计手册》《上海市文化文物统计资料》等报刊资料,并走访了上海市文化产业发展的亲历者、见证者,搜集、整理制作了约700万字的卡片。

2017年11月,编纂组进一步补充和整理资料,完成长编编纂分工,落实了主要版块长编编纂的负责人员,有序推进长编编纂工作,完成长编356条、74万余字,并开始初步试写初稿。2018年3月,编纂组与文广局地方志编纂工作领导、专家就项目进度进行了多次电话与会议沟通,根据专家建议和会议要求,于同年4月初将试写初稿提交专家审查,然后根据专家建议进行试写篇章的修改,并在编纂组内进行经验推广。

2018年5月至2019年10月,编纂组爬梳文字资料,整理档案和统计数据,开展初稿编写工作。

在此期间，为补充材料，先后走访市文旅局、新闻出版局、统计局、经信委、文化创意产业推进领导小组、市轻工协会等单位，并多次在文旅局领导的帮助和协调下与其他有关部门、区县相关单位召开碰头推进会议。在各单位领导和同志的配合下，编纂组于 2019 年 10 月底按时提交了 70 余万字的初稿。2019 年底，编纂组收到文旅局、经信委、商务委等有关部门的反馈意见，并在市方志办的指导下进一步修订了初稿，于 2020 年 1 月进入评议阶段。历经一年多时间的评议、修订、验收程序后，终于 2021 年付梓出版。

全志由胡惠林任主编，刘素华任副主编。

全志撰写分工如下：

概述：由上海交通大学胡惠林、中共上海市委党校（上海行政学院）胡霁荣编写。

大事记：由编纂组成员共同编写。

第一篇文化产业管理：第一章产业概况由上海交通大学王婧编写，第二章管理机构由上海市委党校胡霁荣编写，第三章管理体制由华东政法大学齐崇文编写。

第二篇文化服务行业：第一章新闻出版发行业、第二章广播电视电影业、第四章文化信息传输业、第五章文化创意和设计业由上海师范大学刘素华编写，第三章文化艺术业由华东政法大学毕晓梅编写，第六章文化休闲娱乐业由杭州师范大学付缦、上海师范大学王元编写。

第三篇文化生产行业：第一章工艺美术品生产、第三章文化用品生产、第四章文化专用设备生产由中共上海市委宣传部许晨敏、上海师范大学刘素华编写，第二章文化产品生产的辅助生产由南京艺术学院王媛编写。

第四篇重点文化企业和文化产业项目：由编纂组共同编写。

第五篇园区、基地和平台：由上海师范大学王元编写。

第六篇文化产业学科建设与研究：由上海交通大学李敏妍编写。

第七篇人物：由编纂组共同编写。

上海市文化和旅游局金雷、叶强、杨瑞娴、杨菊、吴琼、汪飞亭、石志杭、史娟、李慧萍、谭娅萍等，为志书资料搜集和协调有关部门做了大量工作；上海市新闻出版局、统计局、经信委、文化创意产业推进领导小组、市轻工协会和各区县文广系统积极配合和提供资料查询协助。没有这些部门和有关人士的帮助，这部志书无法顺利完成。

上海大学夏婷婷老师，上海交通大学博士研究生陈敏，上海师范大学的杨雪清、李佩雯、凌佳倩、孙晓磊、朱琦、顾芸、章馨元、汤顺佳、金晶、马思媛、樊昕旖、刘晓钰、钟珊杉等同学，也为志书的前期资料搜集、文字校对、索引整理做了大量工作。在此也表示衷心感谢！

中华文化促进会副主席、原国家文化部文化产业司司长王永章为本志作序，特此表示感谢！

编纂“文化产业志”是一项开创性工作。做好这项工作，难度非常大。时间紧、任务重、经验少，是我们面临的最主要的挑战。由于建立文化产业统计制度的时间较晚，再加上文化体制改革、机构合并重组，大量原始资料无从查找，从而导致本志书在数据和纪事的完整性上，都还存在着许多有待补充和完善的地方。我们希望本志书的出版，有助于推动上海文化产业统计体系的进一步完善，为今后编撰更加科学、完整、可供历史检验的《文化产业分志》创造条件。请读者和专家不吝赐教，以为下一次修志之借鉴。

《上海市志·文化产业分志（1978—2010）》编纂办公室

2021 年 11 月

图书在版编目（CIP）数据

上海市志. 文化产业分志 : 1978-2010 / 上海市地
方志编纂委员会编. -- 上海 : 上海文艺出版社,
2021.12
ISBN 978-7-5321-8097-4
Ⅰ. ①上… Ⅱ. ①上… Ⅲ. ①上海－地方志②文化产
业－概况－上海－1978-2010 Ⅳ. ①K295.1②G127.51
中国版本图书馆CIP数据核字(2021)第261578号

上海市志 · 文化产业分志（1978-2010）
上海市地方志编纂委员会 编
责任编辑/胡远行 张艳堂
封面设计/严克勤

上海世纪出版集团
上海文艺出版社 出版发行
上海古籍出版社
上海市闵行区号景路159弄A座2楼206室 201101 www.ewen.co
上海盛通时代印刷有限公司 印刷

开本 889毫米×1194毫米 1/16 印张 42.75 字数 1 120 000
2021年12月第1版 2021年12月第1次印刷

I S B N: 978-7-5321-8097-4/K · 0439
定 价: 320.00元
告 读 者: 如发现本书有质量问题请与印刷厂质量科联系 T: 021-37910000